U0922468

CHINA REAL ESTATE YEARBOOK

中国房地产年鉴

2024

中国房地产业协会◎编著

中国经济出版社
CHINA ECONOMIC PUBLISHING HOUSE

·北京·

图书在版编目（CIP）数据

2024 中国房地产年鉴 / 中国房地产业协会编著 . -- 北京：中国经济出版社，2024. 6
ISBN 978-7-5136-7777-6

Ⅰ. ①2… Ⅱ. ①中… Ⅲ. ①房地产业—中国—2024—年鉴 Ⅳ. ①F299. 233-54

中国国家版本馆 CIP 数据核字（2024）第 103317 号

策划编辑　姜　静
责任编辑　李玄璇　王西琨
责任印制　马小宾

出版发行　中国经济出版社
印 刷 者　北京市青云兴业印刷有限公司
经 销 者　各地新华书店
开　　本　889mm×1194mm　1/16
印　　张　44
字　　数　1314 千字
版　　次　2024 年 6 月第 1 版
印　　次　2024 年 6 月第 1 次
定　　价　598. 00 元
广告经营许可证　京西工商广字第 8179 号

中国经济出版社　**网址** http://epc. sinopec. com/epc/　**社址** 北京市东城区安定门外大街 58 号　**邮编** 100011
本版图书如存在印装质量问题，请与本社销售中心联系调换（联系电话：010-57512564）

《2024中国房地产年鉴》编辑委员会

编撰说明

在多方因素作用下，2023 年房地产市场深度回调。面对行业困境以及由此产生的风险隐患，中央首次做出“房地产市场供求关系发生重大变化”的判断，要求调整优化房地产政策。

为客观记录 2023 年中国房地产业的发展，更好地为政府科学决策服务、为行业健康发展服务、为企业稳健经营服务，中国房地产业协会精心谋篇布局，收录权威成果，推进内容创新，在前面十三部年鉴的经验基础上，全新编撰了《2024 中国房地产年鉴》。

《2024 中国房地产年鉴》共有八个篇章，分别为“政策篇”“宏观篇”“产业篇”“市场篇”“省市篇”“企业篇”“发展篇”和“大事记”。

“政策篇”对近五年全国两会政府工作报告、中央经济工作会议关于房地产发展的表述进行专门归纳总结。收录国务院及各部委发布的与房地产直接相关的核心政策文件。对重点城市出台的大量房地产调整优化政策进行分类及要点列表。

“宏观篇”“产业篇”主要是数据表格，收录经济、财政、金融、人口、就业等宏观数据，以及全国各地区及重点城市的房地产投资、建设、交易、存量、信贷、城建等中观数据。

“市场篇”“省市篇”主要是文字及图表综述，分别从全国角度和区域角度反映房地产微观市场层面的运行现状和问题。

“企业篇”收录权威机构发布的 2023—2024 年度中国房地产开发企业综合实力、品牌价值、ESG 评级等研究成果，第十一届“广厦奖”名单以及开发企业信用状况等。中国房地产企业整体运营数据和部分重点房地产企业运营数据收录在“企业篇”的第三、第四部分。“发展篇”新增“城市更新”板块，体现新形势下房地产发展的未来趋势。

《2024 中国房地产年鉴》主要数据是 2023 年度的，也有部分指标是国家统计局最新公布的 2022 年度数据。根据最新掌握的统计资料以及国家新的统计制度规定，本年鉴对过去发表的一些重要统计资料重新予以核实，对部分数据进行调整。因此，读者在使用历史资料时，凡与本年鉴有出入的，均以本年鉴为准。

《2024 中国房地产年鉴》在编写过程中，得到住房城乡建设部相关司局，中国宏观经济研究院、辽宁省房地产研究中心等官方研究机构，上海市、苏州市等地方统计局，广东省、重庆市等省级、市级房地产业协会（开发协会），吉林省建设发展研究院、浙江工业大学房地产研究所等高校研究机构，克而瑞集团、上海易居房地产研究院、贝壳研究院、中国民生银行地产金融事业部等市场研究机构等几十家研究单位的稿件支持，限于篇幅不一一列举。中国房地产估价师与房地产经纪人学会、中国房地产业协会相关专委会、协会副会长单位在年鉴资料提供和推广方面给予了宝贵的支持，在此一并表示感谢！

《2024 中国房地产年鉴》编委会

2024 年 5 月

目录

Ⅰ.政策篇

Ⅱ. 宏观篇

Ⅲ. 产业篇

Ⅳ. 市场篇

Ⅴ. 省市篇

Ⅵ.企业篇

Ⅶ. 发展篇

Ⅷ. 大事记

Ⅰ. 政 策 篇

导　读

本篇收录了中共中央、全国人大及国务院重要会议公报中关于房地产发展的表述内容；国务院及主要部委、最高人民法院等机构发布的房地产政策文件或内容节选；重点城市发布的房地产政策措施等。

一、中共中央、全国人大和国务院重要会议

2020—2024 年政府工作报告关于房地产发展的表述

日期	主要内容
2020 年	深入推进新型城镇化。发挥中心城市和城市群综合带动作用，培育产业、增加就业。坚持房子是用来住的、不是用来炒的定位，因城施策，促进房地产市场平稳健康发展。完善便民、无障碍设施，让城市更宜业宜居。
2021 年	保障好群众住房需求。坚持房子是用来住的、不是用来炒的定位，稳地价、稳房价、稳预期。解决好大城市住房突出问题，通过增加土地供应、安排专项资金、集中建设等办法，切实增加保障性租赁住房和共有产权住房供给，规范发展长租房市场，降低租赁住房税费负担，尽最大努力帮助新市民、青年人等缓解住房困难。
2022 年	着力保障和改善民生，加快发展社会事业。加快发展保障性租赁住房。 继续保障好群众住房需求。坚持房子是用来住的、不是用来炒的定位，探索新的发展模式，坚持租购并举，加快发展长租房市场，推进保障性住房建设，支持商品房市场更好满足购房者的合理住房需求，稳地价、稳房价、稳预期，因城施策促进房地产业良性循环和健康发展。
2023 年	有效防范化解优质头部房企风险，改善资产负债状况，防止无序扩张，促进房地产业平稳发展。 加强住房保障体系建设，支持刚性和改善性住房需求，解决好新市民、青年人等住房问题。
2024 年	坚持以高质量发展促进高水平安全，以高水平安全保障高质量发展，标本兼治化解房地产、地方债务、中小金融机构等风险，维护经济金融大局稳定。 稳妥有序处置风险隐患。优化房地产政策，对不同所有制房地产企业合理融资需求要一视同仁给予支持，促进房地产市场平稳健康发展。 健全风险防控长效机制。适应新型城镇化发展趋势和房地产市场供求关系变化，加快构建房地产发展新模式。加大保障性住房建设和供给，完善商品房相关基础性制度，满足居民刚性住房需求和多样化改善性住房需求。

2019—2023 年中央经济工作会议关于房地产发展的表述

日期	主要内容
2019 年 12 月 10—12 日	要加大城市困难群众住房保障工作，加强城市更新和存量住房改造提升，做好城镇老旧小区改造，大力发展租赁住房；要坚持房子是用来住的、不是用来炒的定位，全面落实因城施策，稳地价、稳房价、稳预期的长效管理调控机制，促进房地产市场平稳健康发展。
2020 年 12 月 16—18 日	解决好大城市住房突出问题。住房问题关系民生福祉。要坚持房子是用来住的、不是用来炒的定位，因地制宜、多策并举，促进房地产市场平稳健康发展。要高度重视保障性租赁住房建设，加快完善长租房政策，逐步使租购住房在享受公共服务上具有同等权利，规范发展长租房市场。土地供应要向租赁住房建设倾斜，单列租赁住房用地计划，探索利用集体建设用地和企事业单位自有闲置土地建设租赁住房，国有和民营企业都要发挥功能作用。要降低租赁住房税费负担，整顿租赁市场秩序，规范市场行为，对租金水平进行合理调控。
2021 年 12 月 8—10 日	要坚持房子是用来住的、不是用来炒的定位，加强预期引导，探索新的发展模式，坚持租购并举，加快发展长租房市场，推进保障性住房建设，支持商品房市场更好满足购房者的合理住房需求，因城施策促进房地产业良性循环和健康发展。

续表

日期	主要内容
2022 年 12 月 15—16 日	着力扩大国内需求。要把恢复和扩大消费摆在优先位置。增强消费能力，改善消费条件，创新消费场景。多渠道增加城乡居民收入，支持住房改善、新能源汽车、养老服务等消费。 有效防范化解重大经济金融风险。要确保房地产市场平稳发展，扎实做好保交楼、保民生、保稳定各项工作，满足行业合理融资需求，推动行业重组并购，有效防范化解优质头部房企风险，改善资产负债状况，同时要坚决依法打击违法犯罪行为。要因城施策，支持刚性和改善性住房需求，解决好新市民、青年人等住房问题，探索长租房市场建设。要坚持房子是用来住的、不是用来炒的定位，推动房地产业向新发展模式平稳过渡。要防范化解金融风险，压实各方责任，防止形成区域性、系统性金融风险。加强党中央对金融工作集中统一领导。要防范化解地方政府债务风险，坚决遏制增量、化解存量。
2023 年 12 月 11—12 日	持续有效防范化解重点领域风险。要统筹化解房地产、地方债务、中小金融机构等风险，严厉打击非法金融活动，坚决守住不发生系统性风险的底线。积极稳妥化解房地产风险，一视同仁满足不同所有制房地产企业的合理融资需求，促进房地产市场平稳健康发展。加快推进保障性住房建设、“平急两用”公共基础设施建设、城中村改造等“三大工程”。完善相关基础性制度，加快构建房地产发展新模式。统筹好地方债务风险化解和稳定发展，经济大省要真正挑起大梁，为稳定全国经济作出更大贡献。

2023 年其他重要会议关于房地产发展的表述

会议名称	日期	主要内容
中共中央 政治局 会议	4 月 28 日	要有效防范化解重点领域风险，统筹做好中小银行、保险和信托机构改革化险工作。要坚持房子是用来住的、不是用来炒的定位，因城施策，支持刚性和改善性住房需求，做好保交楼、保民生、保稳定工作，促进房地产市场平稳健康发展，推动建立房地产业发展新模式。在超大特大城市积极稳步推进城中村改造和“平急两用”公共基础设施建设。规划建设保障性住房。要加强地方政府债务管理，严控新增隐性债务。
	7 月 24 日	要切实防范化解重点领域风险，适应我国房地产市场供求关系发生重大变化的新形势，适时调整优化房地产政策，因城施策用好政策工具箱，更好满足居民刚性和改善性住房需求，促进房地产市场平稳健康发展。要加大保障性住房建设和供给，积极推动城中村改造和“平急两用”公共基础设施建设，盘活改造各类闲置房产。要有效防范化解地方债务风险，制定实施一揽子化债方案。要加强金融监管，稳步推动高风险中小金融机构改革化险。
国务院 常务会议	1 月 28 日	要针对需求不足的突出矛盾，乘势推动消费加快恢复成为经济主拉动力，坚定不移扩大对外开放、促进外贸外资保稳提质。一是加力扩消费。推动帮扶生活服务业企业和个体工商户纾困、促进汽车等大宗消费政策全面落地。组织开展丰富多样的促消费活动，促进接触型消费加快恢复。合理增加消费信贷。因城施策用好政策工具箱，支持刚性和改善性住房需求，做好保交楼工作。二是坚持对外开放基本国策，继续推出实际举措，努力稳定外贸。推动国内线下展会恢复，支持企业出境参展。落实出口退税、信贷、信保等政策，保持人民币汇率在合理均衡水平上的基本稳定。支持企业用好区域全面经济伙伴关系协定拓市场。促进跨境电商、海外仓等进一步发展。提高外贸竞争力。合理扩大进口。三是积极吸引外资。推动新版鼓励外商投资产业目录加快落地。支持地方招商引资。更好发挥自贸试验区等平台作用。落实便利人员跨境往来措施。持续加强外资企业服务，推动重大项目加快落地。

续表

会议名称	日期	主要内容
国务院常务会议	7 月 21 日	审议通过《关于在超大特大城市积极稳步推进城中村改造的指导意见》。 在超大特大城市积极稳步实施城中村改造是改善民生、扩大内需、推动城市高质量发展的一项重要举措。要坚持稳中求进、积极稳妥，优先对群众需求迫切、城市安全和社会治理隐患多的城中村进行改造，成熟一个推进一个，实施一项做成一项，真正把好事办好、实事办实。要坚持城市人民政府负主体责任，加强组织实施，科学编制改造规划计划，多渠道筹措改造资金，高效综合利用土地资源，统筹处理各方面利益诉求，并把城中村改造与保障性住房建设结合好。要充分发挥市场在资源配置中的决定性作用，更好发挥政府作用，加大对城中村改造的政策支持，积极创新改造模式，鼓励和支持民间资本参与，努力发展各种新业态，实现可持续运营。
	7 月 31 日	要调整优化房地产政策，根据不同需求、不同城市等推出有利于房地产市场平稳健康发展的政策举措，加快研究构建房地产业新发展模式。
	8 月 25 日	审议通过《关于规划建设保障性住房的指导意见》。会议指出，推进保障性住房建设，有利于保障和改善民生，有利于扩大有效投资，是促进房地产市场平稳健康发展、推动建立房地产业发展新模式的重要举措。要做好保障性住房的规划设计，用改革创新的办法推进建设，确保住房建设质量，同时注重加强配套设施建设和公共服务供给。
	12 月 29 日	深入推进以人为本的新型城镇化，既有利于拉动消费和投资、持续释放内需潜力、推动构建新发展格局，也有利于改善民生、促进社会公平正义，是推进中国式现代化的必由之路。要深入贯彻党中央关于统筹新型城镇化和乡村全面振兴的部署要求，充分认识新型城镇化发展的巨大潜力和重大意义，牢牢把握以人为本重要原则，把农业转移人口市民化摆在突出位置，进一步深化户籍制度改革，加强教育、医疗、养老、住房等领域投入，推动未落户常住人口均等享有基本公共服务。要聚焦群众急难愁盼问题，着力补齐城市基础设施和管理服务等短板，提高经济和人口承载能力，使城市更健康、更安全、更宜居。
中央金融工作会议	10 月 30—31 日	促进金融与房地产良性循环，健全房地产企业主体监管制度和资金监管，完善房地产金融宏观审慎管理，一视同仁满足不同所有制房地产企业合理融资需求，因城施策用好政策工具箱，更好支持刚性和改善性住房需求，加快保障性住房等“三大工程”建设，构建房地产发展新模式。

二、中华人民共和国国务院

关于做好 2023 年全面推进乡村振兴重点工作的意见（节选）

2023 年 1 月 2 日

一、抓紧抓好粮食和重要农产品稳产保供（略）

二、加强农业基础设施建设（略）

三、强化农业科技和装备支撑（略）

四、巩固拓展脱贫攻坚成果（略）

五、推动乡村产业高质量发展（略）

六、拓宽农民增收致富渠道

（二十一）促进农民就业增收。强化各项稳岗纾困政策落实，加大对中小微企业稳岗倾斜力度，稳定农民工就业。促进农民工职业技能提升。完善农民工工资支付监测预警机制。维护好超龄农民工就业权益。加快完善灵活就业人员权益保障制度。加强返乡入乡创业园、农村创业孵化实训基地等建设。在政府投资重点工程和农业农村基础设施建设项目中推广以工代赈，适当提高劳务报酬发放比例。

（二十二）促进农业经营增效。深入开展新型农业经营主体提升行动，支持家庭农场组建农民合作社、合作社根据发展需要办企业，带动小农户合作经营、共同增收。实施农业社会化服务促进行动，大力发展代耕代种、代管代收、全程托管等社会化服务，鼓励区域性综合服务平台建设，促进农业节本增效、提质增效、营销增效。引导土地经营权有序流转，发展农业适度规模经营。总结地方“小田并大田”等经验，探索在农民自愿前提下，结合农田建设、土地整治逐步解决细碎化问题。完善社会资本投资农业农村指引，加强资本下乡引入、使用、退出的全过程监管。健全社会资本通过流转取得土地经营权的资格审查、项目审核和风险防范制度，切实保障农民利益。坚持为农服务和政事分开、社企分开，持续深化供销合作社综合改革。

（二十三）赋予农民更加充分的财产权益。深化农村土地制度改革，扎实搞好确权，稳步推进赋权，有序实现活权，让农民更多分享改革红利。研究制定第二轮土地承包到期后再延长30年试点工作指导意见。稳慎推进农村宅基地制度改革试点，切实摸清底数，加快房地一体宅基地确权登记颁证，加强规范管理，妥善化解历史遗留问题，探索宅基地“三权分置”有效实现形式。深化农村集体经营性建设用地入市试点，探索建立兼顾国家、农村集体经济组织和农民利益的土地增值收益有效调节机制。保障进城落户农民合法土地权益，鼓励依法自愿有偿转让。巩固提升农村集体产权制度改革成果，构建产权关系明晰、治理架构科学、经营方式稳健、收益分配合理的运行机制，探索资源发包、物业出租、居间服务、资产参股等多样化途径发展新型农村集体经济。健全农村集体资产监管体系。保障妇女在农村集体经济组织中的合法权益。继续深化集体林权制度改革。深入推进农村综合改革试点示范。

七、扎实推进宜居宜业和美乡村建设

（二十四）加强村庄规划建设。坚持县域统筹，支持有条件有需求的村庄分区分类编制村庄规划，合理确定村庄布局和建设边界。将村庄规划纳入村级议事协商目录。规范优化乡村地区行政区划设置，严禁违背农民意愿撤并村庄、搞大社区。推进以乡镇为单元的全域土地综合整治。积极盘活存量集体建设用地，优先保障农民居住、乡村基础设施、公共服务空间和产业用地需求，出台乡村振兴用地政策指南。编制村容村貌提升导则，立足乡土特征、地域特点和民族特色提升村庄风貌，防止大拆大建、盲目建牌楼亭廊“堆盆景”。实施传统村落集中连片保护利用示范，建立完善传统村落调查认定、撤并前置审查、灾毁防范等制度。制定农村基本具备现代生活条件建设指引。

（二十五）扎实推进农村人居环境整治提升。加大村庄公共空间整治力度，持续开展村庄清洁行动。巩固农村户厕问题摸排整改成果，引导农民开展户内改厕。加强农村公厕建设维护。以人口集中村镇和水源保护区周边村庄为重点，分类梯次推进农村生活污水治理。推动农村生活垃圾源头分类减量，及时清运处置。推进厕所粪污、易腐烂垃圾、有机废弃物就近就地资源化利用。持续开展爱国卫生运动。

（二十六）持续加强乡村基础设施建设。加强农村公路养护和安全管理，推动与沿线配套设施、产业园区、旅游景区、乡村旅游重点村一体化建设。推进农村规模化供水工程建设和小型供水工程标准化改造，开展水质提升专项行动。推进农村电网巩固提升，发展农村可再生能源。支持农村危房改造和抗震改造，基本完成农房安全隐患排查整治，建立全过程监管制度。开展现代宜居农房建设示范。深入实施数字乡村发展行动，推动数字化应用场景研发推广。加快农业农村大数据应用，推进智慧农业发展。落实村庄公共基础设施管护责任。加强农村应急管理基础能力建设，深入开展乡村交通、消防、经营性自建房等重点领域风险隐患治理攻坚。

（二十七）提升基本公共服务能力。推动基本公共服务资源下沉，着力加强薄弱环节。推进县域内义务教育优质均衡发展，提升农村学校办学水平。落实乡村教师生活补助政策。推进医疗卫生资源县域统筹，加强乡村两级医疗卫生、医疗保障服务能力建设。统筹解决乡村医生薪酬分配和待遇保障问题，推进乡村医生队伍专业化规范化。提高农村传染病防控和应急处置能力。做好农村新冠疫情防控工作，层层压实责任，加强农村老幼病残孕等重点人群医疗保障，最大程度维护好农村居民身体健康和正常生产生活秩序。优化低保审核确认流程，确保符合条件的困难群众“应保尽保”。深化农村社会工作服务。加快乡镇区域养老服务中心建设，推广日间照料、互助养老、探访关爱、老年食堂等养老服务。实施农村妇女素质提升计划，加强农村未成年人保护工作，健全农村残疾人社会保障制度和关爱服务体系，关心关爱精神障碍人员。

八、健全党组织领导的乡村治理体系（略）

九、强化政策保障和体制机制创新（略）

转发国家发展改革委关于恢复和扩大消费措施的通知

国办函〔2023〕70号　2023年7月28日

关于恢复和扩大消费的措施

一、总体要求

以习近平新时代中国特色社会主义思想为指导，深入贯彻党的二十大精神，坚持稳中求进工作总基调，完整、准确、全面贯彻新发展理念，加快构建新发展格局，着力推动高质量发展，把恢复和扩大消费摆在优先位置，优化就业、收入分配和消费全链条良性循环促进机制，增强消费能力，改善消费条件，创新消费场景，充分挖掘超大规模市场优势，畅通经济循环，释放消费潜力，更好满足人民群众对高品质生活的需要。

——坚持有效市场和有为政府更好结合。顺应市场规律和消费趋势，充分发挥市场在资源配置中的决定性作用，更好发挥政府作用，加快建设全国统一大市场，提升服务质量，激发市场活力，释放潜在需求，着力营造推动消费升级的良好生态。

——坚持优化供给和扩大需求更好结合。把实施扩大内需战略同深化供给侧结构性改革有机结合起来，增强供给结构对需求变化的适应性和灵活性，拓展消费新空间，打造消费新场景，丰富消费体验，以高质量供给引领和创造市场新需求。

——坚持提质升级和创新发展更好结合。突出体现大众化、普惠性，加快城乡消费基础设施建设，完善扩大居民消费的长效机制，切实保护消费者权益，营造便利消费、放心消费环境，不断提升消费便利度、舒适度、满意度。

二、稳定大宗消费

（一）优化汽车购买使用管理。各地区不得新增汽车限购措施，已实施限购的地区因地制宜优化汽车限购措施。着力推动全面取消二手车限迁、便利二手车交易登记等已出台政策落地见效。促进汽车更新消费，鼓励以旧换新，不得对非本地生产的汽车实施歧视性政策。加大汽车消费金融支持力度。增加城市停车位供给，改善人员密集场所和景区停车条件，推进车位资源共享利用。

（二）扩大新能源汽车消费。落实构建高质量充电基础设施体系、支持新能源汽车下乡、延续和优化新能源汽车车辆购置税减免等政策。科学布局、适度超前建设充电基础设施体系，加快换电模式推广应用，有效满足居民出行充换电需求。推动居住区内公共充电基础设施优化布局并执行居民电价，研究对充电基础设施用电执行峰谷分时电价政策，推动降低新能源汽车用电成本。

（三）支持刚性和改善性住房需求。做好保交楼、保民生、保稳定工作，完善住房保障基础性制度和支持政策，扩大保障性租赁住房供给，着力解决新市民、青年人等住房困难群体的住房问题。稳步推进老旧小区改造，进一步发挥住宅专项维修资金在老旧小区改造和老旧住宅电梯更新改造中的作用，继续支持城镇老旧小区居民提取住房公积金用于加装电梯等自住住房改造。在超大特大城市积极稳步推进城中村改造。持续推进农房质量安全提升工程，继续实施农村危房改造，支持 7 度及以上设防地区农房抗震改造，鼓励同步开展农房节能改造和品质提升，改善农村居民居住条件。

（四）提升家装家居和电子产品消费。促进家庭装修消费，鼓励室内全智能装配一体化。推广智能家电、集成家电、功能化家具等产品，提升家居智能化绿色化水平。加快实施家电售后服务提升行动。深入开展家电以旧换新，加强废旧家电回收。利用超高清视频、虚拟现实、柔性显示等新技术，推进供给端技术创新和电子产品升级换代。支持可穿戴设备、智能产品消费，打造电子产品消费应用新场景。

三、扩大服务消费

（五）扩大餐饮服务消费。倡导健康餐饮消费、反对餐饮浪费，支持各地举办美食节，打造特色美食街区，开展餐饮促消费活动。因地制宜优化餐饮场所延长营业时间相关规定。培育“种养殖基地+中央厨房+冷链物流+餐饮门店”模式，挖掘预制菜市场潜力，加快推进预制菜基地建设，充分体现安全、营养、健康的原则，提升餐饮质量和配送标准化水平。推广透明厨房，让消费者吃得放心。

（六）丰富文旅消费。全面落实带薪休假制度，鼓励错峰休假、弹性作息，促进假日消费。加强区域旅游品牌和服务整合，积极举办文化和旅游消费促进活动。健全旅游基础设施，强化智慧景区建设，提高旅游服务质量。鼓励各地制定实施景区门票减免、淡季免费开放等政策。在保障游客自主选择权的基础上，支持不同区域景区合作推行联票模式，鼓励景区结合实际实施一票多次多日使用制，更好满足游客多样化需求。推动夜间文旅消费规范创新发展，引导博物馆、文化馆、游乐园等延长开放时间，支持有条件的地区建设“24 小时生活圈”。打造沉浸式演艺新空间，建设新型文旅消费集聚区。

（七）促进文娱体育会展消费。加快审批等工作进度，持续投放优秀电影作品和文艺演出。优化审批流程，加强安全监管和服务保障，增加戏剧节、音乐节、艺术节、动漫节、演唱会等大型活动供给。鼓励举办各类体育赛事活动，增加受众面广的线下线上体育赛事。大力发展智能体育装备，提升科学健身智慧化水平。实施全民健身场地设施提升行动，加强体育公园建设，补齐全民健身设施短板。遴选确定新一批国家体育消费试点城市。鼓励各地加大对商品展销会、博览会、交易会、购物节、民俗节、品牌展、特色市集等活动的政策支持力度，进一步扩大会展消费。开展“老字号嘉年华”等活动，促进品牌消费。

（八）提升健康服务消费。坚持中西医并重，推动优质医疗资源下沉，共建城市医疗集团和县域医共体等医疗联合体，加强基本医疗卫生服务，提高服务质量和水平，着力增加高质量的中医医疗、养生保健、康复、健康旅游等服务。发展“互联网+医疗健康”，进一步完善互联网诊疗收费政策，逐步将符合条件的“互联网+”医疗服务纳入医保支付范围。开发面向老年人的健康管理、生活照护、康养疗养等服务和产品，支持各类机构举办老年大学、参与老年教育。积极扩大普惠型服务供给，推动公共消费提质增效。

四、促进农村消费

（九）开展绿色产品下乡。有条件的地区可对绿色智能家电下乡、家电以旧换新等予以适当补贴，按照产品能效、水效等予以差异化政策支持。开展绿色建材下乡活动，鼓励有条件的地区对绿色建材消费予以适当补贴或贷款贴息。

（十）完善农村电子商务和快递物流配送体系。大力发展农村直播电商、即时零售，推动电商平台和企业丰富面向农村的产品和服务供给。完善县乡村三级快递物流配送体系，加快提升电商、快递进农村综合水平，支持县级物流配送中心、乡镇物流站点建设改造，整合邮政、快递、供销、电商等资源，推行集约化配送，鼓励农村客运车辆代运邮件快件。建设村级寄递物流综合服务站，在有条件的乡村布设智能快件箱，增加农村零售网点密度，逐步降低物流配送成本。

（十一）推动特色产品进城。深入推进农业生产和农产品“三品一标”，开发具有鲜明地域特点、民族特色、乡土特征的产品产业，大力发展农村电子商务和订单农业，拓宽特色农产品上行通道。引导线上线下各类平台持续加大消费帮扶力度，开设专馆专区专柜促进脱贫地区特色产品顺畅销售，带动农民增收致富、增强消费能力。

（十二）大力发展乡村旅游。推广浙江“千万工程”经验，建设宜居宜业和美乡村。实施文化产业赋能乡村振兴计划，保护传承优秀乡土文化，盘活和挖掘乡村文旅资源，提升乡村文旅设施效能。推动实施乡村民宿服务认证，培育发布一批等级旅游民宿，打造一批品质民宿。支持经营主体开发森林人家、林间步道、健康氧吧、星空露营、汽车旅馆等产品，因地制宜打造一批美丽田园、景观农业、农耕体验、野外探险、户外运动、研学旅行等新业态，拓展乡村生态游、休闲游。

五、拓展新型消费

（十三）壮大数字消费。推进数字消费基础设施建设，丰富第五代移动通信（5G）网络和千兆光网应用场景。加快传统消费数字化转型，促进电子商务、直播经济、在线文娱等数字消费规范发展。支持线上线下商品消费融合发展，提升网上购物节质量水平。发展即时零售、智慧商店等新零售业态。鼓励数字技术企业搭建面向生活服务的数字化平台，推进数字生活智能化，打造数字消费业态、智能化沉浸式服务体验。加强移动支付等安全监管。升级信息消费，促进信息消费体验中心建设改造，提升信息消费示范城市建设水平，高质量举办信息消费系列特色活动，推动新一代信息技术与更多消费领域融合应用。推动平台经济规范健康持续发展，持续推动创新突破，开辟更多新领域新赛道，进一步完善相关领域服务标准。

（十四）推广绿色消费。积极发展绿色低碳消费市场，健全绿色低碳产品生产和推广机制，促进居民耐用消费品绿色更新和品质升级。健全节能低碳和绿色制造标准体系，完善绿色产品认证与标识体系，鼓励先行制定团体标准和企业标准。广泛开展节约型机关、绿色家庭、绿色社区、绿色出行等创建行动，反对奢侈浪费和过度消费，倡导理性消费，加快形成简约适度、绿色低碳的生活方式和消费模式。

六、完善消费设施

（十五）加快培育多层级消费中心。深化国际消费中心城市建设，科学布局、培育发展一批区域消费中心和地方特色消费中心。深入推进海南国际旅游消费中心建设。提升城市商业体系，推动步行街改造提升，发展智慧商圈，打造“一刻钟”便民生活圈，构建分层分类的城市消费载体，提高居民消费便利度。加强社区便民服务，合理布局养老、托育、餐饮、家政、零售、快递、健身、美发、维修、废旧物品回收等便民生活服务业态，推进完整社区建设。

（十六）着力补齐消费基础设施短板。结合推进城市更新，强化存量片区改造与支持消费新场景发展的硬件功能衔接。加强县域商业体系建设，建设改造一批乡镇商贸中心、集贸市场、农村新型便民商店，推动重点商贸街巷改造升级。稳步推动产地销地冷链设施建设，补齐农产品仓储保鲜冷链物流设施短板，推动城乡冷链网络双向融合。

（十七）完善消费基础设施建设支持政策。实施消费促进专项投资政策，支持消费基础设施建设、设备更新改造和关键生产线改造升级，将符合条件的项目纳入地方政府专项债券支持范围。支持符合条件的消费基础设施发行不动产投资信托基金（REITs）。支持各地保障消费基础设施建设合理用地需求。允许企业在符合国土空间规划、不改变用地结构和性质、确保安全的前提下，严格按文明城市规范要求和所在地临时建设、规划管理相关规定，在建设用地上搭建临时简易建筑，拓展消费新场景。

七、优化消费环境

（十八）加强金融对消费领域的支持。引导金融机构按市场化方式，加大对住宿餐饮、文化旅游、体育健康、养老托育、家政服务等的综合金融支持力度。更注重以真实消费行为为基础，加强消费信贷用途和流向监管，推动合理增加消费信贷。在加强征信体系建设的基础上，合理优化小额消费信贷和信用卡利率、还款期限、授信额度。

（十九）持续提升消费服务质量水平。全面开展放心消费行动，完善重点服务消费领域服务标准。依法打击假冒伪劣行为，持续推动创建放心市场、放心商店、放心网店、放心餐饮、放心景区、放心工厂，加快形成退换货、质量追溯、明码标价、监管、评价的放心消费制度闭环，营造放心消费环境。

（二十）完善促进消费长效机制。进一步完善促进消费体制机制。探索建立消费动态大数据监测平台系统，开展消费前瞻指数研究和编制。加快消费信用体系建设。持续深化改革，加快清理制约消费的各种规定和做法，有序破除消费领域的体制机制障碍和隐性壁垒，促进不同地区和行业标准、规则、政策协调统一。

三、中华人民共和国国家发展和改革委员会

关于规范高效做好基础设施领域不动产投资信托基金（REITs）项目申报推荐工作的通知

发改投资〔2023〕236号　2023年3月1日

一、认真做好项目前期培育

（一）充分认识前期培育工作的重要性。基础设施REITs项目的前期培育，包括梳理筛选资产、制定产品方案、完善合规手续、解决难点问题等工作。切实做好项目前期培育，对于加强项目储备、保障项目合规、提升资产质量、促进稳健运营、提高推荐效率具有重要意义。各地方发展改革委要高度重视基础设施REITs项目前期培育工作，帮助和指导发起人（原始权益人）、基金管理人等共同做好项目培育，推动项目尽快具备申报条件，并及时向我委反映共性问题和解决建议。

（二）确保申报材料真实客观。发起人（原始权益人）要按照《国家发展改革委关于进一步做好基础设施领域不动产投资信托基金（REITs）试点工作的通知》（发改投资〔2021〕958号）、《国家发展改革委办公厅关于做好基础设施领域不动产投资信托基金（REITs）新购入项目申报推荐有关工作的通知》（发改办投资〔2022〕617号）、本通知及项目申报格式文本的要求，认真准备项目申报材料，真实、全面、客观反映项目情况，不得弄虚作假、避重就轻、违规包装。要如实提供项目历史收益数据，全面分析可能影响项目收益的各项因素，客观预测项目未来收益水平。如发起人（原始权益人）、基金管理人等未真实、全面、客观反映项目情况，故意瞒报漏报甚至弄虚作假的，我委将视情节轻重，采取提醒谈话、暂停受理等方式予以处理，并提请有关部门依法予以惩戒。

（三）组织做好部门协调。各地方发展改革委要与中国证监会当地派出机构、沪深证券交易所，以及本地区行业管理、自然资源、生态环境、住房城乡建设等部门加强沟通配合，共同协调解决项目前期培育阶段遇到的重点难点问题，尽可能缩短项目培育周期。要按照国办发〔2022〕19号文件的要求，在依法合规的前提下，积极落实项目盘活条件，重点围绕投资管理手续完善、产权证书办理、土地使用合规、资产转让条件确认等，协调有关方面对项目发行基础设施REITs予以支持。

二、合理把握项目发行条件

（四）支持消费基础设施建设。贯彻党中央、国务院关于把恢复和扩大消费摆在优先位置的决策部署，研究支持增强消费能力、改善消费条件、创新消费场景的消费基础设施发行基础设施REITs。优先支持百货商场、购物中心、农贸市场等城乡商业网点项目，保障基本民生的社区商业项目发行基础设施REITs。项目用地性质应符合土地管理相关规定。项目发起人（原始权益人）应为持有消费基础设施、开展相关业务的独立法人主体，不得从事商品住宅开发业务。发起人（原始权益人）应利用回收资金加大便民商业、智慧商圈、数字化转型投资力度，更好满足居民消费需求。严禁规避房地产调控要求，不得为商品住宅开发项目变相融资。

（五）合理把握项目收益与规模。根据不同类型基础设施 REITs 项目的具体情况，合理把握项目收益水平。申报发行基础设施 REITs 的特许经营权、经营收益权类项目，基金存续期内部收益率（IRR）原则上不低于 5%；非特许经营权、经营收益权类项目，预计未来 3 年每年净现金流分派率原则上不低于 3.8%。可通过剥离低效资产、拓宽收入来源、降低运营成本、提升管理效率等多种方式，努力提高项目收益水平，达到项目发行要求。首次发行基础设施 REITs 的保障性租赁住房项目，当期目标不动产评估净值原则上不低于 8 亿元。

（六）严把投资管理合规性。投资管理手续是否合规，应以项目投资建设时的法律法规和国家政策作为主要判定依据。项目投资建设时无需办理但按现行规定应当办理的有关手续，应按当时规定把握，并说明有关情况；项目投资建设时应当办理但现行规定已经取消或与其他手续合并的有关手续，如有缺失，应由相关负责部门说明情况或出具处理意见；按照项目投资建设时和现行规定均需办理的有关手续，如有缺失，原则上应由相关负责部门依法补办，确实无法补办的应由相关负责部门出具处理意见。如项目曾进行改变功能用途的重大改扩建，应主要依据改扩建时的相关手续办理情况判断其投资管理合规性。

三、切实提高申报推荐效率

（七）规范项目申报受理流程。项目前期培育阶段结束、基本符合申报条件后，发起人（原始权益人）应按发改投资〔2021〕958 号文、发改办投资〔2022〕617 号文等要求，向有关省级发展改革委报送项目申报材料。省级发展改革委应及时对项目申报材料进行初步审核，对基本符合条件的项目应于 5 个工作日内正式受理；对明显不符合发行条件或材料不完整、不齐备的不予受理，并于 5 个工作日内作出回复。

项目受理后，我委、省级发展改革委将明确专人对接，优化工作流程，加快工作进度，共同开展项目判断。省级发展改革委应及时将符合条件的项目申报文件和相关材料报送我委。为提高工作效率，如涉及省级其他部门的有关事项已由该部门（包括其下级部门）出具无异议函或书面支持意见，省级发展改革委向我委报送项目申报文件时不宜再重复会签。

（八）完善中央企业申报流程。中央企业可将项目申报材料和项目所在地省级发展改革委意见直接报送我委，也可通过省级发展改革委报送。直接报送的，我委及时对项目申报材料进行初步审核，对基本符合条件的项目于 5 个工作日内正式受理；对明显不符合发行条件或材料不完整、不齐备的不予受理，并于 5 个工作日内作出回复。

（九）及时开展咨询评估。对省级发展改革委正式报送和我委直接受理的项目，我委将按照《国家发展改革委关于修订印发〈国家发展改革委投资咨询评估管理办法〉的通知》（发改投资规〔2022〕632 号）的规定，及时选取咨询评估机构，办理咨询评估委托书，由咨询评估机构对项目是否符合推荐条件进行综合评估。项目评估时间一般不超过 30 个工作日；咨询评估机构因特殊情况确实难以在规定时限内完成的，征得投资司书面同意后，可以适当延长完成时限。咨询评估机构应在规定时限内提交评估报告。

（十）加快做好项目推荐。自项目正式受理之日起 3 个月内，应完成省级发展改革委报送、委托咨询评估、有关业务司局会签、向中国证监会推荐项目的相关工作。发起人（原始权益人）、基金管理人等根据要求补充、修改项目材料的时间不计算在上述时间内。

四、充分发挥专家和专业机构作用

（十一）发挥专家前期辅导作用。项目前期培育阶段，我委将适时组织相关行业专家对项目进行辅导，就投资管理手续合规性、项目收益稳定性等方面研提意见。项目申报材料准备过程中，我委将根据需要组织行业专家提出修改完善意见。针对个别对项目有重大影响的关键问题，发起人（原始权益人）可聘请权威的独立第三方机构出具专业意见。我委将根据工作需要，必要时组织专业力量，对有关项目进行现场核查。

（十二）确保咨询评估客观公正。咨询评估机构应独立、客观、公正地开展咨询评估工作，认真梳理项目问题、提出意见建议，确保评估时效和质量。咨询评估机构和有关评估人员应严格遵守廉洁纪律和保密纪律，未经我委同意，不得与发起人（原始权益人）、基金管理人、资产支持证券管理人以及相关中介机构私自联系，不得泄露咨询评估情况。咨询评估机构及其直属单位、控股或参股企业，以及所有评估人员，不得与发起人（原始权益人）、基金管理人、资产支持证券管理人等单位存在利益关联关系或直接商业竞争关系，不得参与被评估项目发行基础设施 REITs 的前期准备工作。

（十三）督促中介机构履职尽责。为基础设施 REITs 项目提供服务的财务顾问、法律顾问、审计机构、评估机构、税务咨询顾问等中介机构，在提供服务期间应未被列入严重失信主体名单，未被采取失信惩戒措施，未因违法违规问题被有关监管机构禁止或限制开展基础设施 REITs 相关或同类业务。律师事务所和会计师事务所近 3 年还应未发生重大违法违规事件。上述机构应切实发挥业务专长，依法依规履行职责，保证出具的相关材料科学、合规、真实、全面、准确。

五、用好回收资金促进有效投资

（十四）严格把握回收资金用途。基础设施 REITs 净回收资金（指扣除用于偿还相关债务、缴纳税费、按规则参与战略配售等资金后的回收资金）应主要用于在建项目、前期工作成熟的新项目（含新建项目、改扩建项目）；其中，不超过 30%的净回收资金可用于盘活存量资产项目，不超过 10%的净回收资金可用于已上市基础设施项目的小股东退出或补充发起人（原始权益人）流动资金等。在符合国家政策及企业主营业务要求的条件下，回收资金可跨区域、跨行业使用；除国家有特殊规定外，任何地方或部门不得设置限制条件，影响企业按照市场化原则依法合规使用回收资金。

（十五）督促回收资金尽快使用。加快基础设施 REITs 净回收资金的投资进度，尽快形成投资良性循环，更好支持实体经济发展。基础设施 REITs 购入项目（含首次发行与新购入项目）完成之日起 2 年内，净回收资金使用率原则上应不低于 75%，3 年内应全部使用完毕。净回收资金使用进度明显不符预期的，应审慎考虑新购入项目安排。如回收资金实际投入项目与申报时拟投入项目不一致的，应按要求向有关省级发展改革委备案并说明情况。

（十六）建立回收资金使用直报制度。为确保回收资金尽快用于项目投资、有效支持实体经济发展，已上市基础设施 REITs 项目发起人（原始权益人）应于每季度结束后 5 个工作日内向我委投资司直接报送回收资金使用情况，同步抄送再投资项目涉及的省级发展改革委。如回收资金使用进度不及预期，我委将及时提醒有关项目发起人（原始权益人）；确有必要时，将提请有关省级发展改革委约谈项目单位，了解具体情况，提出整改建议。

六、切实加强运营管理

（十七）充分认识运营管理的重要性。加强基础设施 REITs 项目运营管理，有利于向社会更好提供公共产品，保障公共利益；有利于提升项目运营质量和收益能力，保障投资者利益；有利于实现项目公共属性和经济属性的有机统一，保障基础设施 REITs 市场的平稳健康发展。

（十八）注重项目运营可持续性。运营管理机构应结合项目情况，依法合规创新运营模式，科学合理制定运营计划，做好底层资产更新维护，保障项目运营和收益的可持续性。要积极采用新技术、新工艺、新材料，提升运营质量，降低运营成本，保障项目盈利能力。要努力创新商业模式，挖掘项目商业价值，拓宽项目收益来源，提升 REITs 产品的市场价值。

（十九）加强资产运营管理指导。基金管理人每年向基金投资人公开年度运营情况时，应将有关情况抄送我委和有关省级发展改革委；如发生影响资产价值和项目收益的重大突发性事件，应在履行相关信息披露程序后及时抄送。有关省级发展改革委要对遇有较大问题的项目加强帮助指导，提出意见建议。基础设施 REITs 新购入项目应同已发行项目的实际运营表现挂钩，运营表现严重不符预期、引发较大负面舆情或出现重大生产经营安全事故的，应暂停新购入项目安排。

本通知自印发之日起生效。此前有关文件与本通知不一致的，以本通知为准。

四、中华人民共和国住房和城乡建设部

关于规范房地产经纪服务的意见

建房规〔2023〕2 号　2023 年 4 月 27 日

一、加强从业主体管理。严格落实房地产经纪机构备案制度。为新建商品房销售和存量房买卖、租赁提供代理、居间等经纪服务的机构，应当按照《房地产经纪管理办法》规定向所在地住房和城乡建设部门备案。市、县住房和城乡建设部门要全面推行经纪从业人员实名登记，加强经纪从业人员管理。经纪从业人员提供服务时，应当佩戴经实名登记的工作牌、信息卡等，公示从业信息，接受社会监督。

二、明确经纪服务内容。房地产经纪机构提供的经纪服务由基本服务和延伸服务组成。基本服务是房地产经纪机构为促成房屋交易提供的一揽子必要服务，包括提供房源客源信息、带客户看房、签订房屋交易合同、协助办理不动产登记等。延伸服务是房地产经纪机构接受交易当事人委托提供的代办贷款等额外服务，每项服务可以单独提供。

三、合理确定经纪服务收费。房地产经纪服务收费由交易各方根据服务内容、服务质量，结合市场供求关系等因素协商确定。房地产经纪机构要合理降低住房买卖和租赁经纪服务费用。鼓励按照成交价格越高、服务费率越低的原则实行分档定价。引导由交易双方共同承担经纪服务费用。

四、严格实行明码标价。房地产经纪机构应当在经营门店、网站、客户端等场所或渠道，公示服务项目、服务内容和收费标准，不得混合标价和捆绑收费。房地产经纪机构提供的基本服务和延伸服务，应当分别明确服务项目和收费标准。房地产经纪机构收费前应当向交易当事人出具收费清单，列明收费标准、收费金额，由当事人签字确认。

五、严禁操纵经纪服务收费。具有市场支配地位的房地产经纪机构，不得滥用市场支配地位以不公平高价收取经纪服务费用。房地产互联网平台不得强制要求加入平台的房地产经纪机构实行统一的经纪服务收费标准，不得干预房地产经纪机构自主决定收费标准。房地产经纪机构、房地产互联网平台、相关行业组织涉嫌实施垄断行为的，市场监管部门依法开展反垄断调查。

六、规范签订交易合同。各地住房和城乡建设部门要制定房屋买卖合同、租赁合同、经纪服务合同示范文本。房地产经纪机构应当在经营场所醒目位置公示合同示范文本，方便交易当事人使用。房地产经纪机构促成房屋交易，应当通过房屋网签备案系统办理房屋买卖、租赁合同网签备案。

七、加强个人信息保护。贯彻落实《中华人民共和国个人信息保护法》，房地产经纪机构及从业人员不得非法收集、使用、加工、传输他人个人信息，不得非法买卖、提供或者公开他人个人信息。房地产经纪机构要建立健全客户个人信息保护的内部管理制度，严格依法收集、使用、处理客户个人信息，采取有效措施防范

泄露或非法使用客户个人信息。未经当事人同意，房地产经纪机构及从业人员不得收集个人信息和房屋状况信息，不得发送商业性短信息或拨打商业性电话。

八、提升管理服务水平。市、县住房和城乡建设部门要建立健全房屋交易管理服务平台，加强对交易房源、房地产经纪机构及从业人员的管理。房地产经纪机构发布的房源信息，应当通过平台进行核验。鼓励通过房屋交易管理服务平台向交易当事人提供房源核验、房源发布、合同网签备案等便民服务。加强存量房交易资金监管，除交易当事人提出明确要求外，购房款应纳入资金监管账户。鼓励房地产经纪机构将经纪服务费用纳入交易资金监管范围。

九、加大违法违规行为整治力度。各地住房和城乡建设部门要将规范房地产经纪服务纳入房地产市场秩序整治的重要内容，会同有关部门依法查处“黑中介”、侵犯个人信息合法权益等违法违规行为，曝光典型案例。对收费明显高于市场平均水平的房地产经纪机构，住房和城乡建设部门会同市场监管等部门采取约谈等综合措施进行重点监管。市场监管部门会同有关部门依法查处不按规定明码标价、操纵经纪服务收费等违反价格和反垄断法律法规的行为。对房地产经纪机构相关违法违规信息，市场监管部门要依法依规纳入国家企业信用信息公示系统。

十、加强行业自律管理。房地产经纪行业组织要健全行规行约，完善房地产经纪服务标准和执业规则，引导房地产经纪机构及从业人员依法合规经营。对房地产经纪机构及从业人员存在收费不规范、侵犯客户个人信息合法权益等情形的，房地产经纪行业组织依据行规行约给予自律处分。

关于扎实推进2023年城镇老旧小区改造工作的通知

建办城〔2023〕26号　2023年7月18日

一、总体要求

以习近平新时代中国特色社会主义思想为指导，全面贯彻落实党的二十大精神，落实中央经济工作会议精神，坚持稳中求进工作总基调，完整、准确、全面贯彻新发展理念，牢牢抓住让人民群众安居这个基点，以努力让人民群众住上更好房子为目标，从好房子到好小区，从好小区到好社区，从好社区到好城区，聚焦为民、便民、安民，持续推进城镇老旧小区改造，精准补短板、强弱项，加快消除住房和小区安全隐患，全面提升城镇老旧小区和社区居住环境、设施条件和服务功能，推动建设安全健康、设施完善、管理有序的完整社区，不断增强人民群众获得感、幸福感、安全感。

二、有序推进城镇老旧小区改造计划实施

（一）扎实抓好“楼道革命”“环境革命”“管理革命”等3个重点。坚持以问题为导向、向群众身边延伸、在“实”上下功夫，对拟改造的城镇老旧小区开展全面体检，找准安全隐患和设施、服务短板。依据体检结果和居民意愿，按照可感知、可量化、可评价的工作标准，聚焦“楼道革命”“环境革命”“管理革命”，“一小区一对策”合理确定改造内容、改造方案和建设标准，切实解决群众反映强烈的难点、堵点、痛点问题。

扎实推进“楼道革命”。加快更新改造老化和有隐患的燃气、供水、供热、排水、供电、通信等管线管道，整治楼栋内人行走道、排风烟道、通风井道、上下小道等，开展住宅外墙安全整治。大力推进有条件的楼栋加装电梯。重点推进既有建筑节能改造，根据气候区特点，可选择外墙屋面保温隔热改造、更换外窗、增设遮阳

等措施。

深入推进“环境革命”。全面整治小区及其周边的绿化、照明等环境。依据需求增设停车库（场）、电动自行车及汽车充电设施，改造或建设小区及周边适老化和适儿化设施、无障碍设施、安防、智能信包箱及快件箱、公共卫生、教育、文化休闲、体育健身、物业用房等配套设施，统筹推进“国球进社区”活动。大力推进养老、托育、助餐、家政、便民市场、邮政快递末端综合服务站等社区专项服务设施改造建设，丰富社区服务供给。

有效实施“管理革命”。结合改造同步建立健全基层党组织领导，社区居民委员会配合，业主委员会、物业服务企业等共同参与的联席会议机制，引导居民协商确定改造后小区的管理模式、管理规约及业主议事规则，共同维护改造成果。积极引导有条件的小区引入专业化物业服务企业，完善住宅专项维修资金使用续筹等机制，促进小区改造后维护更新进入良性轨道。

（二）着力消除安全隐患。坚守安全底线，把安全发展理念贯穿城镇老旧小区改造各环节和全过程。要采取分包到片、责任到人等方式，组织管线单位、专业技术人员等对老旧小区安全状况进行体检评估，以消防设施和建筑物屋面、外墙、楼梯等公共部位，以及供水、排水、供电、弱电、供气、供热各类管道管线等为重点，全面查明老旧小区可能存在的安全隐患。对发现的安全隐患，要分门别类确定安全管控和隐患整治方案，并作为优先改造内容加快实施整改，确保老化和有安全隐患的设施、部件应改尽改，指导有关技术机构做好检验技术支撑，加快消除群众身边安全隐患。

加强安全宣传教育，开展小区党组织引领下的多种形式基层协商，提高居民安全意识，形成改造共识，因势利导将更换燃气用户橡胶软管、加装用户端燃气安全装置、维修更换居民户内燃气及供排水等老化管道纳入城镇老旧小区改造方案，引导居民做好配合施工、共同维护改造效果等工作。立足当地实际，完善公共区域及户内老化管道等安全隐患排查整改资金由专业经营单位、政府、居民合理共担机制，城镇老旧小区改造中央补助资金和地方财政资金可予积极支持。

压实参建各方工程质量安全主体责任，强化施工现场管理。采取针对性措施，精准消除各类施工安全隐患，有效防范遏制高处坠落、物体打击、起重机械伤害、施工机具伤害、有限空间作业窒息等安全生产事故发生。优化场地布置，合理安排施工时序，严格管控施工车辆，最大限度减小对居民生活的影响。充分发挥社会监督作用，畅通投诉举报渠道，坚决打击偷工减料、施工质量不达标等损害群众利益行为。

（三）加强“一老一小”等适老化及适儿化改造。积极应对人口老龄化，顺应居民美好生活需要，结合改造因地制宜推进小区活动场地、绿地、道路等公共空间和配套设施的适老化、适儿化改造，加强老旧小区无障碍环境建设；推进相邻小区及周边地区联动改造，统筹建设养老、托育、助餐等社区服务设施，完善老旧小区“一老一小”服务功能。在有条件的地方，按照人均用地不低于 0.1 平方米的标准配建或设置养老服务设施用房。

落实学习贯彻习近平新时代中国特色社会主义思想主题教育有关部署，将“积极推动有条件的既有住宅加装电梯”作为住房和城乡建设部 2023 年度为群众办实事重点项目，重点指导各地解决老旧小区“加装电梯难”仍较为突出，与积极应对人口老龄化要求和人民群众需求还有差距的问题。统筹需要与可能，积极推进既有住宅加装电梯工作。要全面摸清住宅楼栋基本信息，从建筑结构安全、空间条件和居民意愿等方面，开展加装电梯可行性评估，确定适合加装、较难加装、不适合加装的楼栋底数。对适合加装电梯的楼栋，要耐心细致开展群众工作，引导居民共同商定加装电梯设计施工、资金分担、后续管理维护方案，保障群众的知情权、参与权和监督权，确保电梯不仅能够装得上，而且能够长久稳定运行，避免电梯因无使用管理、无维护保养产生安全管理、运行维护等问题。积极创造条件、努力采取平层入户方式加装电梯、实现无障碍通行。各地应当积极探索通过基层协商、纠纷调解、民事诉讼等方式，依法破解居民协商过程中“一票否决”难题。对群众有意愿、具备加装条件，但居民暂未形成加装共识的，可结合改造先期完成管线迁改、底坑施工等工作，降低将来条件成熟时加装电梯时的成本。要坚持成熟一个单元、加装一台电梯的思路，统筹推进群众工作、建筑结构安全性评估与验收、电梯产品和施工方案比选、后续运行方案确定等工作，确保加装后电梯运行安全、楼栋结构安全。

鼓励有条件的地方搭建政企合作平台，引导有资质、有信誉、口碑好的电梯企业研发推出成本适当、安全可靠，适应既有住宅加装需要的电梯产品和技术，并主动提供电梯加装报批、施工及运维服务；鼓励组织集中带量采购电梯设备，为居民争取价格优惠、优质售后服务和质量保障。

（四）开展“十四五”规划实施情况中期评估。加强组织领导，创新方式方法，聚焦需改造、已开工改造、完成改造的小区和户数等主要目标指标，扎实做好城镇老旧小区改造“十四五”规划实施中期评估各项工作。全面总结目标任务进展和改造成效，做好定性评价与定量分析，客观反映规划实施情况，统筹研究 2025 年以后存量住房改造提升工作；要将人民群众的切身体会作为重要评价标准，广泛听取社会各方面的意见建议，实事求是评价改造成效。坚持目标导向与问题导向相结合，既要从本地区“十四五”城镇老旧小区改造规划目标任务倒推，明确 2024 年、2025 年工作任务，又要对照工作任务和进度要求，查找分析面临的突出难题，提出破解难题的路径和方法、确保目标实现的对策建议。

三、合理安排 2024 年城镇老旧小区改造计划

（一）明确改造对象范围。大力改造提升建成年代较早、失养失修失管、设施短板明显、居民改造意愿强烈的住宅小区（含单栋住宅楼），重点改造 2000 年底前建成需改造的城镇老旧小区。鼓励合理拓展改造实施单元，根据推进相邻小区及周边地区联动改造需要，在确保可如期完成 2000 年底前建成需改造老旧小区改造任务的前提下，可结合地方财政承受能力将建成于 2000 年底后、2005 年底前的住宅小区纳入改造范围。国有企事业单位和军队所属老旧小区、移交政府安置的军队离退休干部住宅小区，按照属地原则一并纳入地方改造规划计划。

（二）加强相关工作和计划统筹衔接。按照“实施一批、谋划一批、储备一批”原则，尽快自下而上研究确定 2024 年改造计划，于 2023 年启动居民意愿征询、项目立项审批、改造资金筹措等前期工作，鼓励具备条件的项目提前至 2023 年开工实施。统筹养老、托育、教育、卫生、体育及供水、排水、供气、供热、电力、通信等方面涉及城镇老旧小区的设施增设或改造项目，做到计划有效衔接、资金统筹使用、同步推进实施。各地将 2024 年城镇老旧小区改造计划，提供给本级有关部门、相关专业经营单位。鼓励有条件的地方研究建立住宅小区“体检查找问题、改造解决问题”机制，探索建立房屋养老金和保险制度，解决“钱从哪里来”问题，形成住宅小区改造建设长效机制。

（三）上报改造计划。各省级住房和城乡建设部门要会同发展改革、财政等有关部门，组织市、县自下而上研究提出本地区 2024 年城镇老旧小区改造计划任务。各地应对城镇老旧小区改造计划任务是否符合党中央、国务院决策部署，是否在当地财政承受能力、组织实施能力范围之内，是否符合群众意愿等负责，坚决防止盲目举债铺摊子、增加政府隐性债务。

四、加强组织保障

（一）压实工作责任。各省级住房和城乡建设部门要会同发展改革、财政等有关部门指导市、县通过划分水电气热信等管线设施改造中政府与管线单位出资责任、吸引社会力量出资参与、争取信贷支持、加快地方政府专项债券发行使用、动员居民出资等渠道，强化城镇老旧小区改造资金保障。市、县要形成 2023 年改造计划项目清单，明确项目所属街道或社区书记作为改造联系群众第一责任人，联系人名单、联系方式、改造内容

等信息向小区居民公示，运用线上线下手段，广泛征集、及时回应群众诉求，进一步提高群众工作覆盖面和效率。各省级住房和城乡建设部门认真落实全国城镇老旧小区改造统计调查制度相关要求，组织市、县及时准确报送改造进展情况，避免漏统、漏报。加快 2021、2022 年续建项目建设，力争早日竣工。

（二）加强经验总结。各省级住房和城乡建设部门应结合工作实际，从 2023 年新开工项目中，综合考虑地方积极性高、工作机制完善、“楼道革命”“环境革命”“管理革命”可取得积极成效等因素，再自下而上遴选一批城镇老旧小区改造联系点，采取专家帮扶、定期交流进展、总结推广经验等方式加强指导，共同研究破解群众急难愁盼问题，打造一批城镇老旧小区改造示范项目。住房和城乡建设部将择优确定部分为部级联系点，并加强联系指导。

（三）做好宣传工作。各省级住房和城乡建设部门要加大对市、县好经验好做法、取得成效、典型案例等的总结宣传力度，通过发布宣传视频、组织专题报道、评选优秀设计方案等群众喜闻乐见方式，持续强化对优秀项目、典型案例的宣传，多角度、全方位宣传推广工作进展及成效，力争本地区形成全年不间断的宣传热潮。准确解读城镇老旧小区改造政策，增强居民主体意识，凝聚改造共识，动员居民及社会力量等各方共同参与城镇老旧小区改造工作，营造良好社会氛围。

关于优化个人住房贷款中住房套数认定标准的通知

建房〔2023〕52 号　2023 年 8 月 18 日

为贯彻落实党中央、国务院决策部署，坚持房子是用来住的、不是用来炒的定位，因城施策用好政策工具箱，优化个人住房贷款中住房套数认定标准，更好满足居民刚性和改善性住房需求，现就有关事项通知如下：

一、居民家庭（包括借款人、配偶及未成年子女，下同）申请贷款购买商品住房时，家庭成员在当地名下无成套住房的，不论是否已利用贷款购买过住房，银行业金融机构均按首套住房执行住房信贷政策。

二、家庭住房套数由城市政府指定的住房套数查询或认定责任部门，根据居民家庭申请或授权，提供查询服务并出具查询结果或认定证明。

三、此项政策作为政策工具，纳入“一城一策”工具箱。

《住房城乡建设部　中国人民银行　中国银行业监督管理委员会关于规范商业性个人住房贷款中第二套住房认定标准的通知》（建房〔2010〕83 号）、《中国人民银行　中国银行业监督管理委员会关于进一步做好住房金融服务工作的通知》（银发〔2014〕287 号）与本通知不一致的，以本通知为准。

全面推进城市综合交通体系建设的指导意见

建城〔2023〕74 号　2023 年 11 月 27 日

一、总体要求

（一）指导思想。以习近平新时代中国特色社会主义思想为指导，全面贯彻落实党的二十大精神，坚持以人民为中心的发展思想，统筹发展和安全，按照适度超前进行基础设施建设的思路，整体谋划、协同实施，精准补短板、强弱项，加快构建系统健全、功能完备、运行高效、智能绿色、安全韧性的城市综合交通体系，为打造宜居、韧性、智慧城市提供坚实支撑。

（二）基本原则。

坚持以人为本，提升服务水平。坚决守住城市交通基础设施安全可靠的底线要求，加快补齐设施短板。持续扩大高品质设施供给，提高设施便捷性和包容性，提升设施运行效率，满足人民群众多样化出行需求。

坚持因地制宜，突出精准施策。充分考虑城市现状实际和发展需要，合理确定各类城市交通基础设施的发展目标和建设任务，不搞“一刀切”。科学把握建设规模、速度、标准，与资源环境承载能力相适应，与财政能力相协调，杜绝政绩工程、形象工程。

坚持系统观念，统筹推进实施。城市综合交通体系建设要着力落实国家重大发展战略，推动城市经济社会发展，增强城市发展活力。针对城市交通基础设施存在问题，注重制定系统性解决方案，坚持规划建设与运营服务并重，促进设施供需精准匹配。

坚持绿色发展，注重创新驱动。建设资源节约、环境友好的城市交通基础设施，构建绿色交通网络，推动城市低碳循环发展。加强物联网、大数据、人工智能等新一代信息技术在城市交通基础设施建设管理中的应用，提升设施信息化、智能化水平。

（三）总体目标。到 2025 年，各地城市综合交通体系进一步健全，设施网络布局更加完善，运行效率、整体效益和集约化、智能化、绿色化水平明显提升；到 2035 年，各地基本建成人民满意、功能完备、运行高效、智能绿色、安全韧性的现代化城市综合交通体系。

二、科学编制并实施城市综合交通体系规划

（一）科学编制城市综合交通体系规划。城市综合交通体系规划是统筹城市各类交通基础设施建设的重要专项规划。各地要在摸清各类交通基础设施底数和科学评估的基础上，统筹存量和增量、地上和地下、传统和新型城市交通基础设施发展，合理确定城市综合交通体系建设的目标和任务，着力优化城市交通基础设施系统布局、规模标准和安全设计，完善城市快速干线交通系统、生活性集散交通系统、绿色慢行交通系统。将公共交通优先发展放在城市综合交通体系建设的首要位置，倡导公共交通支撑和引导城市发展的规划模式，不同层级城市要因地制宜制定公共交通发展目标，推动多种交通方式融合发展，提升城市公共交通保障水平。加强与市政管网、公共服务、防洪排涝、防灾减灾设施的融合，提升城市基础设施建设的系统性、完整性、协同性。

（二）有序推进城市快速干线交通系统建设。快速干线交通系统主要由快速路和城市轨道交通系统组成，是支撑城市高效运行的骨干系统。人口较多、交通压力较大的大中城市，应聚焦促进城市及周边高快速路一体化、提升城市通勤走廊出行效率、完善城市货运物流通道网络、优化轨道交通线网及提升客流效益等重点任务，因地制宜有序开展城市快速干线交通系统建设。城市轨道交通建设要符合城市发展战略，积极发挥轨道交通优化城市功能布局的作用，开展城市轨道交通建成项目效益评估，加强项目实施监督检查。做好快速干线交通系统与生活性集散交通系统的衔接，提升整体运行效率。

（三）积极实施城市生活性集散交通系统建设。生活性集散交通系统由城市主次干路、支路和公交站点、物流配送设施等组成，是生活出行和交通集散的基础系统。优化道路网的级配结构，提高道路网连通性和可达性，实现城市建成区平均道路网密度达到 8 公里/平方公里以上。加强道路建设前期设计及研究论证，按照城市道路沿线功能布局，合理设置道路宽度，优化分配道路空间，发挥道路承载交往、休闲等多元功能作用，增进沿线活力，提升空间魅力。加强城市物流配送设施建设，调整完善线路网络，提高配送效率。

（四）加快开展城市绿色慢行交通系统建设。绿色慢行交通系统由人行道、自行车道等设施网络组成，满足居民日常购物、休闲、健身等需要，是提升城市品质的重要系统。结合实施城市更新行动，科学规划建设人行道和自行车道，“一区一策”“一路一策”，保障慢行交通出行空间，积极开展人行道净化和自行车专用道建设，提升慢行交通设施的连续性、安全性和舒适性。严格落实无障碍设施工程建设标准，加强无障碍环境建设，便利残疾人、老年人安全通行。

三、推动城市交通基础设施系统化协同化发展

（一）强化城市交通基础设施全生命周期管理。探索覆盖城市交通基础设施规划、设计、建设、运营、维护、更新等各环节各阶段的全生命周期管理模式。加强城市交通基础设施前期研究论证，严格工程建设全过程质量安全监管，落实质量终身责任。控制建设成本，减少浪费，提高投入产出效益。加强城市交通基础设施使用行为特征分析，提升精细化管理和人性化服务水平。完善维修养护管理体制和老旧设施更新机制。

（二）加强充换电站等配套能源设施统筹建设。按适度超前、集约高效、弹性兼容的原则，推动配套能源设施与城市交通基础设施协同化建设，加强对城市加油加气站、充换电站、综合能源站等设施布局优化和规模管控，做好与电力设施、油气管网等专项规划的有效衔接。在确保安全的前提下，加强存量设施的混合利用，鼓励建设“多站合一”的配套能源供应站点。结合城镇老旧小区改造、完整社区建设等，推进城市居住区共建共享充电基础设施，合理利用周边道路建设路侧充电基础设施。

（三）加快补齐城市重点区域停车设施短板。组织开展城市停车设施普查和监测评估，摸清供需底数，及时更新各类停车设施数据信息。加强城市停车管理信息化建设，实现信息互联互通、共享共用，积极发展信息查询、停车引导等智慧服务。结合空间资源和财政承受能力，科学制定并实施城市停车设施建设计划。聚焦老旧小区、医院、学校等重点区域，因地制宜加快推进外部新建、周边共享和内部挖潜等项目，增加停车设施有效供给。合理规划专用卸货场地和临时停车泊位，满足城市配送车辆作业需求。鼓励大中城市轨道交通外围站点建设换乘停车设施，引导居民优先选择公共交通出行方式。根据城市不同特点，研究制定城市停车设施发展指标，指导城市推动解决停车难问题。

（四）建设城市交通基础设施监测平台。探索建设集合城市道路、轨道交通、充电桩、停车等设施以及城市通勤和以公共交通为导向开发模式（TOD）等数据的监测平台，促进各类数据资源联通共享，提升城市交通基础设施建设和运行的数字化、标准化、智能化水平。推进城市交通基础设施监测平台与城市运行管理服务平台、城市信息模型（CIM）基础平台深度融合。完善城市交通基础设施监测平台评估功能，积极发挥监测评估结果在城市交通基础设施建设运行管理工作中的辅助决策作用。

四、促进城市交通基础设施安全绿色智能发展

（一）增强城市交通基础设施安全韧性。提升城市交通基础设施的安全保障能力，增强对自然灾害和突发事件的预防抵御、应急反应、快速修复能力。建设城市道路桥隧等设施监测系统，完善预警应急疏散联动体系，确保事故报告及时、处置快速。加强城市轨道交通工程关键节点风险防控管理，建立结构安全评估制度，及时消除设施安全隐患。推动城市道路桥隧隐患探测检测市场化运行机制建设，鼓励研发及使用先进探测检测设备。

（二）推动城市交通基础设施绿色发展。在城市交通基础设施建设中，坚持生态环境优先，节约集约利用土地等资源，减少生态空间占用。推广绿色施工，重视施工后期生态修复，推进废旧建材、项目渣土等再生资源循环利用。推广使用新技术、新工艺、新产品，对已建成城市交通基础设施进行绿色化改造。鼓励开展城市交通基础设施建设及运行的碳排放核算工作。

（三）实施城市交通基础设施智能化改造。推动“多杆合一、多箱合一”，建设集成多种设备及功能的智慧杆柱，感知收集动态、静态交通数据。推进智慧城市基础设施与智能网联汽车协同发展，改造升级路侧设施，建设支持多元化应用的智能道路，在重点区域探索建设“全息路网”。支持智能道路工程关键技术研究，研究制订相关标准规范，满足城市道路智能化建设和车路协同项目需要。

五、强化组织保障

（一）加强统筹协调。各地要建立城市综合交通体系建设协调机制，明确职责分工，制定工作规则、责任清单，建立分年度实施项目库，统筹推动工作。要研究制定相关制度，加强对市、县城市综合交通体系建设的规划编制、平台建设、项目推进等督促指导。

（二）强化实施评估。各地要研究制定城市交通基础设施评价指标，因地制宜建立专项评估制度，全面梳理和分析研判城市交通基础设施建设进展、主要成效及存在的突出问题，有针对性地明确阶段性重点任务。要及时跟踪本地区城市综合交通体系建设工作开展情况，定期进行调度，协助解决遇到的难点问题。

（三）做好宣传引导。各地要加强城市综合交通体系建设工作经验总结，积极开展工作及成效宣传，及时解读重要政策措施，主动回应社会关切，争取社会各界对城市综合交通体系建设的理解支持，营造良好氛围。

关于全面开展城市体检工作的指导意见

建科〔2023〕75 号　2023 年 11 月 29 日

一、总体要求

以习近平新时代中国特色社会主义思想为指导，深入贯彻落实党的二十大精神，完整、准确、全面贯彻新发展理念，坚持人民城市人民建、人民城市为人民，把城市体检作为统筹城市规划、建设、管理工作的重要抓手，整体推动城市结构优化、功能完善、品质提升，打造宜居、韧性、智慧城市。坚持问题导向，划细城市体检单元，从住房到小区（社区）、街区、城区（城市），找出群众反映强烈的难点、堵点、痛点问题。坚持目标导向，把城市作为“有机生命体”，以产城融合、职住平衡、生态宜居等为目标，查找影响城市竞争力、承载力和可持续发展的短板弱项。强化结果运用，把城市体检发现的问题作为城市更新的重点，聚焦解决群众急难愁盼问题和补齐城市建设发展短板弱项，有针对性地开展城市更新，整治体检发现的问题，建立健全“发现问题—解决问题—巩固提升”的城市体检工作机制。

二、重点任务

（一）明确体检工作主体和对象。开展城市体检工作要坚持城市政府主导，建立城市住房城乡建设部门牵头，各相关部门、区、街道和社区共同参与，第三方专业团队负责的工作机制。城市住房城乡建设部门要制定城市体检工作方案、工作规则和技术标准，遴选第三方专业团队。相关部门、区、街道和社区要配合第三方专业团队做好体检工作。第三方专业团队负责城市体检数据采集和分析诊断，汇总城市体检结果，编写城市体检报告。城市体检对象包括住房、小区（社区）、街区、城区（城市）。住房、小区（社区）体检要以社区为基本单元统筹开展，街区体检要结合现有街道行政边界开展，衔接城市更新单元（片区）。相关部门可组织对

“平急两用”公共基础设施建设、城市基础设施生命线安全工程、历史文化保护传承等方面开展专项体检，与城市体检工作做好衔接。

（二）完善体检指标体系。围绕住房、小区（社区）、街区、城区（城市），建立城市体检基础指标体系（试行，详见附件），设定一定数量的核心指标。核心指标为能够获得精准稳定数据、可以进行纵向横向对比且具可持续性的指标。住房维度，从安全耐久、功能完备、绿色智能等方面设置房屋结构安全、管线管道、入户水质、建筑节能、数字家庭等指标。小区（社区）维度，从设施完善、环境宜居、管理健全等方面设置养老、托育、停车、充电等指标。街区维度，从功能完善、整洁有序、特色活力等方面设置中学、体育场地、老旧街区等指标。城区（城市）维度，从生态宜居、历史文化保护利用、产城融合、安全韧性、智慧高效等方面设置指标。地方各级住房城乡建设部门要结合本地实际，在城市体检基础指标体系基础上增加特色指标，细化每项指标的体检内容、获取方式、评价标准、体检周期等，做到可量化、可感知、可评价。

（三）深入查找问题短板。城市体检重在发现问题、推动解决问题。第三方专业团队开展数据采集和汇总分析，要坚持实事求是，充分使用全国自然灾害综合风险普查房屋建筑和市政设施调查、城市危旧房摸底调查、专业部门统计数据等已有数据资源，避免重复调查。住房、小区（社区）体检要组织街道和社区工作人员、物业服务企业、专业单位共同参与，畅通居民建言献策渠道，配合第三方专业团队摸清房屋使用中存在的安全隐患，找准养老、托育、停车、充电等设施缺口以及小区环境、管理方面的问题，建立各社区问题台账。涉及房屋结构安全、燃气安全等专业性较强的问题，需与专业单位出具的调查鉴定意见相一致。街区体检要充分考虑街区功能定位，衔接十五分钟生活圈，查找公共服务设施缺口以及街道环境整治、更新改造方面的问题，建立各街区问题台账。城区（城市）体检要综合评价城市生命体征状况和建设发展质量，找准短板弱项。

（四）强化体检结果应用。第三方专业团队要按照轻重缓急的原则对体检发现的问题进行系统梳理、诊断分析，将问题分为限时解决和尽力解决两类，提出问题清单和整治建议清单，并在全面汇总工作开展情况基础上，形成城市体检报告，提交城市住房城乡建设部门，经组织专家论证并征求各区政府、各有关部门意见后报城市政府。各城市要将城市体检报告提出的问题清单分解落实到各区政府、各有关部门，明确整治措施和完成时限。其中，需要限时解决的问题主要是涉及安全、健康以及群众反映强烈的突出问题，针对这类问题要做到立行立改、限时解决。对于需要尽力解决的问题，要坚持尽力而为、量力而行，一件事情接着一件事情办，一年接着一年干，尽力补齐短板弱项。城市住房城乡建设部门要依据城市体检报告，制定城市更新规划和年度实施计划，生成城市更新项目库，统筹推进既有建筑更新改造、城镇老旧小区改造、完整社区建设、活力街区打造、城市功能完善、城市基础设施更新改造、城市生态修复、历史文化保护传承等城市更新工作。要将解决上一年度体检发现问题的情况纳入本年度的城市体检工作中，持续推进问题解决。

（五）加快信息平台建设。各级住房城乡建设部门应结合城市体检、全国自然灾害综合风险普查房屋建筑和市政设施调查、城市信息模型（CIM）基础平台建设等工作，汇聚第三方专业团队采集的体检数据、体检形成的问题清单、整治建议清单、工作进度等数据，搭建城市体检数据库，按照规定做好数据保存管理、动态更新、网络安全防护等工作。以城市体检数据库为基础，建设城市体检信息平台，发挥信息平台在数据分析、监测评估等方面的作用，实现体检指标可持续对比分析、问题整治情况动态监测、城市更新成效定期评估、城市体检工作指挥调度等功能，为城市规划、建设、管理提供基础支撑。

三、保障措施

（一）加强组织领导。各级住房城乡建设部门要充分认识开展城市体检工作的重要性，将其作为实施城市更新行动的重要基础性工作，在当地党委、政府领导下，加强部门合作，形成工作合力，扎实推进城市体检工作。城市体检工作于每年 3—8 月开展，各地可按照预算管理有关规定，结合实际工作需要，统筹安排资金对城市体检工作给予支持。各省（自治区）住房城乡建设部门要加大城市体检工作培训力度，加强全过程跟踪指导和工作督导，把是否达到问题查找精准、问题整治到位、更新成效显著等作为工作质量评判标准，定期通报工作进展。城市体检报告经城市政府同意后，由省（自治区）住房城乡建设部门汇总并形成综合报告后于每年9月底前报送我部。直辖市城市体检报告经直辖市政府同意后由城市体检工作主管部门于每年9月底前报送我部。

（二）强化监测评价。各省（自治区）住房城乡建设部门要把城市体检作为对城市人居环境质量改善状况和宜居、韧性、智慧城市建设成效进行考核评价的重要依据，建立监测评价机制，针对存在的问题提出改进要求并督促解决。我部将指导各省（自治区）综合考虑规模、区位、功能等因素选取具有代表性的样本城市，对城市体检工作开展情况和问题解决情况进行评估，对城市建设发展状况和水平进行评价，找出共性问题并提出政策措施建议，完善城市体检评估机制。

（三）加快专业队伍建设。各地要加大城市体检专业团队和专业人员的培养力度，遴选第三方专业团队承担城市体检工作。第三方专业团队应当配有建筑、结构、市政、规划、地理、经济等方面的专业技术人员，熟练掌握和应用城市体检工作方法，且长期服务于城市规划、建设、管理工作。住房城乡建设部将遴选并公布一批业务水平高、综合能力强、实践经验丰富的城市体检专业团队，为地方工作提供支撑。

（四）动员公众参与。各地要加大城市体检工作宣传力度，通过主流媒体、网络、新媒体平台等对城市体检工作进行政策解读和宣传，让人民群众关心了解城市体检工作，引导公众积极参与。要采取多种方式畅通公众参与城市体检工作的渠道，倾听群众声音，了解群众诉求，及时回应群众关切，落实“人民城市人民建、人民城市为人民”的理念，营造全社会支持参与城市体检工作的良好氛围。

五、中华人民共和国自然资源部

关于协同做好不动产“带押过户”便民利企服务的通知

自然资发〔2023〕29号　2023年3月3日

一、以点带面，积极做好“带押过户”

“带押过户”是指依据《民法典》第四百零六条“抵押期间，抵押人可以转让抵押财产。当事人另有约定的，按照其约定”的规定，在申请办理已抵押不动产转移登记时，无需提前归还旧贷款、注销抵押登记，即可完成过户、再次抵押和发放新贷款等手续，实现不动产登记和抵押贷款的有效衔接。

“带押过户”主要适用于在银行业金融机构存在未结清的按揭贷款，且按揭贷款当前无逾期。根据《自然资源部关于做好不动产抵押登记工作的通知》（自然资发〔2021〕54号），不动产登记簿已记载禁止或限制转让抵押不动产的约定，或者《民法典》实施前已经办理抵押登记的，应当由当事人协商一致再行办理。各地要在已有工作的基础上，根据当地“带押过户”推行情况、模式及配套措施情况，深入探索，以点带面，积极做好“带押过户”。要推动省会城市、计划单列市率先实现，并逐步向其他市县拓展；要推动同一银行业金融机构率先实现，并逐步向跨银行业金融机构拓展；要推动住宅类不动产率先实现，并逐步向工业、商业等类型不动产拓展。实现地域范围、金融机构和不动产类型全覆盖，常态化开展“带押过户”服务。

二、因地制宜，确定“带押过户”模式

地方在实践探索中，主要形成了三种“带押过户”模式。模式一：新旧抵押权组合模式。通过借新贷、还旧贷无缝衔接，实现“带押过户”。买卖双方及涉及的贷款方达成一致，约定发放新贷款、偿还旧贷款的时点和方式等内容，不动产登记机构合并办理转移登记、新抵押权首次登记与旧抵押权注销登记。

模式二：新旧抵押权分段模式。通过借新贷、过户后还旧贷，实现“带押过户”。买卖双方及涉及的贷款方达成一致，约定发放新贷款、偿还旧贷款的时点和方式等内容，不动产登记机构合并办理转移登记、新抵押权首次登记等，卖方贷款结清后及时办理旧抵押权注销登记。

模式三：抵押权变更模式。通过抵押权变更实现“带押过户”。买卖双方及涉及的贷款方达成一致，约定抵押权变更等内容，不动产登记机构合并办理转移登记、抵押权转移登记以及变更登记。

各地要结合本地实际，确定适宜的办理模式，并结合实践不断丰富发展。在上述模式中，尤其买卖双方涉及不同贷款方的业务，鼓励各地积极引入预告登记，通过预告登记制度，防止“一房二卖”，防范抵押权悬空等风险，维护各方当事人合法权益，保障金融安全。

三、深化协同，提升便利化服务水平

各级不动产登记机构、银行保险监督管理机构及银行业金融机构要加强业务协同，推进登记金融系统融合，优化工作流程，实时共享信息，精简办事材料，努力实现登记、贷款、放款、还款无缝衔接，切实便民利企。鼓励建立跨银行业金融机构贷款协同机制，进一步探索不动产登记机构和银行保险监督管理机构“总对总”业务和系统对接方式。

不动产登记机构要继续向银行业金融机构延伸登记服务端口，实现预告登记、转移登记、抵押登记等业务合并办理，支持转移预告登记与抵押预告登记以及“双预告”登记转本登记一并申请、一并办理。要通过系统直联或“互联网+不动产登记”等方式，全面应用电子不动产登记证明，支持“带押过户”网上办、高效办。鼓励推进智能化辅助审核，实现系统自动提示办事进度、自动反馈业务信息，积极探索预告登记转本登记、抵押注销登记辅助自动办。

银行业金融机构要围绕“带押过户”贷款业务新特点，建立健全对应的服务制度，加快贷款业务流程改造，制定操作规程或业务指南，完善风险管控机制，及时升级改造信贷审批放款、还款结算等系统，实现自动放款、还款、资金支付、尾款结算等，确保资金安全高效。要减轻买卖双方负担、尊重各方意愿，选择便捷的资金流转模式，明确资金划转依据、时间节点、具体方式等，实现全流程闭环管理，确保资金安全。鼓励通过银行账户等方式直接结算。引入预告登记等制度的，要根据实时推送的预告登记等结果信息及时审批、发放贷款，确保资金按时到账。

四、加强组织，防范各类业务风险

各级自然资源主管部门、银行保险监督管理机构要高度重视，提高政治站位，将做好不动产“带押过户”作为当前加快推动经济运行稳步回升的重要举措之一，加强组织领导，深化部门协同，压实工作责任，积极主动落实。要建立畅通的沟通协调机制，加强业务指导和监管，梳理各环节风险点，制定应急预案，通过发布三方（四方）协议样本、风险提示、业务预警等方式切实防范风险。要细化业务流程，加强业务培训，做好宣传引导，鼓励企业群众积极选择“带押过户”服务。工作中遇到的重大问题，请及时报自然资源部、中国银行保险监督管理委员会。

关于加强国土空间详细规划工作的通知

自然资发〔2023〕43号　2023年3月23日

一、积极发挥详细规划法定作用。详细规划是实施国土空间用途管制和核发建设用地规划许可证、建设工程规划许可证、乡村建设规划许可证等城乡建设项目规划许可以及实施城乡开发建设、整治更新、保护修复活动的法定依据，是优化城乡空间结构、完善功能配置、激发发展活力的实施性政策工具。详细规划包括城镇开发边界内详细规划、城镇开发边界外村庄规划及风景名胜区详细规划等类型。各地在“三区三线”划定后，应全面开展详细规划的编制（新编或修编，下同），并结合实际依法在既有规划类型未覆盖地区探索其他类型详细规划。

二、分区分类推进详细规划编制。要按照城市是一个有机生命体的理念，结合行政事权统筹生产、生活、生态和安全功能需求划定详细规划编制单元，将上位总体规划战略目标、底线管控、功能布局、空间结构、资源利用等方面的要求分解落实到各规划单元，加强单元之间的系统协同，作为深化实施层面详细规划的基础。各地可根据新城建设、城市更新、乡村建设、自然和历史文化资源保护利用的需求和产城融合、城乡融合、区域一体、绿色发展等要求，因地制宜划分不同单元类型，探索不同单元类型、不同层级深度详细规划的编制和管控方法。

三、提高详细规划的针对性和可实施性。要以国土调查、地籍调查、不动产登记等法定数据为基础，加强人口、经济社会、历史文化、自然地理和生态、景观资源等方面调查，按照《国土空间规划城市体检评估规程》，深化规划单元及社区层面的体检评估，通过综合分析资源资产条件和经济社会关系，准确把握地区优势特点，找准空间治理问题短板，明确功能完善和空间优化的方向，切实提高详细规划的针对性和可实施性。

四、城镇开发边界内存量空间要推动内涵式、集约型、绿色化发展。围绕建设“人民城市”要求，按照《社区生活圈规划技术指南》，以常住人口为基础，针对后疫情时代实际服务人口的全面发展需求，因地制宜优化功能布局，逐步形成多中心、组团式、网络化的空间结构，提高城市服务功能的均衡性、可达性和便利性。要补齐就近就业和教育、健康、养老等公共服务设施短板，完善慢行系统和社区公共休闲空间布局，提升生态、安全和数字化等新型基础设施配置水平。要融合低效用地盘活等土地政策，统筹地上地下，鼓励开发利用地下空间、土地混合开发和空间复合利用，有序引导单一功能产业园区向产城融合的产业社区转变，提升存量土地节约集约利用水平和空间整体价值。要强化对历史文化资源、地域景观资源的保护和合理利用，在详细规划中合理确定各规划单元范围内存量空间保留、改造、拆除范围，防止“大拆大建”。

五、城镇开发边界内增量空间要强化单元统筹，防止粗放扩张。要根据人口和城乡高质量发展的实际需要，以规划单元统筹增量空间功能布局、整体优化空间结构，促进产城融合、城乡融合和区域一体协调发展，避免增量空间无序、低效。要严格控制增量空间的开发，确需占用耕地的，应按照“以补定占”原则同步编制补充耕地规划方案，明确补充耕地位置和规模。总体规划确定的战略留白用地，一般不编制详细规划，但要加强开发保护的管控。

六、强化详细规划编制管理的技术支撑。重点地区编制详细规划，自然资源部门应按照《国土空间规划城市设计指南》要求开展城市设计，城市设计方案经比选后，按法定程序将有关建议统筹纳入详细规划管控引导要求。适应新产业、新业态和新生活方式的需要，鼓励地方按照“多规合一”、节约集约和安全韧性的原则，结合城市更新和新城建设的实际，因地制宜制定或修订基础设施、公共服务设施和日照、间距等地方性规划标准，体现地域文化、地方特点和优势，防止“千城一面”。要加快推进规划编制和实施管理的数字化转型，依托国土空间基础信息平台和国土空间规划“一张图”系统，按照统一的规划技术标准和数据标准，有序实施详细规划编制、审批、实施、监督全程在线数字化管理，提高工作质量和效能。

七、加强详细规划组织实施。市县自然资源部门是详细规划的主管部门，省级自然资源部门要加强指导。应当委托具有城乡规划编制资质的单位编制详细规划，并探索建立详细规划成果由注册城乡规划师签字的执业规范。要健全公众参与制度，在详细规划编制中做好公示公开，主动接受社会监督。

各地要在2023年底前，完成详细规划编制单元划定工作，并结合“十四五”经济社会发展和城市建设、治理的需要，及时启动实施层面详细规划的编制工作。各地要及时总结经验、分析问题和矛盾、提出深化改革意见和建议，重要事项及时报告我部。

关于严守底线规范开展全域土地综合整治试点工作有关要求的通知

自然资办发〔2023〕15号　2023年4月23日

一、坚决维护“三区三线”划定成果的严肃性

国土空间规划是土地综合整治的基本依据，试点工作要坚持规划先行、依法依规。土地综合整治活动原则上应分别在国土空间规划确定的农业空间、生态空间、城镇空间内相对独立开展，稳定空间格局，维护“三区三线”划定成果的严肃性。

（一）严格控制耕地和永久基本农田调整，稳定农业空间。土地综合整治中确需对少量破碎的耕地和永久基本农田进行布局调整的，按照“总体稳定、优化微调”的原则，在数量有增加、质量有提升、生态有改善、布局更优化的前提下，稳妥有序实施。已建高标准农田、有良好水利灌溉设施的耕地应当优先划入永久基本农田；已经划入永久基本农田的，原则上不得调出。严禁在城乡建设中以单个项目占用为目的擅自调整永久基本农田。

（二）严禁调整生态保护红线，保护生态空间。土地综合整治涉及生态保护红线内零星破碎、不便耕种、以“开天窗”形式保留的永久基本农田，在保持生态保护红线外围边界不变、不破坏生态环境的前提下，可以适度予以整治、集中，确保生态保护红线面积不减少、生态系统功能不降低、完整性联通性有提升。严禁以土地综合整治名义调整生态保护红线。严禁破坏生态环境砍树挖山填湖，严禁违法占用林地、湿地、草地，不得采伐古树名木，不得以整治名义擅自毁林开垦。

（三）严守城镇开发边界，锁定城镇空间。原则上不得以土地综合整治的名义调整城镇开发边界。城镇开发边界范围内的耕地，以“开天窗”方式划为永久基本农田的，原则上应予以保留，充分发挥其生态和景观功能。对过于零星破碎、不便耕种、确需进行集中连片整治的，仍优先以“开天窗”方式保留，保持“开天窗”永久基本农田总面积不减少；确需调出、不再以“开天窗”方式保留的，必须确保城镇开发边界扩展倍数不增加。

二、坚决防止耕地和永久基本农田阶段性流失和质量降低

（一）坚持先补后调原则。土地综合整治涉及耕地和永久基本农田调整的，严格执行耕地年度内“进出平衡”和永久基本农田“先补划后调整”的要求，对调出的耕地，应当在年度内落实“进出平衡”，并在部国土空间规划“一张图”系统中备案，涉及永久基本农田的，应当先补划后调整，并在部永久基本农田监测监管系统中上图入库。补划的耕地和永久基本农田应为可长期稳定利用的优质耕地，原则上不得超出原乡镇范围，乡

镇范围内确实难以落实补划的，在县域范围内统筹安排。

（二）严格落实耕地保护目标责任。土地综合整治应当分年度实施并开展阶段验收；整治任务全面完成后，开展整治项目整体验收。阶段验收和整体验收时，均应实测新增耕地和永久基本农田面积，并按相关规定严格把关，确保质量不降低。不得仅靠“图上作业”或以系数测算新增耕地和永久基本农田面积。

阶段验收未完成“进出平衡”和补划永久基本农田任务、未达到质量要求的，应暂停试点进行整改；待整改完成后，再推进下一阶段工作。项目完成验收并经审核同意更新全国国土空间规划“一张图”数据后，方可作为规划管理和用地审批依据。永久基本农田调整完成后，要及时向社会公告，加强后期管护和政策宣传，接受社会监督。

在土地综合整治实施期间，严格实行“一年一考核”，确保试点所在县（区、市）每年度耕地总量不减少、质量不降低，守住国土空间总体规划确定的耕地和永久基本农田保护目标任务。

三、切实维护群众合法权益

试点地区要切实做好整治区域内地籍调查、不动产登记工作，确保土地权属清晰无争议。在编制相关规划和实施方案时，要充分听取和尊重当地群众意愿；有关规划、实施方案经批准后要及时公布并长期公开，接受群众监督。实施整治活动时，要运用好村民议事决策机制，坚决防范少数人说了算、多数人被代表的问题。试点地区的全域土地综合整治原则上不得开展合村并居，对承载当地传统历史文化内涵的特色村庄要坚决予以保留。严禁违背群众意愿搞大拆大建，不得强迫农民“上楼”。对因环境条件差、生态脆弱、自然灾害频发等原因确需搬迁撤并村庄的，要严格落实党中央、国务院关于严格规范村庄撤并工作的有关要求。确属农民自愿对住宅拆旧建新的，腾退的宅基地指标应优先保障本村农民住宅建设。确有节余的，方可按照增减挂钩相关规定进行流转。

四、严格控制试点范围

请各省（区、市）抓紧按照以上要求，对已经部确定的全域土地综合整治试点进行梳理，对不符合要求或不具备实施条件的及时调出试点名单并报部备案。依据有关规划编制的试点实施方案等由省级自然资源主管部门负责审查，部不再进行备案审核。

各派驻地方的国家自然资源督察局结合年度督察工作，加强对各地全域土地综合整治试点工作的抽查核查，对发现的重大问题向部报告，按程序及时通报，督促整改。

关于进一步做好用地用海要素保障的通知

自然资发〔2023〕89 号　2023 年 6 月 13 日

一、加快国土空间规划审查报批

1. 严格落实《全国国土空间规划纲要（2021—2035 年）》和“三区三线”划定成果，加快地方各级国土空间规划编制报批。在各级国土空间规划正式批准之前的过渡期，对省级国土空间规划已呈报国务院的省份，有批准权的人民政府自然资源主管部门已经组织审查通过的国土空间总体规划，可作为项目用地用海用岛组卷报批依据。国土空间规划明确了无居民海岛开发利用建设范围和具体保护措施等要求的，可不再编制可利用无居民海岛保护和利用规划。

二、优化建设项目用地审查报批要求

2. 缩小用地预审范围。以下情形不需申请办理用地预审，直接申请办理农用地转用和土地征收：(1) 国土空间规划确定的城市和村庄、集镇建设用地范围内的建设项目用地；(2) 油气类“探采合一”和“探转采”钻井及其配套设施建设用地；(3) 具备直接出让采矿权条件、能够明确具体用地范围的采矿用地；(4) 露天煤矿接续用地；(5) 水利水电项目涉及的淹没区用地。

3. 简化建设项目用地预审审查。涉及规划土地用途调整的，重点审查是否符合允许调整的情形，规划土地用途调整方案在办理农用地转用和土地征收阶段提交；涉及占用永久基本农田的，重点审查是否符合允许占用的情形以及避让的可能性，补划方案在办理农用地转用和土地征收阶段提交；涉及占用生态保护红线的，重点审查是否属于允许有限人为活动之外的国家重大项目范围，在办理农用地转用和土地征收阶段提交省级人民政府出具的不可避让论证意见。

4. 重大项目可申请先行用地。需报国务院批准用地的国家重大项目和省级高速公路项目中，控制工期的单体工程和因工期紧或受季节影响确需动工建设的其他工程可申请办理先行用地，申请规模原则上不得超过用地预审控制规模的 30%。先行用地批准后，应于 1 年内提出农用地转用和土地征收申请。

5. 分期分段办理农用地转用和土地征收。确需分期建设的项目，可根据可行性研究报告确定的方案或可行性研究批复中明确的分期建设内容，分期申请建设用地。线性基础设施建设项目正式报批用地时，可根据用地报批组卷进度，以市（地、州、盟）分段报批用地。农用地转用和土地征收审批均在省级人民政府权限内的，可以县（市、区）为单位分段报批用地。

6. 重大建设项目直接相关的改路改沟改渠和安置用地与主体工程同步报批。能源、交通、水利、军事等重大建设项目直接相关的改路、改沟、改渠和安置等用地可以和项目用地一并办理农用地转用和土地征收，原则上不得超过原有用地规模。土地使用标准规定的功能分区之外，因特殊地质条件确需建设边坡防护等工程，其用地未超项目用地定额总规模 3% 的，以及线性工程经优化设计后无法避免形成的面积较小零星夹角地且明确后期利用方式的，可一并报批。其中，主体工程允许占用永久基本农田的，改路、改沟、改渠等如确实难以避让永久基本农田，在严格论证前提下可以申请占用，按要求落实补划任务。

7. 明确铁路“四电”工程用地报批要求。铁路项目已批准的初步设计明确的“四电”工程（通信工程、信号工程、电力工程和电气化工程），可以按照铁路主体工程用地的审批层级和权限单独办理用地报批。主体工程允许占用永久基本农田或生态保护红线的，“四电”工程在无法避让时可以申请占用。

8. 优化临时用地政策。直接服务于铁路、公路、水利工程施工的制梁场、拌合站，需临时使用土地的，其土地复垦方案通过论证，业主单位签订承诺书，明确了复垦完成时限和恢复责任，确保能够恢复种植条件的，可以占用耕地，不得占用永久基本农田。

9. 明确占用永久基本农田重大建设项目范围。(1) 党中央、国务院明确支持的重大建设项目（包括党中央、国务院发布文件或批准规划中明确具体名称的项目和国务院批准的项目）；(2) 中央军委及其有关部门批准的军事国防类项目；(3) 纳入国家级规划（指国务院及其有关部门颁布）的机场、铁路、公路、水运、能源、水利项目；(4) 省级公路网规划的省级高速公路项目；(5) 按《关于梳理国家重大项目清单加大建设用地保障力度的通知》（发改投资〔2020〕688 号）要求，列入需中央加大用地保障力度清单的项目；(6) 原深度贫困地区、集中连片特困地区、国家扶贫开发工作重点县省级以下基础设施、民生发展等项目。

10. 重大建设项目在一定期限内可以承诺方式落实耕地占补平衡。对符合可以占用永久基本农田情形规定的重大建设项目，允许以承诺方式落实耕地占补平衡。省级自然资源主管部门应当明确兑现承诺的期限和落实补充耕地方式。兑现承诺期限原则上不超过 2 年，到期未兑现承诺的，部直接从补充耕地县级储备库中扣减指标，不足部分扣减市级或省级储备库指标。上述承诺政策有效期至 2024 年 3 月 31 日。

11. 规范调整用地审批。线性工程建设过程中因地质灾害、文物保护等不可抗力因素确需调整用地范围的，经批准项目的行业主管部门同意后，建设单位可申请调整用地。项目建设方案调整，调整后的项目用地总面积、耕地和永久基本农田规模均不超原批准规模，或者项目用地总面积和耕地超原规模、但调整部分未超出省级人民政府土地征收批准权限的，报省级人民政府批准；调整后的项目用地涉及调增永久基本农田，或征收耕地超过 35 公顷、其他土地超过 70 公顷，应当报国务院批准。调整用地涉及新征收土地的，应当依法履行征地程序，不再使用的土地，可以交由原集体经济组织使用。省级人民政府批准调整用地后，应纳入国土空间规划“一张图”实施监管，并及时报自然资源部备案。

12. 因初步设计变更引起新增用地可补充报批。单独选址建设项目在农转用和土地征收批准后，由于初步设计变更，原有用地未发生变化但需新增少量必要用地的，可以将新增用地按照原有用地的审批权限报批。建设项目原有用地可占用永久基本农田和生态保护红线的，新增用地也可申请占用。其中原有用地由省级人民政府批准的，确需新增用地涉及占用永久基本农田、占用生态保护红线的，要符合占用情形，建设项目整体用地（包括原有用地和新增用地）中征收其他耕地超过 35 公顷、其他土地超过 70 公顷的，应当报国务院批准。

三、落实节约集约用地要求，完善自然资源资产供应制度

13. 支持节约集约用地新模式。公路、铁路、轨道交通等线性基础设施工程采用立体复合、多线共廊等新模式建设的，经行业或投资主管部门审核同意采用此方式同步建设部分，且工程用地不超过相应用地指标的，用地可一并组卷报批。

14. 做好项目用地节地评价。超标准、无标准项目用地要严格执行《关于规范开展建设项目节地评价工作的通知》（自然资办发〔2021〕14 号）。重大项目中公路项目设置的互通立体交叉工程用地，超过《公路工程项目建设用地指标》有关间距规定，经省级以上交通主管部门审核认定必须设置的，省级自然资源主管部门应开展节地评价论证。

15. 优化产业用地供应方式。按照供地即可开工的原则，支持产业用地“标准地”出让，鼓励各地根据本地产业发展特点，制定“标准地”控制指标体系。在土地供应前，由地方政府或依法设立的开发区（园区）和新区的管理机构统一开展地质灾害、压覆矿产、环境影响、水土保持、洪水影响、文物考古等区域评估和普查。依据国土空间详细规划和区域评估、普查成果，确定规划条件和控制指标并纳入供地方案，通过出让公告公开发布。鼓励地方探索制定混合土地用途设定规则，依据国土空间详细规划确定主导土地用途、空间布局及比例，完善混合产业用地供给方式。单宗土地涉及多种用途混合的，应依法依规合理确定土地使用年限，按不同用途分项评估后确定出让底价。

16. 优化重大基础设施项目划拨供地程序。在国土空间规划确定的城市和村庄、集镇建设用地范围外的能源、交通、水利等重大基础设施项目，土地征收和农用地转用经批准实施后，直接核发国有土地使用权划拨决定书。

17. 探索各门类自然资源资产组合供应。在特定国土空间范围内，涉及同一使用权人需整体使用多门类全民所有自然资源资产的，可实行组合供应。将各门类自然资源资产的使用条件、开发要求、底价、溢价比例等纳入供应方案，利用自然资源资产交易平台等，一并对社会公告、签订资产配置合同，相关部门按职责进行监管。进一步完善海砂采矿权和海域使用权“两权合一”招标拍卖挂牌出让制度，鼓励探索采矿权和建设用地使用权组合供应方式。

18. 优化地下空间使用权配置政策。实施“地下”换“地上”，推进土地使用权分层设立，促进城市地上

与地下空间功能的协调。依据国土空间总体规划划定的重点地下空间管控区域，综合考虑安全、生态、城市运行等因素，统筹城市地下基础设施管网和地下空间使用。细化供应方式和流程，探索完善地价支持政策，按照向下递减的原则收缴土地价款。城市建成区建设项目增加公共利益地下空间的，或向下开发利用难度加大的，各地可结合实际制定空间激励规则。探索在不改变地表原有地类和使用现状的前提下，设立地下空间建设用地使用权进行开发建设。

19. 推动存量土地盘活利用。遵循“以用为先”的原则，对于道路绿化带、安全间距等代征地以及不能单独利用的边角地、零星用地等，确实无法按宗地单独供地的，报经城市人民政府批准后，可按划拨或协议有偿使用土地的有关规定合理确定土地使用者，核发《国有建设用地划拨决定书》或签订国有建设用地有偿使用合同。建设项目使用城镇低效用地的，可以继续按照《关于深入推进城镇低效用地再开发的指导意见（试行）》（国土资发〔2016〕147 号）有关规定执行。

四、加快“未批已填”围填海历史遗留问题处理，优化项目用海用岛审批程序

20. 符合要求的“未批已填”围填海历史遗留问题可先行开展前期工作。在依法依规严肃查处到位、相关处理方案已经自然资源部备案的前提下，地方人民政府可根据需要先行组织开展沉降处理、地面平整等前期工作，并同步强化生态保护修复。

21. 进一步简化落地项目海域使用论证要求。已按规定完成生态评估和生态保护修复方案编制的“未批已填”围填海历史遗留问题区域，对选址位于其中的落地项目，一般仅需论证用海合理性、国土空间规划符合性、开发利用协调性等内容，并结合生态保护修复方案明确单个项目的生态保护修复措施。如多个项目选址位于集中连片的“未批已填”历史遗留围填海区域且均属于省级人民政府审批权限，地方可结合实际，实行打捆整体论证。

22. 项目用海与填海项目竣工海域使用验收一并审查。对利用“未批已填”历史遗留围填海、无新增围填海的项目，可在提交海域使用申请材料时一并提交竣工验收测量报告，海域使用论证报告与竣工验收测量报告合并审查。在项目用海批准并全额缴纳海域使用金后，对填海竣工验收申请直接下达批复。

23. 先行开展项目用海用岛论证材料技术审查。为加快审查，对暂不具备受理条件的项目，可以先行开展用海用岛论证和专家预评审等技术审查工作。

24. 开展集中连片开发区域整体海域使用论证。对集中连片开发的开放式旅游娱乐、已有围海养殖等用海区域，地方人民政府可根据需要组织开展区域整体海域使用论证，单位和个人申请用海时，可不再进行海域使用论证。省级人民政府自然资源（海洋）主管部门要根据实际情况明确区域整体海域使用论证评审工作要求，集中连片区域超过 700 公顷且不改变海域自然属性的用海、集中连片已有围海养殖区域超过 100 公顷的用海，原则上应由省级人民政府自然资源（海洋）主管部门组织论证评审。

25. 优化海底电缆管道路由调查勘测、铺设施工和项目用海审查程序。报国务院审批的海底电缆管道项目，海底电缆管道铺设施工申请可与项目用海申请一并提交审查；路由调查勘测报告与海域使用论证报告可合并编制，路由调查勘测申请审批程序仍按原规定执行。国际通信海缆项目取得路由调查勘测批复文件，即视同取得用海预审意见。

26. 优化临时海域使用审批程序。对海上油气勘探用海活动，继续按照临时海域使用进行管理，临时海域使用时间自钻井平台施工就位时起算。施工难度大、存在试采需求等特殊情形的海上油气勘探用海活动，建设周期较长的能源、交通、水利等基础设施建设项目涉及的临时海域使用活动期限届满，确有必要的，经批准可予以继续临时使用，累计临时使用相关海域最长不超过一年。临时海域使用期限届满后，应及时按规定拆除临时用海设施和构筑物。

27. 优化报国务院审批用海用岛项目申请审批程序。对同一项目涉及用海用岛均需报国务院批准的，实行“统一受理、统一审查、统一批复”，项目建设单位可一次性提交用海用岛申请材料。其中涉及新增围填海的项目，按现有规定办理。对助航导航、测量、气象观测、海洋监测和地震监测等公益设施用岛，可简化无居民海岛开发利用具体方案和项目论证报告。

五、严格承诺事项落实情况的监管

省级自然资源主管部门对用地报批中涉及的耕地占补平衡、先行用地、临时用地复垦等方面作出的承诺事项，应督促有关责任主体按期兑现承诺。部有关业务主管司局要对承诺执行情况加强督导检查。未按期履行的，一经查实，终止所在省份继续执行相关承诺政策，并依法依规严肃处理。

关于在经济发展用地要素保障工作中严守底线的通知

自然资发〔2023〕90号　2023年6月13日

一、坚持以国土空间规划作为用地依据。国土空间规划是各类开发保护建设活动的基本依据。各级自然资源主管部门应当加快国土空间规划的编制、报批，并按照国土空间规划和“三区三线”等空间管控要求，提前介入、积极配合和参与建设项目选址选线，在国土空间规划“一张图”上统筹建设项目空间布局。不得违反国土空间规划和“三区三线”管控规则批准用地。

二、强化土地利用计划管控约束。建设项目需要使用土地的，必须符合土地利用年度计划管理规定，严禁无计划、超计划批准用地。各地要结合项目建设需要，统筹做好土地利用年度计划安排，严格实施计划指标配置与处置存量土地挂钩机制，以当年存量土地处置规模为基础核算地方计划控制额度。

三、落实永久基本农田特殊保护要求。永久基本农田一经划定，任何组织和个人不得擅自占用或者改变用途。确需占用的，应符合《土地管理法》关于重大建设项目范围的规定，并按要求做好占用补划审查论证，补划的永久基本农田必须是可以长期稳定利用的耕地。严禁超出法律规定批准占用永久基本农田；严禁通过擅自调整国土空间规划等方式规避永久基本农田农用地转用或者土地征收审批。

四、规范耕地占补平衡。实施补充耕地项目，应当依据国土空间规划和生态环境保护要求，禁止在生态保护红线、林地管理、湿地、河道湖区等范围开垦耕地；禁止在严重沙化、水土流失严重、生态脆弱、污染严重难以恢复等区域开垦耕地；禁止在25度以上陡坡地、重要水源地15度以上坡地开垦耕地。对于坡度大于15度的区域，原则上不得新立项实施补充耕地项目，根据农业生产需要和农民群众意愿确需开垦的，应经县级论证评估、省级复核认定具备稳定耕种条件后方可实施。对于主要以抽取地下水方式灌溉的区域，不得实施垦造水田项目。未利用地开垦应限定在基于第三次全国国土调查成果开展的新一轮全国耕地后备资源调查评价确定的宜耕后备资源范围内实施；如实施大型水利工程后宜耕后备资源范围扩大的，可一事一议，由省级报部申请调整。因数字高程模型（DEM）现势性不够等技术原因或因实施土地整治、生态修复，项目地块实际坡度与坡度图结果不一致的，按《第三次全国国土调查技术问答（第三批）》（国土调查办发〔2020〕9号）有关要求处理。

各地要坚持以补定占，根据补充耕地能力，统筹安排占用耕地项目建设时序。落实补充耕地任务，要坚持“以县域自行平衡为主、省域内调剂为辅、国家适度统筹为补充”的原则，立足县域内自行挖潜补充，坚决纠正平原占用、山区补充的行为；确因后备资源匮乏需要在省域内进行调剂补充的，原则上应为省级以上重大建设项目。省级自然资源主管部门要加强补充耕地资源集中开发和指标统筹使用，坚决纠正和防范地方与社会资本在利益驱动下单纯追求补充耕地指标、不顾立地条件强行开发的行为；要严格规范省域内补充耕地指标调剂管理，实行公开透明规范调剂，将补充耕地指标统一纳入省级管理平台，进一步规范调剂程序，合理确定调剂经济补偿水平，严格管控调剂规模。

五、稳妥有序落实耕地进出平衡。严格控制耕地转为林地、园地、草地等其他农用地，农业结构调整等确需转变耕地用途的，严格落实年度耕地进出平衡。水库淹没区占用耕地的，用地报批前应当先行落实耕地进出平衡。各地要综合考虑坡度、光热水土条件、农业生产配套设施情况、现状种植作物生长周期和市场经济状况、农民意愿、经济成本等因素，系统谋划农业结构调整、进出平衡的空间布局和时序安排，有计划、有节奏、分类别、分区域逐步推动耕地调入。耕地调入后，应通过农民个人或集体经济组织耕种、依法依规流转进行规模化经营等方式，提高耕地长期稳定利用的能力。要巩固退耕还林成果，严禁脱离实际、不顾农业生产条件和生态环境强行将陡坡耕地调入；严禁不顾果树处于盛果期、林木处于生长期、鱼塘处于收获季等客观实际，强行拔苗砍树、填坑平塘；严禁只强调账面上落实耕地进出平衡，不顾后期耕作利用情况，造成耕地再次流失。

六、严守生态保护红线。各地要强化生态保护意识，将生态保护红线作为项目选址的刚性约束，合理避让生态保护红线。坚决杜绝各类破坏生态环境、违反生态保护红线管控要求的违法建设行为。对在生态保护红线内的未批先建等违法违规用地行为，按照《土地管理法》《土地管理法实施条例》等法律法规规定从重处罚。

七、严控新增城镇建设用地。各地要充分发挥城镇开发边界对各类城镇集中建设活动的空间引导和统筹调控作用。省市县各级国土空间规划实施中，要避免“寅吃卯粮”，在城镇开发边界内的增量空间使用上，为“十五五”“十六五”期间至少留下 35%、25% 的增量空间。在年度增量空间使用规模上，至少为每年保留五年平均规模的 80%，其余可以用于年度间调剂，但不得突破分阶段控制总量，以便为未来发展预留合理空间。坚决杜绝擅自突破年度计划指标、破坏自然和历史文化遗产资源等各类建设行为。

八、严格执行土地使用标准。各类建设项目要严格执行土地使用标准，超标准、无标准的项目用地要按规定做好项目用地节地评价，对于不符合标准的用地，在预审环节要坚决予以核减。推动新上项目节约集约用地达到国内同行业先进水平。

九、加大存量土地盘活处置力度。坚持以“存量”换“增量”，多措并举消化批而未供土地，盘活闲置土地和低效用地，充分挖掘存量土地潜力。对上一年度闲置土地新增量超过处置量的，以及未完成批而未供和闲置土地处置任务的，要采取相应的规范约束措施。各地要加大对园区批而未供、闲置土地清查摸底和处置力度，加快推进供而未用、用而未尽等低效用地再开发，通过用途合理转换、用地置换腾退等盘活利用，对长期占而不用的要复垦，提高园区土地节约集约利用水平。对于建成率明显偏低的园区，严格控制新增的产业类土地征收成片开发规模，要优先盘活利用自身存量用地。

十、切实维护群众合法权益。实施土地征收、先行用地、城乡建设用地增减挂钩，收回国有农用地等直接关系群众利益的用地行为，要严格落实法律法规有关规定，确保程序规范、补偿到位。坚决杜绝违法强拆、毁麦割青、强迫农民上楼等侵害群众合法权益的违法行为。实施复垦复耕，要做到既依法依规，又合情合理，要充分尊重农民意愿，根据实际情况适当给予经济补偿，要留出一定过渡期，给农户和经营者合理准备时间。严禁不顾农民意愿，在未与农户或经营者达成一致的情况下强制复垦复耕；严禁采取硬性摊派任务、规定时限的方式，强行统一复垦复耕；严禁简单粗暴、不讲究方法等各类侵害群众合法权益的复垦复耕行为，坚决防止“简单化”“一刀切”。

关于开展低效用地再开发试点工作的通知

自然资发〔2023〕171 号　2023 年 9 月 5 日

一、总体要求

（一）指导思想。以习近平新时代中国特色社会主义思想为指导，全面贯彻党的二十大精神和全国生态环境保护大会要求，坚持最严格的耕地保护制度、最严格的节约集约用地制度和最严格的生态环境保护制度，以国土空间规划为统领，以城中村和低效工业用地改造为重点，以政策创新为支撑，推动各类低效用地再开发，推动城乡发展从增量依赖向存量挖潜转变，促进形成节约资源和保护环境的空间格局、产业结构、生产方式、生活方式。

（二）工作原则。

1. 坚持底线思维、守正创新。严格落实国土空间规划管控要求，严守红线底线，确保耕地不减少、建设用地总量不突破、生态保护红线保持稳定。在坚持“局部试点、全面探索、封闭运行、结果可控”的前提下，探索创新盘活利用存量土地的政策机制。

2. 坚持有效市场、有为政府。坚持市场在资源配置中的决定性作用，更好发挥政府作用。强化政府在空间统筹、结构优化、资金平衡、组织推动等方面的作用，坚持公平公开、“净地”供应，充分调动市场参与的积极性。

3. 坚持补齐短板、统筹发展。坚持把盘活的城乡空间资源更多地用于民生所需和实体经济发展，补齐基础设施和公共服务设施短板，改善城乡人居环境，保障产业项目落地和转型升级。

4. 坚持公开透明、规范运作。强化项目全过程公开透明管理，维护市场公平公正。健全平等协商机制，充分尊重权利人意愿，妥善处理群众诉求。完善收益分享机制，促进改造成果更多更公平惠及人民群众。

（三）工作目标。试点城市要通过探索创新，统筹兼顾经济、生活、生态、安全等多元需要，促进国土空间布局更合理、结构更优化、功能更完善、设施更完备；增加建设用地有效供给，大幅提高利用存量用地的比重和新上工业项目的容积率，推广应用节地技术和节地模式，明显降低单位 GDP 建设用地使用面积；建立可复制推广的低效用地再开发政策体系和制度机制，为促进城乡内涵式、集约型、绿色化高质量发展提供土地制度保障。

二、主要任务

总结《关于深入推进城镇低效用地再开发的指导意见（试行）》（国土资发〔2016〕147 号）实践经验，针对新形势、新任务、新要求，围绕低效用地再开发政策与机制创新，重点从四个方面开展试点探索。

（一）规划统筹

1. 加强规划统领。依据国土空间总体规划，明确低效用地再开发的重点区域，合理确定低效用地再开发空间单元。探索编制空间单元内实施层面控制性详细规划，明确土地使用、功能布局、空间结构、基础设施和公共服务设施、建筑规模指标等要求，经法定程序批准后，作为核发规划许可的法定依据。探索土地混合开发、空间复合利用、容积率奖励、跨空间单元统筹等政策，推动形成规划管控与市场激励良性互动的机制。

2. 突出高质量发展导向。国土空间规划应针对低效用地再开发，明确目标导向，提出规划对策，强调高质量发展导向。基于促进产业转型升级、优先保障公共服务设施和基础设施供给、保护生态和传承历史文脉，在体现宜居、人文、绿色、韧性、智慧等方面，提出空间布局优化引导对策。

3. 引导有序实施。试点城市应当依据国土空间总体规划和控制性详细规划，编制低效用地再开发年度实施计划，确定低效用地再开发项目并有序实施。加强全市域、分区域的规划统筹，从城市整体利益平衡出发谋划实施项目，避免过度依赖单一地块增容来实现项目资金平衡。

（二）收储支撑

4. 完善收储机制。对需要以政府储备为主推进低效用地再开发项目实施的，结合国土空间控制性详细规划编制，探索以“统一规划、统一储备、统一开发、统一配套、统一供应”推动实施。探索将难以独立开发的零星地块，与相邻产业地块一并出具规划条件，整体供应给相邻产业项目用于增资扩产（商品住宅除外）。

5. 拓展收储资金渠道。统筹保障土地收储、基础设施开发建设等资金投入，做好资金平衡，合理安排开发时序，实现滚动开发、良性循环。完善国有土地收益基金制度，明确国有土地收益基金计提比例，专项用于土地储备工作。

6. 完善征收补偿办法。完善低效用地再开发中土地征收的具体办法，依据国土空间规划合理确定土地征收成片开发中公益性用地比例等具体要求，明确集体土地上房屋征收补偿标准和程序、依法申请强制执行情形等规定。

（三）政策激励

7. 探索资源资产组合供应。在特定国土空间范围内，同一使用权人需使用多个门类自然资源资产的，探索实行组合包供应，将各个门类自然资源的使用条件、开发要求、标的价值、溢价比例等纳入供应方案，通过统一的自然资源资产交易平台，一并对社会公告、签订配置合同，按职责进行监管。鼓励轨道交通、公共设施等地上地下空间综合开发节地模式，需要整体规划建设的，实行一次性组合供应，分用途、分层设立国有建设用地使用权。

8. 完善土地供应方式。鼓励原土地使用权人改造开发，除法律规定不可改变土地用途或改变用途应当由政府收回外，完善原土地使用权人申请改变土地用途、签订变更协议的程序和办法。鼓励集中连片改造开发，在权属清晰无争议、过程公开透明、充分竞争参与、产业导向优先的前提下，探索不同用途地块混合供应，探索“工改工”与“工改商”“工改住”联动改造的条件和程序。依据国土空间规划确定规划指标，坚持“净地”供应，按照公开择优原则，建立竞争性准入机制，探索依法实施综合评价出让或带设计方案出让。

9. 优化地价政策工具。完善低效用地再开发地价计收补缴标准，分不同区域、不同用地类别改变用途后，以公示地价（或市场评估价）的一定比例核定补缴地价款；探索以市场评估价为基础按程序确定地价款，要综合考虑土地整理投入、移交公益性用地或建筑面积、配建基础设施和公共服务设施以及多地块联动改造等成本。探索完善低效工业用地再开发不再增缴土地价款的细分用途和条件。

10. 完善收益分享机制。对实施区域统筹和成片开发涉及的边角地、夹心地、插花地等零星低效用地，探索集体建设用地之间、国有建设用地之间、集体建设用地与国有建设用地之间，按照“面积相近或价值相当、双方自愿、凭证置换”原则，经批准后进行置换，依法办理登记。探索完善土地增值收益分享机制，完善原土地权利人货币化补偿标准，拓展实物补偿的途径。优化保障性住房用地规划选址，增加保障性住房用地供应，探索城中村改造地块除安置房外的住宅用地及其建筑规模按一定比例建设保障性住房，探索利用集体建设用地建设保障性租赁住房。

11. 健全存量资源转换利用机制。在符合规划、确保安全的前提下，探索对存量建筑实施用途转换的方法，按照实事求是、简化办理的原则，制定转换规则，完善相关审批事项办理程序。鼓励利用存量房产等空间资源发展国家支持产业和行业，允许以 5 年为限，享受不改变用地主体和规划条件的过渡期支持政策。

（四）基础保障

12. 严格调查认定和上图入库。探索完善评价方法，因地制宜制定低效用地认定标准。试点城市自然资源主管部门以第三次全国国土调查及最新年度国土变更调查成果为基础，全面查清低效用地及历史遗留用地底数，全部实现上图入库，经省级自然资源主管部门审核同意后报部备案，纳入国土空间规划“一张图”实施监督信息系统，作为试点相关政策实施和成效评估的依据。

13. 做好不动产确权登记。纳入低效用地再开发范围的土地、房屋等不动产，应当权利归属清晰、主体明确、不存在权属争议。防止因低效用地再开发产生新的遗留问题，导致不动产“登记难”。严禁违反规定通过“村改居”方式将农民集体所有土地直接转为国有土地。完成低效用地再开发后，不动产登记机构根据当事人申请，依法及时办理相关不动产登记，维护权利人合法权益。

14. 妥善处理历史遗留用地等问题。对于历史形成的没有合法用地手续的建设用地，要根据全国国土调查结果、区分发生的不同时期依法依规分类明确认定标准和处置政策，予以妥善处理，要确保底数清晰、封闭运行、严控新增、结果可控。对第二次全国土地调查和第三次全国国土调查均调查认定为建设用地的，在符合规划用途前提下，允许按建设用地办理土地征收等手续，按现行《土地管理法》规定落实征地补偿安置；对其地上建筑物、构筑物，不符合规划要求、违反《城乡规划法》相关规定的，依法依规予以处置。加快超期未开发住宅用地的依法处置，摸清底数和原因，落实责任单位，提出分类型、分步骤依法收回的具体措施。

三、组织实施

低效用地再开发试点期限原则上为 4 年，各试点城市要按照本通知规定要求，积极稳妥、有力有效地推进试点工作。试点期间，部将组织开展中期评估，评价各试点城市实施成效，加强督促指导。

（一）及时研究部署，编制实施方案。各试点城市要将试点工作纳入政府重要议事日程，加强组织领导，及时研究部署，调动各方力量，协调重大问题。要结合本地实际，抓紧编制试点实施方案，明确试点工作的范围重点、目标任务、实施步骤、责任分工和保障措施，提出试点政策机制的创新思路与实现路径，由城市人民政府审定后实施。试点实施方案由省级自然资源主管部门报部备案。

（二）边实践边总结，深入推进试点。各试点城市要在坚持原则、守住底线的前提下，围绕试点目标任务，系统性、创新性地开展试点工作。注重阶段性总结评估，提炼可复制推广的制度、政策、机制性成果，每半年向部和省级自然资源主管部门报送试点进展与成果情况。部将组织试点城市座谈交流，研究重大问题，共同推进试点工作。

（三）加强跟踪指导，确保预期成效。省级自然资源主管部门要加强对试点工作指导，跟踪试点情况，及时纠正偏差，确保试点工作取得预期效果。各试点城市要坚持以人为本，强化项目信息公开，依法依规履行征求权利人意见、社会公示、集体决策等程序，畅通沟通渠道，接受社会监督，保障人民群众合法权益。稳妥有序推进，加强社会稳定风险评估和重大项目法律风险评估，有效预防和控制风险。

为贯彻落实中央在超大特大城市积极稳步推进城中村改造的决策部署，未纳入本通知试点范围的超大特大城市，以及具备条件的城区常住人口 300 万以上的大城市，实施城中村改造项目可参照本通知明确的试点政策执行。

附件：低效用地再开发试点城市名单

一、京津冀城市群

1. 北京市房山区、北京经济技术开发区。

2. 天津市。

3. 河北省唐山市、廊坊市。

二、长三角城市群

1. 上海市。

2. 江苏省南京市、无锡市、常州市、苏州市。

3. 浙江省杭州市、宁波市、温州市、绍兴市、金华市、湖州市。

4. 安徽省合肥市、马鞍山市、芜湖市。

三、珠三角城市群

广东省广州市、深圳市、佛山市、东莞市、中山市、珠海市、江门市、肇庆市、惠州市。

四、成渝城市群

1. 重庆市万州区、九龙坡区。

2. 四川省成都市、泸州市。

五、长江中游城市群

1. 湖北省武汉市、宜昌市。

2. 湖南省长沙市、湘潭市。

3. 江西省萍乡市、九江市。

六、山东半岛城市群

山东省青岛市。

七、粤闽浙沿海城市群

福建省福州市、厦门市、泉州市、漳州市（其中，泉州市按照已批复的试点方案开展）。

关于做好城镇开发边界管理的通知（试行）

自然资发〔2023〕193 号　2023 年 10 月 8 日

一、坚决维护“三区三线”划定成果的严肃性和权威性。各地要切实将党中央、国务院批准的“三区三线”划定成果作为调整经济结构、规划产业发展、推进城镇化不可逾越的红线。各类城镇建设所需要的用地（包括能源化工基地等产业园区、围填海历史遗留问题区域的城镇建设或产业类项目等）均需纳入全省（区、市）规划城镇建设用地规模和城镇开发边界扩展倍数统筹核算。不得擅自突破城镇建设用地规模和城镇开发边界扩展倍数，严禁违反法律和规划开展用地用海审批。严格城镇开发边界范围内耕地和永久基本农田保护，确需对永久基本农田进行集中连片整治的，原则上仍应以“开天窗”方式保留在城镇开发边界范围内，且总面积不减少；确需调出城镇开发边界范围的，应确保城镇建设用地规模和城镇开发边界扩展倍数不扩大。在规划实施期内，城镇开发边界可基于五年一次的规划实施评估，按照法定程序经原审批机关同意后进行调整。

二、推动城镇开发边界划定成果精准落地实施。各地要结合市县国土空间规划编制审批实施，进一步深化城镇开发边界内规划用地安排，细化功能分区和用地布局，统筹存量用地和增量用地、地上空间和地下空间，合理安排城镇建设用地规模、结构、布局和时序，使城镇开发边界划定成果精准落地实施。市县国土空间规划实施中，要避免“寅吃卯粮”，在城镇开发边界内的增量用地使用上，为“十五五”“十六五”期间至少留下 35%、25%的增量用地。在年度增量用地使用规模上，至少为每年保留五年平均规模的 80%，其余可以用于年度间调剂，但不得突破分阶段总量控制，以便为未来发展预留合理空间。在严格落实耕地保护优先序，确保城镇建设用地规模和城镇开发边界扩展倍数不突破的前提下，可对以下几种情形的城镇开发边界进行局部优化。

（一）国家和省重大战略实施、重大政策调整、重大项目建设，以及行政区划调整涉及城镇布局调整的；

（二）因灾害预防、抢险避灾、灾后恢复重建等防灾减灾确需调整城镇布局的；

（三）耕地和永久基本农田核实处置过程中确需统筹优化城镇开发边界的；

（四）已依法依规批准且完成备案的建设用地，已办理划拨或出让手续，已核发建设用地使用权权属证书，确需纳入城镇开发边界的；

（五）已批准实施全域土地综合整治确需优化调整城镇开发边界的；

（六）规划深化实施中因用地勘界、比例尺衔接等需要局部优化城镇开发边界的。

三、统筹做好规划城镇建设用地安排。引导城镇建设用地向城镇开发边界内集中，促进城镇集约集聚建设，提高土地节约集约利用水平。城镇开发边界外不得进行城镇集中建设，不得规划建设各类开发区和产业园区，不得规划城镇居住用地。在落实最严格的耕地保护、节约用地和生态环境保护制度的前提下，结合城乡融合、区域一体化发展和旅游开发、边境地区建设等合理需要，在城镇开发边界外可规划布局有特定选址要求的零星城镇建设用地，并依据国土空间规划，按照“三区三线”管控和城镇建设用地用途管制要求，纳入国土空间规划“一张图”严格实施监督。涉及的新增城镇建设用地纳入城镇开发边界扩展倍数统筹核算，等量缩减城镇开发边界内的新增城镇建设用地，确保城镇建设用地总规模和城镇开发边界扩展倍数不突破。

四、严格规范城镇开发边界的全生命周期管理。城镇开发边界发生变化的，省级自然资源主管部门应及时向部汇交数据（附审查认定文件、矢量数据等），检验合格纳入国土空间基础信息平台和国土空间规划“一张图”实施监督信息系统并反馈省级自然资源主管部门后，方可作为规划管理、用地用海审批的依据。

部将依托国土空间规划“一张图”实施监督信息系统，加强对城镇开发边界实施、监督、评估、考核、执法等全生命周期管理。国家自然资源督察机构将把地方政府落实城镇开发边界管控要求情况作为督察的重要内容。

省级自然资源主管部门要严明工作要求，根据本文件要求制定城镇开发边界管理的实施细则，加强对本省（区、市）城镇开发边界管理工作的实施、指导和监督，严禁弄虚作假违反规定要求。文件执行工作中遇到的问题和建议及时与部相关司局联系，部将根据国土空间规划编制实施管理工作的进展，修订完善城镇开发边界的管理要求。

关于印发《支持城市更新的规划与土地政策指引（2023版）》的通知

自然资办发〔2023〕47号　2023年11月10日

支持城市更新的规划与土地政策指引

（2023版）

在我国经济由高速增长阶段转向高质量发展阶段，城市更新成为国土空间全域范围内持续完善功能、优化布局、提升环境品质、激发经济社会活力的空间治理活动，是亟需坚持国土空间规划引领、加强规划与土地政策衔接、统一和规范国土空间用途管制的重要领域。为落实《中共中央国务院关于建立国土空间规划体系并监督实施的若干意见》《全国国土空间规划纲要（2021—2035 年）》，自然资源部明确的“严守资源安全底线、优化国土空间格局、促进绿色低碳发展、维护资源资产权益”四个工作定位要求，在总结各地实践经验的基础上，根据相关法律法规和标准规范，组织编制本政策指引，旨在推动支持城市更新的相关规划工作规范开展。各地可结合实际，按照城市更新的总体要求和目标，因地制宜细化要求，开展城市更新的规划与土地政策探索创新。

一、总体目标

坚持“以人民为中心”的发展思想，以“高质量发展、高品质生活、高效能治理”为目标，以国土空间规划为引领，在“五级三类”国土空间规划体系内强化城市更新的规划统筹，促进生产、生活、生态空间布局优化，实现城市发展方式转型，增进民生福祉，提升城市竞争力，推动城市高质量发展，为地方因地制宜地探索和创新支持城市更新的规划方法和土地政策，依法依规推进城市更新提供指引。

二、基本原则

——坚持规划统筹。国土空间规划是国家空间发展的指南、可持续发展的空间蓝图，是优化空间资源配置、开展各类开发保护建设活动的基本依据。应强化国土空间规划对各专项规划的指导约束作用，统筹城市更新相关规划和实施全过程，有序推进有机更新。

——坚持底线管控。严守资源安全底线，应严格落实国土空间规划确定的各类管控要求，坚持民生保障、公益优先、补齐短板、保障安全、修复生态、保护传承历史文化，持续改善人居环境品质。

——坚持节约集约。应坚持节约集约利用土地，将存量空间作为规划对象，提倡土地混合使用和空间功能复合，促进空间资源的高效利用。

——坚持绿色低碳。应以生态优先、绿色发展为导向，充分体现人与自然的和谐发展，推进高质量发展，适应未来发展需要。

——坚持多方参与。维护资源资产权益，尊重合法权益，建立多元主体全过程、实质性、高效率的参与机制，充分发挥政府、市场和社会各方的积极性，促进合作共赢，推进治理创新。

——坚持因地制宜。应充分结合不同地区城市发展阶段和不同更新对象的具体情况，因地制宜、一地一策，差异化确定更新对策、更新方式和更新政策，高质量实施城市更新。

三、将城市更新要求融入国土空间规划体系

各级各类国土空间规划的编制应根据城市发展的阶段特征和推进城市更新的要求，着力完善国土空间规划内容和规划管理程序，充分适应城市高质量发展的需要，将有关城市更新的国土空间规划要求纳入国土空间规划“一张图”实施监督信息系统进行管理。

（一）总体规划要提出城市更新目标和工作重点

1. 总体规划

国土空间总体规划（以下简称“总体规划”）应结合城市发展阶段和总体空间布局要求，识别更新对象，提出城市更新的规划目标、实施策略、阶段工作重点以及相关规划管控和引导要求。

——在市/县域层面，在摸清底图底数的基础上，按照全域全要素管控引导要求，明确更新对象的识别原则，提出城市更新的规划目标和工作重点，制定推进城市更新的时序要求和空间管控引导措施。

——在城区层面，根据城市更新的规划目标和工作重点，系统识别更新对象，确定城市更新的重点地区和工作任务。可根据实际需要，拟定城市更新用地的总体规模，划定城市更新规划单元。

2. 近期行动计划

需明确近期重点推进的更新区域和重大更新项目，拟定近期城市更新任务清单，并纳入总体规划的近期行动计划。

（二）详细规划要面向城市更新的规划管理需求

1. 详细规划的编制

国土空间详细规划（以下简称“详细规划”）是实施城乡开发建设、整治更新、保护修复活动的法定依据。详细规划应结合城市更新实施的特点，面向规划管理需求，将总体规划确定的强制性管控要求、引导措施和城市更新的规划目标，通过“更新规划单元”和“更新实施单元”两个层面分层落实到详细规划中。

——更新规划单元详细规划。应以总体规划为依据，确定更新对象，分解落实总体规划相关要求，明确更新规划单元的发展定位、主导功能及建筑规模总量，提出更新对象的更新方式指引，优化功能结构、空间布局，完善道路交通，提出有关公共服务设施和市政基础设施配置以及空间尺度、城市风貌等底线管控和特色引导要求。更新规划单元详细规划是更新实施单元详细规划编制的依据。

——更新实施单元详细规划。应依据总体规划、根据更新规划单元详细规划，确定更新实施单元的主导功能，结合实施需要、权属关系明确更新对象用地边界，根据不同更新对象的特点优化细化更新规划单元的各项规划管控和引导要求并落实到地块。在更新实施单元详细规划中需充分考虑自上而下的要求、自下而上的诉求以及更新对象的具体情况，协调政府、原权利人、市场主体等各类利益相关方的意愿和诉求，结合更新项目的实施机制和市场需求，研究适配的规划和土地政策。更新实施单元详细规划宜结合城市更新项目实施时序动态编制，是提出更新项目规划条件、规划许可和方案设计的依据。

2. 详细规划的动态维护与修改

为提高对城市更新项目规划管控的精准性和合理性，可对更新规划单元和更新实施单元详细规划进行动态维护和规划修改。

——动态维护。在不突破总体规划和更新规划单元详细规划强制性管控要求的前提下，可通过局部技术性修正和优化调整的方式，对更新规划单元及更新实施单元的详细规划进行动态维护，经法定程序审批后纳入国土空间规划“一张图”实施监督信息系统。

——修改。编制更新实施单元详细规划如涉及突破所在更新规划单元（或详细规划编制单元）强制性规划管控要求的，须经过法定的规划修改程序将更新规划单元及更新实施单元的详细规划予以法定化。

（三）专项规划要因地制宜、多措并举适应城市更新

各类专项规划应充分考虑既有建成环境条件和土地资源情况，在城市更新中综合运用集约复合、多措并举的适用性方式，因地制宜地满足各专项系统的建设要求。涉及详细规划调整的，依法履行调整程序。

（四）规划许可要有效保障城市更新实施

在确保安全并符合其他相关技术规范等要求的前提下，按照权益保障、渠道畅通的优化办理原则，鼓励探索适应城市更新不同情形的建设用地规划许可和建设工程规划许可办理程序和规则，并与相关行政许可做好衔接，有效保障城市更新实施。

四、针对城市更新特点，改进国土空间规划方法

国土空间规划需要针对城市更新的特点，自上而下、自下而上地开展充分的调查评估，明确城市更新的规划导向，因地制宜地结合城市更新的可实施性，提高规划编制的适应性和对市场的响应性。

（一）开展针对性调查，做好体检评估

在国土空间规划中应认真做好城市更新的调查与评估工作。城市更新的调查与评估一般包括（但不限于）如下方面：

——识别更新对象。将经调查分析后认为生活和生产环境不良、存在安全隐患、市政基础设施和公共服务设施不完善、对环境造成负面影响、城市活力不足、土地利用低效、土地用途和建筑物使用功能不符合城市功能布局和发展要求的片区、建筑物、设施和公共空间等空间对象优先确定为更新对象。

——做实基础调查。综合利用国土调查、城市国土空间监测、地籍调查、国土空间规划、城市体检评估、人口调查、不动产登记等成果，梳理更新对象的现状土地开发强度、土地使用年限、土地和建筑物产权关系及其权属边界、土地用途和建筑物使用功能、建筑质量、人口规模、人口结构等情况以及历史遗留问题等信息，并将各类数据按汇交要求纳入国土空间基础信息平台，做实城市更新的规划调查基础。

——开展前期评估。开展市政和交通基础设施、公共服务设施和资源环境等承载力评估，加强城市安全、历史文化和生态与自然景观保护、社会稳定等方面的风险影响评估。根据城市更新的需要可同时开展其他方面的专项评估。

（二）梳理更新需求和更新意愿

在国土空间规划中通过对客观问题、居民需求两方面的调查分析，汇总形成城市更新的问题清单和需求清单及其空间分布信息，对城市更新涉及的各类权利主体进行更新意愿调查，依法依规尊重相关权利人的合法权益。

（三）开展城市设计等专题研究，前置运营设计

结合详细规划，可按需开展产业转型升级、综合交通、历史文化保护、公共服务设施、市政基础设施、地下空间、土壤修复、防灾减灾等方面的研究，并着重围绕城市更新的可实施性，加强城市更新项目运营维护、收益分配，以及建筑工程投资测算等方面的专题研究。深入应用城市设计理念和方法，提高城市空间场所品质。研究结论将作为确定详细规划相关规划指标和管控要求的参考依据。

（四）明确更新重点和更新对策

1. 促进产业转型升级

以产业转型和业态升级为目标，以功能复合、土地和建筑物利用效率提升为重点，老旧厂区和产业园区更新应聚焦产业转型升级和发展新兴产业，合理增加产业及配套建筑容量，鼓励转型升级为新产业、新业态、新用途，鼓励开展新型产业用地类型探索，推进工业用地提质增效，促进新旧动能转换。合理配置一定比例的产业服务设施，促进产城融合；老旧商业街区和传统商圈更新应注重保留特色业态、提升原业态、植入新业态、复合新功能，促进商业服务业和消费层级的多样化发展，推进服务扩容、业态升级与功能复合，提升消费空间品质。

2. 扩容升级基础设施

以保障安全和提升承载力、“平急两用”为目标，以消除具有重大灾害风险的空间隐患、增强城市生命线系统可靠性、合理提高市政基础设施标准为重点，健全基础设施体系，提高基础设施服务水平。

3. 提升社区宜居水平

以建设“15 分钟社区生活圈”为目标，重点改善居民住房条件，重点开展市政基础设施更新改造，重点完善公共空间和公共服务设施，重点保障生命安全通道畅通，合理解决停车难问题，同步开展风貌和环境整治，积极通过存量挖潜和扩容提质，盘活存量闲置和低效利用的房屋和用地，关注弱势群体，补齐短板，消除公共服务盲区，切实提升社区宜居水平。

4. 保护传承历史文化

以保护历史文化资源和历史风貌为目标，以体现城市发展历史的连续性为原则，全面梳理和保护利用更新

范围内的历史文化资源。分级分类保护各类不可移动文物、历史建筑、历史文化保护区和古树名木，不拆真建假；加强历史城区和历史风貌的保护与传承，不大拆大建；在对各类定级文化遗产依法保护的基础上，在城市更新中全面开展对未定级历史文化资源的梳理和评估并提出保护管理要求，建立预保护制度；在保护文化遗产真实性和完整性前提下，着力加强文化遗产的活化利用，凸显城市风貌特征。

5. 优化公共空间格局和品质

因地制宜地增加公共空间的数量和规模，着力完善公共空间布局，优化公共空间功能，强化公共空间的慢行可达性，提升公共空间的服务辐射范围和服务品质；重视将城市蓝绿空间等生态系统要素有机纳入城市公共空间体系，在保护并修复生态系统功能的基础上着力提升城市公共空间的环境品质和生态服务功能。

6. 倡导绿色和数字智能技术

城市更新应面向城市未来发展趋势，积极融入城市发展新理念、城市建设新技术，可重点考虑如下方面：

——以慢行友好和公交优先为导向，在城市更新中结合现有路网和功能布局建设慢行网络，整合多种公交模式优化公交网络，增强就业地、居住地与交通节点、公共服务设施、公共空间的连接性。

——以绿色发展为导向，结合新要求与新技术，重点推进既有建筑绿色化、节能化改造和基础设施绿色化、集约化更新。

——以智慧建设、智慧服务、智慧治理为导向，鼓励在城市更新中采用数字化技术手段，提高城市数字化、网络化、智能化水平，推进智慧城市建设。

（五）确定更新方式和更新措施

按照“留改拆”的优先顺序，在更新规划单元详细规划中对更新对象组合采用保护传承、整治改善、改造提升、再开发和微改造等更新方式，并明确其适用条件。以“保护优先、少拆多改”为原则，在更新实施单元详细规划中对各类建（构）筑物、设施、空间等空间对象，研究确定保护、保留、整治、改建、拆除、重建（含复建和新建）等更新措施。

（六）拟定更新实施安排

在详细规划中应以“整体性、同步性”为原则，研究划定城市更新的具体范围，拟定更新项目清单和更新实施计划，在统一规划的前提下协同实施。统筹考虑投资成本、运营效益、收益分配、公益性贡献、实施路径和机制等内容，提出城市更新的项目实施建议。

五、完善城市更新支撑保障的政策工具

为推动城市更新落地实施，应结合城市更新的需要和具体情况，积极探索适应城市更新特点的、差异化的规划和土地政策，充分激发多元主体的更新意愿，鼓励建立城市更新的多元合作模式，以国土空间规划为依据协同推动城市更新实施。

（一）优化规划管控工具

1. 复合利用土地

以提升城市活力和功能集聚度、节约集约利用土地为导向，加强土地复合利用，确定不同情形下土地复合利用的正负面清单和比例管控要求，重点可考虑以下情形：

——在产业用地更新时鼓励配置一定比例的其他关联产业功能和配套设施，促进产业转型升级和产业社区建设。

——在轨道交通站点周边、公共空间周边、各级公共活动中心、重要滨水活动区、历史文化保护区等区域，鼓励土地混合使用，通过多功能复合吸引人口集聚，促进地区活力提升。

——在社区更新中鼓励将居住、研发、办公、商业和公共服务等功能在不影响相邻功能前提下复合设置，建设宜居宜业的生活社区。

——除必须采用独立用地方式建设的设施外，鼓励用地和建筑功能在地上地下统筹安排，在确保安全的前提下复合设置，提高土地节约集约利用水平。

——鼓励在符合规范要求的情况下充分开发利用地下空间，加强地上地下空间的统筹建设和复合利用。

2. 容积率核定优化

以加强保障民生和激励公益贡献为导向核定容积率，在依法依规制定相关规则时，可重点考虑以下情形：

——为保障居民基本生活需求、补齐城市短板而实施的市政基础设施、公共服务设施、公共安全设施项目，以及老旧住宅成套化改造等项目，在对周边不产生负面影响的前提下，其新增建筑规模可不受规划容积率指标的制约。

——在规划条件之外，对多保留不可移动文物和历史建筑、多无偿移交政府的公共服务设施等公益性贡献，其建筑面积可按贡献的相应建筑面积补足。

——为满足安全、环保、无障碍标准等要求，对于增设必要的楼梯、电梯、公共走廊、无障碍设施、风道、外墙保温等附属设施以及景观休息设施等情形，其新增建筑量可不计入规划容积率。

3. 建筑规模统筹

以保护文化遗产、历史风貌、山水格局和优化布局为导向，在符合更新规划单元规划要求的前提下，更新实施单元规划的建筑量可在更新规划单元内统筹布局、精准投放，鼓励探索规划建筑量跨更新规划单元进行统筹及异地等价值转移的政策和机制。

4. 负面清单管控

为适应各种不同的城市更新情形，在落实规划强制性要求的前提下，在国土空间规划的编制和实施管理中可采取负面清单管控的方法，以规划的弹性适应市场的不确定性，增强规划实施的操作性，并为创新实践提供空间。

5. 技术标准差异化

鼓励根据实际情况，结合城市更新需求，完善地方规划和建设技术标准。

——在保障公共安全的前提下，尊重历史、因地制宜，在城市更新中对建筑间距、建筑退距、建筑面宽、建筑密度、日照标准、绿地率、机动车停车位等无法达到现行标准和规范的情形，可通过技术措施以不低于现状条件为底线进行更新，并鼓励对现行规划技术规范进行适应性优化完善。

——鼓励有关行业部门积极探索创新、有效、适用的技术和管理措施，以适应城市更新需求为重点，补充完善各类行业用地标准以及消防、人防、市政等工程技术标准和规范。

（二）丰富土地配置方式

1. 盘活利用存量低效土地

对已经开展调查认定和上图入库，纳入国土空间规划“一张图”实施监督信息系统的低效用地，可以采取多种方式盘活利用。

——原划拨土地使用权人申请办理协议出让，划拨土地使用权转让申请办理协议出让，经依法批准，可采用协议出让方式办理出让手续，但《国有建设用地划拨决定书》、法律、法规、行政规定等明确应当收回国有建设用地使用权重新公开出让的除外。

——以租赁方式取得土地的非商品住宅类更新项目，在租赁期内依法依规完成更新改造的，可在租赁期满后依法以协议出让方式取得土地。

——鼓励原土地使用权人依法以转让、经分割审批后部分转让或出租土地使用权等方式盘活利用。

——原划拨土地改造开发后用途仍符合《划拨用地目录》的，可继续按划拨方式使用。

2. 规范土地复合利用

规范土地复合利用，推动在城市更新中复合利用、节约集约利用土地，主要涉及土地用途和土地使用年限确定及土地价款计收。

——复合利用土地的用途可按主用途确定，主用途可依据建筑面积占比确定，也可依据功能的重要性确定。土地主用途与原用途一致的，按土地原用途管理；土地主用途与原用途不一致的，依法办理土地用途变更。

——复合利用土地的使用年限可根据土地用途不同，分别设定出让年期，但不得超过对应用途最高出让年期。

——复合利用土地的出让底价按不同用途土地分项评估后确定。

（三）细化土地使用年限和年期

在城市更新中为适应市场需求，鼓励灵活确定土地出让年限和租赁年期。

——对城市更新项目重新组织国有建设用地使用权出让的，可以重新设定出让年限。

——为适应产业发展的实际需要，城市更新可考虑采用少于法定最高出让年限或租赁年期供应产业用地，并允许根据需要予以续期，包括续期在内的总年限不得超过该用途土地的法定最高出让年限或租赁年期。

（四）实施差别化税费计收

以“无收益、不缴税”为原则，城市更新项目可依法享受行政事业性收费减免和税收优惠政策，同时加强对国有建设用地使用税的征管。

——对在城市更新项目中提供公益性建设、实施产业转型升级的，鼓励相应土地在流转中适度减免土地增值税或降低所得税税率。

——探索差别化的国有建设用地使用税税收政策，对闲置和低效的城镇用地加强国有建设用地使用税的征管，促进土地高效利用。

（五）优化地价计收规则鼓励在城市更新中优化完善地价计收规则

——改变用途后，补缴土地价款的计收，可以分区域、用地类别，制定以公示地价（或市场评估价）的一定比例核定的统一规则。

——综合考虑城市更新项目土地整理投入、移交的公益用地或建筑面积、配建基础设施和公共服务设施以及多地块联动改造等成本，以市场评估价为基础按程序确定土地价款。

——现有工业用地在符合规划、不改变用途的前提下提高土地利用率和增加容积率的，不再增收土地价款。

（六）保障主体权益

1. 妥善处置历史遗留问题

按照依法依规、尊重历史、公平公正、包容审慎的原则，根据其成因并兼顾土地管理政策的延续性，在保障无过错方利益的前提下，妥善处置历史遗留问题。

2. 依法依规完成确权登记

在缴清土地价款的情况下，城市更新形成的不动产可根据不同情形依法依规进行不动产登记。

——兼容多种功能的土地和建筑物，对于可分割的可考虑按不同宗地范围、不同建筑区域或楼层办理分割审批手续、分区分层设权后，办理不动产登记。

——立体开发的土地，可考虑按地表、地上、地下分层或按建筑功能分区办理分割审批、分别设权后，办理不动产登记。

六、加强城市更新的规划服务和监管

对城市更新开展全流程、精细化、动态化的规划监督和实施评估，搭建政府、市场、社会在开展城市更新时的供需对接平台，保障城市更新高质量落地实施。

（一）完善全生命周期管理

1. 建立健全由“基础信息-意愿征询-编制审批-实施协商-土地供应-规划许可-验收核实-产权登记-监测监管-实施评估”等环节构成的城市更新全生命周期规划管理体系。

2. 建立健全相关利害关系人、社会公众、专家、媒体的参与监督机制，建立健全共商、共建、共治、共享的全过程城市更新多方参与机制。

3. 建立健全要素保障机制，重点考虑土地要素与城市更新规划管理联动，有效解决存量空间盘活利用问题。

（二）促进市场供需对接

1. 鼓励依托国土空间基础信息平台和国土空间规划“一张图”实施监督信息系统，结合年度国土变更调查、城市国土空间监测、国土空间规划城市体检评估等工作，推进各类经济社会信息数据的加载，搭建适用于城市更新的规划管理和规划服务平台，加强空间治理的基础支撑。

2. 推动政府更新项目、近期待更新项目地块、规划管控要求及配套政策等信息的公开公示，促进市场与更新项目进行对接，充分发挥政府推动公益性更新项目的辐射和撬动作用。

（三）强化土地合同监管

1. 根据城市更新项目的具体情况，通过在其土地使用权出让合同或履约监管协议中纳入相关的要求及违约责任和解决争议的方法等方式，明确实施主体的责任义务、监管内容和监管措施等，鼓励相关行业主管部门通过信息共享、协同管理，加强履约情况监管。

2. 未依法将规划条件、产业准入和生态环境保护要求纳入合同的，合同无效；造成损失的，依法承担民事责任。

（四）加强规划实施评估

1. 在城市国土空间监测和国土空间规划城市体检评估工作中对城市更新开展全流程、精细化、动态化的规划监督，将相应的体检评估结果作为编制、审批、维护、修改规划和审计、执法、监督等工作的重要参考。

2. 依据国土空间规划目标和管控要求，结合更新实施计划，定期对城市更新项目的实施过程、对经济社会发展的贡献以及产生或可能产生的负面影响等实施结果进行动态评估，及时发现问题并督促整改。

关于加强和规范规划实施监督管理工作的通知

自然资发〔2023〕237 号　2023 年 11 月 28 日

一、依据法定规划实施用途管制

经依法批准的国土空间规划是开展各类国土空间开发保护建设活动、实施统一用途管制的基本依据。总体规划和详细规划是实施城乡开发建设、整治更新、保护修复活动和核发规划许可的法定依据。不得以城市设计、城市更新规划等专项规划替代国土空间总体规划和详细规划作为各类开发保护建设活动的规划审批依据。强化国土空间总体规划的指导约束作用，详细规划的编制和修改应当落实上位总体规划的战略目标、功能布局、空间结构、资源利用等要求，不得违反上位总体规划的底线管控要求和强制性内容。依法批准的详细规划纳入国土空间规划"一张图"实施监督信息系统，作为规划实施监督管理的重要依据。

二、规范规划条件设置

（一）严格依据详细规划核定规划条件，明确用地位置、面积、土地用途、容积率、绿地率、建筑密度、建筑高度、建筑退让、停车泊位以及公共服务、市政交通设施配建、城市设计、风貌管控等。对于乡村产业发展、乡村建设等乡村振兴用地允许适当简化规划条件有关内容。不得将国土空间总体规划和详细规划管控要求之外的非空间治理内容纳入规划条件，不得违反国家强制性标准规范设置规划条件。鼓励地方在规划条件确定后以适当方式进行公开。

（二）以有偿使用方式供应国有建设用地使用权或集体经营性建设用地入市的，市、县自然资源主管部门应当依据详细规划核定规划条件，作为出让公告、有偿使用合同、入市方案的组成部分。以划拨方式供应国有建设用地使用权或批准使用集体土地举办乡镇企业、建设乡（镇）村公共设施和公益事业的，依据详细规划核定用地的位置、面积、允许建设的范围，纳入国有建设用地划拨决定书或集体建设用地批准文件。用地预审与选址意见书明确的规划要求达到规划条件深度的，可作为规划条件使用。未依法确定规划条件的地块，不得供应建设用地使用权。

（三）市、县自然资源主管部门不得擅自改变规划条件。确需变更的，应当符合经依法批准的详细规划、法律法规以及相关规范的要求。变更内容不符合详细规划的，应当依法定程序修改详细规划后方可办理规划条件变更手续。

三、严格规划许可管理

（一）落实法律法规规定和由自然资源部公布的规划许可实施规范等各项要求，依据详细规划核发建设用地规划许可证、建设工程规划许可证（含临时）；依据村庄规划、县或乡镇国土空间规划管理规定核发乡村建设规划许可证；地方性法规另有规定的，从其规定。核发建设用地规划许可证，应当符合保护耕地和生态环境、节约集约用地的要求，不得违反城镇开发边界的管控要求。核发建设工程规划许可、乡村建设规划许可，应依据职责将涉及安全的要素作为重点审查内容，不符合国家有关安全的强制性标准的，不予核发。

（二）建设用地规划许可证、建设用地使用权有偿使用合同、国有建设用地划拨决定书及集体建设用地批准文件明确的宗地土地用途、规划条件应严格一致，不得擅自改变。核发建设工程规划许可证前，应将建设工程设计方案的总平面图予以批前公示，经依法审定后不得随意修改，确需修改的，应当采取适当方式听取利害关系人的意见，并依法办理相应的变更手续。对开发经营类多宗出让地块实施统一规划的，建设工程设计方案相关指标应符合各宗地地块出让合同附具的规划条件，不得通过统一规划规避容积率等控制指标和配套要求。地方应依法明确改建、扩建项目重新办理建设工程规划许可的情形和程序。未依法依规取得规划许可，不得实施新建、改建、扩建工程，不得擅自改变土地用途。不得以集体讨论、会议决定等非法定方式替代或改变规划许可。

（三）严格依据规划条件开展规划核实。规划核实必须两人以上现场审核并全过程记录，核实结果及时进行公开，接受社会监督，通过规划核实的纳入国土空间规划"一张图"实施监督信息系统。不得借规划核实规避违法建设认定和行政处罚，将违法建设合法化。未取得规划许可或违反规划许可进行建设的项目，不得通过规划核实。采取隐瞒手段骗取通过规划核实或违法违规通过规划核实的，应依法纠正规划核实意见。存在未按照规划许可内容进行建设行为的，应依法进行处罚，涉及追究相关人员责任的，应依法追究相关责任。未通过规划核实和不符合其他法定登记条件的，不予办理不动产登记，坚决防止违法违规行为借机搭车，披上合法“外衣”。

四、加强监测评估和监督检查

（一）地方各级自然资源主管部门要依托国土空间基础信息平台、国土空间规划实施监测网络、国土空间用途管制监管系统，结合国土调查监测和国土空间规划定期体检等工作，综合运用卫星遥感监测等技术手段，加强国土空间规划实施情况的监督检查，通过“双随机、一公开”等方式对违法违规许可行为实施预警纠错，对建设项目未经许可或未按许可要求建设进行严格监管，确保实施与规划、审批、许可内容的一致性。除涉及国家秘密的项目外，地方各级自然资源主管部门应当通过国土空间用途管制监管系统交互各类用途管制业务数据。

（二）依法查处违反国土空间规划和用途管制要求的建设行为，对属于地方自然资源主管部门查处职责的，依法及时予以查处；属于地方其他部门职责的，自然资源主管部门在发现或收到违法线索后及时移交其他部门查处，不得只审批不监管、只管合法不管非法、只备案不检查。国家自然资源督察机构按照职责，对地方政府国土空间规划实施情况适时开展督察。对违法违规审批用地、发放规划许可，未取得规划许可或者未按照规划许可的规定进行建设，造成严重后果的重大典型违法违规案件，自然资源部将依法开展挂牌督办、公开通报，并对相关责任主体进行约谈、问责。

六、中华人民共和国财政部、国家税务总局

关于继续实施公共租赁住房税收优惠政策的公告

财政部　税务总局公告 2023 年第 33 号　2023 年 8 月 18 日

为继续支持公共租赁住房（以下称公租房）建设和运营，现将有关税收优惠政策公告如下：

一、对公租房建设期间用地及公租房建成后占地，免征城镇土地使用税。在其他住房项目中配套建设公租房，按公租房建筑面积占总建筑面积的比例免征建设、管理公租房涉及的城镇土地使用税。

二、对公租房经营管理单位免征建设、管理公租房涉及的印花税。在其他住房项目中配套建设公租房，按公租房建筑面积占总建筑面积的比例免征建设、管理公租房涉及的印花税。

三、对公租房经营管理单位购买住房作为公租房，免征契税、印花税；对公租房租赁双方免征签订租赁协议涉及的印花税。

四、对企事业单位、社会团体以及其他组织转让旧房作为公租房房源，且增值额未超过扣除项目金额 20% 的，免征土地增值税。

五、企事业单位、社会团体以及其他组织捐赠住房作为公租房，符合税收法律法规规定的，对其公益性捐赠支出在年度利润总额 12%以内的部分，准予在计算应纳税所得额时扣除，超过年度利润总额 12%的部分，准予结转以后三年内在计算应纳税所得额时扣除。

个人捐赠住房作为公租房，符合税收法律法规规定的，对其公益性捐赠支出未超过其申报的应纳税所得额30%的部分，准予从其应纳税所得额中扣除。

六、对符合地方政府规定条件的城镇住房保障家庭从地方政府领取的住房租赁补贴，免征个人所得税。

七、对公租房免征房产税。对经营公租房所取得的租金收入，免征增值税。公租房经营管理单位应单独核算公租房租金收入，未单独核算的，不得享受免征增值税、房产税优惠政策。

八、享受上述税收优惠政策的公租房是指纳入省、自治区、直辖市、计划单列市人民政府及新疆生产建设兵团批准的公租房发展规划和年度计划，或者市、县人民政府批准建设（筹集），并按照《关于加快发展公共租赁住房的指导意见》（建保〔2010〕87号）和市、县人民政府制定的具体管理办法进行管理的公租房。

九、纳税人享受本公告规定的优惠政策，应按规定进行免税申报，并将不动产权属证明、载有房产原值的相关材料、纳入公租房及用地管理的相关材料、配套建设管理公租房相关材料、购买住房作为公租房相关材料、公租房租赁协议等留存备查。

十、本公告执行至2025年12月31日。

关于延续实施支持居民换购住房有关个人所得税政策的公告

财政部　税务总局　住房城乡建设部公告2023年第28号　2023年8月18日

为继续支持居民改善住房条件，现就有关个人所得税政策公告如下：

一、自2024年1月1日至2025年12月31日，对出售自有住房并在现住房出售后1年内在市场重新购买住房的纳税人，对其出售现住房已缴纳的个人所得税予以退税优惠。其中，新购住房金额大于或等于现住房转让金额的，全部退还已缴纳的个人所得税；新购住房金额小于现住房转让金额的，按新购住房金额占现住房转让金额的比例退还出售现住房已缴纳的个人所得税。

二、本公告所称现住房转让金额为该房屋转让的市场成交价格。新购住房为新房的，购房金额为纳税人在住房城乡建设部门网签备案的购房合同中注明的成交价格；新购住房为二手房的，购房金额为房屋的成交价格。

三、享受本公告规定优惠政策的纳税人须同时满足以下条件：

1. 纳税人出售和重新购买的住房应在同一城市范围内。同一城市范围是指同一直辖市、副省级城市、地级市（地区、州、盟）所辖全部行政区划范围。

2. 出售自有住房的纳税人与新购住房之间须直接相关，应为新购住房产权人或产权人之一。

四、符合退税优惠政策条件的纳税人应向主管税务机关提供合法、有效的售房、购房合同和主管税务机关要求提供的其他有关材料，经主管税务机关审核后办理退税。

五、各级住房城乡建设部门应与税务部门建立信息共享机制，将本地区房屋交易合同网签备案等信息（含撤销备案信息）实时共享至当地税务部门；暂未实现信息实时共享的地区，要建立健全工作机制，确保税务部门及时获取审核退税所需的房屋交易合同备案信息。

关于保障性住房有关税费政策的公告

财政部　税务总局　住房城乡建设部公告2023年第70号　2023年9月28日

为推进保障性住房建设，现将有关税费政策公告如下：

一、对保障性住房项目建设用地免征城镇土地使用税。对保障性住房经营管理单位与保障性住房相关的印花税，以及保障性住房购买人涉及的印花税予以免征。

在商品住房等开发项目中配套建造保障性住房的，依据政府部门出具的相关材料，可按保障性住房建筑面积占总建筑面积的比例免征城镇土地使用税、印花税。

二、企事业单位、社会团体以及其他组织转让旧房作为保障性住房房源且增值额未超过扣除项目金额20%的，免征土地增值税。

三、对保障性住房经营管理单位回购保障性住房继续作为保障性住房房源的，免征契税。

四、对个人购买保障性住房，减按1%的税率征收契税。

五、保障性住房项目免收各项行政事业性收费和政府性基金，包括防空地下室易地建设费、城市基础设施配套费、教育费附加和地方教育附加等。

六、享受税费优惠政策的保障性住房项目，按照城市人民政府认定的范围确定。城市人民政府住房城乡建设部门将本地区保障性住房项目、保障性住房经营管理单位等信息及时提供给同级财政、税务部门。

七、纳税人享受本公告规定的税费优惠政策，应按相关规定申报办理。

八、本公告自2023年10月1日起执行。

七、中国人民银行、国家金融监督管理总局

关于延长金融支持房地产市场平稳健康发展有关政策期限的通知

银发〔2023〕141号　2023年7月10日

中国人民银行上海总部，各分行、营业管理部，各省会（首府）城市中心支行、副省级城市中心支行；各银保监局；国家开发银行、农业发展银行，各国有商业银行，中国邮政储蓄银行，各股份制商业银行；各信托公司、保险公司、金融资产管理公司：

《中国人民银行　中国银行保险监督管理委员会关于做好当前金融支持房地产市场平稳健康发展工作的通知》（银发〔2022〕254号）有关政策有适用期限的，将适用期限统一延长至2024年12月31日。

关于调整优化差别化住房信贷政策的通知

银发〔2023〕173 号　2023 年 8 月 31 日

中国人民银行上海总部，各省、自治区、直辖市、计划单列市分行；国家金融监督管理总局各监管局；各国有商业银行，中国邮政储蓄银行，各股份制商业银行：

为落实党中央、国务院决策部署，坚持房子是用来住的、不是用来炒的定位，适应我国房地产市场供求关系发生重大变化的新形势，更好满足刚性和改善性住房需求，促进房地产市场平稳健康发展，中国人民银行、国家金融监督管理总局决定调整优化差别化住房信贷政策。现就有关事项通知如下：

一、对于贷款购买商品住房的居民家庭，首套住房商业性个人住房贷款最低首付款比例统一为不低于20%，二套住房商业性个人住房贷款最低首付款比例统一为不低于 30%。

二、首套住房商业性个人住房贷款利率政策下限按现行规定执行，二套住房商业性个人住房贷款利率政策下限调整为不低于相应期限贷款市场报价利率加 20 个基点。

三、中国人民银行、国家金融监督管理总局各派出机构按照因城施策原则，指导各省级市场利率定价自律机制，根据辖区内各城市房地产市场形势及当地政府调控要求，自主确定辖区内各城市首套和二套住房商业性个人住房贷款最低首付款比例和利率下限。

四、银行业金融机构应根据各省级市场利率定价自律机制确定的最低首付款比例和利率下限，结合本机构经营状况、客户风险状况等因素，合理确定每笔贷款的具体首付款比例和利率水平。

关于降低存量首套住房贷款利率有关事项的通知

银发〔2023〕174 号　2023 年 8 月 31 日

中国人民银行上海总部，各省、自治区、直辖市、计划单列市分行；国家金融监督管理总局各监管局；各国有商业银行，中国邮政储蓄银行，各股份制商业银行：

为落实党中央、国务院决策部署，坚持房子是用来住的、不是用来炒的定位，引导商业性个人住房贷款借贷双方有序调整优化资产负债，规范住房信贷市场秩序，现就降低存量首套住房商业性个人住房贷款利率有关事项通知如下：

一、存量首套住房商业性个人住房贷款，是指 2023 年 8 月 31 日前金融机构已发放的和已签订合同但未发放的首套住房商业性个人住房贷款，或借款人实际住房情况符合所在城市首套住房标准的其他存量住房商业性个人住房贷款。

二、自 2023 年 9 月 25 日起，存量首套住房商业性个人住房贷款的借款人可向承贷金融机构提出申请，由该金融机构新发放贷款置换存量首套住房商业性个人住房贷款。新发放贷款的利率水平由金融机构与借款人自主协商确定，但在贷款市场报价利率（LPR）上的加点幅度，不得低于原贷款发放时所在城市首套住房商业性个人住房贷款利率政策下限。新发放的贷款只能用于偿还存量首套住房商业性个人住房贷款，仍纳入商业性个人住房贷款管理。

三、自 2023 年 9 月 25 日起，存量首套住房商业性个人住房贷款的借款人亦可向承贷金融机构提出申请，协商变更合同约定的利率水平，变更后的贷款合同利率水平应符合本通知第二条的规定。

四、金融机构应严格落实相关监管要求，对借款人申请经营性贷款和个人消费贷款等贷款的用途进行穿透式、实质性审核，并明确提示风险。对存在协助借款人利用经营性贷款和个人消费贷款等违规置换存量商业性个人住房贷款行为的中介机构一律不得进行合作，并严肃处理存在上述行为的内部人员。

五、各金融机构要抓紧制定具体操作细则，做好组织实施，提高服务水平，及时响应借款人申请，尽可能采取便捷措施，降低借款人操作成本，确保本通知有关要求落实到位。

六、中国人民银行和金融监管总局各分支机构要将本通知立即转发辖内地方法人金融机构，督促贯彻执行，有效维护市场秩序。

本通知自 2023 年 9 月 25 日起实施。此前相关规定与本通知不一致的，以本通知为准。

关于强化金融支持举措　助力民营经济发展壮大的通知

银发〔2023〕233 号　2023 年 11 月 27 日

为深入贯彻党的二十大精神和中央金融工作会议要求，全面落实《中共中央国务院关于促进民营经济发展壮大的意见》，坚持“两个毫不动摇”，引导金融机构树立“一视同仁”理念，持续加强民营企业金融服务，努力做到金融对民营经济的支持与民营经济对经济社会发展的贡献相适应，现就有关事宜通知如下。

一、持续加大信贷资源投入，助力民营经济发展壮大

（一）明确金融服务民营企业目标和重点。银行业金融机构要制定民营企业年度服务目标，提高服务民营企业相关业务在绩效考核中的权重，加大对民营企业的金融支持力度，逐步提升民营企业贷款占比。健全适应民营企业融资需求特点的组织架构和产品服务，加大对科技创新、“专精特新”、绿色低碳、产业基础再造工程等重点领域民营企业的支持力度，支持民营企业技术改造投资和项目建设，积极满足民营中小微企业的合理金融需求，优化信贷结构。合理提高民营企业不良贷款容忍度，建立健全民营企业贷款尽职免责机制，充分保护基层展业人员的积极性。

（二）加大首贷、信用贷支持力度。银行业金融机构要积极开展首贷客户培育拓展行动，加强与发展改革和行业管理部门、工商联、商会协会对接合作，挖掘有市场、有效益、信用好、有融资需求的优质民营企业，制定针对性综合培育方案，提升民营企业的金融获得率。强化科技赋能，开发适合民营企业的信用类融资产品，推广“信易贷”模式，发挥国家产融合作平台作用，持续扩大信用贷款规模。

（三）积极开展产业链供应链金融服务。银行业金融机构要积极探索供应链脱核模式，支持供应链上民营中小微企业开展订单贷款、仓单质押贷款等业务。进一步完善中征应收账款融资服务平台功能，加强服务平台应用。促进供应链票据规范发展。深入实施“一链一策一批”中小微企业融资促进行动，支持重点产业链和先进制造业集群、中小企业特色产业集群内民营中小微企业融资。

（四）主动做好资金接续服务。鼓励主办银行和银团贷款牵头银行积极发挥牵头协调作用，对暂时遇到困难但产品有市场、项目有发展前景、技术有市场竞争力的民营企业，按市场化原则提前对接接续融资需求，不盲目停贷、压贷、抽贷、断贷。抓好《关于做好当前金融支持房地产市场平稳健康发展工作的通知》（银发〔2022〕254 号文）等政策落实落地，保持信贷、债券等重点融资渠道稳定，合理满足民营房地产企业金融需求。

（五）切实抓好促发展和防风险。银行业金融机构要增强服务民营企业的可持续性，依法合规审慎经营。健全信用风险管控机制，加强享受优惠政策低成本资金使用管理，严格监控资金流向。加强关联交易管理，提高对关联交易的穿透识别、监测预警能力。

二、深化债券市场体系建设，畅通民营企业债券融资渠道

（六）扩大民营企业债券融资规模。支持民营企业注册发行科创票据、科创债券、股债结合类产品、绿色债券、碳中和债券、转型债券等，进一步满足科技创新、绿色低碳等领域民营企业资金需求。支持民营企业发行资产支持证券，推动盘活存量资产。优化民营企业债务融资工具注册机制，注册全流程采用“快速通道”，支持储架式注册发行，提高融资服务便利度。

（七）充分发挥民营企业债券融资支持工具作用。鼓励中债信用增进投资股份有限公司、中国证券金融股份有限公司以及市场机构按照市场化、法治化原则，通过担保增信、创设信用风险缓释工具、直接投资等方式，推动民营企业债券融资支持工具扩容增量、稳定存量。

（八）加大对民营企业债券投资力度。鼓励和引导商业银行、保险公司、各类养老金、公募基金等机构投资者积极科学配置民营企业债券。支持民营企业在符合信息披露、公允定价、公平交易等规范基础上，以市场化方式购回本企业发行的债务融资工具。

（九）探索发展高收益债券市场。研究推进高收益债券市场建设，面向科技型中小企业融资需求，建设高收益债券专属平台，设计符合高收益特征的交易机制与系统，加强专业投资者培育，提高市场流动性。

三、更好发挥多层次资本市场作用，扩大优质民营企业股权融资规模

（十）支持民营企业上市融资和并购重组。推动注册制改革走深走实，大力支持民营企业发行上市和再融资。支持符合条件的民营企业赴境外上市，利用好两个市场、两种资源。继续深化并购重组市场化改革，研究优化并购重组“小额快速”审核机制，支持民营企业通过并购重组提质增效、做大做强。

（十一）强化区域性股权市场对民营企业的支持服务。推动区域性股权市场突出私募股权市场定位，稳步拓展私募基金份额转让、认股权综合服务等创新业务试点，提升私募基金、证券服务机构等参与区域性股权市场积极性。支持保险、信托等机构以及资管产品在依法合规、风险可控、商业自愿的前提下，投资民营企业重点建设项目和未上市企业股权。

（十二）发挥股权投资基金支持民营企业融资的作用。发挥政府资金引导作用，支持更多社会资本投向重点产业、关键领域民营企业。积极培育天使投资、创业投资等早期投资力量，增加对初创期民营中小微企业的投入。完善投资退出机制，优化创投基金所投企业上市解禁期与投资期限反向挂钩制度安排。切实落实国有创投机构尽职免责机制。

四、加大外汇便利化政策和服务供给，支持民营企业“走出去”“引进来”

（十三）提升经常项目收支便利化水平。鼓励银行业金融机构开展跨境人民币“首办户”拓展行动。支持银行业金融机构为更多优质民营企业提供贸易外汇收支便利化服务，提升资金跨境结算效率。支持银行业金融机构统筹运用好本外币结算政策，为跨境电商等贸易新业态提供优质的贸易便利化服务。

（十四）完善跨境投融资便利化政策。优化外汇账户和资本项目资金使用管理，完善资本项目收入支付结汇便利化政策，支持符合条件的银行业金融机构开展资本项目数字化服务。扩大高新技术和“专精特新”中小企业跨境融资便利化试点范围。支持符合条件的民营企业开展跨国公司本外币一体化资金池业务试点，便利民营企业统筹境内外资金划转和使用。有序扩大外资企业境内再投资免登记试点范围，提升外资企业境内开展

股权投资便利化水平和民营企业利用外资效率。支持跨境股权投资基金投向优质民营企业。

（十五）优化跨境金融外汇特色服务。鼓励银行业金融机构健全汇率风险管理服务体系和工作机制，加强政银企担保多方联动合作，减轻民营中小微企业外汇套期保值成本。持续创新跨境金融服务平台应用场景、拓展覆盖范围，为民营企业提供线上化、便利化的融资结算服务。

五、强化正向激励，提升金融机构服务民营经济的积极性

（十六）加大货币政策工具支持力度。继续实施好多种货币政策工具，支持银行业金融机构增加对重点领域民营企业的信贷投放。用好支农支小再贷款额度，将再贷款优惠利率传导到民营小微企业，降低民营小微企业融资成本。

（十七）强化财政奖补和保险保障。优化创业担保贷款政策，简化办理流程，推广线上化业务模式。发挥首台（套）重大技术装备、重点新材料首批次应用保险补偿机制作用。在风险可控前提下，稳步扩大出口信用保险覆盖面。

（十八）拓宽银行业金融机构资金来源渠道。支持银行业金融机构发行金融债券，募集资金用于发放民营企业贷款。对于支持民营企业力度较大的银行业金融机构，在符合发债条件的前提下，优先支持发行各类资本工具补充资本。

六、优化融资配套政策，增强民营经济金融承载力

（十九）完善信用激励约束机制。完善民营企业信用信息共享机制，健全中小微企业和个体工商户信用评级和评价体系。推动水电、工商、税务、政府补贴等涉企信用信息在依法合规前提下向银行业金融机构开放查询，缓解信息不对称。健全失信行为纠正后信用修复机制。

（二十）健全风险分担和补偿机制。发挥国家融资担保基金体系引领作用，稳定再担保业务规模，引导各级政府性融资担保机构合理厘定担保费率，积极培育民营企业“首保户”，加大对民营小微企业的融资增信支持力度。建立国家融资担保基金风险补偿机制，鼓励有条件的地方完善政府性融资担保机构的资本补充和风险补偿机制，进一步增强政府性融资担保机构的增信分险作用。

（二十一）完善票据市场信用约束机制。支持民营企业更便利地使用票据进行融资，强化对民营企业使用票据的保护，对票据持续逾期的失信企业，限制其开展票据业务，更好防范拖欠民营企业账款。引导票据市场基础设施优化系统功能，便利企业查询票据信息披露结果，更有效地识别评估相关信用风险。

（二十二）强化应收账款确权。鼓励机关、事业单位、大型企业等应收账款付款方在中小企业提出确权请求后，及时确认债权债务关系。鼓励地方政府积极采取多种措施，加大辖区内小微企业应收账款确权力度，提高应收账款融资效率。推动核心企业、政府部门、金融机构加强与中征应收账款融资服务平台对接，通过服务平台及时确认账款，缓解核心企业、政府部门确权难和金融机构风控难问题。

（二十三）加大税收政策支持力度。落实以物抵债资产税收政策，银行业金融机构处置以物抵债资产时无法取得进项发票的，允许按现行规定适用差额征收增值税政策，按现行规定减免接收、处置环节的契税、印花税等。推动落实金融企业呆账核销管理制度，进一步支持银行业金融机构加快不良资产处置。

七、强化组织实施保障

（二十四）加强宣传解读。金融机构要积极开展宣传解读，丰富宣传形式、提高宣传频率、扩大宣传范围，主动将金融支持政策、金融产品和服务信息推送至民营企业。发展改革和行业管理部门、工商联通过培训等方式，引导民营企业依法合规诚信经营，珍惜商业信誉和信用记录，防范化解风险。

（二十五）强化工作落实。各地金融管理、发展改革、工信、财税、工商联等部门加强沟通协调，推动解决政策落实中的堵点、难点问题，强化政策督导，梳理总结典型经验，加强宣传推介，提升政策实效。进一步完善统计监测，加强政策效果评估。工商联要发挥好桥梁纽带和助手作用，建立优质民营企业名录，及时向金融机构精准推送，加强银企沟通。各金融机构要履行好主体责任，抓紧制定具体实施细则，加快政策落实落细。

八、中华人民共和国最高人民法院

关于商品房消费者权利保护问题的批复

法释〔2023〕1号　2023年4月20日

河南省高级人民法院：

你院《关于明确房企风险化解中权利顺位问题的请示》（豫高法〔2023〕36号）收悉。就人民法院在审理房地产开发企业因商品房已售逾期难交付引发的相关纠纷案件中涉及的商品房消费者权利保护问题，经研究，批复如下：

一、建设工程价款优先受偿权、抵押权以及其他债权之间的权利顺位关系，按照《最高人民法院关于审理建设工程施工合同纠纷案件适用法律问题的解释（一）》第三十六条的规定处理。

二、商品房消费者以居住为目的购买房屋并已支付全部价款，主张其房屋交付请求权优先于建设工程价款优先受偿权、抵押权以及其他债权的，人民法院应当予以支持。

只支付了部分价款的商品房消费者，在一审法庭辩论终结前已实际支付剩余价款的，可以适用前款规定。

三、在房屋不能交付且无实际交付可能的情况下，商品房消费者主张价款返还请求权优先于建设工程价款优先受偿权、抵押权以及其他债权的，人民法院应当予以支持。

最高人民法院关于加强商品房预售监管协同推进矛盾纠纷源头治理的司法建议书

尊敬的最高人民法院，

近年来，我国商品房市场发展迅猛，但也暴露出一些问题，如商品房预售过程中的矛盾纠纷频发。为了加强商品房预售监管，解决矛盾纠纷，我们向最高人民法院提出以下司法建议：

1. 健全商品房预售监管机制：建立完善的商品房预售监管体系，明确各相关部门的职责和任务。加强对开发商的资质审核和监督，确保其合法合规经营。加强对商品房预售资金使用的监管，杜绝违规行为。

2. 加强信息公示和透明度：要求开发商在商品房预售过程中及时公示相关信息，包括预售许可证、房屋设计图纸、价格等，确保购房者充分了解相关信息。建立健全相关信息公示平台，方便购房者查询。

3. 完善商品房预售合同制度：明确预售合同中的各方权益，加强对预售合同的监督和保护。在合同中规定开发商应承担的责任和义务，确保开发商按合同履行义务。加强对合同的法律解释和规范，避免合同条款过于倾向于开发商，保护购房者权益。

4. 加强纠纷调解和仲裁机制建设：建立健全商品房预售纠纷调解机构和仲裁机构，提供有效的调解和仲裁服务，为纠纷解决提供更加便捷和高效的途径。加强对调解和仲裁结果的执行力度，确保各方权益得到有效保护。

九、中国证券监督管理委员会

关于进一步推进基础设施领域不动产投资信托基金（REITs）常态化发行相关工作的通知

2023 年 3 月 7 日

一、加快推进市场体系建设，提升服务实体经济能力

（一）拓宽试点资产类型。贯彻落实中央经济工作会议关于着力扩大国内需求，优化政策措施，充分发挥消费的基础作用，把恢复和扩大消费摆在优先位置的决策部署，研究支持增强消费能力、改善消费条件、创新消费场景的消费基础设施发行基础设施 REITs。优先支持百货商场、购物中心、农贸市场等城乡商业网点项目，保障基本民生的社区商业项目发行基础设施 REITs。项目用地性质应符合土地管理相关规定。项目发起人（原始权益人）应为持有消费基础设施、开展相关业务的独立法人主体，不得从事商品住宅开发业务。严禁规避房地产调控要求，不得为商品住宅开发项目变相融资。

（二）分类调整项目收益率和资产规模要求。申报发行基础设施 REITs 的特许经营权、经营收益权类项目，基金存续期内部收益率（IRR）原则上不低于 5%；非特许经营权、经营收益权类项目，预计未来 3 年每年净现金流分派率原则上不低于 3.8%。落实中央“房住不炒”要求，充分考虑保障性租赁住房的保障属性，鼓励更多保障性租赁住房 REITs 发行，首次申报发行 REITs 的保障性租赁住房项目，当期目标不动产评估净值原则上不低于 8 亿元，可扩募资产规模不低于首发规模的 2 倍。

（三）推动扩募发行常态化。按照市场化法治化原则，鼓励运营业绩良好、投资运作稳健、会计基础工作规范的上市 REITs 通过增发份额收购资产，开展并购重组活动。加快推动首批扩募 REITs 项目落地，完善扩募定价机制，鼓励更多符合条件的扩募项目发行上市。

（四）扩大市场参与主体范围。支持经营规范、治理健全、资产管理经验丰富的优质保险资产管理公司等金融机构开展资产证券化业务试点，允许符合条件的机构参与基础设施 REITs，依托其在基础设施项目储备和运营管理优势，促进形成存量资产和新增投资的良性循环。

（五）加强二级市场建设。健全二级市场流动性支持制度安排，完善做市机制，加强对做市商的考核评价，督促其积极履行做市义务。适时推出 REITs 实时指数。

二、完善审核注册机制，提高制度化规范化透明化水平

（六）优化审核注册流程。建立分工明确、各有侧重、高效衔接的审核注册工作机制，进一步优化审核注册流程，提高审核注册工作的规范性、可预期性和透明度。证监会和证券交易所原则上应当将问题一次汇总成书面反馈意见，并由证券交易所统一发出。坚持开门办审核，定期开展市场机构座谈会，传递监管工作理念。

（七）明确大类资产准入标准。总结试点经验，对产业园区、收费公路等实践较多的资产类型，按照“成熟一类、推出一类”的原则，细化完善审核和信息披露要点，对项目质量从严要求，并以适当方式向市场

公开，加快成熟类型资产的推荐审核透明度和发行上市节奏。同时，建立常态化会商机制，着力解决“新类型”项目面临的重大疑难和无先例问题，并通过培训、典型案例分享等方式向市场公开，加快试点项目进展，引导市场规范发展。

（八）完善发行、信息披露等基础制度。健全 REITs 发售业务规则，完善资产估值和询价定价机制，规范发行推介、询价、定价、配售行为。制定临时信息披露指引，强化重大事项披露要求。研究规范治理机制的权责条款，完善 REITs 治理结构。

三、规范与发展并重，促进市场平稳运行

（九）构建全链条监管机制。遵循 REITs 特点规律和风险特征，结合基础设施 REITs 试点模式，建立健全包括项目尽调、发行定价、信息披露、资产运营管理、二级市场交易等环节的全链条监管制度。突出以“管资产”为核心，按照实质重于形式的原则，加强对基础资产质量、运营管理的穿透监管。

（十）促进市场主体归位尽责。证监局、证券交易所、证券业协会和基金业协会等单位应当各司其职，协同配合，形成监管合力。压实基金管理人的主动管理责任，督促基金管理人、基金托管人、资产支持证券管理人、原始权益人、外部运营管理机构、财务顾问、证券基金服务机构等参与方依法履行职责。依法打击违法违规行为，保护投资者合法权益。

四、进一步凝聚各方合力，推动市场持续健康发展

（十一）建立重点地区综合推动机制。依托 REITs 储备项目丰富的重点地区，聚焦国家产业政策鼓励的能源、交通、生态环保、保障性租赁住房和数据中心等重点领域，推动完善由地方发展改革委、证监局、金融局、国资委等多部门参加的综合推动机制，统筹协调解决 REITs 涉及的项目合规、国资转让、税收政策、权益确认等问题，保障常态化发展的项目资源供给。坚持“两个毫不动摇”方针，着力推动解决民营企业 REITs 试点存在的困难和问题。

（十二）推动完善配套政策。加强与相关部门沟通，进一步明确基础设施 REITs 的会计处理方式和税收征管细则。推动社保基金、养老金、企业年金等配置型长期机构投资者参与投资，积极培育专业化 REITs 投资者群体，助力市场平稳运行。借鉴境外成熟市场实践，及时总结 REITs 试点经验，抓紧推动 REITs 专项立法。

本通知自印发之日起生效。请结合单位职责，加快推动各项工作落实落地。

统筹一二级市场平衡　优化 IPO、再融资监管安排

2023 年 8 月 27 日

证监会充分考虑当前市场形势，完善一二级市场逆周期调节机制，围绕合理把握 IPO、再融资节奏，作出以下安排：

一、根据近期市场情况，阶段性收紧 IPO 节奏，促进投融资两端的动态平衡。

二、对于金融行业上市公司或者其他行业大市值上市公司的大额再融资，实施预沟通机制，关注融资必要性和发行时机。

三、突出扶优限劣，对于存在破发、破净、经营业绩持续亏损、财务性投资比例偏高等情形的上市公司再融资，适当限制其融资间隔、融资规模。

四、引导上市公司合理确定再融资规模，严格执行融资间隔期要求。审核中将对前次募集资金是否基本使用完毕，前次募集资金项目是否达到预期效益等予以重点关注。

五、严格要求上市公司募集资金应当投向主营业务，严限多元化投资。

六、房地产上市公司再融资不受破发、破净和亏损限制。

十、重点城市房地产政策

（一）综合措施文件

日期	城市	文件名称	主要内容
1月5日	乌鲁木齐市	《关于促进房地产业平稳发展的22条措施》	1. 减轻购房人贷款压力。贷款购买普通自住房的居民家庭，首套住房商业性个人住房贷款利率下限调整为不低于相应期限贷款市场报价利率减20个基点。 2. 实施购房契税补贴。2023年首次购买市辖区范围内，面积130平方米（含）以内新建商品住房的，契税金额的50%由财政资金给予补贴。 3. 居民换购住房个人所得税政策。在2022年10月1日至2023年12月31日期间，出售自有住房并在现住房出售后1年内重新购买住房的，退还个人所得税。 4. 推行“交房即办证”。 5. 加大住房公积金支持力度。住房公积金最高贷款额度由70万元上调为80万元。使用住房公积金贷款购买二手住房，首付款比例由30%降低至20%。 6. 优化住房公积金贷款办理程序。 7. 发挥住房公积金异地个人住房贷款服务民生保障作用。 8. 增加房屋实用面积。 9. 精准确定住宅项目商住比例。 10. 支持非住宅用房转为住宅。 11. “净地”供地出让。 12. 容缺办理前期手续。土地出让竞买保证金按照20%确定；房地产开发企业在完成首期50%土地出让金付款后，即可办理立项备案、规划用地许可、规划工程许可、施工许可，确保及时开工建设。 13. 压缩建设项目审批时限。 14. “容缺”办理商品房现售备案。 15. 优化预售资金监管。允许企业使用银行保函代替重点监管资金，提高资金使用灵活度。对新引进注册房地产开发企业实行异地业绩、信用互认，预售重点资金监管比例最低按照25%比例执行并动态调整、分类监管。 16. 调整保障性住房配建。 17. 优化商品房预售许可服务。 18. 减免疫情期间土地出让金逾期缴纳产生的利息和违约金。 19. 优化房地产企业资质办理服务。 20. 营造规范有序的房地产市场环境。 21. 强化融资服务对接。 22. 加大金融纾困帮扶力度。对房地产企业开发贷款等存量融资，在保证债权安全的前提下，鼓励企业与金融机构基于商业性原则自主协商贷款展期、调整还款安排。

续表

日期	城市	文件名称	主要内容
2月4日	哈尔滨市	《关于进一步促进哈尔滨市房地产市场平稳健康发展的若干措施的通知》	1. 多措并举，支持合理购房需求。符合条件的购房者给予不同购房补贴。二手房公积金贷款房龄年限由20年提高到30年。提高职工贷款最高额度。 2. 科学调配供给，推动房地产平稳发展。在控制性详细规划编制中增加用地兼容性，支持居住用地、商业商务用地兼容比例灵活处置。新出让的土地项目，可缴纳土地出让起始价的20%作为竞买保证金，土地出让合同签订后，一个月内缴纳土地成交价款的50%。 3. 拓展对外推介，规范市场宣传销售行为。 4. 引导金融支持，促进行业发展。鼓励在哈金融机构加大房地产领域信贷投放。
2月21日	长春市	《进一步发挥政策叠加效应促进房地产市场企稳若干政策措施》	1. 纾解企业流动资金压力。调整商品房预售资金监管政策。延续执行暂缓批量扣缴物业维修资金政策。鼓励地下空间开发利用。支持税收减免。 2. 持续加大企业融资支持力度。鼓励各商业银行在依法合规、风险可控的基础上探索项目融资和企业总体状况适度分离的信贷模式，实施信贷项目封闭管理，为优质房地产开发项目提供融资支持。加大对施工建筑企业的融资支持。调整抵押权登记限制条件。支持建设用地使用权抵押融资。盘活地下室、车位资产。 3. 多措并举释放住房需求。首次购买刚需住房贷款最低首付比例为20%，二套改善性住房贷款最低首付比例为30%。建立首套住房贷款利率动态调整机制。对拥有1套住房并已结清购房贷款的家庭，为改善居住条件再次申请贷款购买住房的，银行业金融机构执行首套房贷款政策。明确公积金贷款抵押比例。适当提高公积金贷款额度。给予公积金贷款额度优惠政策。继续实行住房公积金组合贷款模式。开展“商转公”贷款业务。开通公积金存量住房贷款业务。支持居民换购住房，予以退税优惠。实施购房补贴政策。适时举办房交会。支持集中批量购买商品房。实行存量房“带押过户”。 4. 依法保障住房金融消费者合法权益。保障建设方、施工方、购房人合法权益。 5. 优化提升行业服务水平。大力发展住房租赁市场。建立项目开工“绿色通道”。允许项目局部开发预售。支持“商改租”。支持居住用地商业兼容比例灵活处置。加快推进棚户区回迁安置等。
3月28日	沈阳市	《关于促进本市房地产市场良性循环和健康发展的通知》	1. 科学安排土地供应。 2. 实施首套个人住房贷款利率动态调整机制。 3. 支持公寓类非住宅去库存。 4. 进一步优化商品房预售资金监管。以重点监管额度和企业信用评价为依据，动态调整监管资金比例，实施差异化、精细化管理。 5. 优化限购区域。继续对和平、沈河、铁西、皇姑、大东、于洪等六区（不含二环外）实施限购政策。
6月1日	青岛市	《关于促进房地产市场平稳健康发展的通知》	1. 优化特定条件群体商品住房上市交易年限。 2. 支持刚性和改善性住房需求。全面推行二手房“带押过户”“优鲜卖”模式，促进“卖旧买新”“卖小换大”。 3. 以城市更新优化住房供给。鼓励各区（市）棚户区和城中村改造征收补偿货币化安置，试点房票制度。 4. 实施保租房以购代建。积极支持平台公司或金融机构所属租赁企业收购存量房源作为保租房。支持住房租赁企业发行信用债券和担保债券等直接融资产品，专项用于租赁住房建设和经营。 5. 开展群（团）购住房活动。 6. 进一步放宽人才住房分配准入条件。 7. 继续执行差别化信贷政策。

续表

日期	城市	文件名称	主要内容
6月15日	大连市	《关于进一步促进本市房地产市场平稳健康发展的通知》	1. 下调2023年第三季度新发放首套住房商业性个人住房贷款利率下限。 2. 实施房交会购房补贴政策。 3. 进一步支持新建非住宅商品房去库存。从《通知》发布之日起到2023年12月31日前，个人或单位购买市内四区新建非住宅商品房按照网签备案成交额的3%给予购房补贴。 4. 持续优化公积金各项支持政策。2023年6月底前，调整完善个人住房商业贷款转住房公积金贷款政策；优化公积金提取政策，支持职工提取住房公积金支付新建商品住房首付款，允许按月提取住房公积金偿还商业贷款；优化租房提取公积金的额度、频次和周期，推动租购并举制度建立。
7月17日	昆明市	《关于印发昆明市进一步促进房地产市场平稳健康发展若干措施的通知》	1. 调控开发供应。合理确定年度商业商务用地供应规模，科学调节供地节奏。 2. 强化要素保障。属地政府（管委会）应积极推进零星用地整合，确保在项目规划核实前完成零星用地整合。针对建设体量大、建设周期长的房地产开发项目，在符合相关规范要求、满足分期投入使用功能的前提下，经房地产开发企业申请，可适当增加规划核实分期批次。房地产开发项目预售范围内存在土地抵押的，应将解除土地抵押的期限由6个月延长至12个月。 3. 优化项目规划。居住或商住混合用地地上配建的配电室不计入容积率。保障性租赁住房项目可不配建中小学、养老设施。 4. 促进居住消费。发放契税总额50%～100%的补贴。探索出台灵活就业人员参加住房公积金制度。提高住房公积金增值收益使用效率，可用于多渠道筹集保障性住房、保障性租赁住房房源，着力解决中低收入家庭、新市民、青年人等住房困难问题。生育二孩、三孩的住房公积金缴存职工家庭购买首套自住住房的，住房公积金贷款最高额度分别上浮20%、30%。推行存量房“带抵押过户”合并登记服务。
8月3日	郑州市	《关于进一步促进房地产市场平稳健康发展的通知》	1. 支持青年人才在郑安居。在享受原有青年人才购房补贴的基础上，再按照100%的比例给予购房契税补贴。 2. 实施多子女家庭购房补贴政策。 3. 实施购房契税补贴政策。 4. 满足改善性住房需求。购买改善性住房的，其原有住房暂停执行“不满3年的不得上市转让”的规定。 5. 做好金融信贷支持。落实新发放首套住房个人住房贷款利率政策动态调整长效机制，结合评估情况及时调整本市新发放首套住房商业贷款利率下限。落实“认房不认贷”政策，更大程度满足刚需和改善性住房需求。 6. 加大公积金支持力度。适时出台住房公积金提取和贷款支持政策，对生育二孩及以上且有一名未成年子女的家庭、首次使用公积金贷款购买改善性住房的家庭，在提取住房公积金和申请住房公积金贷款时，实施差异化倾斜支持政策。 7. 降低住房交易税费。 8. 稳定住房消费预期。鼓励在郑各商业银行依法有序调整存量个人住房贷款利率，引导个人住房贷款利率和首付比例下行，稳定居民消费预期。 9. 推进商品房现房销售。 10. 提升商品住房品质。 11. 加快推进租购并举。 12. 稳妥推进城中村改造和城市更新。 13. 规范二手房交易居间服务。 14. 落实土地款分期缴纳优惠政策。 15. 试行地下停车位办理预售。

续表

日期	城市	文件名称	主要内容
8月4日	南京市	《进一步优化政策举措促进南京房地产市场平稳健康发展》	1. 对购买新建商品住房的实施补贴。鼓励新六区继续根据区域市场实际对在规定期限内购买新建商品住房的，按合同价给予一定比例的购房补贴，栖霞区和雨花台区结合辖区内市场实际经评估后对购买新建商品住房的实施补贴。 2. 对集体土地房屋征收推行房票安置。 3. 建立全市统一的“安置房源超市”。 4. 进一步优化车位车库销售审批手续。 5. 进一步提升预售监管资金使用效率。优化商品房预售资金不可预见费管理，开发企业可根据项目进度情况申请逐步释放不可预见费额度。 6. 进一步优化差异化供地。统筹考虑全市不同区位不同品质住宅定位和需求，探索在外围区域优化容积率和规划指标，引导企业打造差异化产品，满足市场各类需求。 7. 促进商办市场良性发展。
8月17日	南昌市	《关于印发促进本市房地产市场平稳健康发展的若干政策措施的通知》	1. 实行阶段性购房补贴。 2. 支持改善需求置换住房，予以个人所得税退税优惠。 3. 推行二手房“带押过户”。 4. 推行货币化和“房票”安置方式。 5. 优化房地产用地供应。 6. 优化土地出让价款缴纳期限。 7. 支持商业库存加快去化。 8. 优化项目审批服务。 9. 提升商品住房品质。 10. 完善预售资金监管。实行预售资金监管专户设立在政府监管机构名下的模式，进一步优化预售资金拨付监管比例；开发企业可依据相关法律、法规和约定，提供“见索即付”类型保函置换预售监管资金。 11. 完善项目周边配套设施。 12. 加快推进租购并举。 13. 按低限执行住房信贷政策。首次购房首付比例最低执行20%，二套房首付比例最低执行30%。符合相关政策规定的，商业性个人住房贷款首付比例、贷款利率均按低限要求执行。 14. 优化住房公积金使用政策。符合购房提取住房公积金条件的职工，可预提住房公积金支付购房首付款；多子女家庭使用住房公积金贷款额度上浮20%；停止向房地产开发企业收取住房公积金贷款担保保证金；积极开展灵活就业人员缴存住房公积金工作。 15. 满足房企合理融资需求。鼓励金融机构在保证债权安全、资金封闭运作的前提下，按照市场化原则满足房地产项目合理融资需求。在2024年底前，对于房地产企业开发贷款、信托贷款等存量融资，鼓励金融机构与房地产企业基于商业性原则自主协商，可以允许超出原规定多展期1年。

续表

日期	城市	文件名称	主要内容
9月4日	沈阳市	《关于进一步支持刚性和改善性住房需求的通知》	1. 取消二环内限购政策，取消住房销售限制年限规定，满足居民购房需求。 2. 认房不认贷。降低商业性个人住房贷款最低首付比例要求，首套住房首付款比例调整为不低于20%，二套不低于30%。银行机构结合本机构经营状况、客户风险状况等因素，合理确定每笔贷款的具体首付比例和利率水平。 3. 支持沈阳市高层次人才住房公积金贷款。支持二孩或三孩家庭住房公积金贷款。支持新市民、青年人使用住房公积金贷款。支持改善性住房贷款。支持首套住房商贷未结清的职工使用公积金贷款购买第二套住房。支持职工延长贷款偿还期限。缴存职工家庭申请住房公积金贷款购买首套自住住房的，最低首付比例由30%调整为20%；购买第二套自住住房最低首付比例由40%调整为30%。取消提取公积金后准贷时限。 4. 落实差别化税收政策。 5. 鼓励人才留沈创业置业，给予购房补贴和契税补贴。 6. 促进商品房销售。 7. 保障购房者权益。坚决完成保交楼任务目标。完善预售商品房资金监管制度，确保管住管好不管死。规范居间服务，建立房地产经纪机构、从业人员实名登记制度，合理确定经纪服务收费，严格实行明码标价，保障买卖双方权益。 8. 优化二手房“带押过户”。不动产登记业务“全城通办”。新建商品房项目“交房即交证”。推广不动产电子证照数字化应用。
9月7日	长春市	《关于进一步促进房地产消费若干措施的通知》	1. 发放购房贷款贴息和消费券。 2. 给予进城农民和环卫工人购房奖励。 3. 支持高校毕业生在长购房安家。 4. 将灵活就业人员纳入住房公积金制度体系。 5. 住房公积金个人贷款执行基准利率。首次个人住房公积金贷款期限5年以下（含5年）年利率按2.6%执行，5年以上按3.1%执行。 6. 持续开展购房月活动。 7. 积极推进城中村和棚户区改造。建立安置房房源超市，鼓励通过购买商品住房、发放安置房票等货币化为主的方式实施安置。通知发布之日起至2024年12月31日止，被征收居民在被征收地块挂牌出让前6个月内购买本市新建商品住房的，给予10%购房奖励。 8. 鼓励企业购买商业、办公用房。 9. 试行地下停车位、车库办理预售。 10. 完善城市配套设施建设。 11. 规范房地产中介市场。

续表

日期	城市	文件名称	主要内容
9月8日	兰州市	《关于进一步促进房地产市场平稳健康发展的若干措施》	1. 激活住房消费需求。取消在主城四区购买商品住房和存量住房自取得《不动产权证》登记簿日期满三年方可上市交易的限制措施；取消现行限购措施。支持新市民购房。实施购房契税补贴。落实个人所得税优惠政策。推行房票安置制度。开展房地产促销活动。 2. 加大金融信贷支持力度。鼓励金融机构加大对优质房地产项目的金融支持力度，保持房地产开发贷款平稳有序投放，满足房地产市场合理融资需求。落实保函置换预售监管资金政策。落实好新发放首套个人住房贷款利率政策动态调整长效机制。全面落实购买首套房贷款“认房不认贷”政策措施。商业银行和公积金贷款购买首套住房最低首付款比例不低于20%，二套住房最低首付款比例不低于30%。优化调整个人住房公积金贷款政策。支持提取住房公积金支付购房首付款。全面推进二手房“带押过户”。 3. 优化项目用地供给。合理确定住宅用地、商业办公用地供给。合理确定竞买保证金缴纳比例。 4. 营造良好房地产市场环境。持续加大市场服务力度。维护房地产市场秩序。
9月8日	苏州市	《关于促进全市经济持续回升向好的若干政策措施》	1. 支持刚性和改善性住房需求。优先保障和解决更多刚需住房需求人群，新市民、青年人、新就业人群、常住人口购房与本地户籍居民家庭适用同等政策。满足改善性住房需求，对于购买120平方米及以上商品住房不再进行购房资格审核。综合采取购房补贴、房票安置、团购等方式，更好满足居民刚性和改善性住房需求。落实降低首套房、二套房执行首付比例和首套房、二套房贷款利率，居民个人换购住房个税优惠，个人首套房“认房不认贷”，鼓励各县级市（区）根据区域市场实际延长购房补贴等政策。优化住房公积金提取，指导商业银行依法有序调整存量个人住房贷款利率。引导金融机构加大对已售逾期难交付项目“保交楼”配套融资力度。 2. 稳定房地产投资。优化住宅用地供应。积极稳步推进城中村改造。综合运用优质优价、容积率激励、鼓励建设多样化类型住宅产品等措施，支持房地产企业开发高品质住宅。取消商品房项目价差比例限制，满足企业差异化定价销售需求。引导房地产企业由住宅开发为主向城市更新、住房租赁、集中建设、物流仓储和养老健康等领域延伸。指导金融机构按照市场化原则支持房地产企业合理融资需求。
9月18日	厦门市	《关于进一步促进房地产市场平稳健康发展的通知》	1. 在集美区、海沧区、同安区、翔安区购买商品住房，不再审核购房人资格，不再限制上市交易时间。 2. 落实国家调整优化差别化住房信贷政策和降低存量首套住房贷款利率政策，适时调整优化岛内外首套和二套住房商业性个人住房贷款最低首付比例和利率下限。 3. 符合条件的个人住房公积金贷款的住房套数认定、最低首付比例、首套及第二套利率，对照商业性个人住房贷款政策认定；阶段性（期限为一年）上浮住房公积金贷款流动性调节系数至1，住房公积金贷款最高贷款额度为120万元。 4. 根据房地产开发企业信用评级，优化商品房项目预售资金监管，在风险可控的前提下支持房地产开发企业盘活资金。 5. 营造良好市场环境。

续表

日期	城市	文件名称	主要内容
9月19日	武汉市	《关于进一步促进本市房地产市场平稳健康发展的通知》	1. 取消本市二环线以内住房限购政策，满足居民刚性和改善性购房需求。 2. 优化家庭住房贷款套数认定标准。对生育多子女家庭在购房贷款时，购买的第二套住房认定为首套住房，购买的第三套住房认定为第二套住房。对已有两套住房的家庭，在挂牌出售或出租一套的前提下新购一套住房的，购房贷款时认定为第二套住房。 3. 支持居民换购住房。 4. 给予购房优惠支持。 5. 阶段性调整住房公积金贷款额度。 6. 盘活企业资产。对土地出让合同中约定由房地产开发企业自持的商办类房屋，在不改变房屋规划用途和不影响原土地出让合同履行的情况下，经辖区政府批准同意，允许以新建商品房形式整体转让。 7. 加强精准供地，鼓励居住户型设计创新。 8. 加快盘活存量用地。 9. 积极助企纾困。 10. 建立房地产开发企业“白名单”管理。在风险可控前提下，对纳入“白名单”的房地产开发企业可申请提前办理预售许可。
9月19日	无锡市	《关于促进本市房地产市场平稳健康发展若干政策措施的通知》	1. 优化土地出让政策。进一步完善使用银行保函缴纳竞买保证金政策，支持房地产开发企业使用见索即付银行保函作为参与土地竞买的履约保证方式。 2. 用足用好房地产调控工具箱。全市域取消限购政策。落实“认房不认贷”政策。降低购买首套房首付比例，首套住房商业性个人住房贷款最低首付款不低于20%，二套不低于30%。指导商业银行有序下调存量房贷利率。 3. 进一步满足各类群体的住房需求。加强各类保障房筹集和建设工作统筹，优先保障和解决新市民、青年人、新就业人群、常住人口等刚需人群的住房需求。加快推进人才房多渠道、多方式供应，对各类人才实施分档分类购房补贴。进一步落实房票购房政策。建立房票购房“房源信息库”。采取租售并举、租售一体的方式，探索建立商品房共有产权模式。 4. 加快城市更新建设，推动存量改造。推动城中村改造工作。促进商办市场良性发展。 5. 进一步优化营商环境。实行商品住房“优质优价”备案管理。优化行政审批服务时限。进一步完善二手房“带抵押”过户。优化土地抵押分期分幢解押方式。支持房地产企业总部（或区域总部）落户无锡。对新出让地块周边配套设施，应同步规划同步实施。 6. 调整改进相关管理办法。优化商品房预售监管资金管理办法。优化高品质住宅项目认定标准。实施商品住房建设品质提升行动。

续表

日期	城市	文件名称	主要内容
9月26日	西宁市	《促进房地产市场平稳健康发展若干措施》	1. 加大金融支持力度。鼓励金融机构重点支持治理完善、聚焦主业、资质良好的房地产企业稳健发展，按照市场化原则满足房地产项目合理融资需求。支持符合条件的优质房地产企业通过资本市场发债、重组上市及运用增发、配股等资本市场工具融资发展。支持优质房地产企业改善资产负债表，有效防范化解风险。商业银行向持有保障性住房租赁项目认定书的保障性租赁住房项目发放的有关贷款，不纳入房地产贷款集中度管理。 2. 支持存量融资合理展期。 3. 支持个人住房贷款合理需求。商业按揭贷款及公积金贷款购买首套住房最低首付比例为不低于20%，二套为不低于30%。首套住房商业性个人住房贷款利率政策下限为不低于相应期限 LPR 减 20 个基点，二套为不低于相应期限 LPR 加 20 个基点。指导商业银行降低存量首套住房贷款利率。 4. 支持居民换购住房。 5. 加大住房公积金支持。提高首套住房公积金贷款额度。积极开展异地贷款，支持异地购房群体贷款需求。扩大灵活就业人员公积金制度覆盖面，支持灵活就业人员合理住房需求。 6. 推行不动产“带押过户”服务。 7. 优化预售资金监管。 8. 优化国有土地供应。 9. 优化商品房预售许可。 10. 开展“交房即办证”改革试点。 11. 支持保障性租赁住房发展。 12. 支持存量商品房去化。 13. 提升存量房交易服务水平。 14. 用好保交楼支持政策。 15. 鼓励企业转变发展模式。 16. 营造良好市场发展环境。
9月26日	成都市	《关于进一步优化政策措施促进房地产市场平稳健康发展的通知》	1. 加大住房保障力度。 2. 优化土地供应方式。中心城区商品住宅用地实施“竞地价”拍卖，新出让土地所建商品住房由企业根据市场情况自主定价。除控制性详细规划明确的宗地内需叠建以及宗地周边绿地、道路、养老托育等公服配套设施外，原则上新出让住宅类用地不再设置配建要求。调整新出让土地商业物业持有比例。 3. 调整住房限购措施。四川天府新区直管区、成都高新区南部园区、锦江区、青羊区、金牛区、武侯区、成华区继续实施住房限购，统一为一个限购区域。其他区域不再审核购房资格。在限购区域范围内，购买144 平方米以上（不含 144 平方米）住房，不再审核购房资格。 4. 调整住房限价措施。成品住宅装修价格由企业根据市场情况自主确定（土地出让合同等有约定的除外），严格落实样板间、销售现场、装修清单等管理要求，鼓励优质优价。不再执行二手住房成交参考价格发布机制。 5. 落实信贷支持政策。生育多子女家庭商业贷款购买第三套住房认定为二套住房。 6. 调整住房税收政策。个人转让住房增值税征免年限统一调整为 2 年。 7. 加强预售资金监管。持续规范房地产市场秩序。

续表

日期	城市	文件名称	主要内容
9 月 28 日	宁波市	《关于进一步优化房地产市场平稳健康发展若干政策的通知》	1. 取消限制性购房政策。 2. 停止执行住房上市交易限制年限规定。 3. 优化个人住房贷款套数认定标准。 4. 首套、二套住房商业性个人住房贷款最低首付款比例和贷款利率统一调整为全国政策下限。 5. 降低存量首套住房贷款利率。 6. 调整住房公积金贷款首付比例。购买首套或改善型第二套自住住房（已拥有 1 套住房且无购房贷款）的，贷款首付比例调整为不低于 30%，首次申请住房公积金贷款购买的首付比例不低于 20%。 7. 落实住房交易税收政策。 8. 探索采用发放购房、家电消费券等多种措施。 9. 优化车库车位预售。 10. 优化土地出让方式推行商品住宅用地房屋销售指导价制度，引导市场预期。 11. 优化预售资金监管。房地产开发企业可以选择以预售批次或者建设项目作为商品房预售资金监管对象，属地住建部门和监管银行应依规做好相应资金监管工作。 12. 提升住房品质。 13. 加大“房票”安置力度。 14. 优化审批服务。 15. 围绕“保交楼、保民生、保稳定”，持续开展房地产领域风险防范化解和除险保安专项行动，切实防范化解重点领域风险。
10 月 11 日	银川市	《进一步促进银川市房地产市场平稳健康发展若干措施的通知》	1. 加大多子女家庭购房支持。二孩和三孩及以上家庭公积金贷款额度分别额外上浮 10 万元和 20 万元。 2. 降低新建商品房第二次使用住房公积金贷款首付比例。由不低于房屋总价款的 30% 调整至 20%。 3. 加大金融政策支持力度。及时调整本市新发放首套住房商业贷款利率下限。指导商业银行依法有序降低存量首套个人住房贷款利率。满足房地产项目和建筑施工企业合理融资需求，保持融资连续稳定，对受困企业贷款展期、续贷。 4. 提高住宅供给品质。 5. 鼓励通过购买商品住房、发放安置房票等货币化为主的方式实施安置。 6. 进一步优化房地产营商环境。全面落实各项税收优惠政策；缩短审批时限，优化审批流程；落实“正负零”预售政策；将楼盘公积金贷款准入标准调整至楼盘取得《商品房预售许可证》后即可准入公积金；进一步规范垄断性工程建设隐性收费；全面推行“交房即交证”。 7. 防范化解行业风险隐患。施行差别化监管额度，确保预售资金用于项目工程建设。加快处置化解问题楼盘，扎实做好保交楼、保民生、保稳定各项工作，杜绝新增逾期烂尾项目，保障购房人合法权益。 8. 持续加强房地产市场监管。

续表

日期	城市	文件名称	主要内容
10 月 31 日	北海市	《关于进一步促进北海市房地产市场平稳健康发展的若干措施》	1. 进一步规范车位（库）销售管理。 2. 调整城市基础设施配套费缴纳时间。 3. 阶段性缓缴物业专项维修资金。 4. 优化个人住房贷款中住房套数认定标准。 5. 支持提取住房公积金支付新建预售商品住房首付款。 6. 居民换购住房个人所得税予以退税优惠。 7. 优化存量房带押过户流程。 8. 落实土地款缴纳优惠政策。土地出让竞买保证金最低比例下调至出让起始价的 20%。 9. 支持项目户型调整。 10. 简化项目规划方案调整程序。 11. 实施购房补贴政策。
12 月 7 日	温州市	《关于进一步优化房地产市场平稳健康发展的若干政策》	1. 合理确定土地供给。 2. 优化预售资金监管。 3. 推行企业“白名单”机制。 4. 加大减负增效力度。对房地产开发项目设计方案在“多审合一”制度的基础上，推行限期办结“承诺制”。对已完成竣工备案的“准现房”项目，可提前申请办理商品房现售，执行预售资金监管政策。推行“交房即交证”。 5. 支持房地产企业合理融资。稳定房地产开发贷款投放。在保证风险可控的基础上，加快贷款发放，一视同仁满足不同所有制房地产企业合理融资需求。 6. 探索“房票”用于购房首付。 7. 继续实施商品住房换购补贴。 8. 加大公积金支持力度。购买第二套住房首付款比例 40%下调为 30%。调整个人住房公积金贷款还款最高年龄不超过 65 周岁，年龄未满 35 周岁的新市民、青年人可贷额度在可附加 5 万元共富安居额度。 9. 落实住房交易税收政策。 10. 优化销售方式支持住房消费。

（二）优化行政限制性措施文件

日期	城市	文件名称/主题	主要内容
1 月 19 日	济南市	《进一步优化房地产市场政策措施》	对限购区域内已有 3 套及以上住房的，出售 1 套后，可于半年内在限购区域再购买 1 套住房。继续优化非本市户籍居民购房政策，非本市户籍家庭在本市限购区域内购房，不用再提供个人所得税或社会保险证明。
1 月 19 日	长沙市	《依法生育两个及以上子女的本地户籍家庭购买商品住宅实施细则》	依法生育两个及以上子女的本市户籍家庭，符合二孩及以上家庭购房政策认定条件的，可在原有家庭限购 2 套的基础上增加 1 套购房指标，长沙市户籍家庭购买限购区域第三套商品住房不受缴交社保或个税、房屋网签或办理不动产证时间等限制。
3 月 28 日	厦门市	调整“限购”“限售”政策	1. 本市户籍的单身人士可以购买第二套住房，二孩以上家庭可以购买第三套住房。 2. 取得不动产权证日期之日起 2 年限售改为网签之日起 2 年。

续表

日期	城市	文件名称/主题	主要内容
4月4日	合肥市	放宽“限购”政策	1. 在庐阳区大杨镇、三十岗乡，蜀山区小庙镇，包河区淝河镇、大圩镇购买住房不限购。限购资格查询时，上述非限购区域住房不计入家庭住房套数。 2. 刚需资格认定中“登记购房之日前3年内拥有市区连续缴纳2年以上个人所得税或社会保险证明”调整为“登记购房之日前3年内拥有市区累计缴纳2年以上个人所得税或社会保险证明（追溯补缴不予认可）”。刚需购房人其他资格认定条件保持不变。 3. 有60岁及以上成员的该市区户籍居民家庭（以居民户口簿载明信息为准），可购买第3套住房。有未成年子女的二孩及以上多子女本市区户籍居民家庭（以居民户口簿载明信息为准），可购买第3套住房。 4. 对持有安徽省居住证（或电子居住证、安徽省居住证确认单）且居住地址在安徽省合肥市的非本市户籍居民家庭，可在该市限购区域购买1套住房。
8月28日	成都市	《关于优化完善商品住房公证摇号有关规定的补充通知》	1. 扩大开发企业自行组织销售范围，符合下列情形之一的，可不再实施公证摇号建筑面积在144平方米以上（不含144平方米）的房源；取得现售备案意见书的项目。 2. 优化无房居民家庭认定标准。购房家庭中至少有一名登记购房人符合本市住房限购政策，且购房家庭在本市无自有产权住房的，认定为无房居民家庭。
8月30日	福州市	《关于调整优化房地产政策措施促进房地产市场平稳健康发展的通知》	1. 在本市限购区域内购买商品住房（含二手住房）按以下规定执行本市户籍居民家庭在限购区域内已拥有2套及以上商品住房（含二手住房）的，暂停向其销售限购区域内单套建筑面积144平方米及以下的商品住房（含二手住房）。 2. 非本市户籍居民家庭在限购区域内已拥有1套及以上商品住房（含二手住房）的，暂停向其销售限购区域内单套建筑面积144平方米及以下的商品住房（含二手住房）。 3. 居民家庭生育二个孩子及以上，其中一个（或一个以上）孩子未成年的，根据子女出生医学证明或户籍证明等，可在限购区域内再购买1套144平方米及以下的商品住房（含二手住房）。 4. 居民家庭将限购区域内名下已办理产权证的存量住房作为租赁住房或保障性租赁住房全部出租后，可在限购区域内再购买1套建筑面积144平方米及以下商品住房（含二手住房），用于自住。
8月30日	广州市、深圳市	《关于优化本市个人住房贷款中住房套数认定标准的通知》	居民家庭（包括借款人、配偶及未成年子女）申请贷款购买商品住房时，家庭成员在当地名下无成套住房的，不论是否已利用贷款购买过住房，银行业金融机构均按首套住房执行住房信贷政策。
8月31日	武汉市		
9月1日	长沙市、厦门市、成都市、北京市、上海市		

续表

日期	城市	文件名称/主题	主要内容
9月1日	重庆市	《关于进一步支持刚性和改善性购房需求的通知》	1. 延续实施支持居民换购住房个人所得税政策。 2. 中心城区范围内新购的住房由“须取得不动产权证满2年后才能上市交易”调整为“取得房屋买卖合同备案证明满2年，且取得不动产权证后才能上市交易”。 3. 实施市级秋交会期间购房补贴政策 4. 优化个人住房套数认定标准 5. 调整优化差别化住房信贷政策。首套住房商业性个人住房贷款最低首付款比例不低于20%，二套不低于30%。首套住房商业性个人住房贷款利率政策下限按现行规定执行，二套下限调整为不低于相应期限贷款市场报价利率加20个基点。
9月1日	天津市	《关于进一步调整优化房地产政策更好满足居民刚性和改善性住房需求的通知》	1. 支持刚性住房需求。促进住房供需精准对接，支持大学毕业生合理购房需求，非本市户籍大学毕业生在本市住房限购区域无住房的，可凭劳动合同或企业注册证明和毕业证购买一套住房。 2. 将本市住房限购区域调整为市内六区。 3. 完善住房信贷政策。在本市非住房限购区域内，居民家庭购房办理商业性个人住房贷款的，按照不实施限购措施城市的差别化住房信贷政策执行。延长本市商业性个人住房贷款最长期限。 4. 鼓励发放购房补贴。 5. 营造良好舆论环境。
9月2日	苏州市	《关于优化本市个人住房贷款中住房套数认定标准的通知》	居民家庭（包括借款人、配偶及未成年子女）申请贷款购买商品住房时，家庭成员在本市名下无成套住房的，不论是否已利用贷款购买过住房，银行业金融机构均按首套住房执行住房信贷政策。
9月5日	杭州市	执行“认房不认贷”	居民家庭（包括借款人、配偶及未成年子女）申请贷款购买商品住房时，家庭成员在本市名下无成套住房的，不论是否已利用贷款购买过住房，银行业金融机构均按首套住房执行住房信贷政策。
9月7日	郑州市	《关于进一步支持合理住房需求的通知》	1. 取消二环内住房限购政策等购房消费限制性规定，取消住房销售限制年限规定。 2. 购买商品住房（含存量住房）的居民家庭，首套住房首付款比例调整为不低于20%，二套住房为不低于30%。 3. 积极开展商品房促销售活动。 4. 支持房企项目建设。探索出台“预售商品房带押过户”相关政策及业务流程。 5. 加快保交楼进度。 6. 全面推进新建商品房项目“交房即发证”。进一步优化二手房“带押过户”和不动产登记业务“全城通办”。
9月7日	南京市	《促进房地产市场发展南京最新举措》	1. 落实国家调整优化差别化住房信贷政策和降低存量首套住房贷款利率政策。 2. 自9月8日起，玄武区、秦淮区、建邺区、鼓楼区等四区范围内购买商品房不再需要购房证明。 3. 出台集体土地房票安置办法。 4. 对购置新房实施补助。 5. 实施“卖旧换新”补助。 6. 推出“换新购”服务。搭建“换新购”超市，超市房源不高于案场销售最低价。

续表

日期	城市	文件名称/主题	主要内容
9月7日	大连市	《关于进一步促进本市房屋消费的通知》	1. 实施购房补贴政策。 2. 优化个人住房贷款中住房套数认定标准。 3. 调整优化差别化住房信贷政策。首套住房商业性个人住房贷款最低首付款比例统一为不低于 20%，二套住房为不低于 30%。首套住房商业性个人住房贷款利率政策下限按本市现行规定执行，二套住房下限调整为不低于相应期限贷款市场报价利率加 20 个基点。 4. 解除限购政策。居民家庭在本市购买商品住房的，不再受住房总套数限制。 5. 满足合理售房需求。个人在中山区、西岗区、沙河口区、甘井子区、高新区购买的房屋不再受上市交易年限影响，满足购房者“以旧换新”、“以小换大”等合理售房需求。 6. 落实国家住房税收优惠政策。
9月8日	合肥市	《关于优化本市个人住房贷款中住房套数认定标准的通知》	居民家庭（包括借款人、配偶及未成年子女）在申请贷款购买商品住房时，家庭成员在购房所在地的市、县名下无成套住房的，不论是否已利用贷款购买过住房，银行业金融机构均按首套住房执行住房信贷政策。
9月11日	福州市	《关于进一步促进房地产市场平稳健康发展的通知》	1. 在本市鼓楼区、台江区、仓山区、晋安区、马尾区范围内购买商品住房（含二手住房），不再审核购房人资格；优化住房上市条件。 2. 在本市鼓楼区、台江区、仓山区、晋安区、马尾区范围内的商品住房（含二手住房）取得不动产权证后可上市交易。
9月11日	南宁市	调整首套住房最低首付比例、二套住房贷款利率	1. 首套住房商业性个人住房贷款最低首付款比例为不低于 20%；首套住房商业性个人住房贷款利率下限为 LPR 减 60 个基点。 2. 二套住房商业性个人住房贷款利率政策下限由不低于 LPR 加 60 个基点调整为不低于 LPR 加 20 个基点；最低首付比例不作调整，即仍为不低于 30%。
9月11日	青岛市	《关于适度调整本市房地产政策的通知》	1. 调整住房限购区域。将市南区、市北区（原四方区域除外）移出限购区域，全域取消限购政策。 2. 优化住房上市交易年限。在本市范围内，商品住房取得《不动产权证书》可上市交易。
9月13日	海口市	《关于优化本市个人住房贷款中住房套数认定标准的通知》	居民家庭（包括借款人、配偶及未成年子女）申请贷款购买商品住房时，家庭成员在本市名下无成套住房的，不论是否已利用贷款购买过住房，银行业金融机构均按首套住房执行住房信贷政策。
9月15日	合肥市	《关于进一步优化房地产调控政策的通知》	1. 调整限购政策，在本市市区购买住房（含二手住房）的普通购房人，不再审核购房资格。 2. 调整限售政策，销售登记起始时间在本通知发布后（含当日）的房源，取得不动产权证后可上市交易。人才公寓等特殊情形商品住房需上市交易的，仍按相关政策和合同约定执行。 3. 调整信贷政策，落实国家信贷政策最新要求，调整优化差别化住房信贷政策，降低存量首套住房贷款利率。 4. 调整价格政策，充分发挥市场调节作用，鼓励优质优价，取消商品住房楼层差价率限制。 5. 强化住房保障，在发挥好现有公租房、保障性租赁住房兜底保障作用的基础上，规划建设保障性住房，促进房地产市场平稳健康发展和民生改善。

续表

日期	城市	文件名称/主题	主要内容
9月18日	天津市	《关于优化本市个人住房贷款中住房套数认定标准的通知》	居民家庭（包括借款人、配偶及未成年子女）在住房限购或非限购区域申请贷款购买商品住房时，家庭成员在相应区域名下无成套住房的，不论是否已利用贷款购买过住房，银行业金融机构均按首套住房执行住房信贷政策。
9月18日	昆明市	实施“认房不认贷”	居民家庭（包括借款人、配偶及未成年子女）申请贷款购买商品住房时，家庭成员在拟购房所在县级行政区域名下无成套住房的，不论是否已利用贷款购买过住房，银行业金融机构均按首套住房执行住房信贷政策。
9月19日	青岛市	《关于优化本市个人住房贷款中住房套数认定标准的通知》	居民家庭（包括借款人、配偶及未成年子女）申请贷款购买商品住房时，家庭成员在本市名下无成套住房的，不论是否已利用贷款购买过住房，银行业金融机构均按首套住房执行住房信贷政策。
9月19日	西安市	促进房地产市场平稳健康发展工作会议	1. 进一步优化调整限购范围，本市二环以外区域取消限购。 2. 全面推行“带押过户”，落实好换购住房退税优惠政策。 3. 加大刚性和改善性住房供给，做好价格监测指导，确保房地产市场供需平衡、结构合理、价格平稳。 4. 严格执行房地产销售信息公开制度，切实维护购房群众合法权益。 5. 实施分阶段办理施工许可和联合验收，全面推行新建商品房“交房即交证”。 6. 完善房地产企业诚信评价机制，促进企业依法诚信经营。
9月20日	海口市	适度调整海口市差别化住房信贷政策	9月21日起，对于拥有海南省户籍的居民家庭，贷款购买海口市商品住房，首套住房商业性个人住房贷款最低首付款比例调整为25%，二套住房商业性个人住房贷款最低首付款比例调整为35%；二套住房商业性个人住房贷款利率政策下限调整为不低于相应期限贷款市场报价利率（LPR）加30个基点。
9月20日	广州市	《关于优化本市房地产市场平稳健康发展政策的通知》	1. 将本市住房限购政策调整为在越秀、海珠、荔湾、天河、白云（不含江高镇、太和镇、人和镇、钟落潭镇）、南沙等区购买住房的，本市户籍居民家庭限购2套住房；非本市户籍居民家庭能提供购房之日前2年在本市连续缴纳个人所得税缴纳证明或社会保险证明的，限购1套住房。将越秀、海珠、荔湾、天河、白云、黄埔、番禺、南沙、增城等区个人销售住房增值税征免年限从5年调整为2年。 2. 加大保障性住房建设和供给。
9月22日	三亚市	《关于优化本市个人住房贷款中住房套数认定标准的通知》	居民家庭（包括借款人、配偶及未成年子女）申请贷款购买商品住房时，家庭成员在三亚市名下无成套住房的，不论是否已利用贷款购买过住房，银行业金融机构均按首套住房执行住房信贷政策。
9月22日	长沙市	《关于优化房地产调控政策的通知》	1. 居民家庭（含非本市户籍家庭）在长沙购买首套商品住房，不再需要提供购房证明。 2. 商品住房网签备案满4年，可进行转让。 3. 坚持以需促供、以供保需、供需联动、系统平衡，保障刚性和改善性住房供应。

续表

日期	城市	文件名称/主题	主要内容
9月25日	西安市	优化调整“限购”政策	1. 在西安市住房限购区域内，该市户籍居民家庭购买首套、第二套住房取消落户时间限制；非该市户籍居民家庭须持有该市有效期内《居住证》，且在购房之日前6个月在该市连续缴纳社保或个人所得税，可购买首套住房。 2. 符合本市购房资格的二孩及以上家庭，在住房限购区域内限购套数的基础上可新购买1套住房。夫妻离异后，任一方在限购区域购买住房的，不再核查离异前家庭住房总套数。
9月26日	哈尔滨市	《关于优化住房公积金个人住房贷款套数认定标准的通知》	1. 住房套数认定以职工家庭（包括借款申请人、配偶及未成年子女，下同）在购房地人民政府负责住房套数查询登记部门或认定责任部门出具的结果为准。 2. 职工家庭购房地无住房且全国范围内第一次使用公积金贷款的，执行首套房贷款政策；对公积金首次贷款结清且购房地无房产，全国范围内第二次使用公积金贷款的职工家庭，执行首套房贷款政策。 3. 职工家庭在购房地购买第三套及以上住房或全国范围内已使用过两次住房公积金贷款的，不予发放住房公积金贷款。
9月28日	贵阳市	《关于优化本市个人住房贷款中住房套数认定标准的通知》	居民家庭（包括借款人、配偶及未成年子女）在本市各区（市、县）、开发区申请贷款购买商品住房时，家庭成员在拟购房所在区（市、县）、开发区名下无成套住房的，不论是否存在未结清贷款，银行业金融机构均按首套住房执行住房信贷政策。
10月16日	杭州市	《关于优化调整房地产市场调控措施的通知》	1. 加大保障性住房建设和供给。 2. 住房限购范围调整为上城区、拱墅区、西湖区、滨江区。本市户籍家庭在本市限购范围内限购2套住房；非本市户籍家庭在本市市区范围内有缴纳城镇社保或个人所得税记录的，可在本市限购范围内限购1套住房。参与本市限购范围内住房司法拍卖的竞买人，取消“须符合本市住房限购政策”限制。 3. 加强住房信贷支持力度。研究落实杭州市差别化住房信贷政策和降低存量首套住房贷款利率政策。职工使用住房公积金贷款购买二手住房的，二手住房房龄与贷款期限合计年限由不超过50年延长至不超过70年。 4. 优化住宅用地供应。 5. 强化预售资金监管。 6. 规范房地产市场秩序。
10月17日	上海市	《关于优化本市住房公积金个人住房贷款套数认定标准的通知》	1. 首套住房的认定。缴存职工家庭名下在本市无住房、在全国未使用过住房公积金个人住房贷款或首次住房公积金个人住房贷款已经结清的，认定为首套住房。 2. 第二套改善型住房的认定。缴存职工家庭名下在本市已有一套住房、符合改善型认定条件，在全国未使用过住房公积金个人住房贷款或首次住房公积金个人住房贷款已经结清的，认定为第二套改善型住房。 3. 不予贷款的情形：在全国有未结清的住房公积金个人住房贷款；在全国有两次及以上住房公积金个人住房贷款记录。
10月17日	三亚市	适度调整三亚市差别化住房信贷政策	10月18日起，对于拥有海南省户籍的居民家庭，贷款购买三亚市商品住房，首套住房商业性个人住房贷款最低首付款比例调整为25%，二套住房商业性个人住房贷款最低首付款比例调整为35%；二套住房商业性个人住房贷款利率政策下限调整为不低于相应期限贷款市场报价利率（LPR）加30个基点。

续表

日期	城市	文件名称/主题	主要内容
10月30日	郑州市	《关于住房公积金个人住房贷款中住房套数认定标准的通知》	2023年10月30日起，办理住房公积金个人住房贷款及组合贷款时，按照“认房不认贷”原则认定家庭住房套数，住房套数按照郑州市行政区域内的现有成套住房认定。
10月31日	北京市	《关于优化住房公积金个人住房贷款中住房套数认定标准的通知》	1. 首套住房认定标准。借款申请人（含共同申请人）在北京市无住房且全国范围内无公积金贷款（含住房公积金政策性贴息贷款）记录的，执行首套住房公积金贷款政策。 2. 二套住房认定标准。借款申请人在北京市有1套住房的；或在北京市无住房但全国范围内有1笔公积金贷款记录的；或在北京市有1套住房且全国范围内有1笔公积金贷款记录的，执行二套住房公积金贷款政策。 3. 借款申请人在北京市有2套及以上住房的或全国范围内已使用过2次公积金贷款的，不予公积金贷款。
11月8日	北海市	《关于落实新建商品住房购房补贴相关事宜的通告》	2023年10月31日至2024年3月31日期间，购房人在本市城市规划区范围内购买新建商品住房的（上述商品住房均不含垂直分户住房），并缴纳契税后，可享受购房契税全额补贴。
11月15日	厦门市	《关于进一步优化房地产市场相关政策的通知》	1. 在思明区、湖里区购买商品住房，不再审核购房人资格。 2. 适时调整优化思明区、湖里区首套和二套住房商业性个人住房贷款最低首付比例和利率下限。 3. 在本市辖区范围内，调整优化多子女家庭（二孩及以上）住房套数认定标准。 4. 优化住房公积金提取及贷款政策。 5. 提升商品住宅品质。 6. 支持企业使用银行保函缴纳土地竞买保证金，加快土拍后土地竞买保证金退还，免除新出让商住用地土地出让金支付期限内的利息。 7. 支持开发企业加快销售。
11月22日	深圳市	调整二套住房最低首付款比例	11月23日起，二套住房个人住房贷款最低首付款比例由原来的普通住房70%、非普通住房80%统一调整为40%。
11月22日	深圳市	《关于调整享受优惠政策普通住房认定标准的通告》	普通住房标准调整为：住宅小区建筑容积率1.0以上（含1.0），且单套住房套内建筑面积120平方米以下（含120平方米）或者单套住房建筑面积144平方米以下（含144平方米）。
11月24日	长沙市	《关于优化本市居民家庭改善性住房政策的通知》	1. 在本市购买第2套商品住房，不受首套房网签时间的限制。 2. 本市居民家庭名下商品住房单套面积均不足144平方米的，可购买1套改善性住房（144平方米及以上）。
12月4日	苏州市	实施“卖旧买新”购房补贴	1. 在2023年1月1日至2023年12月31日出售自有住房后，并在政策实施之日至2024年3月31日、4月1日至6月30日、7月1日至12月31日期间购置新建商品住房的家庭，分别给予新房契税缴纳份额100%、80%、50%的购房补贴。 2. 在2024年1月1日至2024年12月31日期间出售自有住房，并在出售后3个月内、3~6个月内、6~12个月内购置新建商品住房的购房家庭，分别给予新房契税缴纳份额100%、80%、50%的购房补贴。

续表

日期	城市	文件名称/主题	主要内容
12月14日	北京市	《关于调整优化本市普通住房标准和个人住房贷款政策的通知》	1. 调整普通住房标准：住宅小区建筑容积率在1.0（含）以上；单套住房建筑面积在144平方米（含）以下；5环内住房成交价格在85000元/米^2（含）以下、5~6环住房成交价格在65000元/米^2（含）以下、6环外住房成交价格在45000元/米^2（含）以下。 2. 降低首付款比例。对于贷款购买首套住房的居民家庭，最低首付款比例不低于30%。对于贷款购买二套住房的居民家庭，所购住房位于城六区（东城、西城、朝阳、海淀、丰台、石景山区）的，最低首付款比例不低于50%；所购住房位于城六区以外的，最低首付款比例不低于40%。个人住房贷款年限最长30年。
12月14日	上海市	优化差别化住房信贷政策	1. 首套住房商业性个人住房贷款利率下限调整为不低于相应期限贷款市场报价利率（LPR）减10个基点，最低首付款比例调整为不低于30%。 2. 二套住房商业性个人住房贷款利率下限调整为不低于相应期限贷款市场报价利率（LPR）加30个基点，最低首付款比例调整为不低于50%。在自贸区临港新片区以及嘉定、青浦、松江、奉贤、宝山、金山6个行政区全域实行差异化政策，二套住房商业性个人住房贷款利率下限调整为不低于相应期限贷款市场报价利率（LPR）加20个基点，最低首付款比例调整为不低于40%。
12月14日	上海市	《关于调整本市普通住房标准的通知》	普通住房，应同时满足以下条件：一是五层以上（含五层）的多高层住房，以及不足五层的老式公寓、新式里弄、旧式里弄等；二是单套住房建筑面积在144平方米以下（含144平方米）。
12月22日	沈阳市	《关于开展“卖旧买新”活动的公告》	自2023年12月22日至2024年3月31日，在本市范围内，对出售自有住房并购买一套新建商品住房的购房人，由市财政给予购买新建商品住房100元/米^{2}补贴，卖旧房买新房时间不分先后。

（三）公积金政策调整文件

日期	城市	文件名称/主题	主要内容
1月10日	济南市	《关于二孩及以上家庭住房公积金政策实施细则》	二孩的缴存职工家庭，申请住房公积金贷款购买首套自住住房的，一人缴存住房公积金的职工家庭最高可贷额度提高至60万元，两人及以上缴存住房公积金的职工家庭最高可贷额度提高至90万元；三孩及以上的缴存职工家庭，申请住房公积金贷款购买首套自住住房的，一人缴存住房公积金的职工家庭最高可贷额度提高至60万元，两人及以上缴存住房公积金的职工家庭最高可贷额度提高至100万元。
2月17日	大连市	2023惠民便民“双十条”	1. 住房公积金惠民政策10条：对多子女家庭租、购住房分别给予提高提取和贷款额度政策支持；优化低保人员住房公积金贷款利息补贴机制，加大对低收入家庭解决住房问题的保障力度；合理调整住房公积金贷款首付款比例；开展商业贷款转组合贷款业务；实行差异化租房提取标准；开展二手房住房公积金贷款带押过户业务；开展按月代扣住房公积金偿还商业贷款业务；支持购买新建商品房提取住房公积金支付首付款；将二手房住房公积金贷款期限与房龄之和延长至50年；租房提取住房公积金实行可按年、按月两种提取周期自行选择。 2. 住房公积金便民措施10条：住房公积金单位业务“全程网办”全类型覆盖；住房公积金企业开户“一网通办”一步完成；住房公积金提取业务“自动审批”“秒批秒办”；辽宁沿海经济带住房公积金一体化，实现沿海六市之间住房公积金数据共享、业务协同以及高频服务事项“区域通办”；联合商业银行开展住房公积金“租房贷”业务等。

续表

日期	城市	文件名称/主题	主要内容
2月27日	南京市	《关于优化南京市提取住房公积金支付购房款相关规定的实施细则》	1. 在本市缴存住房公积金的职工及其配偶购买南京市新建商品住房且符合购房提取条件的，可以与开发企业签订协议，用个人住房公积金账户内余额作为购房前期资金。 2. 购买南京市存量住房的购房职工符合购房提取条件的，可以与卖方签订协议，用个人住房公积金账户内余额作为购房前期资金。
4月7日	郑州市	《关于住房公积金租房提取和购房贷款有关事项的通知》	1. 支持通过租赁方式解决住房问题。 2. 加大对刚性及改善性住房需求的支持力度。针对刚性住房需求，购买家庭首套住房、首次使用住房公积金贷款、夫妻双方均满足贷款条件的，最高贷款金额为100万元；仅购房人满足贷款条件、家庭第二次使用住房公积金贷款、购买家庭第二套改善性住房的，最高贷款金额为80万元。连续正常缴存6个月以上可申请住房公积金贷款，贷款金额不再结合家庭缴存账户余额认定。
4月13日	福州市	《关于优化租房购房提取政策和进一步支持多子女家庭购房贷款的通知》	1. 优化租房提取频次和租房提取条件。 2. 提高租房提取额度。 3. 职工家庭在首次申请住房公积金贷款时，其住房公积金账户中累计租房提取的金额可计入当前账户余额，参与住房公积金贷款额度测算。职工家庭申请住房公积金贷款时，其住房公积金账户中因购买本套住房已提取的金额可计入当前账户余额，参与住房公积金贷款额度测算。 4. 优化购房提取有效证明材料。 5. 提高多子女家庭购房贷款额度。对购买首套自住住房的多子女家庭申请住房公积金贷款，其住房公积金贷款额度测算时另加20万元，且最高贷款额度为双职工100万元、单职工70万元。
4月18日	杭州市	《关于完善多子女家庭住房公积金优惠政策有关事项的通知》	1. 本市多子女家庭购买首套普通自住住房且首次申请住房公积金贷款的，贷款额度上浮20%。 2. 本市多子女家庭无房租赁住房提取住房公积金的，提取限额上浮50%。
4月20日	宁波市	《关于对引进人才等住房消费加大住房公积金支持力度的通知》	1. 在宁波市就业并缴存住房公积金的全日制本科毕业生，从2023年5月1日起，在宁波大市范围内购买自住住房且申请住房公积金贷款的，最高贷款限额上浮20%；租房提取住房公积金月度限额提高至1800元。 2. 在宁波市就业并缴存住房公积金的全日制硕士毕业生，从2023年5月1日起，在宁波大市范围内购买自住住房且申请住房公积金贷款的，最高贷款限额上浮30%；符租房提取住房公积金月度限额提高至2000元。 3. 高级及以上层次人才，在宁波大市范围内购买自住住房申请住房公积金贷款的，最高贷款限额上浮50%；租房提取住房公积金条件按实际支付的房租提取。
4月26日	合肥市	《关于支持提取住房公积金支付购房首付款的通知》	缴存职工购买合肥市（含四县一市）新建商品住房的，可申请提取本人及配偶账户内的住房公积金支付购房首付款。提取额度不超过购买新建商品住房的首付款金额。

续表

日期	城市	文件名称/主题	主要内容
4 月 28 日	长沙市	《关于进一步优化商转公贷款业务的通知》	新增顺位抵押方式办理商业银行住房贷款转住房公积金贷款，职工无需自筹全部资金结清原商业银行住房贷款后再转住房公积金贷款。
4 月 28 日	南宁市	《关于阶段性调整本市新建商品房住房公积金贷款最高额度的通知》	1. 夫妻双方均在南宁住房公积金管理中心缴存住房公积金，且在本市行政区域范围内购买新建商品房并符合首套房住房公积金贷款政策的，住房公积金贷款最高额度提高至 90 万元。 2. 夫妻双方均在南宁住房公积金管理中心缴存住房公积金，且在本市行政区域范围内购买新建商品房并符合第二套房住房公积金贷款政策的，住房公积金贷款最高额度提高至 80 万元。
4 月 30 日	上海市	《关于本市实施多子女家庭住房公积金支持政策的通知》	1. 符合本市住房公积金租赁提取规定的多子女家庭，可按照实际房租支出提取住房公积金。 2. 多子女家庭在本市购买首套住房，最高贷款限额（含补充公积金最高贷款限额）在本市最高贷款限额的基础上上浮 20%。
5 月 6 日	南昌市	《关于调整住房公积金有关使用政策的通知》	1. 租房提取住房公积金额度由每月 1500 元调增至每月 1800 元，单身职工减半执行。 2. 多子女家庭的本市缴存职工，提取额度按同期提取政策规定额度上浮 20%确定。多子女家庭申请住房公积金贷款额度上浮 20%。
5 月 25 日	南京市	《关于调整部分住房公积金政策的通知》	1. 对于无房单身职工，每月提取住房公积金支付房租的限额由 1200 元提高至 1800 元。在结清当期应还住房公积金贷款本息后，用当月剩余住房公积金缴存额归还商业性个人住房贷款。 2. 使用住房公积金贷款购买第二套住房时，首套房面积认定标准为家庭已有一套住房人均建筑面积不超过 40 平方米。不再限定现有首套房面积。 3. 多子女家庭首次使用住房公积金贷款购买首套住房，最高可贷额度上浮 20%。提取住房公积金支付房租的限额提高 20%。
6 月 27 日	广州市	《关于贯彻落实二孩及以上家庭支持政策的通知》	生育二孩及以上的家庭（至少一个子女未成年）使用住房公积金贷款购买首套自住住房的，住房公积金贷款最高额度上浮 30%。
6 月 29 日	呼和浩特市	调整部分住房公积金业务	1. 提高住房公积金贷款额度。借款人夫妻双方建立住房公积金的，贷款最高额度由 80 万元调整为 100 万元；单方建立住房公积金的，贷款最高额度由 50 万元调整为 60 万元。 2. 多子女家庭住房公积金贷款额度在现行最高贷款额度的基础上上浮 10%。 3. 提高无自住住房且租房提取住房公积金额度。
7 月 7 日	厦门市	《关于住房公积金贷款落实异地缴存互认政策的通知》	职工配偶在异地公积金中心缴存公积金，连续缴存时间符合本市住房公积金贷款条件的，可纳入计算其家庭住房公积金贷款额度。

续表

日期	城市	文件名称/主题	主要内容
7月12日	沈阳市	《关于完善沈阳现代化都市圈内异地购房提取住房公积金政策的通知》	职工在“都市圈城市”内异地现金购买二手房提取住房公积金，《不动产权证书》签发半年以上，可办理提取。
7月17日	郑州市	《关于住房公积金提取和贷款有关事项的通知》	1. 住房公积金提取。继续执行购买住房提取住房公积金的，可于购房后2年内，凭房地产交易或不动产登记部门备案的购房手续或凭证以及税务部门出具的发票、契税完税凭证办理住房公积金提取，提取总额应不超过购房所支付的金额的规定。 恢复执行在住房公积金贷款结清前，借款人（含已经出具异地贷款证明、在其他住房公积金管理机构办理贷款的借款人）及其配偶可以按照购房和归还贷款等原因，办理住房公积金提取的规定。 2. 住房公积金贷款。恢复执行审批住房公积金贷款时，按照还款期限和还款方式计算的住房公积金贷款月还款额不超过家庭月收入60%的还贷能力认定的规定。 住房公积金贷款对缴存时间的规定，已经在2023年4月7日《郑州住房公积金管理中心关于住房公积金租房提取和购房贷款有关事项的通知》中恢复执行，按照“连续正常缴存6个月以上可申请住房公积金贷款，贷款金额不再结合家庭缴存账户余额认定”的规定办理。
7月27日	天津市	《关于调整个人住房公积金贷款有关政策的通知》	1. 职工申请个人住房公积金贷款时，应开立住房公积金账户满6个月、近6个月连续逐月缴存住房公积金且未发生断缴。职工或配偶有未还清的公积金贷款，不得申请公积金贷款。 2. 职工申请公积金贷款购买家庭首套住房的，贷款最高限额100万元；二套住房最高限额50万元。 3. 将按还贷能力计算贷款额度的方式调整为：月还款额不超过职工月收入的60%。 4. 职工购买本市共有产权住房申请公积金贷款，符合公积金贷款条件的，执行首套住房贷款政策。 5. 在外地缴存住房公积金的职工在本市申请公积金贷款的，执行本市缴存职工贷款政策。 6. 申请住房公积金组合贷款的，公积金贷款部分和银行个人住房贷款部分可选择不同贷款期限。
7月31日	贵阳市	《关于实施住房公积金阶段性政策的通知》	1. 支持首次住房公积金贷款“既提又贷”。缴存职工家庭无住房公积金贷款记录且商业性个人住房贷款记录不超过1次，购买新建商品住房的，可提取住房公积金支付购房首付款，提取后仍可申请住房公积金贷款。 2. 降低第二次住房公积金贷款最低首付款比例。缴存职工家庭首次住房公积金贷款已结清且无商业性个人住房贷款记录，再次申请住房公积金贷款购买自住住房的，最低首付款比例由40%降低至20%，利率执行第二套住房公积金贷款利率。 3. 缩短两次住房公积金贷款时间间隔限制。 4. 取消异地贷款的户籍地限制。

续表

日期	城市	文件名称/主题	主要内容
8 月 4 日	郑州市	《关于住房公积金贷款有关事项的通知》	自 2023 年 8 月 7 日起，在郑州市行政区域内使用住房公积金贷款（含组合贷款）购买家庭首套或改善性住房时，所购住房为新建商品房的，最低首付款比例为 20%，所购住房为存量商品房（二手房）的，最低首付款比例为 30%。
8 月 7 日	南昌市	《关于推进实施住房公积金个人住房贷款省内“一体化”政策的通知》	1. 省内其他城市的缴存职工在南昌市行政区域内购买住房申请贷款时，申请的贷款额度、贷款利率、还款方式和还款期限等享有南昌市缴存职工个人住房贷款同等待遇。 2. 省内其他城市的缴存职工在南昌市行政区域内购买住房申请贷款时，应当由缴存地住房公积金管理中心出具异地贷款职工住房公积金缴存使用证明及缴存明细（已经实现数据互联的城市除外）。 3. 住房公积金缴存职工不能同时向两个及以上公积金中心申请住房公积金贷款。
8 月 11 日	重庆市	《关于进一步优化住房公积金使用政策的通知》	1. 提高缴存人家庭租房提取额度。 2. 加大对多子女缴存人家庭租房支持力度。 3. 放宽城镇老旧小区加装电梯提取范围。 4. 支持提取住房公积金直接支付贷款购房首付款。 5. 支持新市民、青年人申请住房公积金个人住房贷款。 6. 无住房公积金个人住房贷款记录的缴存人家庭，仅有一笔未结清的商业性个人住房贷款且在本市仅有一套住房，可申请将该套住房未结清的商业性个人住房贷款置换为住房公积金个人住房贷款。 7. 统一新购住房套数认定标准。
8 月 11 日	上海市	《关于调整本市住房公积金购买存量住房最长贷款期限的通知》	1. 所购存量住房房龄为 20 年以下的，最长贷款期限为不超过 30 年； 2. 所购存量住房房龄为 20 年（含）至 35 年之间的，最长贷款期限为不超过 50 年与房龄之差； 3. 所购存量住房房龄在 35 年（含）以上的，最长贷款期限为不超过 15 年。
8 月 11 日	上海市	《关于本市住房公积金支持城市更新有关政策的通知》	1. 纳入本市城市更新范围内的旧住房更新改造项目，业主（产权人或公有住房承租人，下同）购买改造后具备交易条件的房屋（含增加面积），可以提取住房公积金支付实际购房款。 2. 纳入本市城市更新范围内的旧住房更新改造项目，业主在项目建设期内租赁住房过渡安置的，可以提取住房公积金支付扣除过渡费补贴后个人承担的租金。 3. 提取申请人范围为业主本人及其配偶、父母、子女。申请人为本市住房公积金贷款的借款人、借款人配偶、共同借款人的，应当符合当前贷款无逾期的条件。
8 月 15 日	温州市	《关于进一步完善本市住房公积金业务政策规定的通知》	1. 缴存职工家庭购买、建造、翻建、大修家庭首套住房，申请个人住房公积金贷款的，贷款最低首付款比例 20%；购买、建造、翻建、大修家庭第二套住房，申请个人住房公积金贷款的，贷款最低首付款比例 40%。

续表

日期	城市	文件名称/主题	主要内容
8月15日	温州市	《关于进一步完善本市住房公积金业务政策规定的通知》	2. 双人缴存家庭住房公积金最高贷款额度调整至100万元，最低保底贷款额度调整至30万元；单人缴存家庭最高贷款额度调整至65万元，最低保底贷款额度调整至20万元。贷款额度计算办法中按缴存时限确定的基数倍数调整至6倍，最高倍数调整至12倍。 3. 优化住房公积金贷款家庭住房套数认定标准。 4. 支持外地职工来温购房贷款。 5. 加大住房公积金支持缴存职工租住住房力度。
8月16日	北京市	《关于优化住房公积金提取政策进一步规范提取行为的通知》	1. 充分保障疏解单位职工提取需求。 2. 加大北京市行政区域内租房消费支持力度。优化租房提取频次、提高租房提取额度、提高多子女家庭租房支付能力。 3. 促进合理购房提取。职工在北京市外的工作地、户籍地或户籍地所在省份的省会（首府）城市购买自住住房的，可申请提取住房公积金。职工可向资金中心申请办理提取，也可通过购房地住房公积金管理中心“跨省通办”窗口提出申请。同一套住房在12个月内发生2次（含）以上交易，距末次交易满12个月的，职工可凭购买此套住房的证明材料申请提取住房公积金。非家庭成员关系的多名职工购买同一套住房的，其中1名职工可申请提取住房公积金。 4. 防范和惩戒违规提取行为。
8月17日	昆明市	《关于上浮生育二孩、三孩的缴存职工家庭住房公积金贷款最高额度有关事项的通知》	生育二孩、三孩的缴存职工家庭购买首套自住住房，满足住房公积金贷款条件的，住房公积金贷款最高额度分别上浮20%、30%。
8月28日	青岛市	《关于调整本市非限购区域住房公积金贷款首付比例的通知》	自2023年8月28日起，家庭（包括借款申请人、配偶及未成年子女）购买本市非限购区域的首套和第二套自住住房，公积金贷款首付比例由30%和40%，分别调整为20%和30%。
8月29日	南昌市	《提取住房公积金支付购房首付款实施细则》	缴存人在南昌市城区购买新建商品住房且不申请住房公积金贷款的，可申请提取购房人账户内的住房公积金支付购房首付款。提取额度不超过购买新建商品住房的首付款金额。
8月21日	厦门市	《关于调整住房公积金贷款首付比例有关事项的通知》	1. 缴存职工在厦门市无住房，且无住房贷款记录或者贷款已结清的，住房公积金首付比例仍为30%；缴存职工该市有一套住房，住房公积金首付比例为40%。 2. 缴存职工在厦门市有住房两套及以上，或者有两笔住房贷款未结清的，或者有一笔住房公积金贷款未结清的，暂停发放住房公积金贷款。
9月15日	济南市	《关于支持提取住房公积金支付购房首付款的通知》	济南住房公积金中心本部缴存住房公积金的职工，在济南行政区域内购买新建商品住房或存量房，本人及配偶可申请提取住房公积金支付购房首付款。

续表

日期	城市	文件名称/主题	主要内容
9月15日	长春市	《关于调整长春市住房公积金个人住房贷款政策的通知》	1. 购房所在地在长春市主城区及开发区（不含双阳区、九台区），有共同借款人的单笔贷款最高额度为90万元；无共同借款人的单笔贷款最高额度为60万元。 2. 购房所在地在长春市双阳区、公主岭市，有共同借款人的单笔贷款最高额度为65万元；无共同借款人的单笔贷款最高额度为50万元。 3. 购房所在地在九台区、德惠市、榆树市、农安县，有共同借款人的单笔贷款最高额度为45万元；无共同借款人的单笔贷款最高额度为30万元。 4. 在铁路电力分中心及所辖分理处缴存住房公积金的职工，在长春市行政区域外购买自住住房的，单笔贷款最高额度按购房所在地管理中心贷款政策标准执行。 5. 对生育抚养二孩及以上的多子女家庭，首次申请住房公积金贷款最高额度可上浮30%。 6. 贷款额度不得超过单笔贷款最高额度，且不得超过借款人及配偶申请住房公积金贷款时住房公积金账户余额之和的20倍。对符合我市促进来（留）长就业创业政策的高校毕业生，首次申请住房公积金贷款在长春市主城区及开发区（不含双阳区、九台区）购买自住住房的，贷款金额如不超过50万元，可不受住房公积金账户余额倍数限制。 7. 首次申请住房公积金贷款的，贷款额度不得超过抵押物价值的80%；第二次申请住房公积金贷款的，贷款额度不得超过抵押物价值的70%。 8. 在其他管理中心缴存住房公积金的职工，在长春市行政区域内购买自住住房的，可申请住房公积金异地贷款。 9. 住房公积金贷款额度不能满足其贷款需求时，可向受委托贷款银行申请商业性个人住房贷款，办理住房公积金商业银行组合贷款。
9月18日	南宁市	《关于购买新建预售商品住房提取住房公积金支付首付款有关事项的通知》	在2023年8月30日至2023年12月31日期间，南宁住房公积金管理中心缴存人及配偶在南宁市兴宁区、江南区、青秀区、西乡塘区、邕宁区、良庆区、高新区和经开区购买新建预售商品住房且符合住房公积金购房提取条件的，可申请提取住房公积金账户内余额，并委托南宁公积金中心将提取款项转入房地产开发企业预售资金监管账户用于支付首付款。
9月26日	福州市	《关于调整个人住房公积金贷款政策的通知》	1. 职工家庭申请纯住房公积金贷款购买产权面积在144平方米（含）以下的首套自住住房，按首付款比例不低于20%执行；购买产权面积在144平方米（含）以下的二套自住住房及144平方米（不含）以上的自住住房，按首付款比例不低于30%执行。申请组合贷款购房的，参照商业银行首付款比例的相关规定执行。 2. 职工申请住房公积金贷款购买二星级以上绿色建筑住房或者购买装配式建造的商品房，在其他贷款条件符合的情况下，其住房公积金贷款额度在可贷额度基础上上浮20%，上浮后不超过住房公积金最高贷款额度。 3. 福州都市圈内（莆田、南平、宁德、平潭综合实验区）的住房公积金缴存职工申请住房公积金贷款购买福州行政区域范围内自住住房的，不受户籍条件限制。
9月28日	长春市	《关于调整住房公积金提取政策的通知》	1. 调整无房职工租住商品房提取政策。 2. 调整购房类提取政策。对2021年5月1日以来有过购买（建造、翻建、大修）自住住房提取记录或者有过偿还购房贷款（含商业银行个人住房贷款、非长春市住房公积金个人住房贷款）本息提取记录且该笔贷款已结清的职工，允许使用符合提取条件的其他住房再次申请提取。

续表

日期	城市	文件名称/主题	主要内容
10月7日	合肥市	《关于进一步优化住房公积金使用政策的通知》	1. 支持购买居住类绿色建筑。缴存人使用公积金贷款购买一星级及以上居住类绿色建筑（新建商品住宅）的，计算最高可贷额度时上浮20%，上浮后贷款额度不得超过本市规定的相应档次贷款额度上限标准。 2. 调整贷款计算基数。租房提取额纳入公积金账户余额合并计算贷款额度。 3. 延长二手房贷款年限。 4. 推出偿还公积金贷款、商业贷款、组合贷款提取事项“随心取”服务举措。 5. 扩大加装电梯提取支持范围。 6. 缴存人每年可按不同提取类型申请提取公积金。
10月16日	杭州市	《关于调整住房公积金贷款首付款比例有关政策的通知》	1. 职工家庭（包括借款人、配偶及未成年子女，下同）在住房限购范围内购买普通自住住房申请住房公积金贷款执行首套房政策的，首付款比例不低于25%；执行二套房政策的，首付款比例不低于35%。 2. 职工家庭在非住房限购范围内购买普通自住住房申请住房公积金贷款执行首套房政策的，首付款比例不低于20%；执行二套房政策的，首付款比例不低于30%。 3. 职工家庭名下拥有1套住房，无住房公积金贷款记录的，执行二套房政策。
10月20日	成都市	《关于调整住房公积金贷款相关规定的通知》	1. 住房套数认定：无住房的，认定为购买首套住房，执行首套房住房公积金贷款政策；有一套住房的，认定为购买第二套住房，执行第二套房住房公积金贷款政策；有两套及以上住房的，不予办理住房公积金贷款。 再交易房住房价值认定：购买再交易房申请住房公积金贷款的，其住房价值以住建部门确认的网签备案合同价款、房地产评估机构评估的住房价值两者中的低值认定，并计算贷款额度。 2. 成都公积金中心缴存人购买德阳市、眉山市、资阳市、攀枝花市行政区域内自住住房，向成都公积金中心申请贷款的，其住房套数以缴存人家庭成员（含未成年子女）在购房所在地住建部门房屋登记信息系统记录的住房套数为依据：无住房的，认定为购买首套住房，执行首套房住房公积金贷款政策；有一套住房的，认定为购买第二套住房，执行第二套房住房公积金贷款政策；有两套及以上住房的，不予住房公积金贷款。
11月6日	青岛市	《关于开展“商转组合”贷款业务的通知》	申请办理“商转公”业务的职工家庭，可选择将原商业贷款的一部分转为公积金贷款，形成“商转组合”贷款，无需自筹资金偿还原商业贷款余额与公积金贷款额度的差额部分。职工的原商业贷款剩余本金应不超过所购房屋当前评估价值的70%。
11月10日	贵阳市	推出公积金“政策包”	1. “首付冲抵”既提又贷。实施“首付冲抵”政策，满足条件的缴存职工购买新建商品住房可提取住房公积金支付首付款，提取后仍可申请住房公积金贷款，减轻首付款资金筹措压力。 2. “异地宽贷”愿贷尽贷。省内其他市（州）和省外缴存职工在贵阳贵安购买新建商品住房申请住房公积金贷款，取消户籍地限制，充分释放异地职工购房需求。 3. “短期再贷”能贷快贷。将缴存职工申请第二次住房公积金贷款的时间限制，由首次住房公积金贷款结清后12个月缩短为6个月，合理支持改善性住房消费。

续表

日期	城市	文件名称/主题	主要内容
11 月 14 日	广州市	《关于优化个人住房公积金贷款有关事项的通知》	1. 家庭名下住房套数以本市不动产登记机构提供的《广州市自然人不动产（土地、房屋类）信息查询结果》显示家庭（含所有家庭成员）已拥有住房套数核算。 2. 对购买本市首套住房的购房人家庭，公积金贷款最低首付款比例为 20%。 3. 对无住房贷款（含商业性住房贷款和公积金贷款，下同）记录或住房贷款记录已结清，且在本市拥有 1 套住房的购房人家庭，公积金贷款最低首付款比例为 30%。 4. 对有未结清住房贷款记录且在本市拥有 1 套住房的购房人家庭，公积金贷款最低首付款比例为 40%。
11 月 16 日	厦门市	《关于优化我市部分住房公积金提取及贷款政策的通知》	1. 阶段性启动住房公积金异地贷款业务。 2. 对照本市商业性住房贷款政策，调整思明区、湖里区首套和二套住房公积金贷款最低首付比例，首套住房公积金贷款最低首付款比例为 25%，二套住房公积金贷款最低首付款比例为 35%。 3. 支持缴存人按年提取住房公积金提前偿还购房贷款本金。 4. 优化住房公积金贷款变更业务。完善缩短贷款期限政策、新增贷款展期业务、新增还款方式变更业务。
11 月 30 日	南京市	《关于调整部分住房公积金政策的通知》	1. 提高第二次使用住房公积金贷款购买第二套住房最高可贷额度，由现行的 30 万元/人、60 万元/户，提高至 50 万元/人、100 万元/户。 2. 扩大加装电梯提取住房公积金支持范围，简化提取手续。 3. 将《关于优化南京市提取住房公积金支付购房款相关规定的实施细则》实施期限延长至 2025 年 12 月 31 日。调整购买存量房提取住房公积金支付购房款流程，改为买方将提取的住房公积金直接转入约定的资金监管账户中，卖方无需共同到场办理。
12 月 8 日	郑州市	《关于住房公积金支持人才建设有关事项的通知》	支持对象为高层次人才、重点产业急需紧缺人才、社会事业优秀人才、博士。 1. 支持对象在郑州市行政区域内缴存住房公积金的，可缴存至办理退休手续或与单位解除劳动关系之日；。 2. 支持对象在郑州市行政区域内租赁住房的，可按照实际支出的租金金额提取住房公积金。 3. 支持对象累计缴存住房公积金 6 个月以上可申请住房公积金贷款，工作迁出地和迁入地的住房公积金缴存记录可合并计算；在郑州市行政区域内购买家庭首套住房时，可按照首次首套双缴存家庭的住房公积金贷款政策认定贷款金额；办理住房公积金贷款时，可按照工作迁出地或迁入地家庭住房公积金缴存基数认定还款能力。
12 月 8 日	郑州市	《关于住房公积金支持多子女家庭租购住房有关事项的通知》	1. 多子女家庭在郑州市行政区域内无自有住房，因租赁住房提取住房公积金的，可按照家庭年缴存金额或租房提取最高限额提取。 2. 多子女家庭在郑州市行政区域内首次使用住房公积金贷款购买家庭首套住房的，贷款金额应不超过首次首套双缴存家庭贷款上限额的 1.2 倍；购买家庭第二套改善性住房的，贷款金额应不超过首次首套双缴存家庭贷款的上限额。

（四）推进“带押过户”文件

日期	城市	文件名称/主题	主要内容
1月3日	深圳市	《深圳市推广二手房“带押过户”模式的工作方案》	在二手房“带押过户”过程中，通过推行“顺位抵押”、二手房转移及抵押“双预告登记”等多种模式，优化业务流程，实现二手房交易更加高效、便捷。二手房交易过程中，买卖双方可选择使用二手房“带押过户”模式，交易房产需满足除原银行贷款抵押外没有设立其他抵押的条件。
1月13日	武汉市	《关于推行二手房“带押过户”深化登记　金融协同服务工作的通知》	全市范围内，二手房交易过程中，卖方抵押贷款购买的房屋在抵押期间买卖过户，同时买方需要以该房屋申请抵押贷款的，买卖双方签订房屋买卖合同，并与贷款银行签订相关协议后，可以共同向不动产登记机构申请办理二手房“带押过户”登记事项（存量房转移登记、新设抵押权首次登记、原抵押权注销登记），完成二手房“带押过户”。
3月1日	南京市	《关于开办二手房住房公积金“带押过户”贷款业务的通知》	在二手房交易过程中，经买卖双方协商一致，无须卖方先结清贷款并解除抵押，即可通过公积金“带押过户”贷款业务，办理房屋过户和抵押登记，从而使买方具备住房公积金贷款放款前须落实所购住房抵押担保的条件。在经过审批后，进而获得公积金贷款放款。买方申请的贷款总额要不小于卖方原住房贷款合同项下的剩余贷款本息、逾期利息、罚息及其他应还债务之和。
3月15日	大连市	《关于开展个人住房公积金贷款“带抵押过户”业务的通知》	交易房屋处于在抵押状态，买卖双方涉及住房公积金贷款，即买方申请住房公积金贷款或卖方存在尚未结清的住房公积金贷款，买卖双方可约定以“带抵押过户”方式进行存量房交易。
3月31日	北京市	《关于推进个人存量住房交易“带押过户”有关工作的通知》	符合《自然资源部　中国银保监会关于协同做好不动产“带押过户”便民利企服务的通知》（自然资发〔2023〕29号）要求，且同时满足四方面条件。（1）本市个人存量住房交易；（2）交易住房在辖内商业银行设立且仅存一次有效抵押；（3）交易卖方未结清贷款为个人住房商业贷款，或已还清公积金贷款且无相应抵押登记的组合贷款；（4）交易买方全款或办理个人住房商业贷款购房。
4月28日	广州市	《关于创新开展“一手房带押过户”的通告》	全市范围内已办理在建工程抵押的预售商品房，以及已办理新建商品房首次登记和抵押权设立登记的持证商品房（即一手现房），在完成房屋带押销售及网签等事项后，当事人可向不动产登记机构申请办理“一手房带押过户”相关业务。
6月30日	西安市	《关于推行存量房（二手房）“带押过户”的通知》	西安市城六区、开发区范围内，已经办理抵押登记的不动产在存量房（二手房）交易过程中，无需先还清贷款解除抵押再办理过户转移，买卖双方可以自愿选择使用“带押过户”服务，买卖双方与贷款银行、住房公积金管理中心签订协议后，可以共同向不动产登记机构提出申请办理房产转移登记及抵押权相关登记。 当事人因赠与、作价出资（入股）、法人或者其他组织合并（分立）等原因，申请转移抵押不动产的不纳入合并登记办理范围。
7月19日	厦门市	实行二手房“带押过户”住房公积金贷款业务	符合住房公积金贷款条件的职工在购买在押期间的二手房时，经买卖双方协商一致，在全市不动产登记全程网办系统办理二手房预告转移登记后，可到住房公积金贷款受理机构申请办理住房公积金贷款。

续表

日期	城市	文件名称/主题	主要内容
8月4日	青岛市	《关于开展存量房住房公积金组合贷款“带押过户”业务的通知》	职工购买存在抵押的存量住房，申请存量房住房公积金贷款“带押过户”业务须满足下列条件：①符合我市住房公积金贷款条件；②卖方所售房屋仅存在住房公积金贷款（不包含组合贷款）或商业性个人住房贷款；③买卖双方协商一致，并与公证机构签署交易资金提存协议；④买卖双方将相关款项存入公证机构设立的提存账户；⑤市管理中心作为新贷款机构仅受理住房公积金贷款（不含组合贷款）申请。 市管理中心作为卖方的贷款机构的，申请存量房“带押过户”业务须满足下列条件：①住房公积金贷款抵押物未冻结或查封；②借款人在住房公积金贷款期内不存在诉讼立案和在途变更等业务；③买卖双方申请公证机构对相应的交易价款进行公证提存；④买受人已经将不低于贷款机构规定的最低首付标准资金交付公证机构提存；⑤全部拟提存款项在偿付顺位上足以覆盖住房公积金贷款剩余债权；⑥全部拟提存款项以市管理中心为第一抵押顺位的优先受益人条件时，公证机构可按相关规定，代卖方向市管理中心申请开具“同意带押过户”证明；⑦市管理中心作为原贷款机构仅受理住房公积金贷款（不含组合贷款）带押过户申请。
9月15日	长春市	《关于开展存量房“带押过户”贷款业务的通知》	1. 交易房屋已办理抵押登记，且权属明晰、无查封，可进入房地产市场流通，除原住房公积金贷款抵押外未设立其他抵押、未设立居住权，不动产登记机构可以办理房产“带押过户”。 2. 交易房屋尚未结清的住房公积金贷款不存在逾期、诉讼等情形。 3. 买方符合现行住房公积金贷款条件。 4. 买卖双方在同一受委托贷款银行申请住房公积金贷款。 5. 买卖双方同意将买方的自有资金（含首付款）和贷款资金足额存入受委托贷款银行指定的监管账户，优先用于结清卖方住房公积金贷款，剩余资金存入卖方指定的个人银行卡内。自有资金（含首付款）和贷款资金之和应为全额购房款，须大于原住房公积金贷款未结清本息之和。 6. 买卖双方符合变更抵押人条件。
12月26日	三亚市	《关于开展存量房“带押过户”登记服务的通知》	1. 全市范围内推行存量房交易“带押过户”登记服务，主要针对不动产交易过程中，卖方尚未结清贷款、抵押尚未解除并只有单个抵押权登记的情况，由买卖双方与相关抵押权人协商一致，无需提前结清卖方原贷款，即可通过线下合并办理存量房转移登记及相关抵押权登记。 2. 存量房“带押过户”登记服务也适用于企业间存量非住宅转移和因继承、离婚析产、名称变更等导致过户的业务类型。

Ⅱ.宏观篇

导 读

本篇收录2023年宏观经济发展指标，包括国内生产总值、投资、贸易、消费、物价、交通、教育、医疗卫生、主要产业、重要产品、货币金融、财政收支、人口、居民收支、就业等方面的宏观数据（部分指标为最新公布的2022年数据）。数据来源于国家统计局、中国人民银行、财政部及各地方统计局等。本篇所列全国数据，指中国大陆地区，不包括港澳台地区的数据。

一、国民经济主要数据

表 2-1　2023 年全国宏观经济数据（单月）

类　别	1月	2月	3月	4月	5月	6月	7月	8月	9月	10月	11月	12月
工业增加值同比增长（%）	—	—	3.9	5.6	3.5	4.4	3.7	4.5	4.5	4.6	6.6	6.8
固定资产投资额（亿元）	—	53577	53705	40200	41333	54298	42785	41144	47993	44374	41405	42222
同比增长（%）	—	5.5	-0.7	-17.4	-21.2	-17.1	-11.6	-13.0	-11.6	-11.3	-14.8	-19.0
进口总额（亿美元）	1922	1972	2274	2052	2177	2147	2012	2166	2213	2183	2235	2283
同比增长（%）	-21.4	4.2	-1.4	-7.9	-4.5	-6.8	-12.4	-7.3	-6.2	3.0	-0.6	0.2
出口总额（亿美元）	2923	2140	3156	2954	2835	2853	2818	2848	2991	2748	2919	3036
同比增长（%）	-10.5	-1.3	14.8	8.5	-7.5	-12.4	-14.5	-8.8	-6.2	-6.4	0.5	2.3
社会消费品零售总额（亿元）	—	77067	37855	34911	37803	39951	36761	37933	39826	43333	42505	43550
同比增长（%）	—	3.5	10.6	18.4	12.7	3.1	2.5	4.6	5.5	7.6	10.1	7.4
生产者出厂价格指数（PPI）同比增长（%）	-0.8	-1.4	-2.5	-3.6	-4.6	-5.4	-4.4	-3.0	-2.5	-2.6	-3.0	-2.7
居民消费价格指数（CPI）同比增长（%）	2.1	1.0	0.7	0.1	0.2	0.0	-0.3	0.1	0.0	-0.2	-0.5	-0.3
制造业采购经理指数（PMI）（%）	50.1	52.6	51.9	49.2	48.8	49.0	49.3	49.7	50.2	49.5	49.4	49.0
城镇调查失业率（%）	5.5	5.6	5.3	5.2	5.2	5.2	5.3	5.2	5.0	5.0	5.0	5.1

数据来源：国家统计局。

注：2 月固定资产投资总额、社会消费品零售总额为 1—2 月累计值。

表 2-2　2023 年全国宏观经济数据（月度累计）

类　别	1—2月	1—3月	1—4月	1—5月	1—6月	1—7月	1—8月	1—9月	1—10月	1—11月	1—12月
工业增加值累计增长（%）	2.4	3.0	3.6	3.6	3.8	3.8	3.9	4.0	4.1	4.3	4.6
固定资产投资额（亿元）	53577	107282	147482	188815	243113	285898	327042	375035	419409	460814	503036
同比增长（%）	5.5	5.1	4.7	4.0	3.8	3.4	3.2	3.1	2.9	2.9	3.0
进口总额累计（亿美元）	3894	6171	8228	10409	12547	14553	16700	18899	21080	23293	25568
同比增长（%）	-10.2	-7.1	-7.3	-6.7	-6.7	-7.6	-7.6	-7.5	-6.5	-6.0	-5.5
出口总额累计（亿美元）	5063	8218	11170	14003	16634	19449	22232	25203	27920	30774	33800
同比增长（%）	-6.8	0.5	2.5	0.3	-3.2	-5.0	-5.6	-5.7	-5.6	-5.2	-4.6
社会消费品零售总额（亿元）	77067	114922	149833	187636	227588	264348	302281	342107	385440	427945	471495
同比增长（%）	3.5	5.8	8.5	9.3	8.2	7.3	7.0	6.8	6.9	7.2	7.2

数据来源：国家统计局。

表 2-3　2023 年国内生产总值及同比增长数据（单季度）

类　别	绝对值（亿元）				同比增长（%）			
	第一季度	第二季度	第三季度	第四季度	第一季度	第二季度	第三季度	第四季度
国内生产总值	284423	308293	319976	347890	4.5	6.3	4.9	5.2
第一产业	11589	18808	25933	33425	3.7	3.7	4.2	4.2
第二产业	106139	121533	121213	133703	3.3	5.2	4.6	5.5
第三产业	166694	167951	172831	180762	5.4	7.4	5.2	5.3
农林牧渔业	12293	19840	27186	35143	3.8	4.0	4.3	4.3
工业	93488	99017	99210	107388	2.9	4.5	4.2	5.2
制造业	77422	82795	81272	88540	2.8	4.9	4.5	5.3
建筑业	13140	23013	22553	26985	6.7	8.2	6.6	6.7
批发和零售业	28087	29756	31107	34123	5.5	7.6	5.1	6.6
交通运输、仓储和邮政业	12609	14570	15945	14696	4.8	8.8	8.5	9.4
住宿和餐饮业	4486	4633	5663	6242	13.6	17.5	12.7	14.8
金融业	25618	25397	25361	24301	6.9	7.7	6.4	6.0
房地产业	19639	19025	17276	17782	1.3	−1.2	−2.7	−2.7
信息传输、软件和信息技术服务业	13986	14761	12508	13940	11.2	14.6	10.3	11.2
租赁和商务服务业	9914	9770	11277	13387	6.0	14.7	8.5	8.6
其他行业	51163	48511	51892	53902	4.0	6.2	3.9	2.7

数据来源：国家统计局。

表 2-4　2023 年国内生产总值及同比增长数据（季度累计）

类　别	绝对值（亿元）				同比增长（%）			
	第一季度	上半年	前三季度	全年	第一季度	上半年	前三季度	全年
国内生产总值	284423	592716	912692	1260582	4.5	5.5	5.2	5.2
第一产业	11589	30397	56330	89755	3.7	3.7	4.0	4.1
第二产业	106139	227673	348886	482589	3.3	4.3	4.4	4.7
第三产业	166694	334646	507476	688238	5.4	6.4	6.0	5.8
农林牧渔业	12293	32133	59319	94463	3.8	3.9	4.1	4.2
工业	93488	192505	291715	399103	2.9	3.7	3.9	4.2
制造业	77422	160217	241488	330029	2.8	3.9	4.1	4.4
建筑业	13140	36154	58706	85691	6.7	7.7	7.2	7.1
批发和零售业	28087	57842	88949	123072	5.5	6.6	6.1	6.2
交通运输、仓储和邮政业	12609	27179	43124	57820	4.8	6.9	7.5	8.0
住宿和餐饮业	4486	9118	14781	21024	13.6	15.5	14.4	14.5
金融业	25618	51015	76375	100677	6.9	7.3	7.0	6.8
房地产业	19639	38664	55941	73723	1.3	0.0	−0.9	−1.3
信息传输、软件和信息技术服务业	13986	28746	41254	55194	11.2	12.9	12.1	11.9
租赁和商务服务业	9914	19684	30961	44348	6.0	10.1	9.5	9.3
其他行业	51163	99675	151567	205469	4.0	5.1	4.7	4.2

数据来源：国家统计局。

表 2-5　2022 年 GDP 最终核实数

行　业	现价总量（亿元）	不变价增速（%）	产业结构（%）
国内生产总值	1204724	3.0	100.0
第一产业	88207	4.2	7.3
第二产业	473790	2.6	39.3
第三产业	642727	3.0	53.4
农林牧渔业	92577	4.4	7.7
工业	395044	2.7	32.8
制造业	326077	1.7	27.1
建筑业	80766	2.9	6.7
批发和零售业	116294	2.5	9.7
交通运输、仓储和邮政业	51077	0.7	4.2
住宿和餐饮业	17755	-2.8	1.5
金融业	93285	3.1	7.7
房地产业	73766	-3.9	6.1
信息传输、软件和信息技术服务业	49470	12.2	4.1
租赁和商务服务业	39764	4.3	3.3
其他行业	194926	4.5	16.2

数据来源：国家统计局。

注：本表中 GDP 总量、构成等数据中，有的不等于各产业（行业）之和，是数值修约误差所致，未做机械调整。

表 2-6　2019—2023 年国内（地区）生产总值

单位：亿元

地　区	2019 年	2020 年	2021 年	2022 年	2023 年
全　国	986515	1013567	1149237	1204724	1260582
北　京	35445	35943	41046	41541	43761
天　津	14056	14008	15685	16132	16737
河　北	34979	36014	40397	41988	43944
上　海	37988	38963	43653	44809	47219
江　苏	98657	102808	117392	122089	128222
浙　江	62462	64689	74041	78061	82553
福　建	42327	43609	49566	51765	54355
山　东	70541	72798	82875	87577	92069
广　东	107987	111152	124720	129514	135673
海　南	5331	5566	6504	6890	7551
山　西	16962	17836	22870	25584	25698
安　徽	36846	38062	42565	44608	47051

续表

地　区	2019 年	2020 年	2021 年	2022 年	2023 年
江　西	24667	25782	29828	31214	32200
河　南	53718	54259	58071	58220	59132
湖　北	45429	43005	50091	52742	55804
湖　南	39894	41543	45714	47559	50013
内蒙古	17213	17258	21166	23389	24627
广　西	21237	22121	25209	26186	27202
重　庆	23606	25041	28077	28576	30146
四　川	46364	48502	54088	56610	60133
贵　州	16769	17860	19459	20010	20913
云　南	23224	24556	27162	28556	30021
西　藏	1698	1903	2080	2150	2393
陕　西	25793	26014	30122	32838	33786
甘　肃	8718	8980	10226	11121	11864
青　海	2941	3010	3385	3623	3799
宁　夏	3749	3956	4588	5105	5315
新　疆	13597	13801	16312	18043	19126
辽　宁	24855	25011	27570	28826	30209
吉　林	11727	12256	13164	12818	13531
黑龙江	13544	13633	14858	15832	15884

数据来源：国家统计局。

表 2-7　2022 年东、中、西部及东北地区国民经济和社会发展主要指标

类　别	全国总计	东部地区		中部地区		西部地区		东北地区	
		绝对数	占全国比重（%）	绝对数	占全国比重（%）	绝对数	占全国比重（%）	绝对数	占全国比重（%）
总人口（年末）（万人）	141175	56569	40.1	36456	25.8	38306	27.1	9644	6.8
国内（地区）生产总值（亿元）	1210207.2	622018.3	51.7	266512.7	22.1	256985.0	21.4	57946.3	4.8
第一产业（亿元）	88345.1	28309.1	32.1	22712.8	25.7	29340.9	33.2	7896.5	8.9
第二产业（亿元）	483164.5	244493.3	50.9	112676.7	23.4	102604.3	21.3	21033.0	4.4
第三产业（亿元）	638697.6	349215.9	55.0	131123.2	20.7	125039.8	19.7	29016.8	4.6
居民人均可支配收入（元）	36883.3	47026.7	—	31433.7	—	29267.4	—	31405.0	—
城镇居民人均可支配收入（元）	49282.9	58459.9	—	42733.4	—	42173.3	—	39098.0	—

续表

类　别	全国总计	东部地区		中部地区		西部地区		东北地区	
		绝对数	占全国比重（%）	绝对数	占全国比重（%）	绝对数	占全国比重（%）	绝对数	占全国比重（%）
农村居民人均可支配收入（元）	20132.8	25037.3	—	19080.1	—	16632.1		18919.2	—
地方一般公共预算收入（亿元）	108762.2	61060.9	56.1	20624.7	19.0	22409.8	20.6	4666.7	4.3
地方一般公共预算支出（亿元）	224981.3	94267.2	41.9	49807.6	22.1	65149.0	29.0	15757.4	7.0
社会消费品零售总额（亿元）	439732.5	222185.4	50.5	107557.5	24.5	91358.6	20.8	18544.0	4.2
货物进出口总额（亿元）	418011.6	330108.0	79.0	37618.9	9.0	38172.9	9.1	12111.8	2.9
出口额（亿元）	237411.5	184295.7	77.6	25504.8	10.7	22987.1	9.7	4623.9	1.9
进口额（亿元）	180600.1	145812.3	80.7	12114.1	6.7	15185.7	8.4	7487.9	4.1
主要农产品产量									
谷物（万吨）	63324.3	15395.8	24.3	19477.2	30.8	15263.3	24.1	13188.0	20.8
棉花（万吨）	598.0	29.8	5.0	24.7	4.1	543.6	90.9	0.0	0.0
油料（万吨）	3654.2	668.7	18.3	1661.0	45.5	1115.2	30.5	209.3	5.7
主要工业产品产量									
原煤（亿吨）	45.6	1.5	3.3	15.4	33.8	27.6	60.5	1.1	2.4
天然气(亿立方米)	2201.1	239.1	10.9	139.8	6.4	1737.2	78.9	85.0	3.9
水泥（万吨）	212927.2	78389.9	36.8	60590.0	28.5	66423.8	31.2	7523.6	3.5
粗钢（万吨）	101795.9	52086.1	51.2	22277.8	21.9	17662.8	17.4	9769.2	9.6
钢材（万吨）	134033.5	77297.2	57.7	24882.1	18.6	21595.1	16.1	10259.1	7.7
汽车（万辆）	2713.6	1313.0	48.4	499.5	18.4	600.7	22.1	300.4	11.1
发电量(亿千瓦·时)	88487.1	32470.8	36.7	17629.2	19.9	33855.9	38.3	4531.2	5.1
铁路营业里程（千米）	154906.5	37594.4	24.3	35193.4	22.7	62994.2	40.7	19124.6	12.3
公路里程（千米）	5354836.8	1210130.1	22.6	1416226.6	26.4	2318695.3	43.3	409784.8	7.7
高速公路（千米）	177251.7	48716.3	27.5	41002.3	23.1	74131.1	41.8	13401.9	7.6
客运量（万人）	558737.6	212013.2	37.9	128284.9	23.0	159068.8	28.5	34199.7	6.1
货运量（万吨）	5152571.1	1930808.0	37.5	1485236.9	28.8	1384791.1	26.9	264867.1	5.1
邮政业务总量（亿元）	14316.7	10346.2	72.3	2127.6	14.9	1362.4	9.5	480.5	3.4
电信业务总量（亿元）	17501.1	8307.5	47.5	3659.7	20.9	4498.7	25.7	898.8	5.1
普通、职业高等学校数（个）	2760	1037	37.6	725	26.3	740	26.8	258	9.3

续表

类 别	全国总计	东部地区		中部地区		西部地区		东北地区	
		绝对数	占全国比重（%）	绝对数	占全国比重（%）	绝对数	占全国比重（%）	绝对数	占全国比重（%）
普通、职业本专科在校生数（万人）	3659.4	1355.4	37.0	1024.5	28.0	991.4	27.1	288.1	7.9
医院数（个）	36976	13037	35.3	9069	24.5	11356	30.7	3514	9.5
执业（助理）医师（万人）	443.5	187.1	42.2	110.4	24.9	114.1	25.7	31.8	7.2
医院床位数（万张）	766.3	277.1	36.2	203.5	26.6	219.5	28.6	66.1	8.6

数据来源：国家统计局。

注：(1) 占全国比重以各地区合计数为 100 计算。(2) 全国总计人口包括中国人民解放军现役军人。(3) 货运量分地区数据不包括民航、管道和部分水路运输数据，客运量分地区数据不包括民航和部分水路运输数据，各地区合计数小于全国总计。

表 2-8　2022 年京津冀及长江经济带国民经济和社会发展主要指标

类 别	全国总计	京津冀地区		长江经济带		长江三角洲	
		绝对数	占全国比重（%）	绝对数	占全国比重（%）	绝对数	占全国比重（%）
总人口（年末）（万人）	141175	10967	7.8	60806	43.1	23694	16.8
国内（地区）生产总值（亿元）	1210207.2	100292.7	8.3	559766.4	46.5	290288.8	24.1
第一产业（亿元）	88345.1	4795.0	5.4	37785.4	42.8	10894.8	12.3
第二产业（亿元）	483164.5	29694.1	6.2	224358.3	46.7	119140.4	24.8
第三产业（亿元）	638697.6	65803.6	10.4	297622.7	46.9	160253.6	25.3
地方一般公共预算收入（亿元）	108762.2	11617.3	10.7	48647.1	44.7	28496.1	26.2
地方一般公共预算支出（亿元）	224981.3	19504.6	8.7	98955.2	44.0	44692.1	19.9
社会消费品零售总额（亿元）	439732.5	31086.3	7.1	222625.5	50.6	111179.9	25.3
货物进出口总额（亿元）	418011.6	50223.1	12.0	192294.7	46.0	150385.6	36.0
出口额（亿元）	237411.5	12902.3	5.4	118504.5	49.9	90784.3	38.2
进口额（亿元）	180600.1	37320.9	20.7	73790.1	40.9	59601.2	33.0
主要农产品产量							
谷物（万吨）	63324.3	3994.8	6.3	21789.3	34.4	8294.8	13.1
棉花（万吨）	598.0	14.2	2.4	24.4	4.1	3.6	0.6
油料（万吨）	3654.2	116.7	3.2	1765.2	48.3	302.9	8.3
主要工业产品产量							
原煤（亿吨）	45.6	0.5	1.0	3.5	7.7	1.2	2.7
天然气（亿立方米）	2201.1	54.8	2.5	674.6	30.6	22.8	1.0
水泥（万吨）	212927.2	10766.8	5.1	106328.5	49.9	41773.5	19.6
粗钢（万吨）	101795.9	22932.9	22.5	33923.3	33.3	18493.1	18.2

续表

类　别	全国总计	京津冀地区		长江经济带		长江三角洲	
		绝对数	占全国比重（%）	绝对数	占全国比重（%）	绝对数	占全国比重（%）
钢材（万吨）	134033.5	37897.2	28.3	42539.1	31.7	23701.0	17.7
汽车（万辆）	2713.6	238.0	8.8	1232.4	45.4	696.4	25.7
发电量（亿千瓦·时）	88487.1	5024.9	5.7	33442.5	37.8	14680.9	16.6
铁路营业里程（千米）	154906.5	11055.9	7.1	48518.6	31.3	14017.9	9.0
公路里程（千米）	5354836.8	246802.7	4.6	2404433.0	44.9	531889.7	9.9
高速公路（千米）	177251.7	10880.3	6.1	70124.2	39.6	16704.7	9.4
客运量（万人）	558737.6	41760.9	7.5	279189.8	50.0	101804.5	18.2
货运量（万吨）	5152571.1	303951.7	5.9	2318268.2	45.0	1135845.5	22.0
邮政业务总量（亿元）	14316.7	958.5	6.7	7313.4	51.1	5494.9	38.4
电信业务总量（亿元）	17501.1	1513.2	8.6	7640.0	43.7	3677.5	21.0
普通高等学校数（个）	2760	272	9.9	1189	43.1	462	16.7
本专科在校学生数（万人）	3659.4	299.5	8.2	1561.6	42.7	558.1	15.3
医院数（个）	36976	3520	9.5	15450	41.8	5387	14.6
执业（助理）医师（万人）	443.5	43.0	9.7	188.1	42.4	79.8	18.0
医院床位数（万张）	766.3	57.1	7.5	342.8	44.7	127.0	16.6

数据来源：国家统计局。

注：(1) 长江经济带包括上海、江苏、浙江、安徽、江西、湖北、湖南、重庆、四川、贵州、云南。(2) 长江三角洲包括上海、江苏、浙江和安徽。(3) 全国总计人口包括中国人民解放军现役军人。

表 2-9　2023 年 40 座重点城市经济数据

城　市	GDP（亿元）	同比增长（%）	进出口总额（亿元）	同比增长（%）	固定资产投资同比增长（%）	社会消费品零售总额（亿元）	同比增长（%）
北　京	43760.7	5.2	36466.3	0.3	4.9	14462.7	4.8
天　津	16737.3	4.3	8004.7	-3.4	-16.4	3820.7	7.0
石家庄	7534.2	6.1	1237.1	8.6	7.6	2751.2	12.9
太　原	5573.7	3.8	1349.7	-7.7	-18.3	1912.9	8.6
呼和浩特	3801.6	10.0	194.4	6.2	25.5	1202.6	13.5
沈　阳	8122.1	6.1	1469.3	4.6	1.5	4210.4	9.0
大　连	8752.9	6.0	4552.8	-5.0	0.6	2008.6	8.8
长　春	7002.1	6.6	1225.9	10.7	4.2	2109.9	10.6
哈尔滨	5576.3	3.1	495.3	27.7	-24.7	2384.0	8.6
上　海	47218.7	5.0	42121.6	0.7	13.8	18515.5	12.6
南　京	17421.4	4.6	5659.9	-9.3	-1.9	8201.1	4.7

续表

城 市	GDP（亿元）	同比增长（%）	进出口总额（亿元）	同比增长（%）	固定资产投资同比增长（%）	社会消费品零售总额（亿元）	同比增长（%）
无 锡	15456.2	6.0	7065.3	-4.1	8.3	3567.6	6.9
苏 州	24653.4	4.6	24514.1	-4.6	5.0	9582.9	6.4
杭 州	20059.0	5.6	8030.0	6.1	2.8	7671.0	5.2
宁 波	16452.8	5.5	12779.3	0.9	7.5	5212.6	6.5
温 州	8730.6	6.9	2821.9	-4.2	7.4	4257.1	7.9
合 肥	12673.8	5.8	3588.1	-0.6	3.0	5270.8	5.0
福 州	12928.5	5.2	3435.3	-5.7	3.2	4963.8	6.1
厦 门	8066.5	3.1	9470.4	2.7	0.5	2743.3	2.9
南 昌	—	—	1112.9	-13.8	—	—	—
济 南	12757.4	6.1	2161.0	0.3	2.1	5199.0	6.6
青 岛	15760.3	5.9	8759.7	4.6	5.0	6318.9	7.3
郑 州	13617.8	7.4	5522.3	-9.0	6.8	5623.1	7.7
武 汉	20011.7	5.7	3606.2	2.9	0.3	7531.9	8.6
长 沙	14332.0	4.8	2813.5	-14.9	-6.8	5561.7	6.2
广 州	30355.7	4.6	10914.3	0.1	3.6	11012.6	6.7
深 圳	34606.4	6.0	38710.7	5.9	11.0	10486.2	7.8
南 宁	5469.1	4.0	1259.1	-14.7	-23.7	2424.8	2.8
北 海	1750.9	5.8	371.1	8.0	-7.7	348.0	0.8
海 口	2358.4	9.3	790.1	30.5	4.7	1088.8	8.6
三 亚	971.3	12.0	242.3	13.1	3.7	492.9	14.0
重 庆	30145.8	6.1	7137.4	-10.7	4.3	15130.3	8.6
成 都	22074.7	6.0	7489.8	-9.7	2.0	10001.6	10.0
贵 阳	5154.8	6.0	471.7	15.6	-10.3	2526.8	5.2
昆 明	7864.8	3.3	1346.3	-27.6	-24.9	3574.3	5.5
西 安	12010.8	5.2	3597.6	-17.4	0.1	4811.6	3.7
兰 州	3487.3	4.4	117.4	-22.3	-7.4	1796.3	12.4
西 宁	1801.1	8.6	38.8	27.8	-6.6	624.8	17.5
银 川	2685.6	7.2	130.2	13.9	8.5	806.5	1.9
乌鲁木齐	4168.5	6.0	700.1	36.5	12.6	1175.7	19.2

数据来源：各地方统计局。

二、金融数据

表 2-10　2023 年新增贷款

单位：亿元

月　份	各项贷款	境内贷款	住户贷款	短期贷款			中长期贷款		
					消费贷款	经营贷款		消费贷款	经营贷款
1	57602.47	57332.52	10908.75	5638.65	4034.39	1604.26	5270.11	3338.33	1931.79
2	18120.53	18350.63	2081.30	1217.80	-222.63	1440.43	863.50	-463.88	1327.37
3	38879.43	39117.65	12441.66	6093.84	1859.74	4234.10	6347.82	2687.28	3660.54
4	7188.37	6561.70	-2411.12	-1255.20	-338.07	-917.13	-1155.91	-2110.69	954.78
5	13627.94	12833.51	3671.53	1987.95	941.50	1046.45	1683.57	-38.48	1722.06
6	30495.28	30467.05	9595.39	4937.78	1724.14	3213.64	4657.61	1659.23	2998.37
7	3459.49	2541.27	-2006.61	-1334.81	-424.52	-910.29	-671.79	-1060.74	388.95
8	13580.46	13052.63	3921.99	2320.40	1230.31	1090.09	1601.59	53.71	1547.87
9	23118.28	23539.11	8645.68	3210.91	785.09	2425.82	5434.77	3243.08	2191.70
10	7384.20	6905.61	-345.63	-1052.60	-76.38	-976.22	706.96	439.17	267.79
11	10887.32	10939.39	2925.01	594.01	551.83	42.18	2330.99	1138.68	1192.31
12	11708.93	11199.44	2169.87	693.38	2.90	690.48	1476.51	123.24	1353.26

数据来源：中国人民银行。

表 2-11　2023 年货币供应量

单位：亿元

月　份	货币和准货币（M_2）	货币（M_1）	流通中货币（M_0）
1	2738072	655214	114601
2	2755249	657939	107603
3	2814566	678060	105591
4	2808469	669762	105904
5	2820505	675253	104757
6	2873024	695595	105419
7	2854032	677219	106130
8	2869343	679588	106515
9	2896659	678444	109253
10	2882276	674696	108565
11	2912014	675903	110225
12	2922713	680543	113445

数据来源：中国人民银行。

表 2-12　2023 年社会融资规模增量

单位：亿元

月　份	社会融资规模增量	其中									
		人民币贷款	外币贷款（折合人民币）	委托贷款	信托贷款	未贴现银行承兑汇票	企业债券	政府债券	非金融企业境内股票融资	存款类金融机构资产支持证券	贷款核销
1	59956	49314	-131	584	-62	2963	1638	4140	964	-333	312
2	31610	18184	310	-77	66	-69	3662	8138	571	-279	367
3	53867	39487	427	175	-45	1792	3357	6015	614	-150	1235
4	12249	4431	-319	83	119	-1345	2940	4548	993	-376	448
5	15560	12219	-338	35	303	-1795	-2144	5571	753	-349	516
6	42265	32413	-191	-56	-154	-691	2249	5371	700	-26	1776
7	5366	364	-339	8	230	-1963	1290	4109	786	-296	402
8	31279	13412	-201	97	-221	1129	2788	11759	1036	-135	596
9	41326	25369	-583	208	402	2397	650	9920	326	-172	1799
10	18441	4837	152	-429	393	-2536	1178	15638	321	-2530	427
11	24554	11120	-357	-386	197	202	1388	11512	359	-1355	742
12	19326	11092	-635	-43	347	-1865	-2741	9324	508	-278	2347

数据来源：中国人民银行。

表 2-13　2023 年各地区社会融资规模增量

单位：亿元

地　区	第一季度	上半年	前三季度	全年
北　京	4826	5657	5089	1045
天　津	1763	2539	4104	5337
河　北	5815	9863	14066	16078
上　海	4497	4212	6016	7411
江　苏	21060	28638	33117	36794
浙　江	15474	24450	33505	37305
福　建	4170	5749	7343	8180
山　东	10681	15074	20186	23510
广　东	14987	22494	29198	31350
海　南	532	830	1131	1385
山　西	2705	3754	4743	5547
安　徽	6263	9602	12139	13887
江　西	4285	6395	8215	9354
河　南	5353	7018	9360	11041
湖　北	5967	8208	10529	12321
湖　南	4573	7157	8960	11309
内蒙古	1654	2655	3587	5123

续表

地　区	第一季度	上半年	前三季度	全年
广　西	2985	4582	6083	7865
重　庆	2822	4242	5786	7665
四　川	7965	12310	16178	18391
贵　州	2189	2844	4021	7116
云　南	1617	2867	4083	6006
西　藏	285	467	698	834
陕　西	3452	5185	6519	7855
甘　肃	1781	1930	2091	2336
青　海	141	291	403	559
宁　夏	633	781	933	1211
新　疆	1530	2377	3803	4780
辽　宁	1193	1760	2425	2438
吉　林	1128	1564	2609	3634
黑龙江	1619	1607	1571	2122

数据来源：中国人民银行。

表 2-14　2023 年官方储备资产

月　份	单位	外汇储备	基金组织储备头寸	特别提款权	黄金	其他储备资产
1	亿美元	31844.62	109.82	519.71	1252.83	-2.04
	亿 SDR	23615.40	81.44	385.41	929.08	-1.51
2	亿美元	31331.53	108.22	516.22	1202.83	0.32
	亿 SDR	23579.08	81.44	388.49	905.21	0.24
3	亿美元	31838.72	109.15	524.69	1316.53	0.92
	亿 SDR	23667.85	81.14	390.04	978.66	0.68
4	亿美元	32047.66	109.32	525.42	1323.53	1.88
	亿 SDR	23791.73	81.16	390.06	982.57	1.40
5	亿美元	31765.08	107.73	519.72	1321.52	4.18
	亿 SDR	23929.14	81.15	391.51	995.52	3.15
6	亿美元	31929.98	97.01	521.14	1299.34	1.05
	亿 SDR	24006.17	72.94	391.81	976.89	0.79
7	亿美元	32042.70	81.21	528.73	1353.60	1.01
	亿 SDR	23860.18	60.47	393.71	1007.94	0.75
8	亿美元	31600.98	96.97	529.28	1352.24	-0.66
	亿 SDR	23761.19	72.91	397.97	1016.77	-0.50
9	亿美元	31150.70	95.88	523.40	1317.88	-3.22
	亿 SDR	23689.17	72.91	398.03	1002.21	-2.45

续表

月份	单位	外汇储备	基金组织储备头寸	特别提款权	黄金	其他储备资产
10	亿美元	31012.24	95.82	523.14	1421.71	-2.21
	亿 SDR	23598.95	72.91	398.09	1081.86	-1.68
11	亿美元	31718.07	96.86	532.35	1457.01	-0.19
	亿 SDR	23789.41	72.65	399.28	1092.80	-0.14
12	亿美元	32379.77	97.47	535.96	1482.26	1.45
	亿 SDR	24133.94	72.65	399.47	1104.79	1.08

数据来源：中国人民银行。

注：自 2016 年 4 月 1 日起，除按美元公布官方储备资产外，增加以国际货币基金组织特别提款权（SDR）公布相关数据，折算汇率来源于国际货币基金组织网站，其中 2023 年 1 月 USD/SDR=0.741582，2023 年 2 月 USD/SDR=0.752567，2023 年 3 月 USD/SDR=0.743367，2023 年 4 月 USD/SDR=0.742386，2023 年 5 月 USD/SDR=0.753316，2023 年 6 月 USD/SDR=0.751838，2023 年 7 月 USD/SDR=0.744637，2023 年 8 月 USD/SDR=0.751913，2023 年 9 月 USD/SDR=0.76047，2023 年 10 月 USD/SDR=0.760956，2023 年 11 月 USD/SDR=0.750027，2023 年 12 月 USD/SDR=0.74534。

表 2-15　2023 年主要外币兑人民币汇率（期末值）

月份	1 特别提款权单位折合人民币	1 美元折合人民币	1 欧元折合人民币	1 英镑折合人民币	100 日元折合人民币	1 澳大利亚元折合人民币	1 加拿大元折合人民币
1	9.1061	6.7604	7.3354	8.3483	5.1840	4.7696	5.0496
2	9.2282	6.9519	7.3747	8.3885	5.1024	4.6858	5.1218
3	9.2398	6.8717	7.4945	8.5127	5.1693	4.6131	5.0824
4	9.3256	6.9240	7.6361	8.6504	5.1723	4.5894	5.0893
5	9.4366	7.0821	7.6016	8.7899	5.0652	4.6161	5.2073
6	9.6567	7.2258	7.8771	9.1432	5.0094	4.7992	5.4721
7	9.5984	7.1305	7.8836	9.1955	5.0802	4.7640	5.4008
8	9.6952	7.1811	7.9271	9.2252	4.9847	4.7094	5.3755
9	9.5775	7.1798	7.5849	8.7667	4.8398	4.5934	5.3558
10	9.6171	7.1779	7.6480	8.7639	4.8433	4.5963	5.2171
11	9.5081	7.1018	7.8045	9.0290	4.8362	4.7093	5.2348
12	9.5873	7.0827	7.8592	9.0411	5.0213	4.8484	5.3673

数据来源：中国人民银行。

表 2-16　2023 年全国银行间同业拆借中心受权公布贷款市场报价利率（LPR）（%）

报价日期	1~5 年（含）	5 年以上	报价日期	1~5 年（含）	5 年以上
1 月 20 日	3.65	4.30	7 月 20 日	3.55	4.20
2 月 20 日	3.65	4.30	8 月 21 日	3.45	4.20
3 月 20 日	3.65	4.30	9 月 20 日	3.45	4.20
4 月 20 日	3.65	4.30	10 月 20 日	3.45	4.20
5 月 22 日	3.65	4.30	11 月 20 日	3.45	4.20
6 月 20 日	3.55	4.20	12 月 20 日	3.45	4.20

数据来源：中国人民银行。

表 2-17　2023 年新发放贷款加权平均利率（%）

类　别	3 月	6 月	9 月	12 月
新发放贷款加权平均利率	4. 34	4. 19	4. 14	3. 83
一般贷款加权平均利率	4. 53	4. 48	4. 51	4. 35
其中：企业贷款加权平均利率	3. 95	3. 95	3. 82	3. 75
票据融资加权平均利率	2. 67	2. 03	1. 80	1. 47
个人住房贷款加权平均利率	4. 14	4. 11	4. 02	3. 97

数据来源：中国人民银行。

表 2-18　2019 年至 2023 年末 40 座重点城市住户储蓄余额

单位：亿元

地　区	2019 年	2020 年	2021 年	2022 年	2023 年
北　京	37309. 7	42888. 8	47184. 3	56915. 8	65809. 3
天　津	12639. 6	14865. 7	16244. 1	19211. 3	22216. 1
石家庄	7630. 0	8774. 6	9858. 0	11671. 1	12883. 4
太　原	5252. 1	5896. 9	6566. 4	7761. 9	—
呼和浩特	2391. 6	2623. 8	2893. 1	3372. 5	3903. 7
沈　阳	8337. 6	10330. 0	11057. 3	12474. 0	14182. 8
大　连	6842. 3	7843. 8	8686. 1	10070. 2	11546. 3
长　春	5889. 1	6896. 3	8257. 5	9465. 3	10111. 6
哈尔滨	6291. 8	7311. 4	8187. 2	9645. 7	—
上　海	31727. 7	36734. 0	41150. 4	52638. 0	60165. 9
南　京	8299. 6	9499. 2	10636. 8	13078. 1	15453. 1
无　锡	6316. 1	7283. 7	8218. 4	10023. 5	11845. 0
苏　州	10466. 7	12052. 0	13555. 8	16723. 7	19707. 8
杭　州	11677. 3	14193. 6	15623. 0	19598. 8	23431. 0
宁　波	7475. 5	8522. 1	9387. 3	11749. 8	14375. 9
温　州	7601. 8	8550. 4	9214. 4	11199. 9	13177. 0
合　肥	4667. 2	5589. 4	6394. 1	7958. 0	9434. 1
福　州	6027. 1	6951. 5	7493. 0	9029. 1	10537. 2
厦　门	3062. 0	3684. 4	4197. 8	5213. 4	5949. 1
南　昌	3618. 1	4278. 7	4738. 0	5750. 4	—
济　南	6438. 1	7584. 1	8558. 4	10226. 3	11806. 3
青　岛	6755. 2	8030. 9	9028. 2	10948. 2	12758. 6
郑　州	7957. 0	8961. 8	9829. 9	11393. 5	12886. 1
武　汉	8993. 0	10213. 2	11498. 2	13923. 7	16344. 5

续表

地　区	2019 年	2020 年	2021 年	2022 年	2023 年
长　沙	6530.5	7501.6	8245.9	9703.4	—
广　州	17980.6	20774.1	22768.5	26479.9	30117.7
深　圳	16010.8	18674.4	20532.3	24610.1	24544.9
南　宁	3960.3	4415.3	4878.8	5521.8	6140.2
北　海	730.1	789.5	868.1	970.2	—
海　口	1838.7	2034.6	2222.0	2544.8	2896.9
三　亚	685.8	756.5	827.3	935.5	—
重　庆	17860.4	20209.8	22239.9	25458.9	28819.1
成　都	14900.6	17085.0	19020.5	22403.0	25958.0
贵　阳	3164.1	3634.6	4008.8	4646.5	5216.0
昆　明	5355.5	5962.8	6495.4	7391.2	8288.9
西　安	9553.9	10913.1	11996.5	14505.4	—
兰　州	3571.2	3859.6	4083.0	4569.3	5153.6
西　宁	1548.9	1723.9	1895.2	2204.3	2512.8
银　川	1867.0	2137.5	2323.5	2693.9	3114.7
乌鲁木齐	3171.7	3680.3	4027.9	4647.5	5306.0

数据来源：国家统计局及各地方统计局网站。

注：部分城市 2022 年数据有调整。

三、财政数据

表 2-19　2019—2023 年全国财政收入情况

单位：亿元

类　别	2019 年	2020 年	2021 年	2022 年	2023 年
全国一般公共财政收入	190390	182914	202555	203649	216784
中央一般公共财政收入	89309	82771	91470	94887	99566
地方一般公共财政收入（本级）	101081	100143	111084	108762	117218
税收收入	158000	154312	172736	166620	181129
全国政府性基金收入	84518	93491	98024	77896	70705
中央政府性基金收入	4040	3562	4088	4124	4418
地方政府性基金收入（本级）	80478	89930	93936	73772	66287
国有土地使用权出让收入	72580	84139	87052	66852	57996

数据来源：财政部。

注：（1）国有土地使用权出让收入、国有土地收益基金收入、农业土地开发资金收入构成国有土地使用权出让收入。（2）2022 年数据根据当年财政决算数据有调整。

表 2-20　2019—2023 年全国财政支出情况

单位：亿元

类　别	2019 年	2020 年	2021 年	2022 年	2023 年
全国一般公共财政支出	238858	245679	245673	260552	274574
中央一般公共财政支出	35115	35096	35050	35571	38219
地方一般公共财政支出	203743	210583	210623	224981	236355
全国政府性基金支出	91648	118058	113390	110608	101339
中央政府性基金支出	3113	2715	3201	5544	4851
地方政府性基金支出	88534	115343	110189	105064	96488
国有土地使用权出让收入相关支出	75754	75552	77520	63856	55407

数据来源：财政部。

注：(1) 国有土地使用权出让收入相关支出、国有土地收益基金相关支出、农业土地开发资金相关支出构成国有土地使用权出让收入相关支出。主要用于征地和拆迁补偿、土地储备开发、城市和农村基础设施建设等支出。(2) 2022 年数据根据当年财政决算数据有调整。

表 2-21　2018—2022 年全国住房保障支出情况

单位：亿元

类　别	2018 年	2019 年	2020 年	2021 年	2022 年
住房保障支出	6806. 37	6401. 19	7106. 08	7096. 44	7498. 74
保障性安居工程支出	3697. 45	2941. 16	3129. 33	2793. 68	2717. 98
廉租住房	38. 95	33. 29	27. 38	20. 53	15. 71
沉陷区治理	5. 78	12. 01	7. 09	12. 54	14. 03
棚户区改造	1667. 78	1086. 24	922. 57	889. 54	885. 93
少数民族地区游牧民定居工程	1. 14	4. 84	1. 38	0. 25	0. 66
农村危房改造	456. 93	393. 60	249. 37	131. 33	93. 44
公共租赁住房	329. 63	285. 57	297. 85	232. 59	253. 89
保障性住房租金补贴	53. 21	50. 07	45. 01	50. 14	80. 04
老旧小区改造	—	—	669. 89	814. 20	776. 59
住房租赁市场发展	—	—	140. 24	200. 55	116. 91
其他保障性安居工程支出	1144. 03	1075. 53	768. 56	442. 00	480. 78
住房改革支出	2852. 80	3166. 08	3731. 21	4029. 71	4521. 46
住房公积金	1989. 43	2244. 29	2651. 81	2813. 23	3242. 96
提租补贴	215. 50	274. 05	351. 78	420. 76	450. 76
购房补贴	647. 87	647. 74	727. 62	795. 73	827. 74
城乡社区住宅	256. 12	293. 95	245. 54	273. 05	259. 30
公有住房建设和维修改造支出	44. 54	51. 18	30. 86	28. 88	22. 74
住房公积金管理	76. 78	82. 90	85. 16	81. 44	89. 74
其他城乡社区住宅支出	134. 80	159. 87	129. 53	162. 73	146. 82

数据来源：财政部。

表 2-22 2018—2022 年地方住房保障支出情况

单位：亿元

类 别	2018 年	2019 年	2020 年	2021 年	2022 年
住房保障支出	6299.92	5839.35	6499.50	6463.02	6881.29
保障性安居工程支出	3674.92	2930.02	3121.93	2778.75	2718.00
廉租住房	38.94	33.29	27.38	20.53	15.71
沉陷区治理	5.78	12.01	7.09	12.54	14.03
棚户区改造	1664.40	1085.49	921.61	888.43	885.95
少数民族地区游牧民定居工程	1.14	4.84	1.38	0.25	0.66
农村危房改造	455.37	392.10	247.87	130.63	93.44
公共租赁住房	322.56	285.57	297.85	225.39	253.89
保障性住房租金补贴	53.07	50.07	45.01	50.12	80.04
老旧小区改造	—	—	664.95	808.72	776.59
住房租赁市场发展	—	—	140.24	200.55	116.91
其他保障性安居工程支出	1133.66	1066.64	768.56	441.58	480.78
住房改革支出	2368.96	2620.12	3132.66	3411.92	3903.99
住房公积金	1784.97	1980.51	2376.41	2538.00	2964.96
提租补贴	208.82	267.43	345.08	414.05	443.99
购房补贴	375.17	372.18	411.17	459.88	495.04
城乡社区住宅	256.04	289.21	244.91	272.35	259.30
公有住房建设和维修改造支出	44.54	46.64	30.40	28.88	22.74
住房公积金管理	76.78	82.76	85.01	81.23	89.74
其他城乡社区住宅支出	134.72	159.81	129.51	162.24	146.82

数据来源：财政部。

表 2-23 2019—2023 年地方财政收入和土地出让收入比较

年份	地方财政收入（亿元）	同比增长（%）	土地出让收入（亿元）	同比增长（%）	土地出让收入占地方财政收入比重（%）
2019	101081	3.2	72580	11.4	71.8
2020	100143	-0.9	84139	15.9	84.0
2021	111084	10.9	87052	3.5	78.4
2022	108762	-2.1	66852	-23.2	61.5
2023	117218	7.8	57996	13.2	49.5

数据来源：财政部。

注：2022 年数据根据当年财政决算数据有调整。

表 2-24 2019—2023 年各地区公共财政收入情况

单位：亿元

地 区	2019 年	2020 年	2021 年	2022 年	2023 年
合 计	**101080.61**	**100143.16**	**111084.23**	**108762.15**	**117218.54**
北 京	5817.10	5483.89	5932.31	5714.36	6181.10
天 津	2410.41	1923.11	2141.06	1846.69	2027.34
河 北	3738.99	3826.46	4167.62	4056.30	4286.10
上 海	7165.10	7046.30	7771.80	7608.19	8312.50
江 苏	8802.36	9058.99	10015.16	9258.88	9930.20
浙 江	7048.58	7248.24	8262.64	8039.85	8600.00
福 建	3052.93	3079.04	3383.40	3339.21	3591.87
山 东	6526.71	6559.93	7284.46	7104.10	7464.70
广 东	12654.53	12923.85	14105.04	13260.88	13851.30
海 南	814.14	816.06	921.16	832.43	900.69
山 西	2347.75	2296.57	2834.47	3453.99	3479.10
安 徽	3182.71	3216.01	3498.19	3589.14	3939.00
江 西	2487.39	2507.54	2812.23	2948.33	3059.60
河 南	4041.89	4168.84	4353.92	4250.35	4512.00
湖 北	3388.57	2511.54	3283.32	3281.13	3692.26
湖 南	3007.15	3008.66	3250.69	3101.76	3360.50
内蒙古	2059.69	2051.20	2349.95	2824.39	3083.40
广 西	1811.89	1716.94	1800.15	1687.72	1783.80
重 庆	2134.93	2094.85	2285.45	2103.42	2440.70
四 川	4070.83	4260.89	4773.15	4880.55	5529.10
贵 州	1767.47	1786.80	1969.39	1886.41	2078.25
云 南	2073.56	2116.69	2278.29	1949.46	2149.44
西 藏	221.99	220.99	215.62	179.63	236.62
陕 西	2287.90	2257.31	2775.42	3311.57	3437.36
甘 肃	850.49	874.55	1001.86	907.65	1003.50
青 海	282.25	297.99	328.76	329.10	381.31
宁 夏	423.58	419.44	460.01	460.15	502.26
新 疆	1577.63	1477.22	1618.61	1889.76	2179.70
辽 宁	2652.40	2655.75	2765.59	2525.07	2754.00
吉 林	1116.95	1085.02	1143.98	851.00	1074.84
黑龙江	1262.76	1152.51	1300.51	1290.66	1396.00

数据来源：国家统计局、财政部及地方财政厅/局。

注：2022 年根据最新数据有调整。

表 2-25 2019—2023 年各地区公共财政支出情况

单位：亿元

地 区	2019 年	2020 年	2021 年	2022 年	2023 年
合 计	**203743. 22**	**210583. 46**	**210623. 04**	**223871. 99**	**234882. 72**
北 京	7408. 19	7116. 18	7205. 12	7469. 15	7971. 60
天 津	3555. 71	3151. 35	3152. 55	2729. 83	3280. 45
河 北	8309. 04	9022. 79	8848. 21	9305. 64	9605. 70
上 海	8179. 28	8102. 11	8430. 86	9393. 16	9638. 51
江 苏	12573. 55	13681. 55	14585. 26	14901. 37	15242. 70
浙 江	10053. 03	10082. 01	11014. 59	12017. 78	12353. 00
福 建	5077. 93	5216. 10	5204. 72	5691. 22	5868. 43
山 东	10739. 76	11233. 52	11713. 16	12128. 63	12582. 70
广 东	17297. 85	17430. 79	18247. 01	18533. 08	18510. 90
海 南	1858. 60	1972. 46	1971. 37	2097. 37	2257. 33
山 西	4710. 76	5110. 87	5046. 62	5876. 50	6351. 20
安 徽	7392. 22	7473. 59	7591. 05	8379. 78	8638. 10
江 西	6386. 80	6674. 08	6778. 87	7289. 07	7500. 60
河 南	10163. 93	10372. 67	9784. 29	10646. 75	11062. 60
湖 北	7970. 21	8442. 88	7933. 67	8623. 87	9295. 79
湖 南	8034. 42	8403. 13	8325. 50	8991. 61	9584. 50
内蒙古	5100. 91	5270. 16	5239. 57	5887. 70	6817. 50
广 西	5850. 96	6179. 47	5806. 54	5893. 32	6102. 58
重 庆	4847. 68	4893. 95	4835. 06	4892. 77	5304. 60
四 川	10348. 17	11198. 54	11215. 69	11914. 66	12731. 70
贵 州	5948. 74	5739. 50	5590. 01	5851. 36	6202. 83
云 南	6770. 09	6974. 02	6634. 36	6699. 79	6730. 34
西 藏	2187. 75	2210. 92	2027. 01	2592. 98	2809. 10
陕 西	5718. 52	5930. 32	6069. 22	6760. 98	7180. 88
甘 肃	3951. 60	4163. 40	4032. 56	4257. 16	4518. 50
青 海	1863. 67	1932. 84	1854. 52	1975. 10	2188. 68
宁 夏	1438. 29	1480. 36	1427. 89	1587. 85	1751. 45
新 疆	5315. 49	5533. 16	5376. 91	5726. 10	6049. 60
辽 宁	5745. 09	6014. 17	5879. 21	6261. 43	6567. 30
吉 林	3933. 42	4127. 17	3696. 84	4044. 01	4406. 85
黑龙江	5011. 56	5449. 41	5104. 81	5451. 99	5776. 70

数据来源：国家统计局、财政部及地方财政厅/局。

注：2022 年根据最新数据有调整。

表 2-26　2019—2023 年房地产五项税收收入情况

单位：亿元

类　别	2019 年	2020 年	2021 年	2022 年	2023 年
房产税	2988	2842	3278	3590	3994
契税	6213	7061	7428	5794	5910
土地增值税	6465	6469	6896	6349	5294
耕地占用税	1390	1258	1065	1257	1127
城镇土地使用税	2195	2058	2126	2226	2213

数据来源：财政部。

表 2-27　2018—2022 年各地区房产税收入情况

单位：亿元

地　区	2018 年	2019 年	2020 年	2021 年	2022 年
合　计	**2888. 56**	**2988. 43**	**2841. 76**	**3277. 64**	**3590. 35**
北　京	299. 52	354. 43	308. 47	342. 86	336. 63
天　津	76. 20	77. 44	72. 51	81. 88	82. 68
河　北	71. 28	75. 24	79. 28	89. 57	95. 94
上　海	213. 84	216. 83	198. 75	221. 98	237. 11
江　苏	310. 82	322. 91	321. 75	373. 39	393. 43
浙　江	233. 29	207. 25	234. 12	249. 82	322. 36
福　建	87. 20	87. 47	81. 74	93. 64	101. 84
山　东	168. 25	166. 73	165. 57	188. 96	213. 81
广　东	361. 21	356. 76	315. 94	374. 14	430. 69
海　南	22. 98	21. 61	16. 98	24. 31	25. 39
山　西	41. 11	43. 13	45. 71	45. 51	53. 86
安　徽	65. 10	68. 99	72. 57	89. 07	100. 84
江　西	39. 82	41. 38	34. 23	40. 47	51. 27
河　南	71. 52	76. 17	82. 25	87. 01	100. 61
湖　北	89. 31	100. 67	68. 65	98. 83	110. 50
湖　南	63. 55	70. 31	69. 48	89. 49	108. 80
内蒙古	59. 05	51. 32	51. 37	46. 75	55. 61
广　西	33. 17	50. 06	35. 91	47. 96	50. 59
重　庆	67. 33	73. 15	71. 74	86. 11	93. 88
四　川	106. 78	111. 86	112. 48	143. 29	152. 78
贵　州	35. 36	36. 88	37. 38	38. 90	39. 70
云　南	46. 96	47. 49	50. 55	57. 38	54. 66
西　藏	—	—	—	—	—

续表

地　区	2018 年	2019 年	2020 年	2021 年	2022 年
陕　西	59.57	65.80	64.97	81.29	84.85
甘　肃	23.87	23.67	24.92	28.43	29.28
青　海	7.35	7.46	7.74	9.18	9.11
宁　夏	12.59	13.68	11.34	14.22	16.55
新　疆	42.93	46.00	42.56	48.41	50.36
辽　宁	101.83	97.17	95.12	104.88	109.40
吉　林	35.63	34.40	29.02	35.04	34.67
黑龙江	41.14	42.18	38.67	44.86	43.16

数据来源：国家统计局。

表 2-28　2018—2022 年各地区契税收入情况

单位：亿元

地　区	2018 年	2019 年	2020 年	2021 年	2022 年
合　计	**5729.94**	**6212.86**	**7061.02**	**7427.49**	**5793.80**
北　京	245.30	225.19	231.20	245.09	219.91
天　津	105.61	112.96	92.98	98.85	64.45
河　北	220.66	234.51	255.79	267.08	195.24
上　海	284.95	315.18	380.10	410.45	320.14
江　苏	635.10	717.13	918.64	848.29	659.46
浙　江	459.45	571.34	838.16	767.28	605.30
福　建	190.28	193.31	219.72	246.15	207.73
山　东	428.58	455.52	502.83	588.66	435.85
广　东	601.70	640.89	783.82	809.80	597.03
海　南	44.52	52.53	45.22	59.75	47.37
山　西	47.91	75.07	79.02	102.43	85.19
安　徽	237.65	231.90	226.24	262.05	231.56
江　西	177.89	192.69	204.88	222.37	159.09
河　南	246.79	274.94	316.86	320.69	312.15
湖　北	230.54	257.24	198.45	271.48	248.42
湖　南	264.52	289.57	321.15	333.17	293.44
内蒙古	41.42	52.03	62.38	76.45	47.55
广　西	122.92	91.84	101.67	117.86	93.17
重　庆	200.69	190.64	182.67	186.09	97.30
四　川	280.99	289.24	308.80	358.42	306.37

续表

地　区	2018 年	2019 年	2020 年	2021 年	2022 年
贵　州	96. 11	103. 66	94. 26	98. 30	91. 33
云　南	90. 57	118. 66	120. 74	120. 33	78. 60
西　藏	—	—	—	0. 26	1. 15
陕　西	90. 67	97. 32	113. 55	143. 33	110. 71
甘　肃	27. 47	36. 23	38. 94	49. 03	48. 44
青　海	8. 87	10. 51	11. 86	14. 51	6. 55
宁　夏	17. 57	18. 80	21. 95	23. 13	19. 53
新　疆	42. 45	48. 87	53. 20	58. 54	38. 66
辽　宁	130. 56	153. 60	163. 64	161. 37	113. 60
吉　林	89. 14	88. 25	107. 30	103. 66	19. 23
黑龙江	69. 07	73. 26	65. 01	62. 61	39. 27

数据来源：国家统计局。

表 2-29　2018—2022 年各地区土地增值税收入情况

单位：亿元

地　区	2018 年	2019 年	2020 年	2021 年	2022 年
合　计	**5641. 38**	**6465. 14**	**6468. 51**	**6896. 02**	**6349. 11**
北　京	209. 13	225. 37	259. 30	247. 43	335. 09
天　津	99. 92	102. 82	90. 58	106. 06	85. 77
河　北	247. 65	270. 11	269. 72	286. 93	213. 11
上　海	421. 84	412. 76	497. 68	464. 16	482. 09
江　苏	494. 48	558. 86	584. 00	655. 95	596. 54
浙　江	342. 20	467. 69	515. 59	698. 78	508. 99
福　建	262. 37	254. 53	229. 67	256. 81	239. 86
山　东	390. 79	404. 28	433. 38	487. 11	494. 59
广　东	1056. 11	1402. 89	1375. 09	1392. 05	1243. 62
海　南	133. 81	172. 37	134. 65	165. 92	123. 29
山　西	57. 52	60. 84	52. 85	57. 37	43. 82
安　徽	147. 88	146. 84	147. 64	142. 97	129. 29
江　西	133. 90	138. 86	142. 12	118. 29	110. 54
河　南	237. 40	295. 81	268. 61	216. 66	214. 21
湖　北	236. 79	255. 41	159. 57	281. 44	267. 30
湖　南	169. 19	221. 76	256. 05	277. 61	321. 88

续表

地　区	2018 年	2019 年	2020 年	2021 年	2022 年
内蒙古	30. 93	61. 74	75. 52	60. 06	35. 32
广　西	84. 65	95. 06	94. 87	75. 35	56. 29
重　庆	121. 06	129. 03	104. 44	70. 86	86. 76
四　川	215. 52	244. 10	244. 38	283. 59	348. 55
贵　州	98. 34	89. 23	62. 89	54. 21	43. 67
云　南	71. 93	86. 92	103. 57	128. 88	96. 95
西　藏	3. 18	4. 13	5. 78	4. 64	2. 78
陕　西	87. 82	80. 50	70. 76	80. 64	83. 27
甘　肃	34. 76	30. 62	34. 11	34. 10	29. 52
青　海	9. 26	8. 18	8. 12	8. 37	4. 00
宁　夏	9. 50	9. 23	12. 53	11. 93	11. 00
新　疆	33. 85	40. 35	37. 85	50. 07	36. 06
辽　宁	76. 39	90. 11	92. 14	91. 35	73. 55
吉　林	43. 41	37. 79	38. 90	29. 14	18. 78
黑龙江	79. 81	66. 93	66. 18	57. 29	12. 62

数据来源：国家统计局。

表 2-30　2018—2022 年各地区耕地占用税收入情况

单位：亿元

地　区	2018 年	2019 年	2020 年	2021 年	2022 年
合　计	**1318. 85**	**1389. 84**	**1257. 57**	**1065. 36**	**1256. 84**
北　京	2. 82	3. 23	2. 88	4. 52	2. 74
天　津	9. 11	4. 60	2. 38	4. 05	1. 70
河　北	63. 40	80. 86	119. 79	103. 11	122. 52
上　海	5. 71	13. 29	8. 29	2. 89	4. 88
江　苏	54. 17	72. 53	61. 90	41. 18	56. 67
浙　江	45. 63	121. 85	93. 32	72. 93	61. 97
福　建	15. 30	15. 03	12. 42	11. 13	15. 28
山　东	119. 29	97. 25	97. 67	97. 46	91. 10
广　东	53. 78	58. 34	58. 71	50. 96	59. 92
海　南	2. 55	14. 46	2. 98	1. 24	3. 71
山　西	11. 62	10. 60	19. 70	18. 56	20. 62
安　徽	52. 99	46. 81	22. 77	22. 71	34. 35

续表

地　区	2018 年	2019 年	2020 年	2021 年	2022 年
江　西	44. 12	36. 58	28. 49	21. 12	28. 32
河　南	175. 73	166. 87	176. 38	162. 07	166. 63
湖　北	105. 47	98. 71	29. 51	55. 53	99. 40
湖　南	49. 63	66. 32	72. 26	64. 75	68. 31
内蒙古	49. 78	69. 09	73. 80	49. 53	77. 42
广　西	41. 16	38. 44	37. 18	33. 37	29. 55
重　庆	36. 18	30. 87	34. 79	22. 69	27. 67
四　川	89. 11	90. 67	91. 19	71. 54	107. 73
贵　州	93. 14	44. 71	28. 13	11. 89	13. 98
云　南	35. 72	33. 32	25. 19	20. 09	25. 91
西　藏	1. 62	0. 73	1. 48	3. 04	2. 05
陕　西	34. 19	45. 04	39. 28	25. 41	36. 22
甘　肃	4. 89	4. 60	4. 14	6. 82	7. 12
青　海	5. 89	4. 93	2. 68	6. 44	11. 96
宁　夏	8. 07	6. 96	5. 97	6. 97	6. 84
新　疆	63. 32	63. 18	48. 07	22. 20	30. 43
辽　宁	10. 14	14. 62	15. 45	17. 22	20. 42
吉　林	18. 34	12. 39	20. 81	19. 88	8. 16
黑龙江	16. 00	22. 96	19. 95	14. 03	13. 27

数据来源：国家统计局。

表 2-31　2018—2022 年各地区城镇土地使用税收入情况

单位：亿元

地　区	2018 年	2019 年	2020 年	2021 年	2022 年
合　计	**2387. 60**	**2195. 41**	**2058. 22**	**2126. 28**	**2225. 62**
北　京	19. 65	20. 03	18. 51	18. 93	18. 70
天　津	16. 88	15. 95	14. 19	15. 01	14. 44
河　北	122. 98	139. 06	145. 90	155. 59	158. 72
上　海	43. 99	22. 89	18. 10	18. 64	15. 33
江　苏	199. 22	180. 44	172. 08	170. 28	175. 90
浙　江	127. 65	92. 44	110. 54	99. 52	130. 46
福　建	44. 53	34. 87	31. 60	36. 83	34. 61
山　东	396. 84	337. 27	299. 89	302. 53	315. 51
广　东	158. 52	120. 70	93. 59	94. 41	96. 50

续表

地　区	2018 年	2019 年	2020 年	2021 年	2022 年
海　南	28. 57	24. 50	17. 53	22. 00	19. 65
山　西	39. 49	34. 91	28. 57	29. 12	32. 87
安　徽	122. 52	102. 72	102. 30	112. 92	113. 39
江　西	48. 93	50. 65	41. 19	44. 83	49. 90
河　南	126. 84	153. 83	155. 12	135. 61	150. 42
湖　北	63. 10	60. 10	40. 37	59. 14	66. 93
湖　南	70. 23	75. 25	68. 99	77. 95	78. 98
内蒙古	89. 28	76. 24	82. 44	64. 67	77. 39
广　西	26. 61	25. 16	19. 12	22. 09	21. 73
重　庆	110. 32	99. 13	81. 66	85. 42	81. 49
四　川	81. 66	79. 18	78. 08	92. 82	107. 50
贵　州	36. 49	31. 75	29. 42	33. 32	33. 04
云　南	38. 82	39. 80	42. 83	42. 01	39. 51
西　藏	0. 21	0. 18	0. 18	0. 16	0. 22
陕　西	40. 79	45. 12	46. 58	56. 16	52. 26
甘　肃	22. 25	21. 65	21. 65	22. 20	26. 50
青　海	4. 17	3. 62	3. 61	4. 49	4. 51
宁　夏	12. 53	12. 92	10. 76	12. 19	12. 35
新　疆	48. 64	54. 87	52. 63	50. 76	52. 62
辽　宁	142. 60	132. 86	135. 66	145. 06	146. 86
吉　林	30. 54	26. 47	22. 46	25. 84	24. 00
黑龙江	72. 76	80. 83	72. 66	75. 78	73. 34

数据来源：国家统计局。

表 2-32　2019—2023 年 40 座重点城市公共财政收入情况

单位：亿元

地　区	2019 年	2020 年	2021 年	2022 年	2023 年
北　京	5817. 1	5483. 9	5932. 3	5714. 4	6181. 1
天　津	2410. 3	1923. 1	2141. 0	1846. 6	2027. 3
石家庄	569. 1	632. 2	681. 4	692. 2	737. 9
太　原	386. 6	378. 4	423. 4	437. 5	449. 2
呼和浩特	203. 1	217. 1	228. 9	230. 9	237. 8
沈　阳	730. 3	736. 1	773. 0	713. 7	800. 9
大　连	692. 8	702. 7	737. 6	669. 7	750. 2
长　春	420. 0	440. 4	617. 1	459. 7	576. 5

续表

地　区	2019 年	2020 年	2021 年	2022 年	2023 年
哈尔滨	370. 9	339. 6	365. 8	262. 2	313. 1
上　海	7165. 1	7046. 3	7771. 8	7608. 2	8312. 5
南　京	1580. 0	1637. 7	1729. 5	1558. 2	1620. 0
无　锡	1036. 3	1075. 7	1200. 5	1133. 4	1195. 4
苏　州	2221. 8	2303. 0	2510. 0	2329. 2	2456. 8
杭　州	1966. 0	2093. 4	2386. 6	2451. 0	2617. 0
宁　波	1468. 5	1510. 8	1723. 1	1680. 2	1785. 9
温　州	579. 0	602. 0	657. 6	573. 9	622. 7
合　肥	746. 0	762. 9	844. 2	909. 3	929. 6
福　州	668. 1	675. 6	749. 9	698. 5	754. 1
厦　门	768. 3	783. 9	881. 0	883. 8	932. 1
南　昌	476. 1	483. 9	484. 8	457. 7	500. 2
济　南	874. 2	906. 1	1007. 6	1001. 1	1060. 8
青　岛	1241. 7	1253. 8	1368. 3	1273. 2	1337. 8
郑　州	1222. 5	1259. 2	1223. 6	1130. 8	1165. 9
武　汉	1564. 1	1230. 3	1578. 7	1504. 7	1601. 2
长　沙	950. 2	1100. 1	1188. 3	1202. 0	1227. 1
广　州	1697. 2	1721. 6	1883. 2	1854. 7	1944. 2
深　圳	3773. 2	3857. 4	4257. 8	4012. 3	4112. 8
南　宁	370. 9	372. 3	391. 8	392. 7	400. 9
北　海	78. 1	79. 4	72. 1	67. 6	73. 6
海　口	185. 3	186. 1	208. 3	204. 8	266. 9
三　亚	109. 1	110. 4	117. 1	98. 0	147. 4
重　庆	2134. 9	2094. 8	2285. 4	2103. 4	2440. 7
成　都	1483. 0	1520. 4	1697. 9	1722. 4	1929. 3
贵　阳	417. 3	398. 1	403. 7	402. 2	446. 2
昆　明	630. 0	650. 5	689. 1	505. 3	558. 0
西　安	702. 6	724. 1	856. 0	834. 1	951. 6
兰　州	233. 2	247. 1	276. 7	221. 0	255. 3
西　宁	101. 8	133. 5	153. 9	131. 7	144. 1
银　川	154. 7	157. 3	171. 2	168. 9	197. 8
乌鲁木齐	472. 5	392. 6	377. 9	314. 8	369. 8

资料来源：各地方财政局网站。

注：部分城市 2022 年数据有调整。

表 2-33　2019—2023 年 40 座重点城市公共财政支出情况

单位：亿元

城　市	2019 年	2020 年	2021 年	2022 年	2023 年
北　京	7408. 2	7116. 2	7205. 1	7469. 2	7971. 6
天　津	3555. 7	3151. 4	3152. 6	2729. 8	3280. 5
石家庄	1051. 4	1142. 2	1152. 7	1250. 4	1274. 8
太　原	610. 6	647. 4	629. 0	715. 9	777. 3
呼和浩特	417. 9	438. 6	420. 8	421. 0	581. 4
沈　阳	1047. 7	1074. 1	1032. 5	1053. 6	1082. 1
大　连	1016. 3	1002. 0	980. 1	991. 1	1013. 5
长　春	896. 0	1084. 1	966. 5	976. 7	1075. 0
哈尔滨	1101. 1	1162. 2	992. 1	1065. 5	1080. 7
上　海	8179. 3	8102. 1	8430. 9	9393. 2	9638. 5
南　京	1658. 1	1754. 6	1817. 7	1828. 7	1838. 7
无　锡	1117. 6	1214. 9	1357. 9	1365. 8	1390. 5
苏　州	2141. 5	2263. 6	2583. 7	2588. 5	2621. 3
杭　州	1952. 9	2069. 7	2392. 0	2542. 0	2636. 0
宁　波	1767. 9	1767. 9	1944. 4	2187. 8	2235. 1
温　州	1084. 1	1027. 2	1066. 8	1137. 7	1175. 9
合　肥	1122. 7	1164. 8	1223. 7	1380. 2	1411. 3
福　州	949. 8	951. 4	925. 3	1006. 1	1007. 8
厦　门	913. 0	976. 9	1060. 0	1088. 7	1088. 3
南　昌	834. 1	838. 1	870. 0	939. 0	925. 6
济　南	1197. 3	1288. 4	1292. 7	1225. 6	1365. 3
青　岛	1576. 0	1584. 7	1705. 7	1696. 2	1718. 9
郑　州	1910. 7	1721. 3	1624. 4	1456. 4	1518. 7
武　汉	2237. 1	2407. 2	2216. 0	2223. 2	2204. 1
长　沙	1426. 0	1501. 2	1541. 6	1566. 3	1626. 8
广　州	2865. 3	2953. 0	3021. 2	3022. 5	3004. 5
深　圳	4552. 7	4177. 7	4570. 2	4997. 2	5012. 1
南　宁	789. 2	819. 9	778. 0	838. 9	816. 5
北　海	200. 5	212. 7	179. 2	190. 3	194. 1
海　口	265. 9	307. 1	274. 3	332. 7	378. 0
三　亚	215. 4	199. 7	202. 4	229. 0	232. 5
重　庆	4847. 7	4893. 9	4835. 1	4892. 8	5304. 6
成　都	2007. 0	2158. 0	2237. 6	2435. 0	2586. 8
贵　阳	718. 8	676. 4	633. 4	727. 5	778. 6

续表

城 市	2019 年	2020 年	2021 年	2022 年	2023 年
昆 明	820.9	875.1	928.2	863.3	837.8
西 安	1247.0	1347.6	1474.6	1569.8	1728.8
兰 州	456.7	486.2	484.6	498.8	502.9
西 宁	328.0	329.5	343.8	339.0	418.8
银 川	346.5	332.4	291.7	356.6	438.2
乌鲁木齐	620.3	536.9	419.6	455.8	504.1

资料来源：各地方财政局网站。

注：部分城市 2022 年数据有调整。

四、人口、就业及收支情况数据

（一）人口数据

表 2-34　2019—2023 年全国人口情况

类 别	2019 年	2020 年	2021 年	2022 年	2023 年
总人口（万人）	**141008**	**141212**	**141260**	**141175**	**140967**
男（万人）	72039	72357	72311	72206	72032
比重（%）	51.09	51.24	51.19	51.15	51.10
女（万人）	68969	68855	68949	68969	68935
比重（%）	48.91	48.76	48.81	48.85	48.90
城镇（万人）	88426	90220	91425	92071	93267
比重（%）	62.71	63.89	64.72	65.22	66.16
乡村（万人）	52582	50992	49835	49104	47700
比重（%）	37.29	36.11	35.28	34.78	33.84
0~14 岁人口（万人）	23689	25277	24678	23908	23063
比重（%）	16.80	17.90	17.47	16.94	16.36
15~64 岁人口（万人）	99552	96871	96526	96289	96228
比重（%）	70.60	68.60	68.33	68.21	68.26
65 岁及以上（万人）	17767	19064	20056	20978	21676
比重（%）	12.60	13.50	14.20	14.86	15.38
出生率（‰）	10.41	8.52	7.52	6.77	6.39
死亡率（‰）	7.09	7.07	7.18	7.37	7.87
自然增长率（‰）	3.32	1.45	0.34	-0.60	-1.48

数据来源：国家统计局。

表 2-35　2018—2022 年各地区年末常住人口数

单位：万人

地　区	2018 年	2019 年	2020 年	2021 年	2022 年
北　京	2192	2190	2189	2189	2184
天　津	1383	1385	1387	1373	1363
河　北	7426	7447	7464	7448	7420
上　海	2475	2481	2488	2489	2475
江　苏	8446	8469	8477	8505	8515
浙　江	6273	6375	6468	6540	6577
福　建	4104	4137	4161	4187	4188
山　东	10077	10106	10165	10170	10163
广　东	12348	12489	12624	12684	12657
海　南	982	995	1012	1020	1027
山　西	3502	3497	3490	3480	3481
安　徽	6076	6092	6105	6113	6127
江　西	4513	4516	4519	4517	4528
河　南	9864	9901	9941	9883	9872
湖　北	5917	5927	5745	5830	5844
湖　南	6635	6640	6645	6622	6604
内蒙古	2422	2415	2403	2400	2401
广　西	4947	4982	5019	5037	5047
重　庆	3163	3188	3209	3212	3213
四　川	8321	8351	8371	8372	8374
贵　州	3822	3848	3858	3852	3856
云　南	4703	4714	4722	4690	4693
西　藏	354	361	366	366	364
陕　西	3931	3944	3955	3954	3956
甘　肃	2515	2509	2501	2490	2492
青　海	587	590	593	594	595
宁　夏	710	717	721	725	728
新　疆	2520	2559	2590	2589	2587
辽　宁	4291	4277	4255	4229	4197
吉　林	2484	2448	2399	2375	2348
黑龙江	3327	3255	3171	3125	3099

数据来源：国家统计局。

表 2-36　2022 年各地区年末城乡常住人口数及比重

地　区	城镇		乡村	
	人口数（万人）	比重（%）	人口数（万人）	比重（%）
北　京	1913	87.59	271	12.41
天　津	1160	85.11	203	14.89
河　北	4575	61.66	2845	38.34
上　海	2211	89.33	264	10.67
江　苏	6337	74.42	2178	25.58
浙　江	4826	73.38	1751	26.62
福　建	2937	70.13	1251	29.87
山　东	6559	64.54	3604	35.46
广　东	9465	74.78	3192	25.22
海　南	631	61.44	396	38.56
山　西	2226	63.95	1255	36.05
安　徽	3686	60.16	2441	39.84
江　西	2811	62.08	1717	37.92
河　南	5633	57.06	4239	42.94
湖　北	3779	64.66	2065	35.34
湖　南	3983	60.31	2621	39.69
内蒙古	1647	68.60	754	31.40
广　西	2809	55.66	2238	44.34
重　庆	2280	70.96	933	29.04
四　川	4886	58.35	3488	41.65
贵　州	2114	54.82	1742	45.18
云　南	2427	51.72	2266	48.28
西　藏	136	37.36	228	62.64
陕　西	2532	64.00	1424	36.00
甘　肃	1351	54.21	1141	45.79
青　海	366	61.51	229	38.49
宁　夏	483	66.35	245	33.65
新　疆	1498	57.90	1089	42.10
辽　宁	3064	73.00	1133	27.00
吉　林	1496	63.71	852	36.29
黑龙江	2052	66.21	1047	33.79

数据来源：国家统计局。

表 2-37　2022 年各地区年末城乡户数及规模（抽样）

地　区	户数（户）	家庭户（户）	集体户（户）	平均家庭户规模（人/户）
全　国	**513643**	**497176**	**16467**	**2.76**
北　京	9019	8545	474	2.44
天　津	5650	5519	131	2.44
河　北	26124	25502	622	2.85
上　海	10277	9835	442	2.40
江　苏	31271	30063	1208	2.74
浙　江	26291	24980	1311	2.52
福　建	14862	14176	686	2.83
山　东	38163	37190	974	2.69
广　东	44934	42698	2235	2.83
海　南	3084	2919	165	3.39
山　西	13147	12790	357	2.67
安　徽	22615	21959	656	2.71
江　西	15012	14524	488	3.04
河　南	33585	32856	728	2.96
湖　北	20180	19244	936	2.90
湖　南	23041	22441	600	2.87
内蒙古	9945	9780	165	2.45
广　西	16283	15739	544	3.10
重　庆	12267	11931	336	2.60
四　川	30809	30034	775	2.72
贵　州	12451	12015	436	3.11
云　南	15007	14494	512	3.15
西　藏	1049	1029	20	3.54
陕　西	14854	14469	386	2.69
甘　肃	8476	8291	186	2.97
青　海	2008	1963	46	3.01
宁　夏	2593	2507	86	2.85
新　疆	8760	8572	188	3.00
辽　宁	17728	17332	396	2.38
吉　林	10003	9783	220	2.38
黑龙江	14151	13995	157	2.22

数据来源：国家统计局。

注：本表是 2022 年全国人口变动情况抽样调查样本数据，抽样比 1.023‰。

（二）居民收支数据

表 2-38　2019—2023 年全国城镇居民可支配收入及构成

类　别	2019 年	2020 年	2021 年	2022 年	2023 年
可支配收入（元）	42359	43834	47412	49283	51821
工资性收入（元）	25565	26381	28481	29578	31321
经营净收入（元）	4840	4711	5382	5584	5903
财产净收入（元）	4391	4627	5052	5238	5392
转移净收入（元）	7563	8116	8497	8882	9205
可支配收入构成（%）	100. 0	100. 0	100. 0	100. 0	100. 0
工资性收入（%）	60. 4	60. 2	60. 1	60. 0	60. 4
经营净收入（%）	11. 4	10. 7	11. 4	11. 3	11. 4
财产净收入（%）	10. 4	10. 6	10. 7	10. 6	10. 4
转移净收入（%）	17. 9	18. 5	17. 9	18. 0	17. 8

数据来源：国家统计局。

表 2-39　2019—2023 年各地区城镇居民人均可支配收入

单位：元

地　区	2019 年	2020 年	2021 年	2022 年	2023 年
北　京	73849	75602	81518	84023	88650
天　津	46119	47659	51486	53003	55355
河　北	35738	37286	39791	41278	43631
上　海	73615	76437	82429	84034	89477
江　苏	51056	53102	57743	60178	63211
浙　江	60182	62699	68487	71268	74997
福　建	45620	47160	51140	53817	56153
山　东	42329	43726	47066	49050	51571
广　东	48118	50257	54854	56905	59307
海　南	36017	37097	40213	40118	42661
山　西	33262	34793	37433	39532	41327
安　徽	37540	39442	43009	45133	47446
江　西	36546	38556	41684	43697	45554
河　南	34201	34750	37095	38484	40234
湖　北	37601	36706	40278	42626	44990
湖　南	39842	41698	44866	47301	49243
内蒙古	40782	41353	44377	46295	48676
广　西	34745	35859	38530	39703	41287
重　庆	37939	40006	43502	45509	47435

续表

地　区	2019 年	2020 年	2021 年	2022 年	2023 年
四　川	36154	38253	41444	43233	45227
贵　州	34404	36096	39211	41086	42772
云　南	36238	37500	40905	42168	43563
西　藏	37410	41156	46503	48753	51900
陕　西	36098	37868	40713	42431	44713
甘　肃	32323	33822	36187	37572	39833
青　海	33830	35506	37745	38736	40408
宁　夏	34328	35720	38291	40194	42395
新　疆	34664	34838	37642	38410	40578
辽　宁	39777	40376	43051	44003	45896
吉　林	32299	33396	35646	35471	37503
黑龙江	30945	31115	33646	35042	36492

数据来源：国家及各地统计局。

表 2-40　2019—2023 年全国城镇居民人均消费支出及构成

类　别	2019 年	2020 年	2021 年	2022 年	2023 年
消费支出（元）	28063	27007	30307	30391	32994
食品烟酒（元）	7733	7881	8678	8958	9495
衣着（元）	1832	1645	1843	1735	1880
居住（元）	6780	6958	7405	7644	7822
生活用品及服务（元）	1689	1640	1820	1800	1910
交通通信（元）	3671	3474	3932	3909	4495
教育文化娱乐（元）	3328	2592	3322	3050	3589
医疗保健（元）	2283	2172	2521	2481	2850
其他用品及服务（元）	747	646	786	814	953
消费支出构成（%）	100. 0	100. 0	100. 0	100. 0	100. 0
食品烟酒（%）	27. 6	29. 2	28. 6	29. 5	28. 8
衣着（%）	6. 5	6. 1	6. 1	5. 7	5. 7
居住（%）	24. 2	25. 8	24. 4	25. 2	23. 7
生活用品及服务（%）	6. 0	6. 1	6. 0	5. 9	5. 8
交通通信（%）	13. 1	12. 9	13. 0	12. 9	13. 6
教育文化娱乐（%）	11. 9	9. 6	11. 0	10. 0	10. 9
医疗保健（%）	8. 1	8. 0	8. 3	8. 2	8. 6
其他用品及服务（%）	2. 7	2. 4	2. 6	2. 7	2. 9

数据来源：国家统计局。

表 2-41　2019—2023 年各地区城镇居民人均消费支出

单位：元

地　区	2019 年	2020 年	2021 年	2022 年	2023 年
北　京	46358	41726	46776	45617	50897
天　津	34811	30895	36067	33824	37586
河　北	23483	23167	24192	25071	27906
上　海	48272	44839	51295	48111	54919
江　苏	31329	30882	36558	37796	40461
浙　江	37508	36197	42193	44511	47762
福　建	30946	30487	33942	35692	37674
山　东	26731	27291	29314	28555	30251
广　东	34424	33511	36621	36936	39333
海　南	25317	23560	27565	26418	28930
山　西	21159	20332	21965	21923	24524
安　徽	23782	22683	26495	26832	27900
江　西	22714	22134	24587	25976	27733
河　南	21972	20645	23178	23539	25570
湖　北	26422	22885	28506	29121	31500
湖　南	26924	26796	28294	29580	31035
内蒙古	25383	23888	27194	26667	32249
广　西	21591	20907	22555	22438	24427
重　庆	25785	26464	29850	30574	31531
四　川	25367	25133	26971	27637	29280
贵　州	21402	20587	25333	24230	27693
云　南	23455	24569	27441	26240	28338
西　藏	25637	24927	28159	28265	28858
陕　西	23514	22866	24784	24766	27303
甘　肃	24454	24615	25757	25207	27044
青　海	23799	24315	24513	21700	25373
宁　夏	24161	22379	25386	24213	27076
新　疆	25594	22952	25724	24142	26134
辽　宁	27355	24849	28438	26652	29091
吉　林	23394	21623	24421	21835	26677
黑龙江	22165	20397	24422	24011	25882

数据来源：国家及各地统计局。

表 2-42　2023 年 40 座重点城市城镇居民人均可支配收入和人均消费支出情况

城　市	人均可支配收入（元）	同比增长（%）	人均消费支出（元）	同比增长（%）
北　京	88650	5. 5	50897	11. 6
天　津	55355	4. 4	37586	11. 1
石家庄	47564	6. 5	—	—
太　原	45835	4. 9	—	—
呼和浩特	57085	4. 5	38123	22. 3
沈　阳	53650	3. 8	40232	10. 1
大　连	53689	3. 4	35684	8. 1
长　春	45480	5. 2	—	—
哈尔滨	45784	4. 1	—	—
上　海	89477	6. 5	54919	14. 2
南　京	79858	4. 2	46552	6. 7
无　锡	76644	4. 5	48409	6. 9
苏　州	82989	4. 3	50656	6. 8
杭　州	80587	4. 6	54103	7. 5
宁　波	80144	4. 5	50347	5. 1
温　州	77973	6. 3	53333	8. 5
合　肥	59609	6. 1	34382	4. 3
福　州	58009	4. 3	39174	5. 4
厦　门	72880	3. 4	47411	5. 0
南　昌	—	—	—	—
济　南	62506	5. 1	—	—
青　岛	65751	5. 1	39663	5. 5
郑　州	48740	5. 3	31843	10. 0
武　汉	61693	5. 6	40673	8. 7
长　沙	67276	3. 2	45082	5. 0
广　州	80501	4. 8	49480	5. 7
深　圳	76910	5. 8	49013	9. 4
南　宁	44469	4. 3	22556	9. 4
北　海	43539	4. 4	—	—
海　口	46321	6. 4	31630	10. 4
三　亚	45877	5. 7	—	—
重　庆	47435	4. 2	31531	3. 1

续表

城　市	人均可支配收入（元）	同比增长（%）	人均消费支出（元）	同比增长（%）
成　都	57477	4.7	34552	7.4
贵　阳	48364	4.6	—	—
昆　明	55501	3.1	42764	9.0
西　安	51178	5.7	31122	13.5
兰　州	48039	6.1	30981	5.1
西　宁	41917	4.3	27240	24.0
银　川	46893	5.6	30560	6.5
乌鲁木齐	49034	6.0	—	—

数据来源：各地方统计局。

注：深圳数据为全市居民人均情况。

（三）就业数据

表 2-43　2018—2022 年全国就业基本情况

类　别	2018 年	2019 年	2020 年	2021 年	2022 年
劳动力（万人）	**78653**	**78985**	**78392**	**78024**	**76863**
就业人员（万人）	**75782**	**75447**	**75064**	**74652**	**73351**
第一产业	19515	18652	17715	17072	17663
第二产业	21356	21234	21543	21712	21105
第三产业	34911	35561	35806	35868	34583
按城乡分就业人员（万人）					
城镇就业人员	44292	45249	46271	46773	45931
乡村就业人员	31490	30198	28793	27879	27420
按登记注册类型分城镇非私营单位就业人员（万人）					
国有单位	5740	5473	5563	5633	5612
城镇集体单位	347	296	271	262	235
股份合作单位	66	60	69	62	58
联营单位	12	12	25	22	19
有限责任公司	6555	6608	6542	6526	6506
股份有限公司	1875	1879	1837	1789	1684
港澳台商投资单位	1153	1157	1159	1175	1114
外商投资单位	1212	1203	1216	1220	1164
城镇登记失业人员（万人）	**974**	**945**	**1160**	**1040**	**1203**
城镇登记失业率（%）	**3.80**	**3.62**	**4.24**	**3.96**	**—**
城镇调查失业率（%）	**4.90**	**5.20**	**5.20**	**5.10**	**5.50**

数据来源：国家统计局。

注：城镇调查失业率为每年 12 月的数据。

表 2-44　2018—2022 年分行业城镇非私营单位就业人员年末人数

单位：万人

类　别	2018 年	2019 年	2020 年	2021 年	2022 年
合　计	**17258.2**	**17161.8**	**17039.1**	**17014.5**	**16700.7**
农、林、牧、渔业	192.6	134.1	85.7	86.8	78.9
采矿业	414.4	367.7	352.1	344.8	340.9
制造业	4178.3	3832.0	3805.5	3828.0	3738.4
电力、热力、燃气及水生产和供应业	369.2	373.1	379.7	382.0	375.3
建筑业	2710.9	2270.5	2153.3	1971.9	1835.2
批发和零售业	823.3	830.0	786.9	797.5	785.3
交通运输、仓储和邮政业	819.0	815.5	812.2	798.1	776.2
住宿和餐饮业	269.8	265.2	256.6	265.3	255.0
信息传输、软件和信息技术服务业	424.3	455.3	487.1	519.2	529.2
金融业	699.3	826.1	859.0	818.5	739.6
房地产业	466.0	510.3	525.4	529.3	511.5
租赁和商务服务业	529.5	660.4	643.6	680.3	738.3
科学研究和技术服务业	411.5	434.3	431.2	450.1	455.8
水利、环境和公共设施管理业	260.6	244.5	245.6	252.6	253.6
居民服务、修理和其他服务业	77.4	86.3	82.8	85.9	90.1
教育	1735.6	1909.3	1958.9	1971.9	1950.6
卫生和社会工作	912.4	1006.2	1051.9	1094.7	1114.5
文化、体育和娱乐业	146.6	151.2	149.5	151.7	146.5
公共管理、社会保障和社会组织	1817.5	1989.8	1972.2	1985.8	1985.8

数据来源：国家统计局。

表 2-45　2018—2022 年分行业城镇非私营单位就业人员平均工资

单位：元

类　别	2018 年	2019 年	2020 年	2021 年	2022 年
平均工资	**82413**	**90501**	**97379**	**106837**	**114029**
农、林、牧、渔业	36466	39340	48540	53819	58976
采矿业	81429	91068	96674	108467	121522
制造业	72088	78147	82783	92459	97528
电力、热力、燃气及水生产和供应业	100162	107733	116728	125332	132964
建筑业	60501	65580	69986	75762	78295
批发和零售业	80551	89047	96521	107735	115408
交通运输、仓储和邮政业	88508	97050	100642	109851	115345

续表

类　别	2018 年	2019 年	2020 年	2021 年	2022 年
住宿和餐饮业	48260	50346	48833	53631	53995
信息传输、软件和信息技术服务业	147678	161352	177544	201506	220418
金融业	129837	131405	133390	150843	174341
房地产业	75281	80157	83807	91143	90346
租赁和商务服务业	85147	88190	92924	102537	106500
科学研究和技术服务业	123343	133459	139851	151776	163486
水利、环境和公共设施管理业	56670	61158	63914	65802	68256
居民服务、修理和其他服务业	55343	60232	60722	65193	65478
教育	92383	97681	106474	111392	120422
卫生和社会工作	98118	108903	115449	126828	135222
文化、体育和娱乐业	98621	107708	112081	117329	121151
公共管理、社会保障和社会组织	87932	94369	104487	111361	117440

数据来源：国家统计局。

表 2-46　2018—2022 年各地区城镇非私营单位就业人员平均工资

单位：元

地　区	2018 年	2019 年	2020 年	2021 年	2022 年
北　京	145766	166803	178178	194651	208977
天　津	100731	108002	114682	123528	129522
河　北	68717	72956	77323	82526	90745
上　海	140400	149377	171884	191844	212476
江　苏	84688	96527	103621	115133	121724
浙　江	88883	99654	108645	122309	128825
福　建	74316	81814	88149	98071	103803
山　东	73593	81446	87749	94768	102247
广　东	88636	98889	108045	118133	124916
海　南	75885	82227	86609	97471	104802
山　西	65917	69551	74739	82413	90495
安　徽	74378	79037	85854	93861	98649
江　西	68573	73725	78182	83766	87972
河　南	63174	67268	70239	74872	77627
湖　北	73777	79303	85052	96994	101388
湖　南	70221	74316	79122	85438	91413
内蒙古	73835	80563	85310	90426	100990
广　西	70606	76479	82751	88170	92066
重　庆	78928	86559	93816	101670	107008

续表

地 区	2018 年	2019 年	2020 年	2021 年	2022 年
四 川	77686	83367	88559	96741	101800
贵 州	78316	83298	89228	94487	95410
云 南	75701	86585	93133	98730	103128
西 藏	116015	118118	121005	140355	154929
陕 西	71983	78361	83520	90996	98843
甘 肃	70695	73607	79730	84500	90870
青 海	85379	90929	101401	109346	115949
宁 夏	78384	83947	97438	105266	114631
新 疆	75457	79421	86343	94281	101764
辽 宁	67324	72891	79472	86062	92573
吉 林	68533	73813	77995	83028	87222
黑龙江	60780	68416	74554	80369	88235

数据来源：国家统计局。

表 2-47 2018—2022 年分行业城镇私营单位就业人员平均工资

单位：元

类 别	2018 年	2019 年	2020 年	2021 年	2022 年
平均工资	**49575**	**53604**	**57727**	**62884**	**65237**
农、林、牧、渔业	36375	37760	38956	41442	42605
采矿业	44096	49675	54563	62665	68509
制造业	49275	52858	57910	63946	67352
电力、热力、燃气及水生产和供应业	44239	49633	54268	59271	61870
建筑业	50879	54167	57309	60430	60918
批发和零售业	45177	48722	53018	58071	60630
交通运输、仓储和邮政业	50547	54006	57313	62411	66059
住宿和餐饮业	39632	42424	42258	46817	47547
信息传输、软件和信息技术服务业	76326	85301	101281	114618	123894
金融业	62943	76107	82930	95416	110304
房地产业	51393	54416	55759	58288	56435
租赁和商务服务业	53382	57248	58155	64490	65731
科学研究和技术服务业	61876	67642	72233	77708	81569
水利、环境和公共设施管理业	42409	44444	43287	43366	44714
居民服务、修理和其他服务业	41058	43926	44536	47193	47760
教育	46228	50761	48443	52579	52771
卫生和社会工作	52343	57140	60689	67750	71060
文化、体育和娱乐业	44592	49289	51300	56171	56769

数据来源：国家统计局。

表 2-48　2018—2022 年各地区城镇私营单位就业人员平均工资

单位：元

地　区	2018 年	2019 年	2020 年	2021 年	2022 年
北　京	76908	85262	90603	100011	104542
天　津	62316	64542	59862	65272	67258
河　北	39512	42919	44942	48185	48494
上　海	57056	64226	80134	96011	104560
江　苏	54161	58322	63830	68868	71835
浙　江	52564	56383	60521	69228	71934
福　建	52930	57141	58631	62433	65392
山　东	55350	55479	55542	56521	57231
广　东	58258	62521	67302	73231	77657
海　南	49541	53442	51388	62284	65519
山　西	34535	37501	42905	45748	47275
安　徽	44964	48461	52582	56154	57095
江　西	43733	46341	48864	52667	53650
河　南	40209	43194	46733	48117	47918
湖　北	40126	43536	48295	56429	57043
湖　南	40175	42012	51157	54469	55780
内蒙古	40018	43491	47566	51270	52318
广　西	39948	42949	45238	48494	49951
重　庆	52558	54845	55678	59307	60380
四　川	43352	46974	53338	57399	59121
贵　州	43582	45526	47381	51557	52922
云　南	43588	46830	45897	48940	50338
西　藏	—	—	60360	66311	62927
陕　西	40783	43477	47724	52331	54557
甘　肃	39834	41715	43771	47212	48108
青　海	38451	39727	46309	50068	50510
宁　夏	40586	43892	49928	55327	57537
新　疆	41777	45859	52590	56123	58128
辽　宁	38269	41821	46011	50169	52183
吉　林	35026	37627	42119	47886	47921
黑龙江	34801	36674	38685	42071	45241

数据来源：国家统计局。

Ⅲ.产 业 篇

导 读

本篇收录的房地产投资、建设、交易、信贷数据，为2023年度的统计数据，并按省、自治区、直辖市分别披露。收录的重点城市行业数据、全国住房公积金数据、城乡建设发展数据为2022年度的统计数据。数据主要来源于国家统计局、住房城乡建设部和中国人民银行。港澳台房地产业数据，来自当地官方机构或企业组织。

一、全国房地产建设和交易数据

（一）房地产业数据概览

表 3-1　2023 年全国房地产开发投资情况（月度累计）

类　别	1—2 月	1—3 月	1—4 月	1—5 月	1—6 月	1—7 月	1—8 月	1—9 月	1—10 月	1—11 月	1—12 月
房地产投资（亿元）	**13669**	**25974**	**35514**	**45701**	**58550**	**67717**	**76900**	**87269**	**95922**	**104045**	**110913**
累计增长（%）	**−5.7**	**−5.8**	**−6.2**	**−7.2**	**−7.9**	**−8.5**	**−8.8**	**−9.1**	**−9.3**	**−9.4**	**−9.6**
一、按工程用途分											
住宅投资（亿元）	10273	19767	27072	34809	44439	51485	58425	66279	72799	78852	83820
累计增长（%）	−4.6	−4.1	−4.9	−6.4	−7.3	−7.6	−8.0	−8.4	−8.8	−9.0	−9.3
90 平方米及以下（亿元）	1887	3561	4848	6215	7939	9145	10362	11705	12807	13830	14831
累计增长（%）	−11.7	−7.5	−6.7	−7.9	−8.9	−9.8	−10.7	−11.0	−11.6	−12.1	−12.4
144 平方米以上（亿元）	1613	3064	4310	5633	7310	8554	9742	11111	12295	13403	14350
累计增长（%）	3.1	0.3	2.2	0.8	0.6	0.8	0.3	−0.5	−0.4	−0.7	0.4
办公楼投资（亿元）	614	1031	1392	1825	2332	2689	3036	3437	3794	4145	4531
累计增长（%）	−7.6	−11.5	−9.2	−6.0	−7.6	−8.1	−9.7	−11.0	−9.7	−10.0	−9.4
商业营业用房投资（亿元）	1031	1928	2587	3261	4205	4837	5490	6269	6892	7493	8055
累计增长（%）	−17.0	−17.1	−17.4	−18.2	−17.4	−18.3	−17.8	−17.6	−17.3	−16.9	−16.9
其他房地产投资（亿元）	1751	3247	4464	5807	7574	8707	9949	11284	12437	13555	14507
累计增长（%）	−4.0	−6.2	−5.5	−5.0	−5.5	−7.4	−7.0	−7.4	−7.0	−7.1	−7.2
二、按构成分											
建筑工程投资（亿元）	8404	15249	20168	25350	32111	37075	42080	47860	52461	57089	61621
累计增长（%）	−13.1	−10.6	−10.0	−10.9	−11.0	−11.3	−11.4	−11.5	−11.9	−12.2	−12.2
安装工程投资（亿元）	510	930	1244	1557	1965	2286	2604	2975	3277	3583	3865
累计增长（%）	−5.4	−4.5	−5.1	−5.1	−4.9	−5.2	−5.6	−5.5	−5.9	−5.3	−4.9
设备工器具购置投资（亿元）	120	213	288	360	458	533	608	702	803	903	987
累计增长（%）	−10.2	−12.8	−12.4	−12.6	−12.5	−13.8	−14.3	−14.3	−9.4	−5.2	−2.9
其他费用投资（亿元）	4635	9582	13814	18435	24015	27823	31609	35732	39380	42470	44440
累计增长（%）	11.6	3.1	0.0	−1.5	−3.5	−4.5	−5.1	−6.0	−5.8	−5.8	−6.3
土地购置费（亿元）	3977	8173	12002	16184	21044	24476	27901	31468	34695	37393	38617
累计增长（%）	16.4	4.6	1.3	−0.5	−2.6	−3.7	−4.3	−5.1	−4.8	−5.0	−5.5
计划总投资（亿元）	**919683**	**934873**	**942253**	**943710**	**955509**	**963385**	**970052**	**979749**	**988233**	**998964**	**1007449**
累计增长（%）	**2.1**	**0.9**	**0.2**	**−1.1**	**−1.4**	**−1.6**	**−1.8**	**−1.7**	**−1.9**	**−1.7**	**−1.8**
新增固定资产投资（亿元）	**7846**	**11554**	**14103**	**16491**	**19903**	**22265**	**24630**	**27475**	**30843**	**36532**	**53368**
累计增长（%）	**16.6**	**28.0**	**33.2**	**33.8**	**33.2**	**34.5**	**29.7**	**28.3**	**27.6**	**29.5**	**25.9**

数据来源：国家统计局。

表 3-2　2023 年全国房地产开发投资实际到位资金情况（月度累计）

类　别	1—2 月	1—3 月	1—4 月	1—5 月	1—6 月	1—7 月	1—8 月	1—9 月	1—10 月	1—11 月	1—12 月
一、2023 年实际到位资金合计（亿元）	**71256**	**87922**	**99722**	**111937**	**126341**	**136866**	**146579**	**158485**	**168648**	**179296**	**190547**
累计增长（%）	**−18.5**	**−13.6**	**−12.1**	**−11.3**	**−12.6**	**−13.2**	**−14.1**	**−14.4**	**−14.2**	**−13.7**	**−13.6**
1. 2022 年末结余资金（亿元）	49925	53214	54567	55979	57544	58650	59463	60418	61303	62252	63087
累计增长（%）	−19.9	−16.4	−16.4	−15.5	−15.8	−15.8	−15.8	−15.8	−15.0	−14.4	−13.7
2. 2023 年实际到位资金（亿元）	21331	34708	45155	55958	68797	78217	87116	98067	107345	117044	127459
累计增长（%）	−15.2	−9.0	−6.4	−6.6	−9.8	−11.2	−12.9	−13.5	−13.8	−13.4	−13.6
国内贷款（亿元）	3489	4995	6144	7175	8691	9732	10671	12100	13117	14227	15595
累计增长（%）	−15.0	−9.6	−10.0	−10.5	−11.1	−11.5	−12.8	−11.1	−11.0	−9.8	−9.9
利用外资（亿元）	5	8	12	13	28	30	35	36	37	43	48
累计增长（%）	−34.5	−22.7	−69.6	−73.5	−49.1	−43.0	−41.6	−40.0	−40.3	−35.1	−39.1
自筹资金（亿元）	6342	10171	12965	16267	20561	23916	27195	31252	34781	38505	41989
累计增长（%）	−18.2	−17.9	−19.4	−21.6	−23.4	−23.0	−22.9	−21.8	−21.4	−20.3	−19.1
其他到位资金（亿元）	15255	18125	20530	22678	25956	28651	30738	33556	35745	38104	41020
累计增长（%）	−8.6	−9.1	−8.5	−12.0	−12.7	−11.4	−12.3	−12.1	−11.8	−11.5	−11.6
二、2023 年各项应付款合计（亿元）	**8578**	**10350**	**11644**	**12847**	**14697**	**15926**	**17175**	**18594**	**19749**	**20893**	**22266**
累计增长（%）	**−10.6**	**−10.8**	**−10.7**	**−14.4**	**−14.3**	**−14.3**	**−14.5**	**−14.3**	**−14.5**	**−14.5**	**−14.8**
工程款（亿元）	888	1437	1887	2270	2813	3212	3577	4019	4308	4705	5136
累计增长（%）	−20.9	−10.6	−4.7	−1.6	−5.8	−6.2	−3.6	−4.8	−5.2	−4.0	−5.2

数据来源：国家统计局。

表 3-3　2023 年全国房地产建设情况（月度累计）

类　别	1—2 月	1—3 月	1—4 月	1—5 月	1—6 月	1—7 月	1—8 月	1—9 月	1—10 月	1—11 月	1—12 月
商品房施工面积（万平方米）	750240	764577	771271	779506	791548	799682	806415	815688	822895	831345	838364
累计增长（%）	−4.4	−5.2	−5.6	−6.2	−6.6	−6.8	−7.1	−7.1	−7.3	−7.2	−7.2
商品房新开工面积（万平方米）	13567	24121	31220	39723	49880	56969	63891	72123	79177	87456	95376
累计增长（%）	−9.4	−19.2	−21.2	−22.6	−24.3	−24.5	−24.4	−23.4	−23.2	−21.2	−20.4
商品房竣工面积（万平方米）	13178	19422	23678	27826	33904	38405	43726	48705	55151	65237	99831
累计增长（%）	8.0	14.7	18.8	19.6	19.0	20.5	19.2	19.8	19.0	17.9	17.0
住宅施工面积（万平方米）	527695	538214	542968	548475	557083	563026	567792	574250	579361	585309	589884
累计增长（%）	−4.7	−5.4	−5.9	−6.5	−6.9	−7.1	−7.3	−7.4	−7.7	−7.6	−7.7
住宅新开工面积（万平方米）	9891	17719	22900	29010	36340	41546	46636	52512	57659	63737	69286
累计增长（%）	−8.7	−17.8	−20.6	−22.7	−24.9	−25.0	−24.7	−23.9	−23.6	−21.5	−20.9
住宅竣工面积（万平方米）	9782	14396	17396	20194	24604	27954	31775	35319	40079	47581	72433

续表

类　别	1—2 月	1—3 月	1—4 月	1—5 月	1—6 月	1—7 月	1—8 月	1—9 月	1—10 月	1—11 月	1—12 月
累计增长（%）	9.7	16.8	19.2	19.0	18.5	20.8	19.5	20.1	19.3	18.5	17.2
办公楼施工面积（万平方米）	30522	30762	30951	31306	31521	31754	31962	32260	32459	32665	33132
累计增长（%）	-2.9	-4.1	-4.5	-4.5	-5.6	-5.7	-5.8	-5.5	-5.7	-5.7	-5.1
办公楼新开工面积（万平方米）	373	613	826	1094	1353	1515	1662	1938	2143	2320	2589
累计增长（%）	9.3	-25.8	-19.1	-16.0	-20.2	-20.1	-23.4	-20.2	-20.0	-19.1	-18.5
办公楼竣工面积（万平方米）	322	482	647	883	1019	1164	1289	1461	1576	1805	2890
累计增长（%）	-19.3	-7.2	9.8	31.4	16.9	22.2	16.9	15.0	11.0	5.5	10.8
商业营业用房施工面积（万平方米）	66350	67271	67710	68321	69190	69684	70258	70825	71391	71970	72181
累计增长（%）	-7.4	-8.2	-8.5	-8.9	-9.2	-9.4	-9.5	-9.5	-9.5	-9.4	-9.6
商业营业用房新开工面积（万平方米）	879	1581	2109	2631	3374	3849	4358	4910	5369	5893	6459
累计增长（%）	-17.8	-26.4	-22.4	-25.2	-24.6	-25.0	-24.5	-23.6	-23.2	-21.7	-20.4
商业营业用房竣工面积（万平方米）	976	1451	1786	2080	2475	2806	3187	3469	3883	4539	7023
累计增长（%）	-1.9	0.1	3.2	3.7	5.2	5.7	5.1	3.6	3.2	0.7	4.6

数据来源：国家统计局。

表 3-4　2023 年全国商品房销售情况（月度累计）

类　别	1—2 月	1—3 月	1—4 月	1—5 月	1—6 月	1—7 月	1—8 月	1—9 月	1—10 月	1—11 月	1—12 月
商品房销售面积（万平方米）	15133	29946	37636	46440	59515	66563	73949	84806	92579	100509	111735
累计增长（%）	-3.6	-1.8	-0.4	-0.9	-5.3	-6.5	-7.1	-7.5	-7.8	-8.0	-8.5
现房（万平方米）	2880	6008	7506	9200	12056	13645	15445	18098	19925	21901	25156
累计增长（%）	10.8	19.1	19.6	16.3	10.3	10.7	12.5	14.7	15.6	17.4	18.0
期房（万平方米）	12253	23938	30130	37240	47458	52918	58504	66708	72653	78608	86579
累计增长（%）	-6.5	-6.0	-4.3	-4.4	-8.6	-10.1	-11.2	-12.1	-12.7	-13.2	-14.1
商品房销售额（亿元）	15449	30545	39750	49787	63092	70450	78158	89070	97161	105318	116622
累计增长（%）	-0.1	4.1	8.8	8.4	1.1	-1.5	-3.2	-4.6	-4.9	-5.2	-6.5
现房（亿元）	2411	4997	6350	7914	10225	11474	13041	15103	16671	18382	21200
累计增长（%）	4.1	18.7	22.0	19.7	13.6	12.2	13.3	13.9	15.4	18.0	19.3
期房（亿元）	13038	25548	33401	41873	52867	58976	65117	73968	80490	86936	95423
累计增长（%）	-0.8	1.7	6.6	6.5	-1.0	-3.8	-5.9	-7.6	-8.2	-9.0	-10.8
商品住宅房销售面积（万平方米）	13387	26251	32966	40663	51592	57623	63811	72770	79386	85965	94796
累计增长（%）	-0.6	1.4	2.7	2.3	-2.8	-4.3	-5.5	-6.3	-6.8	-7.3	-8.2
现房（万平方米）	2175	4456	5529	6729	8715	9860	11106	12992	14297	15643	17765

续表

类 别	1—2 月	1—3 月	1—4 月	1—5 月	1—6 月	1—7 月	1—8 月	1—9 月	1—10 月	1—11 月	1—12 月
累计增长（%）	20.0	30.3	30.5	26.5	17.5	17.9	18.8	21.2	21.9	23.2	22.7
期房（万平方米）	11212	21796	27437	33934	42877	47763	52706	59777	65089	70321	77031
累计增长（%）	-3.8	-3.0	-1.5	-1.5	-6.1	-7.9	-9.4	-10.7	-11.4	-12.1	-13.3
商品住宅房销售额（亿元）	14134	27647	36020	45132	56639	63184	69918	79311	86502	93646	102990
累计增长（%）	3.5	7.1	11.8	11.9	3.7	0.7	-1.5	-3.2	-3.7	-4.3	-6.0
现房（亿元）	1899	3820	4863	6036	7688	8611	9754	11257	12421	13662	15546
累计增长（%）	13.6	28.3	31.2	31.0	22.2	20.5	20.4	20.4	21.5	23.9	24.4
期房（亿元）	12235	23827	31157	39096	48951	54573	60163	68054	74081	79984	87443
累计增长（%）	2.1	4.4	9.3	9.4	1.3	-1.9	-4.3	-6.3	-7.0	-7.9	-9.9
办公楼销售面积（万平方米）	246	552	728	911	1269	1430	1641	1948	2099	2280	2717
累计增长（%）	-30.0	-21.8	-14.9	-17.0	-18.8	-18.3	-12.7	-11.8	-12.6	-11.5	-9.0
现房（万平方米）	88	214	282	353	506	577	676	796	861	941	1146
累计增长（%）	-29.1	-4.2	4.9	-0.8	-0.2	1.2	10.8	9.6	9.1	11.7	13.6
期房（万平方米）	158	338	445	558	763	853	965	1152	1238	1339	1571
累计增长（%）	-30.5	-29.9	-24.1	-24.8	-27.8	-27.7	-24.0	-22.3	-23.2	-22.8	-20.5
办公楼销售额（亿元）	308	728	963	1224	1728	1923	2224	2640	2832	3088	3742
累计增长（%）	-35.0	-18.7	-10.5	-17.4	-18.6	-20.2	-16.6	-16.1	-17.3	-15.1	-12.9
现房（亿元）	119	310	396	501	692	773	921	1084	1179	1312	1659
累计增长（%）	-42.8	-7.4	-0.7	-11.8	-12.1	-14.1	-7.5	-5.1	-4.6	1.1	7.1
期房（亿元）	189	418	567	723	1036	1150	1304	1556	1652	1776	2083
累计增长（%）	-29.0	-25.5	-16.2	-20.8	-22.4	-23.8	-22.0	-22.3	-24.5	-24.1	-24.1
商业营业用房销售面积（万平方米）	655	1428	1767	2178	3008	3418	3837	4501	4973	5493	6356
累计增长（%）	-23.0	-21.9	-21.2	-21.8	-20.5	-19.8	-18.5	-17.0	-15.1	-13.9	-12.0
现房（万平方米）	268	609	766	960	1289	1468	1659	1927	2134	2374	2770
累计增长（%）	-10.8	-5.5	-4.1	-6.4	-4.9	-4.7	-3.3	-1.8	0.4	2.1	4.2
期房（万平方米）	387	819	1001	1219	1718	1950	2178	2574	2839	3119	3586
累计增长（%）	-29.6	-30.8	-30.6	-30.8	-29.2	-28.4	-27.1	-25.6	-23.9	-23.0	-21.5
商业营业用房销售额（亿元）	662	1459	1849	2293	3185	3616	4059	4786	5263	5772	6619
累计增长（%）	-20.9	-18.2	-16.0	-18.2	-17.7	-17.0	-15.8	-14.6	-13.0	-11.9	-9.3
现房（亿元）	250	573	722	912	1234	1397	1566	1805	2005	2228	2595
累计增长（%）	-8.7	-0.1	3.1	-4.5	-2.3	-2.8	-2.5	-1.3	0.9	2.6	5.4
期房（亿元）	411	886	1127	1381	1951	2219	2493	2981	3257	3544	4023
累计增长（%）	-26.8	-26.8	-24.8	-25.3	-25.1	-24.0	-22.4	-21.0	-19.8	-19.1	-16.8

数据来源：国家统计局。

表 3-5　2023 年全国房地产数据（单月）

类　别	1—2 月	3 月	4 月	5 月	6 月	7 月	8 月	9 月	10 月	11 月	12 月
房地产投资额（亿元）	13669	12304	9540	10187	12849	9167	9183	10369	8653	8124	6867
住宅投资额（亿元）	10273	9494	7305	7737	9630	7045	6940	7855	6520	6053	4968
企业到位资金（亿元）	21331	13377	10447	10803	12839	9419	8899	10951	9278	9699	10415
房屋新开工面积（万平方米）	13567	10554	7099	8503	10157	7090	6922	8232	7053	8279	7920
住宅新开工面积（万平方米）	9891	7828	5181	6110	7330	5207	5090	5876	5147	6078	5549
房屋竣工面积（万平方米）	13178	6244	4256	4148	6078	4501	5321	4979	6446	10086	34594
住宅竣工面积（万平方米）	9782	4614	3000	2798	4409	3350	3822	3544	4760	7501	24852
商品房销售面积（万平方米）	15133	14813	7690	8804	13075	7048	7386	10857	7773	7930	11226
住宅销售面积（万平方米）	13387	12864	6714	7697	10929	6030	6189	8958	6616	6579	8832
商品房销售额（亿元）	15449	15097	9205	10036	13305	7358	7708	10912	8091	8157	11304
住宅销售额（亿元）	14134	13513	8373	9112	11507	6546	6734	9393	7191	7144	9344
国房景气指数（当月）	94. 60	94. 65	94. 71	94. 50	94. 01	93. 74	93. 53	93. 42	93. 39	93. 41	93. 36

数据来源：根据国家统计局数据整理。

注：1—2 月国房景气指数为 2 月当月数据。

（二）各地区房地产开发投资数据

表 3-6　2019—2023 年全国及各地区房地产开发投资

单位：亿元

地　区	2019 年	2020 年	2021 年	2022 年	2023 年
全　国	**132194. 26**	**141442. 97**	**147602. 08**	**132895. 42**	**110912. 89**
东部地区	**69313. 31**	**74563. 76**	**77695. 45**	**72478. 01**	**66704. 56**
北　京	3838. 38	3938. 71	4139. 03	4178. 46	4195. 67
天　津	2727. 82	2608. 54	2769. 98	2127. 94	1231. 55
河　北	4347. 05	4601. 13	5023. 87	4982. 97	3093. 51
上　海	4231. 38	4698. 75	5035. 18	4979. 54	5885. 79
江　苏	12009. 35	13171. 27	13477, 45	12406. 88	11891. 28
浙　江	10682. 97	11413. 66	12389. 11	12939. 52	13197. 92
福　建	5673. 13	6026. 80	6195. 61	5515. 45	4403. 37

续表

地　区	2019 年	2020 年	2021 年	2022 年	2023 年
山　东	8614. 89	9450. 49	9819. 75	9225. 91	8168. 86
广　东	15852. 16	17312. 74	17465. 85	14962. 97	13465. 88
海　南	1336. 18	1341. 67	1379. 62	1158. 37	1170. 73
中部地区	**27587. 87**	**28802. 33**	**31161. 39**	**28930. 86**	**21423. 06**
山　西	1656. 50	1830. 36	1945. 23	1764. 20	1751. 49
安　徽	6670. 48	7042. 29	7263. 22	6811. 72	4659. 36
江　西	2239. 11	2378. 08	2528. 83	2209. 27	1580. 70
河　南	7464. 59	7782. 29	7874. 35	6793. 36	4189. 40
湖　北	5111. 73	4888. 87	6121. 93	6172. 01	5409. 05
湖　南	4445. 47	4880. 44	5427. 83	5180. 30	3833. 06
西部地区	**30185. 61**	**32654. 32**	**33367. 63**	**27481. 07**	**19759. 74**
内蒙古	1041. 95	1176. 48	1234. 13	978. 28	963. 37
广　西	3814. 41	3845. 62	3733. 93	2307. 38	1337. 02
重　庆	4439. 30	4351. 96	4354. 96	3467. 60	2792. 42
四　川	6573. 24	7315. 31	7831. 88	7500. 01	5320. 60
贵　州	2990. 81	3418. 75	3383. 06	2403. 69	1188. 31
云　南	4151. 41	4505. 19	4309. 93	3152. 02	2066. 55
西　藏	129. 56	165. 47	141. 97	60. 68	79. 16
陕　西	3903. 65	4404. 39	4441. 00	4254. 79	2943. 30
甘　肃	1257. 85	1355. 64	1525. 88	1481. 66	1263. 07
青　海	406. 29	421. 35	442. 51	296. 15	201. 35
宁　夏	403. 09	433. 27	466. 95	419. 95	436. 06
新　疆	1074. 04	1260. 89	1501. 43	1158. 86	1168. 53
东北地区	**5107. 48**	**5422. 56**	**5377. 61**	**4005. 48**	**3025. 53**
辽　宁	2833. 95	2978. 86	2900. 72	2362. 00	1744. 75
吉　林	1315. 52	1460. 78	1540. 92	1014. 84	823. 82
黑龙江	958. 01	982. 92	935. 97	628. 64	456. 96

数据来源：国家统计局。

表 3-7　2023 年全国及各地区房地产开发投资（月度累计）

单位：亿元

地　区	1—2 月	1—3 月	1—4 月	1—5 月	1—6 月	1—7 月	1—8 月	1—9 月	1—10 月	1—11 月	1—12 月
全　国	**13669. 24**	**25973. 72**	**35514. 18**	**45701. 24**	**58549. 87**	**67717. 14**	**76899. 96**	**87269. 19**	**95921. 75**	**104045. 41**	**110912. 89**
东部地区	**8358. 19**	**15222. 42**	**21061. 38**	**27327. 10**	**34575. 16**	**40112. 94**	**45589. 08**	**51652. 39**	**56969. 67**	**62103. 24**	**66704. 56**
北　京	451. 77	924. 08	1265. 08	1697. 12	2265. 44	2599. 25	3011. 45	3463. 75	3732. 32	4021. 65	4195. 67
天　津	186. 47	328. 25	415. 88	509. 97	637. 31	721. 97	812. 76	928. 03	1015. 09	1104. 95	1231. 55

续表

地 区	1—2 月	1—3 月	1—4 月	1—5 月	1—6 月	1—7 月	1—8 月	1—9 月	1—10 月	1—11 月	1—12 月
河 北	211.23	676.68	1030.68	1259.96	1420.80	1698.82	1986.63	2283.82	2646.96	2871.91	3093.51
上 海	851.46	1250.15	1671.65	2103.77	2559.47	3109.01	3597.15	4092.04	4630.84	5208.23	5885.79
江 苏	1741.83	3071.72	4232.76	5440.59	6654.68	7649.56	8529.82	9527.02	10445.15	11281.17	11891.28
浙 江	1539.63	2691.53	3760.78	4934.30	6466.01	7571.12	8759.03	10071.27	11192.80	12325.71	13197.92
福 建	702.86	1291.53	1668.09	1953.36	2455.90	2814.04	3137.67	3542.32	3859.75	4164.11	4403.37
山 东	912.47	1824.71	2579.76	3492.27	4552.83	5276.12	5921.15	6596.62	7213.28	7781.08	8168.86
广 东	1619.94	2865.01	4038.02	5444.56	6955.50	7977.77	9059.86	10283.91	11281.70	12298.39	13465.88
海 南	140.53	298.76	398.68	491.20	607.22	695.28	773.56	863.61	951.78	1046.04	1170.73
中部地区	**2624.48**	**5373.03**	**7289.90**	**9173.49**	**11634.13**	**13312.60**	**15074.78**	**17071.86**	**18602.51**	**20017.74**	**21423.06**
山 西	93.66	280.71	428.10	561.11	848.92	1016.48	1176.24	1392.73	1519.27	1638.90	1751.49
安 徽	725.59	1327.62	1850.95	2236.29	2628.76	3016.70	3421.26	3804.59	4100.95	4395.81	4659.36
江 西	262.44	469.50	650.44	830.58	1025.32	1122.16	1214.43	1357.63	1446.50	1524.48	1580.70
河 南	591.77	1322.87	1474.52	1827.61	2333.94	2650.45	2986.80	3336.07	3606.96	3868.75	4189.40
湖 北	526.55	1150.34	1704.13	2285.41	2944.58	3374.41	3825.78	4333.18	4743.29	5073.45	5409.05
湖 南	424.47	821.99	1181.76	1432.49	1852.61	2132.40	2450.27	2847.66	3185.54	3516.35	3833.06
西部地区	**2535.88**	**4936.67**	**6497.62**	**8220.84**	**10827.30**	**12536.07**	**14166.68**	**16106.86**	**17684.74**	**19048.86**	**19759.74**
内蒙古	32.31	101.22	164.15	264.71	435.77	548.78	665.64	799.29	867.54	927.35	963.37
广 西	229.91	454.06	548.54	641.17	768.34	850.23	904.50	1033.48	1112.07	1185.21	1337.02
重 庆	359.20	763.00	958.96	1134.33	1486.99	1726.79	1939.62	2239.95	2426.40	2583.63	2792.42
四 川	919.21	1323.62	1783.91	2277.37	2827.33	3296.42	3743.19	4181.06	4610.95	4998.11	5320.60
贵 州	341.23	711.14	659.87	531.82	661.27	728.31	812.26	913.95	1011.01	1100.53	1188.31
云 南	294.12	573.12	726.82	910.44	1134.92	1278.50	1421.69	1587.30	1728.97	1876.77	2066.55
西 藏	1.51	9.20	16.25	25.04	42.04	51.51	59.60	67.08	73.73	77.07	79.16
陕 西	285.94	706.78	1060.14	1473.12	1989.10	2235.65	2473.03	2769.37	3091.28	3338.71	2943.30
甘 肃	41.30	143.31	260.96	412.16	613.45	739.84	864.20	1008.04	1111.16	1209.18	1263.07
青 海	0.42	29.73	53.31	81.84	114.84	139.80	161.72	179.82	194.62	199.68	201.35
宁 夏	15.89	61.44	101.74	144.64	217.83	251.55	290.12	351.00	383.06	414.29	436.06
新 疆	14.84	60.05	162.97	324.20	535.42	688.69	831.11	976.52	1073.95	1138.33	1168.53
东北地区	**150.69**	**441.60**	**665.28**	**979.81**	**1513.28**	**1755.53**	**2069.42**	**2438.08**	**2664.83**	**2875.57**	**3025.53**
辽 宁	124.67	352.32	506.14	683.46	955.25	1079.64	1238.97	1421.94	1540.85	1663.53	1744.75
吉 林	22.92	55.91	89.18	172.88	349.48	428.29	539.92	663.46	729.68	782.05	823.82
黑龙江	3.10	33.37	69.96	123.47	208.55	247.60	290.53	352.68	394.30	429.99	456.96

数据来源：国家统计局。

表 3-8 2019—2023 年全国及各地区住宅开发投资

单位：亿元

地区	2019 年	2020 年	2021 年	2022 年	2023 年
全　国	**97070.74**	**104445.72**	**111173.01**	**100646.38**	**83820.02**
东部地区	**49838.88**	**53598.35**	**56635.53**	**53066.15**	**48778.18**
北　京	2039.76	2317.08	2522.18	2667.30	2713.21
天　津	2200.01	2084.80	2168.35	1682.49	973.63
河　北	3455.74	3746.74	4092.68	4116.86	2605.48
上　海	2318.13	2418.79	2673.95	2771.80	3403.21
江　苏	9461.98	10416.03	10786.21	9923.81	9583.63
浙　江	7727.11	8089.57	8801.51	9086.55	9179.71
福　建	4076.31	4372.10	4560.71	4112.37	3203.92
山　东	6672.22	7296.40	7694.50	7211.64	6562.25
广　东	10852.77	11910.43	12438.31	10700.28	9711.47
海　南	1034.86	946.41	897.13	793.05	841.67
中部地区	**21439.16**	**22660.83**	**25247.84**	**23461.54**	**17540.98**
山　西	1296.48	1431.80	1556.08	1395.42	1416.55
安　徽	5248.06	5636.78	5976.82	5595.64	3753.62
江　西	1687.18	1808.76	1994.94	1763.34	1318.15
河　南	6055.37	6453.00	6696.09	5802.16	3637.20
湖　北	3954.72	3715.43	4859.30	4852.00	4297.26
湖　南	3197.35	3615.06	4164.61	4052.98	3118.20
西部地区	**21945.53**	**24133.35**	**25149.75**	**20911.29**	**15135.74**
内蒙古	782.13	907.23	971.36	771.00	753.00
广　西	2924.18	2983.51	2902.89	1815.85	1057.17
重　庆	3246.77	3189.05	3288.11	2608.98	2105.89
四　川	4665.31	5330.14	5767.25	5577.70	4002.00
贵　州	2078.37	2572.34	2624.94	1936.03	981.34
云　南	3028.96	3317.55	3175.11	2371.40	1542.89
西　藏	96.87	118.47	87.46	45.31	60.44
陕　西	2957.08	3225.45	3411.03	3249.75	2276.77
甘　肃	865.93	1010.28	1159.12	1160.79	1028.60
青　海	294.08	292.32	350.57	230.00	158.50
宁　夏	281.74	308.59	344.24	316.17	346.09
新　疆	724.13	878.42	1067.67	828.31	823.05

续表

地区	2019 年	2020 年	2021 年	2022 年	2023 年
东北地区	**3847. 17**	**4053. 19**	**4139. 89**	**3207. 40**	**2365. 12**
辽　宁	2188. 35	2303. 23	2321. 00	1905. 87	1379. 20
吉　林	970. 99	1047. 87	1094. 84	804. 34	614. 19
黑龙江	687. 83	702. 09	724. 05	497. 19	371. 73

数据来源：国家统计局。

表 3-9　2023 年全国及各地区住宅开发投资（月度累计）

单位：亿元

地　区	1—2 月	1—3 月	1—4 月	1—5 月	1—6 月	1—7 月	1—8 月	1—9 月	1—10 月	1—11 月	1—12 月
全　国	**10272. 58**	**19767. 05**	**27071. 94**	**34809. 17**	**44439. 46**	**51484. 67**	**58424. 69**	**66279. 36**	**72799. 20**	**78852. 02**	**83820. 02**
东部地区	**6106. 16**	**11240. 65**	**15598. 07**	**20246. 52**	**25477. 45**	**29635. 28**	**33642. 72**	**38055. 57**	**41917. 29**	**45600. 77**	**48778. 18**
北　京	286. 83	585. 91	810. 65	1063. 93	1426. 20	1649. 46	1945. 42	2261. 78	2439. 28	2634. 60	2713. 21
天　津	147. 05	256. 15	323. 38	399. 65	501. 61	571. 03	645. 15	736. 18	805. 48	877. 72	973. 63
河　北	175. 56	565. 44	868. 82	1063. 53	1201. 13	1443. 58	1685. 99	1931. 18	2228. 84	2418. 22	2605. 48
上　海	479. 07	708. 28	951. 77	1218. 25	1474. 28	1823. 66	2090. 17	2389. 27	2686. 25	3044. 59	3403. 21
江　苏	1392. 44	2485. 20	3426. 35	4409. 88	5385. 98	6198. 50	6903. 70	7689. 47	8428. 68	9102. 45	9583. 63
浙　江	1080. 70	1889. 15	2659. 23	3470. 20	4516. 03	5287. 62	6114. 80	7018. 84	7807. 93	8588. 96	9179. 71
福　建	516. 30	951. 06	1219. 54	1432. 42	1802. 44	2061. 41	2306. 92	2600. 57	2820. 66	3029. 22	3203. 92
山　东	731. 62	1456. 30	2065. 57	2799. 59	3660. 90	4253. 13	4775. 87	5306. 57	5805. 01	6255. 50	6562. 25
广　东	1196. 93	2134. 13	2988. 91	4041. 91	5080. 69	5862. 33	6631. 70	7501. 38	8210. 46	8896. 25	9711. 47
海　南	99. 66	209. 03	283. 85	347. 16	428. 19	484. 56	543. 00	620. 33	684. 70	753. 26	841. 67
中部地区	**2115. 84**	**4384. 77**	**5951. 90**	**7488. 01**	**9490. 20**	**10878. 39**	**12305. 85**	**13953. 11**	**15210. 45**	**16380. 97**	**17540. 98**
山　西	76. 96	230. 46	351. 88	460. 58	693. 98	822. 40	948. 48	1123. 70	1222. 89	1325. 65	1416. 55
安　徽	588. 58	1077. 69	1504. 28	1824. 44	2132. 00	2445. 46	2765. 20	3070. 83	3311. 60	3540. 26	3753. 62
江　西	210. 26	382. 40	533. 96	685. 17	845. 21	925. 67	1004. 31	1127. 73	1202. 42	1271. 71	1318. 15
河　南	493. 87	1116. 91	1253. 04	1555. 53	1990. 44	2274. 37	2565. 07	2865. 94	3109. 88	3348. 21	3637. 20
湖　北	407. 92	918. 02	1354. 82	1806. 47	2328. 31	2682. 84	3042. 73	3452. 76	3776. 49	4036. 22	4297. 26
湖　南	338. 25	659. 29	953. 92	1155. 82	1500. 26	1727. 65	1980. 06	2312. 15	2587. 17	2858. 92	3118. 20
西部地区	**1937. 08**	**3796. 52**	**4996. 35**	**6298. 30**	**8293. 00**	**9601. 78**	**10872. 24**	**12379. 23**	**13598. 30**	**14626. 11**	**15135. 74**
内蒙古	25. 67	82. 52	134. 03	214. 68	342. 31	429. 81	525. 31	628. 47	682. 61	731. 55	753. 00
广　西	180. 58	359. 66	438. 84	512. 93	612. 66	679. 13	722. 74	823. 65	885. 65	943. 99	1057. 17
重　庆	272. 43	577. 96	723. 93	859. 89	1126. 25	1304. 38	1467. 43	1699. 64	1842. 43	1965. 34	2105. 89
四　川	696. 50	998. 40	1346. 04	1719. 76	2131. 68	2483. 89	2824. 60	3159. 77	3484. 14	3766. 31	4002. 00
贵　州	267. 70	574. 97	543. 66	434. 88	546. 20	603. 88	672. 21	756. 45	836. 91	911. 62	981. 34
云　南	215. 36	424. 07	539. 00	671. 35	836. 59	945. 79	1053. 16	1178. 79	1288. 63	1401. 24	1542. 89
西　藏	0. 70	6. 58	12. 41	19. 47	31. 80	39. 63	46. 03	51. 70	56. 86	59. 22	60. 44
陕　西	220. 63	541. 06	811. 85	1124. 73	1528. 60	1721. 56	1916. 24	2151. 05	2408. 75	2586. 16	2276. 77
甘　肃	33. 27	116. 97	209. 00	329. 61	492. 39	596. 53	697. 41	817. 55	903. 07	984. 49	1028. 60

续表

地 区	1—2 月	1—3 月	1—4 月	1—5 月	1—6 月	1—7 月	1—8 月	1—9 月	1—10 月	1—11 月	1—12 月
青 海	0. 24	23. 19	42. 13	65. 26	88. 45	107. 86	125. 51	141. 34	152. 97	157. 05	158. 50
宁 夏	12. 55	47. 19	78. 95	112. 73	169. 92	197. 67	228. 44	277. 61	303. 75	328. 96	346. 09
新 疆	11. 45	43. 95	116. 51	233. 01	386. 15	491. 65	593. 16	693. 21	752. 53	790. 18	823. 05
东北地区	**113. 50**	**345. 11**	**525. 62**	**776. 34**	**1178. 81**	**1369. 22**	**1603. 88**	**1891. 45**	**2073. 16**	**2244. 17**	**2365. 12**
辽 宁	95. 47	274. 99	399. 52	540. 32	749. 03	848. 43	973. 07	1120. 03	1216. 72	1314. 77	1379. 20
吉 林	15. 95	44. 42	70. 89	136. 13	259. 52	320. 26	395. 37	485. 51	535. 58	578. 77	614. 19
黑龙江	2. 08	25. 70	55. 21	99. 89	170. 26	200. 53	235. 44	285. 91	320. 86	350. 63	371. 73

数据来源：国家统计局。

（三）各地区房地产建设数据

1. 各地区房屋施工面积

表 3-10 2019—2023 年全国及各地区房屋施工面积

单位：万平方米

地 区	2019 年	2020 年	2021 年	2022 年	2023 年
全 国	**893820. 89**	**926759. 21**	**975386. 52**	**904999. 28**	**838364. 47**
东部地区	**389869. 74**	**412296. 43**	**426915. 84**	**398468. 36**	**375182. 17**
北 京	12514. 99	13918. 64	14055. 32	13333. 15	12531. 34
天 津	11453. 43	12034. 51	12627. 78	11085. 10	9718. 32
河 北	29852. 97	31408. 39	35681. 38	33651. 79	31674. 68
上 海	14802. 97	15740. 34	16627. 90	16678. 19	17215. 73
江 苏	65686. 75	67889. 46	68479. 63	62511. 57	57385. 92
浙 江	49604. 61	56725. 08	58818. 94	55955. 15	55610. 77
福 建	34140. 18	34556. 77	34667. 18	31734. 98	27664. 36
山 东	75767. 42	79791. 89	82771. 67	75798. 58	71308. 25
广 东	86824. 87	91642. 42	94247. 53	88662. 69	82982. 25
海 南	9221. 56	8588. 93	8938. 51	9057. 16	9090. 55
中部地区	**218133. 96**	**225108. 25**	**240053. 26**	**219904. 00**	**196711. 57**
山 西	19548. 55	21937. 83	24930. 37	25350. 51	24534. 87
安 徽	43591. 15	44974. 60	46812. 59	40841. 84	34993. 68
江 西	23556. 98	23580. 80	25219. 87	22714. 76	21609. 08
河 南	57567. 10	58438. 21	62688. 17	57696. 54	52065. 61
湖 北	33825. 07	35419. 40	37741. 37	34933. 35	31569. 53
湖 南	40045. 12	40757. 41	42660. 89	38367. 00	31938. 80
西部地区	**238184. 78**	**241749. 20**	**259191. 31**	**242105. 46**	**226001. 87**
内蒙古	15889. 08	15310. 96	16394. 65	15311. 89	13648. 75
广 西	29807. 03	32184. 05	34175. 70	32203. 25	29531. 87
重 庆	27986. 64	27368. 16	26893. 17	22699. 34	20529. 50
四 川	49113. 75	50755. 54	54248. 70	52210. 78	47770. 15
贵 州	27775. 07	26922. 73	28749. 89	26256. 24	24784. 55
云 南	26314. 05	25801. 30	29148. 14	27403. 46	25039. 31
西 藏	764. 16	945. 33	945. 37	697. 56	645. 99

续表

地　区	2019 年	2020 年	2021 年	2022 年	2023 年
陕　西	27728.39	28358.31	29978.08	28711.61	28573.06
甘　肃	10977.33	11328.26	13197.55	12268.44	12102.49
青　海	2922.38	2943.51	3398.79	3348.78	3149.59
宁　夏	5936.59	5562.65	5606.88	4918.44	4850.93
新　疆	12970.30	14268.40	16454.39	16075.67	15375.68
东北地区	**47632.41**	**47605.33**	**49226.11**	**44521.46**	**40468.86**
辽　宁	23787.49	24002.81	25423.54	22973.60	20859.60
吉　林	12403.73	12340.61	13061.62	11579.54	10528.83
黑龙江	11441.20	11261.91	10740.95	9968.32	9080.43

数据来源：国家统计局。

表 3-11　2023 年全国及各地区房屋施工面积（月度累计）

单位：万平方米

地　区	1—2 月	1—3 月	1—4 月	1—5 月	1—6 月	1—7 月	1—8 月	1—9 月	1—10 月	1—11 月	1—12 月
全　国	**750239.53**	**764577.15**	**771271.08**	**779506.44**	**791548.27**	**799682.28**	**806415.23**	**815688.34**	**822894.93**	**831344.90**	**838364.47**
东部地区	**331096.30**	**337524.85**	**340492.43**	**344746.87**	**349968.07**	**353343.31**	**357017.24**	**362047.57**	**365643.70**	**370619.29**	**375182.17**
北　京	11394.57	11642.10	11681.17	11731.32	11863.67	11994.37	12058.57	12177.82	12297.24	12419.02	12531.34
天　津	9254.78	9435.03	9527.83	9591.08	9670.13	9722.36	9813.68	10012.20	10003.56	9812.86	9718.32
河　北	27026.35	27640.81	28108.63	28500.05	28934.84	29316.08	29780.44	30271.97	30681.68	31110.54	31674.68
上　海	14446.53	14993.24	14976.63	15193.44	14906.07	15254.17	15666.00	15893.09	16031.15	16502.08	17215.73
江　苏	49708.75	50785.57	51216.28	52084.65	52876.82	53498.05	54082.06	54910.57	55606.47	56750.34	57385.92
浙　江	45237.82	46075.84	46652.76	47373.31	49245.44	49755.96	50578.51	52324.21	53234.70	54560.47	55610.77
福　建	25039.94	25577.59	25791.36	26076.80	26327.73	26511.81	26793.61	26978.83	27214.52	27425.54	27664.36
山　东	64976.84	65715.39	66241.55	67079.09	68036.84	68586.81	69044.27	69652.28	70127.38	70793.50	71308.25
广　东	75869.00	77302.61	77808.63	78538.77	79487.20	80036.27	80462.54	81030.70	81559.44	82259.15	82982.25
海　南	8141.72	8356.67	8487.59	8578.36	8619.33	8667.43	8737.56	8795.90	8887.56	8985.79	9090.55
中部地区	**178679.28**	**181866.88**	**183576.30**	**184064.13**	**186834.67**	**188676.33**	**190031.95**	**192088.55**	**193667.74**	**195473.99**	**196711.57**
山　西	20946.75	22145.87	22414.72	22230.22	23075.51	23495.52	23429.35	24072.46	24187.98	24264.74	24534.87
安　徽	30726.96	31210.24	31735.05	32123.42	32597.60	32907.80	33310.73	33912.32	34309.22	34587.40	34993.68
江　西	19904.85	20178.68	20341.55	20482.22	20821.60	20970.37	21151.97	21189.79	21275.60	21561.90	21609.08
河　南	48488.70	49113.83	49468.37	49393.09	49900.91	50285.59	50609.19	50894.23	51283.54	51734.91	52065.61
湖　北	29197.03	29415.10	29595.21	29638.12	29870.29	30078.20	30349.54	30566.81	30860.02	31258.23	31569.53
湖　南	29414.99	29803.16	30021.40	30197.06	30568.76	30938.85	31181.17	31452.94	31751.38	32066.81	31938.80
西部地区	**203905.05**	**207388.35**	**209410.05**	**212247.46**	**215807.76**	**218506.55**	**219923.98**	**221747.28**	**223477.57**	**224933.27**	**226001.87**
内蒙古	11254.08	11971.90	12182.90	12550.94	12675.83	13553.70	13666.12	13810.74	13936.81	13964.74	13648.75
广　西	27918.89	28139.01	28305.03	28374.51	28577.73	28587.46	28765.12	28997.04	29084.56	29197.04	29531.87
重　庆	19320.78	19405.99	19504.39	19588.98	19770.30	19924.87	20137.29	20223.59	20340.30	20375.36	20529.50
四　川	43504.60	43863.96	44082.55	44420.15	44960.97	45480.03	45906.81	46233.41	46746.16	47164.25	47770.15
贵　州	23178.95	23420.29	23510.70	23567.51	23730.14	23848.49	23976.81	24160.04	24401.47	24566.79	24784.55
云　南	23417.05	23826.80	23873.91	24109.33	24458.51	24700.30	24836.49	24967.39	25047.67	25260.97	25039.31

续表

地 区	1—2 月	1—3 月	1—4 月	1—5 月	1—6 月	1—7 月	1—8 月	1—9 月	1—10 月	1—11 月	1—12 月
西 藏	643.97	642.25	654.14	652.08	652.83	632.94	632.97	634.83	643.41	643.50	645.99
陕 西	23895.62	25433.28	26062.63	26513.79	27334.85	27606.88	27409.47	27744.72	28054.38	28527.10	28573.06
甘 肃	10385.27	10718.04	10821.04	11025.79	11278.42	11450.68	11617.84	11788.20	11884.29	11984.05	12102.49
青 海	2958.63	2951.80	2999.35	3004.22	3039.58	3056.69	3106.83	3108.81	3148.38	3152.52	3149.59
宁 夏	4212.90	4346.47	4422.49	4493.07	4593.14	4616.15	4662.84	4766.00	4815.13	4866.55	4850.93
新 疆	13214.31	12668.56	12990.92	13947.09	14735.46	15048.36	15205.39	15312.51	15375.01	15230.40	15375.68
东北地区	**36558.90**	**37797.07**	**37792.30**	**38447.98**	**38937.77**	**39156.09**	**39442.06**	**39804.94**	**40105.92**	**40318.35**	**40468.86**
辽 宁	19193.13	19693.38	19717.16	19908.08	20168.77	20278.12	20390.34	20523.71	20660.64	20797.56	20859.60
吉 林	9022.02	9625.56	9553.55	9904.67	10062.97	10094.18	10207.87	10334.32	10453.66	10472.04	10528.83
黑龙江	8343.75	8478.13	8521.59	8635.23	8706.03	8783.79	8843.85	8946.91	8991.62	9048.75	9080.43

数据来源：国家统计局。

表 3-12 2019—2023 年全国及各地区住宅施工面积

单位：万平方米

地 区	2019 年	2020 年	2021 年	2022 年	2023 年
全 国	**627673.42**	**655557.72**	**690319.37**	**639695.93**	**589884.27**
东部地区	**269203.48**	**284746.55**	**292810.60**	**271478.79**	**253042.82**
北 京	5640.11	6715.26	6895.64	6713.60	6255.50
天 津	8156.94	8518.17	8781.75	7733.55	6728.94
河 北	23023.40	24276.14	27646.06	26140.77	24774.92
上 海	7446.43	7712.25	7603.14	7759.31	8020.72
江 苏	49010.85	51020.11	51068.75	46154.98	41789.47
浙 江	31175.94	36070.35	36911.51	34773.39	33749.14
福 建	22456.97	22929.82	23458.10	21402.88	18386.19
山 东	55941.98	58913.61	60712.62	55318.78	52050.69
广 东	59664.36	62695.09	63828.96	59483.86	55396.64
海 南	6686.50	5895.75	5904.07	5997.67	5890.61
中部地区	**162703.71**	**169556.01**	**181870.46**	**167394.78**	**150132.32**
山 西	14323.76	16419.90	18600.48	19068.62	18479.55
安 徽	31953.75	33686.67	35151.05	30610.18	26135.21
江 西	17661.43	17891.22	19284.34	17604.24	16743.40
河 南	43971.26	44943.22	48580.05	45097.08	40876.00
湖 北	25540.84	26598.05	28451.25	26076.54	23477.85
湖 南	29252.68	30016.95	31803.29	28938.12	24420.31
西部地区	**161506.24**	**166798.13**	**179826.13**	**168306.43**	**157179.39**
内蒙古	10808.28	10780.02	11693.85	10988.27	9833.22
广 西	22061.19	23779.14	25219.48	23818.31	21684.80
重 庆	18466.12	18241.78	17709.78	15033.09	13608.20

续表

地　区	2019 年	2020 年	2021 年	2022 年	2023 年
四　川	32151.96	33706.21	36153.61	34778.90	31909.94
贵　州	18426.52	18390.09	20033.09	18369.63	17432.36
云　南	17531.69	17482.38	19720.94	18509.16	16805.83
西　藏	549.81	684.04	658.42	483.08	466.94
陕　西	20154.62	20702.43	21923.15	20656.45	20467.39
甘　肃	7473.29	7824.44	9337.42	8953.59	8874.30
青　海	1931.17	2021.89	2418.69	2377.54	2250.51
宁　夏	3789.29	3633.11	3760.32	3402.57	3378.11
新　疆	8162.30	9552.60	11197.38	10935.84	10467.79
东北地区	**34259.99**	**34457.03**	**35812.18**	**32515.93**	**29529.74**
辽　宁	17429.59	17800.29	18823.30	17043.82	15408.13
吉　林	8614.03	8524.10	9157.73	8172.35	7499.03
黑龙江	8216.36	8132.64	7831.15	7299.76	6622.58

数据来源：国家统计局。

表 3-13　2023 年全国及各地区住宅施工面积（月度累计）

单位：万平方米

地　区	1—2 月	1—3 月	1—4 月	1—5 月	1—6 月	1—7 月	1—8 月	1—9 月	1—10 月	1—11 月	1—12 月
全　国	**527695.21**	**538214.33**	**542968.21**	**548474.68**	**557083.21**	**563025.83**	**567791.75**	**574249.95**	**579361.46**	**585309.37**	**589884.27**
东部地区	**224088.42**	**228384.24**	**230423.32**	**233087.14**	**236686.36**	**239049.44**	**241361.09**	**244636.80**	**246928.24**	**250253.05**	**253042.82**
北　京	5612.62	5758.25	5777.52	5783.38	5859.16	5945.30	5975.78	6050.66	6103.64	6207.28	6255.50
天　津	6442.77	6541.40	6611.16	6659.70	6709.46	6730.66	6796.17	6945.71	6942.36	6838.01	6728.94
河　北	21046.63	21521.57	21893.70	22210.43	22564.28	22885.62	23249.59	23650.39	23978.93	24346.81	24774.92
上　海	6536.85	6779.64	6782.21	6912.79	6821.00	7122.09	7251.02	7387.51	7414.76	7764.96	8020.72
江　苏	36535.42	37302.11	37581.35	38071.92	38609.96	39055.69	39477.17	40039.90	40498.23	41338.90	41789.47
浙　江	27698.52	28177.99	28555.49	28943.25	30071.58	30344.30	30878.52	31837.37	32394.89	33026.72	33749.14
福　建	16693.67	17079.20	17246.31	17386.48	17559.14	17666.67	17852.11	17963.72	18110.39	18226.72	18386.19
山　东	47456.55	48030.56	48388.68	49019.03	49661.97	50072.17	50389.93	50783.77	51102.66	51615.19	52050.69
广　东	50775.57	51783.53	52107.74	52575.55	53254.12	53604.13	53826.56	54276.68	54613.80	55049.06	55396.64
海　南	5289.82	5409.99	5479.16	5524.61	5575.69	5622.81	5664.24	5701.09	5768.58	5839.40	5890.61
中部地区	**135965.36**	**138506.74**	**139850.04**	**140277.68**	**142391.25**	**143848.37**	**144988.16**	**146558.28**	**147860.42**	**149243.42**	**150132.32**
山　西	15652.32	16614.60	16830.82	16731.21	17342.07	17636.39	17630.89	18095.26	18186.57	18261.14	18479.55
安　徽	23109.97	23438.81	23800.26	24089.86	24413.43	24622.44	24929.17	25353.72	25673.69	25882.97	26135.21
江　西	15401.19	15629.73	15751.12	15849.26	16113.98	16225.91	16385.75	16434.03	16488.50	16695.14	16743.40
河　南	37795.08	38336.83	38677.45	38651.14	39089.63	39434.82	39693.87	39943.91	40275.82	40630.33	40876.00
湖　北	21666.53	21851.36	21949.52	21960.34	22143.38	22326.40	22560.96	22715.00	22965.25	23242.89	23477.85
湖　南	22340.27	22635.41	22840.87	22995.87	23288.76	23602.41	23787.52	24016.36	24270.59	24530.95	24420.31
西部地区	**141272.21**	**143940.29**	**145254.58**	**147182.36**	**149704.55**	**151639.75**	**152725.92**	**154055.47**	**155346.53**	**156419.06**	**157179.39**

续表

地 区	1—2 月	1—3 月	1—4 月	1—5 月	1—6 月	1—7 月	1—8 月	1—9 月	1—10 月	1—11 月	1—12 月
内蒙古	7992.71	8513.69	8690.64	8960.24	9075.13	9729.15	9811.12	9914.61	10024.89	10029.87	9833.22
广 西	20514.61	20702.78	20798.61	20823.11	20965.21	20963.84	21107.48	21287.36	21374.40	21450.39	21684.80
重 庆	12821.37	12867.99	12927.78	12986.97	13096.13	13194.49	13350.23	13413.98	13479.91	13510.22	13608.20
四 川	28990.89	29282.16	29410.05	29629.39	30000.00	30320.83	30626.25	30828.25	31207.05	31505.39	31909.94
贵 州	16248.20	16439.17	16482.88	16516.17	16634.97	16723.00	16825.29	16985.61	17169.65	17290.06	17432.36
云 南	15693.07	15965.81	15991.93	16148.41	16365.99	16558.71	16652.97	16753.61	16810.72	16957.44	16805.83
西 藏	449.71	448.68	457.54	462.61	461.84	459.02	460.80	460.80	465.22	465.30	466.94
陕 西	17086.56	18160.95	18565.40	18916.73	19524.09	19727.78	19620.05	19877.65	20121.45	20485.52	20467.39
甘 肃	7566.76	7833.48	7911.67	8069.59	8242.49	8378.29	8499.05	8619.01	8694.28	8785.29	8874.30
青 海	2070.89	2070.16	2107.06	2107.15	2136.06	2152.98	2208.24	2212.70	2249.38	2252.51	2250.51
宁 夏	2885.70	2988.44	3049.89	3104.05	3162.27	3181.39	3218.13	3309.36	3353.18	3391.66	3378.11
新 疆	8951.74	8666.98	8861.13	9457.94	10040.37	10250.27	10346.31	10392.53	10396.40	10295.41	10467.79
东北地区	**26369.22**	**27383.06**	**27440.27**	**27927.50**	**28301.05**	**28488.27**	**28716.58**	**28999.40**	**29226.27**	**29393.84**	**29529.74**
辽 宁	14066.47	14461.40	14520.67	14676.96	14888.29	14981.47	15061.97	15159.58	15263.66	15373.98	15408.13
吉 林	6265.20	6797.67	6761.22	7001.68	7109.96	7139.17	7235.44	7331.17	7414.01	7426.17	7499.03
黑龙江	6037.55	6123.99	6158.38	6248.86	6302.80	6367.63	6419.17	6508.65	6548.60	6593.69	6622.58

数据来源：国家统计局。

表 3-14　2019—2023 年全国及各地区办公楼施工面积

单位：万平方米

地 区	2019 年	2020 年	2021 年	2022 年	2023 年
全 国	**37251.82**	**37083.57**	**37729.60**	**34917.11**	**33131.76**
东部地区	**21118.05**	**21250.52**	**21564.79**	**20313.78**	**19542.12**
北 京	1951.02	1654.23	1461.39	1307.26	1197.17
天 津	562.40	586.48	516.61	403.38	346.83
河 北	684.94	657.22	685.35	615.79	505.47
上 海	2130.54	2282.65	2615.02	2494.76	2531.61
江 苏	2456.54	2384.36	2327.19	2223.62	2030.92
浙 江	2864.84	2841.13	2895.91	2805.55	2953.45
福 建	2030.75	1848.05	1525.72	1372.54	1259.76
山 东	3018.86	2891.17	2959.61	2811.00	2719.42
广 东	5159.27	5737.68	6103.22	5751.13	5430.67
海 南	258.89	367.55	474.77	528.75	566.82
中部地区	**6487.74**	**6546.89**	**6854.94**	**6209.67**	**5601.83**
山 西	554.04	501.44	575.70	526.99	512.36
安 徽	1268.31	1211.92	1236.31	1046.85	851.28
江 西	598.24	622.77	654.26	493.30	506.41
河 南	1856.95	1755.06	1856.89	1704.94	1574.26

续表

地 区	2019 年	2020 年	2021 年	2022 年	2023 年
湖 北	1173.24	1436.88	1576.18	1635.23	1523.67
湖 南	1036.96	1018.82	955.60	802.36	633.85
西部地区	**8355.91**	**8020.43**	**7956.92**	**7157.89**	**6831.68**
内蒙古	387.59	243.01	209.62	178.85	163.58
广 西	835.57	864.93	813.58	710.21	647.95
重 庆	727.73	701.86	738.76	538.01	469.38
四 川	2029.80	2173.66	2162.03	2037.67	2005.43
贵 州	824.39	627.19	568.14	507.01	441.37
云 南	929.18	855.66	1007.27	919.11	862.99
西 藏	20.05	30.22	47.28	29.17	18.36
陕 西	1420.03	1470.57	1373.08	1358.33	1446.54
甘 肃	278.90	327.07	316.00	262.88	258.27
青 海	87.56	67.47	73.32	81.38	72.69
宁 夏	264.58	187.98	151.13	114.83	98.49
新 疆	550.53	470.81	496.71	420.44	346.63
东北地区	**1290.11**	**1265.73**	**1352.95**	**1235.77**	**1156.13**
辽 宁	526.03	468.59	516.54	480.30	463.31
吉 林	549.75	581.81	625.87	553.16	495.76
黑龙江	214.33	215.33	210.54	202.31	197.06

数据来源：国家统计局。

表 3-15　2023 年全国及各地区办公楼施工面积（月度累计）

单位：万平方米

地 区	1—2 月	1—3 月	1—4 月	1—5 月	1—6 月	1—7 月	1—8 月	1—9 月	1—10 月	1—11 月	1—12 月
全 国	**30521.66**	**30762.00**	**30950.82**	**31306.36**	**31521.17**	**31753.84**	**31961.85**	**32259.84**	**32458.58**	**32664.73**	**33131.76**
东部地区	**17765.36**	**17916.89**	**17999.03**	**18300.36**	**18332.95**	**18490.42**	**18672.34**	**18851.21**	**19008.04**	**19168.52**	**19542.12**
北 京	1114.87	1126.23	1132.54	1146.84	1148.44	1148.44	1148.63	1143.84	1167.68	1177.89	1197.17
天 津	382.79	384.17	384.57	387.60	387.60	399.71	399.71	401.35	401.35	344.42	346.83
河 北	476.71	480.84	487.70	488.02	487.41	493.55	495.09	494.48	500.85	499.86	505.47
上 海	2265.52	2331.92	2323.45	2330.25	2242.60	2249.10	2307.15	2298.67	2334.57	2340.05	2531.61
江 苏	1834.26	1866.47	1856.55	1908.40	1943.13	1968.04	1983.32	2007.62	2025.22	2038.33	2030.92
浙 江	2405.35	2408.83	2447.49	2493.07	2573.72	2642.50	2668.27	2783.19	2796.31	2918.40	2953.45
福 建	1206.85	1204.97	1207.67	1213.26	1220.27	1242.07	1242.99	1245.20	1254.20	1262.39	1259.76
山 东	2509.20	2511.79	2520.99	2573.53	2604.14	2630.63	2650.54	2678.00	2714.62	2725.35	2719.42
广 东	5090.20	5094.86	5123.73	5243.36	5200.85	5193.43	5244.26	5264.45	5278.14	5317.39	5430.67
海 南	479.61	506.81	514.34	516.03	524.79	522.95	532.38	534.41	535.10	544.44	566.82
中部地区	**5303.60**	**5363.00**	**5369.59**	**5345.56**	**5421.73**	**5456.54**	**5464.23**	**5532.47**	**5543.28**	**5559.63**	**5601.83**
山 西	453.47	483.31	487.44	460.31	497.84	500.88	486.99	504.32	509.77	508.54	512.36

续表

地 区	1—2月	1—3月	1—4月	1—5月	1—6月	1—7月	1—8月	1—9月	1—10月	1—11月	1—12月
安 徽	737.62	750.65	759.11	761.42	772.02	778.51	779.65	819.09	818.05	827.60	851.28
江 西	468.44	469.89	473.52	472.10	483.64	505.86	507.93	512.58	516.41	517.12	506.41
河 南	1560.55	1567.72	1558.80	1550.07	1554.72	1556.32	1558.81	1559.36	1559.79	1562.53	1574.26
湖 北	1457.27	1457.44	1458.08	1482.86	1494.89	1495.35	1506.87	1510.73	1511.90	1514.09	1523.67
湖 南	626.25	633.99	632.64	618.80	618.62	619.62	623.98	626.39	627.36	629.75	633.85
西部地区	**6315.01**	**6361.95**	**6454.76**	**6531.82**	**6625.73**	**6664.03**	**6681.75**	**6724.86**	**6752.37**	**6780.81**	**6831.68**
内蒙古	141.42	143.08	143.36	156.70	151.90	162.51	162.60	165.48	161.43	160.35	163.58
广 西	587.29	594.97	596.87	609.68	609.91	614.23	614.53	614.86	616.22	638.62	647.95
重 庆	467.52	455.99	461.59	465.51	468.15	466.67	466.72	466.72	466.72	466.68	469.38
四 川	1862.31	1875.44	1881.22	1898.42	1926.83	1946.38	1956.28	1973.34	1980.85	1984.13	2005.43
贵 州	428.37	428.86	422.25	422.07	422.72	425.04	425.04	425.38	436.05	436.44	441.37
云 南	827.98	834.60	835.00	838.74	859.36	846.02	852.00	860.97	860.77	860.74	862.99
西 藏	26.83	26.85	26.89	20.12	20.12	19.52	19.26	19.70	19.94	19.94	18.36
陕 西	1209.70	1284.54	1356.48	1357.84	1388.00	1398.93	1400.88	1401.62	1407.53	1408.18	1446.54
甘 肃	235.70	237.05	237.24	238.76	239.69	240.07	240.08	251.12	253.16	253.16	258.27
青 海	82.38	78.52	78.84	78.84	79.44	77.98	77.98	72.68	72.69	72.69	72.69
宁 夏	100.73	98.30	98.30	98.25	98.25	98.25	98.25	98.49	98.49	98.49	98.49
新 疆	344.78	303.75	316.72	346.89	361.36	368.43	368.13	374.50	378.52	381.39	346.63
东北地区	**1137.69**	**1120.16**	**1127.44**	**1128.62**	**1140.76**	**1142.85**	**1143.53**	**1151.30**	**1154.89**	**1155.77**	**1156.13**
辽 宁	450.16	457.33	446.41	447.42	451.30	452.17	452.26	459.30	462.84	463.07	463.31
吉 林	505.54	481.08	486.68	486.77	494.31	494.52	494.73	495.45	495.45	495.78	495.76
黑龙江	181.99	181.75	194.35	194.43	195.15	196.16	196.54	196.55	196.60	196.92	197.06

数据来源：国家统计局。

表 3-16　2019—2023 年全国及各地区商业营业用房施工面积

单位：万平方米

地 区	2019 年	2020 年	2021 年	2022 年	2023 年
全 国	**100389.49**	**93197.67**	**90676.77**	**79966.12**	**72180.71**
东部地区	**36854.17**	**36102.23**	**35018.92**	**31533.57**	**29322.01**
北 京	1051.99	1092.06	1006.65	832.96	825.20
天 津	1057.83	1127.65	1171.01	1039.69	919.29
河 北	2528.83	2407.74	2376.69	2150.56	1828.72
上 海	1775.50	1820.52	1866.67	1698.50	1618.66
江 苏	6401.33	6082.26	5490.81	4822.00	4306.97
浙 江	4693.46	4846.71	4799.69	4450.93	4570.29
福 建	3253.89	2997.92	2746.59	2378.14	2133.98
山 东	7095.24	6611.86	6458.29	5824.48	5204.35
广 东	7846.26	7937.75	7828.19	7185.81	6705.64

续表

地　区	2019 年	2020 年	2021 年	2022 年	2023 年
海　南	1149.84	1177.76	1274.33	1150.50	1208.91
中部地区	**24944.94**	**22898.01**	**22090.01**	**18650.68**	**15924.55**
山　西	1993.94	1825.93	1972.27	1836.01	1717.77
安　徽	5516.10	4899.12	4477.86	3544.15	2967.66
江　西	3029.94	2741.61	2757.86	2364.30	2188.82
河　南	6130.07	5549.57	5260.70	4349.42	3694.73
湖　北	3323.36	3205.14	3057.72	2744.03	2403.51
湖　南	4951.54	4676.64	4563.60	3812.77	2952.06
西部地区	**31525.81**	**27611.53**	**27276.64**	**24400.95**	**22106.10**
内蒙古	2647.65	2247.27	2241.08	1912.08	1609.85
广　西	2831.24	2742.82	2745.10	2473.50	2306.64
重　庆	3474.74	3041.00	2900.18	2446.77	2170.08
四　川	5704.08	5010.34	4918.26	4576.75	3852.55
贵　州	4253.08	3533.80	3370.84	2957.85	2699.38
云　南	3611.36	2959.76	2894.32	2706.77	2466.34
西　藏	106.40	129.07	126.10	88.30	89.75
陕　西	3112.35	2784.71	2737.62	2477.13	2336.69
甘　肃	1563.49	1322.63	1363.32	1027.12	998.13
青　海	500.32	420.14	412.04	387.10	360.66
宁　夏	972.72	833.19	762.70	591.41	583.27
新　疆	2748.38	2586.80	2805.08	2756.17	2632.76
东北地区	**7064.57**	**6585.90**	**6291.20**	**5380.92**	**4828.05**
辽　宁	3568.52	3342.00	3239.17	2699.28	2440.01
吉　林	1767.04	1646.84	1585.46	1373.15	1222.46
黑龙江	1729.01	1597.06	1466.57	1308.49	1165.58

数据来源：国家统计局。

表 3-17　2023 年全国及各地区商业营业用房施工面积（月度累计）

单位：万平方米

地　区	1—2 月	1—3 月	1—4 月	1—5 月	1—6 月	1—7 月	1—8 月	1—9 月	1—10 月	1—11 月	1—12 月
全　国	**66350.11**	**67271.29**	**67709.76**	**68321.15**	**69190.44**	**69684.41**	**70258.27**	**70824.98**	**71390.81**	**71969.58**	**72180.71**
东部地区	**26356.71**	**26790.96**	**27033.58**	**27331.03**	**27701.77**	**27792.58**	**28135.31**	**28458.51**	**28772.57**	**29122.88**	**29322.01**
北　京	755.22	764.40	775.30	781.61	782.98	795.33	791.91	792.30	808.15	817.04	825.20
天　津	905.93	934.22	936.81	934.92	942.80	941.16	947.32	947.48	929.79	924.79	919.29
河　北	1679.98	1710.77	1733.60	1739.73	1755.63	1763.86	1781.84	1791.79	1806.64	1806.94	1828.72
上　海	1431.05	1487.31	1493.87	1535.97	1520.63	1443.39	1540.55	1552.68	1573.45	1563.82	1618.66
江　苏	3778.16	3819.82	3871.61	3963.89	4025.82	4067.48	4114.79	4175.65	4249.36	4299.50	4306.97
浙　江	3781.79	3848.15	3870.15	3920.20	4064.34	4082.59	4129.90	4264.98	4366.12	4506.04	4570.29

续表

地　区	1—2月	1—3月	1—4月	1—5月	1—6月	1—7月	1—8月	1—9月	1—10月	1—11月	1—12月
福　建	1955.69	1985.76	1992.45	2013.45	2024.82	2037.32	2055.37	2071.72	2090.04	2116.30	2133.98
山　东	4819.69	4865.21	4924.65	4946.26	5034.84	5044.98	5073.46	5133.99	5169.33	5224.22	5204.35
广　东	6139.91	6215.04	6265.70	6305.33	6360.38	6422.13	6499.91	6525.53	6572.40	6652.51	6705.64
海　南	1109.29	1160.28	1169.44	1189.67	1189.53	1194.34	1200.26	1202.39	1207.29	1211.72	1208.91
中部地区	**14940.48**	**15135.51**	**15231.16**	**15219.11**	**15365.47**	**15497.16**	**15580.23**	**15669.60**	**15768.87**	**15886.01**	**15924.55**
山　西	1535.77	1595.59	1603.34	1586.19	1629.55	1657.53	1649.90	1691.34	1703.82	1703.54	1717.77
安　徽	2707.37	2727.13	2789.09	2798.60	2832.17	2862.75	2878.12	2906.92	2924.76	2935.08	2967.66
江　西	2084.49	2109.96	2118.43	2134.53	2161.31	2171.06	2175.65	2159.91	2171.09	2198.35	2188.82
河　南	3508.74	3549.70	3571.57	3558.43	3578.71	3599.61	3613.00	3621.70	3647.20	3678.80	3694.73
湖　北	2255.47	2268.13	2271.38	2268.56	2263.94	2290.24	2322.17	2331.97	2347.59	2379.31	2403.51
湖　南	2848.64	2885.00	2877.35	2872.80	2899.79	2915.97	2941.39	2957.76	2974.41	2990.93	2952.06
西部地区	**20435.86**	**20645.02**	**20787.47**	**21045.26**	**21360.93**	**21615.59**	**21743.19**	**21871.04**	**22002.00**	**22114.55**	**22106.10**
内蒙古	1432.96	1533.02	1523.17	1548.95	1548.99	1617.64	1625.47	1639.90	1636.22	1643.20	1609.85
广　西	2192.20	2194.53	2215.11	2234.34	2258.77	2253.73	2275.73	2281.64	2287.98	2292.41	2306.64
重　庆	2092.90	2098.72	2104.22	2086.47	2125.23	2141.22	2143.99	2126.28	2148.11	2155.25	2170.08
四　川	3631.72	3637.37	3613.75	3638.04	3641.96	3678.70	3717.25	3759.72	3790.52	3808.64	3852.55
贵　州	2593.00	2610.76	2629.49	2639.86	2651.51	2664.72	2670.61	2666.86	2670.02	2680.97	2699.38
云　南	2337.98	2357.50	2359.94	2386.91	2427.24	2461.51	2474.47	2477.88	2485.84	2507.65	2466.34
西　藏	80.85	80.12	80.54	81.19	82.71	84.27	85.66	86.65	88.47	88.48	89.75
陕　西	2041.12	2176.10	2209.71	2231.73	2286.66	2304.99	2287.06	2300.45	2305.15	2327.76	2336.69
甘　肃	856.39	870.11	875.71	886.63	928.95	947.40	958.62	984.67	994.80	988.77	998.13
青　海	344.49	344.57	346.53	349.39	352.87	353.25	358.34	359.50	360.34	361.35	360.66
宁　夏	545.35	557.47	557.39	563.37	577.99	579.62	580.31	582.73	582.72	587.95	583.27
新　疆	2286.90	2184.75	2271.91	2398.38	2478.05	2528.54	2565.68	2604.76	2651.83	2672.12	2632.76
东北地区	**4617.06**	**4699.80**	**4657.55**	**4725.75**	**4762.27**	**4779.08**	**4799.54**	**4825.83**	**4847.37**	**4846.14**	**4828.05**
辽　宁	2363.24	2390.53	2391.33	2398.77	2410.32	2419.78	2424.19	2437.49	2442.62	2435.83	2440.01
吉　林	1142.38	1172.90	1138.15	1193.07	1205.45	1208.56	1224.11	1232.73	1248.25	1248.49	1222.46
黑龙江	1111.44	1136.37	1128.07	1133.91	1146.50	1150.74	1151.24	1155.61	1156.50	1161.82	1165.58

数据来源：国家统计局。

2. 各地区房屋新开工面积

表 3-18　2019—2023 年全国及各地区房屋新开工面积

单位：万平方米

地　区	2019 年	2020 年	2021 年	2022 年	2023 年
全　国	**227153.58**	**224433.15**	**198895.05**	**120587.08**	**95375.54**
东部地区	**94806.76**	**98704.39**	**86324.75**	**52928.87**	**44774.73**
北　京	2073.21	3006.62	1895.93	1774.41	1257.14

续表

地　区	2019 年	2020 年	2021 年	2022 年	2023 年
天　津	2544.84	2161.86	1885.36	667.20	1031.83
河　北	9452.68	10232.19	9069.19	5395.28	4953.35
上　海	3063.44	3440.62	3845.97	2939.74	2373.60
江　苏	16227.47	17672.82	16873.29	9907.30	8234.48
浙　江	12730.92	15875.49	12305.31	7988.56	7537.25
福　建	6398.36	6637.99	6439.20	4142.36	3526.23
山　东	22658.90	20204.08	16572.10	10520.58	7928.39
广　东	18437.38	18407.77	16097.26	8535.40	6879.83
海　南	1219.56	1064.95	1341.14	1058.04	1052.63
中部地区	**58337.72**	**56366.03**	**51729.46**	**32672.31**	**23468.25**
山　西	4879.09	5795.65	4347.74	3453.91	2498.87
安　徽	11117.46	11785.64	10434.89	6843.01	5174.98
江　西	5862.57	5301.79	5282.04	3629.35	2687.54
河　南	15836.53	14114.24	13652.89	8948.68	5627.85
湖　北	8708.85	8452.55	7843.69	4274.82	3599.09
湖　南	11933.23	10916.16	10168.21	5522.54	3879.92
西部地区	**64473.48**	**60074.23**	**51383.47**	**30746.66**	**23869.97**
内蒙古	3706.06	3287.84	2911.77	1629.07	1427.84
广　西	8218.52	7877.62	5329.29	3033.98	1862.88
重　庆	6725.40	5947.70	4873.36	2224.17	1970.51
四　川	15325.50	13939.74	11493.57	8313.94	5818.60
贵　州	7239.89	5441.06	4528.09	2211.46	1809.31
云　南	8018.51	7538.09	6462.21	2922.93	2154.85
西　藏	416.89	222.83	222.34	80.60	44.24
陕　西	6431.21	5796.94	5970.37	4413.39	4270.16
甘　肃	3307.26	3534.11	3369.78	2105.32	1577.93
青　海	865.90	923.17	790.89	422.52	232.89
宁　夏	1185.67	1039.16	1396.73	766.18	754.45
新　疆	3032.66	4525.97	4035.07	2623.10	1946.31
东北地区	**9535.63**	**9288.50**	**9457.37**	**4239.24**	**3262.59**
辽　宁	4142.51	4404.14	4598.19	2378.60	1578.03
吉　林	2947.01	2662.39	3120.87	869.50	949.24
黑龙江	2446.11	2221.97	1738.31	991.14	735.32

数据来源：国家统计局。

表 3-19　2023 年全国及各地区房屋新开工面积（月度累计）

单位：万平方米

地　区	1—2 月	1—3 月	1—4 月	1—5 月	1—6 月	1—7 月	1—8 月	1—9 月	1—10 月	1—11 月	1—12 月
全　国	**13567.22**	**24121.17**	**31219.94**	**39722.73**	**49879.51**	**56969.12**	**63891.14**	**72123.39**	**79176.63**	**87455.67**	**95375.54**
东部地区	**5951.75**	**10800.92**	**13991.91**	**18077.28**	**22344.13**	**25623.76**	**28767.25**	**32777.60**	**36167.10**	**40529.45**	**44774.73**
北　京	133.47	325.29	404.74	481.54	603.96	720.39	764.93	893.31	981.37	1099.98	1257.14
天　津	103.88	251.44	308.05	382.87	461.86	512.18	593.20	751.75	836.47	911.81	1031.83
河　北	405.19	938.42	1449.49	1877.47	2331.50	2665.68	3098.16	3593.32	4011.60	4547.52	4953.35
上　海	106.98	294.28	566.37	789.74	876.94	1204.31	1398.62	1602.11	1846.27	2096.64	2373.60
江　苏	1154.15	1985.83	2417.52	3131.58	3845.16	4432.36	5045.24	5799.51	6535.52	7530.02	8234.48
浙　江	738.20	1324.38	1806.87	2558.97	3187.52	3786.49	4405.06	5403.19	5997.27	6725.56	7537.25
福　建	808.81	1352.30	1624.84	1891.54	2141.24	2360.68	2631.20	2754.19	2977.61	3243.90	3526.23
山　东	1554.85	2325.26	2862.01	3663.42	4558.45	5164.13	5601.33	6154.12	6609.53	7301.72	7928.39
广　东	749.73	1662.58	2144.11	2811.45	3759.65	4126.35	4526.84	5039.84	5522.93	6117.06	6879.83
海　南	196.49	341.14	407.91	488.70	577.85	651.19	702.67	786.26	848.53	955.24	1052.63
中部地区	**4225.91**	**6888.28**	**8842.30**	**10734.59**	**12944.66**	**14580.62**	**16353.58**	**18229.61**	**19795.71**	**21576.62**	**23468.25**
山　西	158.71	434.65	624.67	784.73	1120.63	1418.49	1642.62	1998.24	2162.48	2325.42	2498.87
安　徽	895.92	1533.73	2059.91	2504.37	3000.68	3258.79	3657.58	4186.62	4529.66	4803.63	5174.98
江　西	578.54	924.29	1140.24	1432.54	1770.57	1907.10	2081.75	2208.92	2335.66	2511.46	2687.54
河　南	1223.88	1924.93	2414.00	2925.71	3340.15	3708.40	4114.24	4389.88	4761.06	5225.20	5627.85
湖　北	775.91	1050.30	1298.09	1475.37	1709.95	1894.38	2204.20	2446.32	2737.34	3163.78	3599.09
湖　南	592.95	1020.38	1305.39	1611.87	2002.68	2393.46	2653.19	2999.63	3269.51	3547.13	3879.92
西部地区	**3264.43**	**5969.29**	**7664.27**	**9826.80**	**12943.81**	**14907.22**	**16618.56**	**18607.55**	**20402.85**	**22299.75**	**23869.97**
内蒙古	9.21	56.72	158.67	307.81	606.17	902.34	1006.50	1206.27	1379.68	1529.48	1427.84
广　西	305.20	582.47	711.56	803.52	1021.94	1109.58	1190.99	1416.80	1491.49	1613.78	1862.88
重　庆	328.47	614.44	749.16	912.07	1140.39	1288.27	1483.30	1619.93	1747.86	1792.56	1970.51
四　川	1316.61	1837.46	2198.39	2589.36	3162.55	3600.69	3987.47	4345.77	4786.21	5222.10	5818.60
贵　州	329.69	587.79	697.01	811.69	968.43	1078.08	1176.59	1299.31	1491.22	1612.67	1809.31
云　南	380.65	773.45	851.72	1068.69	1282.08	1475.17	1581.68	1726.49	1803.15	1975.79	2154.85
西　藏	4.39	5.19	16.55	21.64	24.16	31.24	31.27	33.13	41.66	41.75	44.24
陕　西	459.70	861.92	1283.18	1743.94	2510.42	2795.42	3065.78	3377.10	3701.03	4155.03	4270.16
甘　肃	75.50	329.64	378.15	571.30	808.60	970.47	1134.39	1284.75	1377.76	1489.15	1577.93
青　海	6.21	51.09	87.79	108.00	141.11	150.30	182.82	189.13	227.31	231.45	232.89
宁　夏	29.88	201.81	283.63	369.22	464.22	483.02	529.69	631.67	688.07	747.05	754.45
新　疆	18.92	67.31	248.46	519.56	813.74	1022.64	1248.08	1477.20	1667.41	1888.94	1946.31
东北地区	**125.13**	**462.68**	**721.46**	**1084.06**	**1646.91**	**1857.52**	**2151.75**	**2508.63**	**2810.97**	**3049.85**	**3262.59**
辽　宁	97.44	327.02	469.27	636.67	893.56	983.41	1090.64	1219.83	1359.20	1496.15	1578.03
吉　林	27.69	105.12	172.80	259.59	426.20	462.28	577.96	696.10	815.41	856.73	949.24
黑龙江	—	30.54	79.39	187.80	327.15	411.83	483.15	592.70	636.36	696.97	735.32

数据来源：国家统计局。

表 3-20　2019—2023 年全国及各地区住宅新开工面积

单位：万平方米

地 区	2019 年	2020 年	2021 年	2022 年	2023 年
全 国	**167463. 43**	**164328. 53**	**146378. 54**	**88135. 09**	**69285. 61**
东部地区	**68224. 43**	**69864. 21**	**60929. 58**	**36682. 89**	**30768. 61**
北 京	1003. 72	1716. 36	1025. 91	978. 36	715. 06
天 津	1973. 81	1566. 72	1324. 17	501. 12	730. 44
河 北	7404. 40	7979. 05	7146. 19	4300. 12	3972. 93
上 海	1572. 90	1756. 37	1682. 49	1602. 02	1356. 33
江 苏	12478. 43	13538. 15	12794. 45	7298. 02	5802. 45
浙 江	8345. 91	10443. 67	7663. 61	4988. 31	4627. 83
福 建	4615. 00	4549. 05	4587. 40	2822. 50	2295. 10
山 东	17096. 90	15063. 71	12500. 82	7765. 74	5804. 45
广 东	12904. 92	12573. 97	11392. 51	5688. 99	4740. 89
海 南	828. 44	677. 16	812. 03	737. 71	723. 13
中部地区	**45652. 70**	**44074. 58**	**41134. 36**	**26000. 30**	**18739. 57**
山 西	3771. 70	4468. 38	3392. 09	2734. 91	2013. 06
安 徽	8704. 45	9243. 72	8140. 41	5237. 57	3843. 99
江 西	4666. 64	4170. 08	4196. 73	2946. 66	2149. 18
河 南	12607. 65	11371. 00	11297. 67	7367. 47	4786. 86
湖 北	6849. 43	6514. 21	6115. 22	3168. 39	2835. 61
湖 南	9052. 83	8307. 19	7992. 24	4545. 30	3110. 87
西部地区	**46449. 92**	**43412. 80**	**37087. 32**	**22152. 13**	**17185. 05**
内蒙古	2783. 87	2485. 53	2261. 80	1137. 06	1082. 25
广 西	6533. 95	5912. 31	4016. 51	2347. 79	1426. 01
重 庆	4593. 17	4106. 57	3231. 19	1540. 96	1359. 84
四 川	10294. 70	9631. 06	7959. 91	5818. 96	3916. 07
贵 州	5235. 85	4009. 19	3311. 51	1636. 82	1331. 22
云 南	5695. 45	5286. 82	4578. 33	2076. 48	1516. 23
西 藏	333. 99	145. 72	147. 23	55. 96	31. 64
陕 西	4873. 52	4488. 42	4484. 90	3075. 58	3217. 55
甘 肃	2406. 64	2620. 69	2553. 45	1660. 79	1210. 61
青 海	640. 42	652. 29	630. 65	310. 68	195. 64
宁 夏	883. 85	784. 84	1015. 07	598. 19	593. 25
新 疆	2174. 49	3289. 36	2896. 77	1892. 86	1304. 74
东北地区	**7136. 38**	**6976. 94**	**7227. 28**	**3299. 77**	**2592. 38**
辽 宁	3190. 97	3396. 87	3457. 72	1799. 40	1254. 84
吉 林	2169. 83	1906. 76	2409. 22	699. 99	722. 93
黑龙江	1775. 59	1673. 31	1360. 34	800. 38	614. 61

数据来源：国家统计局。

表 3-21　2023 年全国及各地区住宅新开工面积（月度累计）

单位：万平方米

地　区	1—2 月	1—3 月	1—4 月	1—5 月	1—6 月	1—7 月	1—8 月	1—9 月	1—10 月	1—11 月	1—12 月
全　国	**9891.01**	**17719.08**	**22899.87**	**29009.78**	**36339.62**	**41546.52**	**46636.08**	**52511.63**	**57658.89**	**63737.04**	**69285.61**
东部地区	**4116.00**	**7556.78**	**9737.62**	**12500.47**	**15461.30**	**17745.74**	**19875.09**	**22533.78**	**24791.56**	**27873.71**	**30768.61**
北　京	64.02	174.75	217.55	250.27	325.76	402.28	432.20	507.55	552.61	632.49	715.06
天　津	69.71	156.23	201.27	242.51	293.93	333.93	397.05	524.64	592.96	648.50	730.44
河　北	314.15	747.91	1157.99	1502.13	1864.93	2135.07	2477.67	2887.33	3219.60	3656.28	3972.93
上　海	48.14	186.37	310.95	452.87	526.88	735.46	811.81	908.02	1062.64	1190.89	1356.33
江　苏	829.40	1422.97	1728.92	2181.31	2674.73	3090.21	3529.88	4062.78	4538.65	5306.30	5802.45
浙　江	425.74	776.16	1050.42	1556.65	1967.33	2332.71	2741.51	3274.84	3621.62	4052.79	4627.83
福　建	507.02	902.75	1112.63	1265.18	1426.21	1544.64	1729.65	1802.95	1948.75	2114.05	2295.10
山　东	1203.25	1780.17	2155.32	2779.84	3396.75	3842.11	4148.03	4501.47	4808.24	5324.45	5804.45
广　东	508.31	1182.47	1532.03	1963.55	2612.33	2893.54	3133.22	3527.99	3872.55	4290.88	4740.89
海　南	146.26	227.00	270.54	306.16	372.45	435.79	474.07	536.21	573.94	657.08	723.13
中部地区	**3335.03**	**5487.61**	**7062.52**	**8594.36**	**10311.26**	**11639.02**	**13083.60**	**14588.15**	**15850.51**	**17265.13**	**18739.57**
山　西	134.13	355.99	516.58	635.73	907.64	1133.17	1319.12	1597.98	1733.97	1867.21	2013.06
安　徽	688.68	1149.01	1526.91	1868.28	2202.92	2390.81	2713.61	3129.25	3379.73	3587.64	3843.99
江　西	465.15	755.20	930.97	1161.27	1422.27	1524.39	1679.66	1782.02	1875.25	2005.11	2149.18
河　南	990.10	1609.00	2041.77	2497.23	2857.94	3180.43	3508.29	3749.32	4065.40	4469.84	4786.86
湖　北	602.36	826.79	1017.89	1159.51	1345.15	1504.04	1757.43	1929.54	2174.91	2488.49	2835.61
湖　南	454.61	791.62	1028.40	1272.34	1575.34	1906.18	2105.49	2400.04	2621.25	2846.84	3110.87
西部地区	**2344.29**	**4320.74**	**5526.67**	**7051.53**	**9261.65**	**10674.08**	**11955.17**	**13380.29**	**14769.83**	**16147.18**	**17185.05**
内蒙古	7.62	47.64	124.39	226.14	463.90	685.40	761.04	906.02	1049.31	1153.22	1082.25
广　西	237.62	446.25	545.21	605.97	769.29	843.18	899.01	1075.39	1150.43	1252.87	1426.01
重　庆	243.65	445.93	529.25	634.43	772.10	865.13	1013.67	1099.42	1199.51	1228.52	1359.84
四　川	893.49	1252.80	1498.14	1750.64	2126.94	2405.33	2679.98	2892.91	3225.20	3517.84	3916.07
贵　州	237.95	442.21	515.72	597.36	714.42	795.62	874.31	978.75	1116.03	1207.47	1331.22
云　南	296.36	567.86	619.74	761.81	902.17	1054.38	1128.12	1233.82	1293.80	1414.67	1516.23
西　藏	4.39	5.15	14.18	19.17	20.17	26.18	26.18	26.18	30.59	30.66	31.64
陕　西	333.33	604.73	901.32	1257.97	1839.78	2057.52	2304.90	2549.93	2802.70	3154.85	3217.55
甘　肃	48.54	255.70	296.67	444.19	622.39	747.91	865.32	987.66	1060.77	1146.26	1210.61
青　海	5.91	44.47	76.66	90.31	119.18	126.72	152.97	156.44	191.73	194.85	195.64
宁　夏	24.72	162.31	226.79	294.00	355.26	370.50	407.10	496.75	543.50	588.44	593.25
新　疆	10.71	45.69	178.60	369.54	556.05	696.21	842.57	977.02	1106.26	1257.53	1304.74
东北地区	**95.69**	**353.95**	**573.06**	**863.42**	**1305.41**	**1487.68**	**1722.22**	**2009.41**	**2246.99**	**2451.02**	**2592.38**
辽　宁	79.41	257.67	374.60	514.83	727.53	805.25	885.38	988.72	1094.77	1209.61	1254.84
吉　林	16.28	73.42	132.69	195.04	308.24	341.22	433.70	527.60	621.58	656.83	722.93
黑龙江	—	22.86	65.77	153.55	269.64	341.21	403.14	493.09	530.64	584.58	614.61

数据来源：国家统计局。

表 3-22　2019—2023 年全国及各地区办公楼新开工面积

单位：万平方米

地　区	2019 年	2020 年	2021 年	2022 年	2023 年
全　国	**7083.59**	**6603.73**	**5223.90**	**3180.14**	**2589.28**
东部地区	**3800.64**	**3877.87**	**3098.57**	**2034.86**	**1695.84**
北　京	170.50	130.53	74.58	64.47	73.24
天　津	44.00	57.02	30.15	11.88	15.27
河　北	209.36	207.19	140.78	64.13	44.02
上　海	388.87	421.09	629.45	314.01	195.64
江　苏	397.26	453.81	413.57	292.45	244.46
浙　江	506.87	506.53	548.53	332.52	353.11
福　建	201.67	277.49	126.36	127.79	113.41
山　东	765.91	598.03	429.17	307.80	244.56
广　东	1063.16	1133.75	584.57	465.10	357.10
海　南	53.04	92.43	121.41	54.71	55.03
中部地区	**1388.26**	**1145.38**	**916.55**	**511.32**	**350.11**
山　西	73.87	83.24	68.61	29.58	27.37
安　徽	265.68	181.56	219.04	89.05	104.28
江　西	104.11	111.31	131.99	30.61	68.75
河　南	428.14	199.63	148.62	132.12	43.71
湖　北	203.42	358.50	201.69	176.46	72.27
湖　南	313.04	211.14	146.60	53.50	33.73
西部地区	**1660.75**	**1431.64**	**1027.98**	**563.84**	**511.64**
内蒙古	36.75	13.60	10.89	23.09	21.38
广　西	81.07	146.73	86.96	28.87	14.41
重　庆	126.42	110.69	104.52	35.07	11.36
四　川	657.40	477.06	290.90	147.10	248.32
贵　州	122.33	51.27	29.49	44.28	21.86
云　南	258.56	224.29	161.84	48.57	39.13
西　藏	14.21	12.53	17.18	0.75	0.80
陕　西	268.85	203.52	189.98	191.16	118.46
甘　肃	31.86	94.45	45.40	5.09	10.74
青　海	7.99	30.00	6.93	14.54	0.33
宁　夏	5.18	5.79	8.15	11.35	0.75
新　疆	50.14	61.71	75.74	13.97	24.10
东北地区	**233.93**	**148.84**	**180.80**	**70.12**	**31.69**
辽　宁	80.70	39.18	64.31	50.70	17.36
吉　林	115.44	79.20	95.15	16.90	9.67
黑龙江	37.79	30.46	21.34	2.52	4.66

数据来源：国家统计局。

表 3-23　2023 年全国及各地区办公楼新开工面积（月度累计）

单位：万平方米

地　区	1—2 月	1—3 月	1—4 月	1—5 月	1—6 月	1—7 月	1—8 月	1—9 月	1—10 月	1—11 月	1—12 月
全　国	**373.06**	**613.36**	**826.16**	**1094.41**	**1352.68**	**1514.93**	**1662.14**	**1937.84**	**2143.34**	**2319.95**	**2589.28**
东部地区	**212.01**	**375.13**	**514.93**	**710.53**	**824.98**	**916.60**	**1031.18**	**1234.37**	**1384.31**	**1526.82**	**1695.84**
北　京	7.69	17.74	24.15	32.64	32.64	32.64	32.83	35.80	41.95	52.16	73.24
天　津	6.25	7.63	7.63	11.05	11.05	11.05	11.05	12.69	12.69	12.72	15.27
河　北	0.77	5.67	14.45	15.43	19.03	24.62	26.24	29.29	35.66	42.92	44.02
上　海	6.88	14.80	54.93	64.01	71.24	73.43	107.01	132.15	145.05	165.39	195.64
江　苏	46.87	65.83	71.29	110.69	130.79	147.35	163.17	191.26	215.96	234.06	244.46
浙　江	27.23	62.32	105.53	119.80	138.31	151.82	165.11	262.98	302.02	333.13	353.11
福　建	40.50	46.70	49.40	54.99	62.11	87.98	88.90	91.11	100.11	108.23	113.41
山　东	28.28	53.94	59.76	89.35	121.51	142.77	160.34	184.55	221.37	233.44	244.56
广　东	46.98	73.05	99.70	181.07	203.76	209.54	240.44	256.42	270.70	296.63	357.10
海　南	0.56	27.45	28.09	31.50	34.54	35.40	36.09	38.12	38.80	48.14	55.03
中部地区	**63.00**	**87.03**	**104.12**	**130.56**	**188.38**	**220.16**	**239.22**	**263.40**	**286.21**	**301.53**	**350.11**
山　西	1.30	1.96	6.31	11.72	16.69	19.30	19.26	21.48	26.94	27.35	27.37
安　徽	12.20	22.49	29.40	32.13	54.41	58.13	59.21	69.10	76.08	84.05	104.28
江　西	11.70	13.16	16.74	17.69	30.78	52.96	55.03	61.66	65.49	66.12	68.75
河　南	6.75	13.91	14.12	21.90	26.54	28.13	30.32	30.87	31.30	31.98	43.71
湖　北	18.55	18.75	20.12	29.38	41.41	42.01	53.80	57.76	62.90	66.22	72.27
湖　南	12.50	16.76	17.43	17.74	18.55	19.63	21.60	22.53	23.50	25.81	33.73
西部地区	**97.28**	**142.13**	**196.81**	**242.03**	**315.44**	**352.12**	**365.02**	**413.31**	**442.15**	**460.51**	**511.64**
内蒙古	—	—	0.52	12.76	13.06	15.09	15.19	18.16	18.22	21.30	21.38
广　西	0.13	1.81	3.71	4.19	4.57	5.15	5.45	5.78	7.13	7.43	14.41
重　庆	2.68	2.68	8.28	8.28	10.93	11.06	11.11	11.11	11.11	11.26	11.36
四　川	73.58	91.77	98.62	124.07	153.73	173.29	183.08	211.17	215.30	227.16	248.32
贵　州	0.24	0.59	4.72	4.54	4.54	7.98	7.98	8.44	19.26	19.64	21.86
云　南	6.98	17.62	17.99	21.73	22.38	22.51	22.53	31.20	31.20	32.05	39.13
西　藏	—	0.02	0.02	0.04	0.05	0.13	0.14	0.58	0.80	0.80	0.80
陕　西	13.65	25.33	59.72	61.07	91.04	99.30	101.02	101.75	107.66	107.98	118.46
甘　肃	0.01	0.81	0.94	2.34	2.49	2.86	2.88	3.60	5.64	5.64	10.74
青　海	—	0.00	0.33	0.33	0.33	0.33	0.33	0.33	0.33	0.33	0.33
宁　夏	—	0.42	0.42	0.51	0.51	0.51	0.51	0.75	0.75	0.75	0.75
新　疆	0.01	1.08	1.54	2.17	11.81	13.91	14.80	20.44	24.75	26.17	24.10
东北地区	**0.77**	**9.07**	**10.30**	**11.29**	**23.88**	**26.05**	**26.72**	**26.76**	**30.67**	**31.09**	**31.69**
辽　宁	0.75	7.68	8.91	9.82	12.35	13.22	13.31	13.34	16.89	16.89	17.36
吉　林	0.02	1.39	1.39	1.39	8.94	9.14	9.35	9.35	9.35	9.68	9.67
黑龙江	—	—	—	0.08	2.59	3.69	4.06	4.07	4.43	4.52	4.66

数据来源：国家统计局。

表 3-24　2019—2023 年全国及各地区商业营业用房新开工面积

单位：万平方米

地　区	2019 年	2020 年	2021 年	2022 年	2023 年
全　国	**18936.28**	**18012.31**	**14105.48**	**8194.55**	**6458.63**
东部地区	**6782.06**	**7206.24**	**5595.36**	**3337.26**	**2839.03**
北　京	139.55	124.56	107.63	71.80	59.15
天　津	215.14	238.76	145.18	38.32	54.49
河　北	602.31	726.80	428.55	263.44	173.55
上　海	286.83	331.70	347.73	162.29	124.51
江　苏	1237.21	1407.88	1039.60	659.10	542.41
浙　江	911.42	1059.94	890.25	569.00	539.30
福　建	331.54	446.88	382.51	220.70	218.72
山　东	1603.25	1346.74	1027.85	644.91	532.29
广　东	1283.32	1388.11	1009.17	601.35	512.44
海　南	171.50	134.87	216.89	106.35	82.17
中部地区	**5035.20**	**4563.00**	**3513.26**	**2140.32**	**1465.84**
山　西	360.38	353.39	246.28	170.40	126.32
安　徽	903.23	964.66	651.98	430.36	305.56
江　西	581.76	507.92	414.40	259.84	219.55
河　南	1298.68	1051.15	895.23	558.52	305.79
湖　北	690.78	619.59	453.92	335.65	220.63
湖　南	1200.38	1066.29	851.45	385.55	287.99
西部地区	**6092.76**	**5306.69**	**4176.27**	**2383.14**	**1909.19**
内蒙古	324.00	296.77	199.86	149.59	87.37
广　西	566.65	516.37	315.69	174.34	97.66
重　庆	579.82	453.36	470.78	167.39	164.22
四　川	1534.99	1221.75	868.07	587.01	458.31
贵　州	774.32	541.58	402.68	143.59	125.70
云　南	754.86	686.57	439.61	229.88	187.15
西　藏	37.63	29.24	31.02	11.92	8.22
陕　西	553.06	414.27	391.29	279.76	223.42
甘　肃	314.31	300.46	246.14	119.60	117.98
青　海	109.18	118.36	56.08	42.02	16.09
宁　夏	109.08	77.84	106.79	44.40	46.02
新　疆	434.87	650.12	648.26	433.64	377.05
东北地区	**1026.26**	**936.38**	**820.59**	**333.83**	**244.57**
辽　宁	404.58	447.77	423.27	189.30	103.70
吉　林	280.84	266.98	221.96	55.26	88.85
黑龙江	340.85	221.63	175.36	89.27	52.02

数据来源：国家统计局。

表 3-25　2023 年全国及各地区商业营业用房新开工面积（月度累计）

单位：万平方米

地　区	1—2 月	1—3 月	1—4 月	1—5 月	1—6 月	1—7 月	1—8 月	1—9 月	1—10 月	1—11 月	1—12 月
全　国	**879.37**	**1581.05**	**2109.41**	**2631.07**	**3373.95**	**3849.13**	**4358.37**	**4910.30**	**5368.97**	**5892.88**	**6458.63**
东部地区	**367.52**	**665.43**	**925.62**	**1127.11**	**1383.11**	**1595.82**	**1829.82**	**2094.17**	**2335.48**	**2602.80**	**2839.03**
北　京	3.40	11.12	21.56	26.98	28.46	28.46	28.62	32.65	49.07	53.74	59.15
天　津	15.75	31.88	33.35	43.09	50.72	51.24	57.34	48.18	50.82	54.76	54.49
河　北	10.16	37.50	58.53	68.85	84.01	91.17	108.65	119.80	133.73	158.61	173.55
上　海	7.85	11.99	34.30	42.81	40.73	42.18	64.77	83.35	85.57	110.85	124.51
江　苏	72.03	119.91	154.44	201.65	268.30	304.03	347.57	379.85	457.12	485.05	542.41
浙　江	67.77	120.25	170.34	201.84	223.23	289.13	317.94	396.14	435.38	491.49	539.30
福　建	38.41	60.07	69.60	89.96	103.18	131.70	149.74	163.00	169.67	197.60	218.72
山　东	86.60	135.95	197.64	225.23	287.85	327.06	356.37	430.31	465.59	507.04	532.29
广　东	54.94	94.33	140.23	176.90	245.63	273.53	337.15	377.10	418.05	464.63	512.44
海　南	10.61	42.43	45.63	49.80	51.00	57.32	61.67	63.79	70.48	79.03	82.17
中部地区	**283.42**	**463.71**	**595.24**	**706.97**	**850.12**	**938.17**	**1052.22**	**1134.23**	**1228.62**	**1337.18**	**1465.84**
山　西	7.04	23.63	31.68	38.35	53.64	68.05	85.95	100.53	108.12	113.63	126.32
安　徽	46.71	86.63	137.25	154.43	193.59	210.53	222.02	238.83	261.57	277.67	305.56
江　西	46.59	78.76	88.93	121.13	150.13	158.71	163.25	171.00	180.20	207.40	219.55
河　南	75.80	113.27	140.46	165.65	182.45	200.72	235.69	244.07	269.68	280.76	305.79
湖　北	38.33	60.33	74.38	86.78	96.77	107.77	128.34	139.51	155.09	187.79	220.63
湖　南	68.95	101.09	122.54	140.63	173.54	192.39	216.97	240.29	253.96	269.93	287.99
西部地区	**208.71**	**397.41**	**519.88**	**709.08**	**1015.70**	**1175.11**	**1316.18**	**1494.22**	**1604.22**	**1742.81**	**1909.19**
内蒙古	1.01	3.60	7.45	14.78	27.34	48.96	56.78	69.79	75.86	87.70	87.37
广　西	10.09	25.36	35.06	48.17	61.81	61.12	70.49	75.10	81.06	86.36	97.66
重　庆	15.05	44.76	54.08	74.98	124.81	134.68	138.46	147.15	150.56	157.07	164.22
四　川	113.01	152.20	170.30	196.77	229.73	260.06	296.40	342.69	368.94	395.09	458.31
贵　州	23.78	40.91	45.95	61.35	73.68	80.01	85.88	93.50	98.63	106.00	125.70
云　南	10.20	28.86	39.89	67.32	101.46	117.07	133.83	143.85	149.29	167.78	187.15
西　藏	—	0.01	1.57	1.63	3.15	4.15	4.16	5.15	6.96	6.97	8.22
陕　西	26.85	59.55	80.99	104.63	156.86	181.00	175.69	182.61	190.41	209.77	223.42
甘　肃	4.28	19.55	18.72	27.77	52.76	70.55	82.07	94.70	100.82	108.50	117.98
青　海	—	1.26	3.16	6.20	8.16	8.54	12.36	13.55	14.39	15.40	16.09
宁　夏	0.59	11.23	14.93	19.38	31.57	33.20	35.56	37.93	40.53	45.59	46.02
新　疆	3.85	10.12	47.78	86.10	144.37	175.77	224.50	288.20	326.77	356.58	377.05
东北地区	**19.72**	**54.50**	**68.67**	**87.91**	**125.02**	**140.03**	**160.15**	**187.68**	**200.65**	**210.09**	**244.57**
辽　宁	10.36	32.01	39.89	47.63	59.96	66.94	71.18	82.62	88.14	94.86	103.70
吉　林	9.36	17.36	21.04	24.70	35.74	39.09	54.08	64.03	70.57	70.82	88.85
黑龙江	—	5.13	7.74	15.58	29.32	34.00	34.89	41.03	41.94	44.41	52.02

数据来源：国家统计局。

3. 各地区房屋竣工面积

表 3-26　2019—2023 年全国及各地区房屋竣工面积

单位：万平方米

地　区	2019 年	2020 年	2021 年	2022 年	2023 年
全　国	**95941.53**	**91218.22**	**101411.95**	**86222.22**	**99831.07**
东部地区	**47775.65**	**47850.01**	**48600.13**	**41325.07**	**50008.96**
北　京	1343.28	1545.72	1983.86	1938.48	2042.25
天　津	1655.50	1634.47	1892.82	1503.65	1813.99
河　北	2679.96	2367.17	2522.55	2522.65	3420.97
上　海	2669.67	2877.78	2739.55	1676.40	2096.36
江　苏	9369.08	11151.04	9140.70	7892.16	8816.86
浙　江	5738.82	6692.70	6387.14	6130.27	9933.66
福　建	2882.29	3804.07	4041.68	4063.38	4264.91
山　东	10179.25	9325.86	11373.68	6686.02	8861.53
广　东	9955.54	7763.75	8043.47	8161.12	8017.13
海　南	1302.26	687.45	474.68	750.94	741.30
中部地区	**23748.92**	**20844.08**	**27014.12**	**22703.47**	**24011.73**
山　西	2739.22	1481.18	2639.30	2126.82	2345.01
安　徽	5673.90	5100.86	7012.89	5945.19	5634.09
江　西	2230.76	2238.50	2517.44	1462.76	1935.31
河　南	6571.21	5412.77	6841.90	6451.78	6043.89
湖　北	2558.60	2646.83	3398.36	3281.21	3779.16
湖　南	3975.24	3963.94	4604.23	3435.71	4274.27
西部地区	**20173.08**	**18273.03**	**21645.07**	**18791.85**	**22068.54**
内蒙古	950.56	841.28	1052.25	1100.98	1216.54
广　西	2037.85	2129.16	2433.25	2345.43	2614.86
重　庆	5069.17	3774.33	4196.21	2795.66	3257.26
四　川	4580.04	4545.86	4379.25	4071.88	4118.38
贵　州	954.85	862.28	916.35	966.78	1579.10
云　南	1844.49	1637.76	2540.97	2565.30	3195.49
西　藏	18.87	28.00	87.97	35.79	66.59
陕　西	1782.13	1745.62	1769.88	1976.20	2172.16
甘　肃	674.14	881.36	1463.07	917.80	1241.19
青　海	133.27	153.60	159.71	247.88	269.82
宁　夏	1011.05	772.25	1144.42	627.13	1039.27
新　疆	1116.66	901.53	1501.74	1141.02	1297.88
东北地区	**4243.88**	**4251.10**	**4152.63**	**3401.83**	**3741.84**
辽　宁	1817.63	1848.18	2339.06	1946.07	2242.43
吉　林	1222.17	964.94	845.45	724.10	670.85
黑龙江	1204.08	1437.98	968.12	731.66	828.56

数据来源：国家统计局。

表 3-27 2023 年全国及各地区房屋竣工面积（月度累计）

单位：万平方米

地 区	1—2 月	1—3 月	1—4 月	1—5 月	1—6 月	1—7 月	1—8 月	1—9 月	1—10 月	1—11 月	1—12 月
全 国	**13177.79**	**19422.14**	**23677.75**	**27825.99**	**33903.83**	**38405.14**	**43726.13**	**48704.61**	**55150.71**	**65237.00**	**99831.07**
东部地区	**6449.08**	**9554.98**	**11493.20**	**13751.67**	**16923.45**	**19108.77**	**21637.35**	**24547.88**	**27377.58**	**33300.05**	**50008.96**
北 京	85.11	178.03	287.92	368.69	483.88	599.09	718.74	908.66	1030.18	1196.12	2042.25
天 津	287.06	356.80	424.75	499.07	514.31	642.18	780.30	932.35	1166.79	1507.61	1813.99
河 北	156.61	276.46	380.82	442.36	501.01	623.60	743.27	854.06	1040.11	1352.11	3420.97
上 海	358.14	472.46	571.38	710.52	864.86	921.20	1102.50	1203.68	1374.24	1644.20	2096.36
江 苏	1683.06	2500.44	2854.66	3375.68	3997.99	4308.05	4598.90	5186.97	5666.75	6395.18	8816.86
浙 江	754.46	1264.01	1591.81	2103.72	2946.89	3567.10	4134.05	5048.87	5546.14	6528.28	9933.66
福 建	584.81	748.88	913.71	1126.96	1321.17	1507.45	1874.17	2019.13	2234.87	2643.82	4264.91
山 东	942.42	1412.05	1843.56	2157.07	2666.13	2936.44	3338.92	3647.17	4031.08	6029.85	8861.53
广 东	1448.16	2136.54	2389.32	2774.65	3402.20	3760.58	4086.50	4456.34	4978.05	5606.86	8017.13
海 南	149.25	209.31	235.27	192.95	225.01	243.08	260.00	290.65	309.37	396.02	741.30
中部地区	**3121.78**	**4369.65**	**5472.23**	**6289.12**	**7616.00**	**8655.36**	**9605.15**	**10393.81**	**12256.28**	**14812.25**	**24011.73**
山 西	177.04	279.92	345.89	378.48	515.55	583.18	667.36	731.00	884.36	1107.48	2345.01
安 徽	804.31	1183.09	1408.54	1648.91	1966.10	2141.42	2361.43	2667.29	2981.27	3466.41	5634.09
江 西	389.71	486.80	567.09	652.62	814.20	884.84	982.56	1001.43	1053.39	1129.94	1935.31
河 南	584.63	844.80	1162.40	1325.78	1555.39	1953.98	2236.16	2377.01	2548.41	3561.36	6043.89
湖 北	446.78	623.20	870.46	982.28	1202.04	1363.63	1475.47	1579.61	2531.78	2981.87	3779.16
湖 南	719.31	951.84	1117.85	1301.05	1562.72	1728.31	1882.17	2037.47	2257.07	2565.19	4274.27
西部地区	**3249.71**	**4666.04**	**5561.80**	**6474.94**	**7789.63**	**8885.69**	**10513.36**	**11589.11**	**13108.36**	**14393.12**	**22068.54**
内蒙古	55.64	92.25	128.39	182.57	244.41	308.99	348.94	353.19	506.38	640.21	1216.54
广 西	480.38	757.44	977.59	1029.43	1168.81	1302.37	1659.46	1774.44	1897.89	1996.34	2614.86
重 庆	705.61	899.61	1033.29	1247.85	1588.30	1886.42	2131.12	2240.04	2467.09	2627.22	3257.26
四 川	958.58	1268.14	1494.07	1642.43	1899.11	2021.97	2290.17	2571.11	2817.02	3019.43	4118.38
贵 州	95.07	179.20	237.61	270.25	358.40	395.20	477.90	532.61	629.38	766.58	1579.10
云 南	463.62	676.45	784.30	895.79	994.07	1132.52	1245.72	1405.70	1529.85	1678.79	3195.49
西 藏	10.86	6.03	10.72	27.24	27.24	30.24	35.70	35.70	48.94	51.23	66.59
陕 西	288.30	497.58	493.40	571.99	712.70	775.89	1017.09	1066.98	1193.14	1224.70	2172.16
甘 肃	20.55	64.59	89.99	135.34	211.97	224.02	324.68	382.93	503.78	553.37	1241.19
青 海	38.67	47.06	47.63	47.87	53.58	88.78	92.16	97.30	108.26	107.76	269.82
宁 夏	38.71	50.08	100.63	151.79	162.02	234.03	309.76	484.77	591.90	714.03	1039.27
新 疆	93.72	127.61	164.18	272.39	369.02	485.26	580.66	644.34	814.73	1013.46	1297.88
东北地区	**357.22**	**831.47**	**1150.52**	**1310.26**	**1574.75**	**1755.32**	**1970.27**	**2173.81**	**2408.49**	**2731.58**	**3741.84**
辽 宁	208.32	553.77	805.89	908.07	1007.05	1103.01	1247.62	1365.50	1497.14	1678.96	2242.43
吉 林	82.80	95.41	111.09	111.09	147.25	174.80	233.57	295.54	322.66	405.12	670.85
黑龙江	66.10	182.29	233.54	291.10	420.45	477.51	489.08	512.77	588.69	647.50	828.56

数据来源：国家统计局。

表 3-28　2019—2023 年全国及各地区住宅竣工面积

单位：万平方米

地区	2019 年	2020 年	2021 年	2022 年	2023 年
全　国	**68011. 11**	**65910. 03**	**73016. 20**	**62539. 23**	**72432. 60**
东部地区	**33012. 49**	**33719. 05**	**33700. 08**	**28985. 42**	**34647. 43**
北　京	583. 20	728. 48	981. 05	1096. 22	1135. 88
天　津	1186. 69	1256. 43	1445. 60	1086. 13	1433. 83
河　北	2042. 67	1871. 19	1950. 42	1901. 95	2720. 89
上　海	1453. 28	1627. 61	1421. 43	934. 69	1173. 45
江　苏	6968. 89	8272. 63	6693. 68	5901. 62	6514. 72
浙　江	3551. 11	4266. 78	4015. 48	4064. 23	6315. 54
福　建	1813. 90	2403. 09	2699. 13	2848. 15	2911. 24
山　东	7734. 65	7172. 55	8596. 69	4909. 83	6517. 62
广　东	6578. 17	5573. 29	5587. 55	5641. 97	5408. 39
海　南	1099. 94	547. 00	309. 05	600. 63	515. 87
中部地区	**18057. 61**	**16156. 75**	**20921. 06**	**17391. 45**	**18733. 43**
山　西	1985. 29	1131. 67	2020. 82	1636. 59	1872. 74
安　徽	4250. 81	3874. 40	5349. 76	4315. 37	4205. 67
江　西	1670. 19	1744. 48	1926. 35	1114. 71	1507. 99
河　南	5162. 69	4278. 13	5374. 78	5235. 26	4833. 41
湖　北	2019. 29	2166. 11	2712. 36	2516. 63	3015. 38
湖　南	2969. 35	2961. 96	3536. 99	2572. 89	3298. 24
西部地区	**13732. 54**	**12780. 18**	**15118. 56**	**13525. 52**	**16153. 31**
内蒙古	689. 74	614. 19	789. 82	838. 16	938. 43
广　西	1515. 99	1561. 89	1887. 69	1847. 65	2018. 25
重　庆	3400. 08	2585. 26	2724. 39	1920. 10	2279. 87
四　川	2940. 11	3073. 73	2965. 13	2725. 07	2770. 40
贵　州	634. 50	568. 12	626. 36	689. 59	1190. 18
云　南	1225. 40	1163. 01	1681. 30	1758. 45	2352. 18
西　藏	8. 12	15. 52	44. 97	24. 58	41. 20
陕　西	1281. 67	1301. 25	1344. 00	1545. 82	1654. 40
甘　肃	470. 51	654. 99	1074. 64	727. 86	977. 01
青　海	86. 28	99. 46	118. 54	186. 92	200. 12
宁　夏	718. 11	513. 53	762. 80	483. 13	781. 27
新　疆	762. 03	629. 23	1098. 92	778. 19	950. 00
东北地区	**3208. 46**	**3254. 05**	**3276. 50**	**2636. 84**	**2898. 43**
辽　宁	1374. 26	1440. 82	1909. 42	1567. 01	1735. 98
吉　林	893. 27	697. 29	635. 44	516. 97	507. 10
黑龙江	940. 93	1115. 94	731. 64	552. 86	655. 35

数据来源：国家统计局。

表 3-29　2023 年全国及各地区住宅竣工面积（月度累计）

单位：万平方米

地　区	1—2 月	1—3 月	1—4 月	1—5 月	1—6 月	1—7 月	1—8 月	1—9 月	1—10 月	1—11 月	1—12 月
全　国	**9781.49**	**14395.89**	**17395.99**	**20194.32**	**24603.59**	**27953.67**	**31775.40**	**35319.36**	**40079.27**	**47580.74**	**72432.60**
东部地区	**4636.33**	**6888.18**	**8163.78**	**9594.58**	**11756.81**	**13395.87**	**15156.57**	**17135.65**	**19101.39**	**23387.79**	**34647.43**
北　京	55.34	92.69	135.77	158.67	244.02	321.19	373.60	476.87	551.47	696.40	1135.88
天　津	214.69	279.03	323.40	381.56	396.80	508.80	612.61	741.39	921.18	1204.67	1433.83
河　北	130.59	211.48	307.43	355.41	405.23	500.80	592.65	685.89	841.08	1087.18	2720.89
上　海	230.43	290.54	336.69	403.37	494.90	549.55	659.94	711.82	823.41	973.36	1173.45
江　苏	1284.28	1913.78	2188.65	2512.67	2961.54	3244.75	3443.72	3904.31	4235.12	4757.78	6514.72
浙　江	485.52	831.53	1000.37	1280.18	1786.48	2198.90	2588.14	3153.34	3500.66	4135.75	6315.54
福　建	416.92	537.24	663.65	815.31	948.90	1065.41	1338.84	1422.59	1559.68	1865.04	2911.24
山　东	698.08	1083.39	1391.54	1625.53	2031.88	2227.67	2536.11	2744.00	3031.13	4547.29	6517.62
广　东	1016.12	1503.66	1653.26	1930.71	2333.75	2604.22	2820.88	3095.71	3432.34	3856.65	5408.39
海　南	104.36	144.84	163.02	131.17	153.31	174.58	190.08	199.73	205.32	263.67	515.87
中部地区	**2492.97**	**3489.64**	**4324.18**	**4905.56**	**5947.22**	**6746.87**	**7484.13**	**8082.12**	**9598.11**	**11616.13**	**18733.43**
山　西	147.93	243.74	301.21	324.40	439.24	496.70	568.12	618.08	740.35	917.28	1872.74
安　徽	628.44	926.53	1088.54	1237.08	1487.07	1628.62	1783.28	2012.08	2249.46	2604.31	4205.67
江　西	306.77	368.58	422.25	473.20	619.46	669.73	752.75	767.51	785.66	851.34	1507.99
河　南	461.05	699.41	932.82	1067.06	1228.16	1515.10	1756.04	1879.47	2025.75	2862.24	4833.41
湖　北	378.95	522.31	717.52	795.69	955.21	1085.26	1167.09	1248.21	2056.04	2396.27	3015.38
湖　南	569.83	729.07	861.84	1008.13	1218.08	1351.46	1456.85	1556.77	1740.85	1984.69	3298.24
西部地区	**2362.13**	**3379.84**	**4012.17**	**4657.09**	**5652.60**	**6418.08**	**7585.62**	**8401.03**	**9488.97**	**10425.96**	**16153.31**
内蒙古	47.16	64.35	94.92	134.23	188.36	238.72	272.17	276.10	388.57	492.95	938.43
广　西	377.62	602.13	760.51	805.00	908.44	1005.55	1283.83	1372.60	1464.27	1551.32	2018.25
重　庆	494.19	613.52	695.56	828.33	1104.72	1299.43	1487.37	1597.05	1747.75	1852.50	2279.87
四　川	669.02	895.42	1026.92	1118.29	1290.10	1358.37	1553.73	1749.10	1909.27	2052.54	2770.40
贵　州	56.32	112.77	158.92	180.20	237.87	275.56	341.89	387.09	465.25	573.60	1190.18
云　南	326.97	483.68	567.80	644.20	721.84	825.22	900.95	1008.69	1095.87	1203.32	2352.18
西　藏	1.21	3.67	4.83	19.41	19.41	22.41	24.19	24.19	31.18	33.16	41.20
陕　西	234.26	375.74	386.03	442.09	552.90	589.98	741.51	774.31	881.65	893.00	1654.40
甘　肃	14.64	50.82	70.53	111.65	170.26	181.01	246.50	289.35	374.62	412.31	977.01
青　海	30.02	30.28	30.84	31.08	35.14	63.51	66.04	67.46	76.60	76.60	200.12
宁　夏	31.42	39.05	77.62	120.02	128.77	172.11	219.07	361.00	442.27	534.73	781.27
新　疆	79.30	108.41	137.69	222.59	294.79	386.21	448.37	494.09	611.67	749.93	950.00
东北地区	**290.06**	**638.23**	**895.86**	**1037.09**	**1246.96**	**1392.85**	**1549.08**	**1700.56**	**1890.80**	**2150.86**	**2898.43**
辽　宁	172.05	427.54	630.65	726.96	807.34	885.80	982.23	1065.49	1171.35	1314.16	1735.98
吉　林	64.11	76.02	90.35	90.35	120.67	144.06	193.14	243.03	263.26	331.87	507.10
黑龙江	53.90	134.67	174.86	219.78	318.95	362.99	373.71	392.04	456.19	504.83	655.35

数据来源：国家统计局。

表 3-30　2019—2023 年全国及各地区办公楼竣工面积

单位：万平方米

地　区	2019 年	2020 年	2021 年	2022 年	2023 年
全　国	**3923.39**	**3041.59**	**3375.74**	**2611.80**	**2889.92**
东部地区	**2565.34**	**2049.23**	**2115.20**	**1627.45**	**1918.25**
北　京	290.28	242.21	142.91	177.79	161.64
天　津	41.99	32.44	29.79	24.14	9.09
河　北	76.54	24.98	37.74	61.63	32.26
上　海	259.36	259.14	342.11	197.82	227.86
江　苏	357.66	351.65	322.68	281.74	224.77
浙　江	332.85	348.75	326.11	190.51	306.43
福　建	177.59	226.57	199.47	120.31	154.39
山　东	381.42	219.51	268.08	162.58	289.38
广　东	640.10	326.47	419.80	378.22	452.29
海　南	7.54	17.51	26.51	32.71	60.14
中部地区	**692.93**	**418.97**	**625.31**	**568.93**	**567.84**
山　西	83.51	19.49	72.73	29.79	12.91
安　徽	160.05	146.44	178.64	225.67	176.02
江　西	54.60	66.20	69.02	27.10	42.29
河　南	240.06	88.47	171.65	105.98	201.50
湖　北	70.04	45.73	54.26	73.40	66.52
湖　南	84.67	52.64	79.01	106.99	68.60
西部地区	**572.55**	**473.68**	**567.26**	**364.21**	**327.95**
内蒙古	21.46	8.90	11.17	14.25	3.23
广　西	59.21	129.60	31.15	86.55	16.47
重　庆	99.11	62.17	141.53	44.09	55.12
四　川	131.98	109.89	158.91	75.55	118.71
贵　州	26.61	45.18	26.86	24.31	10.82
云　南	53.89	29.16	96.04	68.01	44.32
西　藏	—	—	3.96	0.50	0.92
陕　西	89.51	43.45	30.98	15.59	38.61
甘　肃	12.49	3.40	20.03	18.25	19.74
青　海	10.02	3.42	—	0.77	6.83
宁　夏	31.35	18.77	17.00	3.56	0.13
新　疆	36.92	19.74	29.63	12.78	13.05
东北地区	**92.58**	**99.71**	**67.97**	**51.21**	**75.88**
辽　宁	39.60	31.68	20.05	16.28	39.89
吉　林	35.82	45.02	44.03	17.48	15.03
黑龙江	17.15	23.01	3.89	17.45	20.96

数据来源：国家统计局。

表 3-31 2023 年全国及各地区办公楼竣工面积（月度累计）

单位：万平方米

地 区	1—2 月	1—3 月	1—4 月	1—5 月	1—6 月	1—7 月	1—8 月	1—9 月	1—10 月	1—11 月	1—12 月
全 国	**321.49**	**481.64**	**647.03**	**882.85**	**1019.20**	**1163.98**	**1288.80**	**1461.08**	**1575.53**	**1804.54**	**2889.92**
东部地区	**227.28**	**325.14**	**422.55**	**569.01**	**656.21**	**712.75**	**774.11**	**911.93**	**970.71**	**1154.82**	**1918.25**
北 京	6.51	30.60	37.03	55.26	60.10	60.71	70.13	85.11	86.28	86.48	161.64
天 津	—	—	—	—	—	—	—	0.18	9.84	2.14	9.09
河 北	0.38	7.25	7.94	8.42	8.42	8.42	8.62	8.64	8.82	10.87	32.26
上 海	33.73	46.34	52.11	70.97	75.80	75.57	84.98	103.35	107.45	134.53	227.86
江 苏	20.34	32.30	62.02	98.73	102.75	105.69	118.40	131.26	140.54	157.91	224.77
浙 江	43.11	64.88	91.44	111.48	127.00	139.64	162.55	199.86	197.52	223.97	306.43
福 建	29.33	29.80	30.21	30.34	38.90	58.43	58.53	67.65	76.93	78.92	154.39
山 东	14.15	21.94	36.51	48.76	52.73	68.79	76.04	101.15	104.38	181.18	289.38
广 东	77.65	87.83	97.51	138.72	178.83	186.57	185.69	198.11	220.57	243.30	452.29
海 南	2.08	4.20	7.78	6.33	11.68	8.93	9.17	16.62	18.38	35.52	60.14
中部地区	**38.45**	**62.45**	**88.31**	**135.09**	**165.94**	**237.08**	**252.20**	**279.75**	**310.71**	**346.29**	**567.84**
山 西	0.09	1.05	1.05	1.05	1.14	1.45	1.14	1.52	1.58	5.90	12.91
安 徽	13.06	21.40	34.59	57.18	59.64	61.52	65.62	79.21	97.08	107.63	176.02
江 西	1.70	11.74	11.96	20.21	21.21	23.51	24.51	24.51	26.98	27.57	42.29
河 南	22.14	23.22	32.90	39.44	59.96	126.60	127.57	127.57	128.96	139.73	201.50
湖 北	0.42	1.31	4.08	13.39	19.45	19.46	28.62	28.62	37.76	47.09	66.52
湖 南	1.04	3.73	3.73	3.82	4.54	4.54	4.74	18.32	18.35	18.37	68.60
西部地区	**50.65**	**69.19**	**92.13**	**134.69**	**148.40**	**164.48**	**204.82**	**207.76**	**232.05**	**238.49**	**327.95**
内蒙古	—	—	—	0.32	0.32	0.32	0.32	0.32	0.35	0.35	3.23
广 西	5.67	5.69	11.52	11.52	11.78	15.15	15.55	15.60	15.68	15.68	16.47
重 庆	7.04	8.04	8.47	25.17	25.27	31.47	31.49	31.55	38.52	40.56	55.12
四 川	24.42	31.42	47.36	60.17	64.48	72.33	76.86	71.71	80.79	82.17	118.71
贵 州	1.34	3.60	1.53	1.40	1.40	0.06	1.45	1.49	3.70	3.70	10.82
云 南	2.40	7.05	7.15	7.17	11.36	11.36	11.36	19.32	19.55	20.47	44.32
西 藏	5.02	—	0.92	0.92	0.92	0.92	0.92	0.92	0.92	0.92	0.92
陕 西	2.33	5.19	6.97	19.81	23.59	23.59	54.40	54.40	54.40	55.86	38.61
甘 肃	—	—	—	—	0.28	0.28	0.96	1.04	6.33	6.36	19.74
青 海	0.13	6.05	6.05	6.05	6.65	6.65	6.65	6.52	6.52	6.52	6.83
宁 夏	—	—	—	—	—	—	—	—	0.06	0.11	0.13
新 疆	2.30	2.15	2.16	2.16	2.35	2.35	4.86	4.89	5.23	5.79	13.05
东北地区	**5.11**	**24.86**	**44.04**	**44.06**	**48.65**	**49.67**	**57.67**	**61.64**	**62.06**	**64.94**	**75.88**
辽 宁	0.11	10.90	29.67	29.69	29.81	30.83	38.78	38.94	38.97	39.20	39.89
吉 林	0.48	0.25	0.25	0.25	0.25	0.25	0.30	4.11	4.16	6.36	15.03
黑龙江	4.52	13.71	14.12	14.12	18.59	18.59	18.59	18.59	18.93	19.38	20.96

数据来源：国家统计局。

表 3-32　2019—2023 年全国及各地区商业营业用房竣工面积

单位：万平方米

地　区	2019 年	2020 年	2021 年	2022 年	2023 年
全　国	**10814. 18**	**8620. 62**	**8717. 91**	**6799. 55**	**7022. 99**
东部地区	**4773. 74**	**4065. 71**	**3823. 51**	**3021. 60**	**3253. 26**
北　京	98. 60	95. 08	191. 61	106. 66	69. 91
天　津	147. 51	135. 70	65. 00	86. 01	79. 97
河　北	275. 30	191. 95	178. 67	209. 49	158. 63
上　海	324. 55	286. 38	294. 05	153. 26	128. 57
江　苏	937. 56	1059. 52	763. 27	618. 70	639. 64
浙　江	576. 56	541. 59	551. 85	370. 77	611. 48
福　建	367. 91	391. 51	299. 16	231. 31	260. 55
山　东	1022. 04	706. 32	779. 55	540. 32	598. 46
广　东	939. 51	593. 35	627. 82	668. 40	631. 28
海　南	84. 19	64. 31	72. 53	36. 68	74. 77
中部地区	**2732. 76**	**2057. 74**	**2372. 49**	**1764. 50**	**1676. 93**
山　西	358. 07	85. 44	196. 98	141. 06	136. 51
安　徽	628. 09	484. 55	592. 19	404. 91	358. 11
江　西	358. 71	207. 52	242. 04	160. 48	206. 05
河　南	694. 09	603. 47	593. 83	453. 99	348. 31
湖　北	247. 42	192. 80	270. 97	275. 39	246. 24
湖　南	446. 39	483. 96	476. 48	328. 67	381. 71
西部地区	**2780. 54**	**1998. 39**	**2103. 96**	**1646. 96**	**1755. 25**
内蒙古	125. 25	91. 24	109. 58	95. 28	82. 59
广　西	198. 02	158. 22	174. 40	124. 72	168. 85
重　庆	613. 18	366. 37	398. 93	240. 35	299. 18
四　川	612. 25	445. 98	321. 76	382. 63	356. 57
贵　州	164. 00	104. 25	94. 58	114. 11	146. 71
云　南	296. 86	185. 67	258. 26	208. 60	187. 52
西　藏	7. 16	12. 48	31. 30	4. 47	15. 83
陕　西	257. 73	184. 14	152. 57	154. 21	123. 79
甘　肃	124. 22	113. 44	163. 95	51. 81	79. 91
青　海	20. 63	23. 57	17. 20	26. 81	20. 28
宁　夏	152. 69	113. 80	181. 58	37. 59	91. 96
新　疆	208. 56	199. 23	199. 85	206. 38	182. 06
东北地区	**527. 13**	**498. 78**	**417. 95**	**366. 49**	**337. 55**
辽　宁	254. 61	216. 87	192. 47	167. 03	185. 73
吉　林	143. 71	121. 53	81. 20	106. 05	93. 53
黑龙江	128. 81	160. 38	144. 28	93. 41	58. 29

数据来源：国家统计局。

表 3-33　2023 年全国及各地区商业营业用房竣工面积（月度累计）

单位：万平方米

地　区	1—2 月	1—3 月	1—4 月	1—5 月	1—6 月	1—7 月	1—8 月	1—9 月	1—10 月	1—11 月	1—12 月
全　国	**975.93**	**1451.05**	**1786.43**	**2080.12**	**2474.62**	**2806.43**	**3186.90**	**3468.66**	**3883.25**	**4538.88**	**7022.99**
东部地区	**420.42**	**623.04**	**756.99**	**901.88**	**1098.03**	**1224.16**	**1393.73**	**1562.20**	**1726.82**	**2100.10**	**3253.26**
北　京	3.28	5.64	8.40	16.73	19.99	26.01	31.25	34.50	36.82	45.91	69.91
天　津	22.64	17.06	20.14	21.84	21.84	25.60	39.24	44.37	48.09	66.68	79.97
河　北	8.58	19.64	22.46	22.76	26.82	28.18	34.35	38.15	45.92	64.26	158.63
上　海	12.99	24.49	36.39	44.03	56.98	50.35	57.84	69.09	89.91	103.97	128.57
江　苏	98.78	152.54	153.10	209.02	265.80	270.72	304.64	328.90	378.19	440.44	639.64
浙　江	50.26	76.30	109.72	130.04	174.46	236.02	267.70	341.07	352.24	391.95	611.48
福　建	28.73	46.21	49.81	57.67	66.82	79.28	94.66	104.41	120.30	140.78	260.55
山　东	63.64	96.32	128.15	150.29	178.93	194.30	211.27	233.97	258.07	398.91	598.46
广　东	105.01	151.13	194.61	215.42	248.65	276.28	315.00	328.36	349.58	392.50	631.28
海　南	26.51	33.71	34.21	34.08	37.74	37.42	37.78	39.38	47.70	54.70	74.77
中部地区	**226.62**	**347.39**	**447.60**	**514.34**	**598.37**	**682.96**	**757.48**	**807.18**	**929.85**	**1076.49**	**1676.93**
山　西	9.23	12.70	14.78	16.03	25.75	29.00	32.91	35.17	43.38	61.79	136.51
安　徽	47.01	80.79	97.81	111.75	119.96	143.10	154.01	171.28	184.57	207.06	358.11
江　西	47.25	74.18	83.32	102.92	114.10	121.51	126.59	129.45	141.80	144.55	206.05
河　南	40.32	52.25	85.56	97.88	118.55	145.22	160.85	164.59	169.68	221.26	348.31
湖　北	16.85	32.03	51.43	60.43	72.52	77.92	88.51	95.02	162.94	190.09	246.24
湖　南	65.96	95.44	114.70	125.33	147.49	166.21	194.61	211.67	227.48	251.74	381.71
西部地区	**303.04**	**393.22**	**481.18**	**558.60**	**652.17**	**762.73**	**887.79**	**933.03**	**1050.18**	**1156.61**	**1755.25**
内蒙古	0.88	9.27	12.19	21.23	25.50	27.68	30.21	30.47	42.03	49.84	82.59
广　西	42.89	57.41	68.78	70.33	90.54	100.47	114.53	119.50	125.11	128.27	168.85
重　庆	70.10	90.59	111.85	137.20	147.76	189.61	206.81	187.80	217.33	234.12	299.18
四　川	100.78	112.28	134.45	141.68	158.91	165.84	181.64	208.15	221.48	230.75	356.57
贵　州	16.91	23.07	25.95	31.97	38.25	37.34	43.39	46.50	49.02	52.37	146.71
云　南	33.24	46.28	48.73	54.96	58.16	65.28	76.10	80.49	87.57	94.46	187.52
西　藏	4.01	2.36	4.25	5.57	5.57	5.57	8.16	8.16	12.07	12.38	15.83
陕　西	22.36	31.85	43.09	45.90	56.84	67.81	78.48	80.81	85.60	94.34	123.79
甘　肃	2.00	4.08	7.51	8.79	12.67	13.23	25.03	28.27	40.49	45.20	79.91
青　海	2.22	2.60	2.60	2.60	2.77	8.48	9.33	10.21	12.03	11.91	20.28
宁　夏	3.18	5.31	9.76	10.61	11.30	25.03	41.48	48.05	50.98	64.97	91.96
新　疆	4.47	8.12	12.02	27.76	43.90	56.39	72.63	84.62	106.47	138.00	182.06
东北地区	**25.85**	**87.40**	**100.66**	**105.30**	**126.05**	**136.58**	**147.90**	**166.25**	**176.40**	**205.68**	**337.55**
辽　宁	14.08	62.30	71.19	74.60	85.27	90.84	98.01	110.38	116.55	134.26	185.73
吉　林	7.16	10.40	10.66	10.66	11.69	13.11	16.98	20.31	22.21	27.50	93.53
黑龙江	4.61	14.70	18.81	20.04	29.09	32.63	32.91	35.56	37.64	43.92	58.29

数据来源：国家统计局。

（四）各地区房地产销售数据

1. 各地区商品房销售面积

表 3-34　2019—2023 年全国及各地区商品房销售面积

单位：万平方米

地　区	2019 年	2020 年	2021 年	2022 年	2023 年
全　国	**171557.87**	**176086.20**	**179433.43**	**135836.86**	**111735.19**
东部地区	**66607.01**	**71311.41**	**73248.03**	**56387.84**	**51589.70**
北　京	938.86	970.88	1107.07	1039.98	1122.64
天　津	1478.68	1306.96	1435.42	973.77	1177.40
河　北	5282.70	6028.41	6133.15	4615.74	4323.05
上　海	1696.34	1789.16	1880.45	1852.88	1808.03
江　苏	13972.85	15426.99	16551.82	12115.15	11019.43
浙　江	9378.31	10250.30	9990.65	6815.33	6106.35
福　建	6456.13	6607.18	6976.44	6054.33	4224.55
山　东	12727.25	13271.74	14272.85	11685.56	11286.82
广　东	13846.54	14908.25	14011.26	10591.11	9621.74
海　南	829.34	751.54	888.92	643.99	899.69
中部地区	**50037.45**	**49078.06**	**51748.28**	**40749.59**	**28330.07**
山　西	2366.11	2685.29	3204.41	2256.71	2352.92
安　徽	9229.38	9534.13	10460.90	7471.29	4677.64
江　西	6458.86	6732.71	7676.21	6702.65	3432.94
河　南	14277.55	14100.66	13277.19	11141.00	6965.29
湖　北	8602.04	6587.83	7940.78	6385.07	5264.77
湖　南	9103.50	9437.44	9188.79	6792.87	5636.51
西部地区	**47410.31**	**48627.99**	**47818.84**	**34590.31**	**27829.43**
内蒙古	2008.19	2045.89	1858.95	1380.53	1511.89
广　西	6711.77	6729.02	6178.26	4370.89	2916.73
重　庆	6104.68	6143.47	6197.71	4438.98	3572.35
四　川	12978.61	13257.75	13692.91	10339.54	8005.79
贵　州	5323.31	5552.51	5585.99	3847.01	2214.68
云　南	4835.41	4857.26	3880.84	2938.37	2490.86
西　藏	127.71	93.26	140.81	59.59	79.69
陕　西	4401.06	4452.07	4260.06	3308.72	2711.33
甘　肃	1705.31	1967.92	2224.09	1470.42	1496.73
青　海	480.52	469.66	386.16	204.42	235.90
宁　夏	1009.55	1095.49	1014.45	715.60	690.25
新　疆	1724.18	1963.69	2398.61	1516.24	1903.23
东北地区	**7503.10**	**7068.74**	**6618.28**	**4109.12**	**3985.99**
辽　宁	3696.27	3743.16	3433.87	2182.47	2070.96
吉　林	2122.34	1831.22	1836.32	1001.14	1057.27
黑龙江	1684.50	1494.36	1348.09	925.51	857.76

数据来源：国家统计局。

表 3-35　2023 年全国及各地区商品房销售面积（月度累计）

单位：万平方米

地　区	1—2 月	1—3 月	1—4 月	1—5 月	1—6 月	1—7 月	1—8 月	1—9 月	1—10 月	1—11 月	1—12 月
全　国	**15132.84**	**29945.73**	**37635.89**	**46439.99**	**59514.75**	**66562.86**	**73948.62**	**84805.74**	**92578.54**	**100508.71**	**111735.19**
东部地区	**6082.18**	**12438.82**	**16150.54**	**20472.43**	**26906.06**	**30087.77**	**33469.49**	**38821.52**	**42307.43**	**46147.62**	**51589.70**
北　京	103.41	218.60	345.17	432.20	522.91	611.64	693.49	785.12	862.73	946.19	1122.64
天　津	154.00	329.05	433.09	521.55	654.53	716.26	789.14	913.48	1001.22	1077.14	1177.40
河　北	337.37	874.49	1167.11	1564.95	2141.48	2420.45	2688.30	3098.24	3426.36	3791.47	4323.05
上　海	216.89	391.60	502.08	607.98	777.08	929.13	1083.71	1282.05	1404.33	1544.77	1808.03
江　苏	1215.22	2355.27	3048.76	3922.53	5292.52	5883.22	6520.04	7767.58	8632.87	9593.86	11019.43
浙　江	797.60	1705.93	2184.08	2653.95	3478.55	3835.12	4283.33	4942.70	5250.79	5615.42	6106.35
福　建	741.09	1346.11	1624.32	1914.07	2412.15	2627.15	2878.08	3203.23	3510.71	3842.51	4224.55
山　东	1089.72	2414.29	3169.95	4192.81	5918.85	6698.70	7498.42	8895.69	9540.03	10292.94	11286.82
广　东	1337.36	2624.91	3419.95	4310.66	5277.89	5868.45	6464.54	7299.86	7989.41	8673.80	9621.74
海　南	89.52	178.57	256.03	351.73	430.10	497.65	570.44	633.57	688.98	769.52	899.69
中部地区	**4040.27**	**8325.65**	**10211.74**	**12317.29**	**15810.92**	**17575.89**	**19263.20**	**21849.78**	**23828.40**	**25607.28**	**28330.07**
山　西	149.73	439.75	646.48	852.66	1139.98	1317.49	1505.98	1764.89	1917.83	2086.79	2352.92
安　徽	864.61	1583.03	2003.45	2401.49	2836.72	3117.10	3421.68	3852.53	4180.64	4422.55	4677.64
江　西	574.93	1104.98	1367.01	1692.67	2192.18	2372.86	2491.32	2693.55	2884.17	3104.09	3432.94
河　南	1051.71	2364.24	2492.23	2907.56	4000.72	4451.24	4923.65	5491.87	5914.04	6324.15	6965.29
湖　北	694.30	1339.87	1712.08	2112.68	2591.97	2908.54	3241.61	3690.31	4149.46	4549.80	5264.77
湖　南	704.99	1493.78	1990.49	2350.23	3049.35	3408.66	3678.96	4356.63	4782.26	5119.90	5636.51
西部地区	**4632.36**	**8324.85**	**10115.39**	**12135.47**	**14816.99**	**16645.34**	**18629.48**	**21107.37**	**23122.19**	**25132.04**	**27829.43**
内蒙古	117.82	319.03	432.40	585.77	765.15	916.46	1040.78	1169.57	1268.01	1349.66	1511.89
广　西	562.36	1119.35	1302.07	1515.72	1795.31	1901.93	2011.23	2285.40	2459.62	2607.80	2916.73
重　庆	511.41	1080.17	1291.78	1508.85	1862.11	2129.00	2445.72	2859.51	3111.98	3311.90	3572.35
四　川	1610.49	2361.44	2912.02	3529.51	4311.91	4776.08	5253.05	5927.20	6492.67	7113.27	8005.79
贵　州	635.87	1080.85	1070.14	1068.70	1220.92	1373.71	1544.63	1715.52	1884.74	2028.65	2214.68
云　南	388.88	712.39	914.89	1112.21	1336.34	1495.20	1679.73	1856.93	2043.52	2233.04	2490.86
西　藏	3.22	11.09	20.93	31.18	37.14	42.04	50.75	61.21	68.11	71.72	79.69
陕　西	309.32	649.30	850.69	1078.28	1297.62	1470.53	1682.54	1921.19	2178.94	2457.87	2711.33
甘　肃	171.46	362.01	473.97	616.60	804.23	905.70	1024.68	1185.55	1285.63	1374.51	1496.73
青　海	27.54	52.19	70.61	90.65	116.63	133.86	155.43	176.20	198.89	215.74	235.90
宁　夏	97.44	169.85	226.18	278.13	339.76	409.18	473.58	525.28	577.42	640.92	690.25
新　疆	196.55	407.18	549.71	719.87	929.87	1091.65	1267.36	1423.81	1552.66	1726.96	1903.23
东北地区	**378.03**	**856.41**	**1158.22**	**1514.80**	**1980.78**	**2253.86**	**2586.45**	**3027.07**	**3320.52**	**3621.77**	**3985.99**
辽　宁	219.03	487.62	659.42	825.92	1109.97	1256.39	1406.82	1624.94	1766.21	1906.31	2070.96
吉　林	98.59	201.62	263.78	370.72	480.39	549.45	650.28	793.22	876.29	954.82	1057.27
黑龙江	60.41	167.17	235.02	318.16	390.42	448.02	529.35	608.91	678.02	760.64	857.76

数据来源：国家统计局。

表 3-36　2019—2023 年全国及各地区商品房现房销售面积

单位：万平方米

地　区	2019 年	2020 年	2021 年	2022 年	2023 年
全　国	**24893. 74**	**22386. 51**	**23312. 67**	**23509. 14**	**25156. 02**
东部地区	**10152. 28**	**10080. 77**	**10475. 91**	**11039. 03**	**12932. 09**
北　京	319. 18	267. 04	299. 10	362. 52	495. 50
天　津	204. 80	201. 12	388. 96	359. 30	503. 50
河　北	700. 52	520. 24	423. 69	393. 03	550. 90
上　海	731. 23	743. 60	715. 52	537. 49	545. 10
江　苏	2524. 60	2862. 65	2942. 82	2702. 09	3098. 11
浙　江	903. 57	821. 11	915. 13	1073. 59	1070. 56
福　建	804. 31	862. 63	782. 65	1156. 65	960. 10
山　东	1421. 62	1148. 19	1438. 99	1797. 64	2335. 07
广　东	2337. 81	2506. 43	2363. 05	2402. 44	2968. 30
海　南	204. 65	147. 76	206. 00	254. 28	404. 95
中部地区	**7447. 03**	**5807. 57**	**6048. 55**	**5917. 13**	**4950. 17**
山　西	488. 43	243. 11	278. 54	240. 12	270. 20
安　徽	888. 34	927. 67	1077. 65	1192. 32	811. 20
江　西	878. 87	640. 54	912. 62	923. 54	595. 60
河　南	2895. 42	2333. 78	2046. 73	1753. 20	988. 68
湖　北	1171. 47	728. 95	849. 69	1113. 06	1378. 21
湖　南	1123. 49	933. 52	883. 32	694. 89	906. 28
西部地区	**5314. 41**	**4937. 35**	**5206. 65**	**5420. 72**	**5865. 10**
内蒙古	467. 59	471. 81	302. 73	257. 89	363. 56
广　西	607. 86	577. 07	628. 48	749. 71	751. 90
重　庆	782. 85	1060. 66	1223. 60	1267. 23	1257. 04
四　川	1061. 31	983. 93	982. 35	1111. 50	1149. 03
贵　州	471. 80	345. 27	454. 55	430. 54	386. 81
云　南	570. 57	414. 98	472. 71	600. 19	809. 55
西　藏	14. 38	10. 90	21. 83	15. 85	25. 57
陕　西	434. 58	396. 57	296. 85	366. 05	324. 82
甘　肃	336. 11	198. 60	313. 41	228. 23	312. 35
青　海	44. 20	41. 78	40. 41	11. 50	28. 00
宁　夏	247. 15	194. 65	210. 66	126. 63	131. 13
新　疆	276. 02	241. 13	259. 07	255. 40	325. 34
东北地区	**1980. 02**	**1560. 82**	**1581. 56**	**1132. 26**	**1408. 66**
辽　宁	920. 42	676. 75	698. 62	486. 59	672. 26
吉　林	469. 66	430. 92	416. 56	276. 74	365. 25
黑龙江	589. 94	453. 15	466. 38	368. 93	371. 15

数据来源：国家统计局。

表 3-37 2023 年全国及各地区商品房现房销售面积（月度累计）

单位：万平方米

地 区	1—2 月	1—3 月	1—4 月	1—5 月	1—6 月	1—7 月	1—8 月	1—9 月	1—10 月	1—11 月	1—12 月
全 国	**2879.74**	**6007.71**	**7505.92**	**9199.60**	**12056.37**	**13644.86**	**15444.63**	**18097.57**	**19925.06**	**21900.70**	**25156.02**
东部地区	**1265.46**	**2710.44**	**3492.57**	**4399.90**	**5901.89**	**6683.07**	**7615.41**	**9037.96**	**10002.97**	**11130.16**	**12932.09**
北 京	45.51	90.36	138.08	166.36	192.30	225.75	261.90	300.19	327.02	374.45	495.50
天 津	48.49	118.73	147.11	174.43	263.03	288.60	334.89	389.81	426.39	457.08	503.50
河 北	35.65	95.99	124.80	169.97	253.97	284.32	306.73	368.01	409.48	459.91	550.90
上 海	56.75	113.74	140.23	165.62	209.03	255.67	319.57	374.64	416.54	463.26	545.10
江 苏	271.68	553.95	718.29	917.32	1267.72	1417.14	1610.99	2049.80	2331.51	2626.04	3098.11
浙 江	119.98	281.07	354.76	404.64	539.92	614.72	705.21	816.71	876.79	957.35	1070.56
福 建	144.08	280.86	336.76	392.62	493.47	546.80	591.33	655.80	745.63	853.50	960.10
山 东	176.35	426.07	535.95	722.58	1082.04	1239.78	1430.95	1735.61	1861.41	2025.12	2335.07
广 东	337.69	676.72	893.02	1144.18	1428.71	1613.27	1819.35	2085.46	2319.10	2581.34	2968.30
海 南	29.28	72.95	103.57	142.18	171.70	197.02	234.49	261.93	289.10	332.11	404.95
中部地区	**653.45**	**1365.82**	**1602.18**	**1886.50**	**2526.92**	**2844.35**	**3181.50**	**3674.68**	**4006.46**	**4340.70**	**4950.17**
山 西	19.52	44.01	65.10	86.50	112.41	135.16	156.32	194.05	210.85	232.76	270.20
安 徽	135.44	271.60	343.45	383.34	478.93	526.13	584.31	668.61	706.08	749.57	811.20
江 西	83.48	167.57	202.60	239.35	326.69	358.69	391.25	431.16	465.69	516.06	595.60
河 南	149.33	345.03	308.83	345.76	531.61	601.22	684.04	770.91	826.21	883.84	988.68
湖 北	162.08	320.63	399.71	502.81	639.83	726.12	817.64	948.86	1063.76	1165.45	1378.21
湖 南	103.60	216.98	282.49	328.74	437.45	497.03	547.94	661.09	733.87	793.02	906.28
西部地区	**842.18**	**1657.27**	**2034.73**	**2421.74**	**2983.15**	**3373.82**	**3792.49**	**4356.13**	**4776.84**	**5176.11**	**5865.10**
内蒙古	32.92	84.91	109.98	142.60	173.08	214.45	242.28	266.22	289.67	306.86	363.56
广 西	119.68	262.42	315.37	366.53	434.44	470.32	501.66	587.19	632.41	671.41	751.90
重 庆	147.25	366.85	437.26	515.41	623.42	718.97	831.11	973.99	1073.43	1150.42	1257.04
四 川	221.79	310.51	390.01	454.01	573.98	642.90	724.23	833.53	894.60	992.80	1149.03
贵 州	102.69	175.00	174.07	174.88	205.74	230.10	259.53	286.01	315.65	335.84	386.81
云 南	103.65	190.02	251.14	309.73	393.99	446.68	497.54	563.63	629.44	681.20	809.55
西 藏	1.11	4.83	6.82	9.99	12.01	12.92	18.67	20.40	22.67	23.82	25.57
陕 西	31.15	90.28	118.33	143.98	171.65	189.66	207.07	243.52	265.23	292.34	324.82
甘 肃	35.04	67.74	91.67	119.94	164.00	183.52	210.41	244.70	267.28	285.69	312.35
青 海	2.74	6.18	8.57	10.58	13.37	15.46	17.41	19.83	24.53	25.87	28.00
宁 夏	12.68	24.48	32.88	43.16	53.92	62.63	72.39	82.19	92.12	109.11	131.13
新 疆	31.48	74.05	98.63	130.93	163.55	186.21	210.19	234.92	269.81	300.75	325.34
东北地区	**118.65**	**274.18**	**376.44**	**491.46**	**644.41**	**743.62**	**855.23**	**1028.80**	**1138.79**	**1253.73**	**1408.66**
辽 宁	59.07	143.20	193.81	244.61	330.76	380.44	419.82	508.99	556.97	602.52	672.26
吉 林	33.11	59.99	80.56	110.99	144.93	167.07	202.87	256.52	287.72	319.91	365.25
黑龙江	26.47	70.99	102.07	135.86	168.72	196.11	232.54	263.29	294.10	331.30	371.15

数据来源：国家统计局。

表 3-38　2019—2023 年全国及各地区住宅销售面积

单位：万平方米

地　区	2019 年	2020 年	2021 年	2022 年	2023 年
全　国	**150144.32**	**154878.45**	**156532.19**	**114630.64**	**94796.35**
东部地区	**57741.68**	**62320.37**	**62993.86**	**46428.72**	**42623.48**
北　京	789.02	733.59	877.10	741.93	811.11
天　津	1382.63	1220.74	1333.97	895.54	1109.33
河　北	4770.38	5572.25	5779.60	4317.51	4070.64
上　海	1353.70	1434.07	1489.95	1561.51	1454.02
江　苏	12545.04	13855.72	14361.50	10165.13	9072.75
浙　江	7803.99	8832.38	8423.68	5466.95	5112.17
福　建	5073.73	5210.03	5597.61	4359.25	3078.00
山　东	11429.01	11904.74	12632.05	9821.68	9443.69
广　东	11872.61	12930.66	11826.26	8568.72	7697.87
海　南	721.57	626.19	672.14	530.50	773.90
中部地区	**45194.16**	**44395.80**	**47131.00**	**36368.90**	**25534.92**
山　西	2169.33	2549.49	3034.92	2152.16	2254.90
安　徽	8323.89	8695.35	9507.67	6448.06	4214.38
江　西	5678.98	5853.05	6681.26	5663.06	2911.07
河　南	12981.63	12831.18	12258.83	10310.29	6519.98
湖　北	7967.09	5960.08	7331.61	5709.92	4537.10
湖　南	8073.25	8506.65	8316.71	6085.41	5097.49
西部地区	**40460.85**	**41711.52**	**40381.38**	**28104.91**	**23011.22**
内蒙古	1803.55	1867.46	1713.36	1289.04	1396.23
广　西	6076.88	6007.45	5281.50	3322.88	2342.28
重　庆	5149.08	4814.49	4945.42	2968.97	2268.89
四　川	10451.05	10902.37	10912.14	8060.89	6364.44
贵　州	4612.13	4929.93	4825.53	3391.34	2028.46
云　南	4064.52	4175.88	3208.60	2469.58	2100.16
西　藏	110.49	81.62	115.50	53.52	68.74
陕　西	3818.25	3902.39	3886.63	2954.14	2446.14
甘　肃	1569.16	1863.81	2118.38	1388.16	1426.81
青　海	406.66	420.64	329.06	177.76	221.20
宁　夏	887.35	971.87	845.77	650.74	636.58
新　疆	1511.75	1773.61	2199.49	1377.89	1711.29
东北地区	**6747.64**	**6450.76**	**6025.95**	**3728.11**	**3626.73**
辽　宁	3412.52	3447.26	3148.63	1983.20	1866.80
吉　林	1873.99	1653.64	1672.77	905.36	988.05
黑龙江	1461.12	1349.86	1204.55	839.55	771.88

数据来源：国家统计局。

表 3-39 2023 年全国及各地区住宅销售面积（月度累计）

单位：万平方米

地区	1—2 月	1—3 月	1—4 月	1—5 月	1—6 月	1—7 月	1—8 月	1—9 月	1—10 月	1—11 月	1—12 月
全国	**13387.19**	**26251.39**	**32965.86**	**40663.17**	**51592.33**	**57622.52**	**63811.12**	**72769.61**	**79385.98**	**85964.49**	**94796.35**
东部地区	**5313.67**	**10735.07**	**13895.88**	**17561.59**	**22816.04**	**25453.64**	**28185.61**	**32458.12**	**35357.74**	**38463.87**	**42623.48**
北京	72.41	147.35	246.57	313.69	378.60	447.18	511.22	573.79	634.29	696.46	811.11
天津	146.97	310.24	400.87	484.78	613.55	668.62	738.69	860.40	944.72	1017.10	1109.33
河北	321.68	833.54	1109.82	1488.34	2015.44	2281.19	2539.16	2927.08	3238.51	3590.40	4070.64
上海	191.49	333.16	424.24	513.10	643.92	776.30	897.80	1069.45	1158.33	1266.40	1454.02
江苏	1053.99	2009.91	2609.85	3339.78	4449.96	4933.72	5439.35	6457.48	7165.07	7940.99	9072.75
浙江	697.60	1471.97	1870.98	2275.36	2958.41	3230.74	3598.58	4164.86	4435.74	4736.83	5112.17
福建	583.46	1043.84	1248.19	1479.68	1829.57	1985.33	2145.34	2361.25	2590.91	2817.59	3078.00
山东	977.04	2139.76	2812.67	3684.09	5145.27	5821.94	6494.75	7536.38	8075.11	8700.92	9443.69
广东	1194.29	2293.34	2953.67	3682.95	4419.92	4889.41	5337.19	5967.44	6525.60	7036.29	7697.87
海南	74.74	151.96	219.02	299.82	361.40	419.21	483.53	539.99	589.46	660.89	773.90
中部地区	**3757.41**	**7673.51**	**9404.42**	**11344.28**	**14444.60**	**16049.48**	**17569.43**	**19873.24**	**21645.15**	**23205.55**	**25534.92**
山西	147.19	421.46	619.69	819.68	1093.58	1265.27	1446.48	1690.22	1839.27	1999.87	2254.90
安徽	802.75	1456.07	1834.48	2188.46	2573.25	2819.75	3094.92	3487.18	3788.63	4000.54	4214.38
江西	518.03	976.80	1200.38	1482.68	1878.51	2029.08	2133.97	2304.92	2469.33	2644.49	2911.07
河南	991.82	2219.44	2353.75	2752.03	3775.02	4202.69	4643.54	5158.98	5559.22	5937.53	6519.98
湖北	643.23	1222.32	1561.68	1927.38	2323.07	2599.40	2875.33	3255.73	3640.76	3977.89	4537.10
湖南	654.39	1377.42	1834.44	2174.05	2801.17	3133.29	3375.19	3976.21	4347.94	4645.23	5097.49
西部地区	**3967.10**	**7045.33**	**8588.34**	**10351.19**	**12501.80**	**14038.33**	**15672.92**	**17663.06**	**19340.20**	**20985.95**	**23011.22**
内蒙古	109.96	301.31	407.16	549.11	712.68	853.12	969.07	1086.67	1181.94	1258.67	1396.23
广西	479.71	890.14	1053.27	1253.31	1457.33	1543.58	1647.87	1838.97	1992.42	2122.95	2342.28
重庆	377.23	760.80	905.26	1041.20	1247.01	1405.42	1590.80	1842.59	2000.85	2113.48	2268.89
四川	1319.69	1964.90	2420.26	2948.48	3553.08	3934.86	4308.50	4847.34	5300.66	5756.30	6364.44
贵州	588.54	978.77	985.57	1000.61	1134.31	1274.38	1430.33	1584.31	1734.38	1867.60	2028.46
云南	343.09	630.00	804.30	975.54	1151.49	1287.47	1444.11	1592.42	1747.60	1905.98	2100.16
西藏	2.33	9.36	18.15	26.57	31.95	36.28	44.10	53.88	59.00	61.91	68.74
陕西	280.68	579.41	759.19	966.69	1173.10	1336.56	1526.55	1739.10	1975.92	2235.12	2446.14
甘肃	162.46	341.80	449.88	586.98	764.52	862.08	977.28	1130.69	1224.73	1310.60	1426.81
青海	25.96	50.23	67.26	85.66	110.68	126.55	146.65	165.90	187.23	202.95	221.20
宁夏	92.41	159.62	211.90	259.58	315.36	380.18	438.98	487.09	534.41	592.50	636.58
新疆	185.04	378.99	506.14	657.46	850.29	997.85	1148.68	1294.10	1401.06	1557.89	1711.29
东北地区	**349.01**	**797.48**	**1077.22**	**1406.11**	**1829.89**	**2081.07**	**2383.16**	**2775.19**	**3042.89**	**3309.12**	**3626.73**
辽宁	201.78	451.37	610.98	759.51	1013.11	1143.47	1281.37	1477.33	1606.73	1727.41	1866.80
吉林	93.70	194.17	252.19	354.57	457.22	524.72	612.43	743.25	819.49	891.48	988.05
黑龙江	53.53	151.94	214.05	292.03	359.56	412.88	489.36	554.61	616.67	690.23	771.88

数据来源：国家统计局。

表 3-40　2019—2023 年全国及各地区住宅现房销售面积

单位：万平方米

地　区	2019 年	2020 年	2021 年	2022 年	2023 年
全　国	**18215.21**	**15736.49**	**16356.75**	**15974.37**	**17765.23**
东部地区	**7167.54**	**6981.46**	**7094.89**	**7294.30**	**8932.69**
北　京	226.53	154.07	183.02	167.45	268.98
天　津	172.09	163.44	325.33	308.26	457.70
河　北	622.46	443.72	361.78	337.48	498.51
上　海	493.40	484.03	391.75	310.95	280.72
江　苏	1920.72	2175.88	2054.00	1942.32	2196.98
浙　江	490.90	480.88	569.31	616.61	703.25
福　建	453.92	413.37	433.28	577.71	594.95
山　东	1087.51	918.05	1116.44	1322.09	1694.49
广　东	1533.19	1625.64	1496.09	1502.56	1879.25
海　南	166.82	122.38	163.89	208.87	357.86
中部地区	**6064.84**	**4501.96**	**4792.81**	**4655.40**	**3913.82**
山　西	420.42	215.54	247.67	213.78	235.58
安　徽	645.53	664.05	773.41	834.59	625.18
江　西	680.94	486.37	686.77	651.56	404.53
河　南	2476.79	1900.50	1746.45	1555.22	852.77
湖　北	986.22	537.73	661.30	874.47	1068.11
湖　南	854.93	697.77	677.21	525.78	727.65
西部地区	**3359.49**	**2966.16**	**3117.48**	**3047.57**	**3680.83**
内蒙古	392.92	388.17	254.02	214.91	300.50
广　西	487.95	437.46	434.40	418.43	525.54
重　庆	316.32	363.82	525.50	394.97	440.56
四　川	446.36	468.08	447.44	496.49	637.01
贵　州	292.77	205.37	299.24	307.74	294.72
云　南	386.10	285.15	301.61	424.69	580.87
西　藏	11.48	8.24	10.67	12.63	19.23
陕　西	312.37	297.13	233.10	276.53	226.24
甘　肃	284.92	169.37	281.08	206.05	288.02
青　海	34.63	35.94	24.44	7.78	23.11
宁　夏	177.25	129.78	111.99	80.73	93.12
新　疆	216.43	177.65	193.99	206.62	251.91
东北地区	**1623.34**	**1286.91**	**1351.57**	**977.10**	**1237.89**
辽　宁	783.26	551.10	588.06	412.78	575.97
吉　林	362.56	356.83	358.94	238.28	338.78
黑龙江	477.52	378.98	404.57	326.04	323.14

数据来源：国家统计局。

表 3-41　2023 年全国及各地区住宅现房销售面积（月度累计）

单位：万平方米

地　区	1—2 月	1—3 月	1—4 月	1—5 月	1—6 月	1—7 月	1—8 月	1—9 月	1—10 月	1—11 月	1—12 月
全　国	**2174.68**	**4455.69**	**5528.72**	**6729.14**	**8715.04**	**9859.95**	**11105.64**	**12992.44**	**14297.19**	**15643.09**	**17765.23**
东部地区	**933.76**	**1954.48**	**2502.01**	**3128.05**	**4151.79**	**4709.68**	**5331.22**	**6346.48**	**7026.94**	**7785.19**	**8932.69**
北　京	21.53	37.41	68.66	83.43	94.70	113.39	136.03	154.52	169.88	200.69	268.98
天　津	42.81	102.74	128.25	151.87	236.93	258.75	300.85	354.62	388.79	416.52	457.70
河　北	33.43	88.59	113.97	155.13	219.08	247.07	268.65	325.68	364.96	413.51	498.51
上　海	38.22	73.78	87.88	97.66	106.90	136.11	171.30	206.42	219.64	241.56	280.72
江　苏	194.63	372.96	485.83	624.27	868.69	973.62	1098.02	1450.67	1651.53	1845.68	2196.98
浙　江	88.03	201.67	243.94	268.58	355.53	402.92	459.85	545.20	582.28	643.09	703.25
福　建	89.67	174.83	210.58	247.60	303.07	340.37	367.44	405.94	472.30	541.98	594.95
山　东	142.14	332.03	414.80	554.55	823.33	953.40	1094.86	1294.57	1393.01	1513.04	1694.49
广　东	257.59	504.37	653.75	815.88	992.04	1110.11	1226.28	1374.91	1527.54	1677.69	1879.25
海　南	25.71	66.10	94.35	129.08	151.52	173.94	207.94	233.95	257.01	291.43	357.86
中部地区	**554.69**	**1136.55**	**1314.31**	**1545.22**	**2043.53**	**2297.67**	**2564.22**	**2940.40**	**3197.65**	**3459.53**	**3913.82**
山　西	18.73	38.60	56.38	75.93	98.20	119.16	137.05	166.51	182.26	200.85	235.58
安　徽	111.65	225.76	276.25	305.18	374.52	407.91	454.41	522.78	552.32	582.53	625.18
江　西	64.28	121.10	141.13	164.67	217.47	240.50	264.11	290.23	316.30	351.30	404.53
河　南	131.77	292.52	267.02	299.81	471.46	530.15	601.14	666.36	714.08	762.90	852.77
湖　北	138.58	274.40	338.46	425.97	519.12	587.20	654.97	757.07	842.54	925.03	1068.11
湖　南	89.68	184.17	235.07	273.66	362.76	412.75	452.54	537.45	590.15	636.92	727.65
西部地区	**580.83**	**1117.74**	**1373.98**	**1617.44**	**1949.74**	**2195.58**	**2453.79**	**2795.09**	**3063.92**	**3292.78**	**3680.83**
内蒙古	29.90	76.90	98.24	125.13	146.74	182.68	205.68	225.26	248.06	261.27	300.50
广　西	94.49	192.39	236.35	274.82	319.35	342.57	370.48	413.78	448.90	476.77	525.54
重　庆	66.51	159.68	184.13	197.77	237.80	264.67	297.82	349.52	386.97	404.08	440.56
四　川	126.90	182.62	231.07	272.70	328.41	370.15	417.76	488.60	523.69	571.51	637.01
贵　州	84.15	141.89	146.55	146.34	168.59	188.59	209.54	228.57	246.46	261.80	294.72
云　南	82.96	149.63	195.07	239.04	289.89	329.83	367.67	415.84	462.86	497.29	580.87
西　藏	0.41	3.87	5.08	7.74	9.46	10.07	15.04	16.54	17.33	18.11	19.23
陕　西	24.12	65.31	82.71	101.56	123.81	137.82	149.24	173.36	188.22	205.43	226.24
甘　肃	33.45	60.42	82.34	108.61	148.60	167.03	192.57	225.50	245.22	263.23	288.02
青　海	2.26	5.27	7.05	8.29	10.60	12.20	13.75	16.02	20.28	21.41	23.11
宁　夏	8.83	16.62	22.29	29.24	35.63	40.91	47.51	55.08	62.26	74.96	93.12
新　疆	26.85	63.14	83.10	106.20	130.86	149.06	166.73	187.02	213.67	236.92	251.91
东北地区	**105.40**	**246.92**	**338.42**	**438.43**	**569.98**	**657.02**	**756.41**	**910.47**	**1008.68**	**1105.59**	**1237.89**
辽　宁	51.64	128.06	172.94	214.89	287.31	329.21	361.68	440.10	483.07	518.78	575.97
吉　林	31.37	57.13	75.87	103.80	133.12	154.02	187.63	236.46	266.53	296.53	338.78
黑龙江	22.39	61.73	89.61	119.74	149.55	173.79	207.10	233.91	259.08	290.28	323.14

数据来源：国家统计局。

2. 各地区商品房销售金额

表 3-42 2019—2023 年全国及各地区商品房销售金额

单位：万平方米

地 区	2019 年	2020 年	2021 年	2022 年	2023 年
全 国	**159725.12**	**173612.66**	**181929.96**	**133307.83**	**116622.19**
东部地区	**83833.15**	**95689.66**	**103316.81**	**77413.27**	**71938.74**
北 京	3370.98	3656.85	4486.47	3976.92	4233.19
天 津	2274.14	2113.61	2322.76	1516.37	1893.39
河 北	4138.57	4950.38	5052.90	3702.12	3538.64
上 海	5203.82	6046.97	6788.73	7467.53	7259.99
江 苏	16259.61	19408.89	21361.32	14811.63	12682.14
浙 江	14352.11	17145.01	19052.24	12660.14	11503.82
福 建	6938.79	7497.74	8217.26	6502.37	4656.74
山 东	10271.15	11065.62	12155.62	9807.70	9541.50
广 东	19748.21	22572.51	22320.27	15870.47	15135.53
海 南	1275.76	1232.08	1559.24	1098.02	1493.80
中部地区	**35505.46**	**35854.19**	**38156.71**	**28358.35**	**20809.53**
山 西	1631.76	1885.94	2170.91	1514.98	1588.22
安 徽	6823.52	7346.15	8143.19	5487.88	3872.85
江 西	4710.42	5222.78	5894.13	4905.16	2482.38
河 南	9009.98	9364.36	8657.71	6724.82	4546.49
湖 北	7751.79	6087.90	7250.26	5413.25	4619.46
湖 南	5577.99	5947.06	6040.51	4312.26	3700.13
西部地区	**34487.80**	**36256.78**	**35240.99**	**24455.83**	**21032.26**
内蒙古	1243.91	1365.48	1214.77	868.02	993.13
广 西	4366.24	4251.47	3672.49	2390.11	1685.57
重 庆	5129.42	5071.34	5391.26	3101.59	2475.02
四 川	9666.73	10394.25	10796.73	8215.92	7170.18
贵 州	3183.57	3224.23	3243.93	2193.59	1251.66
云 南	3846.19	3969.91	2962.52	1999.37	1702.20
西 藏	96.78	83.93	121.73	50.72	66.76
陕 西	3960.21	4375.33	4146.26	3270.48	2973.52
甘 肃	1019.28	1293.41	1344.89	835.48	900.81
青 海	367.28	383.25	294.37	144.99	166.55
宁 夏	573.90	698.39	675.13	502.07	479.40
新 疆	1034.30	1145.79	1376.91	883.49	1167.46
东北地区	**5898.71**	**5812.03**	**5215.45**	**3080.38**	**2841.66**
辽 宁	3049.06	3366.28	3066.38	1814.74	1557.03
吉 林	1581.47	1381.55	1290.99	696.27	730.20
黑龙江	1268.18	1064.20	858.08	569.37	554.43

数据来源：国家统计局。

表 3-43　2023 年全国及各地区商品房销售金额（月度累计）

单位：亿元

地　区	1—2 月	1—3 月	1—4 月	1—5 月	1—6 月	1—7 月	1—8 月	1—9 月	1—10 月	1—11 月	1—12 月
全　国	**15448.60**	**30545.10**	**39750.42**	**49786.63**	**63091.75**	**70450.19**	**78157.87**	**89070.32**	**97160.84**	**105317.81**	**116622.19**
东部地区	**9061.78**	**18013.40**	**23892.72**	**30326.06**	**38761.09**	**43287.03**	**48004.24**	**54952.60**	**59819.57**	**64871.65**	**71938.74**
北　京	417.21	857.63	1386.10	1763.77	2120.17	2456.50	2781.47	3196.24	3552.82	3820.06	4233.19
天　津	252.95	529.89	723.36	882.62	1120.92	1154.46	1261.71	1439.37	1592.05	1727.33	1893.39
河　北	254.99	680.21	920.90	1248.48	1735.16	1966.48	2190.04	2509.03	2770.76	3081.67	3538.64
上　海	1060.59	1737.67	2247.41	2747.51	3465.78	4109.43	4609.42	5400.86	5906.94	6414.40	7259.99
江　苏	1607.78	3119.00	4048.29	5281.31	6721.51	7439.66	8258.29	9447.99	10388.38	11385.43	12682.14
浙　江	1717.37	3347.30	4333.26	5296.28	6747.23	7385.74	8171.48	9194.16	9806.80	10536.75	11503.82
福　建	821.33	1542.96	1879.73	2233.89	2761.96	3005.34	3273.08	3556.03	3884.32	4266.83	4656.74
山　东	902.68	2029.99	2721.53	3627.69	5084.64	5727.02	6389.90	7595.57	8149.97	8733.27	9541.50
广　东	1868.29	3855.92	5170.98	6618.08	8249.43	9173.72	10076.16	11519.95	12593.52	13612.07	15135.53
海　南	158.59	312.83	461.16	626.43	754.29	868.68	992.69	1093.40	1174.01	1293.84	1493.80
中部地区	**2911.22**	**5988.20**	**7526.76**	**9235.60**	**11762.77**	**13023.50**	**14271.48**	**16105.73**	**17524.56**	**18852.54**	**20809.53**
山　西	102.37	303.99	449.29	593.91	793.90	913.00	1040.36	1202.91	1309.63	1427.16	1588.22
安　徽	688.94	1253.13	1628.36	1988.24	2362.87	2588.45	2825.16	3165.32	3425.46	3650.81	3872.85
江　西	423.32	806.56	996.09	1235.91	1604.22	1735.47	1829.07	1968.01	2105.23	2258.70	2482.38
河　南	654.18	1458.91	1628.26	1940.95	2617.59	2909.98	3212.11	3582.86	3859.62	4131.37	4546.49
湖　北	593.64	1208.20	1538.18	1931.17	2400.67	2659.11	2955.55	3336.45	3699.19	4017.25	4619.46
湖　南	448.77	957.41	1286.58	1545.42	1983.52	2217.49	2409.23	2850.18	3125.43	3367.25	3700.13
西部地区	**3192.01**	**5893.26**	**7454.02**	**9086.50**	**11107.12**	**12501.31**	**14027.26**	**15857.80**	**17455.01**	**19022.80**	**21032.26**
内蒙古	73.35	201.18	277.20	381.23	504.99	598.48	680.48	766.80	831.88	878.88	993.13
广　西	316.33	638.16	757.71	889.97	1054.14	1110.00	1172.65	1319.01	1419.68	1506.27	1685.57
重　庆	353.20	742.33	918.43	1087.51	1325.62	1514.22	1722.33	1995.65	2180.31	2301.92	2475.02
四　川	1214.79	1932.84	2539.51	3157.20	3862.53	4301.56	4755.31	5349.65	5882.64	6432.11	7170.18
贵　州	338.28	591.13	601.63	582.78	670.80	756.91	853.13	954.07	1054.27	1140.24	1251.66
云　南	275.20	507.76	651.77	789.84	935.37	1042.08	1168.03	1285.31	1411.26	1535.94	1702.20
西　藏	2.36	9.02	15.78	24.87	29.31	33.48	41.57	50.66	56.65	59.29	66.76
陕　西	300.62	646.24	867.64	1112.48	1354.38	1551.81	1792.72	2057.95	2357.91	2706.89	2973.52
甘　肃	112.04	224.32	293.86	378.05	485.58	548.64	622.95	718.78	778.25	827.98	900.81
青　海	20.49	37.80	51.43	66.84	86.38	98.73	111.24	126.06	142.26	154.10	166.55
宁　夏	64.57	114.08	153.45	190.18	233.41	281.68	331.15	367.78	406.05	447.24	479.40
新　疆	120.78	248.40	325.61	425.55	564.61	663.72	775.70	866.08	933.85	1031.94	1167.46
东北地区	**283.59**	**650.24**	**876.92**	**1138.47**	**1460.77**	**1638.35**	**1854.89**	**2154.19**	**2361.70**	**2570.82**	**2841.66**
辽　宁	180.35	390.81	528.72	656.33	859.40	959.12	1064.38	1219.46	1323.73	1429.15	1557.03
吉　林	64.98	145.18	189.57	265.55	343.09	387.96	452.00	542.76	601.40	654.73	730.20
黑龙江	38.26	114.25	158.63	216.59	258.28	291.27	338.51	391.97	436.57	486.94	554.43

数据来源：国家统计局。

表 3-44　2019—2023 年全国及各地区住宅销售金额

单位：亿元

地　区	2019 年	2020 年	2021 年	2022 年	2023 年
全　国	**139439.97**	**154566.93**	**162729.90**	**116746.96**	**102989.59**
东部地区	**73775.42**	**85942.64**	**92783.07**	**67750.62**	**63377.16**
北　京	3032.40	3131.31	4117.23	3545.26	3809.29
天　津	2132.48	2000.98	2183.74	1421.55	1810.22
河　北	3714.57	4597.91	4814.32	3488.78	3374.11
上　海	4457.16	5268.85	6104.95	6937.77	6685.19
江　苏	14894.77	18027.33	19626.09	13176.99	11269.71
浙　江	12723.10	15584.82	17172.79	11061.36	10147.36
福　建	5685.25	6343.34	7082.59	5284.26	3811.28
山　东	9287.11	10109.55	11044.14	8481.28	8174.22
广　东	16758.01	19829.63	19457.63	13428.51	13005.47
海　南	1090.56	1048.92	1179.59	924.86	1290.31
中部地区	**31259.18**	**32012.82**	**34609.09**	**25295.36**	**18649.56**
山　西	1452.40	1753.36	2030.10	1418.42	1505.14
安　徽	6126.69	6760.86	7514.62	4964.26	3563.8
江　西	4038.02	4425.19	5109.97	4138.59	2100.71
河　南	8016.93	8402.53	7892.03	6152.32	4209.77
湖　北	6903.70	5447.32	6671.93	4821.65	3970.49
湖　南	4721.43	5223.56	5390.44	3800.12	3299.65
西部地区	**29147.01**	**31312.98**	**30557.28**	**20903.53**	**18397.63**
内蒙古	1104.10	1242.58	1116.38	808.70	902.77
广　西	3913.40	3803.55	3164.41	1907.99	1438.51
重　庆	4457.78	4293.18	4786.06	2448.75	1953.26
四　川	7869.04	8766.96	9061.34	6966.69	6286.11
贵　州	2527.41	2760.73	2713.37	1909.02	1123.59
云　南	3255.84	3452.00	2524.74	1736.07	1486.09
西　藏	81.21	72.03	97.51	43.66	55.42
陕　西	3359.17	3755.77	3762.14	2958.75	2721.10
甘　肃	907.07	1205.42	1267.78	780.54	845.67
青　海	295.59	343.42	258.35	127.73	154.38
宁　夏	498.51	626.26	584.93	450.95	441.03
新　疆	877.89	991.08	1220.27	764.68	989.70
东北地区	**5258.36**	**5298.49**	**4780.46**	**2797.45**	**2565.24**
辽　宁	2814.86	3114.11	2849.28	1659.71	1404.85
吉　林	1373.54	1238.23	1179.29	631.05	671.92
黑龙江	1069.97	946.15	751.89	506.69	488.47

数据来源：国家统计局。

表 3-45　2023 年全国及各地区住宅销售金额（月度累计）

单位：亿元

地　区	1—2 月	1—3 月	1—4 月	1—5 月	1—6 月	1—7 月	1—8 月	1—9 月	1—10 月	1—11 月	1—12 月
全　国	**14134.16**	**27647.18**	**36019.77**	**45131.89**	**56638.53**	**63184.25**	**69917.77**	**79310.98**	**86502.06**	**93645.59**	**102989.59**
东部地区	**8330.70**	**16338.06**	**21675.03**	**27475.60**	**34758.86**	**38774.98**	**42892.33**	**48821.14**	**53162.41**	**57578.69**	**63377.16**
北　京	371.97	747.59	1240.60	1589.92	1919.02	2231.04	2532.23	2901.05	3239.10	3487.28	3809.29
天　津	245.57	511.67	687.61	841.82	1073.93	1101.39	1203.73	1377.87	1525.64	1655.57	1810.22
河　北	245.72	656.40	887.09	1202.34	1649.22	1871.58	2087.40	2391.14	2641.42	2941.69	3374.11
上　海	1016.08	1620.01	2108.11	2581.93	3255.06	3879.96	4352.26	5093.55	5552.81	5997.39	6685.19
江　苏	1486.82	2840.42	3708.94	4838.56	6081.96	6718.04	7430.23	8462.14	9290.71	10155.82	11269.71
浙　江	1581.34	3030.56	3900.65	4758.82	6039.89	6561.92	7241.11	8148.33	8712.77	9348.29	10147.36
福　建	696.14	1301.75	1571.80	1883.64	2292.62	2490.43	2702.11	2919.34	3190.45	3504.05	3811.28
山　东	827.78	1850.45	2486.63	3281.58	4513.46	5085.18	5665.40	6570.47	7052.78	7552.22	8174.22
广　东	1724.24	3510.83	4690.18	5964.56	7295.16	8099.11	8833.17	10023.57	10952.46	11824.99	13005.47
海　南	135.04	268.38	393.42	532.43	638.54	736.33	844.69	933.68	1004.27	1111.39	1290.31
中部地区	**2706.70**	**5513.18**	**6936.35**	**8528.14**	**10716.83**	**11862.72**	**12948.32**	**14556.81**	**15824.87**	**16981.63**	**18649.56**
山　西	99.75	285.98	425.95	565.67	756.52	870.07	992.14	1142.24	1245.05	1355.29	1505.14
安　徽	650.95	1178.95	1528.58	1866.22	2191.13	2400.04	2618.03	2928.99	3166.01	3368.33	3563.80
江　西	383.81	716.39	878.50	1088.68	1383.72	1494.76	1559.94	1678.65	1797.68	1920.18	2100.71
河　南	612.50	1362.86	1531.79	1830.81	2457.39	2733.05	3014.33	3323.66	3583.97	3831.46	4209.77
湖　北	548.14	1097.63	1400.69	1765.58	2130.29	2353.23	2580.92	2915.99	3228.18	3496.66	3970.49
湖　南	411.55	871.37	1170.84	1411.18	1797.78	2011.57	2182.96	2567.28	2803.98	3009.71	3299.65
西部地区	**2835.29**	**5189.87**	**6595.05**	**8075.77**	**9816.67**	**11037.61**	**12370.67**	**13966.39**	**15359.30**	**16745.28**	**18397.63**
内蒙古	67.71	188.47	258.69	355.45	466.91	553.06	629.36	706.33	768.58	813.32	902.77
广　西	282.01	534.66	643.33	767.96	896.38	942.27	1000.50	1123.88	1214.67	1293.24	1438.51
重　庆	305.36	618.71	767.39	902.13	1074.68	1209.55	1366.37	1584.23	1726.82	1814.25	1953.26
四　川	1064.62	1711.84	2255.45	2818.34	3434.11	3827.03	4223.43	4744.91	5214.02	5695.41	6286.11
贵　州	308.80	523.78	545.17	538.88	615.15	691.43	776.59	866.01	951.11	1027.48	1123.59
云　南	247.87	455.95	585.09	708.41	830.89	924.13	1034.76	1137.46	1243.92	1352.31	1486.09
西　藏	1.61	7.26	12.84	19.86	23.62	27.17	34.51	42.73	46.60	49.11	55.42
陕　西	268.01	577.10	777.31	1001.78	1230.88	1418.63	1643.60	1882.05	2163.20	2493.47	2721.10
甘　肃	99.85	205.84	272.13	352.41	454.07	513.62	585.21	675.29	730.73	777.34	845.67
青　海	19.27	36.11	48.72	62.80	81.56	92.94	103.86	117.74	132.65	143.42	154.38
宁　夏	60.74	106.86	142.89	177.00	216.49	261.58	306.69	340.44	375.42	412.54	441.03
新　疆	109.44	223.29	286.04	370.75	491.93	576.20	665.79	745.32	791.58	873.39	989.70
东北地区	**261.47**	**606.07**	**813.34**	**1052.38**	**1346.17**	**1508.94**	**1706.45**	**1966.64**	**2155.48**	**2339.99**	**2565.24**
辽　宁	166.14	362.51	488.41	601.69	784.33	873.52	969.01	1108.45	1204.12	1296.76	1404.85
吉　林	61.23	139.86	180.57	252.61	325.40	369.21	427.27	508.33	560.95	609.45	671.92
黑龙江	34.10	103.70	144.36	198.08	236.44	266.21	310.17	349.86	390.41	433.78	488.47

数据来源：国家统计局。

（五）各地区成套住宅竣工与销售数据

表3-46　2018—2022年全国及各地区住宅竣工套数

单位：套

地　区	2018年	2019年	2020年	2021年	2022年
全　国	**6182425**	**6452838**	**5976595**	**6468266**	**6502402**
北　京	79744	62367	76869	97830	108978
天　津	177624	131137	117031	134435	97353
河　北	187153	186404	173246	177856	168330
上　海	171688	142001	175500	155789	299847
江　苏	580531	592808	794618	560241	476689
浙　江	256252	292944	376975	332493	337133
福　建	218227	164317	217966	247572	256447
山　东	682920	634381	587809	709801	392006
广　东	463752	586849	492470	587425	1202867
海　南	116842	143822	56629	32701	108732
山　西	101379	173581	97800	171508	137528
安　徽	290667	707369	336749	467192	464655
江　西	131329	149213	153272	162992	93456
河　南	460503	451982	362425	468147	426226
湖　北	181886	174301	187178	230773	278332
湖　南	263374	238493	240398	281294	202436
内蒙古	100722	62638	50106	64966	68728
广　西	155423	130016	137514	164119	161039
重　庆	312512	322022	237523	254762	188346
四　川	369022	296444	290046	271925	265300
贵　州	76801	56685	45370	49867	60075
云　南	80653	95110	81256	127515	142741
西　藏	3892	328	1561	4233	2553
陕　西	100087	115123	159772	111025	128045
甘　肃	45003	43568	54533	92097	58920
青　海	17094	7644	8052	9377	17308
宁　夏	82663	63710	42470	59794	38981
新　疆	63885	86342	53242	92659	62462
辽　宁	199740	140321	161513	212279	147966
吉　林	111814	98228	81777	61845	49426
黑龙江	99243	102690	124925	73754	59497

数据来源：国家统计局。

表 3-47　2018—2022 年全国及各地区住宅销售套数

单位：套

地　区	2018 年	2019 年	2020 年	2021 年	2022 年
全　国	**13298420**	**13216466**	**13555925**	**13690713**	**9597561**
北　京	49412	75557	68943	78423	67160
天　津	107316	129196	113545	126656	84728
河　北	449855	436573	503193	514668	378643
上　海	143725	138412	145572	149010	155726
江　苏	1014809	1064427	1159388	1211487	859761
浙　江	664046	661470	762918	726441	463337
福　建	446805	471476	489468	525671	362727
山　东	987777	930841	963273	1019878	794187
广　东	1093652	1106045	1180557	1085027	789720
海　南	162803	77954	61228	62992	50156
山　西	191333	182563	213622	255450	187048
安　徽	828007	733434	760693	840451	523163
江　西	471058	482939	498752	578776	474845
河　南	1114669	1130247	1106544	1040934	738413
湖　北	704013	678139	512012	631742	480140
湖　南	658427	654565	687391	662990	494600
内蒙古	157230	153962	157453	142302	106660
广　西	504148	542579	530605	474525	279231
重　庆	523030	484681	451736	469809	261624
四　川	957882	979682	1028190	1049442	706761
贵　州	381021	395143	425432	406454	224019
云　南	290014	323079	337296	257765	200218
西　藏	5542	9173	6985	9616	4137
陕　西	312177	323359	333128	320167	248594
甘　肃	131212	139465	162380	185193	117834
青　海	34428	34908	35088	28361	15747
宁　夏	75795	71521	77373	67459	50494
新　疆	105058	128599	148283	187460	116073
辽　宁	378186	345715	341764	302092	190692
吉　林	180868	181291	156928	161515	87388
黑龙江	174122	149471	136185	117957	83735

数据来源：国家统计局。

（六）各地区房地产待售数据

表 3-48　2019—2023 年全国商品房待售面积

单位：万平方米

类　别	2019 年	2020 年	2021 年	2022 年	2023 年
商品房待售面积	**49821**	**49850**	**51023**	**56392**	**67295**
住宅	22473	22379	22761	26945	33119
办公楼	3800	3796	3795	4074	4854
商业营业用房	13282	12934	12767	12558	14231

数据来源：国家统计局。

表 3-49　2023 年全国商品房待售面积（月度累计）

单位：万平方米

类　别	1—2 月	1—3 月	1—4 月	1—5 月	1—6 月	1—7 月	1—8 月	1—9 月	1—10 月	1—11 月	1—12 月
商品房待售面积	**65528**	**64770**	**64487**	**64120**	**64159**	**64564**	**64795**	**64537**	**64835**	**65385**	**67295**
住宅	32699	31841	31429	31048	31006	31239	31366	31186	31362	31813	33119
办公楼	4717	4686	4721	4768	4756	4760	4736	4730	4751	4764	4854
商业营业用房	13935	14062	14103	14029	13992	14073	14066	14027	14020	14069	14231

数据来源：国家统计局。

表 3-50　2018—2022 年全国及各地区商品房待售面积

单位：万平方米

地　区	2018 年	2019 年	2020 年	2021 年	2022 年
全　国	**52909.29**	**49820.70**	**49849.82**	**51023.02**	**56392.15**
北　京	2226.38	2489.52	2454.16	2396.29	2617.03
天　津	671.40	657.80	823.60	922.08	1072.68
河　北	967.30	996.14	905.17	768.77	1027.14
上　海	2211.12	2360.46	2535.73	2683.78	2646.90
江　苏	5015.74	4612.13	4285.86	3893.67	3851.01
浙　江	2592.88	2266.06	2214.85	1899.75	1999.60
福　建	1890.39	1862.04	1807.37	1958.37	2054.27
山　东	2690.65	2433.80	2533.38	2765.26	3014.86
广　东	5029.82	5716.44	5978.54	6696.98	8189.07
海　南	649.74	589.65	570.57	527.41	723.15
山　西	984.85	966.25	785.40	861.54	801.89
安　徽	1685.13	1531.69	1541.72	1713.44	1881.95

续表

地　区	2018 年	2019 年	2020 年	2021 年	2022 年
江　西	950. 68	818. 32	803. 45	737. 49	683. 61
河　南	2808. 17	2529. 37	2628. 52	2766. 98	2751. 95
湖　北	1769. 39	1417. 88	1198. 17	1258. 27	1832. 37
湖　南	1727. 63	1410. 73	1333. 79	1146. 31	1221. 28
内蒙古	1244. 21	1068. 72	970. 38	944. 14	1027. 21
广　西	1408. 74	1268. 96	1281. 21	1461. 10	1745. 49
重　庆	1787. 95	1959. 11	2082. 10	2343. 06	2760. 68
四　川	2428. 82	2021. 21	2093. 46	2038. 50	2339. 22
贵　州	783. 67	571. 63	557. 43	564. 70	653. 01
云　南	1159. 30	1089. 50	1159. 47	1393. 16	2033. 58
西　藏	27. 52	38. 51	31. 70	69. 79	86. 35
陕　西	726. 95	650. 28	592. 81	579. 58	658. 92
甘　肃	796. 42	704. 08	598. 91	619. 89	583. 00
青　海	141. 35	120. 23	134. 12	141. 14	187. 06
宁　夏	945. 36	957. 57	993. 05	1027. 40	817. 55
新　疆	1315. 88	1219. 94	1342. 10	1447. 42	1603. 77
辽　宁	3260. 80	2909. 27	2902. 00	2764. 23	2726. 21
吉　林	1258. 16	1077. 59	1112. 72	1036. 82	1215. 62
黑龙江	1752. 87	1505. 83	1598. 07	1595. 74	1585. 74

数据来源：国家统计局。

表 3-51　2018—2022 年全国及各地区住宅待售面积

单位：万平方米

地　区	2018 年	2019 年	2020 年	2021 年	2022 年
全　国	**25327. 64**	**22472. 83**	**22379. 22**	**22760. 56**	**26944. 76**
北　京	847. 96	893. 12	881. 89	830. 81	854. 44
天　津	315. 53	313. 56	437. 69	517. 14	623. 45
河　北	648. 24	648. 93	599. 84	499. 11	717. 51
上　海	664. 30	734. 87	688. 94	720. 19	673. 43
江　苏	2507. 63	2131. 29	1987. 30	1723. 27	1788. 36
浙　江	849. 86	706. 04	680. 64	540. 98	766. 18
福　建	531. 56	532. 54	479. 44	569. 13	738. 96

续表

地 区	2018 年	2019 年	2020 年	2021 年	2022 年
山 东	1468.54	1284.28	1435.21	1630.93	1819.72
广 东	2384.29	2666.41	2625.38	2894.08	3657.34
海 南	448.15	415.65	411.54	396.09	565.12
山 西	639.32	571.15	464.46	517.37	533.64
安 徽	779.55	650.26	666.09	704.90	898.45
江 西	498.10	397.60	408.92	324.63	338.68
河 南	1914.38	1694.00	1721.68	1837.27	1832.88
湖 北	962.69	724.34	617.58	677.34	1110.11
湖 南	810.28	654.79	641.24	578.29	677.96
内蒙古	738.04	599.15	552.08	586.73	683.17
广 西	798.41	702.44	668.82	730.03	937.77
重 庆	394.06	356.63	390.37	433.80	566.78
四 川	596.11	360.98	478.38	504.40	729.33
贵 州	300.14	178.75	186.26	175.01	262.14
云 南	501.81	422.12	470.76	529.94	938.80
西 藏	11.91	14.76	7.08	31.64	45.40
陕 西	336.70	280.66	262.43	263.72	330.16
甘 肃	467.76	375.66	312.28	327.76	332.41
青 海	65.35	53.71	53.25	62.02	104.63
宁 夏	387.64	344.51	330.83	309.98	258.49
新 疆	569.68	458.93	526.22	575.47	718.01
辽 宁	2192.33	1877.08	1863.90	1718.51	1726.21
吉 林	690.03	587.05	608.76	624.49	782.43
黑龙江	1007.28	841.56	919.96	925.54	932.82

数据来源：国家统计局。

表 3-52 2018—2022 年全国及各地区办公楼待售面积

单位：万平方米

地 区	2018 年	2019 年	2020 年	2021 年	2022 年
全 国	**3702.76**	**3800.01**	**3795.64**	**3795.43**	**4073.69**
北 京	414.54	569.01	530.49	555.51	567.86
天 津	125.80	112.49	104.94	104.32	112.31
河 北	34.40	55.33	46.88	29.98	33.22

续表

地　区	2018 年	2019 年	2020 年	2021 年	2022 年
上　海	400.69	406.03	450.25	485.30	496.09
江　苏	430.34	442.45	416.27	389.15	372.36
浙　江	402.47	347.81	386.05	335.17	304.51
福　建	157.63	145.52	155.19	143.59	154.48
山　东	204.65	198.88	177.53	162.02	176.15
广　东	266.10	337.64	430.87	532.10	686.01
海　南	12.32	9.49	10.62	14.61	17.17
山　西	22.31	33.07	24.16	21.20	24.47
安　徽	76.38	95.40	114.33	99.21	109.77
江　西	39.91	32.28	19.38	36.37	27.10
河　南	129.11	128.42	120.38	124.59	129.32
湖　北	88.75	85.76	75.09	66.30	79.83
湖　南	85.26	67.38	70.29	33.38	37.89
内蒙古	59.30	54.03	43.20	26.32	18.74
广　西	23.42	17.90	28.69	45.01	77.13
重　庆	106.90	103.22	76.04	97.59	137.63
四　川	92.02	69.63	81.32	88.72	77.79
贵　州	47.70	36.82	29.92	20.76	23.81
云　南	52.43	49.41	41.53	58.34	74.99
西　藏	0.00	0.41	2.23	4.20	5.08
陕　西	40.84	34.19	26.74	34.04	34.30
甘　肃	30.03	30.96	12.53	8.61	14.75
青　海	3.57	3.57	11.81	2.09	4.48
宁　夏	67.01	77.04	75.14	65.97	60.94
新　疆	71.81	53.33	48.37	52.61	51.13
辽　宁	86.46	86.27	81.55	82.48	74.67
吉　林	87.02	73.29	61.06	44.80	63.88
黑龙江	43.62	42.97	42.83	31.09	25.83

数据来源：国家统计局。

表 3-53　2018—2022 年全国及各地区商业营业用房待售面积

单位：万平方米

地　区	2018 年	2019 年	2020 年	2021 年	2022 年
全　国	**13905.82**	**13281.95**	**12934.28**	**12766.71**	**12557.97**
北　京	394.10	369.91	383.55	402.04	423.10
天　津	143.68	139.72	163.54	174.15	189.43
河　北	158.08	148.02	132.94	117.23	119.64
上　海	433.64	430.68	436.43	433.23	446.99
江　苏	1468.52	1413.89	1324.32	1163.75	1044.96
浙　江	851.78	794.86	734.63	655.08	565.78
福　建	514.66	482.23	463.01	479.08	407.56
山　东	738.12	694.68	616.62	589.18	587.50
广　东	1052.07	1119.54	1156.13	1301.76	1470.99
海　南	98.06	92.22	86.82	73.34	81.94
山　西	189.91	216.52	167.93	187.45	161.77
安　徽	615.21	554.27	533.49	594.77	538.62
江　西	344.40	317.15	280.65	285.01	225.53
河　南	550.43	492.36	534.09	478.36	465.57
湖　北	513.80	435.24	363.73	344.30	387.16
湖　南	511.88	457.92	434.63	361.67	354.35
内蒙古	308.00	302.40	263.12	214.52	210.83
广　西	368.76	322.75	345.52	378.10	378.97
重　庆	515.10	535.70	548.21	535.56	582.14
四　川	679.86	602.00	534.78	456.63	445.09
贵　州	299.56	236.23	183.36	187.77	217.24
云　南	345.37	337.38	369.34	388.86	433.04
西　藏	12.86	13.90	16.65	27.20	27.25
陕　西	223.21	230.13	199.68	174.10	173.71
甘　肃	218.66	219.46	199.75	194.48	151.13
青　海	64.11	57.65	59.42	64.47	60.68
宁　夏	343.78	382.17	395.53	458.99	403.93
新　疆	481.78	512.56	593.38	624.92	644.04
辽　宁	698.58	704.28	715.96	732.02	699.25
吉　林	331.29	287.64	295.90	271.53	244.36
黑龙江	436.57	378.52	401.18	417.15	415.42

数据来源：国家统计局。

表 3-54 2018—2022 年全国及各地区其他房屋待售面积

单位：万平方米

地 区	2018 年	2019 年	2020 年	2021 年	2022 年
全 国	**9973.07**	**10265.92**	**10740.69**	**11700.32**	**12815.74**
北 京	569.78	657.48	658.23	607.93	771.64
天 津	86.39	92.02	117.43	126.47	147.49
河 北	126.58	143.85	125.50	122.45	156.76
上 海	712.49	788.89	960.12	1045.07	1030.39
江 苏	609.25	624.50	557.98	617.50	645.34
浙 江	488.78	417.34	413.53	368.52	363.12
福 建	686.54	701.75	709.72	766.56	753.27
山 东	279.34	255.96	304.03	383.13	431.50
广 东	1327.36	1592.85	1766.16	1969.04	2374.72
海 南	91.21	72.28	61.59	43.37	58.91
山 西	133.31	145.52	128.84	135.52	82.02
安 徽	214.00	231.76	227.81	314.57	335.12
江 西	68.27	71.30	94.51	91.49	92.31
河 南	214.26	214.59	252.38	326.75	324.17
湖 北	204.15	172.54	141.78	170.33	255.27
湖 南	320.20	230.63	187.63	172.97	151.08
内蒙古	138.87	113.14	111.98	116.57	114.47
广 西	218.15	225.86	238.18	307.95	351.63
重 庆	771.90	963.56	1067.49	1276.10	1474.14
四 川	1060.84	988.60	998.98	988.76	1087.02
贵 州	136.28	119.83	157.89	181.15	149.82
云 南	259.69	280.60	277.84	416.01	586.75
西 藏	2.75	9.45	5.74	6.75	8.62
陕 西	126.20	105.30	103.96	107.71	120.74
甘 肃	79.97	78.00	74.35	89.04	84.71
青 海	8.33	5.31	9.64	12.56	17.26
宁 夏	146.92	153.86	191.55	192.46	94.20
新 疆	192.61	195.13	174.13	194.42	190.59
辽 宁	283.43	241.64	240.59	231.22	226.07
吉 林	149.82	129.61	147.01	95.99	124.96
黑龙江	265.40	242.78	234.11	221.96	211.66

数据来源：国家统计局。

（七）各地区房地产开发企业房屋出租面积

表 3-55　2018—2022 年全国及各地区房地产开发企业房屋出租面积

单位：万平方米

地　区	2018 年	2019 年	2020 年	2021 年	2022 年
全　国	**3519.57**	**3617.82**	**3498.33**	**3574.80**	**3300.32**
北　京	265.78	265.14	300.84	285.91	351.04
天　津	77.52	35.98	46.71	59.21	77.92
河　北	4.49	11.88	3.98	4.66	5.28
上　海	1868.23	2035.94	2053.33	2074.37	1931.08
江　苏	169.56	134.54	138.43	140.40	69.19
浙　江	127.10	118.89	107.22	93.52	55.20
福　建	103.13	113.89	99.60	68.14	65.75
山　东	96.38	132.27	104.41	99.63	61.20
广　东	206.66	197.12	190.40	269.79	262.32
海　南	13.25	15.64	3.64	13.91	15.32
山　西	10.34	7.03	9.20	12.97	0.25
安　徽	20.21	29.75	26.10	48.82	15.50
江　西	16.82	1.21	4.11	1.87	9.52
河　南	1.53	2.29	14.14	29.34	0.81
湖　北	14.11	37.21	10.70	13.93	15.28
湖　南	41.73	27.85	36.65	37.11	12.20
内蒙古	8.21	3.78	3.48	3.46	3.42
广　西	28.48	26.41	17.46	15.83	75.54
重　庆	68.59	30.90	40.91	64.02	75.11
四　川	64.36	20.94	38.21	16.85	19.64
贵　州	12.02	8.43	5.28	1.43	11.10
云　南	53.20	112.22	55.14	60.61	53.79
西　藏	0.19	0.48	0.48	3.79	0.65
陕　西	61.24	61.00	52.69	5.87	14.10
甘　肃	9.29	9.63	5.89	4.78	2.96
青　海	—	—	1.22	—	0.13
宁　夏	36.41	44.80	38.88	38.38	31.22
新　疆	70.90	29.09	41.20	67.75	30.77
辽　宁	12.74	15.01	23.78	26.58	23.78
吉　林	48.63	50.76	1.91	0.92	2.28
黑龙江	8.47	37.74	22.33	10.93	7.98

数据来源：国家统计局。

表 3-56　2018—2022 年全国及各地区房地产开发企业住宅出租面积

单位：万平方米

地　区	2018 年	2019 年	2020 年	2021 年	2022 年
全　国	**244.74**	**248.15**	**272.85**	**274.67**	**365.57**
北　京	8.22	6.81	7.66	9.92	63.67
天　津	0.35	0.25	1.76	0.19	5.35
河　北	—	—	—	0.04	1.03
上　海	128.60	129.62	134.27	141.95	151.90
江　苏	4.11	2.56	0.63	0.59	2.57
浙　江	0.00	11.72	—	8.26	1.46
福　建	6.73	11.52	0.50	0.08	1.73
山　东	3.78	2.58	3.29	2.11	10.71
广　东	8.81	10.86	24.31	13.72	66.35
海　南	0.73	1.38	1.43	0.96	1.33
山　西	—	—	7.64	8.63	—
安　徽	0.94	0.10	0.51	4.31	0.10
江　西	0.30	—	—	0.60	—
河　南	—	—	5.15	15.81	—
湖　北	0.59	1.03	0.55	1.28	7.73
湖　南	0.71	0.80	0.55	2.18	—
内蒙古	3.83	—	—	0.33	—
广　西	2.16	11.92	6.76	5.54	2.81
重　庆	—	0.57	21.11	—	—
四　川	0.38	0.04	1.14	—	—
贵　州	—	1.02	0.93	—	—
云　南	42.85	40.75	41.07	53.70	40.75
西　藏	—	—	—	0.12	0.14
陕　西	2.37	—	—	0.58	—
甘　肃	—	—	—	1.45	—
青　海	—	—	—	—	—
宁　夏	2.24	2.09	1.72	2.17	1.91
新　疆	23.38	—	—	—	3.69
辽　宁	3.63	0.05	11.36	0.14	0.58
吉　林	—	—	—	—	1.77
黑龙江	—	12.48	0.51	—	—

数据来源：国家统计局。

表 3-57　2018—2022 年全国及各地区房地产开发企业办公楼出租面积

单位：万平方米

地　区	2018 年	2019 年	2020 年	2021 年	2022 年
全　国	**1094. 84**	**1155. 03**	**1170. 84**	**1225. 97**	**1125. 66**
北　京	96. 74	102. 68	161. 47	123. 39	114. 99
天　津	54. 80	14. 20	19. 09	37. 44	41. 15
河　北	—	—	0. 38	—	1. 80
上　海	753. 52	809. 85	775. 87	774. 63	759. 27
江　苏	18. 74	23. 73	32. 38	23. 78	18. 46
浙　江	42. 98	45. 67	33. 85	9. 24	12. 54
福　建	7. 96	14. 16	14. 34	9. 16	8. 36
山　东	16. 98	28. 11	16. 59	45. 06	11. 45
广　东	47. 57	50. 78	61. 31	134. 62	100. 88
海　南	0. 05	1. 69	—	0. 24	3. 96
山　西	0. 07	—	0. 38	3. 18	—
安　徽	6. 82	8. 96	6. 21	14. 58	0. 40
江　西	—	—	—	—	—
河　南	—	1. 02	8. 99	4. 96	—
湖　北	4. 89	—	6. 85	6. 03	1. 14
湖　南	11. 19	6. 74	0. 67	17. 97	0. 25
内蒙古	—	0. 35	—	—	—
广　西	0. 65	4. 27	0. 68	3. 06	18. 96
重　庆	1. 90	—	1. 42	1. 62	10. 73
四　川	6. 59	2. 95	4. 62	2. 80	6. 51
贵　州	3. 18	1. 00	—	—	0. 09
云　南	0. 79	22. 51	1. 49	1. 36	—
西　藏	—	—	—	—	—
陕　西	9. 99	3. 03	3. 02	1. 18	1. 38
甘　肃	1. 13	—	—	0. 51	—
青　海	—	—	0. 27	—	—
宁　夏	2. 07	2. 71	6. 05	4. 14	3. 39
新　疆	1. 48	3. 07	5. 92	3. 29	4. 62
辽　宁	2. 59	4. 64	2. 79	3. 71	2. 94
吉　林	2. 17	2. 17	—	—	—
黑龙江	—	0. 75	6. 20	0. 04	2. 37

数据来源：国家统计局。

表 3-58　2018—2022 年全国及各地区房地产开发企业商业营业用房出租面积

单位：万平方米

地　区	2018 年	2019 年	2020 年	2021 年	2022 年
全　国	**1615. 11**	**1624. 81**	**1459. 65**	**1443. 68**	**1297. 09**
北　京	113. 51	118. 15	82. 03	107. 85	124. 75
天　津	14. 51	16. 32	22. 00	16. 81	28. 46
河　北	4. 22	6. 44	3. 20	4. 61	0. 21
上　海	630. 83	707. 89	751. 08	734. 76	667. 73
江　苏	135. 35	97. 80	84. 79	94. 50	36. 72
浙　江	73. 96	55. 40	62. 55	47. 21	35. 28
福　建	64. 71	62. 80	58. 61	41. 15	31. 41
山　东	67. 58	81. 33	67. 99	42. 92	27. 66
广　东	129. 94	117. 62	94. 08	98. 63	74. 44
海　南	8. 66	10. 37	2. 13	11. 84	9. 95
山　西	7. 55	5. 70	0. 72	0. 63	0. 25
安　徽	4. 74	6. 92	11. 05	15. 26	11. 58
江　西	16. 52	0. 30	3. 72	1. 21	9. 24
河　南	0. 53	1. 27	—	6. 47	0. 54
湖　北	6. 40	34. 19	3. 28	3. 35	5. 67
湖　南	22. 10	13. 93	32. 50	16. 81	11. 95
内蒙古	3. 66	3. 43	2. 87	2. 49	3. 41
广　西	24. 98	10. 07	7. 45	6. 37	51. 39
重　庆	45. 25	25. 25	16. 66	44. 03	63. 82
四　川	41. 83	15. 04	25. 93	12. 82	10. 14
贵　州	5. 70	5. 62	4. 03	1. 24	4. 76
云　南	9. 56	42. 35	6. 28	5. 55	9. 82
西　藏	0. 19	—	—	3. 19	0. 03
陕　西	44. 86	48. 83	49. 04	3. 95	8. 19
甘　肃	8. 09	9. 43	5. 02	2. 82	2. 96
青　海	—	—	0. 95	—	0. 13
宁　夏	31. 95	38. 37	25. 09	29. 40	25. 67
新　疆	40. 21	24. 29	18. 80	53. 29	21. 71
辽　宁	6. 51	10. 32	9. 05	22. 74	17. 44
吉　林	46. 47	36. 36	1. 25	0. 92	0. 41
黑龙江	4. 74	19. 02	7. 51	10. 89	1. 37

数据来源：国家统计局。

表 3-59　2018—2022 年全国及各地区房地产开发企业其他房屋出租面积

单位：万平方米

地　区	2018 年	2019 年	2020 年	2021 年	2022 年
全　国	**564.89**	**589.83**	**594.99**	**630.47**	**512.00**
北　京	47.32	37.50	49.68	44.76	47.63
天　津	7.85	5.21	3.86	4.78	2.97
河　北	0.27	5.44	0.40	—	2.25
上　海	355.28	388.57	392.10	423.04	352.17
江　苏	11.35	10.45	20.62	21.52	11.44
浙　江	10.16	6.12	10.82	28.81	5.91
福　建	23.73	25.40	26.16	17.76	24.25
山　东	8.03	20.25	16.53	9.53	11.38
广　东	20.35	17.86	10.71	22.82	20.66
海　南	3.81	2.21	0.08	0.87	0.08
山　西	2.72	1.33	0.46	0.53	—
安　徽	7.71	13.77	8.33	14.68	3.42
江　西	—	0.90	0.39	0.06	0.28
河　南	1.00	—	—	2.11	0.27
湖　北	2.22	1.98	0.03	3.27	0.74
湖　南	7.73	6.38	2.93	0.15	—
内蒙古	0.72	—	0.62	0.64	0.01
广　西	0.68	0.15	2.57	0.86	2.38
重　庆	21.43	5.09	1.73	18.37	0.56
四　川	15.56	2.91	6.52	1.23	2.98
贵　州	3.14	0.80	0.32	0.19	6.25
云　南	—	6.61	6.30	—	3.21
西　藏	—	0.48	0.48	0.48	0.48
陕　西	4.01	9.14	0.62	0.16	4.52
甘　肃	0.07	0.20	0.87	—	—
青　海	—	—	—	—	—
宁　夏	0.16	1.64	6.03	2.66	0.24
新　疆	5.83	1.73	16.48	11.17	0.76
辽　宁	0.01	—	0.57	—	2.82
吉　林	—	12.23	0.66	—	0.11
黑龙江	3.73	5.49	8.12	—	4.23

数据来源：国家统计局。

二、重点城市房地产建设和交易数据

（一）40 座重点城市商品房投资、建设、销售数据

表 3-60　2018—2022 年 40 座重点城市房地产开发投资额

单位：亿元

地　区	2018 年	2019 年	2020 年	2021 年	2022 年
北　京	3873. 35	3838. 38	3938. 71	4139. 03	4178. 46
天　津	2424. 49	2727. 82	2608. 54	2769. 98	2127. 94
石家庄	1010. 71	887. 64	926. 49	951. 32	767. 20
太　原	529. 41	696. 54	714. 82	665. 47	541. 41
呼和浩特	174. 25	175. 22	246. 89	270. 72	219. 09
沈　阳	996. 72	1174. 80	1235. 89	1222. 61	940. 31
大　连	688. 51	711. 06	753. 06	728. 95	608. 84
长　春	778. 63	876. 79	996. 07	1052. 34	661. 96
哈尔滨	584. 99	620. 45	622. 05	531. 37	341. 05
上　海	4033. 18	4231. 38	4698. 75	5035. 18	4979. 54
南　京	2354. 17	2501. 26	2631. 40	2719. 80	2758. 77
无　锡	1311. 53	1355. 32	1350. 02	1568. 06	1386. 79
苏　州	2557. 91	2686. 47	2673. 66	2869. 78	2691. 38
杭　州	3068. 90	3396. 75	3575. 33	3628. 33	3889. 10
宁　波	1587. 47	1703. 59	1818. 88	2075. 59	2131. 68
温　州	1176. 57	1199. 85	1218. 16	1441. 23	1540. 67
合　肥	1527. 17	1556. 08	1546. 99	1466. 42	1457. 09
福　州	1439. 68	1812. 77	2070. 23	2248. 81	1663. 87
厦　门	884. 58	899. 53	1055. 76	1069. 66	1064. 78
南　昌	890. 43	913. 04	971. 57	975. 84	787. 42
济　南	1370. 43	1489. 38	1707. 63	1928. 00	1830. 80
青　岛	1485. 21	1803. 81	2045. 12	1982. 34	1789. 87
郑　州	3258. 41	3349. 86	3428. 78	3088. 88	2158. 59
武　汉	2780. 01	2966. 21	2777. 15	3254. 62	3366. 79
长　沙	1508. 72	1672. 96	1869. 88	2236. 88	2281. 48
广　州	2701. 93	3102. 26	3293. 95	3626. 44	3431. 90

续表

地　区	2018 年	2019 年	2020 年	2021 年	2022 年
深　圳	2640. 71	3041. 65	3537. 84	2979. 08	3391. 54
南　宁	1106. 36	1461. 08	1378. 20	1359. 95	743. 83
北　海	202. 28	203. 88	166. 93	144. 84	75. 92
海　口	609. 42	480. 73	443. 67	452. 45	438. 09
三　亚	403. 14	299. 93	339. 89	382. 90	264. 02
重　庆	4248. 76	4439. 30	4351. 96	4354. 96	3216. 87
成　都	2273. 16	2611. 71	2847. 64	3142. 38	3271. 72
贵　阳	985. 26	1175. 37	1291. 37	1120. 05	753. 02
昆　明	1839. 79	2096. 25	2263. 71	2149. 06	1487. 00
西　安	2213. 68	2008. 30	2064. 63	1975. 28	2061. 85
兰　州	575. 22	550. 67	553. 77	602. 76	486. 45
西　宁	292. 25	290. 99	270. 40	265. 78	169. 93
银　川	295. 25	275. 35	311. 43	325. 79	273. 80
乌鲁木齐	659. 15	544. 13	550. 40	537. 77	311. 95

数据来源：国家统计局。

表 3-61　2018—2022 年 40 座重点城市住宅开发投资额

单位：亿元

地　区	2018 年	2019 年	2020 年	2021 年	2022 年
北　京	2026. 06	2039. 76	2317. 08	2522. 18	2667. 30
天　津	1863. 50	2200. 01	2084. 80	2168. 35	1682. 49
石家庄	731. 67	672. 02	751. 31	762. 62	641. 84
太　原	397. 34	536. 58	564. 25	525. 44	413. 23
呼和浩特	120. 29	129. 47	178. 45	201. 93	167. 00
沈　阳	775. 06	956. 16	989. 83	999. 85	797. 40
大　连	514. 46	513. 86	563. 44	547. 28	443. 08
长　春	529. 53	631. 32	691. 27	735. 75	508. 04
哈尔滨	372. 10	442. 61	446. 85	401. 43	261. 84
上　海	2225. 92	2318. 13	2418. 79	2673. 95	2771. 80
南　京	1574. 64	1735. 85	1862. 72	1932. 13	2052. 38
无　锡	1001. 34	1112. 21	1117. 72	1327. 41	1117. 98

续表

地　区	2018 年	2019 年	2020 年	2021 年	2022 年
苏　州	2111. 60	2209. 27	2171. 62	2379. 89	2330. 90
杭　州	1953. 30	2198. 70	2215. 60	2300. 16	2441. 88
宁　波	1101. 06	1201. 35	1204. 01	1399. 66	1432. 85
温　州	919. 22	937. 75	940. 99	1114. 01	1168. 19
合　肥	1165. 86	1242. 88	1237. 37	1193. 17	1148. 76
福　州	966. 43	1288. 84	1493. 95	1637. 84	1271. 88
厦　门	536. 32	559. 24	687. 85	709. 89	726. 73
南　昌	612. 79	656. 38	683. 19	721. 24	577. 72
济　南	929. 59	1065. 99	1204. 31	1351. 39	1247. 63
青　岛	1034. 84	1239. 07	1479. 17	1481. 18	1316. 94
郑　州	2345. 82	2555. 02	2700. 29	2544. 96	1779. 26
武　汉	1957. 17	2183. 31	1959. 01	2417. 55	2426. 01
长　沙	908. 77	1021. 43	1205. 91	1575. 16	1660. 08
广　州	1733. 76	2087. 07	2155. 21	2538. 80	2433. 03
深　圳	1303. 33	1504. 35	1916. 09	1602. 60	2011. 97
南　宁	772. 04	1034. 06	988. 63	975. 17	526. 85
北　海	163. 68	162. 48	147. 49	121. 32	65. 28
海　口	419. 31	352. 68	286. 48	243. 20	276. 38
三　亚	297. 17	217. 74	—	—	—
重　庆	3012. 65	3246. 77	3189. 05	3288. 11	2411. 04
成　都	1245. 90	1575. 49	1870. 91	2108. 89	2276. 51
贵　阳	639. 74	745. 80	934. 14	864. 13	608. 40
昆　明	1161. 24	1498. 32	1648. 96	1545. 86	1055. 28
西　安	1446. 51	1414. 19	1342. 97	1426. 60	1428. 95
兰　州	300. 07	345. 00	395. 19	444. 31	348. 59
西　宁	175. 33	200. 24	176. 18	210. 92	128. 37
银　川	198. 20	191. 88	220. 99	234. 13	198. 11
乌鲁木齐	411. 24	377. 45	366. 95	380. 72	222. 92

数据来源：国家统计局。

表 3-62　2018—2022 年 40 座重点城市土地购置面积

单位：万平方米

地　区	2018 年	2019 年	2020 年	2021 年	2022 年
北　京	218.19	144.03	147.07	230.60	188.82
天　津	226.32	548.94	267.06	389.32	182.88
石家庄	146.45	168.57	143.37	68.16	36.72
太　原	44.35	215.98	177.87	71.42	41.27
呼和浩特	5.17	80.36	30.41	51.98	1.70
沈　阳	217.24	267.03	280.32	297.64	15.99
大　连	111.56	127.04	58.29	113.14	228.89
长　春	543.32	274.10	302.10	655.35	97.59
哈尔滨	119.06	181.44	239.28	125.88	44.79
上　海	144.58	144.81	270.74	376.51	148.02
南　京	186.36	94.65	223.09	209.16	61.36
无　锡	394.61	110.65	164.71	146.17	15.97
苏　州	351.05	373.30	326.25	359.34	78.68
杭　州	212.38	110.19	280.17	223.62	310.23
宁　波	569.60	243.12	288.69	209.43	125.06
温　州	320.50	215.01	306.77	253.57	64.04
合　肥	385.43	466.74	539.47	325.37	428.53
福　州	339.43	252.27	83.87	32.56	54.88
厦　门	74.08	71.57	25.62	55.84	45.41
南　昌	102.62	124.63	228.54	58.64	48.13
济　南	265.91	266.71	106.04	189.99	46.89
青　岛	384.01	564.95	394.68	219.71	125.57
郑　州	301.58	323.26	294.38	215.61	88.24
武　汉	77.05	179.34	203.44	222.68	59.57
长　沙	354.13	232.52	244.92	286.92	116.09
广　州	186.92	148.32	380.87	267.93	87.74
深　圳	132.61	83.33	171.78	105.35	99.93
南　宁	121.36	289.82	491.75	156.48	49.86
北　海	10.05	50.30	—	—	—
海　口	86.10	6.52	2.94	32.69	22.45
三　亚	4.08	11.43	—	—	—
重　庆	1260.92	641.58	812.95	694.50	256.74
成　都	307.41	170.67	358.67	146.86	104.90
贵　阳	120.63	169.44	169.14	166.25	38.32
昆　明	209.21	265.38	280.09	89.00	24.16
西　安	221.19	53.07	94.57	52.56	36.02
兰　州	86.51	46.51	45.52	36.83	7.49
西　宁	37.28	21.71	12.26	75.45	19.84
银　川	95.69	85.18	102.88	162.64	59.43
乌鲁木齐	436.64	81.97	430.46	134.29	12.36

数据来源：国家统计局。

表 3-63　2018—2022 年 40 座重点城市房屋施工面积

单位：万平方米

地　区	2018 年	2019 年	2020 年	2021 年	2022 年
北　京	12962. 61	12514. 99	13918. 64	14055. 32	13333. 15
天　津	10324. 37	11453. 43	12034. 51	12627. 78	11085. 10
石家庄	3713. 92	3891. 35	3702. 60	4543. 16	4338. 26
太　原	6033. 42	7063. 71	7659. 31	8473. 83	8110. 60
呼和浩特	3504. 62	3464. 82	3152. 40	3318. 21	3110. 87
沈　阳	6525. 79	6626. 56	7111. 84	8120. 52	6901. 03
大　连	4219. 82	3855. 62	3711. 92	4099. 94	3739. 93
长　春	7216. 32	7551. 80	7614. 30	8496. 34	7201. 86
哈尔滨	4673. 76	5509. 27	5490. 29	5406. 34	5134. 83
上　海	14672. 37	14802. 97	15740. 34	16627. 90	16678. 19
南　京	8656. 96	9001. 67	8663. 99	8597. 29	7845. 46
无　锡	5981. 74	6323. 97	6363. 12	6076. 26	5648. 89
苏　州	11658. 52	12148. 01	12385. 55	11921. 28	10807. 79
杭　州	11755. 16	12000. 92	13315. 09	13291. 26	13281. 27
宁　波	7472. 48	8347. 74	10575. 61	10778. 64	9660. 77
温　州	4861. 93	5404. 70	5871. 42	6724. 33	6346. 68
合　肥	8233. 22	7874. 20	7998. 95	8284. 96	8106. 44
福　州	7921. 37	8480. 51	8662. 60	8427. 23	7478. 88
厦　门	4343. 24	4089. 16	3616. 04	3661. 02	3514. 91
南　昌	6093. 95	6611. 93	6068. 95	5927. 10	4982. 65
济　南	9117. 03	9431. 52	10353. 04	10156. 54	8678. 88
青　岛	10390. 38	11579. 57	12528. 40	13022. 24	12056. 28
郑　州	18643. 11	19583. 60	19444. 77	20503. 04	18651. 25
武　汉	11759. 79	13556. 46	15565. 89	16251. 62	15842. 60
长　沙	10702. 85	11878. 61	12746. 11	12958. 76	11720. 07
广　州	10999. 01	11985. 91	11878. 29	12750. 78	12946. 25
深　圳	6747. 69	7907. 85	9537. 94	10319. 29	10774. 80
南　宁	8129. 81	9704. 05	10712. 49	11246. 52	10381. 45
北　海	1228. 79	1651. 70	1610. 54	1637. 06	1606. 66
海　口	3337. 73	3439. 31	3370. 64	3369. 06	3542. 17
三　亚	1490. 48	1227. 42	1345. 43	1460. 04	1339. 35
重　庆	27226. 56	27986. 64	27368. 16	26893. 17	22646. 90
成　都	19514. 56	20619. 90	19122. 23	19544. 10	19338. 18
贵　阳	6058. 28	7961. 95	7875. 40	8178. 96	7504. 29
昆　明	10293. 44	12236. 93	11359. 07	12826. 85	12051. 99
西　安	15238. 05	15870. 82	14472. 23	14452. 47	13735. 56
兰　州	4314. 16	5137. 89	5058. 56	5576. 37	4794. 19
西　宁	1875. 88	2084. 14	1824. 51	2036. 39	2009. 58
银　川	3795. 57	3799. 45	3756. 64	3704. 85	3320. 35
乌鲁木齐	4605. 11	4862. 05	5230. 52	6056. 27	5529. 36

数据来源：国家统计局。

表 3-64　2018—2022 年 40 座重点城市商品房新开工面积

单位：万平方米

地　区	2018 年	2019 年	2020 年	2021 年	2022 年
北　京	2321.11	2073.21	3006.62	1895.93	1774.41
天　津	2479.34	2544.84	2161.86	1885.36	667.20
石家庄	1142.79	1560.86	1475.91	1242.35	689.57
太　原	1254.29	1750.63	1360.13	906.92	418.39
呼和浩特	308.89	638.28	599.53	546.42	267.85
沈　阳	1416.16	1309.50	1630.20	1577.32	525.06
大　连	580.83	668.96	818.93	995.88	462.51
长　春	1429.65	1565.50	1534.81	2133.84	402.68
哈尔滨	1095.87	1399.54	1265.11	634.68	311.67
上　海	2687.17	3063.44	3440.62	3845.97	2939.74
南　京	1942.31	1989.30	2114.90	1957.63	1302.65
无　锡	1503.02	1435.56	1634.81	1494.95	898.30
苏　州	2800.76	2761.18	2398.65	2728.26	1187.75
杭　州	2708.53	2434.89	3542.84	2446.79	2048.48
宁　波	2202.89	2101.59	3254.17	2150.63	1149.19
温　州	1414.55	1503.06	1683.55	1521.67	788.61
合　肥	1789.83	1619.72	1732.18	1825.13	1533.60
福　州	1830.94	1743.02	1941.02	1512.73	740.36
厦　门	414.56	505.22	405.68	566.33	687.82
南　昌	1277.60	1425.79	1087.85	1241.53	456.42
济　南	2604.43	2163.38	2131.09	1745.62	1201.85
青　岛	2803.11	3473.49	3312.41	2190.96	1499.34
郑　州	4363.47	4669.30	3289.84	3169.03	1655.03
武　汉	3106.92	3430.84	3668.79	2599.74	1554.27
长　沙	2931.94	3478.86	3068.35	2698.10	1442.49
广　州	1775.45	2220.51	2620.61	2164.81	1351.52
深　圳	1529.57	1447.19	1818.51	1539.93	1332.32
南　宁	1709.74	2156.19	2079.58	1363.67	629.37
北　海	356.10	536.77	345.93	167.70	100.66
海　口	628.33	510.16	325.71	310.65	448.11
三　亚	170.57	125.69	249.90	217.54	107.68
重　庆	7386.16	6725.40	5947.70	4873.36	2222.44
成　都	4722.45	4602.29	3844.19	3103.74	2715.64
贵　阳	1366.64	1974.44	1787.56	1375.12	420.80
昆　明	1705.43	3163.27	2814.65	2382.31	688.17
西　安	2433.41	2363.65	1863.69	2041.32	1679.24
兰　州	814.92	1435.77	1184.54	1106.92	437.72
西　宁	332.39	556.40	520.42	397.98	179.72
银　川	628.60	748.52	741.81	944.69	395.31
乌鲁木齐	1125.09	832.50	1731.86	1094.51	342.61

数据来源：国家统计局。

表 3-65　2018—2022 年 40 座重点城市商品房竣工面积

单位：万平方米

地　区	2018 年	2019 年	2020 年	2021 年	2022 年
北　京	1557.90	1343.28	1545.72	1983.86	1938.48
天　津	2092.22	1655.50	1634.47	1892.82	1503.65
石家庄	141.30	266.93	244.25	348.29	357.64
太　原	357.58	457.12	348.48	607.99	148.55
呼和浩特	354.10	85.59	158.76	45.28	218.21
沈　阳	660.64	666.40	649.45	1137.25	737.36
大　连	326.03	292.91	167.25	406.03	217.09
长　春	1087.51	924.41	658.15	479.24	436.66
哈尔滨	448.97	682.37	469.23	308.82	252.82
上　海	3115.76	2669.67	2877.78	2739.55	1676.40
南　京	1176.85	1587.06	1448.42	1171.18	690.79
无　锡	758.84	1317.77	1517.30	1037.35	965.57
苏　州	1507.34	1283.75	1545.69	1238.95	1360.65
杭　州	1636.93	1727.56	1799.08	1732.56	1028.18
宁　波	688.87	712.14	1706.92	1499.99	1628.41
温　州	478.06	604.01	434.34	568.72	524.15
合　肥	1419.79	1481.60	1613.70	1896.80	2333.59
福　州	722.66	389.85	1092.27	899.62	1193.12
厦　门	639.73	370.73	348.79	385.85	269.53
南　昌	634.51	830.49	846.27	628.37	333.71
济　南	1203.81	1043.40	1272.97	1115.66	714.99
青　岛	1624.77	1602.01	1153.89	1656.88	1610.00
郑　州	1946.07	2107.40	1462.93	2193.13	1783.80
武　汉	458.63	697.50	777.86	771.17	835.72
长　沙	1441.27	1280.87	1259.09	1246.32	1386.00
广　州	1523.98	2899.19	1389.79	1093.13	1351.74
深　圳	261.56	572.11	640.88	664.38	707.03
南　宁	792.21	710.77	799.91	986.97	1043.52
北　海	51.81	91.58	90.39	69.57	89.84
海　口	279.74	190.18	190.29	189.45	83.23
三　亚	201.74	141.18	88.52	88.97	159.80
重　庆	4083.45	5069.17	3774.33	4196.21	2792.57
成　都	1724.77	1823.13	1430.24	1460.76	1235.10
贵　阳	208.07	308.59	359.33	348.67	336.27
昆　明	324.26	485.88	293.04	710.27	965.08
西　安	969.69	1020.25	651.31	370.01	623.84
兰　州	137.70	131.10	179.35	423.60	482.34
西　宁	231.93	102.59	93.33	43.68	151.70
银　川	762.23	545.70	498.97	666.23	476.93
乌鲁木齐	569.82	480.68	99.94	518.87	158.04

数据来源：国家统计局。

表 3-66　2018—2022 年 40 座重点城市住宅竣工面积

单位：万平方米

地　区	2018 年	2019 年	2020 年	2021 年	2022 年
北　京	731.20	583.20	728.48	981.05	1096.22
天　津	1522.27	1186.69	1256.43	1445.60	1086.13
石家庄	117.51	212.37	204.34	249.34	294.19
太　原	278.41	317.28	263.25	448.80	103.52
呼和浩特	237.66	65.10	89.57	31.49	156.13
沈　阳	495.71	533.53	514.37	945.79	585.40
大　连	218.08	203.19	122.63	320.27	162.04
长　春	751.67	648.15	459.09	341.47	271.24
哈尔滨	301.68	519.56	340.48	205.39	148.48
上　海	1730.27	1453.28	1627.61	1421.43	934.69
南　京	845.34	1091.73	1004.90	706.24	420.75
无　锡	546.18	982.70	1175.27	752.93	754.22
苏　州	1007.20	1002.31	1191.53	904.86	1015.98
杭　州	842.02	963.88	933.73	897.43	596.83
宁　波	364.44	421.34	1075.19	939.39	1078.20
温　州	336.16	392.97	300.02	430.94	377.68
合　肥	909.21	1044.20	1130.21	1337.93	1514.26
福　州	441.12	246.61	658.31	557.08	806.66
厦　门	347.87	153.28	107.43	171.82	159.92
南　昌	462.35	634.94	622.90	407.89	249.16
济　南	897.37	747.11	913.57	787.62	488.03
青　岛	1079.25	1063.15	782.71	1110.74	1092.16
郑　州	1357.10	1478.08	1032.04	1520.31	1247.91
武　汉	305.71	479.16	611.73	591.23	541.01
长　沙	976.82	896.98	846.59	883.15	885.37
广　州	867.63	1645.77	923.91	656.77	851.84
深　圳	124.91	303.76	341.00	377.45	365.64
南　宁	584.23	466.90	500.85	712.26	746.70
北　海	30.27	72.70	—	53.16	72.78
海　口	190.96	142.48	126.89	80.81	61.89
三　亚	165.99	112.66	51.80	72.92	97.52
重　庆	2784.64	3400.08	2585.26	2724.39	1914.99
成　都	1036.27	1003.00	851.87	897.52	782.32
贵　阳	121.25	185.60	221.15	223.86	205.61
昆　明	209.92	262.42	195.04	401.01	618.80
西　安	621.07	729.22	478.15	292.72	470.64
兰　州	67.11	88.06	147.09	313.01	368.11
西　宁	123.61	61.79	53.52	32.99	117.18
银　川	547.99	385.66	319.18	445.06	361.10
乌鲁木齐	304.45	324.25	57.69	387.63	111.07

数据来源：国家统计局。

表 3-67　2018—2022 年 40 座重点城市商品房销售面积

单位：万平方米

地　区	2018 年	2019 年	2020 年	2021 年	2022 年
北　京	696. 19	938. 86	970. 88	1107. 07	1039. 98
天　津	1249. 87	1478. 68	1306. 96	1435. 42	973. 77
石家庄	844. 69	782. 28	656. 26	720. 29	606. 06
太　原	839. 42	741. 10	781. 36	821. 78	507. 37
呼和浩特	396. 05	326. 00	413. 76	309. 66	145. 83
沈　阳	1354. 82	1453. 53	1381. 32	1092. 70	648. 89
大　连	775. 95	658. 87	714. 84	687. 71	434. 33
长　春	1288. 44	1342. 37	1054. 41	1027. 25	540. 77
哈尔滨	1050. 58	964. 78	768. 50	609. 45	408. 97
上　海	1767. 01	1696. 34	1789. 16	1880. 45	1852. 88
南　京	1220. 73	1320. 65	1324. 67	1510. 95	942. 32
无　锡	1367. 85	1366. 48	1550. 56	1550. 86	1159. 81
苏　州	1994. 13	2178. 22	2192. 17	2275. 42	2050. 25
杭　州	1675. 98	1513. 62	1699. 34	2236. 25	1393. 66
宁　波	1624. 38	1714. 64	1858. 20	1606. 23	1128. 80
温　州	1165. 27	1139. 87	1204. 71	886. 31	673. 27
合　肥	1389. 58	1321. 87	1486. 11	1836. 59	1459. 18
福　州	1711. 05	1708. 19	1888. 10	2138. 49	1419. 70
厦　门	529. 42	540. 77	621. 82	593. 04	607. 63
南　昌	1846. 31	1906. 13	1770. 83	2019. 49	1390. 70
济　南	1236. 30	1151. 00	1335. 75	1548. 20	1241. 95
青　岛	1808. 02	1651. 83	1653. 59	1644. 52	1563. 73
郑　州	3712. 11	3593. 27	3426. 06	2699. 38	1999. 36
武　汉	3646. 94	3332. 34	2646. 37	2759. 39	2122. 34
长　沙	2386. 74	2335. 15	2377. 43	2606. 17	1699. 36
广　州	1550. 28	1464. 64	1539. 40	1736. 31	1374. 07
深　圳	722. 01	806. 56	908. 80	799. 59	679. 11
南　宁	1745. 19	1805. 23	1837. 59	1494. 08	1324. 72
北　海	409. 63	403. 25	313. 55	315. 22	213. 75
海　口	393. 32	440. 56	463. 74	484. 60	269. 44
三　亚	244. 79	121. 15	77. 05	127. 18	118. 31
重　庆	6536. 25	6104. 68	6143. 47	6197. 71	4142. 92
成　都	3682. 52	3543. 28	3680. 30	3644. 11	2549. 40
贵　阳	1114. 56	1099. 27	1235. 75	1407. 55	829. 14
昆　明	1909. 72	1916. 23	1878. 80	1297. 56	822. 50
西　安	2621. 72	2375. 41	2081. 48	1492. 92	1382. 76
兰　州	642. 42	718. 44	846. 48	799. 58	282. 23
西　宁	332. 22	321. 24	298. 97	226. 64	100. 21
银　川	612. 83	679. 38	751. 75	641. 57	403. 71
乌鲁木齐	605. 30	657. 42	716. 09	764. 16	449. 43

数据来源：国家统计局。

表 3-68　2018—2022 年 40 座重点城市住宅销售面积

单位：万平方米

地　区	2018 年	2019 年	2020 年	2021 年	2022 年
北　京	526.76	789.02	733.59	877.10	741.93
天　津	1140.73	1382.63	1220.74	1333.97	895.54
石家庄	723.90	673.94	618.00	677.52	567.91
太　原	771.21	645.48	701.24	728.26	468.74
呼和浩特	342.43	296.28	382.27	264.05	137.31
沈　阳	1202.67	1361.13	1285.50	985.08	594.85
大　连	702.09	602.74	629.08	627.24	386.99
长　春	1116.08	1156.13	936.39	930.21	470.31
哈尔滨	920.00	824.78	679.32	517.07	359.21
上　海	1333.29	1353.70	1434.07	1489.95	1561.51
南　京	982.65	1137.19	1213.81	1371.39	791.96
无　锡	1246.02	1239.56	1364.33	1344.94	919.28
苏　州	1788.30	1983.56	1993.90	2088.27	1842.27
杭　州	1329.40	1284.27	1471.62	1954.30	1168.22
宁　波	1299.17	1438.89	1571.44	1280.80	835.15
温　州	975.70	917.69	1045.04	768.28	570.29
合　肥	1103.88	1155.72	1297.40	1562.76	1237.83
福　州	1255.68	1330.07	1519.17	1686.26	980.08
厦　门	170.68	274.70	379.13	413.24	394.95
南　昌	1536.52	1580.89	1367.24	1562.29	1056.88
济　南	965.29	934.00	1145.24	1300.20	907.09
青　岛	1578.31	1475.58	1430.37	1419.63	1264.08
郑　州	3330.57	3241.97	3025.68	2480.01	1865.24
武　汉	3229.75	2981.79	2252.39	2470.53	1742.42
长　沙	1973.34	2005.91	2046.55	2304.86	1472.97
广　州	1138.20	1106.58	1223.21	1371.01	1026.53
深　圳	572.99	638.42	752.27	623.30	489.98
南　宁	1438.25	1550.33	1486.19	1125.51	678.52
北　海	397.53	380.43	290.00	287.22	193.05
海　口	331.44	373.49	371.52	349.09	205.67
三　亚	212.95	102.28	65.06	78.74	104.28
重　庆	5424.76	5149.08	4814.49	4945.42	2723.02
成　都	2660.02	2564.86	2826.74	2614.48	1885.61
贵　阳	943.29	869.40	1105.76	1185.52	695.63
昆　明	1430.17	1484.84	1527.10	965.17	603.10
西　安	2141.12	1903.90	1635.78	1238.56	1114.77
兰　州	565.93	673.48	796.79	761.54	259.16
西　宁	274.02	259.58	259.05	176.85	80.26
银　川	529.20	606.16	674.20	528.20	365.17
乌鲁木齐	509.28	566.85	636.84	703.06	421.07

数据来源：国家统计局。

表 3-69 2018—2022 年 40 座重点城市商品房销售金额

单位：亿元

地 区	2018 年	2019 年	2020 年	2021 年	2022 年
北 京	2377.00	3370.98	3656.85	4486.47	3976.92
天 津	2006.62	2274.14	2113.61	2322.76	1516.37
石家庄	882.91	728.19	647.69	739.70	601.53
太 原	928.28	828.58	840.68	841.84	499.02
呼和浩特	330.52	327.37	455.18	334.35	161.47
沈 阳	1204.72	1481.46	1571.42	1266.57	700.67
大 连	895.93	788.79	950.91	945.32	543.17
长 春	1062.34	1178.19	957.51	865.59	462.62
哈尔滨	967.40	957.10	727.56	533.88	343.85
上 海	4751.50	5203.82	6046.97	6788.73	7467.53
南 京	2731.98	2510.15	3269.50	4063.84	2428.14
无 锡	1575.70	1919.55	2361.75	2658.96	1961.99
苏 州	3117.83	3728.98	3918.08	4210.93	3506.30
杭 州	4008.49	3923.64	4595.49	6589.11	4532.41
宁 波	2459.64	2583.12	3049.52	3016.89	1937.58
温 州	1560.25	1625.13	1905.53	1658.77	1056.56
合 肥	1687.91	1766.62	2128.29	2457.72	1811.56
福 州	2315.10	2332.72	2552.74	3025.84	1757.76
厦 门	1106.85	1223.32	1521.39	1482.84	1240.99
南 昌	1580.58	1817.33	1943.94	2076.27	1437.30
济 南	1474.91	1316.56	1571.95	1956.97	1514.57
青 岛	2282.46	2247.00	2216.85	2267.30	2180.82
郑 州	3134.00	3403.56	3369.17	2608.58	1629.43
武 汉	4780.50	4751.24	3769.49	4157.55	2981.53
长 沙	1958.67	2021.46	2196.25	2620.58	1789.72
广 州	3102.66	3275.35	3857.08	4867.54	3621.50
深 圳	3908.42	4500.34	5164.58	4685.00	3502.87
南 宁	1358.14	1517.49	1581.21	1240.28	884.98
北 海	275.09	287.05	200.58	185.18	117.97
海 口	520.49	677.82	734.42	766.87	431.61
三 亚	601.37	306.77	212.73	397.40	315.24
重 庆	5272.70	5129.42	5071.34	5391.26	2954.87
成 都	3633.40	3850.62	4470.71	4685.76	3631.02
贵 阳	1043.31	1148.85	1151.14	1274.05	736.17
昆 明	1999.90	2145.60	2127.82	1408.13	799.51
西 安	2666.55	2726.98	2780.44	2188.24	2034.41
兰 州	509.05	547.91	711.16	634.97	225.13
西 宁	242.97	288.77	287.84	207.90	89.62
银 川	360.03	437.51	544.14	490.67	338.77
乌鲁木齐	505.88	571.28	578.65	620.19	371.58

数据来源：国家统计局。

表 3-70 2018—2022 年 40 座重点城市住宅销售金额

单位：亿元

地 区	2018 年	2019 年	2020 年	2021 年	2022 年
北 京	1971.15	3032.40	3131.31	4117.23	3545.26
天 津	1816.53	2132.48	2000.98	2183.74	1421.55
石家庄	752.78	622.29	611.41	712.57	575.05
太 原	836.03	718.81	758.35	757.02	461.61
呼和浩特	282.55	297.13	423.03	298.74	152.41
沈 阳	1043.93	1395.32	1493.39	1181.84	654.63
大 连	802.66	725.76	849.30	883.13	494.23
长 春	903.12	1009.44	854.71	791.21	413.80
哈尔滨	821.74	806.61	642.67	453.87	299.13
上 海	3864.03	4457.16	5268.85	6104.95	6937.77
南 京	1936.64	2209.35	3055.72	3831.39	2203.69
无 锡	1456.27	1776.22	2180.65	2459.12	1695.58
苏 州	2899.19	3491.97	3692.41	4024.17	3283.27
杭 州	3238.45	3406.10	4039.27	5820.01	3933.22
宁 波	2104.86	2295.92	2774.66	2709.13	1598.16
温 州	1404.38	1447.75	1784.94	1546.33	961.31
合 肥	1442.62	1628.00	1980.43	2257.01	1668.11
福 州	1805.82	1886.82	2184.01	2577.54	1348.69
厦 门	575.46	929.31	1280.67	1298.59	1087.03
南 昌	1271.60	1478.88	1485.60	1652.28	1143.99
济 南	1173.94	1115.81	1406.53	1721.65	1221.72
青 岛	1952.91	2017.72	2010.82	2039.24	1825.27
郑 州	2716.39	3025.45	2978.81	2397.02	1501.15
武 汉	4094.84	4125.07	3304.62	3830.38	2574.66
长 沙	1538.46	1650.21	1864.76	2332.31	1576.52
广 州	2456.44	2657.47	3316.33	4192.57	3023.64
深 圳	3176.71	3560.43	4276.22	3839.57	2732.03
南 宁	1107.06	1329.23	1367.28	1008.43	605.75
北 海	264.31	267.75	—	—	—
海 口	419.09	581.23	612.79	572.50	341.30
三 亚	495.04	243.08	177.09	244.05	267.59
重 庆	4442.87	4457.78	4293.18	4786.06	2321.69
成 都	2602.34	3008.44	3740.10	3846.65	3169.87
贵 阳	834.14	851.97	1012.58	1068.69	644.91
昆 明	1585.41	1800.07	1864.95	1192.23	684.16
西 安	2137.81	2213.71	2248.10	1885.16	1773.46
兰 州	409.27	493.80	659.86	593.64	202.91
西 宁	184.51	226.64	255.09	177.30	75.77
银 川	295.80	390.37	495.75	430.11	307.12
乌鲁木齐	395.05	494.73	506.84	563.37	337.91

数据来源：国家统计局。

表 3-71　2018—2022 年 40 座重点城市商品房销售均价

单位：元/米²

地　区	2018 年	2019 年	2020 年	2021 年	2022 年
北　京	34143	35905	37665	40526	38240
天　津	16055	15380	16172	16182	15572
石家庄	10452	9309	9869	10269	9925
太　原	11059	11180	10759	10244	9835
呼和浩特	8345	10042	11001	10797	11072
沈　阳	8892	10192	11376	11591	10798
大　连	11546	11972	13302	13746	12506
长　春	8245	8777	9081	8426	8555
哈尔滨	9208	9920	9467	8760	8408
上　海	26890	30677	33798	36102	40302
南　京	22380	19007	24682	26896	25768
无　锡	11520	14047	15232	17145	16916
苏　州	15635	17119	17873	18506	17102
杭　州	23917	25922	27043	29465	32522
宁　波	15142	15065	16411	18782	17165
温　州	13390	14257	15817	18716	15693
合　肥	12147	13365	14321	13382	12415
福　州	13530	13656	13520	14149	12381
厦　门	20907	22622	24467	25004	20423
南　昌	8561	9534	10978	10281	10335
济　南	11930	11438	11768	12640	12195
青　岛	12624	13603	13406	13787	13946
郑　州	8443	9472	9834	9664	8150
武　汉	13108	14258	14244	15067	14048
长　沙	8206	8657	9238	10055	10532
广　州	20014	22363	25056	28034	26356
深　圳	54132	55797	56829	58593	51580
南　宁	7782	8406	8605	8301	6680
北　海	6716	7118	6397	5875	5519
海　口	13233	15385	15837	15825	16018
三　亚	24567	25322	27609	31247	26645
重　庆	8067	8402	8255	8699	7132
成　都	9867	10867	12148	12858	14243
贵　阳	9361	10451	9315	9052	8879
昆　明	10472	11197	11325	10852	9720
西　安	10171	11480	13358	14657	14713
兰　州	7924	7626	8401	7941	7977
西　宁	7314	8989	9628	9173	8943
银　川	5875	6440	7238	7648	8392
乌鲁木齐	8358	8690	8081	8116	8268

数据来源：根据国家统计局数据整理。

表 3-72　2018—2022 年 40 座重点城市住宅销售均价

单位：元/米²

地　区	2018 年	2019 年	2020 年	2021 年	2022 年
北　京	37420	38432	42684	46941	47784
天　津	15924	15423	16391	16370	15874
石家庄	10399	9234	9893	10517	10126
太　原	10840	11136	10815	10395	9848
呼和浩特	8251	10029	11066	11314	11100
沈　阳	8680	10251	11617	11997	11005
大　连	11432	12041	13501	14080	12771
长　春	8092	8731	9128	8506	8799
哈尔滨	8932	9780	9460	8778	8327
上　海	28981	32926	36741	40974	44430
南　京	19708	19428	25175	27938	27826
无　锡	11687	14329	15983	18284	18445
苏　州	16212	17605	18519	19270	17822
杭　州	24360	26522	27448	29781	33669
宁　波	16202	15956	17657	21152	19136
温　州	14394	15776	17080	20127	16856
合　肥	13069	14086	15265	14443	13476
福　州	14381	14186	14376	15286	13761
厦　门	33716	33830	33779	31425	27523
南　昌	8276	9355	10866	10576	10824
济　南	12162	11947	12282	13241	13469
青　岛	12373	13674	14058	14365	14440
郑　州	8156	9332	9845	9665	8048
武　汉	12679	13834	14672	15504	14776
长　沙	7796	8227	9112	10119	10703
广　州	21582	24015	27112	30580	29455
深　圳	55441	55769	56844	61601	55758
南　宁	7697	8574	9200	8960	8927
北　海	6649	7038	—	—	—
海　口	12645	15562	16494	16400	16594
三　亚	23247	23766	27220	30994	25662
重　庆	8190	8657	8917	9678	8526
成　都	9783	11729	13231	14713	16811
贵　阳	8843	9800	9157	9015	9271
昆　明	11085	12123	12212	12353	11344
西　安	9985	11627	13743	15221	15909
兰　州	7232	7332	8281	7795	7830
西　宁	6733	8731	9847	10025	9440
银　川	5590	6440	7353	8143	8410
乌鲁木齐	7757	8728	7959	8013	8025

数据来源：根据国家统计局数据整理。

（二）35 座重点城市商品房待售数据

表 3-73　2018—2022 年 35 座重点城市商品房待售面积

单位：万平方米

地　区	2018 年	2019 年	2020 年	2021 年	2022 年
总　计	**18977.36**	**18725.11**	**19149.97**	**19766.66**	**22133.68**
北　京	2226.38	2489.52	2454.16	2396.29	2617.03
天　津	671.40	657.80	823.60	922.08	1072.68
石家庄	97.27	76.84	121.44	111.15	144.82
太　原	97.86	98.65	81.76	83.11	114.63
呼和浩特	231.34	190.35	190.31	146.25	175.18
沈　阳	471.94	404.51	396.00	389.95	383.18
大　连	686.66	640.84	544.72	534.80	517.35
长　春	693.81	594.26	558.63	520.84	640.03
哈尔滨	846.81	645.81	629.45	579.05	601.11
上　海	2211.12	2360.46	2535.73	2683.78	2646.90
南　京	352.66	400.16	237.27	274.39	263.67
杭　州	529.47	451.43	490.50	389.44	438.16
宁　波	471.35	417.75	409.78	395.25	419.96
合　肥	191.26	226.29	273.73	357.27	406.00
福　州	380.34	375.04	353.25	383.70	459.36
厦　门	257.39	226.92	263.52	315.70	292.99
南　昌	181.20	162.95	132.05	119.92	116.39
济　南	98.03	80.69	147.42	210.02	248.17
青　岛	433.34	459.10	509.71	576.76	655.91
郑　州	577.99	616.71	758.04	806.81	867.64
武　汉	274.80	192.29	183.85	236.35	438.60
长　沙	684.47	517.97	440.96	360.64	373.86
广　州	850.94	886.85	976.82	969.55	1158.80
深　圳	276.90	396.15	352.18	406.63	461.98
南　宁	268.87	251.38	230.73	325.19	453.86
海　口	175.41	146.66	148.62	84.86	135.13
重　庆	1787.95	1959.11	2082.10	2343.06	2760.68
成　都	1028.27	957.04	1059.45	1027.75	1136.21
贵　阳	146.53	105.70	106.75	89.43	161.37
昆　明	469.49	463.82	401.87	489.67	898.98
西　安	232.09	170.88	143.62	142.52	131.00
兰　州	121.40	115.10	83.48	59.48	81.69
西　宁	29.93	16.84	40.80	15.28	15.20
银　川	591.29	600.97	636.03	649.77	530.21
乌鲁木齐	331.39	368.32	351.64	369.88	314.94

数据来源：国家统计局。

表 3-74　2018—2022 年 35 座重点城市住宅待售面积

单位：万平方米

地　区	2018 年	2019 年	2020 年	2021 年	2022 年
总　计	**7298.48**	**6746.00**	**6707.75**	**6766.16**	**8004.72**
北　京	847.96	893.12	881.89	830.81	854.44
天　津	315.53	313.56	437.69	517.14	623.45
石家庄	72.67	34.39	64.84	69.28	85.74
太　原	61.92	63.04	60.75	60.63	77.17
呼和浩特	140.88	97.63	93.35	89.46	126.79
沈　阳	327.87	277.64	280.25	256.97	249.88
大　连	473.30	430.24	350.03	329.60	321.74
长　春	328.16	254.96	250.33	285.63	374.60
哈尔滨	436.34	302.71	297.56	263.16	283.56
上　海	664.30	734.87	688.94	720.19	673.43
南　京	197.09	229.86	145.57	117.26	96.72
杭　州	153.65	116.52	118.22	87.44	112.61
宁　波	144.04	98.45	84.21	70.73	96.24
合　肥	39.99	47.18	50.72	61.19	74.93
福　州	95.86	94.39	70.96	71.77	142.95
厦　门	45.82	37.80	35.17	66.67	76.69
南　昌	100.43	83.73	65.95	35.11	32.54
济　南	54.20	44.10	90.63	120.37	138.22
青　岛	162.17	164.10	188.73	264.23	321.71
郑　州	347.92	374.17	470.63	485.38	510.48
武　汉	126.23	70.97	71.71	106.61	206.57
长　沙	263.59	184.82	145.76	132.76	156.26
广　州	331.70	334.63	376.19	362.35	452.32
深　圳	157.91	224.42	149.95	134.47	159.94
南　宁	120.90	120.31	68.26	99.84	165.02
海　口	64.51	57.82	65.56	37.66	68.65
重　庆	394.06	356.63	390.37	433.80	566.78
成　都	153.82	107.19	136.74	154.84	234.68
贵　阳	74.45	34.68	54.40	25.18	59.10
昆　明	154.14	144.34	112.65	94.02	301.27
西　安	57.86	32.11	27.81	34.49	37.18
兰　州	35.74	37.83	30.35	24.65	39.09
西　宁	16.41	8.23	10.58	8.51	6.73
银　川	227.13	217.18	199.04	174.16	151.98
乌鲁木齐	109.92	122.38	141.95	139.82	125.26

数据来源：国家统计局。

表 3-75　2018—2022 年 35 座重点城市办公楼待售面积

单位：万平方米

地　区	2018 年	2019 年	2020 年	2021 年	2022 年
总　计	**2328. 61**	**2394. 60**	**2467. 48**	**2479. 69**	**2752. 55**
北　京	414. 54	569. 01	530. 49	555. 51	567. 86
天　津	125. 80	112. 49	104. 94	104. 32	112. 31
石家庄	12. 26	26. 06	33. 52	17. 01	16. 88
太　原	8. 77	13. 77	6. 61	7. 19	9. 15
呼和浩特	18. 92	12. 84	13. 94	9. 31	7. 20
沈　阳	17. 86	14. 23	11. 15	12. 67	17. 21
大　连	46. 45	42. 33	36. 97	33. 75	35. 63
长　春	75. 56	63. 69	50. 29	37. 15	53. 70
哈尔滨	23. 95	23. 03	24. 47	24. 76	19. 75
上　海	400. 69	406. 03	450. 25	485. 30	496. 09
南　京	32. 25	37. 06	29. 77	31. 75	31. 19
杭　州	139. 80	116. 95	153. 40	122. 53	138. 66
宁　波	85. 46	77. 08	81. 87	81. 30	65. 52
合　肥	19. 73	40. 89	60. 86	45. 76	57. 29
福　州	9. 39	10. 25	12. 29	14. 72	48. 43
厦　门	57. 83	45. 42	57. 64	51. 34	42. 83
南　昌	27. 83	20. 13	11. 73	21. 02	18. 93
济　南	5. 64	5. 36	4. 91	4. 84	14. 74
青　岛	91. 33	90. 52	98. 24	93. 09	96. 81
郑　州	69. 71	74. 93	79. 00	85. 08	106. 68
武　汉	46. 06	43. 17	42. 75	41. 20	55. 64
长　沙	72. 46	58. 95	53. 64	24. 55	28. 86
广　州	73. 61	63. 75	100. 34	91. 39	97. 21
深　圳	36. 18	62. 71	87. 66	123. 82	165. 54
南　宁	14. 20	4. 34	11. 85	14. 91	43. 16
海　口	3. 66	3. 66	4. 65	3. 73	8. 85
重　庆	106. 90	103. 22	76. 04	97. 59	137. 63
成　都	69. 91	54. 39	67. 67	64. 57	61. 59
贵　阳	24. 00	18. 02	10. 77	8. 84	16. 38
昆　明	44. 35	40. 71	34. 72	51. 18	67. 99
西　安	29. 96	26. 67	19. 23	26. 68	26. 62
兰　州	18. 86	15. 89	2. 39	—	6. 91
西　宁	1. 09	1. 09	10. 18	0. 85	0. 78
银　川	60. 37	67. 64	69. 29	63. 81	59. 66
乌鲁木齐	43. 21	28. 30	24. 00	28. 17	18. 90

数据来源：国家统计局。

表 3-76　2018—2022 年 35 座重点城市商业营业用房待售面积

单位：万平方米

地 区	2018 年	2019 年	2020 年	2021 年	2022 年
总 计	**4449.89**	**4406.27**	**4358.23**	**4377.63**	**4524.24**
北 京	394.10	369.91	383.55	402.04	423.10
天 津	143.68	139.72	163.54	174.15	189.43
石家庄	4.31	6.37	6.08	4.99	6.40
太 原	20.30	15.81	8.99	6.76	6.80
呼和浩特	52.24	61.66	58.62	32.61	34.59
沈 阳	102.00	95.86	89.13	102.89	100.18
大 连	104.25	101.71	92.97	105.86	99.25
长 春	196.81	181.78	172.96	141.97	134.07
哈尔滨	218.97	179.76	176.96	185.92	199.25
上 海	433.64	430.68	436.43	433.23	446.99
南 京	55.89	50.06	30.77	55.83	66.88
杭 州	165.89	160.90	166.09	136.02	154.06
宁 波	141.39	142.87	130.62	128.28	112.93
合 肥	39.40	44.93	53.97	83.29	97.50
福 州	64.95	61.00	58.20	86.61	79.90
厦 门	65.44	79.92	76.04	74.50	51.90
南 昌	44.92	46.90	45.18	49.71	41.15
济 南	16.91	14.66	14.73	30.57	35.09
青 岛	152.18	166.07	169.45	152.20	160.52
郑 州	108.15	111.43	115.52	117.47	132.59
武 汉	63.56	53.49	47.90	52.26	70.71
长 沙	200.14	170.99	166.79	140.26	140.81
广 州	161.40	162.86	165.42	159.61	186.46
深 圳	65.30	79.41	74.85	98.36	99.11
南 宁	65.09	47.96	47.07	69.07	70.92
海 口	39.80	33.84	34.04	15.52	24.00
重 庆	515.10	535.70	548.21	535.56	582.14
成 都	253.73	269.65	263.35	227.86	206.75
贵 阳	30.14	33.15	21.53	40.40	68.24
昆 明	118.97	117.67	108.70	109.42	130.02
西 安	83.81	73.22	62.27	48.90	39.22
兰 州	51.14	50.38	39.64	27.12	15.65
西 宁	10.40	7.51	14.07	5.77	7.57
银 川	198.71	203.50	225.72	259.28	233.92
乌鲁木齐	67.16	104.93	88.87	83.33	76.14

数据来源：国家统计局。

表 3-77 2018—2022 年 35 座重点城市其他房屋待售面积

单位：万平方米

地 区	2018 年	2019 年	2020 年	2021 年	2022 年
总 计	**4900.37**	**5178.25**	**5616.51**	**6143.17**	**6852.17**
北 京	569.78	657.48	658.23	607.93	771.64
天 津	86.39	92.02	117.43	126.47	147.49
石家庄	8.02	10.03	17.01	19.88	35.81
太 原	6.86	6.02	5.41	8.53	21.51
呼和浩特	19.30	18.21	24.40	14.86	6.60
沈 阳	24.20	16.78	15.47	17.43	15.91
大 连	62.67	66.56	64.75	65.59	60.74
长 春	93.29	93.81	85.05	56.10	77.66
哈尔滨	167.55	140.30	130.46	105.21	98.55
上 海	712.49	788.89	960.12	1045.07	1030.39
南 京	67.42	83.19	31.15	69.55	68.89
杭 州	70.13	57.06	52.78	43.46	32.83
宁 波	100.45	99.35	113.09	114.94	145.27
合 肥	92.14	93.29	108.18	167.03	176.27
福 州	210.14	209.40	211.80	210.60	188.09
厦 门	88.30	63.77	94.68	123.19	121.57
南 昌	8.01	12.19	9.19	14.08	23.77
济 南	21.27	16.57	37.15	54.23	60.12
青 岛	27.65	38.41	53.29	67.24	76.88
郑 州	52.21	56.18	92.89	118.89	117.88
武 汉	38.95	24.66	21.49	36.28	105.68
长 沙	148.28	103.21	74.77	63.07	47.93
广 州	284.23	325.61	334.87	356.21	422.81
深 圳	17.51	29.61	39.71	49.98	37.39
南 宁	68.68	78.77	103.55	141.37	174.76
海 口	67.43	51.34	44.36	27.96	33.64
重 庆	771.90	963.56	1067.49	1276.10	1474.14
成 都	550.82	525.80	591.70	580.48	633.19
贵 阳	17.94	19.86	20.05	15.00	17.65
昆 明	152.03	161.09	145.79	235.06	399.70
西 安	60.45	38.87	34.32	32.44	27.98
兰 州	15.66	11.00	11.10	7.71	20.05
西 宁	2.02	0.00	5.98	0.15	0.12
银 川	105.08	112.65	141.98	152.52	84.65
乌鲁木齐	111.09	112.71	96.82	118.55	94.65

数据来源：国家统计局。

（三）35 座重点城市房地产开发企业房屋出租面积

表 3-78　2018—2022 年 35 座重点城市房地产开发企业房屋出租面积

单位：万平方米

地 区	2018 年	2019 年	2020 年	2021 年	2022 年
总 计	**2834. 90**	**2985. 03**	**2919. 24**	**3021. 62**	**2886. 96**
北 京	265. 78	265. 14	300. 84	285. 91	351. 04
天 津	77. 52	35. 98	46. 71	59. 21	77. 92
石家庄	0. 27	0. 26	1. 57	1. 24	1. 12
太 原	0. 66	0. 09	—	0. 11	—
呼和浩特	—	1. 18	0. 24	—	0. 07
沈 阳	4. 43	1. 93	17. 70	5. 38	9. 84
大 连	3. 71	6. 91	2. 15	10. 27	9. 11
长 春	48. 63	50. 69	1. 25	—	—
哈尔滨	8. 47	35. 59	9. 71	2. 82	7. 33
上 海	1868. 23	2035. 94	2053. 33	2074. 37	1931. 08
南 京	15. 32	11. 03	14. 21	25. 80	3. 46
杭 州	48. 80	35. 64	36. 00	31. 56	37. 21
宁 波	21. 39	40. 70	36. 60	43. 48	2. 57
合 肥	7. 69	21. 02	14. 36	32. 57	3. 81
福 州	11. 40	8. 58	—	0. 15	1. 73
厦 门	21. 99	35. 04	19. 26	9. 80	13. 59
南 昌	15. 81	—	2. 63	—	0. 74
济 南	0. 18	3. 91	0. 24	0. 12	7. 62
青 岛	52. 45	48. 45	61. 45	54. 19	23. 41
郑 州	—	—	12. 17	21. 69	0. 54
武 汉	8. 29	24. 35	4. 75	10. 92	12. 97
长 沙	21. 03	13. 35	2. 26	26. 72	8. 84
广 州	27. 61	38. 22	31. 11	63. 81	103. 15
深 圳	50. 84	63. 28	101. 50	117. 61	95. 95
南 宁	1. 82	16. 38	13. 10	3. 22	54. 82
海 口	6. 73	13. 21	1. 93	11. 68	12. 67
重 庆	68. 59	30. 90	40. 91	64. 02	75. 11
成 都	40. 71	8. 25	15. 76	5. 32	11. 50
贵 阳	7. 92	0. 55	1. 49	—	—
昆 明	—	54. 18	6. 23	2. 16	—
西 安	51. 58	26. 97	10. 15	2. 57	2. 04
兰 州	4. 04	5. 20	—	—	—
西 宁	—	—	1. 22	—	—
银 川	24. 96	34. 74	27. 64	32. 17	25. 35
乌鲁木齐	48. 05	17. 38	30. 78	22. 73	2. 36

数据来源：国家统计局。

表 3-79　2018—2022 年 35 座重点城市房地产开发企业住宅出租面积

单位：万平方米

地　区	2018 年	2019 年	2020 年	2021 年	2022 年
总　计	**177.56**	**190.31**	**216.22**	**193.13**	**298.34**
北　京	8.22	6.81	7.66	9.92	63.67
天　津	0.35	0.25	1.76	0.19	5.35
石家庄	—	—	—	—	1.03
太　原	—	—	—	—	—
呼和浩特	—	—	—	—	—
沈　阳	1.67	—	11.36	—	—
大　连	—	0.05	—	—	0.17
长　春	—	—	—	—	—
哈尔滨	—	12.48	0.51	—	—
上　海	128.60	129.62	134.27	141.95	151.90
南　京	—	0.07	—	—	—
杭　州	—	9.20	—	8.14	1.46
宁　波	—	2.52	—	0.12	—
合　肥	—	—	—	—	—
福　州	—	—	—	—	1.73
厦　门	4.62	11.46	—	—	—
南　昌	0.30	—	—	—	—
济　南	—	—	—	—	—
青　岛	—	0.02	2.46	0.72	—
郑　州	—	—	4.78	15.81	—
武　汉	0.17	1.03	0.55	0.23	7.73
长　沙	—	0.70	—	—	—
广　州	5.44	0.86	3.84	3.50	57.26
深　圳	0.27	0.39	19.66	7.69	6.17
南　宁	—	11.73	6.75	2.84	—
海　口	—	0.77	—	0.24	—
重　庆	—	0.57	21.11	—	—
成　都	0.35	—	—	—	—
贵　阳	—	0.05	—	—	—
昆　明	—	—	—	—	—
西　安	2.37	—	—	0.58	—
兰　州	—	—	—	—	—
西　宁	—	—	—	—	—
银　川	1.81	1.74	1.53	1.22	1.88
乌鲁木齐	23.38	—	—	—	—

数据来源：国家统计局。

表 3-80 2018—2022 年 35 座重点城市房地产开发企业办公楼出租面积

单位：万平方米

地 区	2018 年	2019 年	2020 年	2021 年	2022 年
总 计	**1028.02**	**1093.59**	**1088.15**	**1143.93**	**1057.15**
北 京	96.74	102.68	161.47	123.39	114.99
天 津	54.80	14.20	19.09	37.44	41.15
石家庄	—	—	—	—	—
太 原	—	—	—	—	—
呼和浩特	—	0.35	—	—	—
沈 阳	2.59	1.93	2.14	—	2.94
大 连	—	2.70	0.65	3.71	—
长 春	2.17	2.17	—	—	—
哈尔滨	—	0.75	0.70	—	2.37
上 海	753.52	809.85	775.87	774.63	759.27
南 京	0.13	—	3.69	2.91	3.46
杭 州	19.90	20.77	5.82	4.87	11.47
宁 波	15.20	18.43	15.62	1.25	0.32
合 肥	—	8.96	6.21	14.58	0.28
福 州	0.95	—	—	0.15	—
厦 门	1.68	7.80	9.19	3.86	2.11
南 昌	—	—	—	—	—
济 南	—	1.86	—	—	0.04
青 岛	8.92	16.36	14.77	36.37	10.05
郑 州	—	—	7.39	4.87	—
武 汉	4.89	—	2.16	6.03	1.14
长 沙	9.32	6.74	0.67	17.43	0.25
广 州	6.09	6.63	7.22	33.12	21.09
深 圳	29.49	33.76	36.66	66.79	47.87
南 宁	—	3.16	0.66	—	11.92
海 口	0.05	1.69	—	0.24	3.85
重 庆	1.90	0.00	1.42	1.62	10.73
成 都	2.53	2.95	4.37	1.96	6.51
贵 阳	2.54	0.03	—	—	—
昆 明	—	22.32	1.30	1.29	—
西 安	9.99	2.97	2.24	—	1.28
兰 州	1.13	—	—	—	—
西 宁	—	—	0.27	—	—
银 川	2.07	2.44	5.22	4.14	3.09
乌鲁木齐	1.43	2.07	3.32	3.29	0.95

数据来源：国家统计局。

表 3-81　2018—2022 年 35 座重点城市房地产开发企业商业营业用房出租面积

单位：万平方米

地　区	2018 年	2019 年	2020 年	2021 年	2022 年
总　计	**1135. 98**	**1208. 03**	**1099. 69**	**1109. 07**	**1083. 41**
北　京	113. 51	118. 15	82. 03	107. 85	124. 75
天　津	14. 51	16. 32	22. 00	16. 81	28. 46
石家庄	—	0. 26	1. 57	1. 24	0. 10
太　原	0. 66	0. 09	—	0. 11	—
呼和浩特	—	0. 83	0. 24	—	—
沈　阳	0. 16	—	4. 08	5. 38	6. 90
大　连	3. 71	4. 15	1. 26	6. 56	6. 13
长　春	46. 47	36. 36	1. 25	—	—
哈尔滨	4. 74	16. 87	5. 45	2. 82	0. 72
上　海	630. 83	707. 89	751. 08	734. 76	667. 73
南　京	15. 19	10. 97	10. 52	22. 54	—
杭　州	24. 34	5. 68	22. 43	10. 27	24. 29
宁　波	5. 56	17. 21	19. 30	21. 65	2. 25
合　肥	—	4. 02	0. 45	3. 31	0. 21
福　州	9. 79	8. 58	—	—	—
厦　门	12. 98	11. 50	4. 42	3. 35	3. 38
南　昌	15. 52	—	2. 63	—	0. 74
济　南	0. 18	1. 55	0. 24	0. 12	3. 18
青　岛	36. 74	24. 01	37. 18	14. 64	13. 37
郑　州	—	—	—	0. 15	0. 54
武　汉	1. 00	23. 31	2. 04	1. 96	3. 36
长　沙	4. 06	3. 86	1. 58	9. 29	8. 59
广　州	14. 92	25. 60	17. 43	14. 66	10. 18
深　圳	20. 03	27. 41	43. 92	38. 27	39. 53
南　宁	1. 63	1. 50	3. 21	0. 38	40. 52
海　口	3. 52	8. 90	1. 93	10. 41	8. 82
重　庆	45. 25	25. 25	16. 66	44. 03	63. 82
成　都	29. 25	2. 79	7. 47	2. 22	3. 74
贵　阳	2. 90	0. 46	1. 17	—	—
昆　明	—	31. 86	2. 94	0. 87	—
西　安	37. 29	24. 00	7. 91	1. 99	0. 76
兰　州	2. 91	5. 20	—	—	—
西　宁	—	—	0. 95	—	—
银　川	20. 93	29. 87	14. 85	24. 44	20. 13
乌鲁木齐	17. 41	13. 58	11. 50	9. 00	1. 16

数据来源：国家统计局。

表 3-82　2018—2022 年 35 座重点城市房地产开发企业其他房屋出租面积

单位：万平方米

地　区	2018 年	2019 年	2020 年	2021 年	2022 年
总　计	**493.34**	**493.11**	**515.18**	**575.48**	**448.06**
北　京	47.32	37.50	49.68	44.76	47.63
天　津	7.85	5.21	3.86	4.78	2.97
石家庄	0.27	—	—	—	—
太　原	—	—	—	—	—
呼和浩特	—	—	—	—	—
沈　阳	0.01	—	0.12	—	—
大　连	—	—	0.24	—	2.82
长　春	—	12.16	—	—	—
哈尔滨	3.73	5.49	3.05	—	4.23
上　海	355.28	388.57	392.10	423.04	352.17
南　京	—	—	—	0.35	—
杭　州	4.55	—	7.75	8.29	—
宁　波	0.63	2.53	1.68	20.45	—
合　肥	7.69	8.04	7.69	14.68	3.33
福　州	0.66	—	—	—	—
厦　门	2.71	4.29	5.66	2.60	8.10
南　昌	—	—	—	—	—
济　南	—	0.50	—	—	4.40
青　岛	6.79	8.06	7.04	2.46	—
郑　州	—	—	—	0.86	—
武　汉	2.22	—	—	2.71	0.74
长　沙	7.65	2.05	—	—	—
广　州	1.15	5.13	2.63	12.53	14.62
深　圳	1.06	1.71	1.25	4.86	2.37
南　宁	0.19	—	2.48	—	2.38
海　口	3.16	1.85	—	0.79	0.00
重　庆	21.43	5.09	1.73	18.37	0.56
成　都	8.58	2.51	3.92	1.13	1.24
贵　阳	2.48	—	0.32	—	—
昆　明	—	—	1.98	—	—
西　安	1.92	—	—	—	—
兰　州	—	—	—	—	—
西　宁	—	—	—	—	—
银　川	0.16	0.70	6.03	2.37	0.24
乌鲁木齐	5.83	1.73	15.96	10.44	0.25

数据来源：国家统计局。

（四）90 座城市存量商品房交易面积

表 3-83　2023 年 90 座城市存量商品房交易面积

单位：万平方米

地区	存量房	存量住宅	地区	存量房	存量住宅
北京市	1528.6	1401.5	淄博市	136.0	134.9
天津市	1482.6	1330.5	烟台市	620.2	547.8
石家庄市	636.6	600.0	潍坊市	87.7	64.9
唐山市	514.2	481.8	泰安市	214.7	181.6
秦皇岛市	205.3	189.5	郑州市	1021.0	975.9
太原市	233.6	216.1	洛阳市	286.4	271.0
大同市	208.7	201.4	平顶山市	86.8	83.7
呼和浩特市	253.0	233.9	南阳市	198.2	189.4
包头市	300.4	254.4	武汉市	1135.7	1064.9
沈阳市	1025.7	951.0	宜昌市	123.6	65.2
大连市	420.3	394.6	襄阳市	55.6	54.5
本溪市	107.2	101.4	长沙市	203.5	192.3
丹东市	—	—	株洲市	84.9	82.1
锦州市	153.0	151.4	岳阳市	—	—
长春市	984.7	919.8	常德市	48.0	45.9
吉林市	327.6	304.4	广州市	1443.9	1313.0
哈尔滨市	739.5	704.8	韶关市	195.0	183.8
齐齐哈尔市	286.4	268.2	深圳市	383.3	317.5
大庆市	413.5	360.0	汕头市	165.1	136.3
牡丹江市	107.0	82.5	佛山市	958.5	787.3
上海市	1666.2	1468.5	江门市	352.0	294.8
南京市	996.0	934.6	湛江市	171.0	163.9
无锡市	838.8	809.1	惠州市	563.9	482.4
徐州市	531.4	447.7	中山市	583.4	418.0
常州市	457.9	403.8	南宁市	274.0	264.1
苏州市	1652.4	1324.1	桂林市	62.1	60.6
扬州市	460.5	342.0	北海市	141.7	138.8
杭州市	846.9	752.9	海口市	166.8	152.4
宁波市	896.8	725.8	三亚市	38.6	34.4
温州市	634.1	549.1	重庆市	2874.7	2356.3
绍兴市	517.4	342.6	成都市	2297.3	2057.5
金华市	525.9	354.9	泸州市	146.4	135.9
合肥市	975.8	861.1	绵阳市	272.7	230.8
芜湖市	269.1	259.4	南充市	205.7	184.8
蚌埠市	171.2	162.1	贵阳市	259.6	245.2

续表

地区	存量房	存量住宅	地区	存量房	存量住宅
安庆市	79.7	72.2	遵义市	77.5	75.3
宣城市	123.2	116.0	昆明市	765.5	577.1
福州市	567.7	468.1	大理白族自治州	70.0	58.5
厦门市	338.1	216.7	西安市	1079.9	964.4
泉州市	400.0	300.5	宝鸡市	46.1	45.1
南昌市	373.2	338.6	兰州市	325.2	291.2
九江市	104.8	95.7	天水市	43.8	41.7
赣州市	436.9	313.2	西宁市	171.9	151.0
济南市	727.5	636.6	银川市	531.5	495.5
青岛市	635.7	603.6	乌鲁木齐市	853.5	821.3

数据来源：中房研协研究中心收集整理。

三、港澳台地区房地产数据

（一）香港

表 3-84　2019—2023 年香港地区新落成私人楼宇

年　份	住宅		商住两用			商业		工业	
	楼宇数目（个）	实用楼面面积（万平方米）	楼宇数目（个）	住宅实用楼面面积（万平方米）	非住宅实用楼面面积（万平方米）	楼宇数目（个）	实用楼面面积（万平方米）	楼宇数目（个）	实用楼面面积（万平方米）
2019	389	38.03	23	9.27	2.20	32	36.96	16	8.15
2020	310	48.37	72	20.82	6.46	15	6.92	8	5.88
2021	116	26.64	49	18.39	1.71	17	9.84	7	3.42
2022	256	64.68	13	3.88	0.87	28	61.90	19	27.28
2023	213	23.10	32	15.21	2.23	30	40.48	21	24.76

年　份	其他			所有种类			
	楼宇数目（个）	住宅实用楼面面积（万平方米）	非住宅实用楼面面积（万平方米）	楼宇数目（个）	住宅实用楼面面积（万平方米）	非住宅实用楼面面积（万平方米）	统计（万平方米）
2019	196	0.06	19.67	656	47.36	66.99	114.35
2020	223	1.31	19.06	628	70.50	38.32	108.82
2021	172	0.24	12.86	361	45.27	27.83	73.10
2022	174	2.60	19.04	490	71.16	109.10	180.27
2023	237	1.17	13.62	533	39.49	81.08	120.57

数据来源：香港房屋署，香港房屋协会。

表 3-85 2019—2023 年香港地区获批可动工兴建私人楼宇

年份	住宅				商住两用					
	楼宇数目（个）		实用楼面面积（万平方米）		楼宇数目（个）		住宅实用楼面面积（万平方米）		非住宅实用楼面面积（万平方米）	
	初次呈交图则	重大修改	初次呈交图则	重大修改	初次呈交图则	重大修改	初次呈交图则	重大修改	初次呈交图则	重大修改
2019	151	108	28.52	23.11	26	18	16.22	8.38	1.64	0.68
2020	128	125	13.16	12.57	31	25	9.60	17.14	1.39	0.45
2021	47	72	26.06	18.17	39	39	17.34	17.81	2.11	0.80
2022	58	65	22.80	2.19	22	11	11.05	7.59	4.14	0.42
2023	15	114	4.62	23.73	25	9	9.60	3.42	1.68	1.43

年份	商业				工业			
	楼宇数目（个）		实用楼面面积（万平方米）		楼宇数目（个）		实用楼面面积（万平方米）	
	初次呈交图则	重大修改	初次呈交图则	重大修改	初次呈交图则	重大修改	初次呈交图则	重大修改
2019	20	13	53.20	20.77	6	2	9.77	8.00
2020	8	8	3.79	17.26	3	8	8.53	9.73
2021	20	8	41.98	29.41	5	0	3.98	0.00
2022	9	1	4.40	1.59	2	6	1.11	5.01
2023	10	9	22.79	12.64	6	1	2.95	1.64

年份	其他					
	楼宇数目（个）		住宅实用楼面面积（万平方米）		非住宅实用楼面面积（万平方米）	
	初次呈交图则	重大修改	初次呈交图则	重大修改	初次呈交图则	重大修改
2019	44	6	0.15	0.12	15.54	7.92
2020	35	8	0.61	0.11	39.22	1.74
2021	53	29	5.25	2.02	15.54	3.21
2022	45	4	4.68	0.00	2.23	22.06
2023	45	9	0.65	0.00	17.54	3.27

年份	所有统计							
	楼宇数目（个）		住宅实用楼面面积（万平方米）		非住宅实用楼面面积（万平方米）		合计实用楼面面积（万平方米）	
	初次呈交图则	重大修改	初次呈交图则	重大修改	初次呈交图则	重大修改	初次呈交图则	重大修改
2019	247	147	44.89	31.61	80.16	37.37	125.05	68.98
2020	205	174	23.37	29.82	52.93	29.17	76.30	58.99
2021	164	148	48.65	37.99	63.61	33.43	112.25	71.42
2022	136	87	38.53	9.77	11.87	29.08	50.41	38.85
2023	101	142	14.87	27.15	44.97	18.98	59.84	46.13

数据来源：香港房屋署，香港房屋协会。

表 3-86　2019—2023 年香港地区私人住宅楼宇平均售价

单位：元/米^2

年份	小于 40 平方米			40~69.9 平方米			70~99.9 平方米		
	香港	九龙	新界	香港	九龙	新界	香港	九龙	新界
2019	183457	157317	144665	183330	153582	125490	213796	188291	132512
2020	187016	163262	149776	182458	160379	132070	211410	187737	129358
2021	189596	165828	152765	184591	161225	136451	214633	188801	137408
2022	173084	152260	143498	173777	152257	130830	202838	171881	134988
2023	154038	134569	130214	159601	142343	121993	192755	161681	130714

年份	100~159.9 平方米			160 平方米及以上		
	香港	九龙	新界	香港	九龙	新界
2019	247352	204379	121902	281395	245958	95646
2020	235949	196482	120542	273586	253027	101667
2021	246482	210657	126010	286286	228699	115907
2022	229316	187999	119067	250055	217737	108214
2023	214658	187330	121622	265142	201804	108807

数据来源：香港房屋署，香港房屋协会。

注：2022 年根据最新数据有调整。

表 3-87　2019—2023 年香港地区私人住宅楼宇新订租约平均租金

单位：元/（米^2·月）

年份	小于 40 平方米			40~69.9 平方米			70~99.9 平方米		
	香港	九龙	新界	香港	九龙	新界	香港	九龙	新界
2019	507	391	316	432	350	266	450	371	271
2020	445	370	299	394	330	254	409	347	256
2021	446	377	307	392	331	260	408	350	263
2022	445	376	307	382	323	255	400	340	257
2023	456	397	313	379	337	257	413	349	256

年份	100~159.9 平方米			160 平方米及以上		
	香港	九龙	新界	香港	九龙	新界
2019	458	363	268	468	382	244
2020	417	340	254	423	351	230
2021	418	349	259	422	381	241
2022	413	331	253	427	340	227
2023	425	352	249	434	387	224

数据来源：香港房屋署，香港房屋协会。

注：2022 年根据最新数据有调整。

表 3-88　2019—2023 年香港特区政府土地拍卖/投标（市区）

年份	住宅		商业		商业/住宅	
	面积（平方米）	已征收的地价（亿元）	面积（平方米）	已征收的地价（亿元）	面积（平方米）	已征收的地价（亿元）
2019	78513	785.52	71022	446.78	0	0
2020	40253	231.10	0	0	0	0
2021	18232	191.38	62769	705.78	0	0
2022	24149	128.43	0	0	0	0
2023	15759	70.70	11537	47.29	0	0

年份	工业/货仓		其他用途		统计	
	面积（平方米）	已征收的地价（亿元）	面积（平方米）	已征收的地价（亿元）	面积（平方米）	已征收的地价（亿元）
2019	0	0	4313	25.75	153848	1258.05
2020	0	0	1554	8.17	41807	239.27
2021	0	0	0	0	81001	897.16
2022	0	0	4090	6.08	28239	134.51
2023	0	0	1650	0.80	28946	118.79

数据来源：香港房屋署，香港房屋协会。

表 3-89　2019—2023 年香港特区政府土地拍卖/投标（新界）

年份	住宅		商业		商业/住宅	
	面积（平方米）	已征收的地价（亿元）	面积（平方米）	已征收的地价（亿元）	面积（平方米）	已征收的地价（亿元）
2019	55677	78.93	0	0	0	0
2020	45947	81.88	0	0	0	0
2021	59801	175.00	0	0	0	0
2022	38976	64.87	23545	38.40	0	0
2023	27360	16.43	0	0	0	0

年份	工业/货仓		其他用途		统计	
	面积（平方米）	已征收的地价（亿元）	面积（平方米）	已征收的地价（亿元）	面积（平方米）	已征收的地价（亿元）
2019	0	0	1707	16.78	57384	95.71
2020	9178	56.00	1405	10.58	56530	148.46
2021	4028	8.13	0	0	63829	183.13
2022	1631	2.97	55245	52.57	119397	158.81
2023	0	0	0	0	27360	16.43

数据来源：香港房屋署，香港房屋协会。

表 3-90　2019—2023 年香港特区政府土地批租（私人协约方式批地）

单位：平方米

年份	市区					新界				
	工业/仓库	住宅	公用事业/团体用途	其他用途	统计	工业/仓库	住宅	公用事业/团体用途	其他用途	统计
2019	0	18495	7414	3507	29416	0	98371	0	3087	101458
2020	0	26518	11779	386488	424785	0	102220	54912	0	157132
2021	0	60831	20466	19877	101174	0	48306	60164	6657000	6765470
2022	0	41724	13730	30069	85523	0	49558	3717	8456	61731
2023	0	32865	10875	0	43740	0	85215	2128	0	87343

数据来源：香港房屋署，香港房屋协会。

注：2022 年根据最新数据有调整。

（二）澳门

表 3-91　2019—2023 年澳门地区新动工及建成楼宇

年份	新动工楼宇			建成楼宇		
	楼宇数目（个）	单位数目（个）	建筑面积（平方米）	楼宇数目（个）	单位数目（个）	建筑面积（平方米）
2019	67	405	442050	58	3013	474123
2020	55	233	881296	57	2521	287170
2021	35	1407	556595	103	2545	953667
2022	31	458	66755	52	569	373226
2023	19	464	48508	58	254	373735

数据来源：澳门统计暨普查局。

表 3-92　2019—2023 年澳门地区楼宇单位买卖数目

单位：个

年份	总数	住宅（总数）	商铺	办公室	工业	停车位	其他用途
2019	11022	8277	468	183	87	1989	18
2020	9002	6483	341	156	66	1928	28
2021	8802	6001	392	146	67	2176	20
2022	4544	2809	357	100	50	1215	13
2023	4416	2879	260	59	39	1148	31

数据来源：澳门统计暨普查局。

表 3-93　2019—2023 年澳门地区楼宇单位买卖价值

单位：百万元

年　份	总数	住宅（总数）	商铺	办公室	工业	停车位	其他用途
2019	622. 37	510. 49	57. 13	13. 96	11. 30	27. 97	1. 51
2020	511. 11	429. 57	32. 60	11. 86	9. 44	24. 32	3. 32
2021	497. 72	408. 00	40. 23	10. 67	9. 89	25. 84	3. 09
2022	246. 92	179. 72	37. 77	7. 10	6. 90	13. 63	1. 81
2023	232. 30	183. 01	25. 42	4. 10	5. 40	11. 70	2. 67

数据来源：澳门统计暨普查局。

表 3-94　2019—2023 年澳门地区楼宇单位买卖实用面积

单位：平方米

年　份	住宅	商铺	办公室	工业
2019	482779	28838	13430	24302
2020	417773	17495	11968	20136
2021	400521	24612	10385	18248
2022	193943	19463	8587	14902
2023	200630	14302	4710	11829

数据来源：澳门统计暨普查局。

表 3-95　2019—2023 年澳门地区楼宇单位买卖平均成交价

单位：元/米^2

年　份	住宅（全澳）	办公室	工业
2019	107522	108407	54979
2020	105064	110973	47855
2021	103859	106137	52105
2022	93795	84499	48172
2023	93500	89035	47238

数据来源：澳门统计暨普查局。

表 3-96　2019—2023 年澳门地区楼宇单位平均租金

单位：元/（米^2·月）

年　份	住宅（全澳）	商铺	办公室	工业
2019	163	536	322	123
2020	161	509	331	126
2021	148	500	328	124
2022	135	474	318	122
2023	131	485	302	123

数据来源：澳门统计暨普查局。

（三）台湾

表 3-97　2019—2023 年台湾地区建筑物所有权登记

年　份	第一次登记		移转登记			
	栋数（栋）	面积（万平方米）	栋数（栋）	面积（万平方米）	买卖登记	
					栋数（栋）	面积（万平方米）
2019	119459	3021.4	456234	5487.4	300275	3227.1
2020	117363	2936.0	474579	5683.7	326589	3484.8
2021	125779	3134.1	501807	5887.5	348194	3761.4
2022	130922	3127.7	481959	5629.0	318101	3305.1
2023	149253	3368.2	488053	5456.2	306971	3013.4

数据来源：台湾“内政部”统计通报。

表 3-98　2023 年台湾地区住宅交易指标

月　份	成交天数（中位数）	住宅屋龄（年）	住宅面积（坪①）
1	49.0	23.5	38.1
2	56.0	23.8	37.1
3	58.0	24.1	36.9
4	56.0	23.9	37.5
5	52.0	23.4	38.1
6	49.0	23.1	38.2
7	48.0	23.1	38.0
8	47.0	23.2	38.0
9	45.0	23.1	37.9
10	44.0	23.5	38.3
11	42.0	23.9	38.1
12	45.0	24.4	37.8

数据来源：信义不动产第四季度报告。

表 3-99　2023 年台湾地区各类产品交易占比变化（%）

月　份	公寓	大楼	店面	办公室	套房	别墅+透天
1	14.9	66.2	4.0	2.9	2.7	6.2
2	14.6	67.0	3.7	2.6	2.5	6.9
3	15.2	66.7	3.5	2.7	2.5	6.6
4	15.5	66.9	3.1	2.7	2.5	6.2
5	15.3	67.9	3.5	2.5	2.2	5.5

① 注：1 坪=3.305785123967 平方米，下同。

续表

月 份	公寓	大楼	店面	办公室	套房	别墅+透天
6	15.1	67.8	3.7	2.3	2.1	6.0
7	14.8	68.6	3.5	1.8	2.1	6.2
8	14.3	68.3	3.2	2.1	2.4	6.6
9	14.1	69.1	2.9	2.5	2.1	6.1
10	14.0	68.3	3.1	3.0	2.1	6.4
11	14.5	68.0	3.2	3.0	1.9	6.6
12	15.5	67.0	3.1	3.0	2.1	6.8

数据来源：信义不动产第四季度报告。

表 3-100　2023 年台湾地区住宅产品总价分布变化（%）

月 份	300 万元以下	300 万～500 万元	500 万～700 万元	700 万～1000 万元	1000 万～1500 万元	1500 万～2000 万元	2000 万～2500 万元	2500 万～3000 万元	3000 万～5000 万元	5000 万元以上
1	3.0	4.8	8.3	18.3	25.4	16.0	8.9	5.9	6.9	2.5
2	2.9	4.7	9.3	18.4	27.3	15.5	9.2	4.8	5.9	1.9
3	2.8	4.5	8.7	18.8	27.3	16.0	8.8	4.9	6.5	1.6
4	3.0	4.4	8.2	18.4	26.7	16.7	8.7	5.1	7.2	1.6
5	2.5	4.1	7.3	17.8	27.4	17.5	8.7	5.5	7.4	1.9
6	1.9	4.2	7.4	17.4	27.6	17.5	8.7	5.8	7.5	2.0
7	1.6	4.0	7.4	16.9	27.8	18.0	9.4	5.7	7.2	2.0
8	2.0	4.0	7.5	17.0	26.8	18.0	9.6	5.6	7.5	2.0
9	2.3	3.9	7.5	16.6	26.4	18.4	10.0	5.6	7.3	2.1
10	2.6	3.8	7.3	16.7	25.3	18.6	9.0	5.9	8.3	2.5
11	2.3	4.0	7.3	16.1	24.1	18.9	9.6	6.1	9.2	2.2
12	2.7	4.1	6.8	15.6	24.5	19.2	9.3	6.3	9.2	2.1

数据来源：信义不动产第四季度报告。

表 3-101　2023 年台湾地区住宅产品面积分布变化（%）

月 份	15 坪以下	15～25 坪	25～35 坪	35～45 坪	45～55 坪	55 坪以上
1	9.4	14.8	27.2	20.5	13.2	14.9
2	9.2	16.0	28.2	21.3	12.6	12.7
3	9.2	16.9	27.0	21.2	12.9	12.8
4	8.7	16.6	26.7	21.7	12.8	13.5
5	8.2	16.3	26.0	21.1	13.9	14.5
6	7.7	15.8	26.2	22.6	13.3	14.3
7	7.7	15.9	25.9	22.4	14.3	13.9
8	7.7	15.4	25.9	23.1	14.5	13.4

续表

月　份	15 坪以下	15~25 坪	25~35 坪	35~45 坪	45~55 坪	55 坪以上
9	8. 2	15. 1	25. 9	22. 0	14. 9	13. 9
10	8. 5	15. 7	24. 5	22. 0	14. 1	15. 1
11	8. 5	15. 7	25. 3	21. 8	13. 3	15. 4
12	8. 2	16. 5	25. 8	21. 4	13. 5	14. 7

数据来源：信义不动产第四季度报告。

表 3-102　2023 年台北市住宅成交均价

月　份	成交天数（中位数）	住宅屋龄（年）	住宅面积（坪）	住宅总价（万元）	公寓单价（万元/坪）	大楼单价（万元/坪）	住宅单价（万元/坪）
1	48. 0	30. 3	34. 7	2549	60. 2	75. 8	72. 1
2	54. 0	31. 2	31. 8	2316	62. 4	76. 0	72. 6
3	58. 0	31. 1	31. 6	2266	61. 4	77. 0	73. 0
4	57. 0	30. 0	33. 3	2406	60. 9	77. 1	73. 1
5	57. 0	29. 2	34. 9	2575	59. 3	77. 7	73. 2
6	47. 0	29. 3	35. 3	2664	61. 1	77. 8	73. 8
7	49. 0	30. 5	34. 0	2576	62. 9	78. 8	75. 0
8	52. 0	30. 1	34. 2	2556	63. 6	78. 9	75. 7
9	56. 0	29. 2	34. 1	2517	61. 8	80. 1	76. 7
10	51. 0	29. 4	35. 4	2670	60. 9	80. 6	77. 0
11	44. 0	30. 5	34. 9	2614	62. 1	80. 1	76. 6
12	50. 0	31. 6	35. 1	2615	63. 8	79. 4	75. 9

数据来源：信义不动产第四季度报告。

四、房地产信贷数据

（一）全国住房公积金

表 3-103　2022 年末全国公积金机构情况

类　别		2022 年
机构数量	全国住房公积金管理中心（个）	341
	未纳入设区城市统一管理的分支机构（个）	109
	服务网点（个）	3628
从业人员	全国总数（万人）	4. 48
	在编（万人）	4. 48
	非在编（万人）	1. 79

数据来源：《全国住房公积金 2022 年年度报告》。

表 3-104　2022 年全国及各地区住房公积金缴存情况

地　区	实缴单位（万个）	实缴职工（万人）	缴存额（亿元）	累计缴存总额（亿元）	缴存余额（亿元）
全　国	**452.72**	**16979.57**	**31935.05**	**256927.26**	**92454.82**
北　京	43.67	946.48	2924.31	23454.91	6992.21
天　津	9.50	309.09	642.94	6309.54	1964.30
河　北	8.47	561.55	839.22	7399.67	3139.33
山　西	5.32	363.61	559.23	4666.56	1899.36
内蒙古	4.91	276.97	520.09	4525.22	1904.71
辽　宁	11.24	512.72	953.00	9884.40	3283.74
吉　林	4.70	252.70	412.13	4032.69	1594.85
黑龙江	4.34	294.35	537.81	5186.69	2003.58
上　海	52.13	936.20	2227.22	16945.31	6916.42
江　苏	51.08	1610.46	2850.60	21567.74	7166.18
浙　江	40.24	1091.35	2274.02	17135.12	5020.26
安　徽	9.04	523.39	935.15	8026.18	2507.91
福　建	16.82	483.21	908.42	7265.70	2369.97
江　西	6.04	325.20	612.99	4475.74	1949.05
山　东	26.34	1124.15	1824.52	14215.22	5398.38
河　南	10.75	716.19	1038.57	8264.07	3677.32
湖　北	11.24	566.91	1142.73	8760.30	3821.81
湖　南	8.87	536.60	897.05	6949.29	3144.15
广　东	59.12	2218.74	3605.49	27638.75	8746.22
广　西	7.37	354.71	628.86	5158.31	1739.97
海　南	4.85	126.79	187.76	1452.02	622.44
重　庆	5.53	310.28	548.89	4463.88	1595.09
四　川	17.23	820.37	1468.17	11512.72	4453.52
贵　州	6.56	296.28	534.49	3962.69	1575.76
云　南	6.57	307.72	673.14	5884.45	1953.06
西　藏	0.63	42.37	152.98	988.77	488.93
陕　西	9.04	472.33	746.54	5793.66	2387.99
甘　肃	3.82	206.87	376.95	3306.27	1399.02
青　海	1.27	58.59	155.31	1301.34	445.88
宁　夏	1.25	74.65	161.85	1297.35	446.87
新　疆	4.18	229.93	534.25	4643.84	1653.28
新疆兵团	0.61	28.85	60.37	458.84	193.20

数据来源：《全国住房公积金 2022 年年度报告》。

表 3-105　2022 年全国及各地区住房公积金提取情况

地　区	提取额（亿元）	提取率（%）	住房消费类提取额（亿元）	非住房消费类提取额（亿元）	累计提取总额（亿元）
全　国	**21363.27**	**66.90**	**16916.96**	**4446.31**	**164472.44**
北　京	2113.59	72.28	1857.37	256.22	16462.71
天　津	461.31	71.75	350.04	111.26	4345.24
河　北	472.17	56.26	324.53	147.64	4260.34
山　西	322.10	57.60	242.63	79.47	2767.21
内蒙古	309.89	59.58	212.26	97.63	2620.51
辽　宁	691.61	72.57	499.99	191.62	6600.66
吉　林	272.54	66.13	184.41	88.13	2437.83
黑龙江	342.13	63.62	212.94	129.19	3183.11
上　海	1379.44	61.94	1140.99	238.45	10028.90
江　苏	1908.54	66.95	1543.83	364.71	14401.56
浙　江	1678.71	73.82	1414.62	264.09	12114.86
安　徽	638.91	68.32	497.85	141.06	5518.27
福　建	664.87	73.19	527.70	137.17	4895.73
江　西	386.89	63.11	283.93	102.96	2526.70
山　东	1150.73	63.07	901.71	249.03	8816.85
河　南	599.17	57.69	406.96	192.20	4586.75
湖　北	726.57	63.58	514.72	211.85	4938.49
湖　南	539.40	60.13	370.75	168.64	3805.13
广　东	2534.10	70.28	2161.39	372.71	18892.52
广　西	434.64	69.12	339.42	95.22	3418.34
海　南	111.61	59.44	81.26	30.35	829.58
重　庆	350.65	63.88	291.83	58.82	2868.79
四　川	1036.35	70.59	829.37	206.98	7059.20
贵　州	399.15	74.68	319.35	79.80	2386.93
云　南	513.69	76.31	399.96	113.73	3931.39
西　藏	57.85	37.81	45.41	12.44	499.84
陕　西	453.96	60.81	353.79	100.17	3405.68
甘　肃	242.32	64.29	179.72	62.61	1907.26
青　海	88.59	57.04	62.96	25.64	855.46
宁　夏	99.40	61.42	75.58	23.82	850.48
新　疆	350.42	65.59	268.19	82.24	2990.56
新疆兵团	31.96	52.94	21.50	10.45	265.56

数据来源：《全国住房公积金 2022 年年度报告》。

表 3-106　2022 年全国及各地区住房公积金个人住房贷款情况

地　区	放贷笔数（万笔）	贷款发放额（亿元）	累计放贷笔数（万笔）	累计贷款总额（亿元）	贷款余额（亿元）	个人住房贷款率（%）
全　国	**247.75**	**11841.85**	**4482.46**	**137144.66**	**72984.33**	**78.94**
北　京	8.18	631.27	143.88	8899.29	5084.15	72.71
天　津	4.12	212.97	117.07	3903.40	1576.41	80.25
河　北	7.30	345.23	133.75	3835.32	2190.45	69.77
山　西	6.33	259.71	81.83	2362.13	1451.44	76.42
内蒙古	4.46	174.74	128.19	2858.28	1250.53	65.65
辽　宁	7.12	272.86	209.61	5190.66	2379.93	72.48
吉　林	3.40	135.64	87.28	2227.14	1142.61	71.64
黑龙江	3.36	118.48	105.90	2539.74	1106.95	55.25
上　海	11.30	842.76	311.12	11751.54	5872.25	84.90
江　苏	21.00	1032.75	407.38	12549.66	6133.88	85.59
浙　江	19.21	1018.65	249.84	9093.88	4651.20	92.65
安　徽	8.95	333.41	169.80	4336.06	2135.32	85.14
福　建	7.53	382.87	124.82	4009.42	2084.05	87.94
江　西	6.36	290.90	99.38	2784.48	1533.13	78.66
山　东	18.75	726.07	286.53	8009.74	4333.59	80.28
河　南	9.16	378.04	168.26	4614.03	2683.25	72.97
湖　北	12.47	613.50	176.69	5427.70	3088.02	80.80
湖　南	9.03	387.29	167.56	4267.64	2445.40	77.78
广　东	20.11	1065.79	270.48	10885.96	6671.98	76.28
广　西	6.98	279.28	93.89	2462.02	1528.14	87.83
海　南	1.68	100.71	23.21	843.69	555.61	89.26
重　庆	5.36	225.43	78.38	2389.12	1451.48	91.00
四　川	14.45	608.31	212.35	6138.02	3522.03	79.08
贵　州	6.13	249.09	95.42	2585.38	1488.66	94.47
云　南	6.72	310.95	144.79	3368.87	1482.21	75.89
西　藏	0.50	34.00	11.80	523.11	278.53	56.97
陕　西	7.44	385.30	103.28	3045.33	1902.43	79.67
甘　肃	3.40	135.73	92.08	2011.36	941.19	67.28
青　海	0.99	45.45	31.84	740.22	330.30	74.08
宁　夏	0.97	45.10	32.29	760.34	285.80	63.96
新　疆	4.53	182.52	114.77	2499.68	1253.82	75.84
新疆兵团	0.45	17.06	8.96	231.45	149.57	77.39

数据来源：《全国住房公积金 2022 年年度报告》。

表 3-107　2022 年全国及各地区住房公积金增值收益及分配情况

地　区	业务收入（亿元）	业务支出（亿元）	增值收益（亿元）	增值收益率（%）	提取贷款风险准备金（亿元）	提取管理费用（亿元）	提取公租房（廉租房）建设补充资金（亿元）
全　国	**2868.42**	**1460.10**	**1408.32**	**1.61**	**298.43**	**127.24**	**982.96**
北　京	220.37	104.51	115.86	1.76	0.86	5.29	109.71
天　津	54.42	32.25	22.17	1.18	0.34	3.83	18.07
河　北	94.72	47.84	46.88	1.59	1.94	8.42	36.62
山　西	60.76	30.65	30.11	1.69	5.83	3.31	20.97
内蒙古	56.18	27.34	28.84	1.61	11.72	4.16	12.95
辽　宁	102.95	52.34	50.62	1.60	5.73	5.25	39.64
吉　林	48.67	24.70	23.97	1.57	4.36	3.41	16.19
黑龙江	60.01	30.09	29.92	1.57	0.01	2.83	27.08
上　海	230.92	106.06	124.86	1.92	98.42	1.74	24.69
江　苏	214.85	120.21	94.63	1.41	34.34	7.97	52.16
浙　江	159.52	83.81	75.71	1.60	38.96	4.55	32.20
安　徽	76.67	40.79	35.87	1.52	2.57	3.59	29.71
福　建	73.11	43.66	29.45	1.31	5.99	2.07	21.38
江　西	61.05	29.91	31.14	1.69	3.13	3.28	24.69
山　东	166.36	85.39	80.97	1.60	0.13	5.84	75.00
河　南	109.69	55.36	54.33	1.57	-3.81	5.15	53.31
湖　北	120.96	60.87	60.09	1.66	8.24	7.13	44.71
湖　南	97.73	46.62	51.11	1.71	2.87	6.34	41.95
广　东	278.90	138.72	140.18	1.70	37.63	7.79	94.76
广　西	54.34	27.31	27.03	1.64	3.72	3.52	19.79
海　南	22.76	9.79	12.97	2.21	7.78	0.90	4.29
重　庆	47.99	27.10	20.90	1.39	0.98	2.98	16.93
四　川	143.33	69.30	74.02	1.75	11.68	6.91	55.44
贵　州	48.63	26.67	21.95	1.44	0.81	2.44	18.70
云　南	59.12	30.40	28.72	1.53	1.13	5.47	22.12
西　藏	9.20	6.77	2.44	0.56	1.44	0.10	0.89
陕　西	71.98	38.06	33.92	1.51	5.99	5.05	22.86
甘　肃	41.14	22.24	18.89	1.42	1.18	3.46	14.24
青　海	14.02	6.01	8.01	1.95	3.71	0.63	3.67
宁　夏	12.57	6.73	5.84	1.41	0.01	0.82	5.01
新　疆	49.70	25.58	24.12	1.56	0.60	2.65	20.87
新疆兵团	5.80	2.99	2.81	1.58	0.11	0.34	2.36

数据来源：《全国住房公积金 2022 年年度报告》。

（二）房地产贷款

表 3-108　2019—2023 年各季度房地产相关贷款情况

季　度	人民币房地产贷款余额		房地产开发贷款余额		保障性住房开发贷款余额		个人住房贷款余额	
	绝对值（万亿元）	同比增长（%）	绝对值（万亿元）	同比增长（%）	绝对值（万亿元）	同比增长（%）	绝对值（万亿元）	同比增长（%）
2023Q4	52. 63	-1. 0	12. 88	1. 5	—	—	38. 17	-1. 6
2023Q3	53. 19	-0. 2	13. 17	4. 0	—	—	38. 42	-1. 2
2023Q2	53. 37	0. 5	13. 10	5. 3	—	—	38. 60	-0. 7
2023Q1	53. 89	1. 3	13. 30	5. 9	—	—	38. 94	0. 3
2022Q4	53. 16	1. 5	12. 69	3. 7	—	—	38. 8	1. 2
2022Q3	53. 29	3. 2	12. 67	2. 2	—	—	38. 91	4. 1
2022Q2	53. 11	4. 2	12. 49	-0. 2	4. 56	-1. 9	38. 86	6. 2
2022Q1	53. 22	6. 0	12. 56	-0. 4	—	—	38. 84	8. 9
2021Q4	52. 17	7. 9	12. 01	0. 9	—	—	38. 32	11. 3
2021Q3	51. 40	7. 6	12. 16	0. 0	4. 64	-2. 0	37. 37	11. 3
2021Q2	50. 78	9. 5	12. 30	2. 8	4. 65	-1. 5	36. 58	13. 0
2021Q1	50. 03	10. 9	12. 42	4. 4	4. 72	-0. 2	35. 67	14. 5
2020Q4	49. 58	11. 7	11. 91	6. 1	4. 65	1. 0	34. 44	14. 6
2020Q3	48. 83	12. 8	12. 16	8. 2	4. 73	1. 7	33. 59	15. 7
2020Q2	47. 4	13. 1	11. 97	8. 5	4. 72	2. 5	32. 36	15. 7
2020Q1	46. 16	13. 9	11. 89	9. 6	4. 73	3. 9	31. 15	15. 9
2019Q4	44. 41	14. 8	11. 22	10. 1	4. 61	6. 7	30. 07	16. 7
2019Q3	43. 29	15. 6	11. 24	11. 7	4. 65	9. 4	29. 05	16. 8
2019Q2	41. 91	17. 1	11. 04	14. 6	4. 61	12. 9	27. 96	17. 3
2019Q1	40. 52	18. 7	10. 85	18. 9	4. 55	20. 2	26. 87	17. 6

数据来源：中国人民银行。

注：自 2021 年起，房地产贷款统计口径不再包含证券化的房地产贷款，相关增量和增速数据已进行可比口径处理。

五、城乡建设发展情况

（一）城市建设及用地情况

表 3-109　2019—2023 年全国建设用地供应情况

单位：万公顷

类　别	2019 年	2020 年	2021 年	2022 年	2023 年
国有建设用地供应面积	62. 4	65. 8	69. 0	76. 6	74. 9
房地产用地	14. 2	15. 5	13. 6	11. 0	8. 4
工矿仓储用地	14. 7	16. 7	17. 5	19. 8	17. 5
基础设施等用地	33. 5	33. 7	37. 9	45. 8	49. 0

数据来源：自然资源部。

表 3-110　2018—2022 年全国城市数量及面积情况

年　份	城市数量（个）			城区面积（平方千米）		城市建设用地面积（平方千米）
		地级	县级		建成区面积	
2018	673	302	371	200896.5	58455.7	56075.9
2019	679	300	379	200569.5	60312.5	58307.7
2020	687	300	387	186628.9	60721.3	58355.3
2021	692	300	392	188300.5	62420.5	59424.6
2022	695	302	393	191216.8	63676.4	59451.7

数据来源：住房城乡建设部。

表 3-111　2018—2022 年全国县城数量及面积情况

年　份	县城数量（个）	县城面积（平方千米）		城市建设用地面积（平方千米）
			建成区面积	
2018	1519	70357	20238	19071
2019	1516	76044	20672	19427
2020	1495	75197	20867	19632
2021	1482	72468	21026	19752
2022	1481	71912	21092	19839

数据来源：住房城乡建设部。

表 3-112　2022 年全国及各地区面积及用地情况

单位：平方千米

地　区	市区面积	城区面积	建成区面积	城市建设用地面积	2022 年征用土地面积	
						耕地面积
全　国	**2371373**	**191216.77**	**63676.40**	**59451.69**	**1946.70**	**823.43**
北　京	—	—	—	—	—	—
天　津	11926	2653.44	1264.46	1088.48	6.79	3.34
河　北	49721	6363.96	2266.96	2225.36	51.62	26.22
上　海	6341	6340.50	1242.00	1093.36	17.24	8.81
江　苏	70117	17190.16	4916.17	4810.81	149.31	83.44
浙　江	55798	13885.42	3426.99	3485.66	109.68	57.93
福　建	48272	4325.72	1877.45	1605.45	60.33	15.86
山　东	93682	24105.93	5712.99	5480.54	195.30	49.79
广　东	99901	17126.58	6575.31	6134.71	123.35	32.39
海　南	16999	1340.03	419.28	375.19	21.26	3.39
山　西	36502	3320.81	1295.08	1260.05	28.35	10.90
安　徽	46910	7125.58	2500.28	2426.81	177.05	107.28
江　西	46475	3337.68	1789.49	1674.36	76.82	28.40
河　南	50108	6383.76	3521.11	3353.56	89.96	50.42

续表

地 区	市区面积	城区面积	建成区面积	城市建设用地面积	2022 年征用土地面积	
						耕地面积
湖 北	97623	7964.69	2866.18	1915.79	160.61	72.99
湖 南	56807	4110.82	2104.99	1935.99	40.07	14.07
内蒙古	148683	4674.87	1272.80	1231.70	41.83	14.46
广 西	78641	5394.85	1809.48	1643.12	107.35	36.49
重 庆	43264	7781.33	1640.80	1525.59	66.68	23.66
四 川	91215	8708.00	3411.76	3198.44	149.40	62.41
贵 州	41821	4355.99	1194.80	1064.14	38.25	17.23
云 南	91744	3276.38	1287.83	1170.57	47.67	19.37
西 藏	47488	632.58	170.71	164.57	0.82	0.12
陕 西	60228	2700.93	1553.51	1513.35	38.07	16.01
甘 肃	89185	2120.76	968.07	980.83	33.24	7.36
青 海	203426	738.91	250.08	232.73	0.94	0.00
宁 夏	21522	954.37	485.66	451.39	12.78	6.80
新 疆	245051	2187.14	1428.05	1294.74	19.36	3.30
辽 宁	77574	13067.76	2815.03	2785.04	27.43	16.63
吉 林	110793	5720.76	1580.00	1499.02	28.30	15.62
黑龙江	220293	2567.93	1802.55	1619.35	22.89	16.63

数据来源：住房城乡建设部。

表 3-113 2022 年全国及各地区城市建设用地面积

单位：平方千米

地 区	居住用地	公共管理与公共服务用地	商业服务业设施用地	工业用地	物流仓储用地	道路交通设施用地	公用设施用地	绿地与广场用地
全 国	**18823.58**	**5274.79**	**4298.80**	**11414.84**	**1534.15**	**10052.09**	**1355.04**	**6698.40**
北 京	—	—	—	—	—	—	—	—
天 津	312.00	87.54	95.11	262.47	54.33	158.80	20.23	98.00
河 北	686.29	166.69	149.06	239.43	64.39	413.18	58.98	447.34
上 海	375.59	102.32	107.01	177.91	42.99	190.82	14.96	81.76
江 苏	1319.89	379.41	353.66	1073.76	91.34	856.59	102.21	633.95
浙 江	1108.01	323.45	242.49	771.29	56.37	615.91	63.96	304.18
福 建	579.70	154.63	117.41	282.85	33.71	256.22	28.69	152.24
山 东	1781.53	490.01	448.29	1232.23	149.16	789.81	98.88	490.63
广 东	1946.23	495.97	427.55	1520.57	97.69	1213.68	98.26	334.76
海 南	151.85	51.48	54.39	18.05	10.37	54.22	6.26	28.57
山 西	420.33	155.15	91.85	186.83	34.71	211.38	26.70	133.10

续表

地 区	居住用地	公共管理与公共服务用地	商业服务业设施用地	工业用地	物流仓储用地	道路交通设施用地	公用设施用地	绿地与广场用地
安 徽	704.78	179.33	151.71	548.86	40.30	459.56	45.14	297.13
江 西	540.04	164.21	100.95	304.47	27.34	291.71	30.63	215.01
河 南	1053.75	327.07	167.91	401.50	93.92	600.42	100.48	608.51
湖 北	566.09	160.64	113.98	463.46	45.89	329.27	64.31	172.15
湖 南	745.22	215.27	134.61	290.33	38.43	265.50	62.91	183.72
内蒙古	428.79	111.52	103.34	128.74	39.36	225.98	28.81	165.16
广 西	491.33	143.47	108.28	237.36	49.99	304.44	54.42	253.83
重 庆	464.97	141.33	85.95	333.46	36.84	308.96	29.56	124.52
四 川	1022.96	293.16	240.40	553.93	86.95	535.34	71.04	394.66
贵 州	363.85	133.27	103.38	157.87	31.10	153.59	22.81	98.27
云 南	405.28	138.16	120.75	94.78	33.21	199.01	26.97	152.41
西 藏	34.99	24.80	15.94	20.15	4.51	23.83	9.75	30.60
陕 西	444.90	129.97	146.39	241.84	47.93	245.61	35.58	221.13
甘 肃	255.10	85.69	81.46	212.42	37.33	153.83	30.84	124.16
青 海	60.83	17.70	17.84	23.93	14.18	41.52	12.36	44.37
宁 夏	132.47	43.96	36.54	45.13	11.42	77.87	8.69	95.31
新 疆	383.34	113.54	104.81	197.36	55.20	182.08	49.00	209.41
辽 宁	916.96	173.74	186.32	688.26	99.23	413.95	64.92	241.66
吉 林	516.88	114.27	82.45	297.44	47.46	226.73	52.95	160.84
黑龙江	551.64	133.77	93.37	380.88	55.82	217.70	30.84	155.33

数据来源：住房城乡建设部。

表 3-114 2022 年全国城市面积及用地情况

单位：平方千米

地 区	市区面积	城区面积	建成区面积	城市建设用地面积	2022 年征用土地面积	
						耕地面积
全 国	**2371372.7**	**191216.77**	**63676.40**	**59451.69**	**1946.70**	**823.43**
北京市	—	—	—	—	—	—
天津市	**11926.3**	**2653.44**	**1264.46**	**1088.48**	**6.79**	**3.34**
河北省	**49720.8**	**6363.96**	**2266.96**	**2225.36**	**51.62**	**26.22**
石家庄市	2195.0	556.20	334.52	332.64	11.41	5.75
晋州市	619.0	90.78	14.83	14.83	1.37	0.87
新乐市	525.0	45.92	14.82	14.28	0.75	0.66
唐山市	3874.0	293.65	249.50	241.46	—	—
滦州市	1027.2	140.80	30.40	30.40	—	—

续表

地　区	市区面积	城区面积	建成区面积	城市建设用地面积	2022 年征用土地面积	耕地面积
遵化市	1521.0	85.80	26.70	26.14	0.38	—
迁安市	1227.0	128.10	45.14	45.14	1.23	0.43
秦皇岛市	2131.5	290.30	149.81	146.56	6.97	3.90
邯郸市	2685.7	556.00	192.20	189.81	3.02	2.14
武安市	1806.0	95.00	39.60	38.61	2.03	1.44
邢台市	994.2	205.07	135.00	134.80	1.28	0.84
南宫市	863.3	28.57	16.50	16.50	—	—
沙河市	999.0	21.97	18.91	18.63	2.66	1.04
保定市	2564.8	359.65	209.78	203.91	0.61	0.39
涿州市	751.3	181.00	37.66	37.66	3.80	1.26
安国市	485.1	31.71	14.69	14.66	0.92	0.88
高碑店市	620.0	36.80	21.08	21.08	0.25	0.20
张家口市	6963.8	411.43	101.80	97.96	3.96	2.85
承德市	1252.7	724.03	81.06	77.86	0.33	0.08
平泉市	3294.1	26.00	17.60	17.40	0.94	0.37
沧州市	320.0	320.00	89.71	85.44	0.00	0.00
泊头市	1007.0	22.00	20.15	19.94	0.00	—
任丘市	864.0	74.40	52.50	52.44	1.88	0.42
黄骅市	2424.8	227.50	38.30	35.35	1.00	—
河间市	1322.0	69.40	20.90	20.41	0.33	—
廊坊市	960.0	292.00	80.12	79.39	3.52	1.56
霸州市	784.0	79.00	17.60	17.51	0.92	0.49
三河市	643.0	169.00	19.31	19.31	—	—
衡水市	1509.6	401.40	76.59	76.22	0.40	0.00
深州市	1252.0	83.19	21.23	20.80	—	—
辛集市	951.0	137.10	34.75	34.02	1.66	0.65
定州市	1283.7	180.19	44.20	44.20	—	—
山西省	**36501.8**	**3320.81**	**1295.08**	**1260.05**	**28.35**	**10.90**
太原市	6909.0	1416.00	360.00	350.60	5.11	1.99
古交市	1512.0	25.75	17.05	16.94	—	—
大同市	2080.0	149.68	149.68	149.23	10.93	4.05
阳泉市	652.0	59.65	59.65	63.09	0.00	—
长治市	2489.0	243.80	86.05	83.58	0.30	0.05
晋城市	142.6	102.79	50.19	50.19	3.00	1.11

续表

地　区	市区面积	城区面积	建成区面积	城市建设用地面积	2022 年征用土地面积	
						耕地面积
高平市	946.0	63.00	17.80	17.34	0.02	—
朔州市	4093.7	176.00	49.70	49.01	—	—
怀仁市	1232.0	80.00	28.00	27.49	—	—
晋中市	2360.9	147.97	107.36	101.88	4.46	1.97
介休市	741.1	42.00	20.03	25.04	0.15	0.09
运城市	1237.0	88.90	66.00	46.02	—	—
永济市	1208.0	30.26	25.78	25.43	—	—
河津市	593.1	107.80	27.12	26.60	—	—
忻州市	1982.0	183.00	37.48	36.83	1.26	0.57
原平市	2571.0	148.00	20.33	20.33	—	—
临汾市	1307.0	79.07	56.20	54.74	1.30	0.00
侯马市	220.1	21.34	21.34	21.34	—	—
霍州市	765.0	19.50	15.40	15.11	—	—
吕梁市	1339.0	50.20	33.32	33.29	—	—
孝义市	946.0	54.50	29.00	28.46	0.99	0.43
汾阳市	1175.3	31.60	17.60	17.51	0.83	0.64
内蒙古自治区	**148683.3**	**4674.87**	**1272.80**	**1231.70**	**41.83**	**14.46**
呼和浩特市	2065.5	320.32	271.08	315.73	14.27	7.37
包头市	2965.0	885.00	211.62	195.79	14.69	6.66
乌海市	1754.0	67.90	57.44	55.11	0.06	—
赤峰市	7057.1	409.58	117.26	109.22	1.30	0.43
通辽市	3212.0	75.63	62.50	62.50	—	—
霍林郭勒市	585.0	36.04	17.10	17.10	0.07	0.00
鄂尔多斯市	2884.1	200.87	117.87	103.87	—	—
呼伦贝尔市	1401.9	135.50	31.50	31.50	—	—
满洲里市	734.6	734.56	27.06	27.00	—	—
牙克石市	27590.0	39.00	28.23	25.81	6.30	—
扎兰屯市	16800.0	385.00	19.20	18.30	1.00	—
额尔古纳市	28000.0	303.00	10.48	10.48	—	—
根河市	19659.0	350.00	8.70	8.70	—	—
巴彦淖尔市	2333.3	80.51	51.00	40.21	—	—
乌兰察布市	393.8	75.40	75.40	62.17	—	—
丰镇市	2704.0	25.00	25.00	25.00	—	—
锡林浩特市	14778.4	103.49	47.63	47.46	4.10	—

续表

地　区	市区面积	城区面积	建成区面积	城市建设用地面积	2022 年征用土地面积	耕地面积
二连浩特市	4015.0	79.40	27.00	26.64	—	—
乌兰浩特市	2353.0	256.00	45.00	39.41	0.04	—
阿尔山市	7397.7	112.67	21.73	9.70	—	—
辽宁省	**77573.7**	**13067.76**	**2815.03**	**2785.04**	**27.43**	**16.63**
沈阳市	5116.0	1610.00	573.00	652.36	12.02	9.02
新民市	3318.0	22.50	22.50	—	—	—
大连市	5786.9	1523.00	444.04	410.48	3.78	1.89
庄河市	4114.0	239.00	42.80	42.00	0.81	0.58
瓦房店市	4391.5	765.50	61.60	38.46	0.02	0.02
鞍山市	792.0	632.21	178.55	163.55	2.43	0.42
海城市	2581.0	104.00	36.40	36.40	—	—
抚顺市	1163.6	490.14	123.18	123.18	0.63	0.60
本溪市	1518.8	1518.76	109.00	92.40	1.60	0.60
丹东市	945.5	220.00	75.03	72.10	0.15	0.12
东港市	2402.6	122.70	23.30	22.41	0.38	0.29
凤城市	5515.0	329.33	21.00	21.00	0.33	0.19
锦州市	728.0	436.00	77.10	106.60	—	—
凌海市	2585.5	136.74	19.55	19.55	—	—
北镇市	1782.0	78.80	15.07	15.07	0.00	0.00
营口市	858.6	538.25	180.07	178.42	0.71	0.41
盖州市	2955.9	150.00	29.45	26.06	1.56	0.93
大石桥市	1610.0	150.00	45.45	45.45	—	—
阜新市	490.0	448.00	76.50	76.50	—	—
辽阳市	1111.2	728.00	102.44	101.43	0.72	0.52
灯塔市	1166.0	127.00	15.02	14.63	—	—
盘锦市	1136.1	276.91	106.89	109.74	0.14	0.13
铁岭市	699.0	240.33	70.32	68.57	0.05	0.05
调兵山市	262.2	23.97	18.95	18.95	0.39	0.30
开原市	2813.3	150.39	27.99	27.37	0.03	0.03
朝阳市	1170.5	570.00	61.64	61.64	0.48	0.11
北票市	4469.0	183.00	27.91	27.91	—	—
凌源市	3263.0	462.24	36.66	27.76	—	—
葫芦岛市	10423.3	392.04	94.60	91.49	0.27	0.05
兴城市	2119.5	269.11	35.10	33.80	0.32	0.07

续表

地　区	市区面积	城区面积	建成区面积	城市建设用地面积	2022 年征用土地面积	耕地面积
沈抚改革创新示范区	285.8	129.84	63.92	59.76	0.61	0.30
吉林省	**110793.2**	**5720.76**	**1580.00**	**1499.02**	**28.30**	**15.62**
长春市	7589.3	3047.07	551.38	543.35	10.51	8.05
榆树市	4712.5	109.00	23.48	20.50	0.67	0.55
德惠市	3324.6	52.06	32.29	32.29	0.49	0.42
公主岭市	4140.6	126.53	36.00	35.93	1.45	1.19
吉林市	3636.0	498.75	195.92	195.92	0.95	0.20
蛟河市	6429.0	27.50	18.50	18.50	6.43	0.19
桦甸市	6626.0	192.00	19.50	19.50	—	—
舒兰市	4559.6	15.53	9.48	9.48	0.00	—
磐石市	3861.2	25.00	23.82	23.82	0.02	0.02
四平市	1085.0	118.11	66.20	66.18	0.31	0.27
双辽市	3121.3	39.59	24.27	24.27	—	—
辽源市	432.4	56.00	50.23	46.70	0.49	0.32
通化市	893.4	111.79	65.36	46.10	1.05	0.90
集安市	3341.1	44.89	8.71	8.30	0.18	0.05
白山市	2736.0	211.89	39.53	37.31	—	—
临江市	3027.0	170.84	10.05	9.30	—	—
松原市	1327.0	81.80	54.28	50.08	0.16	0.09
扶余市	4673.0	17.20	16.50	16.02	0.36	0.31
白城市	2568.8	67.50	47.63	47.37	0.31	0.31
洮南市	5103.0	40.00	26.55	26.55	—	—
大安市	4879.0	19.50	18.54	18.53	0.85	0.13
延吉市	1748.3	71.71	62.00	53.53	0.38	0.09
图们市	1142.7	15.00	11.29	11.07	0.17	0.15
敦化市	11957.0	116.00	34.34	34.34	1.56	0.87
珲春市	5145.4	125.39	29.19	24.32	0.03	0.00
龙井市	2208.0	31.05	14.48	7.29	0.14	0.04
和龙市	5069.0	145.00	12.55	12.22	—	—
梅河口市	2179.0	80.00	40.22	30.64	1.78	1.47
长白山保护开发区管理委员会	3278.0	64.06	37.71	29.61	0.01	0.00
黑龙江省	**220293.5**	**2567.93**	**1802.55**	**1619.35**	**22.89**	**16.63**
哈尔滨市	10192.8	500.44	500.44	417.56	13.24	11.22

续表

地　区	市区面积	城区面积	建成区面积	城市建设用地面积	2022 年征用土地面积	耕地面积
尚志市	8824.9	152.00	21.32	21.32	0.13	0.02
五常市	7512.3	100.55	26.70	20.07	0.02	0.02
齐齐哈尔市	4377.1	130.96	130.96	130.96	1.63	0.93
讷河市	6659.9	23.71	14.37	13.81	0.15	0.14
鸡西市	2199.0	49.04	49.04	58.22	0.85	0.48
虎林市	9334.0	46.22	11.14	11.14	—	—
密山市	7731.0	87.38	19.36	17.89	0.16	0.11
鹤岗市	4551.0	85.00	56.27	48.63	—	—
双鸭山市	1760.0	118.00	56.78	56.78	—	—
大庆市	5105.3	327.19	256.42	239.46	2.35	0.72
伊春市	8895.9	121.93	97.21	91.92	0.00	0.00
铁力市	3793.0	21.40	16.50	15.68	—	—
佳木斯市	1875.0	188.00	96.10	73.20	—	—
同江市	6300.0	10.80	10.80	10.69	0.87	0.76
抚远市	6262.5	12.60	5.60	5.44	—	—
富锦市	8227.0	17.90	16.20	16.18	—	—
七台河市	3646.0	61.95	51.69	49.93	1.00	0.44
牡丹江市	2696.2	92.68	72.40	61.59	0.76	0.64
海林市	8711.0	24.25	17.70	17.70	0.43	0.32
宁安市	7924.0	13.50	11.23	11.22	—	—
穆棱市	6187.0	10.44	10.44	10.07	0.01	—
绥芬河市	422.4	34.35	29.50	22.14	0.21	0.07
东宁市	7139.0	19.29	14.85	14.85	0.27	0.12
黑河市	14446.0	27.88	20.00	20.00	—	—
北安市	7194.0	57.31	23.13	22.99	0.00	0.00
五大连池市	9874.0	10.00	5.62	5.62	—	—
嫩江市	15109.0	28.50	19.53	19.47	0.12	—
绥化市	2753.6	92.77	45.00	37.70	0.65	0.60
安达市	3586.0	25.95	25.10	21.82	—	—
肇东市	3905.0	48.77	44.73	30.66	—	—
海伦市	4667.0	17.68	16.93	16.93	0.04	0.04
漠河市	18432.5	9.49	9.49	7.71	—	—
上海市	**6340.5**	**6340.50**	**1242.00**	**1093.36**	**17.24**	**8.81**
江苏省	**70117.1**	**17190.16**	**4916.17**	**4810.81**	**149.31**	**83.44**

续表

地　区	市区面积	城区面积	建成区面积	城市建设用地面积	2022 年征用土地面积	耕地面积
南京市	6587.0	5184.11	885.73	843.08	25.07	11.62
无锡市	1643.9	1261.26	359.72	317.43	5.76	2.83
江阴市	988.0	198.00	125.00	123.00	2.50	0.20
宜兴市	1996.6	599.86	96.97	96.97	2.55	1.24
徐州市	3040.0	604.78	292.98	290.98	11.89	7.52
新沂市	1592.3	120.00	39.38	39.38	2.24	1.62
邳州市	2088.0	124.00	51.20	51.20	0.10	0.08
常州市	2837.7	941.86	278.74	278.62	9.21	4.18
溧阳市	1535.0	231.25	34.54	34.51	—	—
苏州市	4652.8	1523.88	481.33	480.13	6.46	2.66
常熟市	1276.3	349.40	100.67	100.62	1.91	1.03
张家港市	986.7	172.52	65.58	54.58	3.45	1.68
昆山市	931.5	259.23	72.00	67.64	0.23	0.11
太仓市	809.9	171.29	52.75	70.85	2.80	1.96
南通市	2854.8	458.00	304.02	298.58	4.25	2.95
海安市	1108.0	168.00	32.20	31.47	0.00	0.00
启东市	1208.0	50.00	35.80	35.78	—	—
如皋市	1574.0	108.16	42.30	39.80	2.64	1.66
连云港市	2603.6	720.10	225.38	225.29	2.73	0.69
淮安市	4531.0	309.69	216.00	210.70	19.40	11.81
盐城市	5131.0	608.76	174.60	166.10	14.68	12.03
东台市	3221.0	128.50	39.50	39.19	—	—
扬州市	2355.9	415.34	198.94	198.55	1.71	1.14
仪征市	853.0	67.70	39.28	35.45	3.83	1.66
高邮市	1922.0	135.00	29.00	27.42	—	—
镇江市	1088.0	555.43	147.29	170.21	5.76	3.60
丹阳市	1047.0	154.22	41.12	41.12	2.30	1.59
扬中市	327.4	94.75	16.84	16.42	0.50	0.35
句容市	1386.4	92.80	33.77	33.77	1.53	0.87
泰州市	1567.7	439.18	159.47	154.17	0.81	0.33
兴化市	2393.4	64.00	43.00	40.03	0.91	0.54
靖江市	655.6	143.00	33.98	33.64	1.42	0.73
泰兴市	1169.7	74.64	44.34	41.61	2.63	1.76
宿迁市	2154.0	661.45	122.75	122.52	10.04	5.00

续表

地　区	市区面积	城区面积	建成区面积	城市建设用地面积	2022 年征用土地面积	耕地面积
浙江省	**55797.8**	**13885.42**	**3426.99**	**3485.66**	**109.68**	**57.93**
杭州市	8318.1	2281.79	829.41	846.46	24.67	13.16
建德市	2314.4	267.04	10.60	28.96	0.39	0.11
宁波市	3731.6	1380.80	397.40	436.54	6.21	4.72
余姚市	1527.0	355.00	54.22	55.36	1.46	0.91
慈溪市	1361.0	270.48	50.80	50.61	1.34	0.94
温州市	1348.6	978.35	283.21	206.16	12.44	5.87
瑞安市	1341.5	439.16	24.20	111.36	1.71	1.11
乐清市	1395.5	328.26	24.48	66.60	0.62	0.38
龙港市	184.0	29.32	25.83	25.01	0.32	0.06
嘉兴市	1040.8	293.00	165.57	150.34	3.92	2.83
海宁市	862.7	150.54	57.50	54.65	1.38	0.84
平湖市	500.0	152.12	48.00	50.82	1.36	1.22
桐乡市	727.5	209.43	60.08	56.99	5.00	3.26
湖州市	1565.0	640.69	134.92	127.96	9.37	4.77
绍兴市	2832.7	684.00	266.07	257.38	5.94	3.12
诸暨市	2311.0	564.47	71.48	67.85	3.43	1.24
嵊州市	1789.1	214.86	43.70	22.03	0.92	0.64
金华市	2049.4	579.69	115.93	115.73	1.98	0.72
兰溪市	1312.5	206.30	38.47	36.34	2.38	0.87
义乌市	1105.0	419.44	113.06	113.06	3.58	1.13
东阳市	1739.0	373.00	48.16	47.63	3.79	2.66
永康市	1049.0	134.80	39.95	39.95	2.27	0.75
衢州市	2354.5	167.33	87.70	106.74	2.69	0.75
江山市	2019.0	286.46	19.00	19.00	0.71	0.30
舟山市	1035.5	555.49	70.85	59.42	2.72	0.57
台州市	1668.2	822.69	159.50	146.38	2.65	1.42
玉环市	509.6	161.02	29.56	29.35	0.14	0.06
温岭市	1073.6	121.90	43.00	43.00	0.69	0.27
临海市	2171.0	360.00	51.40	51.40	1.48	0.50
丽水市	1502.0	266.13	47.34	47.34	1.62	1.55
龙泉市	3059.0	191.86	15.60	15.24	2.50	1.20
安徽省	**46910.4**	**7125.58**	**2500.28**	**2426.81**	**177.05**	**107.28**
合肥市	1339.0	1280.02	506.60	453.86	51.55	30.29

续表

地　区	市区面积	城区面积	建成区面积	城市建设用地面积	2022年征用土地面积	
						耕地面积
巢湖市	2031.0	160.00	48.00	48.00	3.52	2.20
芜湖市	2651.0	1078.70	265.08	265.08	19.97	9.15
无为市	2083.0	124.00	25.25	25.11	2.21	1.24
蚌埠市	956.9	365.48	155.00	154.97	32.90	23.18
淮南市	1690.0	469.02	128.14	128.14	2.65	1.77
马鞍山市	704.0	175.84	104.30	93.23	0.65	0.40
淮北市	754.0	210.00	89.79	99.01	12.70	7.73
铜陵市	1518.5	306.59	91.00	87.24	5.68	2.97
安庆市	821.2	311.50	162.90	164.72	5.30	2.80
潜山市	1686.0	107.83	22.00	21.57	3.33	2.07
桐城市	1571.0	91.56	28.70	26.03	0.51	0.30
黄山市	2376.7	461.80	71.60	60.62	1.07	0.34
滁州市	1404.3	282.60	120.97	120.97	8.79	5.94
天长市	1770.0	79.88	26.13	25.98	5.81	4.36
明光市	2350.3	40.00	30.00	29.00	2.24	1.89
阜阳市	1923.8	338.87	156.36	156.01	4.93	3.86
界首市	667.3	77.95	26.92	26.92	0.75	0.26
宿州市	2868.0	164.51	91.65	91.56	1.95	1.38
六安市	3834.0	166.12	82.38	82.38	2.46	1.67
亳州市	2226.0	86.90	76.00	76.00	0.53	—
池州市	2431.7	252.93	49.25	50.16	0.02	0.00
宣城市	2620.8	131.77	75.00	74.30	3.47	1.78
广德市	2165.0	41.01	33.42	33.42	1.20	0.18
宁国市	2467.0	320.70	33.84	32.53	2.86	1.52
福建省	**48271.7**	**4325.72**	**1877.45**	**1605.45**	**60.33**	**15.86**
福州市	1684.1	522.67	410.02	263.32	3.49	2.21
福清市	2030.0	224.50	56.00	55.95	1.52	0.73
厦门市	1700.6	626.79	464.77	351.64	16.54	2.75
莆田市	2284.0	244.00	116.16	111.05	6.82	3.12
三明市	2970.5	370.00	72.10	68.07	1.69	0.31
永安市	2931.2	300.00	25.35	25.35	0.35	0.03
泉州市	892.0	539.00	230.00	230.00	—	—
石狮市	188.0	48.00	39.76	35.29	1.56	0.12
晋江市	649.0	111.00	38.50	38.50	—	—

续表

地　区	市区面积	城区面积	建成区面积	城市建设用地面积	2022 年征用土地面积	耕地面积
南安市	2036.0	148.00	36.00	35.53	2.93	0.87
漳州市	2242.9	128.72	88.45	88.28	6.90	1.21
南平市	6044.8	344.72	49.46	49.46	0.70	0.23
邵武市	2836.7	95.00	29.08	28.87	2.32	0.66
武夷山市	2802.7	50.00	14.74	13.86	1.40	0.42
建瓯市	4233.1	35.00	16.10	14.94	0.00	0.00
龙岩市	4901.0	200.35	79.85	76.28	3.75	—
漳平市	2958.0	45.00	15.00	15.99	1.88	0.01
宁德市	1537.0	107.50	47.14	49.43	8.18	2.99
福安市	1880.1	61.47	27.69	25.44	—	—
福鼎市	1470.0	124.00	21.28	28.20	0.30	0.20
江西省	**46475.3**	**3337.68**	**1789.49**	**1674.36**	**76.82**	**28.40**
南昌市	2888.0	691.42	376.74	309.74	15.99	7.52
景德镇市	580.0	198.50	101.00	97.02	1.29	0.13
乐平市	1974.0	49.20	26.12	26.09	2.90	—
萍乡市	1065.0	128.00	53.41	53.41	2.73	0.56
九江市	1366.1	554.00	167.57	144.71	5.11	1.87
瑞昌市	1423.1	23.67	22.88	22.88	0.23	0.23
共青城市	310.0	23.12	23.12	20.62	0.83	0.56
庐山市	764.2	21.04	12.80	12.30	—	—
新余市	1789.0	230.00	85.00	85.00	0.17	0.07
鹰潭市	1077.5	101.00	57.60	55.69	1.35	0.50
贵溪市	2480.0	90.00	40.76	38.88	2.30	0.74
赣州市	5366.2	328.24	222.22	222.22	12.86	4.73
瑞金市	2441.4	52.12	36.19	33.53	0.48	0.16
龙南市	1642.0	53.40	23.72	23.72	3.57	3.55
吉安市	1381.5	230.00	69.39	69.23	10.00	2.80
井冈山市	1462.4	8.90	8.90	8.49	0.00	0.00
宜春市	2532.4	115.00	90.89	90.89	0.68	—
丰城市	2845.0	62.60	57.10	56.15	4.05	—
樟树市	1291.0	46.34	38.33	37.92	1.26	0.48
高安市	2429.7	52.00	41.76	35.36	3.02	1.85
抚州市	3421.0	142.02	114.56	111.13	5.39	1.34
上饶市	3863.9	116.11	105.51	105.46	2.54	1.29

续表

地　区	市区面积	城区面积	建成区面积	城市建设用地面积	2022 年征用土地面积	
						耕地面积
德兴市	2082.0	21.00	13.92	13.92	0.07	0.02
山东省	**93682.3**	**24105.93**	**5712.99**	**5480.54**	**195.30**	**49.79**
济南市	8367.0	2419.15	805.82	674.09	18.82	9.19
青岛市	5190.4	3089.18	761.52	681.48	10.65	4.98
胶州市	1324.0	835.40	91.80	91.80	—	—
平度市	3176.0	719.90	73.35	72.01	—	—
莱西市	1568.0	448.09	42.42	41.61	1.09	0.65
淄博市	2989.1	771.82	295.65	289.30	4.95	1.63
枣庄市	3068.4	530.34	156.73	149.87	4.98	2.45
滕州市	1495.1	147.56	64.22	63.22	4.29	1.45
东营市	5525.4	1245.61	168.51	143.63	0.85	0.19
烟台市	4136.8	1097.39	397.70	386.26	94.17	3.31
龙口市	901.0	104.00	47.85	46.35	—	—
莱阳市	1730.1	296.07	43.58	43.58	0.76	0.44
莱州市	1928.0	368.20	54.00	49.35	—	—
招远市	1433.2	138.00	35.58	34.21	0.24	0.08
栖霞市	1793.3	321.99	17.10	16.72	—	—
海阳市	1886.8	262.00	34.44	34.42	0.49	0.36
潍坊市	2677.3	1186.54	199.00	337.06	11.43	4.96
青州市	1569.0	300.00	54.60	54.40	2.32	1.23
诸城市	2151.0	326.40	55.48	55.48	2.68	1.51
寿光市	1997.4	328.30	47.39	47.22	0.95	0.16
安丘市	1712.0	541.00	64.00	64.00	0.52	0.23
高密市	1527.0	198.00	55.61	53.06	0.16	0.12
昌邑市	1628.0	120.00	32.97	31.56	0.51	0.28
济宁市	1670.8	883.87	248.94	254.10	8.99	5.25
曲阜市	815.0	66.00	27.00	27.00	—	—
邹城市	1616.0	97.86	49.00	48.70	0.00	0.00
泰安市	2087.0	587.63	163.88	163.88	1.42	0.19
新泰市	1933.0	496.47	69.88	69.88	—	—
肥城市	1277.0	137.10	49.99	49.99	5.43	3.39
威海市	2609.1	651.05	197.75	176.92	0.71	0.10
荣成市	1555.2	491.70	59.00	59.00	0.81	0.19
乳山市	1664.9	140.60	36.76	36.44	0.13	0.05

续表

地区	市区面积	城区面积	建成区面积	城市建设用地面积	2022 年征用土地面积	耕地面积
日照市	2043.1	403.70	126.01	116.92	3.67	1.27
临沂市	2293.3	1161.98	264.85	254.92	1.46	0.05
德州市	1751.8	601.35	168.16	159.19	1.30	0.95
乐陵市	1168.0	100.00	34.50	31.42	—	—
禹城市	990.0	60.00	38.38	38.31	1.48	0.60
聊城市	2447.4	678.69	166.51	141.04	4.13	1.89
临清市	950.0	262.00	31.40	31.40	—	—
滨州市	3525.7	799.90	152.28	143.97	3.26	0.92
邹平市	1250.0	207.00	61.50	55.51	—	—
菏泽市	2261.0	484.09	167.88	161.27	2.65	1.72
河南省	**50107.9**	**6383.76**	**3521.11**	**3353.56**	**89.96**	**50.42**
郑州市	1010.3	762.41	729.12	706.89	24.76	11.58
巩义市	1041.0	56.44	36.00	35.89	1.02	0.65
荥阳市	908.0	92.39	38.48	30.11	—	—
新密市	1001.0	78.22	35.00	30.86	—	—
新郑市	702.0	34.30	34.30	34.30	—	—
登封市	1219.0	75.00	36.51	30.34	1.23	0.35
开封市	1835.7	192.25	141.15	140.34	5.27	2.31
洛阳市	2208.5	388.74	294.57	292.95	9.02	4.61
平顶山市	443.0	260.03	73.40	73.30	—	—
舞钢市	635.0	68.03	16.98	16.64	—	—
汝州市	1573.0	136.50	42.25	40.11	—	—
安阳市	759.2	180.00	92.60	91.52	0.99	0.99
林州市	2046.0	38.00	30.00	27.78	—	—
鹤壁市	679.0	130.42	65.50	65.49	0.00	—
新乡市	346.0	140.00	128.47	121.98	—	—
长垣市	1051.0	42.97	42.80	41.14	—	—
卫辉市	862.0	45.00	22.93	22.08	1.42	1.11
辉县市	2007.0	116.50	22.76	22.19	—	—
焦作市	543.6	140.00	117.79	113.91	—	—
沁阳市	624.0	34.00	21.00	20.32	—	—
孟州市	541.6	113.37	17.40	17.38	—	—
濮阳市	263.0	153.56	66.00	65.55	0.02	—
许昌市	1090.3	381.65	124.00	95.37	2.42	2.17

续表

地　区	市区面积	城区面积	建成区面积	城市建设用地面积	2022 年征用土地面积	耕地面积
禹州市	1461.0	52.26	48.20	47.21	—	—
长葛市	650.0	75.55	28.30	25.51	2.44	2.00
漯河市	1020.0	106.82	68.49	68.49	—	—
三门峡市	1948.0	73.00	61.20	57.71	4.20	1.39
义马市	112.0	112.00	18.67	18.66	0.00	0.00
灵宝市	3011.0	29.00	23.19	22.86	—	—
南阳市	2144.6	640.77	167.44	167.35	1.03	1.03
邓州市	2294.0	40.00	38.00	35.18	—	—
商丘市	1697.0	382.50	162.83	138.08	5.20	3.60
永城市	1994.5	81.29	49.70	48.12	2.89	1.25
信阳市	3604.0	259.51	107.19	104.39	—	—
周口市	1737.0	135.00	114.68	109.68	5.64	3.35
项城市	1083.0	60.00	37.75	33.98	0.57	0.55
驻马店市	1284.3	171.28	105.60	86.82	5.38	3.97
济源示范区	1931.0	78.00	57.92	50.14	6.81	3.54
郑州航空港经济综合实验区	747.4	427.00	202.94	202.94	9.65	5.97
湖北省	**97623.2**	**7964.69**	**2866.18**	**1915.79**	**160.61**	**72.99**
武汉市	8569.2	1452.00	925.97	—	25.03	13.11
黄石市	233.8	233.80	85.42	85.42	—	—
大冶市	1566.0	276.68	33.68	33.68	1.37	0.67
十堰市	8916.0	413.17	115.74	115.74	2.39	0.16
丹江口市	3129.2	214.94	29.17	27.56	1.87	0.74
宜昌市	4234.3	541.00	203.53	203.53	37.47	9.81
宜都市	1357.0	193.27	28.12	25.11	3.77	0.43
当阳市	2149.7	220.30	26.01	24.59	3.40	1.63
枝江市	1374.4	95.62	31.30	30.38	4.41	1.77
襄阳市	3672.9	374.30	206.00	186.71	11.47	8.70
老河口市	1032.0	65.28	31.76	31.76	—	—
枣阳市	3277.0	460.00	51.36	50.60	3.22	2.23
宜城市	2115.0	48.00	27.91	27.91	0.11	0.09
鄂州市	1596.5	63.45	38.24	38.22	0.04	0.02
荆门市	2251.9	248.70	71.22	71.22	8.40	4.50
京山市	3537.8	34.00	33.60	33.60	2.83	—

续表

地　区	市区面积	城区面积	建成区面积	城市建设用地面积	2022 年征用土地面积	耕地面积
钟祥市	4403.4	109.00	28.00	28.00	—	—
孝感市	1018.3	137.88	58.20	82.78	6.78	4.09
应城市	1095.6	183.78	21.03	21.03	4.92	2.90
安陆市	1353.6	91.34	20.24	20.23	0.99	0.09
汉川市	1632.0	28.00	28.00	27.90	—	—
荆州市	1566.0	102.31	102.31	102.31	9.15	5.71
监利市	3200.8	86.02	26.30	37.87	0.79	—
石首市	1427.0	22.56	22.56	21.12	0.51	0.00
洪湖市	2519.0	41.40	21.18	21.18	0.00	0.00
松滋市	2176.9	96.00	21.60	21.58	5.99	2.85
黄冈市	367.1	33.23	33.02	33.02	4.34	1.68
麻城市	3604.0	69.84	43.94	32.54	2.67	1.87
武穴市	1241.7	31.00	30.31	30.28	—	—
咸宁市	1503.1	186.01	79.70	74.60	1.53	0.34
赤壁市	1723.0	51.20	33.90	33.42	0.95	0.92
随州市	1425.4	236.61	84.36	84.36	5.61	2.94
广水市	2645.5	73.85	33.50	33.27	0.91	0.49
恩施市	3967.3	120.00	45.31	45.31	0.58	0.13
利川市	4605.5	133.00	19.18	19.18	0.44	0.44
仙桃市	2519.1	240.00	66.98	66.98	7.55	3.88
潜江市	2004.0	632.75	60.28	45.55	—	—
天门市	2612.4	324.40	47.25	47.25	1.12	0.80
湖南省	**56807.0**	**4110.82**	**2104.99**	**1935.99**	**40.07**	**14.07**
长沙市	1199.8	1199.84	441.68	332.04	6.99	3.35
宁乡市	2912.0	345.97	72.56	67.39	0.56	0.16
浏阳市	5008.0	145.00	30.60	30.55	—	—
株洲市	1918.3	221.07	154.05	149.28	4.96	0.31
醴陵市	2158.0	113.80	30.40	30.38	—	—
湘潭市	652.4	138.52	90.47	126.49	3.01	1.17
湘乡市	1966.2	38.78	24.67	23.75	0.37	0.11
韶山市	247.3	32.00	5.23	5.22	0.46	0.15
衡阳市	518.4	146.00	146.00	145.66	2.48	1.07
耒阳市	2648.3	65.00	45.37	43.70	0.66	0.20
常宁市	2047.9	60.60	38.83	38.82	—	—

续表

地　区	市区面积	城区面积	建成区面积	城市建设用地面积	2022年征用土地面积	耕地面积
邵阳市	434.5	122.16	78.00	77.60	0.99	0.67
武冈市	1549.0	40.20	24.60	24.48	1.03	0.30
邵东市	1768.0	42.80	35.20	27.88	—	—
岳阳市	1412.6	167.00	124.63	121.11	0.63	0.00
汨罗市	1469.5	22.50	21.63	19.65	0.86	0.30
临湘市	1718.0	49.00	21.50	16.63	0.83	0.40
常德市	2752.3	233.36	130.60	98.72	1.75	0.88
津市市	556.3	64.38	16.39	16.39	0.40	0.18
张家界市	2571.3	55.20	38.89	38.14	0.75	0.40
益阳市	1850.4	120.11	94.64	92.28	4.73	1.17
沅江市	2012.5	66.43	22.34	22.34	—	—
郴州市	2158.4	121.60	81.03	81.03	1.93	0.30
资兴市	2747.0	24.63	21.85	20.44	0.02	—
永州市	3196.0	101.08	75.91	73.09	5.10	2.75
祁阳市	2538.0	100.00	30.87	30.87	—	—
怀化市	722.8	66.30	66.30	55.26	0.70	—
洪江市	2283.7	22.18	13.28	12.55	0.24	0.15
娄底市	428.0	63.50	54.30	54.30	0.50	—
冷水江市	439.0	48.81	14.11	14.09	0.07	0.03
涟源市	1830.0	25.00	15.06	15.06	—	—
吉首市	1093.3	48.00	44.00	30.80	0.05	0.02
广东省	**99900.8**	**17126.58**	**6575.31**	**6134.71**	**123.35**	**32.39**
广州市	7434.4	2256.42	1366.02	725.06	53.75	17.30
韶关市	2870.7	528.63	125.66	125.66	2.09	0.36
乐昌市	2419.3	442.84	25.90	22.36	0.00	0.00
南雄市	2326.2	23.80	11.53	10.63	1.02	0.13
深圳市	1987.0	1987.00	962.17	980.09	—	—
珠海市	1725.0	761.69	152.85	425.08	1.96	0.22
汕头市	2089.8	600.75	279.61	314.87	2.85	1.40
佛山市	3799.9	615.68	163.82	189.48	1.68	0.10
江门市	1785.9	566.00	198.84	164.59	0.00	0.00
台山市	3308.3	156.88	32.68	32.51	2.01	0.53
开平市	1656.9	152.00	43.25	24.08	0.31	0.08
鹤山市	1082.7	81.40	36.55	31.97	2.91	0.24

续表

地　区	市区面积	城区面积	建成区面积	城市建设用地面积	2022 年征用土地面积	耕地面积
恩平市	1693.6	162.50	42.09	40.98	0.22	0.01
湛江市	1714.2	225.79	111.65	92.04	3.93	1.16
廉江市	2835.0	67.00	39.80	39.80	0.96	0.24
雷州市	3459.0	39.30	31.31	31.31	1.65	0.70
吴川市	858.5	36.90	28.15	28.15	3.31	1.08
茂名市	2757.3	171.54	135.20	105.12	5.83	2.40
高州市	3276.0	165.00	40.79	39.33	1.20	0.45
化州市	2356.5	145.46	37.00	31.16	0.19	0.11
信宜市	3101.7	64.40	30.00	14.59	0.73	0.09
肇庆市	2960.2	417.33	153.14	150.46	1.77	0.16
四会市	1166.4	52.65	31.30	29.03	2.13	0.07
惠州市	2697.9	1068.41	313.61	302.68	7.52	0.96
梅州市	3053.0	376.00	66.94	72.94	—	—
兴宁市	2104.9	57.00	28.70	28.70	0.00	0.00
汕尾市	397.4	288.91	40.44	26.26	3.37	0.45
陆丰市	1684.0	147.47	24.67	17.84	0.03	—
河源市	361.0	81.74	43.98	—	—	—
阳江市	2485.6	622.46	113.14	105.88	2.47	0.62
阳春市	4037.8	319.80	34.20	30.00	0.60	0.02
清远市	3650.2	310.80	87.35	23.43	1.92	1.08
英德市	5671.0	183.92	31.09	31.09	0.42	0.06
连州市	2667.6	80.00	17.89	17.89	0.05	0.01
东莞市	2460.1	2460.08	1194.31	1213.93	6.72	0.74
中山市	1781.0	271.35	82.82	86.43	6.67	1.04
潮州市	1216.6	226.62	117.50	113.19	1.40	—
揭阳市	1047.1	228.60	158.09	285.94	0.83	0.24
普宁市	1620.0	145.03	69.02	69.02	0.39	0.06
云浮市	1973.8	369.13	35.82	24.71	0.46	0.28
罗定市	2327.5	168.30	36.43	36.43	—	—
广西壮族自治区	**78641.4**	**5394.85**	**1809.48**	**1643.12**	**107.35**	**36.49**
南宁市	9947.0	919.64	442.52	310.37	30.46	5.47
横州市	3464.0	110.90	37.73	36.09	0.06	0.02
柳州市	3555.2	501.78	261.52	261.52	23.54	8.75
桂林市	2767.0	612.63	128.81	125.72	1.40	0.85

续表

地　区	市区面积	城区面积	建成区面积	城市建设用地面积	2022 年征用土地面积	耕地面积
荔浦市	1758.6	25.00	12.45	11.82	0.07	—
梧州市	1850.2	485.01	74.91	70.40	1.12	—
岑溪市	2783.0	30.00	22.96	22.50	0.38	—
北海市	957.0	274.90	85.98	84.97	2.17	1.13
防城港市	2816.4	238.72	51.60	51.44	0.87	0.10
东兴市	548.6	130.40	13.45	13.04	—	—
钦州市	4767.2	354.38	90.53	90.16	1.71	—
贵港市	3533.0	301.50	86.09	84.14	3.48	1.79
桂平市	4074.0	73.50	37.60	37.38	1.12	0.00
玉林市	1251.3	302.04	78.10	73.57	6.62	4.78
北流市	2457.0	135.40	29.38	29.30	0.00	0.00
百色市	6096.0	390.98	71.46	67.89	9.36	0.00
靖西市	3331.0	35.78	20.00	18.26	1.95	1.95
平果市	2485.0	56.80	39.78	38.53	6.53	2.62
贺州市	5676.6	78.00	57.88	54.32	2.50	—
河池市	6209.0	135.49	49.48	46.10	3.68	3.06
来宾市	4363.0	92.00	54.45	54.26	5.57	5.53
合山市	350.0	20.00	7.57	7.40	0.01	—
崇左市	2951.0	50.00	41.05	40.18	2.84	—
凭祥市	650.3	40.00	14.18	13.76	1.91	0.44
海南省	**16998.7**	**1340.03**	**419.28**	**375.19**	**21.26**	**3.39**
海口市	2235.0	510.82	215.80	130.03	3.33	0.45
三亚市	1921.5	188.00	59.10	113.26	4.48	1.79
儋州市	3400.0	194.05	36.32	36.20	—	—
五指山市	1144.3	16.20	15.58	9.05	0.26	0.02
琼海市	1681.1	27.83	23.77	20.12	3.18	0.23
文昌市	2459.2	84.99	25.59	26.06	5.41	0.78
万宁市	1885.0	260.00	17.72	16.95	0.40	0.12
东方市	2272.6	58.14	25.40	23.52	4.20	—
重庆市	**43263.5**	**7781.33**	**1640.80**	**1525.59**	**66.68**	**23.66**
四川省	**91215.5**	**8708.00**	**3411.76**	**3198.44**	**149.40**	**62.41**
成都市	3969.8	1444.29	1063.68	992.48	29.03	10.44
简阳市	1343.0	69.04	42.00	40.89	0.82	0.56
都江堰市	1208.4	102.13	39.53	39.53	0.00	0.00

续表

地　区	市区面积	城区面积	建成区面积	城市建设用地面积	2022 年征用土地面积	耕地面积
彭州市	1421.4	133.80	29.29	29.29	0.00	0.00
邛崃市	1376.6	207.02	23.55	23.54	—	—
崇州市	1089.8	63.42	23.33	23.33	1.13	0.63
自贡市	1438.0	778.32	132.00	128.76	3.58	2.02
攀枝花市	2046.3	433.85	83.85	83.06	1.49	0.19
泸州市	2132.0	411.38	174.13	174.13	2.79	1.40
德阳市	1096.0	155.22	96.03	94.75	14.82	8.49
广汉市	551.0	60.50	41.05	41.05	4.26	3.01
什邡市	820.5	24.81	16.95	16.88	—	—
绵竹市	1246.2	22.80	18.60	18.60	—	—
绵阳市	2751.4	295.31	189.21	189.21	12.55	9.33
江油市	2720.2	199.41	35.00	34.54	5.60	2.40
广元市	4535.0	216.70	70.67	70.19	2.00	0.78
遂宁市	1874.0	293.32	90.62	76.10	3.34	1.58
射洪市	1496.0	115.00	30.86	30.86	—	—
内江市	1569.0	278.00	103.50	103.22	5.39	3.74
隆昌市	794.0	57.00	26.20	26.20	—	—
乐山市	2506.0	348.93	78.15	78.07	—	—
峨眉山市	1181.0	90.20	25.03	25.03	—	—
南充市	2527.0	420.00	172.02	172.02	2.83	—
阆中市	1877.0	150.00	38.23	38.23	0.42	—
眉山市	2379.8	318.16	87.08	84.67	10.02	5.97
宜宾市	4625.9	207.06	189.40	172.27	10.90	2.93
广安市	1555.5	140.79	66.53	66.12	1.95	1.01
华蓥市	466.0	92.50	16.30	16.15	0.20	0.03
达州市	3146.0	226.69	150.03	92.34	26.41	2.96
万源市	4052.8	33.90	16.26	16.26	—	—
雅安市	1681.0	197.54	45.99	43.84	1.84	0.63
巴中市	2577.0	182.10	64.56	44.59	0.90	0.22
资阳市	1632.4	249.23	54.00	39.12	5.85	3.81
马尔康市	6639.0	369.16	5.26	4.43	0.19	0.12
康定市	11486.0	6.00	5.40	5.02	0.85	0.00
会理市	4521.5	19.40	13.65	13.65	0.24	0.16
西昌市	2883.0	295.02	53.82	50.02	—	—

续表

地 区	市区面积	城区面积	建成区面积	城市建设用地面积	2022年征用土地面积	
						耕地面积
贵州省	**41821.2**	**4355.99**	**1194.80**	**1064.14**	**38.25**	**17.23**
贵阳市	2525.5	1230.00	369.00	326.12	—	—
清镇市	1386.6	99.23	42.76	59.13	2.42	1.25
六盘水市	4078.4	560.13	83.45	75.26	1.54	0.81
盘州市	4040.9	330.60	27.60	27.60	1.02	0.97
遵义市	5382.0	638.00	158.70	155.95	3.09	1.09
赤水市	1852.0	75.40	15.92	15.89	—	—
仁怀市	1789.9	89.00	30.60	31.58	11.27	5.01
安顺市	2716.0	197.61	76.00	57.08	5.80	2.72
毕节市	3412.0	170.60	63.85	52.59	1.70	1.15
黔西市	2554.1	30.00	24.50	24.50	0.05	0.05
铜仁市	1849.8	70.95	55.50	54.67	0.72	0.46
兴义市	2908.2	104.00	66.60	65.56	5.12	1.94
兴仁市	1778.4	40.40	21.68	10.63	—	—
凯里市	1570.0	182.62	75.86	69.66	0.36	0.16
都匀市	2285.0	517.00	62.80	18.54	2.43	0.61
福泉市	1692.4	20.45	19.98	19.38	2.73	1.01
云南省	**91744.5**	**3276.38**	**1287.83**	**1170.57**	**47.67**	**19.37**
昆明市	6194.7	1771.51	483.27	385.21	12.11	4.45
安宁市	1301.8	240.76	37.39	36.51	6.20	1.49
曲靖市	6081.9	124.28	104.05	101.67	7.66	3.43
宣威市	6053.5	50.00	38.84	38.83	0.00	0.00
玉溪市	1811.6	105.14	39.92	31.19	1.18	0.74
澄江市	756.2	10.50	4.39	4.39	—	—
保山市	5011.0	68.00	38.45	38.44	1.33	0.43
腾冲市	5845.0	47.40	30.50	29.52	0.80	0.21
昭通市	2240.0	61.00	47.08	44.26	1.07	1.07
水富市	439.8	17.00	12.70	8.15	0.85	—
丽江市	1262.8	28.08	24.86	24.85	0.45	—
普洱市	3876.0	50.00	26.50	26.49	3.03	0.38
临沧市	2557.0	35.18	23.24	23.19	2.99	0.91
禄丰市	3536.0	35.00	9.26	9.26	3.14	2.78
楚雄市	4433.0	53.27	52.65	52.65	0.53	0.21
个旧市	1587.0	95.61	13.16	12.51	1.46	0.89

续表

地　区	市区面积	城区面积	建成区面积	城市建设用地面积	2022 年征用土地面积	耕地面积
开远市	1950.0	45.00	26.90	26.89	0.07	0.00
蒙自市	2228.0	38.85	35.00	30.51	0.92	0.56
弥勒市	4004.0	37.20	33.39	23.19	2.76	0.83
文山市	2977.2	45.50	41.40	41.35	0.02	0.02
景洪市	6959.0	83.63	37.77	37.77	—	—
大理市	1815.0	87.20	54.85	53.36	0.00	0.00
瑞丽市	1020.0	26.94	26.94	26.94	0.00	—
芒市	2987.0	50.00	22.30	42.09	0.25	0.20
泸水市	3204.0	9.33	6.73	5.06	0.73	0.65
香格里拉市	11613.0	60.00	16.29	16.29	0.12	0.12
西藏自治区	**47488.4**	**632.58**	**170.71**	**164.57**	**0.82**	**0.12**
拉萨市	4371.7	505.53	91.57	86.44	0.00	0.00
日喀则市	3664.8	42.00	28.60	27.95	—	—
昌都市	10808.9	18.20	8.90	8.85	0.15	0.05
林芝市	10237.0	12.80	12.80	12.80	0.08	0.00
山南市	2211.0	34.00	10.80	10.80	0.17	0.07
那曲市	16195.0	20.05	18.04	17.73	0.42	0.00
陕西省	**60227.9**	**2700.93**	**1553.51**	**1513.35**	**38.07**	**16.01**
西安市	5806.7	954.80	807.57	786.35	22.88	11.54
铜川市	2373.2	55.00	48.85	48.85	2.34	1.33
宝鸡市	4854.2	177.79	117.59	117.03	0.00	0.00
咸阳市	138.0	138.00	78.15	77.96	5.32	1.72
彬州市	1183.6	25.00	9.53	9.52	—	—
兴平市	454.9	67.30	23.00	23.00	—	—
渭南市	2390.0	267.00	68.36	67.89	2.66	0.96
韩城市	1595.9	77.20	18.20	18.20	—	—
华阴市	675.2	65.00	18.00	17.59	—	—
延安市	6507.3	212.86	70.97	70.95	0.33	—
子长市	2395.0	15.00	11.00	11.00	—	—
汉中市	3353.1	131.64	66.88	66.38	4.53	0.46
榆林市	11095.6	179.00	78.38	67.27	0.00	—
神木市	7480.7	30.06	29.87	29.71	—	—
安康市	3645.9	160.00	45.00	45.00	—	—
旬阳市	3540.8	70.00	11.56	11.56	0.01	—

续表

地　区	市区面积	城区面积	建成区面积	城市建设用地面积	2022年征用土地面积	
						耕地面积
商洛市	2644.6	40.00	26.00	20.74	—	—
杨凌区	93.2	35.28	24.60	24.35	—	—
甘肃省	**89184.8**	**2120.76**	**968.07**	**980.83**	**33.24**	**7.36**
兰州市	2450.6	500.28	383.88	383.83	21.69	3.02
嘉峪关市	1224.0	342.00	70.40	111.43	3.03	0.28
金昌市	3060.2	52.30	47.65	47.65	0.00	0.00
白银市	3381.2	81.22	67.17	63.80	2.99	0.19
天水市	5861.0	73.00	60.00	60.00	—	—
武威市	5081.2	177.77	34.04	34.04	2.02	1.48
张掖市	4240.0	200.00	45.10	45.10	1.78	1.20
平凉市	1936.0	255.00	42.00	41.71	0.00	0.00
华亭市	1182.0	17.90	15.44	14.85	0.00	0.00
酒泉市	3386.0	235.00	61.87	47.09	—	—
玉门市	13500.0	15.00	12.42	12.05	—	—
敦煌市	31200.0	19.86	15.58	15.39	0.00	—
庆阳市	999.3	31.00	30.14	30.01	0.73	0.30
定西市	4226.0	35.90	26.20	24.97	0.18	0.07
陇南市	4683.0	40.00	15.70	13.10	—	—
临夏市	88.6	28.93	26.27	23.43	0.82	0.82
合作市	2685.7	15.60	14.21	12.38	—	—
青海省	**203425.6**	**738.91**	**250.08**	**232.73**	**0.94**	**0.00**
西宁市	3117.9	396.65	108.38	107.53	—	—
海东市	3571.0	147.00	41.54	27.12	0.28	0.00
同仁市	3275.0	21.34	7.50	7.50	—	—
玉树市	15413.0	15.50	14.26	14.04	—	—
茫崖市	31173.1	9.85	9.85	9.85	0.00	0.00
格尔木市	119175.6	75.67	42.55	42.55	0.00	—
德令哈市	27700.0	72.90	26.00	24.14	0.66	0.00
宁夏回族自治区	**21521.9**	**954.37**	**485.66**	**451.39**	**12.78**	**6.80**
银川市	2305.9	562.49	196.04	196.04	0.51	0.00
灵武市	4010.0	21.10	20.95	20.95	1.16	0.48
宁东能源化工基地	766.0	40.00	12.00	8.40	0.00	—
石嘴山市	2013.6	118.20	102.80	97.42	10.04	5.65
吴忠市	1106.7	79.00	57.32	45.27	0.28	0.18

续表

地 区	市区面积	城区面积	建成区面积	城市建设用地面积	2022 年征用土地面积	
						耕地面积
青铜峡市	2438.3	32.45	20.63	20.57	0.40	0.10
固原市	3501.0	52.33	45.06	40.72	0.00	0.00
中卫市	5380.5	48.80	30.86	22.02	0.39	0.39
新疆维吾尔自治区	**245050.9**	**2187.14**	**1428.05**	**1294.74**	**19.36**	**3.30**
乌鲁木齐市	13787.9	842.09	545.10	410.69	—	—
克拉玛依市	7333.0	80.22	79.42	74.50	1.20	—
吐鲁番市	15729.2	24.23	24.23	24.23	0.00	—
哈密市	85035.0	71.17	52.25	52.24	—	—
昌吉市	7971.0	94.40	69.15	68.52	3.17	2.48
阜康市	8231.9	38.00	22.62	22.50	0.56	0.51
博乐市	5947.0	31.58	30.00	28.31	—	—
阿拉山口市	1204.0	27.00	11.89	11.89	0.02	0.00
库尔勒市	7256.3	135.00	98.90	98.83	6.30	—
阿克苏市	13580.0	153.59	153.59	151.17	2.17	0.08
库车市	15007.0	35.50	32.40	32.25	—	—
阿图什市	16151.0	20.30	15.00	14.86	0.00	—
喀什市	1056.8	98.50	98.50	98.50	1.82	0.10
和田市	688.3	80.21	39.14	39.14	4.12	0.13
伊宁市	672.1	246.30	43.51	43.50	—	—
奎屯市	909.6	66.84	30.18	30.17	—	—
霍尔果斯市	1908.6	20.00	6.84	6.76	—	—
塔城市	4356.6	30.79	17.70	28.41	—	—
乌苏市	14290.0	24.95	23.35	23.35	—	—
沙湾市	13109.6	41.88	16.28	17.02	0.00	0.00
阿勒泰市	10826.0	24.59	18.00	17.90	—	—
新疆生产建设兵团	**13262.1**	**759.13**	**226.53**	**210.99**	**3.95**	**2.11**
石河子市	460.0	150.00	57.57	57.57	0.12	0.11
阿拉尔市	6756.9	121.12	33.00	33.00	1.37	1.37
图木舒克市	1990.4	101.22	21.18	21.18	2.43	0.60
五家渠市	740.4	124.86	25.00	19.16	0.03	0.03
北屯市	910.5	56.34	22.45	16.64	—	—
铁门关市	590.3	55.20	11.83	9.19	—	—
双河市	742.2	11.28	11.28	11.28	—	—
可克达拉市	26.0	26.04	22.40	22.40	0.00	0.00

续表

地　区	市区面积	城区面积	建成区面积	城市建设用地面积	2022 年征用土地面积	
						耕地面积
昆玉市	334.3	64.39	12.80	9.00	—	—
胡杨河市	679.0	16.68	4.02	6.57	—	—
新星市	32.0	32.00	5.00	5.00	—	—

数据来源：住房城乡建设部。

表 3-115　2022 年全国城市建设用地面积

单位：平方千米

地　区	居住用地	公共管理与公共服务用地	商业服务业设施用地	工业用地	物流仓储用地	道路交通设施用地	公用设施用地	绿地与广场用地
全　国	**18823.58**	**5274.79**	**4298.80**	**11414.84**	**1534.15**	**10052.09**	**1355.04**	**6698.40**
北京市	—	—	—	—	—	—	—	—
天津市	**312.00**	**87.54**	**95.11**	**262.47**	**54.33**	**158.80**	**20.23**	**98.00**
河北省	**686.29**	**166.69**	**149.06**	**239.43**	**64.39**	**413.18**	**58.98**	**447.34**
石家庄市	131.27	33.26	36.05	29.87	17.21	58.23	6.02	20.73
晋州市	4.44	0.83	0.80	1.52	0.40	3.28	0.10	3.46
新乐市	4.12	0.97	0.92	0.74	0.35	2.77	0.92	3.49
唐山市	54.88	11.79	18.00	36.69	7.89	42.72	7.72	61.77
滦州市	10.00	3.21	2.92	0.10	0.10	4.71	0.47	8.89
遵化市	7.41	1.10	0.27	2.09	0.40	5.40	1.48	7.99
迁安市	11.66	4.01	4.63	5.83	0.22	7.67	0.38	10.74
秦皇岛市	41.34	10.72	12.60	15.70	4.96	25.50	5.04	30.70
邯郸市	47.16	13.68	8.11	10.67	8.25	41.51	6.29	54.14
武安市	10.72	3.05	1.65	6.13	0.88	7.10	1.15	7.93
邢台市	52.00	9.14	8.00	18.12	2.57	25.92	2.66	16.39
南宫市	5.01	1.11	1.35	1.55	0.16	3.52	0.27	3.53
沙河市	8.15	1.59	1.40	0.57	0.12	3.35	0.47	2.98
保定市	58.74	15.61	9.73	39.80	4.12	32.60	5.70	37.61
涿州市	11.81	3.91	2.44	5.42	0.31	6.95	0.65	6.17
安国市	5.25	0.71	0.83	0.73	0.20	3.86	0.11	2.97
高碑店市	5.10	1.86	1.14	1.70	0.27	4.69	1.01	5.31
张家口市	23.39	6.56	4.05	3.71	1.68	24.86	3.53	30.18
承德市	19.94	8.16	4.64	10.71	2.02	13.13	1.42	17.84
平泉市	4.94	1.17	0.64	0.84	0.54	3.68	1.14	4.45
沧州市	30.81	6.31	3.75	7.03	1.11	16.94	1.34	18.15
泊头市	6.75	1.30	1.02	3.62	0.18	3.15	0.24	3.68

续表

地　区	居住用地	公共管理与公共服务用地	商业服务业设施用地	工业用地	物流仓储用地	道路交通设施用地	公用设施用地	绿地与广场用地
任丘市	17. 51	4. 97	3. 56	4. 99	1. 93	7. 88	2. 36	9. 24
黄骅市	7. 74	2. 75	3. 73	3. 56	0. 96	7. 33	0. 62	8. 66
河间市	7. 01	0. 80	0. 58	1. 17	0. 40	4. 07	0. 60	5. 78
廊坊市	25. 21	4. 02	3. 52	7. 63	3. 24	14. 80	2. 65	18. 32
霸州市	6. 25	0. 79	1. 18	1. 32	0. 30	2. 70	0. 80	4. 17
三河市	2. 49	3. 64	2. 29	0. 40	0. 30	4. 89	0. 70	4. 60
衡水市	26. 99	4. 71	3. 88	6. 13	1. 44	12. 56	1. 38	19. 13
深州市	4. 55	1. 45	2. 10	1. 90	1. 10	4. 17	0. 38	5. 15
辛集市	12. 07	1. 58	2. 02	4. 28	0. 63	6. 17	0. 50	6. 77
定州市	21. 58	1. 93	1. 26	4. 91	0. 15	7. 07	0. 88	6. 42
山西省	**420. 33**	**155. 15**	**91. 85**	**186. 83**	**34. 71**	**211. 38**	**26. 70**	**133. 10**
太原市	118. 60	34. 27	29. 45	70. 09	10. 55	55. 23	4. 42	27. 99
古交市	5. 20	3. 43	0. 49	4. 91	0. 03	2. 70	0. 08	0. 10
大同市	51. 74	32. 78	12. 63	19. 01	3. 21	20. 33	1. 08	8. 45
阳泉市	16. 06	5. 16	4. 32	24. 18	0. 68	9. 33	0. 62	2. 74
长治市	27. 15	14. 88	1. 98	15. 05	2. 74	13. 59	3. 78	4. 41
晋城市	17. 36	7. 72	5. 49	4. 05	1. 28	9. 84	0. 75	3. 70
高平市	7. 10	1. 40	1. 70	0. 86	1. 33	2. 49	0. 50	1. 96
朔州市	12. 40	4. 00	5. 35	0. 98	1. 85	10. 02	1. 90	12. 51
怀仁市	6. 65	2. 02	2. 04	0. 48	0. 34	5. 47	1. 94	8. 55
晋中市	35. 21	17. 21	7. 44	14. 19	3. 80	21. 68	0. 45	1. 90
介休市	12. 05	2. 05	2. 17	2. 48	1. 03	4. 37	0. 17	0. 72
运城市	13. 94	1. 52	1. 34	3. 89	1. 20	10. 87	2. 54	10. 72
永济市	4. 13	2. 30	0. 33	3. 06	0. 36	3. 15	2. 30	9. 80
河津市	8. 87	2. 14	1. 84	7. 04	1. 09	3. 67	0. 26	1. 69
忻州市	11. 45	3. 62	3. 53	1. 32	0. 83	7. 06	0. 59	8. 43
原平市	6. 97	1. 97	1. 02	3. 72	0. 30	3. 20	0. 41	2. 74
临汾市	22. 00	4. 80	4. 12	1. 30	1. 53	7. 74	2. 73	10. 52
侯马市	8. 03	1. 97	1. 59	1. 94	0. 87	3. 62	0. 31	3. 01
霍州市	6. 40	1. 97	0. 70	0. 44	0. 43	2. 11	0. 34	2. 72
吕梁市	11. 44	4. 00	1. 80	5. 35	0. 05	5. 52	0. 33	4. 80
孝义市	10. 44	4. 05	1. 01	1. 05	0. 53	6. 54	1. 01	3. 83
汾阳市	7. 14	1. 89	1. 51	1. 44	0. 68	2. 85	0. 19	1. 81
内蒙古自治区	**428. 79**	**111. 52**	**103. 34**	**128. 74**	**39. 36**	**225. 98**	**28. 81**	**165. 16**

续表

地　区	居住用地	公共管理与公共服务用地	商业服务业设施用地	工业用地	物流仓储用地	道路交通设施用地	公用设施用地	绿地与广场用地
呼和浩特市	140.60	34.03	29.49	24.69	13.44	47.76	4.67	21.05
包头市	58.60	15.82	9.83	52.50	7.50	24.40	3.49	23.65
乌海市	20.16	5.51	3.58	2.75	1.02	10.27	0.47	11.35
赤峰市	30.82	6.21	5.64	6.42	2.39	24.12	3.57	30.05
通辽市	14.39	6.17	3.00	5.00	3.35	12.49	3.35	14.75
霍林郭勒市	3.00	1.81	1.78	1.22	1.15	4.25	1.10	2.79
鄂尔多斯市	26.65	9.30	15.45	3.57	0.05	34.31	0.95	13.59
呼伦贝尔市	18.50	2.00	2.00	2.00	1.00	1.00	2.00	3.00
满洲里市	8.00	3.00	1.00	2.00	1.00	8.00	2.00	2.00
牙克石市	7.03	1.65	1.57	3.44	1.12	5.30	0.25	5.45
扎兰屯市	8.71	0.60	0.50	0.30	0.30	4.06	0.40	3.43
额尔古纳市	6.25	0.75	0.88	0.68	0.20	1.02	0.28	0.42
根河市	5.18	0.40	0.03	0.80	0.20	1.28	0.10	0.71
巴彦淖尔市	21.66	3.47	3.61	1.26	0.35	6.68	0.32	2.86
乌兰察布市	18.81	5.65	5.62	5.57	1.31	15.02	0.77	9.42
丰镇市	6.47	1.75	2.96	3.08	0.98	4.14	0.38	5.24
锡林浩特市	10.65	5.45	4.20	6.40	0.43	7.35	2.00	10.98
二连浩特市	3.35	2.88	7.37	1.53	2.84	6.24	1.43	1.00
乌兰浩特市	15.81	3.76	2.82	5.17	0.30	7.57	0.78	3.20
阿尔山市	4.15	1.31	2.01	0.36	0.43	0.72	0.50	0.22
辽宁省	**916.96**	**173.74**	**186.32**	**688.26**	**99.23**	**413.95**	**64.92**	**241.66**
沈阳市	217.28	24.84	37.08	142.37	23.47	112.69	23.71	70.92
新民市	—	—	—	—	—	—	—	—
大连市	141.98	33.64	30.83	100.85	29.10	50.69	6.78	16.61
庄河市	16.81	3.82	2.17	11.75	0.24	5.26	0.55	1.40
瓦房店市	13.32	3.00	4.82	9.76	1.56	1.05	0.85	4.10
鞍山市	48.52	11.15	9.24	59.87	2.47	26.41	0.76	5.13
海城市	18.33	3.25	2.48	4.68	1.15	4.29	0.48	1.74
抚顺市	29.57	9.45	6.39	41.24	4.62	6.88	5.62	19.41
本溪市	27.96	6.80	12.72	21.90	0.93	13.76	1.88	6.45
丹东市	28.32	3.95	3.59	17.14	1.38	14.06	1.23	2.43
东港市	7.86	1.94	1.04	5.28	0.24	4.93	0.39	0.73
凤城市	11.66	1.24	0.44	3.15	0.61	3.42	0.25	0.23
锦州市	42.33	6.65	6.52	24.23	4.70	9.10	1.69	11.38

续表

地　区	居住用地	公共管理与公共服务用地	商业服务业设施用地	工业用地	物流仓储用地	道路交通设施用地	公用设施用地	绿地与广场用地
凌海市	9.60	1.30	4.50	0.57	0.36	2.50	0.30	0.42
北镇市	5.52	2.02	1.58	1.77	0.12	1.41	0.38	2.27
营口市	37.90	8.57	7.71	50.31	6.67	35.86	2.58	28.82
盖州市	14.53	1.15	1.43	4.91	0.60	2.72	0.50	0.22
大石桥市	13.07	3.21	4.75	13.22	0.73	4.73	0.99	4.75
阜新市	20.73	3.90	6.42	18.97	3.20	12.47	0.69	10.12
辽阳市	38.81	3.04	8.09	22.59	6.02	15.65	2.53	4.70
灯塔市	5.30	1.49	0.08	3.81	0.31	2.60	0.33	0.71
盘锦市	40.87	8.18	6.29	24.70	2.07	19.18	1.98	6.47
铁岭市	27.39	6.24	6.08	3.51	1.20	14.84	2.91	6.40
调兵山市	5.10	0.50	0.70	4.11	0.10	2.14	0.20	6.10
开原市	6.84	1.21	1.34	8.21	0.37	3.01	0.46	5.93
朝阳市	19.10	4.86	3.47	18.52	0.59	9.48	1.64	3.98
北票市	9.61	1.64	1.21	7.81	0.31	4.28	0.59	2.46
凌源市	8.67	2.47	1.72	9.38	1.03	3.42	0.47	0.60
葫芦岛市	19.37	5.52	5.86	28.98	3.17	12.59	2.82	13.18
兴城市	16.90	5.76	3.48	3.01	0.76	1.09	0.38	2.42
沈抚改革创新示范区	13.71	2.95	4.29	21.66	1.15	13.44	0.98	1.58
吉林省	**516.88**	**114.27**	**82.45**	**297.44**	**47.46**	**226.73**	**52.95**	**160.84**
长春市	159.39	50.83	29.40	124.97	17.82	89.35	31.14	40.45
榆树市	10.47	1.24	1.47	1.52	0.92	2.58	0.40	1.90
德惠市	19.70	2.03	1.32	0.71	1.24	2.94	0.95	3.40
公主岭市	10.57	3.50	1.74	7.00	2.01	6.87	3.00	1.24
吉林市	60.58	11.66	12.76	58.65	5.35	26.44	3.42	17.06
蛟河市	7.54	1.68	4.26	1.66	0.70	1.58	0.47	0.61
桦甸市	9.34	1.22	0.81	3.00	0.32	2.97	1.17	0.67
舒兰市	4.42	1.01	0.77	1.32	0.30	1.28	0.10	0.28
磐石市	6.94	0.80	1.41	2.03	0.30	3.26	0.58	8.50
四平市	23.50	5.38	2.91	17.44	2.30	9.56	1.57	3.52
双辽市	8.47	1.52	1.50	6.99	1.03	2.45	0.52	1.79
辽源市	19.36	1.20	1.00	4.04	1.00	7.69	1.03	11.38
通化市	21.01	2.75	2.88	10.99	0.81	4.11	0.43	3.12
集安市	2.93	0.70	0.42	1.12	0.10	1.02	0.32	1.69

续表

地　区	居住用地	公共管理与公共服务用地	商业服务业设施用地	工业用地	物流仓储用地	道路交通设施用地	公用设施用地	绿地与广场用地
白山市	14. 23	2. 78	2. 13	4. 85	0. 55	6. 60	0. 54	5. 63
临江市	3. 97	0. 37	0. 10	0. 64	0. 17	1. 13	0. 12	2. 80
松原市	17. 17	3. 90	1. 69	6. 31	1. 14	9. 83	1. 11	8. 93
扶余市	5. 79	1. 53	1. 03	1. 34	1. 04	1. 97	0. 60	2. 72
白城市	12. 28	4. 85	2. 87	11. 71	3. 64	8. 08	0. 84	3. 10
洮南市	15. 00	1. 27	1. 65	3. 61	0. 96	2. 48	0. 30	1. 28
大安市	4. 29	0. 97	0. 36	1. 22	0. 25	4. 95	0. 17	6. 32
延吉市	26. 22	5. 38	2. 17	9. 86	1. 47	6. 28	1. 19	0. 96
图们市	3. 69	0. 60	0. 30	1. 71	0. 39	2. 40	0. 32	1. 66
敦化市	8. 51	2. 29	3. 46	5. 73	1. 02	3. 56	1. 31	8. 46
珲春市	7. 39	0. 82	1. 26	4. 31	0. 71	5. 09	0. 21	4. 53
龙井市	4. 02	0. 80	0. 21	1. 04	0. 10	0. 85	0. 05	0. 22
和龙市	5. 72	0. 38	0. 21	1. 66	0. 45	2. 12	0. 21	1. 47
梅河口市	15. 39	1. 56	1. 23	1. 49	1. 10	6. 32	0. 54	3. 01
长白山保护开发区管理委员会	8. 99	1. 25	1. 13	0. 52	0. 27	2. 97	0. 34	14. 14
黑龙江省	**551. 64**	**133. 77**	**93. 37**	**380. 88**	**55. 82**	**217. 70**	**30. 84**	**155. 33**
哈尔滨市	145. 07	42. 79	25. 02	92. 53	13. 99	66. 37	7. 20	24. 59
尚志市	5. 14	1. 44	0. 50	7. 74	0. 60	2. 26	0. 74	2. 90
五常市	12. 24	1. 21	0. 73	1. 84	0. 37	1. 58	0. 15	1. 95
齐齐哈尔市	43. 07	11. 09	8. 60	36. 02	4. 59	20. 16	2. 86	4. 57
讷河市	6. 01	1. 05	0. 68	2. 17	1. 51	1. 59	0. 18	0. 62
鸡西市	32. 96	4. 90	2. 05	8. 61	1. 15	6. 14	0. 77	1. 64
虎林市	4. 14	0. 78	0. 48	2. 02	0. 96	2. 12	0. 16	0. 48
密山市	8. 95	0. 62	0. 47	2. 34	1. 42	1. 89	0. 30	1. 90
鹤岗市	17. 04	2. 74	1. 83	11. 12	1. 31	7. 07	0. 96	6. 56
双鸭山市	15. 84	3. 30	2. 60	8. 27	2. 77	9. 87	1. 96	12. 17
大庆市	61. 76	23. 49	19. 37	89. 49	5. 45	20. 63	3. 53	15. 74
伊春市	27. 03	4. 86	4. 35	8. 47	1. 02	13. 41	2. 04	30. 74
铁力市	8. 56	0. 20	0. 02	1. 67	0. 92	1. 99	0. 02	2. 30
佳木斯市	24. 20	5. 15	3. 76	17. 21	2. 11	7. 38	0. 50	12. 89
同江市	2. 10	0. 95	0. 98	1. 65	0. 78	2. 02	0. 16	2. 05
抚远市	1. 75	0. 53	0. 45	0. 28	0. 01	0. 60	0. 19	1. 63
富锦市	7. 57	0. 94	0. 52	1. 72	0. 65	2. 59	0. 25	1. 94

续表

地 区	居住用地	公共管理与公共服务用地	商业服务业设施用地	工业用地	物流仓储用地	道路交通设施用地	公用设施用地	绿地与广场用地
七台河市	16.78	4.01	1.99	20.23	0.95	4.86	0.71	0.40
牡丹江市	23.63	5.72	3.10	17.19	1.51	7.10	0.76	2.58
海林市	5.80	0.25	2.06	0.80	0.87	2.82	0.60	4.50
宁安市	4.90	0.63	0.18	2.45	0.32	0.69	1.74	0.31
穆棱市	4.50	0.75	0.29	1.03	0.16	1.27	0.14	1.93
绥芬河市	4.76	1.68	1.15	6.22	1.31	4.03	1.04	1.95
东宁市	5.96	0.85	0.73	4.60	0.32	1.93	0.28	0.18
黑河市	5.50	2.91	1.26	2.11	1.05	2.42	0.89	3.86
北安市	4.51	1.11	1.61	6.14	2.73	3.99	0.42	2.48
五大连池市	1.36	0.30	0.39	1.04	0.68	0.95	0.15	0.75
嫩江市	7.98	1.00	2.80	1.70	0.20	2.73	0.06	3.00
绥化市	12.52	3.72	2.56	10.48	1.91	5.18	0.32	1.01
安达市	10.45	1.57	0.75	5.13	1.35	1.83	0.39	0.35
肇东市	10.13	1.37	1.27	5.28	2.12	4.62	0.88	4.99
海伦市	7.09	1.18	0.52	2.14	0.52	4.66	0.42	0.40
漠河市	2.34	0.68	0.30	1.19	0.21	0.95	0.07	1.97
上海市	**375.59**	**102.32**	**107.01**	**177.91**	**42.99**	**190.82**	**14.96**	**81.76**
江苏省	**1319.89**	**379.41**	**353.66**	**1073.76**	**91.34**	**856.59**	**102.21**	**633.95**
南京市	207.14	89.72	55.37	158.45	9.42	183.43	13.80	125.75
无锡市	96.73	24.46	24.86	70.81	6.28	55.45	4.35	34.49
江阴市	25.48	2.84	7.93	37.72	3.00	21.21	5.90	18.92
宜兴市	27.54	6.39	6.70	32.95	0.90	12.59	2.00	7.90
徐州市	88.80	19.13	22.80	46.46	4.73	50.62	12.56	45.88
新沂市	14.27	4.38	2.25	4.30	0.84	7.38	0.13	5.83
邳州市	21.55	4.05	1.72	6.48	0.33	6.87	1.65	8.55
常州市	65.64	19.10	20.86	87.14	2.72	41.97	2.38	38.81
溧阳市	10.86	2.83	2.18	6.79	0.63	6.24	1.18	3.80
苏州市	140.69	28.83	37.55	124.50	8.47	72.32	9.19	58.58
常熟市	37.49	3.95	12.80	13.13	1.34	15.23	1.72	14.96
张家港市	21.03	5.00	4.10	2.23	0.26	10.20	0.61	11.15
昆山市	22.65	5.08	2.54	14.61	1.35	7.81	4.45	9.15
太仓市	22.20	3.67	5.57	23.74	0.67	8.41	1.46	5.13
南通市	89.26	19.11	19.99	74.20	8.33	48.16	5.56	33.97
海安市	8.25	3.56	2.01	2.11	1.28	7.55	2.00	4.71

续表

地　区	居住用地	公共管理与公共服务用地	商业服务业设施用地	工业用地	物流仓储用地	道路交通设施用地	公用设施用地	绿地与广场用地
启东市	9.76	2.95	3.88	6.18	0.68	6.10	1.38	4.85
如皋市	11.16	2.72	3.10	8.05	0.02	8.11	0.61	6.03
连云港市	50.88	16.63	19.30	62.53	12.33	40.88	2.43	20.31
淮安市	46.10	24.00	20.50	34.80	4.70	42.20	2.70	35.70
盐城市	44.32	12.08	9.35	23.44	3.74	38.51	3.49	31.17
东台市	9.52	2.70	5.80	2.18	2.10	7.53	1.00	8.36
扬州市	53.66	13.25	14.31	41.62	2.61	34.84	3.30	34.96
仪征市	8.43	2.01	1.62	6.76	1.98	6.40	0.45	7.80
高邮市	7.60	2.57	2.69	4.64	0.33	4.46	0.66	4.47
镇江市	42.30	14.41	7.96	53.20	4.15	30.95	3.41	13.83
丹阳市	9.05	6.05	7.46	10.24	0.80	2.21	4.31	1.00
扬中市	4.44	1.06	0.97	4.01	0.43	2.66	0.65	2.20
句容市	11.78	3.06	2.08	6.39	0.07	6.23	0.45	3.71
泰州市	41.89	15.40	12.33	34.64	4.45	31.97	5.42	8.07
兴化市	14.09	2.93	2.56	12.42	0.05	6.51	0.63	0.84
靖江市	13.38	0.68	0.56	3.05	0.19	4.50	0.16	11.12
泰兴市	14.59	2.48	1.67	17.53	0.00	3.85	0.07	1.42
宿迁市	27.36	12.33	8.29	36.46	2.16	23.24	2.15	10.53
浙江省	**1108.01**	**323.45**	**242.49**	**771.29**	**56.37**	**615.91**	**63.96**	**304.18**
杭州市	276.58	117.03	65.03	149.52	4.55	171.96	11.79	50.00
建德市	12.28	1.83	1.07	5.60	0.02	6.16	1.40	0.60
宁波市	98.81	33.46	25.44	137.00	22.70	77.50	6.96	34.67
余姚市	23.40	3.50	2.81	15.98	0.27	7.51	0.35	1.54
慈溪市	22.26	3.55	3.31	11.63	0.16	5.58	0.45	3.67
温州市	56.78	17.17	38.87	8.24	7.56	40.62	11.44	25.48
瑞安市	42.22	6.10	3.37	30.35	0.61	25.38	2.08	1.25
乐清市	23.74	3.91	1.94	12.21	0.07	18.38	0.54	5.81
龙港市	10.32	1.24	0.76	6.23	0.10	4.90	0.55	0.91
嘉兴市	41.37	13.31	11.15	35.21	5.23	22.37	1.00	20.70
海宁市	17.21	4.57	3.87	11.79	0.04	8.51	0.53	8.13
平湖市	14.52	3.78	2.80	16.17	0.23	6.84	0.32	6.16
桐乡市	18.76	4.10	4.15	15.61	0.64	7.63	0.63	5.47
湖州市	46.56	12.45	7.28	27.35	1.53	21.22	1.39	10.18
绍兴市	92.71	16.35	19.80	67.98	2.46	35.68	3.27	19.13

续表

地　区	居住用地	公共管理与公共服务用地	商业服务业设施用地	工业用地	物流仓储用地	道路交通设施用地	公用设施用地	绿地与广场用地
诸暨市	23.50	5.46	3.75	17.46	0.14	13.03	0.85	3.66
嵊州市	9.94	1.70	1.46	6.60	0.11	1.81	0.13	0.28
金华市	36.94	11.48	5.62	26.37	0.92	19.84	1.17	13.39
兰溪市	11.60	2.66	1.37	13.66	0.22	3.88	0.37	2.58
义乌市	32.58	9.67	7.11	14.89	2.72	23.35	0.87	21.87
东阳市	15.50	3.49	2.28	8.27	0.07	8.12	0.25	9.65
永康市	9.66	2.81	0.70	15.46	0.84	7.00	1.68	1.80
衢州市	26.35	7.49	6.17	36.36	1.50	16.98	0.86	11.03
江山市	5.40	1.45	1.88	1.26	0.83	4.67	0.54	2.97
舟山市	22.93	8.13	3.87	6.29	0.48	8.68	1.36	7.68
台州市	47.70	10.23	8.08	30.96	0.95	22.85	4.44	21.17
玉环市	11.22	1.63	0.63	10.59	0.12	3.64	1.00	0.52
温岭市	16.75	1.66	3.11	8.88	0.56	6.30	1.72	4.02
临海市	22.05	4.13	1.82	14.22	0.21	6.98	0.24	1.75
丽水市	14.77	7.76	2.57	4.95	0.35	5.32	5.59	6.03
龙泉市	3.60	1.35	0.42	4.20	0.18	3.22	0.19	2.08
安徽省	**704.78**	**179.33**	**151.71**	**548.86**	**40.30**	**459.56**	**45.14**	**297.13**
合肥市	135.52	53.89	35.64	87.86	3.33	106.55	7.09	23.98
巢湖市	18.20	2.20	2.80	1.20	0.20	10.91	3.00	9.49
芜湖市	47.47	18.81	14.05	110.67	3.15	42.99	4.00	23.94
无为市	7.02	2.05	3.20	1.20	0.56	3.23	0.45	7.40
蚌埠市	50.41	11.07	7.08	26.35	10.06	26.54	11.26	12.20
淮南市	46.40	1.17	11.03	9.65	1.96	22.51	0.78	34.64
马鞍山市	25.87	7.05	5.30	40.08	0.46	9.85	0.95	3.67
淮北市	35.60	7.44	9.12	20.74	2.99	11.62	1.75	9.75
铜陵市	24.31	7.34	4.95	29.85	0.48	13.99	0.61	5.71
安庆市	45.42	10.33	11.69	36.58	3.74	29.57	3.51	23.88
潜山市	8.12	1.35	0.92	4.26	0.14	3.04	0.45	3.29
桐城市	10.35	1.78	0.81	8.34	0.38	3.64	0.24	0.49
黄山市	20.85	3.84	3.71	10.28	0.34	11.93	0.63	9.04
滁州市	27.41	7.09	6.69	35.36	1.14	28.32	1.16	13.80
天长市	7.51	1.09	0.80	1.63	0.21	8.01	0.36	6.37
明光市	8.35	1.85	1.35	6.11	0.35	7.46	0.35	3.18
阜阳市	50.52	9.80	7.30	20.47	1.90	25.39	0.70	39.93

续表

地　区	居住用地	公共管理与公共服务用地	商业服务业设施用地	工业用地	物流仓储用地	道路交通设施用地	公用设施用地	绿地与广场用地
界首市	6. 03	1. 58	1. 02	4. 73	0. 17	4. 92	0. 18	8. 29
宿州市	28. 24	4. 08	3. 93	16. 18	3. 50	19. 48	2. 73	13. 42
六安市	27. 61	8. 28	5. 83	16. 51	0. 64	17. 03	0. 61	5. 87
亳州市	20. 94	3. 75	4. 00	12. 15	1. 00	17. 01	0. 70	16. 45
池州市	17. 21	4. 38	2. 86	5. 91	1. 38	8. 90	0. 98	8. 54
宣城市	18. 10	5. 51	4. 41	19. 52	1. 40	15. 88	1. 39	8. 09
广德市	8. 16	2. 02	1. 65	9. 88	0. 69	6. 30	0. 32	4. 40
宁国市	9. 16	1. 58	1. 57	13. 35	0. 13	4. 49	0. 94	1. 31
福建省	**579. 70**	**154. 63**	**117. 41**	**282. 85**	**33. 71**	**256. 22**	**28. 69**	**152. 24**
福州市	108. 39	28. 37	20. 63	32. 39	4. 43	49. 39	3. 88	15. 84
福清市	15. 98	5. 31	2. 14	10. 92	0. 72	14. 10	0. 47	6. 31
厦门市	118. 05	36. 14	30. 27	82. 86	11. 38	51. 29	6. 20	15. 45
莆田市	52. 97	9. 82	4. 23	18. 22	1. 79	18. 18	1. 19	4. 65
三明市	19. 38	5. 52	2. 79	19. 67	1. 87	12. 07	0. 88	5. 89
永安市	8. 60	1. 75	0. 97	3. 02	0. 83	3. 78	0. 43	5. 97
泉州市	80. 00	25. 00	28. 56	20. 80	5. 64	23. 35	3. 65	43. 00
石狮市	15. 56	2. 96	2. 48	4. 36	0. 84	7. 51	0. 21	1. 37
晋江市	11. 00	3. 25	1. 85	0. 60	0. 20	9. 00	4. 06	8. 54
南安市	13. 73	4. 62	1. 74	5. 64	0. 53	7. 76	0. 51	1. 00
漳州市	31. 57	6. 65	4. 94	15. 13	0. 76	15. 54	0. 82	12. 87
南平市	16. 64	4. 93	2. 40	12. 13	0. 93	4. 77	1. 08	6. 58
邵武市	6. 94	1. 81	0. 49	9. 31	0. 94	3. 92	1. 36	4. 10
武夷山市	4. 14	1. 40	1. 66	1. 04	0. 01	2. 40	0. 10	3. 11
建瓯市	6. 10	1. 12	0. 81	2. 94	0. 17	2. 20	0. 13	1. 47
龙岩市	27. 27	7. 95	6. 30	11. 52	1. 46	16. 67	0. 82	4. 29
漳平市	3. 52	0. 97	0. 94	5. 05	0. 02	2. 83	0. 92	1. 74
宁德市	23. 89	3. 67	2. 03	14. 39	0. 53	3. 02	0. 61	1. 29
福安市	7. 82	1. 81	0. 46	9. 83	0. 07	4. 84	0. 16	0. 45
福鼎市	8. 15	1. 58	1. 72	3. 03	0. 59	3. 60	1. 21	8. 32
江西省	**540. 04**	**164. 21**	**100. 95**	**304. 47**	**27. 34**	**291. 71**	**30. 63**	**215. 01**
南昌市	102. 53	40. 16	28. 45	40. 99	4. 97	56. 77	3. 62	32. 25
景德镇市	33. 51	9. 20	2. 77	12. 08	0. 40	7. 67	0. 63	30. 76
乐平市	6. 40	3. 28	3. 37	5. 64	1. 01	2. 37	1. 03	2. 99
萍乡市	16. 95	5. 05	1. 88	7. 90	0. 88	11. 85	0. 55	8. 35

续表

地　区	居住用地	公共管理与公共服务用地	商业服务业设施用地	工业用地	物流仓储用地	道路交通设施用地	公用设施用地	绿地与广场用地
九江市	45. 11	10. 07	9. 29	33. 59	2. 53	22. 08	5. 99	16. 05
瑞昌市	10. 02	2. 34	0. 91	3. 48	0. 69	2. 12	1. 57	1. 75
共青城市	5. 52	1. 48	1. 20	2. 00	0. 30	3. 25	0. 90	5. 97
庐山市	6. 25	0. 98	0. 23	2. 37	0. 01	1. 79	0. 16	0. 51
新余市	21. 71	8. 34	3. 63	16. 07	0. 45	18. 36	0. 63	15. 81
鹰潭市	15. 79	4. 81	3. 32	10. 63	1. 70	9. 36	0. 86	9. 22
贵溪市	10. 18	2. 63	0. 95	15. 67	0. 15	4. 55	0. 32	4. 43
赣州市	84. 15	18. 95	10. 82	36. 65	4. 24	45. 25	2. 74	19. 42
瑞金市	15. 05	3. 15	1. 51	5. 95	0. 23	6. 65	0. 17	0. 82
龙南市	5. 42	1. 03	0. 91	6. 32	0. 14	4. 54	0. 32	5. 04
吉安市	14. 95	9. 30	3. 10	13. 50	1. 60	13. 26	0. 80	12. 72
井冈山市	2. 30	0. 99	1. 65	0. 94	0. 17	1. 22	0. 10	1. 12
宜春市	33. 03	9. 76	3. 44	22. 06	0. 58	17. 23	0. 50	4. 29
丰城市	11. 44	4. 03	3. 35	22. 28	1. 25	7. 11	1. 82	4. 87
樟树市	9. 43	4. 72	4. 89	5. 02	1. 63	8. 13	1. 07	3. 03
高安市	12. 76	3. 23	1. 30	7. 93	0. 15	8. 51	0. 21	1. 27
抚州市	36. 60	9. 84	6. 59	24. 58	2. 20	16. 28	2. 38	12. 66
上饶市	36. 23	9. 51	6. 08	7. 40	1. 70	21. 72	3. 82	19. 00
德兴市	4. 71	1. 36	1. 31	1. 42	0. 36	1. 64	0. 44	2. 68
山东省	**1781. 53**	**490. 01**	**448. 29**	**1232. 23**	**149. 16**	**789. 81**	**98. 88**	**490. 63**
济南市	246. 26	78. 21	66. 84	153. 54	20. 11	83. 85	5. 48	19. 80
青岛市	172. 09	52. 84	55. 08	183. 37	25. 23	122. 25	4. 89	65. 73
胶州市	22. 26	7. 77	3. 99	26. 22	5. 62	14. 48	4. 92	6. 54
平度市	24. 63	4. 99	5. 46	20. 42	0. 77	10. 04	0. 20	5. 50
莱西市	14. 49	4. 66	1. 40	10. 81	2. 37	3. 70	0. 93	3. 25
淄博市	100. 24	21. 53	17. 53	81. 93	7. 10	36. 14	5. 90	18. 93
枣庄市	64. 98	14. 92	12. 27	26. 77	1. 90	17. 62	1. 76	9. 65
滕州市	27. 48	5. 29	5. 27	11. 11	1. 43	8. 99	0. 11	3. 54
东营市	60. 81	16. 01	14. 61	7. 46	1. 69	21. 88	0. 97	20. 20
烟台市	116. 57	29. 21	31. 12	92. 72	10. 60	58. 79	10. 79	36. 46
龙口市	12. 32	5. 17	5. 98	3. 04	2. 36	8. 75	2. 16	6. 57
莱阳市	19. 90	7. 38	7. 52	1. 75	0. 38	2. 50	1. 30	2. 85
莱州市	18. 75	3. 94	3. 32	11. 33	1. 01	6. 53	0. 41	4. 06
招远市	13. 13	2. 05	3. 29	6. 12	0. 47	4. 12	0. 09	4. 94

续表

地　区	居住用地	公共管理与公共服务用地	商业服务业设施用地	工业用地	物流仓储用地	道路交通设施用地	公用设施用地	绿地与广场用地
栖霞市	4. 86	1. 12	1. 86	3. 41	0. 67	2. 72	0. 12	1. 96
海阳市	11. 24	2. 47	2. 39	6. 30	0. 51	2. 48	1. 93	7. 10
潍坊市	110. 21	32. 16	27. 89	116. 50	13. 82	36. 48	0. 00	0. 00
青州市	15. 70	4. 22	4. 51	6. 92	0. 81	11. 04	1. 50	9. 70
诸城市	18. 03	4. 89	4. 22	10. 47	3. 71	5. 60	1. 66	6. 90
寿光市	15. 88	5. 71	3. 08	3. 65	1. 09	7. 29	0. 11	10. 41
安丘市	16. 28	4. 94	3. 20	18. 47	1. 72	9. 47	3. 23	6. 69
高密市	16. 37	3. 31	4. 00	10. 26	0. 53	8. 13	0. 31	10. 15
昌邑市	12. 69	2. 59	2. 33	9. 23	0. 41	3. 32	0. 47	0. 52
济宁市	81. 00	19. 99	21. 52	61. 64	6. 89	46. 85	8. 98	7. 23
曲阜市	7. 00	3. 00	2. 00	4. 90	0. 60	2. 50	3. 00	4. 00
邹城市	14. 35	7. 63	2. 75	7. 65	2. 00	5. 95	1. 75	6. 62
泰安市	53. 89	16. 74	15. 39	39. 63	1. 75	23. 76	2. 42	10. 30
新泰市	16. 30	4. 80	12. 18	1. 57	2. 61	7. 98	4. 44	20. 00
肥城市	22. 97	2. 99	3. 62	6. 40	0. 66	6. 34	1. 14	5. 87
威海市	57. 27	11. 43	14. 29	38. 25	2. 40	32. 12	2. 17	18. 99
荣成市	15. 15	4. 35	5. 84	8. 28	1. 05	9. 56	0. 25	14. 52
乳山市	8. 34	2. 43	1. 88	6. 91	0. 17	6. 72	0. 45	9. 54
日照市	45. 05	10. 63	10. 15	7. 16	2. 35	21. 01	5. 78	14. 79
临沂市	77. 72	24. 65	14. 10	37. 87	9. 56	31. 00	10. 83	49. 19
德州市	48. 33	12. 98	10. 06	60. 33	3. 45	15. 33	1. 17	7. 54
乐陵市	5. 76	2. 06	2. 24	7. 78	0. 29	3. 39	2. 06	7. 84
禹城市	11. 32	1. 87	2. 42	16. 36	0. 92	3. 91	0. 33	1. 18
聊城市	47. 57	13. 41	14. 12	26. 79	4. 27	22. 84	0. 93	11. 11
临清市	10. 00	4. 06	0. 91	5. 20	1. 15	4. 59	0. 63	4. 86
滨州市	54. 40	12. 88	10. 24	36. 79	1. 98	19. 16	2. 36	6. 16
邹平市	13. 51	4. 50	5. 16	20. 60	1. 03	6. 42	0. 30	3. 99
菏泽市	56. 43	14. 23	12. 26	16. 32	1. 72	34. 21	0. 65	25. 45
河南省	**1053. 75**	**327. 07**	**167. 91**	**401. 50**	**93. 92**	**600. 42**	**100. 48**	**608. 51**
郑州市	177. 58	97. 87	25. 30	60. 06	26. 60	126. 93	26. 39	166. 16
巩义市	9. 50	3. 83	1. 55	5. 98	0. 93	4. 92	0. 58	8. 60
荥阳市	10. 00	2. 70	1. 05	6. 30	1. 02	5. 40	0. 72	2. 92
新密市	9. 10	1. 40	2. 10	3. 36	1. 20	4. 60	4. 80	4. 30
新郑市	9. 62	4. 30	3. 58	2. 50	0. 86	4. 63	0. 76	8. 05

续表

地　区	居住用地	公共管理与公共服务用地	商业服务业设施用地	工业用地	物流仓储用地	道路交通设施用地	公用设施用地	绿地与广场用地
登封市	13. 26	3. 72	1. 68	0. 53	0. 24	5. 79	0. 13	4. 99
开封市	42. 15	16. 41	7. 68	24. 14	2. 83	23. 05	5. 05	19. 03
洛阳市	100. 91	22. 69	14. 65	40. 85	7. 23	45. 07	5. 76	55. 79
平顶山市	28. 50	2. 89	2. 50	5. 54	1. 27	13. 89	1. 35	17. 36
舞钢市	3. 35	1. 84	0. 18	3. 76	0. 10	2. 56	0. 93	3. 92
汝州市	13. 00	2. 50	3. 00	4. 73	1. 18	6. 30	0. 42	8. 98
安阳市	29. 06	9. 35	6. 59	9. 80	2. 40	16. 56	0. 39	17. 37
林州市	11. 38	2. 79	1. 04	1. 20	0. 35	4. 28	0. 30	6. 44
鹤壁市	15. 41	4. 34	3. 60	14. 79	0. 30	10. 94	0. 90	15. 21
新乡市	43. 17	12. 50	7. 17	11. 95	2. 11	14. 30	2. 91	27. 87
长垣市	11. 56	3. 00	2. 04	6. 83	0. 33	7. 59	0. 52	9. 27
卫辉市	7. 27	2. 09	1. 52	3. 83	0. 50	2. 58	1. 01	3. 28
辉县市	11. 03	1. 40	0. 36	1. 35	0. 50	3. 37	0. 58	3. 60
焦作市	35. 85	13. 00	5. 00	18. 54	1. 02	20. 49	1. 56	18. 45
沁阳市	7. 09	1. 40	1. 32	0. 58	1. 19	4. 00	1. 44	3. 30
孟州市	5. 53	1. 02	0. 96	1. 24	0. 25	4. 36	0. 61	3. 41
濮阳市	23. 71	3. 20	4. 90	3. 58	1. 10	12. 12	2. 24	14. 70
许昌市	24. 49	8. 13	5. 36	10. 73	2. 17	18. 98	7. 47	18. 04
禹州市	13. 70	5. 00	2. 00	7. 71	1. 87	7. 56	0. 70	8. 67
长葛市	4. 77	2. 70	0. 95	4. 00	0. 90	5. 45	0. 24	6. 50
漯河市	17. 03	4. 41	2. 31	5. 92	2. 34	12. 39	7. 83	16. 26
三门峡市	22. 59	5. 59	4. 21	12. 20	1. 29	7. 71	0. 94	3. 18
义马市	3. 91	2. 05	0. 81	3. 11	0. 33	3. 14	0. 43	4. 88
灵宝市	5. 31	3. 30	0. 91	4. 40	0. 55	3. 42	1. 10	3. 87
南阳市	49. 29	23. 25	9. 10	24. 51	4. 63	27. 99	6. 15	22. 43
邓州市	8. 89	0. 54	3. 25	5. 96	1. 20	7. 24	0. 84	7. 26
商丘市	61. 67	11. 50	8. 90	19. 96	2. 95	19. 78	1. 35	11. 97
永城市	12. 60	5. 00	4. 66	3. 82	0. 50	9. 19	2. 35	10. 00
信阳市	30. 00	7. 60	3. 04	10. 88	2. 84	24. 45	1. 29	24. 29
周口市	38. 77	6. 43	8. 94	8. 84	4. 98	17. 71	4. 93	19. 08
项城市	10. 38	4. 16	1. 70	2. 19	2. 14	5. 76	1. 78	5. 87
驻马店市	33. 02	7. 83	4. 61	7. 62	1. 38	16. 67	0. 82	14. 87
济源示范区	16. 98	4. 40	2. 47	8. 96	1. 20	7. 88	1. 91	6. 34

续表

地　区	居住用地	公共管理与公共服务用地	商业服务业设施用地	工业用地	物流仓储用地	道路交通设施用地	公用设施用地	绿地与广场用地
郑州航空港经济综合实验区	82.32	10.94	6.92	29.25	9.14	61.37	1.00	2.00
湖北省	**566.09**	**160.64**	**113.98**	**463.46**	**45.89**	**329.27**	**64.31**	**172.15**
武汉市	—	—	—	—	—	—	—	—
黄石市	24.59	5.80	2.35	24.37	0.80	17.97	1.51	8.03
大冶市	8.42	2.50	1.39	5.07	—	6.54	1.25	8.51
十堰市	32.96	12.42	5.32	37.84	3.40	13.43	3.70	6.67
丹江口市	7.98	2.48	3.49	7.28	0.12	4.68	0.78	0.75
宜昌市	52.58	15.51	9.34	49.68	4.44	40.99	12.13	18.86
宜都市	9.05	2.08	1.17	7.48	0.20	4.14	0.13	0.86
当阳市	4.55	0.51	0.69	9.04	0.51	3.97	1.39	3.93
枝江市	6.05	2.48	1.58	8.25	0.70	6.51	0.54	4.27
襄阳市	55.79	12.83	12.45	52.13	3.05	39.97	2.57	7.92
老河口市	10.74	1.95	1.34	10.16	0.11	5.66	1.14	0.66
枣阳市	14.34	3.53	5.07	18.97	0.77	6.78	0.57	0.57
宜城市	8.89	2.05	1.40	5.31	0.68	4.96	0.61	4.01
鄂州市	10.35	3.51	2.72	3.37	1.12	5.87	1.91	9.37
荆门市	14.78	5.99	4.21	13.96	1.84	12.75	4.77	12.92
京山市	8.92	2.79	1.38	8.04	0.69	7.93	0.65	3.20
钟祥市	7.17	2.82	1.30	4.53	0.26	5.63	0.35	5.94
孝感市	24.04	8.91	3.84	22.42	1.01	16.91	1.99	3.66
应城市	6.40	1.99	1.54	6.76	0.19	2.95	0.56	0.64
安陆市	7.96	0.60	0.69	2.76	0.77	4.83	0.97	1.65
汉川市	8.61	3.70	6.64	2.67	1.34	3.89	0.51	0.54
荆州市	25.76	10.98	5.94	24.89	2.64	17.04	3.22	11.84
监利市	6.10	3.05	2.75	8.50	7.83	4.53	0.32	4.79
石首市	6.31	1.10	5.36	1.64	1.02	3.29	0.69	1.71
洪湖市	4.79	0.42	1.50	3.67	0.31	4.34	2.38	3.77
松滋市	6.81	2.31	1.43	4.58	0.26	3.44	0.25	2.50
黄冈市	11.37	5.38	2.63	6.27	0.42	0.44	3.90	2.61
麻城市	3.23	3.41	0.71	13.97	0.48	6.86	1.13	2.75
武穴市	9.40	4.00	1.20	2.00	1.60	6.03	2.10	3.95
咸宁市	32.78	4.53	2.55	15.85	0.26	16.58	0.23	1.82
赤壁市	10.70	1.45	1.99	5.91	1.25	5.60	1.98	4.54

续表

地　区	居住用地	公共管理与公共服务用地	商业服务业设施用地	工业用地	物流仓储用地	道路交通设施用地	公用设施用地	绿地与广场用地
随州市	32.34	5.91	4.00	23.41	1.36	10.51	1.93	4.90
广水市	13.60	3.23	2.71	5.10	0.76	6.57	0.81	0.49
恩施市	13.10	5.81	4.52	6.15	2.10	4.53	1.82	7.28
利川市	5.20	1.20	1.40	1.60	0.90	2.05	1.58	5.25
仙桃市	27.99	4.66	2.30	14.76	1.36	10.29	2.34	3.28
潜江市	19.49	4.69	2.11	12.53	0.69	3.88	0.71	1.45
天门市	12.95	4.06	2.97	12.54	0.65	6.93	0.89	6.26
湖南省	**745.22**	**215.27**	**134.61**	**290.33**	**38.43**	**265.50**	**62.91**	**183.72**
长沙市	154.11	41.77	29.39	23.18	7.07	55.45	2.85	18.22
宁乡市	22.35	5.16	3.28	20.51	0.62	5.84	0.69	8.94
浏阳市	8.80	2.82	2.12	2.15	0.95	1.35	1.36	11.00
株洲市	60.95	20.17	10.17	37.49	2.01	17.66	0.51	0.32
醴陵市	11.92	5.23	2.35	5.71	1.05	1.76	0.04	2.32
湘潭市	48.30	13.09	7.12	32.19	2.33	16.53	1.08	5.85
湘乡市	11.20	1.65	1.13	5.08	0.20	3.76	0.27	0.46
韶山市	1.21	0.56	0.65	0.72	0.01	1.02	0.26	0.79
衡阳市	55.81	15.16	6.13	29.79	2.10	26.60	1.14	8.93
耒阳市	23.80	3.11	1.22	5.29	0.35	8.18	0.38	1.37
常宁市	19.06	3.19	1.03	5.48	0.21	6.78	0.24	2.83
邵阳市	29.46	8.22	2.95	4.25	1.21	15.02	1.64	14.85
武冈市	8.83	2.32	3.24	1.50	1.05	3.60	1.71	2.23
邵东市	7.39	6.45	2.46	0.15	1.86	2.69	0.20	6.68
岳阳市	35.19	13.85	7.13	23.15	4.22	10.17	12.17	15.23
汨罗市	6.91	1.65	1.01	0.98	0.24	5.12	0.22	3.52
临湘市	6.58	0.98	0.87	3.17	0.08	2.02	0.19	2.74
常德市	36.86	12.30	8.41	16.77	1.48	14.76	1.44	6.70
津市市	5.29	1.07	0.32	5.25	0.13	1.62	0.23	2.48
张家界市	16.21	2.00	4.79	2.98	0.61	5.08	0.61	5.86
益阳市	33.15	12.64	4.75	11.42	—	6.22	17.88	6.22
沅江市	6.82	1.53	2.37	2.08	0.20	0.45	0.21	8.68
郴州市	29.56	7.56	4.64	8.68	2.17	14.30	0.61	13.51
资兴市	6.54	1.58	0.87	6.74	0.56	1.74	0.29	2.12
永州市	16.68	5.78	7.81	8.95	2.41	13.61	8.47	9.38
祁阳市	11.12	1.16	1.56	4.60	0.52	5.51	1.12	5.28

续表

地　区	居住用地	公共管理与公共服务用地	商业服务业设施用地	工业用地	物流仓储用地	道路交通设施用地	公用设施用地	绿地与广场用地
怀化市	20.00	8.07	8.74	2.41	2.12	8.83	0.68	4.41
洪江市	4.13	0.88	0.16	2.14	0.14	1.43	0.53	3.14
娄底市	16.83	6.02	5.18	12.11	1.28	3.80	4.10	4.98
冷水江市	5.66	1.10	0.36	2.01	0.15	1.70	0.21	2.90
涟源市	4.50	2.70	2.10	2.40	0.40	1.40	0.68	0.88
吉首市	20.00	5.50	0.30	1.00	0.70	1.50	0.90	0.90
广东省	**1946.23**	**495.97**	**427.55**	**1520.57**	**97.69**	**1213.68**	**98.26**	**334.76**
广州市	223.18	111.70	58.42	194.34	21.07	79.22	7.17	29.96
韶关市	44.17	12.85	6.55	33.68	2.60	13.70	1.48	10.63
乐昌市	10.00	1.39	0.63	4.24	0.07	5.09	0.76	0.18
南雄市	4.21	1.26	0.53	3.11	0.06	1.19	0.08	0.19
深圳市	231.30	76.79	88.65	219.06	16.64	265.08	25.31	57.26
珠海市	105.13	46.08	37.15	98.95	4.40	113.01	5.09	15.27
汕头市	163.70	18.98	15.88	66.56	2.70	38.74	2.94	5.37
佛山市	64.05	17.34	17.56	33.39	2.34	40.14	4.26	10.40
江门市	37.55	8.99	6.91	64.37	0.63	28.73	2.27	15.14
台山市	12.23	2.60	1.93	5.17	0.10	6.31	0.20	3.97
开平市	10.96	1.78	1.67	3.59	0.24	4.91	0.33	0.60
鹤山市	12.34	3.76	0.73	4.49	0.96	5.11	0.73	3.85
恩平市	15.49	2.94	1.37	14.80	0.13	3.93	0.80	1.52
湛江市	34.28	11.88	7.80	12.48	1.70	20.01	0.44	3.45
廉江市	15.38	3.43	2.01	5.20	1.18	8.66	0.31	3.63
雷州市	9.69	2.91	6.60	3.10	0.75	2.18	3.34	2.74
吴川市	11.64	1.83	1.69	1.80	0.42	3.48	1.45	5.84
茂名市	37.32	7.62	4.01	25.33	2.11	17.31	2.93	8.49
高州市	14.93	4.01	2.01	6.80	1.20	4.60	0.70	5.08
化州市	10.38	2.82	2.55	2.67	0.27	11.62	0.39	0.46
信宜市	8.18	2.18	0.66	0.45	0.05	1.90	0.51	0.66
肇庆市	45.56	12.37	8.33	41.30	2.37	26.66	1.42	12.45
四会市	9.80	1.65	2.66	7.86	0.86	4.77	1.10	0.33
惠州市	104.62	14.90	14.39	69.14	5.85	51.88	4.49	37.41
梅州市	30.16	4.27	4.74	3.81	0.00	17.26	1.00	11.70
兴宁市	9.66	2.17	2.61	0.70	1.35	3.42	0.70	8.09
汕尾市	9.95	2.99	1.80	4.54	0.32	3.81	0.90	1.95

续表

地　区	居住用地	公共管理与公共服务用地	商业服务业设施用地	工业用地	物流仓储用地	道路交通设施用地	公用设施用地	绿地与广场用地
陆丰市	6.95	1.35	0.89	3.32	0.03	3.50	0.25	1.55
河源市	—	—	—	—	—	—	—	—
阳江市	39.74	7.39	9.54	18.22	0.27	19.69	1.03	10.00
阳春市	16.19	1.15	2.00	4.81	0.39	4.75	0.61	0.10
清远市	9.93	2.10	0.95	4.11	0.24	5.42	0.17	0.51
英德市	8.32	6.10	2.22	2.69	0.43	4.27	2.35	4.71
连州市	5.91	0.05	0.06	2.18	—	4.85	0.54	4.30
东莞市	311.11	54.24	81.69	432.48	19.92	277.26	14.09	23.14
中山市	33.34	7.05	8.58	13.16	0.73	20.06	0.44	3.07
潮州市	39.30	4.61	6.12	31.59	1.35	15.07	1.81	13.34
揭阳市	126.78	21.61	7.69	58.70	2.69	60.12	4.18	4.17
普宁市	37.26	3.03	4.08	7.87	0.55	8.28	0.90	7.05
云浮市	10.65	2.36	2.14	4.18	0.36	3.87	0.41	0.74
罗定市	14.89	3.44	1.75	6.33	0.36	3.82	0.38	5.46
广西壮族自治区	**491.33**	**143.47**	**108.28**	**237.36**	**49.99**	**304.44**	**54.42**	**253.83**
南宁市	104.23	37.13	34.39	18.32	7.64	60.35	21.26	27.05
横州市	7.45	1.42	1.03	11.41	0.93	6.18	0.12	7.55
柳州市	74.83	22.95	14.07	57.91	10.56	48.50	3.33	29.37
桂林市	42.41	13.22	10.40	13.16	2.14	21.86	1.70	20.83
荔浦市	3.17	0.71	0.68	0.19	0.19	3.19	0.20	3.49
梧州市	20.74	6.62	3.95	11.47	2.39	11.67	2.78	10.78
岑溪市	9.68	1.40	0.70	1.96	0.12	4.24	0.14	4.26
北海市	34.68	6.60	5.72	5.00	0.60	16.98	0.39	15.00
防城港市	11.55	2.99	4.12	9.05	4.61	9.21	1.29	8.62
东兴市	2.80	1.47	1.36	1.17	0.43	2.83	0.60	2.38
钦州市	18.14	6.75	5.38	21.68	4.50	14.64	1.18	17.89
贵港市	24.38	7.02	3.16	14.73	2.60	16.38	3.12	12.75
桂平市	7.68	2.70	2.16	6.85	1.16	6.31	0.46	10.06
玉林市	28.32	3.70	5.78	5.22	2.40	13.72	1.01	13.42
北流市	8.30	0.42	0.75	2.69	0.28	6.02	0.83	10.01
百色市	21.58	7.06	2.15	9.49	2.78	11.96	3.30	9.57
靖西市	7.00	0.65	0.20	2.60	0.10	3.84	0.35	3.52
平果市	8.21	3.95	1.34	11.64	0.52	6.21	0.86	5.80
贺州市	13.66	5.60	3.39	8.19	0.52	9.70	2.02	11.24

续表

地　区	居住用地	公共管理与公共服务用地	商业服务业设施用地	工业用地	物流仓储用地	道路交通设施用地	公用设施用地	绿地与广场用地
河池市	15.36	3.46	2.31	7.28	1.07	9.53	0.54	6.55
来宾市	12.88	2.78	2.64	8.76	1.96	11.49	6.27	7.48
合山市	3.25	0.11	0.06	0.94	0.01	1.01	0.18	1.84
崇左市	8.21	3.20	1.56	6.30	1.21	6.85	1.83	11.02
凭祥市	2.82	1.56	0.98	1.35	1.27	1.77	0.66	3.35
海南省	**151.85**	**51.48**	**54.39**	**18.05**	**10.37**	**54.22**	**6.26**	**28.57**
海口市	54.26	19.69	16.44	6.78	6.78	19.02	0.86	6.20
三亚市	31.29	19.45	29.75	5.32	2.24	13.76	3.59	7.86
儋州市	17.71	3.31	1.67	2.35	0.48	4.20	0.90	5.58
五指山市	3.53	1.50	0.55	0.19	—	3.00	0.08	0.20
琼海市	11.91	2.00	1.56	0.66	0.22	3.22	0.13	0.42
文昌市	15.20	2.19	1.73	0.92	0.11	4.57	0.32	1.02
万宁市	5.81	1.22	1.40	0.30	0.11	2.16	0.17	5.78
东方市	12.14	2.12	1.29	1.53	0.43	4.29	0.21	1.51
重庆市	**464.97**	**141.33**	**85.95**	**333.46**	**36.84**	**308.96**	**29.56**	**124.52**
四川省	**1022.96**	**293.16**	**240.40**	**553.93**	**86.95**	**535.34**	**71.04**	**394.66**
成都市	343.82	89.57	82.00	161.71	24.72	178.73	11.65	100.28
简阳市	9.83	5.37	3.22	2.87	2.40	5.15	2.19	9.86
都江堰市	20.31	2.56	4.31	0.35	0.00	7.32	0.29	4.39
彭州市	7.50	2.24	6.57	2.22	0.90	4.37	1.28	4.21
邛崃市	10.08	1.53	1.83	6.86	0.04	2.34	0.13	0.73
崇州市	9.30	1.88	0.81	0.01	0.00	5.48	0.06	5.79
自贡市	42.63	7.00	6.70	29.45	2.21	14.63	3.31	22.83
攀枝花市	22.52	4.66	6.70	24.26	3.44	7.30	4.05	10.13
泸州市	40.41	13.62	7.89	28.03	1.99	37.61	2.97	41.61
德阳市	28.74	8.13	6.86	26.69	1.22	15.72	2.05	5.34
广汉市	10.37	3.10	2.22	12.69	1.33	6.56	0.50	4.28
什邡市	6.10	1.87	1.46	3.10	0.18	3.14	0.12	0.91
绵竹市	6.60	2.20	1.19	4.57	0.40	2.90	0.17	0.57
绵阳市	57.77	23.00	14.32	34.94	3.82	31.63	3.38	20.35
江油市	10.20	3.10	1.42	6.37	0.60	6.25	0.37	6.23
广元市	17.10	6.89	4.53	12.81	2.22	11.52	3.39	11.73
遂宁市	18.83	5.53	6.45	16.21	0.77	13.63	4.16	10.52
射洪市	6.00	2.49	1.80	3.01	1.01	5.07	0.58	10.90

续表

地　区	居住用地	公共管理与公共服务用地	商业服务业设施用地	工业用地	物流仓储用地	道路交通设施用地	公用设施用地	绿地与广场用地
内江市	35.35	9.96	6.88	18.02	3.98	18.05	2.96	8.02
隆昌市	7.48	4.07	1.14	4.18	1.20	4.82	0.45	2.86
乐山市	32.93	7.82	7.29	8.52	0.71	15.13	1.00	4.67
峨眉山市	10.88	3.38	3.18	1.97	0.21	2.49	0.37	2.55
南充市	62.90	17.30	11.20	26.70	8.32	25.60	7.45	12.55
阆中市	11.60	3.15	3.10	6.02	1.60	5.20	1.40	6.16
眉山市	28.53	6.70	10.13	14.25	1.71	12.58	4.08	6.69
宜宾市	35.56	18.96	8.88	38.98	8.74	34.12	2.38	24.65
广安市	25.61	4.00	3.28	12.22	4.24	7.80	1.82	7.15
华蓥市	4.60	1.28	0.60	2.69	0.12	2.10	1.37	3.39
达州市	29.44	7.52	8.90	7.14	2.34	10.74	1.42	24.84
万源市	7.90	1.63	1.02	0.34	0.79	2.69	0.23	1.66
雅安市	10.24	4.63	3.25	10.33	0.48	9.17	1.31	4.43
巴中市	14.65	2.99	2.67	6.34	2.42	6.27	1.68	7.57
资阳市	10.20	6.63	1.80	10.10	0.82	5.68	0.31	3.58
马尔康市	1.73	0.85	0.23	0.09	0.02	0.73	0.07	0.71
康定市	1.55	0.92	0.82	0.06	0.16	0.91	0.25	0.35
会理市	5.79	1.25	1.30	0.24	0.14	2.08	1.34	1.51
西昌市	17.91	5.38	4.45	9.59	1.70	9.83	0.50	0.66
贵州省	**363.85**	**133.27**	**103.38**	**157.87**	**31.10**	**153.59**	**22.81**	**98.27**
贵阳市	95.41	41.58	34.59	49.01	13.76	39.28	5.86	46.63
清镇市	25.16	12.58	8.14	6.89	1.32	2.92	0.43	1.69
六盘水市	23.33	10.46	5.98	10.32	2.03	20.97	1.25	0.92
盘州市	10.16	1.93	2.77	3.40	0.99	4.70	0.49	3.16
遵义市	42.00	18.00	14.00	22.96	3.00	38.00	4.30	13.69
赤水市	3.20	1.28	0.86	3.04	0.05	1.02	0.13	6.31
仁怀市	9.50	2.50	2.00	4.50	3.00	2.50	2.00	5.58
安顺市	27.32	7.83	7.62	7.60	1.02	4.18	0.73	0.78
毕节市	16.21	10.12	3.49	12.43	0.37	6.10	1.27	2.60
黔西市	9.71	1.97	1.98	1.41	0.73	4.10	1.80	2.80
铜仁市	21.38	3.31	5.20	8.11	1.20	8.09	1.58	5.80
兴义市	22.54	8.19	8.02	8.60	1.50	9.28	1.20	6.23
兴仁市	5.85	1.66	0.92	0.93	0.06	0.94	0.06	0.21
凯里市	37.23	7.20	4.85	11.25	1.31	5.98	1.30	0.54

续表

地　区	居住用地	公共管理与公共服务用地	商业服务业设施用地	工业用地	物流仓储用地	道路交通设施用地	公用设施用地	绿地与广场用地
都匀市	9.65	3.02	1.97	0.70	0.57	1.75	0.19	0.69
福泉市	5.20	1.64	0.99	6.72	0.19	3.78	0.22	0.64
云南省	**405.28**	**138.16**	**120.75**	**94.78**	**33.21**	**199.01**	**26.97**	**152.41**
昆明市	149.21	48.38	53.07	31.08	13.29	64.00	3.12	23.06
安宁市	7.34	8.69	1.14	5.98	0.27	6.90	0.32	5.87
曲靖市	35.64	10.59	7.43	9.68	2.05	18.61	1.20	16.47
宣威市	10.63	5.03	1.65	4.20	1.80	5.34	4.36	5.82
玉溪市	14.68	3.64	4.21	2.32	0.22	4.12	0.37	1.63
澄江市	2.46	0.49	0.51	0.04	0.01	0.82	0.02	0.04
保山市	10.51	2.72	2.32	1.40	0.80	9.45	0.70	10.54
腾冲市	14.57	3.20	6.50	0.33	0.12	3.31	0.19	1.30
昭通市	12.90	4.51	2.49	5.27	1.24	9.38	1.53	6.94
水富市	2.20	0.85	1.03	1.18	0.19	1.50	0.12	1.08
丽江市	4.97	2.43	2.60	2.15	3.00	3.70	1.80	4.20
普洱市	7.81	4.45	2.14	0.03	0.09	4.88	0.51	6.58
临沧市	8.00	1.10	3.20	1.80	0.55	4.17	1.25	3.12
禄丰市	2.65	0.70	0.61	0.47	0.46	1.68	0.68	2.01
楚雄市	19.58	5.79	3.04	6.22	0.51	7.92	0.25	9.34
个旧市	3.53	0.95	0.59	0.29	0.40	2.30	0.35	4.10
开远市	8.90	2.53	2.56	4.05	0.63	3.30	0.38	4.54
蒙自市	7.65	2.22	2.54	2.47	0.19	7.15	2.68	5.61
弥勒市	6.87	2.80	0.30	1.80	0.51	3.70	2.00	5.21
文山市	10.31	6.08	6.26	4.26	1.91	6.41	0.86	5.26
景洪市	12.02	3.15	2.03	0.01	0.65	6.48	1.35	12.08
大理市	19.31	6.57	3.72	2.50	2.88	8.54	1.68	8.16
瑞丽市	8.84	1.50	5.01	1.80	0.30	5.42	0.17	3.90
芒市	14.72	7.11	4.24	5.26	1.01	8.06	0.84	0.85
泸水市	2.38	1.38	0.38	0.09	0.03	0.67	0.04	0.09
香格里拉市	7.60	1.30	1.18	0.10	0.10	1.20	0.20	4.61
西藏自治区	**34.99**	**24.80**	**15.94**	**20.15**	**4.51**	**23.83**	**9.75**	**30.60**
拉萨市	17.14	8.71	8.75	15.97	1.85	16.38	6.05	11.59
日喀则市	7.50	5.80	2.00	2.00	1.30	2.75	1.50	5.10
昌都市	0.60	5.15	0.39	0.63	0.01	0.55	0.20	1.32
林芝市	1.28	1.10	1.80	0.40	0.30	0.90	1.30	5.72

续表

地　区	居住用地	公共管理与公共服务用地	商业服务业设施用地	工业用地	物流仓储用地	道路交通设施用地	公用设施用地	绿地与广场用地
山南市	2.10	1.36	0.80	0.40	0.32	1.13	0.19	4.50
那曲市	6.37	2.68	2.20	0.75	0.73	2.12	0.51	2.37
陕西省	**444.90**	**129.97**	**146.39**	**241.84**	**47.93**	**245.61**	**35.58**	**221.13**
西安市	245.99	79.02	91.58	166.39	34.05	119.75	17.55	32.02
铜川市	12.21	4.47	3.04	9.45	0.36	8.66	0.69	9.97
宝鸡市	29.76	6.02	12.77	15.46	2.75	17.43	3.62	29.22
咸阳市	22.50	5.91	3.42	16.39	0.80	15.53	0.34	13.07
彬州市	3.50	0.75	0.26	0.26	0.15	2.05	0.45	2.10
兴平市	6.65	1.10	0.50	4.28	0.20	3.42	0.21	6.64
渭南市	24.20	5.75	3.36	5.55	1.58	9.07	1.54	16.84
韩城市	6.57	0.75	1.10	0.85	0.80	3.15	0.80	4.18
华阴市	5.00	1.42	1.96	2.25	0.43	1.87	0.75	3.91
延安市	22.76	5.59	5.84	4.79	0.56	13.25	1.18	16.98
子长市	4.16	1.23	0.06	0.02	0.03	1.48	0.03	3.99
汉中市	14.63	4.57	8.56	7.20	1.66	11.13	2.04	16.59
榆林市	16.91	2.45	4.61	3.57	0.91	17.04	1.32	20.46
神木市	7.11	3.20	1.65	1.06	0.36	5.82	0.61	9.90
安康市	13.20	1.65	1.17	0.79	0.15	5.75	2.60	19.69
旬阳市	2.94	0.32	0.90	1.62	0.21	1.98	0.25	3.34
商洛市	3.11	2.30	2.60	0.60	2.00	3.19	0.60	6.34
杨凌区	3.70	3.47	3.01	1.31	0.93	5.04	1.00	5.89
甘肃省	**255.10**	**85.69**	**81.46**	**212.42**	**37.33**	**153.83**	**30.84**	**124.16**
兰州市	101.78	38.38	39.49	83.48	14.87	69.65	7.19	28.99
嘉峪关市	12.73	5.68	6.61	55.19	3.82	17.53	0.97	8.90
金昌市	8.41	3.05	1.67	19.90	1.46	5.91	1.49	5.76
白银市	18.73	5.91	5.94	21.53	1.64	5.41	1.37	3.27
天水市	11.20	3.24	4.00	10.33	5.79	6.07	4.17	15.20
武威市	14.13	2.15	2.40	0.25	0.27	6.87	0.36	7.61
张掖市	18.12	3.03	2.69	1.97	2.07	3.87	4.05	9.30
平凉市	14.48	3.63	2.42	3.21	2.01	7.13	1.10	7.73
华亭市	4.97	2.35	0.05	0.48	0.52	2.66	0.82	3.00
酒泉市	11.58	4.67	5.26	3.75	1.35	5.49	1.29	13.70
玉门市	1.83	1.52	0.81	3.34	0.37	2.51	0.30	1.37
敦煌市	2.36	0.87	2.15	0.50	0.22	2.76	0.37	6.16

续表

地　区	居住用地	公共管理与公共服务用地	商业服务业设施用地	工业用地	物流仓储用地	道路交通设施用地	公用设施用地	绿地与广场用地
庆阳市	9.73	3.86	4.24	2.78	0.40	7.13	0.27	1.60
定西市	5.74	2.00	0.05	2.90	1.52	3.02	5.55	4.19
陇南市	6.64	0.86	0.40	0.16	0.02	2.23	0.70	2.09
临夏市	9.18	3.29	2.28	1.55	0.00	3.73	0.34	3.06
合作市	3.49	1.20	1.00	1.10	1.00	1.86	0.50	2.23
青海省	**60.83**	**17.70**	**17.84**	**23.93**	**14.18**	**41.52**	**12.36**	**44.37**
西宁市	29.10	6.92	5.18	5.26	7.34	19.36	7.42	26.95
海东市	7.42	1.97	1.29	0.99	1.61	6.97	1.16	5.71
同仁市	3.15	1.17	0.05	0.38	0.07	1.49	0.40	0.79
玉树市	5.16	0.34	0.42	0.05	0.47	2.24	0.52	4.84
茫崖市	1.68	0.60	3.58	2.06	0.56	0.95	0.28	0.14
格尔木市	10.03	2.77	4.76	11.08	3.20	7.07	1.05	2.59
德令哈市	4.29	3.93	2.56	4.11	0.93	3.44	1.53	3.35
宁夏回族自治区	**132.47**	**43.96**	**36.54**	**45.13**	**11.42**	**77.87**	**8.69**	**95.31**
银川市	64.06	21.73	18.25	19.90	3.68	29.63	3.27	35.52
灵武市	5.52	1.38	1.08	4.07	0.01	3.74	0.27	4.88
宁东能源化工基地	0.50	1.00	0.50	0.10	0.00	2.04	1.00	3.26
石嘴山市	23.65	7.27	5.39	12.16	2.01	16.44	1.75	28.75
吴忠市	14.88	4.16	4.42	4.48	0.93	9.41	0.79	6.20
青铜峡市	4.21	2.12	2.50	2.20	2.37	4.30	0.87	2.00
固原市	10.64	3.56	2.15	1.51	2.40	8.90	0.52	11.04
中卫市	9.01	2.74	2.25	0.71	0.02	3.41	0.22	3.66
新疆维吾尔自治区	**383.34**	**113.54**	**104.81**	**197.36**	**55.20**	**182.08**	**49.00**	**209.41**
乌鲁木齐市	136.86	41.38	30.23	88.44	27.34	53.38	7.89	25.17
克拉玛依市	24.44	10.58	6.65	4.50	0.62	13.76	2.99	10.96
吐鲁番市	9.56	1.65	1.27	1.15	0.80	5.25	0.79	3.76
哈密市	20.16	4.65	4.44	2.25	1.57	6.79	4.18	8.20
昌吉市	22.13	4.86	6.54	10.24	1.69	15.42	1.01	6.63
阜康市	4.74	1.38	1.22	0.40	1.14	3.03	1.24	9.35
博乐市	11.02	1.93	3.21	4.04	1.28	2.60	1.10	3.13
阿拉山口市	0.13	0.74	0.46	2.39	0.09	1.50	0.91	5.67
库尔勒市	24.10	7.90	9.45	20.57	3.21	13.00	11.10	9.50
阿克苏市	24.12	6.29	5.28	26.30	4.03	17.04	3.52	64.59
库车市	7.37	1.07	4.63	1.22	2.05	5.56	1.06	9.29

续表

地　区	居住用地	公共管理与公共服务用地	商业服务业设施用地	工业用地	物流仓储用地	道路交通设施用地	公用设施用地	绿地与广场用地
阿图什市	4. 54	3. 39	2. 05	0. 45	0. 26	2. 04	0. 54	1. 59
喀什市	26. 42	5. 04	9. 44	19. 26	6. 61	14. 82	3. 03	13. 88
和田市	12. 02	4. 18	4. 10	1. 61	0. 29	3. 94	0. 77	12. 23
伊宁市	16. 28	3. 95	3. 36	3. 37	0. 68	8. 63	2. 51	4. 72
奎屯市	5. 38	3. 30	4. 90	1. 78	0. 31	3. 90	4. 40	6. 20
霍尔果斯市	2. 87	0. 60	0. 10	1. 11	0. 20	1. 38	0. 20	0. 30
塔城市	12. 55	4. 97	2. 52	4. 03	1. 27	1. 65	1. 02	0. 40
乌苏市	7. 57	1. 90	1. 46	3. 51	1. 20	2. 47	0. 70	4. 54
沙湾市	5. 90	1. 50	1. 05	0. 62	0. 30	2. 52	0. 03	5. 10
阿勒泰市	5. 18	2. 28	2. 45	0. 12	0. 26	3. 40	0. 01	4. 20
新疆生产建设兵团	**57. 99**	**23. 27**	**15. 60**	**27. 28**	**2. 68**	**34. 58**	**3. 90**	**45. 69**
石河子市	20. 67	5. 48	3. 86	9. 13	2. 00	8. 75	1. 13	6. 55
阿拉尔市	6. 28	4. 09	1. 45	2. 34	0. 14	4. 84	0. 33	13. 53
图木舒克市	4. 01	1. 55	1. 46	2. 88	0. 20	2. 40	0. 20	8. 48
五家渠市	6. 59	4. 10	2. 96	1. 09	0. 10	2. 58	0. 27	1. 47
北屯市	5. 48	1. 81	3. 16	2. 34	0. 20	2. 76	0. 80	0. 09
铁门关市	2. 19	2. 57	0. 22	0. 00	0. 00	2. 68	0. 08	1. 45
双河市	1. 57	0. 31	0. 79	1. 31	0. 00	2. 77	0. 06	4. 47
可克达拉市	3. 16	1. 74	1. 10	3. 67	0. 00	4. 59	0. 63	7. 51
昆玉市	1. 10	0. 73	0. 30	3. 36	0. 01	1. 63	0. 14	1. 73
胡杨河市	1. 94	0. 89	0. 30	1. 16	0. 03	1. 58	0. 26	0. 41
新星市	5. 00	—	—	—	—	—	—	—

数据来源：住房城乡建设部。

（二）城市市政公用设施投资及建设情况

表 3-116　2018—2022 年全国城市市政公用设施建设固定资产投资

年　份	投资完成额（亿元）	增长率（%）	占同期全社会固定资产投资比重（%）	占同期国内生产总值的比重（%）
2018	20123. 2	4. 12	3. 12	2. 24
2019	20126. 3	0. 02	3. 59	2. 03
2020	22283. 9	10. 72	4. 23	2. 19
2021	23371. 7	4. 88	4. 23	2. 04
2022	22309. 9	-4. 54	3. 85	1. 84

数据来源：住房城乡建设部。

表 3-117　2022 年全国及各地区城市市政公用设施建设固定资产投资（1）

单位：万元

地　区	2022 年完成投资	供水	燃气	集中供热	轨道交通	道路桥梁	地下综合管廊
全　国	**223098515**	**7133438**	**2860066**	**3398079**	**60385551**	**87079061**	**3075548**
北　京	12901497	410295	133714	272665	3378087	3337959	77109
天　津	4590015	110613	61425	64774	3413906	355301	16946
河　北	6585015	302393	101425	512682	108813	2760598	608764
上　海	5863849	148730	81492	0	2803600	1380917	27385
江　苏	19414966	497418	302548	17662	5860690	8461208	254606
浙　江	18667886	335805	106161	0	5968205	8462365	157917
福　建	6687039	243028	79525	0	2525707	2129263	227669
山　东	14885880	382455	281999	613579	2846445	6364971	232862
广　东	18196943	915349	285643	0	7846541	5864268	244772
海　南	1086875	3856	236	0	0	805831	2445
山　西	3909165	57159	92567	578548	319595	1919180	76475
安　徽	11052577	438730	199719	27972	1706839	5613522	104940
江　西	6636730	190507	54475	0	481211	4042718	108878
河　南	7336304	179946	61678	157371	2164302	1930158	69830
湖　北	15290359	234532	82282	51087	3753155	6348893	278012
湖　南	7194373	264743	94743	4300	1546812	3061519	1828
内蒙古	1907580	93525	66363	250037	3828	831134	650
广　西	3007068	266646	33873	0	206545	1744917	27702
重　庆	11737858	189315	29052	0	2624382	5940589	31420
四　川	16693378	363118	130213	8030	4996093	7410973	75061
贵　州	4633156	280578	91697	4444	945364	1104678	1200
云　南	1709372	58934	4628	0	17962	426561	87358
西　藏	179033	9748	1600	24236	0	91844	16504
陕　西	8995630	156640	68703	124933	3101898	3186904	77078
甘　肃	1703529	50069	14745	51930	334600	601793	35767
青　海	264058	14933	4936	31145	0	81300	10710
宁　夏	295532	66206	2548	26316	0	89664	0
新　疆	1416787	60929	5442	101197	83250	351037	127324
辽　宁	3877368	139246	190552	162604	1895979	925457	37061
吉　林	3649915	114366	74398	91787	1176723	659863	39537
黑龙江	2366508	537258	120872	181561	275019	653510	0

数据来源：住房城乡建设部。

表 3-118　2022 年全国及各地区城市市政公用设施建设固定资产投资（2）

单位：万元

地　区	排水				园林绿化	市容环境卫生		其他	本年新增固定资产
		污水处理	污泥处置	再生水利用			垃圾处理		
全　国	**19050915**	**6729410**	**567537**	**352543**	**13476470**	**4849535**	**3041162**	**21789852**	**86593149**
北　京	589126	57015	4651	22295	886889	219745	20271	3595908	3737170
天　津	172831	93578	0	938	87110	45184	44010	261925	3348533
河　北	800476	126871	479	23087	913309	256272	133489	220283	1704572
上　海	699266	283705	200039	0	443304	61918	50118	217237	801949
江　苏	1969966	1049398	16916	16721	1385643	233168	117660	432057	4649145
浙　江	914504	433594	11856	5292	1196641	131931	32223	1394357	10590341
福　建	575332	228149	6778	8400	324722	137805	111411	443988	1426907
山　东	1620614	289555	28735	6419	1018797	221880	127248	1302278	6517627
广　东	1700533	829799	410	17390	166616	419773	374724	753448	8496242
海　南	116810	48992	5742	25238	118865	5996	1946	32836	8605
山　西	333319	128614	12423	10500	196218	113794	85734	222310	1172394
安　徽	1212977	264140	16883	7205	589149	385351	111267	773378	2274949
江　西	698557	287550	5197	0	529479	91037	40864	439868	3434688
河　南	742006	212426	46614	34955	1287894	406726	391813	336393	7142509
湖　北	827747	132407	9378	6662	593944	434987	366555	2685720	3597233
湖　南	589135	128629	69138	25002	80375	85732	42206	1465186	1509918
内蒙古	184063	37198	26016	34380	162714	63803	57109	251463	303221
广　西	360141	142693	5	11570	162693	152713	81956	51838	833083
重　庆	603241	144593	6771	3803	1023428	150810	56616	1145621	8769236
四　川	1792608	722134	47477	3855	1116418	592840	336959	208024	9532853
贵　州	220070	134661	0	0	5524	76152	64676	1903449	757296
云　南	685200	161109	6507	23113	83487	26482	17176	318760	1173894
西　藏	23150	8616	0	0	2283	6914	6914	2754	148771
陕　西	542498	231051	26050	30490	540383	184969	61133	1011624	1182112
甘　肃	161505	120145	0	6677	110933	31564	18244	310623	1076073
青　海	79308	39757	1809	0	12790	563	126	28373	115242
宁　夏	72368	2166	1033	11010	17136	17030	17030	4264	59906
新　疆	100297	65016	0	13771	112262	50144	40647	424905	401825
辽　宁	125482	37762	4335	647	43522	178496	170754	178969	450898
吉　林	265205	223845	1795	3123	163024	8336	6386	1056676	599703
黑龙江	264973	64039	10500	0	67646	51344	49957	214325	391838

数据来源：住房城乡建设部。

表 3-119　2022 年全国及各地区城市设施水平

地　区	城市用水普及率（%）	城市燃气普及率（%）	每万人拥有公共汽电车辆（标台）	人均城市道路面积（平方米）	人均公园绿地面积（平方米）	每万人拥有公共厕所（座）
全　国	**99.39**	**98.06**	**14.06**	**19.28**	**15.29**	**3.43**
北　京	99.81	100.00	16.34	8.04	16.63	3.36
天　津	100.00	100.00	11.25	16.11	9.98	3.93
河　北	100.00	99.55	17.58	21.20	15.35	4.12
上　海	100.00	100.00	8.84	5.00	9.28	2.53
江　苏	100.00	99.92	16.51	25.66	16.02	3.95
浙　江	100.00	99.97	14.87	19.60	13.79	3.13
福　建	99.97	99.67	15.11	21.96	15.28	4.59
山　东	99.92	99.47	17.71	26.45	18.18	2.61
广　东	99.74	98.61	11.21	15.02	17.95	2.05
海　南	99.95	99.53	15.21	25.27	12.23	4.43
山　西	98.66	97.56	13.96	18.71	13.72	3.46
安　徽	99.76	99.42	16.02	24.57	16.98	3.63
江　西	99.37	98.82	14.06	25.92	17.01	4.97
河　南	99.30	98.21	13.96	16.86	15.60	4.44
湖　北	99.93	99.50	12.24	19.67	15.38	3.24
湖　南	99.01	97.70	19.11	20.35	13.06	2.67
内蒙古	99.70	97.96	12.87	24.57	19.47	7.43
广　西	99.91	99.44	11.56	24.40	11.67	2.28
重　庆	98.57	98.82	10.82	16.64	17.63	3.09
四　川	97.18	96.55	12.30	18.28	13.99	3.06
贵　州	98.88	93.26	14.25	26.69	16.41	4.74
云　南	99.01	71.75	15.48	17.40	13.94	6.03
西　藏	99.70	74.26	8.99	22.03	16.23	9.35
陕　西	98.25	99.03	15.23	18.11	13.15	4.65
甘　肃	99.50	96.93	16.59	22.21	16.36	4.52
青　海	99.57	94.72	19.34	19.58	13.24	3.90
宁　夏	99.99	98.48	17.33	28.00	22.84	3.06
新　疆	99.49	98.63	14.07	23.86	16.23	2.80
辽　宁	98.99	97.73	11.52	19.37	13.39	2.45
吉　林	96.46	96.54	11.23	17.15	14.45	4.01
黑龙江	99.10	93.22	16.78	16.63	14.04	4.35

数据来源：国家统计局。

注：2021 年起，每万人拥有公共汽电车辆统计范围为城市和县城。

表 3-120　2022 年全国及各地区城市供水情况

地　区	年末供水综合生产能力（万米^3/日）	年末供水管道长度（千米）	全年供水总量（万立方米）	生活用水	生产用水	用水人口（万人）	人均日生活用水量（升）
全　国	**31510.4**	**1102976**	**6744063**	**3785485**	**1679462**	**56141.8**	**184.7**
北　京	702.7	19553	149876	113742	11735	1909.2	163.2
天　津	505.6	22574	102042	52000	34873	1160.1	122.8
河　北	788.5	23616	156165	90217	40201	2004.4	123.3
上　海	1229.0	40018	292327	187101	42018	2475.9	207.0
江　苏	3653.3	130938	643682	286165	223839	3706.3	211.5
浙　江	2131.7	105238	474878	255432	158823	3254.2	215.0
福　建	958.6	34397	198962	126165	31984	1510.2	228.9
山　东	1986.5	61343	399553	191357	154652	4153.5	126.2
广　东	3979.2	150033	1010916	580659	251151	6586.6	241.5
海　南	207.0	8128	50048	34895	3603	333.1	287.0
山　西	397.5	16214	91584	62929	16995	1262.9	136.5
安　徽	1143.6	35916	261031	138351	80573	1950.7	194.3
江　西	715.7	31992	161382	98228	30533	1209.6	222.5
河　南	1322.5	31893	234881	145005	50559	2839.9	139.9
湖　北	1610.5	56312	340857	177490	91045	2432.3	199.9
湖　南	1056.6	41225	248660	152102	44224	1919.7	217.1
内蒙古	450.5	13515	82148	40607	22677	932.9	119.3
广　西	776.3	26593	200675	133170	35847	1332.9	273.7
重　庆	794.5	26938	183613	105200	38598	1594.4	180.8
四　川	1368.0	58293	339871	221423	50795	3106.0	195.3
贵　州	474.5	24379	95932	57834	17676	901.3	175.8
云　南	514.0	18491	112539	72679	17748	1067.1	186.6
西　藏	68.7	1884	14371	8575	1450	95.6	245.7
陕　西	645.8	12795	140285	83759	36269	1412.1	162.5
甘　肃	374.5	7247	58844	34472	15397	680.0	138.9
青　海	139.3	3584	32280	13586	13287	212.8	174.9
宁　夏	275.1	3504	38321	17919	9131	296.1	165.8
新　疆	624.0	13982	119788	57718	22614	961.9	164.4
辽　宁	1364.3	40736	277005	131867	75896	2318.7	155.8
吉　林	657.2	16705	102364	51457	23628	1157.1	121.8
黑龙江	595.3	24939	129185	63383	31643	1364.4	127.3

数据来源：国家统计局。

表 3-121　2022 年全国及各地区城市天然气情况

地区	管道长度（千米）			全年供气总量			用气人口（万人）		
	人工煤气	天然气	液化石油气	人工煤气（万立方米）	天然气（万立方米）	液化石油气（吨）	人工煤气	天然气	液化石油气
全　国	**6718**	**980405**	**2547**	**181450**	**17677007**	**7584586**	**380.5**	**45678.5**	**9332.8**
北　京	—	31881	206	—	1991095	156679	—	1472.9	439.9
天　津	—	52608	—	—	681389	102546	—	1087.1	73.0
河　北	427	45248	107	58144	633612	86307	—	1836.4	158.9
上　海	—	33665	263	—	911454	220377	—	1981.2	494.7
江　苏	—	114704	120	—	1717890	560086	—	3383.0	320.4
浙　江	—	63946	251	—	997007	762242	—	2281.5	972.0
福　建	—	18186	216	—	335962	292751	—	1013.8	491.9
山　东	3	83080	1	7679	1275881	259540	—	3865.1	269.8
广　东	—	47464	564	—	1393327	2180560	—	4165.3	2346.6
海　南	—	5539	—	—	35152	71746	—	275.0	56.7
山　西	660	29298	—	51225	320966	63301	15.2	1202.3	31.4
安　徽	—	35769	190	—	501514	159206	—	1820.9	123.1
江　西	85	21980	—	15249	251369	173056	0.9	963.6	238.4
河　南	235	30839	5	—	741158	155250	—	2508.1	300.5
湖　北	589	51334	90	—	632308	280348	—	2070.1	351.9
湖　南	—	32744	—	—	332266	250661	—	1514.0	380.5
内蒙古	196	12565	—	2812	255320	56580	12.2	705.3	199.2
广　西	515	11469	2	5194	206967	296883	34.9	811.1	480.6
重　庆	—	25933	—	—	591130	50826	—	1556.8	41.5
四　川	812	77456	171	7926	1028010	210088	37.3	2949.8	98.9
贵　州	—	10766	—	—	180290	111285	—	607.0	243.0
云　南	—	10101	17	—	73687	139860	—	527.0	246.4
西　藏	—	6166	1	—	5200	8445	—	43.0	28.2
陕　西	—	29678	—	—	617804	54851	—	1349.7	73.6
甘　肃	51	4659	—	1961	264163	47766	14.0	589.9	58.6
青　海	—	4149	—	—	171968	8881	—	184.0	18.4
宁　夏	—	7517	0	—	126665	18926	—	270.5	21.1
新　疆	—	21224	3	4	617805	47850	2.2	903.3	48.1
辽　宁	2584	33292	199	25653	380778	497149	188.0	1838.0	263.2
吉　林	349	14247	30	3569	228098	103575	45.2	902.6	210.4
黑龙江	213	12899	110	2033	176772	156966	30.6	1000.4	252.4

数据来源：国家统计局。

表 3-122 2022 年全国及各地区城市市政设施情况

地 区	年末道路长度（千米）	年末道路面积（万平方米）	城市桥梁数（座）	城市排水管道长度（千米）	城市污水日处理能力（万立方米）	城市道路照明灯（万盏）
全 国	**552163**	**1089330**	**86260**	**913508**	**22605.0**	**3352.49**
北 京	8681	15375	2401	20137	733.5	31.74
天 津	9669	18687	1312	23910	348.7	43.46
河 北	19753	42488	2491	23531	715.2	112.46
上 海	5988	12375	3098	22289	896.8	70.91
江 苏	54234	95086	14521	94107	1881.6	392.39
浙 江	32946	63786	14247	64373	1359.1	198.26
福 建	16812	33167	2657	23723	604.0	104.98
山 东	53808	109957	6134	74568	1498.8	226.86
广 东	58666	99182	9350	140221	2971.3	384.96
海 南	5236	8422	249	7611	138.1	17.99
山 西	10191	23955	1451	14644	371.0	55.68
安 徽	20372	48037	2414	37867	851.0	126.29
江 西	14797	31552	1276	23120	460.9	102.44
河 南	19532	48220	1973	34497	1045.3	116.04
湖 北	23970	47876	2564	39303	1030.6	105.40
湖 南	18907	39463	1454	26431	874.5	95.81
内蒙古	11311	22990	546	15457	246.2	65.80
广 西	15822	32557	1402	22537	874.9	81.78
重 庆	12531	26922	2754	25504	463.9	92.15
四 川	29333	58437	4158	49484	1040.9	213.34
贵 州	14084	24325	1148	15035	409.3	85.92
云 南	9417	18751	1436	19461	387.8	81.50
西 藏	1126	2113	65	999	33.2	3.51
陕 西	11032	26027	916	14757	573.1	78.84
甘 肃	7213	15177	715	8980	221.0	46.15
青 海	1671	4184	239	3778	62.9	15.28
宁 夏	3010	8290	226	2454	139.8	27.66
新 疆	11226	23072	758	11887	315.2	94.48
辽 宁	24900	45381	2066	25589	1122.9	138.78
吉 林	11538	20579	1025	14137	459.2	62.27
黑龙江	14388	22897	1214	13120	474.8	79.38

数据来源：国家统计局。

表 3-123 2022 年全国及各地区城市绿地和园林情况

地 区	城市绿地面积（公顷）	公园绿地	公园（个）	公园面积（公顷）	建成区绿化覆盖率（%）
全 国	**3586020**	**868508**	**24841**	**672753**	**43.0**
北 京	93558	36900	612	36397	49.8
天 津	47713	11580	170	3438	38.4
河 北	100563	30776	1032	22491	43.8
上 海	172647	22976	473	4227	38.1
江 苏	319725	59388	1424	35678	44.1
浙 江	189757	44861	1902	26013	42.1
福 建	91088	23077	725	15523	44.1
山 东	280650	75582	1496	51148	43.8
广 东	539604	118509	4969	165322	44.6
海 南	19683	4075	167	3337	42.4
山 西	58288	17559	441	14574	44.0
安 徽	132363	33198	834	22931	45.3
江 西	80560	20701	902	16930	46.6
河 南	135170	44627	681	22114	40.3
湖 北	117985	37428	737	22383	42.9
湖 南	99439	25315	756	19448	42.3
内蒙古	71573	18220	479	15238	41.9
广 西	81236	15570	474	16921	42.2
重 庆	76584	28516	594	16671	44.6
四 川	143459	44715	946	28692	43.5
贵 州	100487	14958	451	15587	42.1
云 南	63270	15027	1372	12701	43.1
西 藏	6858	1557	167	1281	40.8
陕 西	80269	18900	451	12271	42.6
甘 肃	32834	11183	225	7057	36.2
青 海	9160	2830	71	1854	36.5
宁 夏	26418	6762	149	3865	42.2
新 疆	90639	15696	434	9930	41.4
辽 宁	150462	31357	746	22580	40.9
吉 林	99451	17329	482	13029	42.7
黑龙江	74527	19333	479	13125	38.0

数据来源：国家统计局。

表 3-124　2022 年全国及各地区城市公共交通情况

地　区	公共汽电车			轨道交通			出租汽车（辆）
	运营车数（辆）	运营线路总长度（千米）	客运总量（万人次）	配属车辆数（辆）	运营里程（千米）	客运总量（万人次）	
全　国	**703165**	**1664495**	**3533749**	**62557**	**9555**	**1930900**	**1362041**
北　京	23465	30174	172559	7274	797	226183	70230
天　津	11653	27865	43959	1580	293	31934	31779
河　北	32517	86512	69752	486	74	8640	70273
上　海	17305	24883	76881	7311	831	227926	27515
江　苏	53419	119206	186535	5172	1008	133733	52937
浙　江	45767	162339	184520	4747	859	125974	44092
福　建	20950	46228	140129	1280	209	31860	20998
山　东	66610	186163	220930	1921	407	33859	69990
广　东	66145	127333	307811	8495	1343	417585	51668
海　南	4887	13267	12824	14	8	76	6278
山　西	15802	50510	76213	144	23	2887	41550
安　徽	27785	81143	111227	1502	217	28986	55205
江　西	15863	57691	65663	864	129	23897	17174
河　南	35869	56554	97229	1764	276	32190	63465
湖　北	25776	43272	169999	3295	531	89424	43980
湖　南	33266	59522	180664	1149	210	57783	35481
内蒙古	11498	47229	46815	312	49	3308	67965
广　西	14376	40487	66547	876	128	27335	20366
重　庆	15131	30161	185055	2682	435	91242	24679
四　川	34010	65520	256769	4622	558	157176	45792
贵　州	11271	27047	120196	498	74	9303	46196
云　南	16376	55335	85711	810	153	17575	31356
西　藏	884	3242	5088	—	—	—	2380
陕　西	18681	28762	116705	2226	272	76889	38580
甘　肃	10222	22838	80613	173	38	3614	38874
青　海	3751	12200	21035	—	—	—	14127
宁　夏	4400	10784	22176	—	—	—	16469
新　疆	10975	19755	67102	162	27	1751	55234
辽　宁	22596	42584	169694	1674	419	44036	91577
吉　林	12048	37132	67211	1002	107	12307	67876
黑龙江	19867	48757	106139	522	78	13431	97955

数据来源：国家统计局。

注：2021 年起，城市公共交通数据统计范围为城市和县城。

表 3-125 2018—2022 年全国城市轨道交通情况

年 份	建成轨道交通的城市个数（个）	建成轨道交通线路长度（千米）	正在建设轨道交通的城市个数（个）	正在建设轨道交通线路长度（千米）
2018	34	5062.70	50	5400.25
2019	41	5980.55	49	5594.08
2020	42	7641.09	45	5093.55
2021	50	8571.43	48	5172.30
2022	55	9575.01	44	4802.89

数据来源：住房城乡建设部。

表 3-126 2022 年城市轨道交通（建成）（1）

地 区	线路长度（千米）										
	合计	按轨道类型							按敷设方式		
		地铁	轻轨	单轨	有轨	磁浮	快轨	APM	地面线	地下线	高架线
全 国	9575.01	8637.71	216.29	124.77	443.87	59.85	88.62	3.90	668.57	7093.88	1812.56
北京市	864.13	831.73	—	—	21.00	11.40	—	—	74.00	627.53	162.60
天津市	293.86	233.75	52.25	—	7.86	—	—	—	16.82	216.98	60.06
河北省	76.40	76.40	—	—	—	—	—	—	—	76.40	—
石家庄市	76.40	76.40	—	—	—	—	—	—	—	76.40	—
山西省	23.65	23.65	—	—	—	—	—	—	—	23.65	—
太原市	23.65	23.65	—	—	—	—	—	—	—	23.65	—
内蒙古自治区	49.03	49.03	—	—	—	—	—	—	0.34	45.84	2.85
呼和浩特市	49.03	49.03	—	—	—	—	—	—	0.34	45.84	2.85
辽宁省	428.62	329.81	—	—	98.81	—	—	—	149.86	192.25	86.51
沈阳市	180.84	117.06	—	—	63.78	—	—	—	63.78	117.06	0.00
大连市	236.23	212.75	—	—	23.48	—	—	—	74.53	75.19	86.51
沈抚改革创新示范区	11.55	—	—	—	11.55	—	—	—	11.55	—	—
吉林省	108.71	43.00	65.71	—	—	—	—	—	19.44	52.78	36.49
长春市	108.71	43.00	65.71	—	—	—	—	—	19.44	52.78	36.49
黑龙江省	79.72	79.72	—	—	—	—	—	—	—	79.72	—
哈尔滨市	79.72	79.72	—	—	—	—	—	—	—	79.72	—
上海市	831.58	795.39	—	—	6.29	29.90	—	—	16.40	550.37	264.81
江苏市	1055.41	938.68	—	—	81.63	—	35.10	—	127.06	689.75	238.60
南京市	451.91	435.20	—	—	16.71	—	—	—	29.39	228.50	194.02
无锡市	113.56	113.56	—	—	—	—	—	—	0.10	99.57	13.89
徐州市	64.09	64.09	—	—	—	—	—	—	0.09	63.44	0.56

续表

地　区	线路长度（千米）										
	合计	按轨道类型							按敷设方式		
		地铁	轻轨	单轨	有轨	磁浮	快轨	APM	地面线	地下线	高架线
常州市	53.30	53.30	—	—	—	—	—	—	—	49.87	3.43
苏州市	254.23	210.01	—	—	44.22	—	—	—	35.68	204.29	14.26
昆山市	6.00	6.00	—	—	—	—	—	—	6.00	—	—
南通市	39.18	39.18	—	—	—	—	—	—	—	39.18	—
连云港市	35.10	—	—	—	—	—	35.10	—	35.10	—	—
淮安市	20.70	—	—	—	20.70	—	—	—	20.70	0.00	0.00
句容市	17.34	17.34	—	—	—	—	—	—	—	4.90	12.44
浙江省	**797.24**	**721.66**	**8.26**	**—**	**13.80**	**—**	**53.52**	**—**	**19.04**	**627.25**	**150.95**
杭州市	516.17	516.17	—	—	—	—	—	—	0.00	483.19	32.98
宁波市	185.19	185.19	—	—	—	—	—	—	—	113.68	71.51
温州市	53.52	—	—	—	—	—	53.52	—	3.03	11.37	39.12
嘉兴市	13.80	—	—	—	13.80	—	—	—	12.92	0.88	0.00
海宁市	8.26	—	8.26	—	—	—	—	—	—	8.26	—
绍兴市	20.30	20.30	—	—	—	—	—	—	3.09	9.87	7.34
安徽省	**217.20**	**170.95**	**—**	**46.25**	**—**	**—**	**—**	**—**	**0.00**	**168.29**	**48.91**
合肥市	170.95	170.95	—	—	—	—	—	—	0.00	166.72	4.23
芜湖市	46.25	—	—	46.25	—	—	—	—	—	1.57	44.68
福建省	**212.01**	**212.01**	**—**	**—**	**—**	**—**	**—**	**—**	**2.58**	**197.81**	**11.62**
福州市	113.71	113.71	—	—	—	—	—	—	0.67	106.28	6.76
厦门市	98.30	98.30	—	—	—	—	—	—	1.91	91.53	4.86
江西省	**128.31**	**128.31**	**—**	**—**	**—**	**—**	**—**	**—**	**0.20**	**122.62**	**5.49**
南昌市	128.31	128.31	—	—	—	—	—	—	0.20	122.62	5.49
山东省	**407.96**	**399.19**	**—**	**—**	**8.77**	**—**	**—**	**—**	**11.44**	**275.21**	**121.31**
济南市	84.02	84.02	—	—	—	—	—	—	0.55	65.78	17.69
青岛市	323.94	315.17	—	—	8.77	—	—	—	10.89	209.43	103.62
河南省	**238.36**	**197.65**	**40.71**	**—**	**—**	**—**	**—**	**—**	**1.77**	**219.66**	**16.93**
郑州市	215.39	174.68	40.71	—	—	—	—	—	1.27	198.09	16.03
洛阳市	22.97	22.97	—	—	—	—	—	—	0.50	21.57	0.90
湖北省	**536.87**	**460.82**	**—**	**—**	**76.05**	**—**	**—**	**—**	**68.58**	**347.57**	**120.72**
武汉市	509.97	460.82	—	—	49.15	—	—	—	46.73	345.59	117.65
黄石市	26.90	—	—	—	26.90	—	—	—	21.85	1.98	3.07
湖南省	**238.93**	**190.74**	**29.64**	**—**	**—**	**18.55**	**—**	**—**	**2.52**	**189.39**	**47.02**
长沙市	209.29	190.74	—	—	—	18.55	—	—	0.22	189.39	19.68

续表

地区	线路长度（千米）										
	合计	按轨道类型							按敷设方式		
		地铁	轻轨	单轨	有轨	磁浮	快轨	APM	地面线	地下线	高架线
湘潭市	29.64	—	29.64	—	—	—	—	—	2.30	—	27.34
广东省	**1242.94**	**1198.78**	**—**	**—**	**40.26**	**—**	**—**	**3.90**	**49.76**	**1066.41**	**126.77**
广州市	552.18	540.58	—	—	7.70	—	—	3.90	22.11	500.81	29.26
深圳市	564.80	553.08	—	—	11.72	—	—	—	18.80	467.81	78.19
佛山市	88.17	67.33	—	—	20.84	—	—	—	8.43	64.06	15.68
东莞市	37.79	37.79	—	—	—	—	—	—	0.42	33.73	3.64
广西壮族自治区	**128.44**	**128.44**	**—**	**—**	**—**	**—**	**—**	**—**	**0.00**	**128.44**	**0.00**
南宁市	128.44	128.44	—	—	—	—	—	—	0.00	128.44	0.00
海南省	**8.37**	**—**	**—**	**—**	**8.37**	**—**	**—**	**—**	**8.37**	**—**	**—**
三亚市	8.37	—	—	—	8.37	—	—	—	8.37	—	—
重庆市	**459.89**	**346.25**	**19.72**	**78.52**	**15.40**	**—**	**—**	**—**	**24.66**	**258.66**	**176.57**
四川省	**554.70**	**515.40**	**—**	**—**	**39.30**	**—**	**—**	**—**	**41.59**	**452.55**	**60.56**
成都市	554.70	515.40	—	—	39.30	—	—	—	41.59	452.55	60.56
贵州省	**75.71**	**75.71**	**—**	**—**	**—**	**—**	**—**	**—**	**3.31**	**66.43**	**5.97**
贵阳市	75.71	75.71	—	—	—	—	—	—	3.31	66.43	5.97
云南省	**179.31**	**165.91**	**—**	**—**	**13.40**	**—**	**—**	**—**	**15.70**	**141.60**	**22.01**
昆明市	165.91	165.91	—	—	—	—	—	—	2.30	141.60	22.01
蒙自市	13.40	—	—	—	13.40	—	—	—	13.40	—	—
陕西省	**271.20**	**271.20**	**—**	**—**	**—**	**—**	**—**	**—**	**2.20**	**223.19**	**45.81**
西安市	271.20	271.20	—	—	—	—	—	—	2.20	223.19	45.81
甘肃省	**38.84**	**25.91**	**—**	**—**	**12.93**	**—**	**—**	**—**	**12.93**	**25.91**	**0.00**
兰州市	25.91	25.91	—	—	—	—	—	—	0.00	25.91	0.00
天水市	12.93	—	—	—	12.93	—	—	—	12.93	0.00	0.00
新疆维吾尔自治区	**27.62**	**27.62**	**—**	**—**	**—**	**—**	**—**	**—**	**0.00**	**27.62**	**0.00**
乌鲁木齐市	27.62	27.62	—	—	—	—	—	—	0.00	27.62	0.00

数据来源：住房城乡建设部。

表 3-127　2022 年城市轨道交通（建成）(2)

地区	车站数（个）				换乘站数（个）	配置车辆数（辆）							
	合计	地面站	地下站	高架站		合计	地铁	轻轨	单轨	有轨	磁浮	快轨	APM
全　国	**6375**	**630**	**4931**	**814**	**1752**	**51712**	**49659**	**385**	**732**	**750**	**158**	**21**	**7**
北京市	**511**	**39**	**401**	**71**	**189**	**9128**	**8958**	**—**	**—**	**50**	**120**	**—**	**—**
天津市	**225**	**20**	**174**	**31**	**59**	**1530**	**1370**	**152**	**—**	**8**	**—**	**—**	**—**

续表

地　区	车站数（个）				换乘站数（个）	配置车辆数（辆）							
	合计	地面站	地下站	高架站		合计	地铁	轻轨	单轨	有轨	磁浮	快轨	APM
河北	63	—	63	—	20	486	486	—	—	—	—	—	—
石家庄市	63	—	63	—	20	486	486	—	—	—	—	—	—
山西省	**23**	**—**	**23**	**—**	**7**	**144**	**144**	**—**	**—**	**—**	**—**	**—**	**—**
太原市	23	—	23	—	7	144	144	—	—	—	—	—	—
内蒙古自治区	**44**	**1**	**40**	**3**	**10**	**312**	**312**	**—**	**—**	**—**	**—**	**—**	**—**
呼和浩特市	44	1	40	3	10	312	312	—	—	—	—	—	—
辽宁省	**309**	**136**	**144**	**29**	**63**	**945**	**834**	**—**	**—**	**111**	**—**	**—**	**—**
沈阳市	172	80	92	0	43	753	720	—	—	33	—	—	—
大连市	127	46	52	29	20	187	114	—	—	73	—	—	—
沈抚改革创新示范区	10	10	—	—	—	5	—	—	—	5	—	—	—
吉林省	**102**	**21**	**44**	**37**	**22**	**—**	**—**	**—**	**—**	**—**	**—**	**—**	**—**
长春市	102	21	44	37	22	—	—	—	—	—	—	—	—
黑龙江省	**66**	**—**	**66**	**—**	**10**	**822**	**822**	**—**	**—**	**—**	**—**	**—**	**—**
哈尔滨市	66	—	66	—	10	822	822	—	—	—	—	—	—
上海市	**508**	**12**	**385**	**111**	**188**	**7474**	**7416**	**—**	**—**	**44**	**14**	**—**	**—**
江苏省	**670**	**83**	**503**	**84**	**127**	**4401**	**4307**	**—**	**—**	**91**	**—**	**3**	**—**
南京市	224	30	136	58	40	1942	1922	—	—	20	—	—	—
无锡市	88	0	79	9	7	624	624	—	—	—	—	—	—
徐州市	54	—	53	1	17	67	67	—	—	—	—	—	—
常州市	44	—	41	3	6	342	342	—	—	—	—	—	—
苏州市	196	25	164	7	49	1181	1136	—	—	45	—	—	—
昆山市	3	—	—	3	—	6	6	—	—	—	—	—	—
南通市	28	—	28	—	6	210	210	—	—	—	—	—	—
连云港市	5	5	—	—	2	3	—	—	—	—	—	3	—
淮安市	23	23	0	0	0	26	—	—	—	26	—	—	—
句容市	5	0	2	3	—	—	—	—	—	—	—	—	—
浙江省	**484**	**17**	**405**	**62**	**136**	**4447**	**4344**	**68**	**—**	**17**	**—**	**18**	**—**
杭州市	310	—	299	11	96	3306	3306	—	—	—	—	—	—
宁波市	127	—	93	34	36	1020	1020	—	—	—	—	—	—
温州市	18	2	3	13	2	18	—	—	—	—	—	18	—
嘉兴市	16	15	1	0	0	17	—	—	—	17	—	—	—
海宁市	3	—	3	—	—	68	—	68	—	—	—	—	—
绍兴市	10	—	6	4	2	18	18	—	—	—	—	—	—

续表

地　区	车站数（个）				换乘站数（个）	配置车辆数（辆）							
	合计	地面站	地下站	高架站		合计	地铁	轻轨	单轨	有轨	磁浮	快轨	APM
安徽省	**205**	**25**	**141**	**39**	**44**	**1602**	**1362**	**—**	**240**	**—**	**—**	**—**	**—**
合肥市	144	0	140	4	42	1362	1362	—	—	—	—	—	—
芜湖市	61	25	1	35	2	240	—	—	240	—	—	—	—
福建省	**157**	**—**	**154**	**3**	**47**	**846**	**846**	**—**	**—**	**—**	**—**	**—**	**—**
福州市	80	—	79	1	24	99	99	—	—	—	—	—	—
厦门市	77	—	75	2	23	747	747	—	—	—	—	—	—
江西省	**103**	**0**	**99**	**4**	**24**	**906**	**906**	**—**	**—**	**—**	**—**	**—**	**—**
南昌市	103	0	99	4	24	906	906	—	—	—	—	—	—
山东省	**223**	**12**	**166**	**45**	**60**	**1487**	**1480**	**—**	**—**	**7**	**—**	**—**	**—**
济南市	43	0	35	8	4	76	76	—	—	—	—	—	—
青岛市	180	12	131	37	56	1411	1404	—	—	7	—	—	—
河南省	**175**	**7**	**167**	**1**	**62**	**371**	**338**	**33**	**—**	**—**	**—**	**—**	**—**
郑州市	156	7	149	0	59	239	206	33	—	—	—	—	—
洛阳市	19	0	18	1	3	132	132	—	—	—	—	—	—
湖北省	**384**	**87**	**229**	**68**	**78**	**3052**	**2962**	**—**	**—**	**90**	**—**	**—**	**—**
武汉市	355	60	229	66	78	3020	2962	—	—	58	—	—	—
黄石市	29	27	0	2	0	32	—	—	—	32	—	—	—
湖南省	**152**	**1**	**144**	**7**	**59**	**1496**	**1440**	**32**	**—**	**—**	**24**	**—**	**—**
长沙市	148	—	144	4	58	1464	1440	—	—	—	24	—	—
湘潭市	4	1	—	3	1	32	—	32	—	—	—	—	—
广东省	**770**	**66**	**643**	**61**	**227**	**4043**	**3948**	**—**	**—**	**88**	**—**	**—**	**7**
广州市	302	31	271	0	76	574	560	—	—	7	—	—	7
深圳市	388	21	317	50	130	3249	3189	—	—	60	—	—	—
佛山市	65	14	41	10	17	100	79	—	—	21	—	—	—
东莞市	15	0	14	1	4	120	120	—	—	—	—	—	—
广西壮族自治区	**104**	**0**	**104**	**0**	**20**	**135**	**135**	**—**	**—**	**—**	**—**	**—**	**—**
南宁市	104	0	104	0	20	135	135	—	—	—	—	—	—
海南省	**15**	**15**	**—**	**—**	**—**	**14**	**—**	**—**	**—**	**14**	**—**	**—**	**—**
三亚市	15	15	—	—	—	14	—	—	—	14	—	—	—
重庆市	**281**	**22**	**155**	**104**	**84**	**2023**	**1416**	**100**	**492**	**15**	**—**	**—**	**—**
四川省	**370**	**36**	**313**	**21**	**101**	**4478**	**4298**	**—**	**—**	**180**	**—**	**—**	**—**
成都市	370	36	313	21	101	4478	4298	—	—	180	—	—	—
贵州省	**57**	**2**	**50**	**5**	**22**	**498**	**498**	**—**	**—**	**—**	**—**	**—**	**—**
贵阳市	57	2	50	5	22	498	498	—	—	—	—	—	—

续表

地　区	车站数（个）				换乘站数（个）	配置车辆数（辆）							
	合计	地面站	地下站	高架站		合计	地铁	轻轨	单轨	有轨	磁浮	快轨	APM
云南省	**129**	**15**	**107**	**7**	**40**	**479**	**461**	**—**	**—**	**18**	**—**	**—**	**—**
昆明市	114	0	107	7	40	461	461	—	—	—	—	—	—
蒙自市	15	15	—	—	—	18	—	—	—	18	—	—	—
陕西省	**192**	**1**	**170**	**21**	**43**	**388**	**388**	**—**	**—**	**—**	**—**	**—**	**—**
西安市	192	1	170	21	43	388	388	—	—	—	—	—	—
甘肃省	**32**	**12**	**20**	**0**	**5**	**43**	**26**	**—**	**—**	**17**	**—**	**—**	**—**
兰州市	20	0	20	0	5	26	26	—	—	—	—	—	—
天水市	12	12	0	0	0	17	—	—	—	17	—	—	—
新疆维吾尔自治区	**21**	**0**	**21**	**0**	**5**	**162**	**162**	**—**	**—**	**—**	**—**	**—**	**—**
乌鲁木齐市	21	0	21	0	5	162	162	—	—	—	—	—	—

数据来源：住房城乡建设部。

表 3-128　2022 年城市轨道交通（在建）（1）

地　区	线路长度（千米）								
	合计	按轨道类型					按敷设方式		
		地铁	轻轨	有轨	磁浮	快轨	地面线	地下线	高架线
全　国	**4802.89**	**4357.68**	**197.49**	**106.48**	**4.46**	**136.78**	**193.76**	**3945.38**	**663.75**
北京市	**262.17**	**262.17**	**—**	**—**	**—**	**—**	**25.10**	**201.27**	**35.80**
天津市	**210.40**	**210.40**	**—**	**—**	**—**	**—**	**—**	**161.48**	**48.92**
河北省	**45.30**	**45.30**	**—**	**—**	**—**	**—**	**—**	**45.30**	**—**
石家庄市	45.30	45.30	—	—	—	—	—	45.30	—
山西省	**28.74**	**28.74**	**—**	**—**	**—**	**—**	**—**	**28.74**	**—**
太原市	28.74	28.74	—	—	—	—	—	28.74	—
辽宁省	**187.89**	**187.89**	**—**	**—**	**—**	**—**	**0.49**	**162.14**	**25.26**
沈阳市	140.40	140.40	—	—	—	—	0.49	115.65	24.26
大连市	47.49	47.49	—	—	—	—	—	46.49	1.00
吉林省	**124.93**	**120.44**	**4.49**	**—**	**—**	**—**	**—**	**120.44**	**4.49**
长春市	124.93	120.44	4.49	—	—	—	—	120.44	4.49
黑龙江省	**12.99**	**12.99**	**—**	**—**	**—**	**—**	**—**	**12.99**	**—**
哈尔滨市	12.99	12.99	—	—	—	—	—	12.99	—
上海市	**161.85**	**161.85**	**—**	**—**	**—**	**—**	**0.00**	**155.26**	**6.59**
江苏省	**562.83**	**562.83**	**—**	**—**	**—**	**—**	**4.48**	**497.68**	**60.67**
南京市	233.90	233.90	—	—	—	—	4.28	199.60	30.02
无锡市	90.24	90.24	—	—	—	—	0.20	59.39	30.65
徐州市	55.62	55.62	—	—	—	—	—	55.62	—
苏州市	162.16	162.16	—	—	—	—	—	162.16	—

续表

地　区	线路长度（千米）								
	合计	按轨道类型					按敷设方式		
		地铁	轻轨	有轨	磁浮	快轨	地面线	地下线	高架线
南通市	20.91	20.91	—	—	—	—	—	20.91	—
浙江省	**452.87**	**293.30**	**159.57**	**—**	**—**	**—**	**12.23**	**262.39**	**178.25**
杭州市	7.40	7.40	—	—	—	—	0.00	7.40	0.00
宁波市	241.00	241.00	—	—	—	—	—	166.07	74.93
绍兴市	44.90	44.90	—	—	—	—	—	44.90	—
金华市	107.17	—	107.17	—	—	—	6.83	26.22	74.12
台州市	52.40	—	52.40	—	—	—	5.40	17.80	29.20
安徽省	**160.61**	**160.61**	**—**	**—**	**—**	**—**	**0.31**	**128.79**	**31.51**
合肥市	160.61	160.61	—	—	—	—	0.31	128.79	31.51
福建省	**228.78**	**166.38**	**—**	**—**	**—**	**62.40**	**23.40**	**163.60**	**41.78**
福州市	116.29	53.89	—	—	—	62.40	0.60	99.41	16.28
厦门市	112.49	112.49	—	—	—	—	22.80	64.19	25.50
江西省	**31.75**	**31.75**	**—**	**—**	**—**	**—**	**0.00**	**28.30**	**3.45**
南昌市	31.75	31.75	—	—	—	—	0.00	28.30	3.45
山东省	**388.02**	**351.92**	**—**	**36.10**	**—**	**—**	**20.93**	**338.37**	**28.72**
济南市	200.31	164.21	—	36.10	—	—	20.70	151.13	28.48
青岛市	187.71	187.71	—	—	—	—	0.23	187.24	0.24
河南省	**217.07**	**183.64**	**33.43**	**—**	**—**	**—**	**0.32**	**208.99**	**7.76**
郑州市	198.85	165.42	33.43	—	—	—	0.32	190.77	7.76
洛阳市	18.22	18.22	—	—	—	—	0.00	18.22	0.00
湖北省	**146.72**	**146.72**	**—**	**—**	**—**	**—**	**—**	**144.09**	**2.63**
武汉市	146.72	146.72	—	—	—	—	—	144.09	2.63
湖南省	**83.76**	**79.30**	**—**	**—**	**4.46**	**—**	**0.92**	**59.70**	**23.14**
长沙市	66.47	62.01	—	—	4.46	—	0.46	52.34	13.67
湘潭市	17.29	17.29	—	—	—	—	0.46	7.36	9.47
广东省	**628.54**	**578.24**	**—**	**50.30**	**—**	**—**	**48.57**	**552.66**	**27.31**
广州市	278.30	278.30	—	—	—	—	0.00	278.30	0.00
深圳市	100.64	100.64	—	—	—	—	0.51	98.34	1.79
佛山市	134.54	124.71	—	9.83	—	—	7.06	109.87	17.61
东莞市	74.59	74.59	—	—	—	—	0.53	66.15	7.91
普宁市	40.47	—	—	40.47	—	—	40.47	—	—
广西壮族自治区	**3.90**	**3.90**	**—**	**—**	**—**	**—**	**0.00**	**3.90**	**0.00**
南宁市	3.90	3.90	—	—	—	—	0.00	3.90	0.00
重庆市	**281.43**	**265.03**	**—**	**—**	**—**	**16.40**	**7.97**	**214.66**	**58.80**
四川省	**256.28**	**178.22**	**—**	**20.08**	**—**	**57.98**	**22.98**	**185.87**	**47.43**
成都市	236.20	178.22	—	—	—	57.98	5.62	185.87	44.71
都江堰市	20.08	—	—	20.08	—	—	17.36	0.00	2.72

续表

地　区	线路长度（千米）								
	合计	按轨道类型					按敷设方式		
		地铁	轻轨	有轨	磁浮	快轨	地面线	地下线	高架线
贵州省	**73.35**	**73.35**	**—**	**—**	**—**	**—**	**—**	**64.31**	**9.04**
贵阳市	73.35	73.35	—	—	—	—	—	64.31	9.04
云南省	**20.34**	**20.34**	**—**	**—**	**—**	**—**	**0.00**	**20.34**	**0.00**
昆明市	20.34	20.34	—	—	—	—	0.00	20.34	0.00
陕西省	**162.20**	**162.20**	**—**	**—**	**—**	**—**	**26.06**	**113.94**	**22.20**
西安市	162.20	162.20	—	—	—	—	26.06	113.94	22.20
甘肃省	**9.06**	**9.06**	**—**	**—**	**—**	**—**	**0.00**	**9.06**	**0.00**
兰州市	9.06	9.06	—	—	—	—	0.00	9.06	0.00
新疆维吾尔自治区	**61.11**	**61.11**	**—**	**—**	**—**	**—**	**0.00**	**61.11**	**0.00**
乌鲁木齐市	61.11	61.11	—	—	—	—	0.00	61.11	0.00

数据来源：住房城乡建设部。

表 3-129　2022 年城市轨道交通（在建）（2）

地　区	车站数（个）				换乘站数（个）	配置车辆数（辆）					
	合计	地面站	地下站	高架站		合计	地铁	轻轨	有轨	磁浮	快轨
全　国	**2769**	**71**	**2479**	**219**	**933**	**21497**	**20786**	**456**	**56**	**9**	**190**
北京市	**124**	**11**	**104**	**9**	**67**	**3180**	**3180**	**—**	**—**	**—**	**—**
天津市	**143**	**1**	**122**	**20**	**58**	**1110**	**1110**	**—**	**—**	**—**	**—**
河北省	**41**	**—**	**41**	**—**	**12**	**—**	**—**	**—**	**—**	**—**	**—**
石家庄市	41	—	41	—	12	—	—	—	—	—	—
山西省	**24**	**—**	**24**	**—**	**7**	**162**	**162**	**—**	**—**	**—**	**—**
太原市	24	—	24	—	7	162	162	—	—	—	—
辽宁省	**135**	**0**	**119**	**16**	**43**	**1189**	**1189**	**—**	**—**	**—**	**—**
沈阳市	100	0	84	16	36	1182	1182	—	—	—	—
大连市	35	—	35	—	7	7	7	—	—	—	—
吉林省	**86**	**1**	**78**	**7**	**27**	**—**	**—**	**—**	**—**	**—**	**—**
长春市	86	1	78	7	27	—	—	—	—	—	—
黑龙江省	**12**	**—**	**12**	**—**	**2**	**—**	**—**	**—**	**—**	**—**	**—**
哈尔滨市	12	—	12	—	2	—	—	—	—	—	—
上海市	**83**	**0**	**82**	**1**	**32**	**1110**	**1110**	**—**	**—**	**—**	**—**
江苏省	**373**	**2**	**356**	**15**	**144**	**3684**	**3684**	**—**	**—**	**—**	**—**
南京市	148	1	138	9	67	1772	1772	—	—	—	—
无锡市	43	0	37	6	11	580	580	—	—	—	—
徐州市	41	1	40	—	16	61	61	—	—	—	—
苏州市	124	—	124	—	44	1145	1145	—	—	—	—
南通市	17	—	17	—	6	126	126	—	—	—	—
浙江省	**181**	**1**	**139**	**41**	**41**	**1540**	**1116**	**424**	**—**	**—**	**—**

续表

地　区	车站数（个）				换乘站数（个）	配置车辆数（辆）					
	合计	地面站	地下站	高架站		合计	地铁	轻轨	有轨	磁浮	快轨
杭州市	5	0	5	0	2	84	84	—	—	—	—
宁波市	98	—	83	15	36	826	826	—	—	—	—
绍兴市	32	1	31	—	—	206	206	—	—	—	—
金华市	31	—	13	18	2	300	—	300	—	—	—
台州市	15	—	7	8	1	124	—	124	—	—	—
安徽省	**89**	**0**	**80**	**9**	**25**	**798**	**798**	**—**	**—**	**—**	**—**
合肥市	89	0	80	9	25	798	798	—	—	—	—
福建省	**109**	**—**	**98**	**11**	**40**	**640**	**610**	**—**	**—**	**—**	**30**
福州市	55	—	52	3	24	91	61	—	—	—	30
厦门市	54	—	46	8	16	549	549	—	—	—	—
江西省	**19**	**0**	**17**	**2**	**3**	**336**	**336**	**—**	**—**	**—**	**—**
南昌市	19	0	17	2	3	336	336	—	—	—	—
山东省	**270**	**8**	**247**	**15**	**71**	**2065**	**2043**	**—**	**22**	**—**	**—**
济南市	137	7	116	14	25	199	177	—	22	—	—
青岛市	133	1	131	1	46	1866	1866	—	—	—	—
河南省	**132**	**1**	**131**	**0**	**55**	**336**	**304**	**32**	**—**	**—**	**—**
郑州市	117	1	116	0	52	222	190	32	—	—	—
洛阳市	15	0	15	0	3	114	114	—	—	—	—
湖北省	**79**	**—**	**75**	**4**	**41**	**1072**	**1072**	**—**	**—**	**—**	**—**
武汉市	79	—	75	4	41	1072	1072	—	—	—	—
湖南省	**46**	**—**	**38**	**8**	**17**	**541**	**532**	**—**	**—**	**9**	**—**
长沙市	43	—	37	6	16	525	516	—	—	9	—
湘潭市	3	—	1	2	1	16	16	—	—	—	—
广东省	**326**	**15**	**300**	**11**	**55**	**274**	**262**	**—**	**12**	**—**	**—**
广州市	139	0	139	0	0	0	0	—	—	—	—
深圳市	68	0	67	1	22	—	—	—	—	—	—
佛山市	82	12	63	7	16	40	28	—	12	—	—
东莞市	34	0	31	3	17	234	234	—	—	—	—
普宁市	3	3	—	—	—	—	—	—	—	—	—
广西壮族自治区	**3**	**0**	**3**	**0**	**0**	**0**	**0**	**—**	**—**	**—**	**—**
南宁市	3	0	3	0	0	0	0	—	—	—	—
重庆市	**132**	**3**	**105**	**24**	**60**	**975**	**951**	**—**	**—**	**—**	**24**
四川省	**157**	**26**	**117**	**14**	**74**	**1632**	**1474**	**—**	**22**	**—**	**136**
成都市	129	—	117	12	74	1610	1474	—	—	—	136
都江堰市	28	26	—	2	—	22	—	—	22	—	—
贵州省	**42**	**—**	**40**	**2**	**11**	**384**	**384**	**—**	**—**	**—**	**—**
贵阳市	42	—	40	2	11	384	384	—	—	—	—
云南省	**17**	**0**	**17**	**0**	**5**	**33**	**33**	**—**	**—**	**—**	**—**

续表

地　区	车站数（个）				换乘站数（个）	配置车辆数（辆）					
	合计	地面站	地下站	高架站		合计	地铁	轻轨	有轨	磁浮	快轨
昆明市	17	0	17	0	5	33	33	—	—	—	—
陕西省	**88**	**2**	**76**	**10**	**19**	**—**	**—**	**—**	**—**	**—**	**—**
西安市	88	2	76	10	19	—	—	—	—	—	—
甘肃省	**9**	**0**	**9**	**0**	**5**	**10**	**10**	**—**	**—**	**—**	**—**
兰州市	9	0	9	0	5	10	10	—	—	—	—
新疆维吾尔自治区	**49**	**0**	**49**	**0**	**19**	**426**	**426**	**—**	**—**	**—**	**—**
乌鲁木齐市	49	0	49	0	19	426	426	—	—	—	—

数据来源：住房城乡建设部。

（三）农村住户固定资产投资和建房数据

表 3-130　2018—2022 年全国农村住户固定资产投资和建房情况

年　份	投资总额（亿元）	竣工房屋投资		房屋施工面积（万平方米）	房屋竣工面积（万平方米）		竣工房屋造价（元/米²）	
			住宅			住宅		住宅
2018	10039.2	6369.0	5885.0	79898.2	67861.3	62189.8	938.5	946.3
2019	9396.2	5732.2	5256.3	69488.9	60049.9	55571.7	954.6	945.9
2020	8363.3	4667.9	4244.5	58072.3	48839.9	43392.5	955.8	978.2
2021	8337.1	4365.2	3900.0	48768.4	41407.0	37248.0	1054.2	1047.0
2022	7417.3	4083.9	3748.5	44478.0	38775.0	35071.0	1053.2	1068.8

数据来源：国家统计局。

表 3-131　2022 年各地区农村住户固定资产投资和建房情况

地　区	投资总额（亿元）	竣工房屋投资		房屋施工面积（万平方米）	房屋竣工面积（万平方米）		竣工房屋造价（元/米²）	
			住宅			住宅		住宅
北　京	97.8	85.3	84.3	766	692	687	1232.7	1227.6
天　津	10.2	5.4	4.6	33	29	26	1850.4	1758.2
河　北	230.9	189.8	181.8	1205	1180	1065	1608.1	1707.2
上　海	8.4	5.8	5.7	47	31	30	1879.3	1889.1
江　苏	173.4	25.3	24.6	264	179	164	1416.0	1501.5
浙　江	665.3	365.8	341.8	3062	2146	1973	1704.5	1732.5
福　建	181.8	98.0	96.5	1084	817	801	1199.9	1204.4
山　东	430.4	216.6	198.8	3957	3321	3060	652.1	649.7
广　东	312.8	205.7	198.6	1844	1140	1116	1804.4	1779.8
海　南	65.4	43.2	41.5	456	282	274	1531.2	1516.0

续表

地 区	投资总额（亿元）	竣工房屋投资	住宅	房屋施工面积（万平方米）	房屋竣工面积（万平方米）	住宅	竣工房屋造价（元/米²）	住宅
山 西	102.7	45.6	42.8	836	2021	1959	225.7	218.5
安 徽	380.5	256.6	233.7	4907	4080	3948	629.0	592.0
江 西	270.2	159.6	151.4	2063	1767	1746	903.2	867.4
河 南	408.3	284.9	278.7	2970	2746	2665	1037.6	1045.7
湖 北	366.0	228.5	212.7	1548	1451	1388	1574.6	1532.7
湖 南	549.2	376.3	339.7	2917	2857	2057	1317.0	1651.3
内蒙古	129.5	17.4	13.5	273	259	140	670.4	966.5
广 西	587.7	286.5	281.0	4497	4146	3967	691.0	708.3
重 庆	82.6	45.4	41.6	580	488	435	930.5	955.6
四 川	553.3	336.3	298.7	2778	2381	2131	1412.4	1401.6
贵 州	133.4	48.1	46.3	552	491	464	979.4	998.9
云 南	590.8	511.4	428.6	5333	3897	3166	1312.4	1353.8
西 藏	—	—	—	—	—	—	—	—
陕 西	233.2	62.9	59.4	747	705	585	891.6	1016.0
甘 肃	104.8	78.2	68.4	725	685	639	1142.3	1069.7
青 海	39.5	26.6	23.1	220	211	174	1258.8	1325.5
宁 夏	63.3	10.3	8.9	125	123	72	839.1	1238.1
新 疆	111.7	14.7	10.9	171	146	102	1010.1	1064.7
辽 宁	214.3	43.4	22.5	394	387	175	1122.6	1284.3
吉 林	116.7	3.3	3.2	43	40	30	827.5	1054.7
黑龙江	203.1	6.9	5.2	79	77	32	897.1	1623.5

数据来源：国家统计局。

表 3-132　2018—2022 年全国建制镇及住宅基本情况

年 份	建制镇统计个数（万个）	建成区面积（万公顷）	本年住宅竣工建筑面积（亿平方米）	年末实有住宅建筑面积（亿平方米）	人均住宅建筑面积（平方米）
2018	1.83	405.3	3.32	57.9	36.1
2019	1.87	422.9	2.75	60.4	36.5
2020	1.88	433.9	2.79	61.4	37.0
2021	1.91	433.6	2.45	63.2	38.1
2022	1.92	442.3	2.22	65.2	39.2

数据来源：住房城乡建设部。

表 3-133　2018—2022 年全国乡及住宅基本情况

年　份	乡统计个数（万个）	建成区面积（万公顷）	本年住宅竣工建筑面积（亿平方米）	年末实有住宅建筑面积（亿平方米）	人均住宅建筑面积（平方米）
2018	1.02	65.39	0.39	8.4	33.2
2019	0.95	62.95	0.44	8.3	33.9
2020	0.89	61.70	0.44	8.4	35.4
2021	0.82	58.78	0.33	8.1	37.0
2022	0.80	56.85	0.18	7.7	36.5

数据来源：住房城乡建设部。

Ⅳ.市场篇

导 读

本篇包括全国房地产市场、存量住房市场、住房租赁市场及城市住房价格指数四部分内容。文章来自房地产相关研究机构和国家统计局。

一、全国房地产市场

2023 年，房地产市场延续上年下行态势，房价加速下降，商品住宅销售面积相比高峰时期下降约 30%，商品住宅新开工面积相比高峰时期下降约 60%，大型民营房企多数出现债务违约。7 月，中央政治局会议指出，我国房地产市场供求关系发生重大变化，要适时调整优化房地产政策，实施“三大工程”，坚持因城施策，优化限购、限售等行业调控政策，加大对房屋销售端和房企的金融支持，防风险政策力度明显加大。

（一）房地产用地成交数量继续大幅减少

1. 100 座大中城市房地产用地成交面积继续大幅减少，工业用地和其他用地成交数量也出现近年最大降幅

2023 年，100 座大中城市土地供应面积 11. 1 万公顷，同比减少 17. 4%；100 座大中城市成交土地面积 8. 6 万公顷，同比减少 22. 8%。其中，住宅类用地、商服用地成交面积分别同比减少 24% 和 22. 2%，工业用地和其他用地成交面积分别同比减少 22. 8% 和 18. 8%，降幅均较上年扩大（见表 4-1-1）。

表 4-1-1　2019—2023 年 100 座大中城市土地成交面积和增幅

年份	成交土地面积（公顷）					成交土地面积同比增长（%）				
	100 座大中城市成交土地	住宅类用地	商服用地	工业用地	其他用地	100 座大中城市成交土地	住宅类用地	商服用地	工业用地	其他用地
2019	122109. 4	44691. 9	13188. 7	59013. 0	5215. 8	3. 4	10. 7	-0. 3	-1. 1	8. 8
2020	114675. 8	43771. 1	11854. 0	53799. 9	5250. 8	-6. 1	-2. 1	-10. 1	-8. 8	0. 7
2021	103065. 2	33734. 1	10147. 4	54065. 9	5117. 9	-10. 1	-22. 9	-14. 4	0. 5	-2. 5
2022	111625. 5	27201. 9	10369. 0	68579. 0	5475. 5	8. 3	-19. 4	2. 2	26. 8	7. 0
2023	86149. 4	20662. 1	8071. 0	52968. 0	4448. 2	-22. 8	-24. 0	-22. 2	-22. 8	-18. 8

数据来源：Wind 数据库。

分区域看，2023 年各线城市土地成交面积均同比减少，一线、二线、三线城市土地成交面积降幅分别为 11. 0%、24. 4%、16. 8%。

2. 房地产用地成交溢价率维持历史低位

2021 年第四季度以来，房地产用地成交溢价率跌至历史低位。2023 年上半年在房屋销售“小阳春”影响下，房地产用地成交溢价率小幅增加至 5%左右，下半年溢价率继续下降至 3%左右的历史低位（见图 4-1-1）。土地成交溢价率维持低位，说明企业购置土地热情低迷，购地意愿为历史低位。

2023 年，国有土地出让收入 5. 8 万亿元，比上年减少大约 9000 亿元，同比减少 13. 3%，土地出让收入降至 2017 年水平。

3. 土地成交数量减少源于经济增长减速

2023 年，各类型土地成交面积均出现 20%左右的降幅，反映整体内需的大幅下降。2023 年 GDP 增长 5. 2%，是在上年低基数影响下的经济增速，与上两年平均的 GDP 相比增幅仅为 4. 2%，相比两年前经济增速下降 1. 1 个百分点。土地成交面积的大幅减少源于经济增长减速，市场主体对土地的需求下降。

2023 年 100 座大中城市土地成交面积中，房地产用地占比 33. 5%，与上年占比基本持平，相比 2021 年

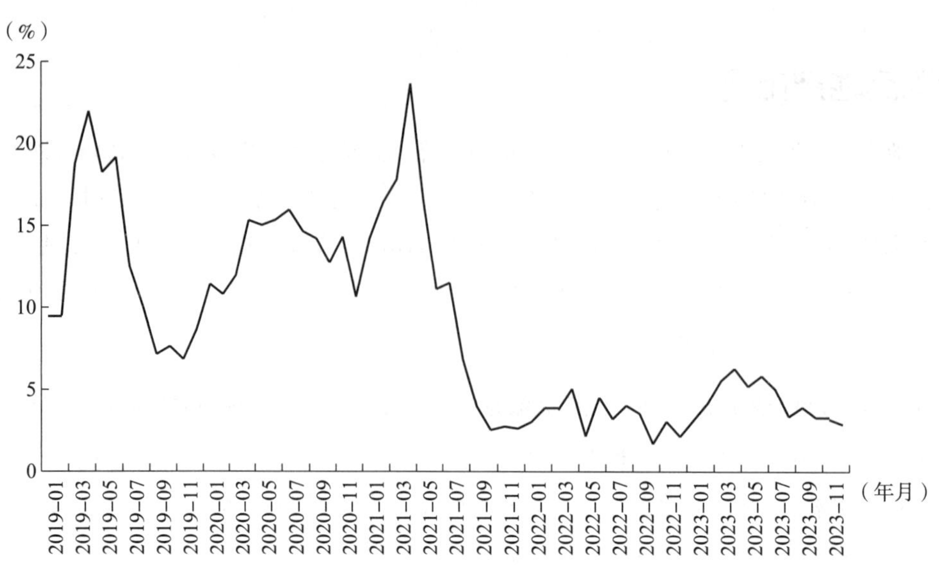

图 4-1-1　2019—2023 年 100 座大中城市成交土地溢价率变化

数据来源：国家统计局，Wind 数据库。

46.5%的占比高点下降 13 个百分点，房地产用地成交面积占比变化，反映近两年经济增长对房地产的依赖度连续下降。

（二）房地产市场加速下行

1. "小阳春" 后房屋销售数量快速下降

2023 年，商品房销售面积在上年"下台阶"的基础上，商品房销售数量继续减少，降幅较上年有所收窄。其中，商品房销售面积 11.2 亿平方米，同比减少 8.5%；商品住宅销售面积 9.5 亿平方米，同比减少 8.2%；商品房销售额 11.7 万亿元，同比减少 6.5%。2023 年，二手房交易网签面积 7.1 亿平方米。

2023 年，各类型物业销售面积均减少，商品住宅、办公楼、商业用房和其他用房的销售面积分别同比减少 8.2%、9%、12%和 14.4%，非住宅类物业销售面积降幅大于住宅销售面积降幅（见表 4-1-2）。

表 4-1-2　2019—2023 年各类商品房屋销售面积和增幅变化

年份	销售面积（万平方米）					销售面积同比增长率（%）				
	商品房	商品住宅	办公楼	商业营业用房	其他用房	商品房	商品住宅	办公楼	商业营业用房	其他用房
2019	171557.9	150144.3	3722.8	10172.9	7517.9	0.1	1.6	-14.7	-14.7	1.5
2020	176086.2	154878.5	3334.3	9288.5	8585.0	2.6	3.2	-10.4	-8.7	14.2
2021	179433.4	156532.2	3374.7	9045.6	10481.0	1.9	1.1	1.2	-2.6	22.1
2022	129766.4	109564.4	3191.8	7815.8	9194.4	-27.7	-30.0	-5.4	-13.6	-12.3
2023	111735.0	94796.0	2717.0	6356.0	7866.0	-8.5	-8.2	-9.0	-12.0	-14.4

数据来源：国家统计局。

分月度数据看，2023 年上半年商品房销售呈现"小阳春"形势，2—5 月各月商品住宅销售面积同比增加，下半年房地产市场加速下行，单月商品房销售面积同比降幅均在 10%以上（见图 4-1-2）。

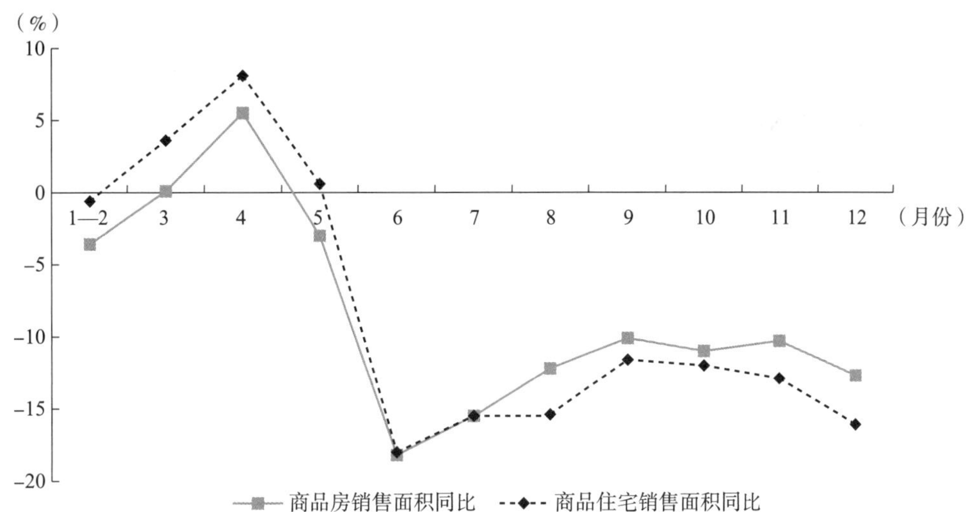

图 4-1-2　2023 年各月商品房和商品住宅销售面积同比变化

数据来源：国家统计局。

2. 房价全面下降

2023 年，在经历短暂的"小阳春"之后，5 月起房价持续下降且降幅逐步加大，房价下降城市数量快速增加。11—12 月，70 座大中城市二手住房价格上涨城市数量降为零，新建住房价格上涨城市数量降至 7 个，房地产市场触底（见图 4-1-3）。

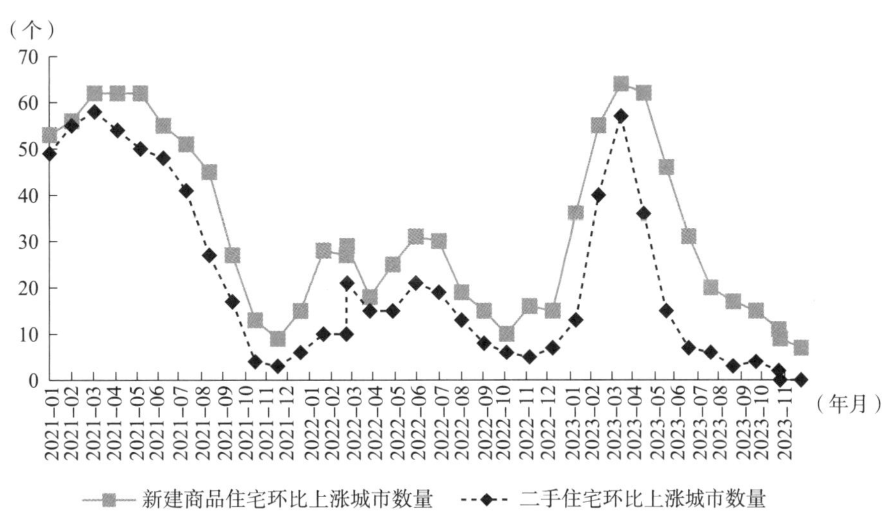

图 4-1-3　2021—2023 年 70 座大中城市房价上涨城市数量变化

数据来源：国家统计局。

2023 年，70 座大中城市商品住房价格同比下降 1.3%（70 座大中城市住房价格指数中位数，下同），二手住房价格同比下降 3.3%，降幅均较上年扩大。各区域房价走势相似，2023 年 2—4 月各线城市住房价格出现上涨，5 月开始各线城市住房价格下降，其中一线城市二手住房价格降幅最大，9—10 月在"认房不认贷"政策调整时，一线城市二手住房价格出现短暂回升，之后延续大幅下降态势；二线和三线城市二手住房价格在 4 月以后持续下降，降幅逐月扩大（见图 4-1-4）。

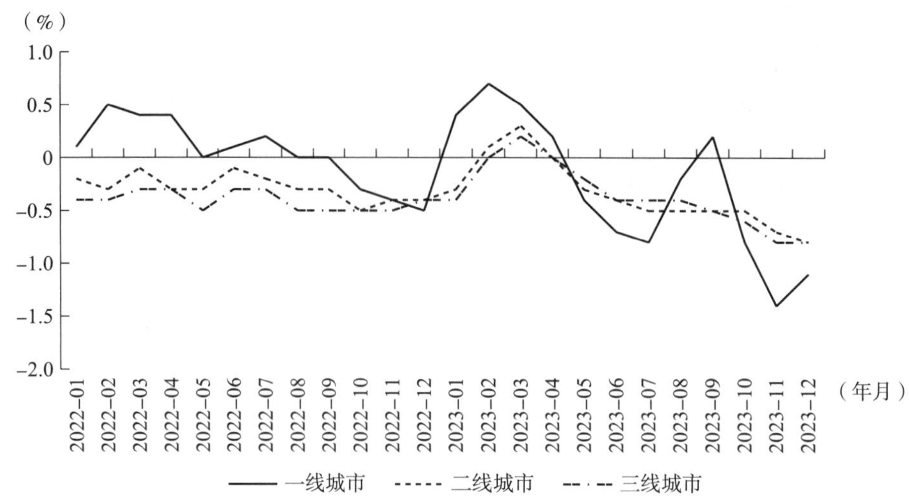

图 4-1-4　2022—2023 年各月一线、二线、三线城市二手住宅价格环比变化

数据来源：国家统计局。

3. 房地产投资继续减少

2023 年，全国房地产开发投资 110912.9 亿元，同比减少 9.6%，房地产开发投资延续上年下降态势，且连续两年在 10%左右的较大降幅。各类型物业投资均为负增长，其中住宅投资连续两年减少，降幅 9.3%；商业用房投资自 2017 年以来连续 7 年负增长，且降幅进一步扩大至 16.9%；办公楼投资连续 3 年下降，降幅 9.4%，降幅比上年减少 2 个百分点；其他物业投资连续两年下降，降幅 7.2%，降幅比上年减少 2.2 个百分点（见表 4-1-3）。

表 4-1-3　2019—2023 年各类房地产投资额及增幅变化

年份	各类房地产投资额（亿元）					各类房地产投资增长（%）				
	房地产开发投资	住宅投资	办公楼投资	商业营业用房投资	其他投资	房地产开发投资同比增长	住宅投资同比增长	办公楼投资同比增长	商业营业用房投资同比增长	其他物业投资同比增长
2019	132194.3	97070.7	6162.6	13225.9	15735.1	9.9	13.9	2.8	-6.7	5.6
2020	141443.0	104445.7	6494.1	13076.1	17427.1	7.0	7.6	5.4	-1.1	10.8
2021	147602.0	111173.0	5974.0	12445.0	18010.0	4.4	6.4	-8.0	-4.8	3.3
2022	132895.4	100646.4	5290.8	10647.4	16310.9	-10.0	-9.5	-11.4	-14.4	-9.4
2023	110912.9	83820.0	4530.8	8054.8	14507.2	-9.6	-9.3	-9.4	-16.9	-7.2

数据来源：国家统计局。

从月度数据看，2023 年房地产开发投资降幅逐月扩大，降幅由年初的 5.7%逐步扩大至年末的 9.6%。

4. 商品房屋施工面积和新开工面积继续负增长，竣工面积大幅增加

2023 年，商品房屋施工面积和新开工面积延续上年负增长态势，连续两年下降。其中，商品房施工面积 83.8 亿平方米，同比减少 7.2%；商品房新开工面积 9.5 亿平方米，同比减少 20.4%，商品房新开工面积连续四年下降，相比 2019 年峰值降幅接近 60%。“保交楼”政策促进商品房竣工面积增加，商品房竣工面积 10 亿平方米，同比增加 17%（见表 4-1-4）。

表 4-1-4　2019—2023 年商品房建设指标变化

年份	施工面积（万平方米）	新开工面积（万平方米）	竣工面积（万平方米）	施工面积增长（%）	新开工面积增长（%）	竣工面积增长（%）
2019	893820.9	227153.6	95941.5	8.7	8.5	2.6
2020	926759.2	224433.1	91218.2	3.7	-1.2	-4.9
2021	975386.5	198895.0	101411.9	5.2	-11.4	11.2
2022	904999.3	120587.1	86222.2	-7.2	-39.4	-15.0
2023	838364.5	95375.5	99831.1	-7.2	-20.4	17.0

数据来源：国家统计局。

5. 商品房库存大幅增加

2023 年，各类物业商品房待售面积大幅增加。商品房待售面积 6.7 亿平方米，同比增长 19.4%。其中，商品住宅待售面积 3.3 亿平方米，同比增长 22.9%，增幅最大；办公楼待售面积同比增加 19.2%；商业用房待售面积同比增加 13.3%；其他用房待售面积同比增加 18%（见表 4-1-5）。

表 4-1-5　2019—2023 年各类商品房屋待售面积和增幅变化

年份	待售面积（万平方米）					待售面积同比增长（%）				
	商品房	住宅	办公楼	商业营业用房	其他用房	商品房	住宅	办公楼	商业营业用房	其他用房
2019	49821	22473	3800	13282	10266	-5.0	-10.4	4.1	-3.7	3.9
2020	49850	22379	3796	12934	10741	0.06	-0.4	-0.1	-2.6	4.6
2021	51023	22761	3795	12767	11700	2.4	1.7	-0.03	-1.3	8.9
2022	56366	26947	4073	12558	12778	10.5	18.4	7.3	-1.6	9.3
2023	67295	33119	4854	14231	15091	19.4	22.9	19.2	13.3	18.0

数据来源：国家统计局。

用相对指标考察商品房库存水平，以商品房待售面积/竣工面积代表商品房竣工库存水平，以商品房施工面积/销售面积代表商品房在建库存水平，二者均持续增加至历史高位。其中，2023 年，商品房和商品住宅待售面积/竣工面积的数值分别为 0.67 和 0.46；商品房和商品住宅施工面积/销售面积的数值分别为 7.5 和 6.22，均高于 2014—2015 年去库存时期的库存水平。

6. 房地产开发企业资金压力继续增加，债务违约房企数量增多

2023 年，房地产开发资金压力在上年大幅增加的背景下继续增加。房地产开发资金充裕度（房地产开发资金来源/房地产开发投资）延续历史低位态势，2023 年房地产开发资金来源 127459.2 亿元，同比减少 13.6%，房企资金充裕度略升至 1.15，仍大幅低于 2003 年以来的均值水平（见图 4-1-5）。

房地产开发资金来源由四部分构成，包括国内贷款、利用外资、自筹资金和以销售回款为主的其他资金。2023 年，房地产开发资金来源的四个构成部分均继续上年负增长态势，降幅分别为国内贷款 9.9%、利用外资 39.1%、自筹资金 19%、其他资金 11%（见表 4-1-6）。房屋销售回款占房地产开发资金来源的 55%，占比比上年提高 5 个百分点，其中定金和预收款同比减少 11.9%，个人按揭贷款同比减少 9.1%，降幅有所收窄。

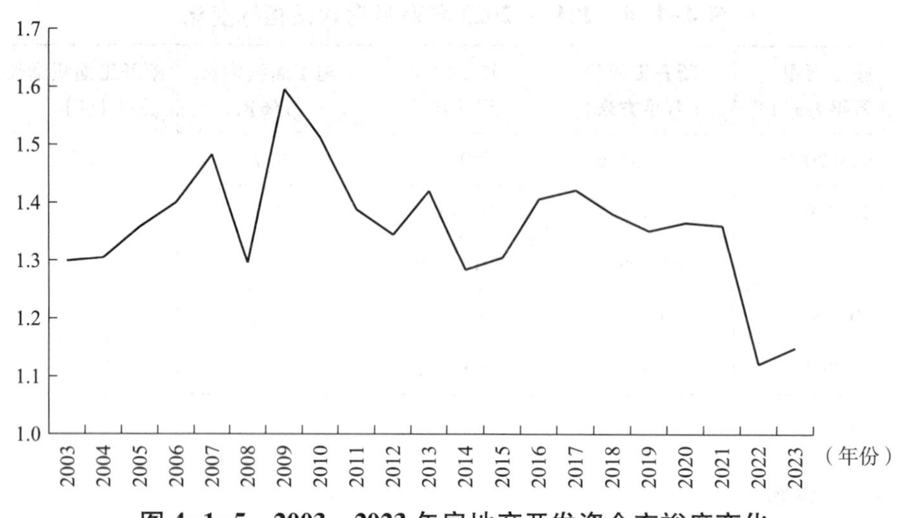

图 4-1-5　2003—2023 年房地产开发资金充裕度变化

数据来源：国家统计局。

表 4-1-6　2019—2023 年房地产开发资金来源结构变化

年份	房地产开发资金来源（亿元）				房地产开发资金来源同比增长（%）			
	国内贷款	利用外资	自筹资金	其他资金	国内贷款	利用外资	自筹资金	其他资金
2019	25228. 8	175. 7	58157. 8	95046. 3	5. 1	62. 7	4. 2	10. 5
2020	26675. 9	192. 0	63376. 7	102870. 3	5. 7	9. 3	9. 0	8. 2
2021	23296. 0	107. 0	65428. 0	112301. 0	-12. 7	-44. 1	3. 2	9. 2
2022	17387. 6	78. 0	52940. 2	78573. 5	-25. 4	-27. 4	-19. 1	-30. 0
2023	15595. 0	47. 5	41989. 1	69827. 5	-9. 9	-39. 1	-19. 1	-11. 1

数据来源：国家统计局。

2023 年，百强房企榜单中已经发生债务违约的房企 50 家，占比 50%，其中 48 家为民营房企，2 家为混合制房企。其中，恒大、融创、绿地、旭辉、金科、中南置地、世茂、中梁控股、阳光城等都是知名房企，它们的暴雷不仅对自身发展造成重大影响，也对整个房地产行业产生深远影响。这些房企暴雷的原因，一方面与自身快速扩张的高负债有关；另一方面由于房屋销售下降，销售资金回收不及预期，加上融资不畅，导致资金链断裂和债务违约，其所开发的楼盘也出现烂尾，不能按时交付。

（三）应对房地产风险政策力度持续加大

房地产产业链条长、涉及面广，对国民经济具有重要影响，与广大人民群众生活息息相关。2023 年，伴随房地产市场加速下行，化解房地产风险政策更加积极，政策力度持续加大，引导预期，改善供求，推动房地产市场企稳回升。

1. 中央做出“我国房地产市场供求发生重大变化新形势”的重要判断

针对 2023 年下半年房地产市场加速下行，中央及时做出新判断。2023 年 7 月 24 日中央政治局会议指出，要切实防范化解重点领域风险，适应我国房地产市场供求关系发生重大变化的新形势，适时调整优化房地产政策，因城施策用好政策工具箱，更好满足居民刚性和改善性住房需求，促进房地产市场平稳健康发展。会议为房地产政策完善提供指导，下半年房地产行业政策应对风险力度明显加大。

一是充分赋予城市房地产调控自主权，彻底实施因城施策、精准施策、一城一策，用好政策工具箱，各城市可以因地制宜调整房地产政策。2023 年 9 月，一线城市相继调整“认房不认贷”政策等，年底一线城市陆续优化限购政策，下调首套、二套房贷利率和首付比例，调整普通住房认定标准等，鼓励住房需求，引导市场预期。

二是加快构建房地产发展新模式，长短结合、标本兼治，促进房地产市场平稳健康发展。以编制住房发展规划为抓手，完善“保障+市场”的住房供应体系，建立人、房、地、钱要素联动新机制，健全房屋全生命周期基础性制度，打造绿色、低碳、智能、安全好房子。整治房地产市场秩序，维护人民群众合法权益。

2. 金融政策大力支持房地产发展

第一，个贷利率降至历史低位，更好支持刚性和改善性住房需求。中国人民银行分别于 2023 年 6 月 20 日和 2024 年 2 月 20 日两次下调 5 年期 LPR 至 3.95%，相比 2023 年上半年下降 35 个基点。同时，持续降低个贷利率至 4%以下，年末 3.95%的个贷利率水平为历史低位，低于 2008—2009 年应对次贷危机时期。利率水平的持续下降，有利于鼓励住房需求拉动内需。

第二，出台三个“不低于”政策，一视同仁满足不同所有制房地产企业合理融资需求。2023 年 10 月 31 日中央金融会议召开，提出“要促进金融与房地产良性循环，健全房地产企业主体监管制度和资金监管，完善房地产金融宏观审慎管理，一视同仁满足不同所有制房地产企业合理融资需求”。11 月 17 日，中国人民银行、国家金融监管总局、中国证监会联合召开金融机构座谈会，要求“各家银行自身房地产贷款增速不低于银行行业平均房地产贷款增速，对非国有房企对公贷款增速不低于本行房地产增速，对非国有房企个人按揭增速不低于本行按揭增速”。

第三，扩大经营性物业贷款使用范围，满足房地产企业合理融资需求。2024 年 1 月 24 日，中国人民银行办公厅、金融监管总局办公厅联合印发《关于做好经营性物业贷款管理的通知》，细化商业银行经营性物业贷款业务管理口径、期限、额度、用途等要求，明确 2024 年底前，对规范经营、发展前景良好的房地产开发企业，全国性商业银行在风险可控、商业可持续基础上，除发放经营性物业贷款用于与物业本身相关的经营性资金需求、置换建设购置物业形成的贷款和股东借款等外，还可发放经营性物业贷款用于偿还房地产开发企业及其集团控股公司（含并表子公司）存量房地产领域的相关贷款和公开市场债券。

3. 建立城市房地产融资协调机制，化解项目风险

2024 年 1 月 12 日，住建部、金融监管总局联合发布《关于建立城市房地产融资协调机制的通知》，指导各地级及以上城市建立由城市政府分管住房城乡建设的负责同志担任组长的房地产融资协调机制，对正常开发项目提供绿色融资通道，优化审批流程，确保项目的资金需求得到及时满足；对于暂时遇到困难但仍有资金平衡能力的项目，政策强调不盲目抽贷、断贷、压贷，通过存量贷款展期、调整还款安排、新增贷款等方式予以支持。同时，金融机构要加强资金封闭管理，严防信贷资金被挪用。随后，住建部召开城市房地产融资协调机制部署会，进一步强调各地方要抓紧出名单，省级层面跟踪监测，国家层面建立专项信息平台，实行周调度、月通报。

4. 实施“三大工程”，稳增长惠民生

2023 年，根据房地产市场新形势中央提出实施“三大工程”，即保障性住房建设、平急两用公共基础设施建设和城中村改造。一方面，可以加快补齐民生短板，完善保障和市场体系，推进房地产发展模式转型，建设宜居、韧性、智慧的现代化城市；另一方面，可以扩大有效投资，为稳定经济增长作贡献。

2023 年 7 月，国务院办公厅印发《关于在超大特大城市积极稳步推进城中村改造的指导意见》，积极稳步推进城中村改造，分三类实施，具备条件的实施拆除新建，不具备条件的开展经常性整治提升，介于前两类之间的实施拆整结合。

2023 年 8 月，国务院常务会议审议通过《关于规划建设保障性住房的指导意见》，明确提出支持城区常住人口 300 万以上的大城市率先探索实践。保障性住房按成本价销售，重点针对住房有困难且收入不高的工薪收入群体以及城市需要的引进人才等群体，改善性住房需求通过市场来满足，推动房地产高质量发展。

“平急两用”公共基础设施建设是统筹发展和安全、提高城市韧性的重大举措。2023 年第二季度以来，针对经济运行出现的新变化，国家发展改革委等部门谋划实施一批储备政策，为经济持续恢复提供有力支撑，超大特大城市“平急两用”公共基础设施建设是其中重要一环。“平急两用”设施的“平”时用途大多与传统公共基础设施相近，“急”时则可满足洪灾、地震、疫情、火灾等紧急情况发生后的临时安置、应急隔离、物资保障等需求。“平急两用”公共基础设施建设可以有效补齐超大特大城市应急能力建设短板，同时提升城市文旅、物流、居住等品质，推进城市高质量发展，统筹城市发展与安全。

（刘　琳　中国宏观经济研究院）

二、存量住房市场

2023 年存量住房交易量同比增长，价格同比下跌，市场预期减弱，房源成交周期拉长。分结构看，改善型房源成交占比提升。存量住房金融方面，贷款利率下降，银行放款周期缩短。①

（一）存量房交易情况

交易量增长。根据住房城乡建设部公布数据，2023 年 1—11 月全国二手房成交量和新建商品房销售面积比 2022 年同期增长 6.9%；全国二手房交易量占全部房屋交易量的比重为 37.1%。贝壳研究院据此初步测算，2023 年全国二手房市场成交套数约 596 万套，面积约 5.7 亿平方米，成交金额约 7.1 万亿元，成交面积和成交金额比 2022 年分别增长 44%和 30%。

价格下行。2023 年存量住房价格整体保持下行，2 月、3 月市场需求集中释放带动价格短期止跌，4 月后价格再度下行，截至 12 月价格环比跌幅收窄（见图 4-2-1）。

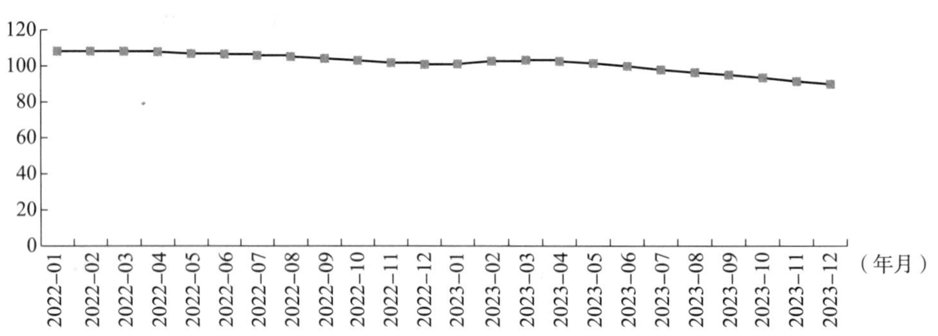

图 4-2-1　2022 年 1 月至 2023 年 12 月重点 50 城②存量住房价格指数③走势

数据来源：贝壳研究院。

市场预期较弱。2023 年 1—2 月存量住房市场预期改善，存量住房市场景气指数④有所回升，3 月后预期回落，景气指数回调，4 月起降至 20 以下，至年底保持在 10 以内的低位区间。分城市看，截至 12 月，重点 50 城中所有城市存量住房景气指数均在 20 以内，其中超七成城市景气指数在 10 以下（见图 4-2-2、表 4-2-1）。

---

① 因资料数据搜集和调查所限，本文涉及存量住房市场的各个方面，分别界定在不同城市数量范围中。

② 贝壳重点 50 城包括：北京、上海、深圳、广州、成都、大连、福州、贵阳、哈尔滨、杭州、合肥、呼和浩特、济南、昆明、兰州、南昌、南京、宁波、青岛、厦门、沈阳、石家庄、苏州、太原、天津、温州、武汉、西安、银川、长春、长沙、郑州、重庆、常州、东莞、佛山、绵阳、惠州、嘉兴、廊坊、洛阳、南通、泉州、绍兴、无锡、芜湖、徐州、烟台、中山、珠海。

③ 存量住房市场价格指数是在城市选择固定样本小区，以贝壳真实的存量住房成交数据为基础，利用重复交易法，反映城市房地产市场价格走势得出的。

④ 存量住房市场景气指数是基于贝壳平台上业主挂牌和调价行为数据，计算挂牌房源调价中调升的次数比例来反映当前市场预期，能够预测未来短期房价走势，景气指数=调涨次数/调价次数×100。景气指数在 40 以上为市场预期景气，涨价预期强，20~40 为市场预期相对平稳，20 以下为市场预期低迷。

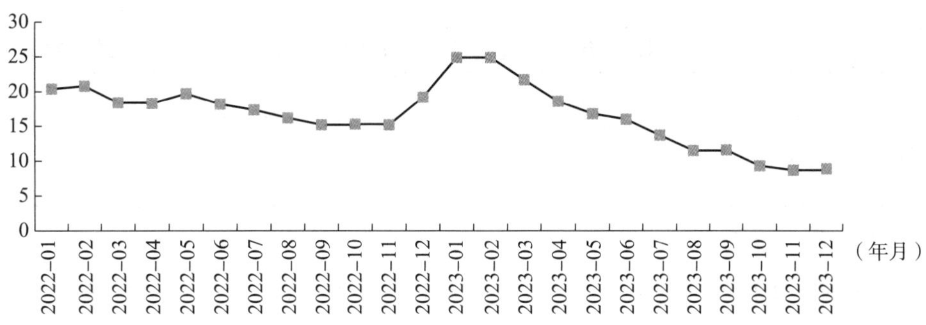

图 4-2-2　2022 年 1 月至 2023 年 12 月重点 50 城存量住房景气指数走势

数据来源：贝壳研究院。

表 4-2-1　2023 年 12 月重点城市存量住房景气指数及变化

城市	2022 年 12 月	2023 年 12 月	较 2022 年 12 月变化
北京市	9	7	-2
上海市	13	8	-5
广州市	20	9	-11
深圳市	25	11	-14
福州市	29	7	-22
武汉市	25	8	-17
厦门市	28	11	-17
大连市	27	11	-16
重庆市	24	8	-16
沈阳市	26	10	-16
合肥市	25	10	-15
苏州市	23	8	-15
南昌市	21	8	-13
天津市	20	8	-12
长沙市	21	9	-12
南京市	19	7	-12
宁波市	20	9	-11
杭州市	25	14	-11
佛山市	31	9	-22
东莞市	20	10	-10
成都市	20	10	-10
郑州市	18	9	-9
昆明市	17	9	-8
无锡市	16	8	-8
青岛市	16	8	-8
济南市	16	9	-7
石家庄市	11	8	-3

续表

城市	2022 年 12 月	2023 年 12 月	较 2022 年 12 月变化
长春市	9	7	-2
西安市	14	11	-3
哈尔滨市	9	8	-1

数据来源：贝壳研究院。

房源成交周期①延长。2022 年贝壳 50 城存量住房房源平均成交周期为 197 天，较 2022 年延长 21 天（见表 4-2-2）。

表 4-2-2　2023 年重点城市存量住房房源成交周期较 2022 年变化

单位：天

城　市	房源成交周期变化	城　市	房源成交周期变化
北京市	3	南京市	17
上海市	8	宁波市	25
广州市	38	杭州市	40
深圳市	13	佛山市	43
福州市	13	东莞市	52
武汉市	28	成都市	25
厦门市	21	郑州市	19
大连市	28	昆明市	0
重庆市	46	无锡市	27
沈阳市	29	青岛市	20
合肥市	38	济南市	7
苏州市	19	石家庄市	-13
南昌市	12	长春市	6
天津市	6	西安市	24
长沙市	16	哈尔滨市	16

数据来源：贝壳研究院。

（二）成交结构特征

改善型房源成交占比提高。分户型看，2023 年三居室户型房源成交占比为 40.4%，较 2022 年提高 2.7 个百分点；四居室及以上大户型房源成交占比为 10.0%，较 2022 年提高 1.4 个百分点；一居室和二居室房源成交占比分别降低 1.3 个和 2.7 个百分点（见表 4-2-3）。

表 4-2-3　2022 年和 2023 年贝壳 50 城不同居室房源成交占比（%）

年　份	一居室	二居室	三居室	四居室及以上
2022	12.6	41.1	37.7	8.6
2023	11.3	38.4	40.4	10.0

数据来源：贝壳研究院。

① 房源成交周期=所有房源成交总天数/房源成交套数。

（三）存量房交易金融环境

房贷利率下降。截至 2023 年 12 月，贝壳 103 城①存量住房首套主流利率② 3.86%、二套主流利率 4.41%，分别较 2022 年 12 月累计降低 23 个、50 个基点（见图 4-2-3）。

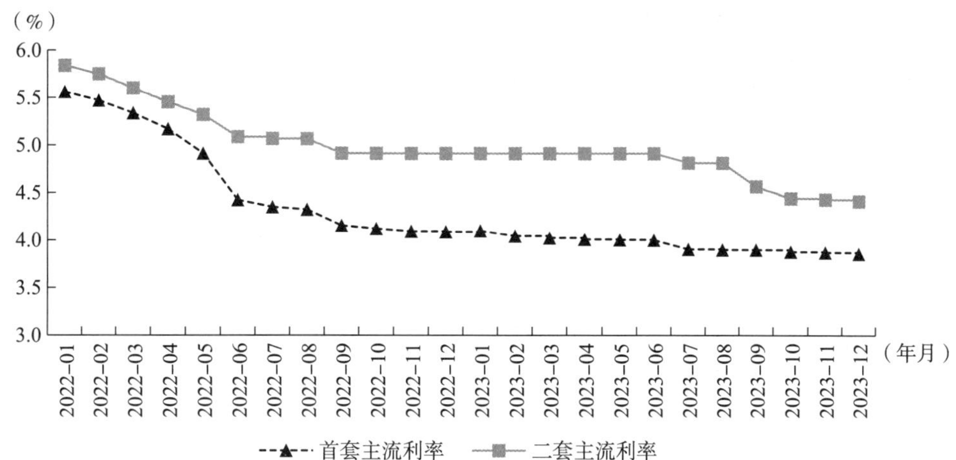

图 4-2-3　2022 年 1 月至 2023 年 12 月贝壳 103 城存量住房主流房贷利率走势

数据来源：贝壳研究院。

放款速度加快。根据贝壳 103 城平均房贷放款周期③数据，2023 年 103 城平均放款周期整体呈缩短走势，12 月平均放款周期为 19 天，较 2022 年 12 月缩短 9 天（见图 4-2-4）。

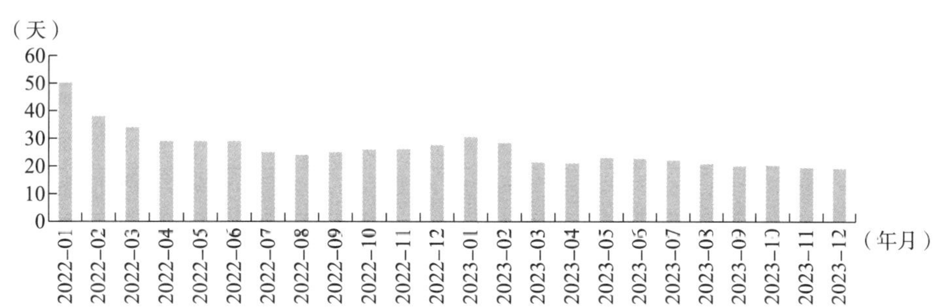

图 4-2-4　2022 年 1 月至 2023 年 12 月贝壳 103 城存量住房平均房贷放款周期

数据来源：贝壳研究院。

2023 年 12 月重点城市主流房贷利率如表 4-2-4 所示。

---

① 103 城包括：安庆、包头、宝鸡、北海、北京、常州、成都、达州、大理、大连、丹东、东莞、佛山、福州、赣州、广州、贵阳、桂林、哈尔滨、海口、杭州、合肥、呼和浩特、湖州、淮安、黄石、惠州、吉林、济南、济宁、嘉兴、江门、金华、九江、开封、昆明、兰州、廊坊、临沂、柳州、洛阳、鞍山、绵阳、南昌、南充、南京、南宁、南通、宁波、青岛、泉州、厦门、上海、上饶、绍兴、深圳、沈阳、石家庄、苏州、太原、泰安、唐山、天津、潍坊、温州、无锡、芜湖、武汉、西安、咸阳、襄阳、新乡、徐州、许昌、烟台、盐城、宜昌、银川、漳州、长春、长沙、镇江、郑州、中山、重庆、珠海、株洲、淄博、眉山、德阳、常德、邯郸、晋中、汉中、景德镇、清远、衢州、台州、威海、乌鲁木齐、宜春、驻马店、遵义。

② 主流房贷利率指统计期内存量住房房贷成交最集中的利率点。

③ 房贷放款周期指签订存量住房贷款合同到最终放款的自然日数。

表 4-2-4　2023 年 12 月重点城市主流房贷利率（%）

城市	首套利率	二套
北京市	4.20	4.75
上海市	4.10	4.40
广州市	4.10	4.50
深圳市	4.10	4.50
福州市	3.70	4.50
武汉市	3.80	4.40
厦门市	3.70	4.40
大连市	3.70	4.40
重庆市	4.00	4.40
沈阳市	3.70	4.40
合肥市	4.00	4.40
苏州市	4.00	4.50
南昌市	4.00	4.40
天津市	3.80	4.40
长沙市	4.00	4.40
南京市	4.00	4.50
宁波市	4.00	4.40
杭州市	4.00	4.40
佛山市	4.00	4.40
东莞市	4.00	4.40
成都市	4.00	4.40
郑州市	3.70	4.40
昆明市	3.85	4.40
无锡市	3.70	4.50
青岛市	4.00	4.40
济南市	4.00	4.40
石家庄市	3.70	4.40
长春市	3.70	4.40
西安市	4.00	4.40
哈尔滨市	3.70	4.40

数据来源：贝壳研究院。

注：北京统计的是城六区以外，上海统计的是外围区域，厦门统计的是岛外区域。

贷款成数提高。2023 年贝壳 60 城①存量住房购房贷款成数② 62.2%，较 2022 年提高 3.4 个百分点（见图

① 60 城包含：安庆、包头、北京、长春、长沙、常州、成都、大连、东莞、佛山、福州、广州、贵阳、哈尔滨、杭州、合肥、呼和浩特、淮安、惠州、济南、嘉兴、开封、昆明、兰州、廊坊、临沂、洛阳、马鞍山、绵阳、南昌、南充、南京、南通、宁波、青岛、泉州、上海、绍兴、深圳、沈阳、石家庄、苏州、太原、天津、潍坊、温州、无锡、芜湖、武汉、西安、厦门、咸阳、襄阳、徐州、烟台、银川、郑州、中山、重庆、珠海。

② 贷款成数指使用按揭贷款的购房客户贷款额与其房屋成交额的比值。

4-2-5）。

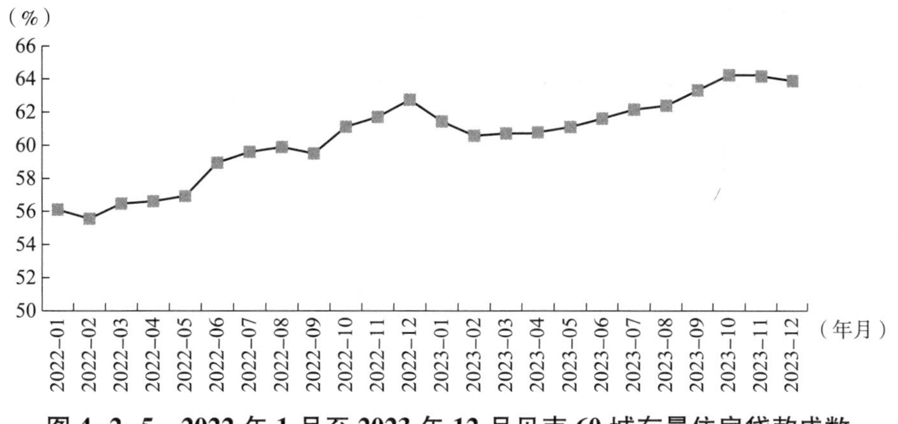

图 4-2-5　2022 年 1 月至 2023 年 12 月贝壳 60 城存量住房贷款成数

数据来源：贝壳研究院。

（许小乐　刘丽杰　贝壳研究院）

三、住房租赁市场

随着“租购并举”住房制度的深入实施，我国住房租赁市场迎来蓬勃发展的机遇期，已逐步成为房地产市场不可或缺的重要组成部分。在这一背景下，行业发展的政策体系得到持续的完善与加强，中央及地方政府出台一系列相关配套政策，为住房租赁市场的健康发展提供有力的政策保障。

（一）政策动向

2023 年住房租赁行业政策体系不断完善，政策导向从重供应走向供需双侧发力，双向保障住房租赁行业可持续发展。据不完全统计，2023 年，中央及地方政府共发布 197 条住房租赁相关政策，涉及土地供应、房源筹集、金融支持、财政补贴、税费减免、市场规范、建设指导、项目认定、运营管理、退出机制等各个方面。与 2022 年政策引导方向相比，2023 年政策开始从重供应走向供需双侧发力，租赁供应类政策占比下降，租客权益保障和市场监管方面的政策占比明显提升，双向支持住房租赁行业可持续发展（见图 4-3-1）。

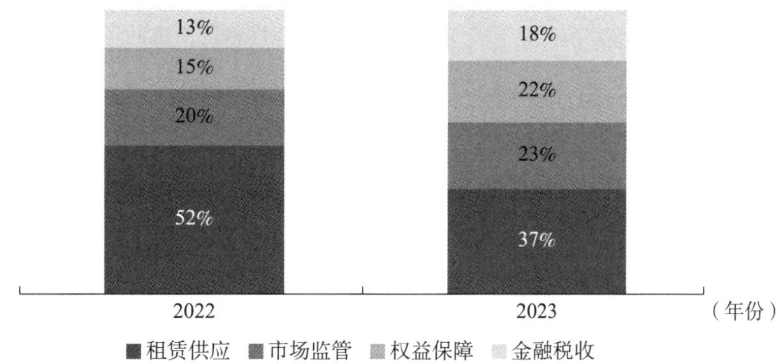

图 4-3-1　2022 年和 2023 年各类型租赁住房政策占比情况

数据来源：根据公开资料整理。

在供给端，继续积极施策培育壮大住房租赁市场。拓展筹建渠道，加大租赁供应。2023 年中央及地方政府均在相关指导文件中着重强调培育壮大住房租赁市场的重要性，普遍提出多渠道筹集租赁房源，培育专业化、规模化住房租赁企业，加大保租房等租赁住房供给。2023 年中央政治局会议、中央经济工作会议等重要会议均指出要加大保障性住房建设和供给，积极推动城中村改造和“平急两用”公共基础设施建设，盘活改造各类闲置房产。以“三大工程”建设助力构建房地产发展新模式。

加大金融支持力度。2023 年金融扶持住房租赁行业发展力度进一步加强。2023 年以来，中央各部门积极出台政策加大住房租赁金融支持力度，央行设立 1000 亿元“租赁住房贷款支持计划”；人民银行、银保监会起草《关于金融支持住房租赁市场发展的意见（征求意见稿）》，从加强住房租赁信贷产品和服务模式创新、拓宽住房租赁市场多元化投融资渠道、加强和完善住房租赁金融管理等方面提出 17 条举措，支持住房租赁市场发展；证监会发布通知进一步推进 REITs 常态化发行工作，放宽发行条件（见表 4-3-1）。

表 4-3-1　2023 年金融支持重点政策梳理

时间	文件/会议	主要内容
2023 年 1 月	银行信贷工作座谈会	因城施策实施好差别化住房信贷政策，更好支持刚性和改善性住房需求，加大住房租赁金融支持，做好新市民、青年人等住房金融服务，推动加快建立“租购并举”住房制度
2023 年 1 月	《关于开展租赁住房贷款支持计划试点有关事宜的通知》	设立“租赁住房贷款支持计划”，额度为 1000 亿元，采取“先贷后借”的直达机制，按季度发放，支持相关金融机构于 2023 年底前，向重庆、济南、郑州、长春、成都、福州、青岛、天津 8 个试点城市发放租赁住房购房贷款
2023 年 2 月	2023 年金融市场工作会议	动态监测分析房地产市场边际变化，因城施策实施好差别化住房信贷政策，落实好金融支持房地产市场平稳健康发展的 16 条政策措施，积极做好保交楼金融服务，加大住房租赁金融支持，推动房地产业向新发展模式平稳过渡
2023 年 2 月	《关于金融支持住房租赁市场发展的意见（征求意见稿）》	围绕住房租赁供给侧结构性改革方向，以商业可持续为基本前提，重点支持自持物业的专业化、规模化住房租赁企业发展，为租赁住房的投资、开发、运营和管理提供多元化、多层次、全周期的金融产品和金融服务体系，共 17 条内容
2023 年 3 月	《关于进一步推进基础设施领域不动产投资信托基金常态化发行相关工作的通知》	进一步推进 REITs 常态化发行工作。申报发行基础设施 REITs 的特许经营权、经营收益权类项目，基金存续期内部收益率原则上不低于 5%；非特许经营权、经营收益权类项目，预计未来 3 年每年净现金流分派率原则上不低于 3.8%。落实中央“房住不炒”要求，充分考虑保障性租赁住房的保障属性，鼓励更多保障性租赁住房 REITs 发行
2023 年 6 月	《关于金融支持全面推进乡村振兴加快建设农业强国的指导意见》	鼓励运用信贷、债券、资产支持证券、基础设施领域不动产投资信托基金（REITs）等方式，支持专业化、规模化住房租赁企业发展，依法合规加大对新市民等群体保障性租赁住房建设融资支持力度
2023 年 6 月	《关于进一步发挥银行间企业资产证券化市场功能增强服务实体经济发展质效的通知》	大力推进不动产信托资产支持票据（银行间类 REITs）业务。重点支持租赁住房、能源、公用事业、交通运输、仓储物流、新基建、生态环保、产业园区、水利设施、旅游基础设施等领域通过发行类 REITs 有效盘活存量资产，满足企业轻资产运营、提升资产运营管理效率及降低资产负债率等多样化融资需求，形成存量资产和新增投资的良性循环
2023 年 7 月	《关于恢复和扩大消费措施的通知》	支持符合条件的消费基础设施发行不动产投资信托基金（REITs）；完善住房保障基础性制度和支持政策，扩大保障性租赁住房供给，着力解决新市民、青年人等住房困难群体的住房问题

数据来源：根据公开资料整理。

在需求侧，优化公积金服务，加强市场监管，大力确保承租人权益。市场监管方面，2023 年监管政策主要集中在资金监管、信用信息管理以及从业人员实名管理等方面。住建部和市场监管总局出台《关于规范房地产经纪服务的意见》，规范房地产经纪机构住房租赁经纪服务费用。北京、上海等地发布政策规范中介服务、强化住房租赁市场管理及治安管理、整治住房租赁市场乱象。北京、合肥、青岛、宁波等地发布住房租赁资金监管办法，增强行业资金安全性。优化公积金服务。各地通过优化公积金提取租金的方式，加大对于住房租赁消费的支持。2023 年，海南、北京、深圳、天津、重庆、成都、南京、东莞、佛山等 30 多个省/市发布政策文件优化提取住房公积金支付房租业务，除普遍性提高提取额度外，部分城市还强调放宽提取条件、增加提取频次、给予多子女家庭更高额度、优化租房提取方式，可以使用公积金支付房租等内容。

（二）行业发展

1. 土地供应：22 城供应量持续下滑，各地开始按需更加理性供应租赁用地

截至 2023 年底，全国范围内推出涉租赁土地约 186 块，规划建筑面积 292 万平方米，同比下降 37.2%。2023 年在经济下行及房地产行业不景气的背景下，各地招拍挂土地出让中相继取消需“配建、自持”部分租赁住房，按需理性供应。根据涉租用地供应方式来看，纯租赁用地方式占主导，占比 75%，以建设保障性租赁住房为主，自持、配建涉租用地占比进一步降低（见图 4-3-2）。

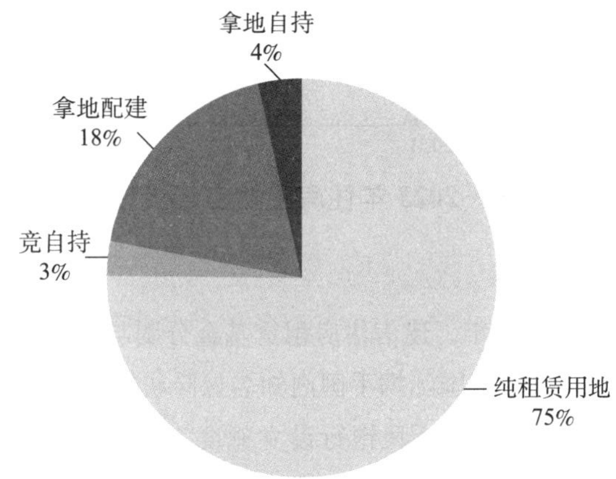

图 4-3-2　2023 年租赁相关用地整体供应成交占比情况

数据来源：公开信息，克而瑞长租整理。

划拨、协议出让方式或将成为未来住房租赁土地供应的主流。2023 年各地划拨、协议方式出让涉租用地 94 宗，占比 51%，未来将成为主要供应方式。2023 年 8 月，国务院常务会议审议通过《关于规划建设保障性住房的指导意见》，其中提出，通过保障性住房以划拨方式加速供应土地。在 2022 年仅有少量地块通过协议出让方式供应，在 2023 年供应涉租用地的 18 城中有 16 城以划拨、协议方式出让地块（见图 4-3-3）。

2. 融资情况：资本热度重燃，大宗交易火热，租赁基金和专项贷款有序落地

在多重利好的推动下，资本市场对住房租赁行业的关注度不断提升，大宗交易活跃，公募 REITs 积极推进，租赁基金和专项贷款有序落地，融资热度不减，融资渠道更加多元。

在当前房地产市场低迷背景下，住房租赁行业却展现出稳定且持续增长的租金回报率，因此，行业的关注度也不断上升。近年来，全国长租公寓大宗投资加速增长，黑石、KKR、博枫、睿星、平安等国内外领先机构纷纷进场或加码。2023 年住房租赁市场大宗交易额飙升至 110 亿元，超过前两年的总和（见图 4-3-4）。

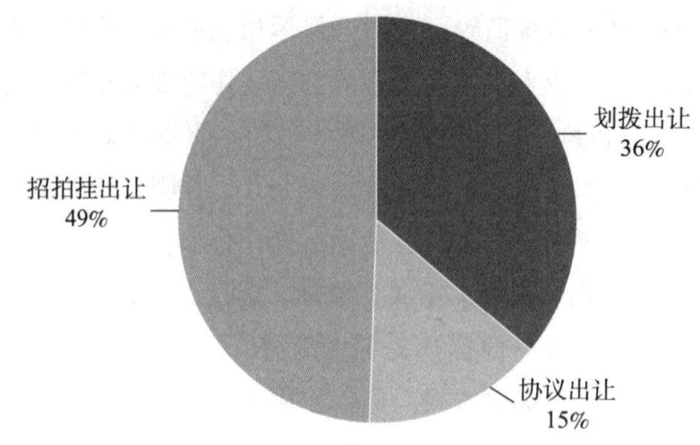

图 4-3-3　2023 年涉租用地出让方式占比

数据来源：公开信息，克而瑞长租整理。

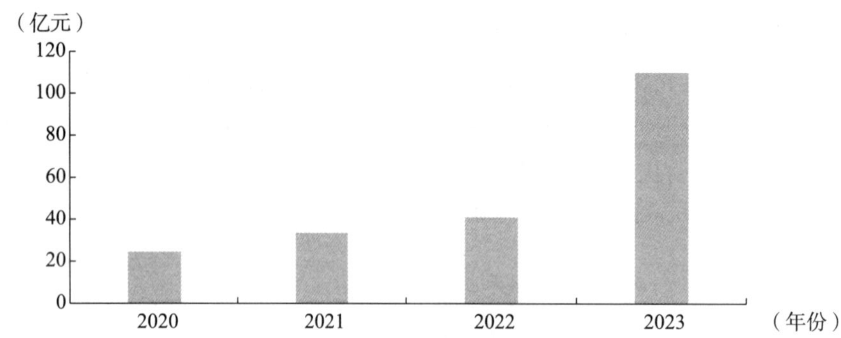

图 4-3-4　2020—2023 年住房租赁市场大宗投资交易金额

数据来源：根据公开资料整理。

租赁基金和专项贷款有序落地。2023 年，建信住房租赁基金分别与万科、北京首开和北京大兴集团、天津市政府、重庆发展公司等成立子基金；瓴寓国际携手国内知名保险机构紫金财险以及江苏省属国资基金管理人新华沣裕共建 5 亿元租赁住房专项基金；中国人民银行设立额度为 1000 亿元的住房租赁贷款支持计划在 2023 年落地济南、郑州、福州、天津 4 个城市，获得试点贷款 40.86 亿元。据国家金融监督管理总局数据，2023 年 6 月底，住房租赁贷款余额约 7800 亿元，同比增长 90%。

2023 年，股权融资再度下降，仅新寓获得天使轮百万元融资。住房租赁专项债的发行规模也大幅缩减，约是上年的 1/3。ABS 及类 REITs 的整体发行金额仅 36.36 亿元，同比下跌 63.6%（见图 4-3-5）。

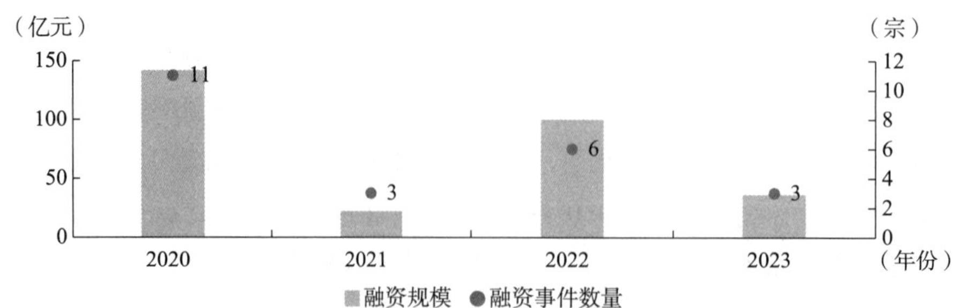

图 4-3-5　2020—2023 年住房租赁资产证券化发行情况

数据来源：根据公开资料整理。

已发行保租房 REITs 表现优异。从第四季报数据来看，底层资产出租率一直维持在高位，多个项目接近满租，收入和净利润方面也表现不错，保租房板块全年实际分派率 3.26%，分派率位于产权 REITs 前列（见表 4-3-2）。

表 4-3-2　2023 年四支保租房 REITs 表现情况

基金名称	收入（万元）	净利润（万元）	底层资产	2023 年第四季度出租率（%）
红土创新深圳安居 REIT	1362. 97	583. 3	安居百泉阁	97. 3
			安居锦园	97. 3
			保利香槟苑	99. 5
			凤凰公馆	99. 3
中金厦门安居 REIT	1943. 75	579. 93	园博公寓	99. 8
			珩琦公寓	99. 9
华夏北京保障房 REIT	1828. 84	776. 21	文龙家园	97. 3
			熙悦尚郡	96. 2
华夏基金华润有巢 REIT	1989. 25	123. 01	有巢泗泾	92. 9
			有巢东经	93. 3

数据来源：根据公开资料整理。

3. 企业运营情况：头部企业拓展加速，规模 TOP30 中央国企市场占有率持续提升

开业规模榜（TOP30）中，入榜企业开业规模门槛上升至 8400 间，较上年提升 2874 间，入榜门槛持续提升。开业规模榜中，TOP3 头部企业开业规模合计 38. 12 万间，占 TOP30 企业开业规模的 36%，其中，万科泊寓以 18 万间的成绩位居榜首。

在管理规模榜中，TOP30 租赁企业管理规模达 155. 7 万间，2023 年累计拓店规模近 31 万间，同比增长 24. 78%。入榜企业管理规模门槛为 16235 间，较上年提升 6193 间。TOP3 管理规模超 50 万间，占 TOP30 管理规模的 32%，企业头部效应依然显著。万科泊寓和龙湖冠寓分别以 22. 87 万间和 16. 36 万间的管理规模持续占据冠军和亚军席位（见表 4-3-3）。

表 4-3-3　2023 年中国住房租赁企业集中式公寓开业及管理规模排行榜（TOP30）

排名	品牌	开业规模（间）	品牌	管理规模（间）
1	万科泊寓	180475	万科泊寓	228656
2	龙湖冠寓	124059	龙湖冠寓	163617
3	魔方生活服务集团	76635	魔方生活服务集团	109882
4	乐乎公寓集团	76223	瓴寓国际	104317
5	瓴寓国际	57062	美寓	100963
6	百瑞纪集团	45209	乐乎公寓集团	76223
7	城家	35888	华润有巢	56000
8	自如寓	35378	朗诗寓	54500
9	上海城方	34623	百瑞纪集团	53360
10	朗诗寓	33036	合房承寓	48900
11	华润有巢	31990	城家	48279
12	招商伊敦公寓	31164	招商伊敦公寓	47854
13	美寓	30652	保利公寓	45093

续表

排名	品牌	开业规模（间）	品牌	管理规模（间）
14	合房承寓	23000	上海城方	44678
15	安歆集团	21532	自如寓	35378
16	碧家	21215	微领地集团	34152
17	乐璟生活社区	20645	乐璟生活社区	28085
18	恒泰星寓	19974	安歆集团	26827
19	抱家公寓	19422	合景公寓	26826
20	漫柏集团	18992	恒泰星寓	24906
21	金地草莓社区	16357	金地草莓社区	24371
22	怡居（前海租无忧）	15212	漫柏集团	24282
23	保利公寓	15041	怡居（前海租无忧）	21764
24	城投宽庭	11968	碧家	21215
25	宝地友间公寓	9716	抱家公寓	20818
26	中海长租公寓（海堂、友里）	9250	城投宽庭	17778
27	东南青年汇	9020	浦发有家	17706
28	合景公寓	8707	兴城之家	17337
29	安居瑾家	8495	金桥集团	17083
30	方隅公寓	8400	中海长租公寓（海堂、友里）	16235

数据来源：中国房地产决策咨询系统（CRIC）城市租售系统。

2023 年以来，央企、国企不断加大长租公寓投入筹码，扩大企业房源规模，充分发挥市场稳定器作用，同时越来越多的国企开始成立住房租赁品牌参与住房租赁行业。国家队市场房源占比不断提升，2023 年 TOP30 企业开业规模中国家队占比较上年提升 6 个百分点，增速远超其他企业（见图 4-3-6）。

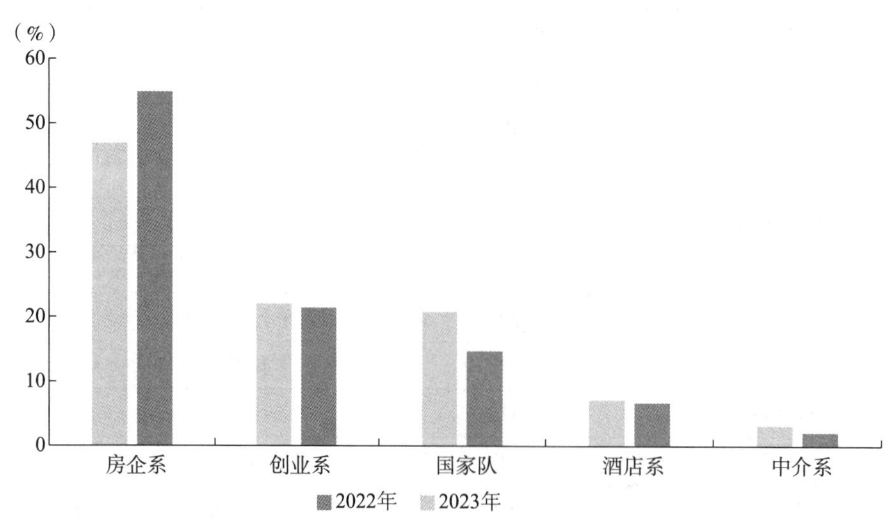

图 4-3-6　2022 年和 2023 年 TOP30 集中式长租公寓企业开业规模占比变化

数据来源：克而瑞长租整理。

4. 市场发展特点：个人房源量价齐跌，集中式公寓规模稳步提升，租金城市间分化

（1）个人租赁房源。

1）供应规模不断下降。

从新增供应来看，近五年，全国55城个人租赁房源新增房源量整体呈现下跌趋势。2023年个人房源新增供应598万间，不足2019年的一半。与2022年相比，2023年新增供应房源小幅下降3.64%。“十四五”期间国家大力支持保障性租赁住房发展，2023年保租房市场供应显著增加，对个人房源供应产生一定冲击（见图4-3-7）。

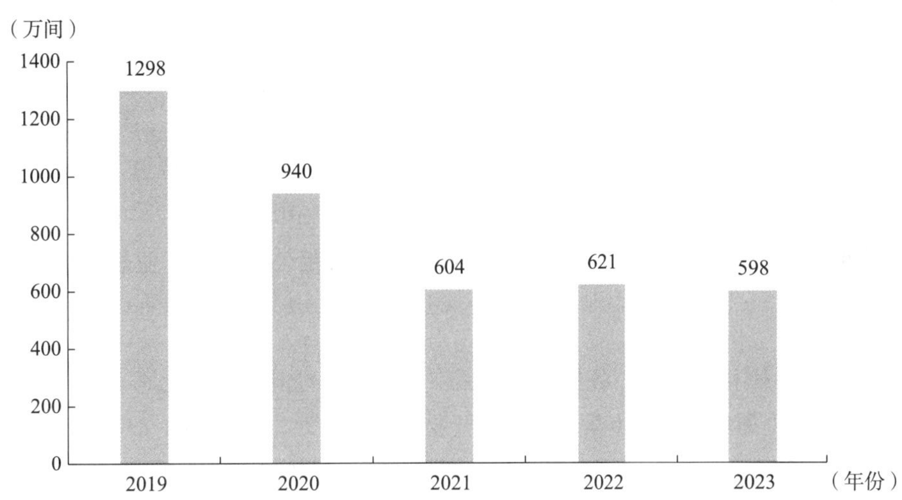

图4-3-7　2019—2023年全国55城个人房源租赁挂牌量

数据来源：CRIC城市租售系统。

2）租金小幅下滑。

2023年，全国55城个人房源平均租金为32.93元/（米^2·月），较上年继续呈现下跌趋势。随着保租房的大量入市，在一定程度上影响个人房源的租金，未来，个人房源租金可能会继续呈现下跌趋势（见图4-3-8）。

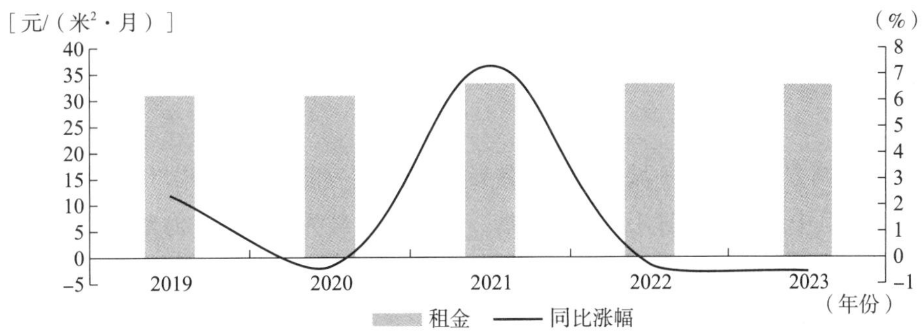

图4-3-8　2019—2023年55城个人租赁房源租金及变动

数据来源：CRIC城市租售系统。

（2）集中式长租公寓。

1）整体发展：规模稳步提升，租金城市间分化显著。

2023年，中国住房租赁行业市场化租赁企业开业规模持续增长，TOP30企业开业规模首次超过100万间，总规模约 105 万间，同比增长 13.72%。2023 年以来，租赁企业开业规模持续增长，第三、第四季度各地大型租赁社区和人才公寓项目入市较多，对季度规模的提升作用极大，同环比增速较高（见图 4-3-9）。

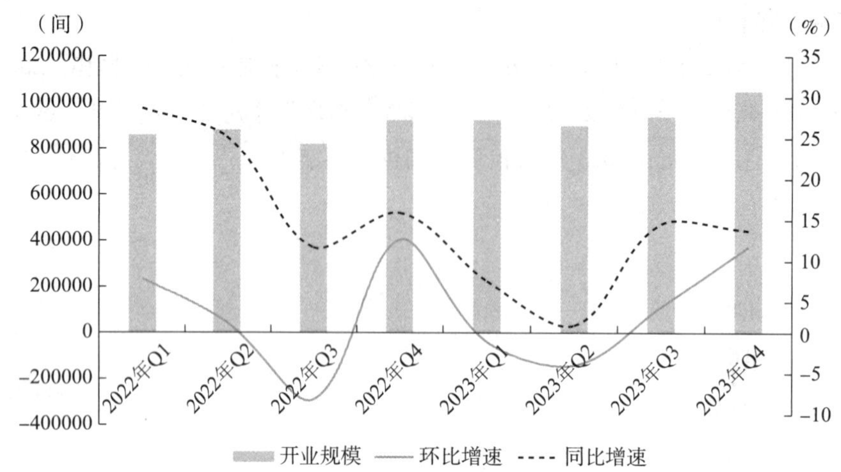

图 4-3-9　2022—2023 年中国 TOP30 集中式长租公寓企业开业规模变化

数据来源：克而瑞长租。

重点城市集中式公寓规模稳步提升，各城市规模差异较大。一线城市中，上海、深圳集中式公寓发展较快，截至 2023 年底，上海、深圳两个城市集中式公寓开业规模分别为 26.3 万间、23.6 万间，均超过 20 万间，同比增速分别为 37.7%、23.1%。二线城市中杭州的集中式公寓发展较快，开业规模 13.7 万间，超过北京、广州（见图 4-3-10）。

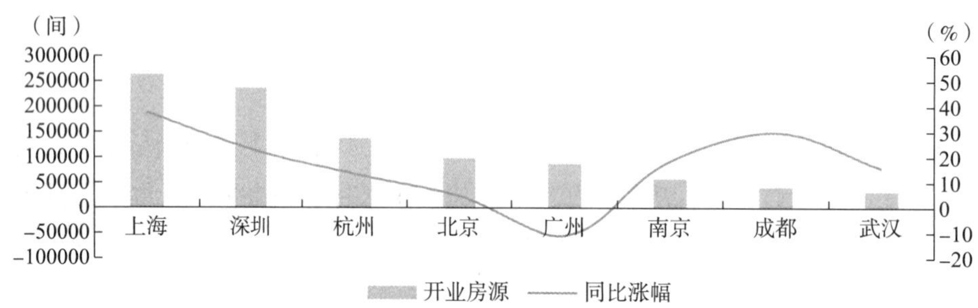

图 4-3-10　2023 年重点城市集中式公寓开业规模及同比涨幅

数据来源：CRIC 城市租售系统。

2023 年，集中式公寓方面，重点 8 城租金涨跌各异，北京、广州、深圳、杭州、武汉、成都等城市租金同比出现不同程度上涨，其中武汉摆脱前几年疫情束缚，租金上涨最为显著。上海集中式公寓租金跌幅最为显著，整体受保租房集中入市影响较为明显（见图 4-3-11）。

2）保障性租赁住房的发展。

政策推动下，全国各地保障性租赁住房加速筹建，根据国家统计局发布数据，2023 年保障性租赁住房开工建设和筹集 213 万套（间），超额完成年初制定的 204 万套（间）筹建目标，江苏、北京、上海等城市也超额完成年度筹建目标（见表 4-3-4）。

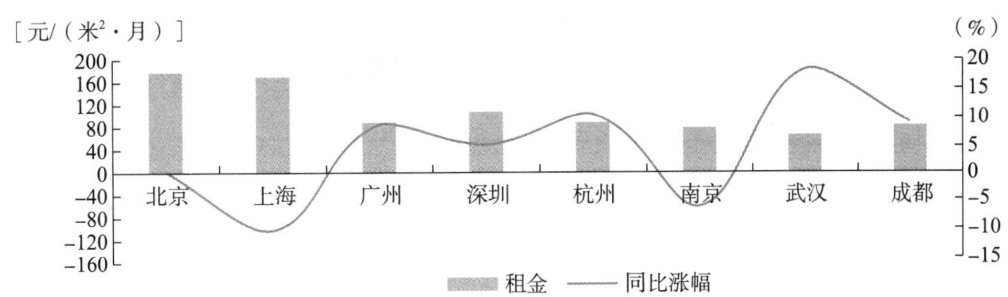

图 4-3-11　2023 年重点城市集中式公寓租金及同比涨幅

数据来源：CRIC 城市租售系统。

表 4-3-4　部分城市 2023 年保租房年度目标完成情况

地区	2023 年目标［万套（间）］	2023 年筹措［万套（间）］	完成进度（%）
全国	204.0	213.0	104.4
江苏	15.0	17.0	113.5
广西	6.2	6.6	106.1
江西	16.6	16.7	100.8
北京	8.0	8.2	101.9
上海	7.5	8.1	108.0
广州	7.5	7.7	102.0
宁波	4.7	5.0	107.1
南昌	1.7	1.7	100.9

数据来源：根据公开资料整理。

随着保租房筹建工作的加速推进，2023 年保租房市场迎来入市的高峰期。上海作为全国“十四五”保障性租赁住房筹建进度最快的城市，2023 年品牌集中式保租房供应加速，截至 2023 年底供应 10 万间，年度新增供应量较上年翻倍，平均每月新增 4200 间。2023 年，上海品牌集中式保租房平均出租率 80%左右，受租赁大社区项目集中入市影响，整体出租率有所下降；平均租金 96.3 元/（米²·月），2023 年中大户型及郊区新增房源提升，拉低整体租金坪效（见表 4-3-5）。

表 4-3-5　2021—2023 年上海保障性租赁住房发展情况

年份	开业房源量（间）	规模同比增长（%）	年均出租率（%）	租金坪效［元/（米²·月）］	租金同比增长（%）
2021	34610	—	81.14	111.6	—
2022	49381	42.68	84.20	110.1	-1.34
2023	100333	103.18	78.03	96.3	-12.53

数据来源：CRIC 城市租售系统。

2023 年，上海新增 18 个 1000 套以上的保租房大社区项目入市，总房源约 3.5 万套。从资产类型来看，以新建项目为主，仅魔方公寓上海秀沿路店是由学生宿舍改建而来，其他 18 个项目均是新建。从项目的分布情况来看，保租房大社区主要布局在外环，其中，浦东新区新增保租房大社区房源最多，约 1.8 万套，闵行区、松江区也有 5000 套左右（见表 4-3-6）。

表 4-3-6 2023 年上海新开业保租房大社区项目

开业时间	区域	项目名称	运营方	项目房间数（套）	资产类型
2月	浦东新区	浦发有家·康涵社区	瓴寓国际	1451	新建
2月	闵行区	新黄浦·筑梦城梅陇租赁社区	新黄浦实业集团	1315	新建
2月	浦东新区	耀华国际租赁社区 （耀华璟滨公寓、耀华璟耀公寓）	上海地产城方	2212	新建
3月	松江区	屿果公寓·上海松江醉白池店	屿果公寓	1872	新建
3月	嘉定区	嘉荷新苑柚米社区	瓴寓国际	1432	新建
3月	杨浦区	城投宽庭·光华社区	上海城投	1234	新建
4月	闵行区	城投宽庭浦江社区	上海城投	2362	新建
6月	浦东新区	浦发有家唐镇社区	浦发有家	2732	新建
7月	闵行区	虹桥乐贤居	城家公寓	1668	新建
7月	浦东新区	魔方公寓上海秀沿路店	魔方生活服务集团	1100	改建
8月	静安区	市北高新人才公寓北苑	市北高新	1015	新建
8月	奉贤区	奉发未来临港社区	上海建瓴企业管理有限公司	1944	新建
8月	浦东新区	慧智仁恒派国际租赁社区	上海柏薇酒店管理有限公司	1533	新建
8月	普陀区	西部乐巢中岚居	西部乐巢	1352	新建
9月	浦东新区	城投宽庭张江社区	城投宽庭	4455	新建
9月	浦东新区	港城领寓中环汇	港城领寓	1435	新建
11月	浦东新区	慧智·有巢国际公寓社区	慧智 & 有巢	2647	新建
12月	松江区	上海松江西部科技园柚米社区	瓴寓国际	2965	新建

数据来源：克而瑞长租整理。

（三）租赁行业发展小结

2023 年，我国住房租赁行业成为各方瞩目的焦点，不仅得到国家和地方政府的鼎力支持，也吸引资本市场的高度关注。在这一年里，政府层面积极推动租赁住房的发展，出台一系列政策措施，为行业的健康发展提供有力保障。同时，资本市场也加大对住房租赁行业的支持力度，为市场的快速发展注入强劲动力。市场规模稳步提升，部分城市集中式规模大幅提升。此外，保障性租赁住房筹建加速，2023 年全国开工建设和筹集 213 万套（间），年度目标超额完成。新建保租房项目也迎来入市高峰期，为广大新市民、青年人等群体提供更多优质的租赁选择。未来，随着政策体系的进一步完善和市场环境的不断优化，我国住房租赁市场有望继续保持强劲的发展势头，助力实现“住有所居”“住有宜居”的目标。

（王　伟　李见林　刘艳平　克而瑞集团）

四、70 座大中城市住房价格指数

（一）新建商品住宅销售价格指数（见表 4-4-1 至表 4-4-3）

表 4-4-1　2023 年 70 座大中城市新建商品住宅价格环比指数

城　市	1 月	2 月	3 月	4 月	5 月	6 月	7 月	8 月	9 月	10 月	11 月	12 月
北　京	100.4	100.2	100.3	100.6	100.2	100.1	100.4	99.8	100.4	99.6	99.9	100.0
天　津	100.3	100.9	100.8	100.6	100.2	100.3	99.8	99.6	99.8	100.0	100.4	99.6
石家庄	100.1	100.2	100.7	100.7	100.5	99.9	99.8	99.3	99.5	100.3	99.7	100.3
太　原	100.2	100.5	100.1	100.3	100.7	99.8	100.1	100.2	99.6	99.5	99.7	100.4
呼和浩特	99.7	100.6	100.5	100.3	100.1	100.2	99.9	99.9	99.7	99.8	99.6	99.7
沈　阳	99.6	99.9	100.5	100.2	100.3	99.7	99.4	100.1	100.2	99.9	99.2	99.8
大　连	99.9	99.7	99.6	99.6	99.7	100.2	99.3	100.3	99.4	99.7	99.1	99.4
长　春	99.5	99.7	100.3	100.4	99.8	100.5	99.3	99.2	99.6	100.2	99.5	100.1
哈尔滨	99.6	100.1	100.4	100.7	100.3	100.3	99.6	99.4	99.3	99.8	99.6	99.3
上　海	100.7	100.2	100.4	100.4	100.3	100.4	100.2	100.1	100.5	100.2	100.6	100.2
南　京	100.0	100.3	100.5	100.5	99.7	99.8	99.9	99.6	99.2	99.3	99.0	98.8
杭　州	100.4	100.2	100.2	100.1	100.2	100.4	100.0	100.1	100.1	100.3	100.4	99.8
宁　波	100.6	100.9	100.6	100.2	100.4	100.3	99.6	99.8	100.3	99.1	99.6	99.7
合　肥	100.7	100.3	100.3	100.1	100.2	99.9	99.7	99.8	99.9	100.2	99.8	99.8
福　州	100.2	100.3	100.4	100.2	100.1	99.8	99.6	99.7	99.5	99.4	99.6	99.4
厦　门	99.7	100.1	100.5	100.1	99.8	99.7	99.5	99.7	99.4	99.8	99.5	98.9
南　昌	100.3	100.3	100.6	100.5	100.4	100.1	99.7	99.5	99.4	99.6	99.2	99.3
济　南	99.8	100.9	100.7	100.6	100.7	100.2	100.1	99.9	99.7	99.9	99.8	99.6
青　岛	100.4	100.5	100.5	100.2	100.3	100.1	99.9	99.8	99.5	99.8	99.5	99.2
郑　州	100.2	100.6	100.9	100.5	99.8	99.7	99.3	99.5	99.4	99.1	99.6	99.5
武　汉	100.2	100.6	101.3	100.7	100.2	100.0	99.9	99.5	99.7	99.9	99.5	98.9
长　沙	100.3	100.0	100.6	100.5	100.4	100.2	100.1	100.3	100.1	100.4	99.8	99.9
广　州	99.8	100.3	100.2	100.2	100.1	99.9	99.8	99.7	99.4	99.3	99.1	99.0
深　圳	99.8	100.2	100.4	100.3	99.8	99.7	99.4	99.4	99.5	99.5	99.2	99.1
南　宁	99.9	100.5	100.9	100.3	100.4	99.7	99.3	99.5	99.5	99.5	99.0	100.3
海　口	99.9	100.4	100.5	100.7	100.4	100.4	100.2	100.4	100.3	100.0	99.7	99.4
重　庆	100.3	100.7	100.9	100.7	99.9	99.8	100.3	100.1	100.2	99.9	99.8	99.4
成　都	100.6	100.7	100.7	100.9	100.5	100.2	100.2	100.3	100.2	100.2	100.3	100.1
贵　阳	99.6	99.7	100.7	100.2	100.4	99.8	99.5	99.9	99.8	100.4	99.4	99.9
昆　明	100.3	100.9	101.2	100.1	99.6	99.5	99.9	99.4	99.3	99.2	100.5	99.5
西　安	100.2	100.0	100.4	100.6	100.4	100.3	100.5	100.4	100.4	100.6	100.2	100.5

续表

城　市	1月	2月	3月	4月	5月	6月	7月	8月	9月	10月	11月	12月
兰　州	99.9	100.5	100.6	100.4	100.5	100.2	100.1	99.5	99.5	98.7	100.0	99.4
西　宁	100.5	100.3	100.2	100.3	100.2	100.1	99.6	98.9	99.6	99.6	99.4	99.0
银　川	100.1	100.5	100.6	101.0	100.2	100.4	99.6	100.3	99.5	99.3	99.9	99.1
乌鲁木齐	100.3	100.4	100.8	100.1	100.3	99.6	99.8	100.1	99.8	99.6	99.9	99.5
唐　山	100.1	100.4	100.3	100.7	99.9	99.9	99.7	99.7	99.5	99.4	99.3	99.3
秦皇岛	99.7	99.8	100.2	99.6	100.1	99.6	99.4	99.9	99.5	99.9	99.4	99.8
包　头	99.9	100.5	99.9	100.4	99.8	99.6	99.4	99.3	99.2	99.7	99.8	99.6
丹　东	100.1	99.7	99.5	100.3	99.6	100.1	100.2	99.8	99.4	99.9	99.7	99.7
锦　州	99.5	99.8	100.2	100.4	100.1	100.2	100.1	100.0	100.3	99.7	99.6	99.2
吉　林	99.2	100.3	100.7	100.1	100.6	100.2	99.4	99.5	99.6	100.2	100.3	99.3
牡丹江	99.8	99.8	99.3	100.2	100.1	100.3	99.7	99.6	99.0	99.4	99.6	99.7
无　锡	99.7	100.3	100.3	100.4	99.8	99.6	99.4	99.7	100.1	99.5	99.3	99.6
徐　州	100.2	100.6	101.0	100.6	100.1	99.9	100.2	99.2	99.4	98.4	99.2	99.0
扬　州	100.4	100.4	100.6	100.0	100.3	100.1	99.7	99.0	99.0	99.1	99.1	99.4
温　州	99.0	100.3	100.1	100.2	99.8	100.3	99.6	99.6	99.5	99.8	99.5	99.3
金　华	99.8	100.4	100.2	99.6	99.7	99.8	99.1	98.9	100.0	99.6	99.4	99.4
蚌　埠	100.4	100.3	100.3	100.4	100.2	99.7	99.8	99.9	99.7	99.8	99.7	99.5
安　庆	100.2	100.4	100.6	100.2	100.2	99.8	99.9	99.7	99.8	99.0	99.3	99.2
泉　州	99.5	99.6	99.4	99.8	100.3	99.6	100.1	100.1	100.3	99.7	100.0	99.8
九　江	100.2	100.1	100.4	100.4	100.1	99.8	99.9	99.6	99.5	98.9	99.6	99.6
赣　州	99.9	99.9	100.0	100.3	99.8	99.6	99.5	99.4	99.7	99.3	99.5	99.9
烟　台	99.9	100.5	100.5	99.9	100.1	100.1	99.6	100.2	99.9	99.6	99.2	99.4
济　宁	99.8	99.9	100.4	100.3	99.5	100.1	100.2	99.8	99.8	99.2	99.4	99.2
洛　阳	99.5	100.3	100.5	100.6	100.1	99.8	99.7	99.2	99.6	99.6	99.5	99.7
平顶山	99.4	99.9	100.4	100.1	100.2	99.7	99.6	99.3	99.7	99.8	99.8	99.6
宜　昌	99.5	100.6	100.2	99.9	99.3	99.8	99.0	100.1	99.4	99.6	100.1	99.9
襄　阳	99.7	100.2	100.4	100.3	100.2	100.4	99.5	99.8	99.7	99.4	99.7	99.4
岳　阳	100.1	100.1	100.5	100.2	99.8	99.8	99.4	99.1	99.9	100.0	99.5	99.5
常　德	99.5	100.2	100.5	100.2	99.8	99.6	100.1	99.8	99.6	99.8	99.2	99.4
韶　关	100.2	100.2	100.6	100.4	100.7	99.7	99.7	99.5	99.3	98.9	99.2	99.4
湛　江	100.6	101.4	100.8	100.6	100.8	100.2	99.7	99.4	99.3	99.0	99.3	99.0
惠　州	99.6	100.3	100.2	100.7	99.6	98.9	99.3	99.6	99.7	98.5	99.3	99.6
桂　林	100.1	100.7	100.1	100.5	99.6	99.5	99.4	99.5	99.4	99.6	99.8	99.6
北　海	100.4	100.6	100.9	100.4	100.5	100.2	100.3	100.3	99.6	99.2	99.5	99.4
三　亚	100.3	100.5	100.7	100.1	100.6	100.3	100.2	100.4	100.1	100.1	99.9	99.7

续表

城市	1月	2月	3月	4月	5月	6月	7月	8月	9月	10月	11月	12月
泸州	99.4	100.1	100.5	100.4	100.5	99.5	99.4	99.4	99.8	99.7	99.5	99.4
南充	100.5	99.8	100.6	100.3	99.4	99.9	99.8	99.6	99.6	99.9	99.9	99.8
遵义	100.2	100.8	100.9	100.5	99.5	99.9	100.2	99.6	99.8	99.4	99.6	99.6
大理	99.4	100.3	100.6	99.5	99.2	99.2	100.3	99.4	100.2	99.4	100.1	99.9

数据来源：国家统计局。

注：环比以上月价格为100。

表4-4-2 2023年70座大中城市新建商品住宅价格同比指数

城市	1月	2月	3月	4月	5月	6月	7月	8月	9月	10月	11月	12月
北京	105.2	104.7	104.6	104.5	104.3	103.5	103.5	102.8	102.9	102.1	101.9	101.7
天津	97.0	97.8	98.4	99.1	99.7	100.2	100.5	100.6	100.6	100.9	102.0	102.3
石家庄	97.6	97.8	98.2	98.7	99.4	99.5	99.6	99.3	99.1	100.2	100.0	101.0
太原	95.6	96.5	96.8	97.7	98.6	98.4	98.8	99.5	99.7	99.6	100.1	101.2
呼和浩特	96.7	97.4	98.0	98.8	98.7	99.4	99.1	99.9	99.5	99.3	98.9	100.0
沈阳	95.0	95.4	96.2	96.6	97.0	96.6	96.4	97.3	97.8	98.3	98.3	98.7
大连	95.2	95.3	95.6	95.3	95.3	95.8	95.2	95.8	95.7	96.5	96.1	95.9
长春	95.0	95.0	95.2	95.6	95.5	96.7	96.3	95.3	95.6	96.4	96.6	97.9
哈尔滨	93.0	94.0	95.1	96.4	97.1	98.0	97.8	97.7	97.8	98.2	98.7	98.4
上海	104.2	103.9	104.1	104.6	104.9	104.8	104.5	104.1	104.4	104.4	104.7	104.5
南京	100.2	99.7	100.1	101.2	101.5	100.9	100.5	99.8	99.5	99.2	98.0	96.9
杭州	106.5	106.2	105.8	105.3	105.1	104.5	103.7	103.3	103.0	103.0	102.7	102.2
宁波	101.9	102.2	102.6	103.1	103.8	104.1	103.8	103.4	103.5	102.1	101.6	101.2
合肥	102.4	103.3	104.0	104.3	104.4	103.8	102.8	102.3	101.5	101.2	100.8	100.7
福州	97.5	97.6	98.6	99.4	99.6	99.1	98.4	98.6	98.8	98.7	98.6	98.2
厦门	96.1	96.7	97.4	98.1	98.3	97.6	97.5	97.7	97.4	97.9	97.6	96.7
南昌	101.7	101.7	101.9	101.9	102.2	102.9	101.8	101.2	100.3	100.1	99.3	98.9
济南	101.6	102.4	102.8	103.6	103.8	103.7	103.5	103.1	102.5	102.2	102.1	101.8
青岛	101.5	102.1	102.1	102.2	102.3	101.9	102.0	101.5	101.2	101.2	100.9	99.8
郑州	97.0	97.8	99.4	100.2	100.1	100.0	99.1	99.0	98.7	98.3	98.3	98.4
武汉	94.3	95.3	96.9	98.3	99.2	99.6	99.7	100.5	101.1	101.6	101.4	100.3
长沙	103.4	103.3	103.5	103.6	103.8	103.6	103.5	103.5	103.6	103.7	102.9	102.4
广州	99.7	99.4	99.8	99.9	99.6	99.2	98.7	98.6	98.3	98.0	97.6	97.0
深圳	99.1	98.9	98.5	98.9	98.2	97.6	97.2	97.0	97.0	97.2	96.9	96.4
南宁	96.0	96.9	98.0	98.1	98.2	97.8	98.0	98.1	98.3	98.7	98.3	98.7

续表

城　市	1月	2月	3月	4月	5月	6月	7月	8月	9月	10月	11月	12月
海　口	100.9	101.5	101.5	101.8	101.7	102.3	102.1	102.3	102.5	102.7	102.6	102.1
重　庆	99.4	99.6	100.0	101.2	101.3	100.6	100.5	101.8	101.7	102.2	102.3	102.2
成　都	108.6	108.6	108.5	108.7	108.3	107.2	106.4	106.4	105.8	105.6	105.4	104.9
贵　阳	97.9	98.0	98.4	97.9	98.5	98.5	98.3	98.3	98.1	98.9	99.1	99.2
昆　明	96.9	97.3	98.8	99.0	99.1	98.9	99.2	99.0	98.9	98.9	99.2	99.4
西　安	102.2	101.2	101.2	101.6	101.7	101.7	101.6	101.9	102.7	103.6	104.1	104.5
兰　州	94.4	95.2	96.2	97.2	98.0	98.8	99.4	99.9	100.3	99.4	99.4	99.3
西　宁	97.3	98.4	98.9	99.2	100.5	100.2	99.7	99.0	98.9	99.1	98.6	97.8
银　川	100.9	101.4	101.7	102.6	102.5	102.8	101.8	101.7	101.4	100.9	101.5	100.5
乌鲁木齐	101.8	101.5	101.3	100.9	100.5	100.3	100.3	100.6	100.6	100.5	100.4	100.2
唐　山	97.4	97.8	98.1	98.6	98.3	99.0	98.5	98.8	98.8	98.3	98.4	98.3
秦皇岛	94.4	94.4	95.4	95.4	95.2	95.9	95.9	96.4	96.5	97.1	96.8	97.1
包　头	95.5	96.2	96.7	97.7	98.0	97.9	97.4	97.4	97.2	96.9	97.0	97.1
丹　东	96.0	96.0	96.3	97.5	97.1	97.1	98.0	98.2	98.1	98.1	97.9	97.8
锦　州	96.2	96.5	96.3	98.1	97.9	97.9	98.2	98.6	99.2	99.8	99.6	99.1
吉　林	95.4	95.5	96.2	96.3	97.5	97.6	98.0	98.2	98.4	98.8	99.6	99.4
牡丹江	97.0	97.4	97.0	97.2	97.0	97.0	96.5	96.1	95.2	95.7	96.3	96.5
无　锡	99.1	98.8	98.9	99.5	99.5	98.9	98.6	97.9	98.4	98.7	98.4	97.6
徐　州	98.4	99.1	100.3	101.4	101.3	100.7	100.8	100.3	99.9	98.8	98.5	97.9
扬　州	97.6	98.4	99.3	100.4	101.3	101.8	100.7	100.0	99.6	99.1	98.4	97.3
温　州	92.1	93.1	93.8	94.8	95.0	95.9	96.2	96.2	96.6	97.1	97.5	97.0
金　华	97.6	97.9	97.7	97.0	96.8	97.0	96.4	95.7	96.3	96.4	96.3	96.0
蚌　埠	97.7	97.8	97.9	99.4	100.1	99.6	99.8	99.9	99.7	99.6	100.0	99.6
安　庆	95.7	96.6	97.7	98.3	99.0	99.3	100.2	100.3	100.6	99.5	98.9	98.4
泉　州	96.3	95.5	95.4	95.4	96.3	96.5	97.2	98.2	99.2	99.5	99.1	98.2
九　江	98.3	98.8	99.3	99.9	100.3	100.5	100.1	99.9	99.5	98.8	98.8	98.2
赣　州	99.7	99.3	99.1	99.3	98.9	98.1	97.5	97.3	96.8	96.7	96.6	96.8
烟　台	98.2	98.6	99.3	99.6	100.3	100.2	100.2	100.3	100.5	100.4	99.3	99.0
济　宁	95.6	96.1	96.9	96.9	96.4	96.8	97.4	97.9	97.9	97.7	98.2	97.7
洛　阳	95.0	95.6	96.5	97.8	98.6	98.6	98.2	97.8	97.8	98.1	98.0	98.2
平顶山	97.0	97.6	98.3	98.6	99.0	98.8	98.3	98.1	97.9	98.1	98.1	97.6
宜　昌	94.8	95.8	96.2	96.3	95.5	96.7	96.2	96.5	96.6	97.1	97.4	97.5
襄　阳	96.0	96.6	96.8	98.2	98.9	99.5	99.1	99.3	99.2	98.8	99.0	98.6

续表

城 市	1月	2月	3月	4月	5月	6月	7月	8月	9月	10月	11月	12月
岳 阳	91.9	92.7	93.9	95.3	95.6	97.0	96.9	96.5	97.1	97.8	97.7	97.8
常 德	94.4	95.3	95.6	96.8	97.1	97.0	97.8	98.2	98.2	98.5	98.0	97.8
韶 关	97.4	97.9	97.9	99.3	100.0	100.3	99.8	99.1	98.8	98.0	97.9	97.9
湛 江	93.0	93.9	95.5	97.2	99.2	100.1	100.4	101.0	101.3	100.8	100.6	100.2
惠 州	97.1	96.9	97.7	98.7	98.6	97.3	96.5	96.4	96.3	95.5	95.0	95.3
桂 林	95.5	96.4	97.0	98.0	97.8	97.4	97.3	97.4	97.2	97.2	97.7	97.9
北 海	90.2	92.7	94.0	95.9	97.2	98.3	99.8	101.5	101.7	101.7	101.6	101.4
三 亚	98.8	99.4	100.3	100.8	101.7	102.4	102.3	102.8	103.2	103.5	103.1	103.1
泸 州	95.6	96.2	97.0	98.1	99.4	99.3	99.0	98.9	98.8	98.8	97.9	97.8
南 充	98.2	98.9	99.4	100.5	101.1	101.1	100.7	100.9	101.0	99.9	99.3	99.0
遵 义	99.5	100.0	100.5	101.2	101.3	100.7	101.1	100.9	100.5	100.6	99.9	100.0
大 理	95.3	96.1	97.1	97.3	96.8	97.0	98.1	97.6	97.4	97.3	97.4	97.6

数据来源：国家统计局。

注：同比以上年同月价格为100。

表4-4-3 2023年70座大中城市新建商品住宅价格同比指数（月度累计）

城 市	1—2月	1—3月	1—4月	1—5月	1—6月	1—7月	1—8月	1—9月	1—10月	1—11月	1—12月
北 京	105.0	104.8	104.8	104.7	104.5	104.3	104.1	104.0	103.8	103.6	103.5
天 津	97.4	97.7	98.1	98.4	98.7	98.9	99.2	99.3	99.5	99.7	99.9
石家庄	97.7	97.8	98.1	98.3	98.5	98.7	98.8	98.8	98.9	99.0	99.2
太 原	96.1	96.3	96.7	97.1	97.3	97.5	97.7	98.0	98.1	98.3	98.5
呼和浩特	97.1	97.4	97.7	97.9	98.2	98.3	98.5	98.6	98.7	98.7	98.8
沈 阳	95.2	95.5	95.8	96.1	96.1	96.2	96.3	96.5	96.7	96.8	97.0
大 连	95.2	95.3	95.3	95.3	95.4	95.4	95.4	95.5	95.6	95.6	95.6
长 春	95.0	95.1	95.2	95.3	95.5	95.6	95.6	95.6	95.7	95.7	95.9
哈尔滨	93.5	94.1	94.6	95.1	95.6	95.9	96.1	96.3	96.5	96.7	96.8
上 海	104.1	104.1	104.2	104.4	104.4	104.4	104.4	104.4	104.4	104.4	104.4
南 京	100.0	100.0	100.3	100.5	100.6	100.6	100.5	100.4	100.3	100.1	99.8
杭 州	106.4	106.2	105.9	105.8	105.5	105.3	105.0	104.8	104.6	104.4	104.2
宁 波	102.0	102.2	102.5	102.7	102.9	103.1	103.1	103.2	103.0	102.9	102.8
合 肥	102.8	103.2	103.5	103.7	103.7	103.6	103.4	103.2	103.0	102.8	102.6
福 州	97.6	97.9	98.3	98.5	98.6	98.6	98.6	98.6	98.6	98.6	98.6
厦 门	96.4	96.8	97.1	97.3	97.4	97.4	97.4	97.4	97.5	97.5	97.4
南 昌	101.7	101.8	101.8	101.9	102.1	102.0	101.9	101.7	101.6	101.4	101.2
济 南	102.0	102.3	102.6	102.8	103.0	103.1	103.1	103.0	102.9	102.8	102.8

续表

城市	1—2月	1—3月	1—4月	1—5月	1—6月	1—7月	1—8月	1—9月	1—10月	1—11月	1—12月
青岛	101.8	101.9	102.0	102.0	102.0	102.0	101.9	101.9	101.8	101.7	101.6
郑州	97.4	98.0	98.6	98.9	99.1	99.1	99.1	99.0	99.0	98.9	98.9
武汉	94.8	95.5	96.2	96.8	97.2	97.6	98.0	98.3	98.6	98.9	99.0
长沙	103.4	103.4	103.5	103.5	103.5	103.5	103.5	103.5	103.6	103.5	103.4
广州	99.6	99.6	99.7	99.7	99.6	99.5	99.4	99.3	99.1	99.0	98.8
深圳	99.0	98.8	98.8	98.7	98.5	98.3	98.2	98.0	98.0	97.9	97.7
南宁	96.5	97.0	97.2	97.4	97.5	97.6	97.6	97.7	97.8	97.9	97.9
海口	101.2	101.3	101.4	101.5	101.6	101.7	101.8	101.8	101.9	102.0	102.0
重庆	99.5	99.7	100.1	100.3	100.4	100.4	100.6	100.7	100.8	101.0	101.1
成都	108.6	108.6	108.6	108.5	108.3	108.0	107.8	107.6	107.4	107.2	107.0
贵阳	97.9	98.1	98.0	98.1	98.2	98.2	98.2	98.2	98.3	98.3	98.4
昆明	97.1	97.7	98.0	98.2	98.3	98.4	98.5	98.5	98.6	98.6	98.7
西安	101.7	101.5	101.5	101.6	101.6	101.6	101.6	101.7	101.9	102.1	102.3
兰州	94.8	95.3	95.8	96.2	96.6	97.0	97.4	97.7	97.8	98.0	98.1
西宁	97.8	98.2	98.5	98.9	99.1	99.2	99.1	99.1	99.1	99.1	99.0
银川	101.2	101.3	101.7	101.8	102.0	102.0	101.9	101.9	101.8	101.7	101.6
乌鲁木齐	101.7	101.6	101.4	101.2	101.0	100.9	100.9	100.9	100.8	100.8	100.7
唐山	97.6	97.7	97.9	98.0	98.2	98.2	98.3	98.4	98.4	98.4	98.4
秦皇岛	94.4	94.7	94.9	95.0	95.1	95.2	95.4	95.5	95.7	95.8	95.9
包头	95.9	96.1	96.5	96.8	97.0	97.0	97.1	97.1	97.1	97.1	97.1
丹东	96.0	96.1	96.5	96.6	96.7	96.9	97.0	97.1	97.2	97.3	97.3
锦州	96.4	96.3	96.8	97.0	97.1	97.3	97.5	97.6	97.9	98.0	98.1
吉林	95.5	95.7	95.9	96.2	96.4	96.7	96.8	97.0	97.2	97.4	97.6
牡丹江	97.2	97.1	97.2	97.1	97.1	97.0	96.9	96.7	96.6	96.6	96.6
无锡	99.0	98.9	99.1	99.1	99.1	99.0	98.9	98.8	98.8	98.8	98.7
徐州	98.8	99.3	99.8	100.1	100.2	100.3	100.3	100.2	100.1	100.0	99.8
扬州	98.0	98.5	98.9	99.4	99.8	99.9	99.9	99.9	99.8	99.7	99.5
温州	92.6	93.0	93.5	93.8	94.1	94.4	94.6	94.8	95.1	95.3	95.4
金华	97.7	97.7	97.6	97.4	97.3	97.2	97.0	96.9	96.9	96.8	96.8
蚌埠	97.7	97.8	98.2	98.6	98.7	98.9	99.0	99.1	99.1	99.2	99.2
安庆	96.1	96.7	97.1	97.5	97.8	98.1	98.4	98.6	98.7	98.7	98.7
泉州	95.9	95.7	95.6	95.8	95.9	96.1	96.3	96.7	96.9	97.1	97.2
九江	98.5	98.8	99.1	99.3	99.5	99.6	99.6	99.6	99.5	99.5	99.4
赣州	99.5	99.3	99.3	99.2	99.0	98.8	98.6	98.4	98.3	98.1	98.0
烟台	98.4	98.7	98.9	99.2	99.4	99.5	99.6	99.7	99.8	99.7	99.7

续表

城 市	1—2月	1—3月	1—4月	1—5月	1—6月	1—7月	1—8月	1—9月	1—10月	1—11月	1—12月
济 宁	95.9	96.2	96.4	96.4	96.5	96.6	96.7	96.9	97.0	97.1	97.1
洛 阳	95.3	95.7	96.2	96.7	97.0	97.2	97.3	97.3	97.4	97.5	97.5
平顶山	97.3	97.6	97.9	98.1	98.2	98.2	98.2	98.2	98.2	98.2	98.1
宜 昌	95.3	95.6	95.8	95.7	95.9	95.9	96.0	96.1	96.2	96.3	96.4
襄 阳	96.3	96.5	96.9	97.3	97.7	97.9	98.0	98.2	98.2	98.3	98.3
岳 阳	92.3	92.8	93.5	93.9	94.4	94.7	94.9	95.2	95.4	95.6	95.8
常 德	94.8	95.1	95.5	95.8	96.0	96.3	96.5	96.7	96.9	97.0	97.0
韶 关	97.6	97.7	98.1	98.5	98.8	98.9	98.9	98.9	98.8	98.7	98.7
湛 江	93.5	94.1	94.9	95.7	96.5	97.0	97.5	97.9	98.2	98.4	98.5
惠 州	97.0	97.2	97.6	97.8	97.7	97.5	97.4	97.3	97.1	96.9	96.8
桂 林	95.9	96.3	96.7	96.9	97.0	97.0	97.1	97.1	97.1	97.2	97.2
北 海	91.4	92.3	93.2	94.0	94.7	95.4	96.1	96.7	97.2	97.6	97.9
三 亚	99.1	99.5	99.8	100.2	100.6	100.8	101.1	101.3	101.5	101.7	101.8
泸 州	95.9	96.3	96.7	97.3	97.6	97.8	97.9	98.0	98.1	98.1	98.0
南 充	98.6	98.9	99.3	99.6	99.9	100.0	100.1	100.2	100.2	100.1	100.0
遵 义	99.8	100.0	100.3	100.5	100.5	100.6	100.7	100.6	100.6	100.6	100.5
大 理	95.7	96.2	96.5	96.5	96.6	96.8	96.9	97.0	97.0	97.0	97.1

数据来源：国家统计局。

注：同比以上年同期价格为100。

（二）二手住宅销售价格指数（见表4-4-4至表4-4-6）

表4 4 4 2023年70座大中城市二手住宅价格环比指数

城 市	1月	2月	3月	4月	5月	6月	7月	8月	9月	10月	11月	12月
北 京	100.9	100.8	100.7	100.1	99.4	99.3	99.4	100.4	100.7	98.9	98.6	98.8
天 津	99.6	100.6	100.1	99.8	100.3	99.8	99.6	99.3	100.1	99.7	99.8	99.5
石家庄	99.5	100.1	100.3	99.8	99.8	99.7	99.9	99.6	100.1	99.8	99.6	99.8
太 原	99.7	100.3	100.2	99.6	100.3	99.5	100.1	99.7	99.3	99.6	99.6	99.2
呼和浩特	99.6	99.9	99.8	99.9	99.5	99.8	99.7	99.6	99.4	99.3	99.2	99.4
沈 阳	99.4	99.6	100.3	99.6	99.4	99.5	99.4	99.6	99.3	99.7	99.2	99.7
大 连	99.5	100.2	100.3	99.5	99.5	99.4	99.2	99.4	99.5	99.6	99.4	99.5
长 春	99.0	99.6	99.9	99.8	99.5	99.6	99.7	99.8	98.8	99.5	99.3	99.6
哈尔滨	99.3	99.7	100.8	100.4	99.6	99.5	99.3	99.3	99.2	99.1	99.5	99.4
上 海	100.4	101.0	100.7	99.8	99.2	98.8	99.3	99.7	100.6	99.2	98.5	99.4
南 京	100.5	100.6	100.4	99.9	99.4	98.9	99.1	99.4	99.1	98.9	98.6	98.9
杭 州	99.8	100.4	100.6	100.3	99.5	99.4	99.4	99.5	99.6	100.5	100.0	98.9

续表

城　市	1月	2月	3月	4月	5月	6月	7月	8月	9月	10月	11月	12月
宁　波	100. 2	100. 2	100. 3	100. 1	99. 7	99. 3	99. 5	99. 3	99. 2	98. 8	99. 5	99. 2
合　肥	99. 8	100. 5	100. 2	99. 9	99. 6	99. 6	99. 5	99. 7	99. 6	99. 5	99. 1	99. 0
福　州	100. 1	100. 4	100. 2	99. 8	99. 6	99. 4	99. 3	99. 5	99. 2	99. 2	99. 1	98. 7
厦　门	99. 8	99. 9	100. 1	99. 5	99. 3	99. 3	99. 4	99. 4	99. 3	99. 1	98. 7	98. 8
南　昌	99. 5	99. 9	99. 9	99. 7	99. 7	99. 8	99. 8	99. 4	99. 7	99. 6	99. 3	98. 7
济　南	99. 7	100. 2	100. 4	100. 2	99. 8	99. 7	99. 9	99. 5	98. 9	99. 7	99. 4	99. 6
青　岛	99. 9	100. 2	100. 2	99. 7	99. 8	99. 7	99. 1	99. 2	99. 7	99. 5	98. 7	99. 5
郑　州	99. 6	100. 3	100. 4	99. 7	99. 6	99. 2	99. 0	99. 1	99. 5	99. 2	99. 1	98. 8
武　汉	99. 7	100. 1	100. 5	100. 4	99. 5	99. 4	99. 4	99. 2	99. 5	99. 7	98. 7	98. 4
长　沙	100. 2	100. 1	100. 4	100. 3	100. 2	100. 1	99. 8	99. 5	99. 6	99. 7	99. 4	99. 4
广　州	99. 8	100. 5	100. 2	100. 3	99. 8	99. 7	99. 0	99. 4	99. 3	99. 2	99. 0	98. 5
深　圳	100. 6	100. 5	100. 3	100. 5	99. 9	99. 3	99. 1	99. 8	100. 0	99. 5	98. 5	98. 9
南　宁	99. 4	99. 5	100. 4	100. 2	99. 7	99. 3	99. 5	99. 4	99. 6	98. 7	98. 8	99. 6
海　口	99. 6	100. 1	100. 3	99. 5	99. 9	99. 6	99. 6	99. 5	99. 6	99. 3	99. 1	98. 8
重　庆	99. 5	100. 3	100. 3	100. 4	99. 5	99. 5	99. 2	99. 4	99. 1	99. 3	99. 3	98. 7
成　都	100. 5	101. 0	100. 8	100. 7	100. 3	100. 2	99. 8	99. 6	99. 8	99. 9	99. 5	98. 5
贵　阳	99. 5	100. 4	100. 5	100. 3	99. 7	99. 6	99. 3	99. 4	99. 7	99. 5	99. 3	99. 0
昆　明	99. 3	99. 5	100. 7	100. 4	100. 5	99. 3	100. 4	99. 3	99. 7	98. 7	99. 0	99. 2
西　安	100. 6	100. 8	100. 8	100. 3	99. 6	99. 6	99. 4	99. 7	99. 5	100. 0	99. 4	99. 5
兰　州	99. 5	99. 6	100. 4	99. 8	99. 4	100. 1	99. 5	99. 2	99. 2	99. 3	99. 1	99. 4
西　宁	100. 2	100. 1	100. 3	100. 1	100. 1	100. 2	99. 8	99. 6	99. 5	99. 7	99. 2	99. 2
银　川	99. 4	100. 4	100. 5	100. 2	99. 9	99. 6	99. 3	99. 6	99. 7	99. 4	99. 5	99. 8
乌鲁木齐	99. 6	100. 1	99. 7	99. 8	99. 8	99. 5	99. 4	99. 5	99. 6	99. 9	99. 8	99. 8
唐　山	99. 3	99. 6	99. 8	100. 5	99. 6	98. 9	99. 3	99. 4	99. 8	99. 4	99. 3	98. 9
秦皇岛	99. 6	99. 9	100. 2	99. 8	99. 9	99. 5	99. 4	99. 8	99. 6	99. 8	99. 2	99. 2
包　头	99. 8	99. 8	99. 9	100. 2	99. 9	99. 7	99. 3	99. 5	99. 4	99. 4	99. 5	99. 4
丹　东	99. 7	99. 6	99. 4	100. 2	99. 8	99. 4	99. 6	99. 0	99. 5	99. 3	99. 1	99. 6
锦　州	99. 4	99. 7	99. 9	100. 1	99. 7	99. 5	99. 7	99. 3	99. 6	99. 4	99. 0	99. 5
吉　林	99. 3	99. 5	99. 7	99. 7	99. 5	99. 3	99. 0	99. 6	99. 5	99. 3	99. 4	99. 4
牡丹江	99. 3	99. 6	99. 8	100. 1	99. 7	99. 4	99. 3	100. 1	99. 3	99. 0	98. 9	99. 2
无　锡	99. 6	101. 0	100. 7	99. 8	99. 6	99. 3	99. 2	99. 4	99. 7	99. 9	99. 0	98. 9
徐　州	100. 1	100. 8	100. 3	99. 6	99. 4	99. 1	99. 1	99. 4	98. 7	98. 8	98. 2	98. 5
扬　州	99. 8	99. 8	100. 6	99. 9	99. 7	99. 6	99. 6	99. 2	99. 3	98. 9	98. 8	98. 7
温　州	99. 8	100. 6	100. 4	99. 6	99. 4	99. 8	99. 2	99. 4	99. 1	99. 6	98. 6	98. 9
金　华	99. 6	99. 9	100. 4	99. 8	99. 6	99. 6	99. 3	99. 1	99. 7	99. 5	99. 1	99. 5

续表

城 市	1月	2月	3月	4月	5月	6月	7月	8月	9月	10月	11月	12月
蚌 埠	99.7	100.2	100.1	99.9	99.8	99.6	99.9	99.8	99.6	99.4	99.5	99.3
安 庆	99.7	100.1	100.2	99.9	99.4	99.6	99.7	99.8	99.9	99.3	99.4	99.1
泉 州	99.4	99.7	99.8	99.5	99.9	99.4	99.7	99.1	99.5	99.1	99.2	99.5
九 江	99.9	99.8	100.3	100.3	99.8	99.8	99.4	99.5	99.6	99.3	98.8	99.1
赣 州	99.6	99.7	100.4	100.3	100.1	100.3	100.0	99.9	99.8	99.8	99.5	99.8
烟 台	100.1	100.4	100.2	99.5	99.7	99.7	99.2	99.7	99.3	98.8	98.7	99.5
济 宁	99.7	99.9	100.5	100.3	99.3	99.7	99.9	99.9	99.1	99.1	98.9	99.3
洛 阳	99.5	99.9	100.1	99.9	99.5	99.6	99.8	99.5	99.7	99.8	99.3	98.9
平顶山	99.7	99.8	100.1	100.1	99.8	99.5	99.8	99.7	99.5	99.4	99.7	99.3
宜 昌	99.6	99.8	99.9	99.7	99.4	99.2	99.2	99.6	99.5	99.5	99.8	99.6
襄 阳	99.4	99.9	100.1	100.2	99.8	99.8	99.1	99.4	99.6	99.0	98.9	98.6
岳 阳	99.5	100.6	99.5	100.5	99.5	99.8	99.6	99.2	99.9	99.3	99.7	99.7
常 德	99.7	100.2	100.1	100.3	100.1	99.6	100.3	100.0	99.3	99.9	98.9	98.6
韶 关	99.3	99.4	100.5	100.6	100.5	99.6	99.4	99.7	99.0	99.4	99.3	99.3
湛 江	99.8	100.4	100.4	100.3	100.2	99.7	99.6	99.5	99.3	99.5	99.2	99.2
惠 州	99.8	99.9	100.1	100.4	99.5	99.2	100.1	99.7	99.6	99.2	99.8	99.4
桂 林	99.6	100.5	100.4	99.6	100.4	99.4	99.3	99.3	99.5	99.3	99.6	98.9
北 海	99.7	99.9	100.3	100.2	100.3	99.4	100.4	99.2	99.4	99.2	99.4	99.0
三 亚	100.4	100.1	100.5	100.1	100.4	100.2	99.5	99.9	99.8	100.1	99.4	99.1
泸 州	99.6	100.2	100.1	100.1	100.2	99.7	99.5	99.4	99.5	99.7	99.7	99.6
南 充	99.9	100.4	100.4	100.2	100.4	100.1	99.6	99.7	99.5	99.4	99.4	99.5
遵 义	99.2	100.5	100.9	99.7	99.6	99.5	99.6	99.4	99.7	99.4	99.7	99.8
大 理	99.4	99.8	100.4	99.4	99.9	99.4	100.3	100.1	99.5	99.8	99.0	99.5

数据来源：国家统计局。

注：环比以上月价格为100。

表 4-4-5 2023 年 70 座大中城市二手住宅价格同比指数

城 市	1月	2月	3月	4月	5月	6月	7月	8月	9月	10月	11月	12月
北 京	104.3	104.4	103.8	103.3	102.8	101.5	100.6	100.8	101.1	99.8	98.6	97.8
天 津	93.8	94.1	94.6	94.8	95.9	96.1	96.5	96.4	97.5	97.7	98.0	98.1
石家庄	96.6	97.0	97.7	97.7	97.4	97.6	97.4	97.4	97.7	98.0	98.3	98.2
太 原	95.3	96.1	96.9	98.1	97.8	96.8	97.1	97.2	97.0	97.2	97.2	97.1
呼和浩特	94.6	95.0	95.0	95.1	95.1	95.5	95.8	96.1	96.1	95.4	94.7	95.2
沈 阳	93.3	93.8	94.7	94.7	94.3	94.1	94.1	94.5	94.2	94.4	94.4	94.8
大 连	94.9	95.3	96.0	96.5	96.4	95.7	95.1	94.8	95.0	95.3	95.2	95.0
长 春	93.2	93.3	93.2	93.0	94.0	94.4	94.6	94.7	93.9	94.0	93.8	94.2

续表

城市	1月	2月	3月	4月	5月	6月	7月	8月	9月	10月	11月	12月
哈尔滨	90.9	91.5	92.9	94.3	94.8	95.3	95.1	95.3	95.2	95.0	95.3	95.2
上 海	102.3	102.5	102.8	102.5	101.7	100.2	98.8	98.0	98.1	97.7	96.7	96.6
南 京	97.4	98.7	99.2	99.7	99.9	99.3	98.3	97.0	96.0	95.6	94.6	93.9
杭 州	98.5	98.7	99.0	99.1	98.8	97.6	97.3	97.2	97.4	98.7	98.9	97.9
宁 波	99.2	98.8	99.0	99.2	99.3	98.1	97.5	97.3	96.8	96.2	96.1	95.3
合 肥	98.8	99.5	100.0	100.8	100.9	99.9	98.7	98.2	97.6	97.2	96.7	96.0
福 州	97.5	98.3	98.8	98.4	97.9	97.5	97.0	96.9	96.4	96.2	95.9	94.9
厦 门	98.0	97.9	98.0	97.2	96.1	95.1	94.9	95.1	94.9	94.5	93.5	92.9
南 昌	97.8	97.8	97.5	97.6	98.0	98.1	97.3	96.6	96.6	96.2	96.0	95.1
济 南	96.5	96.8	97.4	98.3	98.6	98.4	98.5	98.3	97.3	97.3	97.2	97.1
青 岛	96.6	96.9	96.9	97.2	97.3	96.4	95.9	95.6	95.7	95.8	95.2	95.2
郑 州	94.1	94.8	95.4	95.6	95.4	95.3	94.9	94.8	94.8	94.5	94.5	93.9
武 汉	93.9	94.7	95.8	96.5	96.5	96.6	96.1	95.9	96.2	96.3	95.7	94.6
长 沙	100.1	100.4	100.8	101.6	102.0	102.0	101.5	100.8	100.2	100.1	99.4	98.7
广 州	99.5	99.3	99.2	99.0	98.6	97.8	96.8	96.3	96.2	96.1	95.7	94.8
深 圳	97.3	98.0	98.7	98.6	98.4	98.7	98.3	98.6	99.0	98.7	97.5	96.9
南 宁	93.5	93.4	94.4	94.9	95.2	95.0	95.0	95.2	95.2	94.7	94.0	94.3
海 口	97.9	98.0	97.7	97.1	97.1	96.4	96.2	96.0	96.2	96.2	95.6	94.9
重 庆	96.8	97.2	97.4	98.2	98.1	97.1	96.0	95.9	95.5	95.5	95.4	94.5
成 都	108.8	109.2	109.4	109.4	108.7	106.8	105.2	104.1	103.7	103.1	102.2	100.5
贵 阳	95.9	96.2	97.6	98.0	98.6	98.8	98.6	97.6	97.4	97.6	97.3	96.1
昆 明	100.3	100.1	100.4	100.3	100.6	99.9	101.0	99.9	99.2	98.6	97.1	96.0
西 安	98.3	99.4	100.0	100.4	100.4	99.8	98.9	99.1	99.0	99.2	99.3	99.1
兰 州	94.8	94.9	95.5	95.5	96.1	96.6	96.8	96.3	95.9	95.7	94.9	94.8
西 宁	97.6	98.4	98.5	98.3	98.6	99.4	99.3	98.8	98.5	99.1	98.7	98.0
银 川	96.3	97.0	97.6	98.3	98.6	98.3	97.9	97.8	97.9	97.5	97.5	97.4
乌鲁木齐	97.5	98.0	97.4	97.3	97.2	97.5	97.2	96.8	96.4	96.3	96.1	96.4
唐 山	93.6	93.3	93.1	94.0	94.7	94.5	94.5	94.4	94.9	94.8	94.6	94.1
秦皇岛	95.5	95.6	96.2	96.1	95.9	95.9	95.8	96.3	96.4	96.9	96.6	96.1
包 头	95.5	95.6	95.9	96.6	96.7	96.7	96.5	96.5	96.6	96.0	95.9	95.9
丹 东	93.5	94.0	94.0	94.5	94.3	93.8	94.1	93.8	94.3	94.2	93.8	94.5
锦 州	94.0	94.3	94.3	95.1	95.4	95.3	95.1	94.8	95.0	95.5	95.0	94.9
吉 林	91.2	91.3	91.1	90.7	92.0	92.3	92.2	92.6	92.8	93.1	93.3	93.4
牡丹江	89.0	89.9	91.7	91.8	92.6	92.5	92.5	93.2	93.7	93.7	93.8	94.0
无 锡	99.7	100.8	101.0	101.0	99.8	98.6	97.7	96.9	96.9	97.2	96.5	96.0

续表

城　市	1月	2月	3月	4月	5月	6月	7月	8月	9月	10月	11月	12月
徐　州	98.0	99.2	100.2	99.4	98.5	98.2	97.8	98.0	97.1	95.8	94.0	92.4
扬　州	97.3	97.7	97.9	99.0	99.0	98.7	97.8	97.1	96.9	95.9	95.1	94.1
温　州	94.9	95.7	96.5	96.6	96.6	97.1	96.7	96.6	95.9	96.0	95.3	94.4
金　华	93.8	94.3	95.4	95.6	96.2	96.3	96.1	95.6	95.8	95.7	95.4	95.2
蚌　埠	96.8	97.2	97.6	97.6	98.3	98.0	98.1	98.5	98.5	98.3	97.4	96.9
安　庆	93.7	94.2	95.2	95.3	95.3	95.6	95.7	96.0	96.4	96.2	96.5	96.0
泉　州	93.6	93.5	93.7	93.8	94.1	94.0	94.2	94.2	94.3	94.1	94.0	93.9
九　江	97.1	96.8	97.4	97.6	97.5	97.3	96.9	97.0	96.8	97.0	96.2	95.6
赣　州	99.0	99.0	99.2	99.2	99.0	99.2	99.6	99.7	99.9	99.8	99.5	99.3
烟　台	97.7	98.7	99.3	99.4	99.9	99.6	97.8	97.7	97.4	96.2	95.3	94.9
济　宁	93.1	93.4	94.1	94.8	94.7	94.9	95.0	95.7	95.6	95.6	95.5	95.5
洛　阳	92.6	93.2	93.7	94.3	94.6	94.9	95.1	95.2	95.5	96.0	95.9	95.5
平顶山	95.7	95.7	96.2	96.7	96.8	96.5	96.8	96.9	97.0	96.8	97.0	96.6
宜　昌	93.2	93.4	93.6	93.5	93.6	93.9	93.5	94.4	94.4	94.6	94.6	94.8
襄　阳	94.3	94.4	94.6	95.4	96.1	96.4	96.0	96.1	96.4	95.8	95.1	94.0
岳　阳	94.7	95.6	95.0	95.3	95.7	96.6	96.7	95.9	96.6	96.5	96.6	96.8
常　德	93.9	94.6	95.1	95.8	96.6	96.5	97.5	98.0	97.5	98.3	97.8	97.2
韶　关	95.4	95.5	96.1	97.4	97.7	97.6	97.5	97.4	96.9	96.6	96.4	96.1
湛　江	94.1	94.6	95.3	95.8	97.2	97.0	96.9	97.4	97.5	97.4	97.5	97.1
惠　州	97.8	97.1	97.5	98.1	98.0	97.6	97.6	97.5	97.4	97.0	97.1	96.7
桂　林	95.9	96.7	97.0	96.9	97.0	96.7	96.7	96.4	96.5	96.2	96.5	95.9
北　海	92.2	92.5	93.2	93.7	94.8	94.5	95.6	95.8	96.3	96.4	96.4	96.6
三　亚	98.8	98.9	99.3	99.4	100.1	100.3	100.1	100.0	99.9	100.5	100.2	99.5
泸　州	97.2	97.5	98.1	98.4	98.9	98.9	98.1	97.6	97.0	97.4	98.0	97.5
南　充	101.5	101.6	102.2	101.9	101.7	100.7	99.8	99.8	99.6	98.8	98.8	98.7
遵　义	94.7	95.5	97.0	96.9	97.4	97.4	96.5	96.2	96.4	96.2	96.1	96.9
大　理	95.4	95.9	96.8	97.2	97.7	96.8	97.4	97.2	96.9	97.0	96.8	96.8

数据来源：国家统计局。

注：同比以上年同月价格为100。

表4-4-6　2023年70座大中城市二手住宅价格同比指数（月度累计）

城　市	1—2月	1—3月	1—4月	1—5月	1—6月	1—7月	1—8月	1—9月	1—10月	1—11月	1—12月
北　京	104.3	104.2	104.0	103.7	103.4	103.0	102.7	102.5	102.2	101.9	101.6
天　津	94.0	94.2	94.3	94.6	94.9	95.1	95.3	95.5	95.7	95.9	96.1
石家庄	96.8	97.1	97.2	97.3	97.3	97.3	97.3	97.4	97.4	97.5	97.6
太　原	95.7	96.1	96.6	96.8	96.8	96.9	96.9	96.9	96.9	97.0	97.0

续表

城市	1—2月	1—3月	1—4月	1—5月	1—6月	1—7月	1—8月	1—9月	1—10月	1—11月	1—12月
呼和浩特	94.8	94.9	95.0	95.0	95.1	95.2	95.3	95.4	95.4	95.3	95.3
沈　阳	93.5	93.9	94.1	94.1	94.1	94.1	94.2	94.2	94.2	94.2	94.3
大　连	95.1	95.4	95.7	95.8	95.8	95.7	95.6	95.5	95.5	95.5	95.4
长　春	93.3	93.3	93.2	93.4	93.5	93.7	93.8	93.8	93.8	93.8	93.9
哈尔滨	91.2	91.8	92.4	92.9	93.3	93.5	93.7	93.9	94.0	94.1	94.2
上　海	102.4	102.5	102.5	102.3	102.0	101.5	101.1	100.7	100.4	100.1	99.8
南　京	98.1	98.4	98.8	99.0	99.0	98.9	98.7	98.4	98.1	97.8	97.5
杭　州	98.6	98.7	98.8	98.8	98.6	98.4	98.3	98.2	98.2	98.3	98.3
宁　波	99.0	99.0	99.0	99.1	98.9	98.7	98.5	98.4	98.1	98.0	97.7
合　肥	99.2	99.5	99.8	100.0	100.0	99.8	99.6	99.4	99.2	98.9	98.7
福　州	97.9	98.2	98.3	98.2	98.1	97.9	97.8	97.6	97.5	97.3	97.1
厦　门	98.0	98.0	97.8	97.4	97.0	96.7	96.5	96.4	96.2	95.9	95.7
南　昌	97.8	97.7	97.7	97.7	97.8	97.7	97.6	97.5	97.3	97.2	97.0
济　南	96.7	96.9	97.3	97.5	97.7	97.8	97.8	97.8	97.7	97.7	97.6
青　岛	96.8	96.8	96.9	97.0	96.9	96.8	96.6	96.5	96.4	96.3	96.2
郑　州	94.5	94.8	95.0	95.1	95.1	95.1	95.1	95.0	95.0	94.9	94.9
武　汉	94.3	94.8	95.2	95.5	95.7	95.7	95.8	95.8	95.9	95.8	95.7
长　沙	100.2	100.4	100.7	101.0	101.1	101.2	101.1	101.0	100.9	100.8	100.6
广　州	99.4	99.3	99.2	99.1	98.9	98.6	98.3	98.1	97.9	97.7	97.4
深　圳	97.6	98.0	98.1	98.2	98.3	98.3	98.3	98.4	98.4	98.4	98.2
南　宁	93.5	93.8	94.1	94.3	94.4	94.5	94.6	94.6	94.6	94.6	94.6
海　口	97.9	97.8	97.7	97.6	97.4	97.2	97.0	97.0	96.9	96.8	96.6
重　庆	97.0	97.1	97.4	97.5	97.5	97.2	97.1	96.9	96.8	96.6	96.5
成　都	109.0	109.1	109.2	109.1	108.7	108.2	107.7	107.2	106.8	106.3	105.8
贵　阳	96.1	96.6	96.9	97.3	97.5	97.7	97.7	97.6	97.6	97.6	97.5
昆　明	100.2	100.3	100.3	100.3	100.3	100.4	100.3	100.2	100.0	99.7	99.4
西　安	98.8	99.2	99.5	99.7	99.7	99.6	99.5	99.5	99.5	99.4	99.4
兰　州	94.9	95.1	95.2	95.4	95.6	95.8	95.8	95.8	95.8	95.7	95.7
西　宁	98.0	98.2	98.2	98.3	98.4	98.6	98.6	98.6	98.6	98.6	98.6
银　川	96.6	97.0	97.3	97.6	97.7	97.7	97.7	97.7	97.7	97.7	97.7
乌鲁木齐	97.7	97.6	97.5	97.5	97.5	97.4	97.4	97.3	97.2	97.1	97.0
唐　山	93.5	93.4	93.5	93.8	93.9	94.0	94.0	94.1	94.2	94.2	94.2
秦皇岛	95.5	95.7	95.8	95.9	95.9	95.9	95.9	96.0	96.1	96.1	96.1
包　头	95.6	95.7	95.9	96.1	96.2	96.2	96.3	96.3	96.3	96.2	96.2
丹　东	93.7	93.8	94.0	94.1	94.0	94.0	94.0	94.0	94.0	94.0	94.1

续表

城 市	1—2月	1—3月	1—4月	1—5月	1—6月	1—7月	1—8月	1—9月	1—10月	1—11月	1—12月
锦 州	94.2	94.2	94.4	94.6	94.7	94.8	94.8	94.8	94.9	94.9	94.9
吉 林	91.2	91.2	91.1	91.2	91.4	91.5	91.7	91.8	91.9	92.0	92.1
牡丹江	89.4	90.2	90.6	91.0	91.2	91.4	91.6	91.9	92.0	92.2	92.3
无 锡	100.2	100.5	100.6	100.4	100.1	99.8	99.4	99.1	98.9	98.7	98.5
徐 州	98.6	99.1	99.2	99.1	98.9	98.8	98.7	98.5	98.2	97.8	97.4
扬 州	97.5	97.6	98.0	98.2	98.3	98.2	98.1	97.9	97.7	97.5	97.2
温 州	95.3	95.7	95.9	96.1	96.2	96.3	96.3	96.3	96.3	96.2	96.0
金 华	94.1	94.5	94.8	95.1	95.3	95.4	95.4	95.5	95.5	95.5	95.5
蚌 埠	97.0	97.2	97.3	97.5	97.6	97.7	97.8	97.8	97.9	97.8	97.8
安 庆	94.0	94.4	94.6	94.7	94.9	95.0	95.1	95.3	95.4	95.5	95.5
泉 州	93.6	93.6	93.6	93.7	93.8	93.8	93.9	93.9	94.0	94.0	93.9
九 江	97.0	97.1	97.2	97.3	97.3	97.2	97.2	97.1	97.1	97.0	96.9
赣 州	99.0	99.1	99.1	99.1	99.1	99.2	99.2	99.3	99.4	99.4	99.4
烟 台	98.2	98.6	98.8	99.0	99.1	98.9	98.8	98.6	98.4	98.1	97.8
济 宁	93.3	93.6	93.8	94.0	94.2	94.3	94.5	94.6	94.7	94.8	94.8
洛 阳	92.9	93.1	93.4	93.7	93.9	94.0	94.2	94.3	94.5	94.6	94.7
平顶山	95.7	95.9	96.1	96.2	96.3	96.3	96.4	96.5	96.5	96.5	96.5
宜 昌	93.3	93.4	93.4	93.5	93.5	93.5	93.6	93.7	93.8	93.9	93.9
襄 阳	94.3	94.4	94.7	95.0	95.2	95.3	95.4	95.5	95.5	95.5	95.4
岳 阳	95.1	95.1	95.1	95.3	95.5	95.7	95.7	95.8	95.9	95.9	96.0
常 德	94.2	94.5	94.8	95.2	95.4	95.7	96.0	96.1	96.4	96.5	96.5
韶 关	95.5	95.7	96.1	96.4	96.6	96.8	96.8	96.8	96.8	96.8	96.7
湛 江	94.4	94.7	95.0	95.4	95.7	95.8	96.0	96.2	96.3	96.4	96.5
惠 州	97.4	97.4	97.6	97.7	97.7	97.7	97.7	97.6	97.6	97.5	97.5
桂 林	96.3	96.5	96.6	96.7	96.7	96.7	96.7	96.6	96.6	96.6	96.5
北 海	92.3	92.6	92.9	93.3	93.5	93.8	94.0	94.3	94.5	94.6	94.8
三 亚	98.9	99.0	99.1	99.3	99.5	99.6	99.6	99.6	99.7	99.8	99.7
泸 州	97.4	97.6	97.8	98.0	98.2	98.2	98.1	98.0	97.9	97.9	97.9
南 充	101.6	101.8	101.8	101.8	101.6	101.3	101.1	101.0	100.7	100.6	100.4
遵 义	95.1	95.7	96.0	96.3	96.5	96.5	96.4	96.4	96.4	96.4	96.4
大 理	95.7	96.1	96.3	96.6	96.6	96.7	96.8	96.8	96.8	96.8	96.8

数据来源：国家统计局。

注：同比以上年同期价格为100。

Ⅴ.省市篇

导　读

本篇收录21份省（自治区、直辖市）及部分重点城市房地产市场报告，内容包括当地的开发投资、土地交易、市场销售、房屋价格、存量房交易、住房保障工作等各方面情况。稿件来源于各地住建委（局）、地方统计局、房地产业协会（开发协会）、政府及高校房地产研究机构等。

一、北京市房地产市场

（一）房地产市场基本情况

1. 房地产开发投资情况

2023 年，北京市完成房地产开发投资 4195.7 亿元，同比增长 0.4%。其中，住宅 2713.21 亿元，同比增长 1.7%；办公楼投资同比增长 19.5%；商业营业用房投资同比下降 19.9%（见图 5-1-1）。

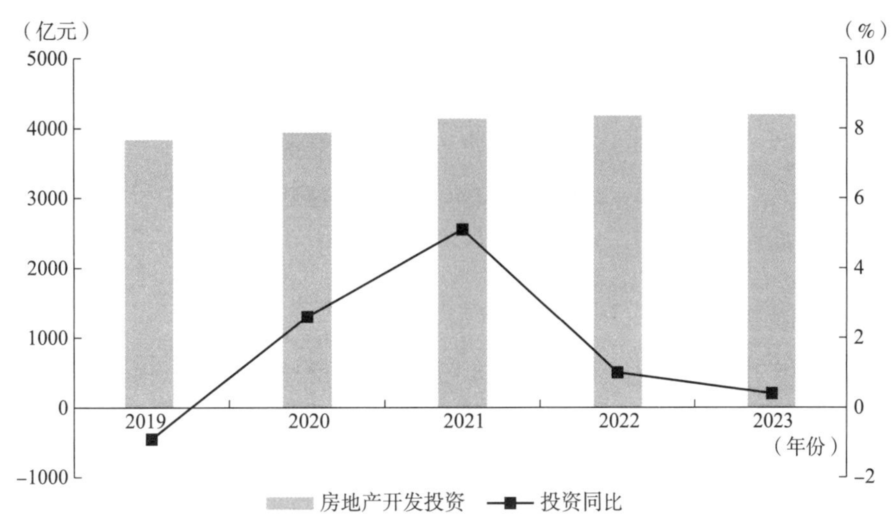

图 5-1-1　2019—2023 年北京市房地产投资情况

数据来源：北京市统计局。

2. 土地出让情况

2023 年，北京市举行土地拍卖 27 场，成功出让涉宅用地 61 宗，总规划建筑面积 582.2 万平方米，收获土地出让金 1741.3 亿元。

从整体供求来看，推出和成交规划建筑面积同比均增加，分别增长 1.9%和 20.1%。推出楼面均价同比下降 7.6%，成交楼面均价同比下降 7.1%。

供地的 14 个行政区中，以供地宗数统计，大兴区 11 宗为之最，昌平区、丰台区各 8 宗持平，朝阳区 6 宗，房山区、通州区、顺义区、石景山区各 5 宗，海淀区、亦庄开发区各 2 宗，远郊区平谷、延庆、怀柔、密云各 1 宗。

从成交总价来看，丰台区以 348.2 亿元位列第一，总规划建筑面积 79.6 万平方米；大兴区以 316.7 亿元位列第二，总规划建筑面积 105.6 万平方米；昌平区以 264.3 亿元位列第三，总规划建筑面积 106.8 万平方米。

3. 房屋建设情况

2023 年，北京市房地产开发企业房屋新开工面积 1257.1 万平方米，同比下降 29.2%（见图 5-1-2）。其中，住宅新开工面积 715.1 万平方米，同比下降 26.9%；办公楼 73.2 万平方米，同比增长 13.6%；商业营业用房 59.2 万平方米，同比下降 17.6%。

北京市房屋竣工面积 2042.2 万平方米，同比增长 5.4%。其中，住宅竣工面积 1135.9 万平方米，同比增长 3.6%；办公楼 161.6 万平方米，同比下降 9.1%；商业营业用房 69.9 万平方米，同比下降 34.5%。

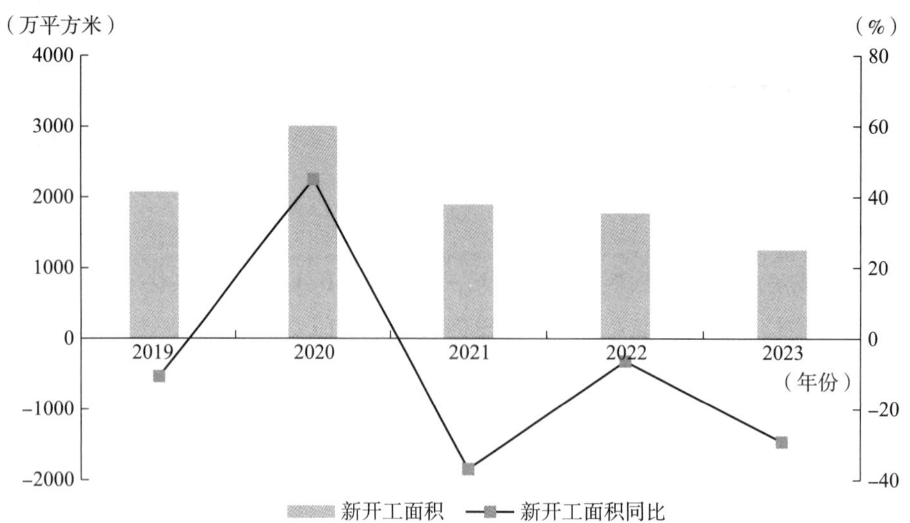

图 5-1-2　2019—2023 年北京市房屋新开工情况

数据来源：北京市统计局。

4. 房地产开发企业到位资金情况

2023 年，北京市房地产开发企业到位资金 5822.8 亿元，同比增长 3.4%。其中，定金及预收款 2850.3 亿元，同比增长 2.9%；自筹资金 1250.6 亿元，同比增长 10%；国内贷款 739.8 亿元，同比下降 29.3%。

5. 新房供应和销售情况

据统计部门数据，2023 年，北京市新建商品房销售面积 1122.6 万平方米，同比增长 7.9%。其中，住宅销售面积为 811.1 万平方米，同比增长 9.3%；办公楼 75.7 万平方米，同比增长 1.2%；商业营业用房 51.8 万平方米，同比下降 19.7%。

2023 年底，北京市商品房待售面积 2949.9 万平方米，同比增长 12.7%。其中，住宅待售面积 1063.6 万平方米，同比增长 24.5%；办公楼待售面积 636.4 万平方米，同比增长 12.1%；商业营业用房待售面积 374.1 万平方米，同比减少 11.6%。

另据克而瑞 CRIC 系统数据，北京市全年新建商品住宅供应 4.7 万套、成交 5.6 万套，成交均价 5.85 万元/米^2。

6. 二手房销售情况

据克而瑞 CRIC 系统数据，2023 年，北京市二手房成交 1528.8 万平方米、17.7 万套，同比分别增长 10.25%、11.21%。其中，二手住房成交 1402 万平方米、15.6 万套，同比分别增长 9.7%、11.27%。

7. 住房销售价格情况

据国家统计局数据，2023 年 12 月，北京市新建商品住房价格指数同比增长 1.7%，1—12 月平均增幅 3.5%；二手住房销售价格指数同比下降 2.2%，1—12 月平均增幅 1.6%。

（二）住房保障情况

1. 保障性租赁住房发展情况

北京市 2023 年国民经济和社会发展统计公报显示，全年建设筹集保障性租赁住房 8.2 万套（间），竣工各类保障性住房 9.3 万套（间）。全市老旧小区改造新开工小区 355 个、新完工小区 183 个。

2. 城市更新改造推进情况

2023 年是北京市城市更新的“政策年”，《北京市城市更新条例》于 2023 年 3 月 1 日正式实施。结合该条例，北京市住房城乡建设委牵头出台多项政策配套文件。安排重点任务落实项目清单，形成可推广可复制改造样板。紧抓老旧小区改造民生工程，不断提高生活品质，增进百姓福祉。

2023 年，北京市结合各区实际情况梳理出年度拟实施项目 905 项，示范项目 154 项；实现老旧小区改造新开工 355 个、完工 183 个，老楼加装电梯新开工 1099 部、完工 822 部，均超额完成全年改造任务；2023 年完成抗震加固 2.4 万平方米、节能保温 530 万平方米，新建改建停车位 1.5 万个。

（北京中房研协测评研究中心）

二、上海市房地产市场

（一）2023 年房地产市场情况

2023 年，中央政治局会议提出“适应我国房地产市场供求关系发生重大变化的新形势”的重要论断。上海坚持“房住不炒”总定位，因城施策、稳中有进，用好政策工具箱，积极优化调整各项政策，落实好国家出台的换房抵扣个税、调整存量房贷利率等一系列金融支持政策，结合市场形势，稳妥实施认房不认贷、调整普通住房标准、减低首付比例和利率，持续优化人才住房政策，支持刚性和改善性住房需求，保持房地产市场平稳健康发展。

1. 土拍市场高开低走

2023 年，上海新增经营性用地 282 宗 1031.2 万平方米，同比下降 27.6%。其中住宅用地 77 宗 401.6 万平方米，同比下降 52.9%；商服用地 43 宗 42.2 万平方米，同比下降 40%；工业用地 119 宗 475.5 万平方米，同比下降 34.5%；其他用地 43 宗 111.9 万平方米，同比增长 41.8%。

2023 年，上海市土地拍卖市场呈现四大特点：

一是土地拍卖规则不断完善优化。拆分为多次进行交易，让房企有足够的时间参拍，促进成交；在出让条件中增加装配式建筑、装修标准、绿色建筑和超低能耗建筑等“高品质建设”要求，部分地块降低中小套型比例要求，体现上海住宅建设高质量发展导向。

二是市场高开低走，地块热度分化明显。受新房市场复苏力度不及预期、企业融资环境未明显改善以及供地区位等因素影响，全年土地拍卖市场呈现高开低走的态势。参拍企业数量回落，从第一、第二批次平均 9 家下降到第三、第四批次平均 4 家；触顶摇号比例逐批下降，底价成交地块比例则明显上升；不同地块表现也大相径庭，冷热分化明显。

三是房地联动价上涨。有近一半板块的房地联动价出现上涨，其中大场、龙华、梅陇、春申等热点板块联动价连续多次上调。

四是央企、国企仍占主导地位。央企、国企是上海土地拍卖的主角，拿地金额合计占全年拍地总金额的近 80%。在聚焦核心城市的战略下，也有“新面孔”进入上海市场，一些企业以联合体的形式在上海首次拿地。

2. 房地产开发投资增幅全国领跑

2023 年是疫情防控转段后经济运行恢复发展的一年，在扩大有效投资、稳增长促发展的持续发力下，上海房地产项目进入常态化建设阶段。全年房地产开发投资 5885.79 亿元，比上年增长 18.2%，增速位列全国第一。

从年内走势看，1—2 月投资增速自 2022 年 4 月以来首次转正；随后在开发建设常态化和同期基数走低双重作用下，增速快速提高，1—5 月攀升至全年最高点（40.7%）；6 月以后基数抬高，增速逐月回落，但总体仍保持较快增长态势（见图 5-2-1）。

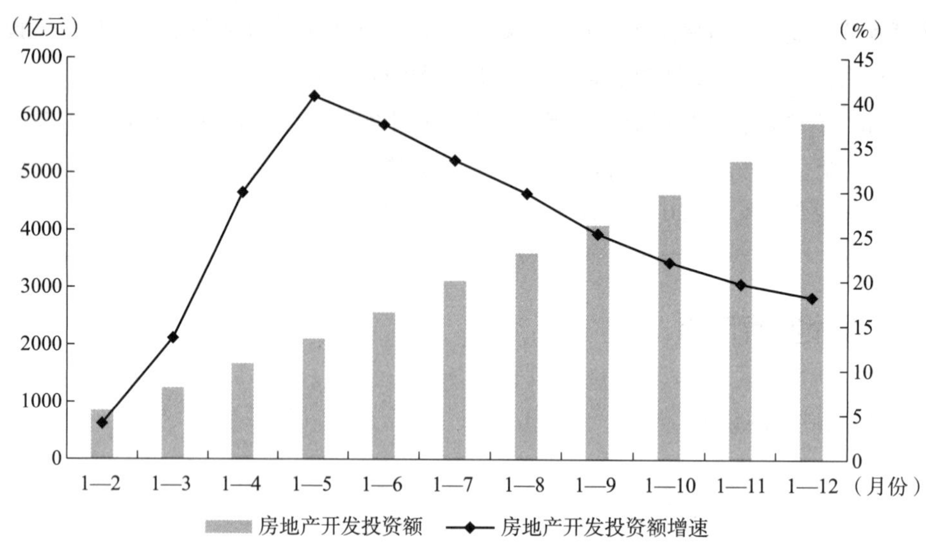

图 5-2-1　2023 年上海房地产开发投资情况

数据来源：上海市统计局。

从房屋类型看，住宅投资增速较快，全年住宅投资 3403.21 亿元，同比增长 22.8%，占全部房地产开发投资的 57.8%，占比提高 2.1 个百分点。商办投资 1185.79 亿元，同比增长 6.6%。

3. 新开工面积下降，竣工面积增长

2023 年，全市房屋新开工面积 2373.60 万平方米，同比下降 19.3%。其中住宅 1356.33 万平方米，同比下降 15.3%；商办 320.15 万平方米，同比下降 32.8%。2022 年以来，全市住宅和商服类用地出让规模总体呈收缩态势，项目数量随之减少，因此全年新开工面积处于相对低位，连续两年呈下降趋势。

2023 年，在“保交楼”政策持续发力背景下，全市房地产开发项目逐步进入竣工密集期，房屋竣工面积保持增长态势，全年竣工面积 2096.36 万平方米，同比增长 25.1%。其中住宅 1173.45 万平方米，同比增长 25.5%（见表 5-2-1）。

表 5-2-1　2023 年上海房屋新开工、竣工面积情况

指　标	新开工面积（万平方米）	增速（%）	竣工面积（万平方米）	增速（%）
全部房屋	2373.60	-19.3	2096.36	25.1
住　宅	1356.33	-15.3	1173.45	25.5
办公楼	195.64	-37.7	227.86	15.2
商业营业用房	124.51	-23.3	128.57	-16.1

数据来源：上海市统计局。

4. 新房交易量下降，存量成交低位徘徊

2023 年，为更好满足居民刚性和改善性住房需求，上海作为一线城市，保持原政策稳定性，下半年结合市场形势实施认房不认贷、降首付降利率、调整普通住房标准等优化和调整政策，对提升市场预期起到一定引导作用。

（1）市场化住宅销售面积下降。

2023 年，新建房屋销售面积 1808.03 万平方米，同比下降 2.4%（见图 5-2-2）。其中住宅 1454.02 万平方米，同比下降 6.9%。市场化住宅销售面积 902.72 万平方米，同比下降 8.7%，占全部新建住宅销售面积的

62.1%。全年办公楼86.29万平方米，同比增长14.6%；商业营业用房55.01万平方米，同比增长24.5%。

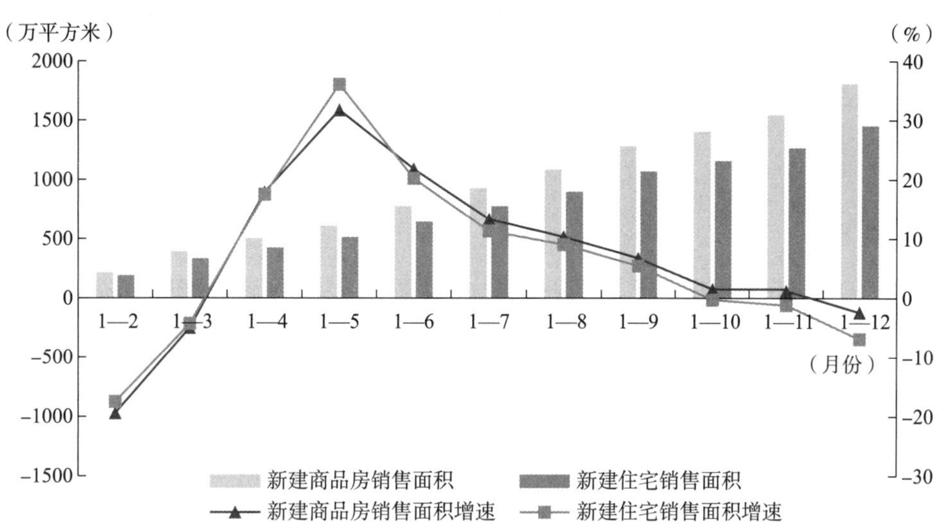

图5-2-2　2023年上海新建商品房及住宅销售情况

数据来源：上海市统计局。

2023年，新房市场供应节奏较为平稳，共推出12批次。全年市场化住宅供应面积978万平方米，尽管同比下降6.2%，但供应规模仍处于历史较高水平。随着市场供求关系的变化，以及观望情绪的影响，2023年底新建市场化住宅网上可售面积771万平方米，比年初增加97万平方米，去化周期（年底可售面积/当年月均成交量）拉长，约10.2个月。

（2）存量住宅成交量低位徘徊。

2023年，全年存量房交易量1605.29万平方米，同比增长12.5%。受2022年低基数影响，存量住房交易量1432.37万平方米，同比增长12.6%。在经历2021年挂牌核验价政策出台，2022年疫情封控，再到2023年挂牌量上涨后，存量住宅成交量回到月均119万平方米的规模，还处于近10年的低位（见图5-2-3）。一方面，新房持续供应且价格还存在“倒挂”，存量需求被挤压；另一方面，市场观望氛围较浓，新政效果随时间推移钝化，还有时滞未在年内显现等因素。

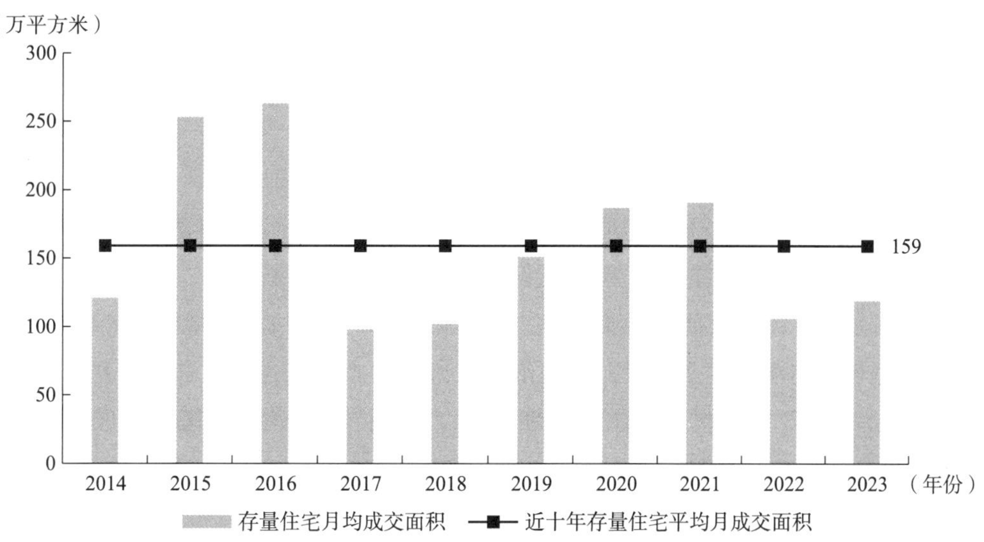

图5-2-3　2014—2023年上海存量住宅月均成交量情况

数据来源：上海市统计局。

从月度成交看，年初随着生产生活秩序恢复常态化，前期积压的购房需求快速释放，2 月、3 月成交量明显回升，3 月成交 187.16 万平方米，为 2021 年 8 月以来的最高成交月，也是年内最高月份。此后市场需求逐步趋稳，月成交量从高点连续 3 个月环比下降后趋于稳定，除 9 月、12 月新政发布当月成交小幅回升外，市场总体在低位运行。

（二）对房地产市场平稳发展有关政策建议

1. 持续优化调整政策

面对进入调整期的楼市，建议在坚持“房住不炒”的前提下，为更好满足合理购房需求在供求反转的大背景下，对之前供不应求的行政限制为主的政策与措施进行全面梳理，对不适应新形势、新模式的政策进行优化调整，促进稳地价、稳房价、稳预期。

（1）稳定市场预期。

2023 年 8 月，国常会审议通过《关于规划建设保障性住房的指导意见》，保障性住房的供应对象、价格、市场覆盖面、对商品房市场的影响都是当前各方比较关注的，也导致部分需求观望，建议能尽快明确具体实施细则，从而稳定市场预期。

（2）继续优化完善限购政策。

一是尽快摆脱“挤牙膏”式逐步放开限购政策的调整方式，建议尽早让楼市回归市场运行轨道，让潜在购买需求早日释放。二是调整法拍、离婚三年限购等“补丁”政策，这些政策目的已经达到，建议能适时调整退出。三是适当放松高端产品的购买限制，特别是单套 5000 万元以上的“豪宅”，让上海成为“全球华人”资产配置地。

（3）进一步支持鼓励刚需、改善性需求。

房贷利率虽已多次降低，但仍然比消费贷、经营贷的利率高。建议建立家庭、个人首次购房政策性低利率制度，大幅降低利率，每个人或家庭终身享受一次。

（4）优化住房规划、设计标准。

当前上海市住宅用地、规划、设计、建设等方面均存在不适应“好房子”要求的规范。建议有关部门梳理相关规定，适当放宽对中小户型比例的要求和相关住宅设计规范等方面的限制，有利于企业提供多元和升级换代的产品满足市场需求。

2. 加速“三大工程”落地，积极稳妥构建房地产新模式

2023 年，中央提出推进房地产领域“三大工程”，为行业带来新的增长点。上海将在现有“租购并举”住房制度和多层次住房供应体系基础上，加快新一轮保障性住房规划建设，推进保障性住房、城中村改造和“平急两用”公共基础设施等“三大工程”建设落地，深化城市更新行动，加快推进“两旧一村”改造，推动房地产向新发展模式平稳过渡。可以从三方面发力：一是加快配售型保障性住房政策体系落地，推动一批配售型保障性住房项目开工建设；二是继续推进配租型保障性住房建设筹措和供应，构建完善“一张床、一间房、一套房”多层次租赁住房供应体系；三是持续推进大型居住社区保障性住房及配套建设。

3. 继续防范化解房地产市场风险

2023 年底召开的中央经济工作会议，把统筹化解房地产领域风险列在重要位置，尽管当前融资政策使部分企业在债务重整方面取得积极进展，但仍有部分高负债房企面临较大资金压力。一是建议金融机构一视同仁满足不同所有制房企的合理融资需求，对正常经营的房地产企业加大贷款支持力度。二是完善商品房住房预售资金监管制度，在保障项目顺利交付的前提下，通过增加拨付节点、根据信用分级监管等方式，适当增加企业资金的流动性。三是帮助企业盘活存量自持物业，建议有关部门加快研究政策支持企业通过发行 REITs 等方式进行多元化业务，加快转型进程，盘活优质资产，以此改善企业负债情况。

4. 提高住宅品质

为了让人民群众住上更好的房子，上海市 2022 年 1 月推出“业主房屋质量预看房”制度，为购房人提供多一层保障。尽管该制度的实施在一定程度上提前化解矛盾，提升购房人的获得感和满意度。但部分项目交付过程中，针对房屋质量的投诉仍屡见不鲜。建议相关主管部门明确建设单位首要质量责任，通过市区两级部门督促和抽检，加强对预售项目的质量监管，提升质量违法查处力度，及时防范和控制风险，为房屋提供全生命周期安全保障。同时，发挥社会和舆论监督作用，提高住房建设标准，让人民群众从“有房住”到“住好房”，推动房地产行业迈向高质量发展。

（上海市统计局）

三、广东省房地产市场

（一）投资建设情况

受销售市场下行、企业资金紧张等因素影响，2023 年市场主体投资意愿和能力疲弱，全年广东房地产完成投资额 13465.88 亿元，同比下降 10.0%（见图 5-3-1）。

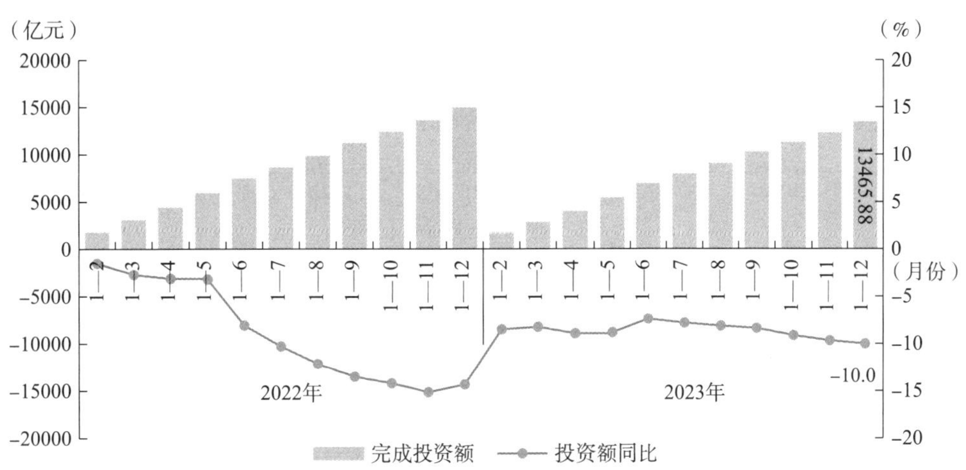

图 5-3-1　2022—2023 年广东房地产企业累计投资额及同比走势

数据来源：广东省统计局。

截至 2023 年底，广东省商品房施工面积约 8.30 亿平方米，同比下降 6.4%。2023 年新开工面积 6879.83 万平方米、竣工面积 8017.13 万平方米，同比分别下降 19.4%、1.8%。其中，2023 年商品住宅新开工面积 4740.89 万平方米、竣工面积 5408.39 万平方米，同比分别下降 16.7%、4.1%（见图 5-3-2）。

数据显示，随着保交楼政策的持续推进，2023 年商品住宅的竣工面积首次超过同期新开工面积，但同比仍略有下降，且为近 5 年最低水平，意味着当前保交楼任务越发艰巨（见图 5-3-3）。

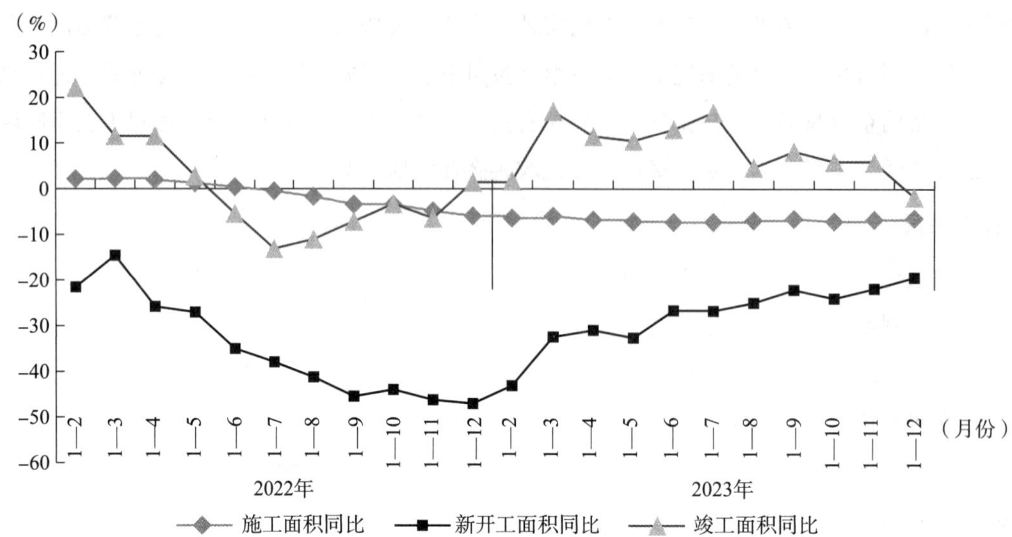

图 5-3-2 2022—2023 年广东商品房累计施工、新开工、竣工面积同比走势

数据来源：广东省统计局。

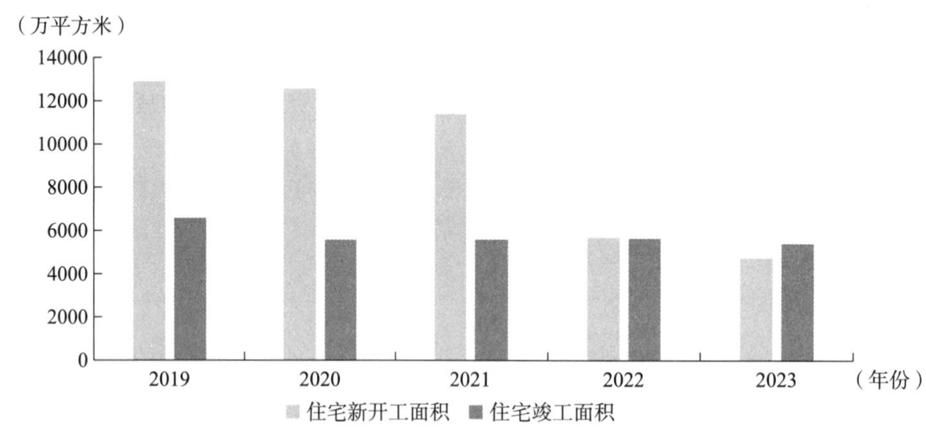

图 5-3-3 2019—2023 年广东商品住宅新开工及竣工面积比较

数据来源：广东省统计局。

（二）土地供应与成交情况

据广东省房协土地与产业研究中心监测，2023 年广东省经营性用地挂牌面积 11115.80 万平方米，同比下降 6.6%；成交面积 9486.99 万平方米、成交金额 3427.07 亿元，同比分别下降 5.8%、23.4%（见图 5-3-4）。其中，居住用地挂牌面积 1989.49 万平方米，同比下降 20.0%；占总挂牌土地面积的 17.9%，同比下降 3.0 个百分点。成交面积 1340.35 万平方米、金额 2405.89 亿元，同比分别下降 25.1%、28.6%；分别占总成交面积、成交金额的 14.1%、70.2%，同比分别下降 3.6 个、5.2 个百分点，居住用地市场持续冷淡（见图 5-3-5）。

城市层面看，2023 年居住用地成交金额同比增长的有潮州、汕尾、茂名、韶关、云浮、惠州、清远、河源、佛山等 9 市，成交金额合计 551.56 亿元，占全省的 22.9%。其余 12 个城市中，广州成交金额 1182.54 亿元，虽同比下降 3.2%，仍远高于其他城市，占全省比重 49.2%；深圳、东莞分别为 312.47 亿元、144.69 亿元，同比分别下降 57.6%、66.4%，占全省的 13.0%、6.0%；其他 9 市合计 214.62 亿元，占全省比重 8.9%（见图 5-3-6）。

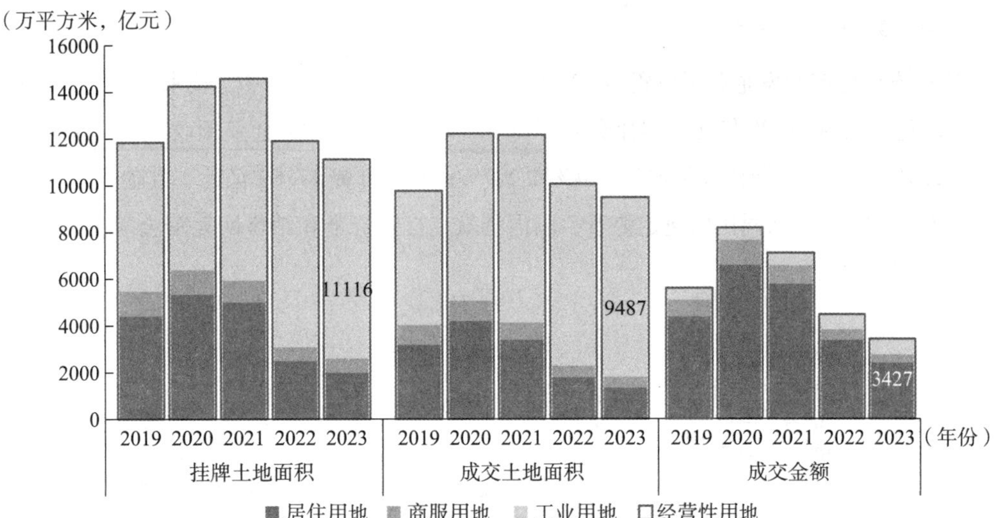

图 5-3-4 2019—2023 年广东经营性建设用地挂牌面积与成交面积及成交金额

数据来源：广东省房协土地与产业研究中心。

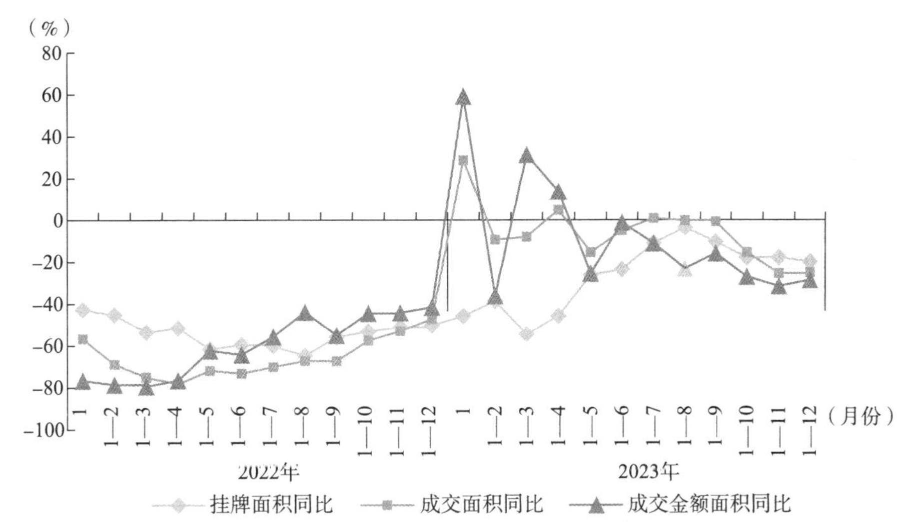

图 5-3-5 2022—2023 年广东居住用地挂牌面积、成交面积、成交金额同比走势

数据来源：广东省房协土地与产业研究中心。

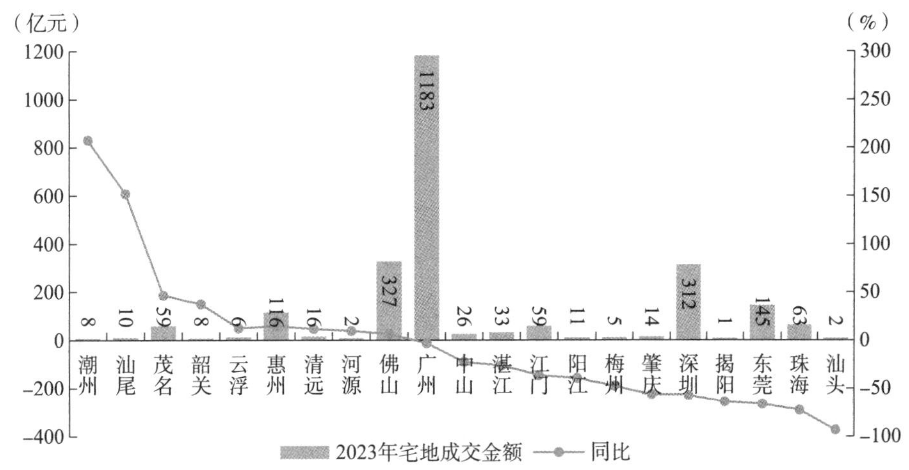

图 5-3-6 2023 年广东各市居住用地成交情况

数据来源：广东省房协土地与产业研究中心。

（三）开发企业到位资金情况

2023 年，广东省房地产开发企业到位资金 17840.74 亿元，同比下降 5.1%。按来源分，国内贷款和自筹资金分别为 2675.25 亿元和 6021.05 亿元，同比分别下降 3.8%和 15.1%；定金及预收款和个人按揭贷款分别为 5878.62 亿元和 2751.47 亿元，同比分别增长 1.4%和 2.7%；利用外资 17.89 亿元、其他资金 496.45 亿元，同比分别增长 36.8%、13.9%。从同比增速走势看，国内贷款、自筹资金和销售回笼资金等主要来源资金总体呈低位运行态势（见图 5-3-7）。

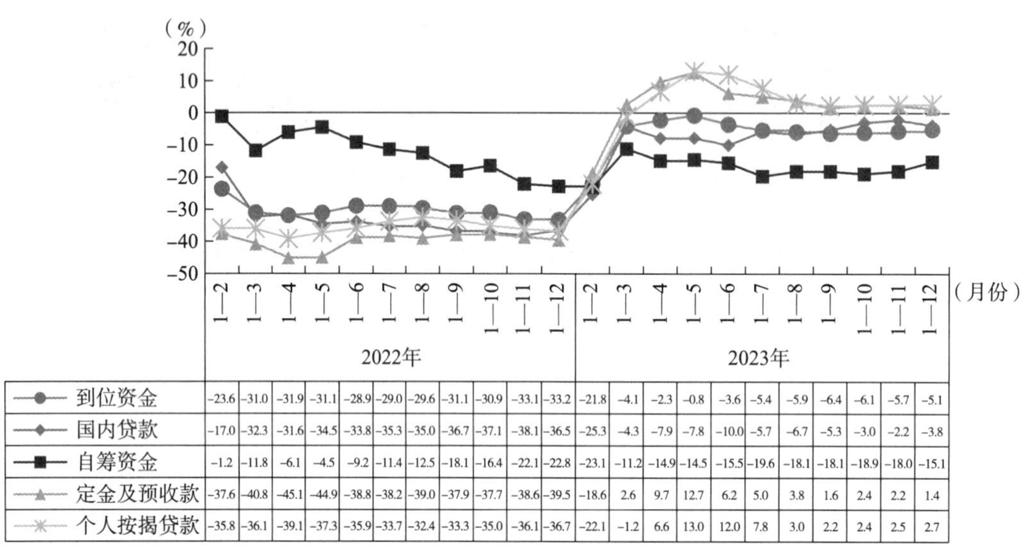

	1—2	1—3	1—4	1—5	1—6	1—7	1—8	1—9	1—10	1—11	1—12	1—2	1—3	1—4	1—5	1—6	1—7	1—8	1—9	1—10	1—11	1—12
	2022年											2023年										
到位资金	-23.6	-31.0	-31.9	-31.1	-28.9	-29.0	-29.6	-31.1	-30.9	-33.1	-33.2	-21.8	-4.1	-2.3	-0.8	-3.6	-5.4	-5.9	-6.4	-6.1	-5.7	-5.1
国内贷款	-17.0	-32.3	-31.6	-34.5	-33.8	-35.3	-35.0	-36.7	-37.1	-38.1	-36.5	-25.3	-4.3	-7.9	-7.8	-10.0	-5.7	-6.7	-5.3	-3.0	-2.2	-3.8
自筹资金	-1.2	-11.8	-6.1	-4.5	-9.2	-11.4	-12.5	-18.1	-16.4	-22.1	-22.8	-23.1	-11.2	-14.9	-14.5	-15.5	-19.6	-18.1	-18.1	-18.9	-18.0	-15.1
定金及预收款	-37.6	-40.8	-45.1	-44.9	-38.8	-38.2	-39.0	-37.9	-37.7	-38.6	-39.5	-18.6	2.6	9.7	12.7	6.2	5.0	3.8	1.6	2.4	2.2	1.4
个人按揭贷款	-35.8	-36.1	-39.1	-37.3	-35.9	-33.7	-32.4	-33.3	-35.0	-36.1	-36.7	-22.1	-1.2	6.6	13.0	12.0	7.8	3.0	2.2	2.4	2.5	2.7

图 5-3-7　2022—2023 年广东房地产开发到位资金及主要来源资金累计同比增速走势

数据来源：广东省统计局。

从资金来源结构看，2023 年定金及预收款、个人按揭贷款合计占比 48.4%，仅低于 2016 年和 2021 年同期；自筹资金占比 33.7%，仅低于 2022 年；国内贷款占比 15.0%，仅略高于 2016 年和 2022 年同期；利用外资和其他到位资金分别占比 0.1%和 2.8%，与近 5 年大体相当，处于历年低位（见图 5-3-8）。数据反映，虽然中央及相关部委多次强调要支持房地产企业合理融资需求，但随着境内房企的债务违约风险不断增大，金融支持政策收效甚微，2023 年房地产企业的国内贷款和其他到位资金占比仍处历史低位，资金来源仍然主要依靠销售回款和自筹资金。而受制于销售市场持续低迷和房企信用普遍受损，上述来源资金已越发难以获得，行业资金紧张程度不断加剧，亟待推动房地产金融支持政策实质性落地执行。

从房地产贷款情况看，截至 2023 年底，广东中外资银行业机构房地产贷款余额 7.38 万亿元，比年初减少 1484.87 亿元。其中，房地产开发贷款余额 1.72 万亿元，比年初增加 249.66 亿元，同比少增 797.75 亿元；个人住房贷款余额 5.40 万亿元，比年初减少 1333.55 亿元，同比少增 1847.93 亿元（见图 5-3-9）。年底房地产贷款余额占总贷款余额比重 27.2%，比上年底降低 3.3 个百分点（见图 5-3-10）。

（四）商品房销售情况

2023 年，广东省新建商品房累计销售面积 9621.74 万平方米、销售额 15135.53 亿元，同比分别下降 9.2%、4.6%（见图 5-3-11）。其中，现房销售面积 2968.30 万平方米，同比增长 23.6%；期房销售面积 6653.44 万平方米，同比下降 18.7%，占商品房销售总面积比重同比大幅下降 8.1 个百分点至 69.2%，创 2011 年以来最低水平（见图 5-3-12）。近两年期房销售占比大幅下降，一定程度上受部分房企债务违约影响，消费者对期房交易缺乏信心。

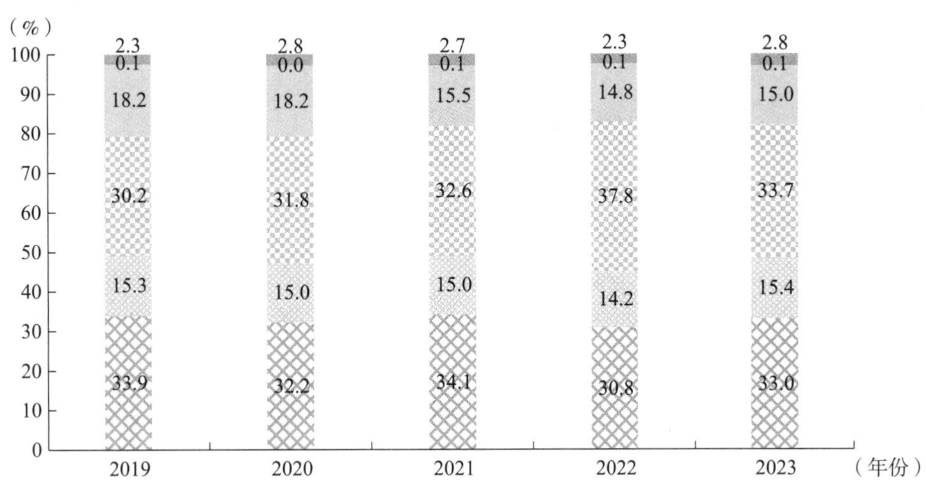

图 5-3-8　2019—2023 年广东房地产开发到位资金来源结构

数据来源：广东省统计局。

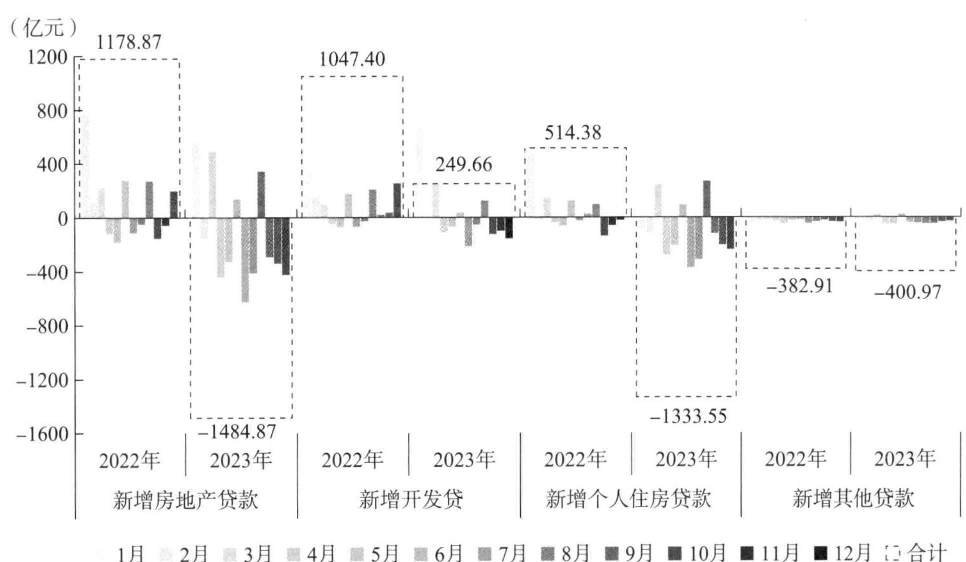

图 5-3-9　2022—2023 年广东银行业机构新增房地产贷款情况

数据来源：中国人民银行广东省分行。

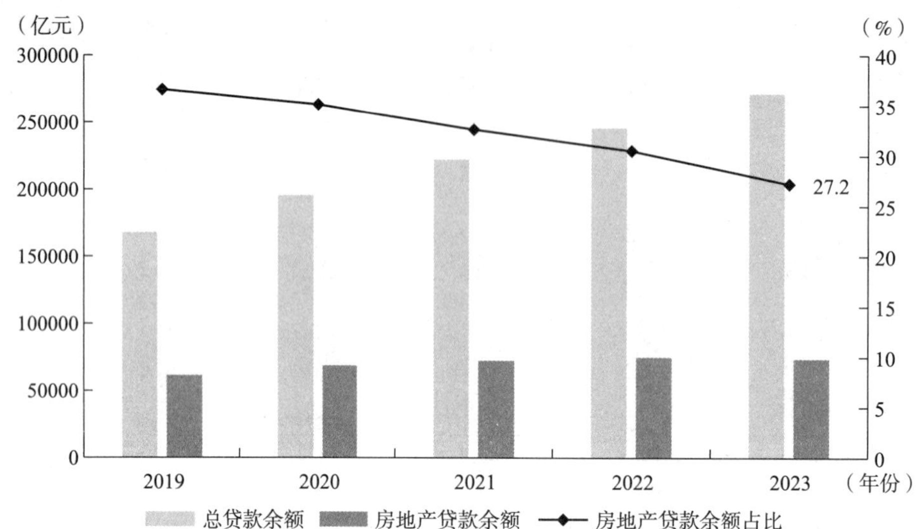

图 5-3-10　2019—2023 年广东房地产贷款余额及占总贷款余额比重走势

数据来源：中国人民银行广东省分行。

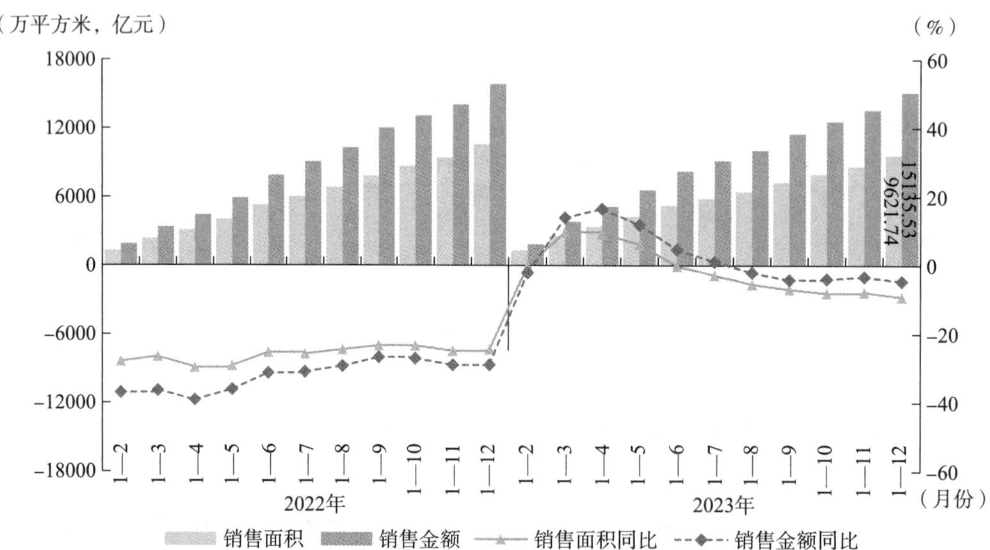

图 5-3-11　2022—2023 年广东商品房销售面积、销售金额走势

数据来源：广东省统计局。

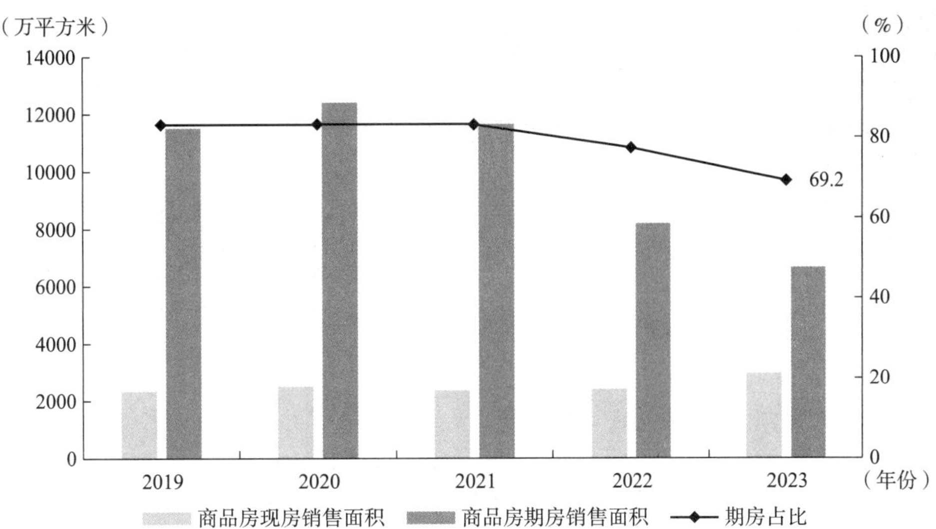

图 5-3-12　2019—2023 年广东商品房现房和期房销售面积走势

数据来源：广东省统计局。

2023 年，广东省商品住宅销售面积 7697.87 万平方米、销售额 13005.47 亿元，同比分别下降 10.2%、3.2%。从全年走势看，此前因疫情积压的住房需求快速释放，第一季度销售市场回暖势头较强，各月销售面积处于近年相对高位。但之后受经济恢复放缓、就业压力增大、收入预期不佳及房价预期下降等因素影响，楼市复苏动能明显放缓，自 6 月起各月商品住宅销售面积均创 2013 年以来同期最低水平；8 月底“认房不认贷”等新政后，9 月出现短暂回升，但未能改变市场热度下滑的态势，10 月、11 月销售面积环比连续下降；12 月环比虽然增长 29.5%，但同比下降 25.1%，反映政策效果并不理想（见图 5-3-13）。

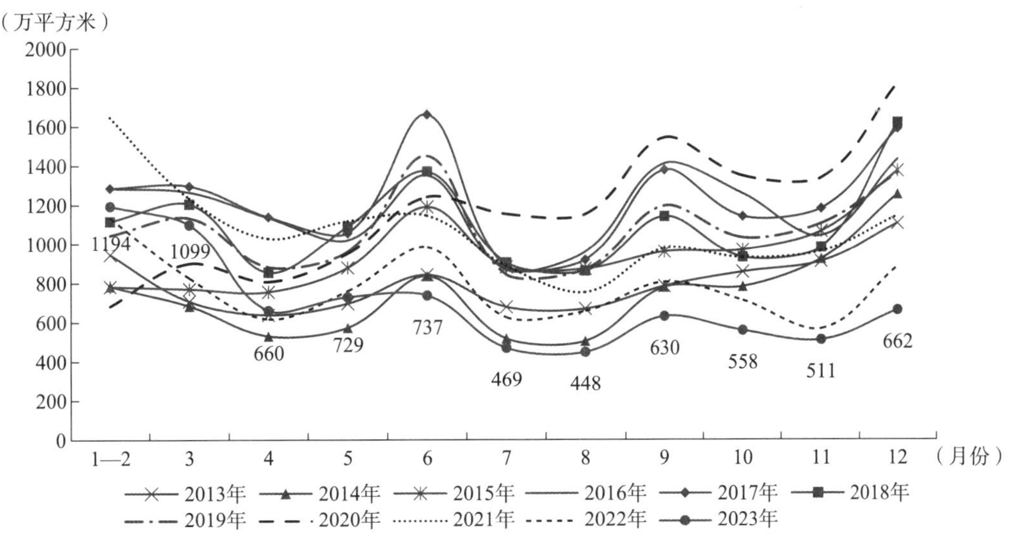

图 5-3-13　2013—2023 年广东商品住宅销售面积月度走势

数据来源：广东省统计局。

与历史同期相比，2023 年全年广东商品房销售面积为 2015 年以来最低水平，其中商品住宅销售面积则为 2013 年以来最低（见图 5-3-14）。

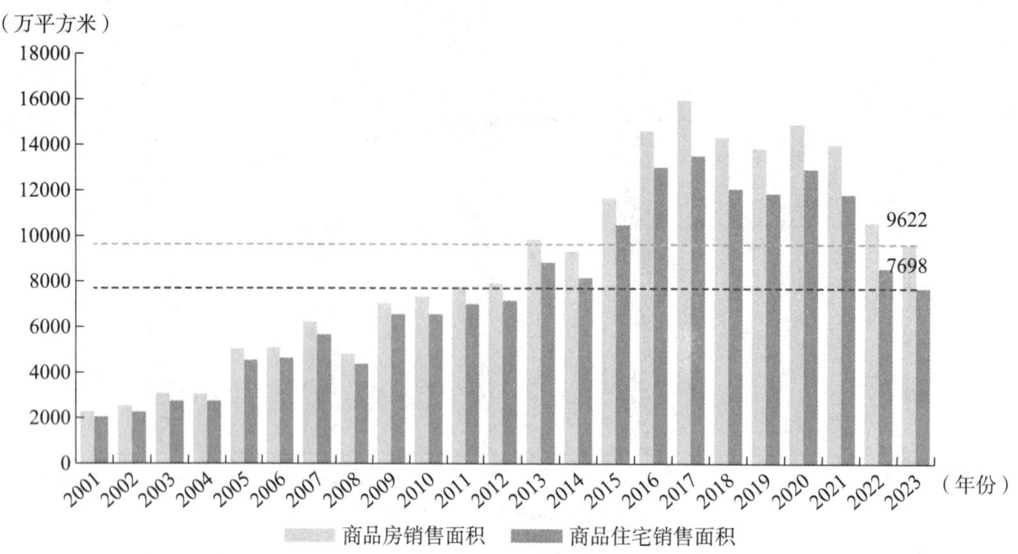

图 5-3-14　2001—2023 年广东商品房、商品住宅销售面积走势

数据来源：广东省统计局。

从已竣工尚未销售的待售面积看，截至 2023 年底，广东省商品房待售面积合计 10547. 49 万平方米，比上年底增加 2358. 43 万平方米，同比增长 28. 8%；其中商品住宅待售面积 4773. 88 万平方米、非住宅商品房 5773. 62 万平方米，同比分别增加 1116. 54 万平方米、1241. 89 万平方米，增幅分别为 30. 5%、27. 4%（见图 5-3-15）。

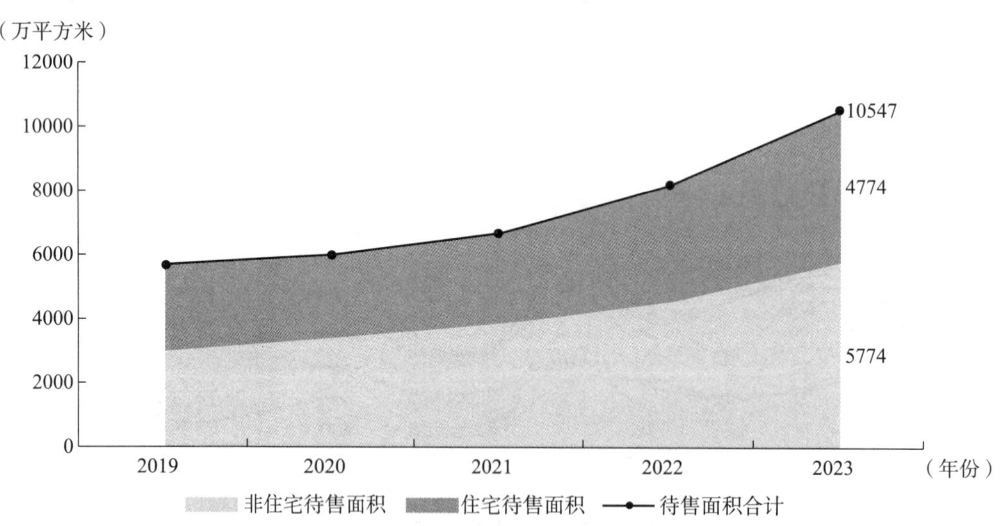

图 5-3-15　2019—2023 年广东商品房待售面积走势

数据来源：广东省统计局。

分城市看，2023 年，广州、惠州、佛山 3 市的商品房销售面积均超过 1000 万平方米，位列前三；深圳、江门分别为 783 万、584 万平方米，中山、清远、肇庆在 411 万~465 万平方米区间，湛江、汕头、东莞、茂名在 343 万~383 万平方米区间；珠海、梅州、汕尾、河源、韶关、云浮和揭阳大致相当，在 194 万~270 万平方米区间；潮州 117 万平方米，居末位（见图 5-3-16）。

从同比情况看，2023 年仅深圳、湛江和广州 3 市的商品房销售面积同比增速为正，分别增长 12. 8%、

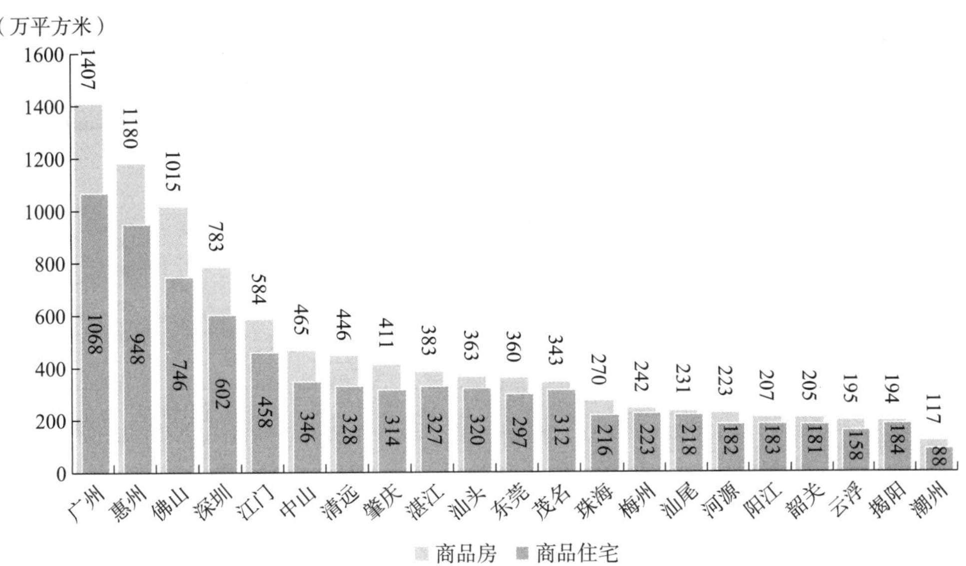

图 5-3-16　2023 年广东各市商品房销售面积情况

数据来源：广东省统计局。

5.1%和 2.4%；其中商品住宅销售面积同比正增长的仅有深圳和广州，分别增长 19.2%和 4.0%。相比之下，商品房和商品住宅销售面积同比下降的城市则分别多达 18 个和 19 个，各地市场普遍低迷（见图 5-3-17）。

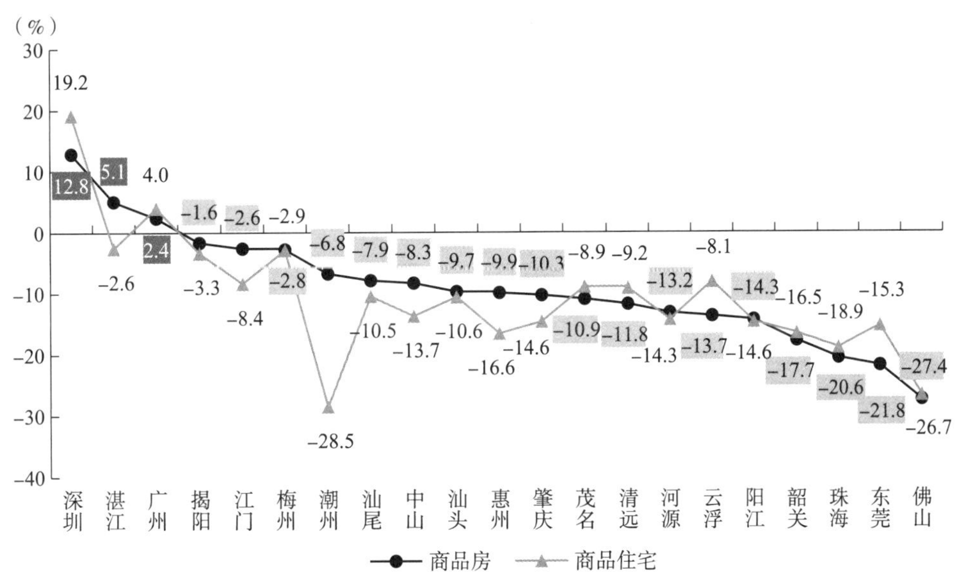

图 5-3-17　2023 年广东各市商品房销售面积同比情况

数据来源：广东省统计局。

从 2023 年商品住宅销售面积与近 10 年（2014—2023 年）同期比较，仅汕尾超过 10 年平均值，肇庆、阳江、韶关、清远、珠海、佛山、中山、东莞等 8 市则创下同期最低。与最高水平年份相比，深圳约为 78%，所处百分位为各市最高；揭阳、广州、江门、汕尾、潮州等 5 市在 60%~69%，茂名、湛江、惠州、汕头、云浮等 5 市超过 50%，梅州、肇庆、阳江、韶关、清远、珠海、佛山、河源、中山、东莞等 10 市在 31%~48%（见图 5-3-18）。

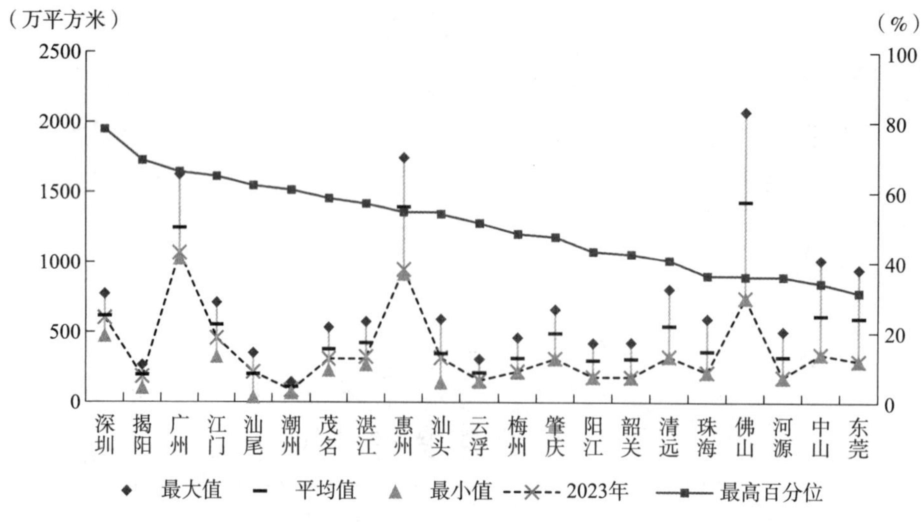

图 5-3-18　2023 年广东各市商品住宅销售面积比较

数据来源：广东省统计局。

（五）广东房地产市场主要指标数据

表 5-3-1　2023 年广东各用途商品房销售情况

类别	销售面积（万平方米）	同比增长（%）	销售金额（亿元）	同比增长（%）	销售均价（元/米²）	同比增长（%）
商品房	9621.74	-9.2	15135.53	-4.6	15731	5.0
商品住宅	7697.87	-10.2	13005.47	-3.2	16895	7.8
办公楼	332.72	-26.7	724.95	-32.7	21789	-8.2
商业营业用房	587.09	-10.6	867.62	2.3	14778	14.4
其他用房	1004.06	10.1	537.50	4.1	5353	-5.5

数据来源：广东省统计局。

表 5-3-2　2023 年广东各地商品房销售情况

城市/地区	商品房销售面积（万平方米）		销售面积同比增长（%）		商品房销售金额（亿元）		销售金额同比增长（%）	
		住宅		住宅		住宅		住宅
广东省	9621.74	7697.87	-9.2	-10.2	15135.53	13005.47	-4.6	-3.2
广州市	1406.75	1067.53	2.4	4.0	4081.86	3463.02	12.7	14.5
深圳市	783.31	601.86	12.8	19.2	3492.15	2941.70	-0.8	7.0
珠海市	269.82	215.92	-20.6	-18.9	634.45	539.30	-6.1	-6.4
汕头市	363.01	319.57	-9.7	-10.6	344.43	294.64	-11.6	-12.3
佛山市	1014.72	745.98	-27.4	-26.7	1499.77	1300.27	-27.7	-26.5
韶关市	204.58	180.93	-17.7	-16.5	117.14	101.24	-19.3	-18.0
河源市	223.07	181.93	-13.2	-14.3	118.80	105.22	-17.7	-18.2

续表

城市/地区	商品房销售面积（万平方米）		销售面积同比增长（%）		商品房销售金额（亿元）		销售金额同比增长（%）	
		住宅		住宅		住宅		住宅
梅州市	241.78	222.98	-2.8	-2.9	137.53	125.91	-0.3	-0.5
惠州市	1180.41	948.46	-9.9	-16.6	1187.56	1044.76	-16.5	-19.1
汕尾市	230.93	218.10	-7.9	-10.5	165.64	150.18	-2.9	-8.8
东莞市	359.54	297.12	-21.8	-15.3	912.76	838.48	-8.1	-2.1
中山市	464.72	345.57	-8.3	-13.7	536.53	457.29	-4.6	-9.5
江门市	583.73	458.34	-2.6	-8.4	426.84	371.57	-5.5	-7.4
阳江市	206.67	183.12	-14.3	-14.6	113.85	101.83	-13.5	-12.7
湛江市	383.40	326.91	5.1	-2.6	349.24	301.10	7.7	2.2
茂名市	343.33	311.76	-10.9	-8.9	219.00	196.73	-9.6	-9.9
肇庆市	410.56	313.71	-10.3	-14.6	231.48	185.30	-5.9	-11.2
清远市	445.62	328.13	-11.8	-9.2	273.76	222.72	-7.6	-8.4
潮州市	116.74	87.66	-6.8	-28.5	66.40	59.74	-12.6	-18.2
揭阳市	193.76	183.94	-1.6	-3.3	134.03	124.43	-5.4	-7.2
云浮市	195.28	158.35	-13.7	-8.1	92.30	80.06	-11.5	-7.2
按经济区域分								
珠三角	6473.56	4994.50	-9.3	-10.3	13003.40	11141.68	-4.1	-2.1
东翼	904.45	809.26	-7.2	-11.5	710.51	628.99	-8.7	-11.1
西翼	933.40	821.79	-5.9	-7.9	682.09	599.66	2.3	4.8
山区	1310.33	1072.32	-11.8	-10.0	739.53	635.14	-10.7	-10.3

数据来源：广东省统计局。

表 5-3-3　2023 年广东各市商品房新开工、竣工情况

城市/地区	商品房施工面积（万平方米）		施工面积同比增长（%）		商品房新开工面积（万平方米）		新开工面积同比增长（%）	
		住宅		住宅		住宅		住宅
广东省	6879.83	4740.89	-19.4	-16.7	8017.13	5408.39	-1.8	-4.1
广州市	1127.16	609.28	-16.6	-25.8	908.36	475.01	-32.8	-44.2
深圳市	1048.41	692.20	-21.4	-20.5	922.85	492.80	24.6	26.3
珠海市	206.77	148.18	-45.6	-39.7	376.27	266.17	44.7	90.8
汕头市	195.10	144.46	-20.5	-18.6	650.01	424.06	226.8	211.8
佛山市	476.67	335.53	-38.4	-30.7	559.49	339.16	-12.0	-17.1

续表

城市/地区	商品房施工面积（万平方米）		施工面积同比增长（%）		商品房新开工面积（万平方米）		新开工面积同比增长（%）	
		住宅		住宅		住宅		住宅
韶关市	211.05	168.28	-2.2	-1.5	197.71	152.80	-13.0	-15.3
河源市	183.60	136.93	-14.8	-8.1	216.44	138.33	57.9	37.0
梅州市	186.59	148.44	46.8	58.3	274.54	222.17	-11.9	-7.3
惠州市	387.46	263.84	-40.9	-42.1	628.16	488.70	15.1	22.0
汕尾市	118.65	87.26	88.3	51.9	103.90	76.58	-43.6	-32.5
东莞市	399.52	264.15	-38.5	-28.9	296.10	201.64	2.9	-2.4
中山市	187.03	139.83	-54.9	-48.6	259.49	161.71	-48.4	-54.9
江门市	363.46	247.59	6.3	-6.9	463.78	325.68	-24.5	-28.9
阳江市	111.71	86.62	-21.9	-24.1	129.84	107.39	-25.9	-23.0
湛江市	437.00	335.85	14.7	22.5	249.63	184.99	-0.8	-5.4
茂名市	321.89	233.51	-4.6	-0.8	448.50	321.13	4.2	-9.3
肇庆市	242.32	187.81	34.8	52.9	460.08	353.16	45.0	32.1
清远市	239.57	166.62	-28.7	-12.6	366.43	264.25	-23.9	-9.5
潮州市	66.54	42.91	-27.9	-39.5	166.19	146.02	77.8	101.2
揭阳市	175.34	158.06	5.6	20.7	126.56	92.12	-32.8	-35.0
云浮市	193.97	143.53	46.4	25.5	212.78	174.52	-5.3	-10.2
按经济区域分								
珠三角	4438.81	2888.42	-27.0	-26.1	4874.59	3104.03	-7.3	-10.8
东翼	555.63	432.68	-2.0	-0.9	1046.67	738.78	57.5	59.3
西翼	870.60	655.98	1.1	5.2	827.97	613.51	-3.4	-11.0
山区	1014.78	763.81	-1.2	6.3	1267.91	952.07	-8.3	-5.5

数据来源：广东省统计局。

表 5-3-4　2023 年广东各市居住用地成交情况

城市/地区	占地面积（万平方米）	占比（%）	可建面积（万平方米）	占比（%）	成交金额（亿元）	占比（%）	楼面地价（元/米^2）	占比（%）	溢价率（%）
全省	**1340.35**	**100**	**3346.53**	**100**	**2405.89**	**100**	**7563**	**8151**	**7.8**
珠三角	**869.54**	**64.9**	**2065.37**	**61.7**	**2244.17**	**93.3**	**10173**	**10866**	**6.8**
广州	308.06	23.0	638.82	19.1	1182.54	49.2	17279	18511	7.1
佛山	141.96	10.6	329.87	9.9	326.64	13.6	9163	9902	8.1

续表

城市/地区	占地面积（万平方米）	占比（%）	可建面积（万平方米）	占比（%）	成交金额（亿元）	占比（%）	楼面地价（元/米^2）	占比（%）	溢价率（%）
深圳	30.44	2.3	129.04	3.9	312.47	13.0	21968	24215	10.2
东莞	111.73	8.3	248.31	7.4	144.69	6.0	5459	5827	6.7
惠州	92.01	6.9	273.17	8.2	115.59	4.8	4231	4231	0.0
珠海	37.43	2.8	93.09	2.8	63.30	2.6	6800	6800	0.0
江门	93.38	7.0	205.00	6.1	58.60	2.4	2771	2859	3.2
中山	12.61	0.9	27.93	0.8	26.07	1.1	9336	9336	0.0
肇庆	41.92	3.1	120.13	3.6	14.26	0.6	1187	1187	0.0
东翼	**46.04**	**3.4**	**139.33**	**4.2**	**21.84**	**0.9**	**1550**	**1567**	**1.1**
汕尾	26.01	1.9	76.47	2.3	10.42	0.4	1363	1363	0.0
潮州	10.96	0.8	40.66	1.2	7.75	0.3	1865	1905	2.2
汕头	3.90	0.3	7.63	0.2	2.26	0.1	2933	2964	1.1
揭阳	5.17	0.4	14.57	0.4	1.41	0.1	927	966	4.3
西翼	**288.96**	**21.6**	**826.58**	**24.7**	**102.74**	**4.3**	**1169**	**1243**	**6.3**
茂名	168.40	12.6	501.68	15.0	59.19	2.5	1116	1180	5.8
湛江	72.21	5.4	212.54	6.4	32.53	1.4	1414	1531	8.2
阳江	48.35	3.6	112.36	3.4	11.01	0.5	942	980	4.1
山区	**135.81**	**10.1**	**315.25**	**9.4**	**37.14**	**1.5**	**1147**	**1178**	**2.7**
清远	47.93	3.6	99.26	3.0	15.81	0.7	1591	1593	0.1
韶关	42.68	3.2	95.60	2.9	7.78	0.3	781	814	4.2
云浮	19.41	1.4	57.39	1.7	6.23	0.3	1045	1086	4.0
梅州	16.72	1.2	42.80	1.3	5.17	0.2	1130	1209	7.0
河源	9.07	0.7	20.21	0.6	2.14	0.1	1026	1057	3.1

数据来源：广东省房协土地与产业研究中心。

（广东省房地产行业协会）

四、广州市房地产市场

（一）2023 年广州市房地产市场发展状况及特点

2023 年，广州市适时调整优化房地产政策：6 月，上浮二孩及以上家庭首套住房公积金贷款额度；8 月底，商业银行执行“认房不认贷”政策；9 月，解除番禺区、黄埔区、花都区及白云区北部的江高、太和、人和、钟落潭 4 镇的限购条件，限购区社保年限要求由 5 年降至 2 年，个人销售住房增值税征免年限从 5 年降为 2 年；

11 月，公积金实施“认房不认贷”政策。在政策持续优化下，新建商品住宅和存量住宅销售面积同比有所回升，分别增长 4.0%和 30.4%，但住宅价格指数总体均呈持续下行态势。房地产投资同比下降 8.7%，商品住宅新开工面积下降 25.8%，居住用地出让面积和成交金额分别下降 28.9%和 3.2%，供给端总体收缩。

1. 开发投资情况

2023 年，广州市完成房地产投资 3134.40 亿元，同比下降 8.7%。按投资构成分，建筑安装工程 1102.29 亿元，同比下降 5.0%；设备工器具购置 10.71 亿元，同比下降 7.5%；土地购置费 1683.47 亿元，同比下降 11.9%。按用途分，商品住宅、办公楼和商业营业用房分别完成投资 2235.17 亿元、227.26 亿元和 194.92 亿元，同比分别下降 8.1%、21.5%和 15.9%，分别占总投资的 71.3%、7.3%和 6.2%；其他用房投资 477.06 亿元，同比下降 0.2%，占总投资的 15.2%（见表 5-4-1）。

表 5-4-1 2023 年广州市房地产完成投资结构

项目	2023 年完成投资	按构成分				按用途分			
		建安工程	设备工器具购置	其他费用		商品住宅	办公楼	商业营业用房	其他
					土地购置费				
金额（亿元）	3134.4	1102.3	10.7	2021.4	1683.5	2235.2	227.3	194.9	477.1
同比增长（%）	-8.7	-5.0	-7.5	-10.5	-11.9	-8.1	-21.5	-15.9	-0.2
占比（%）	100.0	35.2	0.3	64.5	53.7	71.3	7.3	6.2	15.2

数据来源：广东省统计局。

从 2023 年完成投资同比走势看，第一季度同比降幅较前两个月有所缩窄，随后的 4 月、5 月降幅逐月扩大，6—8 月总体反弹，但 9 月和 12 月下探明显，总体呈现一波三折态势（见图 5-4-1）。

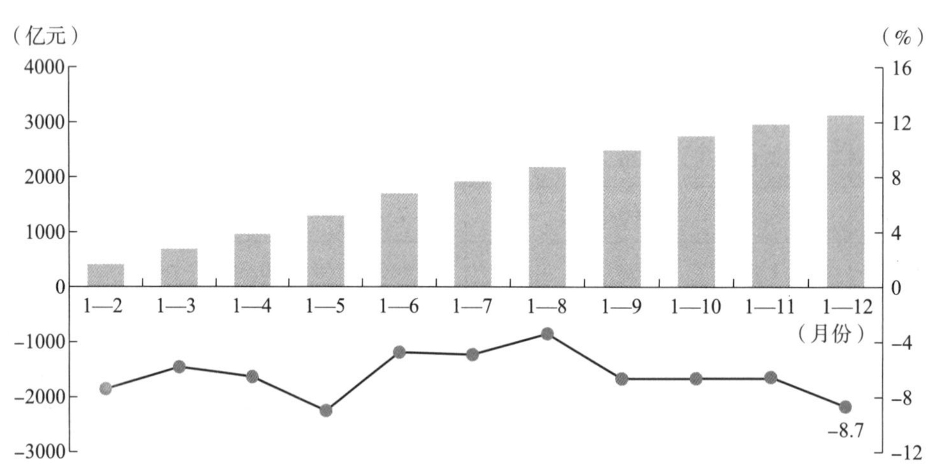

图 5-4-1 2023 年广州市房地产完成投资走势

数据来源：广东省统计局。

2. 土地供应与成交情况

根据广东省房协土地与产业研究中心监测，2023 年，广州市经营性建设用地挂牌 300 宗、用地面积 1548.71 万平方米，同比分别增长 18.1%、18.3%。其中，居住用地挂牌 64 宗，同比增长 10.3%；用地面积 467.90 万平方米，同比下降 1.5%（见表 5-4-2）。

表 5-4-2　2022 年、2023 年广州市经营性建设用地挂牌情况

指标	挂牌宗数（宗）				挂牌面积（万平方米）			
		居住用地	商服用地	工业用地		居住用地	商服用地	工业用地
2022 年	254	58	37	159	1308.90	474.83	116.22	717.85
2023 年	300	64	45	191	1548.71	467.90	110.80	970.01
2023 年同比增长（%）	18.1	10.3	21.6	20.1	18.3	-1.5	-4.7	35.1

数据来源：广东省房协土地与产业研究中心。

通过招拍挂市场成交土地 274 宗，用地面积 1290.69 万平方米，可建建筑面积 4176.23 万平方米，同比分别增长 21.2%、8.9%、22.9%；总成交金额 1538.83 亿元，同比略降 0.7%；平均楼面地价 3685 元/米^2，同比下降 19.2%；平均溢价率 5.4%，同比提高 4.1 个百分点。其中，居住用地出让 43 宗，用地面积 308.06 万平方米，可建建筑面积 638.82 万平方米，成交金额 1182.54 亿元，同比分别下降 10.4%、28.9%、22.0%、3.2%；楼面地价 18511 元/米^2，同比上涨 24.2%；溢价率 7.1%，同比提高 5.5 个百分点。全市 17 幅住宅用地流拍，流拍率 28.3%，其中多数地块位于南沙、花都及增城等外围区域去化压力大的区域（见表 5-4-3、图 5-4-2）。

表 5-4-3　2023 年广州市经营性建设用地成交情况

指标	数值				同比（%）			
	建设用地				建设用地			
		居住用地	商服用地	工业用地		居住用地	商服用地	工业用地
成交宗数（宗）	274	43	44	187	21.2	-10.4	25.7	30.8
用地面积（万平方米）	1290.69	308.06	104.94	877.69	8.9	-28.9	-11.4	38.5
可建面积（万平方米）	4176.23	638.82	279.77	3257.64	22.9	-22.0	-18.4	45.7
成交金额（亿元）	1538.83	1182.54	222.63	133.65	-0.7	-3.2	-10.7	69.0
楼面地价（元/米^2）	3685	18511	7958	410	-19.2	24.2	9.5	16.0
溢价率（%）	5.4	7.1	0.2	0	4.1 个百分点	5.5 个百分点	0.2 个百分点	0 个百分点
流拍宗数（宗）	28	17	2	9	64.7	70.0	-33.3	125.0
流拍率（%）	9.3	28.3	4.3	4.6	2.3 个百分点	11.1 个百分点	-3.5 个百分点	1.9 个百分点

数据来源：广东省房协土地与产业研究中心。

3. 房屋建设情况

截至 2023 年底，广州市商品房施工面积 12739.37 万平方米，同比下降 1.6%。其中，2023 年新开工面积 1127.16 万平方米，同比下降 16.6%；竣工面积 908.36 万平方米，同比下降 32.8%。2023 年新开工面积按用途分，办公楼和商业营业用房分别为 140.94 万和 126.33 万平方米，同比分别增长 69.3% 和 78.0%；商品住宅和其他用房分别为 609.28 万和 250.60 万平方米，同比分别下降 25.8% 和 33.3%，均创过去 10 年最低水平（见表 5-4-4、图 5-4-3）。

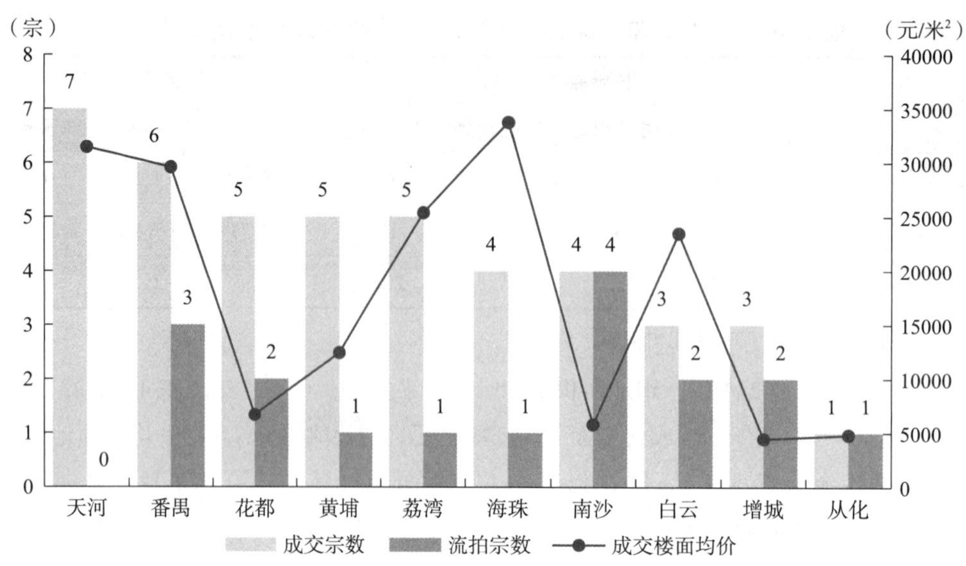

图 5-4-2　2023 年广州市居住用地成交及流拍分布情况

数据来源：广东省房协土地与产业研究中心。

表 5-4-4　2023 年广州市商品房建设情况

项目	施工面积（万平方米）	同比增长（%）	新开工面积（万平方米）	同比增长（%）	竣工面积（万平方米）	同比增长（%）
商品房	12739. 37	-1. 6	1127. 16	-16. 6	908. 36	-32. 8
商品住宅	7377. 82	-2. 5	609. 28	-25. 8	475. 01	-44. 2
办公楼	1483. 10	-4. 1	140. 94	69. 3	154. 25	65. 8
商业营业用房	1062. 45	0. 3	126. 33	78. 0	76. 13	-41. 4
其他	2815. 99	1. 6	250. 60	-33. 3	202. 98	-26. 7

数据来源：广东省统计局。

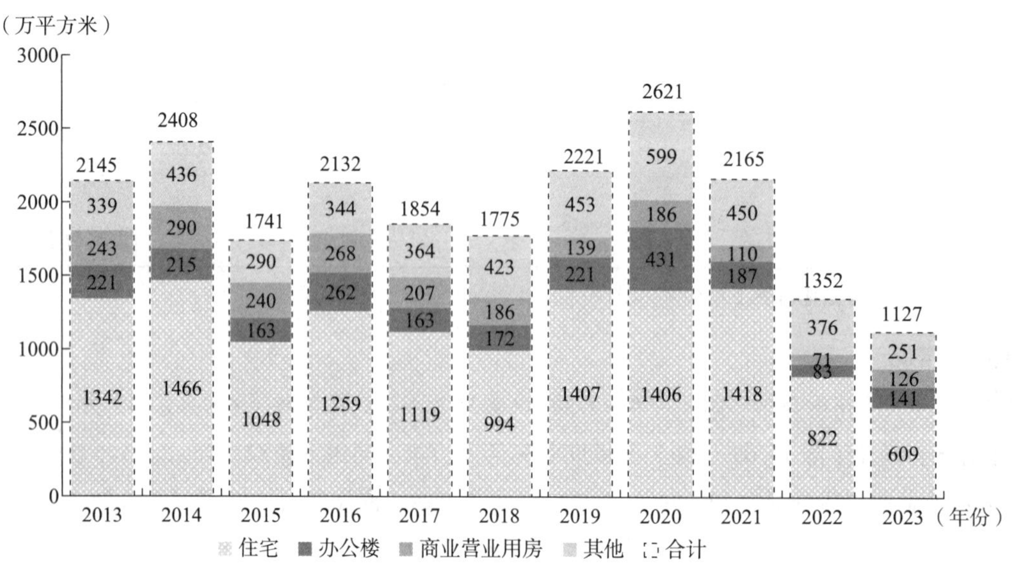

图 5-4-3　2013—2023 年广州商品房新开工面积按用途走势

数据来源：广东省统计局。

4. 到位资金情况

2023 年，广州市房地产开发企业到位资金 4738.80 亿元，同比增长 11.6%。其中，国内贷款、自筹资金、定金及预收款、个人按揭贷款和其他到位资金分别为 727.94 亿元、1934.55 亿元、1386.37 亿元、641.33 亿元和 48.11 亿元，同比分别增长 15.0%、15.8%、0.6%、19.1%和 66.1%。

从资金来源结构看，国内贷款占 15.4%，自筹资金占 40.8%，同比分别提高 0.5 个和 1.5 个百分点；销售回笼资金中，定金及预收款占 29.3%，个人按揭贷款占 13.5%，合计占 42.8%，同比下降 2.3 个百分点；利用外资仅占 0.01%，几乎可以忽略；其他到位资金占 1.0%，同比提高 0.3 个百分点（见表 5-4-5）。

表 5-4-5　2022 年、2023 年广州市房地产项目到位资金情况

指标		到位资金						
			国内贷款	利用外资	自筹资金	定金及预收款	个人按揭贷款	其他到位资金
2022 年	金额（亿元）	4248.00	632.96	0.00	1670.06	1377.53	538.49	28.96
	占比（%）	100.00	14.9	0	39.3	32.4	12.7	0.7
2023 年	金额（亿元）	4738.80	727.94	0.50	1934.55	1386.37	641.33	48.11
	占比（%）	100.00	15.4	0.01	40.8	29.3	13.5	1.0
	同比增长（%）	11.6	15.0	—	15.8	0.6	19.1	66.1

数据来源：广东省统计局。

5. 新房供应与销售情况

2023 年，广州市新建商品房批准预售面积 852.95 万平方米，同比下降 22.5%。其中，商品住宅和办公物业分别批准预售 750.23 万平方米和 59.19 万平方米，同比下降 20.0%和 52.5%；商业用房 43.53 万平方米，同比增长 13.0%（见表 5-4-6）。

表 5-4-6　2023 年广州市各行政区新建商品房批准预售面积情况

行政区	商品房合计（万平方米）	同比增长（%）	住宅（万平方米）	同比增长（%）	商业（万平方米）	同比增长（%）	办公（万平方米）	同比增长（%）
越秀	7.09	3445.0	5.42	2610.0	0.06	—	1.61	—
海珠	52.58	-25.8	39.59	-24.8	2.74	-42.1	10.25	-24.4
荔湾	72.15	-3.7	71.80	10.5	0.35	16.7	0.00	-100.0
天河	82.03	8.7	66.13	37.9	7.38	155.4	8.52	-65.4
白云	90.88	-2.1	72.34	2.4	1.09	-53.6	17.45	-12.0
黄埔	97.59	-54.8	88.55	-54.0	2.98	-50.3	6.06	-65.0
花都	67.81	-8.4	64.58	-5.8	3.23	-40.6	0.00	—
番禺	143.72	-13.1	135.36	-4.3	2.42	-29.7	5.94	-70.9
南沙	89.22	-22.3	75.85	-24.1	9.73	321.2	3.64	-71.0
从化	21.93	-38.4	20.00	-35.2	0.55	-80.1	1.38	-31.0
增城	127.95	-29.2	110.61	-34.0	13.00	56.8	4.34	-8.2
合计	852.95	-22.5	750.23	-20.0	43.53	13.0	59.19	-52.5

数据来源：广州市住房和城乡建设局。

从商品房批准预售面积地区分布结构看，番禺、增城位列前二，分别为 143.72 万平方米、127.95 万平方米，分别占全市的 16.8%、15.0%；黄埔、白云、南沙、天河列第 3~6 位，批准预售面积在 82 万~98 万平方米，合计占 42.2%；海珠、花都、荔湾的批准预售面积在 53 万~73 万平方米，从化和越秀约 22 万平方米和 7 万平方米（见图 5-4-4）。

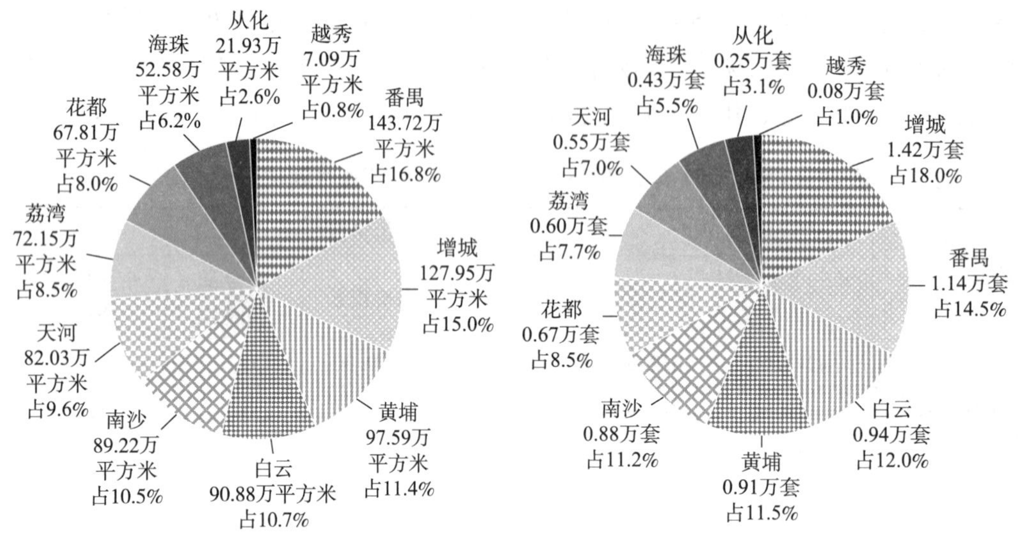

图 5-4-4　2023 年广州市各行政区商品房批准预售面积、套数结构

数据来源：广州市住房和城乡建设局。

从新房销售情况看，2023 年新建商品房销售面积 1406.75 万平方米，同比增长 2.4%，为过去 10 年同期次低；销售额 4081.86 亿元，同比增长 12.7%，为过去 10 年同期次高，仅低于 2021 年（见图 5-4-5）。其中，商品住宅销售面积 1067.53 万平方米，销售额 3463.02 亿元，同比分别增长 4.0%、14.5%；办公楼销售面积 82.83 万平方米，同比下降 34.8%；商业营业用房和其他用房销售面积 115.59 万和 140.80 万平方米，同比分别增长 17.1%和 15.7%（见表 5-4-7）。

表 5-4-7　2022 年、2023 年广州市新建商品房销售面积、销售金额

指标		商品房合计	同比增长（%）	商品住宅	同比增长（%）	办公楼	同比增长（%）	商业营业用房	同比增长（%）	其他用房	同比增长（%）
销售面积（万平方米）	2022 年	1374.07	-20.9	1026.53	-25.1	127.13	3.9	98.75	-32.3	121.67	25.4
	2023 年	1406.75	2.4	1067.53	4.0	82.83	-34.8	115.59	17.1	140.80	15.7
销售金额（亿元）	2022 年	3621.50	-25.6	3023.64	-27.9	321.69	14.1	179.27	-39.8	96.90	1.8
	2023 年	4081.86	12.7	3463.02	14.5	201.61	-37.3	298.65	66.6	118.59	22.4

数据来源：广东省统计局。

6. 存量房销售情况

2023 年，广州市存量商品房成交面积 929.27 万平方米，同比增长 29.8%，但仍为 2016 年以来同期次低；其中存量住宅成交 8.69 万套、成交面积 831.04 万平方米，同比分别增长 30.0%、30.4%（见图 5-4-6）。

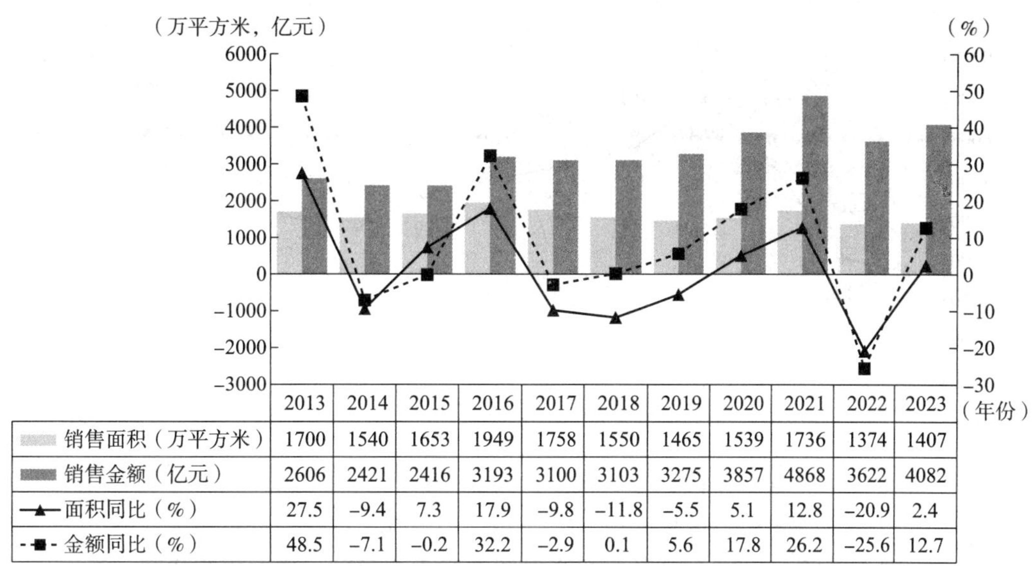

	2013	2014	2015	2016	2017	2018	2019	2020	2021	2022	2023
销售面积（万平方米）	1700	1540	1653	1949	1758	1550	1465	1539	1736	1374	1407
销售金额（亿元）	2606	2421	2416	3193	3100	3103	3275	3857	4868	3622	4082
面积同比（%）	27.5	-9.4	7.3	17.9	-9.8	-11.8	-5.5	5.1	12.8	-20.9	2.4
金额同比（%）	48.5	-7.1	-0.2	32.2	-2.9	0.1	5.6	17.8	26.2	-25.6	12.7

图 5-4-5　2013—2023 年广州市新建商品房销售面积、销售金额走势

数据来源：广东省统计局。

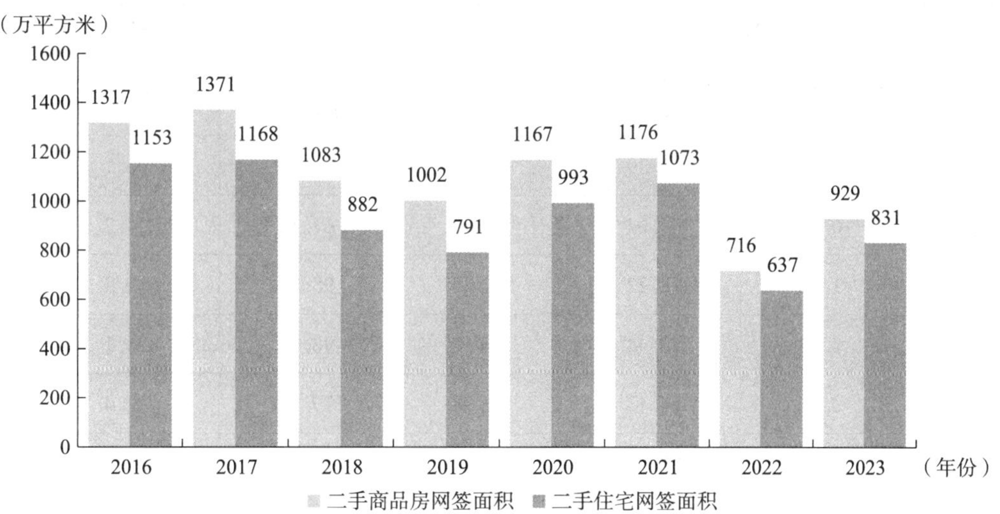

图 5-4-6　2016—2023 年广州市二手商品房、二手住宅交易网签面积走势

数据来源：广州市住房和城乡建设局。

走势上，前 4 个月因此前疫情积压的住房需求集中释放，出现一波“小阳春”行情。4—9 月，随着宏观经济复苏趋缓，部分前期积压需求释放后，购房者观望情绪再次加重，成交量逐月回落。随着 9 月“认房不认贷”、“增值税五改二”、住房限购政策优化等利好政策的实施，10 月、11 月市场企稳回升。但由于政策效应边际减弱，12 月成交量有所回落（见图 5-4-7）。

从各区存量住宅成交情况看，成交量同比增幅均在 20%以上。其中，番禺、黄埔两区受全域解除限购利好刺激，番禺成交套数和面积均位列全市第一，为 1. 2 万套和 130. 6 万平方米；黄埔区成交套数和面积的同比增速为全市最高，为 63. 5%和 65. 4%（见表 5-4-8、表 5-4-9）。

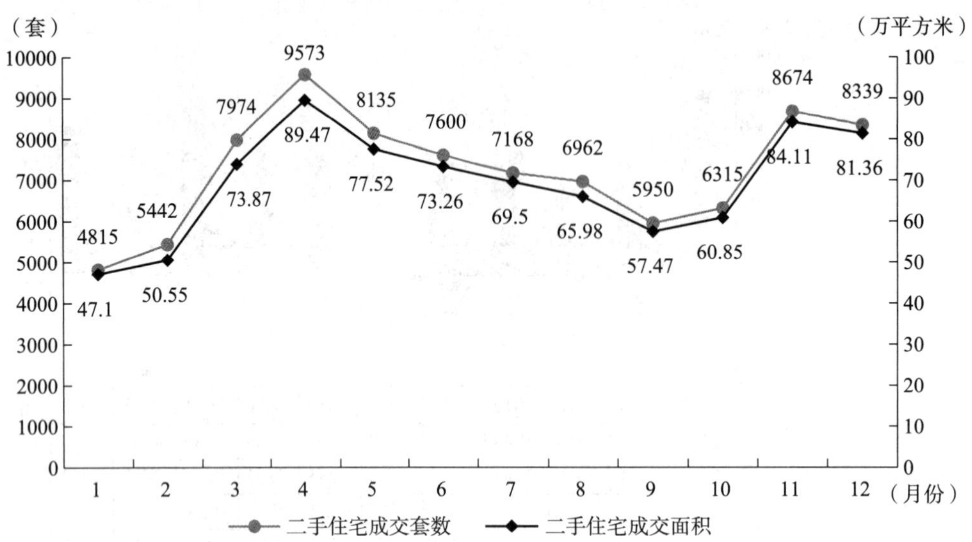

图 5-4-7　2023 年各月广州市二手住宅成交套数、成交面积走势

数据来源：广州市住房和城乡建设局。

表 5-4-8　2022 年、2023 年广州市各区存量商品房成交情况

行政区		2022 年		2023 年		2023 年同比增长（%）	
		套数（万套）	面积（万平方米）	套数（万套）	面积（万平方米）	套数	面积
主城区	荔湾区	0.56	41.39	0.77	58.90	36.1	42.3
	越秀区	0.75	54.04	0.93	67.12	24.2	24.2
	海珠区	1.06	78.22	1.27	98.78	19.9	26.3
	天河区	0.94	80.44	1.17	98.82	24.1	22.8
	白云区	0.80	64.13	0.98	79.39	22.4	23.8
	黄埔区	0.36	29.81	0.56	47.04	55.1	57.8
非主城区	番禺区	1.13	111.58	1.46	151.04	29.3	35.4
	花都区	0.91	100.19	1.23	134.33	35.0	34.1
	南沙区	0.26	27.47	0.37	37.70	43.4	37.2
	从化区	0.37	42.25	0.48	48.66	30.3	15.2
	增城区	0.77	86.57	1.02	110.32	32.2	27.4
全市合计		7.92	716.09	10.25	932.10	29.3	30.2

数据来源：广州市住房和城乡建设局。

表 5-4-9　2022 年、2023 年广州市各区存量住宅成交情况

行政区	2022 年		2023 年		2023 年同比增长（%）	
	套数（万套）	面积（万平方米）	套数（万套）	面积（万平方米）	套数	面积
番禺	0.91	98.35	1.20	130.60	31.8	32.8
花都	0.76	83.96	1.00	110.78	32.8	31.9
增城	0.66	78.16	0.89	104.00	34.6	33.1
海珠	0.91	71.56	1.12	89.88	23.3	25.6
天河	0.77	71.10	0.94	87.59	21.5	23.2
白云	0.70	60.37	0.86	75.00	23.5	24.2
越秀	0.67	49.31	0.85	61.76	25.5	25.2
荔湾	0.51	39.46	0.70	53.15	36.2	34.7
从化	0.33	35.94	0.41	43.47	24.4	21.0
黄埔	0.27	24.70	0.44	40.86	63.5	65.4
南沙	0.20	24.15	0.29	33.96	44.4	40.6
全市合计	6.69	637.06	8.69	831.05	30.0	30.5

数据来源：广州市住房和城乡建设局。

7. 住宅销售价格

2023 年，受优质物业成交占比提升的带动，广州市房价结构性上涨，全市新建商品房销售均价 29016 元/米^2，其中住宅均价 32440 元/米^2，同比均上涨 10.1%（见表 5-4-10）。

表 5-4-10　2022 年、2023 年广州市新建商品房销售均价

市/区		商品房（元/米^2）	同比增长（%）	商品住宅（元/米^2）	同比增长（%）	办公楼（元/米^2）	同比增长（%）	商业营业用房（元/米^2）	同比增长（%）
销售均价	2022 年	26356	-6.0	29455	-3.7	25305	9.8	18154	-11.1
	2023 年	29016	10.1	32440	10.1	24340	-3.8	25837	42.3

数据来源：广东省统计局。

根据国家统计局发布的 70 个大中城市商品住宅销售价格变动情况数据，2023 年广州市新建商品住宅和二手住宅价格指数总体均呈持续下行态势。从同比走势看，新房和二手房全年均处于下降区间。1 月同比分别下降 0.3%和 0.5%，2 月降幅分别扩大至 0.6%和 0.7%。3 月、4 月新房降幅缩窄至 0.2%和 0.1%，之后降幅总体逐月扩大，12 月降幅 3.0%；二手房降幅则持续扩大，且降幅大于新房，12 月降幅 5.2%。从环比走势看，1 月新房和二手房均下降 0.2%，2—4 月均有所上涨；4 月起二手房进入下降区间，新房则自 5 月进入下降区间，之后降幅总体逐月扩大；至 12 月，新房和二手房当月分别下降 1.0%和 1.5%，全年累计下降 3.2%和 5.2%（见图 5-4-8、图 5-4-9）。

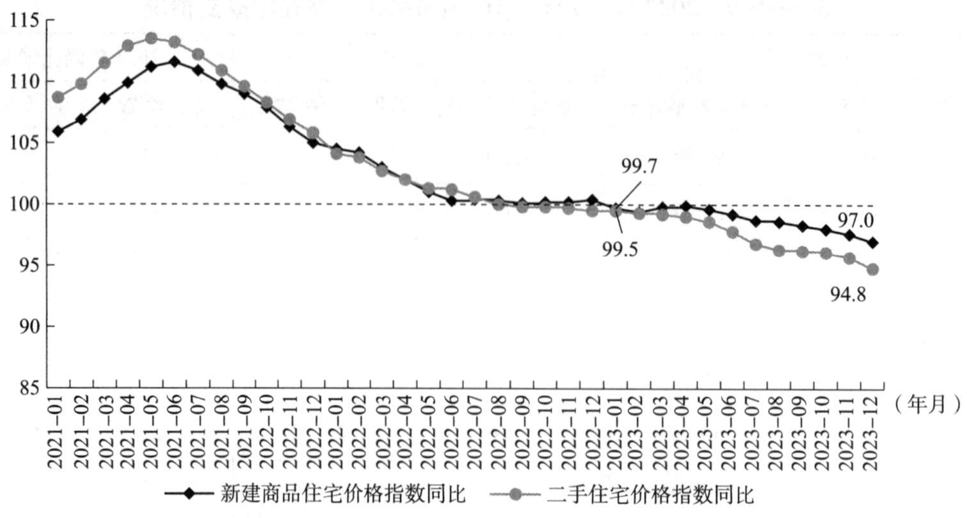

图 5-4-8　2021—2023 年广州市住宅价格指数同比走势

数据来源：国家统计局。

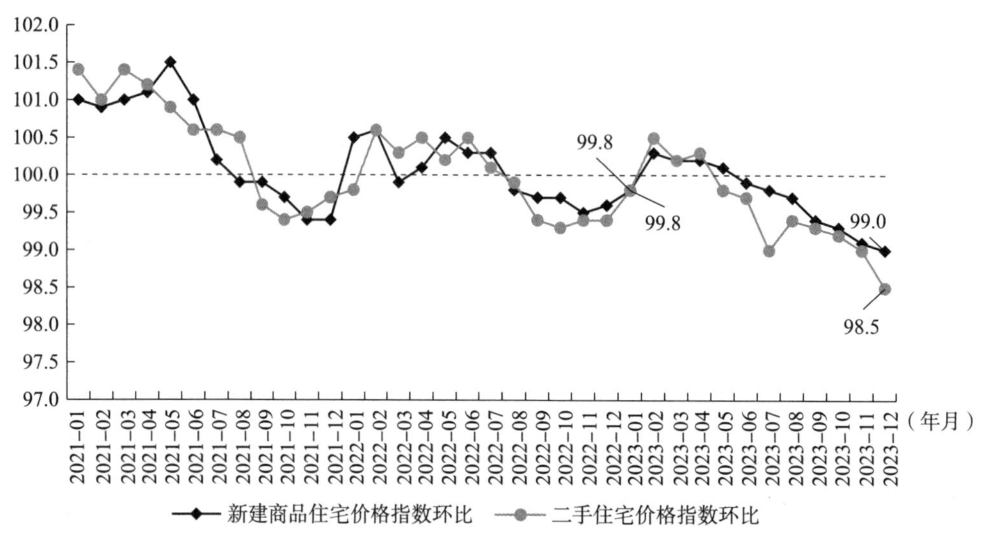

图 5-4-9　2021—2023 年广州市住宅价格指数环比走势

数据来源：国家统计局。

（二）2023 年广州市住房保障工作进展

2023 年，广州市的住房保障力度持续加强。广州市制定住房保障工作五年行动计划（2023—2027 年），出台支持保障性租赁住房建设的一系列文件，将人才公寓纳入保障性租赁住房统一管理，多个人才公寓项目陆续开工。推动组建广州安居集团，完善国有住房租赁企业管理体制。

1. 住房保障工作总体情况

2023 年，广州住房保障工作的目标为新开工公租房 1900 套、共有产权住房 600 套，基本建成公租房和共有产权住房不少于 5500 套，发放住房租赁补贴 1.8 万户。最终全年全市筹建保障性租赁住房 7.65 万套，其中新开工公租房 5093 套、共有产权住房 777 套，基本建成公租房 4441 套、共有产权住房 4214 套，发放租赁补贴 18450 户，均超额完成任务。

截至 2023 年 12 月底，广州市共筹建保障性安居工程住房近 36 万套，累计发放租赁补贴 8 万多户，全市累计保障近 120 万人，基本做到应保尽保。

2. 城市更新改造工作

城市更新方面，城中村改造积极稳步推进，老旧小区改造提档升级。

2023 年，广州市发布《广州市城中村改造条例（草案）》，对城中村改造涉及的资金、方式、流程、意愿、补偿等全流程作出明确规定；审议通过《广州市城市更新专项规划（2021—2035 年）》和《广州市城中村改造专项规划（2021—2035 年）》，标志着广州市城市更新、城中村改造工作在规划统筹引领、土地要素保障、价值导向转变、政策制度创新、管理机制完善等方面有明确路径，成为指导广州市面向 2035 年城市更新、城中村改造工作的重要纲领性规划；制定《关于积极稳步推进城中村改造推动高质量发展的决定》及相关保障性住房、优化审批流程等文件。成立城中村改造建设指挥部，建立健全“指挥部+公司”运作机制，实体化运作城中村改造工作专班。在新中轴线（海珠）、广州火车站、罗冲围片区、环五山创新策源区等四大重点片区开展“依法征收、净地出让”试点，其中罗冲围片区首期项目已启动征拆。积极拓展城中村改造资金来源，加快将一批城中村改造项目纳入国家城中村改造项目计划，研究成立城中村改造发展基金。2023 年，广州市批复城中村改造项目 15 个、新开工项目 12 个。

同时，持续推动老旧小区改造提档升级。出台引入社会资本参与老旧小区改造、老旧小区既有建筑活化利用、老旧小区存量公有房屋整合利用等配套政策，推进广州北站东侧、江南西等成片连片示范区改造。2023 年，全市老旧小区改造开工 127 个、完工 59 个，惠及 9. 5 万户家庭、30. 4 万人。

（广东省房地产行业协会）

五、深圳市房地产市场

（一）2023 年深圳市房地产市场基本情况

2023 年，深圳房地产市场发生重大变化。在市场环境氛围下，深圳加大相关政策的调整频率、深度、幅度，出台包括推广二手房“带押过户”、认房不认贷、下调房贷利率、降低二套房首付、阶段性提高公积金提取比例、调整豪宅线标准等在内的多条提振市场信心的利好政策；同时，开始施行双证合一、向港澳居民放松商用物业与商用公寓限购、优化离婚买房追溯 3 年限制等多条优化措施，力促房地产市场健康运行。

一方面在多重政策利好刺激下，深圳楼市仿佛走出低潮；另一方面刚需刚改的阶段性释放完毕，需求出现疲软迹象，市场波动较大，与真正复苏还距离甚远。2023 年深圳全市一、二手住宅合计成交约 6. 44 万套，相比 2022 年增长近 15%，但这个成交量依旧是深圳近 10 年来次新低。二手住宅过户 32768 套，同比上涨 51%。这一年还被称为“人才房元年”，全年入市 20 个人才房项目，货量超 1. 65 万套，去化超 1. 3 万套。整体而言，深圳楼市仍处于低潮期，存量房市场重回深圳楼市的主导地位，或将逐渐成为稳定市场成交的主力。

1. 开发投资情况

截至 2022 年 12 月 31 日，深圳市有房地产开发企业 2018 家，同比增长 20. 5%。其中一级资质 31 家、二级资质 1477 家、三级资质 232 家、四级资质 278 家、二级资质 6 家。

2023 年，新开工住房面积 1300 万平方米，圆满完成市政府工作报告提出的新开工住房面积 1300 万平方米工作任务；完成房地产开发投资 3774. 5 亿元，同比增长 10. 6%。

2. 土地供应与成交情况

2023 年，深圳土地出让总量 70 宗，其中住宅用地出让 14 宗，与上年的宅地供应数量相比骤减，仅占 2022 年全年供应的 31%，也是 2020 年以来新低。全年深圳发布 3 次宅地出让清单，但与上年不同的是，不再采用集中出让的方式，而是分 6 个时间点出让，推出涉宅用地 17 宗，合计推出规划建面 157 万平方米，较上年相比减少 69%（见表 5-5-1）。

表 5-5-1 2023 深圳市土地供应成交一览

类型	轮次					
	第一次	第二次	第三次	第四次	第五次	第六次
供地宗数（宗）	5	2	1	3	4	2
供地总建面（万平方米）	47.48	4.64	7.4	20.64	9.47	1.44
成交总宗数（宗）	5	2	1	1	3	2
成交建面（万平方米）	47.48	28.05	7.4	8.23	31.10	1.44
成交总价（亿元）	72	139.73	3.73	34.06	54.22	8.73
综合楼面单价（元/米^2）	15536.23	40064.51	5048.18	41385.18	14019.62	11449.17
溢价触顶宗数（宗）	3	1	0	1	1	0
整体溢价（%）	9.1	7.5	0	14.99	11.94	0
流拍（宗）	0	0	0	2	1	0
流拍率（%）	0	0	0	67	25	0
国央企拿地占比（%）	60	100	100	100	100	50

数据来源：深圳市房地产信息平台。

2023 年，深圳成交宅地 14 宗，成交规划建筑面积 129 万平方米，成交楼面均价 24215 元/米^2，平均溢价率 10.23%，相比 2022 年 1—12 月溢价率上涨 1.09 个百分点。成交地块中有 6 宗底价成交，1 宗顶价成交，2 宗未达限价成交，5 宗进入封顶摇号。拿地房企仍以央企、国企为主，其中央企竞得 3 宗，本土国企竞得 8 宗，民企竞得 3 宗（见表 5-5-2、表 5-5-3、表 5-5-4、表 5-5-5、表 5-5-6、表 5-5-7）。

表 5-5-2 2023 年深圳第一次土地拍卖成交情况（3 月 31 日）

宗地号	土地位置	土地用途	土地面积（平方米）	建筑面积（平方米）	成交价（亿元）	溢价率（%）	综合楼面单价（元/米^2）	竞得人
G01117-0080	宝安区新安街道	居住用地	10446	48888	6.08	0.8	12436.59	深圳市凯辉投资发展有限公司
G11330-8045	坪山区碧岭街道	居住用地	36026	148882	15.49	0	10404.21	深圳市高新区投资发展集团有限公司、深圳市天健地产集团有限公司、深圳市深福保（集团）有限公司
A629-1340	光明区马田街道	居住用地	22025	110124	17.96	15	16308.89	深圳市湖虹投资发展有限公司
A650-0385	光明区新湖街道	二类居住用地	12223	55002	10.29	15	18708.41	深圳市振业（集团）股份有限公司
A301-0602	宝安区沙井街道	二类居住用地	25246	111890	22.18	15	19823.04	深圳市招扬置业有限公司

数据来源：深圳市房地产信息平台。

表 5-5-3　2023 年深圳第二次土地拍卖成交情况（6 月 30 日）

宗地号	土地位置	土地用途	土地面积（平方米）	建筑面积（平方米）	成交价（亿元）	溢价率（%）	综合楼面单价（元/米²）	竞得人
T207-0060	南山区沙河街道	二类居住用地+城市道路用地	36294	207660	125.32	15	60348.65	深圳市中海启宏房地产开发有限公司
A811-0347	龙华区民治街道	商业用地+二类居住用地	10119	72850	14.41	15	19780.37	深业置地有限公司

数据来源：深圳市房地产信息平台。

表 5-5-4　2023 年深圳第三次土地拍卖成交情况（7 月 14 日）

宗地号	土地位置	土地用途	土地面积（平方米）	建筑面积（平方米）	成交价（亿元）	溢价率（%）	综合楼面单价（元/米²）	竞得人
X2022-0001	深汕特别合作区小漠镇	二类居住用地	61574	73888	3.73	0	5048.18	深圳市深汕国际汽车城（集团）有限公司

数据来源：深圳市房地产信息平台。

表 5-5-5　2023 年深圳第四次土地拍卖成交情况（8 月 2 日）

宗地号	土地位置	土地用途	土地面积（平方米）	建筑面积（平方米）	成交总价（亿元）	溢价率（%）	综合楼面单价（元/米²）	竞得人
G02309-0008	龙岗区宝龙街道	二类居住用地	12977	66184	流拍			
G02309-0009	龙岗区宝龙街道	二类居住用地	12364	57868	流拍			
A001-0212	宝安区新安街道	二类居住用地	15240	82300	34.06	15	41385.18	中铁置业（广州）有限公司

数据来源：深圳市房地产信息平台。

表 5-5-6　2023 年深圳第五次土地拍卖成交情况（8 月 18 日）

宗地号	土地位置	土地用途	土地面积（平方米）	建筑面积（平方米）	成交总价（亿元）	溢价率（%）	综合楼面单价（元/米²）	竞得人
A839-0292	龙华区大浪街道	二类居住用地	33851	159430	交易取消			
A614-0522	光明区凤凰街道	二类居住用地+道路用地	39079	212970	37.32	0	17523.59	深圳市地铁集团有限公司
A503-0107	光明区凤凰街道	二类居住用地	14263	77015	16.15	10	20969.94	上海中建东孚投资发展有限公司
G02315-0028	龙岗区宝龙街道	三类居住用地	7513	21036	0.75	14	3565.32	深圳市润深房地产有限公司

数据来源：深圳市房地产信息平台。

表 5-5-7　2023 年第六轮土地拍卖成交情况（12 月 15 日）

宗地号	土地位置	土地用途	土地面积（平方米）	建筑面积（平方米）	成交价（亿元）	溢价率（%）	综合楼面单价（元/米²）	竞得人
A925-1146	龙华区观澜街道	二类居住用地	9454	40710	7.54	0	18521.25	深圳星乔地产有限公司
G12302-8051	坪山区龙田街道	二类居住用地	4943.21	27187	1.19	0	4377.09	深圳市坪山人才安居有限公司

数据来源：深圳市房地产信息平台。

3. 新房供应与销售情况

2023 年，深圳预售 54184 套住宅，新房住宅供应面积 547.40 万平方米。其中，宝安、龙岗、龙华、光明等是主力供应区域，宝安区预售 11072 套新房住宅，龙岗区预售 9670 套新房住宅，龙华区预售 9519 套新房住宅，光明区预售 9648 套新房住宅（见图 5-5-1、表 5-5-8）。

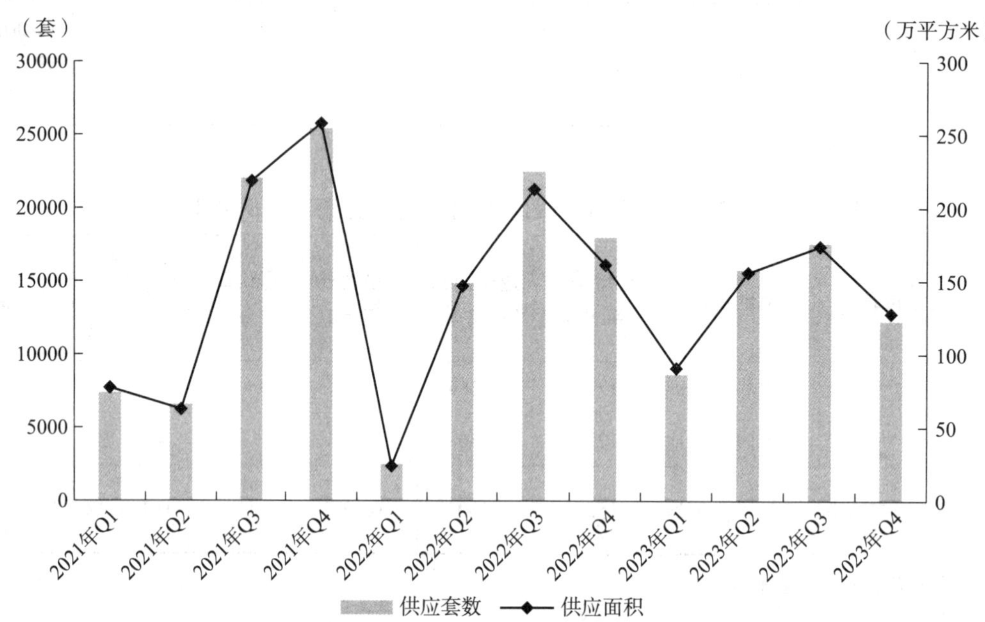

图 5-5-1　2021—2023 年深圳市商品房季度新增供应（预售）情况

数据来源：深圳市房地产信息平台。

表 5-5-8　深圳市 2023 年各区一手住宅预售情况

区域	预售面积（万平方米）	同比增长（%）	预售套数（套）	同比增长（%）
福田	25.66	-2.06	1939	3.58
罗湖	2.21	-77.45	211	-77.02
南山	66.30	40.76	5196	40.81
盐田	1.72	-89.45	181	-91.17
宝安	106.22	56.90	11072	48.86
龙岗	88.35	-36.07	9670	-39.54
龙华	99.20	-12.60	9519	-22.87
坪山	42.03	4.81	4668	3.34

续表

区域	预售面积（万平方米）	同比增长（%）	预售套数（套）	同比增长（%）
光明	93.85	52.85	9648	46.25
大鹏	2.98	-36.60	342	-39.58
深汕	18.86	-0.74	1738	-4.92
总和	547.40	0.62	54184	-6.28

数据来源：深圳市房地产信息平台。

成交方面，2023 年深圳市成交一手商品住宅 31621 套（见图 5-5-2），同比下跌 8.19%，为近 5 年的最低点，月均成交 2635 套；成交面积约 321.36 万平方米，同比下跌 9.65%；成交均价 5.5 万元/米^2，同比下跌 8.2%。区域方面，宝安成交量超 8000 套，宝安、龙华、坪山、福田成交量上涨（见表 5-5-9）。库存方面，截至 2023 年 12 月底，新房住宅存量 517.9 万平方米，较上年增加 114.2 万平方米，库存量创 10 年来新高。

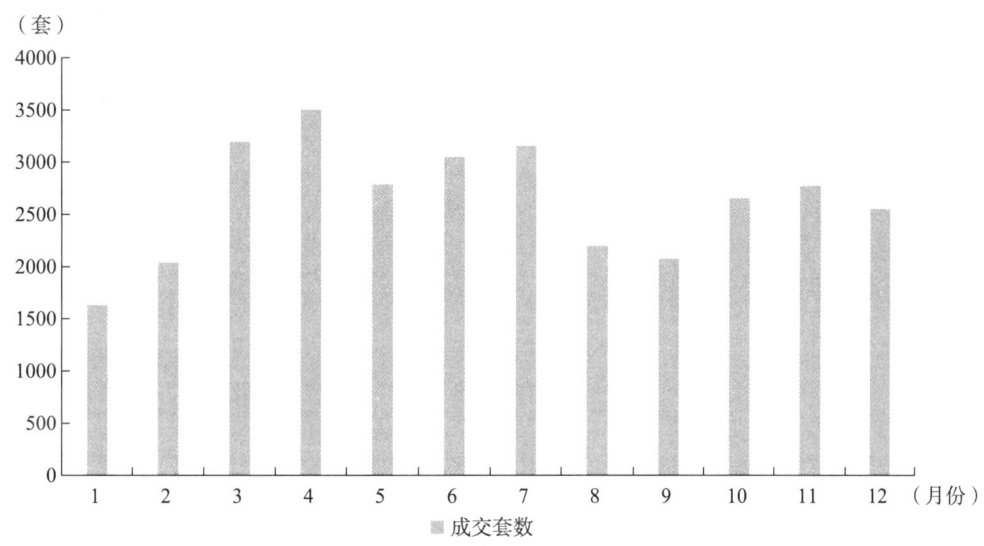

图 5-5-2　2023 年深圳市一手住宅月度成交情况

数据来源：深圳市房地产信息平台。

表 5-5-9　2023 年深圳市各区一手住宅成交情况

区域	套数（套）	同比增长（%）	面积（万平方米）	同比增长（%）	成交均价（万元/米^2）	同比增长（%）
福田	1589	18.6	19.6	10.7	9.9	-10.0
罗湖	1031	-56.1	11.2	-60.1	6.7	-14.1
南山	864	-77.8	13.2	-71.7	9.8	-12.5
盐田	349	-26.1	3.4	-24.4	5.1	-3.8
宝安	8891	37.5	90.1	33.3	5.6	-9.7
龙岗	4997	-0.9	46.7	-1.3	4.3	-6.5
龙华	5795	15.3	59.9	22.5	6.6	1.5
坪山	2539	29.5	23.3	30.9	3.7	-2.6
光明	4251	-32.2	40.4	-33.9	4.5	-8.2
大鹏	200	-42.0	1.9	-40.6	3.1	-6.1

续表

区域	套数（套）	同比增长（%）	面积（万平方米）	同比增长（%）	成交均价（万元/米^2）	同比增长（%）
深汕	1115	-12.7	11.6	-9.4	1.1	-8.3
全市	31621	-8.2	321.4	-9.6	5.5	-8.2

数据来源：深圳市房地产信息平台。

4. 二手房销售与价格情况

2023 年，深圳市成交二手住宅 32768 套（过户量），同比增长 51%（见图 5-5-3）。虽然市场仍然未回归正常水平，但低温的局面得到明显改善，成交量处于筑底回升的阶段。

价格方面，2023 年深圳市二手住宅成交均价同比下跌 12%，二手房价格与新房价格差距逐渐缩小；在参考价政策的持续作用下，2023 年 12 月底，低于参考价成交的房源占比 80%，相较政策出台的 2021 年翻 10 倍。区域方面，多区房价同比跌幅超过 10%，盐田、坪山、光明、大鹏四区跌幅达到甚至超过 15%（见表 5-5-10）。

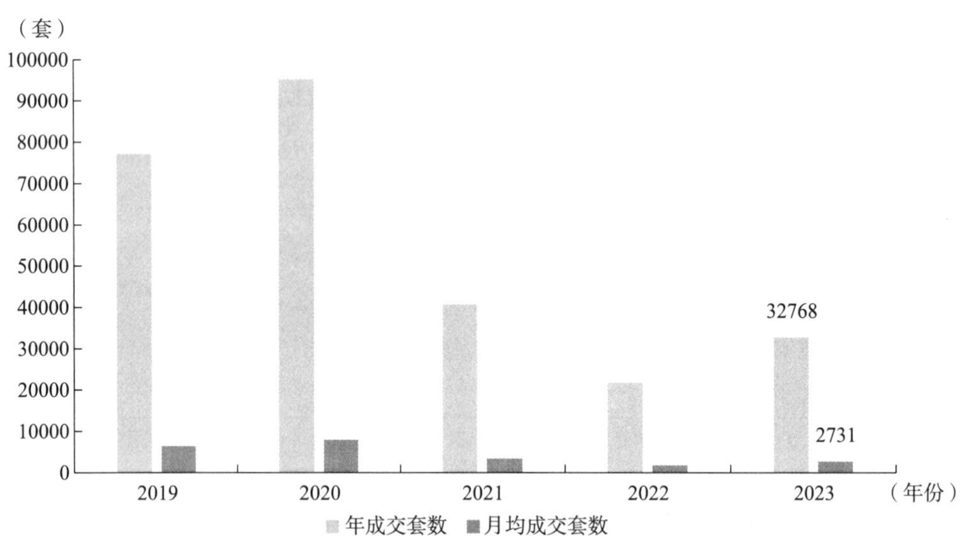

图 5-5-3　2019—2023 年深圳市二手住宅成交情况

数据来源：深圳市房地产信息平台。

表 5-5-10　2023 年深圳市各区二手住宅成交情况

区域	成交套数（套）	成交均价（万元/米^2）	成交均价同比增长（%）
福田	6491	8.0	-11.1
罗湖	4919	5.3	-14.5
南山	5570	9.0	-12.6
盐田	702	3.7	-17.8
宝安	3811	6.5	-13.3
龙岗	7441	4.3	-12.2
龙华	2859	6.0	-11.8
坪山	547	3.2	-17.9
光明	328	5.1	-15.0

续表

区域	成交套数（套）	成交均价（万元/米²）	成交均价同比增长（%）
大鹏	100	3.0	-17.0
深汕	—	—	—
全市	32768	6.5	-12.0

数据来源：深圳市房地产信息平台。

（二）2023年深圳市住房保障工作进展

1. 保障房各项指标任务及达成情况

2023年，深圳实施百万保障性住房建设计划，新开工保障性住房项目126个。全年建设筹集保障性住房18.9万套（间），完成度102.2%；供应10.3万套（间），完成度158.46%。

深圳住房“十四五”规划显示，规划期内计划建设筹集公共住房54万套（间），包括公共租赁住房6万套（间）、保障性租赁住房40万套（间）、共有产权住房8万套。截至2023年底，“十四五”以来，深圳已建设筹集各类保障性住房约49万套（间）。

2. 城市更新改造推进情况

截至2023年12月31日，深圳拆除重建类城市更新项目累计已列入城市更新计划项目1030个，拆除范围面积累计8748.4万平方米；已通过城市更新专规批复项目692个，计容建筑面积累计21795.6万平方米，按数量规划通过率67.2%，按规模规划通过率63.4%；实施主体公示项目522个，拆除范围面积累计3386.9万平方米，按数量计划实施率50.7%，按规模计划实施率38.7%。

2023年，深圳市发布拆除重建类城市更新单元实施主体公示项目43个，拆除范围301.50万平方米，其中龙华规模最大，为114.13万平方米（13个），其次为宝安63.16万平方米（6个）（见图5-5-4）。2022年全市发布拆除重建类城市更新单元实施主体公示项目34个，龙华规模最大，为74.9万平方米（8个），2023年龙华继续领先，且较第二名拉开明显差距。

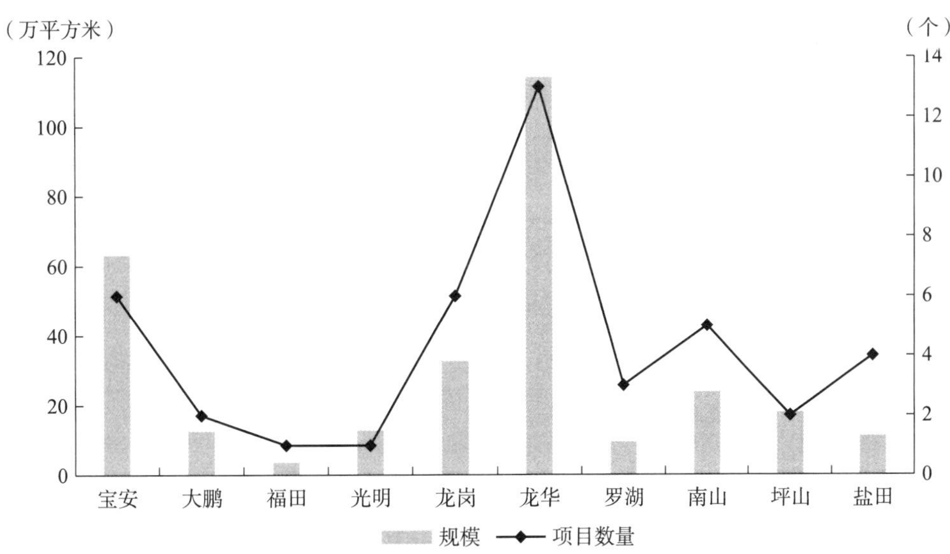

图5-5-4　2023年深圳市拆除重建类城市更新实施主体公示项目数量及规模统计

数据来源：深圳市房地产信息平台。

（深圳市房地产业协会）

六、重庆市房地产市场

（一）2023年重庆市房地产市场发展状况及特点

1. 开发投资情况

2023年，重庆市（含中心城区、主城新区、渝东北三峡库区和渝东南武陵山区共38个区县）完成房地产开发投资2792.4亿元，同比下降13.2%。当前房地产企业投资趋于谨慎，一是表现为新购置土地积极性不高，在土地购置方面的投资大幅减少；二是表现为项目建设进度放缓，建筑工程投资相应下滑。开发投资最主要的两大构成部分均表现不佳，因此全年投资回落至3000亿元以下。2023年只有精装修住房增多这一积极因素对开发投资有正向拉动效果，安装工程投资科目实现逆势增长，但安装工程投资占总投资的比重仍然较低（10%），对房地产开发投资的拉动效果不足。

按照区域分布来看，中心城区完成投资1663.1亿元，同比下降17.5%；主城新区完成投资694.9亿元，同比下降5.5%；渝东北三峡库区完成投资324.0亿元，同比下降8.2%；渝东南武陵山区完成投资110.5亿元，同比下降2.3%（见表5-6-1）。在新发展阶段，开发企业坚持聚焦优质项目，因此投资地域范围有所收窄，企业更倾向于把资源集中于中心城区，以中心城区相对较好的抗跌性来规避投资风险，但由于近两年来中心城区土地出让减少，使得投资下降幅度较大；而非中心城区所完成的投资主要由老项目的收尾工程所带动，随着这些项目陆续建完，没有新的项目接力，非中心城区开发投资或将进一步缩减。

表5-6-1　2022年和2023年重庆市各地区房地产开发投资情况

区域	2022年投资额（亿元）	2023年投资额（亿元）	同比增长（%）
中心城区	2015.3	1663.1	-17.5
主城新区	735.5	694.9	-5.5
渝东北	352.8	324.0	-8.2
渝东南	113.0	110.5	-2.3
合计	3216.7	2792.4	-13.2

数据来源：重庆市统计局。

按物业类型来看，2023年全市住宅完成投资2105.9亿元，同比下降12.7%；办公楼完成投资45.1亿元，同比下降25.2%；商业完成投资294.0亿元，同比下降8.2%；其他物业完成投资347.4亿元，同比下降18.0%（见表5-6-2）。住宅投资占比连续三年均保持在75%以上，住宅投资降幅相对非住宅降幅略小，当前住宅与非住宅市场分化的走势持续，企业对非住宅的开发信心较低。

表5-6-2　2022年和2023年重庆市房地产开发投资构成情况

物业类型	2022年投资额（亿元）	2023年投资额（亿元）	同比增长（%）
住宅	2412.3	2105.9	-12.7
办公楼	60.3	45.1	-25.2
商业营业用房	320.3	294.0	-8.2
其他	423.9	347.4	-18.0
合计	3216.7	2792.4	-13.2

数据来源：重庆市统计局。

从2023全年投资走势来看，上半年完成投资1487.0亿元，下半年完成投资1305.4亿元，下半年投资占全年比重46.7%，继2022年之后再次出现下半年投资低于上半年的现象。随着资金紧缺对房地产行业的影响越来越明显，开发企业“降杠杆、减负债”“瘦身缩表”的经营思路贯穿全年，并且在上半年紧缩性策略不达预期的情况下，下半年有所加码，因此下半年投资额低于上半年，呈显著的前高后低走势（见图5-6-1）。

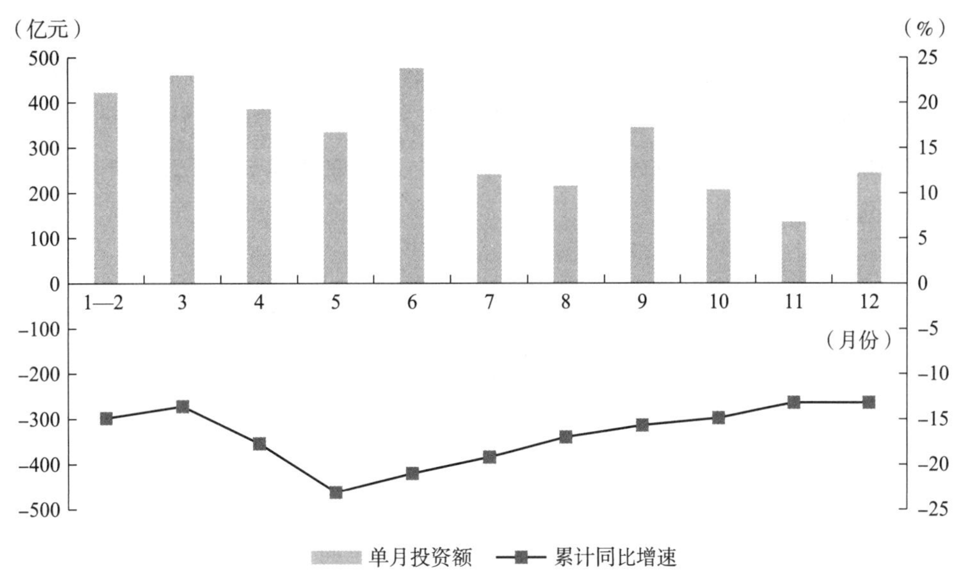

图5-6-1　2023年重庆市房地产开发投资月度走势

数据来源：重庆市统计局。

2. 土地供应与成交情况

2023年，全市房地产类土地出让307宗，同比减少50宗；出让面积1319.3万平方米，同比下降10.6%；可建规模2388.8万平方米，同比下降12.1%；出让金额582.9亿元，同比下降14.9%；出让楼面价2440.1元/米^2，同比下降3.2%（见表5-6-3）。

表5-6-3　2023年重庆市房地产类用地出让情况

区域	宗数	面积（万平方米）	可建面积（万平方米）	金额（亿元）	楼面价（元/米^2）
中心城区	52	236.2	459.0	283.3	6173.2
主城新区	139	639.9	1111.9	189.8	1707.4
渝东北	67	271.4	495.2	72.5	1463.4
渝东南	49	171.7	322.7	37.3	1154.6
合计	307	1319.3	2388.8	582.9	2440.1

数据来源：重庆市统计局。

在房地产开发提质缩量的大背景下，开发企业规模扩张和战略布局的诉求减弱。同时，为防范房地产项目公司违规抽逃资金，提高地方政府在应对房地产项目停工或烂尾时的主动权，房地产企业预售资金的监管不断趋于规范和严格，项目资金的封闭管理使得跨区域项目之间资金不能流动，企业通过跨区域的多个项目统筹平衡保证总体利润的旧经营模式失效。这使得开发企业的拿地逻辑发生变化，新的拿地逻辑更看重单个项目的自身盈利水平，更关注项目能否依靠自身销售回款快速实现资金平衡，扩大市场份额以及完善战略拼图对拿地决策的影响已基本消失。而2023年房地产市场景气程度不高，大部分项目回款资金不足，制约其拿地能力。即使对于当前还能实现资金自平衡的项目，企业也更倾向于把回笼的资金用于偿还各种债务，优先弥补历史欠账，而非用于拿地和扩大市场规模。受此影响，2023 年土地出让规模明显走低。

3. 开发企业拿地情况

从参与拿地的企业情况来看，央企、国企拿地较多，民营房企投资积极性依旧不高，一方面，民营房企相对央企、国企在融资方面普遍存在相对的劣势，而房地产行业属于典型的资金密集型行业，融资方面的不足制约中小民营房企做大做强的信心和动力；另一方面，市民对民营房企的交付顾虑依旧未全面消除，担心购买的期房会有不按时交房风险，大部分民营房企所开发项目的销售难度增大，需要接近现房状态才能取得较好的销售业绩，拉长回款周期，对民营房企的拿地积极性影响较大，即使在现有项目开发完毕后无新的土地开发建设，也对拿地保持高度谨慎。

4. 房屋新开工、竣工情况

2023 年，重庆市房地产新开工面积 1970.5 万平方米，同比下降 11.3%，全市房地产开发建设规模继续回落。房地产销售去化速度变慢，开发企业依靠未销售完毕的存货即可满足购房需求，因此新开工规模有所减少，加上 2023 年房地产行业内出现一系列非对称的变化，如中心城区市场强于非中心城区、二手房市场好于新房等，因此只有局部地区和个别企业的新开工实现增长。

从区域分布来看，2023 年中心城区新开工 939.0 万平方米，同比下降 23.1%；主城新区新开工 518.8 万平方米，同比下降 3.0%；渝东北三峡库区新开工 350.6 万平方米，同比增长 6.1%；渝东南武陵山区新开工 162.1 万平方米，同比增长 17.7%（见表 5-6-4）。中心城区由于土地供应持续减少，制约新开工规模；而在非中心城区，企业为尽快切换新赛道、甩开历史包袱，加快老项目的收尾，加上 2022 年非中心城区新开工对照基数较低，因此，渝东北三峡库区和渝东南武陵山区新开工面积有一定的增长，但新开工的基本全是老项目续建，新启动的项目较少。

表 5-6-4　2022 年和 2023 年重庆市各地区房地产新开工面积

区域	2022 年新开工面积（万平方米）	2023 年新开工面积（万平方米）	同比增长（%）
中心城区	1221.4	939.0	-23.1
主城新区	534.8	518.8	-3.0
渝东北	330.3	350.6	6.1
渝东南	137.7	162.1	17.7
合计	2224.2	1970.5	-11.3

数据来源：重庆市统计局。

从物业类型来看，2023 年重庆市住宅新开工 1359.8 万平方米，同比下降 11.6%；办公楼新开工 11.4 万平方米，同比下降 67.6%；商业新开工 164.2 万平方米，同比下降 1.3%；其他物业新开工 435.1 万平方米，同比下降 9.5%。住宅与非住宅新开工面积均出现一定程度的下滑（见表 5-6-5）。

表 5-6-5　2022 年和 2023 年重庆市房地产新开工情况

物业类型	2022 年新开工面积（万平方米）	2023 年新开工面积（万平方米）	同比增长（%）
住宅	1541.0	1359.8	-11.6
办公楼	35.1	11.4	-67.6

续表

物业类型	2022 年新开工面积（万平方米）	2023 年新开工面积（万平方米）	同比增长（%）
商业营业用房	167.4	164.2	-1.3
其他	480.7	435.1	-9.5
合计	2224.2	1970.5	-11.3

数据来源：重庆市统计局。

2023 年，重庆市房地产施工面积 20529.5 万平方米，同比下降 9.3%，全市房地产施工面积连续四年下降，较 2019 年的阶段性高点降幅超过 25%。2023 年，全市房地产竣工面积 3257.3 万平方米，同比增长 16.6%，主要得益于“保交楼”系列政策的精准护航，“保交楼”工作扎实有效推进，带动房地产竣工面积快速上涨，全市房地产市场呈现出“开工弱、竣工强”的态势，新开工面积继续低于同期竣工面积，陆续有老项目竣工交付，而补进的新项目减少，房地产开发规模走低，部分区县（如南川、忠县等）已连续两年没有新的商品房项目开工建设，房地产开发建设活跃度较低。

5. 新房供应与销售情况

2023 年，重庆市房地产销售面积 3572.4 万平方米，同比下降 13.8%。其中，住宅销售面积 2268.9 万平方米，同比下降 16.7%；办公楼销售面积 73.5 万平方米，同比下降 28.5%；商业销售面积 323.2 万平方米，同比下降 3.9%；其他房屋销售面积 906.8 万平方米，同比下降 7.6%（见表 5-6-6）。按片区来看，中心城区销售面积 1575.6 万平方米，同比下降 18.8%；主城新区销售面积 1149.4 万平方米，同比下降 24.9%；渝东北三峡库区销售面积 611.6 万平方米，同比下降 16.0%；渝东南武陵山区销售面积 235.7 万平方米，同比下降 1.7%。从住房需求长期趋势来看，人均住房面积已提高到 40 平方米以上、市民居住环境已大幅改善、结婚以及出生人口数量逐年下滑、常住人口开始减少、城镇化进程推进减速，与住房需求长期趋势直接相关的指标全部处于转向或拐点附近；而从住房需求短期波动来看，居民负债率处于高水平，当前房地产价格下降的预期依旧存在，对住房需求有一定的制约。受此影响，2023 年房地产销售面积出现下滑。

表 5-6-6　2022 年和 2023 年重庆市房地产销售情况

物业类型	2022 年销售面积（万平方米）	2023 年销售面积（万平方米）	同比增长（%）
住宅	2723.8	2268.9	-16.7
办公楼	102.8	73.5	-28.5
商业营业用房	336.3	323.2	-3.9
其他	981.4	906.8	-7.6
合计	4144.3	3572.4	-13.8

数据来源：重庆市统计局。

6. 存量房供应与销售情况

2023 年，重庆中心城区二手房成交 1578.4 万平方米，同比增长 41.5%。当前，居民对延期交付的顾虑并未消除，更倾向于购买现房，因此使得二手房市场表现略好于新房，尤其是 2023 年 9 月以后，重庆市出台居民换购住房个人所得税政策退还、认房不认贷、优化新购住房再交易管理（两年限售起算时间从取得不动产登记证书之日调整为签订购房合同之日）等系列措施，中心城区的二手房交易有所升温。当前中心城区二手住房市场份额超过65%，基本形成一手房主攻改善性需求、二手房承接刚性需求的市场新格局，二手房市场占比不断提高（见图5-6-2）。

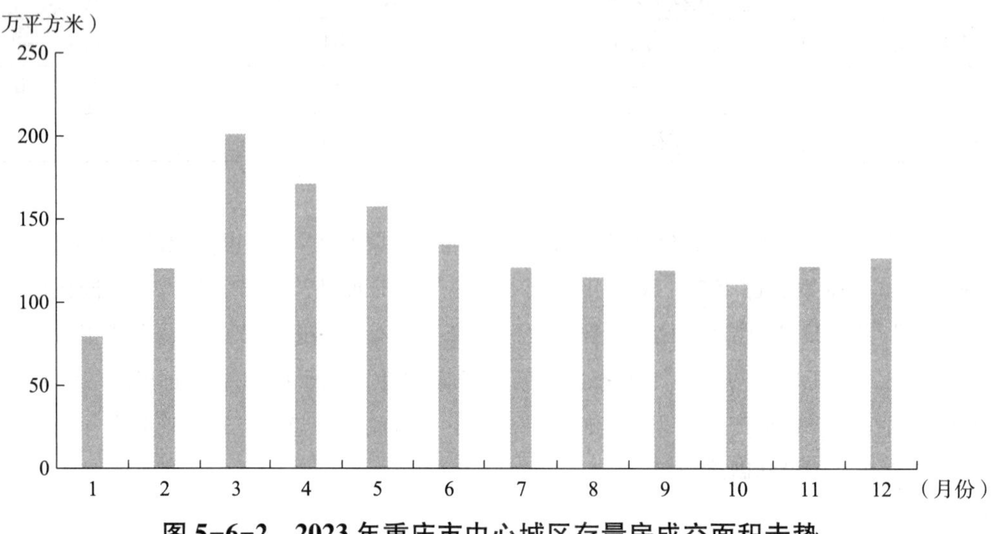

图5-6-2 2023年重庆市中心城区存量房成交面积走势

数据来源：重庆市统计局。

7. 商品房销售价格情况

2023年，重庆市商品房销售均价6928.3元/米²，同比下降2.8%。其中，住宅销售均价8608.9元/米²，同比增长1.0%；办公楼销售均价8485.3元/米²，同比下降22.5%；商业销售均价7711.3元/米²，同比下降1.2%；其他物业销售均价2318.0元/米²，同比下降13.7%（见表5-6-7）。中心城区销售均价9066.4元/米²，同比增长1.6%；主城新区销售均价5225.1元/米²，同比下降7.1%；渝东北三峡库区销售均价5292.6元/米²，同比下降1.4%；渝东南武陵山区销售均价5184.8元/米²，同比增长4.7%。

表5-6-7 2022年和2023年重庆市房地产销售均价情况

物业类型	2022年销售均价（元/米²）	2023年销售均价（元/米²）	同比增长（%）
住宅	8527.0	8608.9	1.0
办公楼	10951.2	8485.3	-22.5
商业营业用房	7808.8	7711.3	-1.2
其他	2685.5	2318.0	-13.7
合计	7126.7	6928.3	-2.8

数据来源：重庆市统计局。

2023年，重庆市住宅均价走势相对平稳，一方面是当前市场需求疲软，市民购房需求较弱，对房地产市场的关注度有所下降，房价调节对住房需求的刺激效果呈边际递减态势，在一定程度上降低开发企业的营销积极性。另外，2023年以来，房地产市场一直延续低迷态势，供需双方总体上对房价形成走平或略跌的认识，同项目同类型房源的销售价格走势有小幅下跌，但2023年销售结构有所变动（如精装修住房、板式住房、洋房市场份额增多），使住宅销售均价出现结构性的小幅上涨。而非住宅物业由于去化难，打折促销的力度较大，其销售价格出现明显下调。

（二）2023 年重庆市住房保障工作进展

1. 保障房各项指标任务及达成情况

2023 年，重庆市计划筹集保障性租赁住房 8.1 万套，其中中心城区 5.8 万套、主城新区 1.64 万套、渝东北三峡库区 0.5 万套、渝东南武陵山区 0.16 万套。全年实际筹集保障性租赁住房 8.4 万套（间），超额完成任务。

2023 年，重庆市中心城区 21 个公租房项目累计公开摇号 84 次，提供房源 39764 套，同比增加 784 套。其中单间配套 19919 套、一室户型 13966 套、两室户型 5295 套、三室户型 584 套。累计申请人数 50.6 万人，同比增加 3.5 万人（见图 5-6-3）。

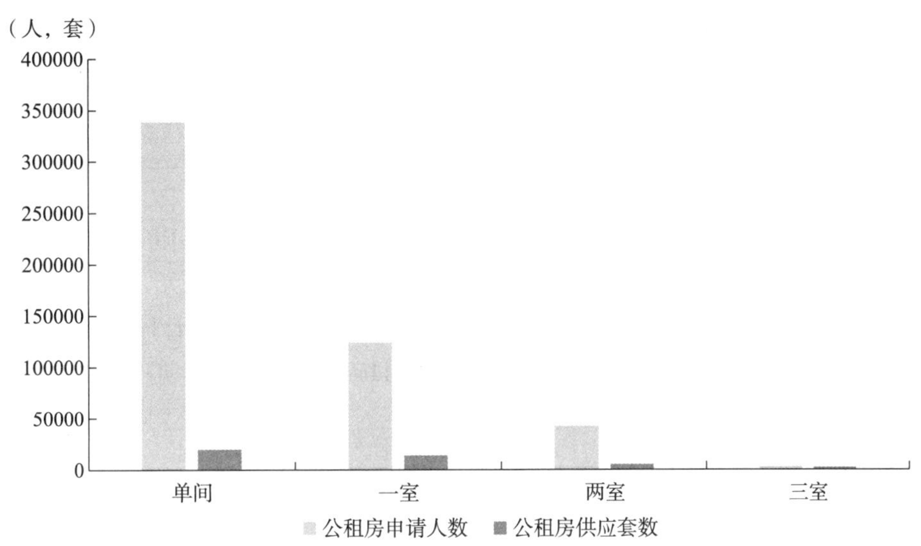

图 5-6-3　2023 年重庆市公租房申请人数和供应套数对比

数据来源：重庆市统计局。

2. 保障性租赁住房进展情况

2023 年，重庆市财政局、市住房和城乡建委联合出台保障性住房专项补助资金管理办法，进一步扩大全市保障性租赁住房供给、完善住房保障体系、统筹和规范住房保障资金。根据该管理办法，保障性租赁住房专项补助资金标准为：新建项目 2 万元/套（间）至 4 万元/套（间），存量房屋改造项目 0.5 万元/套（间）至 1 万元/套（间），对保障性租赁住房的补助力度进一步加大。截至 2023 年底，重庆累计筹集保障性租赁住房 26.4 万套。重庆市持续强化公租房兜底保障，2024 年计划全市新增分配公租房 2 万套，新筹集保障性租赁住房 3 万套（间），新开工建设项目 5000 套，主要面向住房困难的工薪收入群体和人才供应。

3. 城市更新改造推进情况

一是建立多主体参与机制，重庆开展“三师进企业、专业促更新”行动。建立“三清单一平台”，以三师（规划师、建筑师、工程师）、意向企业、潜在合作项目三张清单为基础，搭建集城市更新项目、企业、三师、金融产品、招商运营信息于一体的城市更新资源信息平台，定期更新并向社会公开，建立政府引导、市场运作、专业促进的长效联动机制，解决社会企业参与城市更新项目“最后一公里”问题。行动首批招募“三师”164 人、吸引意向合作企业 76 家，促成 99 个城市更新项目合作。

二是探索运营前置和全流程一体化推进模式，重庆探索微更新一体化运营方式，推进老旧街区改造。例如渝中区山城巷更新项目由运营企业通过招标方式获得 15 年特许经营权，出资 7500 万元实施街巷房屋修缮、风貌提升、设施完善等微改造，在保留原住民和街区生活烟火气的基础上，采用自营和联营等方式植入民宿、餐饮、文化艺术、文创零售等新业态，成立“巷委会”推动街巷居民共商共建实现老旧街区的活力焕新。

当前，重庆高质量推进城市更新试点示范项目建设，大力推进以“两江四岸”为主轴的城市更新，并以点带面，高质量推进城市更新试点示范项目建设。截至 2023 年底，全市试点示范项目 226 个，其中前期项目 81 个，在建项目 99 个，完工投用项目 46 个，累计完成投资 635 亿元。

（重庆市房地产开发协会）

七、河北省房地产市场

2023 年，河北省房地产行业仍处于调整期，开发投资、销售面积、销售额、新开工施工面积等多项数据处于低位，房价下行压力较大，但整体发展较为平稳，全省落实中央及地方各项政策，努力推动房地产市场恢复向好。

（一）2023 年河北省房地产市场发展状况及特点

1. 开发投资情况

2023 年，河北省房地产完成生产总值 2343 亿元，同比下降 0. 9%，占全省 GDP 比重 5. 3%。全年全省房地产开发投资 3093. 51 亿元，同比下降 12. 7%。其中，房地产住宅投资 2605. 48 亿元，同比下降 10. 0%；办公楼投资同比下降 30. 7%；商业营业用房投资同比下降 28. 0%。按月来看，投资累计同比增速连续 14 个月为负，2023 年河北省房地产开发投资水平为近 10 年来新低，降至 2011—2012 年水平（见图 5-7-1、图 5-7-2）。

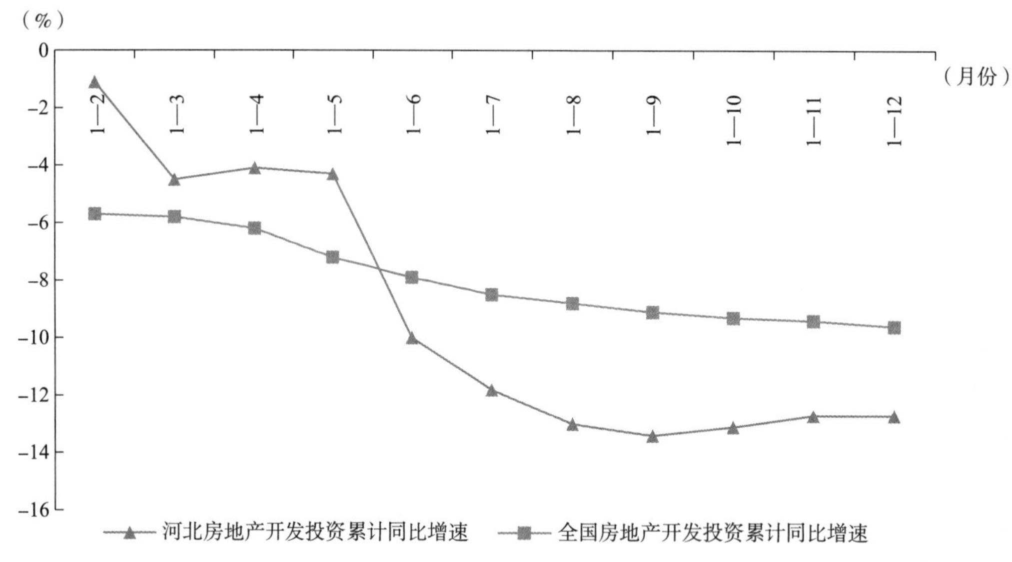

图 5-7-1　2023 年河北省与全国房地产开发投资累计同比增速对比

数据来源：国家统计局。

从各市来看，2023 年石家庄市固定资产投资同比增长 7. 6%，建设项目投资比同比上年增长 27. 4%，房地产开发投资比上年下降 23. 5%。承德市固定资产投资同比增长 6. 4%，房地产开发投资同比下降 19. 7%。张家口市固定资产投资同比增长 4. 0%，建设项目投资同比增长 5. 6%，房地产开发投资同比下降 1. 8%。秦皇岛市固定资产投资同比增长 4. 0%，房地产开发投资同比下降 0. 8%。唐山市固定资产投资同比增长 4. 0%，房地产开发投资同比下降 6. 9%（其中住宅投资同比下降 2. 9%）。廊坊市固定资产投资项目 1697 个，完成投资同比增长 6. 5%，房地产开发项目 402 个，完成投资 281. 74 亿元，同比下降 10. 9%。保定市固定资产投资同比增长

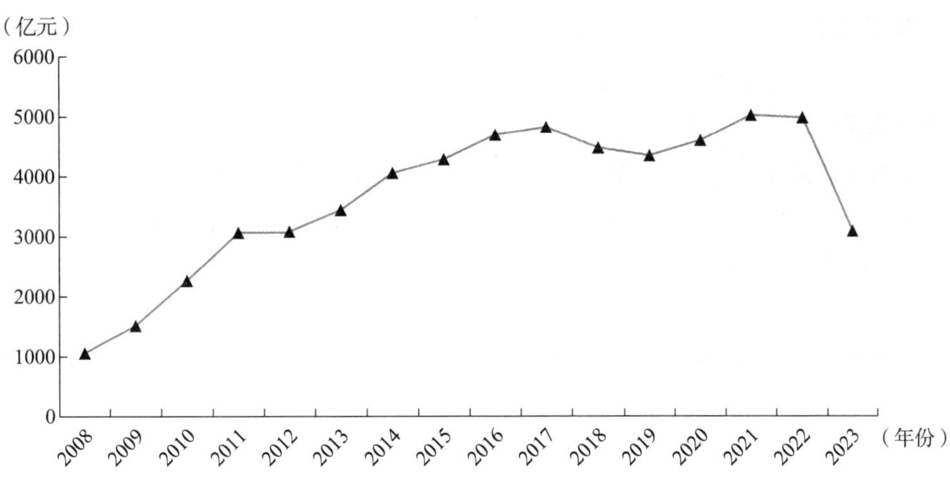

图 5-7-2　2008—2023 年河北省房地产开发投资额情况

数据来源：国家统计局。

6.9%，建设项目投资同比增长 24.4%，房地产开发投资同比下降 19.0%。沧州市固定资产投资同比增长 6.7%，房地产开发投资同比下降 20.8%。衡水市固定资产投资同比增长 6.4%，房地产开发投资下降 12.6%。邢台市固定资产投资同比增长 3.0%，建设项目投资同比增长 17.3%，房地产开发投资同比下降 13.9%。邯郸市 2023 年房地产业完成生产总值 268.5 亿元，同比增长 2.6%，全市固定资产投资同比增长 6.6%，房地产投资同比上涨 9.9%（见表 5-7-1）。

表 5-7-1　2023 年河北省各市固定资产和房地产投资增速（%）

城市	固定资产投资增速	房地产投资增速
全国	3.0	-9.6
全省	6.3	-12.7
石家庄市	7.6	-23.5
承德市	6.4	19.7
张家口市	4.0	-1.8
秦皇岛市	4.0	-0.8
唐山市	4.0	-6.9
廊坊市	6.5	-10.9
保定市	6.9	-19.0
沧州市	6.7	-20.8
衡水市	6.4	-12.6
邢台市	3.0	-13.9
邯郸市	6.6	9.9
雄安新区	16.0	0.0
辛集市	6.5	-11.2
定州市	6.5	19.0

数据来源：河北省统计局。

当前河北省房地产开发投资整体不断下滑，除邯郸、定州投资增速分别上涨 9.9%、19.0%，雄安新区为

0%，其余地市房地产投资增速均有不同程度下降，其中石家庄房地产投资增速下降幅度最大，同比下降23.5%。

2. 土地供应与成交情况

2023年，河北省土地累计出让面积17079.88万平方米，土地成交面积13054.42万平方米，成交面积与上年基本持平，未成交面积3129.81万平方米；全部用地成交价款1856.6亿元，同比上涨10.8%。河北省土地市场量稳价升，总体发展平稳，工业仓储用地成交面积较高。

2023年12月，河北省全部用地成交地面均价1800元/米^2，其中住宅用地成交地面均价4712元/米^2，高于商服办公用地成交地面均价；2023年12月，河北省住宅用地楼面面积占其全部用地比重最多，为39.8%，溢价率1.77%。

从各市来看，唐山市推出建设用地面积最多，为3017万平方米；石家庄市土地成交价款最高，为485亿元；保定市成交楼面价最高，为1271元/米^2；承德推出建设用地面积和成交价款最少，分别为502万平方米和38亿元；邢台成交楼面价全省最低，为554元/米^2。

3. 开发企业拿地情况

2023年，河北省拿地金额前三位分别为石家庄城发投、中广视资产管理、保定国控。石家庄城发投集团拿地面积140万平方米，拿地金额154亿元；中广视资产管理拿地面积113万平方米，拿地金额35亿元；保定国控拿地面积52万平方米，拿地金额33亿元。河北保利拿地3宗，拿地面积8.6万平方米，拿地金额14.85亿元；中海地产拿地1宗，拿地面积5.4万平方米，拿地金额16.63亿元。

河北省土地市场以央企、国企和城投拿地为主，各市城投公司为拿地主力，全国品牌房企主要聚焦于城市的核心优质地块，如保利、中海所拿地块均位于石家庄核心地段，定位高端改善楼盘。民企参与拿地明显减少。

4. 房屋建设情况

2023年，河北省房地产施工面积31674.68万平方米，同比下降5.9%。其中，住宅施工面积27774.92万平方米，同比下降5.2%；办公楼施工面积505.47万平方米，同比下降17.9%；商业营业用房施工面积1828.72万平方米，同比下降15%。

房地产新开工面积4953.35万平方米，同比下降8.2%。其中，住宅新开工面积3972.93万平方米，同比下降7.6%；办公楼新开工面积44.02万平方米，同比下降31.4%；商业营业用房新开工施工面积173.55万平方米，同比下降34.1%。

房屋竣工面积3420.97万平方米，同比增长35.6%。其中，住宅竣工面积2720.89万平方米，同比增长43.1%；办公楼竣工面积32.26万平方米，同比下降47.6%；商业营业用房竣工面积158.63万平方米，同比下降24.3%（见图5-7-3）。

5. 河北省及主要城市商品房销售情况

2023年，河北省商品房销售面积4323.05万平方米，同比下降6.3%。其中，商品房现房销售面积550.90万平方米，同比增长40.2%。商品住宅销售面积4070.64万平方米，同比下降5.7%；其中，商品住宅现房销售面积498.51万平方米，同比增长47.7%。办公楼销售面积同比上涨1.5%，商业营业用房销售面积同比下降32.7%。商品房销售额3538.64亿元，同比下降4.4%；其中，商品住宅销售额3374.11亿元，同比下降3.3%，办公楼销售额同比下降50.3%，商业营业用房销售额同比下降26.1%（见图5-7-4）。

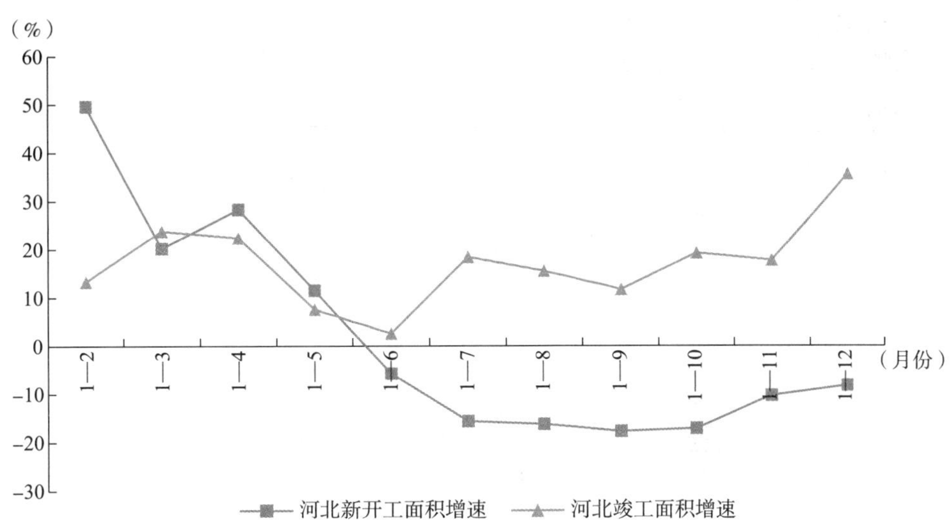

图 5-7-3　2023 年河北省房地产施工新开工面积及竣工面积累计同比增速

数据来源：国家统计局。

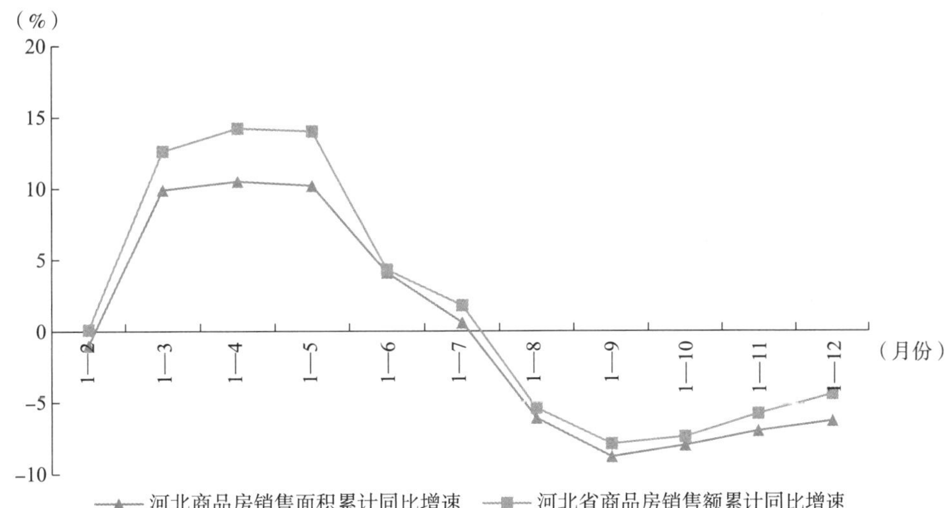

图 5-7-4　2023 年河北省商品房销售面积与销售额累计同比增速

数据来源：国家统计局。

河北省商品房待售面积同比增长 20.7%，其中，商品住宅待售面积同比增长 33.2%，办公楼待售面积同比增长 5.3%，商业营业用房待售面积同比增长 20.5%。

河北省商品房销售市场经过第一季度小阳春后逐渐走弱，从 8 月开始处于负区间。但 2023 年全省商品房市场总体发展较为平稳，相较 2022 年销售面积与销售额降幅收窄。

2023 年，唐山市商品房销售面积 368.9 万平方米，同比增长 4.5%，其中住宅销售面积 343.0 万平方米，同比增长 4.3%；商品房销售额 311.7 亿元，同比增长 5.0%，其中住宅销售额 300.6 亿元，同比增长 4.8%（见图 5-7-5）。

2023 年，保定市商品房销售面积 506.8 万平方米，同比下降 9.9%。其中住宅销售面积 473.3 万平方米，同比下降 13.5%；保定市商品房待售面积 146.9 万平方米，同比下降 1.6%，其中住宅待售面积 118.9 万平方米，同比增长 17.2%。

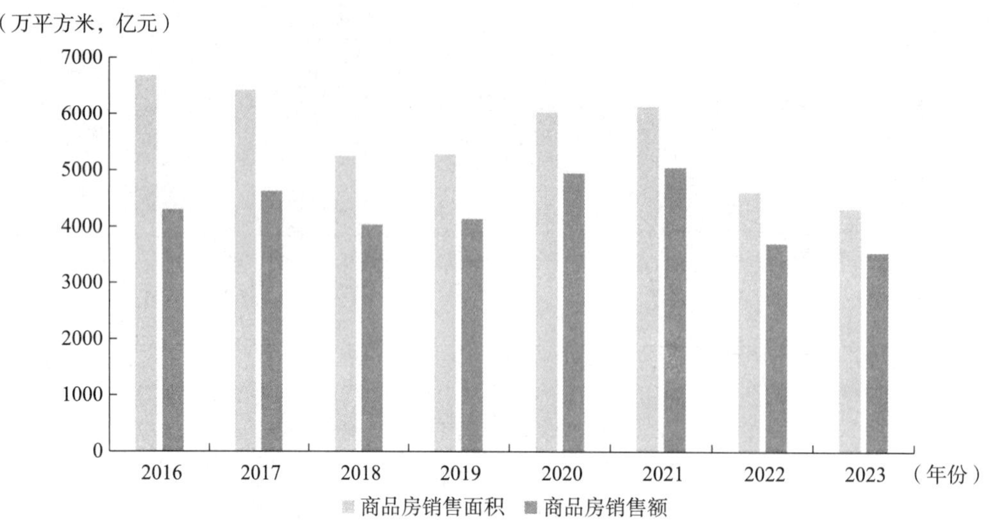

图 5-7-5　2016—2023 年河北省商品房销售面积及销售金额

数据来源：国家统计局。

2023 年，邢台市商品房销售面积 518.6 万平方米，同比增长 6.5%。其中，住宅销售面积 483.8 万平方米，同比增长 7.2%；商业营业用房销售面积 1.9 万平方米，同比增长 31.2%；其他房屋销售面积 32.7 万平方米，同比下降 4.3%。商品房销售额 309.5 亿元，同比增长 9.7%。其中，住宅销售额 298.3 亿元，同比增长 10.1%；商业营业用房销售额 1.6 亿元，同比增长 4.6%；其他房屋销售额 9.4 亿元，同比下降 2.6%。

2023 年，廊坊市商品房完成销售面积 587.53 万平方米。唐山、保定、邢台、廊坊商品房销售面积合计 1981.83 万平方米，占全省销售面积 45.8%。

6. 商品房销售价格情况

根据国家统计局发布的 70 个大中城市商品住宅销售价格变动情况显示，2023 年 12 月，石家庄新房价格环比上涨 0.3%，同比上涨 1.0%；二手房价格环比下降 0.2%，同比下降 1.8%。唐山新房价格环比下降 0.7%，同比下降 1.7%；二手房价格环比下降 1.1%，同比下降 5.9%。秦皇岛新房价格环比下降 0.2%，同比下降 2.9%；二手房价格环比下降 0.8%，同比下降 3.9%。

新建商品住宅价格方面，石家庄以 0.3%的涨幅排在第三位，石家庄新房价格上涨主要是受市场供应端影响，新供应楼盘以高端改善项目为主，拉高新房市场价格。当前二手房价格下行压力大于新房，12 月 70 个大中城市二手房价格全线下跌，一线城市环比下降 1.1%，二、三线城市环比均下降 0.8%。同比方面，一、二、三线城市同比分别下降 3.5%、4.0%、4.2%。石家庄、唐山、秦皇岛同样是下跌，在供求关系发生重大变化的背景下，二手房以价换量明显，考虑卖房的家庭逐渐增多。

（二）2023 年河北省住房保障工作进展

1. 保障房工作进展情况

2023 年，河北省加快发展保障性租赁住房，全年筹集 3.55 万套，6 项举措被列入全国可复制可推广经验清单；发放公租房租赁补贴 2.55 万户，新建成公租房智能化管理小区 44 个，实施公租房申请“一证办理”，便利群众办事。

2023 年，承德市筹集保障性租赁住房 264 套，张家口市筹建保障性租赁住房 3524 套，唐山市筹建保障性租赁住房 2414 套，廊坊市筹集保障性租赁住房 3202 套，邢台市筹集建设保障性租赁住房 1019 套。

2. 住房公积金工作开展情况

河北省各地落实城市政府调控自主权，因城施策用好政策工具箱，支持刚性和改善性住房需求。加大住房公积金支持住房消费力度，2023 年全省住房公积金缴存 942.59 亿元，提取 679.21 亿元，帮助 8.77 万缴存职工购房，发放个贷金额 445.25 亿元，同比增长 29%。着力提升数字化管理水平，为缴存人提供便捷高效的服务，在全国先行试用住房公积金个人证明事项“亮码可办”，13 项住房公积金高频服务事项实现“跨省通办”。

2023 年，石家庄市住房公积金缴存额 218.42 亿元，同比增长 14.31%，到 2023 年底缴存总额 1828.78 亿元，同比增长 13.56%；缴存余额 756.11 亿元，同比增长 8.01%。2023 年住房公积金提取额 162.35 亿元，同比增长 44.34%，提取额占当年缴存额的 74.33%，同比增加 15.46 个百分点；2023 年底提取总额 1072.67 亿元，同比增加 17.83%。2023 年发放个人住房贷款 1.27 万笔、70.24 亿元，同比分别增长 1.60%、5.47%；2023 年底，累计发放个人住房贷款 23 万笔、782.60 亿元，贷款余额 431.43 亿元，分别比上年底增加 5.84%、9.86%、3.86%。个人住房贷款余额占缴存余额的 57.06%，比上年底减少 2.28 个百分点。

3. 城市更新改造推进情况

2023 年，河北省在 115 个市（县）开展城市体检，一批城市更新项目落地见效。改造老旧小区 1816 个，开工棚改安置房 14.59 万套、建成 10.52 万套，完成庭院管网雨污分流改造 730.3 千米（见表 5-7-2）。在宜居县城样板建设方面，坚持项目拉动，各地谋划实施县城建设项目 2681 个、完成投资 1266 亿元。各地大力推进城市绿地开放共享，到 2023 年底，全省新建口袋公园 166 个，开放共享城市绿地总面积 6136.4 万平方米，其中草坪面积 2127.1 万平方米。

表 5-7-2　2023 年河北省各市城市更新改造推进情况

城市	完成老旧小区改造（个）	建成棚改安置房（套）	其他
全省	1816	105200	在 115 个市县开展城市体检，完成庭院管网雨污分流改造 730.3 千米，新建口袋公园 166 个
石家庄市	364	8136	交付城中村改造回迁楼项目 9 个，完成烂尾楼项目整治 42 个
承德市	33	3199	适老化改造 3454 户，中心城区天然气管网改造完成
张家口市	96	3058	实施新型城镇化项目 291 个，完成老旧管网改造 110 千米，新建高品质口袋公园 26 个，打造美丽街区 19 个
秦皇岛市	31	5055	建设提升公园游园 20 座，实施海绵城市重点项目 67 个，改造市政老旧管网 69.14 千米，维护污水管道 327.8 千米
唐山市	141	8865	建成高品质口袋公园 20 个，建设改造农村公路 943.5 千米
廊坊市	87	2956	新建口袋公园 10 个，摸底排查自建房 244.8 万栋，既有住宅加装电梯 47 部
保定市	611	49324	累计拆除违建、超期临建 475 万平方米，新建、改造口袋公园 100 个
沧州市	87	13868	新建雨水泵站 6 座、污水泵站 1 座，改造提升老旧管网 2 千米
衡水市	118	3228	实施城市更新项目 184 个，新建和改造市政管网 219 千米，新建口袋公园 11 个
邢台市	98	3732	改造城镇老旧管网 185 千米
邯郸市	518	4704	建成口袋公园 206 个，实施县城建设项目 536 个
辛集市	37	210	新建供水供热管网 24 千米、排水管网 45 千米，新建 10 个口袋公园
定州市	9	708	建成开放口袋公园 11 个、小微绿地 16 处，新改建管网 40.8 千米

数据来源：河北省统计局。

石家庄高质量推动城市更新，成效显著。出台《石家庄市城市更新条例》，高铁片区、太平河片区等六大片区加快建设，9 个高品质城中村改造试点项目规划建设的 281 栋回迁楼全部封顶，部分住宅已经建成并交付使用。1975 年以前危旧住房改造试点稳步实施。2023 年全市新开工棚改安置房 12620 套，建成 8136 套。364 个老旧小区面貌焕然一新，42 个烂尾楼项目完成整治。胜利大街、中华大街等主街主路和 518 条小街小巷实现蝶变，高标准规划建设 4 个汽车园，集中治理占道经营、沿街堆放、电动车逆行闯红灯等违法违规行为，新增公共停车位 1. 38 万个。实施县城建设项目 522 个，正定县、井陉县获"中国人居环境范例奖"，成功实现省级卫生城、园林城、洁净城全覆盖。持续深化乡村建设行动，创建省级和美乡村 259 个。

（河北省住宅与房地产业协会）

八、山东省房地产市场

（一）2023 年山东省房地产市场发展状况及特点

2023 年，山东省房地产市场呈现三个特点：一是商品房交易合计规模好于上年同期水平，新房市场单月环比出现增长；二是商品房批准销售面积规模缩减明显，库存去化速度加快；三是二手房市场趋于活跃，规模比重增加。整体来看山东省房地产基本面尚好，市场企稳势头初步显现，但房地产投资和土地成交下行压力尚未明显缓解，房地产市场正在进行重大转型并寻找新的均衡点。

1. 开发投资情况

2023 年，山东省房地产投资呈整体收缩态势。全省房地产开发累计投资 8168. 86 亿元，同比下降 10. 2%。房地产住宅投资 6562. 25 亿元（见图 5-8-1）。

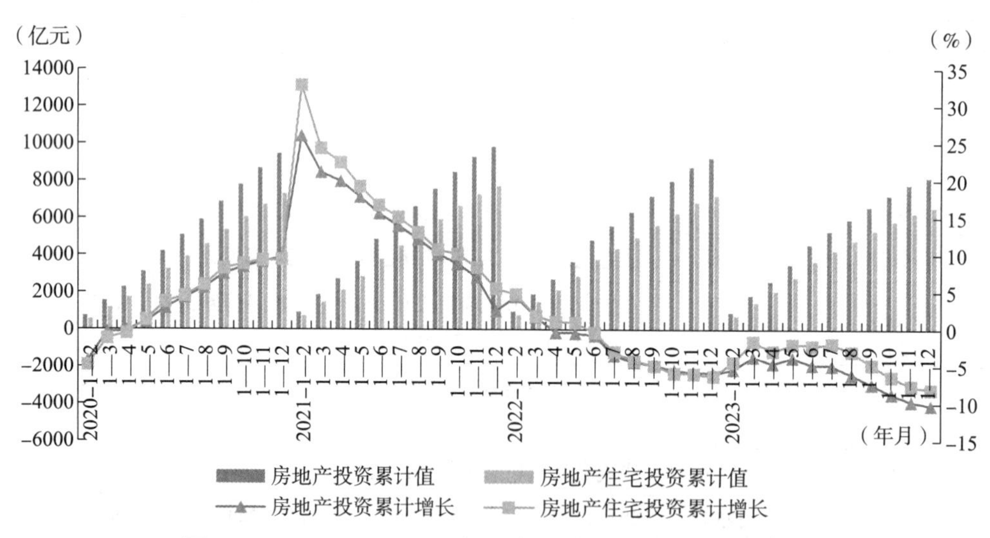

图 5-8-1　2020—2023 年山东省房地产开发投资情况

数据来源：国家统计局。

2. 土地供应与成交情况

2023 年，山东省 16 地市供应涉宅总建筑面积 11464. 98 万平方米，环比下降 28. 12%，成交总建筑面积 8411. 46 万平方米，环比下降 32. 43%，土地市场供求双降，成交量进一步缩减，但楼板价小幅上升（见图 5-8-2）。

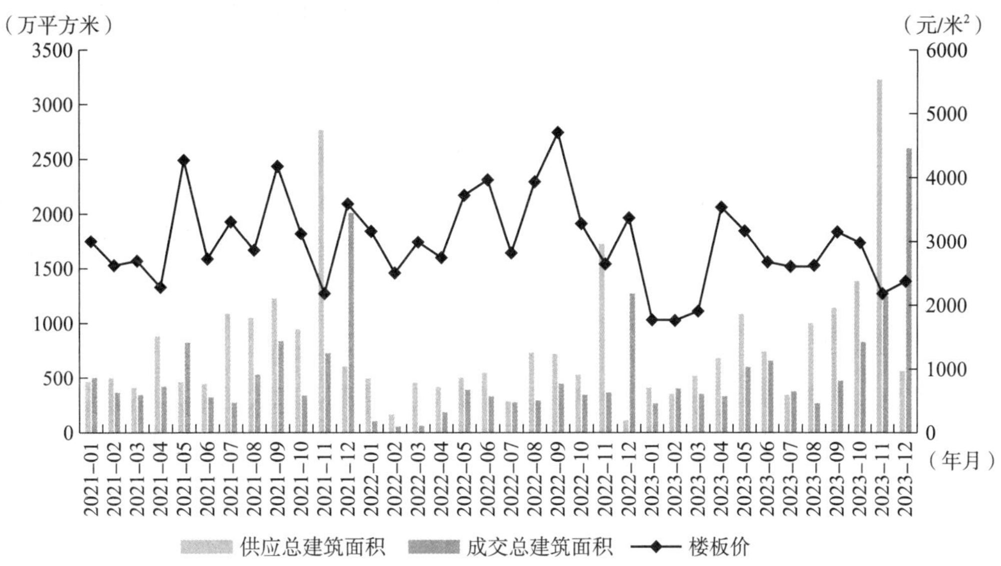

图 5-8-2　2021—2023 年山东省涉宅土地量价走势

数据来源：中国土地市场网。

统计口径：山东省内（含区县），招拍挂土地（住宅+商住）。

3. 房屋新开工、竣工情况

2023 年，山东省房屋新开工面积整体呈现下行态势，竣工面积整体相对平稳。具体来看，房屋新开工面积 7928. 39 万平方米，同比减少 2592. 19 万平方米，同比下降 24. 6%。房屋竣工累计面积 8861. 53 万平方米，同比增加 2175. 51 万平方米，同比增长 32. 5%（见图 5-8-3）。

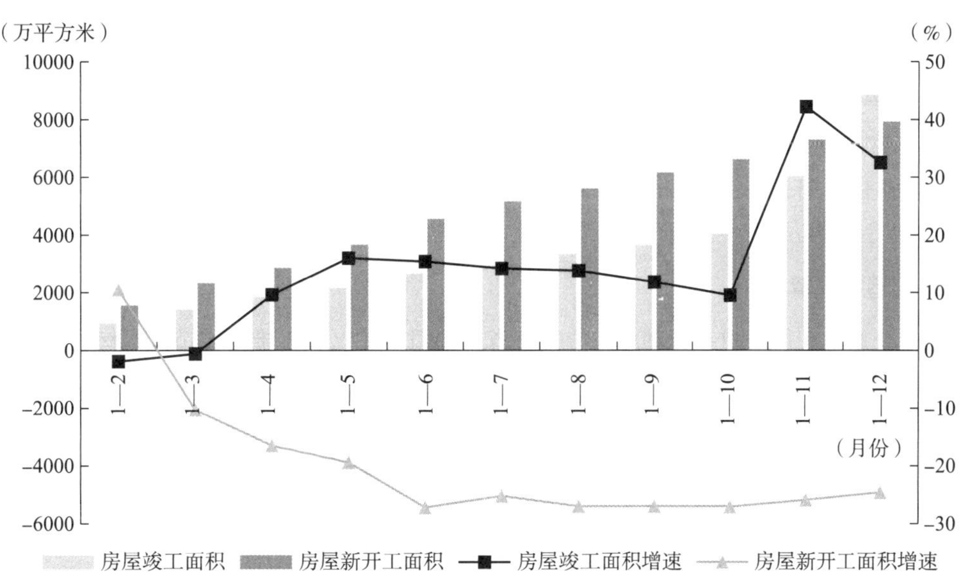

图 5-8-3　2023 年山东省房屋新开工、竣工面积走势

数据来源：国家统计局。

4. 新房供应与销售情况

2023 年，山东省新建商品房网签面积 12509. 5 万平方米，其中新建商品住宅网签面积 9597. 5 万平方米。重点城市济南、青岛情况：2023 年济南市新建商品房网签 18. 98 万套、面积 1465. 32 万平方米，其中住宅销售

6. 63 万套、面积 888. 25 万平方米；青岛市新建商品房网签 15. 58 万套、面积 1851 万平方米，其中住宅销售 12 万套、面积 1436 万平方米。

5. 存量房供应与销售情况

2023 年，山东省二手房网签面积 3671 万平方米，其中二手住宅网签面积 3227. 5 万平方米。重点城市济南、青岛情况：2023 年济南市二手房网签 9. 30 万套、网签面积 721. 17 万平方米，其中二手住宅网签 6. 04 万套、网签面积 627. 79 万平方米；青岛市二手房网签 6. 77 万套、网签面积 642 万平方米，其中住宅网签 6. 33 万套、网签面积 602 万平方米。

6. 商品房销售价格情况

国家统计局 70 个大中城市商品住宅销售价格变动情况统计数据显示，2023 年 12 月山东纳入统计的 4 个城市中，济南、青岛、烟台、济宁的新房、二手房价格均持续回落。在新房价格方面，济南 12 月环比下降 0. 4%，同比上涨 1. 8%；青岛 12 月环比下降 0. 8%，同比下降 0. 2%；烟台 12 月环比下降 0. 6%，同比下降 1. 0%；济宁 12 月环比下降 0. 8%，同比下降 2. 3%。二手房价格方面，济南 12 月环比下降 0. 4%，同比下降 2. 9%；青岛 12 月环比下降 0. 5%，同比下降 4. 8%；烟台 12 月环比下降 0. 5%，同比下降 5. 1%；济宁 12 月环比下降 0. 7%，同比下降 4. 5%。

（二）2023 年山东省住房保障工作进展

1. 保障房各项指标任务及达成情况

2023 年，国家下达山东省保障性租赁住房开工任务 8. 3 万套，棚户区改造开工任务 8. 99 万套，基本建成任务 8. 07 万套，公租房筹集任务 600 套，住房租赁补贴发放任务 44912 户。

2023 年，山东省保障性租赁住房开工 8. 45 万套（间），开工率 100. 8%；棚户区改造开工 9. 3 万套，开工率 103. 5%；基本建成 18. 3 万套，基本建成率 227. 3%；公租房新开工 600 套，开工率 100%；发放住房租赁补贴户数 8. 2 万户，完成率 182. 7%。

2. 保障性租赁住房进展情况

2023 年，山东省筹建保租房 8. 45 万套（间）、发放租赁补贴 8. 2 万户，分别完成 101%、183%。棚改开工 9. 3 万套、基本建成 18. 3 万套，分别完成 104%、227%，城镇开发边界内 1107 个未建成社区已完成 888 个，住房保障兜底更牢。

3. 城市更新改造推进情况

山东省政府办公厅出台城市更新行动实施方案，省 9 部门印发《关于推动城市片区综合更新改造的若干措施》，16 个设区市全部制定城市更新政策。高标准推进国家、省级试点城市和省级试点片区建设，评选 132 个示范项目。济南入选深化城市体检机制试点。住房城乡建设部总结青岛城市更新经验报中办国办，推广烟台、潍坊城市更新机制及融资模式。具体来看，2023 年，山东省 150 个重点市政网项目全部开工，新改建城市道路 1130 千米，新增综合管廊 58 千米、海绵城市 216 平方千米，新建各类公园及街头游园 1013 个、城市绿道 572 千米，440 个公园向市民开放共享。

2023 年，深入开展城市更新，加快 160 个片区类更新项目建设。具体来看，老旧小区改造开工 72. 51 万户、居全国第一，整修管线 4432 千米，加装电梯 2234 部，新增停车位 8. 5 万个、汽车充电桩 3046 个、便民服务设施 1318 处。建设城管工作站 3900 个、服务窗口 4200 个。

（山东省房地产业协会）

九、郑州市房地产市场

2023 年，郑州市房地产销售市场总体态势向好，市场较上年回暖明显。从全年情况看，2023 年开年，住房城乡建设部、人民银行等多部门相继出台利好政策，同时受各楼盘活动及疫情后需求释放等因素影响，1—4 月郑州房地产市场恢复明显，新建商品住宅销售价格环比持续上升。购房需求释放后市场转冷，5—10 月新建商品住宅销售价格连月下跌，且跌幅呈现略有扩大趋势，其中一部分原因是各楼盘优惠力度加大、特价房源推出较多。尽管 8 月以来国家陆续出台一系列涉及信贷、限购的松绑政策，利率也不断降低，但从市场反应来看，仍处筑底阶段。11—12 月新建商品住宅销售价格虽然仍在下跌，随着年底降价促销活动开展，价格降幅较第三季度有所收窄。

（一）房地产开发投资

2023 年，郑州市房地产开发完成投资 1843 亿元，占河南省比重 43.9%，同比下降 5.8%，其中住宅投资 1525 亿元，占河南省比重 41.9%，同比下降 6%。

（二）商品房供应量回升

2023 年，商品房供应量整体回升，批准预售面积同比增幅收窄。商品房批准预售面积 829 万平方米，同比增长 5.2%。其中，商品住宅批准预售面积 649 万平方米，同比下降 4.0%；非住宅批准预售面积 180 万平方米，同比增长 60.0%。

（三）商品房成交面积较大幅增长

2023 年，郑州市房地产销售市场总体态势向好，商品房成交面积 1556 万平方米、成交金额 1645 亿元，同比分别增长 49.9%、34.3%。其中商品住宅成交面积 1176 万平方米、成交金额 1325 亿元，同比分别增长 40.7%、28.8%；非住宅成交面积 380 万平方米、成交金额 320.5 亿元，同比分别增长 88.4%、62.8%。

（四）商品房销售均价下降

2023 年，商品房成交均价 10572 元/米^2，同比下降 10.5%。其中，商品住宅成交均价 11259 元/米^2，同比下降 8.4%；非住宅成交均价 8443 元/米^2，同比下降 13.6%。

（五）商品住宅库存总量减少

截至 12 月底，商品住宅库存面积 2365 万平方米，较上年底减少 569 万平方米。按近 12 个月月均网签面积计算，商品住宅可售库存去化周期 24.1 个月，较上年底缩短 17.3 个月。

（六）二手住宅成交量快速增长

2023 年，二手住宅交易量快速增长，二手住宅成交面积 1083 万平方米、成交金额 1108 亿元，同比分别增长 83.7%、77.6%。二手住宅成交均价 10230 元/米^2，同比下降 3.3%。

（七）房地产贷款余额下降

截至 2023 年 12 月底，郑州市房地产贷款余额 11491 亿元，较年初减少 161 亿元，同比下降 1.4%，环比下降 0.3%。房地产贷款余额全年呈波动下降态势。2023 年 12 月，郑州市房地产贷款余额占金融机构各项贷款余额的比重 31.2%，同比下降 2.75 个百分点，环比下降 0.18 个百分点。

房地产开发贷款余额 3452 亿元，上年同期房地产开发贷款余额 3269 亿元，同比上升 5.6%，同比增速较 2022 年 12 月下降 0.95 个百分点。12 月开发贷款余额占房地产贷款余额的比重 30.0%，同比上升 2 个百分点。

个人住房贷款同比增速延续 2022 年的持续下降态势，至 9 月之后下降速率有所放缓。全年个人住房贷款余额 7460 亿元，同比下降 4%，较 11 月下降 17 亿元，较年初下降 307 亿元。个人住房贷款占房地产贷款余额的比重 64.9%。

（八）住宅用地出让面积同比降幅明显

2023 年，郑州市住宅用地出让建设用地面积 301.5 万平方米，同比下降 49.1%。其中，12 月住宅用地出让建设用地面积 95.9 万平方米，占全年的 31.8%。全年住宅用地出让规划建筑面积 842 万平方米，同比下降 40.3%。其中，12 月住宅用地出让规划建筑面积 266.1 万平方米，占全年的 31.6%。12 月已供未建住宅用地规模 295.3 万平方米。

（河南省房地产业协会）

十、合肥市房地产市场

（一）2023 年合肥市房地产市场基本情况

1. 房地产开发投资情况

2023 年，合肥全市房地产开发投资 1524 亿元，居全国 40 个重点城市第 16 位，同比增长 4.6%，开发投资规模扩大（见图 5-10-1）。

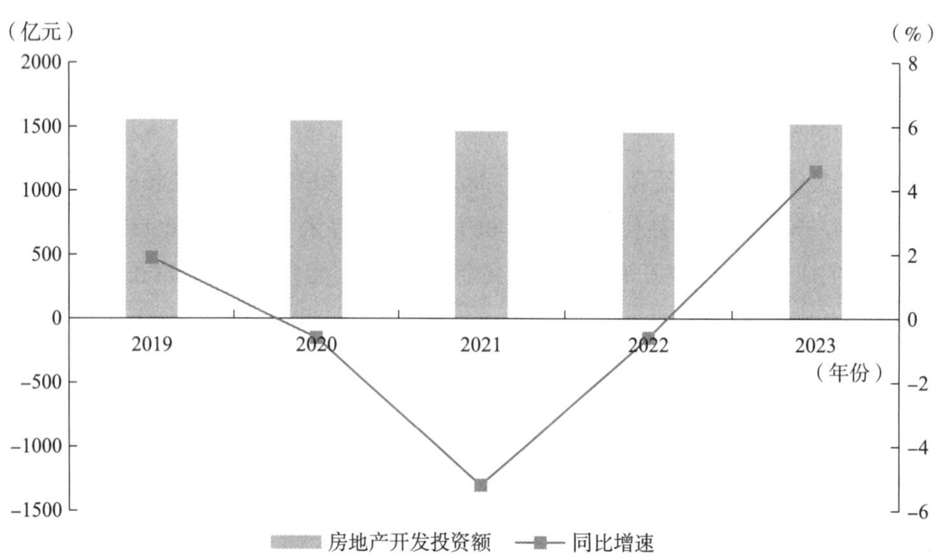

图 5-10-1　2019—2023 年合肥市房地产开发投资情况

数据来源：合肥市统计局。

2. 房地产开发企业施工、竣工情况

在“保交楼”政策带动下，近两年房地产竣工面积增加较快，“保交楼”工作稳步推进中，2023 年竣工面积 2281 万平方米，由于 2022 年基数较高，2023 年增速有所回落。2023 年房地产施工面积 7430 万平方米，同比下降 8.3%，新开工规模为 2016 年以来新低（见图 5-10-2）。

3. 土地市场情况

受市场大环境影响，2023 年合肥全市土地市场供求规模明显下滑，全年供应土地 858 万平方米，同比下降 48%；成交 595 万平方米，同比下降 47%，但成交楼面价持续攀升，达 9500 元/米^2。

2023 年，合肥 9 区土拍热度呈高开低走态势，上半年房企拿地积极，下半年土地市场明显降温，土拍热度与土地质素密切相关（见图 5-10-3）。全年土地流拍率 19%，流拍地块多位于城市外围。

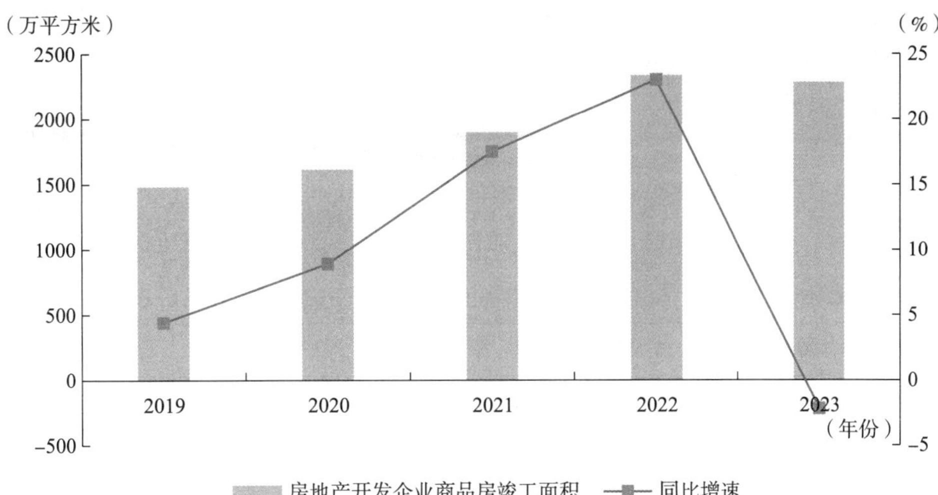

图 5-10-2　2019—2023 年合肥市房地产开发企业商品房竣工情况

数据来源：合肥市统计局。

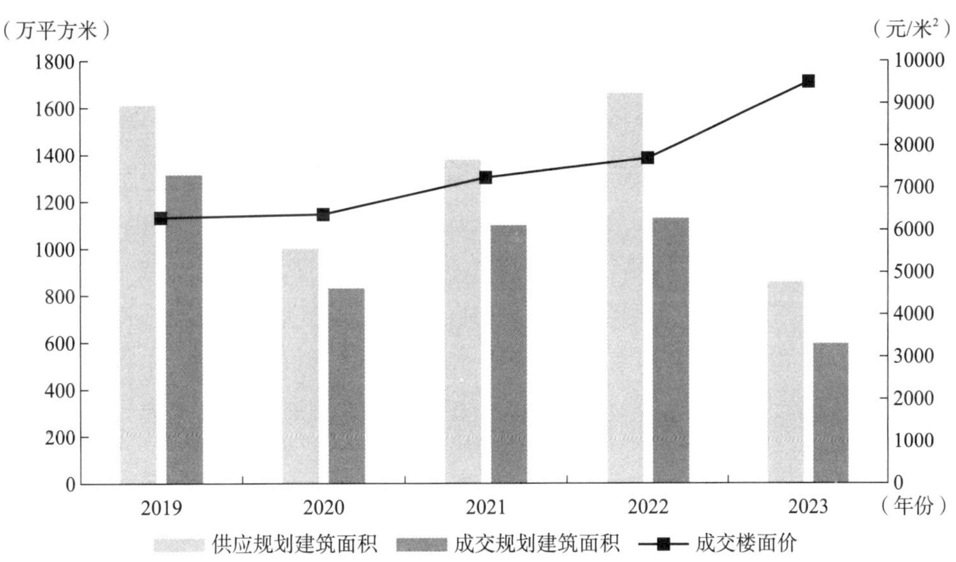

图 5-10-3　2019—2023 年合肥市 9 区土地供应与成交情况

数据来源：合肥公共资源管理网。

4. 新房供应与销售情况

2023 年，合肥市新房供应 454 万平方米，同比下降 4%；成交 437 万平方米，同比下降 6%，成交规模整体触底；成交均价 22550 元/米^2，同比增长 7%。

5. 存量房供应与销售情况

2023 年，合肥 9 区二手房成交 559 万平方米，同比增长 21%；成交均价 18916 元/米^2，同比下降 2%；月均成交 47 万平方米，同比增长 21%，月度成交价格波动较大，年末价格再次新低（见图 5-10-4、图 5-10-5）。

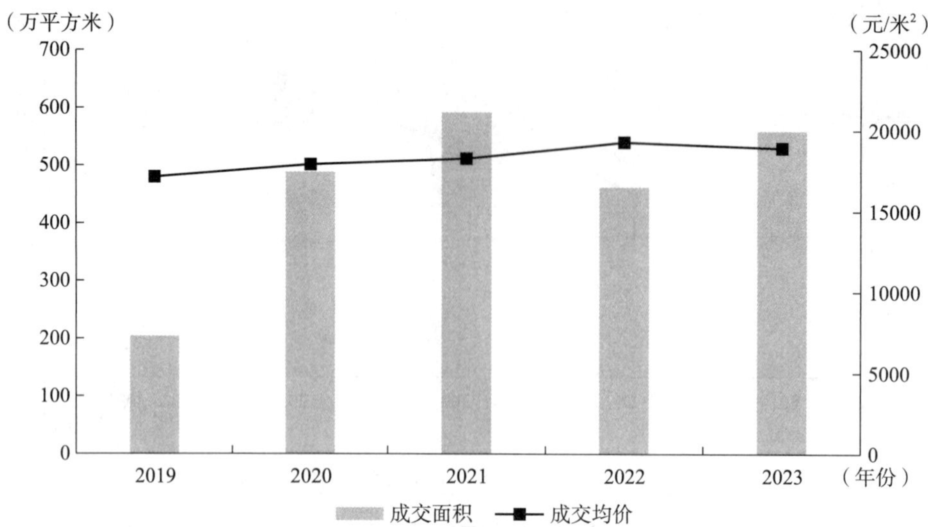

图 5-10-4　2019—2023 年合肥市 9 区二手房成交情况

数据来源：克而瑞。

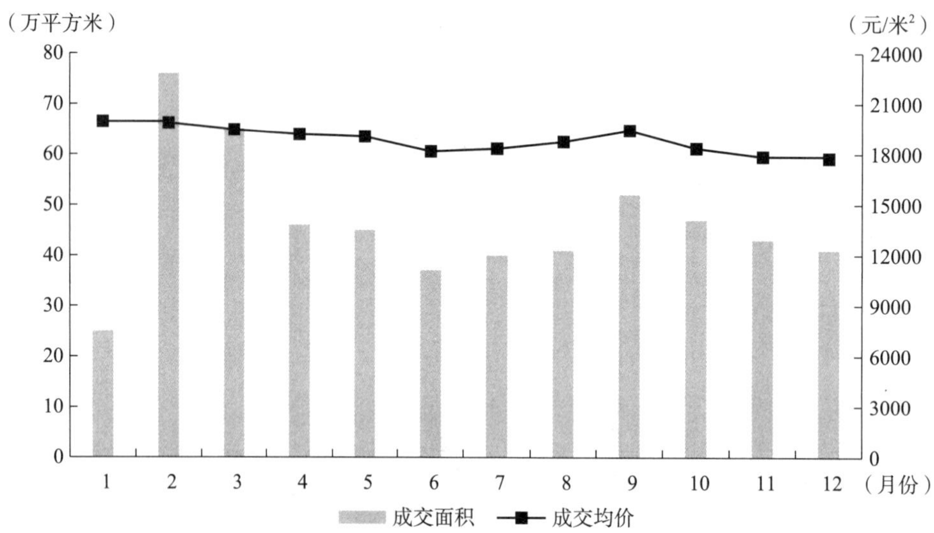

图 5-10-5　2023 年合肥市 9 区二手房月度成交情况

数据来源：克而瑞。

6. 商品房销售价格情况

2023 年，合肥 9 区商品房成交 566 万平方米，同比下降 3%；成交均价 20889 元/米^2，同比增长 5%。近两年成交规模较为稳定，年均成交 600 万平方米，成交价格增长至 20889 元/米^2（见图 5-10-6）。

（二）2023 年合肥市住房保障工作

1. 推进棚户区改造

一是抓好棚改任务落实。累计新开工建设棚改安置房 76905 套，基本建成棚改安置房 21305 套，完成年度新开工和基本建成目标任务。二是抓好棚改政策保障。累计争取中央及省级财政棚户区改造补助资金 5.81 亿元，发行棚改专项债券 65.53 亿元，为棚改项目顺利实施提供资金保障。三是抓好棚改项目推进。列入国家 2020 年度及以前棚改计划的开工项目竣工率 99.66%，超额完成年度竣工目标任务。

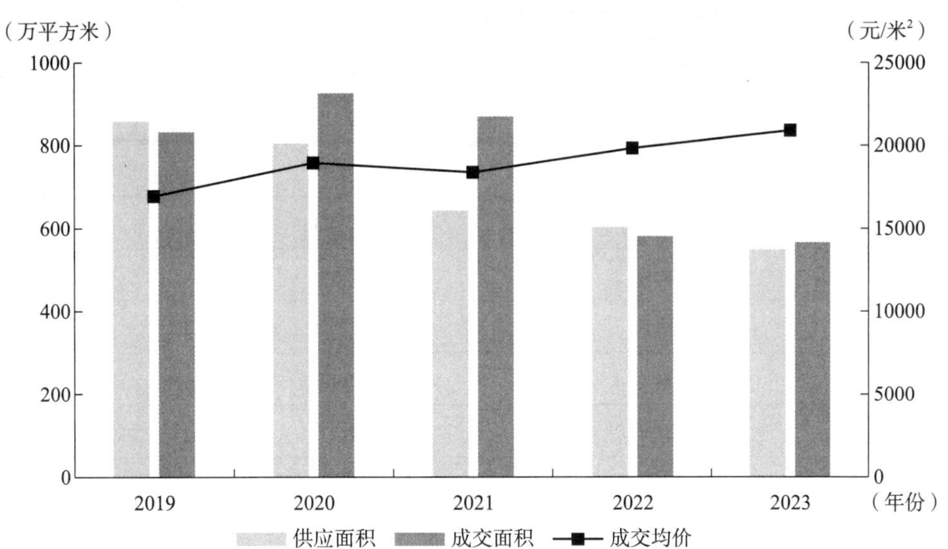

图 5-10-6　2019—2023 年合肥市 9 区商品房成交情况

数据来源：克而瑞。

2. 完善公租房保障

一是降低公租房准入门槛。印发《关于公布市区 2023 年度公共租赁住房准入条件的通知》，再次调整城镇户籍较低收入和中等偏下收入住房困难家庭准入门槛，家庭人均可支配收入标准分别从每月 2660 元和 3574 元提至每月 2808 元和 3745 元，进一步扩大住房保障范围。二是做好公租房租赁补贴发放。累计发放公租房租赁补贴 2593 户，超额完成年度公租房租赁补贴发放任务；组织开展 2023 年市区低收入住房困难家庭公租房选房顺序公开摇号，按照公平公开方式顺利摇出 351 户家庭公租房选房顺序号。

3. 发展保障性租赁住房

一是构建政策体系。先后拟定合肥市保障性租赁住房实施意见、存量非住宅认定办法等政策文件和目标计划分解、监测评价细则等考核办法。二是完善工作机制。协调督促各区（开发区）建立保障性租赁住房领导和推进工作机制，建立与自规、建设、财政、税务部门和水电气等企业单位的联动机制。三是多渠道筹集房源累计筹集保障性租赁住房 1. 1885 万套（间），并全部发放项目认定书。

（合肥市房地产业协会）

十一、苏州市房地产市场

2023 年，苏州深入贯彻落实中央、省各项决策部署，围绕支持刚性和改善性住房需求、稳定房地产投资两大方向，不断优化完善政策措施，扎实推进“保交楼、保民生、保稳定”工作，积极促进房地产市场平稳健康发展，全市房地产开发投资降幅有所收窄，新开工面积、竣工面积实现较快增长，但房屋施工面积继续下降、商品房销售面积降幅扩大，市场信心尚未全面恢复，房地产市场仍面临诸多挑战。

（一）苏州市房地产开发投资情况

2023 年，全市完成房地产开发投资 2592 亿元，同比下降 3. 7%，投资总量较 2018 年增长 1. 3%；房地产开发投资占固定资产投资的比重为 43. 0%，占比连续 5 年下降，从 2018 年 56. 1%的高点回落 13. 2 个百分点（见表 5-11-1）。

表 5-11-1　2011—2023 年苏州市房地产开发投资规模、增速及占比

年份	房地产开发投资（亿元）	同比增长（%）	占固定资产投资比重（%）
2011	1199	28.1	26.6
2012	1263	5.4	24.0
2013	1476	16.8	24.6
2014	1764	19.6	28.3
2015	1865	5.7	30.5
2016	2163	16.0	38.3
2017	2306	6.6	41.0
2018	2558	10.9	56.1
2019	2686	5.0	54.5
2020	2674	-0.5	51.2
2021	2870	7.3	50.7
2022	2691	-6.2	46.9
2023	2592	-3.7	43.0

数据来源：苏州市统计局。

1. 土地购置费投资占比过半

从投资构成看，2023 年土地购置费 1338 亿元，同比增长 1.2%，占房地产开发投资的比重 51.6%，自 2017 年、2018 年快速攀升后比重持续稳步提升，成为苏州房地产开发投资的主要力量。建安工程投资占比从 2015 年 68.2%的高点回落至 2023 年的 42.2%；2023 年建安工程投资 1093 亿元，同比下降 7.6%（见图 5-11-1）。

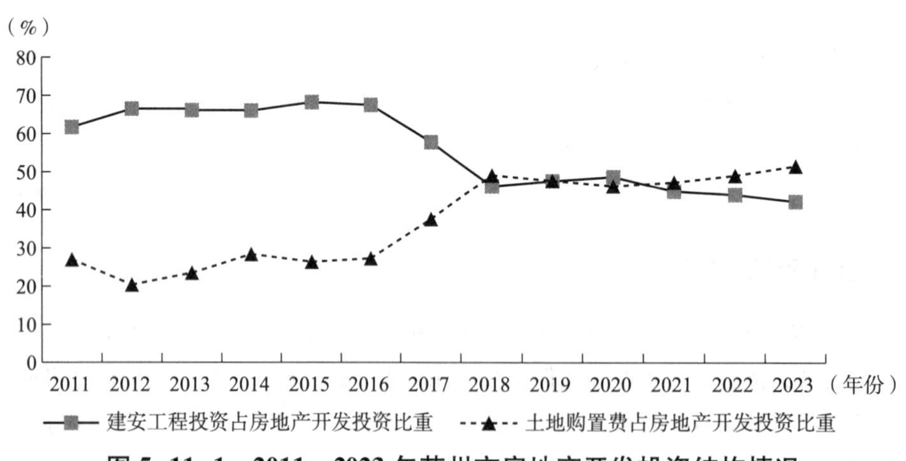

图 5-11-1　2011—2023 年苏州市房地产开发投资结构情况

数据来源：苏州市统计局。

2. 住宅投资占比优势明显

从投资类型看，住宅投资、商业用房及办公楼投资合计占房地产开发投资的 92.6%。其中住宅投资占房地产开发投资的比重从“十二五”的平均 72.0%提升至“十三五”的平均 80.5%，占据绝对优势。2023 年，住宅投资 2221 亿元（占房地产开发投资的 85.7%），同比下降 4.7%，降幅高于房地产开发投资 1.0 个百分点。

2023 年，商办投资 180 亿元，同比增长 2.2%，占房地产开发投资的比重从 2012 年 20.8%的高点下降至 2023 年的 6.9%（见表 5-11-2）。

表 5-11-2　2011—2023 年苏州市房地产开发投资分投资类型比重（%）

年份	住宅	商办		
			商业用房	办公楼
2011	73.6	16.3	12.5	3.8
2012	67.4	20.8	17.2	3.6
2013	69.2	20.0	16.1	3.9
2014	73.9	17.4	13.7	3.7
2015	76.1	16.1	12.8	3.3
2016	76.5	14.2	10.5	3.7
2017	79.8	13.0	8.8	4.2
2018	82.6	9.1	5.9	3.2
2019	82.2	8.7	5.9	2.8
2020	81.2	7.8	5.4	2.4
2021	82.9	7.4	5.1	2.3
2022	86.6	6.5	4.9	1.6
2023	85.7	6.9	5.1	1.9

数据来源：苏州市统计局。

（二）房屋建设情况

1. 房屋建设表现低迷，商办施工面积逐年下降

从施工规模看，2016—2021 年苏州市房屋施工面积保持在 1.2 亿平方米左右；2021 年以来，施工面积逐年下降，2023 年全市房屋施工面积 0.98 亿平方米，同比下降 9.2%，施工规模降至 1 亿平方米以下。从构成用途看，住宅施工面积占比始终在七成以上；商办施工面积占比从 2015 年 25.0%的高点持续下降至 2023 年的 11.8%（见表 5-11-3）。

表 5-11-3　2011—2023 年苏州市房屋施工面积规模、增速及构成情况

年份	房屋施工面积（亿平方米）	同比增长（%）	住宅占比（%）	商办占比（%）
2011	0.79	-1.2	73.5	23.5
2012	0.84	5.8	72.0	24.1
2013	0.96	14.2	71.4	23.1
2014	1.09	13.7	70.1	24.8
2015	1.13	3.5	70.3	25.0
2016	1.21	7.4	70.6	23.9

续表

年份	房屋施工面积（亿平方米）	同比增长（%）	住宅占比（%）	商办占比（%）
2017	1. 19	−1. 9	70. 6	23. 5
2018	1. 17	−2. 0	71. 5	21. 6
2019	1. 21	4. 2	74. 2	17. 7
2020	1. 24	2. 0	73. 7	17. 5
2021	1. 19	−3. 7	72. 0	17. 3
2022	1. 08	−9. 3	71. 7	12. 5
2023	0. 98	−9. 2	70. 8	11. 8

数据来源：苏州市统计局。

2. 开竣工面积快速增长，稳定市场举措成效显著

在各项“保交楼”“稳投资”政策措施促进下，2023 年苏州房屋新开工面积 1565 万平方米，同比增长 31. 8%，其中住宅新开工面积 1138 万平方米，同比增长 27. 3%；房屋竣工面积 1785 万平方米，同比增长 31. 2%，其中住宅竣工面积 1314 万平方米，同比增长 29. 4%（见图 5−11−2）。

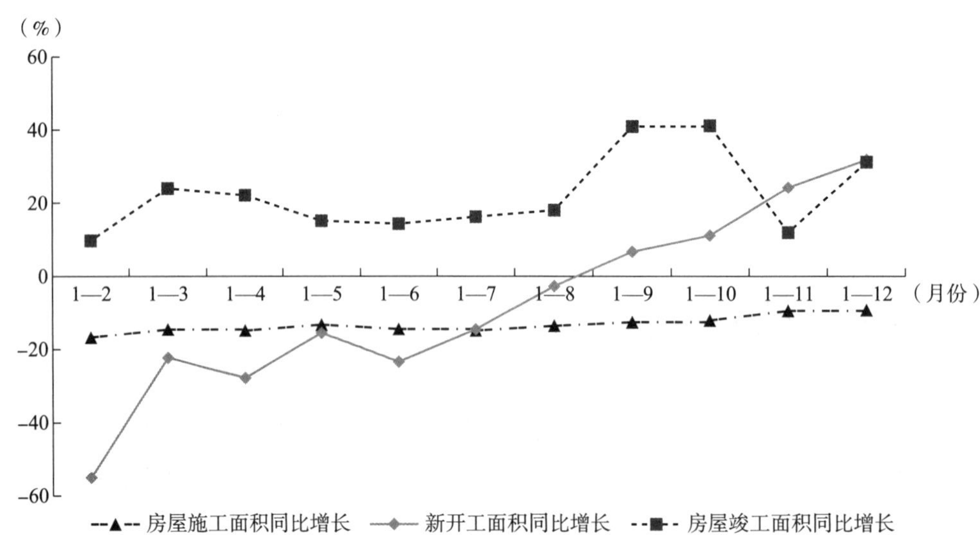

图 5−11−2　2023 年苏州市房屋建设同比增长情况

数据来源：苏州市统计局。

（三）苏州市商品房销售情况

近年来，受疫情及部分重点房企陷入流动性危机等因素影响，我国房地产市场供求关系发生重大变化，房地产市场逐渐步入下行调整阶段，销售下降最为明显。2022 年、2023 年苏州市商品房销售面积同比分别下降 9. 9%、16. 9%，总量从 2021 年的 2275 万平方米，加速下降至 2023 年的 1704 万平方米，是 2015 年以来最低水平。

1. 住宅、商办销售同步下降

2023 年，住宅销售面积 1516 万平方米，比上年下降 17. 7%，占商品房销售面积的 89. 0%，占比同比下降

0.9 个百分点，仍然维持在 2018 年以来 90%左右的比重。商办销售面积 140 万平方米，同比下降 16.2%，占商品房销售面积的 8.2%，占比较上年基本持平（见表 5-11-4）。

表 5-11-4　2011—2023 年苏州市商品房销售面积规模、增速及构成情况

年份	商品房销售面积（万平方米）	同比增长（%）	住宅占比（%）	商办占比（%）
2011	1211	-20.0	81.2	17.3
2012	1466	21.1	86.1	12.6
2013	1875	27.9	87.1	11.6
2014	1599	-14.7	90.4	8.0
2015	2134	33.4	91.0	8.0
2016	2494	16.9	90.6	8.2
2017	1937	-22.3	87.2	10.4
2018	1994	3.0	89.7	8.4
2019	2178	9.2	91.1	7.5
2020	2192	0.6	91.0	7.4
2021	2275	3.8	91.8	6.0
2022	2050	-9.9	89.9	8.1
2023	1704	-16.9	89.0	8.2

数据来源：苏州市统计局。

2. 待售面积大幅增加

2023 年，商品房现房待售面积 1075 万平方米，同比增长 24.7%（见表 5-11-5）。其中，住宅待售面积 676 万平方米，同比增长 54.6%，占商品房待售面积的比重由 2018 年的 40.7%提高至 62.9%，其中待售时间在 1 年内的占 54.0%；商办待售面积 305 万平方米，同比下降 3.0%，占比 28.3%，但其中过半数（57.7%）待售时间超过 3 年，去化较难。

表 5-11-5　2011—2023 年苏州市商品房待售面积规模、增速及构成情况

年份	待售面积（万平方米）	同比增长（%）	住宅占比（%）	商办占比（%）
2011	568	20.4	48.3	45.5
2012	686	20.8	51.7	40.9
2013	891	30.0	49.8	42.8
2014	996	11.8	51.9	40.5
2015	1063	6.7	53.9	39.4
2016	940	-11.6	45.0	47.9
2017	885	-5.8	42.8	50.0
2018	789	-10.9	40.7	52.3

续表

年份	待售面积（万平方米）	同比增长（%）	住宅占比（%）	商办占比（%）
2019	805	2.0	44.1	47.2
2020	832	3.5	49.2	41.7
2021	882	6.0	50.4	36.9
2022	862	-2.3	50.7	36.5
2023	1075	24.7	62.9	28.3

数据来源：苏州市统计局。

（四）苏州市房地产开发企业资金和运营情况

1. 到位资金降幅收窄，房企压力亟需纾解

2023 年，苏州房地产企业资金来源合计 3899 亿元，同比下降 16.7%，降幅比上年收窄 2.3 个百分点。其中，定金及预收款 1522 亿元，同比下降 22.0%，占全年资金来源的 39.0%，比重较上年下降 2.6 个百分点；自筹资金 925 亿元（占全年资金来源的 23.7%），同比下降 10.7%，降幅比上年扩大 2.2 个百分点；国内贷款 679 亿元，比上年下降 1.9%，占全年资金来源的比重由上年同期的 14.8%提升至 17.4%。苏州融资政策有所好转，房地产企业银行贷款降幅大幅收窄，但作为房地产企业资金主要来源的销售回款、自有资金筹措尚有困难，部分房地产企业，尤其是中小房企面临较大资金压力，土地购置趋于谨慎，房地产开发投资下行态势短期内较难扭转。

2. 超六成企业稳定经营，部分企业压力增大

生产经营景气状况调查显示，在苏州“取消商品房项目价差比例限制，满足企业差异化定价销售需求”“引导金融机构加大对已售逾期难交付项目‘保交楼’配套融资力度”等纾困举措出台后，多数企业经营状况较为稳定。开发经营状况一般的房企占比 66.4%，与年初持平，经营状况良好的企业比例从年初的 28.3%降至 25.1%，经营状况不佳的企业从年初的 5.3%扩大至 8.5%。

（苏州市统计局）

十二、浙江省房地产市场

（一）2023 浙江省房地产市场发展状况及特点

1. 房地产开发投资情况

（1）房地产开发投资保持增长，同比增幅持续放缓。

2023 年，浙江省完成房地产开发投资 13198 亿元，较 2022 年增加 258 亿元，同比增长 2.0%。分年度来看，从 2019 年开始，房地产开发投资出现持续增长态势，2019—2022 年同比增速分别为 7.4%、6.8%、8.5%和 4.4%，自 2021 年开始增幅高于全国平均水平，但呈下降趋势。2023 年房地产开发总投资额持续增长，但增幅有所放缓，为 2%（见图 5-12-1）。

（2）住宅投资增速下降，改善型住宅开发投资持续增长。

分类型来看，住宅和其他房屋开发投资依然是房地产开发投资的主要增长点。2023 年全省住宅开发投资实际完成额 9180 亿元，较 2022 年增加 93.2 亿元，同比增长 1.0%，增速有所放缓；办公楼开发投资延续上年的回升态势，但上升幅度较上年减少 8.7 个百分点；商业营业用房开发投资同比减少 5.4%；其他房屋开发投资

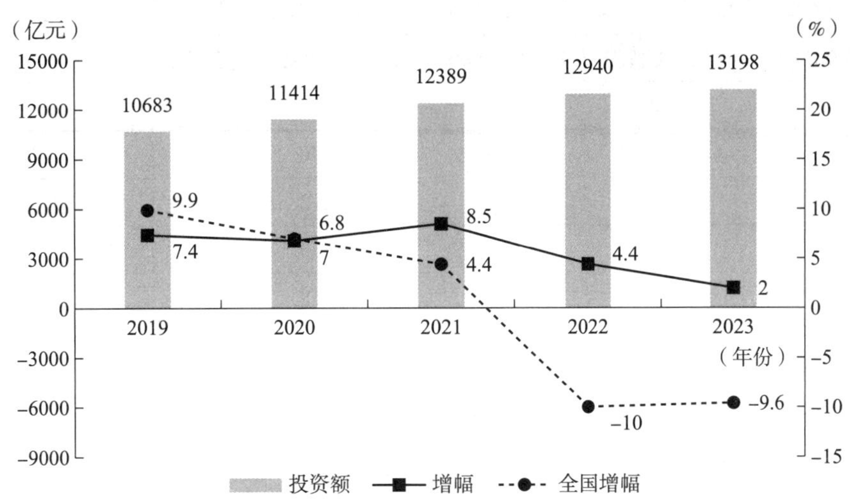

图 5-12-1　2019—2023 年浙江省房地产开发投资额及其同比增幅

数据来源：国家统计局。

同比增长 7.2%。

对于住宅投资，刚需住宅开发投资呈下降趋势，改善住宅开发投资大幅上升。2023 年，浙江省 90 平方米以下小户型住房开发投资同比下降 7.3%，是继连续 4 年保持增长后首度出现下降；90~144 平方米住房开发投资同比减少 3.2%；144 平方米以上住房开发投资同比上升 20.7%，连续 3 年保持增长（见表 5-12-1）。

表 5-12-1　2023 年浙江省分类型房地产开发投资额及同比增幅

类型		开发投资额（亿元）	同比增长（%）
住宅		9180	1.0
	90 平方米以下	1348	-7.3
	90~144 平方米	5597	-3.2
	144 平方米以上	2235	20.7
办公楼		568	7.2
商业营业用房		840	-5.4
其他房屋		2610	7.2

数据来源：浙江省统计局。

（3）开发投资区域分化显著，半数地区出现负增长。

从区域来看，11 个地市房地产开发投资分化显著（见表 5-12-2）。2023 年，仅有杭州、宁波、金华和衢州 4 个地市房地产开发投资额增长较快，同比增速分别为 11.6%、3.8%、15.5%和 7.2%，高于全省 2%的增速水平。温州市的房地产开发投资额虽然保持增长，但增幅低于全省平均水平。绍兴、嘉兴、台州、湖州、丽水和舟山的房地产开发投资额均出现负增长，同比增速分别为-1.0%、-5.5%、-19.8%、-14%、-5.7%和-26%。其中，嘉兴市和舟山市房地产开发投资额延续上年度的下降态势，连续 3 年出现负增长。

表 5-12-2　2022 年和 2023 年浙江省 11 个地级市房地产开发投资及其同比增幅

地区	2022 年房地产开发投资（亿元）	2023 年房地产开发投资（亿元）	同比增幅（%）
浙江省	12940	13198	2.0
杭州市	3889	4340	11.6
宁波市	2132	2212	3.8
温州市	1541	1556	1.0
绍兴市	1068	1058	-1.0
嘉兴市	1039	982	-5.5
台州市	972	779	-19.8
金华市	788	911	15.5
湖州市	704	606	-14.0
丽水市	343	324	-5.7
衢州市	266	285	7.2
舟山市	198	146	-26.0

数据来源：浙江省统计局。

2. 土地供应与成交情况

（1）出让规模。

2023 年，浙江省 11 个地级市供应土地 5064 宗，同比减少 4.5%，出让土地 4212 宗，同比减少 13.8%，其中工业用地占比最高；供应土地面积 14814.32 万平方米，同比下降 6.3%，成交土地面积 12091.66 万平方米，同比下降 18.2%；成交总价款 5595.39 亿元，同比下降 23.43%。与 2022 年相比，2023 年浙江省土地市场的供应规模与出让规模均有不同幅度的下跌（见图 5-12-2）。

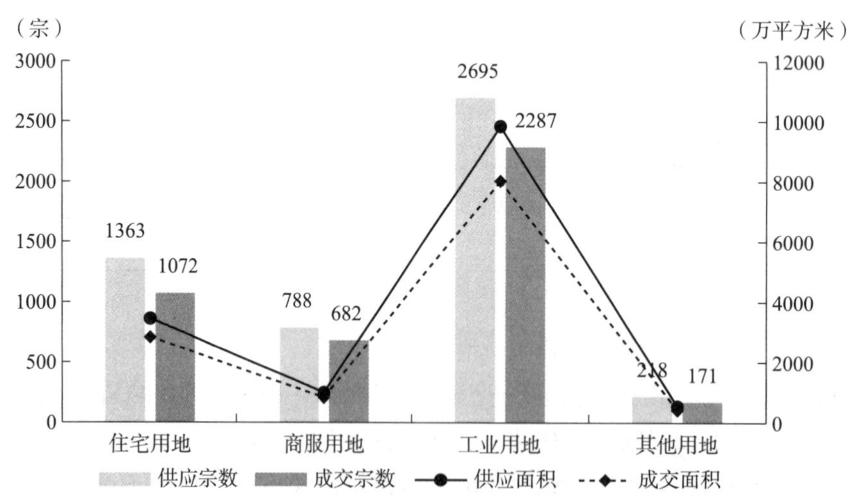

图 5-12-2　2023 年浙江省各类用地类型总成交宗数及面积

数据来源：Wind 数据库。

按用地类型分析，与 2022 年相比，各类土地的成交宗数、成交土地面积和成交可建面积均出现不同幅度的下降，其中商服用地的下降幅度最大。住宅用地的成交宗数较上年减少 15 宗，成交土地面积和成交可建面积分别同比下降 24%和 28.1%（见表 5-12-3）。

表 5-12-3 2023 年浙江省各类用地成交宗数、土地面积与建筑面积同比涨幅

类型	成交宗数（宗）	同比增长（%）	成交土地面积（万平方米）	同比增长（%）	成交可建面积（万平方米）	同比增长（%）
住宅用地	1072	-1.4	2827.62	-24.0	5412.66	-28.1
商服用地	682	-29.4	824.83	-45.5	1638.29	-46.9
工业用地	2287	-12.4	8023.84	-11.3	17695.42	-6.9
其他用地	171	-23.3	415.37	-15.1	405.51	-36.8

数据来源：Wind 数据库。

从年内土地市场表现来看，下半年土地出让宗数、成交面积较上半年分别上涨 11.4%、下降 4.2%。其中，仅有工业用地下半年的市场热度要低于上半年，其成交宗数、成交面积较上半年分别下降 9.7%、19.3%。住宅用地、商服用地和其他用地下半年的出让宗数较上半年分别上涨 39.3%、48.9%和 51.5%，成交面积较上半年分别上涨 32.5%、29.7%和 61.3%（见表 5-12-4）。

表 5-12-4 2023 年浙江省各类用地上下半年土地出让规模情况

用地类型	成交宗数			成交面积		
	上半年（宗）	下半年（宗）	与上半年相比增长（%）	上半年（万平方米）	下半年（万平方米）	与上半年相比增长（%）
住宅用地	448	624	39.3	1216.26	1611.37	32.5
商服用地	274	408	48.9	359.10	465.73	29.7
工业用地	1202	1085	-9.7	4440.47	3583.37	-19.3
其他用地	68	103	51.5	158.98	256.41	61.3
合计	1992	2220	11.4	6174.78	5916.87	-4.2

数据来源：Wind 数据库。

分区域来看，2023 年浙江省 11 个地级市土地成交宗数整体呈现同比下降趋势，仅有杭州市和湖州市出现同比增长。金华市土地出让宗数依然最高，为 813 宗，但同比减少 11.8%。舟山市未能延续上年的高涨幅，土地出让 108 宗，同比下降 19.4%。湖州市逆转上年的最低降幅，实现 22.5%的最高涨幅（见图 5-12-3）。

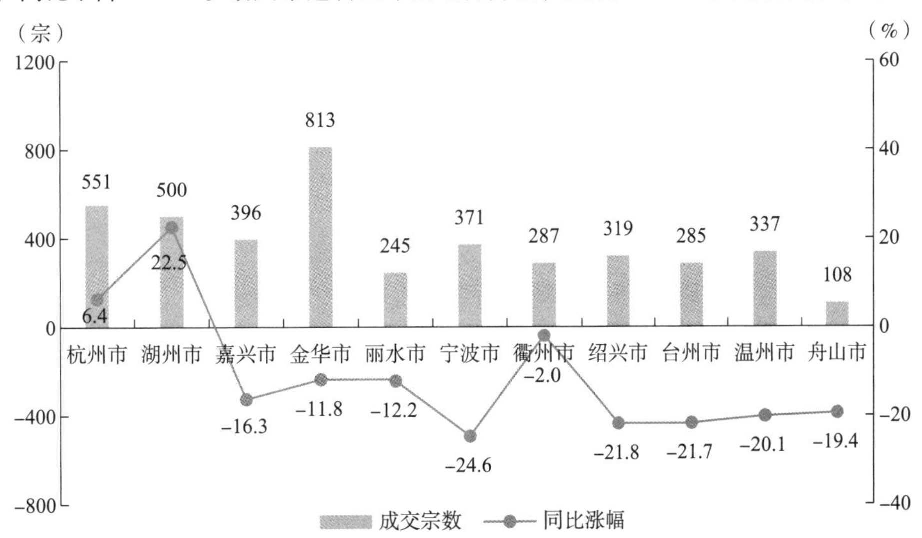

图 5-12-3 2023 年浙江 11 个地市土地成交宗数及变动情况

数据来源：Wind 数据库。

从 11 个地市的土地成交面积看，湖州市土地成交面积最高，为 1425.41 万平方米；丽水市成交土地面积最低，为 534.4 万平方米。相较于 2022 年，仅湖州市的土地成交面积呈同比增长，涨幅为 15.4%，其他城市的土地成交面积均呈不同程度的下降，其中金华市的降幅最大，为 39.2%（见图 5-12-4）。

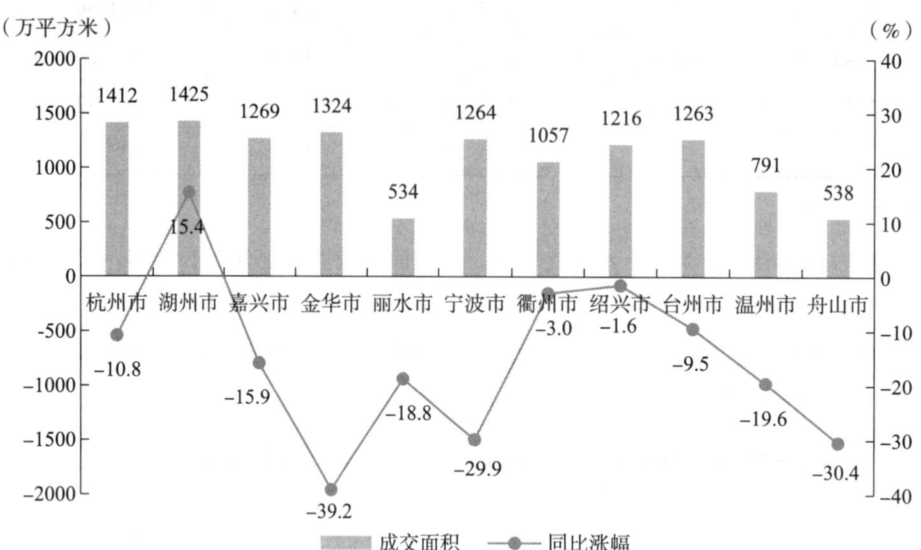

图 5-12-4 2023 年浙江 11 个地市土地成交面积及变动情况

数据来源：Wind 数据库。

（2）出让金额。

2023 年，浙江省 11 个地级市土地成交金额 5595.39 亿元。其中，首先是住宅用地成交金额最高，为 4600.04 亿元，占总成交金额的 82.2%；其次是工业用地和商服用地，其他用地的成交金额最低，为 55.3 亿元，占比仅为 1.0%（见图 5-12-5）。

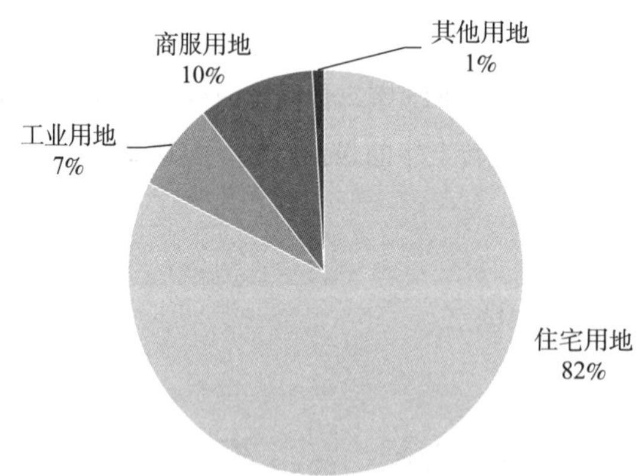

图 5-12-5 2023 年浙江省土地成交金额分布

数据来源：Wind 数据库。

浙江省土地成交总金额较 2022 年下降 23.4%，其中，商服用地成交金额的降幅最大，为 48.1%（见图 5-12-6）。

分区域来看，2023 年浙江省 11 个地级市土地成交金额差距明显，杭州、宁波、金华 3 个城市为第一梯队，进入 2023 年全国宅地出让金 TOP20 城市，其中杭州市名列第二位。杭州市以近 2000 亿元的拿地金额实现断层式领先优势，占浙江省土地成交总金额的 35.7%。舟山市成交金额最低，仅占浙江省的 0.9%。

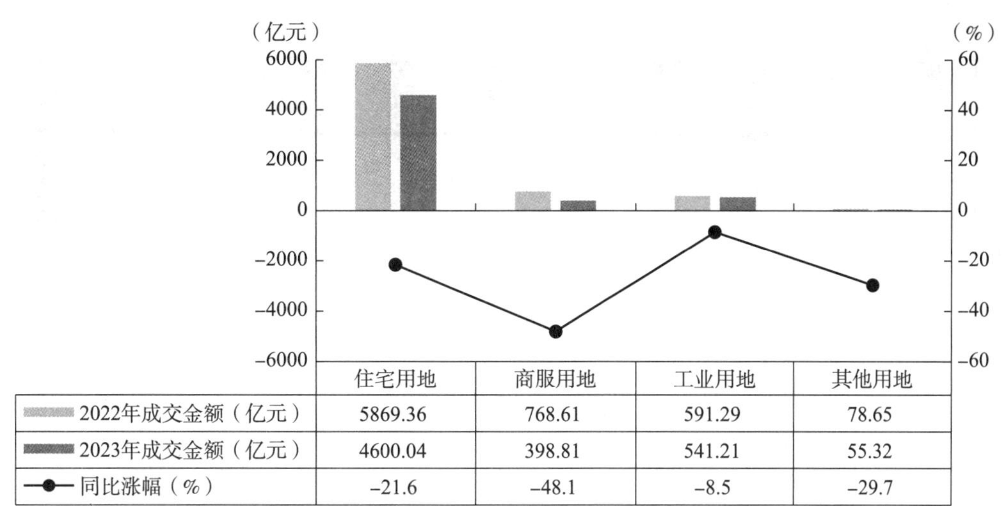

	住宅用地	商服用地	工业用地	其他用地
2022年成交金额（亿元）	5869.36	768.61	591.29	78.65
2023年成交金额（亿元）	4600.04	398.81	541.21	55.32
同比涨幅（%）	-21.6	-48.1	-8.5	-29.7

图 5-12-6　2023 年浙江省土地成交金额变动情况

数据来源：Wind 数据库。

浙江省 11 个地级市的土地成交金额均延续上年的负增长状态，其中嘉兴的下降幅度最大，为 49.9%，湖州的降幅最小，为 2.0%。与 2023 年上半年相比，全省 11 个地级市的土地成交金额整体呈增长状态，其中丽水和金华的土地成交金额分别为上半年的 3 倍和 2 倍，涨幅分别为 246.7% 和 129%，舟山的降幅最大，为 39.1%（见表 5-12-5）。

表 5-12-5　2023 年浙江省 11 地市土地成交金额及变动情况

城市	2022 年成交金额（亿元）	2023 年成交金额（亿元）	相比 2022 年增长（%）	2023 上半年成交金额（亿元）	2023 下半年成交金额（亿元）	相比上半年增长（%）
杭州	2298.38	1995.44	-13.2	1045.71	949.73	-9.2
湖州	437.19	428.51	-2.0	163.76	264.74	38.1
嘉兴	602.31	301.78	-49.9	158.56	143.22	-10.7
金华	831.99	621.46	-25.3	188.89	432.57	129.0
丽水	192.10	122.13	-36.4	27.34	94.79	246.7
宁波	1108.14	773.99	-30.2	301.72	472.27	56.5
衢州	186.52	134.84	-27.7	59.13	75.70	28.0
绍兴	437.19	348.62	-20.3	147.14	201.49	36.9
台州	514.53	414.06	-19.5	217.26	196.80	-9.4
温州	590.67	405.07	-31.4	213.27	191.80	-10.1
舟山	71.40	49.50	-30.7	30.76	18.74	-39.1

数据来源：Wind 数据库。

2023 年，浙江省 11 个城市的土地出让总收益大部分来源于住宅用地和工业用地，除舟山市外，其他城市的住宅用地成交金额比重均超过 60%，其中杭州市占比 89.2%。舟山市是唯一一个工业用地成交金额超过住宅用地成交金额的城市，其工业用地比重 52.4%。从土地成交金额看，住宅用地贡献最大，其次是工业用地（见图 5-12-7）。

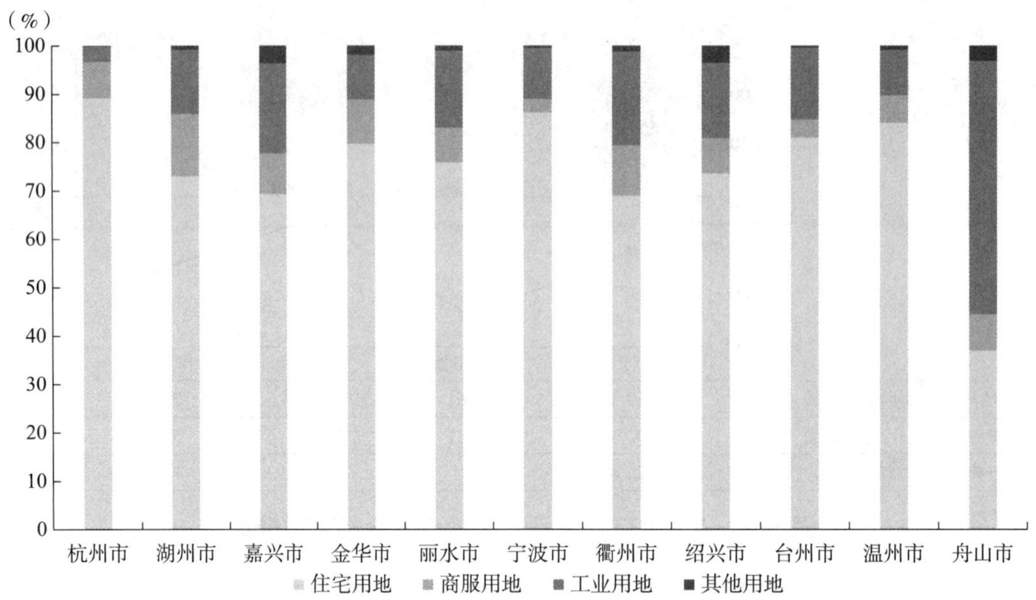

图 5-12-7　2023 年浙江省 11 个地级市不同用地类型土地成交金额占比

数据来源：Wind 数据库。

（3）价格水平。

2023 年浙江省四类出让土地中，住宅用地楼面地价最高，达 8498.66 元/米²，同比增长 9.0%，其他用地的楼面地价同比增长 11.3%，商服用地和工业用地的楼面地价分别同比下降 2.2%和 1.7%。2023 年住宅用地的溢价率也最高，为 6.46%，较上年有所上升，其他用地的溢价率最低，为 0.72%（见图 5-12-8）。

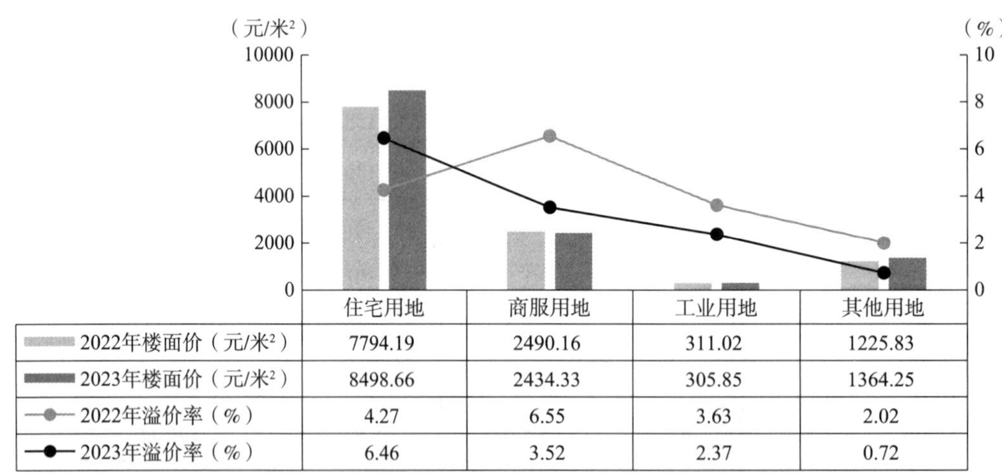

	住宅用地	商服用地	工业用地	其他用地
2022年楼面价（元/米²）	7794.19	2490.16	311.02	1225.83
2023年楼面价（元/米²）	8498.66	2434.33	305.85	1364.25
2022年溢价率（%）	4.27	6.55	3.63	2.02
2023年溢价率（%）	6.46	3.52	2.37	0.72

图 5-12-8　2023 年浙江省土地价格及溢价率变动情况

数据来源：Wind 数据库。

2023 年，浙江省 11 个地级市的土地价格均出现不同变动。以住宅用地为例，大多城市的楼面地价均出现上涨，其中以金华的涨幅最高，为 259.1%，嘉兴的降幅最大，为 30.1%（见表 5-12-6）。

表 5-12-6　2022 年、2023 年浙江省 11 个地市四类用地楼面地价及波动情况

城市	住宅用地			商服用地			工业用地			其他用地		
	2022 年（元/米²）	2023 年（元/米²）	同比增长（%）	2022 年（元/米²）	2023 年（元/米²）	同比增长（%）	2022 年（元/米²）	2023 年（元/米²）	同比增长（%）	2022 年（元/米²）	2023 年（元/米²）	同比增长（%）
杭州	16583.78	17712.21	6.8	5908.94	4103	-30.6	325.97	337.45	3.5	1610.42	1291.59	-19.8
湖州	5585.65	5688.69	1.8	1893.17	1895.12	0.1	330.29	284.49	-13.9	1940.88	1030.01	-46.9
嘉兴	8165.81	5710.48	-30.1	2049.01	2093.77	2.2	234.26	237.24	1.3	655.69	1009	53.9
金华	1903.97	6837.77	259.1	1503.69	3018.37	100.7	277.9	237.79	-14.4	726.83	1427.54	96.4
丽水	4179.57	4734.73	13.3	1503.69	1466.82	-2.5	261.46	356.75	36.4	5053.49	980.66	-80.6
宁波	7142.78	8583.23	20.2	1424.3	2452.4	72.2	313.44	477.54	52.4	739.34	1195.12	61.6
衢州	4294.3	4408.55	2.7	1423.69	853.45	-40.1	255.68	278.94	9.1	722.29	618.33	-14.4
绍兴	5585.65	5463.16	-2.2	1893.17	1753.39	-7.4	330.29	352.36	6.7	1940.88	2778.36	43.1
台州	5395.63	5422.37	0.5	2310.45	1911.19	-17.3	456.45	260.6	-42.9	1409.48	1348.87	-4.3
温州	7574.16	7574.83	0.0	2653.01	2194.29	-17.3	259.96	293.27	12.8	387.59	1754.1	352.6
舟山	3360.44	3994.59	18.9	2214.25	1102.79	-50.2	448.93	406.76	-9.4	2676.55	2455.71	-8.3

数据来源：Wind 数据库。

3. 开发企业拿地、融资情况

（1）绿城滨江稳坐浙江拿地 TOP2，外来房企占据半壁江山。

2023 年，头部房企表现强劲，绿城中国在浙江省的拿地金额和拿地面积分别为 351 亿元和 182 万平方米，分别占据其总拿地金额和总拿地面积的 55.5%和 58.3%。滨江集团在浙江省的拿地金额和拿地面积分别为 251 亿元和 146 万平方米，分别占据其总拿地金额和总拿地面积的 98.0%和 90.7%。在拿地金额 TOP8 企业中，仅有绿城中国、滨江集团和建杭置业 3 家为本土房企，外来房企强势深耕浙江土地市场，尤其是建发房产和保利发展在浙江市场拿地权益金额超过 100 亿元（见表 5-12-7）。

表 5-12-7　2023 年中国房地产企业浙江省权益拿地金额与面积 TOP8

企业	拿地金额（亿元）	企业	拿地面积（万平方米）
绿城中国	351	绿城中国	182
滨江集团	251	滨江集团	146
建发房产	162	东阳城建	87
保利发展	116	中交投资	83
中海地产	99	建发房产	81
建杭置业	88	两山国控集团	80
招商蛇口	81	双江湖开发	79
华润置地	78	龙岗国资运营	70

数据来源：中指数据 CREIS。

（2）TOP50 企业拿地金额同比微幅下降，市场集中度提升。

2023 年，TOP50 企业拿地总金额 2820 亿元，较上年减少 41 亿元，同比下降 1.4%。从 TOP50 企业拿地金额占浙江省整体出让金的比重来看，2023 年度这一份额为 54.4%，较上年增加 10.2 个百分点，占比重新回到 50%以上（见图 5-12-9）。

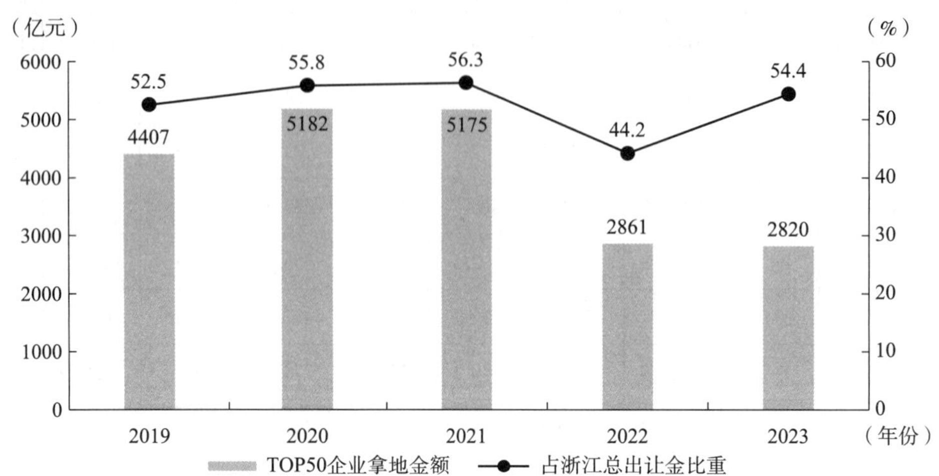

图 5-12-9　2019—2023 年浙江省拿地金额 TOP50 企业份额及占比

数据来源：中指数据 CREIS。

4. 房屋新开工、竣工情况

（1）房屋新开工规模持续下滑。

2023 年，浙江省房屋新开工面积约 7537 万平方米，同比减少 5.6%，连续三年保持下降（见图 5-12-10）。其中，住宅新开工面积约 4628 万平方米，同比下降 7.2%；办公楼新开工面积约 353 万平方米，同比增长 6.2%，逆转上年 39.4%的降幅；商业营业用房新开工面积约 539 万平方米，同比下降 5.2%；其他房屋新开工面积约 2017 万平方米，同比下降 3.9%。与上年相比，住宅类房屋、商业营业用房、商业营业用房和其他房屋新开工面积均出现一定下降，但降幅均低于上年，仅办公楼新开工面积出现增长，同比涨幅 6.2%。

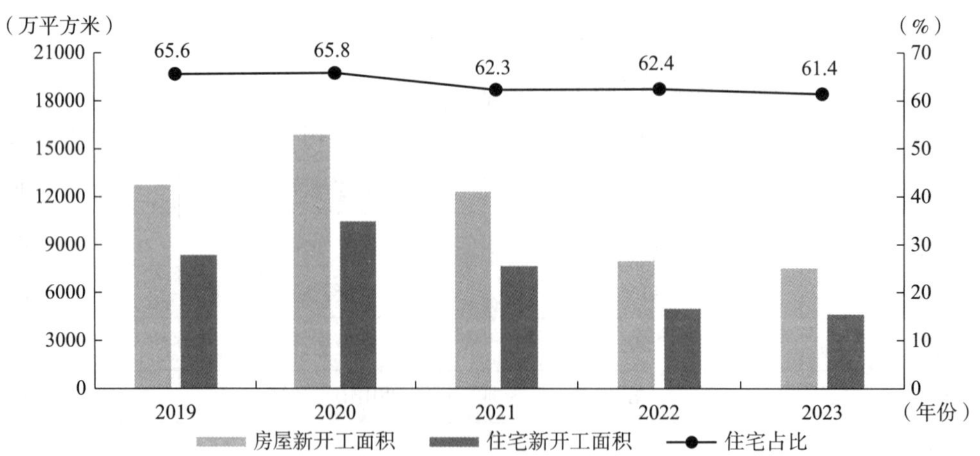

图 5-12-10　2019—2023 年浙江省房屋新开工面积、住宅新开工面积及其占比

数据来源：浙江省统计局。

2019—2020 年，住宅新开工面积占比逐年增长，市场住宅开发日益受到开发企业青睐。2021 年和 2022 年，住宅新开工面积开始减少，占比也出现小幅下降。2023 年住宅新开工面积 4628 万平方米，占比继续下降，为 61.4%，2021 年至今的住宅新开工面积仍然没有止跌迹象。

（2）商品房和住宅竣工面积同比大幅上升。

2023 年，浙江省房屋竣工面积约 9934 万平方米，同比增长 62%。逆转前两年的下降趋势。其中，住宅竣工面积约 6316 万平方米，同比增长 55.4%，实现大幅增加（见表 5-12-8）。

表 5-12-8　2019—2023 年浙江省房屋/住宅竣工面积及其增幅

类别	2019 年	2020 年	2021 年	2022 年	2023 年
房屋竣工面积（万平方米）	5739	6693	6387	6130	9934
同比增长（%）	10.6	16.6	-4.6	-4.0	62.0
住宅竣工面积（万平方米）	3551	4267	4016	4046	6316
同比增长（%）	16.5	20.2	-5.9	1.2	55.4

数据来源：浙江省统计局。

5. 商品房供应与销售情况

（1）商品住宅销售面积同比下降，全年楼市波动明显。

2023 年，浙江省新建商品房销售面积约 6106 万平方米，同比下降 10.2%，其中现房销售面积约 1071 万平方米，占比 17.5%。住宅销售面积约 5112 万平方米，同比下降 6.5%。

2023 年，杭州市住宅成交面积 1206 万平方米，同比上涨 9.8%，成交面积位列全国第二。宁波市、温州市和湖州市住宅成交面积分别以 537 万平方米、379 万平方米和 200 万平方米列全国第 19、27 和 48 位。

从年内市场表现来看，全年小阳春开局，3 月达到销售峰值，商品房销售面积 908 万平方米；第二季度预期转弱，规模下跌将近一半，直至 6 月楼市交易现回暖势头；第三季度开始，市场进入下行周期，9 月又现回暖迹象，但未维持热度，成交于 10 月探底（见图 5-12-11）。

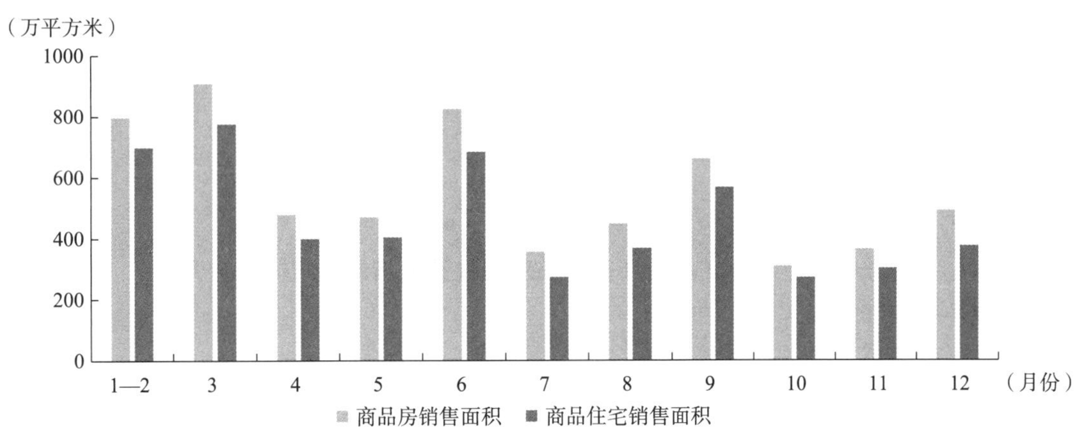

图 5-12-11　2023 年浙江省商品房和商品住宅销售面积月度数据

数据来源：浙江省统计局。

（2）销售额持续下跌，但同比增幅回涨。

2023 年，浙江省新建商品房销售额约 11504 亿元，同比降低 9.0%，其中住宅销售额约 10147 亿元，同比降低 8.3%。商品房销售额在 2019—2023 年呈现先升后降趋势，同比增幅于 2022 年达到近五年最低点（-33.6%），但在 2023 年出现回涨趋势，与上年相比，降幅减少 24.4 个百分点（见图 5-12-12）。

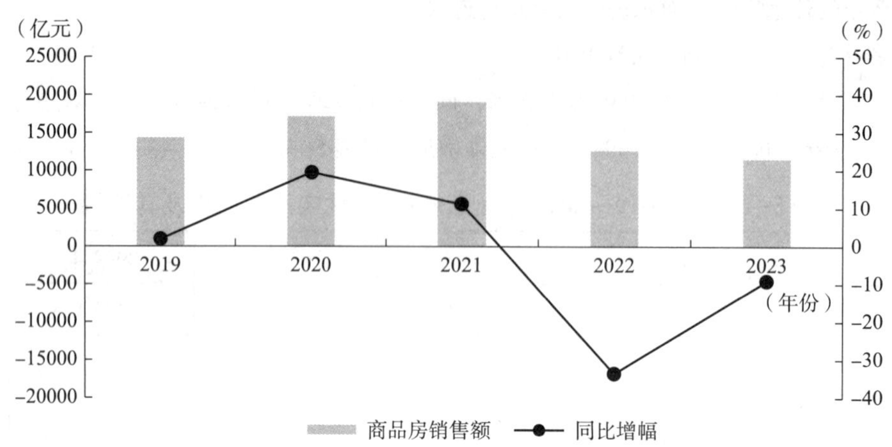

图 5-12-12　2019—2023 年浙江省商品房销售额和同比增幅

数据来源：浙江省统计局。

2023 年，杭州市住宅成交金额超过 4000 亿元，同比上涨 7.0%，以 4084 亿元位列全国第三。宁波市、温州市、湖州市和义乌市住宅成交金额均超过 200 亿元，分别以 1330 亿元、704 亿元、275 亿元和 257 亿元列全国第 12、22、44 和 49 位。

分月度来看，商品房销售额增速全年呈现波动性态势，6 月、8 月、9 月、11 月和 12 月商品房销售额增速为正，分别为 50.7%、23.1%、30.2%、19.1%和 32.5%，其余月份均为负增长（见图 5-12-13）。

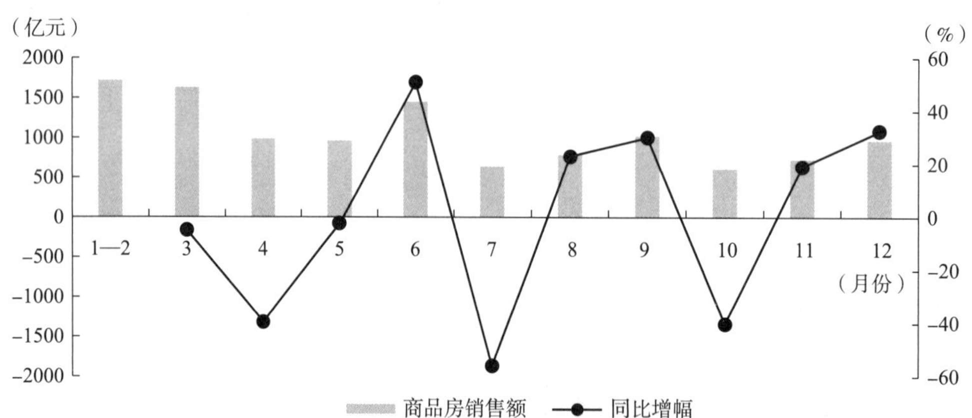

图 5-12-13　2023 年浙江省商品房销售额及其同比增幅（分月）

数据来源：浙江省统计局。

6. 商品房销售价格情况

（1）商品住宅价格小幅下降，非住宅商品房价格上涨。

2023 年，浙江省商品房、商品住宅和非住宅商品房的平均价格分别为 18840 元/米^2、19849 元/米^2 和 13642 元/米^2，同比增速分别为 1.4%、-1.9%和 15%（见表 5-12-9）。

表 5-12-9　2022 年和 2023 年浙江省商品房、商品住宅、非住宅销售主要指标

指标	2022 年			2023 年			均价同比增长（%）
	销售额（亿元）	销售面积（万平方米）	平均价格（元/米²）	销售额（亿元）	销售面积（万平方米）	平均价格（元/米²）	
商品房	12660	6815	18577	11504	6106	18840	1.4
商品住宅	11061	5467	20232	10147	5112	19849	-1.9
非住宅	1599	1348	11862	1356	994	13642	15.0

数据来源：国家统计局。

（2）区域住宅价格呈现“阶梯式”分层，杭州房价“断层式”领先。

分区域来看，首先是 2023 年杭州市的新建住宅价格和二手住宅价格分别为 29449 元/米² 和 38619 元/米²，实现断层式领先，其次是宁波市和温州市，稳占省内房价第一梯队（见图 5-12-14）。

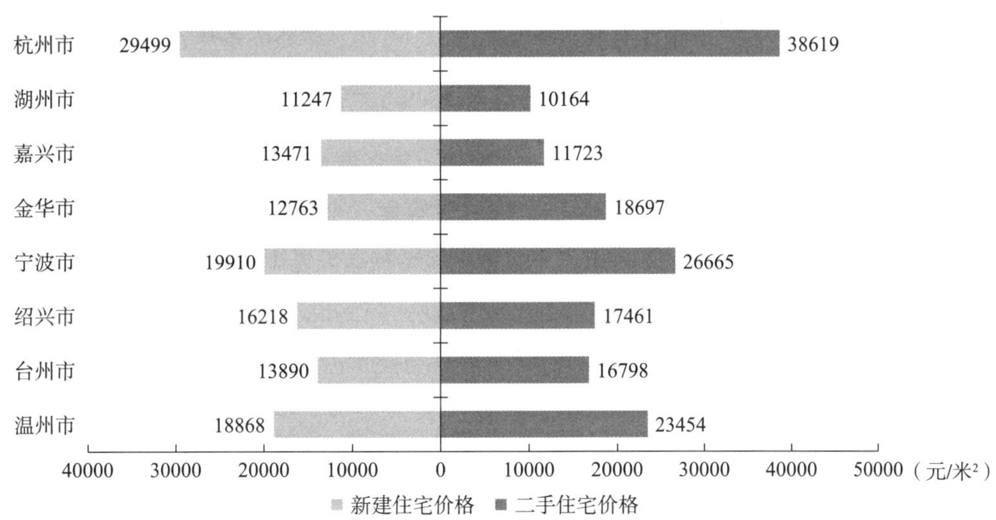

图 5-12-14　2023 年浙江省主要地级市新建住宅与二手住宅平均销售价格

数据来源：中指数据 CREIS。

注：缺丽水、衢州、舟山数据。

（二）2023 年浙江省/市住房保障工作进展

1. 保障房各项指标任务及达成情况

浙江省积极推进住房保障体系改革，持续强化公租房基本保障，增加公租房实物供给，增强低保、低收入家庭实物保障能力；按需增加保障性租赁住房供给，重点围绕产业园区、轨道交通站点、城市建设重点片区以及专业化规模化租赁企业，多主体、多渠道发展保障性租赁住房。

2023 年，住房保障工作再次被列为杭州市政府年度民生实事项目之一。杭州市进一步放宽收入准入条件，持续扩大住房保障范围，杭州市政府于 11 月发布《关于调整杭州市市本级公共租赁住房受理审核工作的通告》，申请公租房家庭的上年度人均可支配收入准入标准由 68666 元调整至 77043 元，比上年度放宽超过 8000 元。此外，杭州公积金中心深入贯彻落实《省建设厅关于印发〈住房公积金支持保障性住房发展试点实施方案〉的通知》，率先在杭州市临平区启动住房公积金支持保障性住房发展试点工作，积极探索住房公积金制度和住房保障制度融合发展的新模式。

2023 年初，杭州市计划推出公租房实物配租房源 5000 套，发放公租房货币补贴 15 万户，截至 12 月底，

杭州市推出实物配租房源 12940 套，发放公租房货币补贴 18 万户；计划新开工保障性住房 100 万平方米，截至 11 月底，新开工保障性住房 150.94 万平方米，提前超额完成；计划筹建共有产权保障住房 1 万套，实际通过新建和既有房源转化的方式，筹建房源 1.51 万套，推出配售 7223 套。

2023 年，温州市夯实公租房基本保障，修订《温州市区公共租赁住房保障管理办法》，新增公租房实物配租 1548 户，发放租赁补贴 41575 户。聚焦新青年、新市民安居，建设筹集保障性租赁住房 3.25 万套，住房保障受益覆盖率 24.88%。人才政策不断完善，探索实施人才房票和常态化配售。

2. 保障性租赁住房进展情况

2023 年，浙江省聚焦“住有所居”，将保障性租赁住房建设作为打造“浙里安居”金名片的关键一环，旨在逐步解决新市民、青年等群体的住房困难问题，在土地、财政、金融等方面加大对保障性租赁住房的支持力度。

（1）多渠道开展筹集工作，创新保租房筹集途径。

杭州市住保房管部门积极拓展房源筹集渠道，鼓励支持各区利用增量用地新建、存量集体经营性建设用地新建、非居住房屋改建等多渠道开展保障性租赁住房筹集工作，并在利用农民安置房集中收储转化、产业园区建设工业邻里中心、城中村改造与保障性租赁住房筹建相结合等渠道方面实现新的突破。2023 年度计划筹集保障性租赁住房 7 万套（间），实际筹建保障性租赁住房项目 190 个、房源 7.22 万套（间）。

温州市打造“平急两用”保障性租赁住房模式，在新建“平急两用”保租房的同时，将条件较好、配套较完善的健康驿站改造为保障性租赁住房。截至 11 月底建设筹集“平急两用”保障性租赁住房房源 8742 套（间），可惠及新市民、青年人 2.6 万人。温州市全年计划筹集保障性租赁住房 2.6 万套（间），实际筹集保障性租赁住房 3.25 万套（间）。

（2）引入村企结对“联建”机制，创新保租房建设模式。

湖州市长兴县积极引入村集体力量，探索“村企结对、共建共享”的保障性租赁住房建设模式，为企业提供职工住宿优质解决方案，有效化解结构性人口流入带来的管理问题。湖州市全年计划建设筹集保障性租赁住房 15236 套（间），实际完成 19663 套（间）。

3. 城市更新改造推进情况

2023 年 3 月，浙江省住房和城乡建设厅印发《关于开展城市更新省级试点工作的通知》，明确在杭州市等 34 个市、县（市、区）开展城市试点工作。2023 年是老旧小区改造工程连续列入浙江省民生实事任务的第 2 年，全年浙江省计划开工改造老旧小区 600 个，截至 12 月底，完成新开工改造老旧小区 633 个。同时，浙江省鼓励实施货币化安置，使棚改家庭早安置早受益。2023 年 5 月，杭州市政府发布《关于全面推进城市更新的实施意见》，明确“7+1”类更新类型，提出要“全面推进老旧小区综合整治改造”“深化城中村改造工作”，12 月审议的《杭州市全面推进城市更新行动方案（2023—2025 年）》则将“7+1”类更新类型和七大重点任务进一步细化分解。

2023 年是老旧小区改造工程连续列入杭州市民生实事任务的第 4 年，杭州市计划全年完成城镇老旧小区改造 240 个，完成回迁安置 20000 户，截至 2023 年 11 月底，完成改造城镇老旧小区 269 个，完成回迁安置 23251 户，提前超额完成任务；计划开工改造老旧小区 166 个、1529 栋，截至 2023 年 11 月底，开工改造老旧小区 174 个、1532 幢，开工率 103%，开工量居全省第一，占比超过 1/4。

2023 年，浙江省建设厅下达杭州市的年度棚改安置房建设任务为：完成开工 4828 套、基本建成 18333 套。截至 2023 年底，杭州市开工 4884 套、完成率 101%，基本建成 34255 套、完成率 187%。根据省厅“全年计划完成 2019 年底前开工建设的棚改安置房竣工率达到 100%、交付率达到 85%”的要求，杭州市 2019 年底前累计开工 343641 套，截至 2023 年底，竣工 345659 套、完成率 100%，交付 307966 套、完成率 89%。

2023年，杭州市计划推进老旧小区住宅加装电梯1000台，创建“美好家园”住宅示范小区100个，实际完成老旧小区住宅加装电梯1118台，创建“美好家园”住宅示范小区113个，均超额完成任务。

温州市也将“安居改造”工程纳入民生实事项目，计划完成回迁安置4500户以上，老旧小区新开工40个，加装电梯150台以上，实施城镇棚户区改造（含货币化安置）12000套，持续推进“安置提速”。截至12月底，完成安置住房回迁5185户，老旧小区改造138个，加装电梯190台，棚户区改造新开工14541套，完成量位居全省第一。

（浙江省房地产业协会　浙江工业大学房地产研究所）

十三、福建省房地产市场

（一）房地产发展情况

1. 房地产开发投资完成情况

2023年，福建省房地产开发投资同比下降12.7%。其中，住宅投资同比下降14.5%，占房地产开发投资的比重为72.8%。

2. 房地产建设情况

2023年，房地产开发企业房屋施工面积同比下降12.5%，其中，住宅施工面积同比下降13.7%。房屋新开工面积同比下降14.7%，其中，住宅新开工面积同比下降18.5%。房屋竣工面积同比增长5.2%，其中，住宅竣工面积同比增长2.4%。

3. 商品房销售情况

2023年，商品房销售面积同比下降15.8%，其中，住宅销售面积同比下降14.1%。商品房销售额同比下降14.7%，其中，住宅销售额同比下降14.0%。

2023年底，商品房待售面积比上年底增长14.8%，其中，住宅待售面积同比增长20.5%。

4. 房地产开发企业到位资金情况

2023年，房地产开发企业到位资金同比下降23.3%。其中，国内贷款同比下降16.2%，自筹资金同比下降20.5%，定金及预收款同比下降23.1%，个人按揭贷款同比下降39.4%，其他资金同比下降23.1%。

（二）住房保障工作开展情况

2023年，福建省计划开工各类棚户区改造和公租房项目6.01万套、保障性租赁住房项目8.17万套，基本建成2.1万套。截至12月底，全省开工棚改和公租房项目6.1万套，开工率102.7%；开工保障性租赁住房项目8.4万套，开工率102.9%；基本建成3.3万套。

（福建省住房和城乡建设厅）

十四、厦门市房地产市场

（一）2023年厦门市房地产市场基本情况

2023年，厦门市房地产市场整体与全国“前高、中低、后稳”的趋势基本一致，随着优化房地产市场相关政策的出台，对遏制房地产市场的颓势起到重要作用，第四季度房地产市场回稳明显。从整体来看，市场需求、购买力、预期、信心仍需要恢复。

1. 房地产开发投资情况

2023年，厦门市房地产开发投资完成1424.52亿元，同比增长33.79%。其中，住宅投资1023.53亿元，同比增长 40.84%；办公楼投资 33.5 亿元，同比下降 11.98%；商业营业用房投资 66.95 亿元，同比增长 12.33%。全市房地产房屋施工面积 3443.36 万平方米，同比下降 2.04%；房屋新开工面积 538.13 万平方米，同比下降 21.76%。

2. 土地供应与成交情况

2023 年，厦门市成交各类用地 75 宗，合计土地面积 355 万平方米，建筑面积 742 万平方米，出让金 433 亿元。其中，商住用地出让 14 宗，土地面积 41.1 万平方米，建筑面积 125.3 万平方米，金额 364.5 亿元；商服用地出让 27 宗，土地面积 156 万平方米，建筑面积 336 万平方米，金额 62 亿元；工业用地出让 34 宗，土地面积 157 万平方米，金额 7 亿元。

3. 开发企业拿地、融资情况

2023 年，厦门商住用地成交 14 宗，成交土地面积 41.1 万平方米，成交计价建筑面积 125.3 万平方米，全年成交土地出让金 364.5 亿元，平均成交楼面价 29984 元/米^2。其中，岛内两区全年成交商住用地 5 宗，成交土地面积 11.9 万平方米，总建筑面积 43 万平方米，平均成交楼面价 49496 元/米^2；岛外四区全年成交土地面积 29.2 万平方米，建筑面积 82.3 万平方米。其中，同安区全年零成交，海沧区成交商住用地 3 宗，成交建筑面积 29.5 万平方米，平均楼面价 17929/米^2；集美成交商住用地 4 宗，成交建筑面积 28.8 万平方米，平均楼面价 20144 元/米^2；翔安区成交建筑面积 24 万平方米，平均楼面价 17017 元/米^2。

从拿地开发企业所有制来看，2023 年依然以国央企为拿地主力。其中，本地国企商住用地拿地 10 宗，地块主要集中在岛外，斥资 200.15 亿元，占商住用地出让金的 54.9%；央企商住用地拿地 4 宗，地块主要集中在岛内，斥资 164.3 亿元，占商住用地出让金的 45.1%。

2023 年 11 月底，厦门房地产贷款余额 4256.04 亿元，同比下降 4.9%。房地产贷款余额占人民币贷款余额 23.8%。其中，个人住房贷款余额 3271.32 亿元，同比下降 2.9%。

4. 房屋建设情况

2023 年，厦门房屋施工面积 3443.36 万平方米，同比减少 2.04%。其中，住宅施工面积 1736.83 万平方米，同比减少 3.62%，占施工面积比重 50.44%；办公写字楼施工面积 484.81 万平方米，同比减少 3.53%，占施工面积比重 14.08%；商业营业用房施工面积 211.51 万平方米，同比减少 0.15%，占施工面积比重 6.14%；其他用房施工面积 1010.21 万平方米，同比增长 1.17%，占施工面积比重 29.34%。

2023 年，厦门房屋新开工面积 538.13 万平方米，同比减少 21.76%。其中，住宅新开工面积 306.44 万平方米，同比减少 24.95%，占房屋新开工面积的 56.95%；办公写字楼新开工面积 27.31 万平方米，同比减少 58.07%，占房屋新开工面积的 5.07%；商业营业用房新开工面积 33.19 万平方米，同比增长 146.58%，占房屋新开工面积的 6.17%；其他用房新开工面积 171.19 万平方米，同比减少 14.78%，占房屋新开工面积的 31.81%。

2023 年，厦门房屋竣工面积 332.76 万平方米，同比增长 23.46%。其中，住宅竣工面积 138.39 万平方米，同比减少 13.46%，占竣工面积比重 41.59%；办公写字楼竣工面积 80.52 万平方米，同比增长 556.23%，占竣工面积比重 24.20%；商业营业房竣工面积 4.97 万平方米，同比减少 7.79%，占竣工面积比重 1.49%；其他用房竣工面积 108.88 万平方米，同比增长 18.41%，占竣工面积比重 32.72%。

5. 新房供应与销售情况

（1）厦门市新建商品房供销情况。

2023 年，商品房新增供应 216.5 万平方米，同比上涨 2.5%，成交面积 353.4 万平方米，同比上涨 8.7%，整体供销比为 0.9，供小于求；商品房成交总金额 1035.9 亿元，同比上涨 18%，成交均价 29314 元/米^2，同比上涨 9%。

（2）分区新建商品房住宅供销情况。

岛内2023年商品住宅新增供应73.6万平方米，同比上涨60.0%；成交面积67.4万平方米，同比上涨53.9%；商品住宅成交均价70969元/米^2，同比上涨1.2%。

岛外2023年商品住宅新增供应117.5万平方米，同比下跌10.9%；成交面积139.3万平方米，同比持稳；商品住宅成交均价28807元/米^2，同比下跌9.2%。

其中，岛外集美区2023年商品住宅新增供应4.8万平方米，同比下跌73.4%；成交面积18.4万平方米，同比下跌26.8%；商品住宅成交均价34989元/米^2，同比下跌3.0%。

岛外海沧区2023年商品住宅新增供应29.1万平方米，同比上涨13.1%；成交面积27.3万平方米，同比上涨3.9%；商品住宅成交均价30907元/米^2，同比下跌9.6%。

岛外同安区2023年商品住宅新增供应49.6万平方米，同比下跌13.0%；成交面积52.4万平方米，同比上涨11.7%；2023年商品住宅成交均价24915元/米^2，同比下跌8.4%。

岛外翔安区2023年商品住宅新增供应34.0万平方米，同比上涨9.3%；成交面积41.2万平方米，同比持平；商品住宅成交均价29610元/米^2，同比下跌9.6%。

6. 存量房供应与销售情况

截至2023年12月底，商品住宅可售存量面积281.5万平方米，根据2023年月均销售17.2万平方米计算，库存量需16个月可去化完毕。

厦门市总存量584.3万平方米，按近三年年均248.2万平方米去化速度计算，去化周期约2.4年。六区中存量主要集中在同安区，总存量206.9万平方米，去化周期高企；集美区板块热度高、区域走量快，且库存低，去化周期1.7年。岛内总体存量134.1万平方米，若剔除帝景苑、云顶至尊等约53万平方米，总库存81万平方米，去化周期1.5年。

（二）2023年厦门市住房保障工作情况

1. 保障房各项指标任务和达成情况

厦门市立足新发展阶段、贯彻新发展理念、构建新发展格局，坚持“房子是用来住的、不是用来炒的”定位，锚定目标，盯住关键，盯在日常，猛追猛冲，奋发有为，统筹做好各类保障性住房的建设工作，着力扩大住房保障覆盖面，促进解决厦门市住房问题。

自2017年以来，厦门市陆续开工及续建市级项目44个。11个在建市级项目进度如下：

（1）马銮湾地铁社区二期：项目位于海沧区孚莲路东侧，地铁社区一期工程西侧，A01-09地块总用地面积约13.34万平方米，总建筑面积约50.22万平方米，建设保障性住房4334套，配套建设幼儿园、小学、生鲜超市、商业等设施。截至2024年1月底，A01-A07地块已完成验收，A08-A09进行主体工程施工中。

（2）新阳居住区三期：项目位于厦门市海沧区孚安路以北，东孚西二路以南、东孚南路以西、孚中央东路以东。项目总用地面积约9.1万平方米，总建筑面积约38.88万平方米，建设保障性住房2900套，配套商业、社区服务中心、社区老年日间照料中心、三合一环卫等设施。截至2024年1月底，项目进行装修施工中。

（3）祥露小区：项目位于海沧区新阳街道马銮湾新城规划祥露路西侧，总用地面积约4.8万平方米，项目总建筑面积约27.79万平方米，建设保障性住房2334套，配套有停车位2393个、商业、社区服务中心、老年人日间照料中心等设施。截至2024年1月底，项目进行主体结构施工中。

（4）洪茂居住区一期：项目位于集美区软件园三期，地铁4号线集美软件园站西侧，总用地面积约6.79万平方米，总建筑面积约31.2万平方米，建设保障性住房5744套，配套建设商业、公共社区用房等设施。截至2024年1月底，项目进行装修施工中。

（5）龙泉公寓一期：项目位于同安区同翔高新产业基地，城东中路东侧，郭山南路南侧，总用地面积约6.15万平方米，总建筑面积约24.16万平方米，建设保障性住房3252套，配套建设幼儿园、商业、公共社区用房等设施。截至2024年1月底，项目进行装修施工中。

（6）龙泉公寓二期：项目位于同安区同翔高新产业基地，城东中路东侧，郭山南路南侧，总用地面积约3.32万平方米，总建筑面积约18.66万平方米，建设保障性住房1920套，配套商业、公共社区用房等设施。截至2024年1月底，项目进行桩基工程施工中。

（7）同安城北小区A地块：项目位于同安区朝洋路与新丰路交叉口西北侧，总建筑面积约18.5万平方米，建设保障性住房1690套，配套建设社区服务中心、老年人日间照料中心、幼儿园、生鲜超市等设施。截至2024年1月底，项目进行装修施工中。

（8）祥平地铁社区三期D17和D20地块：项目位于同安区、西湖路以东，同丙路以西，卿朴中路以南、卿朴路以北。总用地面积约27772平方米，总建筑面积约10.94万平方米。建设保障性住房916套，配套幼儿园、社区商业、生鲜超市、社区服务中心等设施。截至2024年1月底，项目完成预验收。

（9）珩边居住区：项目位于翔安南路以南，城场路以北，项目总用地面积约14.7万平方米，总建筑面积约59.3万平方米，建设保障性住房约4888套，配套建设社区服务中心、老年人日间照料中心、幼儿园、生鲜超市、商业等设施。截至2024年1月底，项目完成预验收。

（10）东园公寓一期：项目位于翔安区东园村南侧，总用地面积约1.8万平方米，总建筑面积约7.7万平方米，建设保障性住房544套，配套建设商业等设施，截至2024年1月底，项目完成预验收。

（11）东园公寓二期：项目位于翔安区东园村南侧，总用地面积约2.5万平方米，总建筑面积约9.27万平方米，建设保障性住房484套，配套建设商业等设施，截至2024年1月底，项目进行基坑支护及土石方工程施工中。

2023年新开工的9个保障性住房项目中，思明区1个，湖里、集美、同安、翔安四区各2个。其中，同安区两个项目近5600套，美峰公寓3664套（除2700多套为单身公寓外，其余为一房型及两房型住宅），其建成后将主要面向该市无住房的新就业大学生、青年人、年轻家庭等新市民群体配租，以满足周边园区和企业职工及引进人才的住房需求；龙泉公寓二期建成后可提供1920套保障性住房，包括两房型546套、三房型1374套，项目计划在2026年底建成投用，将为同翔高新城企业员工及引进人才提供住房配套。

同时，思明区的翠园公寓将建成470套保障性住房，湖里区的古地石公寓、禾美公服综合体分别将建成1520、210套；集美区的孙厝社区乐安里综合发展中心、兑山综合楼分别将建成1332套、415套，翔安区的蓬莱公寓、东园保障性住房二期将分别建成1547套、484套。

此外，2023年厦门市有2个保障性住房项目顺利竣工，建成保障房5730套，分别为同安区的龙秋公寓2700套（单身公寓1860套、一房型840套）、海沧区的马銮湾保障房地铁社区二期A01-07地块3030套（两房型1030套、三房型2000套）。

2. 保障性租赁住房进展情况

厦门市多举措加快保障性租赁住房（以下简称保租房）供给，满足新市民、青年人等群体的租房需求，通过“实物+补贴”的方式，加快构建“多主体供给、多渠道保障、租购并举”住房保障制度，不仅在全国率先出台《厦门市加快发展保障性租赁住房意见》，还相继出台系列配套文件，制定主体培育、要素保障、项目认定、信息发布、租金评估等24项制度举措，形成“1+3+N”政策体系，确保政策有机衔接，为厦门市保租房发展提供有力的制度支撑，并不断提升厦门市住房保障水平。2023年，通过新建、改建、盘活等方式，加大房源筹集力度，新增筹集建设房源4.22万套（间），建成保租房项目86个。

2021年以来，据统计，截至2023年12月底，厦门市累计筹集建设保障性租赁住房11.8万套（间），其中已入市 5.05 万套（间），房源筹集供应持续加快。为解决青年人首次来厦 5 年内的过渡性居住需求，助力青年群体在厦安心扎根，2021 年主管局推出“5 年内 5 折租房”的惠民政策，明确新就业大学生等青年群体首次来厦，5 年内可“享 5 折租房”，申请最高每年 8000 元的租金补贴。自政策推出以来，主管局发放“5 年 5 折租房”补贴 8 个批次、4.06 亿元，为 5.3 万名大学生提供租房保障，惠及 11.3 万人次。2023 年，发放“5 年 5 折租房”补贴 4 个批次、2.68 亿元，保障 7.56 万人次，比上年同期翻一番。

（数据来源：厦门市住房和建设局官网、厦门市自然资源和规划局官网、厦门市统计局官网、中国人民银行厦门市中心支行官网、厦门市土地矿产资源交易中心网站、厦门中原地产研究中心数据库，仅供参考。）

（厦门市房地产业协会）

十五、湖北省房地产市场

（一）2023 年湖北省房地产市场发展状况及特点

1. 开发投资情况

2023 年，湖北省房地产开发投资额 5409.05 亿元，同比减少 762.96 亿元，同比下降 12.4%，低于基础设施投资增长（6.4%）和工业投资增长（5.6%），低于全国房地产开发投资增长（-9.6%），其中，住宅投资额 4297.26 亿元，同比减少 554.74 亿元，同比下降 11.4%，低于全国住宅投资增长（-9.3%）（见图 5-15-1）。

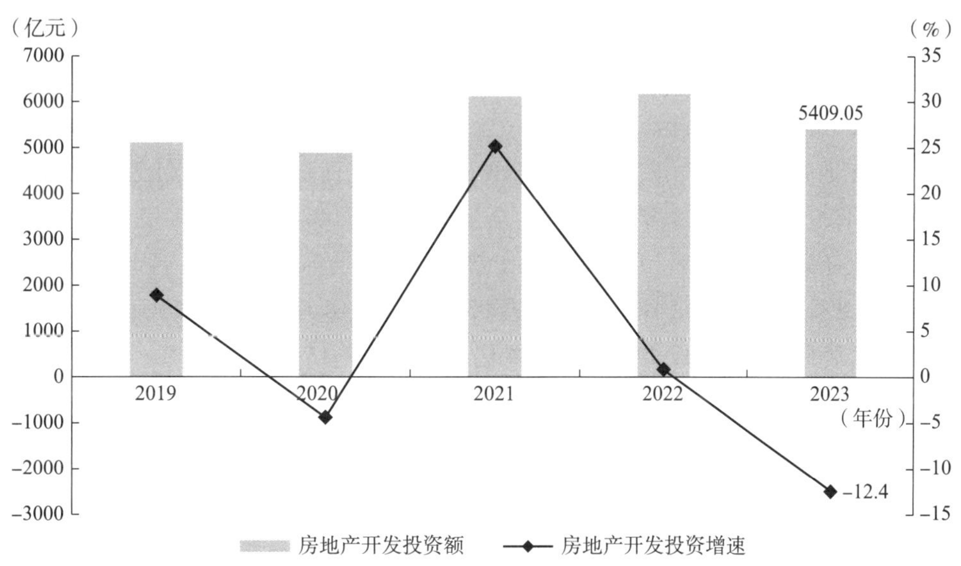

图 5-15-1　2019—2023 年湖北省房地产开发投资额及增速

数据来源：国家统计局。

2023 年，湖北省建筑业总产值 21348.24 亿元，同比增长 0.9%，其中，建筑工程产值 19053.61 亿元，较上年增长 0.8%；竣工产值 8955.05 亿元，同比增长 8%；在省外完成产值 9011.19 亿元，同比增长 2%。

分企业类型看，国有及国有控股建筑企业总产值 13153.59 亿元，同比增长 9%，其中，建筑工程产值 11944.27 亿元，同比增长 8%；竣工产值 5277.77 亿元，同比增长 40%；在省外完成产值 7860.31 亿元，同比增长 7%。

2. 土地供应与成交情况

2023 年，湖北省房地产开发用地出让 4676.3 万平方米，同比下降 21.7%；成交金额 1825 亿元，同比下降 12%。第四季度湖北多城土拍市场有所活跃，土地成交规模明显上涨，其中，荆州表现突出，土地出让金增幅超 50%。土地出让规模本身就较少的随州、孝感、黄石、黄冈同比下滑均在 30%以上。

（1）武汉市土地出让条件优化，“小而精”地块受追捧。

2023 年，武汉市主动适应市场需求，加大供地力度和优质地块的推出，全年发布 31 条出让国有建设用地使用权拍卖公告，上市土地 144 宗（不含工业用地），撤牌 27 宗、流拍 1 宗，尚未揭牌 3 宗，成交 113 宗。成交土地面积 486. 5 万平方米，同比下降约 12. 9%；成交金额 832 亿元，同比下降约 8. 3%，溢价率 0. 49%，与上年基本持平；土地成交楼面均价 6977 元/米^2，同比下降约 12. 3%（见表 5-15-1）。

表 5-15-1　2022 年和 2023 年武汉市土地成交情况一览

年份	宗数（宗）	土地面积（万平方米）	成交金额（亿元）	楼面地价（元/米^2）
2022	148	558. 4	907	7960
2023	113	486. 5	832	6977
同比增长（%）	—	-12. 9	-8. 3	-12. 3

数据来源：武汉市土地市场网。

2023 年，武汉市在“优化土地竞买保证金比例、延长地价付款期限、允许化整为零、简化交易规则、部分地块取消熔断价”等方面出台一系列支持性措施，进一步激活土地市场。其中部分区位较优、规模及土地总价较低的“小而精”项目受到房地产企业的青睐。如位于江岸区香港路以西、高雄路以东的 P（2023）033 号住宅地块，地处鲩子湖精致生活圈，起拍价仅 2 亿元起，经 5 家企业网上竞价 16 轮后触发“熔断”，进入“摇号”环节，成交总价 23000 万元，溢价率 15%。

（2）宜昌市上半年较为平稳，下半年起伏较大。

2023 年，宜昌市土地成交 151 宗，较上年增加 11%，土地成交面积约合 809. 84 万平方米，较上年减少约 29. 1%；成交金额约 148. 01 亿元，较上年增加 6%。全市土地供应 146 宗，较上年增加 5. 8%；供应面积约合 837. 16 万平方米，较上年减少 12. 16%。从全年土地走势来看，上半年较为平稳，下半年土地市场起伏较大，土地成交集中在 6 月、8 月、11 月、12 月，土地供应在 5 月、6 月、8 月、10 月、11 月相对较多，其中 11 月是峰值，土地成交面积位居月度第一，成交金额突破 46 亿元（见图 5-15-2）。

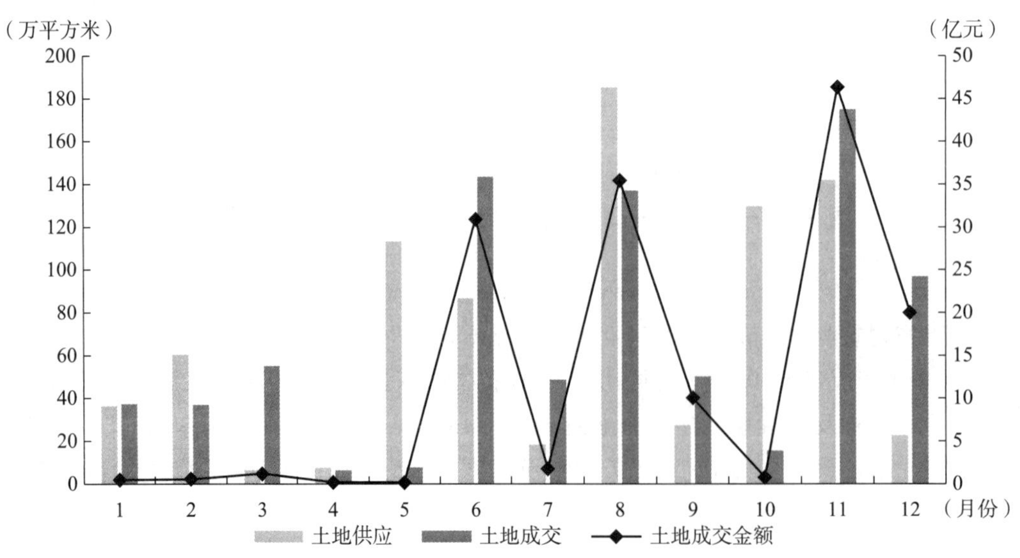

图 5-15-2　2023 年 1—12 月宜昌市土地市场走势

数据来源：宜昌市住房和城乡建设局。

（3）襄阳市主城区土地供需两端较上年均大幅增加。

2023 年，襄阳市主城区推出住宅和商办用地 396.47 万平方米，较上年增加 78%；成交 359.07 万平方米，较上年增加 234.1%，供需两端规模均大幅提升。土地成交金额方面，2023 年住宅和商办用地成交金总额约 128 亿元，较上年增加 60%。土地价格方面，2023 年全市整体成交楼面地价 1910 元/米^2，较上年降低 42%，绝大部分地块底价成交，全年整体溢价率 0.07%（见表 5-15-2）。

表 5-15-2　2022 年和 2023 年襄阳市土地成交情况一览

年份	土地面积（万平方米）	成交金额（亿元）	楼面地价（元/米^2）
2022	107.47	80	3293
2023	359.07	128	1910
同比增长（%）	234.1	60.0	-42.0

数据来源：襄阳市住房和城乡建设局。

3. 开发企业拿地、融资情况

武汉土拍市场央企表现较为活跃，特别是规模较大、金额较高的项目，基本上为央企竞得。其中，华润置地拍得 3 宗地块，其中 2 宗溢价，1 宗触顶。招商和保利发展各拍得 2 宗，招商武昌区地块触顶。中建壹品投资、中海地产、葛洲坝均各获取 1 宗地块。部分民营房地产公司受债务或前期囤积土地过多影响很少参与土地竞买，国有企业成为土地市场拿地主力。

襄阳土拍市场中，省属国企及襄阳当地国企为主力，民企积极参与。从拿地面积来看，国资背景企业拿地规划建筑面积超 300 万平方米，占比约 82%，其中湖北联投、湖北交投和湖北文旅集团持续深耕。民企方面，民发集团、泽信控股和徐东置业作为近几年襄阳楼市民企的中坚力量，依旧活跃；另有多个许久未露面的襄阳本土民企，如志邦集团和信置业时隔多年再度现身土地市场。

4. 房屋新开工、竣工情况

2023 年，湖北省房地产新开工面积 3599.09 万平方米，同比减少 675.73 万平方米，同比下降 15.8%；竣工面积 3779.16 万平方米，同比增加 497.95 万平方米，同比增长 15.2%。

从各类型房屋来看，2023 年，湖北省商品住宅、办公楼、商业营业用房新开工面积分别为 2835.61 万平方米、72.27 万平方米、220.63 万平方米。与 2022 年同期相比，住宅类减少 332.78 万平方米，下降 10.5%；办公类减少 104.19 万平方米，下降 59%；商业营业类减少 115.02 万平方米，下降 34.3%（见图 5-15-3）。商品住宅、办公楼、商业营业用房竣工面积分别为 3015.38 万平方米、66.52 万平方米、246.24 万平方米。与 2022 年相比，住宅类增加 498.75 万平方米，增长 19.8%；办公类减少 6.88 万平方米，下降 9.4%；商业营业类减少 29.15 万平方米，下降 10.6%（见图 5-15-4）。

5. 新房供应与销售情况

2023 年，湖北省商品房销售面积 5264.77 万平方米，同比减少 1120.3 万平方米，同比下降 17.5%；商品房销售额 4619.46 亿元，同比减少 793.79 亿元，同比下降 14.7%（见图 5-15-5）。

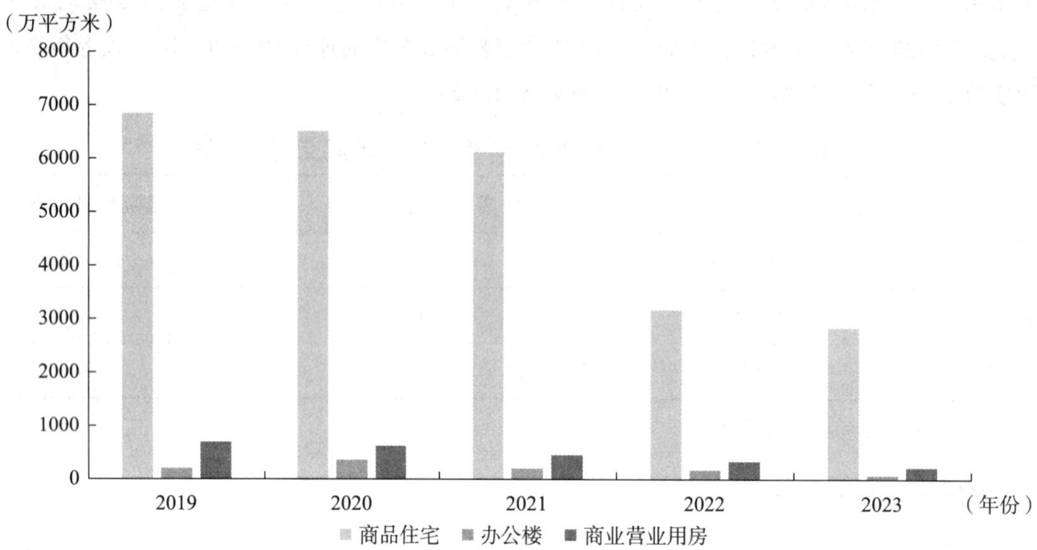

图 5-15-3　2019—2023 年湖北省房地产各类型房屋新开工情况

数据来源：国家统计局、湖北省住房和城乡建设厅。

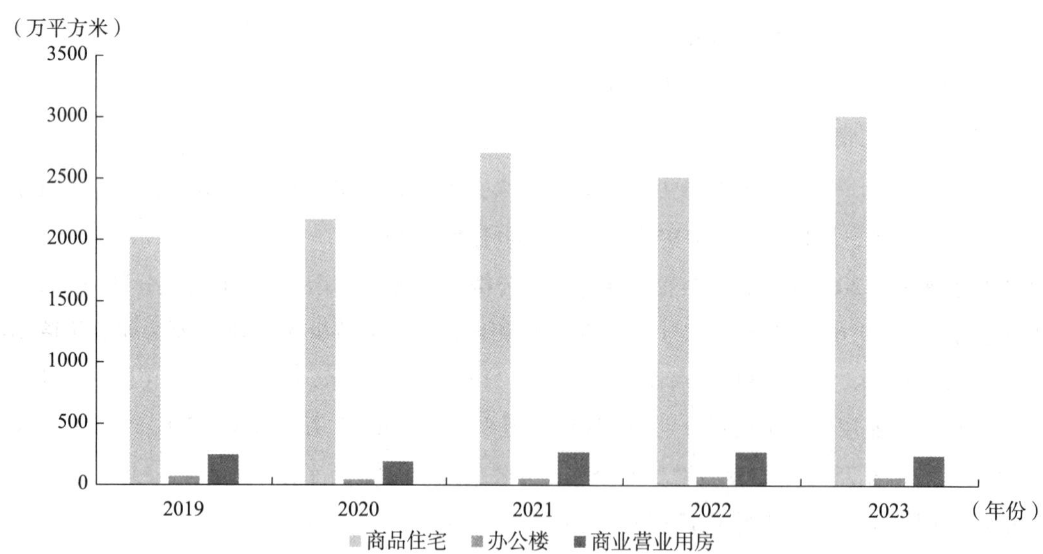

图 5-15-4　2019—2023 年湖北省房地产各类型房屋竣工情况

数据来源：国家统计局、湖北省住房和城乡建设厅。

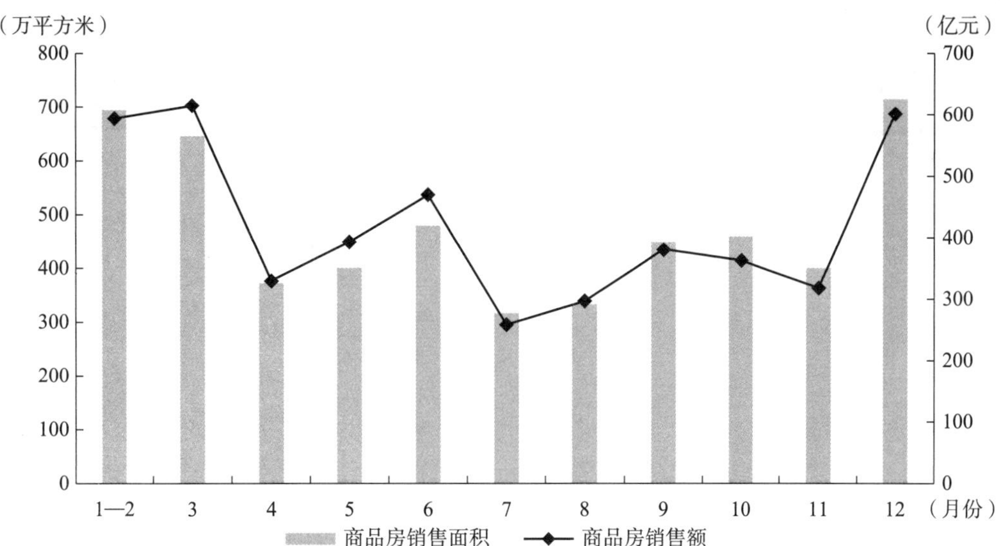

图 5-15-5　2023 年各月湖北省商品房销售面积及销售额

数据来源：国家统计局、湖北省住房和城乡建设厅。

根据各地级市住房和城乡建设局网站公开数据，将 2023 年湖北省重点城市新建商品房成交数据整理如表 5-15-3。

表 5-15-3　2023 年湖北省重点城市新建商品房网签情况

区　域	成交套数（套）	成交面积（万平方米）
湖北省	—	5264. 77
武汉市	109876	1268. 00
宜昌市	11471	137. 51
荆门市	13580	137. 98
仙桃市	5576	62. 27
黄石市	6246	78. 10

数据来源：各地级市住房和城乡建设局。

6. 存量房供应与销售情况

2023 年，湖北省商品住宅现房销售面积 1068. 11 万平方米，同比增加 193. 64 万平方米，同比增长约 22. 1%（见图 5-15-6）。

截至 2023 年 12 月底，湖北去库存压力稍减，多城库存量从 2021 年的高位明显缩减，其中宜昌、天门等城市随着近两年新增供应大幅放缓，库存去化效果显著；而孝感近两年库存量不减反增，市场压力较大。

另外，2023 年以来，全省二手房交易量占住房总交易量比例持续上升。1—12 月，二手房交易量占新房和二手房总交易量的比重 32. 4%，同比提高 7. 2 个百分点，创历史新高。1—12 月，全省二手房成交面积 2241. 9 万平方米，同比增长 29. 1%，增幅较 1—11 月扩大 2 个百分点。

7. 商品房销售价格情况

根据国家统计局公布的 2023 年 12 月 70 个大中城市住房价格指数，70 个大中城市商品住宅销售价格环比下降、同比有涨有降。2023 年 12 月，湖北省重点城市中，武汉市新建商品住房价格同比上升 0. 3%，涨幅较上

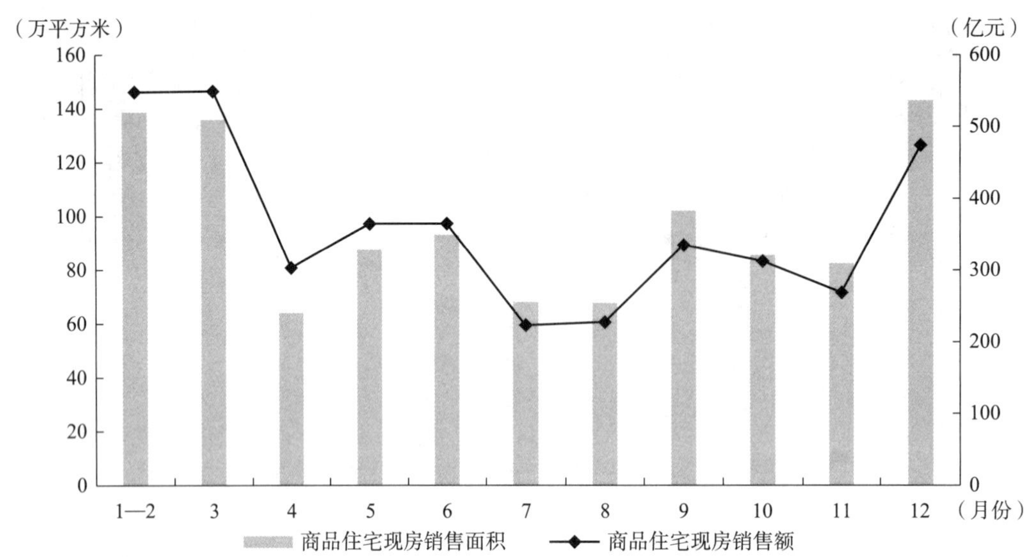

图 5-15-6　2023 年各月湖北省房地产商品住宅现房销售面积及销售额

数据来源：国家统计局、湖北省住房和城乡建设厅。

月减少 1.1 个百分点，同比涨幅持续扩大；宜昌市新建商品住房价格同比下降 2.5%，降幅较上月收窄 0.1 个百分点；襄阳市新建商品住房价格同比下降 1.4%，降幅较上月扩大 0.4 个百分点。

2023 年，武汉市主城区新房均价 20998 元/米^2，同比上涨 2%，远城区新房均价 9386 元/米^2，同比下跌 5.2%。主城区价格持续稳定上涨，远城区连续两年下跌，远城区以价换量明显；宜昌市商品住宅成交均价 8087 元/米^2，六区内，伍家岗区套数遥遥领先，西陵区和夷陵区成交套数紧随其后，西陵区成交均价位列六区第一；襄阳市商品住宅（剔除保障性住房）成交均价 8674 元/米^2，与上年全年均价相比上涨 2.8%，主要原因是核心板块项目成交量占比和改善类需求占比提升。

（二）2023 年湖北省住房保障工作进展

1. 保障房各项指标任务及达成情况

2023 年，湖北省建设筹集保障性租赁住房 10 万套，实际开工 10.4 万套，完成率 104%；城镇老旧小区改造目标 4000 个以上，实际完成 4296 个老旧小区改造，完成率 107%；适老化改造 2.5 万户，实际改造 3.6 万户，完成率 144%。湖北省住房保障各项任务基本达标，多城超额完成省定计划。其中，武汉市完成老旧小区改造 296 个，建成棚户区改造住房 3.2 万套，筹集建设保障性租赁住房 5.86 万套（间），完成困难残疾人家庭无障碍改造 2871 户；宜昌市新筹集保障性租赁住房房源 4977 套，配租率 100%，发放公租房租赁补贴 1349 户，完成率 100%；襄阳市棚户区住房改造开工完成 4432 套，完成率 100%，筹集保障性租赁住房完成 6272 套，完成率 100%，公租房基本建成完成 500 套，完成率 100%，发放城镇住房保障家庭租赁补贴完成 4542 户，完成率 181.32%；十堰市建设保障性租赁住房年度计划 3688 套，实际完成 3708 套，完成率 100%。

2. 保障性租赁住房进展情况

2023 年，“建设（筹集）保障性租赁住房 10 万套”纳入湖北省政府十大民生实事。

“十四五”时期，湖北省计划建设和筹集保障性租赁住房 31 万套（间），截至 2023 年底，累计完成 19.98 万套（间），占“十四五”规划的 64.45%，各重点城市实际建设筹集的保障性租赁住房套（间）数均大于计划数。其中武汉市 5.86 万套（间）、襄阳市 4977 套（间）、宜昌市 6272 套（间）、十堰市 3708 套（间）、荆州市 5912 套（间）（见表 5-15-4）。

表 5-15-4　2023 年重点城市保障性租赁住房建设情况

城　市	计划（套）	实际（套）	完成率（%）
武汉市	58000	58600	101.0
襄阳市	4000	4977	124.4
宜昌市	6272	6272	100.0
十堰市	3688	3708	100.5
荆州市	5912	5912	100.0
鄂州市	3039	3083	101.4

数据来源：各地级市住房和城乡建设局。

3. 城市更新改造推进情况

2023 年，湖北省大力开展城市更新，目标改造城镇老旧小区 4000 个，实际改造老旧小区 4296 个，惠及 53.01 万户居民，完成率 107%。针对老旧小区改造过程中加装电梯的难题，湖北省创新采取整体加装、集中采购、连片托管等方式，允许一楼业主同步增设入户连廊等路径，让电梯加装不再难，“悬空老人”出门更方便。2023 年，湖北省完成加装电梯 2159 部，是上年的 4.6 倍。更多群众住有所居、居有所安。其中，武汉市城市更新有力实施，启动 11 个单元更新改造，28 个城市更新单元基本完成实施方案编制；襄阳市 26 个社区入选省级完整社区建设试点，樊城新襄棉片区危旧房改造省级试点项目开工建设，公租房和直管公房小区管理服务质效显著增强，“红色物业”建设全域推进。

（湖北省房地产业协会　湖北永业行评估咨询有限公司）

十六、湖南省房地产市场

2023 年，房地产市场处于下行调整期，湖南省认真贯彻落实党中央、国务院，省委、省政府的决策部署，牢牢坚持“房住不炒”定位，各地做好“稳房价、稳地价、稳预期”工作，努力维护房地产市场稳定。但受多种因素叠加影响，湖南省房地产市场运行与全国一样呈现深度调整态势。根据湖南省统计局相关数据、湖南省住房和城乡建设厅关于全省年度房地产市场形势的通报数据显示，全年房地产开发投资、商品房销售降幅扩大，新开工面积、土地供应量降幅收窄，房价总体平稳。

（一）湖南省房地产市场政策环境

2023 年，从供给侧到需求端，中央和地方出台一系列宽松政策，通过改善行业资产负债状况，引导市场预期和信心回暖，确保房地产市场平稳健康发展。

湖南省牢牢坚持“房住不炒”定位，综合施策促需求稳市场。2023 年，全省经济运行呈现“前低、中稳、后升”的发展态势和稳中有进、进中提质的特点，全年地区生产总值迈上新台阶，总量突破 5 万亿元，同比增长 4.6%，两年平均增速高于全国 0.3 个百分点。

省会城市长沙是典型的政策驱动型市场，政策表现为坚持“房住不炒”，需求端推出多项创新举措促进市场信心提振，“稳”字当头，深入精准调控、因城施策。三、四线城市推出降低房贷首付比例和利率、发放契税补贴等“真金白银”政策，切实稳定住房需求。2023 年，省会长沙市出台“以租换购”“强省会人才购房”“多子女家庭购房”等系列政策；9 月 22 日和 11 月 24 日调控新政放开首套住房限购，调整优化改善性住房限购，释放大量住房需求。其中，9 月，长沙市发布《关于优化房地产调控政策的通知》，居民家庭（含非本市户籍家庭）购买首套房不再需要房证明；商品房网签满 4 年可转让。11 月，长沙市发布《关于优化本市居民家庭改善性住房政策的通知》，购二套房不受首套网签时间限制；居民家庭名下商品住房单套面积均不足 144 平方米的，可购 1 套改善性住房（144 平方米及以上）。

（二）湖南省房地产市场基本情况

1. 房地产开发投资降幅扩大

1—12 月，湖南省完成房地产开发投资 3833.06 亿元，同比减少 13.1%，降幅较 1—11 月扩大 0.9 个百分点，低于全国增速 3.5 个百分点。分城市看，1—12 月，长沙市完成房地产开发投资 1862.1 亿元，同比减少 12.1%；省内三、四线城市（指除长沙外的其他市州）房地产开发投资 1970.96 亿元，同比减少 14.0%。

2. 新建商品房销售面积降幅扩大

1—12 月，湖南省新建商品房销售面积 5636.51 万平方米，同比减少 14.1%，低于全国 5.6 个百分点，降幅较 1—11 月扩大 2.2 个百分点。

3. 商品住宅价格总体平稳

1—12 月，湖南省新建商品住宅均价 6473 元/米^2，其中长沙市新建商品住宅均价 11285 元/米^2。

4. 新开工面积降幅小幅收窄

1—12 月，湖南省商品房施工面积 31938.8 万平方米，同比减少 16.8%。房屋新开工面积 3879.92 万平方米，同比减少 29.7%，低于全国平均增速 9.3 个百分点，较 1—11 月收窄 0.5 个百分点。

5. 土地供应量降幅扩大

1—12 月，湖南省房地产用地供应 4086.37 万平方米，同比减少 31.21%，降幅较 1—11 月扩大 2.65 个百分点。

6. 待售面积同比增长

12 月末，湖南省商品房待售面积 1296.65 万平方米，同比增长 6.2%。

（三）湖南省房地产市场下阶段工作动向

中央经济工作会议提出，要积极稳妥化解房地产风险，一视同仁满足不同所有制房地产企业的合理融资需求，促进房地产市场平稳健康发展。全国住房城乡建设工作会议也指出，要稳定房地产市场，坚持因城施策、一城一策、精准施策，满足刚性和改善性住房需求，优化房地产政策，持续抓好“保交楼、保民生、保稳定”工作，稳妥处置房企风险，重拳整治房地产市场秩序。在此背景下，湖南省将抓好贯彻落实，切实稳定房地产市场。

（文中数据来源：《湖南省住房和城乡建设厅　湖南省统计局关于 2023 年度湖南省房地产市场形势的通报》。）

（湖南省房地产业协会）

十七、江西省房地产市场

2023 年，江西省坚决贯彻党中央、国务院决策部署，坚持“房住不炒”定位，强化省级监督指导，压实城市主体责任，全力以赴保交楼、保民生、保稳定。研究出台稳定房地产市场 29 条政策工作、商办楼宇去库存 10 条措施、保交楼 20 条处置建议等指导性文件，联合推出“容缺办证”“带押过户”“认房不认贷”“降低首付比例和利率”“竞品质出让土地”等政策组合拳，持续开展“红五月”百城千企万店房地产消费季活动。江西省两批次专项借款保交楼任务交付率 91%，居全国第三。

（一）江西省房地产市场总体运行情况

2023 年，江西省房地产市场变化趋势和全国基本保持一致，第一季度“小阳春”后，市场持续下行。随着国家新一轮房地产支持政策密集出台，迅速跟进调整优化政策，第四季度主要指标较第三季度有所改善，全年房地产市场整体发展形势为“前高中低后稳”，呈现“两增、两稳、多降”的特点。

“两增”：房屋竣工面积、住宅去化周期增长。一是保交楼工作扎实推进，带动全年江西省房屋竣工面积同比增长 40.2%，增速高于全国平均水平（17%）。二是住宅去化周期增长。受销速下滑影响，截至 2023 年底住宅去化周期 14.9 个月，比 2022 年底增加 2.7 个月。

“两稳”：价格、税收贡献保持平稳。一是房地产价格保持平稳。江西省商品房销售均价同比下降 1%，波动幅度低于全国平均水平。二是房地产税收占比保持平稳。江西省房地产业入库税收同比增长 15.1%（主要是 2022 年房地产业留抵退税力度大），占全部税收 9.8%，占比与上年持平，税收贡献保持平稳。

“多降”：销售面积、开发投资、新开工面积、施工面积、土地出让面积和收入等主要指标同比下降，需求端降幅高于全国平均水平，主要供给端指标增速好于全国平均水平。一是商品房销售面积下降幅度较大。据统计数据，全省商品房销售面积同比下降 20.9%，降幅高于全国平均水平（-8.5%）；据住房城乡建设部网签数据，江西省商品房销售面积同比下降 23.3%，降幅高于全国平均水平（-7.3%）。二是房地产开发投资下降。江西省房地产开发投资同比下降 7.1%，降幅低于全国平均水平（-9.6%），居全国第 12 位。三是新开工面积下降。江西省房屋新开工面积同比下降 25%。降幅高于全国平均水平（-20.9%），居全国第 18 位。四是施工面积下降。江西省房屋施工面积同比下降-4.3%，降幅低于全国平均水平（-7.2%），居全国第 8 位。五是土地出让面积和收入下降。江西省商品房用地成交面积同比下降 25%，用地成交价格同比下降 28.3%。

1. 开发投资情况

据统计数据，2023 年，江西省房地产开发完成投资 1580.7 亿元，同比下降 7.1%；房地产住宅投资 1318.15 亿元，同比下降 5.7%。

2. 土地供应与成交情况

据省自然资源部门数据，一是土地供应情况。2023 年，江西省商品房累计供应 3483.47 万平方米，同比下降 17.20%。其中，商服用地供应 1296.23 万平方米，同比下降 10.34%，住宅用地供应 2187.24 万平方米，同比下降 20.79%。二是实际成交情况。2023 年，江西省商品房用地实际成交 3255.33 万平方米，同比下降 25%；商品房用地成交价格 1228.8 亿元，同比下降 28.3%。其中，住宅用地成交 1467 宗，同比下降 17.86%，成交面积 1920.37 万平方米，同比下降 27.9%，成交价格 838.1 亿元，同比下降 30.1%。

3. 房地产开发贷款情况

据人民银行数据，截至 2023 年 12 月底，江西省房地产开发贷款余额 3204.8 亿元，同比下降 0.3%；房地产购房贷款余额 10376.5 亿元，同比下降 4.6%；房地产贷款余额占各类贷款余额比重 23.4%。

4. 房屋新开工、竣工情况

据统计局数据，2023 年，江西省商品房新开工面积 2687.54 万平方米，同比下降 25%，其中住宅新开工面积 2419.18 万平方米，同比下降 26%。全省商品房竣工面积 1935.31 万平方米，同比增长 40.2%，其中住宅竣工面积 1507.99 万平方米，同比增长 41.7%。

5. 新房供应与销售情况

据住房城乡建设部网签数据，2023 年，江西省商品房销售面积 3366.8 万平方米，同比下降 23.3%；其中住宅销售面积 2691.9 万平方米，同比下降 23.6%。

2023 年，江西省新建商品房销售均价 7114.6 元/$米^2$，同比下降 1.0%。商品住宅销售均价 7222.5 元/$米^2$，同比增长 0.3%（见表 5-17-1）。

表 5-17-1　2023 年江西省新建商品房销售情况

地区	商品房销售面积（万平方米）	同比增长（%）	销售均价（元/米^2）	同比增长（%）	住宅销售面积（万平方米）	同比增长（%）	住宅销售价格（元/米^2）	同比增长（%）
江西省	3366. 8	-23. 3	7114. 6	-1. 0	2691. 9	-23. 6	7222. 5	0. 3
南昌市	675. 6	-7. 9	9451. 8	-1. 1	506. 2	-7. 2	9873. 2	-0. 6
九江市	248. 1	-27. 5	6429. 4	-6. 5	200. 8	-30. 4	6721. 5	-3. 1
景德镇市	127. 6	-35. 7	6367. 0	6. 8	102. 4	-41. 1	6427. 1	10. 1
萍乡市	125. 6	12. 9	5255. 9	-0. 5	101. 5	4. 9	4915. 3	-1. 3
新余市	82. 6	-30. 6	6643. 4	1. 2	69. 8	-28. 0	6771. 7	-1. 8
鹰潭市	130. 9	13. 4	6586. 2	11. 1	109. 5	41. 0	6528. 1	14. 5
赣州市	739. 2	-29. 3	6698. 6	-1. 1	548. 6	-28. 0	6855. 3	0. 8
宜春市	313. 8	-40. 1	6145. 4	-9. 0	274. 2	-38. 2	5996. 8	-4. 2
上饶市	417. 5	-29. 9	6820. 6	-4. 7	353. 9	-30. 7	7006. 9	-4. 8
吉安市	257. 9	-9. 8	6620. 6	-4. 2	215. 1	-13. 1	6801. 6	-4. 3
抚州市	248. 0	-22. 8	6670. 2	1. 3	209. 9	-24. 8	6679. 5	0. 8

数据来源：江西省住房和城乡建设厅。

（二）重点城市房地产运行情况

据住房城乡建设部网站数据，南昌、九江、赣州 3 个国家重点监测的大中城市新建商品住宅全年合计销售 1255. 6 万平方米，占全省比重 46. 6%，同比增加 1. 3 个百分点；据国家统计局数据，3 个城市的新建商品住宅价格指数均符合国家调控目标要求。

南昌市。新建商品房销售面积 675. 6 万平方米，同比下降 7. 9%；销售均价 9451. 8 元/米^2，同比下降 1. 1%。其中，商品住宅销售面积 506. 2 万平方米，同比下降 7. 2%；住宅销售均价 9873. 2 元/米^2，同比下降 0. 6%。商品住宅用地出让 205. 12 万平方米，同比下降 22. 1%；住宅用地出让金 170. 2 亿元，同比下降 32. 3%。价格指数方面，新建商品住宅价格月均同比指数 101. 2，二手房价格月均同比指数 97，符合国家调控目标要求。

九江市。新建商品房销售面积 248. 1 万平方米，同比下降 27. 5%；销售均价 6429. 4 元/米^2，同比下降 6. 5%。其中，商品住宅销售面积 200. 8 万平方米，同比下降 30. 4%；住宅销售均价 6721. 5 元/米^2，同比下降 3. 1%。商品住宅用地出让 131. 79 万平方米，同比下降 56. 8%；住宅用地出让金 48. 7 亿元，同比下降 54%。价格指数方面，新建商品住宅价格月均同比指数 99. 4，二手房价格月均同比指数 96. 9，符合国家调控目标要求。

赣州市。新建商品房销售面积 739. 2 万平方米，同比下降 29. 3%；销售均价 6698. 6 元/米^2，同比下降 1. 1%。其中，商品住宅销售面积 548. 6 万平方米，同比下降 28%；住宅销售均价 6855. 3 元/米^2，同比增长 0. 8%。商品住宅用地出让 325. 71 万平方米，同比下降 20. 3%；住宅用地出让金 113. 2 亿元，同比下降 19. 4%。价格指数方面，新建商品住宅价格月均同比指数 98，二手房价格月均同比指数 99. 4，符合国家调控目标要求。

（三）2023 年江西省住房保障工作进展

2023 年以来，江西省坚持以习近平新时代中国特色社会主义思想为指导，认真践行以人民为中心的发展思想，聚焦“走在前、勇争先、善作为”的目标要求，扎实推进住房保障工作，着力解决新市民、青年人阶段性住房困难问题，大力做好城镇贫困群众基本住房保障工作，有力推进棚户区改造，强力推进规划建设保障性住房、城中村改造和城市危旧房摸底调查等各项工作。

1. 保障房各项指标任务及达成情况

一是规划建设保障性住房。成立江西省规划建设保障性住房和城中村改造工作专班。起草《江西省贯彻落实规划建设保障性住房和城中村改造工作方案》。全面下达2023年全省保障住房开工（筹集）目标16.64万套（间），其中，保障性租赁住房开工（筹集）目标16.58万套（间），公共租赁住房新开工（筹集）596套。截至12月底，公共租赁住房596套全部开工，开工率100%。实施公租房保障78.15万户，其中，实物保障70.56万户，租赁补贴保障7.59万户，保障中的低保低收入家庭24.14万户。保障性租赁住房开工（筹集）16.72万套（间），位居全国第三，开工率100.9%。

二是推进棚户区改造行动。2023年，江西省棚户区改造开工目标任务13.2万套，位居全国第四，截至12月底，棚户区改造开工13.20万套，开工率100%。住房城乡建设部开展逾期在建棚户区改造整治行动以来，江西省79个项目3.96万户列入整治范围，截至12月底，完成整改项目60个3.21万户，整改率81.1%，位居全国前列。

三是推进城市危旧房改造。先后多次召开城市危旧房摸底调查视频会培训会、视频推进会，组织人员赴各地进行实地督导指导，全面完成城市危旧房摸底排查和录入系统工作。江西省摸底排查房屋6600栋8.2万套。其中，城市危旧房2386栋1.71万套（CD级危房1747栋1.32万套，非成套住房639栋3909套）。

四是推进既有房屋安全。深入推进自建房安全隐患排查整治，累计排查自建房1278.24万栋，其中经营性自建房56.85万栋，经判定存在安全隐患的6694栋，完成销号6623栋。

五是抓好城镇老旧小区改造。2023年，江西省计划改造1245个城镇老旧小区全部开工，完成改造小区1135个，惠及居民37.3万户，完工率99.3%。江西省实施城镇老旧小区改造民生群众满意度98.55%。

六是抓好住房公积金监管。充分发挥住房公积金作用，提高租房提取额度和频次，灵活就业人员参加住房公积金制度实现设区市全覆盖，江西省公积金累计缴存总额、贷款总额分别突破5000亿元、3000亿元，贷款增幅超过37%，创历年新高。

2. 保障性租赁住房进展情况

加快推进保障性租赁住房建设，确保年度目标任务完成。一是强力推进项目建设。建立月调度、季通报、年度监测评价制度。截至2023年12月底，全省保障性租赁住房开工（筹集）16.72万套（间），位居全国第三，开工率100.9%。发放保障性租赁住房项目认定书511份，涉及房源16.68万套（间），保障新市民、青年人等近11万人。二是加强资金保障。争取租赁住房保障中央补助资金23.73亿元，省级补助资金0.8亿元。江西省发行专项债29.37亿元，通过金融机构贷款融资198.97亿元发展保障性租赁住房。三是加强保障性租赁住房管理。省住建厅印发《江西省保障性租赁住房合同（示范文本）》，明确租住双方的权利和义务。

3. 城市更新改造推进情况

江西省坚持以城市体检引领城市更新。一是推动城市更新立法。深入摸清城市更新规划编制体系、出台政策、项目实施流程、体检转化机制等情况，为编制条例草案形成重要支撑。二是试点同步推进国家、省两级城市体检、城市更新。结合贯彻落实《关于加强城市体检成果转化工作的指导意见（试行）》，积极探索开展城市体检、城市更新的有效路径和落实机制，努力打造更多转化应用城市体检成果实施城市更新项目南昌、九江等28个优秀精品案例，全面提升江西省城市功能与品质。三是全年实施城市功能与品质再提升项目5000余个，完成投资超过6000亿元。5个社区入选首批完整社区建设国家试点。绿色社区创建达标率63%。新增赣州市经开区金丰路社区等6个社区开展高品质智慧社区建设试点。

（江西省房地产业协会）

十八、四川省房地产市场

2023 年，四川省房地产市场整体呈低位调整运行走势。从主要指标看，房屋竣工面积同比保持增长，新开工面积和开发企业到位资金降幅呈现收窄趋势，但房地产开发投资、房屋施工面积和商品房销售面积同比下降且降幅持续扩大，开发企业土地购置费用年底也出现下降。

（一）开发投资情况

2023 年，四川省房地产开发完成投资 5320. 60 亿元，同比下降 23. 3%；降幅较上年同期扩大 19. 1 个百分点，较 1—11 月扩大 1 个百分点（见图 5-18-1）。其中，住宅 4002. 00 亿元，同比下降 22. 3%；降幅较上年同期扩大 19. 0 个百分点，较 1—11 月扩大 1. 1 个百分点。

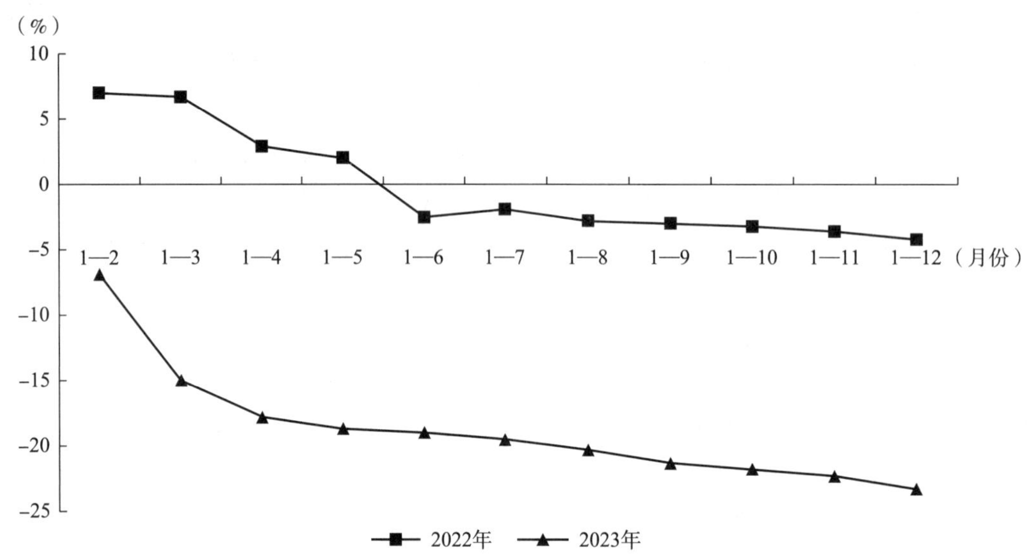

图 5-18-1　2022—2023 年四川省房地产开发完成投资增速月度走势

数据来源：四川省统计局。

分地区来看，所有市（州）开发完成投资同比均为负增长。其中，降幅小于全省平均的有南充、巴中、广安、泸州、眉山、绵阳、甘孜、德阳、内江和资阳 10 个市（州）；降幅大于全省平均的有成都、攀枝花、遂宁、达州、乐山、宜宾、凉山、阿坝、自贡、雅安和广元 11 个市（州），降幅居前的广元、雅安和自贡分别下降 40. 9%、37. 9%和 37. 4%。

（二）房屋建设情况

1. 施工面积情况

2023 年，四川省房屋施工面积 4770. 15 万平方米，同比下降 8. 2%；降幅较上年同期扩大 4. 4 个百分点，较 1—11 月扩大 0. 2 个百分点（见图 5-18-2）。其中住宅 31909. 94 万平方米，同比下降 7. 9%；降幅较上年同期扩大 4. 1 个百分点，较 1—11 月扩大 0. 2 个百分点。

分地区来看，雅安、眉山和南充 3 个市的施工面积同比增长，分别增长 5. 2%、4. 9%和 1. 8%。同比下降但降幅小于全省平均的有广元、凉山、绵阳、资阳、内江和成都 6 个市（州）；降幅大于全省平均的有遂宁、巴中、广安、甘孜、达州、乐山、宜宾、阿坝、泸州、德阳、攀枝花和自贡 12 个市（州），降幅居前的自贡、攀枝花和德阳分别下降 56. 8%、26. 7%和 15. 9%。

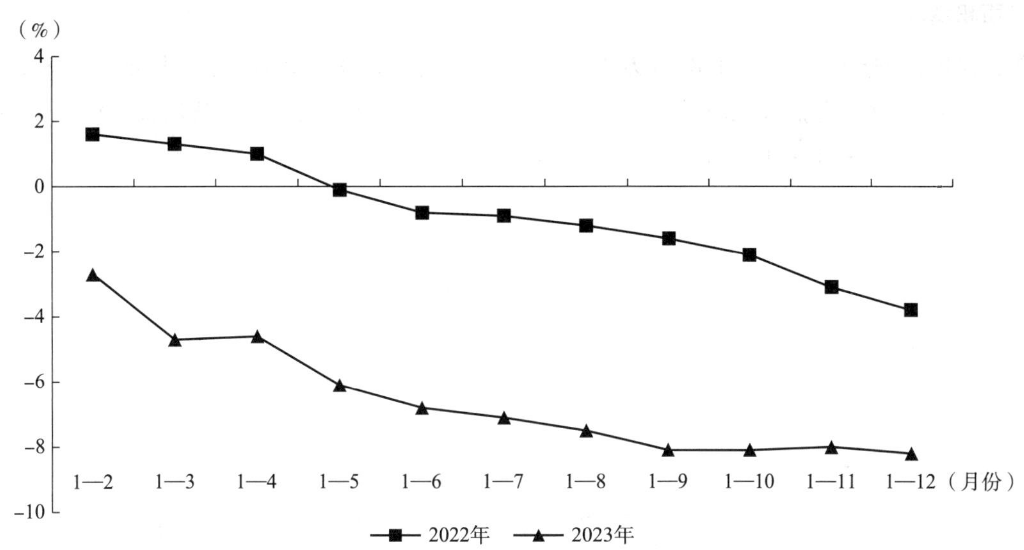

图 5-18-2　2022—2023 年四川省房屋施工面积增速月度走势

数据来源：四川省统计局。

2. 新开工面积情况

2023 年，四川省房屋新开工面积 5818. 60 万平方米，同比下降 29. 8%（见图 5-18-3）；降幅较上年同期扩大 2. 1 个百分点，但较 1—11 月收窄 3 个百分点。其中住宅 3916. 07 万平方米，同比下降 32. 5%；降幅较上年同期扩大 5. 6 个百分点，但较 1—11 月收窄 2. 7 个百分点。

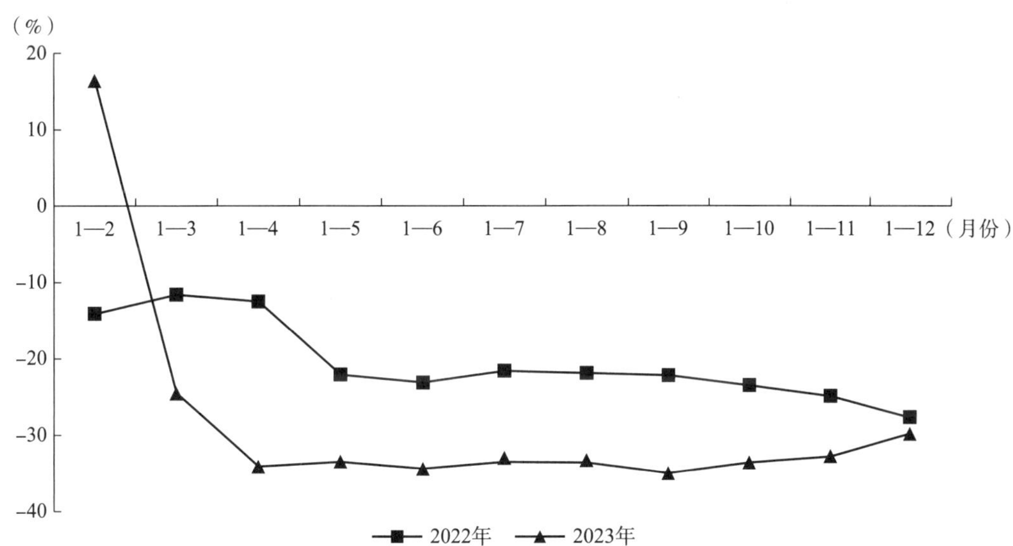

图 5-18-3　2022—2023 年四川省房屋新开工面积增速月度走势

数据来源：四川省统计局。

分地区来看，新开工面积同比增长的有甘孜、广安和眉山 3 个市（州），分别增长 109. 4%、16. 7% 和 1. 5%。同比下降但降幅低于全省平均值的有巴中、内江、绵阳、南充和资阳 5 个市；降幅大于全省平均值的有成都、宜宾、泸州、雅安、凉山、广元、攀枝花、德阳、自贡、达州、乐山、遂宁和阿坝 13 个市（州），降幅居前的阿坝、遂宁和乐山分别下降 93. 3%、60. 3% 和 54. 9%。

3. 竣工面积情况

2023 年，四川省房屋竣工面积 4118.38 万平方米，同比增长 1.6%，增幅较上年同期上升 8.6 个百分点，但较 1—11 月回落 1.9 个百分点（见图 5-18-4）。其中住宅 2770.40 万平方米，同比增长 1.8%；增幅较上年同期上升 9.9 个百分点，但较 1—11 月回落 3.7 个百分点。

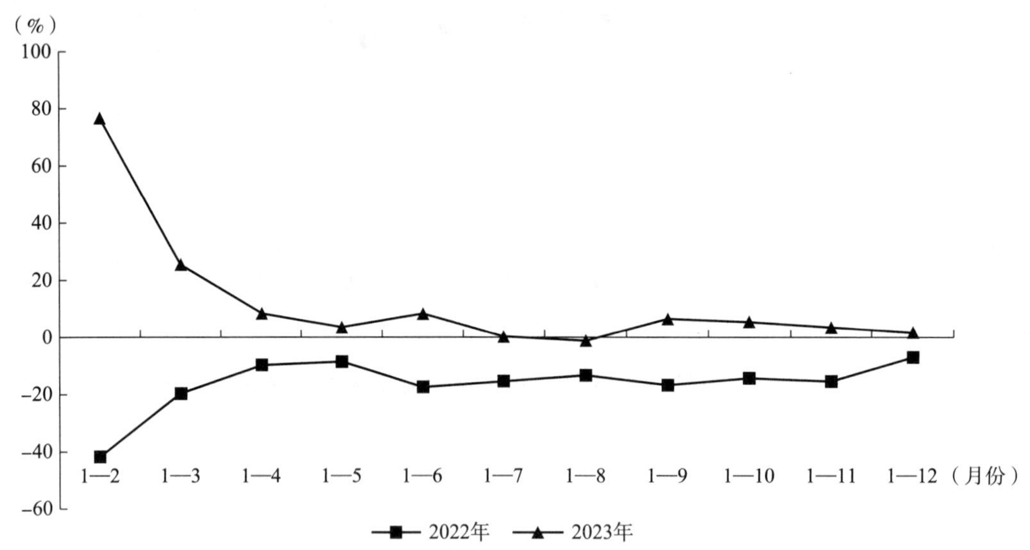

图 5-18-4　2022—2023 年四川省房屋竣工面积增速月度走势

数据来源：四川省统计局。

分地区来看，竣工面积同比增长且高于全省平均的有广元、雅安、巴中、内江、乐山、甘孜、成都、绵阳和眉山 9 个市（州），前三位的广元、雅安和巴中分别增长 269.9%、248.9%和 135.9%。同比下降且降幅大于全省平均的有凉山、南充、泸州、宜宾、德阳、资阳、遂宁、自贡、阿坝、攀枝花、广安和达州 12 个市（州），降幅居前的达州、广安和攀枝花分别下降 89.8%、68.2%和 64.6%。

（三）销售市场情况

1. 销售面积情况

2023 年，四川省商品房销售面积 8005.79 万平方米，同比下降 4.9%；降幅较上年同期收窄 19.6 个百分点，但较 1—11 月扩大 0.1 个百分点（见图 5-18-5）。其中住宅 6364.44 万平方米，同比下降 4.5%；降幅较上年同期收窄 23.2 个百分点，但较 1—11 月扩大 0.6 个百分点。

分地区来看，销售面积同比增长的有甘孜、广安、南充、自贡和宜宾 5 个市（州），前三位的甘孜、广安、南充分别增长 9.2%、4.3%和 3.9%。同比下降但降幅小于全省平均的有泸州、广元、乐山、遂宁、绵阳、成都、攀枝花和资阳 8 个市；大于全省平均的有眉山、阿坝、凉山、达州、内江、德阳、雅安和巴中 8 个市（州），降幅居前的巴中、雅安和德阳分别下降 25.8%、22.1%和 17.5%。

2. 销售均价情况

2023 年商品房销售均价 8956 元/米^2，同比上涨 7.0%；其中商品住宅 9877 元/米^2，同比上涨 8.5%。

12 月，全省 3 个列入国家重点监控的大中城市中，成都市新建商品住宅价格指数同比上涨 4.9%，环比上涨 0.1%；泸州市同比下降 2.2%，环比下降 0.6%；南充市同比下降 1%，环比下降 0.2%。成都市二手住宅价格指数同比上涨 0.5%，环比下降 1.5%；泸州市同比下降 2.5%，环比下降 0.4%；南充市同比下降 1.3%，环比下降 0.5%。

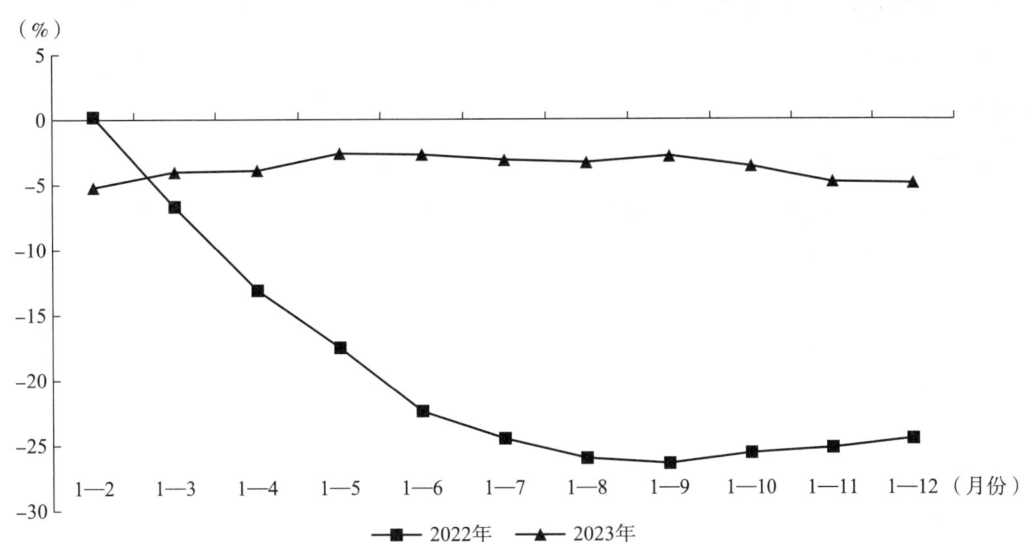

图 5-18-5　2022—2023 年四川省商品房销售面积增速月度走势

数据来源：四川省统计局。

3. 待售面积情况

截至 2023 年 12 月底，四川省商品房待售面积 2821.15 万平方米，较 11 月末增加 4.86 万平方米；同比增长 21.0%，增速较 11 月回落 1.3 个百分点。其中商品住宅 744.96 万平方米，较 11 月末增加 13.24 万平方米；同比增长 3.0%，增速较 11 月上升 1.1 个百分点。

（四）到位资金情况

2023 年，四川省房地产开发企业到位资金 7121.80 亿元，同比下降 14.1%；降幅较上年同期收窄 4.1 个百分点，较 1—11 月收窄 0.1 个百分点（见图 5-18-6）。

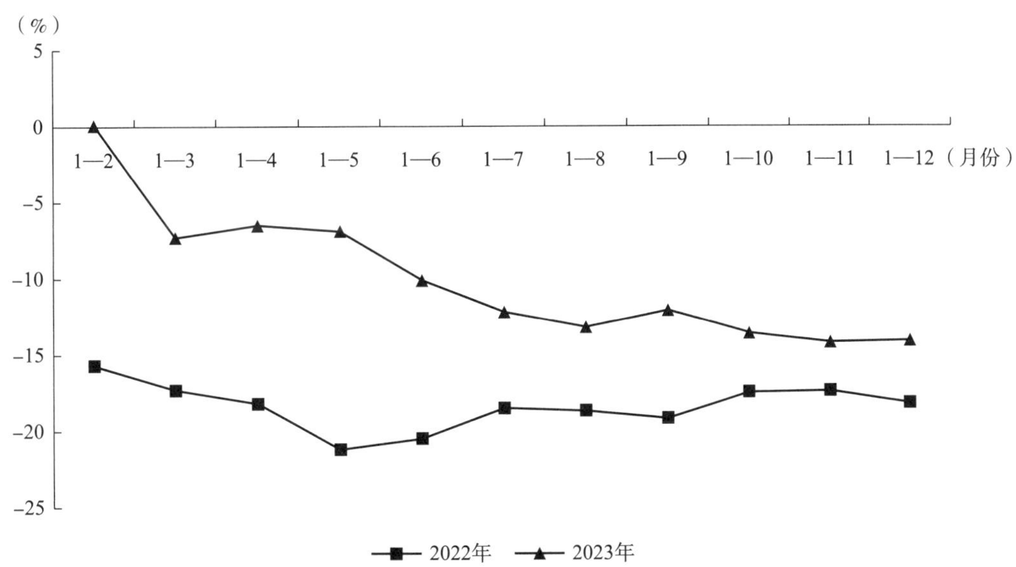

图 5-18-6　2022—2023 年四川省开发企业到位资金增速月度走势

数据来源：四川省统计局。

从资金来源构成看，国内贷款 687.31 亿元，同比减少 9.8%；自筹资金 2089.59 亿元，同比减少 34.2%；

定金及预收款 2844. 29 亿元，同比增长 0. 9%；个人按揭贷款 1426. 34 亿元，同比减少 4. 4%。

（五）土地市场情况

1. 土地供应情况

据自然资源部门统计，2023 年，四川省房地产开发用地供应面积 5557. 2 万平方米，同比下降 27. 4%，降幅较 1—11 月收窄 1. 4 个百分点。房地产用地供应中，商服用地供应面积 1845. 2 万平方米、占比 33. 2%，同比下降 24. 2%；住宅用地供应面积 3712 万平方米、占比 66. 8%，同比下降 28. 9%。

成都市房地产开发用地供应面积 1238. 1 万平方米、占全省的 22. 3%，同比下降 33%，降幅较 1—11 月扩大 1. 6 个百分点；成都以外的其他市（州）房地产开发用地供应面积 4319 万平方米，同比下降 25. 6%，降幅较 1—11 月收窄 2. 3 个百分点。

2. 土地购置费用情况

2023 年，四川省房地产开发企业土地购置费用 1577. 79 亿元，同比减少 6. 4%；降幅较上年同期扩大 9. 9 个百分点，较 1—11 月扩大 3. 3 个百分点（见图 5-18-7）。

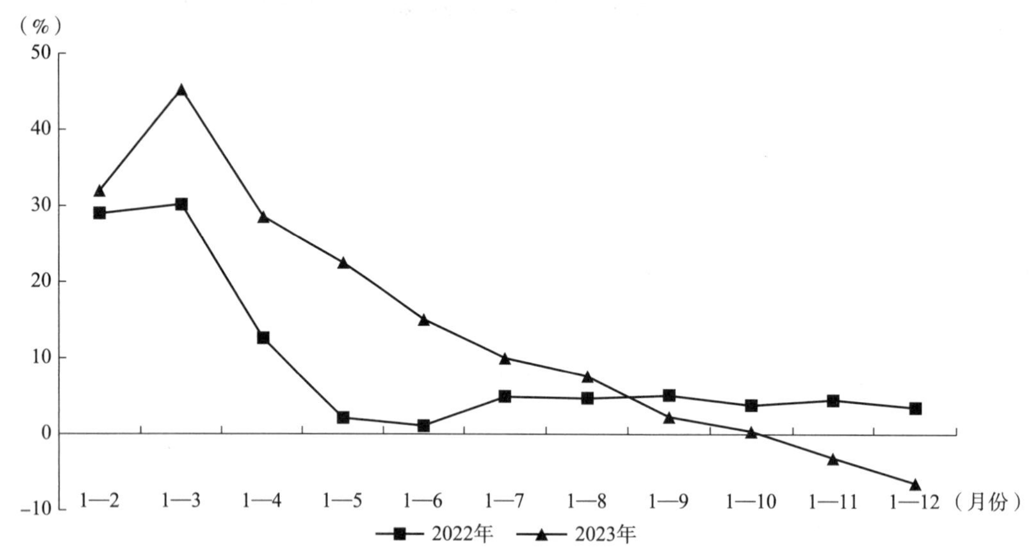

图 5-18-7　2022—2023 年四川省开发企业土地购置费用增速月度走势

数据来源：四川省统计局。

（四川省房地产业协会）

十九、广西壮族自治区房地产市场

2023 年，是疫情防控全面放开及房地产政策积极调控的“双拐点”之年，但受经济发展承压、房地产行业持续转型出清、居民收入预期未见好转、政策组合拳在各地落地力度及收效不一等因素影响，广西房地产市场总体下行压力仍然较大。

（一）2023 年广西壮族自治区房地产市场发展状况及特点

1. 房地产开发投资情况

2023 年，广西全区房地产开发投资增速总体呈现上半年降幅逐月扩大、下半年波动收窄的态势，1—2 月投资 229. 91 亿元、同比降幅 26. 9%，6 月、7 月累计降幅扩大超 43%，至 12 月末累计降幅比年中稍有减缓但仍高于年初，全年房地产开发投资 1337. 02 亿元，同比下降 31. 2%。经济发展持续承压下，房地产市场投资信心仍偏低迷（见图 5-19-1）。

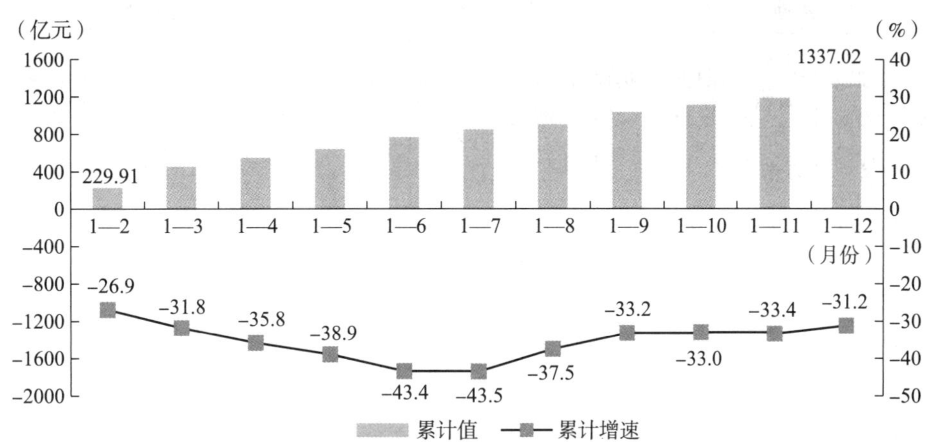

图 5-19-1　2023 年各月广西壮族自治区房地产开发投资情况

数据来源：国家统计局。

2. 土地供应与成交情况

2023 年，广西经营性建设用地供求规模双收缩，其中优质地块供求增加，拉动平均楼板价及溢价率有所上调。

全区市本级供应经营性用地 761 幅，同比下降 34.68%，用地面积 3352.6 万平方米，同比下降 32.45%。其中，居住用地供应 218 幅，同比下降 50.68%，用地面积 675.0 万平方米，同比上涨 8.67%（见表 5-19-1）。

表 5-19-1　2023 年广西壮族自治区各城市市本级经营性建设用地供应汇总情况

指标	供应幅数（幅）				供应面积（万平方米）			
		居住用地	商服用地	工业用地		居住用地	商服用地	工业用地
2023 年	761	218	145	398	3352.6	675.0	357.4	2320.2
同比增幅（%）	−34.68	−50.68	−16.18	−27.64	−32.45	8.67	−47.77	−36.57

数据来源：克而瑞，覆盖广西各地级市市本级，南宁不含武鸣；居住用地为纯住宅、商住用地，商服用地为商办、综合用地。

广西 14 个地级市经营性用地供应中，南宁、柳州、梧州、钦州、防城港、贵港、贺州 7 城供地超 266 万平方米。其中居住用地南宁、柳州供应面积最多，南宁供地 29 幅、161.5 万平方米，同比分别上涨 4%、6%；柳州供地 26 幅、141.3 万平方米，幅数同比下降 16%、面积同比上涨 29%（见表 5-19-2）。

表 5-19-2　2023 年广西壮族自治区各城市市本级经营性建设用地供应情况

城市	居住用地				商服用地				工业用地				合计	
	供应幅数（幅）	同比增长（%）	供应面积（万平方米）	同比增长（%）	供应幅数（幅）	同比增长（%）	供应面积（万平方米）	同比增长（%）	供应幅数（幅）	同比增长（%）	供应面积（万平方米）	同比增长（%）	供应幅数（幅）	供应面积（万平方米）
南宁	29	4	161.5	6	10	−23	42.9	76	29	−33	206.2	−59	68	410.5
柳州	26	−16	141.3	29	17	−41	66.0	−79	27	−69	108.0	−79	70	315.3
桂林	12	50	49.3	33	7	−36	34.9	71	16	167	45.4	20	35	129.6
北海	2	−33	16.3	−39	3	50	15.1	1793	6	200	78.8	1377	11	110.3
玉林	57	97	35.3	50	7	17	23.6	−3	13	18	47.1	9	77	106.0

续表

城市	居住用地				商服用地				工业用地				合计	
	供应幅数（幅）	同比增长（%）	供应面积（万平方米）	同比增长（%）	供应幅数（幅）	同比增长（%）	供应面积（万平方米）	同比增长（%）	供应幅数（幅）	同比增长（%）	供应面积（万平方米）	同比增长（%）	供应幅数（幅）	供应面积（万平方米）
梧州	14	0	56. 9	0	11	120	79. 3	935	19	6	203. 1	75	44	339. 3
钦州	7	0	7. 8	-83	7	-56	16. 8	-84	69	53	498. 2	-8	83	522. 7
防城港	6	50	33. 7	77	5	-17	14. 1	-43	19	6	410. 2	179	30	458. 1
百色	13	-7	60. 7	14	16	-50	8. 2	-51	9	-55	66. 7	-55	38	135. 7
贺州	28	-66	44. 1	-25	40	74	38. 4	-29	78	-8	245. 9	-30	146	328. 3
来宾	4	33	6. 6	-30	10	400	0. 7	-91	9	-76	22. 3	-93	23	29. 6
河池	3	-67	13. 2	12	1	0	3. 5	668	3	-67	5. 9	-94	7	22. 6
崇左	6	500	3. 7	273	6	-33	11. 1	-71	12	-25	42. 8	-73	24	57. 5
贵港	11	-95	44. 5	-40	5	-72	2. 8	-93	89	-42	339. 5	-51	105	386. 9

数据来源：克而瑞，覆盖广西各地级市市本级，南宁不含武鸣；居住用地为纯住宅、商住用地，商服用地为商办、综合用地。

2023 年，广西通过招拍挂成交经营性用地 578 幅，用地面积 2783. 3 万平方米，可建筑面积 5215. 08 万平方米，总出让金额 353. 39 亿元，同比降幅分别为 29. 94%、34. 48%、34. 32%、21. 95%；平均楼面地价 678 元/米^2，同比上涨 18. 88%；平均溢价率 4. 56%，同比提升 75 个百分点。其中，居住用地成交 134 幅，用地面积 410. 8 万平方米，可建筑面积 1086. 69 万平方米，出让金额 208. 24 亿元，楼面地价 1916 元/米^2，平均溢价率 4. 8%，除成交幅数同比下降 35. 27%外，其余指标同比多有不同幅度上涨，主要得益于优质地块供应及成交增多（见表 5-19-3）。

表 5-19-3　2023 年广西壮族自治区经营性建设用地成交情况

指标	数值				同比增长（%）			
		建设用地				建设用地		
		居住用地	商服用地	工业用地		居住用地	商服用地	工业用地
成交幅数（幅）	578	134	108	336	-29. 94	-35. 27	-12. 2	-32. 12
用地面积（万平方米）	2783. 3	410. 8	245. 0	2127. 5	-34. 48	2. 71	-58. 35	-35. 26
可建面积（万平方米）	5215. 08	1086. 69	457. 4	3670. 99	-34. 32	8. 12	-62. 13	-35. 91
成交金额（亿元）	353. 39	208. 24	77. 15	68. 01	-21. 95	9. 06	-54. 87	-25. 17
楼面地价（元/米^2）	678	1916	1687	185	18. 88	0. 87	19. 16	16. 93
溢价率（%）	4. 56	4. 80	8. 12	0. 03	+75 个百分点	+6 个百分点	+347 个百分点	-79 个百分点

数据来源：克而瑞，覆盖广西各地级市市本级，南宁不含武鸣；居住用地为纯住宅、商住用地，商服用地为商办、综合用地。

2023 年，各城市经营性用地成交中，南宁、柳州、钦州、防城港、贵港 5 城成交规模超过 266. 7 万平方米以上。居住用地中，柳州成交面积最多，为 145. 3 万平方米，同比上涨 75%，主要依赖国企及城投平台托底拿地（见表 5-19-4）。

表 5-19-4　2023 年广西壮族自治区各城市经营性建设用地成交情况

城市	居住用地				商服用地				工业用地				合计	
	成交幅数（幅）	同比增长（%）	成交面积（万平方米）	同比增长（%）	成交幅数（幅）	同比增长（%）	成交面积（万平方米）	同比增长（%）	成交幅数（幅）	同比增长（%）	成交面积（万平方米）	同比增长（%）	成交幅数（幅）	成交面积（万平方米）
南宁	17	-15	81. 3	-19	8	-27	26. 9	20	33	-13	234. 1	-50	58	342. 3
柳州	27	17	145. 3	75	16	-38	65. 9	-77	22	-71	100. 5	-78	65	311. 6
桂林	8	60	26. 5	35	7	-30	34. 9	30	15	114	56. 5	70	30	117. 9
北海	2	0	16. 3	-5	2	0	1. 0	22	5	67	76. 5	486	9	93. 9
玉林	42	147	28. 9	14	6	100	9. 7	81	8	-27	38. 9	-10	56	77. 5
梧州	4	0	27. 3	0	7	40	53. 1	592	16	7	176. 9	75	27	257. 3
钦州	7	17	7. 8	-81	7	-63	16. 8	-85	53	-2	453. 5	-23	67	478. 1
防城港	3	-25	5. 4	-78	3	-50	6. 5	-73	20	43	389. 7	287	26	401. 6
百色	5	67	20. 3	118	14	1300	0. 7	2900	6	-60	43. 5	-59	25	64. 5
贺州	11	-59	27. 1	40	18	0	16. 2	-62	67	-11	188. 5	-42	96	231. 7
来宾	0	0	0. 0	0	10	900	0. 7	-83	10	-73	40. 5	-87	20	41. 1
河池	2	-78	9. 7	-34	1	-67	3. 5	-17	1	-91	1. 1	-99	4	14. 1
崇左	2	0	3. 6	0	4	-43	7. 1	-70	7	-50	22. 9	-85	13	33. 6
贵港	4	-96	11. 3	-74	5	-55	2. 3	-92	73	-42	304. 6	-38	82	318. 2

数据来源：克而瑞，覆盖广西各地级市市本级，南宁不含武鸣；居住用地为纯住宅、商住用地，商服用地为商办、综合用地。

3. 开发企业拿地、融资情况

2023 年，广西各城市本级居住及商服用地成交 285. 39 亿元。按拿地企业分类来看，广西各城市房企拿地格局高度集中，以本土国企及平台公司兜底为拿地主力，拿地总金额占比 77%（其中城投 42%，本土国企 35%），本土中小民企为辅，占比 13%；全国型国央企除在南宁核心城市拿地外较少投资，全区占比 8%；全国型民企全年基本不拿地，一方面受资金影响，另一方面对广西市场投资关注度弱，仅在桂林成交 1 幅，总金额占比 1%；另有少量自然人拿地。

融资方面，据广西统计局数据，2023 年全区房地产开发企业到位资金 1958. 8 亿元，同比下降 25. 2%。其中，国内贷款 171. 82 亿元，下降 36. 5%；自筹资金 467. 32 亿元，下降 41%；定金及预收款 603. 57 亿元，下降 19. 9%；个人按揭贷款 501. 51 亿元，下降 16. 7%。在销售、融资两端受限背景下，到位资金延续收缩。

4. 房屋新开工、竣工情况

2023 年，据全国统计局数据，广西全区房地产开发施工面积 29531. 87 万平方米，同比下降 8. 3%。其中，住宅施工面积 21684. 8 万平方米，同比下降 9%。房地产新开工施工面积 1862. 88 万平方米，同比下降 38. 6%。其中，住宅新开工面积 1426. 01 万平方米，同比下降 39. 3%。房地产竣工面积 2614. 86 万平方米，同比上涨 11. 5%。其中，住宅竣工面积 2018. 25 万平方米，同比上涨 9. 5%。总体而言，房地产开发意愿仍偏低迷，以销定产及去库存、保交楼为核心主基调，同时不乏以现房准现房作为促销手段，因此新开工面积持续收缩且降幅仍较大，但竣工面积同比上涨。

5. 新房供应与销售情况

2023 年，中央“房地产市场供求关系发生重大变化”定调楼市，中央及各地方层面频繁优化楼市政策力促房地产市场平稳运行，广西各地市楼市政策持续宽松，但受限于经济缓慢修复，房地产市场仍在艰难筑底过程当中，各城市表现持续分化。

（1）全区商品房及住宅销售面积持续收缩。

2023 年，广西商品房销售面积 2916.73 万平方米，同比下降 18.6%，住宅销售面积 2342.28 万平方米，同比下降 16.2%（见图 5-19-2）。

各月成交规模有所波动，其中第一季度得益于大幅的利率下调，市场出现“小阳春”，成交面积遥遥领先。传统“金九银十”未现，年末在房企促销冲量下稍有翘尾（见图 5-19-3）。

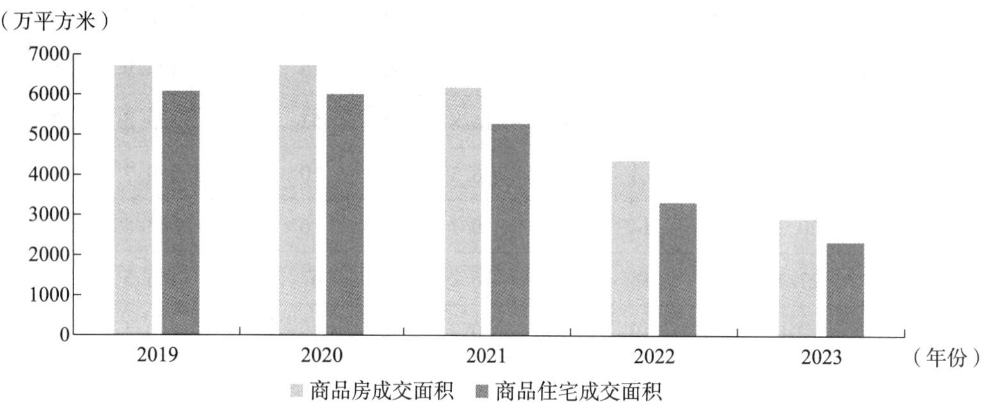

图 5-19-2　2019—2023 年广西壮族自治区商品房及住宅成交面积走势

数据来源：国家统计局，含全区数据（包括县份）。

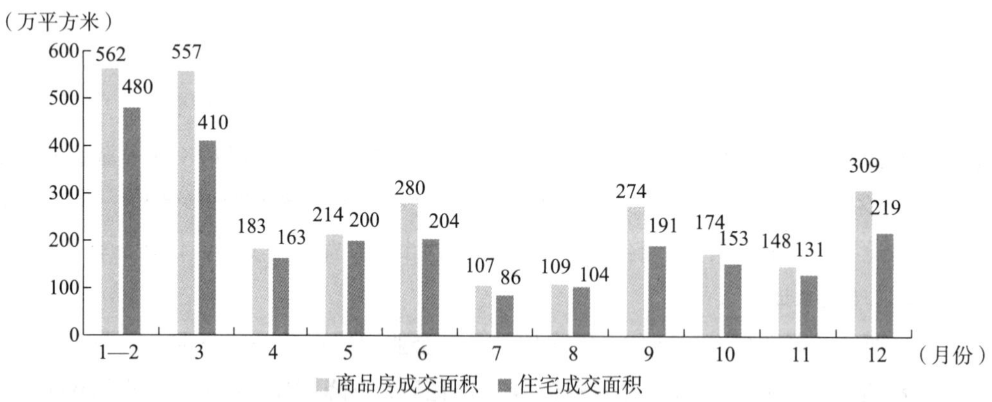

图 5-19-3　2023 年广西壮族自治区商品房及住宅成交面积月度走势

数据来源：国家统计局，含全区商品房数据（包括县份）。

（2）典型城市住宅市场热度下滑显著，6 城成交正向修复。

广西典型地级市中，住宅供应 4 城同比上涨，分别为南宁、贺州、来宾、河池，其余城市降幅多在 15%～70%不等，去库存主基调下，新增供应持续放缓。成交方面，6 城住宅成交同比正向修复，分别为南宁、桂林、北海、玉林、防城港、贺州，其余城市降幅多集中在 20%～40%区间。成交总量方面，首府南宁成交依然领先，为 403 万平方米；柳州次之，为 115 万平方米；北海位列第三，成交 114 万平方米（见表 5-19-5）。

表 5-19-5 2023 年广西壮族自治区典型城市住宅供求面积情况

城市	供应面积（万平方米）	同比增长（%）	成交面积（万平方米）	同比增长（%）
南宁	335	15	403	10
柳州	74	-52	115	-24
桂林（不含临桂）	34	-19	43	2
北海	77	-26	114	22
玉林	53	-14	84	5
梧州	40	-17	71	-24
钦州	75	-4	84	-1
防城港	12	-65	43	42
百色	30	-53	36	-28
贺州	53	74	52	4
来宾	27	26	35	-20
河池	34	8	33	-21
崇左	34	-69	33	-10
贵港	65	-23	82	-37

数据来源：克而瑞，覆盖广西 14 地市市本级，南宁不含武鸣、桂林不含临桂新区。

（3）住宅产品结构中 120 平方米以下刚需占六成。

在各面积段产品成交中，120 平方米以下偏刚需产品成交套数占全区 64%份额，其中 90~100 平方米、110~120 平方米成交最多，各占 14%。120 平方米以上改善产品成交套数约占全区 36%的份额，其中 120~130 平方米占比最高，为 17%（见图 5-19-4）。

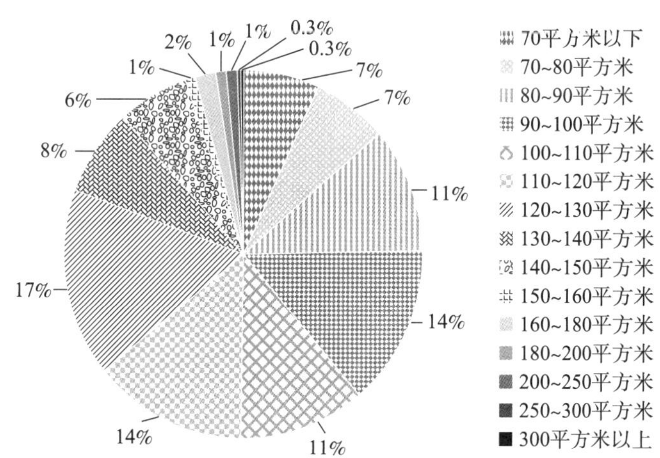

图 5-19-4 2023 年广西壮族自治区住宅各面积段成交套数占比

数据来源：克而瑞，覆盖广西 14 地市市本级，南宁不含武鸣、桂林不含临桂新区。

（4）5 城住宅去化周期较上年压缩，但后续压力仍在。

广西 14 地级市市本级住宅去化周期中，南宁、玉林、北海、钦州、防城港 5 城较上年压缩，主要得益于供应的放缓叠加成交的维稳修复。但总体而言，截至 2023 年底，仅南宁、贵港 2 个城市住宅证载库存去化周期在 20 个月以内，其余城市多集中在 30~45 个月，后续去化压力仍在。

6. 存量房供应与销售情况

以典型城市为例，南宁 2023 年各月二手住宅挂牌量规模多在 3 万~4 万套，全年成交 23647 套，同比增加 2905 套，同比上涨 14%。从月度情况来看，自 3 月起成交逐渐走弱，月均套数保持在 1500~2500 套。与全国一、二线城市二手房“此消彼长”趋势不同，南宁二手住宅虽对新房有所分流，但分流程度有限，两者偏向同频弱复苏、总体成交皆仍在低位（见图 5-19-5）。

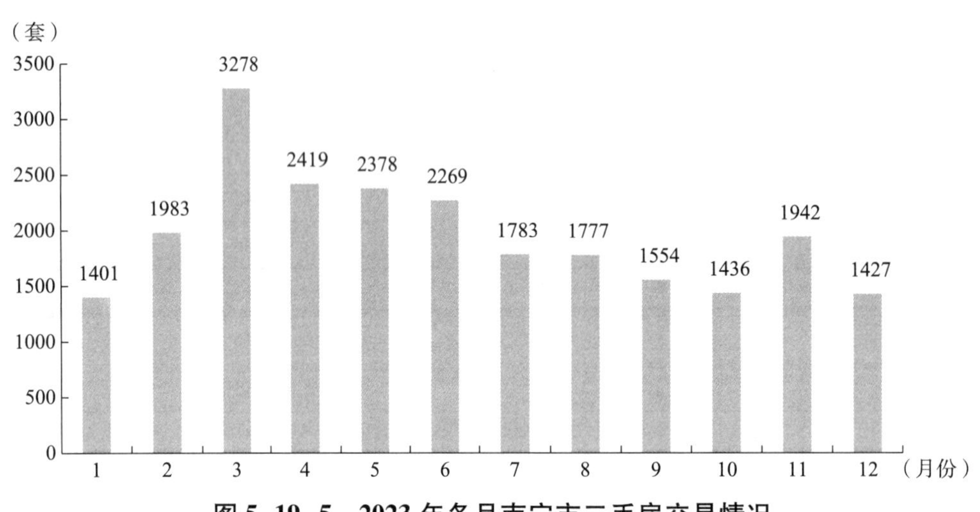

图 5-19-5　2023 年各月南宁市二手房交易情况

数据来源：南宁市住房和城乡建设局，覆盖南宁市本级六城区。

7. 商品房销售价格情况

（1）新房价格以底部维稳为主。

14 地级市 2023 年一手住宅成交均价 7886 元/米^2，同比小幅上涨 3%，各城市房价同比波动幅度多在 3% 以内，总体保持较平稳态势。桂林、百色两城由于在售项目不多，受单项目结构性影响波动稍大，价格分别下降 5%、上涨 5%。从房价绝对值看，南宁依然领先，均价为 12010 元/米^2，桂林、柳州为第二梯队，分别为 8575 元/米^2、8171 元/米^2（见表 5-19-6）。

表 5-19-6　2023 年广西壮族自治区典型城市一手住宅成交价格情况

城市	均价（元/米^2）	同比增长（%）	城市	均价（元/米^2）	同比增长（%）
南宁	12010	-3	防城港	5350	2
柳州	8171	2	百色	5587	5
桂林	8575	-5	贺州	5226	0
北海	6719	2	来宾	4200	0
玉林	5171	0	河池	4580	2
梧州	4836	3	崇左	4401	-2
钦州	4857	-1	贵港	5336	0
广西壮族自治区：7886 元/米^2，同比增长 3%					

数据来源：克而瑞，覆盖广西 14 地市市本级，南宁不含武鸣、桂林不含临桂新区。

（2）二手住宅价格仍在调整。

国家统计局发布的70个大中城市二手住宅销售价格变动情况显示，广西有3个城市在统计范围中，分别是南宁、桂林和北海。其中2023年1—12月南宁二手住宅价格较上年同期下降5.4%，桂林二手住宅价格同比下降4.5%，北海二手住宅价格同比下降5.2%，二手房住宅价格总体仍处在下探调整状态。

（二）2023年广西住房保障工作进展

1. 保障房各项指标任务及达成情况

广西壮族自治区保障性租赁住房及房地产市场调控工作领导小组印发《2023年全区保障性住房建设工作实施方案》。2023年新开工目标：10月31日前，新开工建设保障性租赁住房6.2万套，公租房409套，城镇棚户区改造2230套。基本建成目标：保障性租赁住房基本建成9526套；公租房基本建成1430套；城镇棚户区改造基本建成5.28万套。发放住房租赁补贴目标为：发放公租房租赁补贴22693户。另有“阳光社区·美丽家园”示范小区创建目标：力争创建“阳光社区·美丽家园”示范小区200个。

截至2023年10月底，全区开工建设保障性租赁住房6.21万套，完成年度目标任务的100%；发放租赁补贴2.4万户，完成年度目标任务的105.9%。全年全区棚户区改造新开工2230套，完成年度目标任务100%，基本建成5.36万套，超额完成目标。

2. 城市更新改造推进情况

2023年，广西全区城镇老旧小区改造开工18.61万套，既有住宅加装电梯工作惠及近3万户居民，背街小巷改造开工2898条，完成燃气“瓶改管”项目4.96万户，完成808公里燃气管道和供水管网老化更新改造以及107个易涝点整治，争取国债排水防涝资金49.34亿元；全区新建居住区配套建设养老服务设施达标率提升到92%。时隔22年，广西再次获中国人居环境综合奖。

2023年，广西稳步推进危旧房的住房改造工作，全区新开工建设5836套，基本建成6252套。扎实推进农村危房改造，提前完成年度3946户农村危房改造任务，户均中央财政补助资金、开工率、竣工率、中央财政补助资金拨付率等4项重点指标均排在全国第1位。

全力抢抓“三大工程”机遇，推动自治区成立工作专班，印发保障性住房及城中村改造工作任务分工。未来五年，南宁市将计划推进两批共22个城中村改造项目，总投资金额2481亿元，涉及改造户数4.4万户，改造面积约2010万平方米，其中拆除新建项目15个，拆整结合项目7个。其中第一批11个，总投资金额1322亿元；第二批11个，总投资金额1159亿元。汇总梳理配售型保障性住房先导项目7个、住房7200套，总投资约39亿元，其中2024年计划建设住房4000套。

（广西房地产业协会）

二十、辽宁省房地产市场

2023年，全国范围内房地产市场整体指标表现较为平稳，呈小幅波动态势。辽宁省房地产销售市场交易面积、交易套数、交易额同比下降，交易价格同比微降。其中，新建商品房批准预售面积同比下降20.6%，供销比0.61；商品房交易面积同比下降16.5%，交易额同比下降17.5%，交易套数同比下降17.9%，交易均价同比下降1.2%。存量房成交面积、成交额、成交套数同比上涨分别为31.8%、17.6%、29.4%，交易均价同比下降10.8%，存量房交易市场量升价降，市场活跃程度在合理范围内。

（一）商品房市场情况

1. 新建商品房批准预售面积

2023年，辽宁省新建商品房批准预售面积1664.6万平方米，同比减少20.6%；其中住宅批准预售面积

1348.2 万平方米，同比降低 20.1%。数据显示，商品房、住宅批准预售面积同比均下降。

各市情况差异较大，商品房批准预售面积同比增加的城市 2 个，较 1—11 月减少 2 个。其中，沈阳、大连新建商品房批准预售面积较大，沈阳市新建商品房批准预售面积 411.1 万平方米，大连新建商品房批准预售面积 195.6 万平方米。2023 年，辽阳新建商品房批准预售面积最低，为 24 万平方米。同比增幅方面，本溪增幅最高，为 98.8%（见图 5-20-1、图 5-20-2）。

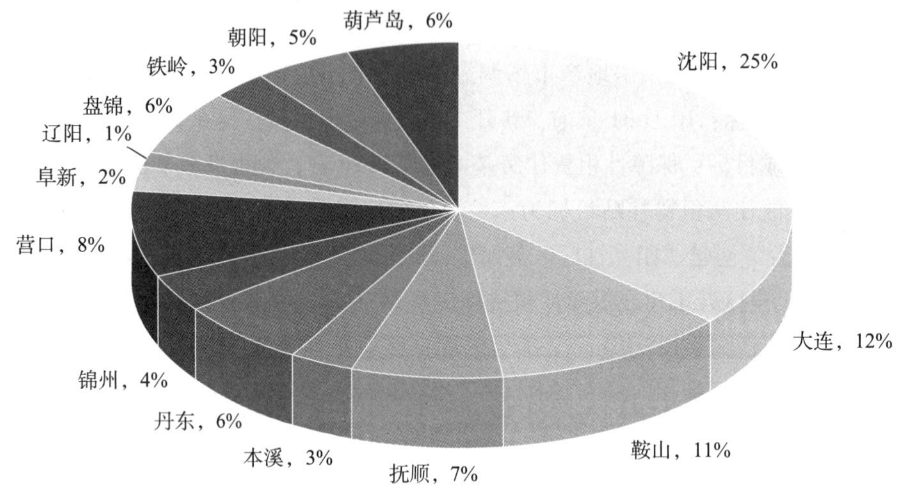

图 5-20-1　2023 年辽宁省各市新建商品房批准预售面积占比情况

数据来源：各市房产交易中心备案数据。

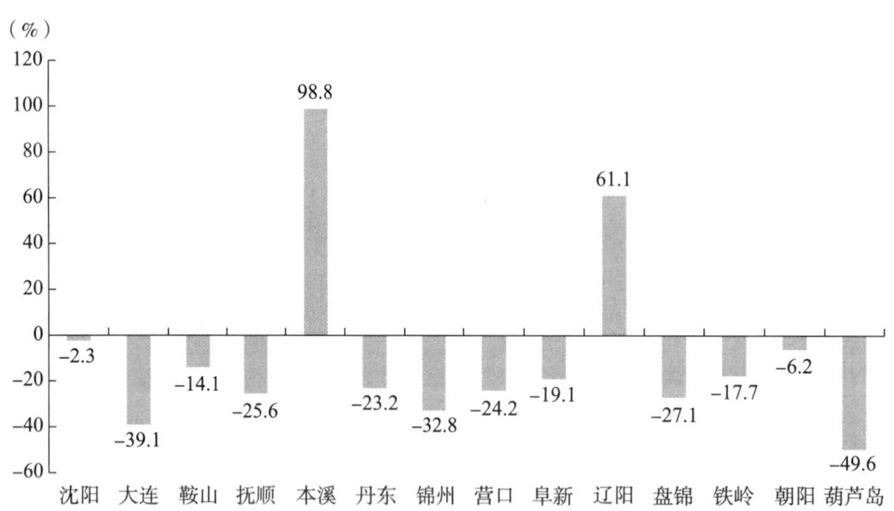

图 5-20-2　2023 年辽宁省各市新建商品房批准预售面积同比增长情况

数据来源：各市房产交易中心备案数据。

2. 商品房销售面积及销售额

2023 年，辽宁省商品房交易面积 2740.9 万平方米，同比下降 16.5%；其中住宅交易面积 2259.2 万平方米，同比下降 18%。商品房交易额 1931.2 亿元，同比下降 17.5%；其中住宅交易额 1561.3 亿元，同比下降 19.3%。数据显示，商品房交易面积为降幅，交易额为降幅，交易额降幅略大于交易面积降幅，体现在销售均价上，呈小幅下降迹象。

从各市情况来看，商品房交易面积同比增长的城市 4 个，与 1—11 月持平；商品房交易额同比增长的城市

3个，与1—11月持平。数量方面，沈阳、大连商品房交易规模较大，两市交易面积占比43%，交易额占比62%；鞍山次之，交易面积255.8万平方米，而阜新交易规模最小，交易面积67.4万平方米；同比增幅本溪最大，为63%，同比降幅鞍山最大，为51.1%（见图5-20-3）。沈阳交易额超过720亿元、大连交易额超过470亿元，其他各市中，鞍山交易额超过110亿元，而本溪交易额最低，为22.7亿元；同比增幅方面，葫芦岛增幅最大，为24.4%；而鞍山降幅最大，为45.2%（见图5-20-4）。

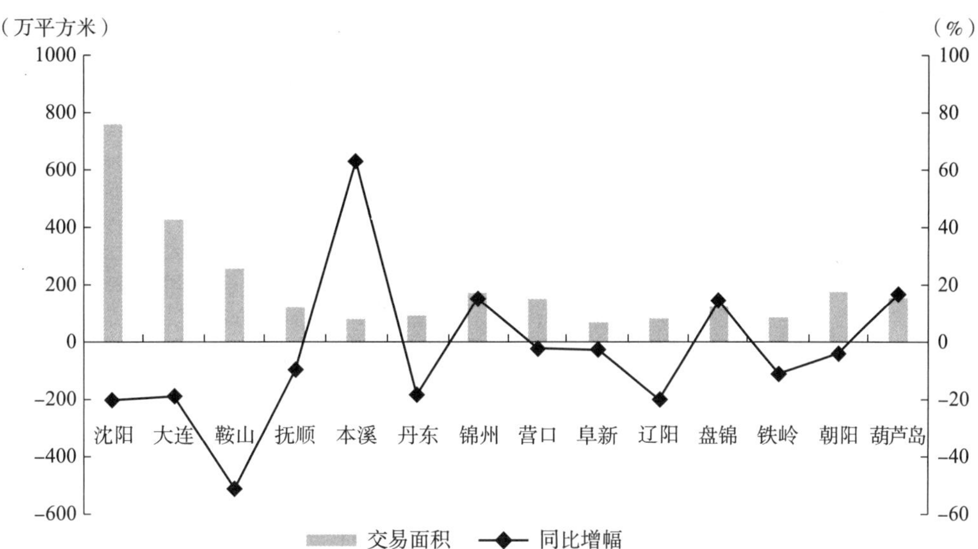

图5-20-3　2023年辽宁省各市商品房交易面积情况

数据来源：各市房产交易中心备案数据。

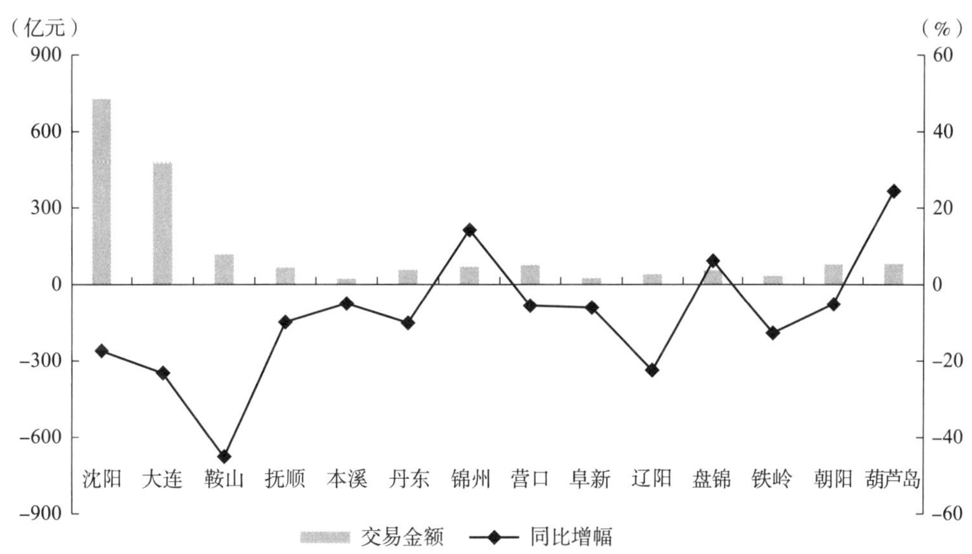

图5-20-4　2023年辽宁省各市商品房交易金额情况

数据来源：各市房产交易中心备案数据。

2023年，外地人购新建商品房占比，营口居榜首，为57.8%。外地人购买商品住宅占比，沈阳最高，为42%，其次是辽阳32.4%，大连25.3%，后面依次是阜新、营口、朝阳和盘锦。外地人购房占比增加，一方面说明城市具备投资潜力，另一方面说明城市集聚效应明显，能够吸引外来人口（见图5-20-5）。

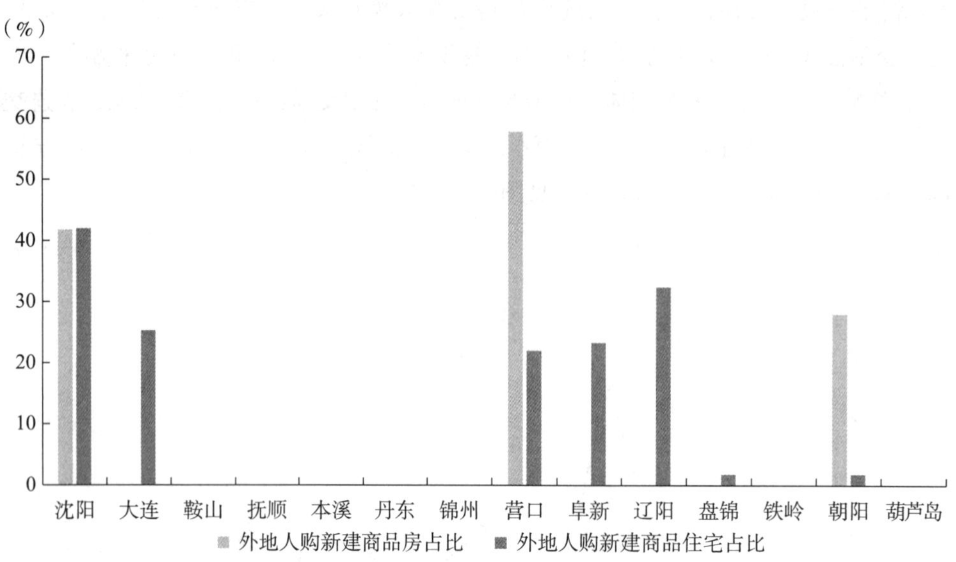

图 5-20-5　2023 年辽宁省各市外地人购买新建商品房（住宅）占比情况

数据来源：各市房产交易中心备案数据。

3. 商品房销售套数和套均面积

2023 年，辽宁省商品房交易 260519 套，同比降低 17. 9%，其中住宅交易 218367 套，同比降低 19. 7%。

各市情况来看，同比增长的城市 6 个，较 1—11 月增加 1 个。沈阳、大连两市交易套数较多，沈阳超过 6. 7 万套，大连超过 4. 4 万套；鞍山次之，超过 2. 5 万套；阜新交易套数最少，为 5995 套。同比增幅方面，本溪增幅最大，为 63. 5%；而鞍山降幅最大，为 53. 4%（见图 5-20-6）。

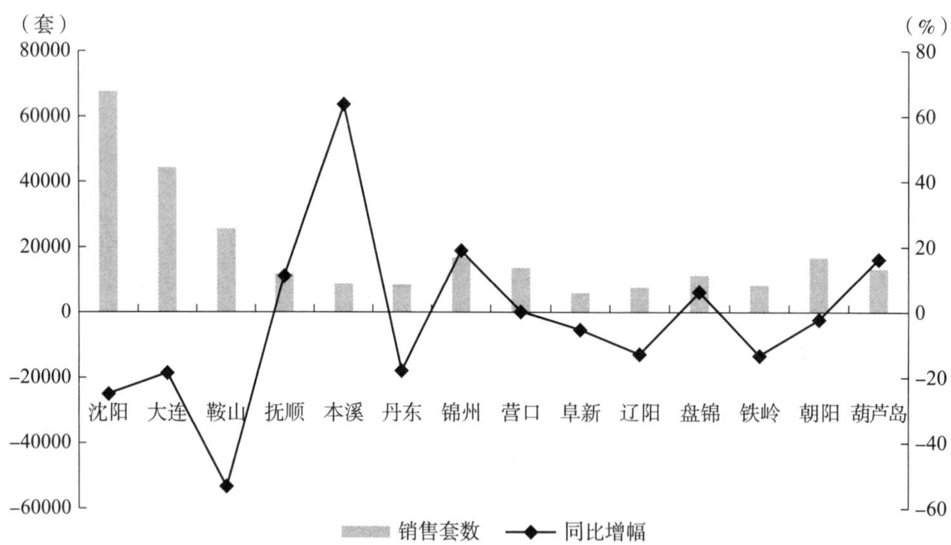

图 5-20-6　2023 年辽宁省各市商品房销售套数情况

数据来源：各市房产交易中心备案数据。

2023 年，辽宁省商品房交易套均面积 105. 2 平方米，与 1—11 月持平；其中住宅交易套均面积 103. 5 平方米，较 1—11 月增加 1. 2 平方米。数据显示，商品房交易套均面积稳定，住宅套均面积增加，购房者对套均面积需求较为稳定。

各市商品房交易套均面积差异不大，葫芦岛以116平方米列首位；本溪最低，为91平方米；其余城市均在96~112平方米，2023年商品房套均面积分布较为集中，各市商品房套均面积变化在合理范围内（见图5-20-7）。

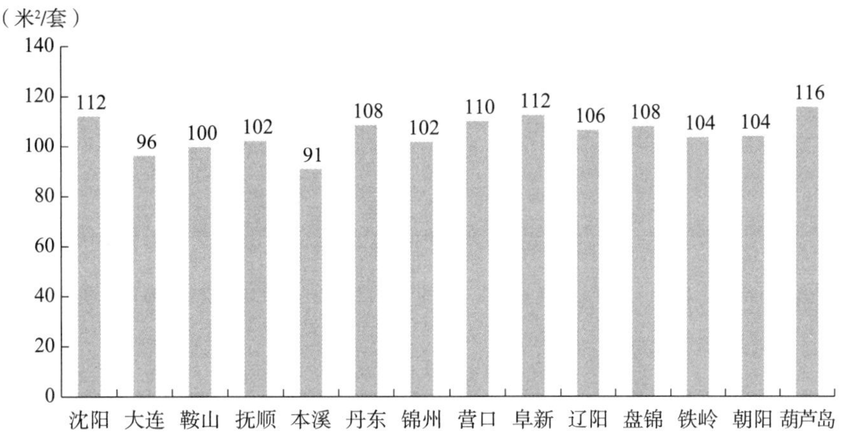

图5-20-7　2023年辽宁省各市商品房销售套均面积

数据来源：各市房产交易中心备案数据。

2023年，各市90平方米以上新建商品房（住宅）销量较好，12个城市90平方米以上商品房（住宅）销售面积均超过90平方米以下；其中90平方米以上销售套数占比超过50%的城市11个，可见改善性需求增加明显（见图5-20-8）。

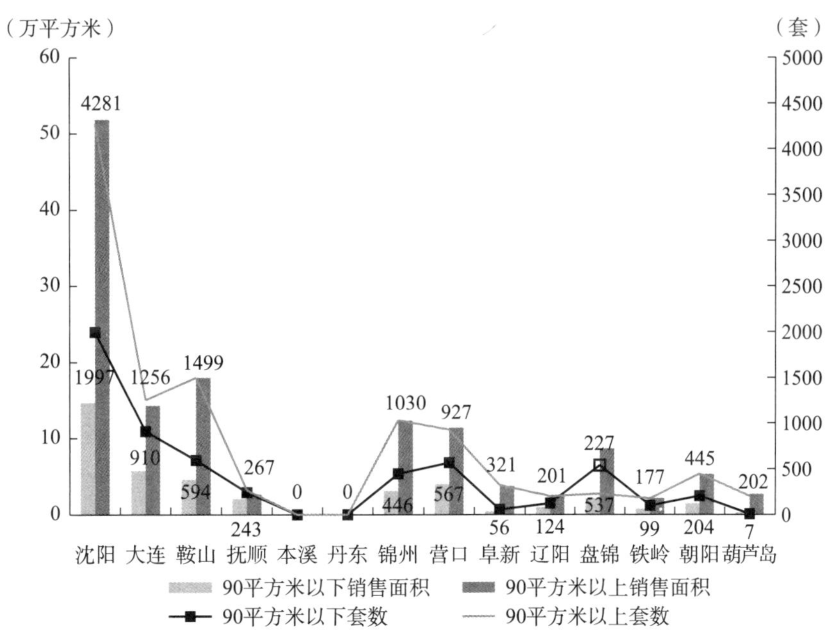

图5-20-8　2023年辽宁省各市商品房成交情况

数据来源：各市房产交易中心备案数据。

4. 商品房交易平均价格

2023年，辽宁省商品房交易平均价格7046元/米²，同比下降1.2%；其中住宅6911元/米²，同比下降1.6%。与2023年全国均价以及东、中部地区商品房均价相比，辽宁房价变化在可接受范围内。

各市情况来看，房价同比增长的城市4个，较1—11月减少1个。价格方面，大连、沈阳的商品房平均价格较高，超过全省均值；而本溪交易均价 2869 元/米^2，是全省最低。价格变化幅度方面，鞍山增幅最大，同比增长 12.1%；本溪降幅最大，为 41.7%。房价变化幅度在±10%之间的城市有 12 个。总体来看，2023 年辽宁省房价呈下降趋势，本溪降幅明显，但总体仍在可接受范围内（见图 5-20-9）。

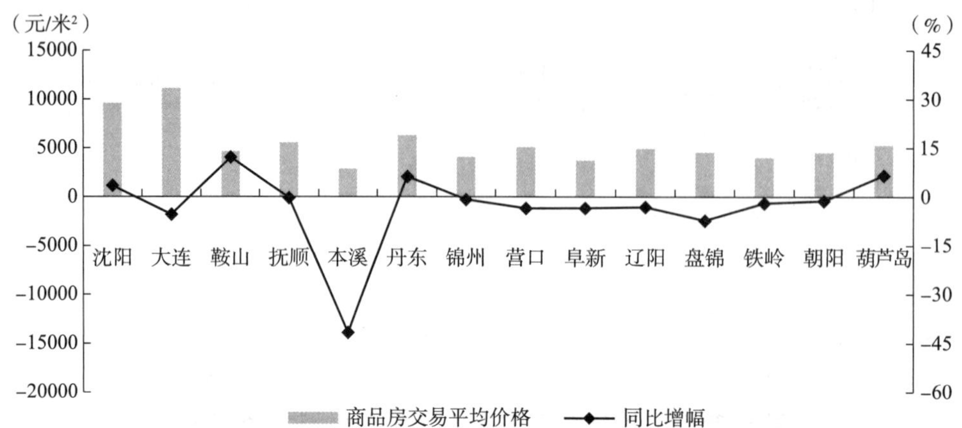

图 5-20-9　2023 年辽宁省各市商品房交易平均价格情况

数据来源：各市房产交易中心备案数据。

5. 商品房供销比

2023 年，辽宁省商品房供销比 0.61，与 1—11 月持平。数据显示，1—12 月各市供给量同比变化幅度较为明显，全省供销比趋于稳定。

各市情况差别较大，14 个城市中供销比高于 1 的城市 2 个，供销比低于 0.5 的城市 3 个，市场整体供求较均衡（见图 5-20-10）。

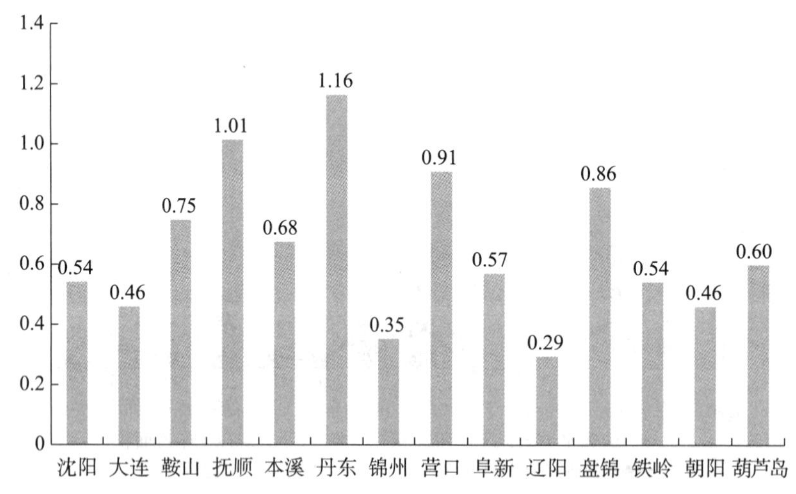

图 5-20-10　2023 年辽宁省各市商品房面积供销比情况

数据来源：各市房产交易中心备案数据。

（二）存量房市场

1. 存量房交易面积和成交额

2023 年，辽宁省存量房交易面积 3665.6 万平方米，同比增加 31.8%；其中住宅 2858.5 万平方米，同比增加 15.8%。成交额 1497.5 亿元，同比增加 17.6%；其中住宅 1102.7 亿元，同比增加 7.7%。数据显示，全省二手房销售市场指标在合理预期内，交易面积、交易额、成交套数指标增加明显，交易均价指标下降。

各市情况有所不同，8个城市存量房成交面积、成交额、成交套数均为增加趋势。数量来看，沈阳、大连存量房成交规模较大；锦州次之，盘锦成交面积最低，铁岭成交额最低。同比变化方面，丹东成交面积增幅最大，为221%；盘锦成交面积降幅最大，同比降低25.1%。丹东成交额增幅最大，同比增加215.5%；铁岭成交额降幅最大，同比降低23.4%（见图5-20-11）。

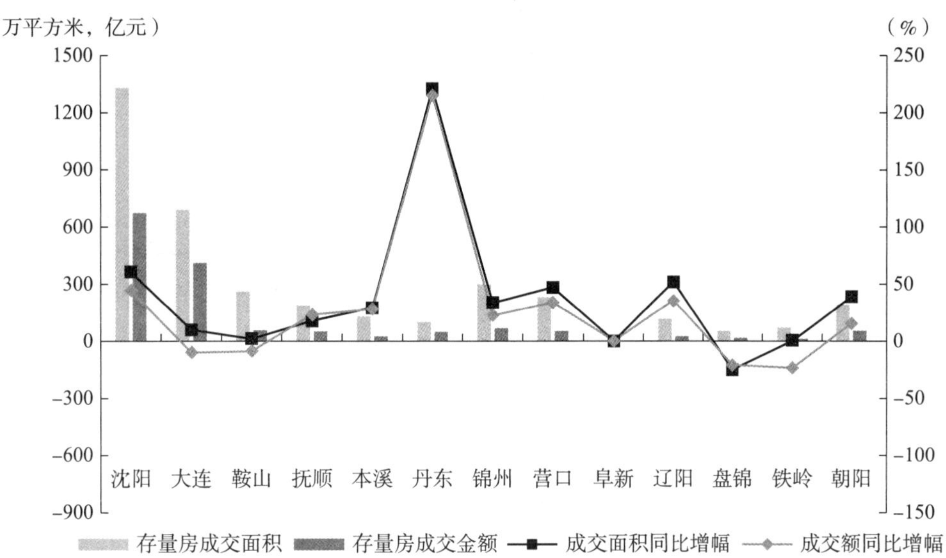

图5-20-11　2023年辽宁省各市存量房成交情况

数据来源：各市房产交易中心备案数据。

2023年，外地人购二手房占比沈阳居榜首，为27%。外地人购买二手住宅占比沈阳最高，为26.9%；其次是大连，为6.3%；再次是营口和朝阳（见图5-20-12）。

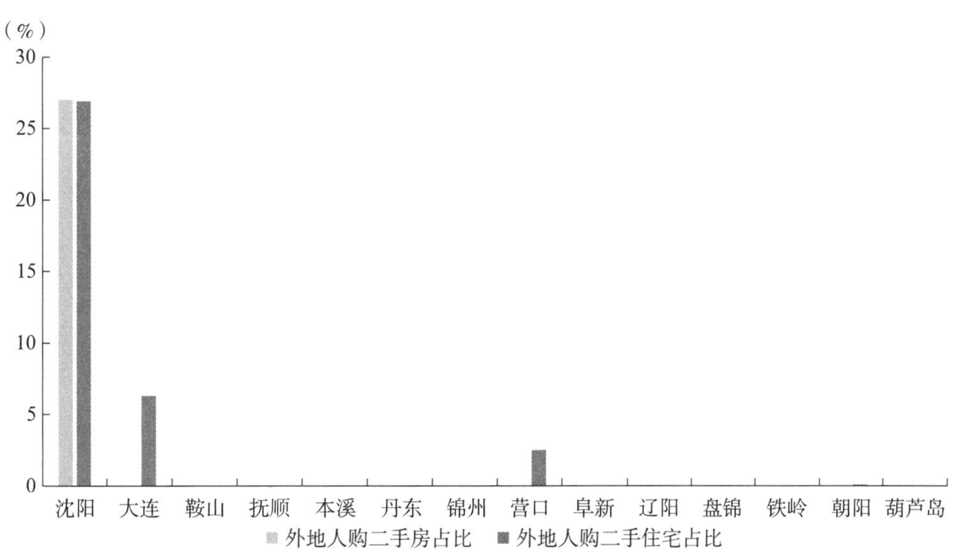

图5-20-12　2023年辽宁省各市外地人购二手房（住宅）占比情况

数据来源：各市房产交易中心备案数据。

2. 存量房成交套数和套均面积

2023年，辽宁省存量房成交429915套，同比增加29.4%；其中住宅370078套，同比增加15.9%。

存量房成交套数各市情况有所不同，11 个城市同比增长，较 1—11 月增加 1 个。沈阳、大连存量房成交套数较多；锦州次之，成交套数超过 3.4 万套。同比增幅方面，丹东增幅最大，为 225%；盘锦同比降幅最大，为 12.8%（见图 5-20-13）。

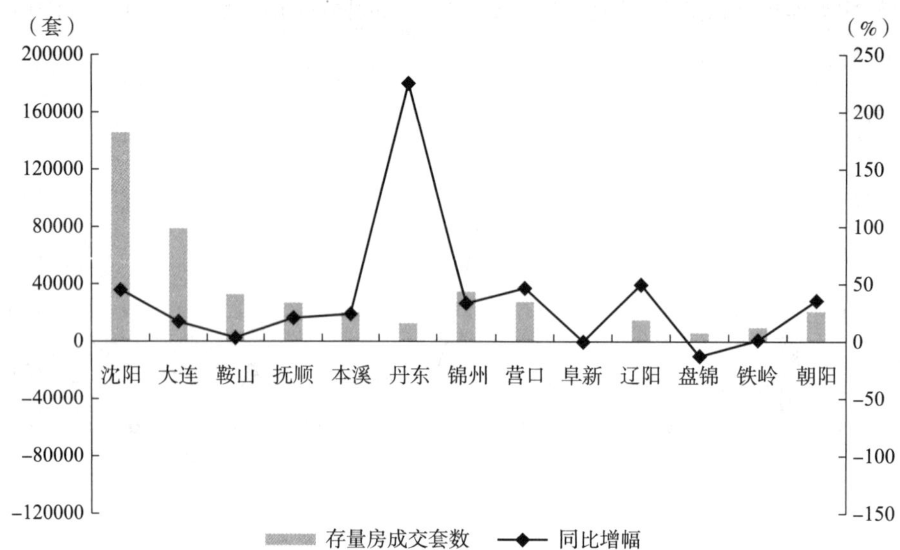

图 5-20-13 2023 年辽宁省各市存量房成交套数情况

数据来源：各市房产交易中心备案数据。

2023 年，辽宁省存量房成交套均面积 85.3 平方米，较 1—11 月增加 0.5 平方米；其中住宅成交套均面积 77.2 平方米，较 1—11 月增加 0.7 平方米。总体来看存量房交易套均面积小幅增加，存量住宅套均面积稳定增加，中小户型在二手房市场仍占主要位置。

各市情况来看，盘锦成交套均面积最大，为 92 米^2/套；其中本溪套均面积最小，为 66 米^2/套；其他城市均处于 70~91 米^2/套区间（见图 5-20-14）。

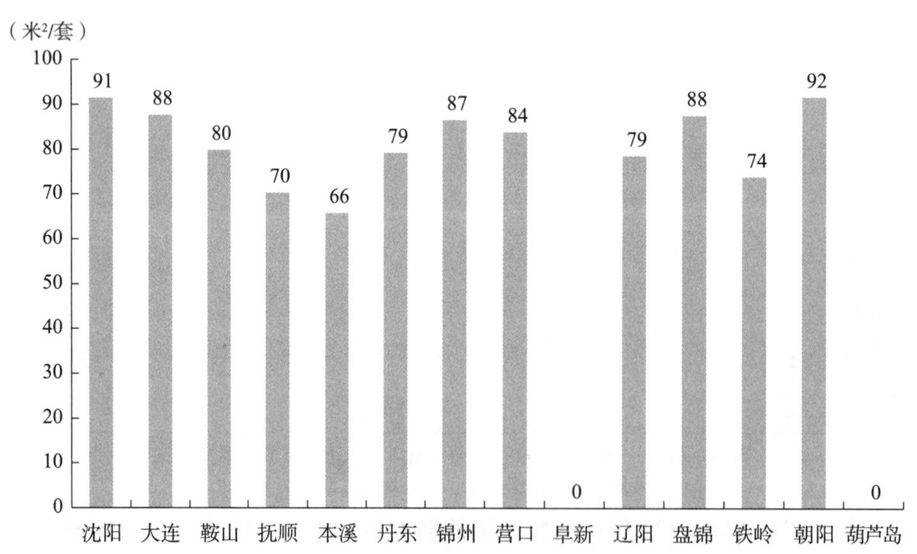

图 5-20-14 2023 年辽宁省各市存量房成交套均面积情况

数据来源：各市房产交易中心备案数据。

3. 存量房交易平均价格

2023 年，辽宁省存量房交易均价 4085 元/米²，同比降低 10.8%；其中住宅 3858 元/米²，同比降低 7%。数据显示，二手房市场交易均价下降，降幅稳定，存量住宅价格下降，降幅缩小。根据省房地产研究中心监测数据：存量房交易价格与各市备案价格相比，平均高 975 元/米²。

各市二手房价格差异较大，2 个城市均价同比增长，较 1—11 月增加 1 个。盘锦均价涨幅最大，同比增长 5.6%，6 个城市波动幅度在±10%之间。大连存量房交易平均价格较高，超过全省平均水平，为 5970 元/米²；而铁岭存量房交易均价最低，为 1723 元/米²。其余各市中铁岭降幅最大，下降 23.7%（见图 5-20-15）。

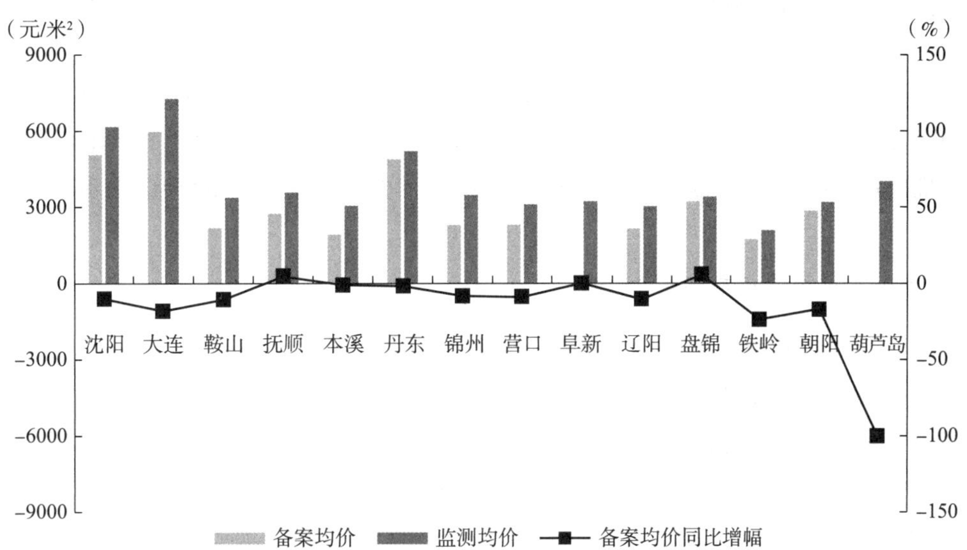

图 5-20-15　2023 年辽宁省各市存量房交易平均价格情况

数据来源：各市房产交易中心备案数据和省房地产研究中心网上跟踪数据。

（三）分析与总结

1. 供销比稳定在合理范围内

从数据来看，2023 年，辽宁省新建商品房批准预售面积低于销售量，全年供销比为 0.61，较 1—11 月持平。各市供给量差异较大，14 市中供销比高于 1 的城市有 2 个，3 个城市供销比低于 0.5，市场整体供求较均衡，供销比在较稳定区间内波动。

2. 商品房交易面积、交易套数、交易额下降，交易均价微降

从数据来看，2023 年，商品房交易面积同比下降 16.5%，交易额、交易套数和交易均价分别下降 17.5%、17.9%和 1.2%。数据显示，辽宁省商品房交易面积、交易套数和交易额下降，交易均价微降，辽宁省房地产市场总体稳定。

3. 二手房成交套数高于新房成交套数，成交面积超过新房成交面积

从数据来看，2023 年，辽宁省存量房成交面积、成交额、成交套数同比增加明显，平均价格下降明显。从成交套数来看，二手房成交套数同比增加明显，是新房成交套数的 1.7 倍，成交面积是新房成交面积的 1.3 倍，二手房市场成交较以往表现量升价降，8 市成交面积、成交额、成交套数同比均为增加。

4. 商品房价格下降，二手房价格下降明显

商品房交易平均价格下降 1.2%，存量房交易平均价格下降 10.8%。价格变化幅度较大，商品住宅销售价格微降。销售价格变化符合市场趋势。

5. 沈阳、大连带动作用明显

沈阳、大连对全省商品房市场带动作用越发明显，2023 年，沈阳、大连商品房交易规模在全省占比较大，两市交易面积占比 43%，交易额占比 62%。沈阳平均价格增加 3.4%，大连下降 5.4%。

（辽宁省房地产研究中心）

二十一、长春市房地产市场

2023 年，受疫情后需求集中释放的带动，长春市房地产市场呈现“前高中低后稳”的趋势，当前长春市房地产市场仍处于底部调整状态。随着疫情管控的逐步放开和促进经济发展举措的施行，长春市积极落实国家与吉林省相关政策，紧跟“保平稳，防风险”大方向，人才引进，宏观调控，促进房地产平稳发展。上半年以“稳”为主，通过金融工具、人才引进、政府补贴的方式促进房地产平稳发展；下半年政策集中发力，以“稳”为前提，推出各项补贴政策，促进房地产市场发展，同时进一步规范市场行为，加强行业监管，措施张弛有力。

（一）2023 年长春市房地产市场基本情况

1. 房地产开发投资热度边际改善

2023 年，长春市房地产开发投资总体持续下降。随着经济的持续下行，1—4 月投资增长疲缓，5 月起，在经济政策的刺激下，投资开始大幅增长，开发投资总额 6 月达到峰值，随后波动下行。全年完成房地产开发投资 551.17 亿元，同比下降 16.7%，同比增速自 9 月起至年底呈现“翘尾”态势，政策效应促进市场投资热度边际改善（见图 5-21-1）。

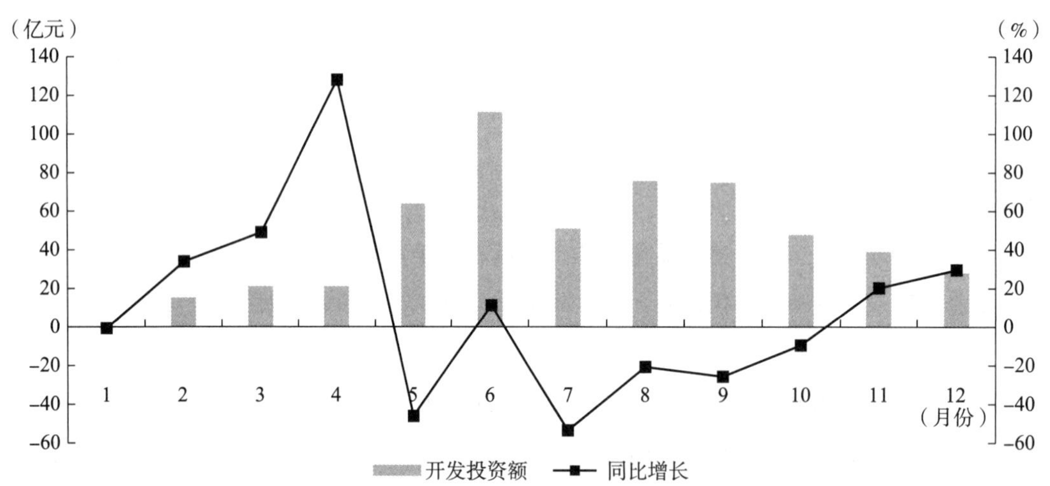

图 5-21-1 2023 年长春市各月房地产开发投资情况

数据来源：吉林省统计局。

2023 年，长春市住宅投资 394.62 亿元，同比下降 22.3%，占房地产开发投资的 71.59%。

2. 土地市场热度恢复提速

2023 年，长春市供应土地 71 宗，总供应面积 412.15 万平方米，同比增长 376.2%。其中，12 月土地供应数量最多，为 213.93 平方米，占全年总供应的 51.91%。

2023 年，长春市土地市场成交 40 宗、192.55 万平方米，同比增长 200.3%。其中，长春市土地总成交价款

110.04 亿元，占全省总成交价款的 83.0%，同比增长 252%；受集中供地政策影响，3 月供求成交最为旺盛。从总体上看，长春市 2023 年土地供求关系相对稳定，12 月由于供应土地面积较大，占全年总供应的 51.91%，供求关系波动较为明显；2023 年，长春市土地市场平均楼面地价 3094 元/米^2，同比下降 8.0%。长春市商住用地成交量同比增速提高，平均楼面地价降幅收窄，土地市场热度恢复提速，房企拿地积极性稳步提升（见图 5-21-2）。

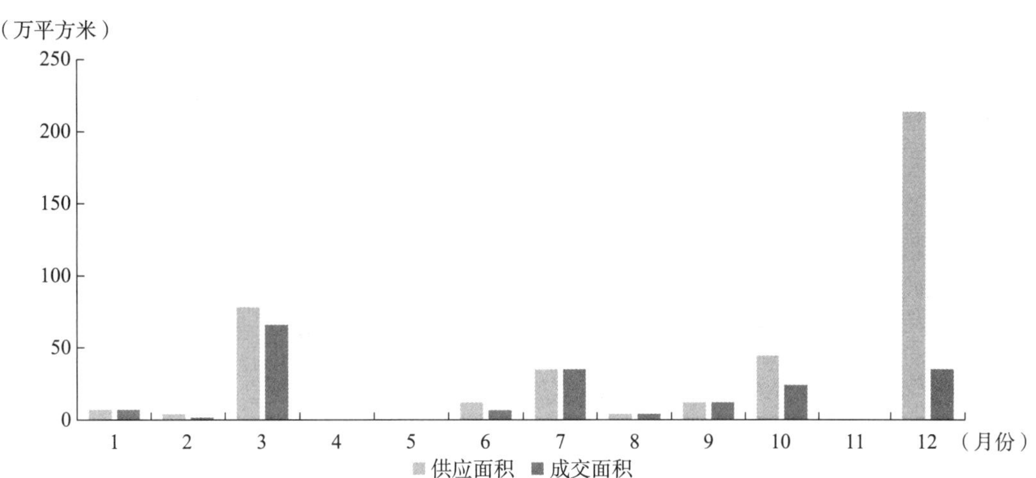

图 5-21-2　2023 年长春市各月土地供求情况

数据来源：吉林省统计局。

3. 房屋建设规模收缩

2023 年，长春市房屋建设规模小幅缩减，房屋施工面积 6421.88 万平方米，同比下滑 10.8%。新开工面积 466.19 万平方米，同比增长 15.8%。新开工面积有所上升，产品结构相对稳定，市场供应端信心有所恢复。房屋竣工面积 282.86 万平方米，同比下降 35.2%，房屋竣工面积增速明显下滑，保交楼工作仍需持续开展。

4. 商品房销售筑底期接近尾声

根据吉林省统计局数据显示，2023 年长春市商品房销售面积 572.17 万平方米，同比增长 5.8%，其中，商品住宅销售面积 538.20 万平方米，占商品房销售面积的 94.06%，同比增长 14.4%。这一增长率远超商品房整体的同比增长率，表明住宅市场仍有一定的发展潜力。商品房批准预售面积 374.31 万平方米，同比增长 40.1%，其中，商品住宅批准预售面积 324.39 万平方米，同比增长 49.2%。

2023 年初，销售市场迎来“小阳春”，在需求集中释放下快速冲高。第二季度，在供应收缩、需求退潮下房交会带动市场回暖。第三、第四季度，房交会出台一系列利好政策，且随着供应加码，销售金额、面积在低位迎来边际改善。当前房地产市场仍处在底部修复、边际改善企稳的阶段。

从各区县数据来看，在长春市各城区中，高新区在商品房销售面积上表现尤为突出。其中，高新区的商品房销售面积 95.80 万平方米，这一数字在全市各区中居首位。紧随其后的是净月区，商品房销售面积 67.80 万平方米，占据相当大的市场份额。而绿园区以 56.23 万平方米的销售面积位列第三。这三个区的销售面积总和占据全市总销售面积的 38.4%，凸显在改善型需求已成为商品房需求主流的背景下，长春市传统生态居住区与新兴宜居区将受到追捧。

从整体的销售数据看，朝阳、南关、绿园、二道、宽城等中心城区的累计销售面积仍高于外围城区，这说明商品房消费需求主要钟情于主城区核心配套优势（见图 5-21-3）。

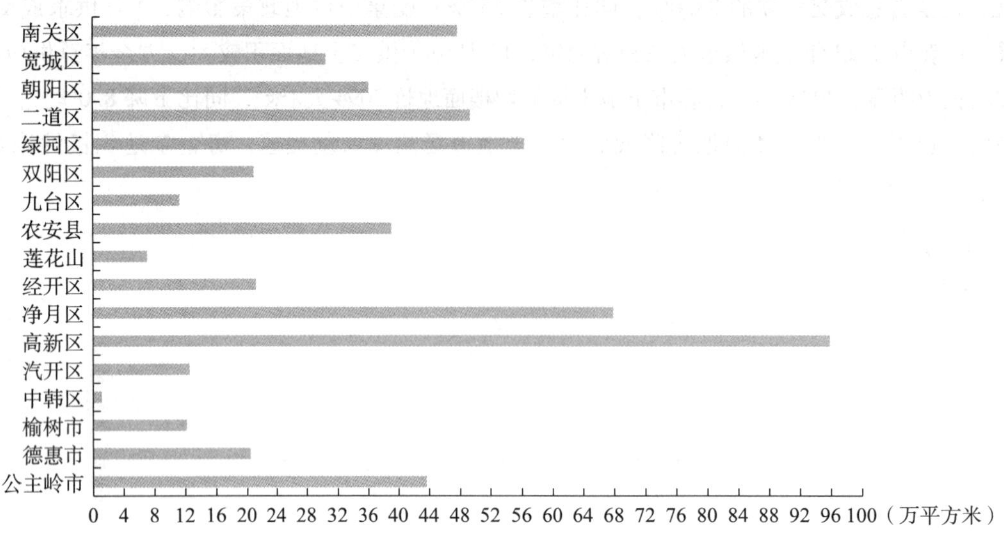

图 5-21-3 2023 年长春市商品房销售情况

数据来源：吉林省统计局。

5. 商品房销售价格相对稳定

吉林省统计局数据显示，2023 年，长春市商品房销售均价 8459 元/米^2，同比下降 1.1%；其中，商品住宅销售均价 8307 元/米^2，同比下降 5.6%。自 4 月起，长春市商品房销售均价进入下滑通道，同比最大降幅 20%。为稳定市场，长春市人民政府于 9 月 7 日出台《关于进一步促进房地产消费若干措施的通知》，出台 11 条政策，明确贷款贴息、购房补贴、公积金制度和棚户改造等多个方面明确支持政策，努力保持市场的平稳发展。随后，商品房销售均价自 10 月起同比降幅收窄，至 12 月回正，销售均价止跌，实现同比增长。虽然 2023 年中各月销售均价单月同比增速波动较大，但从总体来看，长春市商品房销售均价趋于相对稳定，政策持续放松推动市场需求筑底期接近尾声（见图 5-21-4）。

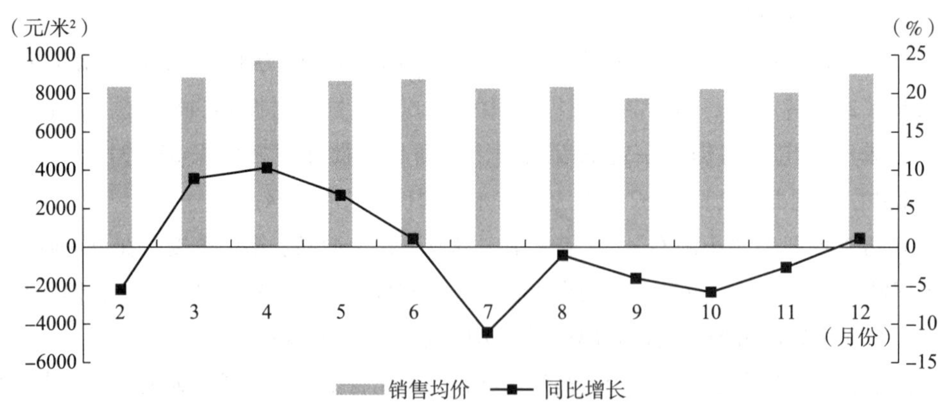

图 5-21-4 2023 年长春市各月商品房销售均价情况

数据来源：吉林省统计局。

从各区最高销售均价来看，在各城区中商品房最高销售均价出现在南关区，达到 12654 元/米^2，同比增长 21.6%，为各城区增幅首位；净月区、二道区紧随其后，分别为 10537 元/米^2、9931 元/米^2，同比分别增长 1.6%、7.9%。同比下降最大的是绿园区，最高销售均价 7201 元/米^2，同比下降 27.9%，不及长春市平均水平（见图 5-21-5）。

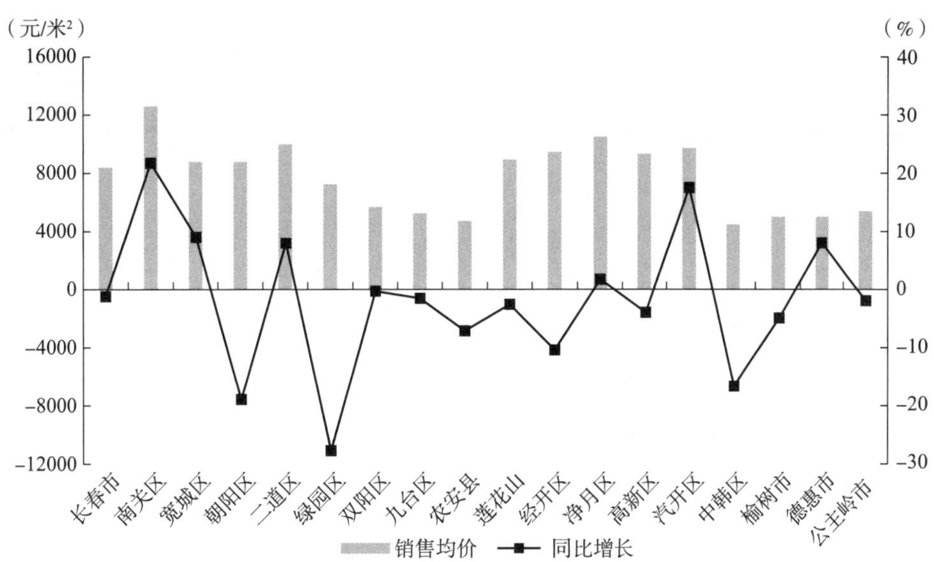

图 5-21-5　2023 年长春市及各行政分区商品房销售均价情况

数据来源：吉林省统计局。

6. 存量房市场活跃度下降

截至 2023 年底，长春市二手房房源挂牌面积 700.38 万平方米，同比增长 156.9%；挂牌均价 10192 元/米²，同比下降 12.4%。由于新房供应的大幅增加，二手房挂牌量激增楼市供大于求的局面短期难言改观，进而导致挂牌价格大幅降低，“以价换量”现象显现。长春市挂牌待售二手房房源延续价跌量涨态势（见图 5-21-6）。

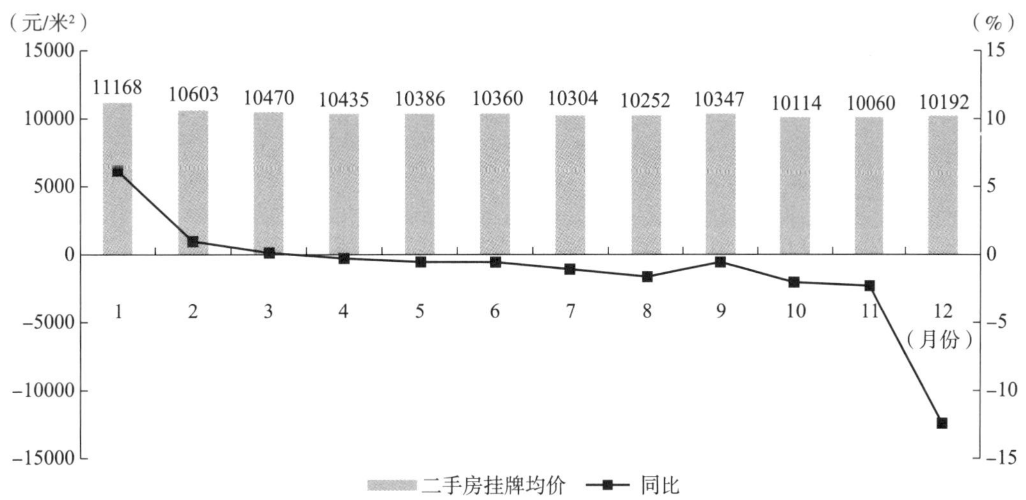

图 5-21-6　2023 年各月长春市二手房挂牌均价情况

数据来源：吉林省统计局。

2023 年，长春市二手房成交 786.1 万平方米，同比增长 1.14%。1—2 月受疫情影响，二手房交易几乎处于停滞状态，3 月后随着疫情防控取得成效，成交量开始稳步增长，相比 2022 年二手房交易市场热度有所恢复（见图 5-21-7）。

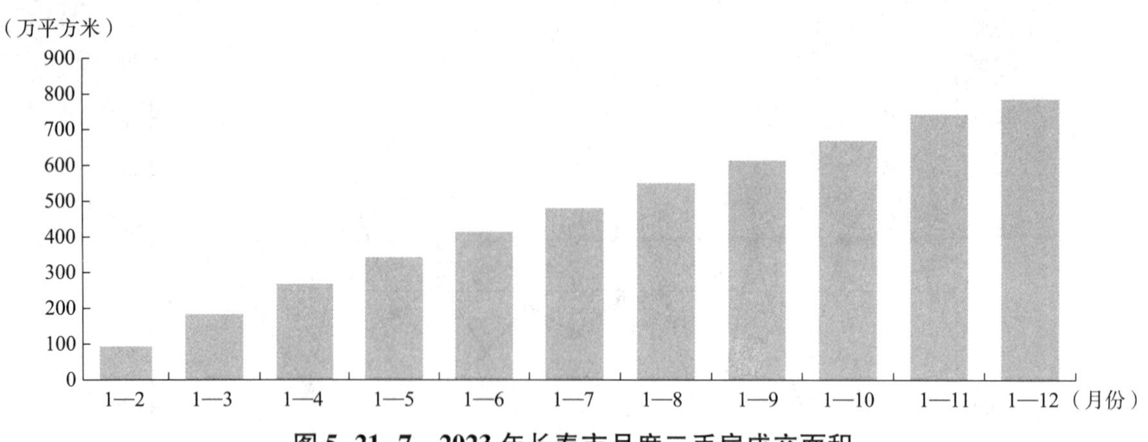

图 5-21-7　2023 年长春市月度二手房成交面积

数据来源：吉林省统计局。

（二）2023 年长春市住房保障工作进展

1. 住房保障工作平稳推进

截至 2023 年底，长春市发放困难群众救助金 15 亿元。为解决住房问题，长春市筹集 1 万套保障性住房，为低收入家庭提供安全、舒适的居住环境，改善困难群众的生活条件。

为满足留长高校毕业生的住房需求和生活保障，2023 年，长春市实施高校毕业生租房和生活补贴政策，为毕业生减轻经济负担，全年大学生留长人数 10. 3 万人。

2. 持续推进棚户区改造任务

2023 年，长春市棚户区改造情况有序推进，改造任务大幅改善居民的住房条件，消除安全隐患，提升基础设施水平，并满足群众的改造意愿，改造老旧小区 447 个，棚户区 7093 户。

（吉林省建设发展研究院）

Ⅵ.企 业 篇

导 读

本篇收录由中国房地产业协会和上海易居房地产研究院联合发布的2023—2024年中国房地产行业重要测评榜单及分析；房地产公司ESG测评研究成果；第十一届“广厦奖”获奖项目名单；中国房地产企业信用评价情况；中国房地产企业运营数据等。

一、2023—2024 年度房地产开发企业测评榜及分析

（一）2024 年房地产开发企业综合实力测评

发布机构：中国房地产业协会　上海易居房地产研究院

发布时间：2024 年 3 月 20 日

发布地点：北京

1. 测评榜单（见表 6-1-1）

表 6-1-1　2024 房地产开发企业综合实力 TOP500

2024 年排名	企业名称	2024 年排名	企业名称
1	保利发展控股集团股份有限公司	32	中交地产股份有限公司
2	中国海外发展有限公司	33	雅居乐集团控股有限公司
3	万科企业股份有限公司	34	金融街控股股份有限公司
4	华润置地有限公司	35	北京城建投资发展股份有限公司
5	招商局蛇口工业区控股股份有限公司	36	合生创展集团有限公司
6	龙湖集团控股有限公司	37	星河控股集团有限公司
7	绿城中国控股有限公司	38	信达地产股份有限公司
8	建发房地产集团有限公司	39	重庆华宇集团有限公司
9	越秀地产股份有限公司	40	武汉城市建设集团有限公司
10	新城控股集团股份有限公司	41	深圳控股有限公司
11	中国金茂控股集团有限公司	42	金辉集团股份有限公司
12	中国铁建房地产集团有限公司	43	杭州市城建开发集团有限公司
13	珠海华发实业股份有限公司	44	仁恒置地有限公司
14	杭州滨江房产集团股份有限公司	45	新希望五新实业集团有限公司
15	金地（集团）股份有限公司	46	上海建工房产有限公司
16	北京首都开发股份有限公司	47	中骏集团控股有限公司
17	中铁置业集团有限公司	48	上海城建置业发展有限公司
18	中国电建地产集团有限公司	49	广州市敏捷投资有限公司
19	大悦城控股集团股份有限公司	50	上海城投控股股份有限公司
20	美的置业集团有限公司	51	北京首创城市发展集团有限公司
21	保利置业集团有限公司	52	香港置地有限公司
22	卓越置业集团有限公司	53	石榴置业集团有限公司
23	联发集团有限公司	54	广东珠江投资股份有限公司
24	大连万达商业管理集团股份有限公司	55	深圳华侨城股份有限公司
25	大华（集团）有限公司	56	上海实业城市开发集团有限公司
26	上海中建东孚投资发展有限公司	57	龙记泰信实业集团有限公司
27	旭辉集团股份有限公司	58	复地（集团）股份有限公司
28	厦门国贸地产集团有限公司	59	广东星河湾房地产（集团）有限公司
29	路劲地产集团有限公司	60	北京金隅地产开发集团有限公司
30	远洋集团控股有限公司	61	中建壹品投资发展有限公司
31	融创中国控股有限公司	62	安徽伟星置业有限公司

续表

2024 年排名	企业名称	2024 年排名	企业名称
63	象屿地产集团有限公司	103	深圳市鹏瑞发展控股集团有限公司
64	青岛君一控股集团有限公司	104	嘉里建设有限公司
65	中能建城市投资发展有限公司	105	上海金桥出口加工区开发股份有限公司
66	中建玖合发展集团有限公司	106	山东银丰投资集团有限公司
67	中建智地置业有限公司	107	凯德置地（中国）投资有限公司
68	中天美好集团有限公司	108	成都天投创新园区建设投资有限公司
69	深圳地铁置业集团有限公司	109	杭州兴耀房地产开发集团有限公司
70	五矿地产有限公司	110	安徽省高速地产集团有限公司
71	瑞安房地产有限公司	111	重庆海成实业（集团）有限公司
72	中建信和地产有限公司	112	上海中奥实业发展有限公司
73	中冶置业集团有限公司	113	众安集团有限公司
74	成都兴城人居地产投资集团股份有限公司	114	济南历城控股集团有限公司
75	上海陆家嘴金融贸易区开发股份有限公司	115	成都万华投资集团有限公司
76	青岛海信房地产股份有限公司	116	成都高投置业有限公司
77	深圳市新南山控股（集团）股份有限公司	117	江苏华建地产集团有限公司
78	新世界中国地产有限公司	118	广州市方圆房地产发展有限公司
79	上海浦东开发（集团）有限公司	119	坤和建设集团股份有限公司
80	广州地铁集团有限公司	120	浙江金帝房地产集团有限公司
81	深圳市鸿荣源企业发展（集团）有限公司	121	武汉市城市建设投资开发集团有限公司
82	重庆新鸥鹏地产（集团）有限公司	122	雅戈尔集团股份有限公司
83	中国绿发投资集团有限公司	123	成都城投城乡发展有限公司
84	浙江建杭置业有限公司	124	成都轨道城市投资集团有限公司
85	广州市城市建设投资集团有限公司	125	广西荣和企业集团有限责任公司
86	中信泰富（中国）投资有限公司	126	中国旅游集团投资运营有限公司
87	荣安地产股份有限公司	127	广州珠实地产有限公司
88	东原房地产开发集团有限公司	128	青岛和达置业有限公司
89	上海宝华企业集团有限公司	129	京基集团有限公司
90	深圳市天健地产集团有限公司	130	粤海置地控股有限公司
91	中华企业股份有限公司	131	北京建工集团有限责任公司
92	天地源股份有限公司	132	保亿置业集团有限公司
93	安徽置地投资有限公司	133	厦门轨道交通集团有限公司
94	南京金基控股（集团）有限公司	134	京投发展股份有限公司
95	光明房地产集团股份有限公司	135	绿景控股股份有限公司
96	天安中国投资有限公司	136	南昌市政公用房地产集团有限公司
97	湖北联投集团有限公司	137	阳光大地置业集团有限公司
98	北京北辰实业股份有限公司	138	广东珠光集团有限公司
99	山东中建城市发展有限公司	139	浙江得力房地产开发有限公司
100	广西北投产城投资集团有限公司	140	北京天恒置业集团有限公司
101	四川邦泰置业有限公司	141	华远地产股份有限公司
102	云星集团	142	鸿翔房地产有限公司

续表

2024年排名	企业名称	2024年排名	企业名称
143	陕西建工房地产开发集团有限公司	183	北京中关村科学城建设股份有限公司
144	上海大名城企业股份有限公司	184	上海徐汇城市建设投资（集团）有限公司
145	南京颐居建设集团有限公司	185	浙江中豪房屋建设开发有限公司
146	九龙仓集团有限公司	186	江苏吴中地产集团有限公司
147	上海静投城市建设发展有限公司	187	浙江省交投控股集团有限公司
148	深圳市前海建设投资控股集团有限公司	188	河南信友置业集团有限公司
149	百汇房地产开发有限公司	189	北京科技园建设（集团）股份有限公司
150	北京泽信控股集团有限公司	190	青岛北岸置业集团有限公司
151	上海奉贤发展（集团）有限公司	191	江苏嘉宏投资集团
152	北京东亚新华投资集团有限公司	192	深圳金光华实业集团有限公司
153	文一地产有限公司	193	青岛地铁集团有限公司
154	长江实业集团有限公司	194	上海紫江（集团）有限公司
155	南京奥体建设开发有限责任公司	195	合肥城建发展股份有限公司
156	上海明捷置业有限公司	196	苏州工业园区建屋发展集团有限公司
157	格力地产股份有限公司	197	南宁轨道地产集团有限责任公司
158	西安京颐置业有限公司	198	上海临港控股股份有限公司
159	上海浦东发展（集团）有限公司	199	华盛建设集团有限公司
160	祥源控股集团有限责任公司	200	深圳市人才安居集团有限公司
161	中建七局地产集团有限公司	201	北京兴创房地产开发有限公司
162	青岛天一仁和控股集团有限公司	202	广西地产集团有限公司
163	华鸿嘉信控股集团有限公司	203	上海同济科技实业股份有限公司
164	世纪金源投资集团有限公司	204	天津泰达建设集团有限公司
165	福州市建设发展集团有限公司	205	杭州西湖房地产集团有限公司
166	恒通建设集团有限公司	206	山东鲁信置业有限公司
167	上海东航置业有限公司	207	厦门港务地产有限公司
168	新湖中宝股份有限公司	208	科学城（广州）投资集团有限公司
169	北京永同昌房地产开发集团有限公司	209	天津生态城投资开发有限公司
170	深圳市颐安投资集团有限公司	210	郑州美盛房地产开发有限公司
171	安徽新华房地产集团	211	新鸿隆祥地产集团有限公司
172	福星惠誉控股有限公司	212	上海徐房（集团）有限公司
173	华景川集团有限公司	213	天成晟和地产集团有限公司
174	深圳市振业（集团）股份有限公司	214	北京懋源房屋开发有限公司
175	厦门海沧投资集团有限公司	215	青岛青特产城集团有限公司
176	宁波江山万里置业有限公司	216	徐州市新盛投资控股集团有限公司
177	杭州华元房地产集团有限公司	217	苏州新区高新技术产业股份有限公司
178	保定市爱情地产集团有限公司	218	宁波市轨道交通集团有限公司
179	天津城市基础设施建设投资集团有限公司	219	厦门安居控股集团有限公司
180	北京首钢房地产开发有限公司	220	黑牡丹（集团）股份有限公司
181	苏州恒泰商用置业有限公司	221	无锡红豆置业有限公司
182	湖南运达房地产开发有限公司	222	广东联泰地产有限公司

续表

2024 年排名	企业名称	2024 年排名	企业名称
223	昌建控股集团有限公司	263	成都德商置业有限公司
224	天正地产集团有限公司	264	太古地产有限公司
225	上海市普陀区城市建设投资有限公司	265	东建集团
226	河南亚星置业集团有限公司	266	云南筑友房地产开发有限公司
227	天津天保基建股份有限公司	267	深圳市合正房地产集团有限公司
228	安徽皖投置业有限责任公司	268	长沙房产（集团）有限公司
229	恒力集团有限公司	269	深圳市特发集团有限公司
230	九巨龙房地产开发集团有限公司	270	莲花房地产开发有限公司
231	时代大地控股有限公司	271	广州市番禺祈福新邨房地产有限公司
232	浙江国鸿新瑞房地产集团有限公司	272	四川省远达集团有限公司
233	上海港城开发（集团）有限公司	273	杭州市房地产开发集团有限公司
234	杭州澳海控股集团有限公司	274	浙江钱江房地产开发集团有限公司
235	北京未来科学城置业有限公司	275	无锡新都房产开发有限公司
236	杭州宋都房地产集团有限公司	276	深圳市物业发展（集团）股份有限公司
237	宝业集团股份有限公司	277	南京栖霞建设股份有限公司
238	宸嘉发展集团有限公司	278	深圳市海岸投资集团有限公司
239	京能置业股份有限公司	279	泉州江南城市建设集团有限公司
240	北京海开控股（集团）股份有限公司	280	天津滨海新区建设投资集团有限公司
241	深圳市中洲投资控股股份有限公司	281	云南子元房地产开发股份有限公司
242	中国武夷实业股份有限公司	282	瑞源控股集团有限公司
243	北京住总集团有限责任公司	283	厦门源昌房地产开发有限公司
244	方远房地产集团有限公司	284	成都西部金沙鹭岛房地产开发有限责任公司
245	成都市锦江区统一建设有限公司	285	深圳市信义控股集团有限公司
246	深圳市新润园房地产开发有限公司	286	广东骏景湾地产集团有限公司
247	中国国际贸易中心股份有限公司	287	深圳市宏发投资集团有限公司
248	云南省建设投资控股集团有限公司	288	漳州城投地产集团有限公司
249	福成投资集团有限公司	289	天阳地产有限公司
250	河南东方今典房地产集团有限公司	290	苏宁环球股份有限公司
251	长沙城发恒伟置业有限公司	291	上海新黄浦实业集团股份有限公司
252	深圳市新世界集团有限公司	292	河北三河燕达实业集团有限公司
253	青岛城市建设集团股份有限公司	293	北京三元嘉业集团有限公司
254	浙江万固实业集团有限公司	294	苏州轨道交通资产经营有限公司
255	上海新长宁（集团）有限公司	295	山西建设投资集团有限公司
256	六安远大房地产开发有限公司	296	广西裕达控股集团有限公司
257	中锐投资集团	297	四川省清风现代房地产开发有限责任公司
258	浙江祥新科技控股集团有限公司	298	长春润德投资集团有限公司
259	天津市房地产发展（集团）股份有限公司	299	悦达地产集团有限公司
260	上海外高桥集团股份有限公司	300	经纬置地有限公司
261	福建大东海实业集团有限公司	301	宁波维科置业有限公司
262	厦门弘桥集团有限公司	302	东莞市光大房地产开发有限公司

续表

2024年排名	企业名称	2024年排名	企业名称
303	恒基兆业地产有限公司	343	深圳香江控股股份有限公司
304	嘉华国际集团有限公司	344	湖南建投地产集团有限公司
305	鲁商福瑞达医药股份有限公司	345	永威置业集团有限公司
306	江苏通银实业集团有限公司	346	首铸（广东）集团有限公司
307	广宇集团股份有限公司	347	上海佳运置业有限公司
308	山东众成地产集团有限公司	348	润达丰控股集团有限公司
309	武汉交通工程建设投资集团有限公司	349	运城市金鑫房地产有限公司
310	内蒙古巨华房地产开发集团有限公司	350	郑州普罗房地产开发有限公司
311	重庆昕晖房地产开发（集团）有限公司	351	福建港融房地产开发有限公司
312	成都市空港置业有限公司	352	青岛华新园置业集团有限公司
313	星联芒果集团有限公司	353	海马（郑州）房地产有限公司
314	青岛隆海集团有限公司	354	长沙德奥房地产开发有限公司
315	江阴市长江房地产开发有限公司	355	广西大都投资有限公司
316	上海爱建集团股份有限公司	356	广东筠城置业有限公司
317	湖北恒泰天纵控股集团有限公司	357	湖南梦想置业开发有限公司
318	和昌地产集团有限公司	358	珑远投资发展集团有限公司
319	湖北华生房地产开发有限公司	359	浙江方正房地产开发有限公司
320	广西恒力地产集团有限公司	360	青岛啤酒地产投资控股有限公司
321	鼎盛置业股份有限公司	361	泉州城建集团有限公司
322	西安经发地产有限公司	362	力旺集团有限公司
323	上海东苑房地产开发（集团）有限公司	363	浙江金昌房地产集团有限公司
324	中垠地产有限公司	364	吉林省伟峰实业有限公司
325	大汉城镇建设有限公司	365	上海鹏欣房地产（集团）有限公司
326	金成房地产集团有限公司	366	国锐地产有限公司
327	广西悦恒置业投资集团有限公司	367	广西祥嘉投资有限公司
328	吉宝置业集团	368	东莞实业投资控股集团有限公司
329	重庆融汇地产（集团）有限公司	369	长沙国欣房地产开发有限公司
330	天鸿集团	370	东海地产股份有限公司
331	杭州新天地集团有限公司	371	河南正弘置业有限公司
332	吉林大众置业集团有限公司	372	侨鑫集团有限公司
333	南益地产集团有限公司	373	长春高新房地产开发有限责任公司
334	烟建集团有限公司	374	福建百德置业有限公司
335	河南常绿集团置业有限公司	375	深圳经济特区房地产（集团）股份有限公司
336	济南城投置业有限公司	376	郑州朗悦置业有限公司
337	深圳市勤诚达集团有限公司	377	长沙华实领峰企业发展有限公司
338	广西兴进实业集团有限责任公司	378	上海金臣房地产发展有限公司
339	深圳市特区建设发展集团有限公司	379	吉林亚泰房地产开发有限公司
340	上海张江高科技园区开发股份有限公司	380	东莞宏远工业区股份有限公司
341	江苏水利房地产开发有限公司	381	重庆渝开发股份有限公司
342	南宁威宁房地产开发有限公司	382	合能投资有限公司

续表

2024 年排名	企业名称	2024 年排名	企业名称
383	佛山市恒福兴达投资集团有限公司	423	重庆两江新区置业发展有限公司
384	中山市世光创建集团有限公司	424	三河雷捷房地产开发有限公司
385	卧龙地产集团股份有限公司	425	山东儒辰控股集团有限公司
386	宁波奥克斯置业有限公司	426	东莞市三正房地产开发有限公司
387	江苏龙信置业有限公司	427	信和置业有限公司
388	湖南嘉宇投资控股有限公司	428	湖南麓谷发展集团有限公司
389	万洋众创城投资集团有限公司	429	南通银洲房地产开发有限公司
390	长春豪邦房地产开发集团有限公司	430	信城不动产集团有限公司
391	中车科技园发展有限公司	431	河南振兴房地产（集团）有限公司
392	福建正祥投资集团有限公司	432	江苏铂悦建设有限公司
393	上海弘久实业集团有限公司	433	青岛海发国有资本投资运营集团有限公司
394	龙城产业投资控股集团有限公司	434	美林基业集团有限公司
395	深圳市泰丰投资集团有限公司	435	南宁大西洋置业有限公司
396	深圳市益田集团股份有限公司	436	苏州安和广悦置业有限公司
397	九颂山河置业集团有限公司	437	上海万业企业股份有限公司
398	翔顺控股集团有限公司	438	金新城置业集团有限公司
399	重庆俊豪实业（集团）有限责任公司	439	广东世荣兆业股份有限公司
400	美好未来企业管理集团有限公司	440	福建百宏房地产开发有限公司
401	长春新星宇房地产开发有限责任公司	441	福建漳龙集团有限公司
402	长兴城市建设投资集团有限公司	442	惠州市隆生房地产有限公司
403	山东万城集团有限公司	443	南京高科股份有限公司
404	上海中环投资开发（集团）有限公司	444	江苏新能源置业集团有限公司
405	远创置业集团有限公司	445	大百汇实业集团有限公司
406	湖南省中欣房地产开发集团有限公司	446	广东建华置地投资集团有限公司
407	浙江省赞成集团有限公司	447	重庆飞洋控股（集团）有限公司
408	三河兴达控股集团有限公司	448	广州尚东置业有限公司
409	广东华标创业集团有限公司	49	纽宾凯集团有限公司
410	福建德兴集团房地产开发有限公司	450	广西嘉和置业集团有限公司
411	佛山建发城市发展有限公司	451	万骏（福建）房地产开发有限公司
412	苏宁置业集团有限公司	452	福州市城乡建总集团有限公司
413	成都市圣沅房地产开发有限公司	453	福建中融房地产集团有限公司
414	浙江骏宏集团有限公司	454	东莞市世城置业有限公司
415	杭州市地铁集团有限责任公司	455	万新控股集团有限公司
416	深圳市恒裕实业（集团）有限公司	456	江苏亚伦集团股份有限公司
417	冠城大通股份有限公司	457	云南汉华温泉国际文化旅游度假村有限公司
418	武汉地铁集团有限公司	458	南京金鹰国际集团有限公司
419	中核兴业控股有限公司	459	山东恒堃控股集团有限公司
420	江东控股集团有限责任公司	460	上海市北高新股份有限公司
421	天津住宅建设发展集团有限公司	461	北京和裕房地产开发有限公司
422	武汉伟鹏控股集团有限公司	462	青岛鑫江置业集团有限公司

续表

2024 年排名	企业名称	2024 年排名	企业名称
463	合肥滨湖投资控股集团有限公司	482	福建中联房地产开发集团有限公司
464	长春锦溢房地产开发有限公司	483	深圳华强新城市投资集团有限公司
465	江苏凤凰置业投资股份有限公司	484	福建汇泉投资有限公司
466	太仓市城市建设投资集团有限公司	485	厦门古龙房地产有限公司
467	合肥市轨道交通集团有限公司	486	东莞市新世纪房地产开发有限公司
468	沈阳市城建房地产开发集团有限公司	487	上海青禾置业有限公司
469	金为集团有限公司	488	广东海骏达置业投资集团有限公司
470	南安金座置业有限公司	489	天津贻成集团有限公司
471	河南裕华置业有限公司	490	山东瑞东房地产开发有限公司
472	安徽金大地投资控股有限公司	491	嘉凯城集团股份有限公司
473	西藏城市发展投资股份有限公司	492	天润置地集团有限公司
474	青岛康大时代房地产开发有限公司	493	北京绿宸控股集团有限公司
475	江苏常发地产集团有限公司	494	海南机场设施股份有限公司
476	金桥房地产开发股份有限公司	495	长春国信投资集团有限公司
477	江西恒茂房地产开发有限公司	496	沙河实业股份有限公司
478	保定市民生房地产开发有限公司	497	湖南福天置业有限公司
479	湖州市城市投资发展集团有限公司	498	宁夏亘元房地产开发有限公司
480	长春融大房地产开发有限公司	499	莆田市国投置业有限公司
481	烟台飞龙集团有限公司	500	北京北投置业有限公司

2. 测评分析

（1）年度特征分析。

①市场延续下行探底，地产政策托举并用。

2023 年，我国房地产市场延续深度调整，新建商品房销售面积及销售金额同比走势在经历年初的短暂回升后迅速回落，并自 6 月开始同比跌幅逐渐扩大。在此情形下，我国房地产政策也经历力度由弱转强、政策倾向由“托而不举”向“托举并用”的转变。地方层面，2023 年，地方调控政策松绑加力提速，尤其自 7 月中央政治局定调“房地产市场供求关系发生重大变化”后，核心一、二线城市纷纷开启优化“四限”政策浪潮，三、四线城市住房公积金支持政策和购房财税补贴政策持续加码。根据克而瑞统计，2023 年地方累计出台房地产调控政策 800 条，处于历史高位，其中，宽松性政策 704 条，占比 88%（见图 6-1-1）。

2024 年 1 月，央行、金融监管总局发布《关于金融支持住房租赁市场发展的意见》，强化住房租赁市场发展支持；住房城乡建设部、金融监管总局指导各地级及以上城市建立房地产融资协调机制，满足符合条件的房地产项目合理融资需求。2 月，住房城乡建设部、金融监管总局联合召开城市房地产融资协调机制工作视频调度会议，要求乘势而上，扩大融资协调机制成效，并按照协调机制“应建尽建”原则，3 月 15 日前，地级及以上城市要建立融资协调机制。3 月，两会政府工作报告将房地产工作列入“防风险”任务板块，提出要优化房地产政策，对不同所有制房地产企业合理融资需求要一视同仁给予支持，适应新型城镇化发展趋势和房地产市场供求关系变化，加快构建房地产发展新模式，加大保障性住房建设和供给，完善商品房相关基础性制度，

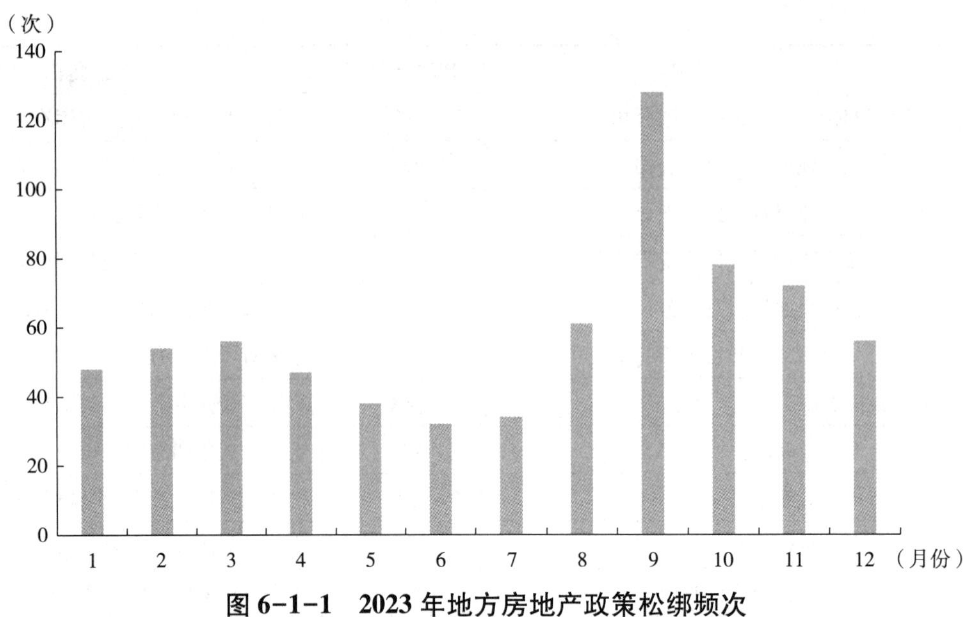

图 6-1-1　2023 年地方房地产政策松绑频次

数据来源：CRIC、上海易居房地产研究院。

满足居民多样化住房需求等。

2023 年，全国商品房销售面积、销售金额均延续下滑走势，同比跌幅分别为 8.5%、6.5%。其中，在前 5 个月，商品房销售面积和销售金额同比出现短暂企稳回升，但自 6 月开始，市场再次进入下行通道。尽管随着下半年房地产稳市救市力度的加大，下跌趋势有所放缓，但商品房销售面积和销售金额累计同比跌幅仍呈持续扩大趋势。最终，全年销售面积同比下跌 8.5%，跌幅较上年收窄 15.8 个百分点，销售面积规模回落至 2012 年水平；销售金额同比下跌 6.5%，跌幅较上年收窄 20.2 个百分点，销售金额规模与 2016 年水平基本持平（见图 6-1-2）。

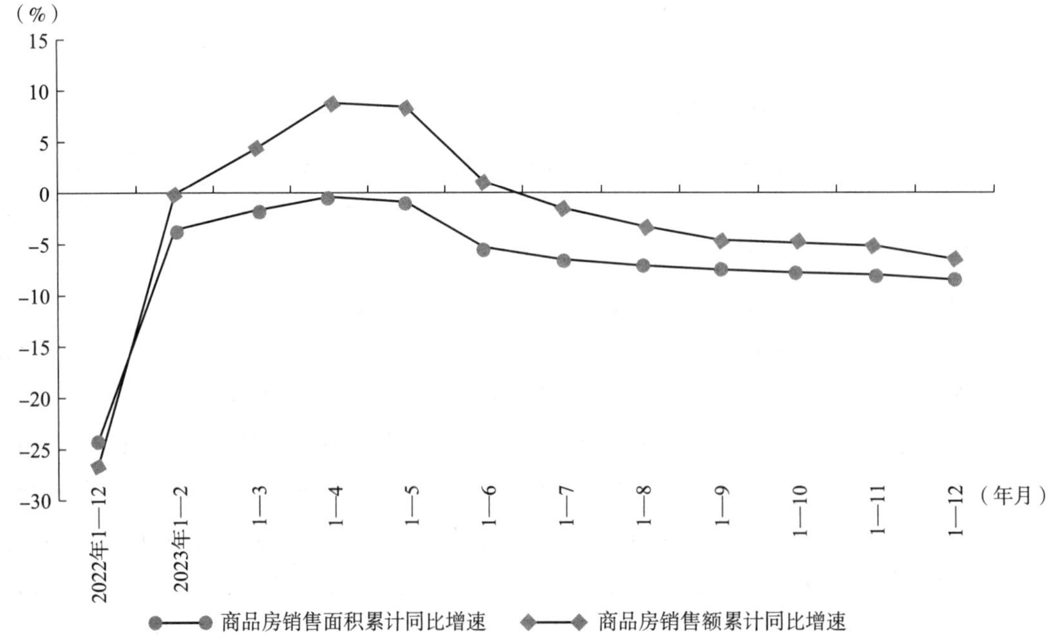

图 6-1-2　2022—2023 年全国商品房销售面积及销售金额累计同比增速情况图

数据来源：国家统计局。

综上所述，2023 年，房地产行业延续深度调整，市场仍处于下行、探底调整期。政策方面，在坚持“房住不炒”调控主基调前提下，房地产政策逐渐由“托而不举”向“托举并用”转变。其中，上半年，政策多以对现行制度的优化调整为主，如建立新发放首套住房个人住房贷款利率政策动态调整长效机制、实施改善优质房企资产负债表计划、优化土地供应信息公开制度和出让节奏、规范房地产经纪服务等，政策力度相对缓和。下半年，随着 7 月中共中央政治局会议定调“我国房地产市场供求关系发生重大变化”，调控积极性和政策力度显著提升。此外，加快推进保障性住房建设、“平急两用”公共基础设施建设、城中村改造等“三大工程”，加快构建房地产发展新模式等提法也频繁出现在中央层面重要会议上。销售方面，在经历年初短暂回升后，商品房销售面积和销售金额很快再次进入下行通道。尽管随着下半年房地产稳市救市政策力度的加大，下行趋势有所放缓，但商品房销售面积和销售金额总体仍保持下行探底走势。

②综合实力保利第一，排名变动率有缩小。

上海易居房地产研究院经过客观、公正、专业和科学的测评研究，形成 2024 房地产开发企业综合实力 TOP500 测评成果。前三位由保利、中海、万科占据。其中，保利超越中海、万科，升至第一位，华润保持第四位，招商蛇口、龙湖、绿城、建发、越秀、新城分列第五至第十位（见表 6-1-2）。

表 6-1-2　2023 年和 2024 年 TOP10 房企名次变化

房企名称	2023 年排名	2024 年排名	排名变化
保利	3	1	↑（2）
中海	1	2	↓（1）
万科	2	3	↓（1）
华润	4	4	—
招商蛇口	7	5	↑（2）
龙湖	6	6	—
绿城	9	7	↑（2）
建发	11	8	↑（3）
越秀	14	9	↑（5）
新城	10	10	—

数据来源：CRIC、上海易居房地产研究院。

2024 年，榜单变动率有所缩小，头部房企排名相对稳定。具体来看，相对 2023 年，TOP10 变动率 20%，TOP50 变动率 18%，TOP100 变动率 15%，TOP500 变动率 19%。排名提升的房企普遍经营稳健、资金面广、产品力扎实，其中建发、越秀、中铁置业等国资背景的房企排名提升显著。长线来看，相对 2018 年，2024 年 TOP10、TOP50、TOP100 变动率分别为 60%、58%、56%（见图 6-1-3）。由此来看，房企经营格局在近几年发生巨大变化，房企排名经历大幅度洗牌，TOP10 房企排名变动率最高。

从企业性质来看，TOP100 房企中，央企、国企数量占比超过一半，达到 58%，TOP10 房企中仅有龙湖和新城两家民营房企，其余均为央企、国企或混合所有制房企。央企、国企推动去化积极拿地领跑市场，成为支撑房地产市场的重要角色。

③华东西部占比提升，华南占比降幅最大。

以 TOP500 房企总部所在地区域为标准进行划分，其中，华东地区占比 41.4%，西部地区占比 7.6%，比重较上年有所上升；华南地区占比 22.6%，华北地区占比 14.2%，中部地区占比 11.4%，比重较上年有所下降，东北地区占比 2.6%，与上年持平（见图 6-1-4）。华东华南房企数量之和占比超六成，华东房企数量占比较上年上升 3.8 个百分点，涨幅最高，华北、华南房企数量占比较上年下降 1.8 个百分点，降幅最大。

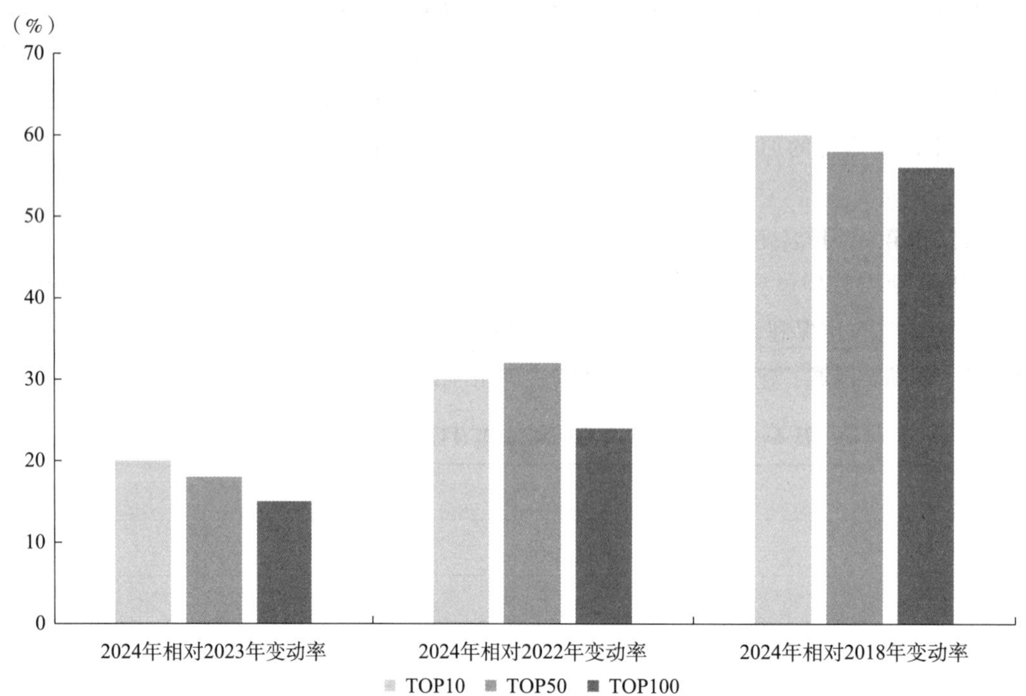

图 6-1-3　2024 年各梯队房企相对 2023 年、2022 年、2018 年变动情况

数据来源：上海易居房地产研究院。

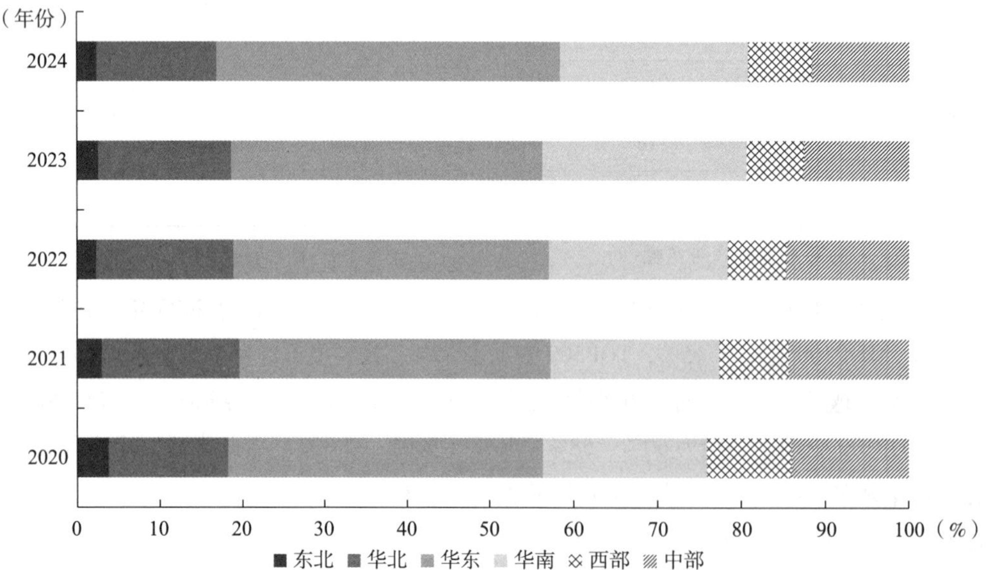

图 6-1-4　2020—2024 年房地产开发企业综合实力 TOP500 区域分布

数据来源：CRIC、上海易居房地产研究院。

（2）企业规模分析。

①资产规模降幅收窄，优质房企逆市扩张。

2023 年，TOP500 房地产开发企业总资产均值 847.85 亿元，同比下降 1.50%；净资产均值 188.16 亿元，同比下降 0.56%（见图 6-1-5）。2023 年 TOP500 房企总资产、净资产规模继续下降，但降幅较上年有明显收缩。

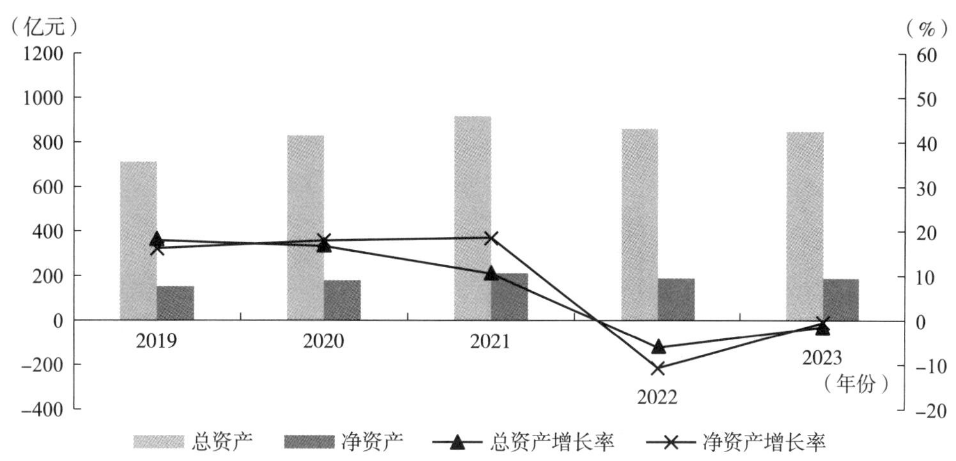

图 6-1-5　2019—2023 年 TOP500 房企平均资产规模水平及其变化情况

数据来源：CRIC、上海易居房地产研究院。

2023 年，商品房销售持续下行，房企继续缩表维持稳健经营，拿地投资态度谨慎，积极去库存回笼资金，导致资产规模下行。企业层面，民营房企缩表态势明显，仅有少数优质民企资产规模持续扩张。央企财务管理严格，在逆周期阶段展现较强的持续经营能力。部分地方国企区域深耕经验丰富，且具备融资优势，积极参与地方投资。

②销售规模持续下滑，央企国企表现突出。

2023 年，全国商品房销售面积 111735 万平方米，同比下降 8.5%；商品房销售额 116622 亿元，同比下降 6.5%。其中，住宅销售面积同比下降 8.2%，办公楼销售面积同比下降 9.0%，商业营业用房销售面积同比下降 12.0%；住宅销售额同比下降 6.0%，办公楼销售额同比下降 12.9%，商业营业用房销售额同比下降 9.3%。

2023 年，TOP500 房企全年销售金额同比下降 10.45%，TOP100 房企全年销售金额同比下降 13.04%，TOP10 房企全年销售金额同比下降 13.36%（见表 6-1-3）。整体来看，2023 年房地产市场继续承压，销售处于低位调整阶段。尽管政策面持续发力，各地购房政策优化，但购房者的信心修复不及预期，市场需求不足，成交量持续下滑，但下降幅度较上年有所收窄。市场整体调整背景之下，部分房企展现出较强韧性和修复能力，积极把握市场窗口机会，推进销售去化，如中海、华润、招商蛇口、建发、华发等房企 2023 年销售金额实现增长，其中联发、国贸、象屿等地方国企的销售额同比增幅超过 20%。

表 6-1-3　2023 年全国商品房与 TOP500 房企销售情况对比

项　目	全国商品房销售	TOP500 销售	TOP100 销售	TOP10 销售
销售面积（万平方米）	111735	31711	26296	12652
同比增长率（%）	-8.50	-19.01	-18.35	-30.92
销售金额（亿元）	116622	49699	38544	17928
同比增长率（%）	-6.50	-10.45	-13.04	-13.36

数据来源：国家统计局、CRIC、上海易居房地产研究院。

具体到各梯队，TOP10 房企销售金额同比集中在-20%～20%区间，TOP11～20 房企销售金额同比集中在-40%～0 区间,TOP21～30 房企业绩分化现象最明显，1 家房企实现销售金额大幅正增长，3 家房企销售金额同比降幅超过 40%（见图 6-1-6）。

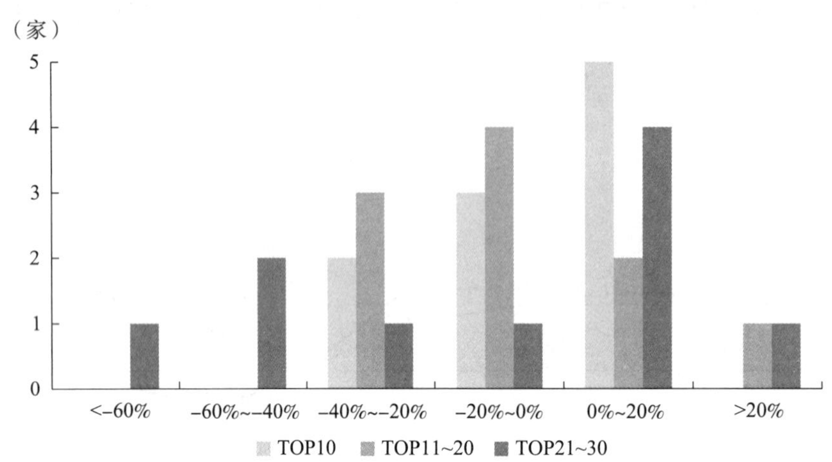

图 6-1-6　各梯队房企 2023 年业绩同比增速分布

数据来源：企业公告、上海易居房地产研究院。

克而瑞数据显示，2023 年内销售规模（全口径）超过 1000 亿元的房企 16 家，数量较上年减少 4 家（见图 6-1-7）。2023 年房企销售格局分化持续，央企、国企销售表现明显好于民营房企，16 家千亿房企中仅有 5 家民营房企，其余 11 家为央企、国企，或股东有国资背景。保利发展、万科、中海、华润 4 家房企跻身于“三千亿阵营”，2023 年销售规模超过 3000 亿元的房企数量与上年持平。“五千亿阵营”消失，已连续两年没有房企销售规模超过 5000 亿元。

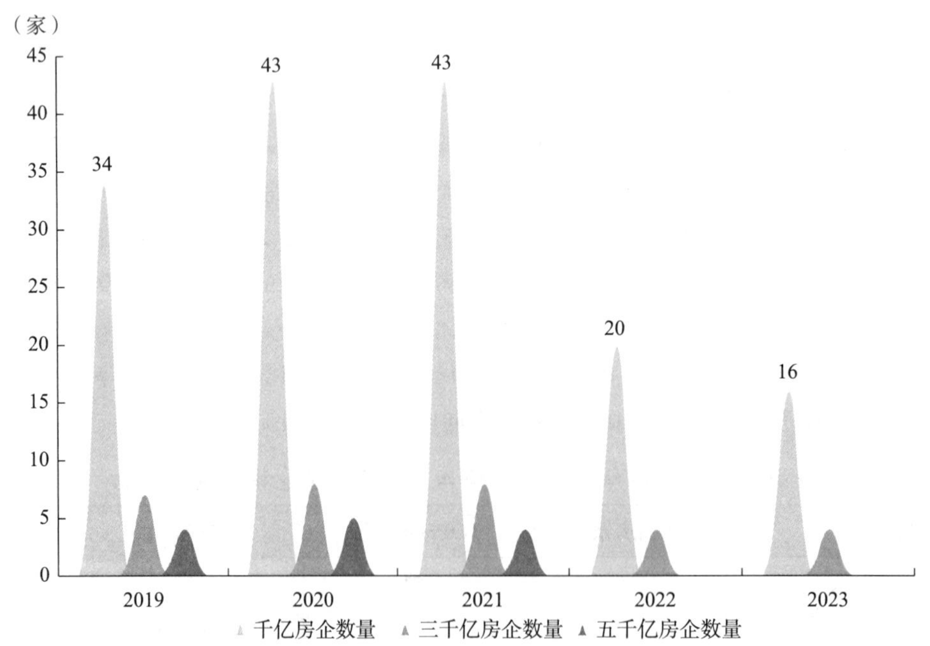

图 6-1-7　2019—2023 年千亿房企数量统计

数据来源：CRIC、上海易居房地产研究院。

③民营房企销售受限，各梯队集中度下滑。

从测评结果看，2023 年 TOP10、TOP50、TOP100、TOP200 销售金额分别约占 TOP500 销售金额的 36%、67%、78%、90%（见图 6-1-8）。相较于 2022 年的 37%、67%、80%、91%，TOP10、TOP100、TOP200 房企集中度均有小幅下降，TOP50 房企集中度维持不变。

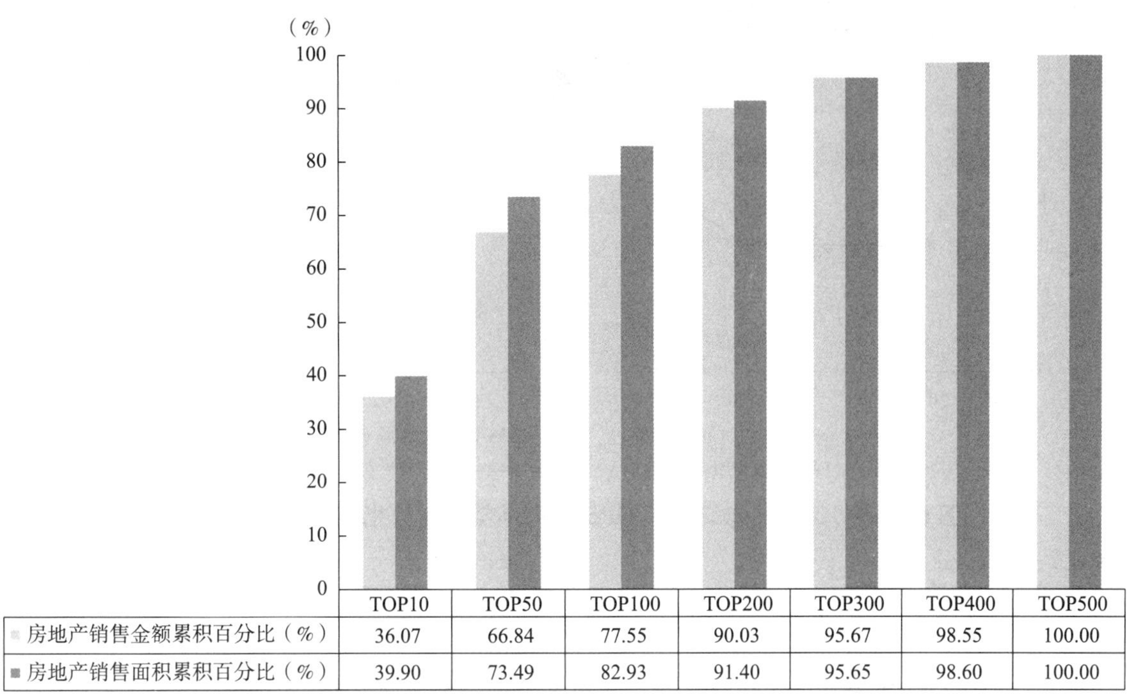

	TOP10	TOP50	TOP100	TOP200	TOP300	TOP400	TOP500
房地产销售金额累积百分比（%）	36.07	66.84	77.55	90.03	95.67	98.55	100.00
房地产销售面积累积百分比（%）	39.90	73.49	82.93	91.40	95.65	98.60	100.00

图 6-1-8　2023 年 TOP500 房企销售金额和销售面积累计百分比

数据来源：CRIC、上海易居房地产研究院。

（3）风险管理分析。

①杠杆规模有所回升，房企偿债压力加大。

TOP500 房企 2023 年资产负债率均值 63.84%，同比下降 3.34 个百分点；净负债率均值 96.92%，同比上升 7.94 个百分点（见图 6-1-9），负债维持在高位。在总有息负债规模变动相对较小的情况下，净负债率持续上涨的主要原因在于现金总额的下滑。2023 年房地产销售市场表现疲软，置业者购房信心不足，同时行业融资未有明显改善，房企资金面压力较大。短期偿债能力方面，2023 年 TOP500 房企流动比率均值 1.74，同比下降 0.03；速动比率均值 0.76，同比下降 0.06，二者同比均有小幅下滑。超过七成的房企速动比率小于 1，可变现的流动资产无法覆盖流动债务，短期偿债压力加大。

②到位资金总额回落，国内贷款占比提升。

国家统计局数据显示，2023 年，房地产开发企业到位资金 127459 亿元，同比下降 13.6%。从资金来源看，国内贷款 15595 亿元，同比下降 9.9%；利用外资 47 亿元，同比下降 39.1%；自筹资金 41989 亿元，同比下降 19.1%；定金及预收款 43202 亿元，同比下降 11.9%；个人按揭贷款 21489 亿元，同比下降 9.1%（见表 6-1-4）。

2023 年以来，虽然房企融资面利好政策力度持续加大，但实际受益的仅限于优质房企，整体融资面依然疲软，多数房企自身回血能力不足，企业到位资金压力较大。2023 年，房地产开发企业到位资金同比持续下降，其中，随着一系列融资放松政策的落地，年内国内贷款同比有所下降，但资金占比较上年有所提升；对于多数民企而言，境外融资依然处于冰封期，利用外资同比降幅最大，达到 39.1%，利用外资金额占比下降；商品房销售金额大幅下滑，以定金及预收款和个人按揭贷款为主的其他资金同比下滑，但降幅有所收窄，其他资金占

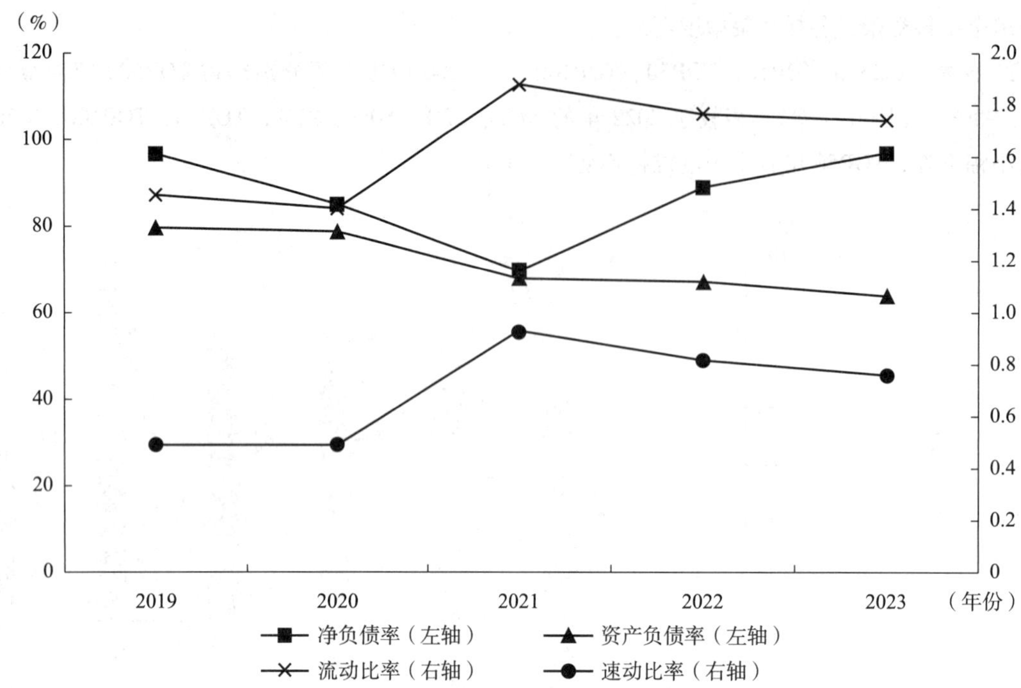

图 6-1-9　2019—2023 年 TOP500 房企偿债能力指标均值对比情况

数据来源：Wind、企业年报。

比小幅上涨（见图 6-1-10）。

表 6-1-4　2023 年房地产开发企业资金来源及同比变化

资金来源	2023 年（亿元）	同比增长（%）
开发企业到位资金总额	127459	-13.6
国内贷款	15595	-9.9
利用外资	47	-39.1
自筹资金	41989	-19.1
其他资金	69828	-11.1
其中：定金及预收款	43202	-11.9
个人按揭贷款	21489	-9.1

数据来源：国家统计局。

③融资政策持续优化，境内债权占比扩大。

2023 年，房地产行业供给端金融支持政策发力。上半年，融资利好政策偏向支持财务状况较为良好的优质房企。1 月，有关部门起草《改善优质房企资产负债表计划行动方案》。2 月，证监会启动不动产私募投资基金试点，支持不动产市场平稳健康发展。下半年，政治局会议定调“行业供需关系发生重大转变”，之后融资政策支持力度有所加强。8 月，证监会明确上市房企再融资不受破发、破净、亏损限制。10 月，中央金融工作会议强调，要完善房地产金融宏观审慎管理，一视同仁满足不同所有制房地产企业合理融资需求。11 月，央行、金融监管总局、证监会三部门召开座谈会，提出“三个不低于”的目标，随后多家银行召开房地产企业代表座谈会，明确将更好地支持房地产企业合理融资需求。

2023 年，TOP50 房企融资总额 4987.35 亿元，同比下降 29.62%。分季度来看，第一季度虽同比大幅下滑，但仍为年度融资高峰，第二季度房地产融资发行主体继续向央企、国企集中，融资总额同比下降 25.76%，第

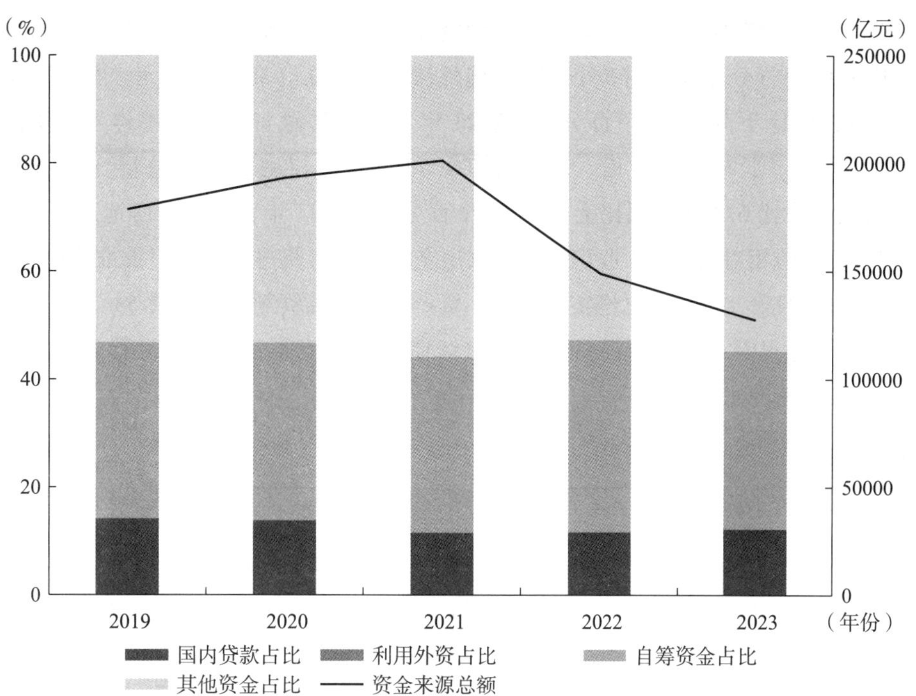

图 6-1-10　2019—2023 年全国房地产开发企业资金到位情况

数据来源：国家统计局。

三季度融资环比回升，总量与上年基本持平，第四季度融资总量大幅下滑，同比下降 67.10%（见图 6-1-11）。虽然自 2023 年以来，先后有多部门强调，要促进金融与房地产正常循环，但前期融资开闸仅限于优质房企，发债规模位于前列的包括招商蛇口、厦门国贸、金融街等国企，行业融资面仍然处于筑底阶段，民营房企尤其是出险房企融资难的问题依然突出。下半年，民营房企的融资利好政策力度加大，但对房企融资的支持效果有待于政策的进一步落地，第四季度房企融资规模仍处于低谷。

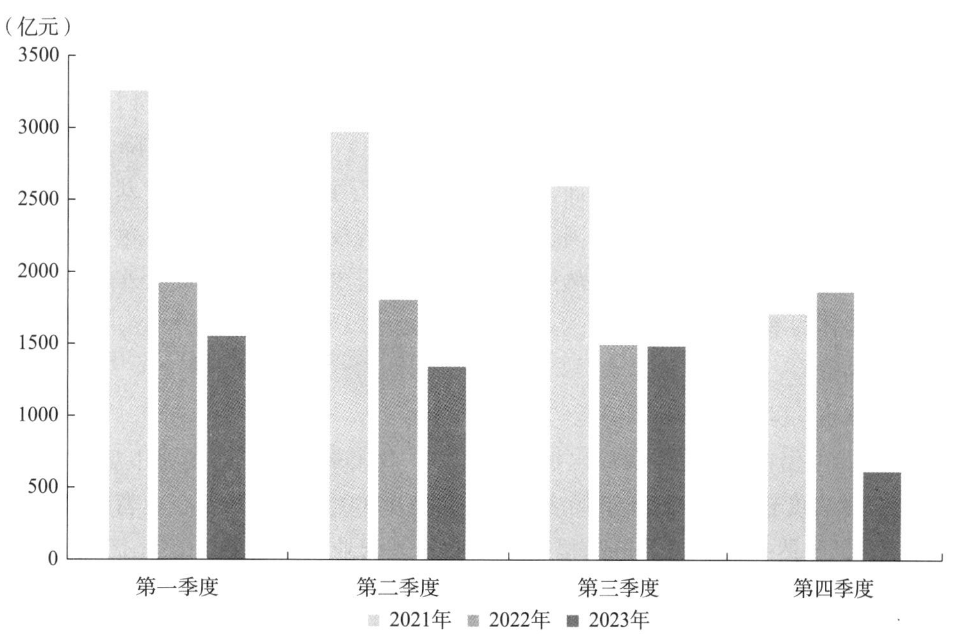

图 6-1-11　2021—2023 年 TOP50 房企季度融资额情况

数据来源：上海易居房地产研究院。

从融资结构来看，2023 年 TOP50 房企境内债权融资总量 3870. 47 亿元，同比下降 26. 64%，融资量占比 77. 61%，同比上升 3. 16 个百分点（见图 6-1-12）。境外债权融资总量 324. 67 亿元，同比下降 42. 78%，境外债权融资占比 6. 51%，同比下降 1. 50 个百分点。2023 年房企境外融资渠道基本停滞，境内债权融资仍为 TOP50 房企融资主要渠道。股权融资方面，2023 年 TOP50 房企股权融资金额总量 314. 94 亿元，同比上升 57. 34 个百分点，融资量占比 6. 31%，同比上升 3. 49 个百分点。2023 年金融支持房地产行业“第三支箭”成效显现，房企股权融资热情相对高涨，A 股房企中 8 家房企增发方案获得监管部门批准通过，其中陆家嘴、招商蛇口、华发股份、福星股份 4 家房企已经实施定增。资产证券化融资额同比下滑 54. 23%至 477. 27 亿元，占比也同比下降 5. 15 个百分点至 9. 57%。另外，随着永续债纳入负债监管，房企发行热情持续消退，2023 年 TOP50 房企仍然没有发行新的永续债。

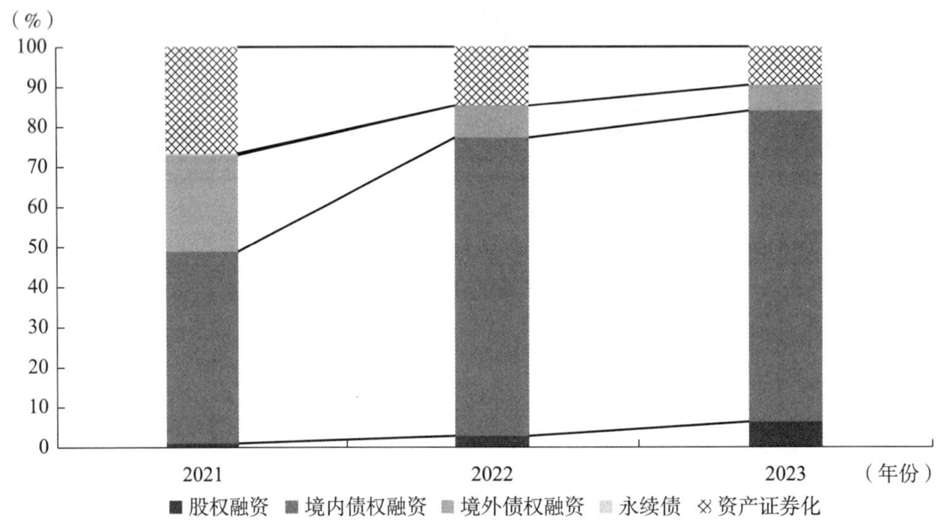

图 6-1-12　2021—2023 年 TOP50 房企融资结构

数据来源：上海易居房地产研究院。

从融资成本来看，2023 年 TOP50 房企新增融资成本 3. 56%，同比下降 0. 19 个百分点，其中，境内债券加权平均融资成本 3. 40%，同比下降 0. 08 个百分点；境外债券加权平均融资成本 8. 04%，同比上升 1. 31 个百分点；资产证券化加权平均成本 3. 82%，较上年上升 0. 44 个百分点。新增融资成本下降，一方面，由于融资成本较低的境内债券融资占比持续提升；另一方面，2023 年债券发行主体以规模较大、基本面良好、信用资质较高的优质房企为主，招商蛇口、万科、华润等国资背景房企发行规模靠前，带动整体融资成本下降。境外融资方面，对于大部分房企而言，境外融资环境依然处于冰封期，仅有少部分房企完成境外融资，万达发行的境外债券成本 11%，拉高整体利率水平。

（4）盈利能力分析。

①营业收入降幅缩小，房企重视管理红利。

2023 年，房地产市场仍在筑底盘整负面出清的过程中，政策端频频发力提振市场信心，房企业绩呈现边际修复趋势，但复苏力度较弱，房地产市场表现低迷。TOP500 房地产开发企业营业收入均值 107. 53 亿元，同比下降 4. 72%，虽然持续下滑，但降幅已大幅收窄。营业成本均值 86. 76 亿元，同比下降 3. 91%（见图 6-1-13）。净利润均值 3. 19 亿元，同比下降 3. 37%，现金及现金等价物余额均值 69. 15 亿元，同比下降 5. 17%（见图 6-1-14），行业整体销售同比回落，同时房企积极推进债务管理、“保交付”等工作，现金余额持续下降。

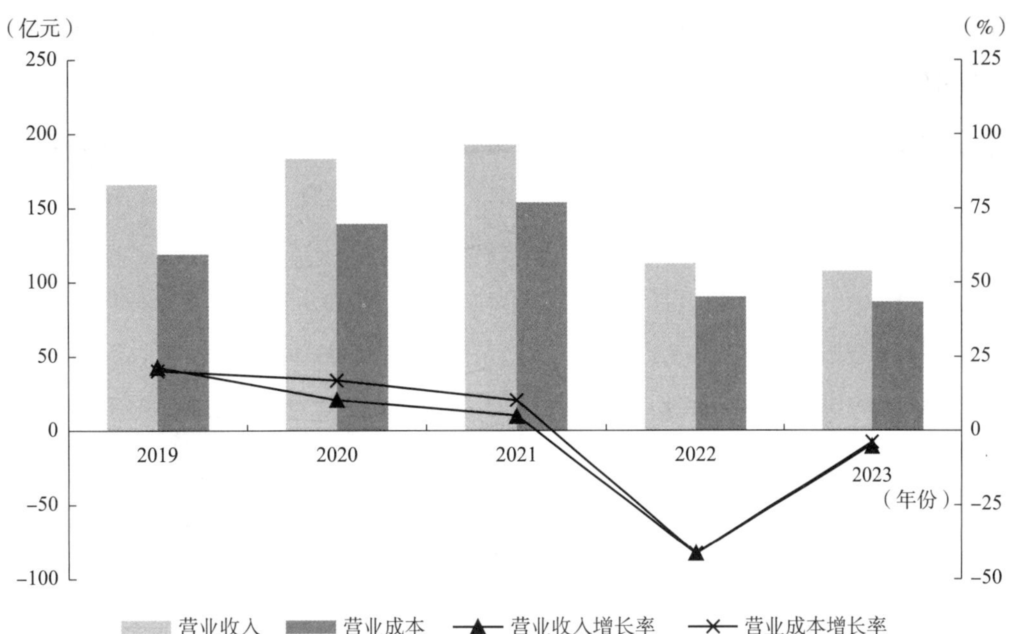

图 6-1-13　2019—2023 年 TOP500 房企营业收入与营业成本情况

数据来源：企业公告、Wind、上海易居房地产研究院。

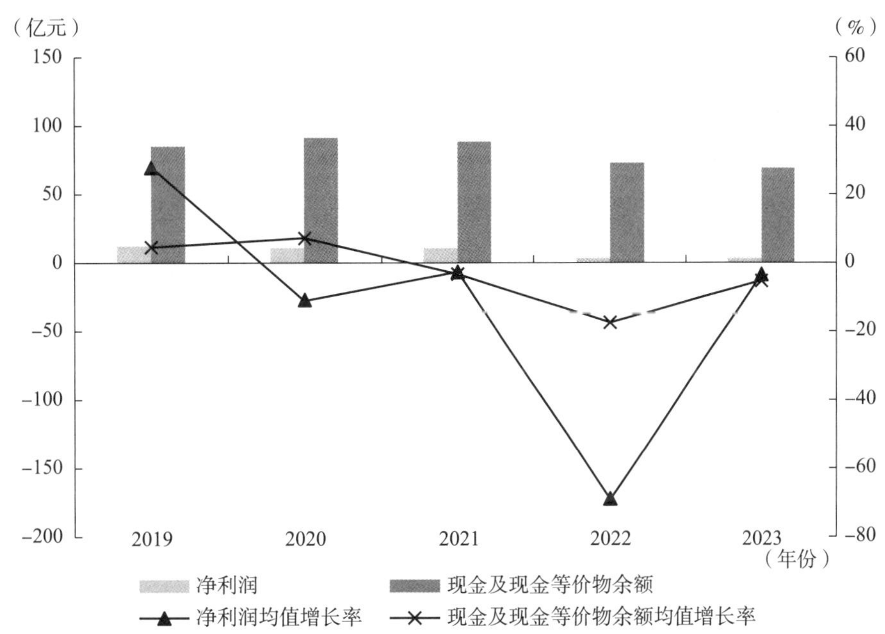

图 6-1-14　2019—2023 年 TOP500 房企绝对盈利能力指标均值变动情况

数据来源：企业公告、Wind、上海易居房地产研究院。

房企利润空间持续收窄，主要有以下原因：第一，市场下行房企承受较大去化压力，营销端口多采取打折促销的方式加速去化；第二，前期部分高地价项目结转影响仍在传导，低利润项目结算较为集中；第三，房地产市场持续下滑，导致资产价格下跌，房企结合市场变化对存货计提大额减值，冲击企业的盈利能力。

2023 年，TOP500 房地产开发企业三费均值 12.62 亿元，其中销售费用均值 3.67 亿元，同比减少 1.02%；

管理费用均值 4.12 亿元，同比减少 3.74%；财务费用均值 4.83 亿元，同比增长 0.84%。三费占营业收入的比重 11.74%（见图 6-1-15）。

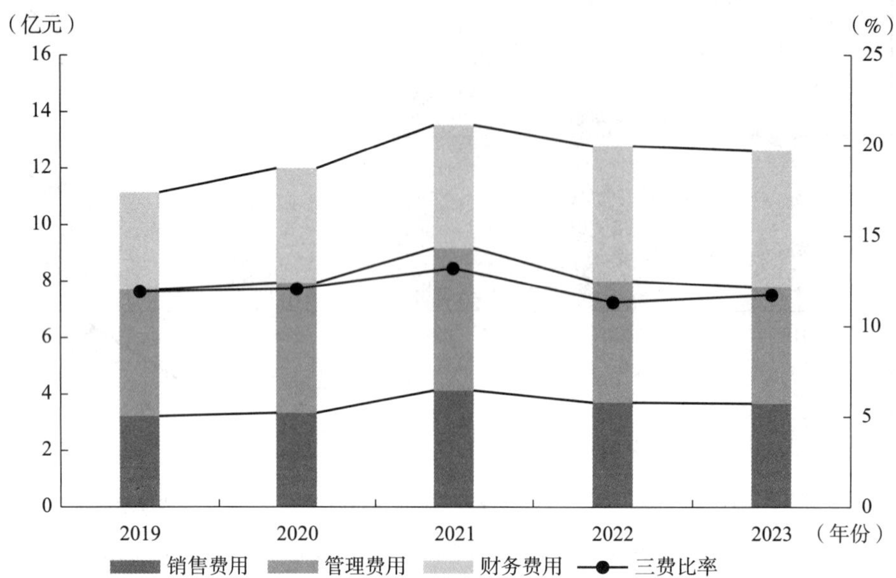

图 6-1-15　2019—2023 年 TOP500 房企三费比率均值变动情况

数据来源：企业公告、Wind、上海易居房地产研究院。

2023 年，在销售持续疲弱的市场环境下，部分房企开始意识到投入营销费用的局限性，销售费用同比进一步下滑；管理方面房企降本增效追求费效最大化，管理费用同比继续下降；融资环境依然偏紧，国资背景的房企依然具备融资渠道及成本优势，多数民营房企则因融资难度提升而财务费用上行，财务费用均值同比增长。面对低迷行情，房企需加快去化回款，提高经营效率，国央企及部分优质民企在行业精细化管理中起到较好的带头和示范作用。

②行业利润空间收窄，房企盈利持续承压。

2023 年，TOP500 房地产开发企业总资产收益率均值 0.56%，同比下降 0.20 个百分点；净资产收益率均值 2.49%，同比下降 1.25 个百分点；成本费用利润率均值 4.06%，同比下降 1.68 个百分点（见图 6-1-16）。2023 年房地产市场信心不足，企业利润空间收窄，总资产规模也持续负增长，TOP500 房企总资产收益率继续下降。从净资产收益率构成来看，2023 年房企总资产周转率小幅下降，去杠杆成效显现权益乘数有所下降，销售净利率有小幅回升，在三个指标共同作用下，净资产收益率有小幅下滑（见图 6-1-17）。受利润总额持续下滑的影响，行业整体成本费用利润率继续下降。

③行业内部有所分化，中小房企深度调整。

此次测评将 TOP10、TOP30、TOP50 房企按各类指标进行计算，用以研究不同位次房企在盈利能力方面的特点。

在营业收入方面，2023 年，TOP10 房企营业收入均值最高，为 2255 亿元，同比下降 11.03%；TOP30 房企营业收入均值 1274 亿元，同比下降 9.23%；TOP50 房企营业收入均值 974 亿元，同比下降 15.32%。总体看来，各梯队中 TOP50 房企营业收入同比降幅最大，在行业销售下行背景下，中小房企开发主业结转收入降幅更大，带动营业收入大幅下降。

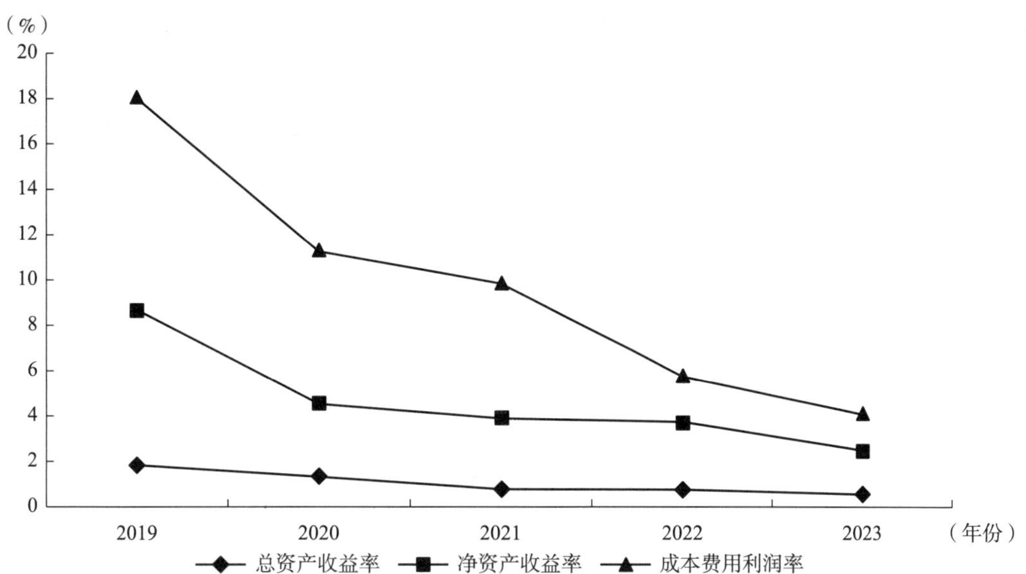

图 6-1-16　2019—2023 年 TOP500 房企相对盈利能力指标均值变动情况

数据来源：企业公告、Wind、上海易居房地产研究院。

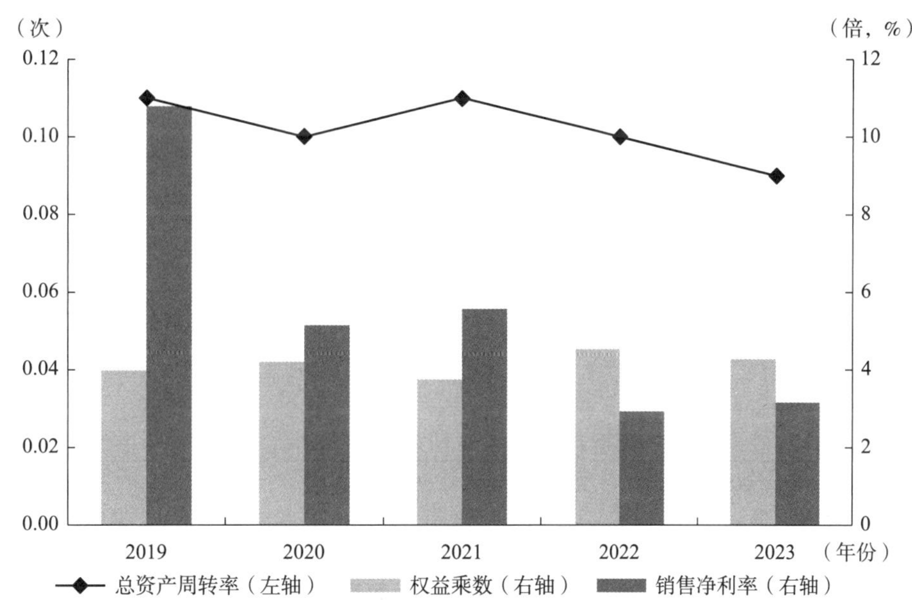

图 6-1-17　2019—2023 年 TOP500 房企净资产收益率影响因素变动情况

数据来源：企业公告、Wind、上海易居房地产研究院。

各梯度房企净利润降幅远超营业收入降幅。TOP10 房企净利润 136 亿元，净利润均值同比下降 25.94%；TOP30 房企净利润均值约 56 亿元，同比下降 40.16%；TOP50 房企净利润均值约 39 亿元，同比下降 47.65%（见图 6-1-18）。各梯队中 TOP50 房企的净利润降幅最大，行业整体利润率持续下行探底。

2023 年，房地产市场持续调整，TOP10 房企在各相对盈利能力指标上均占据优势，规模效应显现。净资产收益率方面，TOP10 房企均值最高，约 4.56%，TOP30 房企均值 3.19%，TOP50 房企最低，约 1.93%。总资产收益率及成本费用利润率方面，各梯队房企均值同比均有所下降，各梯队中，TOP10 房企表现最优，TOP50 房企均值最低，头部房企盈利优势显现（见图 6-1-19）。

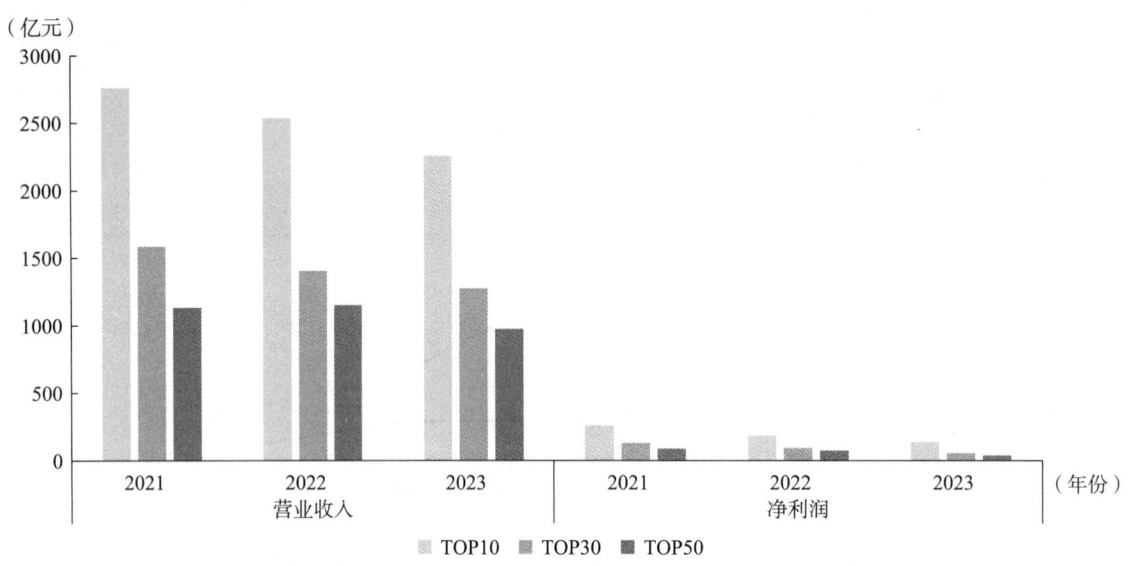

图 6-1-18　2021—2023 年头部房企绝对盈利能力指标均值情况对比

数据来源：企业公告、Wind、上海易居房地产研究院。

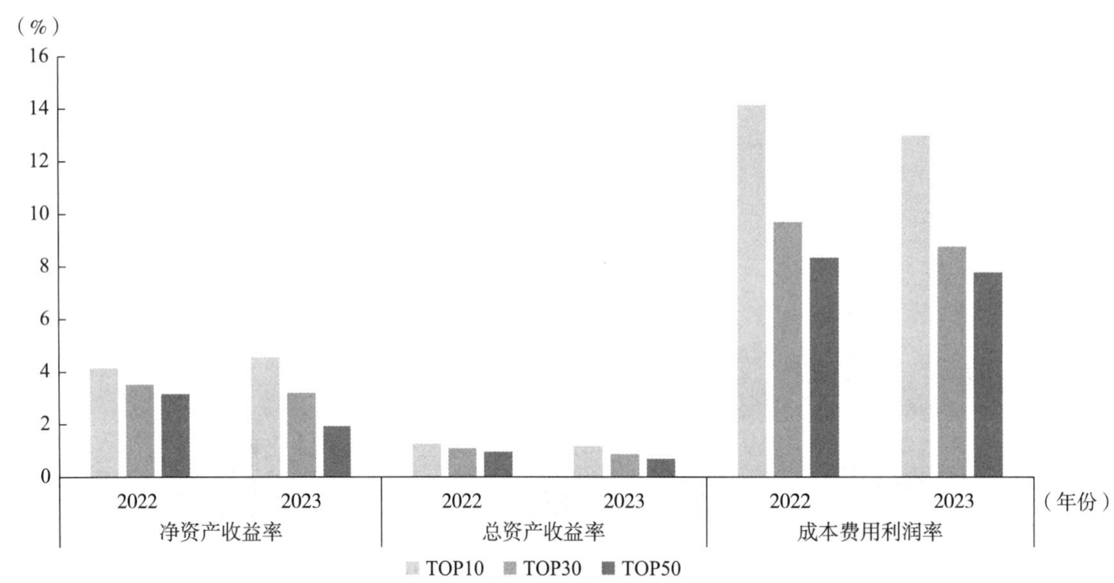

图 6-1-19　2022—2023 年头部房企相对盈利能力指标均值情况对比

数据来源：企业公告、Wind、上海易居房地产研究院。

（5）成长潜力分析。

①销售同比降幅趋缓，企业延续分化格局。

2023 年，TOP500 房地产企业销售面积同比下降 19.01%，降幅较上年大幅收窄；销售金额同比下降 10.45%，连续三年增长率为负（见图 6-1-20）。2023 年行业销售持续回落，虽然政策面持续释放利好，但购房者的信心修复不及预期，房企销售去化和回款持续承压。2024 年经营环境仍充满不确定性，房企需积极采取策略适应变化，促进销售保证流动性安全。

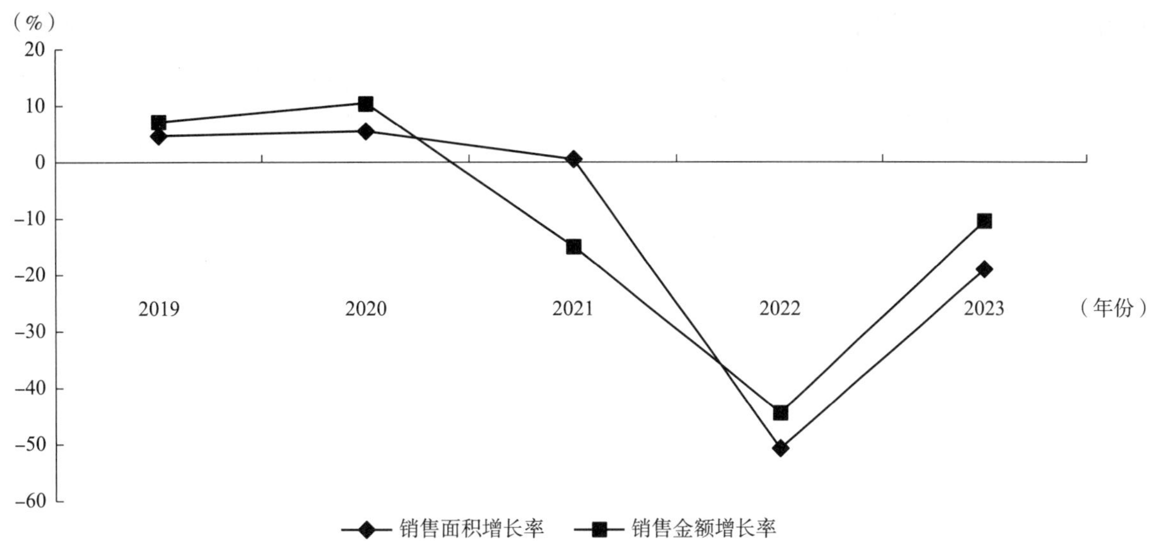

图 6-1-20　2019—2023 年 TOP500 房企销售增长性指标变化情况

数据来源：CRIC、上海易居房地产研究院。

2023 年，TOP10 房企中 6 家销售金额实现同比增长，均为央企、国企或有国资背景。4 家销售金额同比下滑，其中龙湖和新城同比降幅超过 10%（见图 6-1-21）。总体来看，央企、国企的销售金额同比表现优于民营房企，企业分化格局持续。在新的行业周期中，国资背景的房企凭借其资本实力和技术优势，能够较好地抵御市场风险并持续向高能级城市扩张，对其销售业绩形成有力支撑，保持稳定的发展态势。

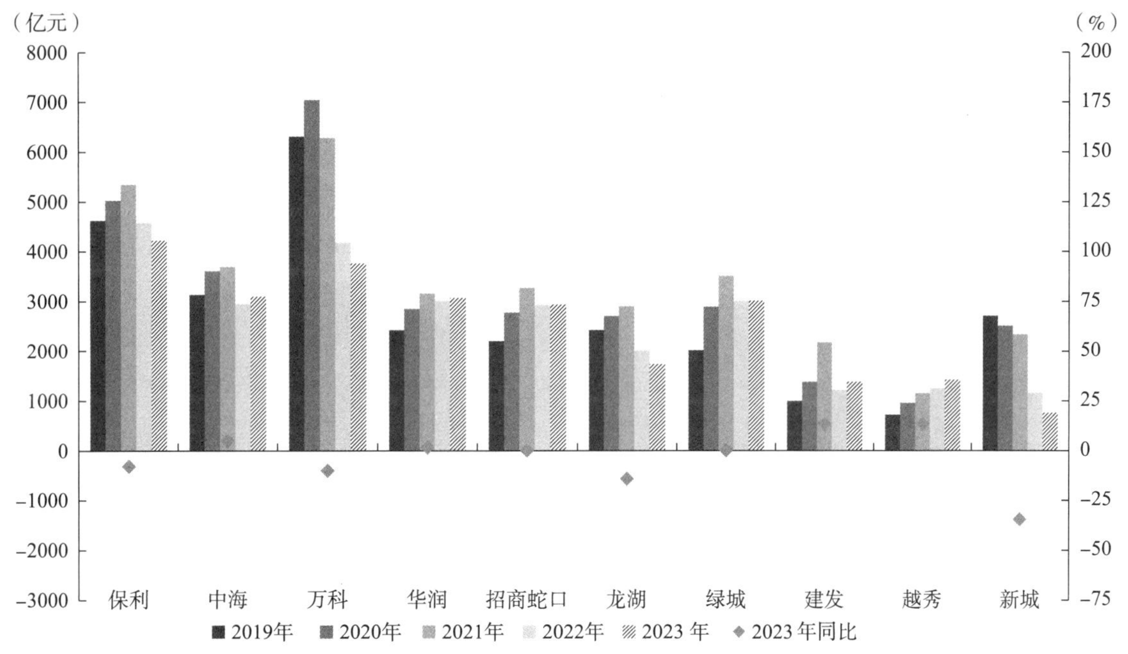

图 6-1-21　2019—2023 年 TOP10 房企销售金额情况

数据来源：公开资料、上海易居房地产研究院。

②房企拿地意愿收缩，央企国企主导市场。

2023 年，全国 400 个市县土地成交金额 40970 亿元，同比下降 11.50%（见图 6-1-22）。土地市场持续遇冷，供给端政府供应量下降，需求端企业拿地意愿持续收缩，土地成交金额同比下降。分能级来看，各能级城市的土地成交金额均表现为同比下降，一线城市降幅最高，同比下降 17. 39%，二线及三、四、五线城市同比降幅稍窄，分别下降 13. 09%及 8. 57%。一线城市土地成交金额大幅下降，主要受到深圳大幅减少的影响，深圳 2023 年土地成交金额同比下降 61. 56%，此外，上海、广州的成交金额也分别下降 28. 14%、4. 07%，仅有北京成交金额呈上涨趋势，同比上升 13. 71%。

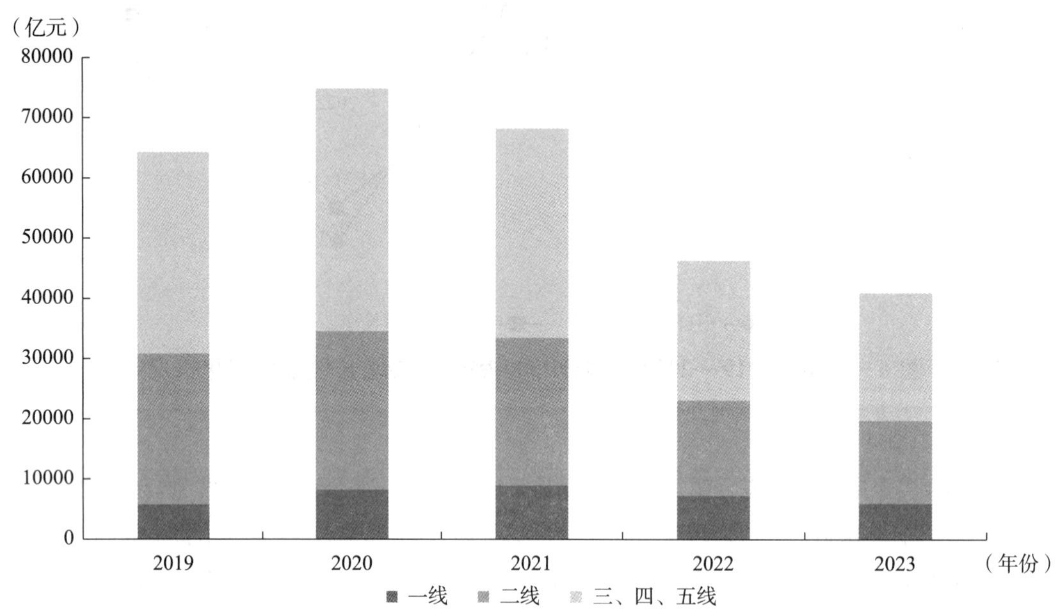

图 6-1-22　2019—2023 年全国 400 个市县土地成交金额情况

数据来源：CRIC、上海易居房地产研究院。

各能级城市土地成交金额分布与上年相比基本保持稳定。2023 年一线城市土地成交金额占比 15%，同比下降 1 个百分点，二线城市占比 33%，同比下降 1 个百分点，三、四、五线城市占比 52%，同比上升 2 个百分点（见图 6-1-23）。

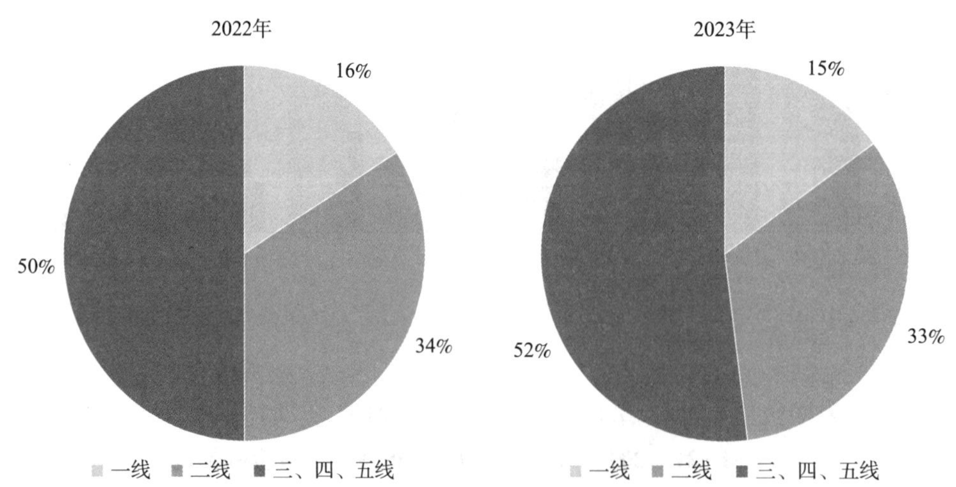

图 6-1-23　2022 年和 2023 年全国土地成交各能级城市分布情况（按金额）

数据来源：CRIC、上海易居房地产研究院。

2023 年，TOP30 房企新增拿地金额 10675 亿元，同比上升 14. 59%（见图 6-1-24），拿地金额较上年有小幅上涨，但相较于 2021 年及以前仍处于低位，三成房企暂停拿地。企业愿意投资的城市范围不断收窄，除保利、建发、华润等大型全国化房企外，其他房企拿地城市均不超过 20 个，且拿地区域主要向一、二线城市聚集。地块选择上，市区核心地段、配套完善地块更受房企青睐。从不同类型的房企表现来看，保利、中海、华润等大型央企拿地金额靠前，地方国企中，建发、华发、越秀等房企聚焦高能级城市和优质地段，积极拿地优化土储结构。民营房企中，滨江表现突出，2023 年滨江凭借稳定的供应商体系和精简的管理体系，在成本管控方面占据较强的优势，具备较强的综合盈利能力，拿地 33 宗，总投资金额 577 亿元，权益投资金额 256 亿元，其中在杭州获取土地 27 宗，市场占有率 25%，继续保持区域领先地位。

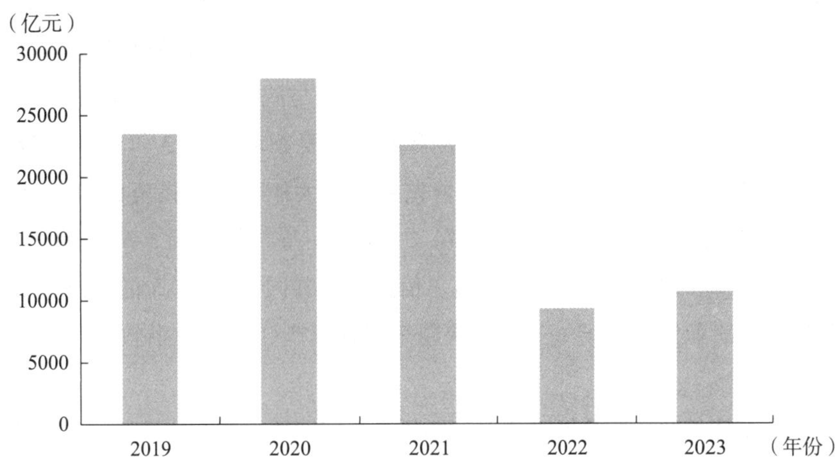

图 6-1-24　2019—2023 年 TOP30 房企新增土地价值情况

数据来源：CRIC、上海易居房地产研究院。

2023 年以来，房企投资方面态度谨慎，拿地分化现象持续，有能力拿地的房企主要聚焦在头部的央企、国企，新城控股、雅居乐等民营房企面临一定的资金压力选择暂缓拿地。近五年拿地金额 TOP20 的房企中，央企、国企数量占比从 2019 年的 20%增长到 2023 年的 65%（见图 6-1-25），土地市场由央企、国企占主导的格局在当下表现明显。

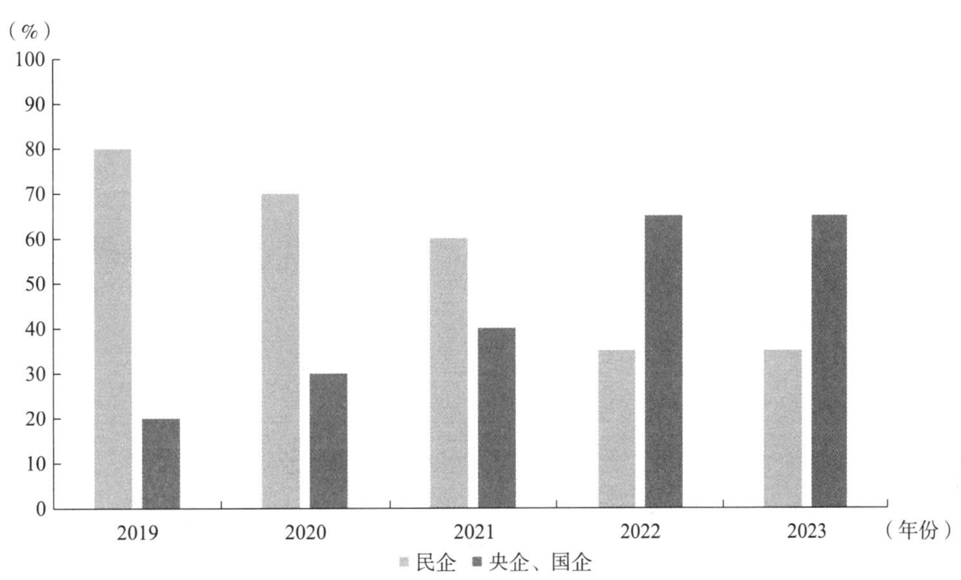

图 6-1-25　2019—2023 年拿地金额 TOP20 的房企类型占比

数据来源：CRIC、上海易居房地产研究院。

③并购转向需求驱动，机构纾困出险房企。

2023 年，房地产市场持续调整，市场信心修复低于预期，行业收并购从此前的规模扩张驱动，转向资金回流、业务剥离、项目纾困、长期价值投资等需求驱动。多家出险房企出售资产或让渡项目股权以缓解流动性压力，例如合景泰富向合作方绿城出售苏州与杭州的 3 个项目，以减少集团整体未结清债务余额；融创出售臻华府、望金沙酒店及合肥秀场酒店 3 个项目，涉及总金额约 12.29 亿元；旭辉出售北京顺义项目套现 2.95 亿元。部分房企出售多元化业务中非优势业务，回笼资金的同时聚焦营利性更强的业务，例如保利向控股股东转让和乐教育等三家公司股权及债权，交易总金额 13.37 亿元；华发将文传公司、阅潮公司转让给控股股东珠海华发集团，转让价分别为 4.89 亿元、76.84 万元。外资基于自身的资金和业务优势，战略性收购一、二线城市投资性物业，例如 2023 年 5 月铁狮门与辉盛国际成立合资公司收购华润置地旗下深润大厦的长租公寓部分等。商业不动产是险资配置资产的重要领域，2023 年多家保险企业收购配置商业不动产，平安人寿、泰康人寿、太保寿险等多家险企先后披露大额不动产投资的信息公告，投资的不动产项目主要涉及商业办公、养老社区、产业园区等。在“金融 16 条”推出后，AMC 灵活运用金融服务工具箱，开展房企纾困工作，例如 2023 年 2 月中国信达、信达地产共同出资 25.5 亿元投资中南建设深圳宝安区城市更新项目，3 月昆明佳兆业城市广场 A 和 J 地块迎来东方资产、中国华融救场，6 月中国信达向深圳中洲迎玺项目输送 42 亿元现金。

2023 年，房地产行业整体的收并购热度，相对前两年有一定回落。在行业整体流动性不足的背景下，安全性是房企经营发展的首要考量因素，企业对收并购的态度和收并购标的选择偏谨慎。Wind 数据显示，2023 年房企并购数量有所回升，但并购金额持续低位（见图 6-1-26），尽管在引导房地产风险“软着陆”目标下，收并购是政策抓手之一，但在资金面尚未全面回暖的状态下，收并购的规模有限。

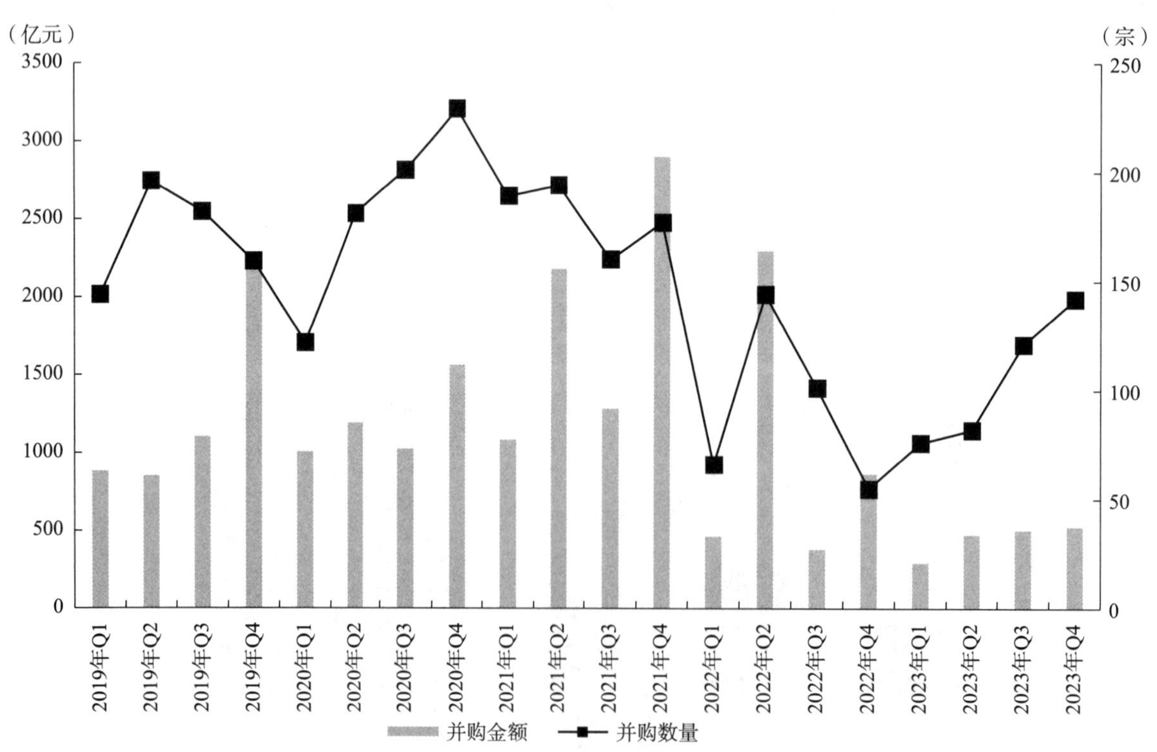

图 6-1-26　2019—2023 年各季度房企并购变动情况

数据来源：Wind、上海易居房地产研究院。

（6）运营绩效分析。

①运营效率有所提高，央企国企加速结算。

2023 年，TOP500 房地产开发企业存货周转率均值 0.13，同比提升 0.01；流动资产周转率均值 0.15，同比提升 0.01；总资产周转率均值 0.09，同比下降 0.01（见图 6-1-27）。在保交付的压力及降杠杆的迫切需求下，房企加快周转速度，同时投资态度谨慎，存货总量下降，TOP500 房企存货周转率和流动资产周转率均值实现同比小幅上升。受销售金额下降影响，总资产周转率均值继续下滑。

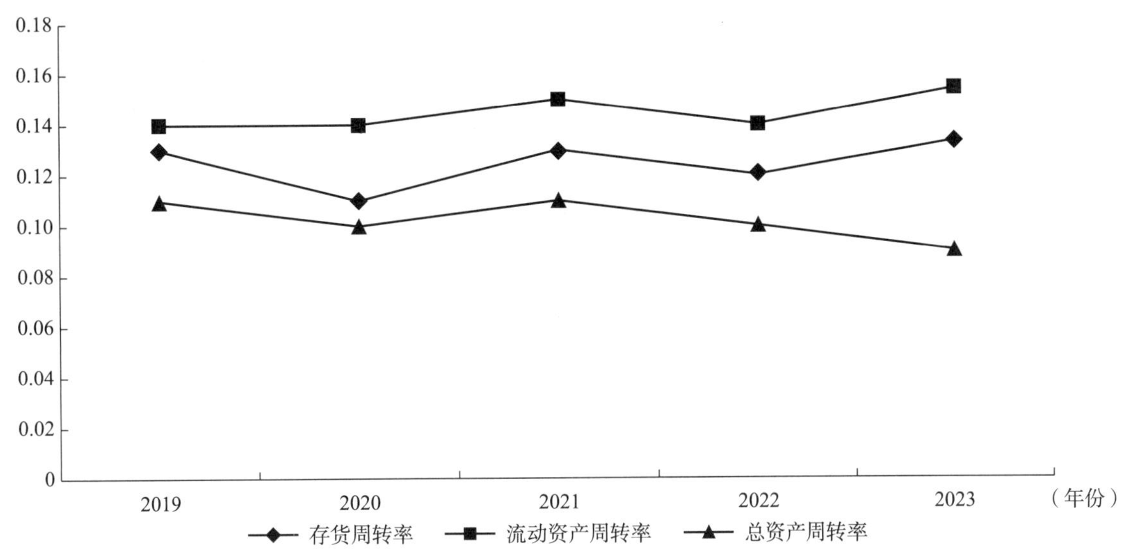

图 6-1-27　2019—2023 年 TOP500 房企运营效率指标变动情况

数据来源：CRIC、企业公告、上海易居房地产研究院。

2020—2023 年，房地产开发企业存货周转率与流动资产周转率整体呈现先上升再下降、后又上升的趋势。2021 年，房企减少拿地投资，加大项目的建设和推盘力度，使得周转率指标均出现上涨。2022 年由于上半年疫情多点散发，房企销售受阻，操盘销售金额同比下滑，项目建设进度延迟，最终使得周转率指标均同比转跌。2023 年，“保交楼”成为房企第一要务，企业纷纷积极推动已售项目的竣工交付，存货周转率和流动资产周转率同比上升。特别是万科、保利、华发、金地等有国资背景的房企，依托政府背景以及良好的社会形象，加快完成竣工结算，存货周转率表现好于上年同期。

分梯队来看，存货周转率方面，TOP11～30 梯度的房企均值最高，2023 年在销售下滑和融资受阻双重压力之下，大中型房企积极提高周转速度，加速存货去化，提升回款的能力，保证企业现金流充足。流动资产周转率及总资产周转率方面，TOP10 房企均值最高，TOP31～50 房企均值最低，头部房企优势显现（见图 6-1-28）。

②库存规模持续下降，竣工情况迎来好转。

2023 年，全国房屋新开工面积 9.54 亿平方米，同比下降 20.4%（见图 6-1-29），全年新开工面积创下 2007 年以来新低，土地市场的弱势和销售恢复的不确定性持续制约新开工面积的恢复速度。全年房屋竣工面积 9.98 亿平方米，同比增长 17.0%，增速创十年新高。累计竣工面积首次超过新开工面积，一方面，由于行业处于调整过程中，房企新项目开发意愿不强；另一方面，“保交楼”工作的稳步推进和前期销售项目进入交房周期，带动竣工情况迎来持续好转。

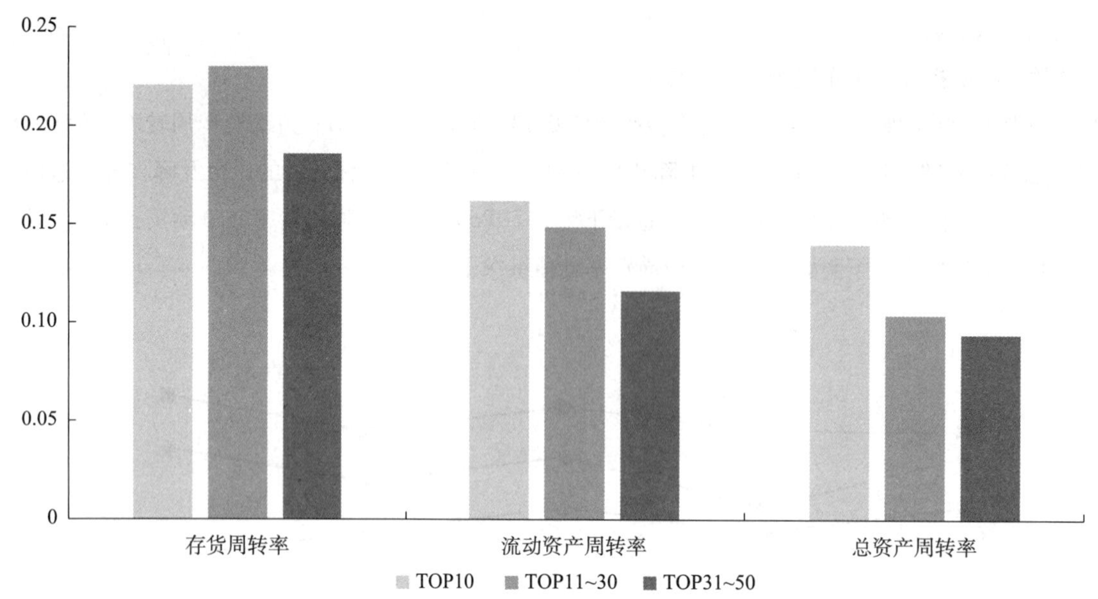

图 6-1-28　2023 年各梯队房企三大运营指标均值对比情况

数据来源：CRIC、企业公告。

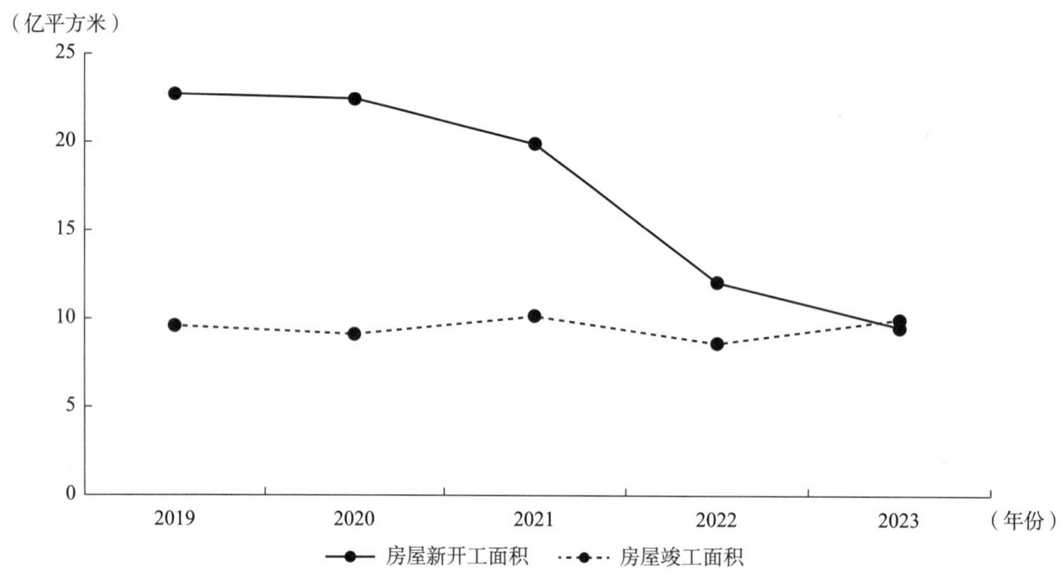

图 6-1-29　2019—2023 年全国房屋新开工面积与房屋竣工面积走势

数据来源：国家统计局。

2023 年，TOP500 房企平均存货货值 456.20 亿元，同比减少 5.63%（见图 6-1-30）。2023 年房地产市场下行预期持续，房企整体投资态度谨慎，多家民营房企已停止拿地，存货规模下滑，企业资产表持续收缩。仅有保利、招商蛇口、华发、滨江等少数稳健型房企存货规模保持增长。

③组织架构继续优化，管理人员密集调整。

2023 年以来，多家房企继续对组织架构进行调整优化，从调整形式来看主要聚焦在区域、城市公司的整合。如招商蛇口对 8 个区域中的 4 个进行调整；绿城将原浙西区域集团、浙东区域公司、杭州亚运村项目公司合并，成立浙江区域集团；新希望地产将原来的 15 个城市公司合并为七大区域公司等。在行业快速发展期，

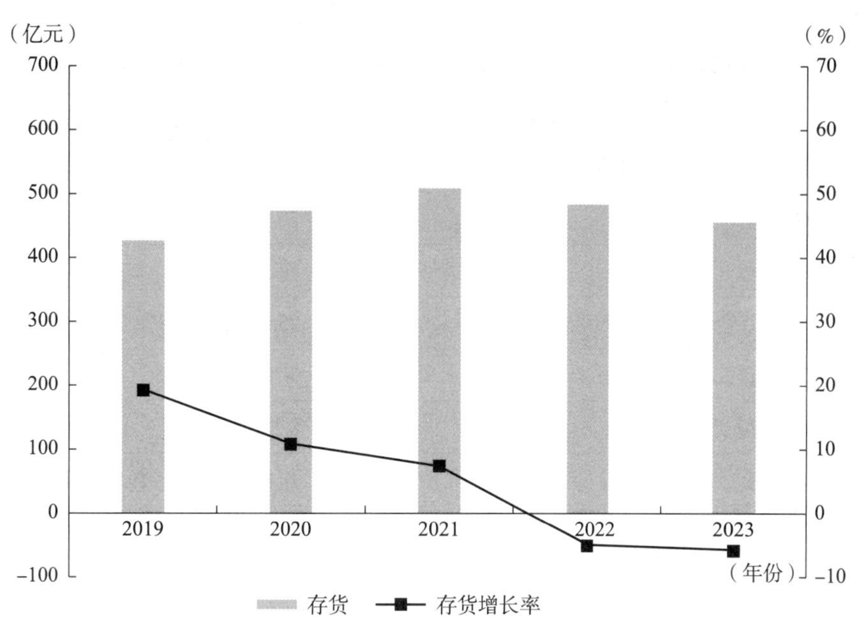

图 6-1-30 2019—2023 年 TOP500 房企存货均值变动情况

数据来源：CRIC、Wind。

房企为配合业务发展，组织裂变加快，当下行业高速增长阶段结束，房企调整组织架构既是降本增效，也是战略聚焦寻找新机遇。

除组织架构调整，2023 年以来房企管理层调整也在密集进行，其中创始人或掌舵者的辞任最受关注。2023 年 3 月，碧桂园创始人杨国强因年龄原因辞去董事会主席及执行董事等职务，以特别顾问的形式继续参加碧桂园的经营；9 月，雅居乐创始人之一陈卓贤辞去雅居乐非执行董事及董事会副主席职务；10 月，金地集团董事长凌克因身体原因辞任公司董事、董事长等职务；11 月，旭辉控股林峰由于健康原因，辞任执行董事、行政总裁等职务；12 月，富力地产公告，由于需要投放更多时间及精力于其他事务上，张力辞任公司董事及行政总裁职务。除创始人或掌舵者辞任外，房企高管职位变动也较为频繁，据乐居财经统计，2023 年，554 位房地产高管发生职位变动，变动原因以辞任为主，占比 39%。员工调整方面，Wind 数据显示，2023 年第三季度 TOP100 房企中的上市房企中，超过六成房企员工总数同比减少。在行业深度调整期，多家房企通过降薪、裁员等方式提升运营效率以适应市场的变化，但也有部分实力较强的央企、国企及经营稳健的民企，2023 年员工总数有所扩大，如保利、华润、招商蛇口、滨江等。

（7）产品品质分析。

①政企合力保证交付，提升品质服务客户。

2023 年，“保交楼”工作推进一年多以来，政府、金融机构、房企三方协同发力，取得丰硕成果。自“保交楼、稳民生”这一表态 2022 年度首次出现在中央政治局会议中，便成为房地产市场政策推进的重要方向之一。央行、财政部和证监会等多部门明确包括“三支箭”在内的多项金融支持政策，为房企保交楼提供多维度资金保障。2023 年保交楼政策在资金投放端继续发力，1 月银行信贷工作会议强调用好民营企业债券融资支持工具，保持房企信贷、债券等融资渠道稳定，满足行业合理融资需求。3 月央行相关负责人表示已经推出 3500 亿元保交楼专项借款，设立 2000 亿元保交楼贷款支持计划。4 月政治局会议继续强调做好“保交楼、保民生、保稳定”工作，7 月央行将“金融 16 条”中有关政策适用期限延长至 2024 年底。

对于房企而言，交付力成为展示企业经营能力的重要窗口。2023 年，多家房企交付量超过 2022 年，其中增幅较大的有中海、融创、佳兆业等房企。碧桂园 2023 年累计完成房屋交付 60 万套，交付量居行业榜首；融创交付量 31 万套；保利、绿地、中海作为经营稳健的国央企代表，交付量均超过 20 万套（见表 6-1-5）。

表 6-1-5　2022—2023 年典型房企交付情况

房企名称	2023 年交付量	2022 年交付量
碧桂园	60 万套	70 万套
融创中国	31 万套	超过 18 万套
保利发展	29.1 万套，3344.6 万平方米	25.9 万套，2978 万平方米
绿地集团	28 万套，2927 万平方米	3015 万平方米
中海地产	超过 20 万套	8.97 万套
绿城中国	19 万套，254 个项目	超过 14 万套，197 个项目
金科股份	14.53 万套，2145 万平方米	8.26 万套，1281 万平方米
龙湖集团	14 万套	11 万套
旭辉集团	11.8 万套	9 万套
建业集团	10.84 万套，1442 万平方米	7.48 万套，1099.89 万平方米
世茂集团	9.1 万套	12 万套
美的置业	9 万余套	8 万套
卓越集团	5.6 万套	4.1 万套
远洋集团	5.4 万套	5.5 万套
龙光集团	5.3 万套	6.1 万套
佳兆业	4.6 万套，61 个项目	2 万套，9 个项目
正荣地产	4.36 万套	4.21 万套
弘阳地产	4.35 万套	4 万套
金辉集团	4 万套	4.1 万套
新希望地产	3.7 万套，40 个项目	3.29 万套，35 个项目
越秀地产	3.62 万套	3.25 万套
中国奥园	3.54 万套，413 万平方米	3.2 万套，425 万平方米
禹洲集团	3 万套	3.1 万套
大华集团	2.94 万套	1.4 万余套
滨江集团	37 个项目	32 个项目
中粮大悦城	1.5 万余套，22 个项目	2 万余套，超过 40 个项目

数据来源：企业公告、上海易居房地产研究院。

在保交付工作持续推进中，房企把交付作为重要目标贯彻，如期甚至提前交付是开发商回馈业主信任最重要的一环，品质交付则是房企追求的更高目标。当下“长期主义”成为房地产行业价值的底盘，越来越多的房企自发进入品质交付阶段。各家房企的交付流程逐渐体系化和完善化，为品质交付提供有力保障。2023 年上半年，保利积极开展品质提升专项行动，技术上完成“天、悦、和”产品系规划，构建全过程品控体系；旭辉继续落地“旭辉透明工厂”，向客户展示房屋建造的全过程；美的置业围绕“橙意家—全生命服务周期”体系，推出“品质升级计划”；卓越智造体系执行“10+8”工法，施工结束后执行严苛的验收标准；新希望华东举办工地开放活动，将品质交付的承诺进行前置；力高提出全新的“漾交付·安心家”品质交付体系；中奥提供贯穿交付全周期的增值配套服务。

户型设计方面，克而瑞数据显示，2023年全国三房及以上户型的产品成交比重持续增长，其中，增长最快的是四房产品，成交套数占比较2022年继续提升3.2个百分点至26.2%。产品成交的户型结构显露出明显的改善特征。分城市能级看，一线城市三房、四房需求均显著增长，二房产品成交比重延续缩水趋势。二线城市改善产品占比有明显增加，一房以及其他户型受到挤压。三、四线城市大面积产品需求最旺盛，四房及五房产品成交比重均有所增长。成交面积段上，大面积产品需求稳步提升，110平方米以上的面积段产品成交套数占比均有所增长，其中110~140平方米面积段产品是成交主力。分城市能级看，一线城市由刚需面积段向刚改面积段跃迁，二线城市中高端改善需求全面释放，三、四线城市改善面积段加速占领市场。整体来看，购房者目标户型结构的改善型特征进一步强化，主要原因在于，经济承压的大环境下购房者置业决策更加谨慎，刚需购房者风险偏好降低，同时，一部分刚需购房者转向存量房或者保障性住房来满足居住需求。改善型购房者更具经济实力，风险承受能力更强，大户型产品的需求韧性得以凸显。

精装修方面，随着房地产市场从增量扩张向存量转换，同时年轻一代购房者崛起，具有稳定收入的“90后”群体，以及以“95后”为代表的“Z世代”群体逐步成为主力消费群体。新生代消费群体的置业偏好以实用性、性价比、个性化等为导向，对人居需求、家装设计、售后服务等方面有更高要求，因此室内精装作为房企新的发力点，成为房企间差异化竞争的要素之一。不少房企采用新材料、新技术、新模式、新服务来服务新消费人群，满足新生代群体对高品质生活的追求。华润置地华南大区品质精工产品线“润系”推出“R-Home润享户内”生活新主张，提出“开放、自由、社交、成长”的新居住观，形成八大主题模块、38个场景演绎的价值主张和三大升级策略、十六大设计趋势的精装风格，承载更多的情绪与个性化需求，实现功能与美学的长期主义。龙湖基于改善需求，快速迭代出云河颂、御湖境、青云阙和砚熙台四个全新产品系，在高端产品力阵营掌控话语权，例如在御湖境产品系中，从家中的每个空间人性化细节出发，从功能到颜值全方位打造出兼具舒适度和人性化的精装产品。金地发布新精致主义2.0产品，如金地·嘉峯汇项目中，将室内精装空间作为一个完整的生活空间反复考量，优化每一处日常使用场景，让精装主动服务于客户，使整体生活空间品质升级。

小区规划方面，新生代购房人群追求居住的仪式感和舒适度，既渴望亲近自然山水，又愿意享受现代科技的便捷和个性化体验。对房企而言，深度理解购房群体的生活方式和个性呈现，有助于引导产品的创新迭代以提升产品的竞争力。基于此，房企优化社区场景模块，朝着“懂客户、懂产品”方向夯实竞争内核。如华发股份“优+产品体系5.0”根据前沿生活好场景、客户需求及现代化产品趋势，从居住者的实际生活场景视角出发，在社区入口、归家动线、社交、服务等方面，创造性地构建出特色产品模块的空间场景，注重产品与自然、人文的互动关系，着力打造安居、美居、舒居体验。中交地产发布“M+交享生活体系4.0”，聚焦社区、居住、美感、科技、服务五大体验场景，通过“场景再造+生活赋能+智慧健康”三位一体适配客户高品质需求，实现产品迭代升级。

物业服务方面，随着住宅产品金融属性的削弱，价值回归到居住本身，业主对住宅的附加服务也提出更高的要求，物业的服务力逐渐成为房企产品力的重要组成部分。物业的服务力、组织力、数字力是长期竞争力的关键，服务力方面，服务的设计、品质及其背后的品牌理念是物业赢得客户好感的关键。同时，在当下的市场环境中，服务不再仅仅集中于传统业务的基本需求，需要更进一步深入客户精神内心，满足新一代消费群体的个性化需求。组织力方面，2023年，超过60%的上市物业企业进行不同程度的组织架构调整，以期通过组织改造，提升自身的运营效率来应对市场的挑战。数字力方面，智慧社区已经成为物企运营社区项目的必选项，有效地提升物业管理的效率和质量，改善居民生活质量，同时数字化工具有助于物业企业突破现有资源渠道，扩大用户规模助推营收增长。随着物业公司参与到房企产品力的建设中，围绕客户需求的竞争越来越激烈，房企产品力也将达到新的高度。

②多城推广绿色建筑，积极践行绿色发展。

随着我国“碳中和、碳达峰”目标的确立，以及“十四五”规划、党的二十大报告指出“推动经济社会发展绿色化、低碳化是实现高质量发展的关键环节”，开启经济社会全面向绿色低碳转型的格局，绿色发展理念深入人心。大力发展绿色建筑是实现建筑领域节能减排的重要方式，2023 年以来，多城提出要大力推广绿色建筑，对绿色建筑项目给予财政奖励支持（见表 6-1-6），如北京对超低能耗建筑按照实施建筑面积给予每平方米不超过 200 元的市级奖励资金，单项目最高奖励 600 万元；上海超低能耗建筑示范项目补贴标准定为每平方米 300 元，单项目最高奖励 600 万元。

表 6-1-6　2023 年部分城市绿色建筑相关政策

城市	绿色建筑相关政策	政策主要内容
北京	《北京市建筑绿色发展奖励资金示范项目管理实施细则》	重点对公共建筑节能绿色化改造、超低能耗建筑等四类项目给予财政奖励支持，超低能耗建筑按照实施建筑面积给予每平方米不超过 200 元的市级奖励资金，单个超低能耗建筑示范项目最高奖励 600 万元
上海	《上海市 2023 年碳达峰碳中和及节能减排重点工作安排》	超低能耗建筑示范项目补贴标准定为每平方米 300 元，单个示范项目最高奖励 600 万元；2023 年实施超低能耗建筑项目 200 万平方米、公共建筑节能改造 400 万平方米
深圳	《深圳经济特区绿色建筑条例》	对于达到国家、广东省或深圳市超低能耗或（近）零碳零能耗标准，且被认定为国家或深圳市超低能耗或（近）零碳零能耗示范项目的，按照建筑面积每平方米资助 150 元，单个项目资助金额上限为 500 万元
成都	《成都市绿色建筑促进条例》	大力推广超低能耗、近零能耗建筑，发展零碳建筑。《成都市优化空间结构促进城市绿色低碳发展政策措施》：设立绿色建筑发展资金，对符合超低能耗建筑标准的示范项目给予最高不超过 300 万元补贴
南京	《南京市绿色建筑示范项目管理办法》	江苏南京超低能耗、近零能耗、零能耗建筑分别按照 30 元/米^2、80 元/米^2、100 元/米^2 予以补助，补助金额最高不超过 200 万元
山西	《山西转型综改示范区绿色建筑扶持办法》	获评为近零能耗的建筑，按其地上建筑面积给予 200 元/米^2 奖励，单个项目最高不超过 300 万元
重庆	《重庆市绿色低碳建筑示范项目和资金管理办法》	对申请补助的零能耗建筑、近零能耗建筑、超低能耗建筑示范项目按示范面积分别给予 200 元/米^2、120/米^2、80 元/米^2 的补助资金。单个示范项目补助资金总额，分别不得超过 400 万元、240 万元、160 万元
武汉	《武汉市绿色建筑发展专项资金管理办法》	超低能耗建筑奖励 100 元/米^2，最高 100 万元；近零能耗建筑奖励 200 元/米^2，最高 300 万元
宁夏	《宁夏城乡建设低碳示范项目资金管理办法》	绿色建筑评价标识项目、建筑节能示范项目、既有建筑改造示范项目等，超低能耗建筑奖补 600 元/米^2，近零能耗建筑奖补 800 元/米^2

数据来源：公开资料、上海易居房地产研究院。

作为碳排放及废弃物排放“大户”，房企的节能减排对实现“双碳”目标至关重要。同时，提升住房品质已成为住建领域的工作重点，“绿色低碳、生态节能、健康环保”是好房子应具备的要素。房企纷纷发力建筑领域可持续发展，大力推进绿色建筑、绿色运营、节能减排等措施。以专业的视角和高端的品质，满足社会对城市投资开发运营的绿色低碳期待，在给行业带来更多创新的同时给城市带来更多改变，助力满足人民群众对美好生活的追求。

有国资背景的房企积极响应国家的“十四五”规划、“双碳”目标等，践行绿色发展理念，向超低能耗建筑、零能耗建筑、零碳建筑发展。如中海参与编制国家标准《零碳建筑技术标准》，并通过在深圳后海建设的国内首个近零碳5A级总部大厦来引领示范。2023年上半年，中海新增符合绿色建筑标准项目15个，相应面积256万平方米，累计绿建项目584个，总建筑面积1.01亿平方米。万科新建项目连续10年满足绿色建筑评价标准，满足绿色建筑评价标准的面积累计3.16亿平方米。2023年上半年，万科新增项目中，32个项目获得绿色建筑评价标准三星级认证，1个LEED铂金级认证，4个LEED金级认证，新增满足绿色建筑评价标准的项目中，37.5%的项目引入可再生能源设计。绿城秉持“绿色”和“健康”的理念，承诺2023年后新项目100%达到国家绿色建筑标准，截至2023年上半年，累计绿色建筑项目242个。招商蛇口2023年上半年，新增绿色建筑项目36个，新增建筑面积442.24万平方米。保利2023年上半年，100%开工面积达到绿色建筑标准，其中，绿建一星及以上设计标准27个。

民营房企也在绿色建筑上发力，缩小与国企之间的差距，在践行绿色发展承担社会责任的同时，塑造良好的品牌形象。如新城控股2023年上半年，包头昆区吾悦广场、南昌进贤吾悦广场、贵港港北吾悦广场三大商业项目相继通过国家2019版绿色建筑认证。滨江在项目开发中，注重绿色建筑的整体规划和应用，力求建筑在全生命周期内尽可能地节约资源，保护环境和减少污染，通过积极采用节能环保类建材，进行节能环保设计，努力打造“绿色房地产”。金地2023年正式发布“G-WISE绿色健康住宅体系”，体系聚焦八大模块127项健康技术标准，指导金地双碳规划技术路径及所有技术研发工作。

随着新的社会环境变化，环境保护与健康生活共同驱动房地产向绿色低碳转型，更多的房企参与到绿色行动中来，打造绿色健康的“好房子”。近年来各式各样的绿色科技项目如雨后春笋一般涌出，想要在竞争加剧的环境下突出重围，需要房企不断深研产品端，在产品设计和开发上更加注重细节和差异化，从而赢得购房者的认可。

③科技赋能人居服务，绿建助力低碳发展。

当前房企正在经历极大的挑战，贯彻落实高质量发展是房企的重要任务，科技赋能是提升住房品质的重要着力点。与前几年相比，科技在房地产行业应用的广度和深度都有明显提升。随着新生力量不断加入，房地产科技领域的竞争赛道更加丰富、细化。新世代消费群体更加重视居住的多功能化与智能化，对科技与房地产有效结合的产品接受度较高，智能住宅和智慧社区是房地产行业保持增量的增长点之一。多家房企在“科技赋能房地产”方面进行积极探索，通过科技化创新手段和人性化服务打造健康、安全、智能的高品质产品。招商蛇口是绿色人居的探路者、实践者和领跑者，创新研发的住宅人居系统，涵盖社区入口、景观主轴、户内功能、精装标准、智慧社区等十大功能模块，招商蛇口社区已实现智慧通行、智慧安全、智慧设施、智慧服务四大特色。华发股份积极践行“科技+”战略，科技赋能产品及服务，以“关注每一位居者健康生活诉求”为设计理念，发扬工匠精神，打造行业精品，引领创新人居标杆。金地提出“智美精工，健康生活”的产品理念，通过人性化细节、持续领先的科技创新、独具格调的美学呈现、精益求精的品质为客户打造智慧、美学、精工、健康的理想生活空间，其“Micro Climate微气候景观智慧决策系统”，运用适宜性分析定位、场地微环境软件分析、功能植物智慧选择三大技术，实现活动场地精准布置，绿化植被精巧配置，打造更健康、更科学和可持续的户外健康舒适体验。

在“双碳”目标要求下，房企也积极推动科技在绿色建筑开发中的应用，未来绿色建筑及绿色建材在政策推动下具有较大的市场空间，绿色建筑领域是房企差异化竞争的重要赛道。保利将ESG理念融入设计，实现绿色建筑标准的引领。保利上海已经形成以“绿色设计+智慧建造+高品质交付”的一体化开发模式。不仅在住宅领域，在公建项目中同样采用多种绿色科技，浦开金融中心实现绿建三星+LEED金级预认证。金茂绿建围绕绿色技术研发、绿色技术咨询与智慧能源等业务，坚持 STEP 发展战略，以“绿色科技，美好生活”为使命，致力成为行业领先的智慧能源和建筑科技综合服务商。同时，金茂绿建积极响应国家“碳中和”绿色发展目标及“新基建”重大发展战略，布局综合能源服务业务、光伏及零碳建筑业务、绿色大数据中心业务，为城市及建筑提供绿色、智能、安全、可靠的投建运一体化解决方案，经济环保效益显著。龙湖智慧营造品牌“龙湖龙智造”集成全业态开发经验及行业领先的数字科技能力，可有效管理建筑能耗，高效落实绿色建筑技术，助力全周期的绿色低碳发展。

随着国家“双碳”目标的持续推进，绿色健康理念在房地产领域不断渗透，加上智能化科技的加速发展，以及品质人居意识被唤醒，以智慧人居、绿色健康为切入点构筑的产品体系，逐渐成为典型房企产品力的重要组成部分。近年来，标杆房企从技术研发、全场景营造，到引领生活，再向城市空间延伸布局，逐步构筑完善绿健智慧产品体系，在强化产品竞争力的同时，积极承担绿色低碳的社会责任，为行业发展树立风向标。未来，在强化技术的同时，不断拓展应用外延，形成更完整的产品体系，有望推动房企产品体系建设迈向新纪元。

（8）创新能力和社会责任分析。

①住房品质诉求细化，技术创新提升效率。

近年来，房地产行业金融属性下降，房地产逐渐回归居住属性，购房者更加关注生活品质。“好房子”的定义不再局限于房子产品本身，产品设计、建造工艺和物业服务都是美好住宅的重要组成部分。2023 年多家房企对产品、营销、管控体系等方面都进行创新升级，旨在建造好的房子，打造完善的配套，提供好的服务。

产品创新方面，消费者购房逻辑发生明显变化，对居住品质的诉求不断细化，基于购房者需求变化，房企对传统住宅产品不断优化创新，从舒适、健康、收纳、智能化、功能、社交等多个维度做出革新。例如绿城针对客户满意度，持续优化户型、场景、服务等，并建立产研结合的创新体系，推出全能之家的六大模块研究、38 个智能场景，包含 LDKB 全通式复合公区、可变 X 空间、餐厨一体化等创新设计，提升居住品质。华润置地华东大区对人居产品力进行升级迭代，正式发布全新产品价值体系“MIC 社区综合体”，将生活场景需求和华润置地全生态业务进行连接，打造出一个个多元互链、无界融合的城市生活体。保利在“人文社区”体系下，根据客群特征划分三大住宅产品系列、三大服务场景和 12 款子产品，以匹配不同客群的居住需求。

营销创新方面，2023 年随着各城市“四限政策”陆续松绑，房企营销频率、规模明显提升，房企针对不同项目采取差异化营销方式，“一项一策”贯穿在日常的营销活动中。如金地华东的“初秋心动置业季”，合肥金地自在城最高优惠可达 92 折，而合肥和悦庐鸣仅买房送车位。2023 年初，住房城乡建设部明确提出“有条件的可以进行现房销售”，下半年多地出台政策支持“现房销售”政策，房企积极推出现房营销活动，如碧桂园多个项目推行“现房销售”政策，购房者以较低比例楼款即可锁定房源，待预售房源完工后，可先前往查看房源，再签署正式合同及支付尾款，项目的到访量和成交量都得到明显提升。为释放新房购买力，淄博、济南、宁波等城市开启房产“以旧换新”活动，开发商或政府机构通过收购、置换、补贴等方式，鼓励和帮助已有住房的居民卖旧换新，促进新房销售和去化。多家房企推出“无忧置换计划”，例如保利在南京推出“卖一买一无忧置换”活动，当月缴纳 10%房款可享专属二手房服务，年底前旧房无成交，则无条件退房。郑州万科与贝壳正式签署“无忧换房计划”合作协议，帮助购房客户解决换房痛点，减轻客户购房负担。

管控体系创新方面，当地产行业迈入“拼内功”时代，对房企的开发节奏与项目品质提出更高要求，推动房企技术创新和变革管理工具，提升项目的生产建设效率。金地集团智慧工地平台基于物联网、大数据等技术，以“发现问题、分析问题、处理问题”的产品理念，立足于施工现场的“人、物、环境、管理”四大安全监管要素，以构建智慧工地物联网硬件监测技术为主，以工地软件轻量化监管为辅，建立的支撑现场管理、互联协同、智能决策、数据共享的信息化系统。自公司正式开发上线智慧工地平台，智慧工地覆盖率 100%。

智能建造方面，2023 年 11 月，住房城乡建设部在浙江省温州市召开智能建造工作现场会，交流各地发展智能建造的经验做法，部署推进重点工作任务，推动建筑业实现高质量发展。智能化建造不仅有利于提升施工效率，而且使施工过程更安全、更环保。房企在绿色建筑、智能化建造等方面进行的探索已初见成效。碧桂园组建科技建筑集团，打造由建筑机器人、新型装配式、智能装备、BIM 数字化等构成的智慧建造体系。截至 2023 年 1 月，碧桂园已有 33 款建筑机器人投入商业化应用，累计交付超过 1700 台，累计应用施工面积超过 1000 万平方米。

②税收贡献有所下降，全面履行社会责任。

房地产行业整体规模庞大，房企经过多年快速发展，积极承担起企业公民的责任，关注自身发展的同时不忘反哺社会，在税收上的贡献较为突出。近年来，房地产市场整体低迷导致房企营业收入持续下滑，经营层面的压力直接传导到纳税表现，典型房企中超过六成出现所得税负增长情况。2023 年，TOP500 房企所得税均值 2.75 亿元，同比下降 5.20%；税金及附加均值 4.03 亿元，同比下降 7.73%（见图 6-1-31）。

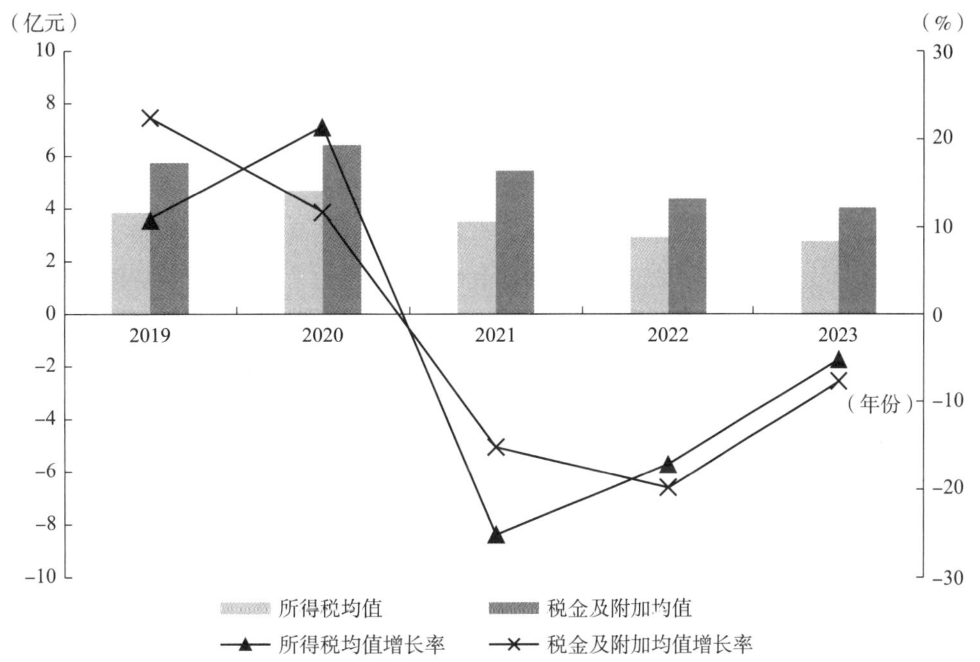

图 6-1-31 2019—2023 年 TOP500 房企税金及附加均值及所得税均值及增幅变化

数据来源：CRIC、上海易居房地产研究院。

随着中国经济由高速增长转向高质量发展，房地产行业也进入“新周期”，经营逻辑发生转变。社会的发展需要多元力量的支持，企业的成长也需要兼顾社会效益，社会责任作为一根纽带将企业与社会发展紧密联系在一起，积极履行社会责任是房企实现可持续、高质量发展的必由之路。梳理各家企业动态，在公益行动中，万科、保利、招商蛇口等房企积极投身乡村振兴战略，主要集中在教育帮扶、消费帮扶、产业帮扶几方面。在传统公益项目中，企业聚焦对残疾人等弱势群体提供支持帮助，对家庭困难的大病儿童提供医疗救助，对孤贫儿童开展圆梦助学项目。例如 2023 年上半年招商蛇口“让生命听见声音”公益助残项目，支持莎车县 10 名重度听障患者实施人工耳蜗植入手术。中海于全国 48 城市开展超过 90 场“2023 中海地产爱心公益活动”，发动爱心物资捐赠行动，为甘肃康乐县中国海外温家河希望小学募集近 2 万本书籍及逾 3000 件文具用品。

③ESG 关注度有提升，积极布局绿色发展。

近年来，在我国践行“2030 年前碳达峰”“2060 年前碳中和”的目标过程中，ESG 投资理念被加速普及。

房地产行业是国民经济的重要支柱，同时也是碳排放主要来源之一，有必要承担起更大的社会责任，提升 ESG 建设水平，从而提升市场竞争力及社会责任感知度，为投资者和社会进一步创造价值。我国房地产行业整体 ESG 发展尚处于早期阶段，随着 ESG 相关法律法规的出台及完善，房企有望加速推进 ESG 发展战略。

环境资源方面，华润置地将绿色发展融入企业运营的各个环节，完善环境管理体系，推动绿色建筑发展，并积极应对全球气候变化，助力国家“3060”碳达峰、碳中和目标实现。2023 年代建代运营的深圳国际低碳城会展中心两场馆获“零能耗建筑（设计标识）”认证。中海深入参与编制国家标准《零碳建筑技术标准》与《智慧城市建筑及居住区》系列标准。2023 年中海打造北京首个商业办公零碳建筑和光储直柔技术集成示范方案，实现建筑全过程节能降碳。聚焦被动技术降需求、主动技术提能效、能源转型降排放、低碳建造降隐含碳等四大类 18 项技术措施，推动零碳技术产业化应用。金地建立碳盘查工作小组，全面摸排公司整体碳排放情况，2023 年上半年，金地完成双碳规划，制定集团减碳四大举措及十五大行动，全面推动双碳工作。公司自身的减排举措包括：绿色设计与建造、既有建筑节能改造、清洁能源利用、绿色办公、碳管理能力建设等，服务社会低碳转型的举措包括：打造绿色低碳供应链体系、低碳建造技术应用、建筑电气化提升、低碳物业运维、绿色租约、低碳宣传活动、推广碳普惠等。同时，公司也积极参与碳交易，尝试绿电、绿证、CCER 等碳抵消举措。

社会层面，房企在创造自身经济效益的同时，也积极维护利益相关方的权益。在产品质量、安全生产、绿色供应链等方面，对消费者，全方位践行保交付承诺，严格管理建筑产品的质量，制定全建设周期的质量管理制度。例如万科强化产品线建设，基于城市能级、土地属性、客户结构、产品配置等持续研发和完善产品线体系，并通过实施产品系经理责任制加快成熟稳定产品模型的推广应用，提升高品质项目的稳定量产能力。对员工，完善招聘与培养体系，开展员工关怀和服务工作，为员工提供平等和谐、多元共融的工作环境，有效提高企业的核心竞争力。如华发深入推进“幸福华发”建设，抓好团队建设，持续为员工打造和谐的工作环境。此外，华发加快推进人才梯队建设，构建长效培养机制，优化人才选拔激励机制，不断激发人才活力，汇聚新时代人才强劲动能。社会责任方面，多家房企投身乡村振兴战略，从消费、教育、产业等方面大力推进精准扶贫。在传统公益项目中，也有房企聚焦对残疾人等弱势群体提供支持帮助，为家庭困难的大病儿童提供医疗救助，对孤贫儿童开展圆梦助学项目。

公司治理层面，良好的公司治理为企业有效应对环境风险和社会风险提供制度保障。多家房企建立“三道防线”的风险管理模式，例如绿城建立风控前台、风控中台、风控后台“三道防线”，其中，风控前台由项目群及专业公司组成，风控中台由职能中心、事业部及子公司本级组成，风控后台由风控法务、内部审计、监察等组成。万科组建由业务部门、职能部门及内部监督部门组成的“三道防线”，对风险实施全面管理。同时，各专业部门针对六大风险进行风险识别，持续跟进专项整改工作，建立长效风险管理机制。

近几年历经新冠疫情、地缘冲突、气候生态恶化以及全球化退潮等多重挑战，各国政府和投资者重新审视传统增长模式，更加重视绿色可持续发展，投资者对企业 ESG 表现的关注度大幅提升。在“双碳”目标下，房企也在积极布局绿色低碳转型，旨在重塑行业发展新形象以寻求新的发展机遇。对房企而言，近年来传统融资渠道收窄，有息负债规模受到控制，以 ESG 评价体系为导向的绿色金融，可以为符合条件的绿色项目提供融资，成为房企融资渠道的重要补充，同时降低融资成本。房地产行业的可持续发展，对保持上下游行业活力、稳定政府土地财政、防范金融风险等方面具有重要意义。

（二）2023 年房地产上市公司综合实力百强测评

发布机构：中国房地产业协会　上海易居房地产研究院

发布时间：2023 年 5 月 30 日

发布地点：香港

1. 测评榜单（见表6-1-7）

表6-1-7　2023年中国房地产上市公司综合实力榜

排名	证券代码	证券简称
1	000002. SZ	万科A
2	600048. SH	保利发展
3	01109. HK	华润置地
4	00688. HK	中国海外发展
5	00960. HK	龙湖集团
6	02007. HK	碧桂园
7	001979. SZ	招商蛇口
8	600383. SH	金地集团
9	03900. HK	绿城中国
10	601155. SH	新城控股
11	600153. SH	建发股份
12	600325. SH	华发股份
13	00817. HK	中国金茂
14	00123. HK	越秀地产
15	002244. SZ	滨江集团
16	03990. HK	美的置业
17	600376. SH	首开股份
18	000069. SZ	华侨城A
19	03383. HK	雅居乐集团
20	00754. HK	合生创展集团
21	000031. SZ	大悦城
22	000402. SZ	金融街
23	09993. HK	金辉控股
24	000736. SZ	中交地产
25	01098. HK	路劲
26	01966. HK	中骏集团控股
27	600266. SH	城建发展
28	601992. SH	金隅集团
29	600657. SH	信达地产
30	00272. HK	瑞安房地产
31	00119. HK	保利置业集团
32	Z25. SI	仁恒置地集团
33	00604. HK	深圳控股

续表

排名	证券代码	证券简称
34	600708. SH	光明地产
35	600663. SH	陆家嘴
36	600565. SH	迪马股份
37	03377. HK	远洋集团
38	601588. SH	北辰实业
39	002314. SZ	南山控股
40	00563. HK	上实城开
41	00230. HK	五矿地产
42	000517. SZ	荣安地产
43	600675. SH	中华企业
44	600208. SH	新湖中宝
45	000090. SZ	天健集团
46	600736. SH	苏州高新
47	600177. SH	雅戈尔
48	600094. SH	大名城
49	600649. SH	城投控股
50	600665. SH	天地源

2. 测评分析

（1）入榜企业分析。

2023 年，中国房地产上市公司测评的研究对象共 130 家上市房企，同比净减少 25 家。新增 9 家，剔除 34 家，剔除原因主要为企业出现实质性债务违约、经营风险较大、逐步退出房地产行业等。从核心测评指标来看，2022 年，上市房企总资产规模均值 1461. 36 亿元，房地产开发业务收入均值 273. 62 亿元，同比均小幅下降；盈利能力方面，上市房企净利润均值 10. 75 亿元，同比大幅下降；净资产收益率均值 2. 51%，同比小幅下降；偿债指标方面，上市房企净负债率均值同比下降 14. 83 个百分点，至 72. 85%；经营效率降低，总资产周转率均值、存货周转率均值同比均有所下降（见表 6-1-8）。

表 6-1-8　2018—2022 年上市房企部分核心测评指标均值比较

指标	2018 年均值	2019 年均值	2020 年均值	2021 年均值	2022 年均值
总资产（亿元）	1121. 51	1409. 37	1577. 89	1549. 12	1461. 36
房地产开发业务收入（亿元）	200. 91	270. 00	274. 96	294. 79	273. 62
净利润（亿元）	25. 62	28. 68	32. 17	25. 19	10. 75
净资产收益率（%）	9. 80	9. 50	8. 78	3. 04	2. 51
净负债率（%）	92. 52	95. 77	95. 07	87. 68	72. 85
总资产周转率（次）	0. 21	0. 20	0. 20	0. 21	0. 20
存货周转率（次）	0. 38	0. 33	0. 38	0. 40	0. 37

数据来源：企业年报、CRIC、上海易居房地产研究院。

榜单显示，10 强上市房企排名出现变化，榜单变动率 10%。其中，万科继续位居榜首，保利发展保持第二名，华润置地升至第三名，较上年提升 2 个位次；中国海外发展、龙湖集团、碧桂园、招商蛇口、金地集团、绿城中国、新城控股分列第四至第十名，绿城中国为 2023 年新晋 10 强（见表 6-1-9）。

表 6-1-9　2019—2023 年入榜企业名次变化

证券代码	证券简称	2019 排名	2020 排名	2021 排名	2022 排名	2023 排名
000002. SZ	万科 A	2	1	1	1	1
600048. SH	保利发展	4	6	5	2	2
01109. HK	华润置地	9	7	7	5	3
00688. HK	中国海外发展	5	5	6	3	4
00960. HK	龙湖集团	7	8	8	6	5
02007. HK	碧桂园	3	3	2	4	6
001979. SZ	招商蛇口	13	12	9	7	7
600383. SH	金地集团	17	16	15	9	8
03900. HK	绿城中国	23	31	26	11	9
601155. SH	新城控股	8	9	10	8	10

数据来源：CRIC、上海易居房地产研究院。

2023 年，50 强上市房企榜单变动率 22%，同比下降 8 个百分点。有 11 家新进榜企业，如瑞安房地产、南山控股、荣安地产、中华企业、天健集团、苏州高新等，国有企业数量略占优势。

（2）资本市场表现。

以 2022 年 12 月 31 日收盘价计算，沪深 300 指数全年累计下跌 21.63%，申万房地产行业指数全年累计下跌 11.17%，跑赢沪深 300 指数 10.46 个百分点，在申万 31 个一级行业内排名相对靠前。恒生中国（香港上市）100 指数全年累计下跌 19.94%，恒生中国内地地产指数全年累计下跌 42.45%，跑输大盘 22.51 个百分点。总体来看，内地房地产板块走势整体随大盘波动且略强于大盘，港股房地产板块较大幅度弱于大盘，2022 年多家在港上市房企发生债务违约事件，引发投资者对房地产行业流动性的担忧，市场信心处于低位。

2023 年 1—4 月，房地产行业销售业绩出现全面下滑，但在供需双方的政策逐渐“松绑”之后，房地产板块活跃度也有所提升，地产股在震荡中运行，申万房地产行业指数保持平稳。对比来看，经营基本面韧性较强的企业股价比较稳定，业绩达不到投资者期望的企业可能会造成股价的短期回落波动，市值能否修复取决于企业的运作水平是否稳定健康。总体来看，房地产板块政策敏感度较高，在调控政策放松的预期下，板块能够出现上涨。但长期来看，如果业绩无法真实增长，板块很难保持长期稳定上涨。

2022 年，房地产上市公司的每股收益平均值有所下降。受房地产市场下行压力加大及疫情影响，开发业务结转毛利率下降，房地产全行业利润总额下滑。同时，受市场及企业流动性影响，部分房企竣工面积减少，房地产业务结算规模下降，营业利润减少，房企盈利空间收缩，从而影响每股平均收益。从具体数据看，2022 年末，沪深上市房企每股收益平均值 0.80 元，较沪深全市场每股收益平均值高约 27%；在港上市房企每股收益平均值为 0.60 元，是港股全市场每股收益平均值的 1.2 倍（见图 6-1-32）。

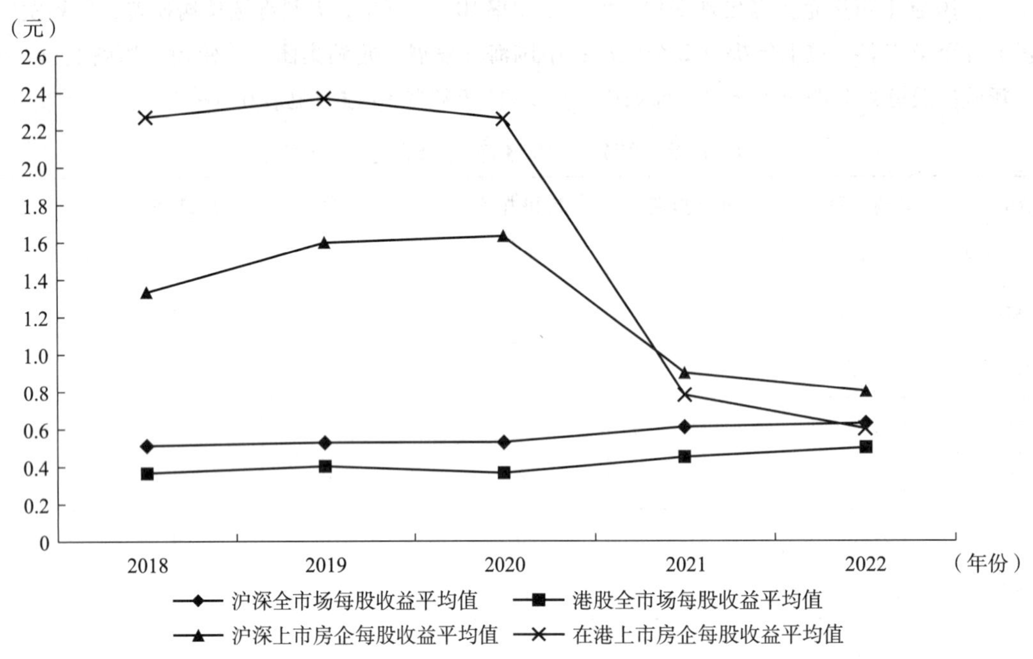

图 6-1-32　2018—2022 年上市房企每股收益与全市场比较

数据来源：Wind、上海易居房地产研究院。

2022 年，上市房企估值水平有所提升，但市盈率和市净率指标仍显著低于全市场平均水平，体现市场对于行业前景的预期较为悲观。具体来看，2022 年末，沪深上市房企平均市盈率 10.75，较沪深全市场平均市盈率低约 24.93%；在港上市房企平均市盈率 6.63，较港股全市场平均市盈率低约 14.89%（见图 6-1-33）。市净率方面，沪深上市房企平均市净率 0.86，较沪深全市场平均市净率低约 28.48%；在港上市房企平均市净率 0.49，较港股全市场平均市净率低约 32.39%（见图 6-1-34）。

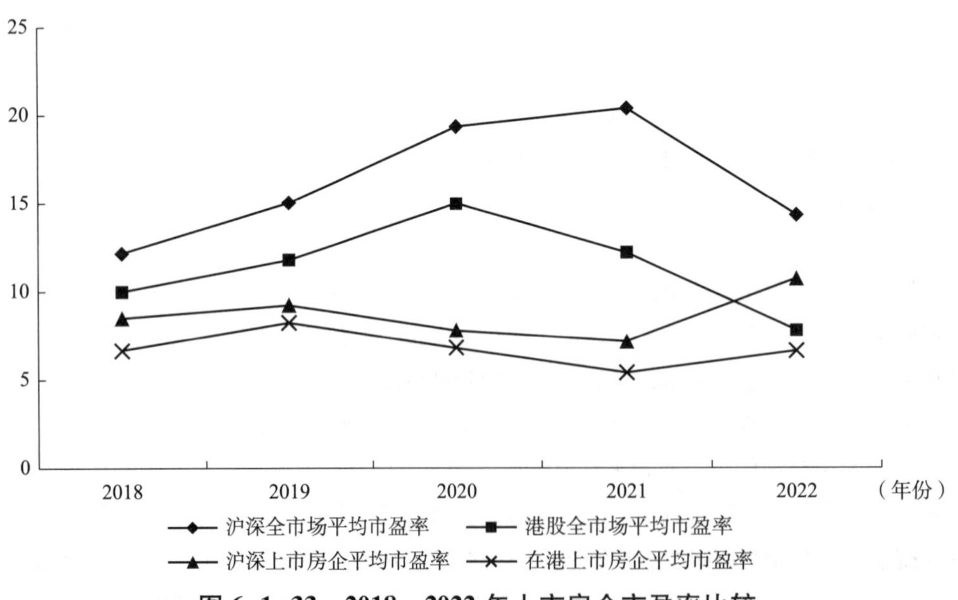

图 6-1-33　2018—2022 年上市房企市盈率比较

数据来源：Wind、上海易居房地产研究院。

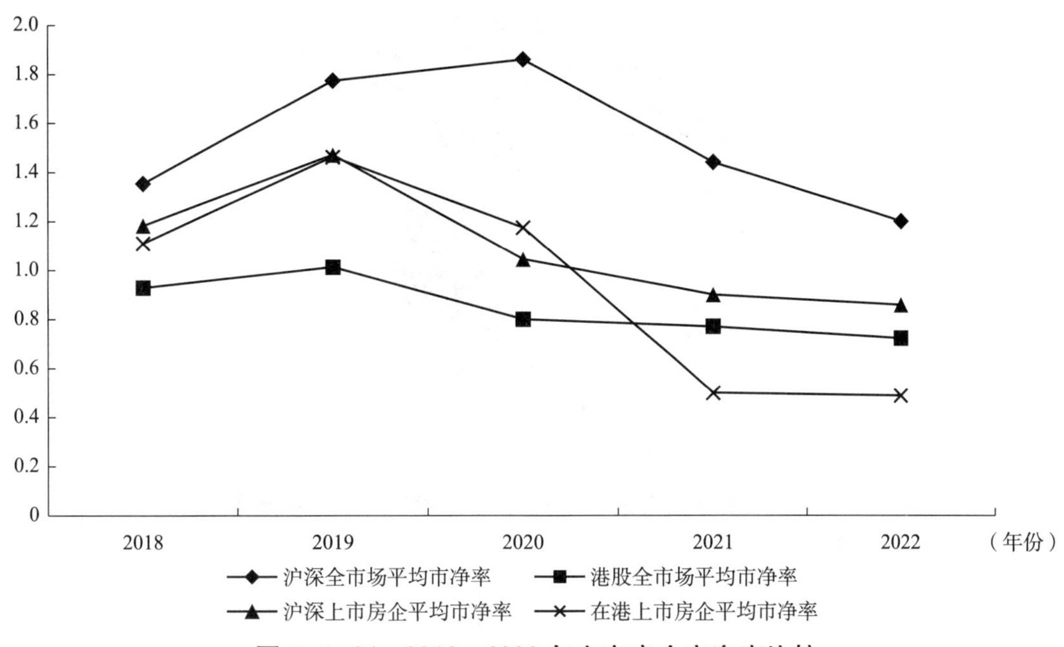

图 6-1-34　2018—2022 年上市房企市净率比较

数据来源：Wind、上海易居房地产研究院。

2022 年，上市房企盈利能力大幅下滑，同时流动性危机集中爆发，导致房企分红总额继续下降，股息率创新低。从具体数据看，2022 年，上市房企分红总额约 338.97 亿元，较 2021 年下滑约 24.63%；股息率 1.24%，较 2021 年下降 0.37 个百分点（见图 6-1-35）。

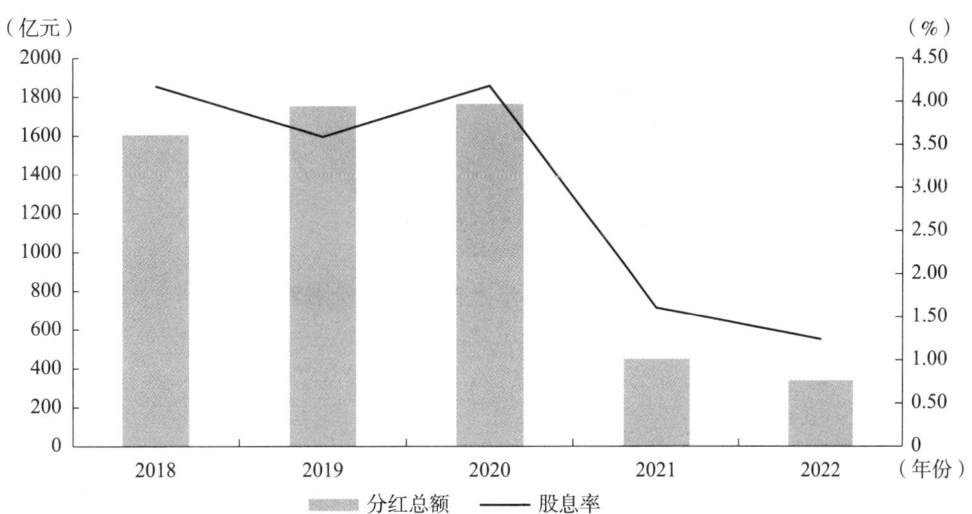

图 6-1-35　2018—2022 年上市房企分红及股息率情况

数据来源：Wind、上海易居房地产研究院。

从市值情况看，以 2022 年 12 月 30 日的收盘价计算，上市房企中市值超过 1000 亿元 5 家，较 2021 年减少 2 家，分别是华润置地、万科、中国海外发展、保利发展、龙湖集团。市值在 50 亿元以下的房企占比最多，为 36%，较 2021 年下降 5 个百分点（见图 6-1-36），总体来看，上市房企市值 2022 年缩水情况普遍存在。

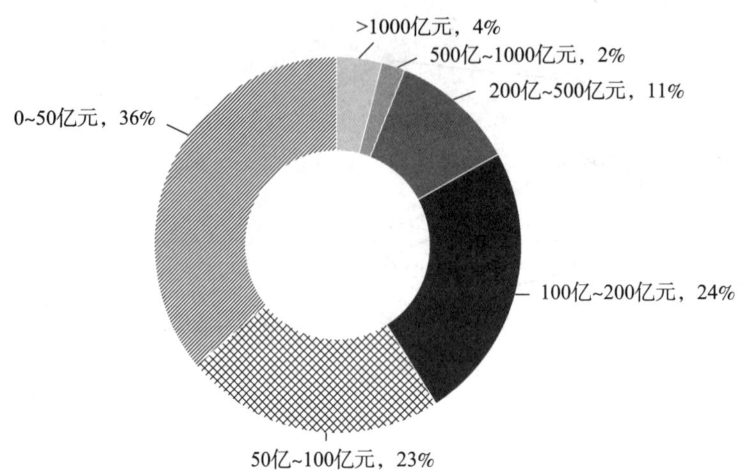

图 6-1-36　2022 年上市房企市值分布（2022 年 12 月 30 日当日）

数据来源：Wind、上海易居房地产研究院。

从股价表现看，2022 年，44%的上市房企股价上涨，其中 7%涨幅超过 50%。56%房企出现下跌，其中 35%房企涨幅处于-20%～0（见图 6-1-37）。2022 年股价涨幅前十的个股 9 家为沪深上市的房企。全年跌幅前十的个股中，在港上市房企占 7 席（见图 6-1-38）。

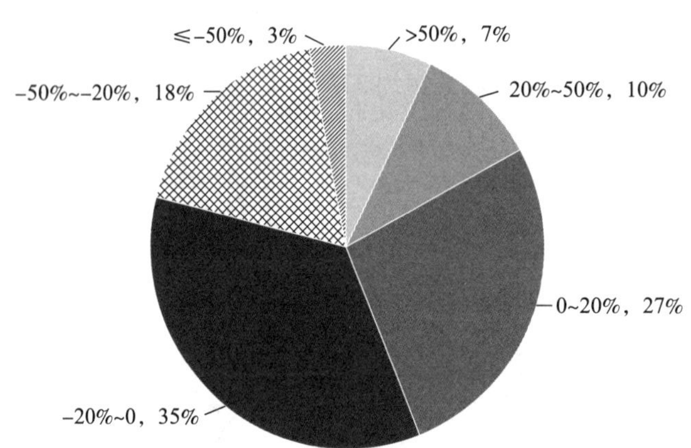

图 6-1-37　2022 年上市房企股价涨跌幅

数据来源：Wind、上海易居房地产研究院。

（3）运营规模分析。

2022 年，房地产市场整体延续上年以来的下行压力，行业信心处在低位，市场需求和购买力不足，房企销售金额大幅下滑。国家统计局数据显示，2022 年，我国商品房销售面积约 13.6 亿平方米，同比下降 24.3%，商品房销售金额约 13.3 万亿元，同比下降 26.7%。总体看来，2022 年房地产市场销售整体表现惨淡，销售面积回落至 2015 年水平。

2022 年，上市房企总资产均值 1461.36 亿元，同比下降 5.67%；净资产均值 383.66 亿元，同比上涨 5.07%；房地产开发业务收入均值 273.62 亿元，同比下降 7.18%；营业利润均值 26.72 亿元，同比下降 37.58%（见图 6-1-39）。增速方面，净资产均值增速较上年有所下降，房地产开发业务收入增速首次转负，总资产、营业利润均值继续下跌，且下跌幅度较上年有所扩大。

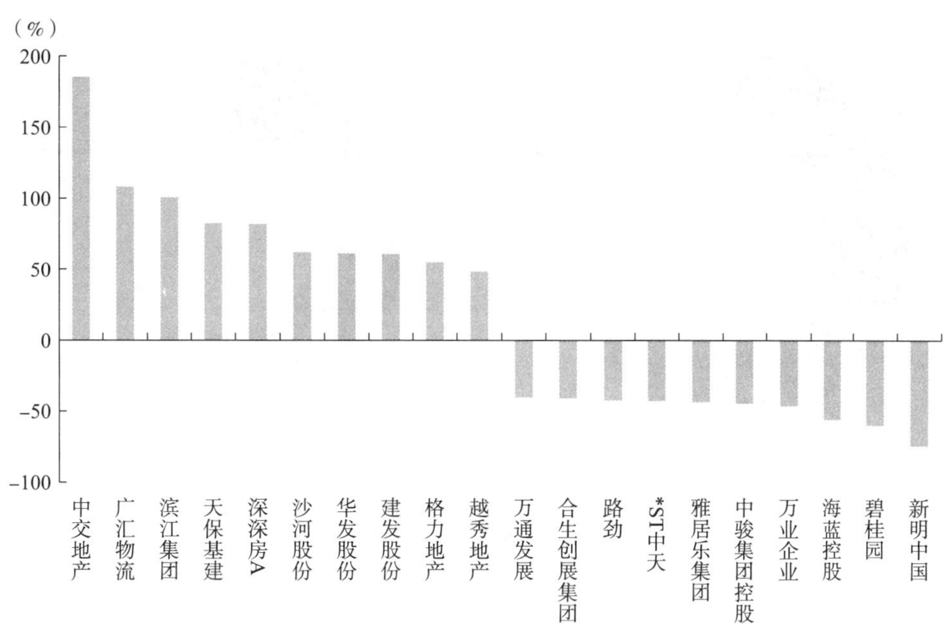

图 6-1-38　2022 年上市房企股价涨跌幅靠前个股

数据来源：Wind、上海易居房地产研究院。

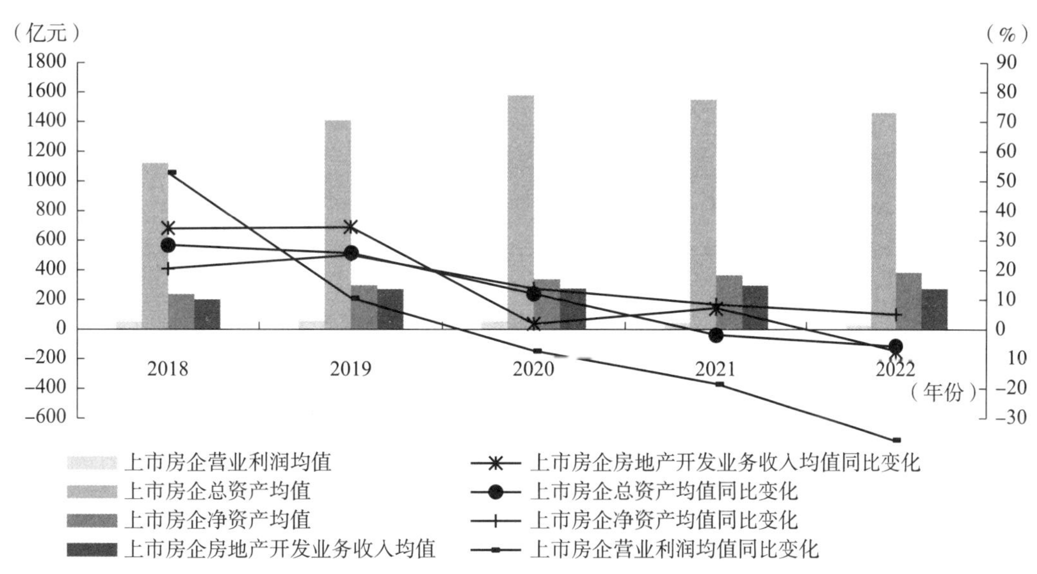

图 6-1-39　2018—2022 年上市房企规模指标

数据来源：企业年报、上海易居房地产研究院。

2022 年，上市房企中，规模优势型、规模滞后型企业仍然占比较高，各约 27%，两类企业占比均较上年有所下降。规模稳健型、规模追赶型企业均占比约 23%，两类企业占比较上年有所上升（见图 6-1-40）。

四类企业中，规模优势型企业的均值均在行业均值之上，规模稳健型企业除营业利润均值低于行业均值外，其余 3 项指标均高于行业均值。规模追赶型和规模滞后型企业的均值指标与行业平均仍有较大差距，行业内部分化明显（见图 6-1-41）。

将不同位次上市房企进行比较，结果显示，10 强上市房企中，绝大多数为规模优势型，11～30 强、31～50 强上市房企中大多数为规模稳健型。总体看来，50 强上市房企中，规模优势型和规模稳健型企业占据优势地位（见图 6-1-42）。

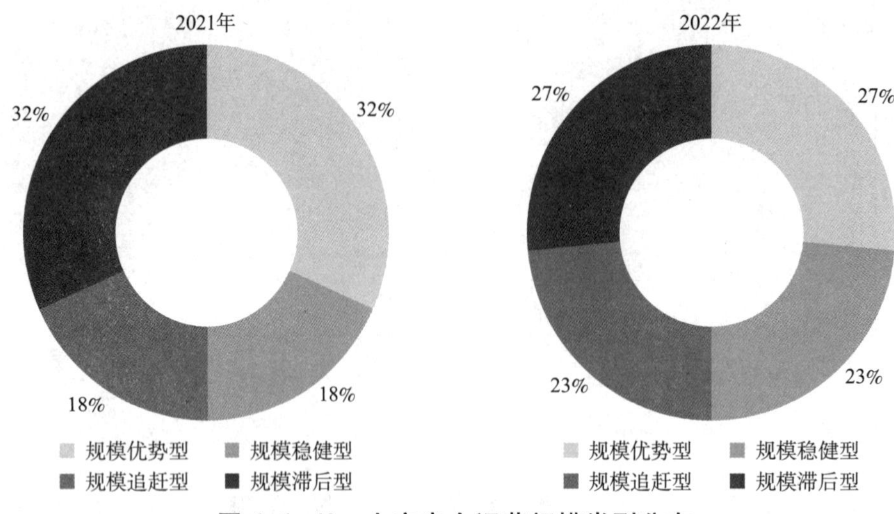

图 6-1-40　上市房企运营规模类型分布

数据来源：企业年报、上海易居房地产研究院。

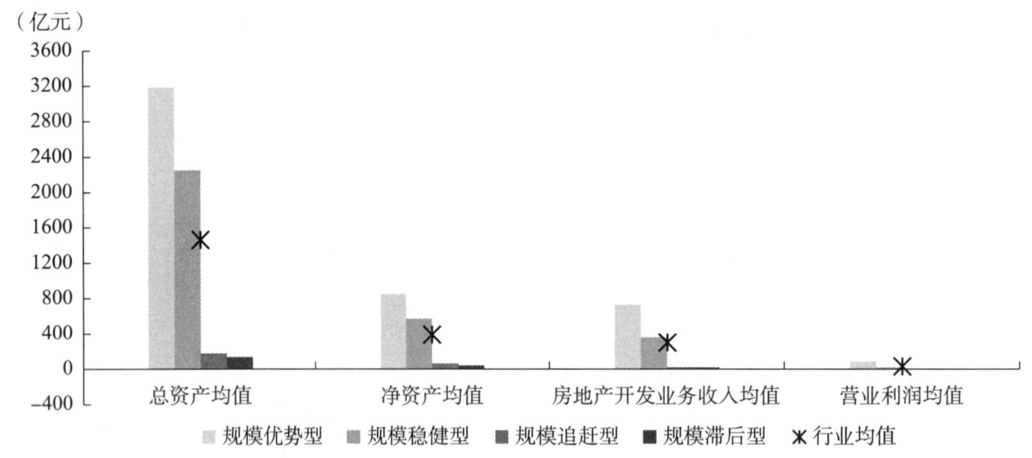

图 6-1-41　2022 年上市房企规模指标均值分布

数据来源：企业年报、上海易居房地产研究院。

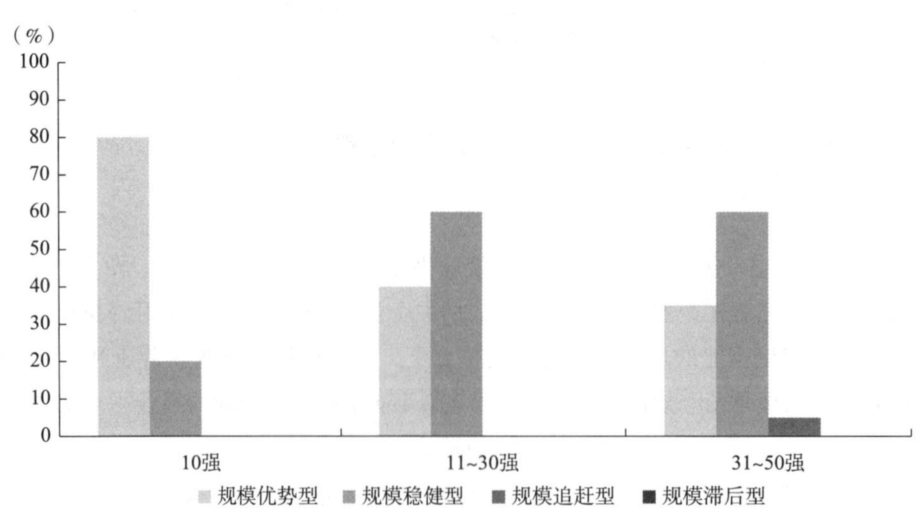

图 6-1-42　各位次上市房企各规模类型占比情况

数据来源：企业年报、上海易居房地产研究院。

从上市房企总资产规模来看，截至2022年底，总资产超过1000亿元的上市房企37家，约占上市房企总量的28%，其中超过3000亿元的上市房企15家，约占上市房企总量的12%。超过1万亿元的上市房企4家，分别是万科、保利发展、华润、碧桂园。从总资产累积百分比来看，10强上市房企的总资产累积百分比约52%，50强累积百分比近90%（见图6-1-43），集中度较上年有所提升。

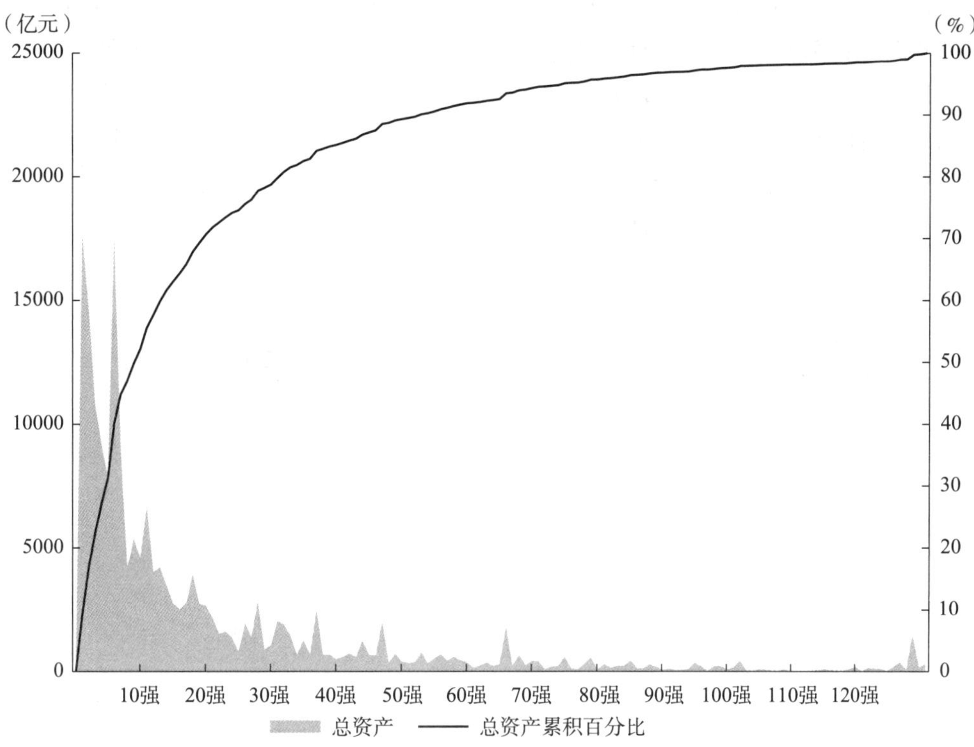

图6-1-43　2022年上市房企总资产规模分布情况

数据来源：企业年报、上海易居房地产研究院。

从销售规模来看，权益销售金额方面，2022年，10强上市房企均值约2069.08亿元，同比下降26.08%；11~30强上市房企均值约523.67亿元，同比下降49.13%；31~50强上市房企均值约160.44亿元，同比下降61.02%（见图6-1-44）。上市房企50强的销售规模均值整体降幅较大，其中，10强上市房企的权益销售金额均值降幅相对最小，31~50强上市房企的降幅最大。

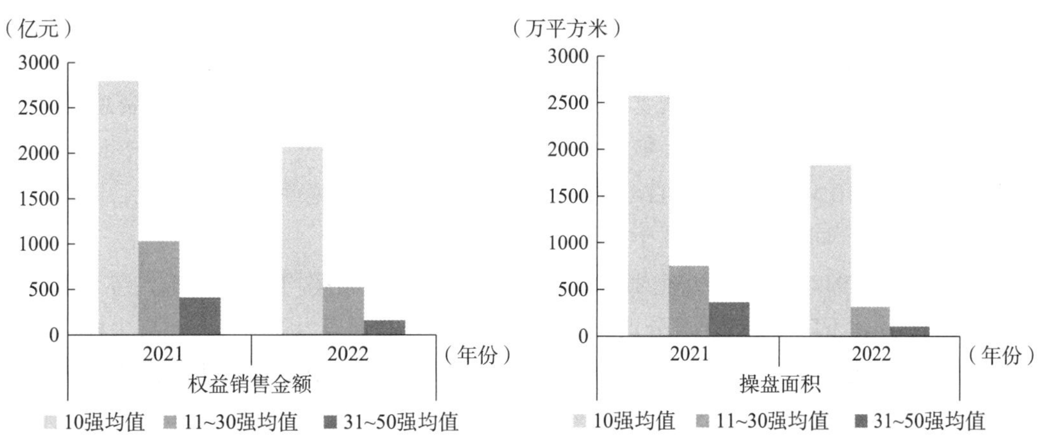

图6-1-44　2021—2022年50强上市房企销售规模对比情况

数据来源：CRIC、上海易居房地产研究院。

操盘面积方面，2022 年，10 强上市房企均值约 1831.54 万平方米，同比下降 28.99%；11～30 强上市房企均值约 315.68 万平方米，同比下降 58.01%；31～50 强上市房企均值约 105.22 万平方米，同比下降 71.01%。31～50 强上市房企的操盘面积均值降幅最大，10 强降幅最小。

从业务占比情况看，房地产开发依然是房企的核心业务，2022 年房地产企业发展较为艰难，面对融资困难、去化下行等挑战，部分上市房企收缩多元化业务回归房地产开发主业，也有部分上市房企在维持稳健发展的同时，积极寻找新的业务增长点。2022 年，50 强上市房企中，56%房企的房地产开发业务收入占营业收入比重超过九成，同比下降 2 个百分点；24%的房企开发业务收入占比在七成至九成，同比下降 8 个百分点，比重在五成到七成的房企占比为 12%，同比上升 10 个百分点（见图 6-1-45）。总体来看，房地产开发收入比重较大的企业数量有所减少，一方面可能是因为企业在资金端承压，出售优质项目以缓解现金压力，另一方面则是因为部分企业面对地产行业发展困境，尝试收缩开发业务规模。

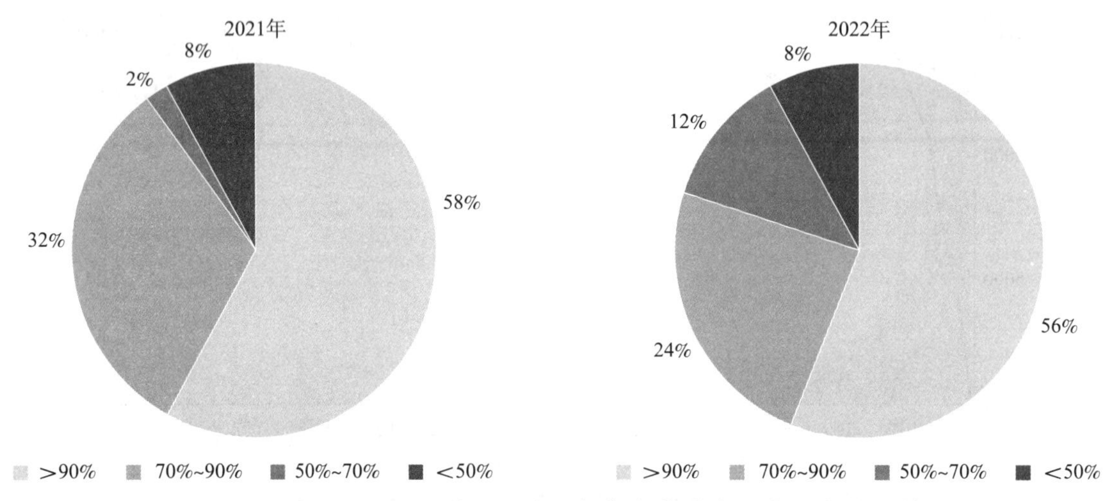

图 6-1-45　2021—2022 年 50 强上市房企房地产开发业务占比情况

数据来源：企业年报、上海易居房地产研究院。

（4）偿债能力分析。

2022 年房地产行业融资政策有所改善。1—2 月，全国房地产政策基本延续 2021 年的审慎、维稳的态势，强调继续稳妥实施房地产金融审慎管理。3 月起各部委频繁发声，重点支持房地产企业合理融资需求，防范化解房地产企业风险等，5 月监管层释放重要信号支持民企融资，优质房地产企业的融资环境得到改善。但政策的信号意义仍大于实际拉动作用。叠加疫情影响等原因销售疲软，市场信心难以回归，房企资金压力仍在加剧。10 月以来，为缓解房企资金压力，金融管理部门推出纾困“三支箭”，央行会同有关部门通过债券、信贷、股权等 3 个融资渠道，为房企提供融资支持的政策组合拳。2022 年 30 强上市房企融资总额 5859.16 亿元，同比下降 18.01%。从融资结构来看，2022 年 30 强上市房企境内债权融资 4584.53 亿元，同比增加 29.94%，且融资量占比 78.25%，同比增长 28.87 个百分点。2022 年境外债权融资总量 121.02 亿元，同比下降 82.61%，境外债权融资占比 3.62%，同比下降 13.44 个百分点。

长期偿债能力方面，2022 年，上市房企剔除预收账款后的资产负债率均值 61.55%，与上年基本持平，净负债率均值 72.85%，同比下降 14.83 个百分点。2022 年，在政策监管压力下，行业积极去杠杆，长期偿债指标较上年有所改善。短期偿债能力方面，2022 年，上市房企流动比率均值 1.72，速动比率均值 0.58，两者与上年相比，基本保持稳定。现金短债比中位数 1.19，同比下降 0.14，总体来看，上市房企短期偿债能力有所下降（见图 6-1-46）。

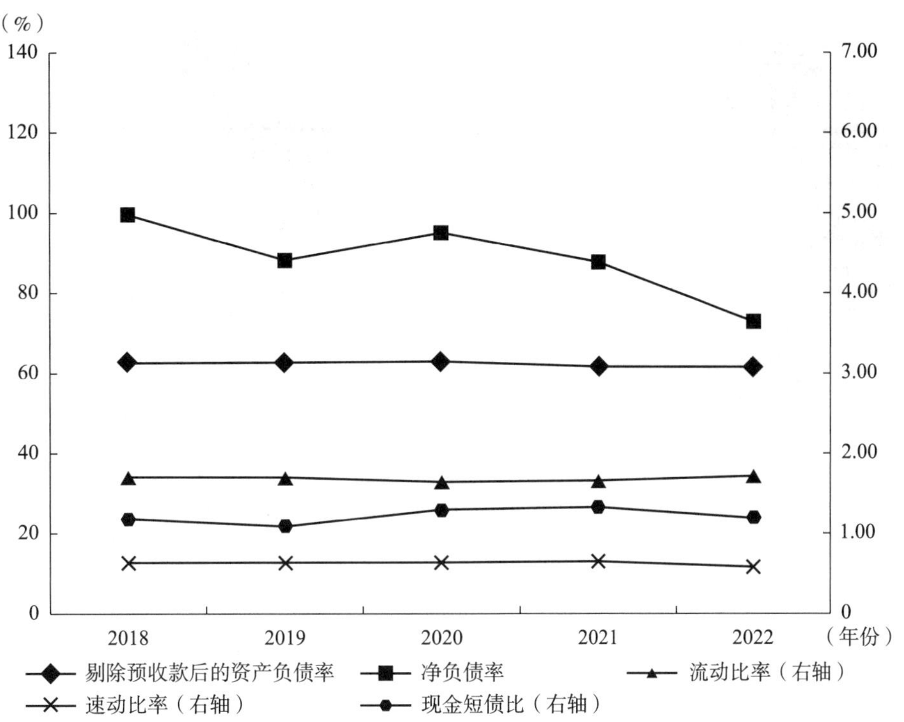

图 6-1-46　2018—2022 年上市房企偿债能力指标

数据来源：企业年报、上海易居房地产研究院。

> 此次测评根据行业特征，将上市房企划分为四个抗风险层级：
>
> 强抗风险层级：此类企业拥有较强的适应市场波动的能力，能够规避较强风险，并保持业务的相对稳定性。
>
> 中抗风险层级：此类企业具备一定适应市场波动的能力，能够规避一定的风险。
>
> 低抗风险层级：此类企业适应市场波动能力一般，风险规避能力一般。
>
> 弱抗风险层级：此类企业适应市场波动能力较弱，难以规避市场风险。

2022 年，综合剔除预收账款后的资产负债率、净负债率、现金短债比、流动比率、速动比率等指标分析得出，强抗风险层级和中抗风险层级的企业分别约占上市房企总量的 24%和 22%，合计约占 46%；低抗风险层级和弱抗风险层级企业分别占比约 24%和 30%，合计约占 54%。与上年相比，强抗风险层级企业占比提升，中抗风险层级企业占比保持不变，低抗风险和弱抗风险层级企业占比下降，主要原因一方面是 2022 年房地产行业风险出清，行业开启修复行情；另一方面，统计样本剔除部分债务违约的房企。总体来说，企业的抗风险能力分化加剧（见图 6-1-47）。

从净负债率看，中抗风险层级和强抗风险层级净负债率均值均低于上市房企均值，其中强抗风险层级企业的净负债率均值连续两年为负；从剔除预收款后的资产负债率看，仅有强抗风险层级企业均值低于行业上市房企均值；从现金短债比来看，强抗风险层级和中抗风险层级均高于行业上市房企均值，其中强抗风险层级企业的现金充裕，2022 年国企央企和部分较为优质的民营企业的融资渠道较为畅通；从流动比率和速动比率来看，强抗风险层级企业均值分别为 2.47 和 0.92，明显优于上市房企均值（见图 6-1-48）。

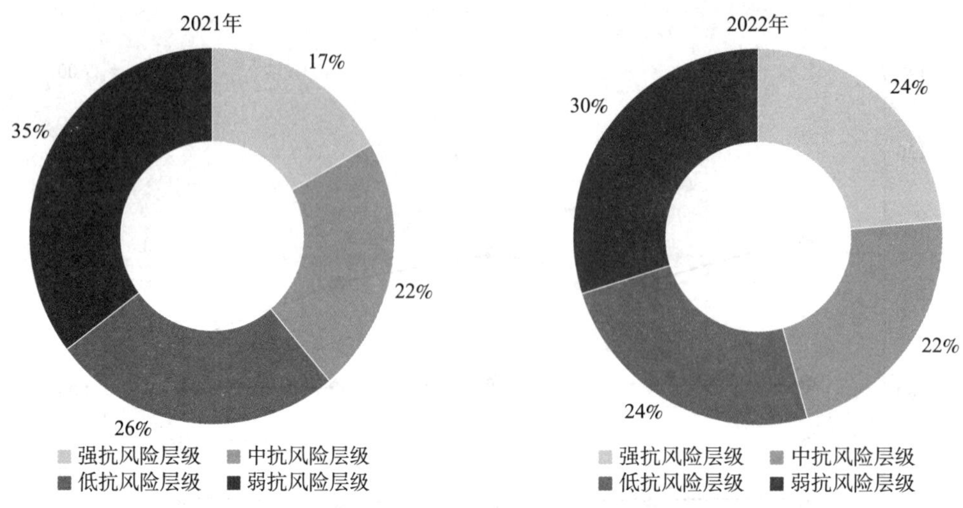

图 6-1-47　上市房企抗风险能力类型分布

数据来源：企业年报、上海易居房地产研究院。

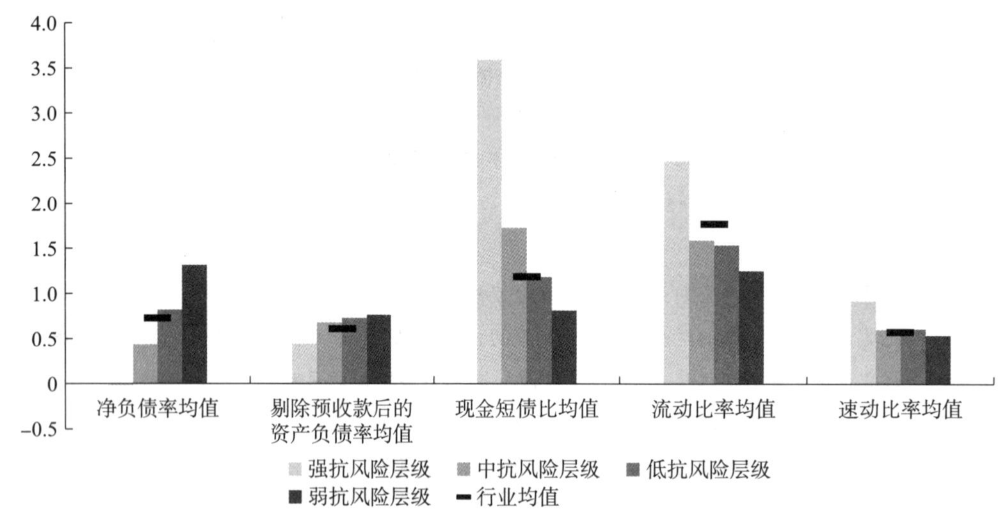

图 6-1-48　2022 年上市房企偿债能力指标均值比较

数据来源：企业年报、上海易居房地产研究院。

2022 年，房地产基本面进入筑底阶段，融资收紧叠加需求疲软等因素影响下，房企违约债券数量大幅增长。受行业景气度下滑影响，部分民企经营困难，盈利空间压缩，无法按时兑付利息和本金，是债券市场的违约主体（见表 6-1-10）。流动性资金告急，上市房企融资“弃外保内”，境外债券违约事件频发，境内债展期规模创历史新高，以展期和交换要约为主的债券打包重组，成为化解风险的主要方式。2023 年防范化解房地产风险是政策调整的主要方向，第一季度监管高层频繁谈及房地产风险，凸显对其高度重视的态度。从销售端表现看，市场销售复苏前景不明朗，处于缓慢下滑趋势中。而融资表现上，除央企、国企以外，其余民营房企融资渠道未恢复，还面临较大的短期偿债压力。销售尚未企稳，叠加融资困难，民营房企的信用风险还处于高位。

表 6-1-10　部分有债务问题的房企汇总

企业名称	事项简介
世茂	2022 年 5—9 月，多笔债券获展期
正荣地产	2022 年 3—7 月，多笔债券未按时兑付利息或本金

续表

企业名称	事项简介
融创中国	2022 年 5—8 月，多笔债券未按时兑付利息或本金
富力地产	2022 年 4—12 月，多笔债券获展期
祥生控股	2022 年 2 月及 6 月，两笔债券未按时兑付利息
中梁控股	2022 年 6 月及 8 月，两笔债券未按时兑付利息或本金
宝龙地产	2022 年 7 月，一笔债券未按时兑付本息
景瑞控股	2022 年 3—6 月，多笔债券未按时兑付利息或本金
上坤地产	2022 年 8 月，一笔债券未按时兑付本金
旭辉	2022 年 10 月，一笔债券未按时兑付利息
金科股份	2022 年 5—12 月，多笔债券获展期
合景泰富	2023 年 5 月，一笔优先票据未能按期予以兑付，构成违约事件

数据来源：公开资料、上海易居房地产研究院。

从上市房企“三道红线”达标率来看，剔除预收账款后的资产负债率的达标率达到 69%，同比上升 3 个百分点，净负债率达标率最低，约 56%，同比下降 5 个百分点，现金短债比达标率约 57%，较上年下降 9 个百分点。分梯队来看，10 强上市房企剔除预收账款后的资产负债率、净负债率、现金短债比的达标率分别为 80%、100%、100%，均为梯队中最高，且 10 强上市房企中，超过一半为央企或有国资背景的房企，该类房企有较强的资金实力和稳定的财务状况，发展较为稳健。中海、华润、龙湖等企业凭借优秀的现金管控能力和风险管控能力，积极主动降低负债规模，维护企业长期健康稳定发展。11 ~ 30 强上市房企“三道红线”达标率分别为 65%、80%、55%，较上年有明显下降，31 ~ 50 强上市房企“三道红线”达标率分别为 45%、45%、55%，均为各梯队中达标率最低值（见图 6-1-49）。

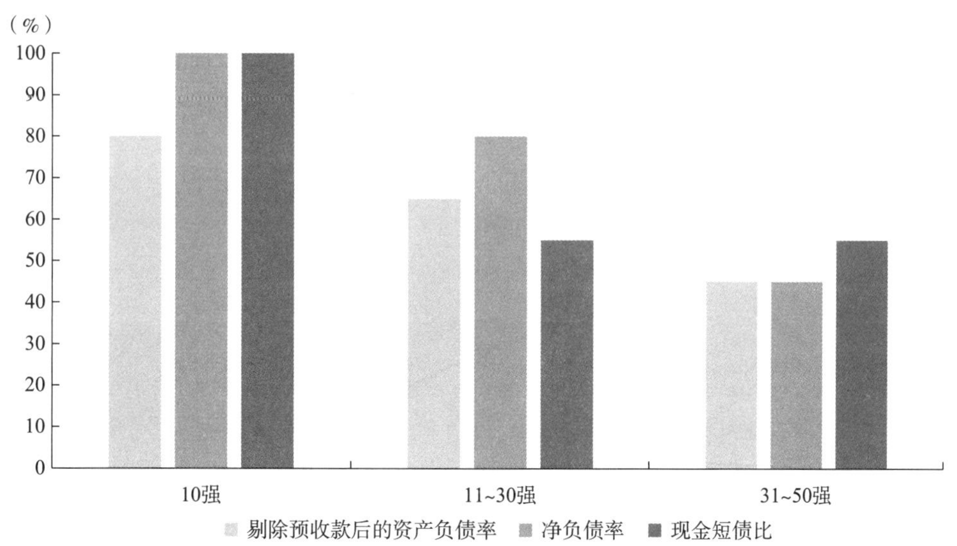

图 6-1-49　2022 年 50 强上市房企“三道红线”指标达标率比较

数据来源：Wind、上海易居房地产研究院。

（5）盈利能力分析。

2022 年，房地产行业整体利润空间持续向下收窄。一方面受结算周期影响，前期高价地结转的影响仍在持续传导，重点一、二线城市的限价监管依旧严格，较高的地价房价比压缩项目的利润空间；另一方面市场持续下行，房企承受较大去化压力，销售端多采取打折促销的方式加速去化。另外市场下行所带来投资物业、存货等账面价值缩水，也在冲击企业的盈利能力。

2022 年，上市房企营业利润均值 26.72 亿元，同比下降 37.58%；净利润均值 10.75 亿元，同比下降 57.32%；净资产收益率均值 2.51%，同比下降 0.53 个百分点；总资产报酬率均值 2.18%，同比下降 0.47 个百分点。总体来看，各项盈利能力指标均较上年有不同程度的下滑（见图 6-1-50）。

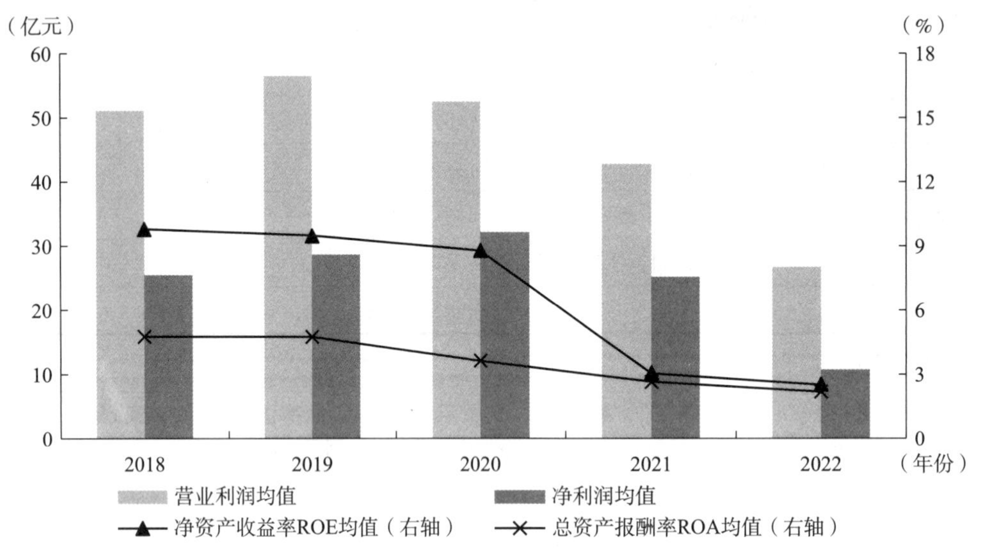

图 6-1-50　2018—2022 年上市房企盈利能力指标

数据来源：企业年报、上海易居房地产研究院。

净资产收益率由总资产周转率、销售净利率、权益乘数三项指标构成。2022 年，房地产行业趋势转向降杠杆，负债较高的上市房企面临来自债权人、供应商、购房者等多方面的压力，房企总资产周转速度下降。在产项目交付量下降、大额计提资产减值、融资难度加大财务费用增加等多重负面因素影响下，上市房企销售净利率处于下降通道。自“三条红线”的监管要求提出之后，房企总有息负债增长受到限制，同时也加速去杠杆进程，上市房企权益乘数均值有所下降（见图 6-1-51）。在三个指标共同作用下，上市房企净资产收益率均值小幅下滑。

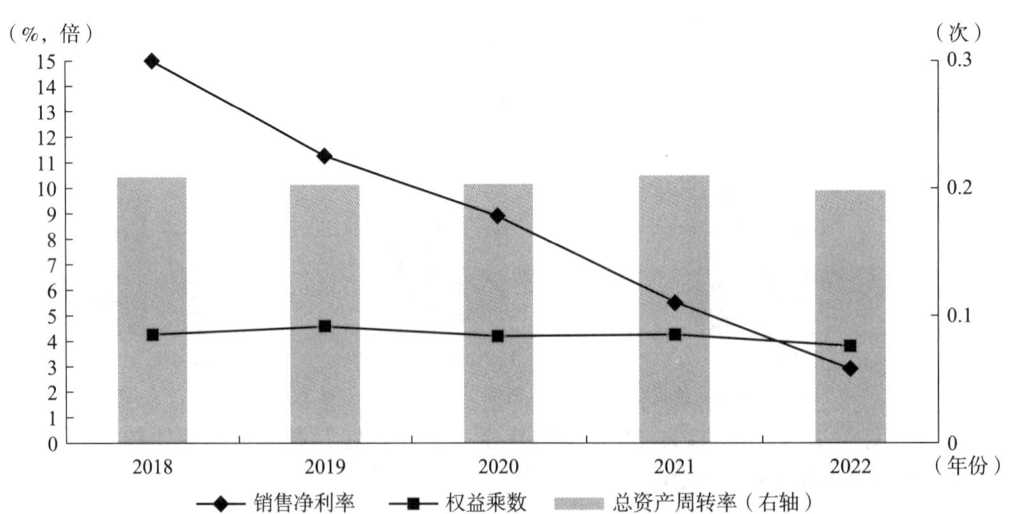

图 6-1-51　2018—2022 年上市房企净资产收益率影响因素变动情况

数据来源：企业年报、上海易居房地产研究院。

2022 年，受息税前利润大幅下降影响（见图 6-1-52），上市房企总资产报酬率均值同比下降 18%，降幅较大。

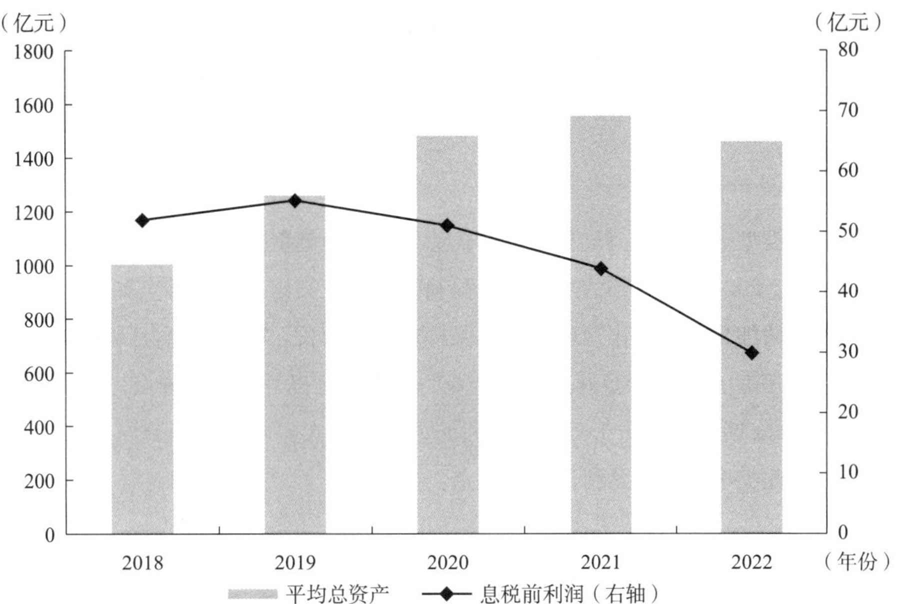

图 6-1-52　2018—2022 年上市房企总资产报酬率影响因素变动情况

数据来源：企业年报、上海易居房地产研究院。

从绝对盈利能力来看，2022 年 6 家上市房企净利润超过 100 亿元，占比 4.62%；32 家上市房企出现亏损，占比 24.62%（见图 6-1-53）。从相对盈利能力来看，仅 2 家上市房企总资产报酬率高于 10%，占比 1.54%，同比下降 0.36 个百分点，介于 5%~10%的上市房企占比 10.00%，同比下降 15.32 个百分点，介于 0~5%的上市房企占比 70.00%，同比增加 8.61 个百分点，小于 0 的上市房企占比为 18.46%，连续两年明显增加。总体来看，上市房企总资产报酬率主要集中在 0~5%区间，整体盈利水平较 2021 年有所下降。

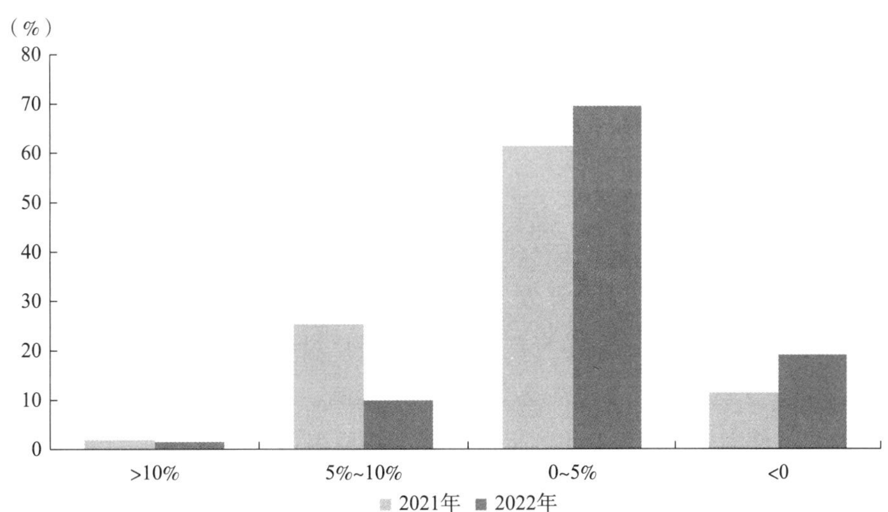

图 6-1-53　2021—2022 年上市房企总资产报酬率情况分布

数据来源：企业年报、上海易居房地产研究院。

此次测评根据房地产行业特点及盈利特征，将上市房企划分为四种类型：

盈利突出型企业：利润率水平超过行业平均水平，且近几年保持持续增长或低于行业波动幅度，盈利前景可观。

盈利稳健型企业：利润率水平处于行业平均水平上下，且近几年波动幅度较小，能够维持现有盈利水平。

盈利追赶型企业：利润率水平低于行业平均水平，但增速靠前，短期内盈利可能实现突破。

盈利乏力型企业：利润率水平远低于行业平均水平，缺乏盈利增长点，近几年净利润持续下滑甚至亏损，中长期盈利状况存在较大的不确定性。

从上市房企盈利能力类型分布来看，盈利突出型企业、盈利稳健型企业、盈利追赶型企业占比增加，盈利乏力型企业占比大幅减少。2022 年，19%的上市房企盈利能力表现突出，部分房企如中海、龙湖、华润等凭借其投资节奏的精准把控和精细化、数字化管理能力，保持较好的增长。25%的房企属于盈利稳健型企业，占比同比提升 14 个百分点，25%的房企属于盈利追赶型企业，占比同比提升 2 个百分点，31%的房企属于盈利乏力型房企，同比下降 24 个百分点（见图 6-1-54）。盈利乏力型房企大幅减少，部分原因在于本次测评对象删除有违约记录行为的房企，此类房企多为盈利乏力型房企。

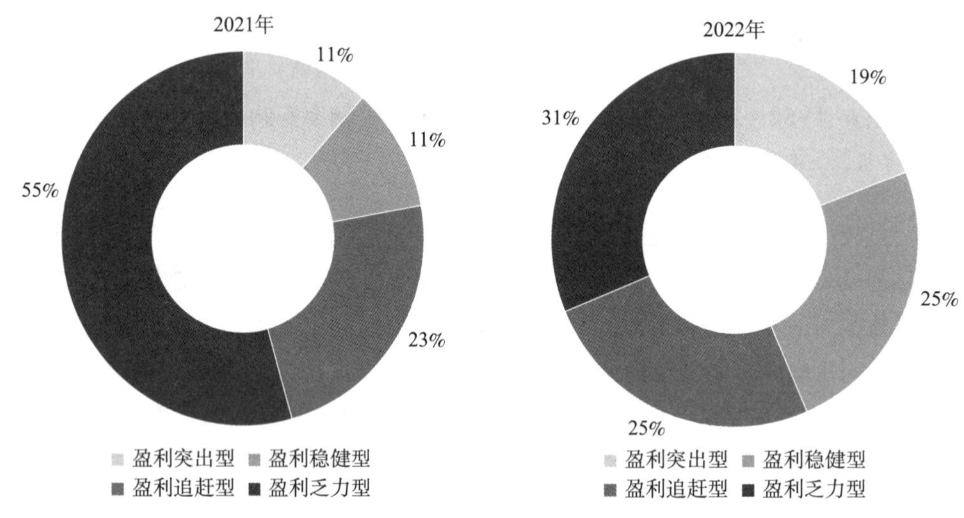

图 6-1-54　上市房企盈利能力类型分布

数据来源：企业年报、上海易居房地产研究院。

（6）成长能力分析。

2022 年，上市房企的房地产开发业务收入、营业收入和净利润均值同比下降，仅净资产均值有小幅上涨（见图 6-1-55）。具体来看，房地产开发业务收入均值同比下降 7.18%，营业收入均值同比下降 6.53%，净利润均值同比下降 57.33%；净资产规模均值同比增长 5.82%，增速同比下降 2.56 个百分点。总体来看，2022 年，受房地产行业调整及疫情等因素影响，导致房企收入结转减少，营业收入同比下降，利润快速下跌。虽然净资产规模有小幅上涨，但上涨原因部分在于本次测评对象删除有违约行为的房企。

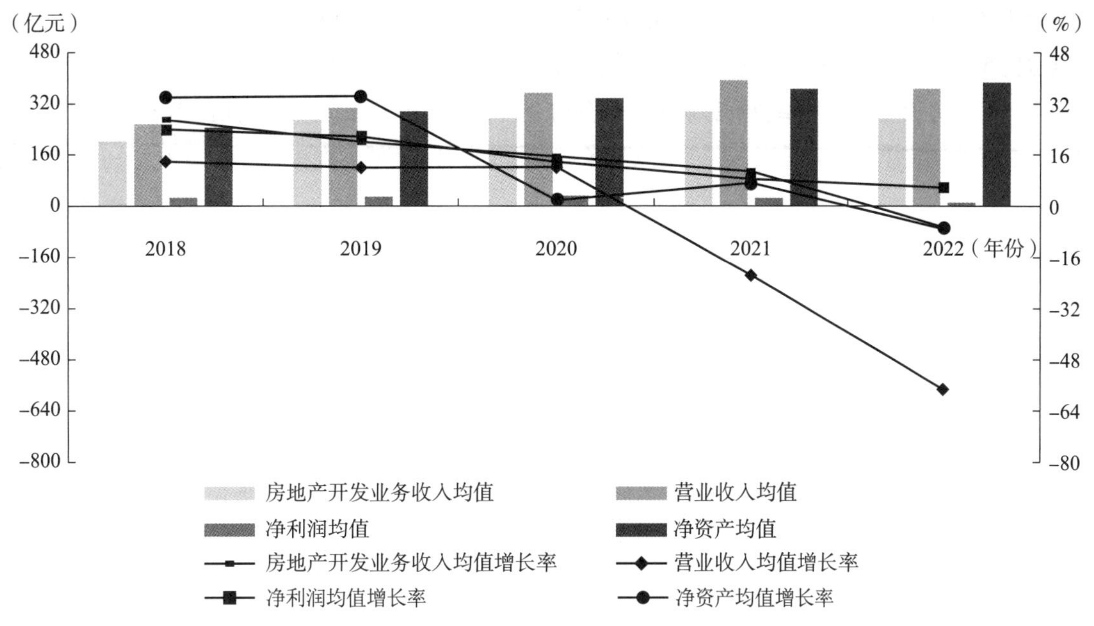

图 6-1-55 2018—2022 年上市房企成长能力指标

数据来源：企业年报、上海易居房地产研究院。

> 此次测评根据主营业务收入增长率、主营业务利润增长率、净资产增长率等业绩成长能力指标，将上市房企的成长能力划分为四个层级：
>
> 高成长性：具备较快的收入和利润增长速度，净资产持续高速增长，为企业未来持续发展奠定坚实的基础。
>
> 中成长性：具备中等业绩成长能力，增速略高于行业平均成长水平，能够为企业未来发展提供一定的基础。
>
> 低成长性：具有一定业绩成长能力，增速略低于行业平均水平，企业未来发展受到一定限制。
>
> 弱成长性：业绩成长能力远低于行业平均水平，增速与行业平均水平差距显著，企业未来发展受阻。

从成长能力类型来看，2022 年，高成长性和中成长性企业占比分别为 18%和 21%，低成长性和弱成长性企业占比分别为 29%和 32%（见图 6-1-56）。整体来看，2022 年，高成长性房企数量占比维持不变，中成长性和低成长性房企占比有所提升，弱成长性房企占比下降。房企内部分化明显，优质房企保持较好成长潜力。由于本次测评样本中去除部分有违约记录的房企，导致弱成长性房企数量减少，占比降低。

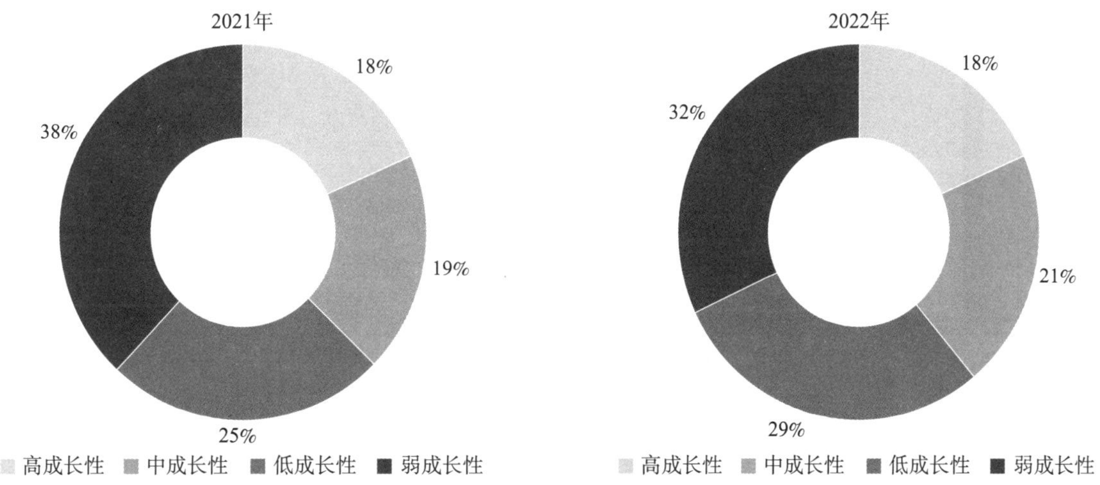

图 6-1-56 2021 年和 2022 年上市房企盈利能力类型分布

数据来源：企业年报、上海易居房地产研究院。

从营业收入各档同比变化情况看，2022 年房企营收同比集中在-20%～20%区间（见图 6-1-57），营业收入同比为负房企占比 55.73%。同比增长超过 100%的房企占比有所增长，一方面房企业绩分化明显，优质房企保持较好的盈利能力，另一方面在上年低基数的影响下，部分房企营收有大幅上涨。同时，同比小于-20%的房企占比也有明显增长，在行业销售下行的背景下，房企营收下降，其中龙头房企下滑幅度相对较小，中小房企下滑幅度较大。

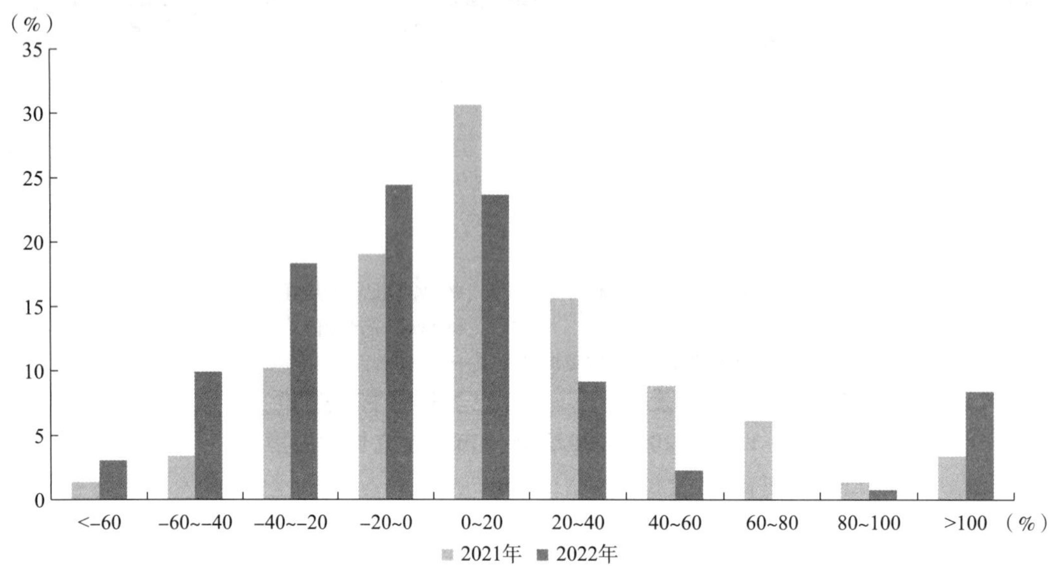

图 6-1-57　2021 年和 2022 年上市房企营业收入同比变化情况分布

数据来源：企业年报、上海易居房地产研究院。

从净利润同比变化情况看，2022 年，房企盈利情况普遍不佳，净利润同比为负值的房企占比 77.10%，其中，同比小于-120%和处于-100%～-40%区间的房企占比明显提升（见 6-1-58）。受疫情以及房企资金链紧张等因素影响，部分房企施工进度不及预期，导致竣工和结转面积减少，主营业务收入大幅下降，最终影响净利润。从净利润同比为正的各档占比情况看，同比大于 60%的房企占比较上年有所提升，其余各档房企占比均有所下降。

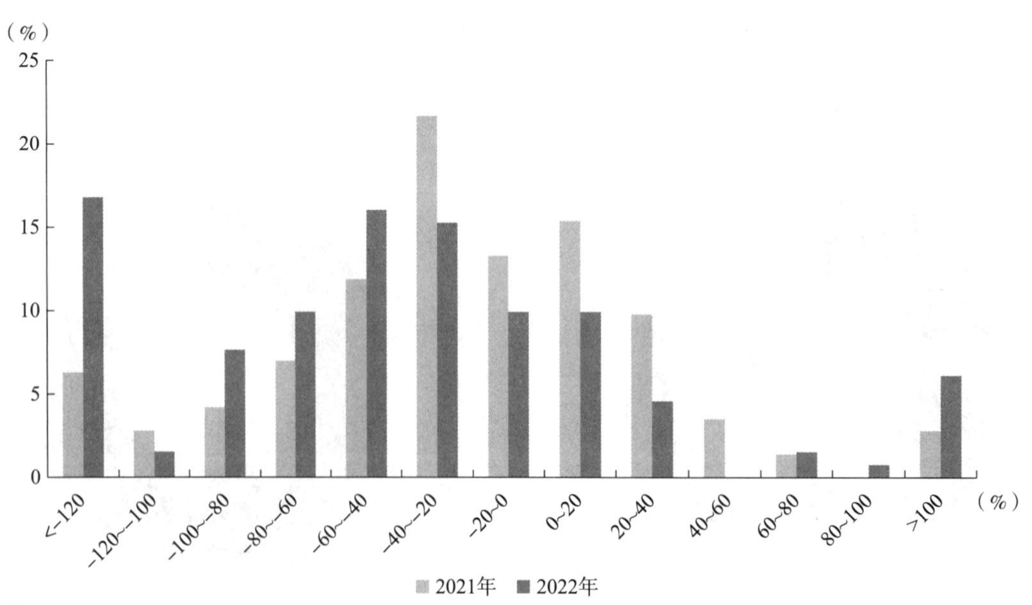

图 6-1-58　2021 年和 2022 年上市房企净利润同比变化情况分布

数据来源：企业年报、上海易居房地产研究院。

从净资产同比变化情况看，2022 年，净资产同比为负值的房企占比 45.04%，同比增加 24.90 个百分点，其中除净利润同比小于-40%区间的房企占比有小幅下滑，其他净资产负增长区间的房企占比均明显上涨。净资产同比正向增长区间中，增速在 0～10%区间内的房企占比最大，且较上年有所增长，其他区间房企占比均有所下滑（见图 6-1-59）。

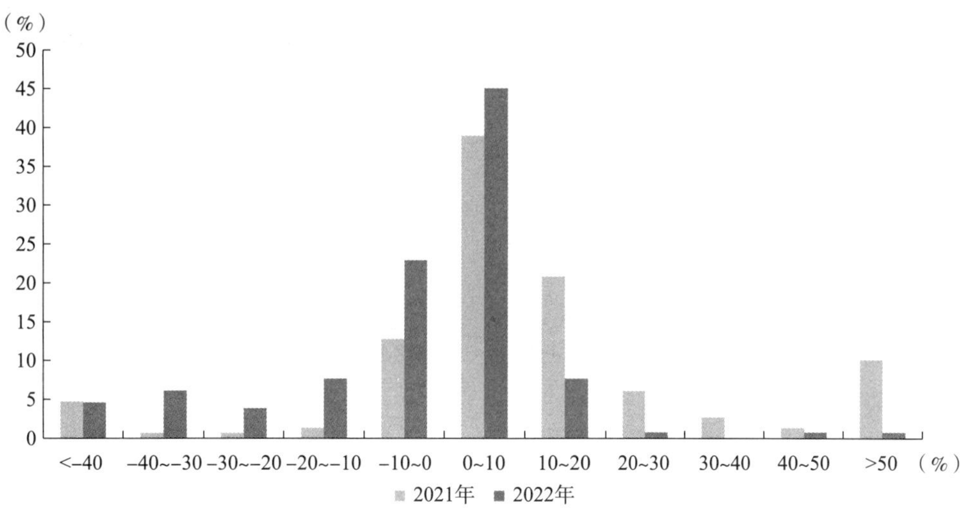

图 6-1-59　2021 年和 2022 年上市房企净资产同比变化情况分布

数据来源：企业年报、上海易居房地产研究院。

从土储情况看，截至 2022 年底，30 强上市房企总土储建面 102019.4 万平方米，同比下降 34.81%。分梯队看，10 强上市房企土储建面同比减少 21.76%，11～30 强上市房企土储建面同比减少 50.91%（见图 6-1-60）。2022 年房地产市场低迷，房企投资力度大幅下滑，市场优质土储资源向头部房企集中。

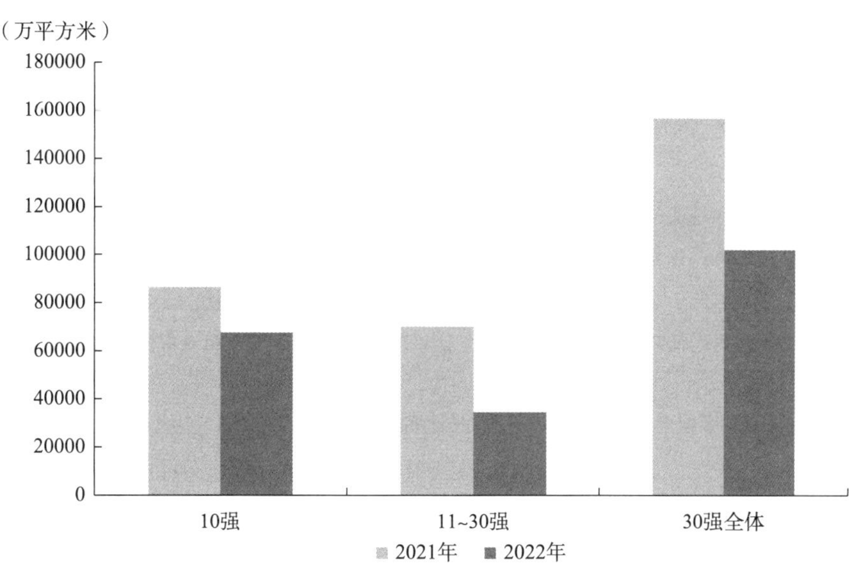

图 6-1-60　2021 年和 2022 年 30 强上市房企总土储建面变化情况

数据来源：企业年报、CRIC、上海易居房地产研究院。

2023 年，房企拿地策略继续分化，整体来看，资金实力较强的央企、国企在投资拿地方面依然相对进取。如中海 2023 年的投资仍将相对进取，拿地金额规划双位数的增长。保利发展表示，公司的资金储备充裕，总部调配资金能力强，同时参与多个城市、多个项目的竞拍。相比之下，尚在经营稳健状态的民营房企投资策略相对谨慎，如中骏集团在业绩报告中提到，2023 年公司重点工作仍是聚焦信心和信用重建，回归有序生产经营，拿地计划取决于未来市场的恢复情况，审慎考虑。

（7）经营效率分析。

2022 年，上市房企经营效率指标继续均有所下滑，存货周转率、流动资产周转率和总资产周转率均值分别为 0.37、0.28 和 0.20 次（见图 6-1-61）。三项周转指标均较上年有小幅下降。2022 年整体市场持续下行，资金持续紧张，甚至部分房企面临较大的停工潮，使得存货周转率有所回调。但促回款、保交付仍是当前房企的共识，存货周转率虽有所下滑，但仍保持较高水平。

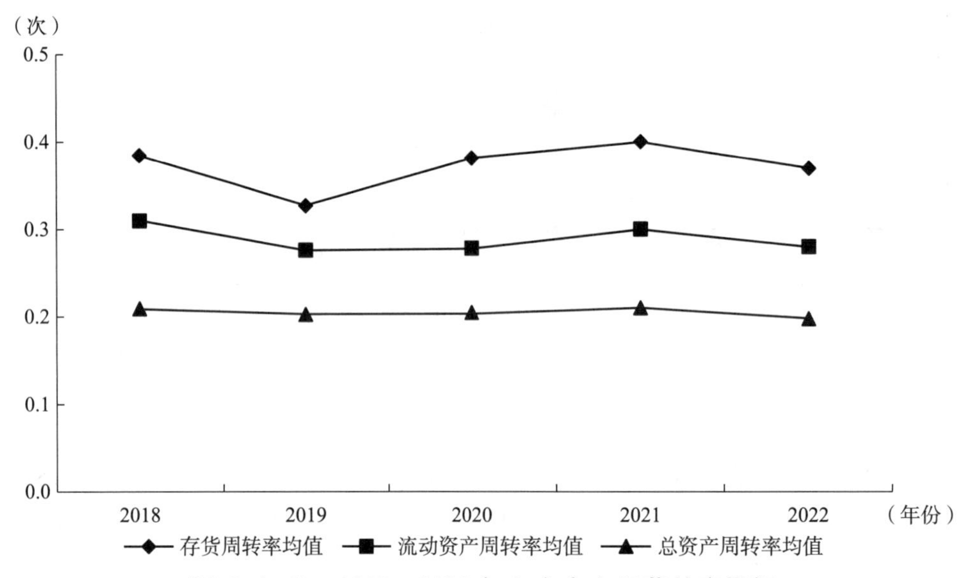

图 6-1-61　2018—2022 年上市房企经营效率指标

数据来源：企业年报、上海易居房地产研究院。

此次测评使用总资产周转率、流动资产周转率和存货周转率等指标来衡量房地产上市公司的经营效率，将上市房企划分为四种类型：

高速周转型：资产经营效率超过行业平均水平，企业内部资源得到高效的利用，具有很强的经营效率优势。

平稳经营型：资产经营效率大致处于行业平均水平，企业能有效利用内部资源，具有较强的经营效率。

低速周转型：资产经营效率低于行业平均水平，企业利用内部资源的能力一般，具备一定的经营效率。

落后经营型：资产经营效率远低于行业平均水平，企业利用内部资源的能力相当有限，经营效率相对较低。

从经营效率类型看，2022 年仅有落后经营型企业占比提升，为 46%，较上年增加 9 个百分点（见图 6-1-62）。2022 年由于上半年疫情多点散发，房企销售受阻，操盘销售金额同比下滑，项目的建设进度延迟，部分房企主动或被动降低周转速度，维持企业正常发展。

随着房地产行业金融属性的减弱，资金回笼和去化压力较大，上市房企存货规模有所下降。2022 年，上市房企的存货均值同比下降 6.90%，近年来首次出现负增长。2022 年房地产年度累计施工面积增速近五年来首次出现负增长，伴随着新开工面积持续下滑，叠加年内房企聚焦项目的竣工交付等多重原因，房企整体存货规模增长乏力。从存货集中度情况看，10 强上市房企总存货占比约 54%，30 强房企占比约 81%，50 强房企占比约 91%，较上年集中度有所提升。

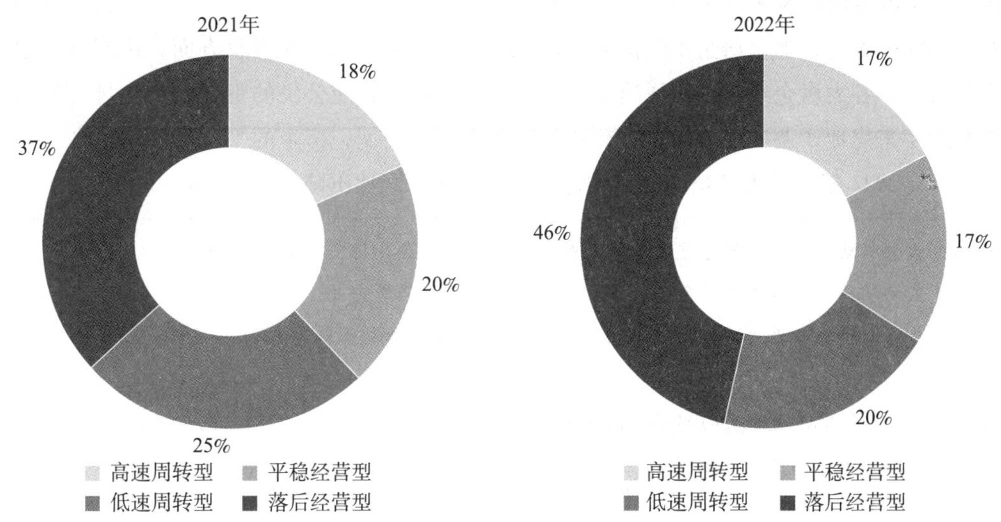

图 6-1-62　2021 年和 2022 年上市房企经营效率类型分布

数据来源：企业年报、上海易居房地产研究院。

（8）社会责任分析。

2022 年，中国房地产市场整体延续上年以来的下行压力，行业信心处在低位，市场需求和购买力不足，叠加疫情因素影响，市场供求和成交都没有明显转暖的迹象。在此背景下，房企更需重视承担社会责任，一方面提振市场信心，另一方面促进企业良性、健康发展。

截至 2023 年 4 月 30 日，10 强上市房企均已发布 2022 社会责任相关报告，50 强上市房企中 39 家发布 2022 年社会责任相关报告。2022 年 5 月，国务院国资委印发《提高央企控股上市公司质量工作方案》，ESG 管理真正成为央企上市公司的重点关注内容之一。在国际组织和各类机构对 ESG 概念的不断深化下，ESG 理念体系逐渐完整，尽管还未形成统一的定义，但已基本将 ESG 三个维度细化，环境（E）主要涉及环保和可持续发展等议题；社会（S）主要涉及员工权益保障、供应链管理、消费者保护政策以及和其他利益相关方的关系；公司治理（G）主要涉及管理架构、薪酬、内部控制、审计独立性、风险管理、技术创新等议题。在我国"碳中和、碳达峰"的目标驱动下，环境、社会和治理（ESG）以及可持续发展等话题越来越受市场的关注，从当前实践来看，房地产行业向新发展模式转型的方向恰恰是 ESG 所倡导的方向。

环境资源层面，上市房企正在积极布局和开展环境保护方面的探索和尝试。万科采用净零碳排、零废弃物和生物多样性解决方案，在深圳大梅沙万科中心进行碳中和社区试点。大梅沙万科中心通过可再生能源、绿色建筑、数字能源三大技术的深度耦合，将建筑综合节能率提高到 85%、可再生能源比例提升至 85%，并在运营期内实现 100%绿电供应。截至 2022 年底，万科满足绿色建筑评价标准的面积累计 3.083 亿平方米，2022 年新增项目中，61 个项目（居住/公共/物流仓储）获得绿色建筑评价标准三星级认证，所有新增满足绿色建筑评价标准的房地产开发及物流项目中，36%的项目引入可再生能源设计。保利发展在绿色建筑领域持续地创新探索与实践，不断打造绿色建筑、绿色社区及低能耗住宅，逐年增加超低能耗项目数与面积数，2022 年保利发展新增超低能耗项目 14 个，总建筑面积 127 万平方米。招商蛇口作为"绿色发展承载者"，2022 年在超低能耗、近零能耗，以及零能耗建筑方面取得突破性进展，推进建设 3 个近零能耗/零能耗建筑项目，截至 2022 年 12 月，招商蛇口应用超低能耗住宅项目 17 个，总建筑面积 149.60 万平方米。

社会层面，第一，在消费者权益保护上，上市房企关注企业产品质量安全，积极履行"保交楼"主体责任。第二，在员工培养方面，越来越多的房企正在重用内部成长起来的人才。第三，社会公益方面，随着对公益慈善活动的长期深入参与，上市房企不断探索和优化公益模式。第四，在税收方面，房产行业中各企业的纳税情况一直广受关注。各大房企经过多年快速发展后，逐渐承担起企业公民的责任，关注自身发展的同时不忘反哺社会。随着近年来房地产调控政策收紧、行业逐渐进入下行周期，房企的平均利润率出现一定的下滑，所得税额也有所下降。2022 年，上市房企纳税额均值 13.40 亿元，同比下降约 27.01%。

此次测评以企业纳税额、参与保障房建设情况及企业捐款等为主要指标，将上市房企划分为四个层级：

高贡献度型：主动纳税，积极投身社会公益事业，参建保障房的领军企业，获得多方社会认同。

中贡献度型：与行业平均相近的纳税额度，比较重视参加公益活动和保障房项目的建设，积极拓展企业的社会认知度。

低贡献度型：纳税额较低，有一定的积极性投身于公益活动和保障房建设。

弱贡献度型：与行业平均水平有一定距离，亟待企业加强重视程度。

从上市房企社会责任类型分布来看，2022 年，约 15%的上市房企属于高贡献度型，同比下降 1 个百分点。弱贡献度型上市房企数量最多，约占 78%，同比增加 5 个百分点；中贡献度型企业、低贡献度型企业占比均有所下降。整体来看，随着行业进入下行周期，上市房企平均利润出现下滑，房企社会责任贡献度有所下滑。(见图 6-1-63)。

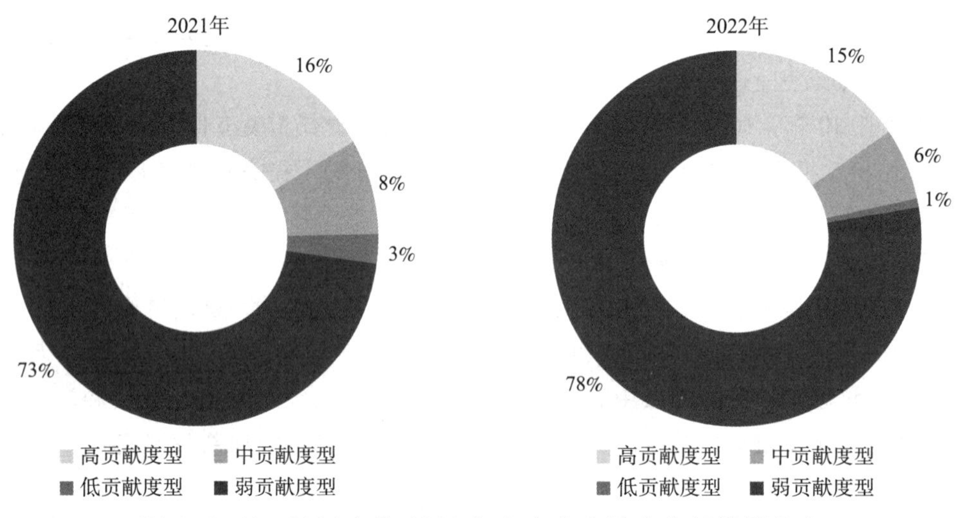

图 6-1-63　2021 年和 2022 年上市房企社会责任类型分布

数据来源：企业年报、上海易居房地产研究院。

各类型上市房企纳税额均值较上年均有所下降（见图 6-1-64）。相较于 2021 年，中贡献度型企业和低贡献度型企业纳税额同比降幅较大，均超过 25%；高贡献度型和弱贡献度型上市房企纳税额均值同比降幅均为 19%。

公司治理层面，上市房企在不断完善风险管理体系，做好风险识别、风险控制、风险评估和风险管理。碧桂园不断优化集团全面风险管理体系，逐步构建公司层面与重要业务领域及流程层面的关键风险指标体系，不断提升系统识别及风险预警的能力。风控审计部结合行业风险、政策变化、集团战略调整及风险事件情况，对集团层面重大风险进行识别和评估。2022 年已识别的重要风险议题包括宏观经济环境及政策应对风险、产品定位及竞争风险、融资偿债风险、项目集中交付风险、组织架构与授权管控风险等。万科建立行之有效的廉正管理架构，万科审计委员会负责审查公司内控，协调公司内、外部审计的沟通、监督和核查工作，并检查和评估

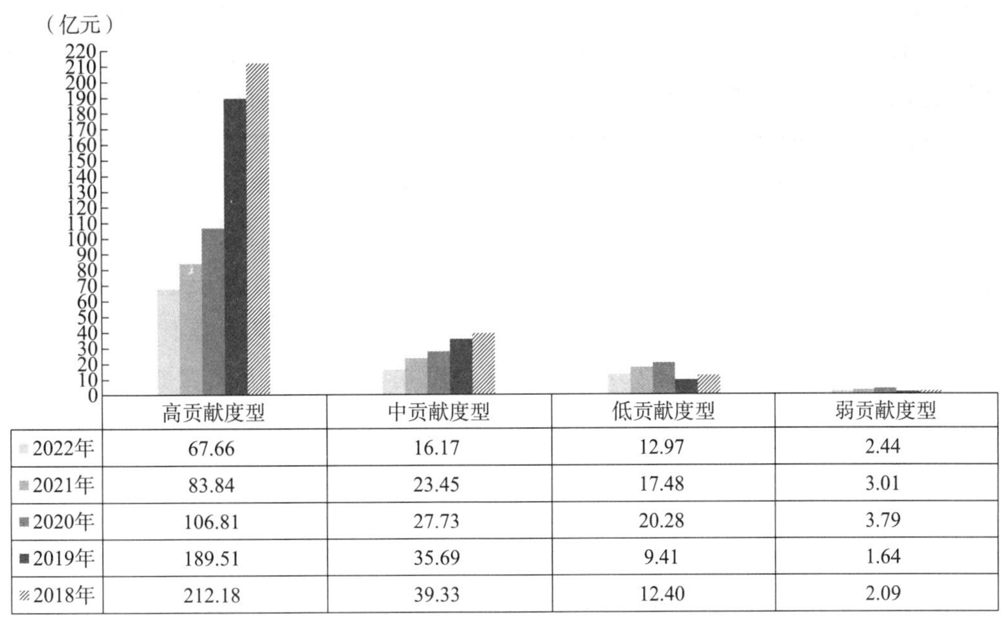

	高贡献度型	中贡献度型	低贡献度型	弱贡献度型
2022年	67.66	16.17	12.97	2.44
2021年	83.84	23.45	17.48	3.01
2020年	106.81	27.73	20.28	3.79
2019年	189.51	35.69	9.41	1.64
2018年	212.18	39.33	12.40	2.09

图 6-1-64　2018—2022 年上市房企纳税额均值比较

数据来源：企业年报、上海易居房地产研究院。

公司风险管理系统等。2022 年，万科更新《阳光合作协议》，增加关于“反商业贿赂”标准示范条款，扩大阳光合作协议的管理维度，对全体董事、监事及高级管理人员参加监管机构组织的董监高专题培训，持续学习监管法规，强化勤勉、忠实、廉洁履职意识。

（9）创新能力分析。

2022 年，我国经济增速缓慢，叠加疫情反复、房企暴雷、项目停工负面因素频出，房地产行业信心受挫。承压之下，各规模房企潜心修炼产品力内功，“交付力”逐渐成为房企实力的重要表现。在房企全面践行和提升交付力的情况下，体系化的交付流程是房企“保品质交付”的护城河。2022 年多家上市房企已形成较为完善的交付体系，从风险管控、品质标准、过程管控、服务跟进等多个维度，形成一套覆盖交付前、中、后全周期的标准化流程。龙湖发布全新交付主张，提出“新居所”“新家园”“新生活”三大价值维度的“龙湖智善交付体系”。碧桂园项目自拿地开始即启动全周期质量管控体系，建设过程中全面细致的巡检体系，包括交叉巡检、专项检查、第三方抽检等，从不同角度、多个层面对项目质量把关。保利发展在原有的《项目交付动态管理办法》基础上，创建并不断优化“6321 交付体系”，2022 年所有项目均按时保质交付，交付阶段客户满意度稳中有升。

产品创新方面，近年来“新市民、新青年”逐步成为主力购房人群，房企重点聚焦改善、年轻两大类客群，从室内空间、建筑立面、社区景观、服务体系四大维度，提供专业化、精品化的迭代产品，提升客户体验。如绿城中国从生命状态、文化价值观、生活空间三个维度进行分析，形成超过 600 个室内功能模块，置业者可以根据自身对空间不同的功能需求，搭载不同模块，营造自己理想生活场景和氛围。保利发展对健康人居产品理念进行再升级，更加注重“以人为本，以文化为尺度，以空间为载体”的理念追求，打造以“天”“悦”“和”三大字系为基座的产品品牌服务体系，实现从关注社区健康到关注客户生活方式的转变。当前客户对于品质的理解已不再是狭义上的居住功能，人民群众对住房功能的需求正从满足基本居住转为满足高品质生活需要，对居住空间、社区环境和配套服务提出更高要求。未来，随着“人民对美好生活的向往”不断增强，房企在产品品质方面的钻研与创新将不断加快，竞争维度也将从创新理念向功能营造、科技应用、细节处理等方面不断深化。

营销创新方面，2022 年缓解购房者焦虑情绪，以项目保价为主年内折扣营销活动有所增加，例如在重大促销节点推出针对项目的保价活动，如融创海南区域的“五一购房保价计划”和雅居乐的“五一无忧购”。部分期房营销端为增强交付信心，由开发商帮还贷至项目交付，或者与银行端签订合同，到房屋竣工后开始还贷款。2023 年第一季度，据 CRIC 监测，金地、融创、时代、恒大等房企推出聚焦现房、准现房的营销活动，针对现房的折扣力度优惠更大，如雅居乐成都星徽城清栋最高可享 76 折，时代中国清远现房最高优惠可达 73 折，部分房企还推出购房车位优惠活动，如泉州世茂璀璨公园业主复购享 6.25 万元买车位、泉州世茂城送 6 万元车位优惠券。由疫情催生的线上营销已成为房企重要营销方向，其中直播成为线上营销、品牌推广、留资获客的重要载体，上市房企纷纷入局，2023 年第一季度，华润、招商蛇口、万科等上市房企均举办直播活动。华润置地在重庆的金喜房交会直播有最高 32 万元的优惠；招商蛇口在杭州推出“在浙里过年”主题活动，结合线上直播，联动线下年货好礼，实现 7 盘联动；万科“万里挑一”主题活动中，发布万元购房补贴，业主推荐享额外折扣等购房优惠。

管控体系创新方面，房企通过推进改革创新，加强体系建设，持续升级管控体系。招商蛇口推动工程管理数字化全面应用，并致力于实现全景计划、工程协同管理、远程视频监控全覆盖，2022 年完成工程管理协同平台墨斗系统，实现以统一标准来指引现场执行层操作，且执行过程情况会在线上留痕，为平台对过程信息进行跟踪及精细化管理分析提供保障。截至 2022 年底，墨斗系统在全国范围内累计完成 241 个项目和项目分期的应用上线。保利发展开发“筑善云”应用，将建造过程透明化、在线化、可视化、标准化，让每一批材料进场、每一道关键工序验收有章可循，形成“设计—材料—施工”一体化的成熟、稳定、可靠的建造体系。新城控股创新智能化管理体系，打造信息一体化管理平台“新城云控平台”，平台整合六大系统，可对人员、设备、能耗、物资物料、现场品质、商户服务等进行全方位管理。具体从管理费用的情况看，2022 年，10 强上市房企的管理费用同比下降（见图 6-1-65），2022 年房企对成本管控和内部组织优化管理效果显现，管理费用较上年同期大幅下降，总体来看，房地产行业利润率正在向社会平均水平回归，提高管理效率，向管理要利润已经不可避免。

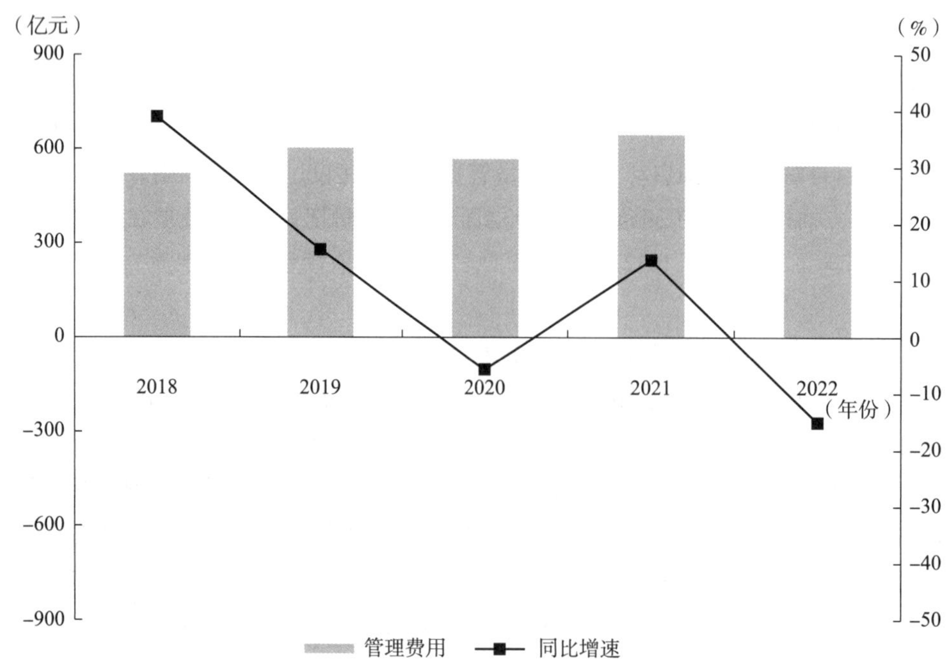

图 6-1-65　2018—2022 年 10 强上市房企管理费用情况

数据来源：企业年报、上海易居房地产研究院。

智能建造方面，房企纷纷加快数字化转型。如碧桂园完成 BIM+FMS+WMS+建筑机器人多机施工系统的验收，建筑机器人集群效应初步显现；新城控股通过科技应用，提高运营效率，构建全渠道经营模式，以面向未来的“芯智造”等先进工艺工法提升产品品质，以智慧工地等信息化手段提高现场管理质量，以线上线下融合的幸福商业打造行业标杆的智慧商场；华发股份响应“科技+”战略，持续优化工程信息系统，开展专利申报，截至 2022 年底，公司发掘工程专利点 87 项，其中 6 项完成申报并取得受理回执，申报珠海华章工程管理咨询有限公司为高新技术企业及广东省专精特新企业，并开展测量机器人、外墙喷涂机器人等智能建造工作的考察及试点工作。智能建造体系在生产安全、低碳环保、质量、效率、经济效益等方面有着明显优势，有助于推动房地产行业实现高质量发展。

多元化布局方面，上市房企有明显分化。在融资困难去化下行挑战下，许多房企通过收缩多元化业务回归主业，获得资金回笼提高现金流，也有部分房企在保障传统业务的健康持续发展的同时，积极寻找新的业务增长点。2022 年，上市房企多元化业务收入均值 92.74 亿元，同比下降 4.55%（见图 6-1-66），多家陷入资金链危机的房企通过出售物业管理、商业、文旅、酒店等业务换取现金流。在新的发展模式探索中，部分优质房企调整发展战略，积极布局轻资产营运类业务，如房地产代建、住房租赁、商管、物业管理等。例如华润置地 2022 年投资性物业毛利率 65.6%，对归母净利润有较大贡献；龙湖运营及服务业务收入同比增长 25%，龙湖表示，未来 5 年以内，龙湖非地产开发业务利润占比将在 50% 以上。招商蛇口 2022 年战略布局调整为“开发业务、资产运营、城市服务”三类，着力构建租购并举、轻重结合的业务结构，培育公司的第二增长曲线。

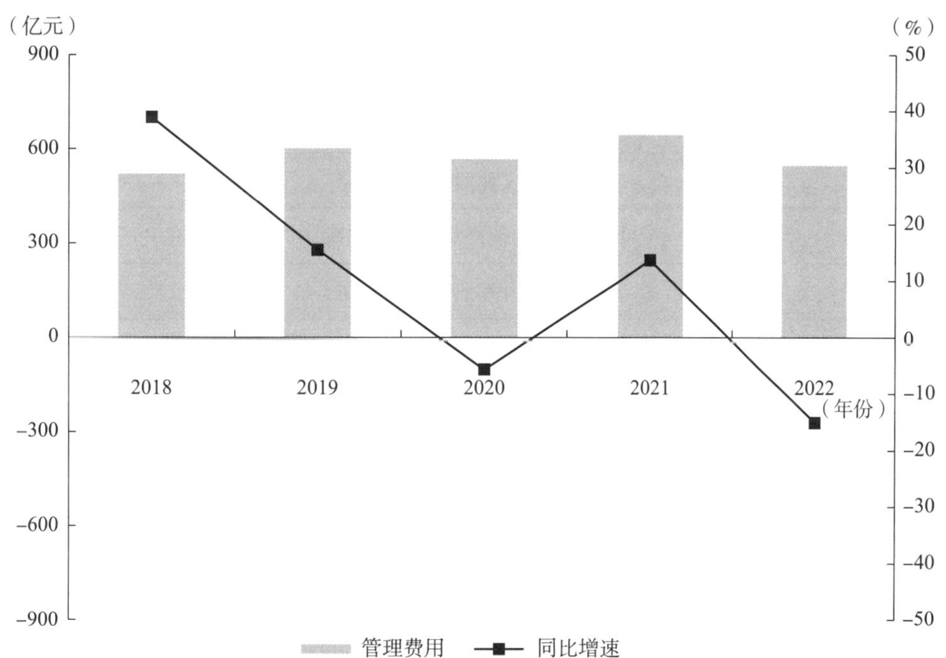

图 6-1-66　2018—2022 年上市房企多元化业务均值变化情况

数据来源：企业公告、上海易居房地产研究院。

注：上市房企多元化业务收入均值=上市房企营业收入均值-上市房企房地产开发业务收入均值。

（三）2023 年房地产企业品牌价值测评

发布机构：上海易居房地产研究院

发布时间：2023 年 9 月 21 日

发布地点：成都

1. 测评榜单（见表 6-1-11）

表 6-1-11　2023 房地产开发企业品牌价值 50 强

排名	企业名称	品牌价值（亿元）
1	中海企业发展集团有限公司	810
2	万科企业股份有限公司	767
3	华润置地有限公司	556
4	保利发展控股集团股份有限公司	550
5	招商局蛇口工业区控股股份有限公司	472
6	龙湖集团控股有限公司	387
7	绿城中国控股有限公司	305
8	中国金茂控股集团有限公司	297
9	建发房地产集团有限公司	280
10	新城控股集团股份有限公司	278
11	金地（集团）股份有限公司	275
12	杭州滨江房产集团股份有限公司	267
13	越秀地产股份有限公司	265
14	珠海华发实业股份有限公司	253
15	中国铁建房地产集团有限公司	246
16	北京首都开发股份有限公司	243
17	中国电建地产集团有限公司	241
18	上海中建东孚投资发展有限公司	239
19	中交地产股份有限公司	237
20	美的置业集团有限公司	223
21	大悦城控股集团股份有限公司	202
22	路劲地产集团有限公司	201
23	深圳华侨城股份有限公司	174
24	联发集团有限公司	155
25	仁恒置地有限公司	153
26	金融街控股股份有限公司	151
27	厦门国贸地产集团有限公司	150
28	中铁置业集团有限公司	149
29	金辉集团股份有限公司	147

续表

排名	企业名称	品牌价值（亿元）
30	大连万达商业管理集团股份有限公司	146
31	中骏集团控股有限公司	145
32	卓越置业集团有限公司	144
33	重庆华宇集团有限公司	140
34	合生创展集团有限公司	138
35	上海陆家嘴金融贸易区开发股份有限公司	137
36	瑞安房地产有限公司	135
37	保利置业集团有限公司	132
38	五矿地产有限公司	131
39	中冶置业集团有限公司	129
40	新希望五新实业集团有限公司	128
41	北京城建投资发展股份有限公司	121
42	武汉城市建设集团有限公司	119
43	北京金隅地产开发集团有限公司	118
44	信达地产股份有限公司	116
45	杭州市城建开发集团有限公司（大家房产）	113
46	上海建工房产有限公司	108
47	上海实业城市开发集团有限公司	105
48	广东珠江投资股份有限公司	100
49	青岛君一控股集团有限公司	95
50	上海城投控股股份有限公司	93

2. 测评分析

（1）入榜企业分析。

①50强变动幅度缩小，中海榜单第一位置不变。

上海易居房地产研究院经过客观、公正、专业和科学的测评研究，形成2023房地产企业品牌价值榜单。

2023年，50强品牌房企位次变动幅度缩小，其中，50强榜单变动率16%，较上年大幅下降34个百分点；20强榜单变动率15%，较上年下降25个百分点；10强榜单变动率20%，与上年持平（见图6-1-67）。新晋10强的品牌房企为绿城和建发，绿城坚持“品质为先”的理念，致力于实现全品质、高质量、可持续的发展，品牌口碑领跑行，公司排名从2022年的第11位上升到第7位。建发房产始终将“打造钻石人生”作为企业品牌理念，以高标准，执行优质的产品质量、客户服务，打造深具钻石品质的生活家园，公司排名从2022年的第13位上升到第9位（见表6-1-12）。

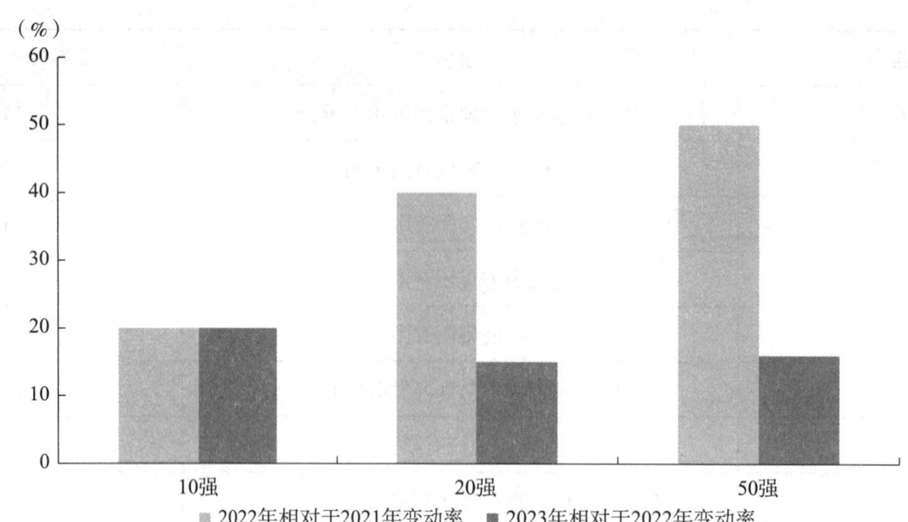

图 6-1-67　2022—2023 年 10 强、20 强及 50 强品牌房企榜单变动率对比情况

数据来源：上海易居房地产研究院。

表 6-1-12　2023 品牌 10 强房企名次变化

企业名称	2023 年排名	2022 年排名	2021 年排名
中海	1	1	1
万科	2	2	2
华润	3	4	5
保利	4	3	4
招商蛇口	5	6	8
龙湖	6	7	6
绿城	7	11	18
中国金茂	8	9	16
建发房产	9	13	—
新城	10	10	12

数据来源：CRIC、上海易居房地产研究院。

②华东华北占比上升，国资背景房企优势明显。

从 50 强品牌房企总部所在区域来看，华东、华北房企占比分别为 34%、32%。华南房企占比 28%，西南和华中房企占比均未超过 5%，西北房企未入榜。相较于 2022 年，华东、华北房企占比有所增加；华南房企占比大幅减少；西南、华中房企占比保持不变（见图 6-1-68）。10 强品牌房企中，华南区域依旧占据最高份额，总计 5 家，华东区域房企 3 家，华北区域房企 2 家。

2023 年，50 强品牌房企中，上市房企 34 家，占比 68%，较上年有所下降（见图 6-1-69）。当前环境下房企赴港 IPO 的进程近乎停滞，2022 年至 2023 年 9 月，仅嘉创地产 1 家房企成功上市，年内递交招股说明书的房企 7 家，房企上市数量和递交招股说明书数量均有所下降，已递表但未上市的房企 12 家。

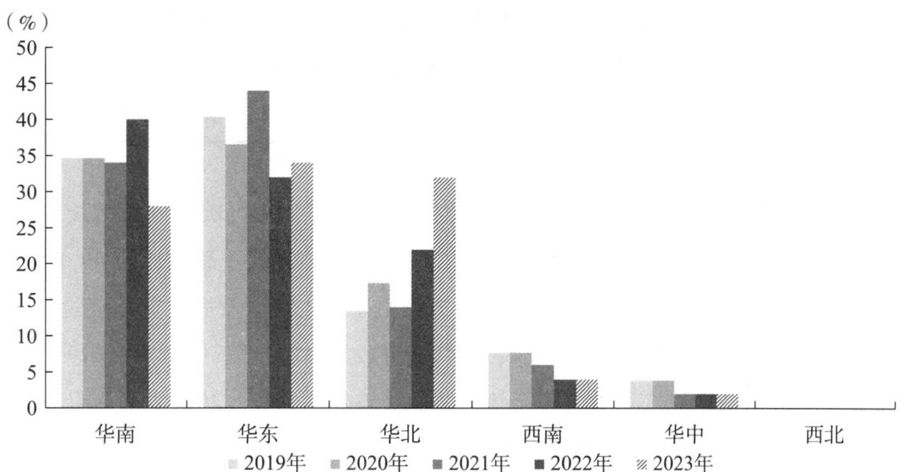

图 6-1-68　2019—2023 年 50 强品牌房企区域占比

数据来源：上海易居房地产研究院。

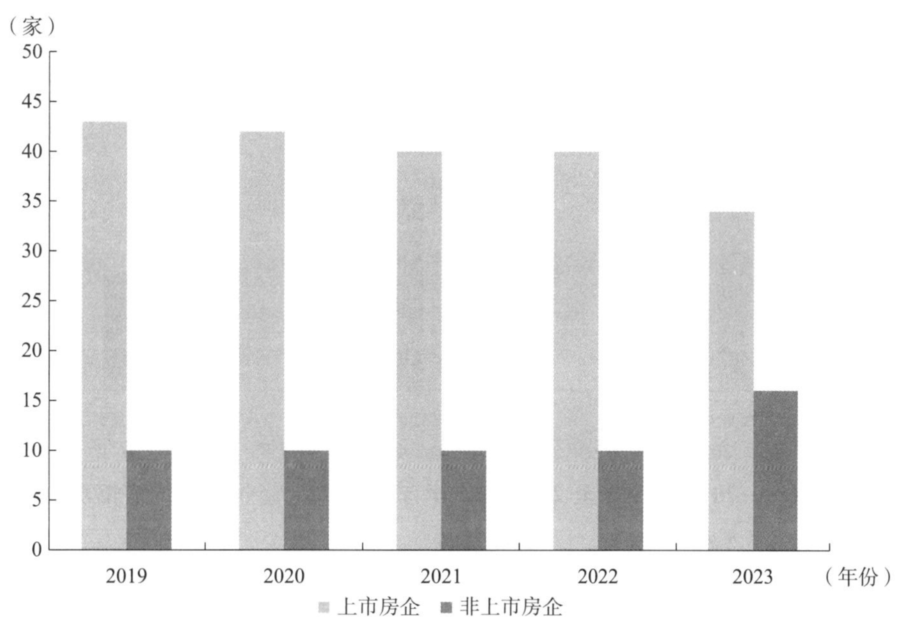

图 6-1-69　2019—2023 年 50 强品牌房企上市公司数量情况

数据来源：上海易居房地产研究院。

从企业性质来看，50 强品牌房企中，有国资背景的占比 68%，较 2022 年上升 6 个百分点；民企占比 32%，较 2022 年下降 6 个百分点。其中，10 强房企中有国资背景的房企 8 家，民营房企 2 家。2022 年房地产行业景气度下行，有国资背景的房企大多有强大的资金实力和稳定的财务状况，同时还拥有良好的品牌形象，在融资端、拿地端、销售端三方面，有国资背景的房企相较于民企都有明显优势。

（2）品牌成长分析。

①利润均值持续下滑，品牌房企超额收益下降。

2022 年，面对风高浪急的国际环境和艰巨繁重的国内改革发展稳定任务，国民经济顶住压力持续发展，经济总量再上新台阶，全年国内生产总值 121.02 万亿元，按不变价格计算，比上年增长 3.0%。房地产市场方面，全年商品房销售金额 13.33 万亿元，比上年下降 26.7%，商品房销售面积 13.58 亿平方米，比上年下降 24.3%。行业政策方面，为稳定楼市，中央在坚持“房住不炒”调控定位前提下，不断释放积极信号，从支持刚性和改善性住房需求、到“保交楼、保稳定、保民生”，再到保障房企合理融资需求、优化房企预售资金监管等，宽松性政策覆盖供需两侧，且力度不断加大，为促进房地产市场平稳健康发展持续发力。

2023 年 1—7 月，全国新建商品房销售面积跌幅继续扩大，销售金额再次回到负增长区间，房企投资信心严重不足。从统计局 70 个大中城市价格环比情况来看，7 月新房价格环比下跌的城市 49 个，创 2023 年以来下跌城市数量新高。2022 年房地产企业利润普遍下滑，一方面由于受疫情以及房企资金链紧张等因素影响，部分房企施工进度不及预期，导致竣工和结转面积减少，主营业务收入大幅下降，最终影响净利润；另一方面由于市场调整阶段，多数房企促销资产以获得稳定现金流，进而影响利润结算。2022 年各梯队营业利润均值均有下降。10 强、20 强和 50 强的营业利润均值分别为 253.80 亿元、176.88 亿元和 86.78 亿元。2023 年上半年，各梯队品牌房企营业利润较上年继续下滑，多家房企出现“增收不增利”现象，规模效应依旧突出，头部房企的营业利润表现稳健（见图 6-1-70）。

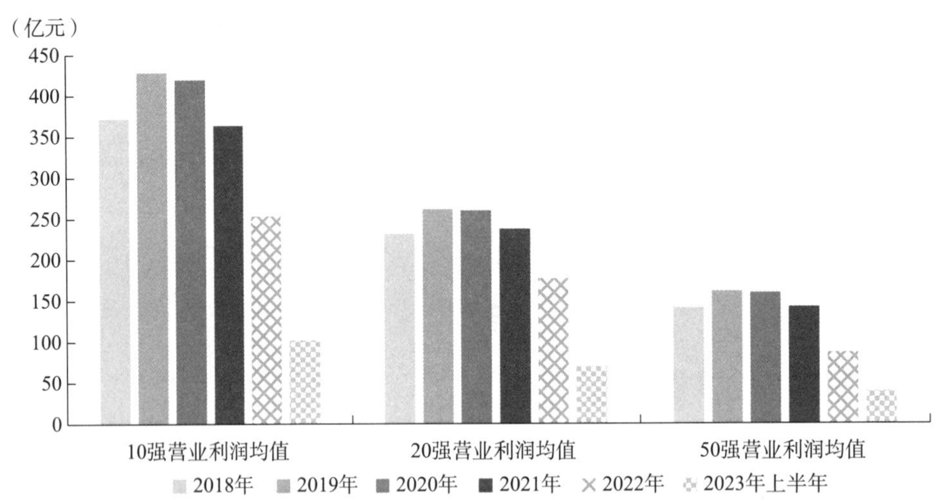

图 6-1-70　2018 年至 2023 年上半年品牌房企营业利润均值情况

数据来源：Wind、上海易居房地产研究院。

从超额收益情况看，2022 年，10 强、20 强和 50 强品牌房企超额收益均值分别为 80.99 亿元、38.04 亿元和 16.53 亿元（见图 6-1-71）。各梯队超额收益整体下降，龙头房企降幅相对较小。

②品牌价值继续回落，品牌价值增速有所分化。

从 2019—2023 年房地产企业品牌价值测评结果看，企业品牌价值总体继续回落。2022 年由于个别房企出现财务危机，部分预售商品住宅项目不能按期交付，使得消费者置业信心受挫，给房地产企业整体品牌形象带来负面影响。

数据显示，2023 年，10 强、20 强和 50 强的品牌价值均值均有所回落（见图 6-1-72）。其中，50 强的品牌价值均值由上年的 234 亿元回落至 225 亿元，同比下降 3.80%，2019—2023 年年均复合增长率约 4.87%；20 强的品牌价值均值由上年的 369 亿元回落至 360 亿元，同比下降 2.56%，2019—2023 年年均复合增长率约 5.22%；10 强的品牌价值均值由上年的 490 亿元回落至 470 亿元，同比下降 4.12%，2019—2023 年年均复合增长率约 5.65%。

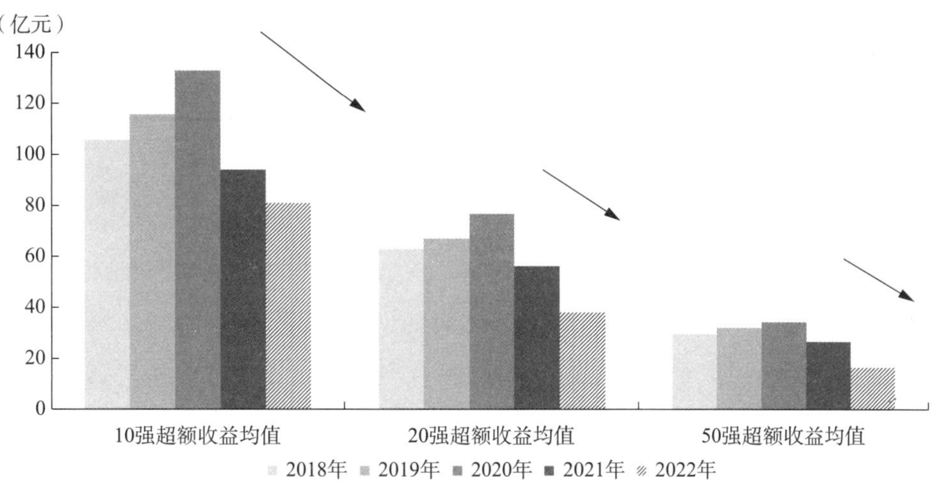

图 6-1-71　2018—2022 年品牌房企超额收益均值情况

数据来源：CRIC、上海易居房地产研究院。

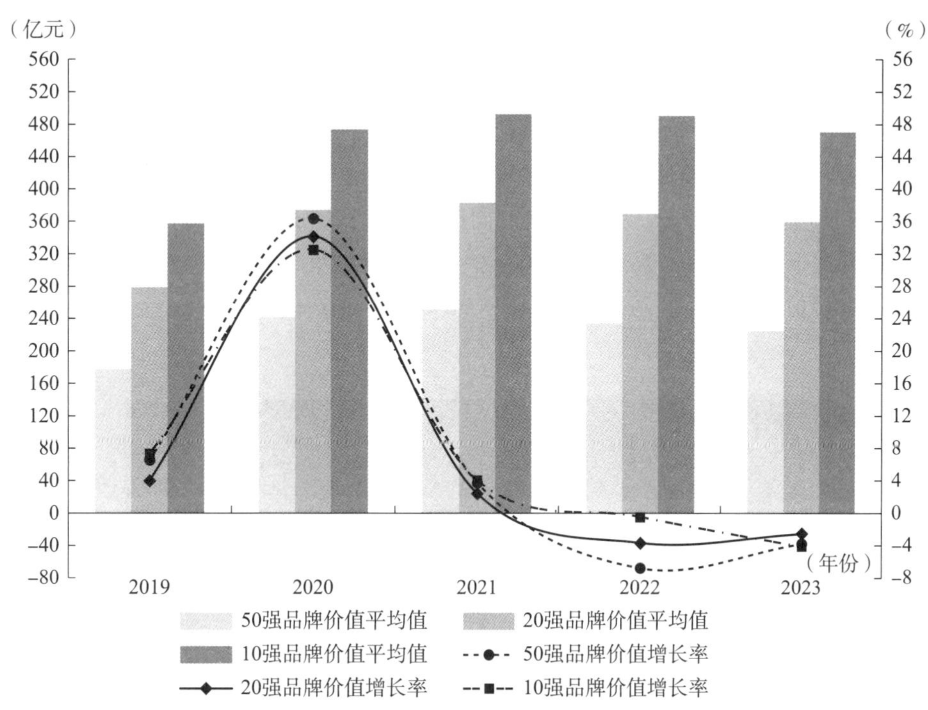

图 6-1-72　2019—2023 年房企品牌价值平均值及增长情况

数据来源：CRIC、上海易居房地产研究院。

从 2019—2023 年连续入榜企业的品牌价值测评结果来看，品牌价值变动情况有所分化，多家头部房企能在行业下行趋势中扛住压力，保持稳健经营，不断提升品牌价值，而部分尽力维持经营状态的房企，投资策略谨慎，品牌宣传力度下降，品牌价值有所下滑。数据显示，2022—2023 年连续入榜的企业中，企业品牌价值实现正增长的房企占比约 64%，如中海、万科、华润、保利的品牌价值继续保持领先。36%的企业由于融资难度较高、现金流压力加大、拿地投资力度下滑等问题，品牌价值出现负增长（见图 6-1-73）。

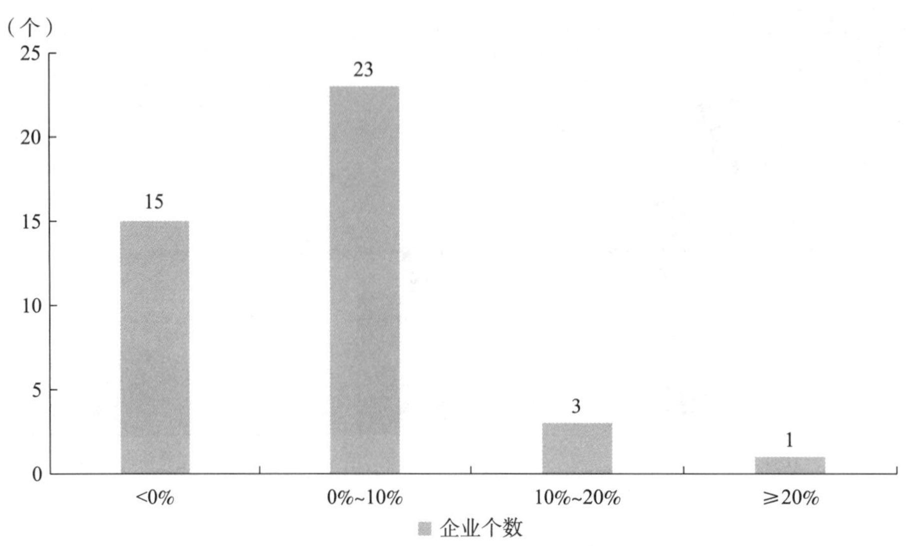

图 6-1-73　2022 年和 2023 年连续两年入榜房企品牌价值增长率分布情况

数据来源：CRIC、上海易居房地产研究院。

③品牌门槛向下调整，第一梯队占比小幅下降。

从近五年的情况看，品牌 10 强和 50 强的进入门槛均在 2021 年达到顶峰后持续下降。其中，品牌价值 50 强门槛由 2022 年的 98 亿元下降至 93 亿元；品牌价值 10 强门槛由 288 亿元降至 278 亿元。

2023 年，虽然品牌价值总体继续回落，但仍有 96%的入榜企业均进入第一、第二梯队。其中，品牌价值在 200 亿元以上的第一梯队房企数量 22 家，占比 44%，同比下降 2 个百分点（见图 6-1-74）。第一梯队房企品牌价值均值 345 亿元，同比下降 0. 81%；品牌价值 100 亿~200 亿元的第二梯队房企数量 26 家，占比 52%，与上年持平。第二梯队品牌价值均值 132 亿元，同比下降 4. 38%（见图 6-1-75）。

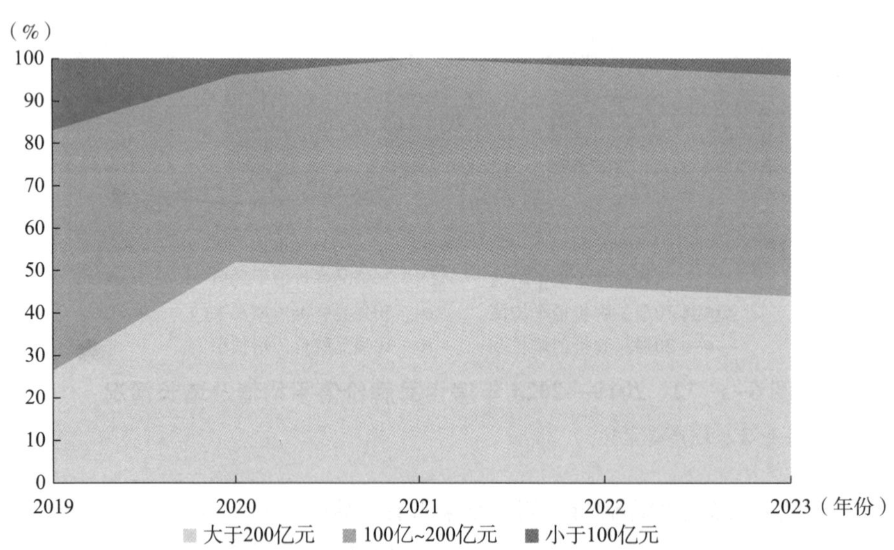

图 6-1-74　2019—2023 年 50 强房企品牌价值区间占比变化

数据来源：CRIC、上海易居房地产研究院。

（3）品牌特征分析。

①平均认知度有上升，美誉度忠诚度表现分化。

上海易居房地产研究院连续四年通过消费者调研，从认知度、美誉度和忠诚度三个维度分析房企的品牌特

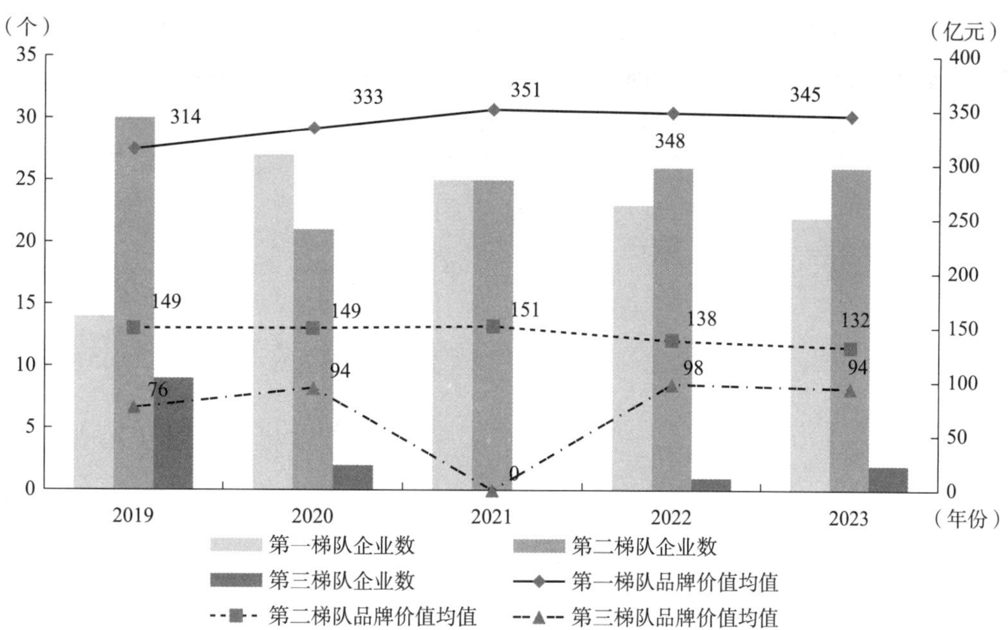

图 6-1-75　2019—2023 年 50 强房企品牌价值区间数量及均值情况

数据来源：CRIC、上海易居房地产研究院。

征。总体来看，2023 年 50 强品牌房企的认知度有所提升，美誉度和忠诚度继续小幅下降。其中，平均认知度 65.37%，较上年上升 3.88 个百分点，平均美誉度 29.67%，较上年下降 4.83 个百分点；平均忠诚度 6.46%，较上年下降 1.47 个百分点。

2023 年，各梯队房企三度平均值均为认知度较高，美誉度次之，忠诚度最低（见图 6-1-76）。近年来，品牌房企的形象塑造、宣传推广等能力有较大提升，消费者对各梯队房企的认知度均有上涨。2023 年，房企违约事件持续频发，给购房者的置业意愿带来负面影响，品牌房企纷纷发力深研产品力，产品“内卷”之下，10 强、20 强房企的美誉度均值较上年有所提升。在“保交楼”进程中，头部房企完善交付体系，主动承担企业责任，积极兑现对购房者的承诺，2023 年 10 强、20 强房企的平均忠诚度较上年有所提升。

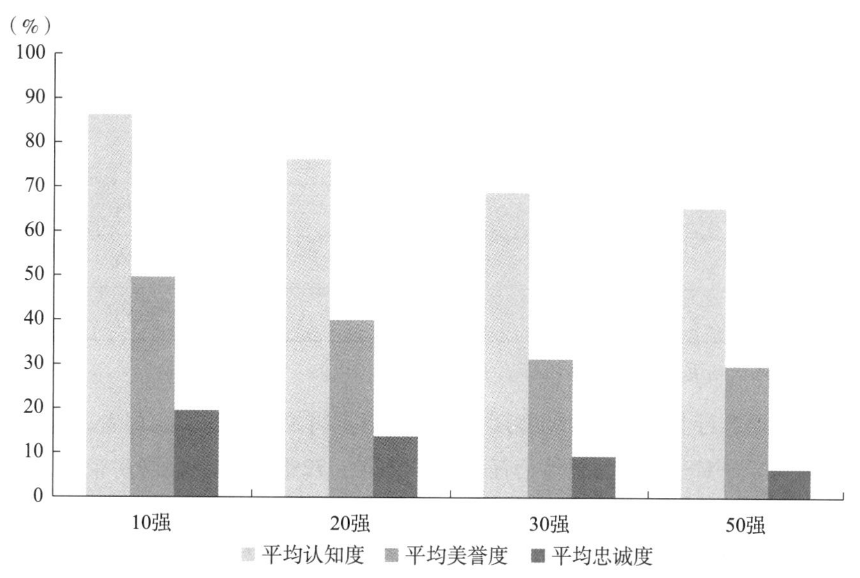

图 6-1-76　2023 年各梯队品牌房企平均认知度、平均美誉度、平均忠诚度对比情况

数据来源：上海易居房地产研究院房企品牌调研。

调研结果显示，50 强品牌房企的认知度多数集中在 50%~75%（见图 6-1-77）。其中，10 强品牌房企平均认知度 86.17%，较 50 强平均水平高出 20.08 个百分点。两者差距较 2022 年有所扩大。具体到房企，中海以 92.12%的认知度排名第一，万科、龙湖、华润、建发分列第二到五位（见表 6-1-13）。

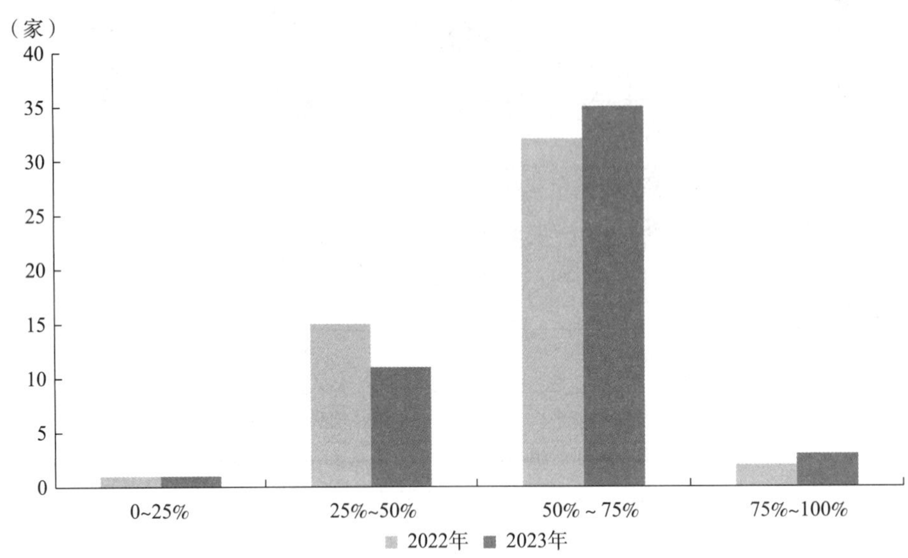

图 6-1-77　2022 年和 2023 年 50 强品牌房企认知度分布情况

数据来源：上海易居房地产研究院房企品牌调研。

表 6-1-13　2023 年品牌认知度调查排名前 10 房企

企业名称	认知度（%）
中海	92.12
万科	90.31
龙湖	90.11
华润	88.75
建发	87.63
招商蛇口	85.36
保利发展	81.11
绿城	80.28
滨江	75.59
金地	73.58

数据来源：上海易居房地产研究院房企品牌调研。

品牌美誉度方面，房地产行业进入深度调整期，市场运行逻辑发生改变，购房者的置业决策越发理性，交付危机事件的发生也削弱客户对于房企的整体信任度。2023 年，72%的 50 强品牌房企美誉度在 10%~40%，美誉度在 40%~70%以及低于 20%的房企占比较上年有所上升，呈持续分化趋势（见图 6-1-78）。10 强品牌房企平均美誉度 49.54%，比 50 强平均水平高出 19.87 个百分点，差距较上年有所加大。其中，在 90%认知的基础上，65.43%的受访者为龙湖做出“非常喜欢”和“喜欢”的评价，排名第一（见表 6-1-14）。万科和中海分列第二、三位。

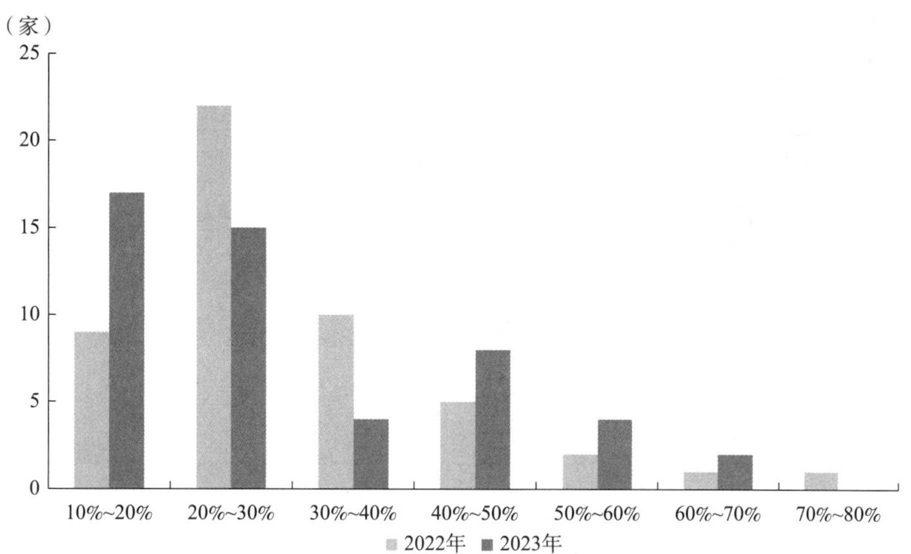

图 6-1-78 2022 年和 2023 年 50 强品牌房企美誉度分布情况

数据来源：上海易居房地产研究院房企品牌调研。

表 6-1-14 2023 年品牌美誉度调查排名前 10 房企

企业名称	美誉度（%）
龙湖	65.43
万科	60.89
中海	55.73
滨江	53.21
华润	52.68
保利发展	50.82
招商蛇口	47.57
绿城	45.24
建发	41.89
电建地产	40.50

数据来源：上海易居房地产研究院房企品牌调研。

2023 年，由于部分房企出现债务偿付困难、交付存在风险等问题，50 强品牌房企的平均忠诚度继续下降，仅为 6.46%。其中，94%的房企忠诚度低于 20%，仅有 6%的房企忠诚度超过 20%（见图 6-1-79）。10 强品牌房企平均忠诚度 19.50%，较 50 强平均水平高出 13.04 个百分点，品牌房企忠诚度也出现明显分化。在保交付过程中，综合实力较强的央企、国企、稳健型民营及混合制房企交付力较强，购房者对其忠诚度有所增加。中海以 31.23%的忠诚度排名第一（见表 6-1-15）。其次是万科，忠诚度为 30.84%。滨江、绿城、保利发展分列第三到五位。

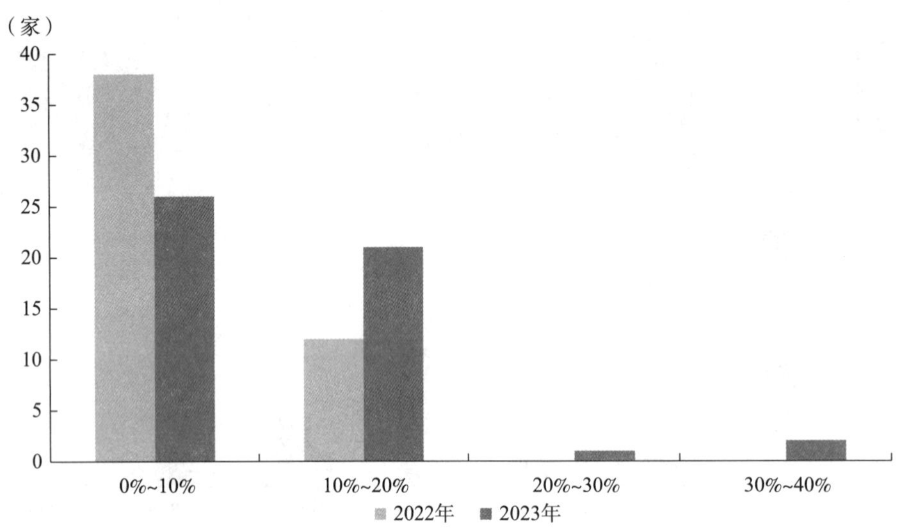

图 6-1-79　2022 年和 2023 年 50 强品牌房企忠诚度分布情况

数据来源：上海易居房地产研究院房企品牌调研。

表 6-1-15　2023 年品牌忠诚度调查排名前 10 房企

企业名称	忠诚度（%）
中海	31. 23
万科	30. 84
滨江	25. 82
绿城	17. 41
保利发展	16. 95
龙湖	16. 94
招商蛇口	15. 62
金融街	15. 00
华润	14. 56
建发	14. 53

数据来源：上海易居房地产研究院房企品牌调研。

②ESG 重视程度提高，品牌房企发力绿色建筑。

2023 年，多家房企发布 ESG 报告，从报告中信息披露的丰富性和内容的翔实性来看，房企对 ESG 报告的重视程度逐渐提高。从报告内容侧重情况看，房企在环境数据和绿色建筑披露方面较为详细，在社会责任披露方面以捐赠救灾等内容为主，在公司治理方面，主要从公司治理的角度分析，关注公司的董事会结构、股权结构、管理层薪酬及商业道德等问题。

2023 年，政府工作报告提出“推动发展方式绿色转型”工作目标，并强调要完善支持绿色发展的政策，推动重点领域节能降碳。房地产行业作为碳排放大户，加快减碳增绿的步伐，大力推进绿色建筑、绿色运营、节能减排等措施。从绿色建筑普及情况看，2022 年中国新建绿色建筑面积占新建建筑的比例已经超过 90%，全国新建绿色建筑面积增长至 20 多亿平方米。住房城乡建设部、国家发展改革委发布方案，计划到 2025 年，我国城镇新建建筑全面执行绿色建筑标准，星级绿色建筑占比达到30%以上，新建政府投资公益性公共建筑和大型公共建筑全部达到一星级以上。

在绿色建筑方面，多家品牌房企积极实践。招商蛇口2022年新增绿色建筑认证项目的总建筑面积1022.21万平方米，新增一星、二星及三星项目占比分别为27.16%、46.91%及7.41%，完成新增超低能耗建筑17个、近零能耗建筑2个，往年这两项数据均为0。金茂2022年所有新建项目达到绿色建筑标准，新增绿色建筑认证面积376万平方米，在绿色建筑咨询、绿色建筑科技、智慧能源等绿色业务领域实现营收约9.88亿元。保利发展2022年建筑面积100%达到绿色建筑设计标准，完成认证的国家绿色建筑项目16个，认证面积265.2万平方米，同时完成国际级绿色建筑项目认证1项、国际级绿色建筑预认证3项，其中佛山保利中心获得LEED铂金级运营认证，达到行业最高标准（见图6-1-80）。

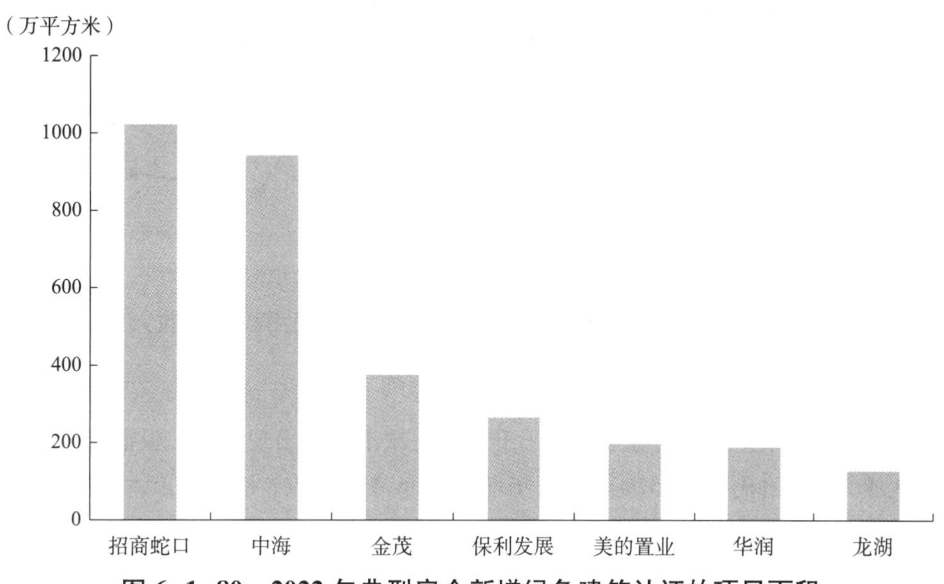

图6-1-80　2022年典型房企新增绿色建筑认证的项目面积

数据来源：CRIC、上海易居房地产研究院。

社会层面，品牌房企重视员工的培养，如金茂以“多梯队培训”形式分级统筹，提供覆盖新员工、后备人才、管理人才等多种类型，针对性地提升员工能力。保利发展构建全方位的员工培养体系，通过开发线上学习平台和学分制等方式充分激发员工的学习热情，提升员工培训效率。社会公益方面，品牌房企不断探索和优化公益模式，2022年万科继续在广东省内少数民族地区支持乡村振兴，跟进韶关市乳源瑶族自治县多镇连片乡村振兴示范带项目，在乳桂公路一侧，建成“最美瑶客民俗通道”，对瑶族大村进行改造，依托地理优势，带动沿线旅游业发展。保利发展积极响应国家乡村振兴战略，延续“星火计划”“保利星火班”等保利发展特色的帮扶培训工作，扩大消费帮扶覆盖范围及帮扶产品种类，促进农民群众增收。品牌房企通过“短期”的紧急救助和“长期”的持续帮扶，肩负起乡村振兴、教育慈善等社会责任。

公司治理层面，品牌房企不断完善风险管理体系。万科建立行之有效的廉正管理架构，审计委员会负责审查公司内控，协调公司内、外部审计的沟通、监督和核查工作，并检查和评估公司风险管理系统等，2022年万科更新《阳光合作协议》，增加关于“反商业贿赂”标准示范条款，扩大阳光合作协议的管理维度。保利严格把控质量管理体系，结合精益建造管理要求，优化项目全流程工程管理标准动作，严格遵循《工程质量管理办法》《项目竣工验收管理办法》等制度，建立“一城一策”客户敏感点问题库，稳步提高质量管控能力。

③土地市场低位运行，典型房企拿地小幅恢复。

2022年房地产市场持续低迷，土地市场也低位运行，土地供应成交双双下滑。财政部数据显示，2022年国有土地使用权出让收入约 6.7 万亿元，同比下降 23.3%（见图 6-1-81）。2022 年房企资金依旧承压，拿地热情持续下行，2023 年以来即使有一系列融资宽松政策出台，多数房企的融资环境依然不容乐观，房企投资恢复缓慢，2023 年上半年，国有土地使用权出让收入约 18687 亿元，同比下降 20.9%。

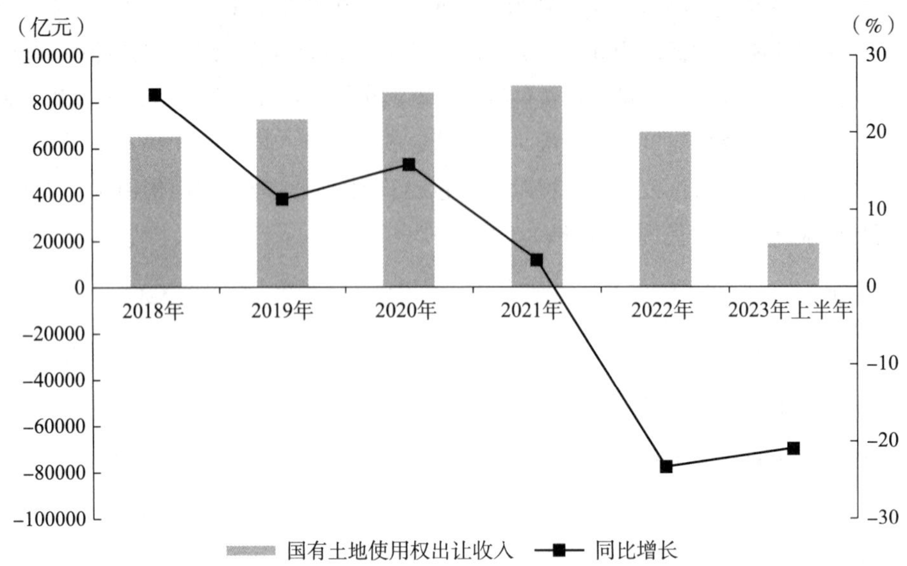

图 6-1-81　2018 年至 2023 年上半年国有土地使用权出让收入情况

数据来源：国家统计局。

从各线城市看，一线城市土地成交金额占比上升，其他城市占比出现下降。根据克而瑞数据统计，2022 年，一线城市土地成交金额占比为 15.57%，较上年增长 4.36 个百分点；二线城市占比 34.19%，较上年减少 2.32 个百分点；其他城市占比 50.24%，较上年减少 2.04 个百分点（见图 6-1-82）。

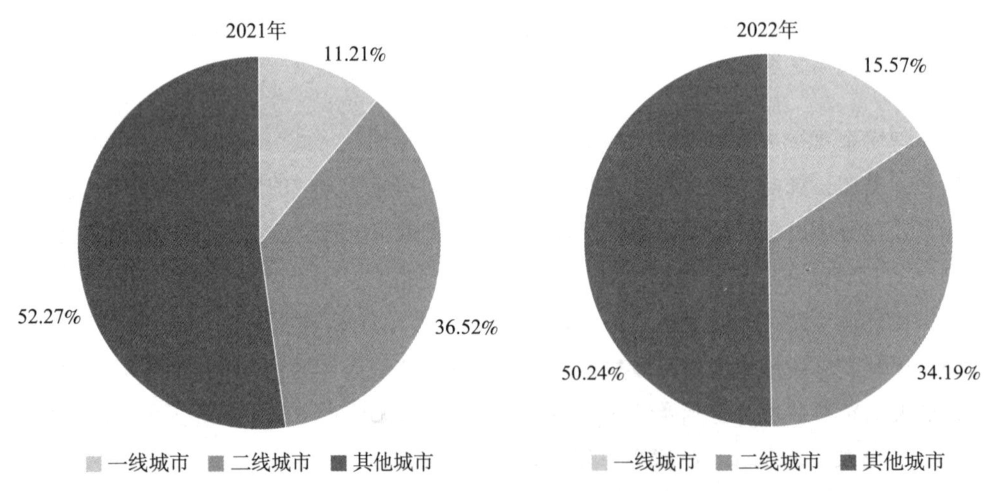

图 6-1-82　2021 年和 2022 年各线城市土地成交金额占比情况

数据来源：上海易居房地产研究院、CRIC。

2023 年，品牌房企整体投资缓慢恢复，随着城投公司逐步退出，央企、国企拿地规模有所提升，优质民营房企亦有投资。1—6 月，央企、国企中，华润、保利发展、中海、招商蛇口等房企拿地金额超过 300 亿元，其中保利、华润上半年拿地金额同比分别增长 12%、24%。民企中，滨江在深耕区域积极参拍，拿地金额 396.1 亿元，拿地销售比 0.43，显著高于行业平均水平（见表 6-1-16）。

表 6-1-16　2023 年典型房企 1—6 月拿地情况

企业简称	拿地金额（亿元）	拿地销售比	金额同比增长（%）
保利发展	384.2	0.16	12
万科	460.7	0.23	0
中海	406.2	0.05	-13
华润	532.5	0.31	24
招商蛇口	317.6	0.19	-8
龙湖	95.2	0.1	-28
绿城	315.0	0.32	-10
建发房产	348.2	0.37	-24
滨江	396.1	0.43	-15
金茂	123.4	0.14	219
华发	105.3	0.14	64
中国铁建	154.2	0.3	-32
保利置业	82.8	0.22	194
国贸地产	92.3	0.29	-8

数据来源：上海易居房地产研究院、CRIC。

（4）品牌效应分析。

①品牌助力项目去化，消费者愿承担品牌溢价。

2023 年，房企销售业绩普降态势明显，但也有部分品牌房企，通过稳健的财务运营、热点城市布局以及积极的推盘去化，表现出较强的抗周期性。2023 年 1—8 月，10 强品牌房企项目丌盘首月平均去化率 56%，高于 46% 的行业平均水平，良好的品牌效应有助于提升房企项目的竞争力。绿城、建发、华润等品牌房企发挥产品力优势，展现较强的操盘去化能力，2023 年以来项目开盘首月平均去化分别为 76%、67%、67%（见图 6-1-83）。

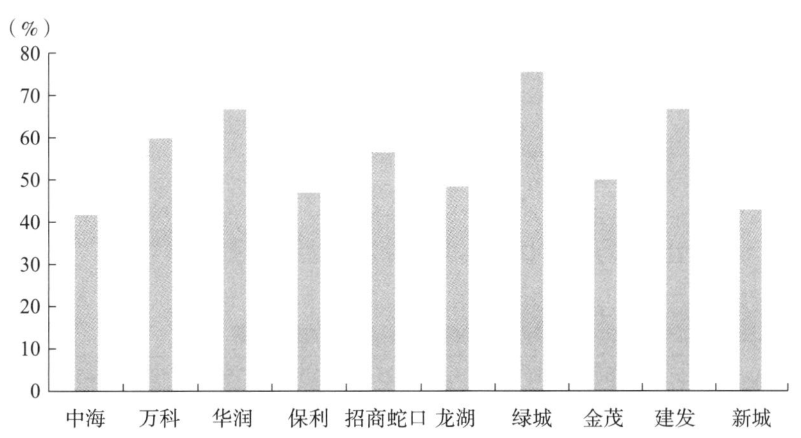

图 6-1-83　2023 年 1—8 月 10 强品牌房企项目开盘首月平均去化率

数据来源：上海易居房地产研究院。

2023 年消费端调研结果显示，品牌在消费者购房行为中起着重大的影响。2023 年，在消费者对房企品牌重视程度方面，选择非常重要的占 62.16%，与 2022 年基本持平，选择重要的占 29.73%，较上年下降 6.16 个百分点，选择一般的占 5.41%，不太重要的占 2.70%，很不重要的占 0（见图 6-1-84）。总体看来，房企品牌依然是消费者购房行为中的重要考量因素。2023 年“保交楼”依然是全社会和全行业关注的重点，品牌房资金实力相对强劲、施工质量更有保证、产品配套更加完善，以高品质、高标准的交付修复强化消费者信心，从而进一步扩大品牌效应，树立积极的企业品牌形象。

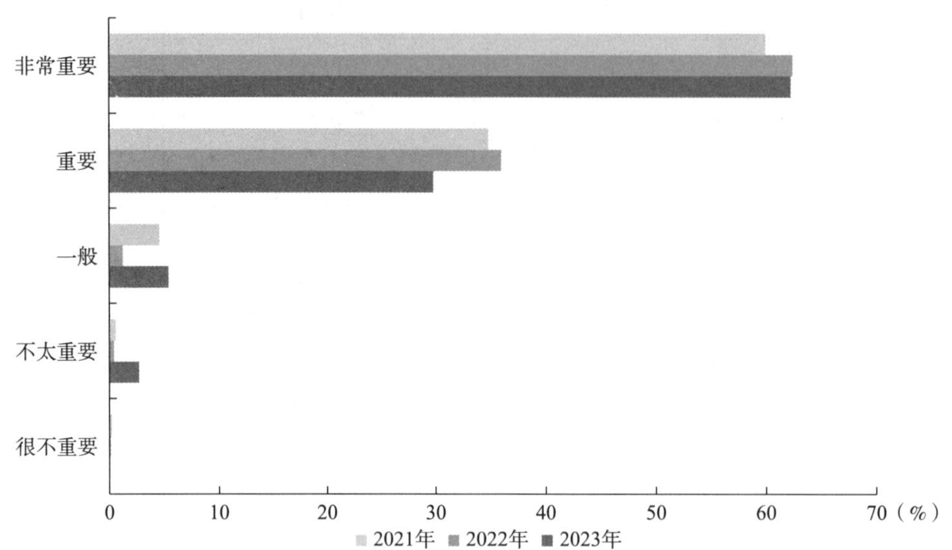

图 6-1-84　2021—2023 年品牌在消费者购房考虑中的重要程度

数据来源：上海易居房地产研究院房企品牌调研。

从消费者是否愿意支付溢价的调研结果来看，消费者可接受的品牌溢价空间也和房企的品牌竞争力相契合，多数消费者愿意为具有良好品牌的房企付出溢价，但消费意愿更加理性，愿意支付溢价的消费者占比 64.86%，较上年下降 18.90 个百分点。其中，愿意付出 0~10%溢价的消费者占比最高，为 37.84%，较上年下降 9.5 个百分点（见图 6-1-85）。

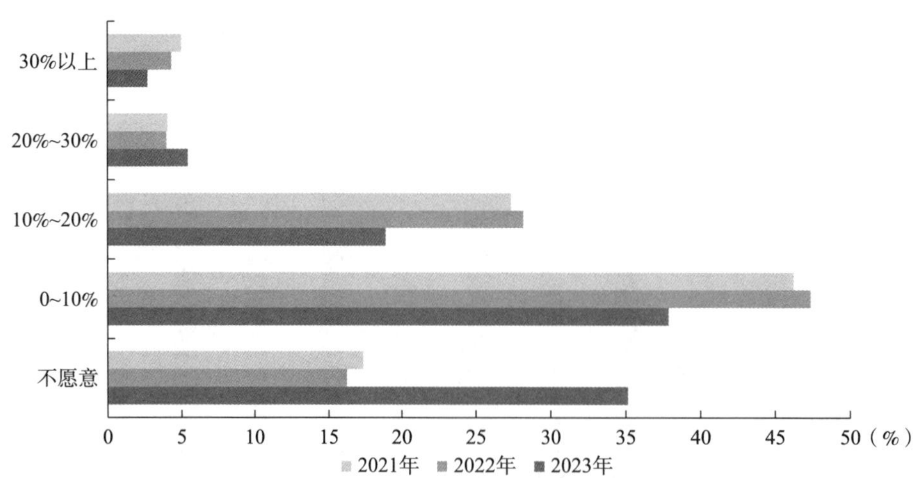

图 6-1-85　2021—2023 年消费者愿意为品牌房企支付溢价情况

数据来源：上海易居房地产研究院房企品牌调研。

②融资总量急剧下降，融资通道重心转向境内。

2022 年，房地产行业融资政策有所改善。年初全国房地产政策基本延续 2021 年的审慎、维稳的态势，强调继续稳妥实施房地产金融审慎管理。第二季度监管层释放重要信号支持民企融资，优质房地产企业的融资环境得到改善。但政策的信号意义仍大于实际拉动作用，叠加疫情影响等原因，房企销售疲软，市场信心难以回归，资金压力仍在加剧。10 月以来，为缓解房企资金压力，金融管理部门推出纾困“三支箭”，央行会同有关部门通过债券、信贷、股权等三个融资渠道，为房企提供融资支持。

2022 年，50 强品牌房企融资总额 6658.44 亿元，较 2021 年下降 29.54%。分季度来看，2022 年第一季度融资总额虽同比大幅下滑，但仍是年度融资相对高峰期，主要由于每年年初是企业债券的到期高峰，叠加年初机构额度相对宽松，导致融资量较大。第二、第三季度在多家房企连续出现违约事件后，市场信心快速消退，品牌房企融资总额连续下滑。第四季度金融管理部门推出纾困“三支箭”，政策大力支持优质房企发债融资，多家增信民营房企发债成功，年末品牌房企融资总额有所回升（见图 6-1-86）。

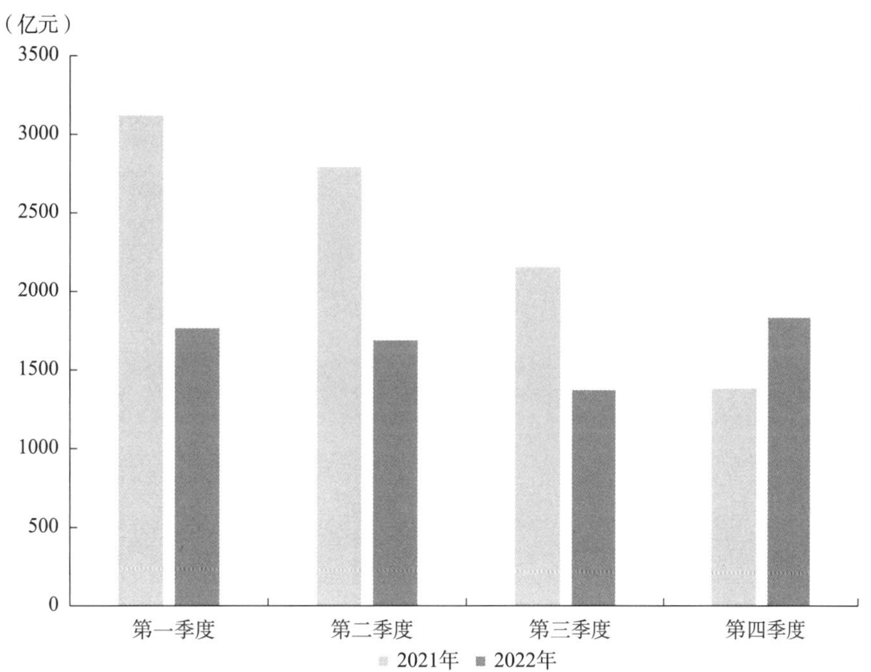

图 6-1-86　2021—2022 年 50 强品牌房企季度融资额

数据来源：上海易居房地产研究院。

从融资结构来看，2022 年，50 强品牌房企境内债权融资 5197.52 亿元，同比上升 59.45%，融资量占比 78.06%，同比增加 35.57 个百分点；境外债权融资总量 239.60 亿元，同比下降 91.17%，融资量占比 3.60%，同比下降 25.10 个百分点；资产证券化募集资金 1076.01 亿元，占比 16.16%，同比下降 11.13 个百分点。2022 年房企流动性危机事件频发，叠加房企美元债到期，资金压力下部分房企美元债开始出现违约，房企境外评级接连被下调，境外债券融资成本逐渐走高，融资功能逐渐弱化，房企融资通道的重心转向境内。另外，自“三道红线”出台后，永续债纳入负债监管，房企发行永续债热情消退，2022 年品牌房企没有新发行永续债（见图 6-1-87）。

从融资成本来看，2022 年，50 强品牌房企的新增债权类加权平均融资成本 3.46%，同比下降 1.30 个百分点。其中，境内债权融资成本 3.46%，同比下降 0.69 个百分点；境外债权融资成本 4.39%，同比下降 0.37 个百分点；资产证券化融资成本 3.36%，同比下降 1.05 个百分点（见图 6-1-88）。融资整体成本下降的主要原

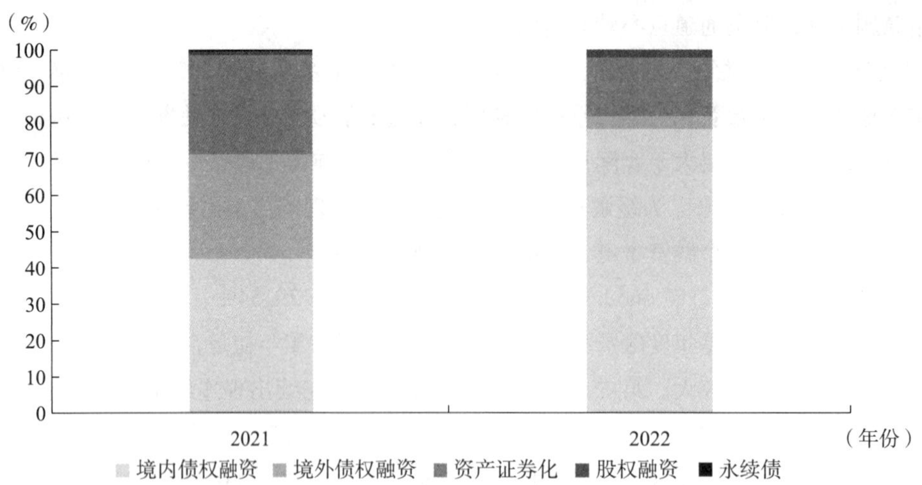

图 6-1-87　2021 年和 2022 年 50 强品牌房企融资结构

数据来源：上海易居房地产研究院。

因一方面是境外融资规模大幅下降；另一方面，企业发债持续分化，国企央企以及优质民企的发债规模占比继续提高，拉低企业发债平均成本。

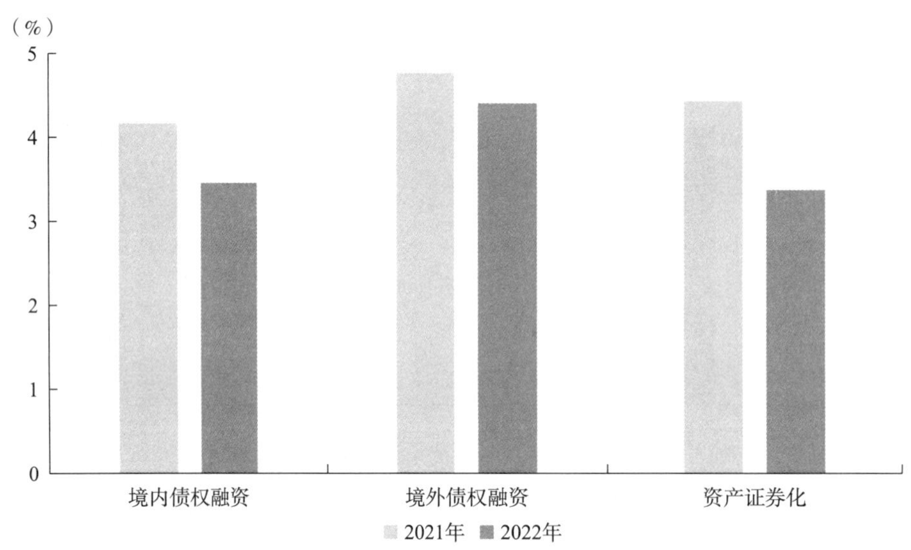

图 6-1-88　2021 年和 2022 年 50 强品牌房企新增融资成本

数据来源：上海易居房地产研究院。

③销售同比大幅下滑，头部房企盈利止跌回升。

2022 年，房地产市场整体表现惨淡，全国商品房销售金额约 13.33 万亿元，同比下降 26.73%。10 强和 50 强品牌房企 2022 年销售额同比分别下降 31.97%和 43.06%（见图 6-1-89），降幅进一步扩大。主要原因在于，一方面，房地产市场整体延续上年以来的下行压力，行业信心处在低位，市场需求和购买力不足；另一方面，部分规模房企出现流动性风险等原因，未入榜单。

2022 年，市场供求和成交都没有明显转暖的迹象，多家房企深陷负增长困局，销售业绩普降态势明显，品牌房企销售额集中度也持续下滑。具体来看，2022 年 10 强品牌房企销售金额集中度为 20.36%，同比下降 1.57 个百分点；20 强品牌房企销售金额集中度 27.76%，同比下降 4.05 个百分点；50 强品牌房企销售金额集中度 35.12%，同比下降 10.07 个百分点。2023 年 1—7 月，品牌房企销售格局持续分化，其中央企、国企及部分优

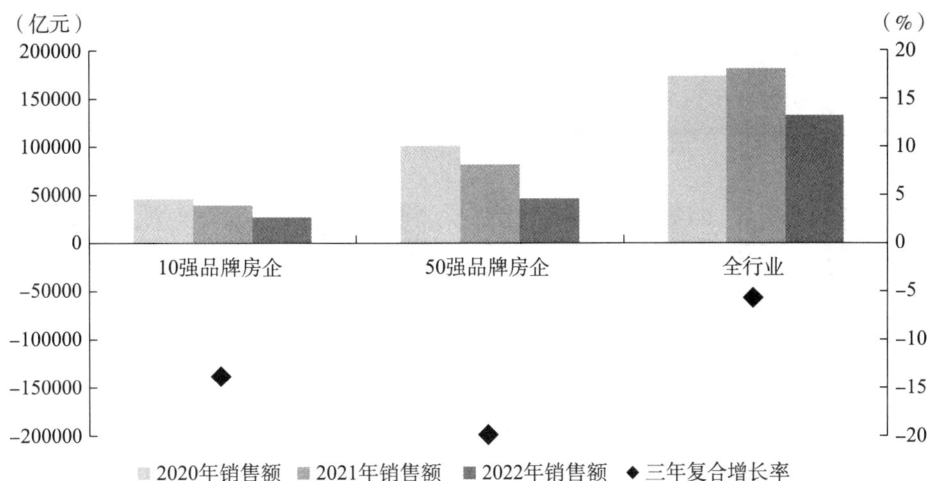

图 6-1-89　2020—2022 年 10 强、50 强品牌房企与全行业销售额情况

数据来源：上海易居房地产研究院。

质民企韧性较强，凭借核心城市布局、稳健的财务运营和良好的品牌效应推动项目去化，表现出优于同行的抗周期性，各梯队品牌房企销售金额集中度均略有回升（见图 6-1-90）。

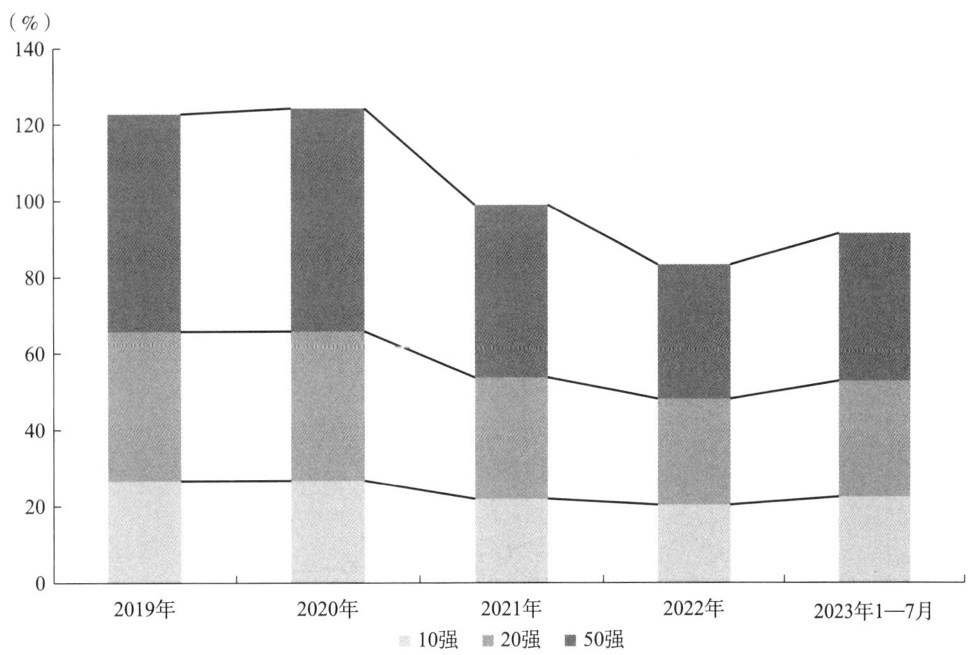

图 6-1-90　2019 年至 2023 年 1—7 月 50 强品牌房企集中度

数据来源：上海易居房地产研究院。

2022 年，房地产市场持续下行，销售金额普降态势明显，10 强品牌房企中仅有建发销售金额同比稍有增长，5 家房企销售金额同比降幅超过 20%。建发、华润等部分央企、国企凭借自身的融资、区域布局和运营优势，同时强化产品力，积极践行“保交付”责任，在行业下行调整周期中表现相对稳健（见图 6-1-91）。

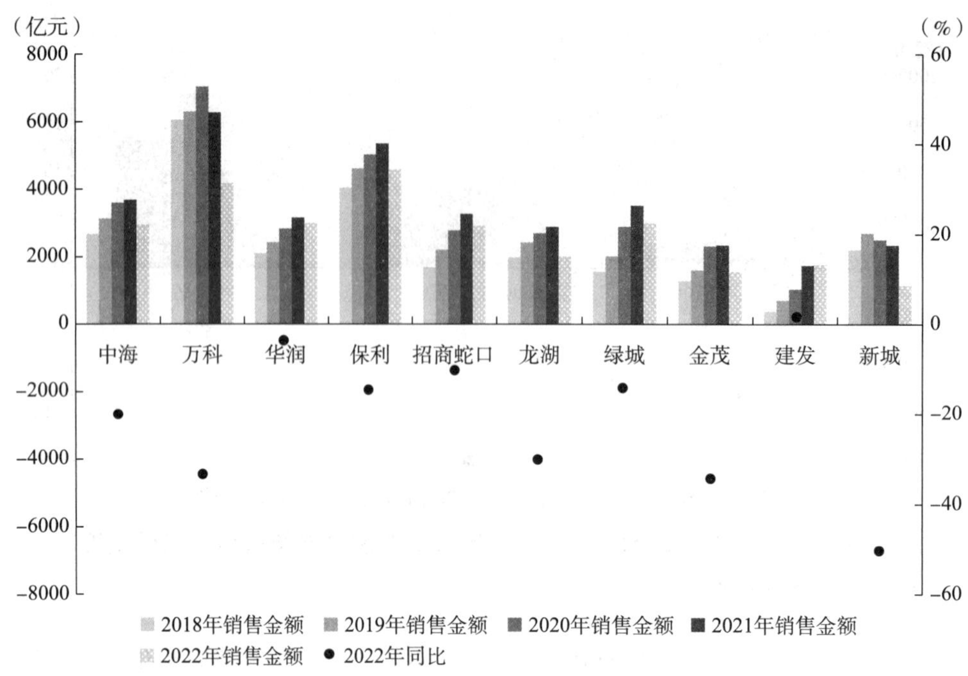

图 6-1-91　2018—2022 年 10 强品牌房企销售金额情况

数据来源：上海易居房地产研究院。

盈利能力方面，2022 年，10 强品牌房企平均净利率 9. 57%，平均毛利率 20. 08%，相比上年分别下滑 2. 73 个、1. 26 个百分点，降幅较上年度有所收窄（见图 6-1-92）。2023 年中报显示，10 强品牌房企平均净利率 10. 65%，较上年上涨 1. 08 个百分点。2022 年以来品牌房企投资聚焦高能级城市，新拿地项目利润空间有保障，头部房企盈利能力有所回升。但在当前房地产行业艰难复苏的背景下，房企盈利能力未得到全面修复，盈利向好依赖于长期稳定经营。预计未来品牌房企仍将关注口碑建设，维护企业稳健经营的正面形象，推动销售复苏，保持融资通畅，维持合理收益水平。

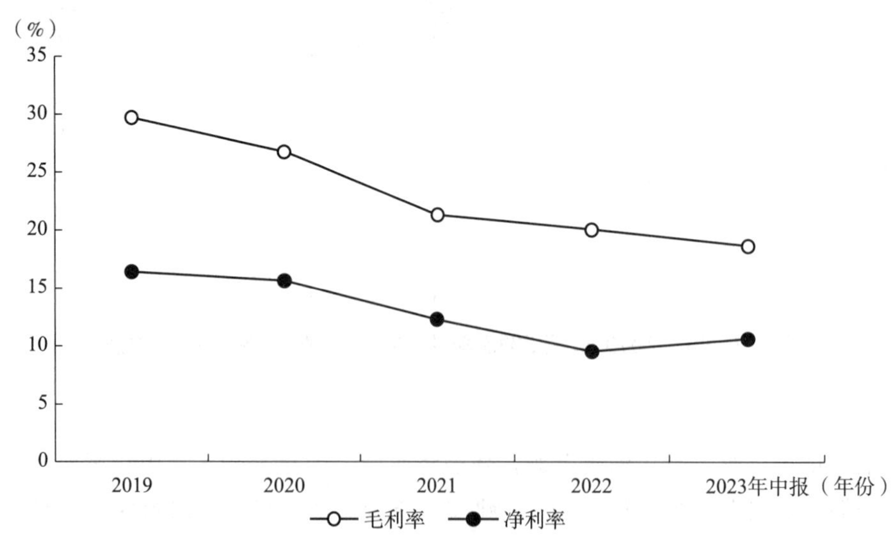

图 6-1-92　10 强品牌房企盈利能力变化（2019 年报至 2023 年中报）

数据来源：上海易居房地产研究院。

（5）品牌策略分析。

①品牌房企战略分化，轻资产运营成重要补充。

战略布局方面，品牌房企有明显分化。2023年上半年，住房城乡建设部、人民银行、国家金融监督管理总局多次提及有效防范有效化解优质头部房企风险，改善资产负债状况。在政策的支持和引导下，部分品牌房企进行战略转向，业务上聚焦主业出售非核心业务，区域方面聚焦核心城市。例如保利发展、华发股份等房企剥离边缘业务，招商蛇口、建发、龙湖、滨江等房企坚定区域聚焦和城市深耕策略，在确保现金流安全前提下，品牌房企投资方向更加聚焦核心城市（见表6-1-17）。

表6-1-17　典型房企区域深耕战略

企业名称	区域深耕战略简介
保利发展	坚持核心城市聚焦战略，聚焦珠三角、长三角等重点城市群进行布局
绿城	深耕核心城市，聚集投资，不断提高拿地权益占比
招商蛇口	坚定区域聚焦和城市深耕策略，坚持“以销定投”原则，持续更新优化并运用好“强心30城”“核心6+10城”分档、板块地图与竞企对标等策略工具，重投核心城市
建发	聚焦于核心一、二线城市以及符合改善性需求的三、四线城市
滨江	2023年区域布局战略为聚焦杭州，深耕浙江，辐射长三角，在珠三角保持深圳和广州适度开拓
龙湖	拿地策略坚持以销定投，聚焦于20个主力城市和14个机会城市布局，聚焦于城市的核心区域

数据来源：上海易居房地产研究院。

也有部分品牌房企在降杠杆、降负债进程中，对业务布局做出调整，从战略方向寻找发展的“第二曲线”，其中轻资产业务成为房企重要发展方向。品牌房企涉足轻资产运营领域较多，开发建设阶段轻资产业务以房地产代建为主，物业运营阶段的轻资产集中在住房租赁、商业、产业园区这三个领域。相较于传统房地产开发业务，房企开发代建服务的资本投入及投资风险显著降低。2023年上半年，绿城管理以1727万平方米新签约规模继续在代建行业加速领跑；龙湖旗下的龙湖龙智造新增20个商业代建项目335万平方米；旭辉旗下的旭辉建管新增20个代建项目287万平方米。另外对于不少品牌房企而言，商管业务在多元化业态布局中相对成熟，具有较高的盈利水平，且能带来持续收入和一定的品牌影响力。近年来，万科、华润、龙湖等品牌房企纷纷提速轻资产项目的布局。2023年3月，证监会发布通知将商业物业纳入REITs试点领域，为盘活商业地产提供金融工具支持，商业地产资管模式日渐成熟，其价值也逐步得到资本市场的认可。

②改善需求不断释放，市场关注高阶产品需求。

近年来消费者对于住房的需求发生较大的转变，令人舒服、愉悦的高颜值、高品质产品更能够吸引大众的注意力，同时通过口碑效应等激发更多受众的购买意愿。总体上看，消费者从买房只看地段和配套的刚需时代，逐步开始关心工程质量、物业服务、小区环境等多方面因素。

房企品牌调研结果显示，2023年，影响消费者购房决策因素中，最重要的因素是品牌房企交房有保障，其次是工程质量好、小区环境好、物业服务优质，占比分别为90.16%、86.76%、77.84%、74.05%。与上年相比，消费者对工程质量的关注度大幅提升13.22个百分点。2023年房地产行业仍然处于深度调整期，房企违约事件频发，产品交付是否有保障最受购房者关注（见图6-1-93）。另外，随着住房品质改善需求的释放，物业服务、小区环境同样是消费者重要考虑因素，说明除产品属性外，房地产的服务属性越来越受到购房者的重视。

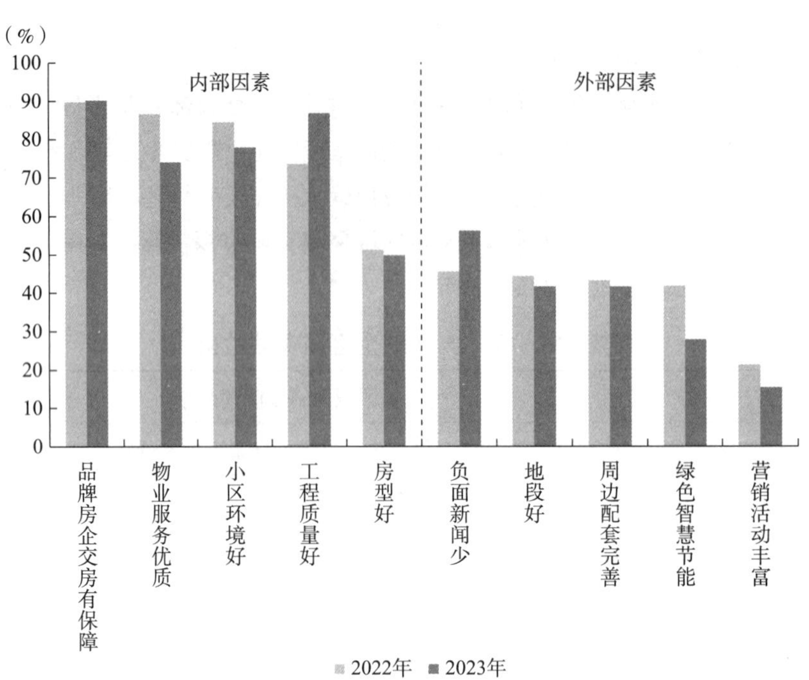

图 6-1-93　2022 年和 2023 年影响消费者购房决策因素占比

数据来源：上海易居房地产研究院房企品牌调研。

购房者居住品质升级带来用户需求转型，改善型产品的需求走强。克而瑞数据显示，2023 年上半年，三房、四房、五房产品成交套数占比分别达到 56.7%、26.4%、1.9%，占比较上年均有所提升。改善性需求增加，一方面原因在于多城放松购房限制，降低购房利率，释放改善型居住需求，另一方面由于置换成本高、时间跨度长，刚需购房者的购房逻辑倾向于一步到位，将购房目标转向三房及以上户型。

行业和市场进入改善时代，市场动力转向住房品质高阶改善需求，品牌房企从客户需求反推产品定位，升级迭代产品力。2023 年多家品牌房企焕新产品系升级产品，以提振品牌力，在户型、智能化、社区等维度升级质量和服务，定制更适宜特定人群的产品，满足更高的置业要求和更多个性化的需求。如龙湖发布新的产品品牌“云河颂”，全面提升产品定位、配置标准以及价值体系营造，彰显龙湖打造足以代言高改市场产品的行动力与野心；华润“MIC 社区综合体”价值体系，对人居产品力进行升级迭代；碧桂园提出“居住复兴”战略，焕新“星云府天”四大产品系，升级“碧 U 好房”未来美好社区体系；华发“优+产品体系 5.0”携“三力十二优”以及“七大质美生活场景”模块亮相，渗透生活的各种场景（见表 6-1-18）。

表 6-1-18　2023 年典型房企产品相关发布会

企业名称	发布时间	发布情况
龙湖	2023 年 2 月	对外发布“云河颂”产品品牌，云河颂集萃龙湖 30 年豪宅造诣，在产品定位、配置标准以及价值体系营造，实现全面提升
华润	2023 年 3 月	华润置地华东大区发布全新产品价值体系“MIC 社区综合体”，将生活场景需求和华润置地全生态业务进行连接，打造出一个个多元互链、无界融合的城市生活体
碧桂园	2023 年 3 月	围绕“居住复兴”战略，对“星系、府系、云系、天系”四大产品系全面焕新，升级“碧 U 好房”未来美好社区体系

续表

企业名称	发布时间	发布情况
华发	2023 年 4 月	发布“优+产品体系 5.0”，该体系深度洞察居者审美、体验、家居、品质、绿色等方面的需求，从美学、智慧、生态、人文等维度出发，综合社区功能化、全龄段生活、社交需求等，为居者塑造全方位更优的生活场景
中交地产	2023 年 5 月	重磅发布“M+交享生活体系”，该体系以“新场景·心体验”为产品价值内核，以“场景再造+生活赋能+智慧健康”设计抓手，构建全维生活场景，以无数个具有互动性、体验感的空间场景，构筑全新的生活方式
中国铁建	2023 年 6 月	发布中国铁建地产樾时代产品“5R 生活回归主义”价值体系，涵盖“回归主城、回归生活、回归家庭、回归邻里、回归自我”五重回归内涵
大悦城	2023 年 6 月	大悦城“悦系”产品全线升级，从“生活场景的丰富性”“室内外交融的便利性”等五大维度出发，让空间尊重每一个人的独特性，重视生活、社群、社交等需求，激活每一个空间场景
金地	2023 年 7 月	发布“丹青”“云图”两大新产品，“丹青”溯源宋韵文化的青绿美学，“云图”交融绿色未来与科技灵感，通过几何美学、漂浮岛屿、谧水林深、低碳科技四大设计法则，探索澎湃世界里的宁静生活社区
招商蛇口	2023 年 7 月	发布合肥公司“天青臻境”“四季臻邸”两大臻系新作，臻系产品“以客户需求为源点”，坚持高度定制是它的产品营造理念，一切回归人的需求

数据来源：上海易居房地产研究院。

③品牌宣传意识加强，直播成为重要营销载体。

房企品牌调研结果显示，获取购房信息方面，2023 年，通过实地考察获取信息的方式依然占比最高，为 72.97%；专业房地产网站、家人朋友推荐和微信公众号同样是消费者信息来源的重要途径，占比分别为 59.46%、54.05%和 56.76%（见图 6-1-94）。

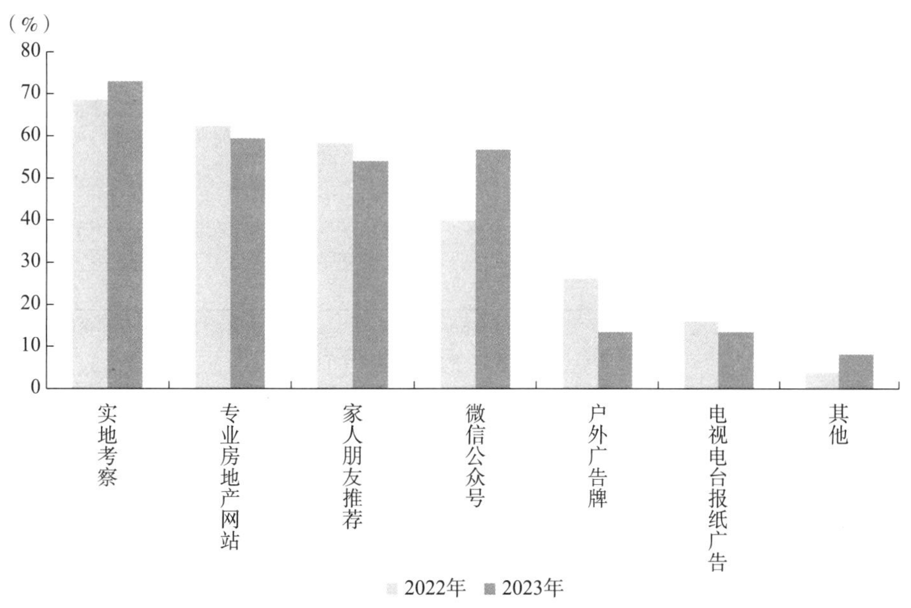

图 6-1-94　2022 年和 2023 年消费者获取购房信息来源

数据来源：上海易居房地产研究院房企品牌调研。

房企品牌的传播方式呈现多样化。线下方面，2023 年有品牌房企通过周年庆、司庆造节营销。7 月，保利、新城等房企举办周年庆、司庆类宣传，除发布专题报道、发布海报、设计特别标志等外，部分企业还举办主题庆典活动，进一步扩大宣传企业文化，提升社会层面的企业品牌形象渗入度，建立置业人群对企业的信任感。存量客户方面，品牌房企更加重视业主的参与感与互动，举办社区文体活动如社区运动会、新春晚会、业主答谢音乐会等，重视业主体验及后续服务，让业主主动感受并自发地参与为企业品质及服务发声，增强存量客户对品牌的忠诚度及满意度，为企业的长期发展带来无形的助力。

线上传播方面，因疫情催生的线上营销成为房企重要营销方向，其中直播成为线上营销、品牌推广、留资获客的重要载体。品牌房企一方面完善自有线上购房平台内容，另一方面借助线上直播和短视频来提升获客能力。万科、越秀、华发等房企在区域号上，形成较为常规化的直播 IP，从顶层设计上完善直播的体系架构，推动获客及转化。在“五一”“母亲节”“618”以及企业司庆等营销节点中，房企也扎堆举行直播活动，活动的频次更多范围更广。新品发布方面，开云端发布会成为首选，如建发玺云无界东方产品发布会于建发房产无锡视频号首映，同时有天猫好房、新浪乐居等媒体平台全网同步直播，超过 149 万人次实时在线观看。

为达到品牌宣传和口碑提升效果，房企通常会同时在多个平台上营销，伴随数字科技的突飞猛进，可供房企选择的宣传平台种类更为丰富，在房企发力线上营销之后，越发重视线上流量，因此打造新媒体矩阵已经成不二之选。新媒体矩阵通过社交平台去输出房企的品牌理念以及营销活动等信息，既能实现房企与客户、客户与客户间的沟通联系和直观评价，也可完成信息的双向传递，成为房企品牌宣传和营销活动的“催化剂”。房企的新媒体矩阵已经覆盖包括微信、抖音、微博、知乎、小红书等众多平台，仅从微信公众号、微博和抖音三个平台的使用情况看，4 家品牌房企同时使用 3 个平台，但仅部分房企保持较高的活跃度，房企媒体矩阵仍有较大发展空间（见图 6-1-95）。

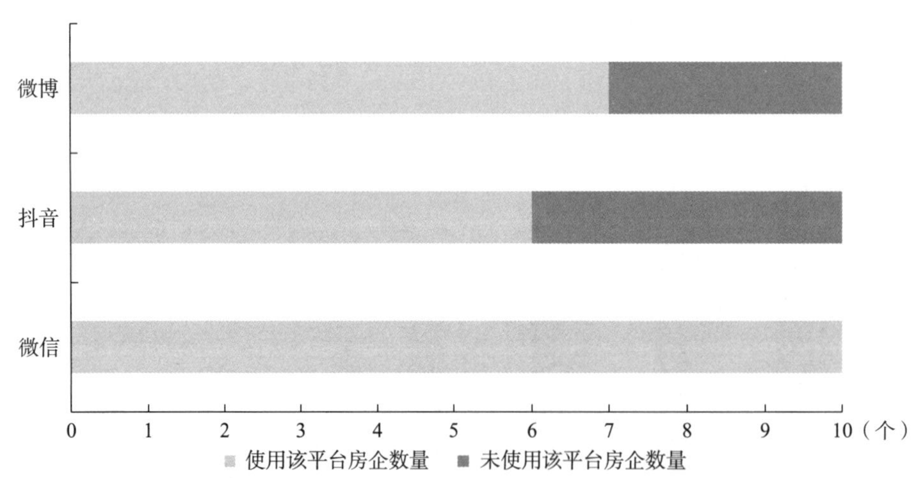

图 6-1-95　10 强房企微信、抖音、微博平台使用情况

数据来源：上海易居房地产研究院。

在项目推广中，房企的品牌宣传意识较强，多家品牌房企将企业品牌融入项目名称，通过新产品发布传递品牌价值理念，提升消费者对企业品牌的认知度，同时成熟项目的口碑也有助于宣传企业的品牌价值。2023 年，10 强品牌房企新开项目名称中含企业品牌的占比均值达到 80%。其中保利、龙湖、建发、新城超过 90% 的新开项目名称中含有企业品牌名（见图 6-1-96）。

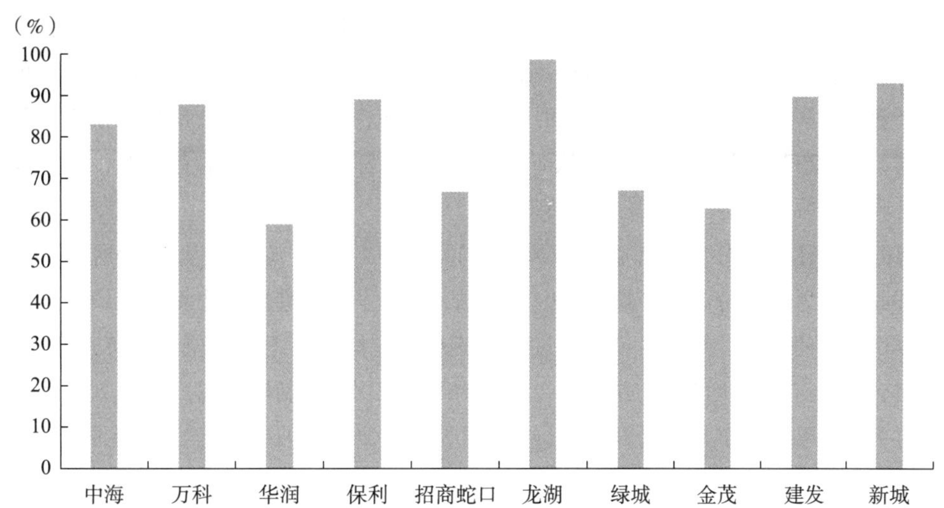

图 6-1-96　2023 年 1—8 月 10 强品牌房企新开项目名称中含企业品牌名的项目占比

数据来源：上海易居房地产研究院。

（6）品牌趋势分析。

①风险暴露房企自救，市场主体信心有望恢复。

根据中国房地产信用平台监控数据，2022 年全国涉及不良信用信息的房地产开发企业 24052 家，同比增长 4.59%，约占全国房地产开发企业总量的 18.91%，案例 140037 条。

从 2022 年开发企业不良信用信息类型的变动情况来看，发生欠税行为的开发企业案例同比增长 39.54%，失信被执行人的案例也呈增长趋势，同比增长 25.03%；行政处罚、严重违法失信和经营异常案例数有所下降，同比分别减少 28.21%、27.07%和 3.04%，2022 年重大税收违法案例 8 条。

从 2022 年开发企业不良信用信息比例来看，欠税类型占比最高，共 87026 条案例，占比 62.14%，较上年增加 27.80 个百分点；其次是失信被执行人，共 37391 条案例，占比 26.70%，同比下降 14.05 个百分点；行政处罚、经营异常占比分别为 7.18%、2.98%，同比分别下降 10.86 个、2.98 个百分点，严重违法失信和重大税收违法分别为 0.99%和 0.01%，与上年基本持平（见图 6-1-97）。

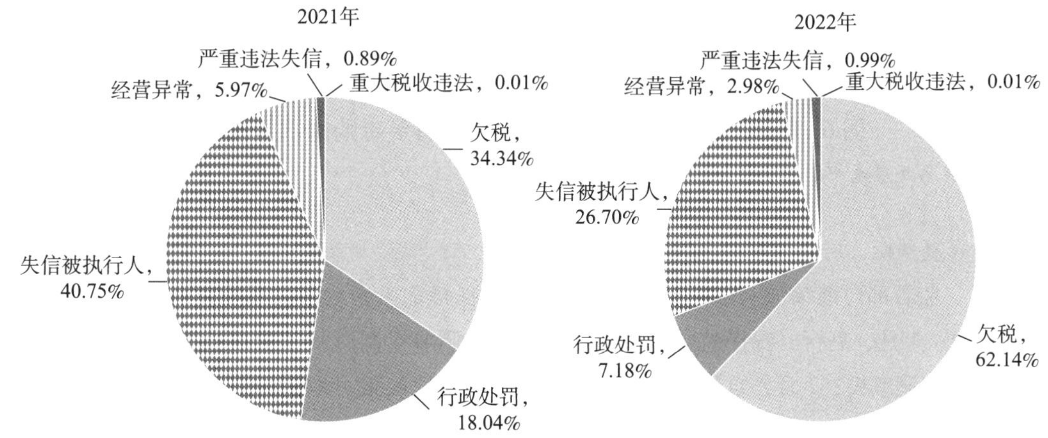

图 6-1-97　2021 年和 2022 年全国开发企业不良信用信息各类型占比情况

数据来源：中国房地产开发企业信用信息平台。

企业经营方面，行业调整阶段多家房企经营遇到困难，甚至有部分龙头房企信用风险暴露，给投资者信心带来负面影响。2023 年 8 月 12 日，碧桂园 11 只境内债正式宣布停牌。此前，碧桂园已发布公告称自身出现阶段性流动性压力。8 月 14 日，远洋因未能在宽限期内付息，一笔 2024 年到期的美元债停牌。碧桂园为民营房企中表现较好的企业，远洋为一家有央企背景的混合所有制公司，虽然两者没有出现实质性违约，但龙头房企债务风险有所暴露，会对市场预期带来影响。从 8 月 14 日股价表现来看，受消息影响，碧桂园及远洋集团股价明显受挫，当日收盘跌幅分别为 18.36%、5.13%。

除出现信用风险外，还有部分房企面临退市风险。2023 年以来，8 家房企从 A 股退市，包括阳光城、泰禾、嘉凯城、宋都股份、粤泰股份、美好置业、中天金融、蓝光发展。港股房企新力控股集团也已经被交易所摘牌。对于面临退市风险的房企，短期内只能通过解决流动性危机保住上市地位，维持企业口碑和品牌形象。多家面临退市的房企积极自救，用增持、并购资产和回购等手段保壳，暂时取得一定成效。例如荣盛发展收购新能源资产，同时部分董事、监事、高级管理人员及核心骨干计划自 6 月 9 日起在 3 个月内，以自有或自筹资金通过二级市场集中竞价方式增持公司股份，拟增持金额合计不低于 7565 万元，且不超过约 1.2 亿元，复牌后股价回升至安全区间。

从 2023 年的消费者调研来看，房企的信用情况依旧受到消费者重点关注。在被问及如果开发商有债务违约等信用及财务风险情况，是否会影响购房决策时，全部消费者认为开发商的信用及财务风险会影响其购房决策。其中，62.16%的消费者认为“非常影响”，此比例较上年下降 23.62 个百分点。“不太影响”的占比为 8.11%，较上年上升 5.09 个百分点（见图 6-1-98）。2023 年从中央到地方，先后出台多条政策助力“保交楼”，得益于政策引导与资金支持，市场各方主体信心有所恢复，消费者决策受房企信用风险的影响稍有缓解。

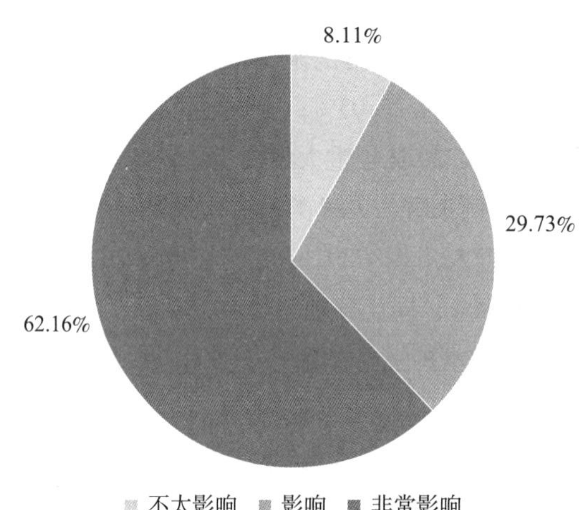

图 6-1-98　2023 年房企信用情况对消费者购房决策影响

数据来源：上海易居房地产研究院房企品牌调研。

②中央定调修复预期，房企保交付输出公信力。

2023 年以来，监管部门继续强调做好保交楼、保民生、保稳定工作，中央积极表态调整优化房地产政策以引导市场预期修复。1 月，央行、银保监会发布房贷利率动态调节机制，赋予房价连续 3 个月下跌的城市首套房房贷利率下限自主调整权；2 月，自然资源部优化完善集中供地政策，取消全年供地次数的限制，以适应当前楼市环境，地方供地可以通过优化供地节奏、强化公开信息披露积极引导市场预期，企业资金压力也将有所缓解；7 月，住房城乡建设部召开企业座谈会，提出要继续巩固房地产市场企稳回升态势，大力支持刚性和改善性住房需求，进一步落实好降低购买首套住房首付比例和贷款利率、改善性住房换购税费减免、个人住房贷款“认房不用认贷”等政策措施。在金融端，3 月，央行相关负责人表示已经推出 3500 亿元保交楼专项借款，设立 2000 亿元保交楼贷款支持计划，“保交楼”相关资金仍在继续落实。

地方层面，5月以来，多地密集举行专题会议、出台政策，加强房地产项目预售资金监管，内容涉及专户管理、建立预售资金异动预警机制等。多城下调首付比例，多数不限购城市和部分限购城市的非限购区域最低首付比已降至首套房20%、二套30%的底线。9月1日，4个一线城市均已宣布执行“认房不认贷”政策措施，之后全国多个城市纷纷跟进，降低改善购房群体置业成本。

企业层面，按期交付是房企经营信誉的最直观体现，也是购房者信心的主要来源，房企保质保量地交付对稳定房地产市场有着重要意义。为更好地促进市场信心恢复以及维护企业品牌公信力，多家品牌房企积极披露交付数据展示交付实力，龙湖集团以6.2万套住宅兑现上半年度交付目标；绿城上半年累计交付项目107个，项目交付时间较合同约定时间平均提前30天；华发全国交付项目31个，到访交付率97.6%，交付满意度同比提升26%，其中，武汉华发未来城和珠海华发悦谷两项目交付满意度100%。从房企半年度交付数据可见，“保交楼”行动在2023年上半年有成效有突破，为后续保交楼工作和市场信心的提振发挥积极作用。

在品牌房企自媒体推广中，多家企业将项目交付进度等信息作为重点推送专栏，贯穿企业品牌宣传日常，成为输出品牌公信力的重要补充内容。如华润置地通过“润心交付”专栏实时更新全国七大区域高品质标准交付细节；绿城中国推出“美好心交付”专栏，记录新项目交付信息和交付实景图；新城控股“新意交付”专栏记录项目各项目工程施工现场图和交付现场实景图（见表6-1-19）。

表6-1-19　2022年典型品牌房企官微交付信息

企业名称	项目交付相关内容
华润	“润心交付”专栏更新华润置地全国七大区域高品质标准交付细节
绿城	“美好心交付”专栏实时记录新项目的交付信息和交付实景
新城	“新意交付”专栏记录项目各项目工程施工现场图和交付现场实景图
滨江	公布项目交付现场图及新项目实景图
金辉	每月发布交付报告，公布交付数量，更新项目实景图

数据来源：Wind、上海易居房地产研究院。

③打造IP提升服务力，脱虚向实关注置业需求。

2023年上半年，房地产市场走势持续往下，项目去化压力增大，房企开始关注社群IP的打造，推动社群活动及运营，在业主与业主间、业主与房企间以归属感为基础，提升业主对房企品牌的认同感和忠诚度，增加客户黏性实现老带新裂变，助力项目去化。社群IP主要从线上线下多个维度发力，在公众号、小程序、App和线下场景以短视频、直播的形式推送。如美的置业推出“橙意社群”IP搭建以用户为核心的运营体系，打造亲子社、悦动社、老友社、公益社四个社群，开展形式多样的社群活动；金茂“U+社群”，将志趣相投的邻居们凝聚在一起，联合行业优质资源，打造地产与人文、时尚、美食、美学等跨界资源整合平台。

随着房企逐渐意识到长期品牌影响力的重要性，越来越多的企业开始重视长期儿童IP的打造。多家品牌房企推出符合“儿童友好”理念的社区、居家和生态环境，精研儿童成长轨迹，举办儿童专属社区活动，规划儿童活动空间等。华润置地从孩子的视角出发，以自然为主题，打造好玩好学的社区自然营地，让孩子在玩耍中获得对自然世界认知的提升、实现趣味成长。龙湖集团第六年发起小龙人计划，2023年与中国航天神舟传媒旗下原创动画IP“航天双子星”联名合作，共同打造寓教于乐的航天系列主题活动（见表6-1-20）。和零散儿童活动相比，已连续多年围绕同一IP举办各类暑期儿童活动的企业，品牌影响力及传播力更强。

表 6-1-20　2023 年典型品牌房企儿童暑期 IP 及主题活动

企业简称	暑期 IP 及主题活动	运营时间
保利发展	2023 和乐中国 Festival（节），以“又见国风之美”为主题，让宋韵文化走进保利人文社区	15 年
万科	万科社区的“甜蜜课堂”，带孩子们在大自然中探索求知，参加植物课堂活动	5 年
绿城	绿城的“海豚计划”，针对 3~18 岁的小业主的免费游泳培训公益活动	15 年
龙湖	2023 龙湖“小龙人计划”，与“航天双子星”联名合作，共同打造寓教于乐的航天系列主题活动	6 年
滨江	滨江“我是小泳士”滨江小业主游泳大赛	14 年
华远	“小野草计划”，以注重“亲子间的相处”、关注“孩子的暑期需求”为核心价值追求，通过好奇营、创想营、挑战营三大板块，为华远小业主们创造一个精彩暑假	2 年
荣安	2023 荣安小鲨鱼计划，让小业主感受夏天的乐趣	7 年

数据来源：企业公开资料，上海易居房地产研究院。

房企品牌宣传趋势去虚向实，品宣重点聚焦在产品力、交付力、服务力三个方面。随着房地产行业的深度调整，产品力、交付力、服务力已经成为房企的核心竞争力，领先的产品力、交付力、服务力共同构成企业的品牌力。

产品力方面，在积极推进交付工作的同时，品牌房企严格把控产品品质，2023 年多个城市热销项目与产品力紧密相关。如万科持续推动产品系列化和标准化，加快成熟稳定产品模型的推广应用。以“拾系”产品为例，在苏州、合肥、南京等多个城市成功实践，其中合肥“朗拾”项目实现取证去化率 100%，苏州“朗拾”首开 239 套全部售罄。2023 年上半年，“提质增效”成为房企年中交付成绩单的另一重点。如美的置业上半年交付超过 4 万套，12%项目实现提前一个月及以上交付，多个项目提升交付品质，升级智慧社区及重点优化地面人车分流、车库品质、地面绿化等。

交付力方面，体系化的交付流程是房企“保品质交付”的护城河。2023 年多家品牌房企继续升级交付体系，如龙湖的“龙湖智慧美好交付”系统，在 2023 年持续加强“集团—地区—项目”三级质控体系，在交付前设定“六个运行终止点”，在交付后进一步推动全生命周期陪伴。持续升级交付系统，已经成为房地产开发商提升其核心竞争能力、提升消费者对开发企业品牌满意度的一个关键点。

除塑造全流程交付体系和交付 IP 之外，另有一些房企的交付体系重点聚焦强化生产建造，建立精细严苛的品质标准，严格规范材料选购，实现精工匠造。如中海厦门东湾项目，施工过程中，以全专业拉通、全职能配合、全流水穿插的三全管理体系，全程贯彻穿插式施工，在延长结构施工时间的情况下，大幅缩短交付周期，提前 35 天实现全盘交付。万科将“工地开放线上化”升级为“与业主共建家园”，业主可通过前置管家邀请，由工程团队全程陪同，定期进入工地现场，参与到项目建造过程中。绿城邀请客户担任“品鉴官”，对绿城产品和服务质量进行检查、督促，对工程营造、配套设施建设与经营、社区生活建设等问题进行有效沟通。

服务力方面，交付服务环节中房企通过专业人士陪同验房、交付即交证、投诉反馈机制等方式提升交付体验。美的置业打造“云交付”体系，业主在家即可完成交付手续，到交付现场收楼后可即交付即办证。保利·领誉府沿用“小圆桌式”接待模式，配备“多对一”服务机制，每户业主收房时均标配客服管家、工程管家和验房师，交付当天配备专业维修工人组成的快修队，当日解决业主的房修问题。

当前背景下，产品力、交付力、服务力成为房企立足长期主义的重要抓手，越来越多的房企意识到项目的交付不单体现在某一个孤立的时间节点，而是贯穿产品的研发、设计、制造、交付服务、交付后维护等产品开发全流程。2023 年以来，品牌房企为提升品牌的竞争力，在品牌宣传方面“脱虚向实”，立足置业者需求，通过交付这个通道彰显品牌房企的产品力和公信力。除发布交付的数据信息，还提供实景展示、交付体系的解读、品质管控的展示等，以此展现企业的稳健经营和责任担当，凸显品牌价值。未来房企专注交付力体系化建设将成为行业趋势。

（四）2024 年房地产公司 ESG 测评研究成果

发布日期：2024 年 5 月 22 日

发布机构：上海易居房地产研究院　上海克而瑞信息技术有限公司

发布地点：深圳

1. 测评背景

2023 年受经济下行、外部压力骤增和内部运营模式转型等多方面的影响，整个房地产行业处于深度探底阶段，众多企业经营举步维艰，面临巨大的资金压力。树立可持续发展理念对促进房地产开发企业的长期生存和发展显得日益重要。

环境承载着房地产企业，房地产企业塑造着环境，房地产企业的经营活动渗透到国民经济、社会、文化和技术等方方面面，构建与环境和谐共生的运营模式、与社会协调发展的共赢理念、与各利益相关方共同成长的公司治理结构，是房地产企业实现长期可持续发展的重要战略路径。

2024 年 4 月 12 日上海证券交易所、深圳证券交易所和北京证券交易所分别发布可持续发展报告（试行）指引，这对于我国上市公司可持续信息披露和长远发展都将产生重大影响，为房地产企业践行可持续发展理念同样提供重要的依据。上海证券交易所明确，报告期内持续被纳入上证 180、科创 50 指数样本公司，以及境内外同时上市的公司应当披露可持续发展报告。深圳证券交易所明确报告期内持续被纳入深证 100、创业板指数样本公司，以及境内外同时上市的公司应披露可持续发展报告。据此，深化房地产企业可持续发展状况的研究显得日益重要。

ESG（Environmental，Social and Governance）是指企业在环境、社会和公司治理结构等方面的具体表现。当前，全球面临着气候变化、环境污染、生物多样性持续丧失等多重挑战，ESG 旨在评估企业的可持续性、社会责任和道德风险。其中，环境因素重点关注企业在资源消耗、废物产生、污染物排放等方面的影响。社会因素涉及企业在人力资源管理、社区关系、供应链管理等方面的责任和表现。治理因素则关注企业的治理结构、政策和过程，评估企业在内部控制、透明度、道德规范和反腐败等方面的绩效。

随着人们意识到环境保护、社会责任和企业治理与自身发展之间的关系日益紧密，社会各方开始关注企业的环境、社会和治理等的具体表现。房地产行业是经济生活中资源和能源的巨大消费行业，房地产上市公司和非上市重点公司更是行业的标杆和风向标，理应承担起更大的社会责任，提升 ESG 建设水平，为社会和投资者进一步创造价值。

该研究旨在对房地产开发企业 ESG 三个方面的具体表现进行评价，以各房地产开发企业发布的 ESG、社会责任或可持续发展等年度报告及非上市公司提供的经审核的数据材料为基础，对整个行业的 ESG 建设状况进行综合评估，揭示房地产行业 ESG 建设现状，在此基础上分别对各房企 ESG 建设情况进行测评，得出其 ESG 测评层级，同时提出促进企业 ESG 建设和可持续发展的建议及对策，帮助投资者更好地判断房地产行业和各企业的可持续性发展水平。

通过 ESG 测评，可以为投资者提供房地产企业整体社会责任表现水平，为其判断房地产企业是否具有发展潜力提供一定的依据。ESG 测评成果也可以帮助房地产企业实现可持续发展，提升品牌形象及社会责任感知度，由此赢得市场认可和竞争优势。与此同时，ESG 测评成果也为政府设计和实施房地产行业政策提供决策参考意见，引导房地产企业顺应国家战略，实现经济社会的可持续发展。

上海易居房地产研究院和上海克而瑞信息技术有限公司长期从事房地产公司综合实力、品牌价值等方面的测评研究工作。此次房地产公司 ESG 测评研究，遵循数据客观、方法科学、立场公正的原则，对房地产公司进行客观梳理，并在深度跟踪研究企业的基础上发布《2024 房地产公司 ESG 测评研究报告》，发掘行业中践行 ESG 行之有效、富有特色的优秀房地产公司群体，引领行业向纵深发展。根据房地产公司 ESG 测评研究对象筛选标准，此次测评的研究对象为发布或提供 ESG 相关报告或内容的 55 家典型房企，具体见表 6-1-21。

表 6-1-21　2024 房地产公司 ESG 测评研究对象名单

保利发展	保利置业	北辰	滨江	城建发展
城投控股	大名城	大悦城	迪马股份	光明地产
合肥城建	合生创展	华发	华侨城	华润
嘉华国际	建发	金地	金辉	金融街
金隅	龙湖	陆家嘴	路劲	绿城
美的置业	南山控股	浦东金桥	荣安地产	融创
瑞安	上海建工	上实城开	深圳控股	首开股份
苏州高新	天地源	天健集团	万科	五矿地产
新城	新湖中宝	信达地产	雅戈尔	雅居乐
远洋	越秀	招商蛇口	中海	中国金茂
中华企业	中建东孚	中交地产	中骏	众安

2. 测评成果

在中国房地产业协会指导下，上海易居房地产研究院和上海克而瑞信息技术有限公司通过对 55 家典型房企发布或提供的 ESG 相关报告进行研究，得出测评成果如下。(注：企业排名不分先后，按企业名称音序排列。)

2024 房地产公司 ESG 评级

AA 级

龙湖集团控股有限公司

万科企业股份有限公司

中国海外发展有限公司

中国金茂控股集团有限公司

A 级

保利发展控股集团股份有限公司

华润置地有限公司

绿城中国控股有限公司

上海建工房产有限公司

上海中建东孚投资发展有限公司

越秀地产股份有限公司

招商局蛇口工业区控股股份有限公司

2024 房地产公司 ESG 专项评价

环境表现优秀企业

龙湖集团控股有限公司

深圳控股有限公司

万科企业股份有限公司

招商局蛇口工业区控股股份有限公司

中国海外发展有限公司

社会表现优秀企业

龙湖集团控股有限公司

上海建工房产有限公司

上海中建东孚投资发展有限公司

越秀地产股份有限公司

中国海外发展有限公司

治理表现优秀企业

北京金隅地产开发集团有限公司

北京首都开发股份有限公司

龙湖集团控股有限公司

越秀地产股份有限公司

中国金茂控股集团有限公司

3. 测评分析（略）

4. 测评结论

（1）房地产开发企业ESG评级对行业可持续发展有推动性。

中国人民银行数据显示，4月末广义货币M2余额超过300万亿元，同比增长7.2%；狭义货币M1余额66万亿元，同比下降1.4%。M1与M2同比表现迥异，说明民间投资消费不足，资金在金融机构内空转，导致经济缺乏内生动力。从行业发展看，一方面是金融机构可贷资金充足且放贷压力大，另一方面房企投资又缺乏流动性。造成这种局面的根本原因是金融机构对房地产开发企业发展模式和经营前景的信任度不高。ESG体系的引入，上市房企可持续发展议题标准的规范，以及相关报告披露规则的制定等，可在一定程度上解决房企信息透明度的问题。通过对开发企业ESG报告及其披露的相关指标进行综合评级，可以彰显企业的可持续发展前景以及可投资属性，有利于金融机构对相关房企进行风险识别，进而顺利进行相关信贷经营和管理。这对金融行业与房地产开发行业的长远持久发展都具有重要参考意义。

（2）四大交易所出台可持续发展报告指引，ESG体系建设再进一步。

4月12日，在中国证监会的指导下，上海、深圳和北京三大证券交易所正式发布《上市公司可持续发展报告指引（试行）》，引导和规范上市公司发布《可持续发展报告》。明确报告期内持续被纳入上证180、科创50、深证100、创业板指数样本公司，以及境内外同时上市的公司应当最晚在2026年首次披露2025年度《可持续发展报告》，鼓励其他公司自愿披露。鼓励上市公司提前适用该指引的规定披露2024年度《可持续发展报告》。

4月19日，港交所完成《ESG报告指引》修订，核心是要求港股上市公司根据（国际可持续发展准则理事会（International Sustainability Standards Board，ISSB）气候准则披露气候相关信息，预示着港股开启新的ESG监管时代。A股和港股“两大指引”的出台，标志着国内ESG发展进入新的阶段，ESG报告正在逐步替代过去的社会责任报告，国内企业在可持续发展信息披露方面迎来新的标准和要求，且由原来的自愿披露向强制披露过渡。

（3）中央明确“保交房”是三方责任，保障购房人合法权益。

4月30日，中央政治局会议明确提出要“继续坚持因城施策，压实地方政府、房地产企业、金融机构各方责任，切实做好保交房工作，保障购房人合法权益”。“保交房”是涉及民生的重大社会责任，是衡量房地产开发企业ESG治理水平的重要考量指标。“保交房”工作牵涉面较广，需要上下游各级政府管理部门的密切配合与协调，如果只强调房企的相关责任，忽略金融机构的配合责任和地方政府部门的管理责任，房企能够调动和协调的资源就有限，“保交房”成效可能低于预期。这次中央明确“保交房”的三方责任，则有效解决此前责任模糊不清的问题，也有利于房地产开发企业维持正常运转，筹集建设资金，加快施工进度，提升交付能力，履行社会责任。

（4）入围测评典型房企 ESG 独立报告披露率有提升。

截至 5 月 11 日，A 股上市公司 2094 家公司披露 2023 年度 ESG 独立报告，披露率 39.05%；上年数据为 1847 家公司独立披露报告，披露率 36.37%，披露公司数量和披露率都有提高。200 家品牌房企中，ESG 报告的披露率 74.87%，和上年同期相比基本持平；A 股披露率 61.76%，港股披露率高于 A 股，为 81.40%，其中房地产开发企业的披露率 70.70%。此次入围 ESG 测评范围的 55 家典型开发房企中，47 家房企单独披露 ESG 相关报告，占比 85.5%，比上年提高 3.9 个百分点。

（5）ESG 评价 A 级以上典型房企占比达两成，AAA 级房企暂缺。

55 家典型房企 ESG 综合评级结果显示，AA 级企业 4 家，占比 7.3%，较上年提升 1.2 个百分点；A 级 7 家，占比 12.7%，较上年提升 0.5 个百分点。2023 年没有房企获得 AAA 级评级，11 家企业获得 A 级以上评级，占此次 55 家典型房企的比例是 20%，较上年下降 0.4 个百分点。其中，龙湖集团控股有限公司和绿城中国控股有限公司是民营房企，其他 9 家是央企、国企，或有国资背景的混合所有制企业，民营企业占比 18.2%，央企、国企和混合所有房企占大头。

（6）环境维度信息披露完整度有提升，数据口径依然存在差异。

从信息披露完整度方面看，在 55 家典型房企中，39 家披露环境信息数据，占比 71%，较上年提升 7 个百分点，35 家环境信息披露较为完整。设立环境管理目标的房企占比提升，38 家房企设立环境管理目标，占比 69%，较上年提升 12 个百分点。但信息披露口径不统一的问题 2023 年依然存在，如万科、中海、越秀等房企列表形式分业务展示温室气体排放、废弃物排放及水资源能源消耗情况，其他大多数企业则披露所有业务环境相关数据总额。信息采集区域也存在明显的不统一、不可比的问题。即便是同一家企业，如大名城等公布的 2022 年和 2023 年无害废弃物数据，因报告统计口径不同，导致两年间的数据差异较大，不具备同比意义。建议相关部门继续完善 ESG 报告相关披露规则，要求发布报告的企业按照相同口径披露信息，企业不同年份发布的相同指标要采用统一数据口径，增加数据的可比性。

（7）典型开发企业社会责任方面需要进一步提升。

社会维度是评估企业在管理及运营过程中是否处理好与政府、合作伙伴、员工、客户、社会和公众之间的关系，是否关注利益相关方核心需求的重要指标。从信息披露完整度方面看，32 家典型房企对社会维度数据披露较为全面，占比 58.2%；12 家企业数据披露情况一般；11 家企业数据披露情况不理想。2023 年，在受到行业调整压力的情况下，部分房企出现“暴力”裁员降薪的情况；由于此前的高周转模式，也有房企在产品设计、施工监管、后期交付等方面出现问题，造成客户满意度下降，甚至是大面积的质量问题，造成不好的社会影响。在支持住房保障工作方面，一些企业同样显现出参与积极性低、社会责任感不足的问题。

（8）大部分房企治理水平总体提高，ESG 组织体系初步建立。

经过多年的政策调控、行业自律、市场考验，大部分规模房企的治理都逐步科学规范，从此次测评的 55 家典型房企 2023 年股权结构、董事会独立性与多元化、风险防控、廉洁建设、知识产权保护、信息披露与利益相关者沟通、可持续发展建设等多方面表现来看，房企对优化企业治理结构、提升企业治理水平的重视程度正不断提升。尤其是在可持续发展领域，大部分典型房企都设立专门的 ESG 相关管理组织架构，如 ESG 小组、可持续发展委员会等，自上而下主要以董事会为决策核心，以 ESG 委员会为管理核心，以 ESG 工作执行小组为执行核心。当然企业治理也存在不少问题，部分房企股权集中度高，权力制衡有限。这是一把双刃剑，既有利于企业决策效率，也可能产生经营风险的失控；董事会女性占比偏低；知识产权保护意识有待提升；信披内容较少且质量不高；等等。

（五）第十一届（2023—2024 年度）“广厦奖”评选结果

表 6-1-22　第十一届“广厦奖”获奖项目名单

序号	地区	编号	获奖项目	开发单位
1	北京市	GSJ1137-01-(2/2-1)	中国铁建国际公馆	北京昊远置业有限公司
2	北京市	GSJ1138-01-(2/2-2)	中国铁建西山梧桐	北京嘉达置业有限公司
3	天津市	GSJ1188-02-(1/1-1)	盛庭花园产业化住宅	天津津投城市开发股份有限公司
4	河北石家庄市	GSJ1062-03-(3/3-1)	中国铁建花语城一期	河北兴铁房地产开发有限公司
5	河北唐山市	GSJ1063-03-(3/3-2)	中国铁建颂唐雅苑	河北启创房地产开发有限公司
6	河北唐山市	GSJ1064-03-(3/3-3)	唐城・壹零壹三期	唐山市恒荣房地产开发有限公司
7	内蒙古赤峰市	GSJ1083-05-(12/12-1)	都会明珠	赤峰恒基房地产开发有限公司
8	内蒙古赤峰市	GSJ1084-05-(12/12-2)	百合翡翠城	赤峰翡翠城置业有限责任公司
9	内蒙古赤峰市	GSJ1085-05-(12/12-3)	坤厦・悦龙府	赤峰坤厦房地产开发有限公司
10	内蒙古赤峰市	GSJ1086-05-(12/12-4)	红山源著	赤峰悦和房地产开发有限公司
11	内蒙古通辽市	GSJ1087-05-(12/12-5)	泽信・旭园	通辽泽信希望房地产开发有限公司
12	内蒙古包头市	GSJ1088-05-(12/12-6)	远洲大都会 A 区	包头远洲置业有限公司
13	内蒙古鄂尔多斯市	GSJ1089-05-(12/12-7)	诚园	鄂尔多斯市城投绿城房地产开发有限公司
14	内蒙古呼和浩特市	GSJ1090-05-(12/12-8)	观山悦	内蒙古晟基置业有限公司
15	内蒙古鄂尔多斯市	GSJ1091-05-(12/12-9)	玖悦府	鄂尔多斯市泰发祥房地产开发有限公司
16	内蒙古包头市	GSJ1092-05-(12/12-10)	景晟学府一期	内蒙古景晟发展有限公司
17	内蒙古呼和浩特市	GSJ1105-05-(12/12-11)	华润润府（高层区）	呼和浩特华润房地产开发有限公司
18	内蒙古呼和浩特市	GSJ1106-05-(12/12-12)	金地・青峯里	金地（集团）股份有限公司
19	辽宁沈阳市	GSJ1107-06-(8/8-1)	华润瑞府	华润（沈阳）地产有限公司
20	辽宁沈阳市	GSJ1108-06-(8/8-2)	沈阳万科四季花城大家	沈阳万科万洲房地产开发有限公司
21	辽宁大连市	GSJ1109-06-(8/8-3)	大连金地城	金地（集团）股份有限公司
22	辽宁沈阳市	GSJ1110-06-(8/8-4)	沈阳中粮隆悦祥云	沈阳和广房地产开发有限公司
23	辽宁沈阳市	GSJ1111-06-(8/8-5)	沈阳华润琨瑜府	沈阳林润房地产开发有限公司
24	辽宁大连市	GSJ1112-06-(8/8-6)	大连万科翡翠公园	大连万城之光置业有限公司
25	辽宁沈阳市	GSJ1113-06-(8/8-7)	金地半山麓	金地（集团）股份有限公司
26	辽宁鞍山市	GSJ1114-06-(8/8-8)	鞍山万科城市之光	鞍山万科恒信房地产开发有限公司
27	吉林公主岭市	GSJ1071-07-(5/5-1)	万科・万锦春城一期	公主岭市万泰房地产开发有限公司

续表

序号	地区	编号	获奖项目	开发单位
28	吉林公主岭市	GSJ1072-07-(5/5-2)	万科·向日葵东郡春漫里	公主岭市青怡坊万科房地产开发有限公司
29	吉林长春市	GSJ1073-07-(5/5-3)	华润·万象府世家	长春华润聚业房地产开发有限公司
30	吉林长春市	GSJ1074-07-(5/5-4)	华润·和安街东	华润长春房地产开发有限公司
31	吉林长春市	GSJ1075-07-(5/5-5)	华润·公元九里二期	华润长春房地产开发有限公司
32	黑龙江 哈尔滨市	GSJ1135-08-(2/2-1)	广信新城二期 04 地块	哈尔滨新区保利房地产开发有限公司
33	黑龙江 佳木斯市	GSJ1136-08-(2/2-2)	伟业·悦府一期	黑龙江省同江伟业房地产开发股份有限公司
34	上海市	GSJ1097-09-(2/2-1)	金地玺悦	金地集团上海房地产发展有限公司
35	上海市	GSJ1098-09-(2/2-2)	金地世家	金地集团上海房地产发展有限公司
36	江苏宿迁市	GSJ1189-10-(6/6-1)	富园·观澜府	江苏富园房地产开发有限公司
37	江苏淮安市	GSJ1190-10-(6/6-2)	水沐明悦府三、四期	江苏水利房地产开发有限公司
38	江苏南京市	GSJ1191-10-(6/6-3)	南京云靖花园	金地集团南京房地产发展有限公司
39	江苏南京市	GSJ1193-10-(6/6-5)	南京风华国际	金地集团南京房地产发展有限公司
40	江苏宿迁市	GSJ1192-10-(6/6-4)	富园·雍锦府	江苏富园房地产开发有限公司
41	江苏南京市	GSJ1194-10-(6/6-6)	阅江台租赁社区	南京安居保障房建设发展有限公司
42	浙江绍兴市	GSJ1115-11-(10/10-1)	宝业大阪绿园	浙江宝业房地产集团有限公司
43	浙江绍兴市	GSJ1116-11-(10/10-2)	绍兴花语江南府	绍兴京越房地产开发有限公司
44	浙江嘉兴市	GSJ1117-11-(10/10-3)	君望里	嘉兴市秀湖置业有限公司
45	浙江杭州市	GSJ1118-11-(10/10-4)	秀隐翠园	杭州融恒置业有限公司
46	浙江嘉兴市	GSJ1119-11-(10/10-5)	桐乡置地中心·幸福里	嘉兴润桐置业有限公司
47	浙江嘉兴市	GSJ1120-11-(10/10-6)	万科泊樾湾	嘉兴万朗房地产开发有限公司
48	浙江温州市	GSJ1122-11-(10/10-8)	德信·翡丽湾	德信地产集团有限公司
49	浙江杭州市	GSJ1123-11-(10/10-9)	越秀·云悦湾二期	杭州盛寅房地产开发有限公司
50	浙江杭州市	GSJ1124-11-(10/10-10)	越秀·星汇中心	杭州越秀房地产开发有限公司
51	安徽阜阳市	GSJ1146-12-(5/5-1)	成美·悦府	成美置业集团有限公司
52	安徽亳州市	GSJ1147-12-(5/5-2)	荣徽漆园悦府	安徽荣徽建投房地产开发集团有限公司
53	安徽亳州市	GSJ1148-12-(5/5-3)	荣徽·东方名府源著	安徽荣徽建投房地产开发集团有限公司
54	安徽蚌埠市	GSJ1149-12-(5/5-4)	和顺国樾府玖和园	安徽水利淮上和顺地产有限公司
55	安徽滁州市	GSJ1150-12-(5/5-5)	江海·颐和田园（首开区）	安徽江海投资集团有限公司
56	江西赣州市	GSJ1198-14-(2/2-1)	嘉福·尚江府	嘉福发展房地产开发有限公司
57	江西赣州市	GSJ1199-14-(2/2-2)	嘉福·原山著	赣州嘉福实业有限公司

续表

序号	地区	编号	获奖项目	开发单位
58	山东济南市	GSJ1158-15-(15/15-1)	鲁能领秀城雲麓贰期	山东鲁能亘富开发有限公司
59	山东济南市	GSJ1159-15-(15/15-2)	银丰玖玺城·宸和府	济南银丰鸿福置业有限公司
60	山东济南市	GSJ1160-15-(15/15-3)	济南华润悦府	华置房地产开发有限公司
61	山东济南市	GSJ1161-15-(15/15-4)	汉峪海风海德堡	山东泉海置业有限公司
62	山东济南市	GSJ1162-15-(15/15-5)	济南中建海棠园	济南煜孚置业有限公司
63	山东济南市	GSJ1163-15-(15/15-6)	仁恒世纪花园	济南安齐房地产开发有限公司
64	山东济南市	GSJ1164-15-(15/15-7)	仁恒世纪广场	济南安齐房地产开发有限公司
65	山东济南市	GSJ1165-15-(15/15-8)	中海·天钻	济南中海城房地产开发有限公司
66	山东青岛市	GSJ1166-15-(15/15-9)	银丰玖玺城·首府	青岛高科技工业园山东头房地产开发公司
67	山东青岛市	GSJ1167-15-(15/15-10)	空港澜庭美景一期	青岛建航置业有限公司
68	山东淄博市	GSJ1168-15-(15/15-11)	万科翡翠东第一期	淄博万科企业有限公司
69	山东淄博市	GSJ1169-15-(15/15-12)	宏程·国际广场商业	淄博宏程置业有限公司
70	山东淄博市	GSJ1170-15-(15/15-13)	相桥书院	山东金城荣基地产有限公司
71	山东临沂市	GSJ1171-15-(15/15-14)	鲁商万科新都会	临沂万科企业有限公司
72	山东临沂市	GSJ1172-15-(15/15-15)	城投·柳青玺悦	临沂城投地产有限公司
73	河南郑州市	GSJ1128-16-(3/3-1)	金地正华漾时代	河南正华竹桂园置业有限公司
74	河南郑州市	GSJ1129-16-(3/3-2)	华润悦玺	郑州润兴置业有限公司
75	河南郑州市	GSJ1130-16-(3/3-3)	华润新时代万象苑	河南润置兴东房地产开发有限公司
76	湖北武汉市	GSJ1139-17-(8/8-1)	楚天都市·蓝玉湾一期	武汉临江泽城房地产开发有限公司
77	湖北武汉市	GSJ1140-17-(8/8-2)	武汉华润万象城	华润（武汉）开发有限公司
78	湖北武汉市	GSJ1141-17-(8/8-3)	汉阳市政建设大厦	湖北天创房地产开发有限公司
79	湖北荆州市	GSJ1142-17-(8/8-4)	楚天都市·信园	荆州中大豪盛地产集团
80	湖北荆州市	GSJ1143-17-(8/8-5)	曲池东院一期	荆州纪南文化产业投资有限公司
81	湖北襄阳市	GSJ1144-17-(8/8-6)	民发·庞公别苑 A 区	襄阳市星光别苑房地产开发有限公司
82	湖北恩施州	GSJ1173-17-(8/8-7)	绿葱坡一号院、二号院一期	恩施绿葱坡旅游开发有限公司
83	湖北武汉市	GSJ1174-17-(8/8-8)	武汉国博新城华江府	武汉新城国际博览中心有限公司
84	湖南常德市	GSJ1099-18-(6/6-1)	中建壹号府	中建信和地产有限公司
85	湖南湘潭市	GSJ1100-18-(6/6-2)	潭房中央公园一期	湘潭房产集团有限公司
86	湖南怀化市	GSJ1101-18-(6/6-3)	宏宇新城凯瑞名门	怀化宏宇地产置业有限公司
87	湖南长沙市	GSJ1102-18-(6/6-4)	澳海云天赋花园一期	湖南澳瀚房地产开发有限公司
88	湖南怀化市	GSJ1103-18-(6/6-5)	千鸿帝景一期	怀化千鸿房地产开发有限责任公司
89	湖南长沙市	GSJ1104-18-(6/6-6)	长沙视谷中心	长沙视谷实业有限公司

续表

序号	地区	编号	获奖项目	开发单位
90	广东云浮市	GSJ1076-19-(12/12-1)	翔顺筠粤豪苑一期	云浮市翔顺房地产投资有限公司
91	广东佛山市	GSJ1077-19-(12/12-2)	华润·悦里	佛山市润穗房地产开发有限公司
92	广东广州市	GSJ1078-19-(12/12-3)	星樾 TOD 二期	广州市品悦房地产开发有限公司
93	广东广州市	GSJ1079-19-(12/12-4)	星图 TOD 一期	广州市品秀房地产开发有限公司
94	广东广州市	GSJ1131-19-(12/12-5)	万科城市之光 E 区、F 区	广州黄埔文冲城中村房地产开发有限公司
95	广东广州市	GSJ1132-19-(12/12-6)	金茂万科都会四季一期	广州市万致房地产有限公司
96	广东广州市	GSJ1133-19-(12/12-7)	中国铁建环球中心	广州南沙中铁实业发展有限公司
97	广东广州市	GSJ1134-19-(12/12-8)	信达珺悦蓝庭一期	广州中铼房地产开发有限公司
98	广东惠州市	GSJ1151-19-(12/12-9)	中海汤泉·云台云谷	中海宏洋惠州汤泉开发有限公司
99	广东清远市	GSJ1152-19-(12/12-10)	清远中海阅湖花园	清远市中海宏洋房地产开发有限公司
100	广东东莞市	GSJ1153-19-(12/12-11)	碧桂园天悦花园	东莞市横沥碧桂园房地产开发有限公司
101	广东江门市	GSJ1154-19-(12/12-12)	碧桂园·天麓湖盈翠苑一期	鹤山市共和碧桂园房地产开发有限公司
102	广西南宁市	GSJ1175-20-(13/13-1)	银光御品	广西银光房地产开发有限公司
103	广西南宁市	GSJ1176-20-(13/13-2)	华润悦年华·颐养社区	南宁润颐五象房地产有限公司
104	广西南宁市	GSJ1177-20-(13/13-3)	兴宁东郡盛天地	南宁市盛尧房地产开发有限公司
105	广西南宁市	GSJ1178-20-(13/13-4)	万丰·新新传奇一期	广西万丰房地产开发有限公司
106	广西南宁市	GSJ1179-20-(13/13-5)	彰泰·凤岭江湾	南宁臻泰房地产开发有限公司
107	广西桂林市	GSJ1180-20-(13/13-6)	西宸源著一期	广西西宸实业集团有限公司
108	广西桂林市	GSJ1181-20-(13/13-7)	绿涛·甘棠府南区	桂林绿涛投资集团有限公司
109	广西桂林市	GSJ1182-20-(13/13-8)	筑成·时代春晓澜悦府	广西筑成房地产开发有限公司
110	广西柳州市	GSJ1183-20-(13/13-9)	华润静兰湾·熙悦山	柳州轨道润投置业发展有限公司
111	广西柳州市	GSJ1184-20-(13/13-10)	彰泰滨江学府	柳州彰泰建设有限公司
112	广西柳州市	GSJ1185-20-(13/13-11)	柳州万科城央璟	广西万科企业管理有限公司
113	广西玉林市	GSJ1186-20-(13/13-12)	万昌·东方巴黎湖岸	玉林市东瑞房地产开发有限公司
114	广西崇左市	GSJ1187-20-(13/13-13)	碧桂园·公园上城一期	广西崇鹏投资有限公司
115	海南万宁市	GSJ1155-21-(3/3-1)	石梅湾九里 5 期 B、C1 区	海南华润石梅湾旅游开发有限公司
116	海南海口市	GSJ1156-21-(3/3-2)	华润海口润山府	海口市润合房地产有限公司
117	海南海口市	GSJ1157-21-(3/3-3)	海口华润中心三期万象城	华润发展（海南）有限公司
118	重庆市	GSJ1126-22-(2/2-1)	北新·御龙湾二期六街区	重庆蕴丰建设工程有限责任公司
119	重庆市	GSJ1127-22-(2/2-2)	华宇城 M2 西区	重庆华宇集团有限公司
120	四川成都市	GSJ1195-23-(3/3-1)	中国铁建·西派金沙一期	成都乐欣置业有限公司
121	四川成都市	GSJ1196-23-(3/3-2)	中国铁建·鹿溪樾府一期	成都创城置业有限公司

续表

序号	地区	编号	获奖项目	开发单位
122	四川达州市	GSJ1197-23-(3/3-3)	中国铁建广场二期	达州达居房地产开发有限公司
123	贵州贵阳市	GSJ1061-24-(5/5-1)	中国铁建贵安花语墅	中国铁建房地产集团（贵安）有限公司
124	贵州贵阳市	GSJ1069-24-(5/5-2)	中铁建·国际城A2组团	贵州中泓房地产开发有限公司
125	贵州遵义市	GSJ1070-24-(5/5-3)	中国铁建·西派府一期	遵义黔贵房地产开发有限公司
126	贵州贵阳市	GSJ1093-24-(5/5-4)	中铁阅山湖云著	贵阳中铁诺德置业有限公司
127	贵州贵阳市	GSJ1094-24-(5/5-5)	万科翡翠公园A、B区	贵阳德盛置业有限公司
128	陕西西安市	GSJ1080-27-(4/4-1)	中国铁建·西派国际C区	中铁房地产集团华中有限公司
129	陕西西安市	GSJ1081-27-(4/4-2)	中国铁建·西派时代	中铁房地产集团华中有限公司
130	陕西西安市	GSJ1082-27-(4/4-3)	金地·中央公园	陕西金地家宜置业有限公司
131	陕西西安市	GSJ1125-27-(4/4-4)	金地·格林云上	西安金地浩泽房地产开发有限公司
132	甘肃白银市	GSJ1065-28-(4/4-1)	金城·翰林名苑一期	甘肃省金城房地产开发有限公司
133	甘肃省庆阳市	GSJ1066-28-(4/4-2)	金建·名居	甘肃金建房地产开发有限责任公司
134	甘肃兰州市	GSJ1067-28-(4/4-3)	德源府	甘肃德源房地产开发有限公司
135	甘肃临夏市	GSJ1068-28-(4/4-4)	华曜·锦绣山河	甘肃华曜房地产开发有限公司
136	宁夏银川市	GSJ1058-30-(6/6-1)	正丰·御景湖城	宁夏正丰房地产开发有限公司
137	宁夏银川市	GSJ1059-30-(6/6-2)	正丰·海德家园	宁夏正丰房地产开发有限公司
138	宁夏石嘴山市	GSJ1060-30-(6/6-3)	金源御景西区	宁夏住宅建设发展（集团）有限公司
139	宁夏银川市	GSJ1095-30-(6/6-4)	凤凰华府A区	银川市白云房地产开发有限公司
140	宁夏吴忠市	GSJ1096-30-(6/6-5)	紫宸园	宁夏宏远房地产开发集团有限公司
141	宁夏银川市	GSJ1145-30-(6/6-6)	荣恒星宅	宁夏荣恒房地产集团有限公司

二、2023 年房地产开发企业信用状况

（一）房地产开发企业总体情况

截至 2023 年 12 月 31 日，中国房地产业协会房地产开发企业信用信息平台收录房地产开发企业 14.03 万家。

收录的房地产开发企业是指具有房地产开发资质等级信息，或拥有商品房预售许可证、建设用地规划许可证等信息可以证明其实际从事房地产开发经营活动的企业。

以下所做统计分析均以这一数字为基准。

1. 区域分布

从房地产开发企业的分布来看，按省级行政区域来划分（包括省、自治区、直辖市，以下简称各省份），广东、江苏、山东和河南 4 个省份的开发企业数量领先，均超过 8000 家（见图 6-2-1）。

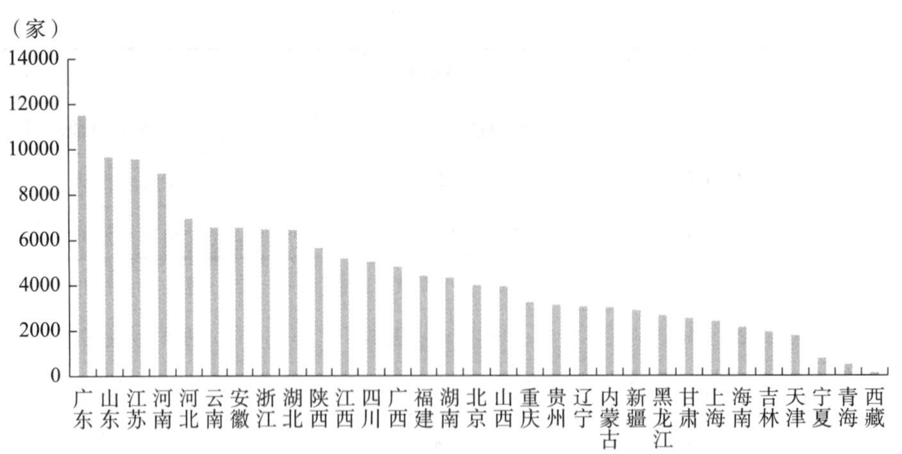

图 6-2-1　各省份房地产开发企业数量情况

数据来源：中国房地产开发企业信用信息平台。

2. 注册资本

从注册资本来看，注册资本在 1000 万~5000 万元（不含）的房地产开发企业数量最多，超过 6.89 万家，占 49.92%；其次是 1 亿~10 亿元（不含）注册资本的企业，占 16.94%，约 2.33 万家（见图 6-2-2）。

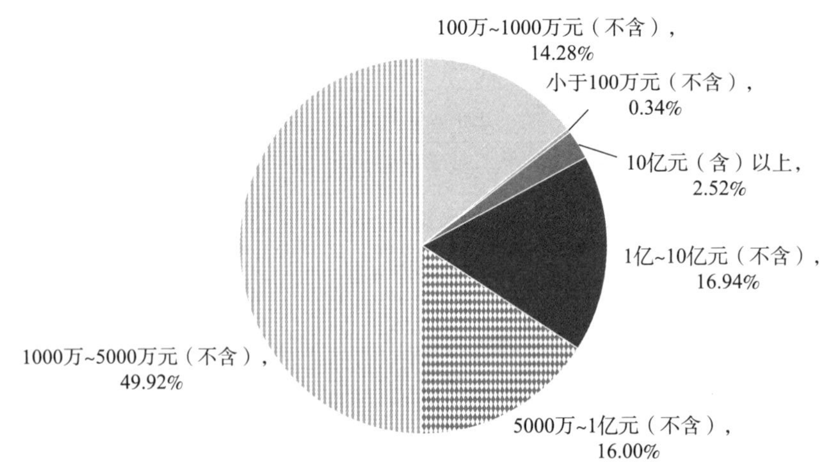

图 6-2-2　全国房地产开发企业注册资本情况

数据来源：中国房地产开发企业信用信息平台。

（二）行业不良信用信息情况

根据中国房地产信用平台监控数据显示，2023 年，收录全国房地产开发企业各类不良信用信息 26 万余条，比修正后的 2022 年数据增加 49.71%。

从 2023 年开发企业的不良信用信息总体情况来看，主要分为 6 种情形。其中，欠税类型占比最高，案例 198288 条，占比 75.05%；其次是失信被执行，案例 47988 条，占比 18.16%；行政处罚、经营异常、严重违法失信和重大税收违法，占比分别为 3.67%、1.95%、1.15%和 0.01%。

从 2023 年开发企业不良信用信息类型的变动情况来看，发生欠税行为的开发企业案例同比增长 65.20%，失信被执行人和经营异常案例也呈增长趋势，同比分别增长 24.86%和 18.27%；行政处罚和严重违法失信案例数有所下降，同比分别减少 6.89%和 5.19%，2023 年重大税收违法案例 13 条。

从区域分布来看，河南、安徽和内蒙古开发企业发生不良信用信息的总案例数量相对较多（见图 6-2-3）。

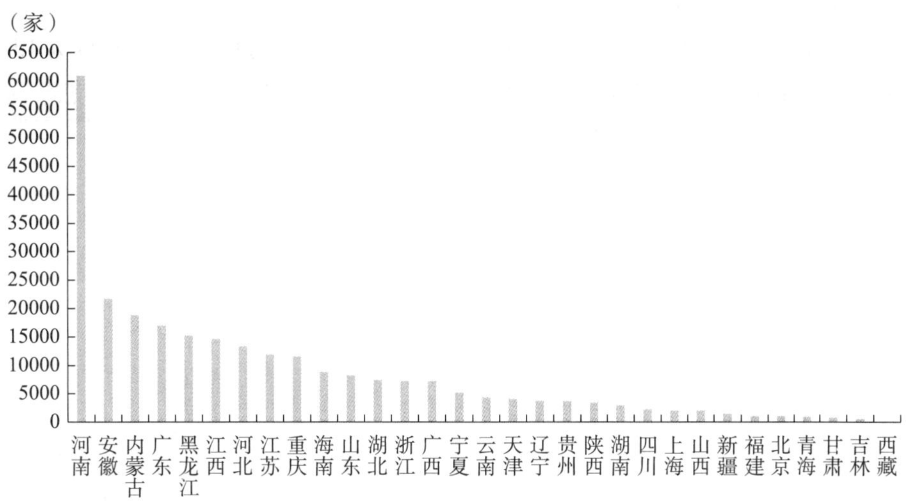

图 6-2-3　2023 年全国各省份开发企业不良信用信息情况

数据来源：中国房地产开发企业信用信息平台。

1. 行政处罚

根据中国房地产信用平台统计，2023 年全国被行政处罚的开发企业 7536 家，同比减少 6.99%，约占全部开发企业的 5.37%，案例 9696 条。

从分布上看，山东、河南和广东被行政处罚的开发企业数量最多，分别为 749 家、677 家和 676 家；其中，贵州被行政处罚的开发企业数量相对该省开发企业总数的占比最多，为 9.29%，其次是浙江和山西，占比分别为 8.18%和 8.16%（见图 6-2-4）。

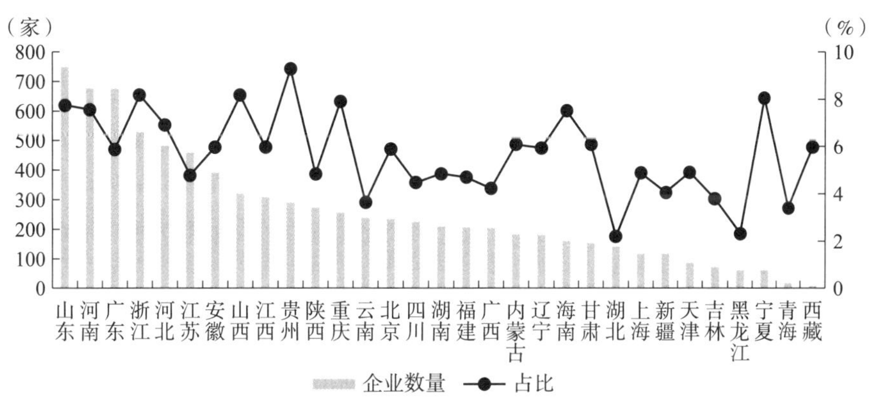

图 6-2-4　2023 年各省份被行政处罚开发企业情况

数据来源：中国房地产开发企业信用信息平台。

从被行政处罚开发企业的注册资本情况来看，注册资本在 1000 万~5000 万元（不含）的占比 44.71%，约 3346 家，其次是 1 亿~10 亿元（不含）注册资本的开发企业，占比 22.98%，约 1720 家。

从行政处罚的实施机关来看，市场监督、城管、自然资源部门是主要的处罚实施部门。在所有行政处罚信息中，市场监督部门处罚的数量占比 21.14%，约 1678 条；城管部门处罚的数量占比 15.37%，约 1220 条；自然资源部门占比 7.81%，约 620 条。

2. 失信被执行人

根据中国房地产信用平台统计，2023 年全国 9887 家开发企业出现失信被执行人情况，同比增长 20.43%，约占全部开发企业的 7.04%，案例 47988 条。

从分布区域看，河南、广东和贵州被列为失信被执行人的开发企业数量居前，分别为 1581 家、769 家和 620 家。其中，贵州、天津和河南被列为失信被执行人的企业数量相对该省份开发企业总数的比例比较靠前，占比分别为 19.85%、18.37%和 17.68%（见图 6-2-5）。

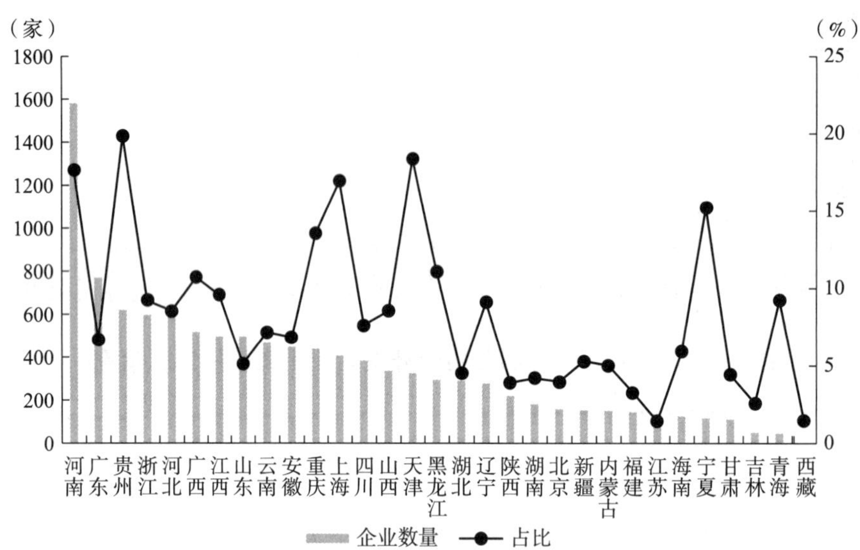

图 6-2-5　2023 年各省份失信被执行人开发企业情况

数据来源：中国房地产开发企业信用信息平台。

从被列为失信被执行人开发企业的注册资本情况来看，注册资本在 1000 万～5000 万元（不含）的占比 46.49%，约 4566 家，其次是 1 亿～10 亿元（不含）注册资本的开发企业，占比 21.30%，约 2092 家。

从被列为失信被执行人的原因来看，“有履行能力而拒不履行生效法律文书确定义务”的失信被执行人最多，约占 62.95%；其次是“违反财产报告制度”的失信被执行人，约占 26.91%；此外，“被执行人无正当理由拒不履行执行和解协议”和“其他规避执行”等也是被列为失信被执行人的常见类型。

同时，根据中国房地产信用平台统计，2023 年中国房地产信用平台共收录中国裁判文书网有关房地产开发企业的判决文书约 13.04 万例，其中合同纠纷占比超过 71.39%。而在合同纠纷中，有关房屋买卖、预售、销售等涉及房屋交易的纠纷占比超过 55.26%。

3. 经营异常

根据中国房地产信用平台统计，2023 年全国房地产开发企业中有经营异常情况的企业 4927 家，同比增加 17.11%，约占全部开发企业的 3.51%，案例 5159 条（见图 6-2-6）。

从区域分布看，河南、云南和广东经营异常情况的开发企业最多，分别为 438 家、338 家和 332 家。

从经营异常情况的开发企业的注册资本情况来看，注册资本在 1000 万～5000 万元（不含）的占比 53.42%，约 2578 家，其次是 5000 万～1 亿元（不含）注册资本的开发企业，占比 15.69%，约 757 家。

从被列入经营异常情况的具体原因来看，“未在规定的期限公示年度报告”的占比 59.62%，“通过登记的住所或者经营场所无法取得联系”的占比 30.57%，“公示企业信息隐瞒真实情况、弄虚作假”的占比 3.31%，这三种是出现经营异常的主要原因。

4. 欠税

根据中国房地产信用平台的统计，2023 年全国发生欠税行为的房地产开发企业 14339 家，约占全部开发企

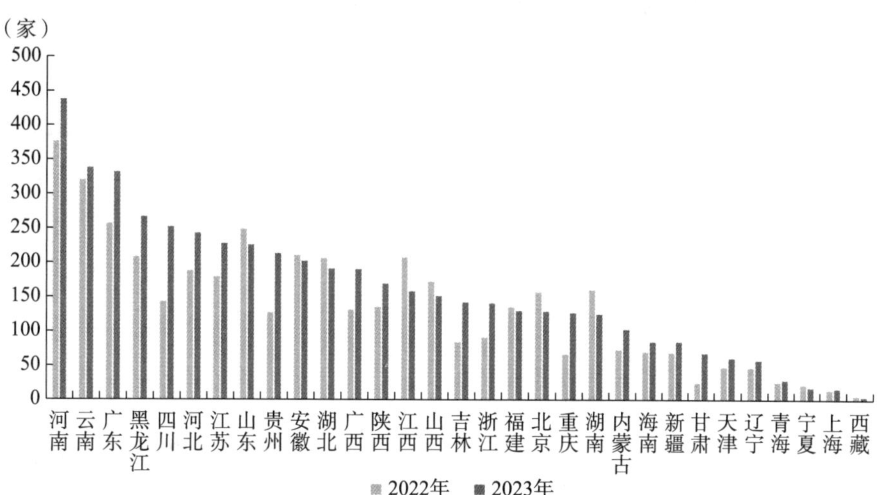

图 6-2-6　2022 年和 2023 年各省份经营异常开发企业数量

数据来源：中国房地产开发企业信用信息平台。

业的 10.21%，同比增长 44.52%，案例 198288 条，分布在全国 27 个省份。

从区域分布来看，广东、河南和湖北欠税开发企业数量最多，分别为 1951 家、1919 家和 1183 家。从欠税企业与所在省份开发企业总数的占比来看，内蒙古、宁夏和重庆位居前列，分别为 27.39%、25.75% 和 24.31%（见图 6-2-7）。

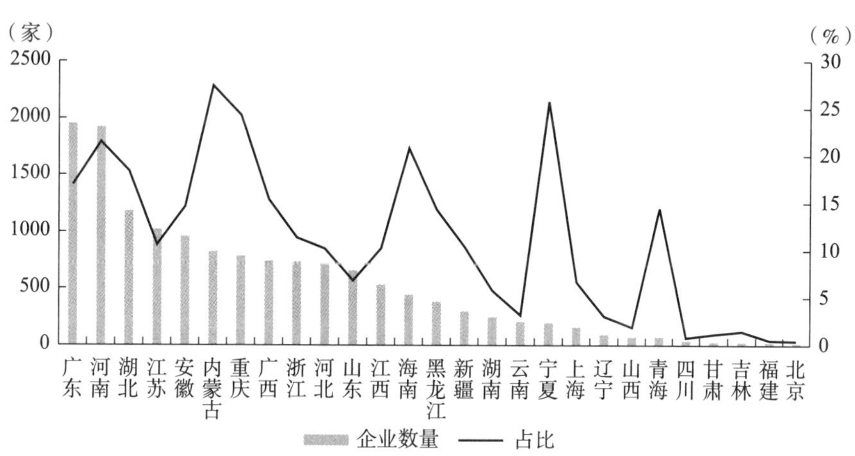

图 6-2-7　2023 年各省份欠税开发企业情况

数据来源：中国房地产开发企业信用信息平台。

从欠税开发企业的注册资本情况来看，注册资本 1000 万~5000 万元（不含）的欠税企业数量最多，占比 48.87%，约 6928 家；其次是注册资本 5000 万~1 亿元（不含）的开发企业，占比 18.65%，约 2643 家。

从欠税总金额来看，2023 年全国房地产开发企业欠税的总金额 4607.41 亿元。从欠税类型来看，城市维护建设税、土地增值税、增值税、城镇土地使用税、印花税是主要的欠税类型。此外，广东、湖北和浙江 3 个省份的企业欠税金额最多，分别为 1149.60 亿元、510.15 亿元和 445.46 亿元。

5. 严重违法失信

根据中国房地产信用平台统计，2023 年全国发生严重违法失信行为的开发企业 792 家，同比增加 19.82%，约占全部开发企业的 0.56%，案例 3050 条，分布在全国 22 个省份。

从区域分布来看，陕西、云南和河南严重违法失信的开发企业数量居前，分别为 203 家、145 家和 104 家（见图 6-2-8）。

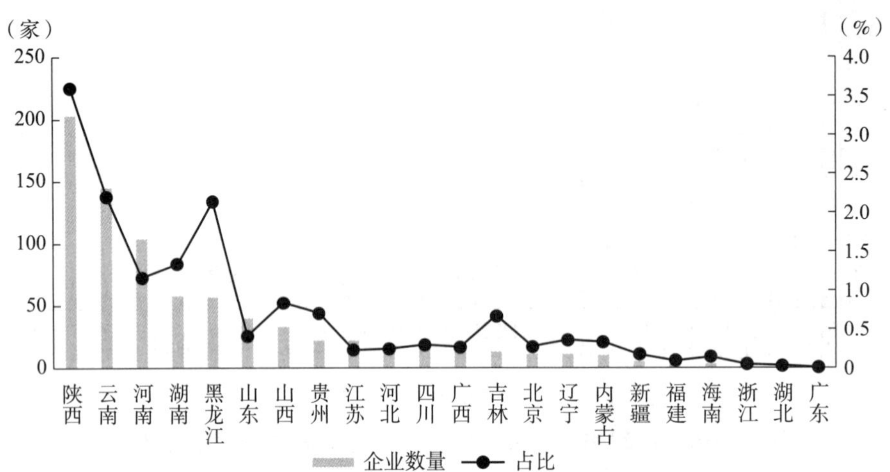

图 6-2-8　2023 年各省份严重违法失信开发企业情况

数据来源：中国房地产开发企业信用信息平台。

从严重违法失信开发企业的注册资本情况来看，1000 万～5000 万元（不含）注册资本的开发企业占比最大，为 56.12%，422 家（见图 6-2-9）。

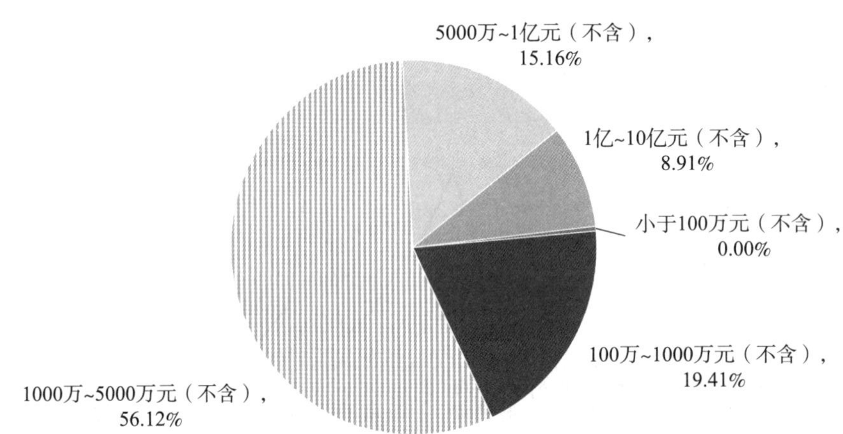

图 6-2-9　2023 年严重违法失信开发企业注册资本情况

数据来源：中国房地产开发企业信用信息平台。

从严重违法失信的列入原因来看，其他有履行能力而拒不履行生效法律文书确定义务是主要类型，占比 53.50%，约 1632 条；其次是被列入经营异常名录届满 3 年仍未履行相关义务，占比 26.03%，约 794 条；此外，还有违反财产报告制度、被执行人无正当理由拒不履行执行和解协议等情形被列入严重违法失信名单的开发企业。

6. 重大税收违法

根据中国房地产信用平台的收录，2023 年全国重大税收违法开发企业 13 家，分布在陕西、新疆、江苏、福建、山西、广西和广东等省份（见表 6-2-1）。

表 6-2-1　2023 年全国严重违法税收开发企业案例

企业名称	省份	案件性质	检察机关	主要违法事实
陕西文和房地产开发有限公司	陕西	虚开增值税专用发票或者虚开用于骗取出口退税、抵扣税款的其他发票	国家税务总局汉中市税务局稽查局	经国家税务总局汉中市税务局稽查局检查，发现其在 2019 年 1 月 1 日至 2021 年 12 月 31 日期间，主要存在以下问题：让他人为自己开具与实际经营业务情况不符的增值税专用发票 53 份，金额 567.20 万元，税额 65.25 万元。
新疆红阳房地产开发有限公司	新疆	逃避缴纳税款	国家税务总局乌鲁木齐经济技术开发区（头屯河区）税务局稽查局	经国家税务总局乌鲁木齐经济技术开发区（头屯河区）税务局稽查局检查，发现其在 2013 年 1 月 1 日至 2019 年 9 月 30 日期间，主要存在以下问题：采取逃避缴纳税款手段，不缴或者少缴应纳税款 1808.38 万元。
哈密宝丰（集团）房地产开发有限公司	新疆	逃避缴纳税款	国家税务总局哈密市税务局稽查局	经国家税务总局哈密市税务局稽查局检查，发现其在 2013 年 1 月 1 日至 2020 年 12 月 31 日期间，主要存在以下问题：采取逃避缴纳税款，不缴或者少缴应纳税款 1941.41 万元。
江苏华莱置业有限公司宿城分公司	江苏	虚开增值税专用发票或者用于骗取出口退税、抵扣税款的其他发票	国家税务总局宿迁市税务局第一稽查局	经国家税务总局宿迁市税务局第一稽查局检查，发现其在 2020 年 1 月 13 日至 2022 年 3 月 31 日期间，主要存在以下问题：让他人为自己开具与实际经营业务情况不符的增值税专用发票 30 份，金额 292.33 万元，税额 2.92 万元；让他人为自己开具与实际经营业务不符的增值税普通发票 17 份，票面额累计 159.8 万元。
顺昌华辰置业发展有限公司	福建	虚开增值税专用发票或者虚开用于骗取出口退税、抵扣税款的其他发票	国家税务总局南平市税务局稽查局	经国家税务总局南平市税务局稽查局检查，发现其在 2019 年 9 月 1 日至 2020 年 8 月 31 日期间，主要存在以下问题：非法取得增值税专用发票 118 份，金额 1150.27 万元，税额 13.90 万元。
长治市富力房地产开发有限公司	山西	虚开增值税专用发票或者虚开用于骗取出口退税、抵扣税款的其他发票	国家税务总局长治市税务局稽查局	经国家税务总局长治市税务局稽查局检查，发现其在 2019 年 01 月 01 日至 2021 年 12 月 31 日期间，主要存在以下问题：非法取得增值税专用发票 25 份，金额 233.66 万元，税额 2.33 万元。
北海泰基房地产开发有限公司	广西	逃避缴纳税款	国家税务总局北海市税务局稽查局	经国家税务总局北海市税务局稽查局检查，发现其在 2017 年 1 月至 2019 年 12 月期间，主要存在以下问题：采取逃避缴纳税款的，不缴或者少缴应纳税款 161.73 万元。
无锡金茂置业有限公司	江苏	逃避缴纳税款	国家税务总局无锡市税务局稽查局	经国家税务总局无锡市税务局稽查局检查，发现其在 2013 年 1 月至 2019 年 12 月期间，主要存在以下问题：采取逃避缴纳税款手段，不缴或者少缴应纳税款 258.88 万元。

续表

企业名称	省份	案件性质	检察机关	主要违法事实
廉江市俊鑫房地产开发有限公司	广东	虚开增值税专用发票或者虚开用于骗取出口退税、抵扣税款的其他发票	国家税务总局湛江市税务局第二稽查局	经国家税务总局湛江市税务局第二稽查局检查，发现其在 2019 年 1 月 1 日至 2021 年 12 月 31 日期间，主要存在以下问题：①非法取得增值税进项发票 81 份，金额 7422.02 万元，税额 667.98 万元；②逃避缴纳税款，不缴或者少缴应纳税款 635.23 万元；③其他涉税违法问题，涉及税款 29.68 万元。
山西国范房地产开发有限公司	山西	逃避缴纳税款	国家税务总局运城市税务局稽查局	经国家税务总局运城市税务局稽查局检查，发现其在 2012 年 1 月 1 日至 2020 年 12 月 31 日期间，主要存在以下问题：采取逃避缴纳税款手段，不缴或者少缴应纳税款 337.04 万元。
稷山县明瑞房地产开发有限公司	山西	逃避缴纳税款	国家税务总局运城市税务局稽查局	经国家税务总局运城市税务局稽查局检查，发现其在 2011 年 7 月 19 日至 2018 年 12 月 31 日期间，主要存在以下问题：采取逃避缴纳税款手段，不缴或者少缴应纳税款 2465.79 万元。其他税收违法行为涉及税款 1641.39 万元。
陕西建翔万兴实业有限公司	陕西	逃避缴纳税款	国家税务总局咸阳市税务局稽查局	经国家税务总局咸阳市税务局稽查局检查，发现其在 2018 年 1 月 1 日至 2020 年 12 月 31 日期间，主要存在以下问题：采取偷税手段，不缴或者少缴应纳税款 2754.59 万元。
陕西美轮美奂置业有限公司	陕西	虚开增值税专用发票或者虚开用于骗取出口退税、抵扣税款的其他发票	国家税务总局汉中市税务局第二稽查局	经国家税务总局汉中市税务局第二稽查局检查，发现其在 2022 年 3 月 1 日至 2022 年 4 月 30 日期间，主要存在以下问题：非法取得增值税专用发票 5 份，金额 43.61 万元，税额 5.67 万元。

数据来源：中国房地产开发企业信用信息平台。

（三）涉及不良信用信息的开发企业情况

根据中国房地产信用平台统计，2023 年全国涉及不良信用信息①的房地产开发企业 30243 家，同比增长 17.40%，约占全国房地产开发企业总量的 21.54%，案例 264194 条。

1. 区域分布

从 2023 年发生不良信用信息行为的开发企业区域分布来看，河南、广东和山东分别以 3163 家、2831 家和 1698 家位居前列。从发生不良信用信息占各省房地产开发企业总数的比例来看，河南、内蒙古和宁夏涉及不良信用信息开发企业占比最高，分别为 35.37%、34.83%和 34.72%（见图 6-2-10）。

① 注：不良信用信息与前文定义一致，包括行政处罚、失信被执行、经营异常、欠税、严重违法失信和重大税收违法等 6 种行为。

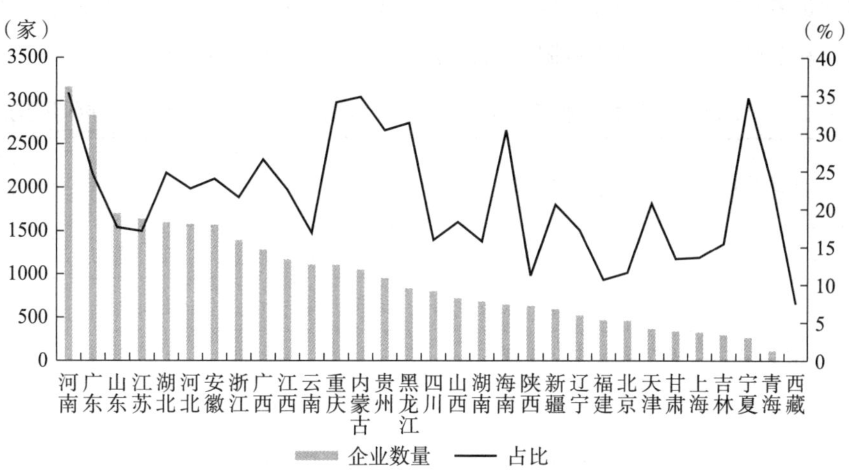

图 6-2-10　2023 年各省份发生不良信用行为开发企业情况

数据来源：中国房地产开发企业信用信息平台。

2. 注册时间分析

在 2023 年发生不良信用信息的开发企业中，从注册的年份来看，主要是集中在 2006—2020 年注册的，占比 78. 36%，约 28606 家；其次是 2001—2005 年注册的，占比 11. 61%，4238 家。

3. 注册资本分析

从注册资本来看，2023 年发生不良信用信息的开发企业，其注册资本主要集中在 1000 万~5000 万元（不含），占比 48. 15%，约 17849 家；其次是注册资本在 1 亿~10 亿元（不含）的，占比 19. 27%（见图 6-2-11）。

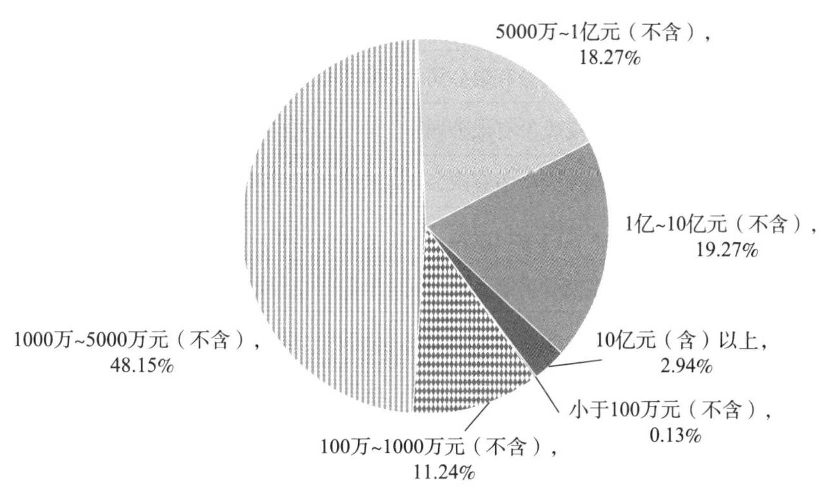

图 6-2-11　2023 年发生不良信用行为的开发企业注册资本情况

数据来源：中国房地产开发企业信用信息平台。

（四）房地产开发企业债务违约情况

1. 境内信用债券违约情况

根据中国房地产信用平台统计，2023 年全国 10 家房地产债券发行人确认境内信用债券实质违约或触发交叉条款（不包括展期情形），涉及债券 41 只，同比减少 55. 43%，违约涉及债券余额 355. 75 亿元，同比减少 31. 72%（见表 6-2-2）。

其中，恒大地产集团有限公司信用债券违约涉及余额最大，2023 年违约涉及债券余额 80 亿元，其次是上海世茂股份有限公司和金科地产集团股份有限公司，分别为 78.7 亿元和 61.5 亿元。

表 6-2-2　房地产开发企业 2023 年境内信用债违约统计（不包括展期情形）

债券简称	违约日期	发行人	违约类型	最新状态	发行规模（亿元）	违约日债券余额（亿元）
H0 阳城 04	2023-10-16	阳光城集团股份有限公司	未按时兑付利息	实质违约	8.00	8.00
20 恒大 04	2023-9-25	恒大地产集团有限公司	未按时兑付本息	实质违约	40.00	40.00
20 幸福 01	2023-9-21	华夏幸福基业控股股份公司	未按时兑付本息	实质违约	12.50	12.50
21 沪世茂 MTN002	2023-8-30	上海世茂股份有限公司	未按时兑付本息	实质违约	6.40	6.40
21 沪世茂 MTN001	2023-8-30	上海世茂股份有限公司	未按时兑付利息	实质违约	9.70	9.70
20 金科地产 MTN002	2023-8-25	金科地产集团股份有限公司	未按时兑付本息	实质违约	10.00	9.00
19 佳源 03	2023-8-21	佳源创盛控股集团有限公司	未按时兑付本息	实质违约	6.45	6.45
20 佳源创盛 MTN003	2023-8-4	佳源创盛控股集团有限公司	未按时兑付本息	实质违约	5.00	5.00
20 佳源创盛 MTN002	2023-8-4	佳源创盛控股集团有限公司	未按时兑付本息	实质违约	5.00	5.00
20 佳源创盛 MTN001	2023-8-4	佳源创盛控股集团有限公司	未按时兑付本息	实质违约	4.00	4.00
20 佳源创盛 MTN001	2023-8-3	佳源创盛控股集团有限公司	触发交叉违约	实质违约	4.00	—
20 佳源创盛 MTN002	2023-8-3	佳源创盛控股集团有限公司	触发交叉违约	实质违约	5.00	—
20 佳源创盛 MTN003	2023-8-3	佳源创盛控股集团有限公司	触发交叉违约	实质违约	5.00	—
21 沪世茂 MTN002	2023-7-30	上海世茂股份有限公司	未按时兑付本息	实质违约	6.40	6.40
21 沪世茂 MTN001	2023-7-30	上海世茂股份有限公司	未按时兑付利息	实质违约	9.70	9.70
19 沪世茂 MTN001	2023-7-21	上海世茂股份有限公司	未按时兑付本息	实质违约	10.00	9.30
20 佳源 02	2023-7-17	佳源创盛控股集团有限公司	未按时兑付本息	实质违约	5.40	5.40
20 中天金融 MTN002	2023-7-16	中天金融集团股份有限公司	未按时兑付本息	实质违约	12.00	12.00
22 佳源 02	2023-7-5	佳源创盛控股集团有限公司	未按时兑付本息	实质违约	4.00	4.00
20 佳源创盛 MTN004	2023-7-5	佳源创盛控股集团有限公司	未按时兑付本息	实质违约	10.00	10.00
21 沪世茂 MTN002	2023-6-30	上海世茂股份有限公司	未按时兑付本息	实质违约	6.40	6.40
21 沪世茂 MTN001	2023-6-30	上海世茂股份有限公司	未按时兑付利息	实质违约	9.70	9.70
21 金科地产 SCP004	2023-6-16	金科地产集团股份有限公司	未按时兑付本息	实质违约	8.00	8.00
20 华 EB02	2023-6-12	华夏幸福基业控股股份公司	未按时兑付本息	实质违约	7.00	1.30
20 沪世茂 MTN001	2023-5-30	上海世茂股份有限公司	未按时兑付本息	实质违约	5.00	5.00
21 沪世茂 MTN002	2023-5-30	上海世茂股份有限公司	未按时兑付利息	实质违约	6.40	6.40
18 华夏 02	2023-5-30	华夏幸福基业股份有限公司	未按时兑付本息	实质违约	5.25	5.25
21 沪世茂 MTN001	2023-5-30	上海世茂股份有限公司	未按时兑付利息	实质违约	9.70	9.70
20 金科地产 MTN002	2023-5-25	金科地产集团股份有限公司	未按时兑付本息	实质违约	10.00	9.00

续表

债券简称	违约日期	发行人	违约类型	最新状态	发行规模（亿元）	违约日债券余额（亿元）
20 阳光城 ABN001 优先 A	2023-4-27	阳光城集团股份有限公司	未按时兑付本息	实质违约	3.15	3.09
20 阳光城 ABN001 优先 B	2023-4-27	阳光城集团股份有限公司	未按时兑付本息	实质违约	2.55	2.54
20 金科地产 MTN002	2023-4-25	金科地产集团股份有限公司	未按时兑付本息	实质违约	10.00	9.00
19 华夏 01	2023-3-27	华夏幸福基业股份有限公司	未按时兑付回售款和利息	实质违约	10.00	10.00
20 金科地产 MTN002	2023-3-25	金科地产集团股份有限公司	未按时兑付本息	实质违约	10.00	9.00
20 恒大 04	2023-3-23	恒大地产集团有限公司	未按时兑付利息	实质违约	40.00	40.00
19 三盛 02	2023-3-15	上海三盛宏业投资（集团）有限责任公司	未按时兑付利息	实质违约	21.50	21.50
20 金科地产 MTN002	2023-2-25	金科地产集团股份有限公司	未按时兑付本息	实质违约	10.00	9.00
20 金科地产 MTN001	2023-1-30	金科地产集团股份有限公司	未按时兑付本息	实质违约	10.00	8.50
H1 阳城 01	2023-1-30	阳光城集团股份有限公司	未按时兑付回售款和利息	实质违约	10.00	10.00
20 荣盛地产 MTN001	2023-1-23	荣盛房地产发展股份有限公司	未按时兑付本息	实质违约	10.00	9.40
16 华夏债	2023-1-20	华夏幸福基业股份有限公司	未按时兑付本息	实质违约	15.00	0.12

数据来源：Wind 数据、企业公告，中国房地产开发企业信用信息平台整理。

2. 境外债违约情况

在境外债方面，2023 年 19 家房地产开发企业出现境外债实质性违约（不包括展期情形），涉及债券 43 只，比 2022 年的 39 家企业 166 只债券违约减少 74.09%；涉及违约金额约 47.60 亿美元，比 2022 年的 116.23 亿美元减少 59.04%；涉及债务余额 168.96 亿美元，比 2022 年的 495.31 亿美元减少 65.88%。

其中，境外债券违约涉及债券余额最大的是碧桂园控股有限公司，8 只债券违约，涉及债券余额 56.42 亿美元；其次是旭辉控股（集团）有限公司的 5 只债券违约，涉及债券余额 29.17 亿美元（见表 6-2-3）。

表 6-2-3　房地产开发企业 2023 年境外债违约统计（不包括展期情形）

债券	债券简称	违约日期	信用主体	违约类型	涉及金额（百万美元）	债券余额（百万美元）
XS1914667057	COGARD 4.5 12/05/23	2023-12-5	碧桂园控股有限公司	未按时兑付本息	392.14	383.51
XS2341882913	PWRLNG 4.9 05/13/26	2023-11-13	宝龙地产控股有限公司	未按时兑付利息	4.90	200.00
XS2076398184	CENCHI 7.9 11/07/23	2023-11-7	建业地产股份有限公司	未按时兑付本息	25.09	24.14

续表

债券	债券简称	违约日期	信用主体	违约类型	涉及金额（百万美元）	债券余额（百万美元）
XS2551272250	HLBCNH 8 11/07/24	2023-11-7	海伦堡中国控股有限公司	未按时兑付利息	12.65	315.41
XS2250030090	PWRLNG 5.95 04/30/25	2023-10-30	宝龙地产控股有限公司	未按时兑付利息	15.92	535.00
XS2385313064	ZENENT 12.5 04/23/24	2023-10-23	正商实业有限公司	未按时兑付利息	10.00	160.00
XS2394748706	XIN 14.2 10/15/23	2023-10-15	鑫苑置业有限公司	未按时兑付本息	24.43	22.82
XS2240971742	COGARD 3.125 10/22/25	2023-10-10	碧桂园控股有限公司	未按时兑付利息	14.89	953.00
XS2240971825	COGARD 3.875 10/22/30	2023-10-10	碧桂园控股有限公司	未按时兑付利息	9.65	498.00
XS2178949561	COGARD 5.4 05/27/25	2023-10-10	碧桂园控股有限公司	未按时兑付利息	13.93	516.00
XS2553046587	HLBCNH 10.33 10/08/23	2023-10-8	海伦堡中国控股有限公司	未按时兑付本息	300.19	285.44
XS1974522937	COGARD 7.25 04/08/26	2023-10-8	碧桂园控股有限公司	未按时兑付利息	47.81	1319.00
XS1974522853	COGARD 6.5 04/08/24	2023-10-8	碧桂园控股有限公司	未按时兑付利息	17.45	537.00
XS2034822564	SINOCE 4.75 08/05/29	2023-10-5	远洋集团控股有限公司	未按时兑付利息	14.25	600.00
XS1880442717	COGARD 8 01/27/24	2023-9-27	碧桂园控股有限公司	未按时兑付利息	38.60	965.00
XS2051371222	COGARD 6.15 09/17/25	2023-9-17	碧桂园控股有限公司	未按时兑付利息	14.48	471.00
XS2382158207	ZENENT 12.5 09/13/23	2023-9-13	正商实业有限公司	未按时兑付本息	10.36	9.75
XS2189387520	CENCHI 7.65 08/27/23	2023-8-27	建业地产股份有限公司	未按时兑付本息	53.56	51.59
XS2218700008	CIFIHG 5.85 08/19/23	2023-8-19	旭辉控股（集团）有限公司	未按时兑付本息	1235.10	1200.00
XS2215180550	CENCHI 7.25 08/13/24	2023-8-13	建业地产股份有限公司	未按时兑付利息	10.56	291.23
XS2280435673	GZFYRE 13.6 07/27/23	2023-7-27	广州市方圆房地产发展有限公司	未按时兑付本息	363.12	340.00

续表

债券	债券简称	违约日期	信用主体	违约类型	涉及金额（百万美元）	债券余额（百万美元）
XS2030333384	PWRLNG 6.95 07/23/23	2023-7-23	宝龙地产控股有限公司	未按时兑付本息	19.16	18.52
XS2490657223	LEAHOL 12 06/23/23	2023-6-23	领地控股集团有限公司	未按时兑付本息	126.60	119.43
XS2090949160	RONXIN 8.1 06/09/23	2023-6-9	融信中国控股有限公司	未按时兑付本息	328.80	316.00
XS2379568004	YUZHOU 9.95 06/08/23	2023-6-8	禹洲集团控股有限公司	未按时兑付本息	187.91	179.00
XS2262030369	CENCHI 7.75 05/24/24	2023-5-24	建业地产股份有限公司	未按时兑付利息	11.53	297.55
XS2530437172	KWGPRO 6 01/14/24	2023-4-28	合景泰富集团控股有限公司	未按时兑付利息	20.20	673.30
XS1984473071	CENCHI 7.25 04/24/23	2023-4-24	建业地产股份有限公司	未按时兑付本息	65.00	62.73
XS2386495100	ZHLGHD 12 04/17/23	2023-4-17	中梁控股集团有限公司	未按时兑付本息	212.00	200.00
XS2476291062	ZHLGHD 8.75 04/15/23	2023-4-15	中梁控股集团有限公司	未按时兑付本息	234.03	224.22
XS1969792800	CIFIHG 6.55 03/28/24	2023-3-28	旭辉控股（集团）有限公司	未按时兑付利息	18.18	555.00
XS2234266976	TPHL 6.2 03/22/26	2023-3-22	时代中国控股有限公司	未按时兑付利息	13.95	450.00
XS2420457421	RISSUN 9.5 09/17/24	2023-3-17	荣盛房地产发展股份有限公司	未按时兑付利息	25.24	531.29
XS2420457348	RISSUN 9.5 03/16/23	2023-3-16	荣盛房地产发展股份有限公司	未按时兑付本息	208.81	199.34
XS2454679239	YCINTL 13 03/07/23	2023-3-7	银城国际控股有限公司	未按时兑付本息	102.20	95.97
XS1653470721	CIFIHG 11.581 PERP	2023-2-24	旭辉控股（集团）有限公司	未按时兑付利息	17.37	300.00
XS1750975200	CIFIHG 5.5 01/23/23	2023-1-23	旭辉控股（集团）有限公司	未按时兑付本息	303.11	295.00
XS2434191073	SHXREG 13 01/17/23	2023-1-17	祥生地产集团有限公司	未按时兑付本息	143.21	134.47
XS2027426027	TPHL 6.75 07/16/23	2023-1-16	时代中国控股有限公司	未按时兑付利息	16.88	500.00

续表

债券	债券简称	违约日期	信用主体	违约类型	涉及金额（百万美元）	债券余额（百万美元）
XS2099272846	CIFIHG 6 07/16/25	2023-1-16	旭辉控股（集团）有限公司	未按时兑付利息	17.01	567.00
XS2282068142	TPHL 5.75 01/14/27	2023-1-14	时代中国控股有限公司	未按时兑付利息	10.06	350.00
XS2198851482	TPHL 6.75 07/08/25	2023-1-8	时代中国控股有限公司	未按时兑付利息	18.56	550.00
XS2360310473	REDPRO 10.5 01/06/23	2023-1-6	力高地产集团有限公司	未按时兑付本息	31.50	600.00

数据来源：Wind 数据、企业公告，中国房地产开发企业信用信息平台整理。

（五）社会责任

整体来看，2023 年守信房地产开发企业 110141 家，占全部开发企业的比例约为 78.46%。同时，作为国民经济的支柱行业，房地产行业整体规模庞大，房企经过多年快速发展，积极承担起企业公民的责任，关注自身发展的同时不忘反哺社会。

1. 纳税情况

近年来，房地产市场整体低迷导致房企营业收入持续下滑，经营层面的压力直接传导到纳税表现，典型房企中超过六成出现所得税负增长情况。2023 年，TOP500 房企所得税均值 2.75 亿元，同比下降 5.20%；税金及附加均值 4.03 亿元，同比下降 7.73%。

2. 公益情况

随着中国经济由高速增长转向高质量发展，房地产行业也进入“新周期”，经营逻辑发生转变。社会的发展需要多元力量的支持，企业的成长也需要兼顾社会效益，社会责任作为一根纽带将企业与社会发展紧密联系在一起，积极履行社会责任是房企实现可持续、高质量发展的必由之路。在公益行动中，万科、保利、招商蛇口等房企积极投身乡村振兴战略，主要集中教育帮扶、消费帮扶、产业帮扶几方面。在传统公益项目中，企业聚焦对残疾人等弱势群体提供支持帮助，对家庭困难的大病儿童提供医疗救助，对孤贫儿童开展圆梦助学项目。例如中海地产在全国 48 个城市开展“2023 中海地产爱心公益活动”超过 90 场，发动爱心物资捐赠行动，为甘肃康乐县温家河希望小学募集近 2 万本书籍及逾 3000 件文具用品。

3. 信用评价 A 级以上企业情况

2023 年，中国房地产业协会按照《中国房地产业协会房地产开发企业信用评价管理办法》，在房地产开发企业中开展信用评价工作。

经企业申报、第三方机构评价、中国房协信用建设专家委员会审议和信用建设管理委员会审定等程序，确定 42 家房地产开发企业信用等级（见表 6-2-4）。

根据《中国房地产业协会房地产开发企业信用评价管理办法》等有关规定，中国房地产业协会委托东方金诚信用管理（北京）有限公司等 5 家第三方机构对信用等级有效期内的房地产开发企业信用状况进行动态监测。经第三方机构监测建议、中国房协信用建设专家委员会审议和信用建设管理委员会审定，对 98 家信用等级企业动态监测结果予以公布（见表 6-2-5）。

表 6-2-4 2023 年房地产开发企业信用评价等级结果名单（排序不分先后）

序号	单位名称	英文名称	信用等级	证书编号
1	中铁房地产集团北方有限公司	China Railway Construction Real Estate Group North Co. , Ltd.	AAA	202311311100001
2	山西华盛苑房地产开发有限公司	ShanxiHuashengyuan Real Estate Development Co. , Ltd.	AAA	202311311100002
3	山西万景源房地产开发有限责任公司	Shanxi australis real estate development Co. , Ltd.	AAA	202311311100003
4	鄂尔多斯市城投房地产开发有限公司	ORDOS CITY INVESTMENT REAL ESTATE DEVELOPMENT Co. , Ltd.	AAA	202311311100004
5	黑龙江宝宇天邑房地产开发有限责任公司	Heilongjiang Baoyu Tianyi Real Estate Development Co. , Ltd.	AA	202311301100005
6	黑龙江省同江伟业房地产开发股份有限公司	Heilongjiang TongjiangWeiye Real Estate Development Co. , Ltd.	AAA	202311311100006
7	黑龙江建达房地产综合开发有限公司	Heilongjiang Jianda Real Estate Comprehensive Development Co. , Ltd.	AA	202311301100007
8	黑龙江宝宇房地产开发有限责任公司	HeilongjiangBaoyu Real Estate Development Co. , Ltd.	AA	202311301100008
9	佳木斯市君诚房地产开发有限公司	Jiamusi juncheng fangdichankaifa youxiangongsi	AA	202311301100009
10	南通欣利置业有限公司	NantongXinli Property Co. , Ltd.	AAA	202311311100010
11	浙江信达地产有限公司	ZHEJIANG CINDA REAL ESTATE Co. , Ltd.	AAA	202311311100011
12	香溢集团有限公司	SUNNY GROUP	AAA	202311311100012
13	天阳地产有限公司	Sunny	AAA	202311311100013
14	中大地产有限公司	Zhongda Real Estate Co. , Ltd.	AAA	202311311100014
15	德州市东建置业有限公司	DezhouDongjian Real Estate Co. , Ltd.	AAA	202311311100015
16	德州市房屋建设综合开发集团有限公司	DEZHOU CITY HOUSING CONSTRUCTION COMPREHENSIVE DEVELOPMENT GROUP CO. LTD.	AAA	202311311100016
17	德州市绿景置业有限公司	DezhouLvjing Real Estate Co. , Ltd.	AAA	202311311100017
18	山东开元置业集团有限公司	Shandong KaiYuan Real Estate Group	AAA	202311311100018
19	潍坊恒信建设集团有限公司	WeifangHengxin Construction Group Co. , Ltd.	AAA	202311311100019
20	菏泽天华房地产集团有限公司	Heze Tianhua Industry Co. , Ltd.	AAA	202311311100020
21	济南四建集团房地产开发有限责任公司	Real Estate Development Company Ltd. Jinan Fourth Construction Group	AAA	202311311100021
22	山东中铁诺德房地产开发有限公司	China Railway Shandong Noble Real Estate Development Co. , Ltd.	AA	202311301100022
23	许昌恒达房地产集团有限公司	XuchangHengda Property Group Company Limited	AAA	202311311100023

续表

序号	单位名称	英文名称	信用等级	证书编号
24	中铁房地产集团中南有限公司	China Railway Construction Real Estate Group Zhongnan Corporation Limited	AAA	202311311100024
25	株洲高科房地产开发有限公司	ZHUZHOU GECKOR REAL ESTATE DEVELOPMENT CORPORATION	AAA	202311311100025
26	广州南沙中铁实业发展有限公司	Guangzhou Nansha China Railway Industrial Development Co., Ltd.	AAA	202311311100026
27	广西银光房地产开发有限公司	Guangxiyinguang real estate development Co., Ltd.	AAA	202311311100027
28	广西盛邦投资集团有限公司	SURBANA GROUP	AAA	202311311100028
29	重庆海成实业（集团）有限公司	Chongqing Hai Cheng Industrial (Group) Co., Ltd.	AAA	202311311100029
30	中铁二十局集团房地产开发有限公司	CHINA RAILWAY 20TH BUREAU GROUP REAL ESTATE DEVELOPMENT CORPORATION LIMITED	AAA	202311311100030
31	重庆建工集团房地产开发有限公司	ChongQing Construction Engineering Group Real Estate Co., Ltd.	AAA	202311311100031
32	重庆泰吉置业集团有限公司	Thongqing Taiji Real Estate Group Co., Ltd.	AAA	202311311100032
33	四川邦泰投资集团有限责任公司	SichuanBontop Investment Co., Ltd.	AAA	202311311100033
34	眉山市兰溪房地产开发有限公司	Meishan Lanxi Real Estate Development Co., Ltd.	AAA	202311311100034
35	乐山新业置地发展有限公司	Leshan Xin Ye Real Estate Development Co. Ltd.	AA	202311301100035
36	乐山宝尚投资发展有限公司	Leshan Bao Shang Investment & Development Co. Ltd.	AAA	202311311100036
37	西藏世邦投资集团有限责任公司	SHIBANG GROUP	AAA	202311311100037
38	陕西兴科房建集团房地产有限公司	SHANXIXINGKE HOUSING COMSTRUCTION REAL ESTATE PTY LTD.	AAA	202311311100038
39	兰州敦煌房地产开发有限责任公司	Lanzhou Dunhuang Real Estate Development Co., Ltd.	AAA	202311311100039
40	嘉峪关市家合房地产开发有限责任公司	JIAHEFANGCHAN	AAA	202311311100040
41	新疆特变电工康养置业有限公司	Xinjiang Tebian Electric Real Estate Development Co., Ltd.	AAA	202311311100041
42	新疆华源实业（集团）有限公司	Xinjiang Huayuan Industrial Group Co., Ltd.	AAA	202311311100042

表 6-2-5　2023 年房地产开发企业信用等级动态监测结果名单（排序不分先后）

序号	地区	企业名称	动态监测结果
1	北京	中国铁建房地产集团有限公司	AAA
2	天津	中铁房地产集团商业地产开发管理有限公司	AAA
3	天津	天津赛达伟业有限公司	AA

续表

序号	地区	企业名称	动态监测结果
4	河北	河北建工房地产有限公司	AAA
5	河北	东胜房地产开发集团有限公司	AAA
6	山西	中化学（山西）置业有限公司 （原山西九昌房地产开发有限公司）	AAA
7	内蒙古	通辽泽信希望房地产开发有限公司	AAA
8	内蒙古	内蒙古蒙西房地产开发有限公司	AA
9	内蒙古	内蒙古兴泰房地产开发集团有限公司	AAA
10	辽宁	大连京信置业有限公司	AAA
11	吉林	远创置业集团有限公司	AAA
12	黑龙江	黑龙江奥博房地产开发有限公司	AAA
13	黑龙江	黑龙江贵宾房地产开发集团有限公司	AA
14	黑龙江	黑龙江欣汇龙房地产（集团）有限公司	AA
15	黑龙江	哈尔滨润新房地产开发有限公司	AAA
16	黑龙江	哈尔滨润置房地产开发有限公司	A
17	黑龙江	华润置地（哈尔滨）房地产有限公司	AAA
18	黑龙江	哈尔滨润府房地产开发有限公司	AAA
19	上海	上海绿洲投资控股集团有限公司	AAA
20	上海	上海中建八局投资发展有限公司	AAA
21	上海	上海中建东孚投资发展有限公司	AAA
22	上海	上海中建申拓投资发展有限公司	AAA
23	江苏	江苏华建地产集团有限公司	AAA
24	江苏	江苏新能源置业集团有限公司	AAA
25	江苏	张家港市金厦房地产开发有限公司	AA
26	浙江	中铁房地产集团华东有限公司	AAA
27	浙江	浙江省省直同人集团有限公司	AAA
28	浙江	鸿翔房地产有限公司	AAA
29	浙江	方远房地产集团有限公司	AAA
30	浙江	绿城房地产集团有限公司	AAA
31	安徽	安徽青山房地产开发集团有限公司	AAA
32	安徽	六安远大房地产开发有限公司	AAA
33	安徽	安徽邦泰置业有限公司	AAA
34	江西	赣州嘉福投资控股集团有限公司	AAA

续表

序号	地区	企业名称	动态监测结果
35	江西	东投地产集团有限公司	AAA
36	江西	江西中兆科技集团有限公司	AAA
37	江西	江西中奥置业有限公司	AAA
38	山东	山东聊城星光房地产开发有限公司	AAA
39	山东	山东菏建房地产开发有限公司	AAA
40	山东	山东中建房地产开发有限公司	AAA
41	山东	山东金城荣基地产有限公司	AAA
42	山东	德州晶实置业有限公司	AAA
43	山东	山东东海房地产开发集团有限公司	AAA
44	山东	胜利油田胜宏置业有限公司	AAA
45	山东	山东德兴集团房地产开发有限公司	AAA
46	山东	山东森和房地产开发有限公司	AA
47	山东	山东寰宇地产有限公司	AA
48	山东	山东鲁房置业有限公司	AAA
49	山东	山东三箭房地产开发有限公司	AAA
50	山东	山东永锋置业有限公司	AAA
51	山东	德州奥特莱斯置业有限公司	AAA
52	山东	德州大业房地产开发有限公司	AAA
53	山东	德州绿地新里置业有限公司	AAA
54	山东	德州双企平治置业有限公司	AAA
55	山东	山东信华发展有限公司	AA
56	山东	德州绿地绿州置业有限公司	AAA
57	山东	德州城投房地产开发有限公司	AAA
58	山东	德州嘉泰置业有限公司	AAA
59	山东	山东黑马集团德州房地产开发有限公司	AAA
60	山东	德州金辰房地产开发有限公司	AAA
61	山东	山东宏程建设有限公司	AAA
62	山东	潍坊天润房地产开发有限公司	AAA
63	山东	潍坊泰和置业有限公司	AAA
64	湖南	湖南中建信和智慧谷置业有限公司	AAA
65	湖南	中建信和地产有限公司	AAA
66	湖南	湖南澳海房地产开发有限公司	AAA

续表

序号	地区	企业名称	动态监测结果
67	湖南	株洲市云龙发展投资控股集团置业有限公司	AAA
68	广东	中铁房地产集团华南有限公司	AAA
69	重庆	重庆泽京房地产开发有限公司	AAA
70	重庆	重庆市来新居房地产开发有限公司	AAA
71	重庆	重庆渝高科技产业（集团）股份有限公司	AAA
72	重庆	重庆蕴丰建设工程有限责任公司	AAA
73	重庆	重庆华宇集团有限公司	AAA
74	重庆	重庆市丽都房地产开发有限公司	AAA
75	重庆	重庆龙湖企业拓展有限公司	AAA
76	重庆	北京城建重庆地产有限公司	AAA
77	重庆	重庆渝开发股份有限公司	AAA
78	重庆	东原房地产开发集团有限公司	AAA
79	重庆	重庆鲁能开发（集团）有限公司	AAA
80	重庆	重庆千山房地产开发有限责任公司	AAA
81	四川	泸州市高新房地产开发有限公司	AA
82	四川	泸州盛世房地产开发有限公司	AA
83	四川	中铁房地产集团西南有限公司	AAA
84	云南	大理纳思屋业有限公司	AAA
85	西藏	西藏嘎吉林房地产开发有限公司	AAA
86	陕西	中铁房地产集团华中有限公司	AAA
87	陕西	陕西金泰恒业房地产有限公司	AAA
88	陕西	西安中建投资开发有限公司	AAA
89	陕西	咸阳华泰房地产开发有限公司	AAA
90	陕西	中铁二十一局集团德盛和置业有限公司	AAA
91	甘肃	甘肃中泰万盛房地产开发集团有限公司	AAA
92	青海	宁夏中房集团西宁房地产开发有限责任公司	AAA
93	宁夏	宁夏吉泰房地产开发有限公司	AAA
94	宁夏	宁夏民生房地产开发有限公司	AAA
95	宁夏	宁夏众一发展集团有限公司	AAA
96	新疆	新疆广汇房地产开发有限公司	AAA
97	新疆	新疆广汇信邦房地产开发有限公司	AAA
98	新疆	新疆金茂实业有限公司	AAA

（中国房地产业协会信用建设办公室、中国房地产开发企业信用信息平台）

三、中国房地产企业运营数据

（一）企业及从业人员规模

表 6-3-1　2018—2022 年房地产开发企业个数

单位：个

年　份	企业个数	内资企业			港、澳、台投资企业	外商投资企业
			国有	集体		
2018	97937	94063	767	280	2719	1155
2019	99544	95691	671	230	2664	1189
2020	103262	99150	1133	227	2759	1353
2021	105434	101374	1209	208	2703	1357
2022	102852	99054	1387	185	2550	1248

数据来源：国家统计局。

表 6-3-2　2022 年各地区房地产开发企业个数

单位：个

地　区	企业个数	内资企业			港、澳、台投资企业	外商投资企业
			国有	集体		
北　京	1182	1109	—	2	32	41
天　津	1127	1064	43	3	39	24
河　北	4036	4002	12	—	20	14
上　海	2660	2297	128	15	267	96
江　苏	7146	6574	188	12	426	146
浙　江	6599	6341	34	4	130	128
福　建	3426	3162	11	2	154	110
山　东	7681	7380	141	28	212	89
广　东	9649	8817	172	74	601	231
海　南	1214	1162	39	5	40	12
山　西	2768	2756	11	2	6	6
安　徽	3962	3902	35	1	43	17
江　西	2992	2925	38	1	55	12
河　南	8373	8298	50	3	45	30

续表

地区	企业个数	内资企业			港、澳、台投资企业	外商投资企业
			国有	集体		
湖北	4174	4081	101	5	54	39
湖南	4678	4586	37	4	61	31
内蒙古	1711	1710	3	—	—	1
广西	3242	3168	16	3	36	38
重庆	2210	2108	33	—	65	37
四川	4755	4678	53	2	41	36
贵州	2673	2650	18	3	16	7
云南	2851	2817	40	2	21	13
西藏	130	130	4	1	—	—
陕西	2966	2930	80	7	13	23
甘肃	1687	1683	46	3	1	3
青海	325	324	4	—	—	1
宁夏	580	575	—	—	3	2
新疆	2495	2491	13	1	3	1
辽宁	2757	2558	25	1	149	50
吉林	1444	1432	2	—	7	5
黑龙江	1359	1344	10	1	10	5

数据来源：国家统计局。

表 6-3-3　2018—2022 年房地产开发企业从业人员数

单位：人

年份	平均从业人数	内资企业			港、澳、台投资企业	外商投资企业
			国有	集体		
2018	2889165	2735301	31383	6585	104378	49486
2019	2937379	2784130	25129	5018	103746	49503
2020	2901253	2746467	36517	4953	101924	52862
2021	2801571	2657629	35442	4085	92414	51528
2022	2446671	2328044	37407	4521	78151	40476

数据来源：国家统计局。

表 6-3-4　2022 年各地区房地产开发企业从业人员数

单位：人

地　区	平均从业人数	内资企业			港、澳、台投资企业	外商投资企业
			国有	集体		
北　京	38717	34789	—	77	2238	1690
天　津	24793	21779	1237	25	1997	1017
河　北	99016	97836	370	—	543	637
上　海	51173	38767	2057	271	9669	2737
江　苏	146776	131936	3700	94	10835	4005
浙　江	107526	101245	365	42	2971	3310
福　建	90117	82637	1402	20	4321	3159
山　东	181591	173346	3336	621	6402	1843
广　东	225692	198176	5185	1539	17494	10022
海　南	31047	29638	991	64	1131	278
山　西	56158	55835	759	256	58	265
安　徽	92082	90430	756	4	1375	277
江　西	87964	85652	1236	30	1948	364
河　南	204747	202614	1130	8	1255	878
湖　北	117530	113321	2909	158	2324	1885
湖　南	129374	126403	1318	892	2103	868
内蒙古	29427	29409	103	—	—	18
广　西	72807	70547	411	55	1286	974
重　庆	85521	81188	988	—	2553	1780
四　川	145355	142594	1235	86	1339	1422
贵　州	82541	81845	381	40	592	104
云　南	89187	87357	1272	40	1457	373
西　藏	2643	2643	232	—	—	—
陕　西	66219	65156	3499	146	389	674
甘　肃	37286	37251	1157	43	6	29
青　海	8050	8030	125	—	—	20
宁　夏	12468	12242	—	—	135	91
新　疆	41647	41450	357	2	197	—
辽　宁	41405	36853	467	1	3081	1471
吉　林	25916	25535	11	—	179	202
黑龙江	21896	21540	418	7	273	83

数据来源：国家统计局。

（二）企业整体经营情况

表 6-3-5　2018—2022 年房地产开发企业经营状况

单位：亿元

年　份	主营业务收入	土地转让收入	商品房销售收入	房屋出租收入	其他收入	主营业务税金及附加	营业利润
2018	112924.68	1207.38	106688.38	1484.30	3544.62	7299.72	18543.71
2019	110239.78	874.14	104126.42	1539.29	3699.94	7420.57	15439.35
2020	118582.08	747.84	112267.54	1504.88	4061.83	6925.34	14022.99
2021	134342.24	769.29	127444.89	1651.80	4476.26	6723.74	11834.02
2022	123051.98	709.12	115936.21	1646.11	4760.53	5607.22	9262.81

数据来源：国家统计局。

表 6-3-6　2022 年各地区房地产开发企业经营状况

单位：亿元

地　区	主营业务收入	土地转让收入	商品房销售收入	房屋出租收入	其他收入	主营业务税金及附加	营业利润
北　京	4378.03	122.46	3409.14	142.13	704.30	149.98	176.47
天　津	2296.02	22.66	2201.11	27.30	44.95	63.25	-67.59
河　北	2676.52	12.53	2605.88	8.24	49.87	151.20	-5.87
上　海	5321.47	29.18	4419.72	464.98	407.60	447.02	975.67
江　苏	14807.06	85.15	14284.80	102.46	334.65	427.42	1050.74
浙　江	13677.91	81.26	13183.82	86.37	326.46	444.04	1390.34
福　建	4773.34	8.06	4347.83	39.39	378.06	176.70	463.08
山　东	9592.92	35.51	9128.06	62.13	367.22	434.81	597.49
广　东	14847.98	10.62	14149.87	316.27	371.22	1250.28	1789.77
海　南	1245.08	14.49	1190.79	8.01	31.79	166.38	143.12
山　西	1673.64	1.51	1584.78	10.21	77.14	45.91	19.16
安　徽	5342.51	27.77	5142.25	18.65	153.84	129.18	319.49
江　西	2947.73	8.70	2790.42	17.08	131.54	82.30	262.13
河　南	4713.20	4.09	4445.92	37.71	225.48	174.99	277.55
湖　北	5280.42	60.41	4995.76	51.18	173.06	233.24	479.22
湖　南	3397.10	32.33	3284.38	22.35	58.04	147.86	104.00
内蒙古	1009.75	4.17	986.06	3.31	16.21	43.01	65.65
广　西	2697.97	22.02	2584.57	26.09	65.29	100.55	166.50
重　庆	2839.48	39.48	2639.50	50.63	109.87	94.62	341.94
四　川	6166.84	31.92	5896.61	45.94	192.36	304.17	390.24
贵　州	1609.00	3.72	1513.01	9.09	83.18	57.32	-7.61

续表

地区	主营业务收入	土地转让收入	商品房销售收入	房屋出租收入	其他收入	主营业务税金及附加	营业利润
云南	2515.11	21.79	2367.79	29.81	95.72	117.06	-98.93
西藏	117.83	0.17	66.92	1.51	49.24	2.72	11.50
陕西	2602.03	1.45	2395.10	13.68	191.79	104.30	219.73
甘肃	943.44	2.48	901.92	6.62	32.43	29.49	3.85
青海	224.55	0.66	217.09	1.22	5.58	6.22	6.68
宁夏	541.61	0.13	533.05	3.22	5.21	18.46	55.67
新疆	779.77	1.60	747.04	12.74	18.39	27.05	-7.38
辽宁	2366.59	20.81	2297.26	18.32	30.20	117.37	48.84
吉林	894.90	1.53	878.81	4.04	10.51	25.29	43.82
黑龙江	772.15	0.47	746.94	5.42	19.33	35.02	47.56

数据来源：国家统计局。

表 6-3-7 2018—2022 年房地产开发企业资产负债

年份	实收资本合计（亿元）	资产总计（亿元）	累计折旧（亿元）	本年折旧	负债合计（亿元）	所有者权益（亿元）	资产负债率（%）
2018	95324.97	852720.54	4358.86	904.59	674333.36	178382.98	79.1
2019	105248.81	947935.60	4521.18	841.78	762035.19	185900.41	80.4
2020	116652.02	1062327.43	4845.32	842.32	857043.72	205283.71	80.7
2021	127272.18	1133856.73	5216.62	886.40	910483.55	223373.18	80.3
2022	134049.68	1126529.36	5532.21	898.56	891499.10	235030.25	79.1

数据来源：国家统计局。

表 6-3-8 2022 年各地区房地产开发企业资产负债

地区	实收资本合计（亿元）	资产总计（亿元）	累计折旧（亿元）	本年折旧	负债合计（亿元）	所有者权益（亿元）	资产负债率（%）
北京	6701.25	54270.26	241.12	29.40	43382.13	10888.14	79.9
天津	4472.43	28238.36	124.34	15.82	22222.38	6015.98	78.7
河北	1987.70	30775.09	120.50	21.38	27653.10	3121.99	89.9
上海	14724.07	79788.64	721.34	88.80	54804.27	24984.37	68.7
江苏	16835.50	105198.43	439.42	86.65	81126.39	24072.04	77.1
浙江	12286.09	92834.74	291.68	49.42	72853.68	19981.06	78.5
福建	5699.33	45384.30	117.00	18.20	33660.98	11723.32	74.2
山东	7701.25	79722.19	420.81	80.24	65336.02	14386.17	82.0
广东	18025.81	152244.04	762.72	120.29	118742.07	33501.98	78.0
海南	2015.46	14409.40	94.32	18.58	11439.19	2970.21	79.4
山西	1313.80	16756.69	72.41	11.03	15209.17	1547.52	90.8

续表

地区	实收资本合计（亿元）	资产总计（亿元）	累计折旧（亿元）	本年折旧	负债合计（亿元）	所有者权益（亿元）	资产负债率（%）
安徽	4068.62	37572.16	173.90	30.75	29269.05	8303.11	77.9
江西	1844.49	20831.98	82.72	16.11	16274.69	4557.29	78.1
河南	3871.41	47359.39	226.00	36.66	40073.35	7286.05	84.6
湖北	5007.43	42793.59	180.70	35.72	33313.43	9480.16	77.8
湖南	2485.72	25677.00	129.98	23.00	21348.26	4328.74	83.1
内蒙古	768.38	9303.06	49.83	8.32	8289.96	1013.10	89.1
广西	1942.18	24370.42	108.26	17.36	18754.97	5615.45	77.0
重庆	3714.53	32304.52	116.29	19.81	24081.98	8222.54	74.5
四川	4685.53	48733.40	215.58	37.21	39649.78	9083.62	81.4
贵州	1661.40	20634.96	68.69	10.03	16890.36	3744.61	81.9
云南	2420.54	23690.51	155.90	25.48	20027.30	3663.21	84.5
西藏	148.54	1634.73	13.19	4.41	1118.77	515.96	68.4
陕西	2642.71	27932.21	90.64	15.31	23756.21	4175.99	85.0
甘肃	719.30	9418.74	81.64	10.51	8044.58	1374.16	85.4
青海	154.97	2178.00	15.07	2.71	1940.36	237.65	89.1
宁夏	380.36	3341.62	45.65	6.22	2839.88	501.74	85.0
新疆	938.74	9026.15	101.47	15.60	7645.43	1380.72	84.7
辽宁	3143.47	21860.37	168.01	21.74	17786.91	4073.47	81.4
吉林	778.93	8644.00	42.65	7.61	7394.90	1249.10	85.5
黑龙江	909.72	9600.39	60.36	14.18	6569.55	3030.84	68.4

数据来源：国家统计局。

（三）开发企业销售排行情况

表 6-3-9 2023 年中国房地产企业操盘榜 TOP200

排名	企业简称	操盘金额（亿元）	排名	公司名称	操盘面积（万平方米）
1	保利发展	3863.4	1	碧桂园	2552.0
2	万科地产	3504.7	2	万科地产	2256.4
3	绿城中国	3010.8	3	保利发展	2183.2
4	中海地产	2943.2	4	绿城中国	1531.3
5	华润置地	2809.4	5	中海地产	1268.8
6	招商蛇口	2702.0	6	华润置地	1206.4
7	碧桂园	2060.6	7	招商蛇口	1162.0
8	建发房产	1881.5	8	绿地控股	1017.0
9	龙湖集团	1662.6	9	龙湖集团	992.5
10	金地集团	1613.7	10	金地集团	908.9

续表

排名	企业简称	操盘金额（亿元）	排名	公司名称	操盘面积（万平方米）
11	滨江集团	1399.0	11	建发房产	860.3
12	中国金茂	1301.1	12	中国金茂	771.2
13	华发股份	1221.1	13	新城控股	756.9
14	绿地控股	1078.3	14	建业集团	675.6
15	中国铁建	1069.8	15	中国铁建	660.6
16	越秀地产	926.3	16	融创中国	575.3
17	融创中国	804.3	17	美的置业	482.2
18	旭辉集团	616.1	18	中国恒大	471.8
19	美的置业	599.5	19	旭辉集团	450.6
20	新城控股	599.0	20	华发股份	381.7
21	中国恒大	597.2	21	中国中铁	361.3
22	中国中铁	564.6	22	中南置地	332.9
23	卓越集团	481.3	23	滨江集团	311.4
24	保利置业	467.5	24	越秀地产	282.5
25	建业集团	448.9	25	远洋集团	245.1
26	华侨城	427.7	26	华侨城	235.7
27	大华集团	414.6	27	世茂集团	230.1
28	远洋集团	404.4	28	大华集团	209.6
29	电建地产	385.1	29	万达集团	205.5
30	首开股份	379.4	30	卓越集团	204.5
31	中南置地	379.3	31	雅居乐	201.6
32	联发集团	374.5	32	路劲集团	200.6
33	路劲集团	363.0	33	保利置业	195.4
34	中交房地产	362.0	34	电建地产	192.5
35	世茂集团	334.5	35	中骏集团	184.2
36	国贸地产	334.0	36	中交房地产	181.0
37	大悦城控股	321.5	37	联发集团	175.7
38	伟星房产	308.6	38	中梁控股	174.8
39	上海地产	307.4	39	金科集团	170.3
40	中建东孚	287.6	40	阳光城	160.0
41	雅居乐	276.4	41	金辉集团	159.1
42	象屿地产	269.4	42	首开股份	158.6
43	仁恒置地	268.7	43	邦泰集团	158.3
44	星河地产	267.9	44	荣盛发展	156.7

续表

排名	企业简称	操盘金额（亿元）	排名	公司名称	操盘面积（万平方米）
45	中建壹品	266.5	45	星河地产	148.5
46	城建集团	265.5	46	宝龙地产	146.5
47	阳光城	255.9	47	龙光集团	145.3
48	中骏集团	250.5	48	敏捷集团	144.2
49	合生创展	241.5	49	大悦城控股	141.1
50	金辉集团	234.8	50	云星集团	141.0
51	武汉城建	228.1	51	国贸地产	133.8
52	能建城发	220.6	52	中建东孚	132.9
53	龙光集团	219.3	53	伟星房产	126.9
54	深业集团	218.1	54	武汉城建	119.8
55	佳兆业	215.8	55	中建信和	114.0
56	宝龙地产	203.6	56	合景泰富	106.2
57	金融街	201.3	57	兴城人居	105.9
58	合景泰富	197.1	58	仁恒置地	105.4
59	大家房产	188.5	59	富力地产	100.0
60	金隅集团	186.3	60	华宇集团	99.6
61	朗诗绿色地产	184.1	61	金融街	97.0
62	金科集团	177.1	62	朗诗绿色地产	96.4
63	华宇集团	174.9	63	复地集团	95.4
64	中梁控股	169.9	64	奥园集团	94.8
65	中建智地	168.7	65	首创城发	94.5
66	中天美好集团	168.6	66	东原地产	93.5
67	德信地产	168.5	67	佳兆业	93.2
68	中建玖合	165.6	68	石榴集团	92.9
69	万达集团	164.9	69	中奥地产	91.6
70	敏捷集团	164.3	70	中建壹品	91.5
71	信达地产	162.8	71	能建城发	91.3
72	复地集团	159.0	72	力高集团	87.1
73	兴城人居	156.6	73	新希望地产	84.9
74	首创城发	155.3	74	正荣集团	83.6
75	陆家嘴	155.1	75	大家房产	80.2
76	新希望地产	153.6	76	德信地产	80.0
77	珠江投资	151.6	77	海伦堡	79.9
78	星河湾	150.8	78	中天美好集团	77.6

续表

排名	企业简称	操盘金额（亿元）	排名	公司名称	操盘面积（万平方米）
79	荣盛发展	150.6	79	象屿地产	77.5
80	石榴集团	142.6	80	信达地产	77.0
81	信达置业	140.5	81	禹洲集团	72.9
82	邦泰集团	139.7	82	时代中国	71.1
83	香港置地	139.4	83	上海地产	65.0
84	中建信和	135.2	84	中冶置业	64.4
85	鸿荣源	134.1	85	安徽置地	64.3
86	正荣集团	134.0	86	绿都地产	62.8
87	新世界中国	133.9	87	融信集团	62.6
88	中冶置业	129.9	88	荣和集团	62.3
89	浦开集团	129.6	89	正商集团	60.4
90	中信泰富	128.5	90	深业集团	58.3
91	宝华集团	124.7	91	城建集团	57.6
92	富力地产	123.2	92	金隅集团	57.5
93	嘉里建设	121.1	93	星河湾	57.4
94	禹洲集团	120.2	94	海宁鸿翔	57.1
95	万华投资	117.8	95	珠江投资	56.9
96	金基集团	117.5	96	中信泰富	53.5
97	金桥集团	115.5	97	海信地产	53.0
98	时代中国	112.7	98	北投产城	52.2
99	融信集团	111.9	99	香港置地	51.2
100	安徽置地	110.4	100	弘阳地产	51.0
101	五矿地产控股	105.0	101	五矿地产控股	50.8
102	中奥地产	103.7	102	光明地产	50.8
103	云星集团	102.2	103	合生创展	49.9
104	京基集团	101.6	104	中建智地	48.8
105	南山控股	101.5	105	众安集团	48.4
106	天地源	99.9	106	明发集团	48.4
107	银丰投资	99.7	107	领地集团	47.2
108	雅戈尔	99.4	108	世纪金源	46.9
109	众安集团	99.3	109	华远地产	46.8
110	成都天投	99.2	110	龙记泰信	46.6
111	深铁置业	99.0	111	东亚新华	46.4
112	天健集团	97.0	112	信友集团	46.1

续表

排名	企业简称	操盘金额（亿元）	排名	公司名称	操盘面积（万平方米）
113	海宁鸿翔	94.2	113	隆基泰和	45.9
114	凯德置地	94.1	114	天地源	44.7
115	海信地产	93.7	115	美盛地产	43.9
116	广州城投地产	92.7	116	成都天投	42.9
117	奥园集团	92.3	117	荣安地产	42.6
118	中华企业	91.5	118	大唐地产	41.5
119	瑞安房地产	90.0	119	京颐置业	39.1
120	东原地产	88.3	120	瑞安房地产	37.9
121	安徽交控集团	87.0	121	港龙中国	37.5
122	荣安地产	83.4	122	鑫苑中国	37.4
123	力高集团	83.3	123	中建玖合	36.9
124	京投发展	82.6	124	保亿置业	36.4
125	新鸿基	81.6	125	天安投资	36.3
126	明捷置业	80.4	126	银丰投资	35.6
127	中洲控股	80.0	127	恒达集团	34.3
128	静安投资	79.9	128	南山控股	34.1
129	上海建工	79.4	129	中旅地产	33.9
130	北京建工	78.5	130	凯德置地	33.0
131	天安投资	78.4	131	万华投资	32.9
132	海伦堡	78.2	132	祥源地产	32.7
133	美盛地产	77.5	133	大名城	32.5
134	保亿置业	75.7	134	华鸿嘉信	32.3
135	绿景集团	75.5	135	祥生集团	32.0
136	百汇房地产	70.2	136	鲁商发展	31.7
137	珠光集团	68.4	137	三盛集团	31.6
138	中旅地产	67.3	138	新世界中国	31.5
139	荣和集团	67.0	139	陆家嘴	30.4
140	东航置业	66.8	140	雅戈尔	30.4
141	上实城开	66.7	141	北辰实业	28.2
142	厦门轨交	61.9	142	澳海集团	28.1
143	天恒置业	61.7	143	联泰地产	28.0
144	格力地产	61.4	144	文一地产	28.0
145	弘阳地产	60.6	145	昌建地产	27.9
146	奥体建设	59.6	146	中洲控股	27.9

续表

排名	企业简称	操盘金额（亿元）	排名	公司名称	操盘面积（万平方米）
147	绿都地产	59.2	147	君一控股	27.9
148	祥生集团	59.1	148	金基集团	27.8
149	华鸿嘉信	58.8	149	福州城投集团	27.8
150	世纪金源	57.5	150	华南城	27.6
151	华远地产	55.0	151	方圆地产	26.4
152	中关村科学城	54.1	152	天恒置业	25.6
153	港龙中国	53.3	153	天健集团	25.6
154	大名城	53.2	154	嘉里建设	24.9
155	京颐置业	52.2	155	厦门轨交	24.0
156	北投产城	52.0	156	上海建工	23.5
157	正商集团	51.7	157	华地集团	23.2
158	光明地产	51.4	158	和昌集团	23.0
159	文一地产	50.5	159	中建七局	22.6
160	君一控股	49.3	160	鸿荣源	22.0
161	中建七局	48.6	161	永威置业	21.9
162	长江实业	48.1	162	俊发地产	21.8
163	颐居建设	48.0	163	佛山公控	20.4
164	隆基泰和	47.3	164	绿景集团	20.3
165	祥源地产	46.2	165	长沙房产	20.2
166	北辰实业	43.2	166	新鸿基	20.2
167	明发集团	43.1	167	九龙仓	20.2
168	宝能集团	42.9	168	吴中地产	20.0
169	深圳颐安集团	42.8	169	光大地产	19.9
170	华地集团	42.7	170	东方今典	19.8
171	花样年	41.7	171	深圳颐安集团	19.7
172	金光华集团	41.6	172	中庚集团	19.5
173	鑫苑中国	41.3	173	金成集团	19.2
174	上港集团	41.1	174	正弘置业	19.1
175	大唐地产	40.9	175	上坤集团	18.9
176	东亚新华	39.7	176	宝华集团	18.9
177	领地集团	39.6	177	福星股份	18.5
178	永威置业	38.7	178	京基集团	18.5
179	外高桥集团	38.5	179	北京建工	18.4
180	中庚集团	38.1	180	宝能集团	18.1

续表

排名	企业简称	操盘金额（亿元）	排名	公司名称	操盘面积（万平方米）
181	合正房产	37.7	181	上实城开	18.0
182	福州城投集团	37.5	182	京投发展	17.9
183	九龙仓	37.2	183	安徽交控集团	17.2
184	鲁商发展	36.8	184	广州城投地产	17.2
185	方圆地产	36.2	185	花样年	17.2
186	上海城建	35.6	186	陕西建工	17.2
187	金成集团	35.0	187	阳光 100	16.9
188	三盛集团	34.2	188	大都投资	16.9
189	龙记泰信	33.8	189	融汇集团	16.7
190	信友集团	33.5	190	华景川集团	16.6
191	陕西建工	33.1	191	嘉福集团	16.6
192	新长宁集团	32.8	192	海沧投资	16.4
193	吴中地产	32.1	193	珠光集团	16.1
194	深振业	32.0	194	置信集团	16.1
195	祈福集团	31.9	195	金桥集团	16.1
196	福星股份	31.7	196	万固集团	16.0
197	和昌集团	31.3	197	长江实业	16.0
198	华景川集团	30.7	198	广西兴进	15.8
199	上海城投	30.4	199	深振业	15.5
200	华南城	30.0	200	中华企业	15.2

数据来源：CRIC。

表 6-3-10　2023 年中国房地产企业销售全口径金额及权益金额排行榜 TOP200

单位：亿元

排名	公司名称	全口径金额	排名	公司名称	权益金额
1	保利发展	4246.0	1	保利发展	3057.1
2	万科地产	3755.4	2	中海地产	2788.3
3	中海地产	3098.1	3	万科地产	2441.0
4	华润置地	3070.3	4	华润置地	2179.2
5	招商蛇口	2936.3	5	招商蛇口	1852.0
6	碧桂园	2169.1	6	碧桂园	1744.6
7	绿城中国	1942.5	7	建发房产	1379.7
8	建发房产	1890.6	8	绿城中国	1276.3
9	龙湖集团	1735.8	9	龙湖集团	1147.5
10	金地集团	1535.5	10	绿地控股	1021.5

续表

排名	公司名称	全口径金额	排名	公司名称	权益金额
11	滨江集团	1534.7	11	中国金茂	974.3
12	越秀地产	1425.0	12	金地集团	951.4
13	中国金茂	1412.0	13	中国铁建	928.9
14	华发股份	1259.9	14	华发股份	872.7
15	中国铁建	1216.3	15	越秀地产	855.0
16	绿地控股	1135.0	16	滨江集团	740.4
17	融创中国	846.6	17	中国恒大	564.7
18	新城控股	758.3	18	新城控股	537.5
19	旭辉集团	700.1	19	中国中铁	515.8
20	中交房地产	698.1	20	融创中国	465.6
21	中国中铁	697.0	21	中交房地产	423.8
22	美的置业	658.8	22	美的置业	421.6
23	首开股份	614.9	23	大华集团	407.3
24	中国恒大	603.3	24	保利置业	398.6
25	卓越集团	603.2	25	卓越集团	390.3
26	联发集团	564.9	26	华侨城	382.9
27	保利置业	536.0	27	路劲集团	382.2
28	城建集团	531.0	28	旭辉集团	362.0
29	国贸地产	525.4	29	首开股份	356.6
30	大悦城控股	513.5	30	远洋集团	328.6
31	华侨城	512.6	31	伟星房产	324.0
32	远洋集团	505.5	32	电建地产	304.9
33	电建地产	452.2	33	城建集团	302.7
34	世茂集团	428.2	34	国贸地产	301.3
35	象屿地产	425.1	35	世茂集团	299.7
36	路劲集团	415.2	36	联发集团	298.0
37	武汉城建	415.1	37	大悦城控股	296.7
38	大华集团	414.6	38	中建东孚	296.5
39	中南置地	397.4	39	雅居乐	287.2
40	大家房产	366.1	40	中南置地	253.7
41	雅居乐	363.7	41	深业集团	252.6
42	伟星房产	357.8	42	武汉城建	251.0
43	中建壹品	333.1	43	星河地产	246.0
44	中建东孚	331.4	44	中建壹品	243.8
45	上海地产	323.1	45	象屿地产	242.5

续表

排名	公司名称	全口径金额	排名	公司名称	权益金额
46	仁恒置地	311.9	46	中骏集团	227.4
47	阳光城	301.1	47	合生创展	220.0
48	新希望地产	289.5	48	能建城发	218.3
49	中骏集团	277.7	49	金融街	214.1
50	宝龙地产	275.2	50	金辉集团	202.8
51	合生创展	268.3	51	龙光集团	198.9
52	中天美好集团	264.4	52	佳兆业	198.7
53	星河地产	263.8	53	阳光城	195.7
54	深业集团	257.0	54	新希望地产	188.2
55	金辉集团	255.8	55	金隅集团	182.3
56	金隅集团	246.8	56	上海建工	179.4
57	佳兆业	245.3	57	仁恒置地	177.8
58	华宇集团	235.6	58	宝龙地产	170.6
59	中梁控股	235.4	59	鸿荣源	170.5
60	金融街	235.3	60	合景泰富	167.5
61	龙光集团	230.7	61	上海地产	166.1
62	能建城发	227.3	62	兴城人居	165.2
63	合景泰富	222.6	63	中梁控股	164.8
64	信达地产	222.0	64	中建玖合	162.6
65	金科集团	221.4	65	大家房产	162.3
66	陆家嘴	201.5	66	敏捷集团	161.9
67	德信地产	194.4	67	金科集团	159.3
68	上海建工	187.6	68	珠江投资	151.2
69	弘阳地产	181.8	69	中建智地	148.1
70	兴城人居	181.6	70	香港置地	147.8
71	香港置地	181.0	71	万达集团	147.7
72	首创城发	173.3	72	荣盛发展	147.5
73	南山控股	173.1	73	复地集团	142.2
74	鸿荣源	170.5	74	信达置业	140.5
75	成都天投	169.8	75	华宇集团	137.7
76	融信集团	168.9	76	邦泰集团	134.7
77	中建智地	168.6	77	星河湾	133.4
78	石榴集团	165.7	78	中天美好集团	132.8
79	中建玖合	165.6	79	信达地产	129.6
80	敏捷集团	165.4	80	石榴集团	129.1

续表

排名	公司名称	全口径金额	排名	公司名称	权益金额
81	禹洲集团	165.3	81	首创城发	128.9
82	上海城建	164.5	82	陆家嘴	127.4
83	北京建工	163.1	83	浦开集团	126.1
84	复地集团	163.0	84	嘉里建设	121.1
85	浦开集团	161.6	85	新世界中国	120.0
86	万达集团	160.3	86	海信地产	117.1
87	正荣集团	159.9	87	中建信和	115.5
88	荣盛发展	158.6	88	南山控股	113.2
89	万华投资	152.6	89	深铁置业	109.8
90	中信泰富	152.1	90	广州城投地产	109.1
91	珠江投资	151.6	91	禹洲集团	108.4
92	中华企业	151.3	92	富力地产	108.3
93	广州城投地产	150.9	93	成都天投	105.5
94	星河湾	150.8	94	金桥集团	104.7
95	建业集团	150.2	95	云星集团	104.3
96	海信地产	148.2	96	天健集团	102.6
97	时代中国	143.5	97	德信地产	99.7
98	中奥地产	142.1	98	融信集团	99.6
99	五矿地产控股	141.8	99	上海城建	96.2
100	中建信和	141.6	100	凯德置地	94.2
101	信达置业	140.5	101	中华企业	93.9
102	邦泰集团	139.7	102	中奥地产	93.8
103	富力地产	135.3	103	建业集团	93.5
104	新世界中国	133.9	104	宝华集团	93.2
105	海伦堡	132.7	105	银丰投资	92.5
106	奥园集团	130.4	106	奥园集团	92.4
107	颐居建设	126.5	107	安徽置地	92.3
108	宝华集团	124.7	108	朗诗绿色地产	89.3
109	嘉里建设	121.1	109	正荣集团	88.7
110	深铁置业	120.8	110	时代中国	88.6
111	金基集团	119.8	111	安徽交控集团	86.5
112	云星集团	117.1	112	中信泰富	86.0
113	众安集团	116.1	113	海伦堡	84.9
114	天地源	116.0	114	万华投资	84.8
115	金桥集团	115.5	115	雅戈尔	84.0

续表

排名	公司名称	全口径金额	排名	公司名称	权益金额
116	上海城投	110.9	116	荣安地产	82.0
117	朗诗绿色地产	110.6	117	金基集团	81.9
118	雅戈尔	110.5	118	五矿地产控股	81.0
119	安徽置地	110.4	119	明捷置业	80.4
120	荣安地产	108.9	120	静安投资	79.9
121	厦门轨交	106.2	121	天地源	79.6
122	银丰投资	105.0	122	中冶置业	79.2
123	天健集团	102.6	123	新鸿基	78.4
124	海宁鸿翔	102.4	124	北京建工	77.0
125	中冶置业	100.9	125	众安集团	75.7
126	力高集团	98.7	126	京投发展	75.2
127	东原地产	97.6	127	中旅地产	74.7
128	凯德置地	94.2	128	厦门轨交	73.0
129	陕西建工	93.5	129	绿景集团	72.0
130	东亚新华	92.8	130	京基集团	71.0
131	瑞安房地产	90.0	131	百汇房地产	70.2
132	京基集团	88.0	132	弘阳地产	69.0
133	天安投资	87.1	133	珠光集团	68.4
134	安徽交控集团	87.0	134	保亿置业	68.1
135	港龙中国	84.1	135	瑞安房地产	67.0
136	中旅地产	83.2	136	东航置业	66.8
137	京投发展	82.6	137	荣和集团	65.8
138	新鸿基	81.6	138	东原地产	63.2
139	明捷置业	80.4	139	天恒置业	61.9
140	君一控股	80.0	140	格力地产	61.4
141	静安投资	79.9	141	奥体建设	59.8
142	保亿置业	78.7	142	颐居建设	57.6
143	方圆地产	78.5	143	长江实业	57.2
144	美盛地产	77.5	144	中关村科学城	54.1
145	奥体建设	77.4	145	文一地产	53.9
146	绿景集团	75.5	146	京颐置业	52.2
147	大唐地产	74.5	147	北投产城	52.0
148	祥生集团	74.3	148	正商集团	51.0
149	百汇房地产	70.2	149	祥生集团	50.4
150	珠光集团	68.4	150	上海城投	50.3

续表

排名	公司名称	全口径金额	排名	公司名称	权益金额
151	荣和集团	67.0	151	大名城	50.2
152	东航置业	66.8	152	东亚新华	49.6
153	华鸿嘉信	65.6	153	上实城开	49.4
154	光明地产	65.1	154	君一控股	49.2
155	鲁商发展	64.6	155	华远地产	48.7
156	世纪金源	64.5	156	隆基泰和	47.6
157	九龙仓	62.2	157	力高集团	47.1
158	天恒置业	61.9	158	天安投资	47.0
159	银城国际	61.4	159	光明地产	46.9
160	格力地产	61.3	160	港龙中国	46.1
161	长江实业	60.1	161	北辰实业	45.8
162	华远地产	59.4	162	中建七局	45.4
163	德商置业	57.5	163	九龙仓	45.3
164	宋都集团	56.5	164	祥源地产	45.1
165	文一地产	56.4	165	美盛地产	44.6
166	大名城	55.0	166	方圆地产	43.1
167	深圳颐安集团	54.5	167	华鸿嘉信	42.6
168	中关村科学城	54.1	168	宝能集团	42.5
169	天阳地产	53.7	169	明发集团	42.0
170	华景川集团	52.6	170	金光华集团	41.6
171	京颐置业	52.2	171	上港集团	41.1
172	北投产城	52.0	172	海宁鸿翔	41.0
173	正商集团	51.7	173	深圳颐安集团	38.2
174	花样年	50.5	174	鲁商发展	38.1
175	隆基泰和	49.9	175	福州城投集团	37.7
176	北辰实业	49.8	176	陕西建工	36.0
177	上实城开	49.4	177	合正房产	35.8
178	中建七局	48.6	178	外高桥集团	35.6
179	绿都地产	47.5	179	鑫苑中国	34.9
180	鑫苑中国	47.3	180	世纪金源	34.8
181	福州城投集团	47.1	181	花样年	33.7
182	祥源地产	46.8	182	中洲控股	32.8
183	领地集团	43.6	183	大唐地产	32.7
184	明发集团	43.1	184	新长宁集团	32.5
185	宝能集团	42.9	185	信友集团	32.2

续表

排名	公司名称	全口径金额	排名	公司名称	权益金额
186	华地集团	42.7	186	绿都地产	32.1
187	金光华集团	41.6	187	领地集团	32.0
188	上港集团	41.1	188	吴中地产	32.0
189	天房集团	40.9	189	祈福集团	31.9
190	三盛集团	40.0	190	福星股份	31.7
191	信和置业	39.9	191	华地集团	31.3
192	恒基兆业	39.3	192	华景川集团	30.9
193	外高桥集团	38.7	193	深振业	30.1
194	中洲控股	38.3	194	宋都集团	30.0
195	中庚集团	38.1	195	华南城	29.9
196	合正房产	37.7	196	中庚集团	28.4
197	金成集团	37.5	197	海沧投资	27.2
198	海岸集团	37.4	198	联泰地产	26.7
199	昌建地产	37.3	199	银城国际	26.6
200	信友集团	37.0	200	三盛集团	26.1

数据来源：CRIC。

（四）上市房地产经营开发和物业服务企业股价情况

表 6-3-11　沪市房地产经营和开发企业股价（前复权）涨跌幅排行榜

排名	证券代码	证券简称	2022 年收盘价（元）	2023 年收盘价（元）	涨跌幅（%）	最高价（元）	最低价（元）
1	600895. SH	张江高科	11. 21	19. 30	72. 10	28. 89	11. 18
2	600239. SH	云南城投	1. 93	2. 58	33. 68	3. 88	1. 74
3	600159. SH	大龙地产	3. 02	3. 90	29. 14	5. 29	2. 39
4	600007. SH	中国国贸	15. 25	19. 38	27. 08	21. 09	15. 13
5	600658. SH	电子城	3. 86	4. 47	15. 67	7. 14	3. 82
6	600463. SH	空港股份	8. 81	9. 86	11. 92	11. 37	7. 71
7	600266. SH	城建发展	4. 57	4. 84	5. 93	8. 27	4. 15
8	600692. SH	亚通股份	5. 89	6. 23	5. 77	8. 30	5. 25
9	600665. SH	天地源	3. 60	3. 78	4. 91	5. 25	3. 33
10	600683. SH	京投发展	4. 61	4. 78	3. 69	9. 11	4. 37
11	600807. SH	济南高新	3. 40	3. 51	3. 24	4. 80	2. 85
12	600246. SH	万通发展	6. 29	6. 49	3. 18	8. 50	4. 55
13	600736. SH	苏州高新	4. 63	4. 76	2. 73	5. 90	4. 53
14	600675. SH	中华企业	3. 08	3. 15	2. 27	4. 33	2. 53

续表

排名	证券代码	证券简称	2022 年收盘价（元）	2023 年收盘价（元）	涨跌幅（%）	最高价（元）	最低价（元）
15	600748. SH	上实发展	3. 42	3. 49	1. 91	5. 47	3. 21
16	600791. SH	京能置业	4. 77	4. 86	1. 89	5. 85	3. 87
17	600162. SH	香江控股	1. 76	1. 74	-0. 98	2. 57	1. 65
18	600173. SH	卧龙地产	5. 08	5. 00	-1. 64	6. 12	4. 58
19	600064. SH	南京高科	6. 20	6. 04	-2. 50	7. 16	5. 89
20	900911. SH	金桥 B 股	0. 84	0. 81	-3. 75	1. 02	0. 78
21	600094. SH	大名城	3. 13	3. 00	-4. 15	3. 77	2. 94
22	600649. SH	城投控股	3. 88	3. 70	-4. 74	5. 08	3. 63
23	600322. SH	津投城开	2. 26	2. 15	-4. 87	3. 86	1. 51
24	600603. SH	广汇物流	8. 18	7. 78	-4. 89	9. 48	5. 76
25	600639. SH	浦东金桥	10. 66	10. 11	-5. 14	14. 10	9. 83
26	600716. SH	凤凰股份	3. 91	3. 68	-5. 88	4. 67	3. 36
27	600503. SH	华丽家族	2. 72	2. 55	-6. 25	3. 80	2. 39
28	601588. SH	北辰实业	2. 04	1. 90	-6. 86	2. 68	1. 86
29	600638. SH	新黄浦	5. 62	5. 17	-7. 98	7. 52	4. 97
30	600684. SH	珠江股份	3. 81	3. 47	-8. 92	5. 43	3. 07
31	600663. SH	陆家嘴	9. 61	8. 75	-8. 99	11. 23	8. 20
32	600223. SH	福瑞达	10. 59	9. 63	-9. 07	12. 70	8. 11
33	600510. SH	黑牡丹	6. 37	5. 65	-11. 33	7. 39	5. 02
34	600790. SH	轻纺城	4. 48	3. 97	-11. 38	5. 02	3. 76
35	600708. SH	光明地产	2. 45	2. 15	-12. 19	3. 07	2. 03
36	600208. SH	新湖中宝	2. 52	2. 17	-13. 93	3. 15	2. 08
37	600848. SH	上海临港	11. 72	10. 05	-14. 25	13. 22	9. 96
38	600325. SH	华发股份	8. 76	7. 21	-17. 67	12. 25	7. 01
39	600067. SH	冠城大通	3. 10	2. 51	-19. 03	3. 45	2. 40
40	600743. SH	华远地产	1. 89	1. 53	-19. 05	2. 60	1. 49
41	600533. SH	栖霞建设	3. 71	2. 93	-20. 92	4. 03	2. 86
42	600622. SH	光大嘉宝	3. 27	2. 58	-21. 10	3. 69	2. 50
43	600606. SH	绿地控股	2. 98	2. 30	-22. 82	3. 39	2. 19
44	600515. SH	海南机场	5. 02	3. 70	-26. 29	5. 04	3. 55
45	600657. SH	信达地产	5. 09	3. 59	-29. 50	5. 70	3. 46
46	900940. SH	大名城 B	0. 31	0. 22	-30. 35	0. 32	0. 20
47	600340. SH	华夏幸福	2. 51	1. 74	-30. 68	2. 94	1. 66
48	600185. SH	格力地产	10. 43	7. 23	-30. 68	11. 05	5. 52

续表

排名	证券代码	证券简称	2022 年收盘价（元）	2023 年收盘价（元）	涨跌幅（%）	最高价（元）	最低价（元）
49	600565. SH	迪马股份	2. 16	1. 48	-31. 48	2. 25	1. 42
50	600048. SH	保利发展	14. 64	9. 90	-32. 40	16. 10	9. 35
51	900928. SH	临港 B 股	0. 88	0. 59	-33. 01	0. 90	0. 52
52	900939. SH	汇丽 B	0. 56	0. 37	-34. 34	0. 59	0. 35
53	600773. SH	西藏城投	18. 12	10. 96	-39. 52	19. 98	10. 06
54	601155. SH	新城控股	20. 50	11. 41	-44. 34	23. 23	10. 85
55	600376. SH	首开股份	5. 55	3. 04	-45. 27	5. 89	2. 95
56	600823. SH	*ST 世茂	2. 36	1. 14	-51. 69	2. 51	1. 00
57	600383. SH	金地集团	10. 05	4. 36	-56. 60	10. 77	4. 16
58	900932. SH	陆家 B 股	0. 79	0. 33	-58. 49	0. 82	0. 30

数据来源：Wind。

表 6-3-12　深市房地产经营和开发企业股价（前复权）涨跌幅排行榜

排名	证券代码	证券简称	2022 年收盘价（元）	2023 年收盘价（元）	涨跌幅（%）	最高价（元）	最低价（元）
1	002818. SZ	富森美	11. 28	12. 46	10. 44	15. 79	11. 11
2	000014. SZ	沙河股份	10. 07	11. 01	9. 36	15. 85	8. 55
3	000631. SZ	顺发恒业	3. 17	3. 32	4. 83	4. 95	2. 62
4	000609. SZ	中迪投资	6. 50	6. 62	1. 85	9. 58	4. 09
5	002133. SZ	广宇集团	3. 44	3. 49	1. 48	4. 13	2. 95
6	002016. SZ	世荣兆业	6. 24	6. 29	0. 80	7. 66	5. 81
7	000514. SZ	渝开发	4. 27	4. 17	-2. 30	6. 42	3. 53
8	000668. SZ	荣丰控股	13. 00	12. 70	-2. 31	13. 72	10. 20
9	000036. SZ	华联控股	4. 02	3. 89	-3. 20	4. 48	3. 45
10	002208. SZ	合肥城建	6. 67	6. 41	-3. 91	8. 17	6. 11
11	000656. SZ	金科股份	1. 91	1. 81	-5. 24	2. 75	0. 77
12	000863. SZ	三湘印象	4. 26	3. 95	-7. 28	5. 57	3. 31
13	000517. SZ	荣安地产	2. 66	2. 45	-7. 72	3. 55	2. 37
14	000897. SZ	津滨发展	2. 35	2. 16	-8. 09	3. 19	1. 82
15	000058. SZ	深赛格	7. 89	7. 17	-9. 09	9. 48	5. 84
16	000861. SZ	海印股份	2. 25	2. 00	-11. 11	2. 50	1. 83
17	002344. SZ	海宁皮城	4. 65	4. 10	-11. 86	5. 72	3. 92
18	200058. SZ	深赛格 B	1. 95	1. 70	-12. 74	1. 93	1. 56
19	000882. SZ	华联股份	1. 95	1. 68	-13. 85	2. 27	1. 61
20	000608. SZ	阳光股份	3. 37	2. 88	-14. 54	3. 96	2. 48

续表

排名	证券代码	证券简称	2022 年收盘价（元）	2023 年收盘价（元）	涨跌幅（%）	最高价（元）	最低价（元）
21	000886. SZ	海南高速	4. 80	4. 10	-14. 61	6. 61	4. 02
22	000029. SZ	深深房 A	13. 82	11. 76	-14. 88	13. 92	10. 00
23	002244. SZ	滨江集团	8. 63	7. 27	-15. 74	11. 40	7. 14
24	000797. SZ	中国武夷	3. 62	2. 99	-17. 38	4. 07	2. 79
25	000718. SZ	苏宁环球	3. 16	2. 59	-18. 01	3. 36	2. 47
26	000573. SZ	粤宏远 A	4. 16	3. 38	-18. 76	4. 55	3. 18
27	000011. SZ	深物业 A	11. 15	8. 86	-20. 56	12. 01	8. 53
28	000031. SZ	大悦城	3. 76	2. 97	-21. 01	4. 60	2. 92
29	002146. SZ	荣盛发展	2. 17	1. 71	-21. 20	3. 13	1. 17
30	200029. SZ	深深房 B	3. 14	2. 43	-22. 63	3. 18	2. 15
31	002314. SZ	南山控股	3. 78	2. 90	-23. 25	4. 13	2. 80
32	001979. SZ	招商蛇口	12. 42	9. 53	-23. 26	15. 24	9. 03
33	000006. SZ	深振业 A	6. 17	4. 59	-25. 65	6. 30	4. 13
34	000042. SZ	中洲控股	7. 93	5. 74	-27. 61	9. 24	5. 68
35	002305. SZ	南国置业	2. 91	2. 06	-29. 21	3. 19	2. 01
36	000402. SZ	金融街	5. 24	3. 63	-30. 71	5. 54	3. 54
37	000838. SZ	财信发展	5. 37	3. 67	-31. 66	7. 50	3. 04
38	000965. SZ	天保基建	4. 69	3. 13	-33. 23	5. 07	3. 02
39	000002. SZ	万科 A	17. 31	10. 46	-39. 57	18. 73	10. 09
40	000961. SZ	中南建设	2. 19	1. 30	-40. 64	2. 54	1. 20
41	000069. SZ	华侨城 A	5. 33	3. 11	-41. 65	5. 72	2. 98
42	000736. SZ	中交地产	17. 90	9. 79	-45. 30	20. 59	9. 23
43	000620. SZ	*ST 新联	3. 68	1. 89	-48. 64	4. 15	0. 97

数据来源：Wind。

表 6-3-13　港市房地产经营和开发企业股价（前复权）涨跌幅排行榜

排名	证券代码	证券简称	2022 年收盘价（港元）	2023 年收盘价（港元）	涨跌幅（%）	最高价（港元）	最低价（港元）
1	00565. HK	锦艺集团控股	0. 25	0. 34	36. 73	0. 43	0. 10
2	01663. HK	汉港控股	0. 11	0. 14	33. 33	0. 18	0. 09
3	00063. HK	中亚烯谷集团	0. 08	0. 10	22. 78	0. 18	0. 05
4	01329. HK	首创钜大	0. 58	0. 70	20. 69	0. 82	0. 54
5	00798. HK	中电光谷	0. 36	0. 42	15. 61	0. 47	0. 25
6	01278. HK	中国新城镇	0. 06	0. 07	12. 41	0. 13	0. 04
7	00583. HK	长城环亚控股	0. 22	0. 25	12. 27	0. 26	0. 20

续表

排名	证券代码	证券简称	2022 年收盘价（港元）	2023 年收盘价（港元）	涨跌幅（%）	最高价（港元）	最低价（港元）
8	00004. HK	九龙仓集团	22. 42	25. 15	12. 18	25. 40	15. 55
9	00258. HK	汤臣集团	1. 49	1. 64	10. 43	1. 79	1. 46
10	00037. HK	远东酒店实业	0. 69	0. 75	8. 70	2. 04	0. 65
11	00715. HK	中泛控股	0. 02	0. 03	4. 17	0. 08	0. 02
12	00029. HK	达力集团	8. 94	9. 12	2. 01	13. 07	8. 12
13	02088. HK	西王置业	0. 07	0. 07	1. 49	0. 25	0. 05
14	00158. HK	万邦投资	100. 11	100. 09	-0. 02	126. 76	100. 09
15	09993. HK	金辉控股	3. 79	3. 78	-0. 26	5. 16	2. 85
16	00051. HK	海港企业	7. 21	7. 15	-0. 83	7. 50	6. 50
17	01064. HK	中华国际	0. 08	0. 08	-1. 22	0. 15	0. 06
18	01222. HK	宏安集团	0. 04	0. 04	-2. 44	0. 06	0. 04
19	00075. HK	渝太地产	0. 62	0. 60	-3. 23	0. 89	0. 33
20	09979. HK	绿城管理控股	5. 57	5. 37	-3. 65	7. 40	5. 09
21	00604. HK	深圳控股	1. 21	1. 15	-4. 63	1. 56	1. 04
22	00012. HK	恒基地产	25. 24	24. 05	-4. 71	28. 34	19. 32
23	00878. HK	金朝阳集团	6. 65	6. 29	-5. 46	7. 24	5. 40
24	00028. HK	天安	3. 74	3. 52	-5. 87	4. 40	3. 28
25	00119. HK	保利置业集团	1. 71	1. 59	-6. 78	2. 33	1. 43
26	00083. HK	信和置业	9. 13	8. 49	-7. 04	10. 45	7. 60
27	00212. HK	NANYANG HOLD	26. 21	24. 20	-7. 67	27. 89	23. 30
28	00683. HK	嘉里建设	15. 62	14. 28	-8. 57	19. 39	12. 66
29	00224. HK	建生国际	0. 80	0. 73	-9. 30	1. 23	0. 70
30	03603. HK	信基沙溪	0. 25	0. 23	-10. 00	0. 31	0. 21
31	00261. HK	GBA 集团	0. 19	0. 17	-10. 82	0. 31	0. 11
32	00034. HK	九龙建业	6. 63	5. 91	-10. 82	8. 14	5. 50
33	00053. HK	国浩集团	63. 14	56. 30	-10. 84	69. 55	51. 50
34	02292. HK	晋安实业	0. 91	0. 81	-10. 99	1. 34	0. 81
35	00287. HK	永发置业	6. 47	5. 75	-11. 16	7. 39	4. 98
36	00859. HK	中昌国际控股	0. 20	0. 18	-11. 62	0. 27	0. 13
37	01218. HK	永义国际	3. 65	3. 21	-12. 05	5. 10	2. 87
38	00618. HK	北大资源	0. 11	0. 10	-12. 28	0. 19	0. 09
39	00247. HK	TST PROPERTIES	21. 15	18. 20	-13. 97	21. 95	17. 00
40	01113. HK	长实集团	45. 62	39. 20	-14. 07	49. 61	36. 95
41	00216. HK	建业实业	1. 16	1. 00	-14. 13	1. 42	0. 98

续表

排名	证券代码	证券简称	2022 年收盘价（港元）	2023 年收盘价（港元）	涨跌幅（%）	最高价（港元）	最低价（港元）
42	00124. HK	粤海置地	0. 67	0. 57	-14. 88	0. 74	0. 55
43	00369. HK	永泰地产	3. 22	2. 74	-15. 03	3. 57	2. 60
44	01972. HK	太古地产	18. 80	15. 80	-15. 94	22. 12	14. 42
45	00016. HK	新鸿基地产	100. 98	84. 45	-16. 37	109. 58	73. 74
46	00313. HK	裕田中国	0. 01	0. 01	-16. 67	0. 02	0. 01
47	01243. HK	宏安地产	0. 05	0. 04	-16. 79	0. 06	0. 04
48	02231. HK	景业名邦集团	1. 24	1. 03	-16. 94	1. 46	1. 01
49	00193. HK	冠中地产	0. 20	0. 16	-17. 26	0. 31	0. 15
50	00747. HK	沈阳公用发展股份	0. 09	0. 07	-17. 65	0. 12	0. 05
51	01109. HK	华润置地	34. 05	28. 00	-17. 77	38. 57	24. 70
52	00131. HK	卓能（集团）	2. 07	1. 70	-17. 83	2. 40	1. 44
53	00519. HK	实力建业	0. 09	0. 07	-18. 60	0. 12	0. 05
54	00272. HK	瑞安房地产	0. 89	0. 72	-18. 71	0. 98	0. 67
55	00035. HK	远东发展	1. 71	1. 39	-18. 88	1. 92	1. 28
56	00898. HK	万事昌国际	1. 00	0. 81	-18. 93	1. 06	0. 68
57	06611. HK	三巽集团	0. 20	0. 16	-18. 97	0. 21	0. 08
58	00088. HK	TAI CHEUNG HOLD	4. 10	3. 30	-19. 52	4. 14	2. 98
59	00183. HK	宏辉集团	0. 24	0. 19	-20. 00	0. 26	0. 16
60	00588. HK	北京北辰实业股份	0. 90	0. 72	-20. 00	1. 02	0. 69
61	00081. HK	中国海外宏洋集团	3. 21	2. 57	-20. 05	4. 53	2. 23
62	00010. HK	恒隆集团	13. 42	10. 64	-20. 70	14. 35	10. 04
63	00194. HK	廖创兴企业	6. 88	5. 40	-21. 49	7. 13	5. 17
64	00173. HK	嘉华国际	2. 49	1. 95	-21. 68	2. 76	1. 81
65	01908. HK	建发国际集团	21. 25	16. 64	-21. 68	25. 96	14. 70
66	00497. HK	资本策略地产	0. 12	0. 10	-21. 85	0. 17	0. 09
67	00160. HK	汉国置业	1. 83	1. 41	-22. 82	2. 16	1. 35
68	00123. HK	越秀地产	8. 36	6. 36	-23. 92	11. 87	5. 63
69	00101. HK	恒隆地产	14. 36	10. 88	-24. 23	15. 32	9. 73
70	00147. HK	国际商业结算	0. 07	0. 06	-24. 32	0. 12	0. 05
71	00041. HK	鹰君	16. 17	12. 12	-25. 05	18. 94	11. 50
72	01224. HK	中渝置地	1. 93	1. 44	-25. 22	1. 98	1. 10
73	03900. HK	绿城中国	10. 66	7. 95	-25. 41	12. 47	6. 68
74	00105. HK	凯联国际酒店	8. 52	6. 35	-25. 49	9. 00	6. 05
75	00277. HK	太兴置业	3. 81	2. 79	-26. 80	3. 81	2. 79

续表

排名	证券代码	证券简称	2022 年收盘价（港元）	2023 年收盘价（港元）	涨跌幅（%）	最高价（港元）	最低价（港元）
76	00089. HK	大生地产	3. 86	2. 80	-27. 49	4. 09	2. 71
77	00485. HK	中国华星	0. 24	0. 17	-29. 17	0. 29	0. 08
78	00207. HK	大悦城地产	0. 31	0. 22	-29. 96	0. 37	0. 20
79	00050. HK	香港小轮（集团）	6. 56	4. 59	-30. 04	6. 90	4. 08
80	00688. HK	中国海外发展	19. 70	13. 76	-30. 14	22. 18	12. 50
81	00754. HK	合生创展集团	5. 82	4. 06	-30. 21	7. 86	3. 75
82	00266. HK	天德地产	3. 31	2. 30	-30. 58	3. 78	2. 29
83	00225. HK	博富临置业	8. 47	5. 84	-31. 04	8. 57	5. 77
84	01321. HK	中国新城市	1. 06	0. 73	-31. 13	1. 10	0. 46
85	03688. HK	莱蒙国际	0. 80	0. 54	-32. 51	1. 14	0. 47
86	00021. HK	大中华控股	0. 13	0. 09	-32. 84	0. 15	0. 06
87	00938. HK	民生国际	1. 80	1. 19	-33. 89	2. 00	0. 97
88	01036. HK	万科海外	1. 92	1. 26	-34. 26	2. 15	1. 14
89	00214. HK	汇汉控股	0. 62	0. 41	-34. 68	0. 75	0. 38
90	00014. HK	希慎兴业	23. 74	15. 50	-34. 71	25. 71	14. 20
91	01427. HK	中国天保集团	0. 32	0. 21	-34. 92	0. 33	0. 16
92	00432. HK	盈大地产	0. 38	0. 24	-34. 93	0. 44	0. 22
93	00199. HK	德祥地产	1. 00	0. 65	-35. 00	1. 08	0. 60
94	00129. HK	泛海集团	0. 68	0. 44	-35. 29	0. 73	0. 40
95	00755. HK	上海证大	0. 02	0. 01	-35. 29	0. 04	0. 01
96	01125. HK	丽丰控股	3. 10	2. 00	-35. 48	3. 33	1. 80
97	00655. HK	香港华人有限公司	0. 50	0. 32	-36. 00	0. 55	0. 30
98	00017. HK	新世界发展	18. 96	12. 12	-36. 08	21. 72	10. 48
99	02330. HK	中国上城	0. 32	0. 20	-36. 83	0. 32	0. 11
100	00367. HK	庄士机构国际	0. 71	0. 45	-37. 32	0. 72	0. 38
101	02098. HK	卓尔智联	0. 40	0. 25	-38. 00	0. 45	0. 23
102	02892. HK	万城控股	0. 65	0. 40	-38. 46	0. 65	0. 31
103	06668. HK	星盛商业	2. 02	1. 23	-39. 16	2. 16	1. 09
104	00480. HK	香港兴业国际	2. 43	1. 48	-39. 21	2. 73	1. 41
105	00095. HK	绿景中国地产	1. 29	0. 78	-39. 53	2. 08	0. 70
106	00563. HK	上实城市开发	0. 62	0. 38	-39. 56	0. 62	0. 32
107	01997. HK	九龙仓置业	43. 98	26. 40	-39. 97	46. 20	22. 90
108	02777. HK	富力地产	1. 90	1. 14	-40. 00	2. 28	0. 86
109	00163. HK	英皇国际	0. 65	0. 39	-40. 85	0. 73	0. 36

续表

排名	证券代码	证券简称	2022 年收盘价（港元）	2023 年收盘价（港元）	涨跌幅（%）	最高价（港元）	最低价（港元）
110	00191. HK	丽新国际	1. 61	0. 95	-40. 99	1. 85	0. 90
111	00230. HK	五矿地产	0. 51	0. 30	-41. 18	0. 60	0. 26
112	00864. HK	永利地产发展	0. 39	0. 23	-41. 28	0. 41	0. 17
113	09982. HK	中原建业	0. 52	0. 31	-41. 30	0. 79	0. 24
114	00978. HK	招商局置地	0. 51	0. 30	-42. 53	0. 57	0. 28
115	01124. HK	沿海家园	0. 28	0. 16	-42. 86	0. 47	0. 15
116	00627. HK	日本共生	1. 30	0. 73	-43. 85	1. 90	0. 36
117	01668. HK	华南城	0. 54	0. 30	-43. 99	0. 58	0. 28
118	01560. HK	星星集团	0. 39	0. 22	-44. 16	0. 51	0. 20
119	00960. HK	龙湖集团	22. 50	12. 50	-44. 44	26. 76	10. 74
120	00271. HK	亚证地产	0. 34	0. 19	-44. 71	0. 41	0. 15
121	02288. HK	宏基资本	0. 41	0. 23	-45. 12	0. 48	0. 22
122	00410. HK	SOHO 中国	1. 37	0. 75	-45. 26	1. 59	0. 70
123	03616. HK	恒达集团控股	0. 38	0. 21	-45. 26	0. 52	0. 15
124	00298. HK	庄士中国	0. 27	0. 15	-45. 28	0. 27	0. 13
125	01570. HK	伟业控股	4. 00	2. 18	-45. 50	4. 00	2. 18
126	00488. HK	丽新发展	1. 64	0. 85	-48. 17	1. 81	0. 66
127	00251. HK	爪哇控股	3. 41	1. 72	-49. 51	3. 72	1. 53
128	01107. HK	当代置业	0. 11	0. 05	-50. 47	0. 13	0. 04
129	03990. HK	美的置业	10. 87	5. 37	-50. 59	12. 69	5. 01
130	02202. HK	万科企业	14. 69	7. 22	-50. 84	16. 40	6. 80
131	03380. HK	龙光集团	1. 25	0. 61	-51. 20	1. 55	0. 55
132	00127. HK	华人置业	2. 52	1. 22	-51. 59	3. 45	1. 15
133	01168. HK	百仕达控股	0. 19	0. 09	-52. 13	0. 21	0. 09
134	09909. HK	宝龙商业	5. 92	2. 79	-52. 84	7. 13	2. 13
135	00846. HK	明发集团	0. 40	0. 19	-53. 00	0. 44	0. 16
136	01238. HK	宝龙地产	1. 57	0. 73	-53. 50	1. 94	0. 60
137	00910. HK	中国三迪	0. 20	0. 09	-53. 73	0. 21	0. 09
138	00817. HK	中国金茂	1. 63	0. 75	-53. 97	1. 92	0. 69
139	00106. HK	朗诗绿色管理	0. 14	0. 07	-54. 23	0. 19	0. 06
140	00495. HK	PALADIN	0. 09	0. 04	-55. 06	0. 09	0. 04
141	00535. HK	金地商置	0. 63	0. 28	-55. 41	0. 70	0. 22
142	00672. HK	众安集团	0. 25	0. 11	-55. 60	0. 27	0. 10
143	00009. HK	金奥国际	0. 03	0. 01	-56. 00	0. 04	0. 01

续表

排名	证券代码	证券简称	2022 年收盘价（港元）	2023 年收盘价（港元）	涨跌幅（%）	最高价（港元）	最低价（港元）
144	02772. HK	中梁控股	0. 75	0. 33	-56. 00	0. 86	0. 23
145	01030. HK	新城发展	2. 89	1. 27	-56. 06	3. 59	1. 17
146	02286. HK	辰兴发展	0. 80	0. 34	-57. 50	1. 11	0. 22
147	00171. HK	银建国际	0. 33	0. 14	-57. 54	0. 39	0. 13
148	00226. HK	力宝	2. 74	1. 16	-57. 66	2. 74	0. 91
149	01195. HK	京维集团	0. 04	0. 02	-57. 89	0. 06	0. 02
150	00337. HK	绿地香港	0. 75	0. 31	-58. 67	0. 81	0. 25
151	00989. HK	华音国际控股	0. 41	0. 17	-59. 26	0. 60	0. 12
152	03377. HK	远洋集团	1. 09	0. 44	-59. 63	1. 25	0. 31
153	00674. HK	中国唐商	0. 21	0. 08	-60. 10	0. 24	0. 08
154	06999. HK	领地控股	0. 50	0. 20	-61. 00	0. 53	0. 16
155	00456. HK	新城市建设发展	1. 61	0. 62	-61. 49	3. 90	0. 55
156	00726. HK	筑友智造科技	0. 41	0. 15	-62. 96	0. 43	0. 14
157	00899. HK	中加国信	0. 27	0. 10	-62. 96	0. 35	0. 08
158	03383. HK	雅居乐集团	2. 31	0. 85	-63. 20	2. 72	0. 74
159	00760. HK	新天地产集团	0. 36	0. 13	-63. 33	0. 62	0. 12
160	01098. HK	路劲	3. 98	1. 45	-63. 57	4. 56	1. 36
161	00115. HK	钧濠集团	0. 29	0. 10	-64. 91	0. 55	0. 10
162	01232. HK	金轮天地控股	0. 10	0. 03	-66. 00	0. 20	0. 03
163	01918. HK	融创中国	4. 58	1. 50	-67. 25	4. 58	0. 87
164	06900. HK	上坤地产	0. 10	0. 03	-69. 23	0. 12	0. 02
165	01813. HK	合景泰富集团	1. 86	0. 56	-69. 89	2. 33	0. 52
166	02007. HK	碧桂园	2. 67	0. 78	-70. 79	3. 30	0. 65
167	01777. HK	花样年控股	0. 20	0. 06	-72. 00	0. 20	0. 05
168	00299. HK	宝新置地	0. 86	0. 23	-73. 26	0. 86	0. 20
169	03366. HK	华侨城（亚洲）	0. 98	0. 26	-73. 47	1. 02	0. 25
170	02310. HK	时代环球集团	0. 09	0. 02	-73. 86	0. 09	0. 02
171	06968. HK	港龙中国地产	0. 75	0. 20	-74. 00	0. 83	0. 16
172	03639. HK	亿达中国	0. 72	0. 18	-74. 44	1. 00	0. 08
173	01396. HK	粤港湾控股	1. 00	0. 24	-76. 20	1. 46	0. 16
174	02608. HK	阳光 100 中国	0. 37	0. 09	-76. 49	0. 37	0. 05
175	01176. HK	珠光控股	0. 90	0. 21	-76. 67	1. 02	0. 20
176	00884. HK	旭辉控股集团	1. 10	0. 26	-76. 82	1. 39	0. 19
177	01628. HK	禹洲集团	0. 45	0. 10	-76. 85	0. 52	0. 10

续表

排名	证券代码	证券简称	2022 年收盘价（港元）	2023 年收盘价（港元）	涨跌幅（%）	最高价（港元）	最低价（港元）
178	00059. HK	天誉置业	0. 07	0. 02	-76. 92	0. 08	0. 01
179	06158. HK	正荣地产	0. 44	0. 09	-79. 09	0. 48	0. 08
180	01638. HK	佳兆业集团	0. 84	0. 17	-79. 40	0. 84	0. 17
181	00832. HK	建业地产	0. 42	0. 08	-81. 43	0. 49	0. 07
182	00120. HK	COSMOPOL INT'L	16. 50	3. 06	-81. 45	18. 80	2. 22
183	01966. HK	中骏集团控股	0. 98	0. 17	-82. 35	1. 18	0. 16
184	01233. HK	时代中国控股	1. 51	0. 26	-82. 78	1. 73	0. 24
185	01996. HK	弘阳地产	0. 50	0. 09	-83. 00	0. 58	0. 08
186	03301. HK	融信中国	1. 12	0. 19	-83. 04	1. 27	0. 16
187	03883. HK	中国奥园	1. 18	0. 20	-83. 05	1. 18	0. 15
188	00185. HK	正商实业	1. 39	0. 22	-84. 53	1. 49	0. 13
189	00813. HK	世茂集团	4. 42	0. 65	-85. 29	4. 42	0. 53
190	01902. HK	银城国际控股	0. 32	0. 05	-85. 63	0. 37	0. 04
191	03333. HK	中国恒大	1. 65	0. 24	-85. 76	1. 65	0. 18
192	00593. HK	梦东方	1. 30	0. 18	-86. 15	3. 89	0. 15
193	02019. HK	德信中国	0. 76	0. 10	-86. 32	0. 85	0. 09
194	02329. HK	国瑞健康	0. 26	0. 03	-87. 69	0. 26	0. 03
195	00845. HK	恒盛地产	0. 09	0. 01	-88. 64	0. 11	0. 01
196	01862. HK	景瑞控股	0. 59	0. 04	-93. 39	0. 59	0. 03

数据来源：Wind。

表 6-3-14　海外上市内地房地产企业股价（前复权）涨跌幅排行榜

排名	证券代码	证券简称	2022 年收盘价	2023 年收盘价	涨跌幅（%）	最高价	最低价
1	BCD. SG	元邦地产	0. 19	0. 26	37. 84	0. 40	0. 16
2	LEJU. N	乐居	1. 33	1. 60	20. 30	9. 84	0. 85
3	BEKE. N	贝壳	13. 81	16. 21	17. 37	20. 86	13. 56
4	MDJH. O	明大嘉和	1. 51	1. 65	9. 49	3. 25	1. 18
5	H78. SG	香港置地	4. 60	3. 48	-24. 35	5. 05	3. 07
6	XIN. N	鑫苑置业	4. 01	2. 72	-32. 17	7. 55	2. 00
7	Z25. SG	仁恒置地	1. 02	0. 58	-43. 14	1. 14	0. 48
8	BHD. SG	阳光控股	0. 05	0. 02	-54. 72	0. 06	0. 01
9	UK. O	优客工厂	17. 73	3. 71	-79. 07	21. 60	2. 89
10	DUO. O	房多多	11. 54	0. 67	-94. 17	26. 55	0. 48
11	GGE. O	汉广厦房地产	2. 88	0. 05	-98. 19	3. 11	0. 04

数据来源：Wind。

注：证券代码后缀为 . SG 的货币单位为新加坡元；后缀为 . N 和 . O 的货币单位为美元。

表 6-3-15　上市物业管理服务企业股价（前复权）涨跌幅排行榜

排名	证券代码	证券简称	2022 年收盘价	2023 年收盘价	涨跌幅（%）	最高价	最低价
1	09608. HK	宋都服务	0. 08	0. 17	128. 00	0. 17	0. 07
2	02423. HK	贝壳-W	36. 61	43. 30	18. 28	55. 21	34. 68
3	08426. HK	雅居投资控股	0. 15	0. 17	13. 29	0. 17	0. 14
4	03699. HK	光大永年	0. 40	0. 42	3. 75	0. 47	0. 37
5	03658. HK	新希望服务	1. 15	1. 16	0. 81	1. 50	0. 97
6	01895. HK	鑫苑服务	0. 87	0. 87	0. 00	0. 87	0. 87
7	02165. HK	领悦服务集团	0. 67	0. 65	-2. 99	0. 80	0. 45
8	01538. HK	中奥到家	0. 46	0. 44	-3. 30	0. 47	0. 28
9	08181. HK	时时服务	0. 08	0. 07	-3. 90	0. 12	0. 04
10	02270. HK	德商产投服务	1. 17	1. 12	-4. 11	1. 38	0. 80
11	02340. HK	升柏控股	0. 26	0. 24	-5. 88	0. 49	0. 20
12	300917. SZ	特发服务	27. 11	25. 32	-6. 61	40. 61	20. 87
13	002377. SZ	国创高新	2. 72	2. 53	-6. 99	4. 49	2. 30
14	00459. HK	鋑联控股	0. 10	0. 09	-7. 84	0. 15	0. 08
15	00982. HK	华发物业服务	0. 16	0. 15	-8. 23	0. 18	0. 10
16	03316. HK	滨江服务	18. 15	16. 50	-9. 08	26. 54	14. 60
17	02152. HK	苏新服务	7. 80	7. 08	-9. 21	8. 38	5. 87
18	603506. SH	南都物业	12. 05	10. 87	-9. 78	14. 69	10. 54
19	000560. SZ	我爱我家	2. 50	2. 25	-10. 00	3. 72	2. 16
20	01502. HK	金融街物业	2. 60	2. 34	-10. 14	2. 80	2. 20
21	02352. HK	东原仁知服务	7. 65	6. 79	-11. 21	8. 00	5. 88
22	02205. HK	康桥悦生活	0. 87	0. 77	-11. 42	0. 89	0. 52
23	02376. HK	鲁商服务	2. 18	1. 90	-12. 71	2. 74	1. 72
24	06626. HK	越秀服务	3. 11	2. 58	-16. 99	4. 81	2. 34
25	02156. HK	建发物业	4. 26	3. 39	-20. 40	5. 08	3. 07
26	02215. HK	德信服务集团	2. 89	2. 30	-20. 42	2. 99	2. 14
27	02146. HK	荣万家	2. 27	1. 78	-21. 45	2. 80	1. 43
28	001914. SZ	招商积余	15. 26	11. 96	-21. 65	17. 10	11. 61
29	09978. HK	方圆生活服务	0. 12	0. 09	-26. 50	0. 16	0. 06
30	02669. HK	中海物业	8. 00	5. 86	-26. 74	10. 86	5. 36
31	002285. SZ	世联行	3. 29	2. 41	-26. 75	3. 47	2. 36

续表

排名	证券代码	证券简称	2022 年收盘价	2023 年收盘价	涨跌幅（%）	最高价	最低价
32	200011. SZ	深物业 B	5. 37	3. 92	-27. 03	5. 50	3. 75
33	02370. HK	力高健康生活	2. 33	1. 68	-27. 90	2. 55	1. 50
34	01209. HK	华润万象生活	38. 66	27. 85	-27. 95	46. 34	25. 05
35	01922. HK	银城生活服务	2. 85	1. 99	-30. 18	3. 00	1. 52
36	01941. HK	烨星集团	0. 24	0. 17	-30. 42	0. 24	0. 16
37	00733. HK	合富辉煌	1. 70	1. 18	-30. 59	2. 69	0. 80
38	06093. HK	和泓服务	3. 68	2. 55	-30. 71	3. 70	2. 29
39	00352. HK	富阳	0. 23	0. 16	-31. 74	0. 29	0. 12
40	02271. HK	众安智慧生活	1. 18	0. 82	-32. 23	1. 22	0. 50
41	06049. HK	保利物业	45. 40	28. 80	-36. 57	59. 31	26. 60
42	01200. HK	美联集团	0. 79	0. 49	-37. 97	1. 07	0. 46
43	02455. HK	润华服务	1. 70	0. 77	-38. 89	1. 60	0. 71
44	01417. HK	浦江中国	0. 62	0. 37	-40. 93	0. 62	0. 32
45	09916. HK	兴业物联	0. 85	0. 50	-41. 18	0. 90	0. 39
46	002968. SZ	新大正	21. 40	12. 51	-41. 54	25. 50	11. 91
47	02080. HK	奥克斯国际	0. 45	0. 26	-42. 22	0. 50	0. 25
48	02869. HK	绿城服务	5. 05	2. 91	-42. 42	5. 87	2. 56
49	09983. HK	建业新生活	2. 72	1. 53	-43. 81	3. 32	1. 38
50	09928. HK	时代邻里	0. 98	0. 52	-46. 97	1. 24	0. 46
51	01516. HK	融创服务	3. 58	1. 87	-47. 74	4. 13	1. 74
52	02602. HK	万物云	47. 93	24. 55	-48. 77	55. 80	20. 46
53	01778. HK	彩生活	0. 62	0. 30	-52. 42	0. 83	0. 26
54	06989. HK	卓越商企服务	3. 45	1. 60	-53. 62	3. 92	1. 38
55	00816. HK	金茂服务	3. 89	1. 80	-53. 74	4. 70	1. 58
56	00873. HK	世茂服务	2. 82	1. 19	-57. 80	3. 32	1. 08
57	02107. HK	第一服务控股	0. 53	0. 22	-58. 76	0. 60	0. 21
58	03319. HK	雅生活服务	9. 33	3. 58	-61. 65	10. 79	3. 18
59	06677. HK	远洋服务	2. 05	0. 75	-63. 49	2. 85	0. 60
60	06098. HK	碧桂园服务	18. 54	6. 75	-63. 59	21. 88	5. 87
61	01755. HK	新城悦服务	8. 82	3. 15	-64. 30	9. 49	2. 84
62	01995. HK	旭辉永升服务	4. 08	1. 45	-64. 48	5. 09	0. 99

续表

排名	证券代码	证券简称	2022 年收盘价	2023 年收盘价	涨跌幅（%）	最高价	最低价
63	00108. HK	国锐生活	0. 94	0. 32	-65. 96	1. 05	0. 28
64	02048. HK	易居企业控股	0. 63	0. 20	-67. 78	0. 69	0. 16
65	00606. HK	中骏商管	1. 88	0. 52	-72. 34	2. 10	0. 50
66	03913. HK	合景悠活	1. 73	0. 47	-72. 83	2. 09	0. 41
67	06958. HK	正荣服务	0. 69	0. 19	-73. 04	0. 76	0. 18
68	03662. HK	星悦康旅	1. 86	0. 48	-74. 19	1. 86	0. 44
69	02168. HK	佳兆业美好	4. 09	1. 04	-74. 57	4. 07	0. 96
70	01971. HK	弘阳服务	2. 20	0. 47	-78. 64	2. 53	0. 40
71	06666. HK	恒大物业	2. 30	0. 49	-78. 91	2. 30	0. 39
72	02207. HK	融信服务	4. 20	0. 44	-89. 64	4. 20	0. 36
73	01965. HK	朗诗绿色生活	2. 63	0. 26	-90. 11	2. 65	0. 25

数据来源：Wind。

注：证券代码后缀为 . SZ 和 . SH 的货币单位为元；后缀为 . HK 的货币单位为港元。

表 6-3-16 沪深上市房地产投资信托基金（前复权）涨跌幅排行榜

排名	证券代码	证券简称	2022 年收盘价（元）	2023 年收盘价（元）	涨跌幅（%）	最高价（元）	最低价（元）
1	508028. SH	中信建投国家电投新能源 REIT	9. 14	9. 56	2. 54	9. 60	8. 40
2	508096. SH	中航京能光伏 REIT	8. 82	9. 70	-2. 16	10. 15	8. 97
3	508001. SH	浙商沪杭甬 REIT	8. 21	7. 82	-4. 68	8. 48	7. 23
4	508007. SH	中金山东高速 REIT	6. 86	6. 53	-5. 16	6. 88	5. 78
5	180501. SZ	红土创新深圳安居 REIT	2. 63	2. 49	-5. 26	2. 90	2. 34
6	508077. SH	华夏基金华润有巢 REIT	2. 50	2. 36	-5. 64	2. 67	2. 19
7	508058. SH	中金厦门安居 REIT	2. 81	2. 63	-6. 43	2. 94	2. 40
8	180801. SZ	中航首钢绿能 REIT	13. 46	12. 45	-7. 48	14. 05	10. 91
9	508008. SH	国金中国铁建 REIT	9. 02	8. 34	-7. 52	9. 19	7. 24
10	508068. SH	华夏北京保障房 REIT	2. 75	2. 54	-7. 76	2. 94	2. 45
11	508066. SH	华泰江苏交控 REIT	7. 14	6. 55	-8. 30	7. 22	5. 94
12	180401. SZ	鹏华深圳能源 REIT	6. 97	6. 28	-9. 94	7. 06	5. 67
13	508021. SH	国泰君安临港创新产业园 REIT	5. 12	4. 54	-11. 50	5. 66	4. 17
14	508019. SH	中金湖北科投光谷 REIT	2. 63	2. 16	-12. 11	2. 64	1. 94
15	508098. SH	嘉实京东仓储基础设施 REIT	3. 38	3. 31	-12. 23	4. 08	3. 13
16	508088. SH	国泰君安东久新经济 REIT	3. 70	3. 22	-13. 04	3. 95	3. 10

续表

排名	证券代码	证券简称	2022 年收盘价（元）	2023 年收盘价（元）	涨跌幅（%）	最高价（元）	最低价（元）
17	180202. SZ	华夏越秀高速 REIT	7. 22	6. 13	−15. 06	7. 37	5. 82
18	180201. SZ	平安广州广河 REIT	10. 76	8. 74	−18. 84	10. 81	8. 15
19	180301. SZ	红土创新盐田港 REIT	2. 93	2. 36	−19. 47	3. 03	2. 05
20	508009. SH	中金安徽交控 REIT	9. 01	7. 22	−19. 87	9. 05	6. 42
21	180102. SZ	华夏合肥高新 REIT	2. 32	1. 78	−23. 25	2. 46	1. 63
22	508006. SH	富国首创水务 REIT	4. 23	3. 24	−23. 30	4. 50	2. 63
23	180103. SZ	华夏和达高科 REIT	2. 95	2. 19	−25. 68	3. 07	2. 08
24	508027. SH	东吴苏园产业 REIT	4. 40	3. 15	−28. 38	4. 70	2. 86
25	508000. SH	华安张江产业园 REIT	3. 81	2. 61	−31. 48	4. 16	2. 42
26	508056. SH	中金普洛斯 REIT	5. 13	3. 41	−33. 52	5. 07	2. 98
27	508018. SH	华夏中国交建 REIT	7. 96	5. 15	−35. 30	8. 25	5. 00
28	180101. SZ	博时蛇口产园 REIT	2. 87	1. 64	−42. 91	2. 96	1. 59
29	508099. SH	建信中关村 REIT	3. 89	2. 11	−45. 70	4. 12	2. 03

数据来源：Wind。

注：嘉实京东仓储基础设施 REIT 成立日期为 2023 年 1 月 11 日；中信建投国家电投新能源 REIT、中航京能光伏 REIT 成立日期为 2023 年 3 月 20 日；中金湖北科投光谷 REIT 成立日期为 2023 年 6 月 9 日；中金山东高速 REIT 成立日期为 2023 年 10 月 16 日。以上基金 2022 收盘价均为发行价。

表 6-3-17　港市上市房地产投资信托股价（前复权）涨跌幅排行榜

排名	证券代码	证券简称	2022 年收盘价（港元）	2023 年收盘价（港元）	涨跌幅（%）	最高价（港元）	最低价（港元）
1	02191. HK	顺丰房托	2. 63	2. 67	1. 44	2. 93	2. 46
2	01426. HK	春泉产业信托	2. 40	2. 28	−5. 00	2. 60	1. 82
3	87001. HK	汇贤产业信托	0. 99	0. 91	−7. 69	1. 23	0. 81
4	02778. HK	冠君产业信托	2. 88	2. 45	−15. 02	3. 44	2. 33
5	00778. HK	置富产业信托	5. 88	4. 96	−15. 59	6. 49	4. 36
6	00823. HK	领展房产基金	52. 50	43. 85	−16. 47	59. 51	33. 76
7	00808. HK	泓富产业信托	1. 83	1. 39	−24. 07	2. 21	1. 31
8	01503. HK	招商局商业房托	1. 81	1. 34	−26. 13	2. 06	1. 25
9	00435. HK	阳光房地产基金	3. 13	2. 18	−30. 32	3. 39	1. 98
10	00405. HK	越秀房产信托基金	1. 97	1. 26	−36. 04	2. 73	1. 10
11	01881. HK	富豪产业信托	1. 39	0. 61	−56. 05	1. 41	0. 54

数据来源：Wind。

四、中国部分重点房地产企业运营数据

（一）保利发展控股集团股份有限公司

表 6-4-1　2023 年商品房销售业绩及同比增幅

类别	2023 年	同比增长（%）
权益销售金额（亿元）	4222.00	-7.68
权益销售面积（万平方米）	2386.00	-13.17
销售均价（元/米^2）	17695	6.33

数据来源：企业公告、CRIC。

表 6-4-2　2022 年和 2023 年企业财务指标

财务指标	2023 年	2022 年
净负债率（%）	61.20	63.57
三费费用率（%）	5.31	5.68
总资产周转率（次）	0.24	0.20
长短期债务比	3.80	3.70
现金短债比	1.28	1.57
净利润增长率（%）	-33.73	-27.37
销售毛利率（%）	16.02	22.01
销售净利率（%）	5.16	9.61

数据来源：企业公告、CRIC。

表 6-4-3　2023 年重点新增土地储备

城市	宗地名称	属性	成交时间	建筑面积（万平方米）	成交总价（亿元）	楼板价（元/米^2）
南京	栖霞区燕子矶街道和燕路以东、宜春街以南地块	住宅	2023-05	15.06	32.00	21253
北京	朝阳区十八里店朝阳港一期土地一级开发项目 1303-678 地块 R2 二类居住用地	住宅	2023-09	5.54	28.75	51858
三亚	半岭温泉旅游度假区控规 BL-04-04 和 BL-04-08 地块 SY2023-25	住宅	2023-10	38.04	30.00	7886
佛山	南海区 TD2023（NH）WG0043	商住	2023-11	28.78	47.23	16413
广州	荔湾区东沙国际商贸港片区 AF060610、AF060617、AF060712、AF060715、AF060720 地块	综合	2023-12	32.20	82.80	25713

数据来源：企业公告、CRIC。

表 6-4-4　2023 年重点新开盘项目

项目名称	城市	项目名称	城市
越秀保利·嘉悦云上	上海	保利天瑞	广州
保利静安天悦	上海	天汇玺	上海
保利越秀和樾天汇	上海	湖西观云	苏州

数据来源：企业公告、CRIC。

（二）万科企业股份有限公司

表 6-4-5　2023 年商品房销售业绩及同比增幅

类别	2023 年	同比增长（%）
权益销售金额（亿元）	3761.20	-9.80
权益销售面积（万平方米）	2466.00	-6.24
销售均价（元/米^2）	15252	-3.80

数据来源：企业公告、CRIC。

表 6-4-6　2022 年和 2023 年企业财务指标

财务指标	2023 年	2022 年
净负债率（%）	54.66	43.70
三费费用率（%）	4.67	4.88
总资产周转率（次）	0.29	0.27
长短期债务比	4.13	3.87
现金短债比	1.60	2.13
净利润增长率（%）	-45.62	-1.20
销售毛利率（%）	15.23	19.55
销售净利率（%）	4.39	7.47

数据来源：企业公告、CRIC。

表 6-4-7　2023 年重点新增土地储备

城市	宗地名称	属性	成交时间	建筑面积（万平方米）	成交总价（亿元）	楼板价（元/米^2）
南京	2023G05 地块	住宅	2023-03	9.80	27.50	28061
上海	梅陇社区 MHP0-0306 单元 5-3、6-3、5-5、6-5 地块	住宅	2023-04	16.30	75.49	46313
上海	广富林街道 SJC10004 单元 2 街区 19-01、25-01 号地块	商住	2023-04	24.90	37.83	15193
杭州	申花 28 号商住地块	商住	2023-08	9.60	27.51	28656
北京	永顺 6004、6005 地块	住宅	2023-08	7.90	27.40	34684

数据来源：企业公告、CRIC。

表 6-4-8　2023 年重点新开盘项目

项目名称	城市	项目名称	城市
万科臻越府	广州	万科璞拾胥江	苏州
万科都会启境	南京	万科星光都会	重庆
万科光谷锦曜	武汉	万科·紫台	长沙

数据来源：企业公告、CRIC。

（三）中国海外发展有限公司

表 6-4-9　2023 年商品房销售业绩及同比增幅

类别	2023 年	同比增长（%）
权益销售金额（亿元）	3098.10	5.11
权益销售面积（万平方米）	1336.00	-3.68
销售均价（元/米^2）	23189	9.12

数据来源：企业公告、CRIC。

表 6-4-10　2022 年和 2023 年企业财务指标

财务指标	2023 年	2022 年
净负债率（%）	38.69	42.91
三费费用率（%）	3.90	4.20
总资产周转率（次）	0.22	0.20
长短期债务比	5.29	5.87
现金短债比	2.58	2.80
净利润增长率（%）	10.14	-42.97
销售毛利率（%）	20.32	21.29
销售净利率（%）	13.35	13.62

数据来源：企业公告、CRIC。

表 6-4-11　2023 年重点新增土地储备

城市	宗地名称	属性	成交时间	建筑面积（万平方米）	成交总价（亿元）	楼板价（元/米^2）
深圳	南山区 T207-0060 宗地	住宅	2023-06	29.30	125.32	42773
厦门	思明区 2023P08 地块	住宅	2023-06	17.78	63.20	35555
广州	海珠区大干围西侧地块	住宅	2023-09	54.47	127.90	23479
上海	徐汇龙华街道地块	住宅	2023-10	101.08	240.16	23758
北京	石景山区北辛安棚户区改造 B 区	住宅	2023-12	45.84	56.10	12238

数据来源：企业公告、CRIC。

表 6-4-12　2023 年重点新开盘项目

项目名称	城市	项目名称	城市
中海都阙台	北京	中海富华里	北京
中海海上和集	上海	中海新川华府	成都
中海·华山珑城	济南	中海和瑞叁號院	北京

数据来源：企业公告、CRIC。

（四）华润置地有限公司

表 6-4-13　2023 年商品房销售业绩及同比增幅

类别	2023 年	同比增长（%）
权益销售金额（亿元）	3070.30	1.89
权益销售面积（万平方米）	1307.00	-8.31
销售均价（元/米^2）	23491	11.13

数据来源：企业公告、CRIC。

表 6-4-14　2022 年和 2023 年企业财务指标

财务指标	2023 年	2022 年
净负债率（%）	30.70	35.01
三费费用率（%）	6.26	6.27
总资产周转率（次）	0.22	0.20
长短期债务比	2.61	2.54
现金短债比	1.78	1.59
净利润增长率（%）	15.24	-13.44
销售毛利率（%）	25.15	26.22
销售净利率（%）	14.85	15.63

数据来源：企业公告、CRIC。

表 6-4-15　2023 年重点新增土地储备

城市	宗地名称	属性	成交时间	建筑面积（万平方米）	成交总价（亿元）	楼板价（元/米^2）
广州	番禺区汉溪大道北侧 BA0902125 地块	住宅	2023-04	25.17	84.15	33434
广州	番禺区汉溪大道北侧 BA0902011 地块	住宅	2023-04	25.72	82.74	32176
广州	天河区岐山路 AT1010008、AT1010010 地块	住宅	2023-07	19.73	45.05	22828
上海	宝山区大场镇 W12-1301 单元 07-01、36-01、37-01、40-01 地块	商住	2023-10	36.94	70.00	18948
上海	嘉定区南翔镇 JDC2-0202 单元 29-01、31-02、32-01、33-02 地块	住宅	2023-12	29.70	89.14	30015

数据来源：企业公告、CRIC。

表 6-4-16　2023 年重点新开盘项目

项目名称	城市	项目名称	城市
华润·前滩润璟	上海	湖滨里	厦门
西红门橡树湾	北京	杭曜置地中心	杭州
北京悦府	北京	湖西观云	苏州

数据来源：企业公告、CRIC。

（五）绿城中国控股有限公司

表 6-4-17　2023 年商品房销售业绩及同比增幅

类别	2023 年	同比增长（%）
权益销售金额（亿元）	3011.00	0.27
权益销售面积（万平方米）	1547.00	12.10
销售均价（元/米^2）	19463	-10.56

数据来源：企业公告、CRIC。

表 6-4-18　2022 年和 2023 年企业财务指标

财务指标	2023 年	2022 年
净负债率（%）	63.81	62.58
三费费用率（%）	8.21	8.67
总资产周转率（次）	0.25	0.24
长短期债务比	3.49	4.21
现金短债比	2.26	2.62
净利润增长率（%）	-24.92	15.71
销售毛利率（%）	17.41	17.35
销售净利率（%）	8.15	7.51

数据来源：企业公告、CRIC。

表 6-4-19　2023 年重点新增土地储备

城市	宗地名称	属性	成交时间	建筑面积（万平方米）	成交总价（亿元）	楼板价（元/米^2）
杭州	萧山区市北单元 XSCQ1309-R2-50 地块	住宅	2023-08	14.57	34.69	23800
上海	闵行区梅陇社区 MHP0-0304 单元 02-07-07 地块	住宅	2023-08	12.91	61.76	47853
上海	嘉定区南翔镇 JDC2-0203 单元 13-02、16-01 地块	住宅	2023-08	14.33	48.86	34100
杭州	四堡七堡单元 JG1402-26 地块	住宅	2023-08	10.48	47.40	45234
南京	建邺区兴隆街道兴隆大街以北、螺丝桥大街以西地块	住宅	2023-10	15.87	69.00	43473

数据来源：企业公告、CRIC。

表 6-4-20　2023 年重点新开盘项目

项目名称	城市	项目名称	城市
馥香园	杭州	凤鸣云翠	宁波
芝澜月华	杭州	汀岸辰风	杭州
前滩百合园	上海	桂语兰庭	深圳

数据来源：企业公告、CRIC。

（六）招商局蛇口工业区控股股份有限公司

表 6-4-21　2023 年商品房销售业绩及同比增幅

类别	2023 年	同比增长（%）
权益销售金额（亿元）	2936.40	0.40
权益销售面积（万平方米）	1223.40	2.50
销售均价（元/米²）	24001	-2.10

数据来源：企业公告、CRIC。

表 6-4-22　2022 年和 2023 年企业财务指标

财务指标	2023 年	2022 年
净负债率（%）	54.58	48.09
三费费用率（%）	4.35	4.56
总资产周转率（次）	0.19	0.21
长短期债务比	3.97	3.91
现金短债比	2.07	2.10
净利润增长率（%）	0.09	-40.15
销售毛利率（%）	15.89	19.25
销售净利率（%）	5.20	4.97

数据来源：企业公告、CRIC。

表 6-4-23　2023 年重点新增土地储备

城市	宗地名称	属性	成交时间	建筑面积（万平方米）	成交总价（亿元）	楼板价（元/米²）
厦门	湖里区 2023P06（招商湾湖臻境地块）	商住	2023-05	13.06	63.70	50474
北京	经济技术开发区亦庄新城 0510 街区 YZ00-0510-0032 地块	住宅	2023-06	8.68	33.01	38024
北京	石景山区 1609 街区新首钢国际人才社区核心区 1609-014、018、019、032 地块	住宅	2023-09	19.14	52.50	27429
上海	南汇区三林环外区域 PDP0-0901 单元 0901-07-04、0901-08-03、0901-09-02 地块	住宅	2023-10	18.79	73.86	39303
上海	宝山区顾村大型居住社区 BSP0-0103 单元 0304-06、0303-02、0309-04 地块	商住	2023-12	32.98	45.95	13931

数据来源：企业公告、CRIC。

表 6-4-24　2023 年重点新开盘项目

项目名称	城市	项目名称	城市
合肥璟园	合肥	深圳招商臻城花园	深圳
成都时代公园	成都	成都未来公园	成都
三亚海月花园	三亚	温州天樾玺	温州

数据来源：企业公告、CRIC。

（七）建发房地产集团有限公司

表 6-4-25　2023 年商品房销售业绩及同比增幅

类别	2023 年	同比增长（%）
权益销售金额（亿元）	1889.00	11.71
权益销售面积（万平方米）	912.47	12.55
销售均价（元/米^2）	20702	3.85

数据来源：企业公告、CRIC。

表 6-4-26　2022 年和 2023 年企业财务指标

财务指标	2023 年	2022 年
净负债率（%）	33.64	52.59
三费费用率（%）	5.61	8.84
总资产周转率（次）	0.33	0.27
长短期债务比	6.84	9.62
现金短债比	5.03	5.85
净利润增长率（%）	13.90	34.05
销售毛利率（%）	11.10	15.28
销售净利率（%）	4.71	5.58

数据来源：企业公告、CRIC。

表 6-4-27　2023 年重点新增土地储备

城市	宗地名称	属性	成交时间	建筑面积（万平方米）	成交总价（亿元）	楼板价（元/米^2）
宁波	鄞州区 JD12-04-03/04 地块	住宅	2023-01	5.00	9.79	19568
漳州	龙文区 2023P02 地块	住宅	2023-03	18.11	9.41	5196
丽水	丽阳街与寿尔福路交叉口西南侧地块	住宅	2023-04	6.02	9.73	16151
桐乡	桐城委 2021-66-1 地块	住宅	2023-06	9.47	9.49	10020
台州	椒江区葭沚街道开发大道以南、规划二路以东 JJZ180-0302 地块	住宅	2023-06	5.97	9.64	16136

数据来源：企业公告、CRIC。

表 6-4-28　2023 年重点新开盘项目

项目名称	城市	项目名称	城市
之江未来社区	杭州	建发缦云	苏州
建发璟院	上海	建发观唐映月	成都
湖滨里	厦门	建发城建文源府	北京

数据来源：企业公告、CRIC。

（八）龙湖集团控股有限公司

表 6-4-29　2023 年商品房销售业绩及同比增幅

类别	2023 年	同比增长（%）
权益销售金额（亿元）	1734.90	-13.94
权益销售面积（万平方米）	1079.60	-17.25
销售均价（元/米^2）	16070	4.00

数据来源：企业公告、CRIC。

表 6-4-30　2022 年和 2023 年企业财务指标

财务指标	2023 年	2022 年
净负债率（%）	55.92	58.06
三费费用率（%）	6.04	4.91
总资产周转率（次）	0.24	0.30
长短期债务比	6.18	9.07
现金短债比	2.25	3.52
净利润增长率（%）	-47.80	3.25
销售毛利率（%）	16.92	21.17
销售净利率（%）	9.48	13.10

数据来源：企业公告、CRIC。

表 6-4-31　2023 年重点新增土地储备

城市	宗地名称	属性	成交时间	建筑面积（万平方米）	成交总价（亿元）	楼板价（元/米^2）
苏州	石湖西路地块	住宅	2023-04	24.34	29.23	12011
上海	嘉定区江桥镇地块	住宅	2023-04	15.29	24.80	16224
广州	迎宾路地块	住宅	2023-04	12.72	23.23	18262
西安	高新 GX3-42-72-2 地块	住宅	2023-08	22.09	18.12	8203
杭州	钱塘下沙地块	住宅	2023-12	21.28	26.53	12468

数据来源：企业公告、CRIC。

表 6-4-32 2023 年重点新开盘项目

项目名称	城市	项目名称	城市
龙湖青云阙	西安	龙湖天府云河颂	成都
龙湖华越盛天御湖境	晋江	龙湖高新云河颂	西安
九里熙宸	北京	龙湖御湖境	北京

数据来源：企业公告、CRIC。

（九）金地（集团）股份有限公司

表 6-4-33 2023 年商品房销售业绩及同比增幅

类别	2023 年	同比增长（%）
权益销售金额（亿元）	1535.50	-30.80
权益销售面积（万平方米）	877.00	-14.00
销售均价（元/米^2）	17509	-19.50

数据来源：企业公告、CRIC。

表 6-4-34 2022 年和 2023 年企业财务指标

财务指标	2023 年	2022 年
净负债率（%）	53.65	53.12
三费费用率（%）	8.87	7.26
总资产周转率（次）	0.25	0.27
长短期债务比	1.23	1.74
现金短债比	1.29	1.29
净利润增长率（%）	-65.21	-29.22
销售毛利率（%）	17.51	20.77
销售净利率（%）	2.26	7.63

数据来源：企业公告、CRIC。

表 6-4-35 2023 年重点新增土地储备

城市	宗地名称	属性	成交时间	建筑面积（万平方米）	成交总价（亿元）	楼板价（元/米^2）
上海	嘉定区徐行镇新市镇区 17-01 地块	住宅	2023-04	5.88	10.88	18508
南京	栖霞区 2023G19 兴智恒广路以南、兴学路以西地块	住宅	2023-05	7.79	10.66	13679
太原	小店区 SWG-2318 地块	商住	2023-06	9.00	3.51	3902
太原	小店区西吴地块	商住、幼托	2023-06	7.83	3.34	4267
长沙	雨花区 035 号地块	住宅	2023-08	15.07	5.52	3664

数据来源：企业公告、CRIC。

表 6-4-36　2023 年重点新开盘项目

项目名称	城市	项目名称	城市
湖颂丹青府	杭州	金地·青云境	东莞
金地水西印二期	天津	金地·嘉境	上海
金地都会风华	昆明	金地·嘉峯汇	上海

数据来源：企业公告、CRIC。

（十）越秀地产股份有限公司

表 6-4-37　2023 年商品房销售业绩及同比增幅

类别	2023 年	同比增长（%）
权益销售金额（亿元）	1420.30	13.60
权益销售面积（万平方米）	445.08	7.51
销售均价（元/米^2）	31911	5.66

数据来源：企业公告、CRIC。

表 6-4-38　2022 年和 2023 年企业财务指标

财务指标	2023 年	2022 年
净负债率（%）	57.00	62.70
三费费用率（%）	5.67	6.53
总资产周转率（次）	0.21	0.22
长短期债务比	3.54	4.61
现金短债比	2.01	2.23
净利润增长率（%）	-25.46	16.38
销售毛利率（%）	15.28	20.45
销售净利率（%）	5.70	8.48

数据来源：企业公告、CRIC。

表 6-4-39　2023 年重点新增土地储备

城市	宗地名称	属性	成交时间	建筑面积（万平方米）	成交总价（亿元）	楼板价（元/米^2）
北京	昌平区回龙观国际信息产业基地二期（一）地块土地一级开发项目 CP01-0801-0018、0019、0020、0015、0023 地块	商住	2023-02	10.21	33.12	32434
北京	海淀区双新村棚户区改造项目 2603-003-1 地块	住宅	2023-06	8.96	79.35	88607
广州	天河区黄云路 AT1003011、AT1003072 地块土地	住宅	2023-08	13.62	68.32	50160
上海	普陀区北新泾产业园区 W061001 单元 pt0259a 街坊 pt0259a-09 地块	住宅	2023-12	7.23	47.85	66210
广州	天河区黄云路 AT1003010、AT1003075、AT1003082 地块	商住	2023-12	9.80	43.94	44833

数据来源：企业公告、CRIC。

表 6-4-40　2023 年重点新开盘项目

项目名称	城市	项目名称	城市
星樾	北京	瑞麓府	广州
潮樾府	深圳	白云星汇城	广州
和樾府	广州	滨湖悦府	广州

数据来源：企业公告、CRIC。

（十一）杭州滨江房产集团股份有限公司

表 6-4-41　2023 年商品房销售业绩及同比增幅

类别	2023 年	同比增长（%）
权益销售金额（亿元）	1534.73	-0.28
权益销售面积（万平方米）	333.62	8.41
销售均价（元/米^2）	46002	-8.01

数据来源：企业公告、CRIC。

表 6-4-42　2022 年和 2023 年企业财务指标

财务指标	2023 年	2022 年
净负债率（%）	15.08	55.42
三费费用率（%）	3.08	5.92
总资产周转率（次）	0.25	0.17
长短期债务比	2.07	2.67
现金短债比	2.42	1.67
净利润增长率（%）	-26.96	-20.67
销售毛利率（%）	16.76	17.48
销售净利率（%）	4.05	9.41

数据来源：企业公告、CRIC。

表 6-4-43　2023 年重点新增土地储备

城市	宗地名称	属性	成交时间	建筑面积（万平方米）	成交总价（亿元）	楼板价（元/米^2）
杭州	北部新城 LZ10 单元 LZ1004-R21-01、03 地块	住宅	2023-02	15.23	30.31	19894
杭州	永久河单元 D-R21/R22-15 地块	住宅	2023-05	9.59	32.17	33547
杭州	城东新城单元 JG0905-47 地块	住宅	2023-06	8.59	29.03	33786
杭州	地铁 3 号线昌达路车辆段综合开发项目	商住	2023-06	63.42	45.37	7153
杭州	四堡七堡单元 JG1405-40 地块	住宅	2023-09	9.61	34.34	35730

数据来源：企业公告、CRIC。

表 6-4-44　2023 年重点新开盘项目

项目名称	城市	项目名称	城市
杭州 IFC	杭州	潮映平澜府	杭州
滨运锦上湾	杭州	潮映万象轩	杭州
潮观揽月轩	杭州	澄虹府	杭州

数据来源：企业公告、CRIC。

（十二）中国金茂控股集团有限公司

表 6-4-45　2023 年商品房销售业绩及同比增幅

类别	2023 年	同比增长（%）
权益销售金额（亿元）	1412.00	-8.90
权益销售面积（万平方米）	828.34	6.30
销售均价（元/米^2）	17046	-14.30

数据来源：企业公告、CRIC。

表 6-4-46　2022 年和 2023 年企业财务指标

财务指标	2023 年	2022 年
净负债率（%）	81.52	69.18
三费费用率（%）	16.93	15.50
总资产周转率（次）	0.17	0.20
长短期债务比	4.34	3.62
现金短债比	1.59	1.68
净利润增长率（%）	-193.06	-32.24
销售毛利率（%）	12.46	15.84
销售净利率（%）	-6.71	6.29

数据来源：企业公告、CRIC。

表 6-4-47　2023 年重点新增土地储备

城市	宗地名称	属性	成交时间	建筑面积（万平方米）	成交总价（亿元）	楼板价（元/米^2）
青岛	李沧区涞水路以南、汇川路以东 LC0605-26a 地块	商住	2023-05	8.03	9.64	12000
青岛	李沧区涞水路以北、汇川路以东 LC0605-27 地块	商住	2023-05	3.19	3.94	12375
衢州	高铁新城 GT-08-05 地块	住宅	2023-06	25.27	20.75	8212
上海	宝山区大场镇 W12-1301 单元 35-03 地块	住宅	2023-07	8.61	31.25	36300
上海	浦东新区上海国际旅游度假区西片区横沔城镇单元（02PD-0002-01）08-02 地块	住宅	2023-12	9.70	28.13	29001

数据来源：企业公告、CRIC。

表 6-4-48　2023 年重点新开盘项目

项目名称	城市	项目名称	城市
云启东方	厦门	璀璨璟园	青岛
体北金茂府	天津	中欧丨青特·滨湖国际	青岛
上东金茂智慧科学城五期	天津	秦淮金茂府	南京

数据来源：企业公告、CRIC。

(十三) 融创中国控股有限公司

表 6-4-49　2023 年商品房销售业绩及同比增幅

类别	2023 年	同比增长（%）
权益销售金额（亿元）	847.70	-49.94
权益销售面积（万平方米）	607.60	-52.70
销售均价（元/米^2）	13952	5.85

数据来源：企业公告、CRIC。

表 6-4-50　2022 年和 2023 年企业财务指标

财务指标	2023 年	2022 年
净负债率（%）	302.21	301.93
三费费用率（%）	10.65	25.61
总资产周转率（次）	0.15	0.09
长短期债务比	0.53	0.18
现金短债比	0.14	0.15
净利润增长率（%）	—	—
销售毛利率（%）	-1.62	-0.85
销售净利率（%）	-6.75	-30.90

数据来源：企业公告、CRIC。

表 6-4-51　2023 年重点新开盘项目

项目名称	城市	项目名称	城市
欧麓花园城林湖郡	重庆	融创壹号院	北京
建发融创雅居乐和玺	佛山	融创森与海	杭州
融创金融未来城	上海	融创雲鼎城	重庆

数据来源：企业公告、CRIC。

(十四) 新城控股集团股份有限公司

表 6-4-52　2023 年商品房销售业绩及同比增幅

类别	2023 年	同比增长（%）
权益销售金额（亿元）	759.83	-34.53
权益销售面积（万平方米）	968.78	-18.69
销售均价（元/米^2）	7843	-19.47

数据来源：企业公告、CRIC。

表 6-4-53　2022 年和 2023 年企业财务指标

财务指标	2023 年	2022 年
净负债率（%）	44.70	44.53
三费费用率（%）	9.64	11.28
总资产周转率（次）	0.29	0.23
长短期债务比	1.70	1.27
现金短债比	0.89	1.00
净利润增长率（%）	-64.70	-88.48
销售毛利率（%）	19.05	20.03
销售净利率（%）	0.47	1.37

数据来源：企业公告、CRIC。

表 6-4-54　2023 年重点新开盘项目

项目名称	城市	项目名称	城市
吾悦品悦四季	漳州	吾悦学府	东营
新城悦隽年华悦朗花园	天津	凤城悦湖山	泰州
湖城大境·世家	南昌	新城万青时光里	天津

数据来源：企业公告、CRIC。

（十五）珠江华发实业股份有限公司

表 6-4-55　2023 年商品房销售业绩及同比增幅

类别	2023 年	同比增长（%）
权益销售金额（亿元）	1259.90	4.78
权益销售面积（万平方米）	399.40	-0.37
销售均价（元/米^2）	31545	5.17

数据来源：企业公告、CRIC。

表 6-4-56　2022 年和 2023 年企业财务指标

财务指标	2023 年	2022 年
净负债率（%）	85.63	82.75
三费费用率（%）	5.74	6.37
总资产周转率（次）	0.17	0.16
长短期债务比	4.13	3.93
现金短债比	1.85	1.98
净利润增长率（%）	-28.96	4.30
销售毛利率（%）	18.14	20.15
销售净利率（%）	4.80	8.07

数据来源：企业公告、CRIC。

表 6-4-57　2023 年重点新增土地储备

城市	宗地名称	属性	成交时间	建筑面积（万平方米）	成交总价（亿元）	楼板价（元/米²）
成都	四川天府新区正兴街道凉风顶村二组	住宅	2023-06	22.86	38.18	16700
上海	松江区洞泾镇 SJS30006 单元 04-04、05-01、05-05 号地块	住宅	2023-07	27.32	70.63	25850
西安	城西区 LH10-1-10-5、LH10-1-10-8 地块	商住	2023-08	29.92	18.37	6141
上海	青浦区赵巷镇佳环路东侧 B2-01 地块	住宅	2023-10	6.59	17.33	26279
上海	嘉定区南翔镇 JDC2-0202 单元 29-01、31-02、32-01、33-02 地块	住宅	2023-12	29.70	89.14	30015

数据来源：企业公告、CRIC。

表 6-4-58　2023 年重点新开盘项目

项目名称	城市	项目名称	城市
华发·四季雅筑	南京	华发武汉城建中央公园	武汉
华发四季半岛	重庆	华发四季河滨	上海
华发滨江府	佛山	华发静安华府	上海

数据来源：企业公告、CRIC。

（十六）绿地控股集团股份有限公司

表 6-4-59　2023 年商品房销售业绩及同比增幅

类别	2023 年	同比增长（%）
权益销售金额（亿元）	1114.69	-15.77
权益销售面积（万平方米）	1058.40	-17.30
销售均价（元/米²）	10532	1.85

数据来源：企业公告、CRIC。

表 6-4-60　2022 年和 2023 年企业财务指标

财务指标	2023 年	2022 年
净负债率（%）	141.69	86.13
三费费用率（%）	6.52	6.04
总资产周转率（次）	0.28	0.31
长短期债务比	0.72	0.93
现金短债比	0.26	0.57
净利润增长率（%）	-340.81	-51.08
销售毛利率（%）	11.08	10.50
销售净利率（%）	-3.09	1.06

数据来源：企业公告、CRIC。

表 6-4-61　2023 年重点新增土地储备

城市	宗地名称	属性	成交时间	建筑面积（万平方米）	成交总价（亿元）	楼板价（元/米^2）
海门	海永镇海启路西、沿江路北侧 CR23033	住宅	2023-12	16.94	6.03	3559

数据来源：企业公告、CRIC。

表 6-4-62　2023 年重点新开盘项目

项目名称	城市	项目名称	城市
绿地长安门	西安	绿川馨康苑	上海
绿地宝龙·柏源晶舍	杭州	绿地无舍山南	南京
绿地御山台	济南	绿地海伦堡南河壹品	常州

数据来源：企业公告、CRIC。

（十七）旭辉集团股份有限公司

表 6-4-63　2023 年商品房销售业绩及同比增幅

类别	2023 年	同比增长（%）
权益销售金额（亿元）	700.00	-43.55
权益销售面积（万平方米）	514.38	-38.71
销售均价（元/米^2）	13609	-7.89

数据来源：企业公告、CRIC。

表 6-4-64　2022 年和 2023 年企业财务指标

财务指标	2023 年	2022 年
净负债率（%）	121.62	101.99
三费费用率（%）	9.75	17.66
总资产周转率（次）	0.21	0.12
长短期债务比	0.33	0.50
现金短债比	0.20	0.28
净利润增长率（%）	—	-210.00
销售毛利率（%）	15.64	13.95
销售净利率（%）	-12.08	-28.58

数据来源：企业公告、CRIC。

表 6-4-65　2023 年重点新开盘项目

项目名称	城市	项目名称	城市
铂悦春和万象	苏州	铂悦凤犀台	济南
晴翠府	南京	公园和御	北京
和悦塘前雅院	苏州	旭辉铂悦湘江	长沙

数据来源：企业公告、CRIC。

（十八）美的置业集团有限公司

表 6-4-66 2023 年商品房销售业绩及同比增幅

类别	2023 年	同比增长（%）
权益销售金额（亿元）	658.50	-16.90
权益销售面积（万平方米）	555.70	-12.02
销售均价（元/米^2）	11850	-5.55

数据来源：企业公告、CRIC。

表 6-4-67 2022 年和 2023 年企业财务指标

财务指标	2023 年	2022 年
净负债率（%）	35.77	43.85
三费费用率（%）	5.20	6.19
总资产周转率（次）	0.34	0.27
长短期债务比	2.11	2.54
现金短债比	1.65	1.93
净利润增长率（%）	-40.59	-32.55
销售毛利率（%）	11.53	15.36
销售净利率（%）	2.89	4.86

数据来源：企业公告、CRIC。

表 6-4-68 2023 年重点新增土地储备

城市	宗地名称	属性	成交时间	建筑面积（万平方米）	成交总价（亿元）	楼板价（元/米^2）
长沙	芙蓉区东岸街道东屯村地块	住宅	2023-06	7.14	3.60	5050

数据来源：企业公告、CRIC。

表 6-4-69 2023 年重点新开盘项目

项目名称	城市	项目名称	城市
上城时光	苏州	美的公园天下	邯郸
上城壹号	无锡	美的君兰锦绣	温州
智慧城	邯郸	君兰和著	温州

数据来源：企业公告、CRIC。

（十九）保利置业集团有限公司

表 6-4-70 2023 年商品房销售业绩及同比增幅

类别	2023 年	同比增长（%）
权益销售金额（亿元）	536.00	6.77
权益销售面积（万平方米）	225.20	-6.13
销售均价（元/米^2）	23805	13.76

数据来源：企业公告、CRIC。

表 6-4-71　2022 年和 2023 年企业财务指标

财务指标	2023 年	2022 年
净负债率（%）	93.08	115.89
三费费用率（%）	8.95	9.34
总资产周转率（次）	0.20	0.21
长短期债务比	2.55	3.36
现金短债比	1.53	1.72
净利润增长率（%）	61.68	-53.35
销售毛利率（%）	20.42	26.94
销售净利率（%）	3.99	2.45

数据来源：企业公告、CRIC。

表 6-4-72　2023 年重点新增土地储备

城市	宗地名称	属性	成交时间	建筑面积（万平方米）	成交总价（亿元）	楼板价（元/米^2）
上海	青浦区盈浦街道竹盈路南侧地块	住宅	2023-04	38.71	70.26	18149
昆山	开发区景王路北侧、金沙江路东侧	住宅	2023-05	9.23	12.57	13625
苏州	工业园区星塘街西、独墅湖大道北	住宅	2023-06	6.71	14.82	22075
广州	番禺区大龙街番禺客运站北侧地块	住宅	2023-06	5.12	10.38	20269
上海	杨浦区平凉社区 01D4-06 地块（平凉街道 71 街坊）、01D2-03 地块（平凉街道 75 街坊）	住宅	2023-07	3.06	22.73	74250

数据来源：企业公告、CRIC。

表 6-4-73　2023 年重点新开盘项目

项目名称	城市	项目名称	城市
璀璨璟园	昆山	保利明玥宸光	上海
保利领秀前城	南京	保利·朗玥旭章	宁波
保利瑧誉	宁波	保利天禧	济南

数据来源：企业公告、CRIC。

（二十）远洋集团控股有限公司

表 6-4-74　2023 年商品房销售业绩及同比增幅

类别	2023 年	同比增长（%）
权益销售金额（亿元）	505.30	-49.62
权益销售面积（万平方米）	428.89	-30.31
销售均价（元/米^2）	13500	-25.00

数据来源：企业公告、CRIC。

表 6-4-75　2022 年和 2023 年企业财务指标

财务指标	2023 年	2022 年
净负债率（%）	438.25	195.71
三费费用率（%）	13.73	14.24
总资产周转率（次）	0.08	0.17
长短期债务比	0.38	1.55
现金短债比	0.07	0.25
净利润增长率（%）	—	-468.40
销售毛利率（%）	2.55	5.15
销售净利率（%）	-45.17	-40.66

数据来源：企业公告、CRIC。

表 6-4-76　2023 年重点新增土地储备

城市	宗地名称	属性	成交时间	建筑面积（万平方米）	成交总价（亿元）	楼板价（元/米^2）
济南	北湖核心区—商住地	商住	2023-02	53.46	15.84	2963

数据来源：企业公告、CRIC。

表 6-4-77　2023 年重点新开盘项目

项目名称	城市	项目名称	城市
远洋博堡	上海	东滩海上明月	上海
远洋红星宝山天铂	上海	远洋天成	广州
源山春秋	北京	远洋风景	广州

数据来源：企业公告、CRIC。

（二十一）雅居乐集团控股有限公司

表 6-4-78　2023 年商品房销售业绩及同比增幅

类别	2023 年	同比增长（%）
权益销售金额（亿元）	453.00	-30.55
权益销售面积（万平方米）	303.90	-41.22
销售均价（元/米^2）	14906	18.33

数据来源：企业公告、CRIC。

表 6-4-79　2022 年和 2023 年企业财务指标

财务指标	2023 年	2022 年
净负债率（%）	65.75	57.30
三费费用率（%）	13.35	15.99
总资产周转率（次）	0.17	0.18
长短期债务比	1.07	1.50
现金短债比	0.49	0.70

续表

财务指标	2023 年	2022 年
净利润增长率（%）	—	-24.70
销售毛利率（%）	-1.21	1.90
销售净利率（%）	29.50	-24.70

数据来源：企业公告、CRIC。

表 6-4-80　2023 年重点新开盘项目

项目名称	城市	项目名称	城市
清水湾蔚蓝星宸三期	陵水	雅居乐滨河雅郡北岛嘉苑	天津
雅居乐国际花园香坻沁园	天津	—	—

数据来源：企业公告、CRIC。

（二十二）深圳华侨城股份有限公司

表 6-4-81　2023 年商品房销售业绩及同比增幅

类别	2023 年	同比增长（%）
权益销售金额（亿元）	449.30	-18.71
权益销售面积（万平方米）	227.30	-14.73
销售均价（元/米^2）	19767	-4.67

数据来源：企业公告、CRIC。

表 6-4-82　2022 年和 2023 年企业财务指标

财务指标	2023 年	2022 年
净负债率（%）	108.44	85.90
三费费用率（%）	14.07	11.48
总资产周转率（次）	0.15	0.18
长短期债务比	4.42	5.02
现金短债比	1.63	1.96
净利润增长率（%）	—	-278.52
销售毛利率（%）	18.97	22.84
销售净利率（%）	-15.13	-16.63

数据来源：企业公告、CRIC。

表 6-4-83　2023 年重点新增土地储备

城市	宗地名称	属性	成交时间	建筑面积（万平方米）	成交总价（亿元）	楼板价（元/米^2）
佛山	顺德欢乐海岸 PLUS 二期	文旅综合	2023-01	30.14	21.12	7006
无锡	XDG-2023-10 号	住宅	2023-05	11.17	21.01	18814
成都	金牛区金泉街道互助社区 2、3 组，郫都区犀浦镇五粮村集体	住宅	2023-08	7.54	10.10	13400

续表

城市	宗地名称	属性	成交时间	建筑面积（万平方米）	成交总价（亿元）	楼板价（元/米^2）
佛山	禅城区 TD2023（CC）WG0003	住宅、商业、办公	2023-09	11.03	20.14	18256

数据来源：企业公告、CRIC。

表 6-4-84　2023 年重点新开盘项目

项目名称	城市	项目名称	城市
华侨城蓝楹湾	重庆	当代华侨城汉口道 6 号	武汉
华侨城天鹅堡二期	佛山	保利云上（华侨城公园城）	成都
华侨城翡翠天域	南京	华侨城红坊右岸	武汉

数据来源：企业公告、CRIC。

（二十三）北京首都开发股份有限公司

表 6-4-85　2023 年商品房销售业绩及同比增幅

类别	2023 年	同比增长（%）
权益销售金额（亿元）	615.30	-29.24
权益销售面积（万平方米）	269.85	-15.09
销售均价（元/米^2）	22803	-16.67

数据来源：企业公告、CRIC。

表 6-4-86　2022 年和 2023 年企业财务指标

财务指标	2023 年	2022 年
净负债率（%）	169.62	147.28
三费费用率（%）	11.74	11.00
总资产周转率（次）	0.16	0.16
长短期债务比	6.81	5.63
现金短债比	1.46	1.03
净利润增长率（%）	-746.19	-44.88
销售毛利率（%）	11.49	16.62
销售净利率（%）	-12.43	1.92

数据来源：企业公告、CRIC。

表 6-4-87　2023 年重点新增土地储备

城市	宗地名称	属性	成交时间	建筑面积（万平方米）	成交总价（亿元）	楼板价（元/米^2）
北京	昌平新城东区三期土地一级开发项目 CP00-1002-0001 地块	住宅	2023-03	10.82	27.00	24956
厦门	湖里区 2023P07（云启东方项目地块）	商住	2023-07	2.80	12.65	45179

续表

城市	宗地名称	属性	成交时间	建筑面积（万平方米）	成交总价（亿元）	楼板价（元/米^2）
北京	顺义新城第 1 街区 01-01-09 地块 R2 二类居住用地、01-01-04 地块	住宅、公建配套	2023-07	10.77	22.82	21195
北京	昌平区沙河高教园区四期（二）地块土地一级开发项目 CP01-0302-0002、0003、0004、0009、0010、0012、0008、0013 地块	住宅、公建配套	2023-07	12.73	31.97	25106
南京	鼓楼区热河南路街道热河南路以东、察哈尔路以南地块	住宅	2023-12	3.67	11.00	29948

数据来源：企业公告、CRIC。

表 6-4-88　2023 年重点新开盘项目

项目名称	城市	项目名称	城市
璞瑅润府	北京	首开熙江玥庭	东莞
梧桐星宸	北京	望斓翠印府	杭州
首开璞瑅隐园	北京	若丘	北京

数据来源：企业公告、CRIC。

（二十四）世茂集团控股有限公司

表 6-4-89　2023 年商品房销售业绩及同比增幅

类别	2023 年	同比增长（%）
权益销售金额（亿元）	428.22	-50.51
权益销售面积（万平方米）	294.70	-45.16
销售均价（元/米^2）	14532	-9.74

数据来源：企业公告、CRIC。

表 6-4-90　2022 年和 2023 年企业财务指标

财务指标	2023 年	2022 年
净负债率（%）	473.20	302.20
三费费用率（%）	23.70	37.52
总资产周转率（次）	10.26	10.13
长短期债务比	0.32	0.43
现金短债比	0.11	0.18
净利润增长率（%）	—	—
销售毛利率（%）	9.83	8.38
销售净利率（%）	-39.69	-32.77

数据来源：企业公告、CRIC。

表 6-4-91　2023 年重点新开盘项目

项目名称	城市	项目名称	城市
西山龙胤	北京	天鹅湾	广州
绿城·奥海明月	北京	粤湾壹号	深圳
雍和府	上海	深港国际中心	深圳

数据来源：企业公告、CRIC。

（二十五）中交地产股份有限公司

表 6-4-92　2023 年商品房销售业绩及同比增幅

类别	2023 年	同比增长（%）
权益销售金额（亿元）	373.61	-18.57
权益销售面积（万平方米）	179.66	-8.23
销售均价（元/米^2）	20795	-11.27

数据来源：企业公告、CRIC。

表 6-4-93　2022 年和 2023 年企业财务指标

财务指标	2023 年	2022 年
净负债率（%）	154.79	166.57
三费费用率（%）	6.94	4.76
总资产周转率（次）	0.25	0.28
长短期债务比	1.81	1.27
现金短债比	0.86	0.56
净利润增长率（%）	-31.60	55.07
销售毛利率（%）	10.89	13.43
销售净利率（%）	-4.53	2.66

数据来源：企业公告、CRIC。

表 6-4-94　2023 年重点新增土地储备

城市	宗地名称	属性	成交时间	建筑面积（万平方米）	成交总价（亿元）	楼板价（元/米^2）
成都	天府麓山 TF（07）2023-16 号地块	住宅	2023-08	8.79	11.08	12605
合肥	包河区淝河板块 BH202313 号地块	住宅	2023-12	12.74	16.62	13046

数据来源：企业公告、CRIC。

表 6-4-95　2023 年重点新开盘项目

项目名称	城市	项目名称	城市
中交建发五缘海悦	厦门	中交鹭鸣九章	成都
海淀幸福里	北京	北清云际	北京
中交融成	天津	保利中交雲上	厦门

数据来源：企业公告、CRIC。

（二十六）中梁控股集团有限公司

表 6-4-96　2023 年商品房销售业绩及同比增幅

类别	2023 年	同比增长（%）
权益销售金额（亿元）	341. 30	-48. 33
权益销售面积（万平方米）	330. 20	-47. 34
销售均价（元/米^2）	10336	-1. 87

数据来源：企业公告、CRIC。

表 6-4-97　2022 年和 2023 年企业财务指标

财务指标	2023 年	2022 年
净负债率（%）	14. 92	32. 35
三费费用率（%）	3. 69	9. 25
总资产周转率（次）	0. 32	0. 16
长短期债务比	0. 27	0. 50
现金短债比	0. 93	0. 93
净利润增长率（%）	—	-134. 09
销售毛利率（%）	4. 78	8. 90
销售净利率（%）	-4. 38	-4. 12

数据来源：企业公告、CRIC。

表 6-4-98　2023 年重点新开盘项目

项目名称	城市	项目名称	城市
中梁公馆	天津	碧桂园中梁·东方印	安庆
滨江中梁鹿城壹号	温州	新城中梁长风雅著	天津
绿都中梁河风雅叙	洛阳	中梁·燕澜风华	邯郸

数据来源：企业公告、CRIC。

（二十七）大悦城控股集团股份有限公司

表 6-4-99　2023 年商品房销售业绩及同比增幅

类别	2023 年	同比增长（%）
权益销售金额（亿元）	461. 00	-18. 84
权益销售面积（万平方米）	223. 00	-1. 76
销售均价（元/米^2）	20673	-17. 38

数据来源：企业公告、CRIC。

表 6-4-100　2022 年和 2023 年企业财务指标

财务指标	2023 年	2022 年
净负债率（%）	90. 41	79. 33
三费费用率（%）	14. 71	12. 48
总资产周转率（次）	0. 18	0. 19

续表

财务指标	2023 年	2022 年
长短期债务比	2.42	3.84
现金短债比	1.43	2.38
净利润增长率（%）	—	-389.62
销售毛利率（%）	26.47	24.06
销售净利率（%）	0.33	-5.62

数据来源：企业公告、CRIC。

表 6-4-101　2023 年重点新增土地储备

城市	宗地名称	属性	成交时间	建筑面积（万平方米）	成交总价（亿元）	楼板价（元/米^2）
南京	南京市江宁区 NO. 2023G07 号宗地	住宅	2023-03	5.32	13.95	26223
西安	国际港务区 GW1-21-11 地块	住宅	2023-05	6.83	5.47	8011

数据来源：企业公告、CRIC。

表 6-4-102　2023 年重点新开盘项目

项目名称	城市	项目名称	城市
禧瑞祥云	上海	天恒·京西悦府	北京
天恒·智慧谷	北京	朗云花园	广州
宸悦国际	北京	中粮大悦城	深圳

数据来源：企业公告、CRIC。

（二十八）仁恒置地有限公司

表 6-4-103　2023 年商品房销售业绩及同比增幅

类别	2023 年	同比增长（%）
权益销售金额（亿元）	323.52	-52.49
权益销售面积（万平方米）	123.75	-13.68
销售均价（元/米^2）	26144	-44.96

数据来源：企业公告、CRIC。

表 6-4-104　2022 年和 2023 年企业财务指标

财务指标	2023 年	2022 年
净负债率（%）	38.89	48.95
三费费用率（%）	7.66	13.30
总资产周转率（次）	0.19	0.17
长短期债务比	2.25	2.04
现金短债比	1.95	1.75
净利润增长率（%）	-125.17	-28.90
销售毛利率（%）	19.10	27.00
销售净利率（%）	-1.66	10.00

数据来源：企业公告、CRIC。

表 6-4-105　2023 年重点新增土地储备

城市	宗地名称	属性	成交时间	建筑面积（万平方米）	成交总价（亿元）	楼板价（元/米^2）
苏州	溪棠四季花园	住宅	2023-01	11.60	18.40	15862
苏州	苏地 2021-WG-60 号地块	住宅	2023-03	13.80	23.99	17384
无锡	XDG-2023-2 号地块	商住	2023-06	3.30	5.09	15424
海口	长天云汀	住宅	2023-10	24.20	20.54	8488

数据来源：企业公告、CRIC。

表 6-4-106　2023 年重点新开盘项目

项目名称	城市	项目名称	城市
河滨城	济南	深之源	深圳
四季河滨（斜塘）	苏州	前湾国际	无锡
澜庭雅致	苏州	云谷世纪	南京

数据来源：企业公告、CRIC。

（二十九）中骏集团控股有限公司

表 6-4-107　2023 年商品房销售业绩及同比增幅

类别	2023 年	同比增长（%）
权益销售金额（亿元）	277.75	-52.94
权益销售面积（万平方米）	229.00	-53.38
销售均价（元/米^2）	12129	0.94

数据来源：企业公告、CRIC。

表 6-4-108　2022 年和 2023 年企业财务指标

财务指标	2023 年	2022 年
净负债率（%）	143.82	79.57
三费费用率（%）	19.11	14.76
总资产周转率（次）	0.12	0.14
长短期债务比	0.53	2.00
现金短债比	0.28	1.02
净利润增长率（%）	—	-105.47
销售毛利率（%）	12.55	16.55
销售净利率（%）	-40.08	-0.75

数据来源：企业公告、CRIC。

表 6-4-109　2023 年重点新开盘项目

项目名称	城市	项目名称	城市
中骏鼎湖未来云城	杭州	中骏云景台	北京
中骏金辉未来云城	北京	中骏宸璟府	天津
中骏世界城	合肥	中骏世界城	福州

数据来源：企业公告、CRIC。

（三十）宝龙地产控股有限公司

表 6-4-110　2023 年商品房销售业绩及同比增幅

类别	2023 年	同比增长（%）
权益销售金额（亿元）	275.24	-32.79
权益销售面积（万平方米）	198.00	-27.32
销售均价（元/米^2）	13901	-7.52

数据来源：企业公告、CRIC。

表 6-4-111　2022 年和 2023 年企业财务指标

财务指标	2023 年	2022 年
净负债率（%）	89.61	81.92
三费费用率（%）	15.12	16.23
总资产周转率（次）	0.10	0.13
长短期债务比	1.00	2.21
现金短债比	0.31	0.60
净利润增长率（%）	-259.73	-78.01
销售毛利率（%）	10.71	31.48
销售净利率（%）	-11.25	5.14

数据来源：企业公告、CRIC。

表 6-4-112　2023 年重点新开盘项目

项目名称	城市	项目名称	城市
奉发宝龙广场	上海	澜天	杭州
环球 100 宝龙城	海口	临栖云府	杭州
柏源晶舍	杭州	湖城大境	南昌

数据来源：企业公告、CRIC。

（三十一）弘阳地产集团有限公司

表 6-4-113　2023 年商品房销售业绩及同比增幅

类别	2023 年	同比增长（%）
权益销售金额（亿元）	218.29	-37.99
权益销售面积（万平方米）	153.73	-39.68
销售均价（元/米^2）	13928	2.80

数据来源：企业公告、CRIC。

表 6-4-114　2022 年和 2023 年企业财务指标

财务指标	2023 年	2022 年
净负债率（%）	126.09	81.70
三费费用率（%）	13.90	16.76
总资产周转率（次）	0.22	0.17

续表

财务指标	2023 年	2022 年
长短期债务比	0.25	0.50
现金短债比	0.16	0.30
净利润增长率（%）	—	-311.00
销售毛利率（%）	-3.38	8.30
销售净利率（%）	-39.10	-19.70

数据来源：企业公告、CRIC。

表 6-4-115　2023 年重点新开盘项目

项目名称	城市
弘阳天悦	武汉

数据来源：企业公告、CRIC。

（三十二）江苏中南建设集团股份有限公司

表 6-4-116　2023 年商品房销售业绩及同比增幅

类别	2023 年	同比增长（%）
权益销售金额（亿元）	398.80	-38.57
权益销售面积（万平方米）	333.20	-38.66
销售均价（元/米^2）	11969	0.15

数据来源：企业公告、CRIC。

表 6-4-117　2022 年和 2023 年企业财务指标

财务指标	2023 年	2022 年
净负债率（%）	178.43	108.18
三费费用率（%）	7.94	11.14
总资产周转率（次）	0.26	0.18
长短期债务比	0.90	1.05
现金短债比	0.33	0.59
净利润增长率（%）	-49.50	191.32
销售毛利率（%）	9.77	-0.09
销售净利率（%）	-7.10	-16.31

数据来源：企业公告、CRIC。

表 6-4-118　2023 年重点新开盘项目

项目名称	城市	项目名称	城市
时代云图里	宁波	中南云城	武汉
中南熙悦	固安	中南春江云锦	太仓
中南君启	泰州	翰林九境	温州

数据来源：企业公告、CRIC。

（三十三）信达地产股份有限公司

表 6-4-119　2023 年商品房销售业绩及同比增幅

类别	2023 年	同比增长（%）
权益销售金额（亿元）	195.05	-12.99
权益销售面积（万平方米）	91.57	2.66
销售均价（元/米^2）	21301	-15.25

数据来源：企业公告、CRIC。

表 6-4-120　2022 年和 2023 年企业财务指标

财务指标	2023 年	2022 年
净负债率（%）	94.83	85.78
三费费用率（%）	20.73	13.57
总资产周转率（次）	0.13	0.21
长短期债务比	2.71	1.74
现金短债比	1.07	1.00
净利润增长率（%）	4.64	-31.94
销售毛利率（%）	27.06	25.20
销售净利率（%）	5.27	3.15

数据来源：企业公告、CRIC。

表 6-4-121　2023 年重点新增土地储备

城市	宗地名称	属性	成交时间	建筑面积（万平方米）	成交总价（亿元）	楼板价（元/米^2）
西安	城南区 YT2-8-17 地块	商住	2023-08	30.59	11.85	3874
西安	城南区 YT2-9-20-1 地块	商住	2023-08	9.46	5.60	5919

数据来源：企业公告、CRIC。

表 6-4-122　2023 年重点新开盘项目

项目名称	城市	项目名称	城市
长阳新苑	上海	德贤华府	北京
海泰园	上海	山水·合悦	广州
星尚·观澜世嘉	上海	信达·珺悦蓝庭	广州

数据来源：企业公告、CRIC。

（三十四）龙光集团有限公司

表 6-4-123　2023 年商品房销售业绩及同比增幅

类别	2023 年	同比增长（%）
权益销售金额（亿元）	190.46	-56.82
权益销售面积（万平方米）	133.86	-51.36
销售均价（元/米^2）	14229	-11.24

数据来源：企业公告、CRIC。

表 6-4-124　2022 年和 2023 年企业财务指标

财务指标	2023 年	2022 年
净负债率（%）	293.71	164.98
三费费用率（%）	8.41	11.67
总资产周转率（次）	0.18	0.15
长短期债务比	0.69	0.65
现金短债比	0.20	0.23
净利润增长率（%）	—	-185.46
销售毛利率（%）	-9.56	-11.49
销售净利率（%）	-18.78	-21.31

数据来源：企业公告、CRIC。

表 6-4-125　2023 年重点新开盘项目

项目名称	城市	项目名称	城市
龙光春城玖榕府	深圳	龙光天瀛	成都
龙光天曜	上海	龙光玖荣府	南京

数据来源：企业公告、CRIC。

（三十五）朗诗绿色管理有限公司

表 6-4-126　2023 年商品房销售业绩及同比增幅

类别	2023 年	同比增长（%）
权益销售金额（亿元）	183.90	-17.61
权益销售面积（万平方米）	96.70	-16.79
销售均价（元/米^2）	19018	-0.98

数据来源：企业公告、CRIC。

表 6-4-127　2022 年和 2023 年企业财务指标

财务指标	2023 年	2022 年
净负债率（%）	295.68	223.20
三费费用率（%）	19.17	14.08
总资产周转率（次）	0.46	0.59
长短期债务比	2.66	3.91
现金短债比	0.55	0.88
净利润增长率（%）	—	—
销售毛利率（%）	12.29	9.66
销售净利率（%）	-9.55	-17.50

数据来源：企业公告、CRIC。

表 6-4-128　2023 年重点新开盘项目

项目名称	城市	项目名称	城市
朗诗天樾狮山	苏州	江津朗诗福源时代代	重庆
朗诗熙樾府	重庆	朗诗百贤庭	西安
朗诗吴风和苑	苏州	朗诗熙华府	武汉

数据来源：企业公告、CRIC。

（三十六）北京城建投资发展股份有限公司

表 6-4-129　2023 年商品房销售业绩及同比增幅

类别	2023 年	同比增长（%）
权益销售金额（亿元）	326.00	7.44
权益销售面积（万平方米）	73.46	4.16
销售均价（元/米^2）	44377	-24.11

数据来源：企业公告、CRIC。

表 6-4-130　2022 年和 2023 年企业财务指标

财务指标	2023 年	2022 年
净负债率（%）	89.75	151.64
三费费用率（%）	7.99	6.61
总资产周转率（次）	0.15	0.18
长短期债务比	3.35	8.75
现金短债比	1.59	2.44
净利润增长率（%）	—	—
销售毛利率（%）	20.39	13.73
销售净利率（%）	0.45	-3.60

数据来源：企业公告、CRIC。

表 6-4-131　2023 年重点新增土地储备

城市	宗地名称	属性	成交时间	建筑面积（万平方米）	成交总价（亿元）	楼板价（元/米^2）
承德	滦平县滦平镇西瓜园村和王家沟村［2023］9 号	住宅	2023-05	3.22	0.40	1241
北京	房山区长阳镇北广阳城棚户区改造二片区 FS00-0105-0011、0023 地块项目 R2 二类居住用地	住宅	2023-12	6.41	12.00	18717

数据来源：企业公告、CRIC。

表 6-4-132　2023 年重点新开盘项目

项目名称	城市	项目名称	城市
北京城建·天坛府	北京	北京城建国誉燕园	北京
建发城建文源府	北京	国誉·万和城	北京
望瀬翠印府	杭州	金隅昆泰云筑二期	北京

数据来源：企业公告、CRIC。

（三十七）建业地产股份有限公司

表 6-4-133　2023 年商品房销售业绩及同比增幅

类别	2023 年	同比增长（%）
权益销售金额（亿元）	146.90	-38.92
权益销售面积（万平方米）	217.60	-36.91
销售均价（元/米^2）	6751	-3.18

数据来源：企业公告、CRIC。

表 6-4-134　2022 年和 2023 年企业财务指标

财务指标	2023 年	2022 年
净负债率（%）	—	580.19
三费费用率（%）	13.12	14.27
总资产周转率（次）	0.15	0.17
长短期债务比	0.17	0.84
现金短债比	0.11	0.34
净利润增长率（%）	3.05	-72.08
销售毛利率（%）	10.17	7.90
销售净利率（%）	-16.11	-32.47

数据来源：企业公告、CRIC。

表 6-4-135　2023 年重点新增土地储备

城市	宗地名称	属性	成交时间	建筑面积（万平方米）	成交总价（亿元）	楼板价（元/米^2）
周口	太极路东侧、育德路南、文鼎路西、教育路北 HY2023018	住宅	2023-05	14.33	2.15	1500
周口	陈风路路南、文鼎路东侧 HY2023005	住宅	2023-06	8.00	1.20	1500
南阳	滨河路以西、京宛大道以北 WLG2023/17	住宅	2023-08	5.35	0.79	1467
南阳	滨河路以西、京宛大道以北区域 WLG2023/18	住宅	2023-10	13.96	1.61	1156
周口	羲皇大道西侧、陈风路南侧 HY2023048	住宅	2023-11	8.66	1.30	1500

数据来源：企业公告、CRIC。

表 6-4-136　2023 年重点新开盘项目

项目名称	城市	项目名称	城市
金融岛	郑州	建业中弘城	洛阳
建业·光明府	平顶山	建业世和府	驻马店
泰宏建业国际城	郑州	建业世和府	濮阳

数据来源：企业公告、CRIC。

（三十八）港龙（中国）地产集团有限公司

表 6-4-137　2023 年商品房销售业绩及同比增幅

类别	2023 年	同比增长（%）
权益销售金额（亿元）	122.0	-6.18
权益销售面积（万平方米）	110.90	11.54
销售均价（元/米^2）	11001	-15.91

数据来源：企业公告、CRIC。

表 6-4-138　2022 年和 2023 年企业财务指标

财务指标	2023 年	2022 年
净负债率（%）	26.33	23.59
三费费用率（%）	4.32	8.64
总资产周转率（次）	0.45	0.23
长短期债务比	0.72	1.47
现金短债比	0.66	1.51
净利润增长率（%）	23.62	-47.27
销售毛利率（%）	13.29	16.63
销售净利率（%）	4.09	4.89

数据来源：企业公告、CRIC。

表 6-4-139　2023 年重点新开盘项目

项目名称	城市	项目名称	城市
港龙滨江公园	佛山	港龙皇朝·龙湾壹号	广州
港龙天利·棠玥府	南京		

数据来源：企业公告、CRIC。

（三十九）五矿地产有限公司

表 6-4-140　2023 年商品房销售业绩及同比增幅

类别	2023 年	同比增长（%）
权益销售金额（亿元）	113.00	-15.04
权益销售面积（万平方米）	55.50	-0.82
销售均价（元/米^2）	20360	-14.34

数据来源：企业公告、CRIC。

表 6-4-141　2022 年和 2023 年企业财务指标

财务指标	2023 年	2022 年
净负债率（%）	138.00	94.47
三费费用率（%）	11.74	11.08
总资产周转率（次）	0.21	0.14
长短期债务比	0.53	2.41
现金短债比	0.23	1.18
净利润增长率（%）	—	-335.43
销售毛利率（%）	17.20	10.47
销售净利率（%）	-4.16	-13.52

数据来源：企业公告、CRIC。

表 6-4-142　2023 年重点新开盘项目

项目名称	城市	项目名称	城市
未来城茗雅苑	天津	五矿万境松雅	长沙
五矿香投澜悦溪岸	成都	五矿香投桂语堂	成都
五矿万境水岸	佛山	五矿路劲澜悦溪云	苏州

数据来源：企业公告、CRIC。

（四十）众安集团有限公司

表 6-4-143　2023 年商品房销售业绩及同比增幅

类别	2023 年	同比增长（%）
权益销售金额（亿元）	116.69	-18.21
权益销售面积（万平方米）	61.59	-17.96
销售均价（元/米^2）	18948	-0.30

数据来源：企业公告、CRIC。

表 6-4-144　2022—2023 年企业财务指标

财务指标	2023 年	2022 年
净负债率（%）	44.57	65.79
三费费用率（%）	7.29	11.62
总资产周转率（次）	0.27	0.16
长短期债务比	2.38	1.68
现金短债比	1.08	1.20
净利润增长率（%）	1240.53	-44.41
销售毛利率（%）	10.53	26.71
销售净利率（%）	1.98	0.23

数据来源：企业公告、CRIC。

表 6-4-145　2023 年重点新开盘项目

项目名称	城市	项目名称	城市
澧玥府	杭州	众安启航社	杭州
众安秀湖荷院	义乌	江泰众安宸樾名邸	丽水
岚荷芸府	杭州	众安湖畔名邸	义乌

数据来源：企业公告、CRIC。

（四十一）力高地产集团有限公司

表 6-4-146　2023 年商品房销售业绩及同比增幅

类别	2023 年	同比增长（%）
权益销售金额（亿元）	94.03	-65.87
权益销售面积（万平方米）	106.29	-67.22
销售均价（元/米^2）	8846.55	4.14

数据来源：企业公告、CRIC。

表 6-4-147　2022 年和 2023 年企业财务指标

财务指标	2023 年	2022 年
净负债率（%）	426.16	185.27
三费费用率（%）	22.13	9.09
总资产周转率（次）	0.10	0.25
长短期债务比	0.05	0.07
现金短债比	0.17	0.37
净利润增长率（%）	—	-330.51
销售毛利率（%）	10.58	-12.38
销售净利率（%）	-35.02	-31.10

数据来源：企业公告、CRIC。

表 6-4-148　2023 年重点新开盘项目

项目名称	城市	项目名称	城市
力高大家·美颂	广州	君誉印象	南昌
云湖印	合肥	澜湖国际	南昌
力高未来城	济南	御景天城	南昌

数据来源：企业公告、CRIC。

（四十二）荣安地产股份有限公司

表 6-4-149　2023 年商品房销售业绩及同比增幅

类别	2023 年	同比增长（%）
权益销售金额（亿元）	60.87	-73.59
权益销售面积（万平方米）	27.86	-72.56
销售均价（元/米^2）	21850	-3.79

数据来源：企业公告、CRIC。

表 6-4-150　2022 年和 2023 年企业财务指标

财务指标	2023 年	2022 年
净负债率（%）	17.74	25.08
三费费用率（%）	3.87	6.42
总资产周转率（次）	0.37	0.18
长短期债务比	0.91	2.20
现金短债比	1.39	2.42
净利润增长率（%）	-57.79	-29.17
销售毛利率（%）	10.33	17.96
销售净利率（%）	1.55	5.80

数据来源：企业公告、CRIC。

表 6-4-151　2023 年重点新开盘项目

项目名称	城市	项目名称	城市
三里风荷府	宁波	荣安中央公园	绍兴
江汇城	宁波	荣安望庄	宁波
荣安林语笙花	宁波	荣安观棠晴雨	宁波

数据来源：企业公告、CRIC。

Ⅶ.发展篇

导　读

本篇收录全国住房保障工作、康养产业、房地产金融、房地产估价、不动产数字化发展和城市轨道交通场站综合开发、城市更新等七篇特约专稿，反映这些领域在2023年取得的新进展和新经验。

一、全国住房保障工作

党中央、国务院高度重视保障性住房建设、“平急两用”公共基础设施建设和城中村改造。习近平总书记多次做出重要指示批示，在2023年4月28日主持中央政治局会议时强调，在超大特大城市积极稳步推进城中村改造及“平急两用”公共基础设施建设，规划建设保障性住房。7月24日，中央政治局会议再次强调，要加大保障性住房建设和供给，积极推动城中村改造和“平急两用”公共基础设施建设。10月30日，中央金融工作会议提出，加快保障性住房等“三大工程”建设，构建房地产发展新模式。12月11日，中央经济工作会议强调，加快推进保障性住房建设、“平急两用”公共基础设施建设、城中村改造等“三大工程”。

（一）规划建设保障性住房

2023年9月1日，国务院印发《国务院关于规划建设保障性住房的指导意见》（国发〔2023〕14号）。规划建设保障性住房，是在新形势下适应中国式现代化建设新要求，完善住房制度和供应体系、重构市场和保障关系的重大改革，重点是拓展配售型保障性住房的新路子。原有的住房保障体系是以公共租赁住房、保障性租赁住房为主体，而现在则将保障性住房分为配租型和配售型两种，其中配租型保障性住房包括公共租赁住房、保障性租赁住房，配售型保障性住房按保本微利原则配售。配售型保障性住房，重点针对住房有困难且收入不高的工薪收入群体，以及城市需要引进的科技人员、教师、医护人员等。城市人民政府要从解决困难工薪收入群体住房问题入手，根据供给能力，合理确定保障范围和准入条件，逐步将范围扩大到整个工薪收入群体。保障性住房实施严格的封闭管理，不得上市交易。

按照党中央、国务院决策部署，住房城乡建设部会同有关部门通过会议、培训，对城区常住人口300万以上的城市进行动员部署和政策解读，研究出台配套政策，开展实地调研督导，指导各地报送保障性住房首批建设计划。

（二）积极稳步推进城中村改造

2023年7月24日，国务院办公厅印发《国务院办公厅关于在超大特大城市积极稳步推进城中村改造的意见》（国办发〔2023〕25号）。城中村改造是解决群众急难愁盼问题的重大民生工程，重点是消除安全风险隐患，改善居住环境，促进产业转型升级，推动城市高质量发展。城中村改造坚持先谋后动，确保不动则已，动则必快、动则必成，分为拆除新建、整治提升和拆整结合三类实施改造。对城中村改造给予中央补助、地方政府专项债券、专项借款、银行贷款、税费优惠等政策支持。

按照党中央、国务院决策部署，住房城乡建设部会同有关部门加强城中村改造工作调研，做好动员部署会议和中央党校培训相关工作，研究出台配套政策，开展实地调研督导，指导各地上报2024年度计划的城中村改造项目。

（三）稳步推进棚户区改造

继续指导地方坚持因地制宜、量力而行，严格把握棚改范围和标准，科学制定年度棚改计划，加强配套基础设施建设和工程质量安全监管，帮助住房困难群众“出棚进楼”。2023年，全国各类棚户区改造开工159.2万套，超额完成年度计划。

（四）做好危旧房改造工作

组织开展危旧房摸底，住房城乡建设部会同国家发展改革委、财政部印发《关于开展城市危旧房摸底调查工作的通知》，部署各地全面排查城市（含县城）建成区范围内国有土地上 C、D 级危险住房和国有企事业单位破产改制、"三供一业" 分离移交等遗留的非成套住房，指导各地将棚户区改造重点转为城市危旧房改造。

（五）扩大保障性租赁住房供给

督促各地加快完善落实工作机制，提高运营管理水平，加强工程质量监管，加快项目建设和交付使用。引导园区企业、企事业单位、农村集体经济组织、住房租赁企业等各类主体积极建设运营保障性租赁住房，各地多主体、多渠道发展保障性租赁住房的格局基本形成。会同国家发展改革委、财政部，指导各地做好发展保障性租赁住房情况年度监测评价工作。2023 年，全国计划建设筹集 204.2 万套（间），开工建设和筹集 209.6 万套（间），开工率 102.6%，完成投资 2537 亿元。

（六）进一步规范发展公租房

2023 年，全国新筹集公租房开工 6.02 万套，完成年度计划。通过实物保障和租赁补贴，543 万名城镇低保、1060 万名城镇低收入住房困难群众享受公租房保障。截至 2023 年底，全国 3800 多万名困难群众住进公租房，累计 2700 多万名困难群众领取租赁补贴到市场自主租房。

（王德强　住房城乡建设部住房保障司）

二、康养产业

（一）康养市场现状与问题

2023 年是老龄化人口集中爆发的第二年，康养行业也同步进入新周期，如产业"建圈强链"、企业投资加快、市场化床位强势增长、康养平台组建创历史新高、资本市场业绩表现异常活跃等。同时，市场需求开始倒逼供给升级，康养供需体系加快变革。

1. 市场：资本看好银发经济，企业加快康养投资

行业增速放缓，市场化床位强势增长。受三年疫情影响，行业养老床位增长严重受冲击，机构倒闭现象明显，2021 年养老床位减少 10.3 万张，2022 年仅新增 8.8 万张，增速 1.08%，远低于预期。同时，2022 年市场化康养床位增加 3.8 万张，同比增长 17%，2023 年增加 6.9 万张，同比增长 82%，增速进一步加快（见图 7-2-1）。

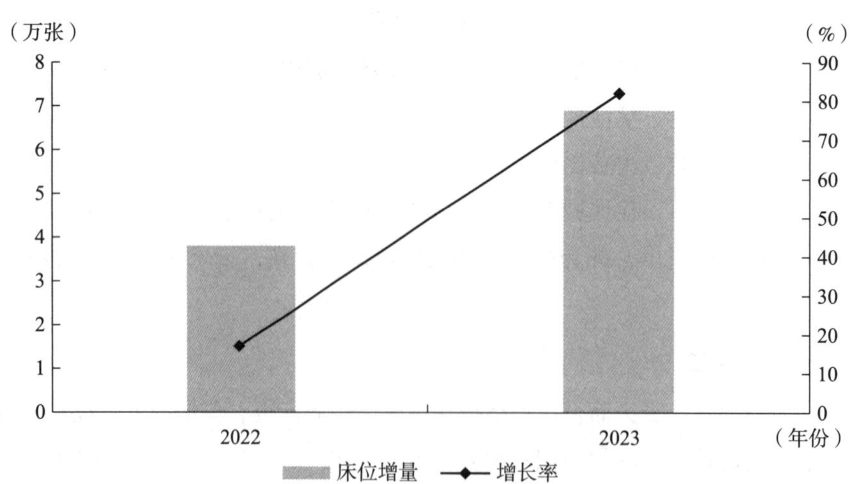

图 7-2-1　2022 年和 2023 年市场化康养床位增量情况

数据来源：CRIC 康养产业数据系统。

区域市场有效需求倒逼养老供给分化。从区域市场看，2022 年市场供给分化明显。其中，成渝、长江中游区域养老床位高增长，而京津冀、长三角、粤港澳、海南区域呈现低增长或负增长（见表 7-2-1）。其主要原因为需求倒逼供给分化，部分区域正加速补短板、扩供给，同时部分区域正加速出清或转型低档次机构，从“增量”转向“提质”。

表 7-2-1　2022 年区域市场养老床位供给增量情况

单位：万张

项目	京津冀	长三角	粤港澳	成渝	长江中游	海南区域
床位增量	0.3	-3.7	-1.7	3.4	4.1	0.5
床位缺口	28.9	30.9	8.1	32.7	22.9	3.6

数据来源：CRIC 康养产业数据系统。

养老床位利用率持续走低。养老人口持续放量，2022 年、2023 年新退休老人分别为 1913 万人、2604 万人，同时未来 15 年将实现年均增长 2300 万人；与此同时，行业养老床位入住率却迎来 10 年新低，下滑至 2022 年的 43.22%（见图 7-2-2）。经济较发达的京沪市场化养老床位入住率相对较高，2022 年京沪市场化养老公寓（CB）、养老社区（CCRC）平均入住率分别为 55.25%、61.97%，2023 年分别为 57.28%、62.85%。

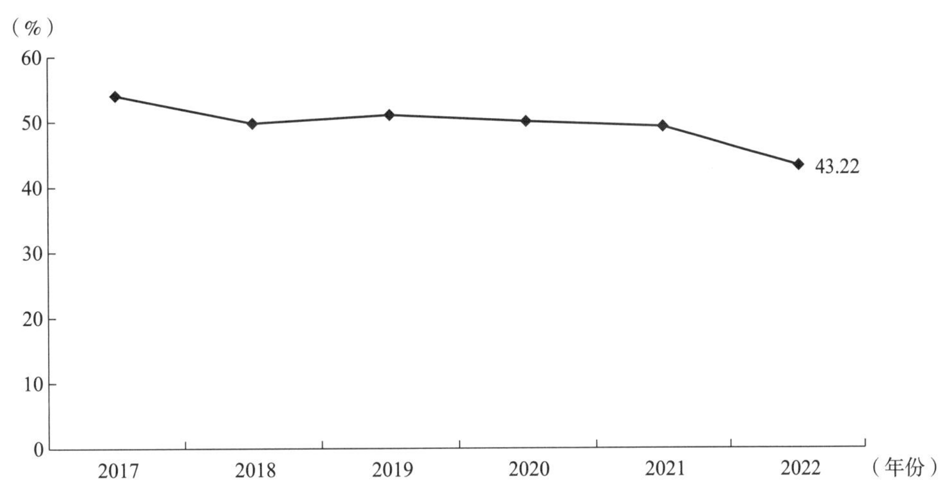

图 7-2-2　2017—2022 年行业整体养老机构床位入住率情况

数据来源：CRIC 康养产业数据系统。

养老机构运营呈现“两极分化”。疫情前后，服务能力较好的养老项目入住率持续上升，增幅为 9%～25%；运营较差的养老项目入住率持续下滑，降幅为 7%～15%（见表 7-2-2）。其核心原因在于服务较好的项目对应的企业品牌实力足够强，服务质量好、物资充足，有较强的医养优势，医疗资源有保障等，深受老年人信赖；反观运营较差的项目，其背后资源储备不足（物资匮乏、疫情防控、员工等）、医养结合能力不强。

表 7-2-2　疫情前后典型养老项目运营情况

类型	序号	项目名称	2019 年 12 月床位入住率（%）	2023 年 12 月床位入住率（%）
入住率持续上升	1	大家的家·朝阳城心社区	73	98
	2	济南中海锦年福居长者公寓	80	95
	3	椿萱茂（天津东站）老年公寓	80	96
	4	国投健康·嘉栖长者公寓	65	74
	5	北京万科随园养老中心	80	92
	6	广州松鹤养老院沙园总院	90	99
入住率持续下滑	1	华邦美好家园广州粤华孝慈苑	61	46
	2	海口市普亲第二养护院	61	48
	3	南京市安居福仁颐养中心	83	70
	4	常州安信颐和国际颐养中心	80	73
	5	新浦江耆乐园养老院	97	89
	6	沈阳中置颐养老年公寓	82	67

数据来源：CRIC 康养产业数据系统。

注：疫情期对应的时间为 2020—2022 年，疫情前的时间节点为 2019 年 12 月底，疫情后的时间节点为 2023 年 12 月中旬，以此时间点进行以上项目床位入住率数据采集。

康养产业“建圈强链”，企业投资加快。一方面，综合性“康养平台组建”创历史新高，从“单点平台”延伸至“全产业链”，累计组建数量超过 90 个；另一方面，康养论坛也迎来高峰期，累计超过 140 场。与此同时，2022 年起企业康养投资连续两年处于高增长（见图 7-2-3），2023 年养老企业注册量开创历史新高，达到 7.1 万家（见图 7-2-4）。

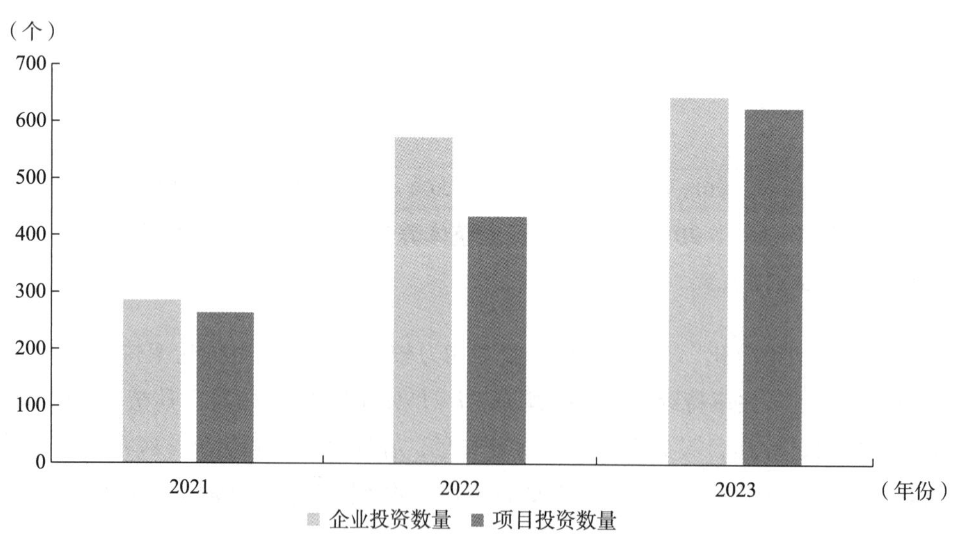

图 7-2-3　2021—2023 年康养市场投资趋势

数据来源：CRIC 康养产业数据系统。

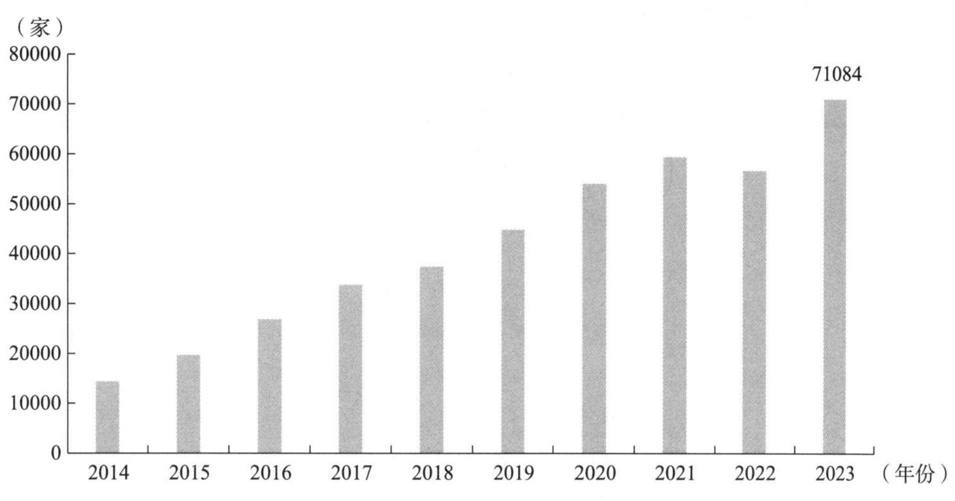

图 7-2-4　2014—2023 年养老企业注册数量

数据来源：CRIC 康养产业数据系统。

资本市场看好银发经济。各路资本“大手笔”抢滩康养市场，2023 年 18 家公司累计获得康养融资超过 17.5 亿元；从 2023 年股票市场各相关细分板块的股价涨幅情况看，养老概念股集体领涨于其他相关领域，涨幅 11.64%（同期，上证指数-1.3%，深证指数-9.19%）（见图 7-2-5）；养老概念上市企业康养营收持续攀升（10%~134%增长区间），医养护理毛利率最高可达 25%左右。

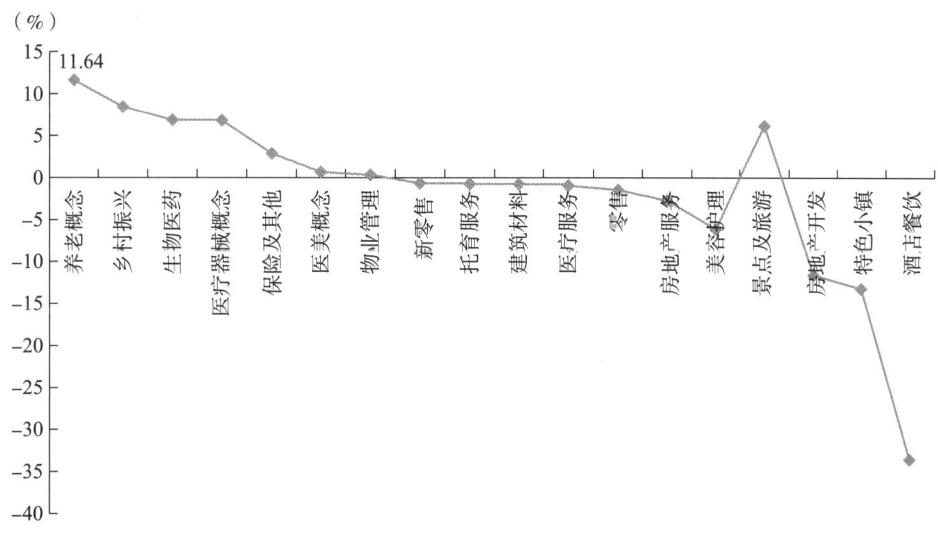

图 7-2-5　2023 年资本市场各板块股价涨幅对比（截至 2023 年 11 月 28 日）

数据来源：同花顺。

2. 问题：康养产业八大痛点，严重制约行业发展

康养产业痛点堵点仍然存在，亟待解决：①存量物业改造养老深受政策约束，如消防、结构、抗震等，落地难、推进慢；②医养结合方面缺乏落地实施路径，如上海护理院与养老院很难结合；③养老服务能力欠缺，专业护理人才严重匮乏；④许多老年人养老消费支付意愿较低，消费能力有待提升；⑤城市养老对用户需求研究不足、城市养老产品服务缺位，老年人买单意愿较低；⑥传统营销渠道亟须变革，养老细分领域市场营销通道处于“多点爆发与混乱无序”状态；⑦居家养老老年群体巨大，而社区养老严重经营困难，不可持续；⑧受制于护理人员缺乏，对失能等刚需人群的服务提供有限（见图 7-2-6）。

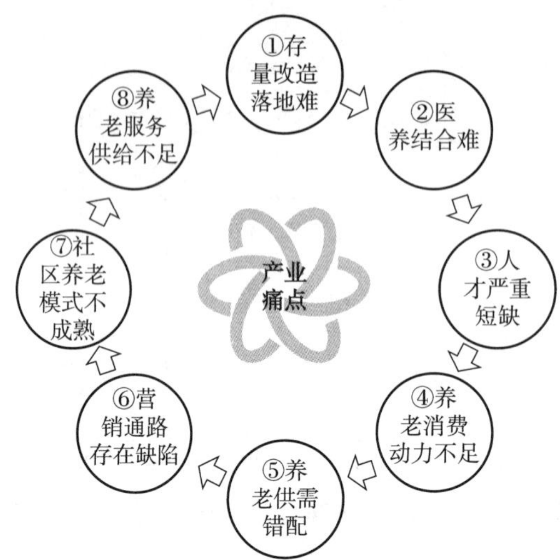

图 7-2-6　康养产业八大核心痛点梳理

数据来源：克而瑞漾美整理。

（二）养老土地市场状况与特征

2023 年，土地市场成交养老土地 143 宗，同比下降 1.38%（见图 7-2-7）。土地类型以社会福利用地为主，占比 97.9%。2023 年成交养老土地占地面积 241 万平方米，同比增长 9.48%；从建筑面积看，按照平均容积率 1.6 计算，2023 年养老土地可建面积 385.72 万平方米（见图 7-2-8）；从土地成交价格看，2023 年养老土地平均楼板价 1319.97 元/米^2，同比下降 31.87%（见图 7-2-9）。

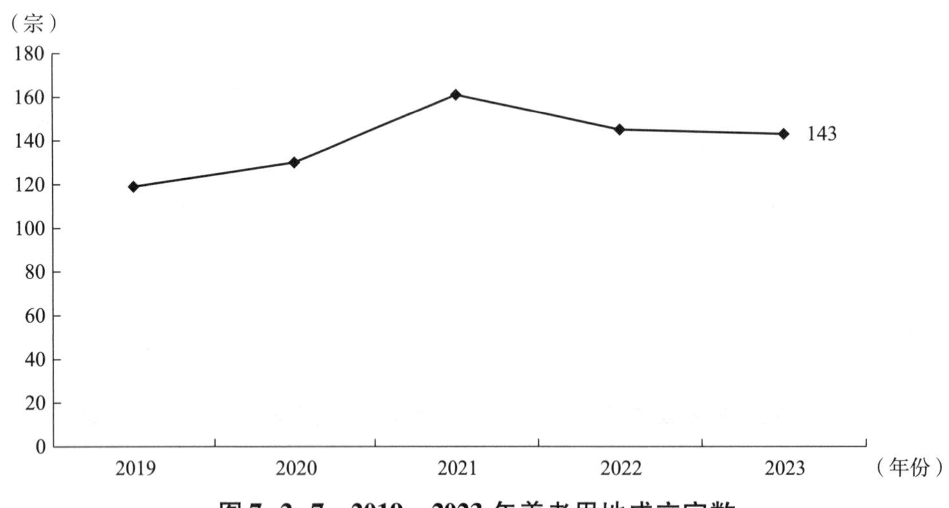

图 7-2-7　2019—2023 年养老用地成交宗数

数据来源：CRIC 康养产业数据系统。

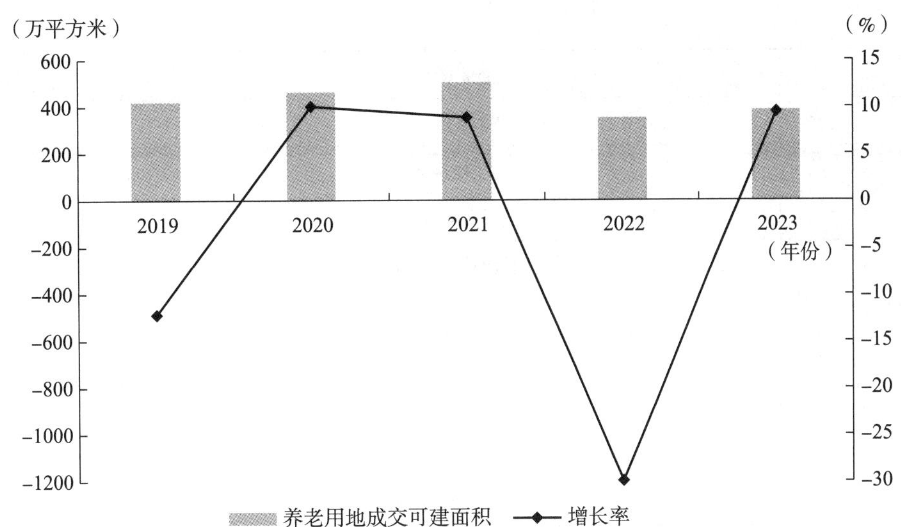

图 7-2-8　2019—2023 年养老用地成交可建面积及增长情况

数据来源：CRIC 康养产业数据系统。

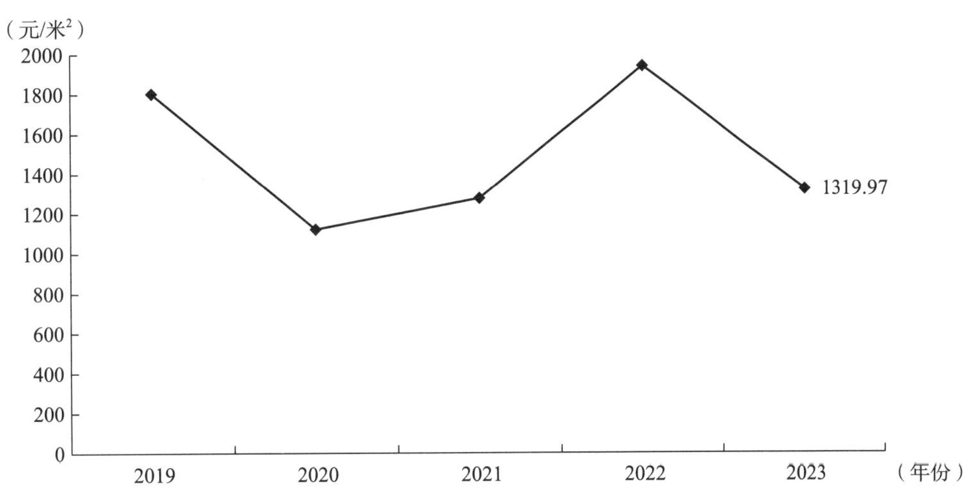

图 7-2-9　2019—2023 年养老用地平均成交楼板价

数据来源：CRIC 康养产业数据系统。

（三）康养企业养老床位布局情况

1. 企业养老床位新增量实现 3 倍增长，创历史新高

2023 年下半年，TOP50 企业养老床位新增量突破 7.23 万张，同比增长 310%。涉及床位增量的企业主要有 25 家，包括泰康之家、九如城、中国健康养老集团、苏州健康养老产业集团、山东颐养健康集团、物产中大金石集团、中国人寿等企业。其中，TOP5 企业养老床位增量 4.33 万张左右，占比超过 60%（山东颐养健康集团养老床位增量 2.66 万张，占比 36.8%），床位集中度进一步显现（见表 7-2-3）。

表 7-2-3　2023 年中国康养企业养老床位规模 TOP50

单位：张

排名	企业简称	养老床位
1	泰康之家	92100
2	九如城	60000

续表

排名	企业简称	养老床位
3	山东颐养健康集团	37000
4	光大养老	34000
5	上海人寿堂	20048
6	中国健康养老集团	20000
7	太平洋保险	17654
8	佰仁健康	15056
9	燕达集团	15000
9	盛泉集团	15000
11	华邦美好家园	14536
12	华润集团	13690
13	绿康医养	13000
14	太平人寿	12100
15	复星康养	11000
15	远洋椿萱茂	11000
17	苏州健康养老产业集团	10705
18	前海人寿	10461
19	保利健投	10300
20	万科养老	9726
21	绿城康养	9199
22	康乐年华	9000
23	江西长天集团	8750
24	珠江投资	8247
25	锦欣福星康养	8000
26	中国通用技术集团	7760
27	中国人寿	7700
28	广州越秀康养	7518
29	上海宜华健康	7422
30	浙江逸和源	7260
31	新华保险	6560
32	荣华养老	6510
33	九久夕阳红医养集团	6500
33	任达养老产业集团	6500
35	国家开发投资集团	6197
36	青岛阳光佳苑养老集团	6000
37	物产中大金石集团	5489

续表

排名	企业简称	养老床位
38	河北仁爱医养	5370
39	银城康养	5157
40	普亲养老	5137
41	河南投资集团	5098
42	江苏苏豪健康	5000
42	长友养老服务集团	5000
44	中国天地控股	4919
45	重庆宏善养老	4870
46	长春博远养老	4730
47	乐成集团	4594
48	中信养老	4440
49	君康年华	4375
50	天津旅游控股	4000

养老床位测评数据说明：

（1）企业范畴：涉及养老业务的各类主体企业，如房企、险企、养老运营商、康养集团、综合企业等；

（2）数据口径：指企业拿地待建/在建/在营养老床位，包含企业自身投资及对外输出运营的养老床位；

（3）床位属性：涉及养老机构、CCRC 养老社区、社区嵌入机构、护理院所对应的养老床位；

（4）监测时间：截至 2023 年 12 月 31 日；

（5）数据来源：CRIC 康养产业数据系统。

2. 头部企业床位市场占有率进一步提升

中国老龄化进程由快速发展期迈入飞速发展期，中国养老市场床位供给及需求迎来“大爆发”。从养老床位量榜单看，3 万张以上的企业 4 家，1 万~3 万张的企业 15 家，0.5 万~1 万张的企业 24 家，0.5 万张以下的企业 7 家（见图 7-2-10）。从企业床位集中度看，TOP3 的企业床位量占前 50 强的比重为 30%，TOP10 企业占 51.7%，TOP20 市场比重 70.3%，行业集中度进一步凸显（见表 7-2-4）。

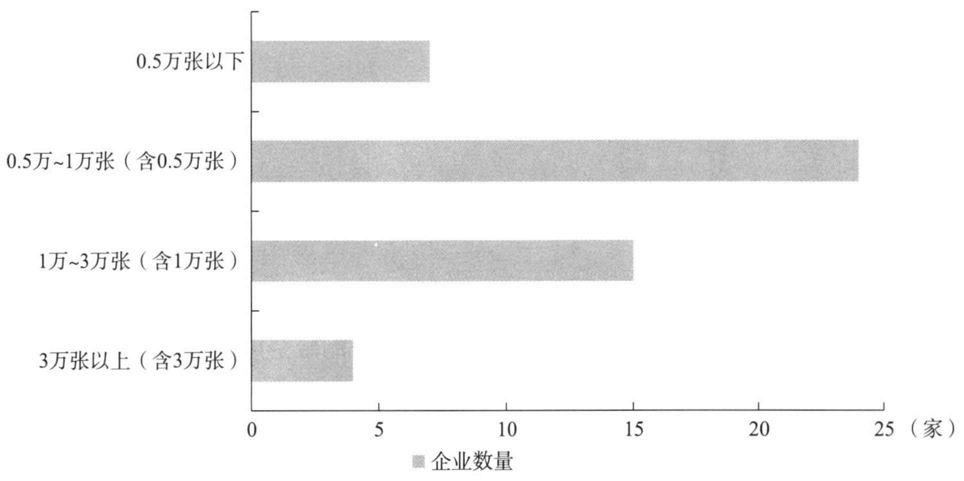

图 7-2-10 养老市场床位格局

数据来源：CRIC 康养产业数据系统。

表 7-2-4 养老企业市场占有率情况

企业规模	床位量（张）	占 TOP50 总量的比重（%）
TOP3	189100	30.0
TOP10	325858	51.7
TOP20	442376	70.3
TOP30	523232	83.1

数据来源：CRIC 康养产业数据系统。

3. 民企和央企、国企协同发力——央企、国企为先锋，民企为主力军

从榜单对应的企业类型看，民营企业布局的床位量合计 40.39 万张，占比 64.14%，央企、国企（含国资控股企业）养老床位量 22.58 万张，占比 35.86%。其中，央企、国企共计 20 家入榜，包含国有康养平台，如山东颐养健康集团（3.7 万张）、中国健康养老集团（2 万张）、苏州健康养老产业集团（1.07 万张）、江西长天集团（0.88 万张）等；其他央企、国企，如光大养老（3.4 万张）、华润（1.37 万张）、远洋集团（1.1 万张）等。

4. 以泰康人寿为首的险企，加速康养投资布局

从 TOP50 床位榜单看，入局险企 9 家。其中，拥有 3 万张以上养老床位的企业 2 家，分别为泰康人寿（92100 张）、光大永明人寿（34000 张）；拥有 1 万~2 万张床位的企业 4 家，分别为太平洋人寿（17654 张）、太平人寿（12100 张）、复星保德信（11000 张）、前海人寿（10461 张）；拥有万张床位以下的企业有 3 家，分别为中国人寿（7700 张）、新华人寿（6560 张）、君康人寿（4375 张）（见图 7-2-11）。

其中，泰康人寿床位拥有量"一家独大"，遥遥领先于同行企业。2023 年下半年，泰康养老投资布局速度进一步加快，陆续完成泰康冀园、鲤园、秦园、锡园、哈尔滨养老社区、泰康之家北京西河沿等项目的落地。

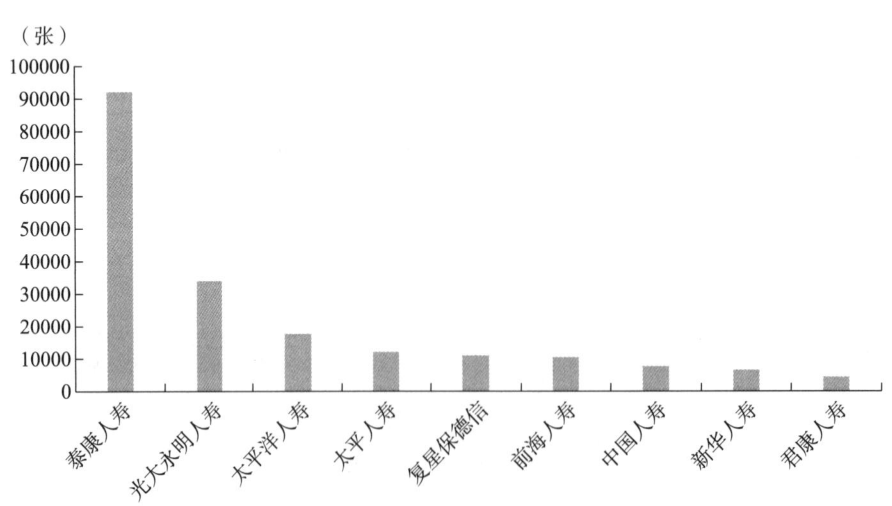

图 7-2-11 入局全国养老床位量 TOP50 的险企床位量情况

数据来源：CRIC 康养产业数据系统。

5. 房企仍处于养老试水阶段，商业闭环模式仍未形成

榜单显示，房企作为入局康养的主要企业类型之一，床位拥有量仅 9.63 万张，占比 15.3%，市场容量远低于行业预期。房企入局 TOP10 的企业仅 1 家（燕达，床位最高，1.5 万张）。从房企拥有养老床位结构看，超过 1 万张养老床位的企业 4 家，分别为燕达、华润（1.37 万张）、远洋（1.1 万张）、保利（1.03 万张）；拥有 1 万张床位以下的企业 6 家，分别为万科、绿城、珠江投资、越秀、荣华、银城，整体房企养老床位的市场占有率普遍较低（见图 7-2-12）。

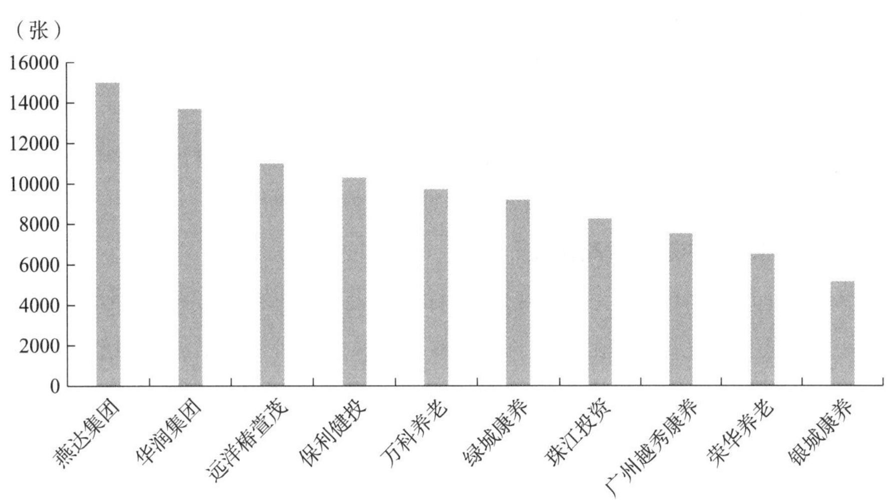

图 7-2-12　入局全国养老床位量 TOP50 的房企床位量情况

数据来源：CRIC 康养产业数据系统。

房企养老床位市场占有率较低，主要涉及两方面因素：第一，房企存量物业项目较多，但运营服务较弱，同时并非所有项目都适合做康养，需要看项目配套、地段以及项目特点等；第二，更为重要的是，房企进入养老领域是通过部分项目行业试水或项目试点，尚未形成长周期、低成本的资金闭环模式，没有像险资企业那样进行大规模拓展。

（李天军　克而瑞漾美）

三、房地产估价

2023 年，房地产估价机构规模总量有所减少，但一级估价机构数量保持平稳增长，估价业务量增加但经营收入并未出现明显回升。传统房地产估价业务持续缩减，估价机构在社会稳定风险评估、房地产市场价值咨询、城市更新（含老旧小区改造）等新兴业务领域持续开展有益探索。2024 年，在经济持续向好的大环境下，房地产估价行业整体将继续平稳发展。随着行业标准体系建设的不断推进，房地产估价系列技术指引发布进程将加快。

（一）2023 年房地产估价行业发展总体情况

2023 年，房地产估价行业整体维持稳定态势，机构规模、经营收入与上年基本持平。尽管业务量回暖明显，但经营收入增长乏力。同时，地域间、大中小机构发展出现一定分化。

1. 房地产估价机构规模略有缩减，区域发展差距有所拉大

从全国情况来看，房地产估价机构规模总量同比略有下降。根据中国房地产估价师与房地产经纪人学会（以下简称中房学）房地产估价行业信息库统计，截至 2023 年 12 月 31 日，全国房地产估价机构及其分支机构 5687 家，同比减少 1.3%。其中，一级估价机构 1089 家，保持平稳增长态势，增长率 4%，但增速放缓，增幅同比下降近 6 个百分点。二级、三级估价机构数量分别为 2367 家、1216 家，同比分别下降 1.7%、3.3%。

从区域发展情况来看，一半以上省市房地产估价机构数量出现缩减。根据中房学房地产估价行业信息库统计，全国16个省市房地产估价机构（不含分支机构）数量出现下降情况。其中，河南、黑龙江减少数量最多，分别减少15家、14家；估价机构数量前三的广东、山东、江苏，分别增加3家、4家、4家。估价机构规模数量靠后的西藏、宁夏、青海、海南、新疆、甘肃、广西等10个省份，只有海南省估价机构规模同比增长。

2. 资格房地产估价师人数增加明显

2023年度房地产估价师职业资格考试为新职业资格制度实施以来的首次全国统一开考，考试报名和实际参考人数创历史新高，分别为3.6万人和3.0万人。其中，6019人考试合格，考试合格率约19.9%。自1995年举办首次房地产估价师资格考试，累计接近7.9万人取得资格证书。但受政策出台影响，新考取的房地产估价师未能办理注册执业。截至2023年底，累计7万余名房地产估价师注册执业。

3. 经营量收不匹配，部分机构进行战略调整

2023年，房地产估价业务量整体回升，但受经济大环境影响，营业收入未能实现相应增加，部分房地产估价机构尤其是中小估价机构生存发展遇到困境，通过缩减人员和分支机构等措施控制经营成本。

从估价业绩来看，一级房地产估价机构业务量明显改善。根据全国一级房地产估价机构填报的业绩数据，2023年全国一级估价机构完成的平均估价项目2115个，同比增加30.2%；平均评估价值386.6亿元，同比增加34.7%；平均评估建筑面积、土地面积分别为338万平方米、331万平方米，同比分别增加14.2%、11.8%。

从经营收入来看，房地产估价机构平均营业收入与上年基本持平，但不同规模的机构营业收入受影响程度有所不同。根据全国一级房地产估价机构填报的业绩数据，2023年，全国一级估价机构平均营业收入约1500万元，同比下降约2%；营业收入前10的一级估价机构平均营业收入2.2亿元，同比增长1%；营业收入前100的一级估价机构平均营业收入约7500万元，同比下降2%。46%的一级估价机构经营收入出现下降。其中，营业收入高于1.5亿元的头部企业中3家出现下降；在营业收入在5000万~15000万元中上水平和1000万元以下一般水平的一级估价机构中，营业收入出现下降的比重均占50%左右，而在营业收入处于1000万~5000万元中等水平的一级估价机构中，营业收入下降的比重相对较小，约35%。根据2023年度全国各级估价机构填报的营业收入情况估算，2023年全国估价机构营业收入总额约310亿元。

在业务量增加、经营收入未有相应提升的情况下，部分房地产估价机构通过撤并分支机构，减少房地产估价师数量等举措来降低经营成本。根据中房学房地产估价行业信息库统计，继2022年分支机构数量首次下降以来，2023年分支机构数量进一步下降至1010家，同比下降3.8%；39%的估价机构缩减分支机构数量，25%的估价机构减少聘用的估价师人数。

4. 估价业务进一步深化拓展

为突破传统房地产估价业务竞争激烈，收入下降的发展困境，房地产估价机构不断挖掘新的估价需求，估价业务内容日趋多元化。咨询顾问服务比重持续增加。根据2023年度全国各级房地产估价机构填报的数据，39%的估价机构开展咨询顾问服务，一级估价机构咨询项目评估总价值占比24.6%，服务内容涉及社会稳定风险评估、房地产市场价值咨询、城市更新（含老旧小区改造）等多个领域。

围绕国家重大战略实施和重点领域的估价业务有所拓展。近年来，党中央、国务院在住房租赁领域做出系列重大决策部署，也为房地产估价提供新的发展机遇。根据全国一级房地产估价机构填报的业绩数据，2023年，500余家一级估价机构开展租金评估服务，涉及项目5000余个，开展租金评估服务的机构数和项目数与2022年相比均增加近1倍。戴德梁行、世联、仲量联行、高力国际等机构为企业提供ESG信息披露报告、尽职调查、绿色债券发行等相关咨询服务。

5. 执业风险不断显现

2023年，评估行业受法律制裁的重大案例时有报道，如证券领域多家资产评估公司因出具的资产评估报告存在问题而被证监会处罚。日常工作检查或投诉举报中，也发现房地产估价机构及其房地产估价师存在证书挂靠等职业操守问题、实地查勘等估价程序不合规引致的违法违规行为，也有虚构估价案例或重要参数导致估价报告严重失实等问题。究其原因，一方面，房地产估价涉及金融安全、老百姓合法权益维护、民生稳定等重要领域，随着我国法制化建设不断完善，估价结果合理性遭受质疑的情况不断增加；另一方面，少部分房地产估价机构及估价人员追求短期经济利益，迎合委托人等需求进行高估或低估，在金融安全和审计调查加大的情况下，执业风险不断暴露。

（二）2023 年房地产估价行业发展相关政策及重要事件

2023 年，“三大工程”、城市更新等与房地产估价行业发展相关的政策密集出台，为房地产估价机构拓展业务领域提供良好的发展环境和机遇。同时，围绕行业监管和估价行为规范，部分省市开展行业监督检查，发布系列技术指引，推动行业规范健康发展。

1. “三大工程”建设提供估价业务拓展空间

2023 年 7 月以来，《关于积极稳步推进超大特大城市“平急两用”公共基础设施建设的指导意见》《关于在超大特大城市积极稳步推进城中村改造的指导意见》《关于规划建设保障性住房的指导意见》陆续出台。加快推进“三大工程”建设，是构建房地产发展新模式的重要抓手，也是适应新型城镇化发展趋势和房地产供求关系变化的重要体现，同时也为房地产估价机构高质量发展提供新的机遇，房地产估价机构可在有关方案策划、市场调研、存量房资产交易等方面进一步拓展业务领域。

2. 房地产资产证券化物业估价范围增加

2023 年 3 月，为落实中国证监会开展不动产私募投资基金试点要求，规范私募投资基金从事不动产投资业务，中国证券投资基金业协会发布《不动产私募投资基金试点备案指引（试行）》，明确不动产私募投资基金的投资范围包括特定居住用房（包括存量商品住宅、保障性住房、市场化租赁住房）、商业经营用房、基础设施项目等，房地产资产证券化的发行对象扩至市场化租赁住房。2023 年 10 月，为进一步拓宽基础设施领域不动产投资信托基金（REITs）试点资产范围，证监会发布《关于修改〈公开募集基础设施证券投资基金指引（试行）〉第五十条的决定》，公募 REITs 基础设施增加百货商场、购物中心、保障性租赁住房等类型，房地产估价在房地产资产证券化领域的业务范围进一步增加，前景愈加广阔。

3. 城市更新中的估价服务作用日益彰显

中指院数据显示，2023 年，全国层面的城市更新相关表态、政策数量为近三年最高，如《住房城乡建设部关于扎实有序推进城市更新工作的通知》、住房城乡建设部等部门《关于扎实推进 2023 年城镇老旧小区改造工作的通知》、自然资源部办公厅关于印发《支持城市更新的规划与土地政策指引（2023 版）》的通知等，地方层面如北京、上海、广东、山东等至少 15 个省市出台超过 30 项政策。2023 年 11 月 17 日，上海发布《关于建立“三师”联创工作机制推进城市更新高质量发展的指导意见（试行）》，明确城市更新中引入责任规划师、责任建筑师、责任评估师，强调专业的人干专业的事，进一步提升房地产估价师在城市更新领域发挥的重要作用，凸显房地产估价服务的专业价值。

4. 标准政策体系不断完善，推动行业规范发展

一是行业执法检查持续开展。2023 年，上海、浙江、山东、广东、江苏、江西等省市陆续开展房地产估价行业相关专项检查，对估价机构执业情况、内部管理质量、分支机构管理和估价报告质量等方面开展监督检查，不断净化执业环境。除日常检查外，湖北省针对房地产司法评估工作中存在的超期鉴定、无理由拒绝评估等问题，专门发布《关于开展房地产估价机构司法鉴定评估积案化解暨行业自律检查的通知》，进一步规范房地产估价机构和估价人员司法评估活动。

二是规范估价活动的地方性细则相继发布。如针对矛盾较为突出的房屋征收评估，北京、黑龙江、佛山等省市发布《关于进一步规范国有土地上非住宅房屋征收评估与补偿工作的通知（试行）》《关于进一步规范国有土地上房屋征收与补偿工作的通知》《佛山市国有土地上房屋征收与补偿办法》，对房屋用途认定、评估方法等内容进行详细规定；为规范集体土地住宅房地产司法估价行为，浙江发布《浙江省集体土地住宅房地产司法评估技术指引（试行）》；为进一步规范北京市共有产权住房价格评估活动，北京发布《北京市共有产权住房价格评估技术指引》。

（程敏敏　宋梦美　刘　朵　中国房地产估价师与房地产经纪人学会）

四、房地产金融

（一）货币供需及价格

1. 货币供应总量

2023 年底，广义货币供应量 M2 余额 292.3 万亿元，同比增长 9.7%，增速比上年底低 2.1 个百分点。基础货币余额 38.9 万亿元，同比增长 7.8%，增速比上年底低 1.8 个百分点。货币乘数（广义货币/基础货币）7.1，略有缩小（见图 7-4-1）。

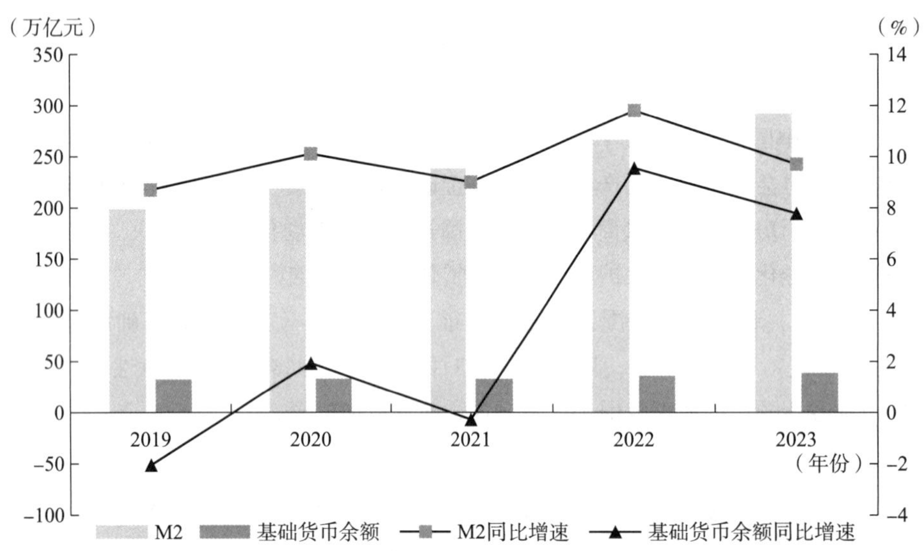

图 7-4-1　2019—2023 年 M2、基础货币余额及同比增速

数据来源：中国人民银行。

2. 存款

2023 年底，金融机构人民币各项存款余额 284.3 万亿元，同比增长 10.0%，比年初增加 25.7 万亿元，同比少增 5249 亿元。其中境内存款 282.4 万亿元，同比增长 10.0%，比年初增加 23.3 万亿元，同比少增 9290 亿元。从存款部门分布看，住户存款、非金融企业存款增量分别为 16.7 万亿元、4.2 万亿元，分别同比少增 1.2 万亿元、0.9 万亿元；政府存款、非银行业金融机构存款增量分别为 0.8 万亿元、1.6 万亿元，分别同比多增 0.9 万亿元、0.3 万亿元（见表 7-4-1）。

表 7-4-1　2023 年人民币存款结构

类型	存款余额（万亿元）	同比增长（%）	当年新增额（亿元）	同比多增额（亿元）
人民币各项存款	284.3	10.0	257405	-5249
境内存款	282.4	10.0	233224	-9290
住户存款	137.0	13.8	166700	-11700
非金融企业存款	78.8	5.5	42200	-8700
政府存款	41.1	8.3	7924	8510
非银行业金融机构存款	25.5	7.1	16400	2600
境外存款	1.9	9.1	24181	4041

数据来源：中国人民银行。

3. 贷款

2023 年底，金融机构人民币贷款余额 237.6 万亿元，同比增长 11.0%，比年初增加 22.7 万亿元，同比多增 1.4 万亿元。从贷款部门分布看，住户贷款余额 80.1 万亿元，同比增长 6.9%，比年初增加 4.3 万亿元，同比多增 0.5 万亿元。其中，个人住房贷款余额 38.2 万亿元，同比下降 1.6%，增速比上年末低 2.8 个百分点。企（事）业单位贷款余额 155.4 万亿元，同比增长 13.0%，比年初增加 17.9 万亿元，同比多增 0.8 万亿元。非银行业金融机构贷款余额 0.8 万亿元，同比增长 40.1%，比年初增长 1928 亿元，同比多增 674 亿元（见表 7-4-2）。

表 7-4-2　2023 年底人民币贷款结构

类型	贷款余额（万亿元）	同比增长（%）	当年新增额（亿元）	同比多增额（亿元）
人民币各项贷款	237.6	11.0	227431	14335
境内贷款	236.3	10.9	224328	13874
住户贷款	80.1	6.9	43300	5000
企（事）业单位贷款	155.4	13.0	179100	8200
非银行业金融机构贷款	0.8	40.1	1928	674
境外贷款	1.3	32.8	3103	461

数据来源：中国人民银行。

4. 社会融资规模

2023 年底，社会融资规模存量 378.1 万亿元，同比增长 9.5%。其中，人民币贷款余额 235.5 万亿元，同比增长 10.4%；外币贷款折合人民币余额 1.7 万亿元，同比下降 10.2%；委托贷款余额 11.3 万亿元，同比增长 0.2%；信托贷款余额 3.9 万亿元，同比增长 4.2%；未贴现银行承兑汇票余额 2.5 万亿元，同比下降 6.7%；企业债券余额 31.1 万亿元，同比增长 0.3%；政府债券余额 69.8 万亿元，同比增长 16.0%；非金融企业境内股票余额 11.4 万亿元，同比增长 7.5%；存款类金融机构资产支持证券余额 1.4 万亿元，同比下降 31.6%；贷款核销余额 8.6 万亿元，同比增长 14.6%（见表 7-4-3）。

表 7-4-3　2023 年社会融资结构

类型	余额（万亿元）	同比增长（%）	当年新增额（亿元）	同比多增额（亿元）
社会融资规模	378.1	9.5	355874	35775
人民币贷款	235.5	10.4	222242	13095
外币贷款	1.7	-10.2	-2205	3049
委托贷款	11.3	0.2	199	-3381
信托贷款	3.9	4.2	1575	7578
未贴现银行承兑汇票	2.5	-6.7	-1783	1629
企业债券	31.1	0.3	16255	-4254
政府债券	69.8	16.0	96045	24817
非金融企业境内股票	11.4	7.5	7931	-3827
存款类金融机构资产支持证券	1.4	-31.6	-6279	-4417
贷款核销	8.6	14.6	10967	698

数据来源：中国人民银行。

5. 市场利率

从银行融资看，2023 年 12 月末，3 月期上海银行间同业拆借利率（SHIBOR）2.53%，比上年底的 2.42%提高 10.8 个基点；银行间市场存款类机构以利率债为质押的 7 天期回购利率（DR007）1.91%，比上年底的 2.36%下降 45.4 个基点。

从非金融机构融资看，国债可代表当前无风险利率水平，企业债代表企业直融成本，这两个指标利率都是衡量金融市场各类融资利率的标尺。2023 年 12 月底，1 年期国债、1 年期 AAA 企业债、1 年期 AA-企业债到期收益率分别为 2.08%、2.58%、5.11%，较上年底分别下降 1.7 个基点、17.9 个基点、59.1 个基点（见图 7-4-2）。

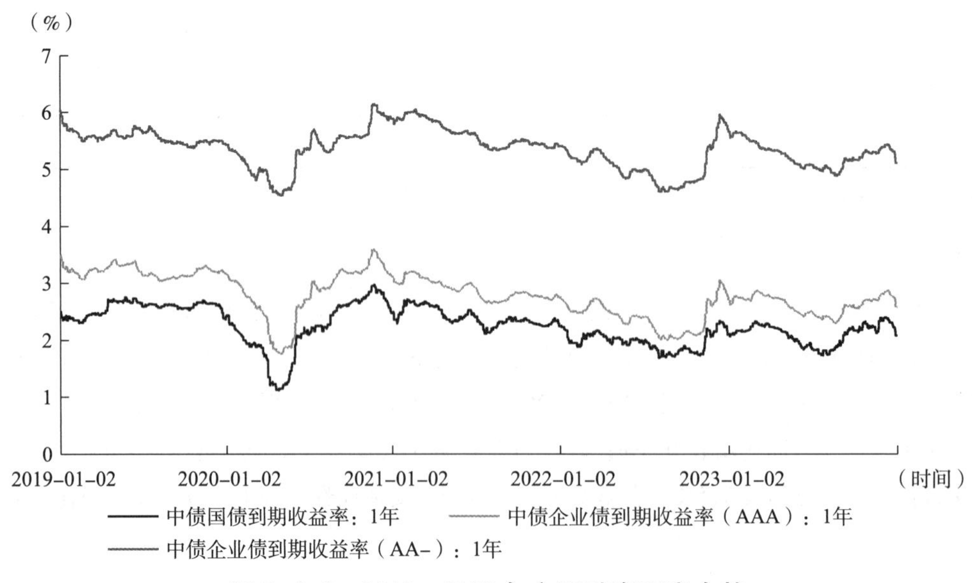

图 7-4-2　2019—2023 年主要融资利率走势

数据来源：中债估值中心。

（二）房地产信贷

1. 房地产信贷总量

2023年底，人民币房地产贷款余额52.6万亿元，同比下降1.0%，增速比上年底低2.5个百分点。其中，个人住房贷款余额38.2万亿元，同比下降1.6%，增速比上年底低2.8个百分点；住房开发贷款余额12.9万亿元，同比增长1.5%，增速比上年底低2.2个百分点（见图7-4-3）。

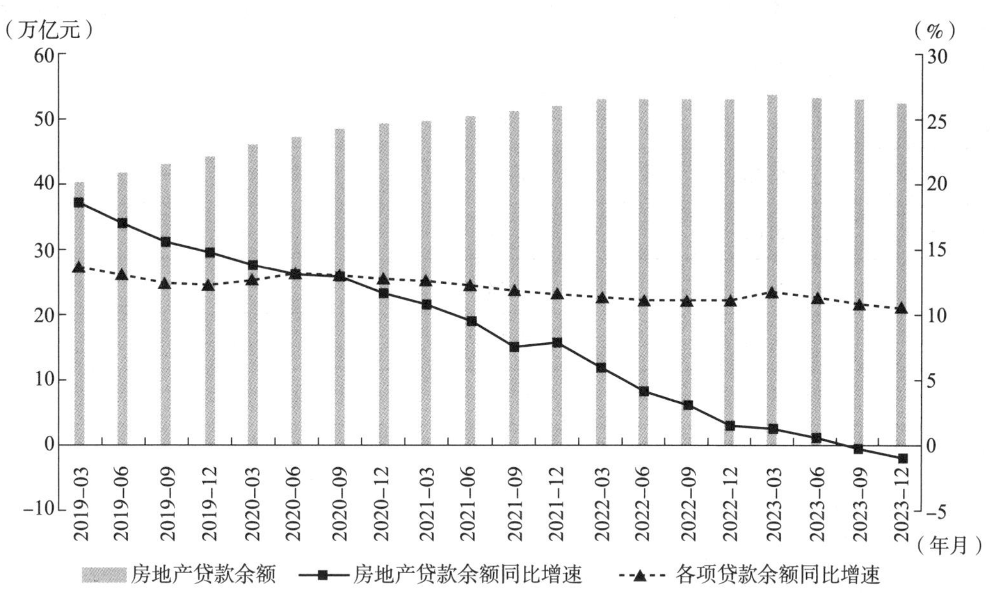

图7-4-3　2019—2023年房地产贷款余额及同比增速

数据来源：中国人民银行。

2. 与其他行业比较

2023年，房地产贷款增幅自年初持续回落，同比增速低于工业贷款增速28.0%（包括重工业和轻工业），且低于服务业贷款同比增速12.4%（见图7-4-4）。

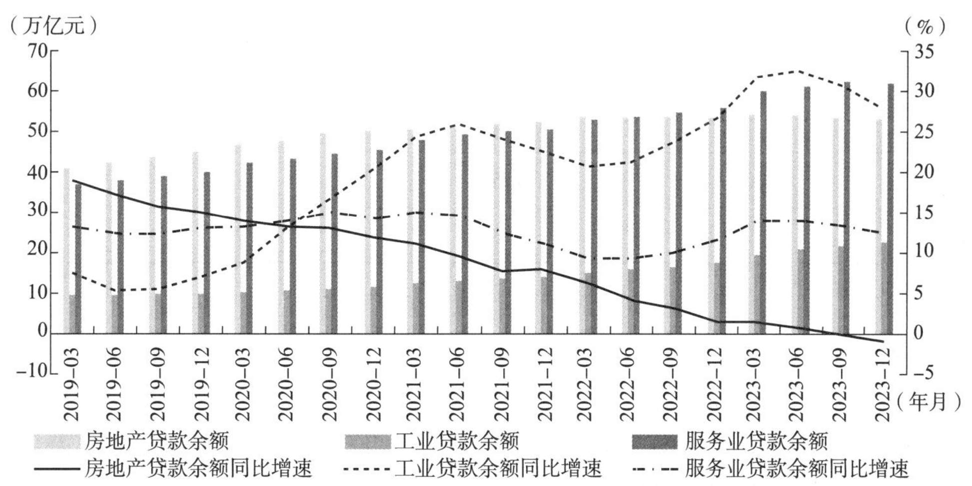

图7-4-4　2019—2023年部分行业贷款余额及同比增速

数据来源：中国人民银行。

3. 房地产按揭贷款利率

2023 年第四季度末，所有贷款加权平均利率 3.83%，较上年底下降 31 个基点。其中，个人购房贷款加权平均利率 3.97%，较上年底下降 29 个基点；一般贷款加权平均利率 4.35%，较上年底下降 22 个基点；企业贷款加权平均利率 3.75%，较上年底下降 22 个基点（见表 7-4-4）。

表 7-4-4　房地产各项贷款利率（%）

时间	个人购房贷款利率	一般贷款利率	企业贷款利率	所有贷款加权平均利率
2019Q1	5.68	6.04	—	5.69
2019Q2	5.53	5.94	—	5.66
2019Q3	5.55	5.96	—	5.62
2019Q4	5.62	5.74	—	5.44
2020Q1	5.60	5.48	—	5.08
2020Q2	5.42	5.26	4.64	5.06
2020Q3	5.36	5.31	4.63	5.12
2020Q4	5.34	5.30	4.61	5.03
2021Q1	5.37	5.30	4.63	5.10
2021Q2	5.42	5.20	4.58	4.93
2021Q3	5.54	5.30	4.59	5.00
2021Q4	5.63	5.19	4.57	4.76
2022Q1	5.49	4.98	4.36	4.65
2022Q2	4.62	4.76	4.16	4.41
2022Q3	4.34	4.65	4.00	4.34
2022Q4	4.26	4.57	3.97	4.14
2023Q1	4.14	4.53	3.95	4.34
2023Q2	4.11	4.48	3.95	4.19
2023Q3	4.02	4.51	3.82	4.14
2023Q4	3.97	4.35	3.75	3.83

数据来源：中国人民银行。

（三）房地产公募基金

选取基金市场类中全部基金作为研究对象，统计公募基金对于房地产板块的配置情况。从持仓市值来看，2023 年房地产板块的基金持仓总市值 560.4 亿元，同比下降 44.1%；占股票投资市值比重（基金持仓行业市值规模/基金配置 A 股市值规模）0.97%，同比下降 0.7 个百分点（见图 7-4-5）。

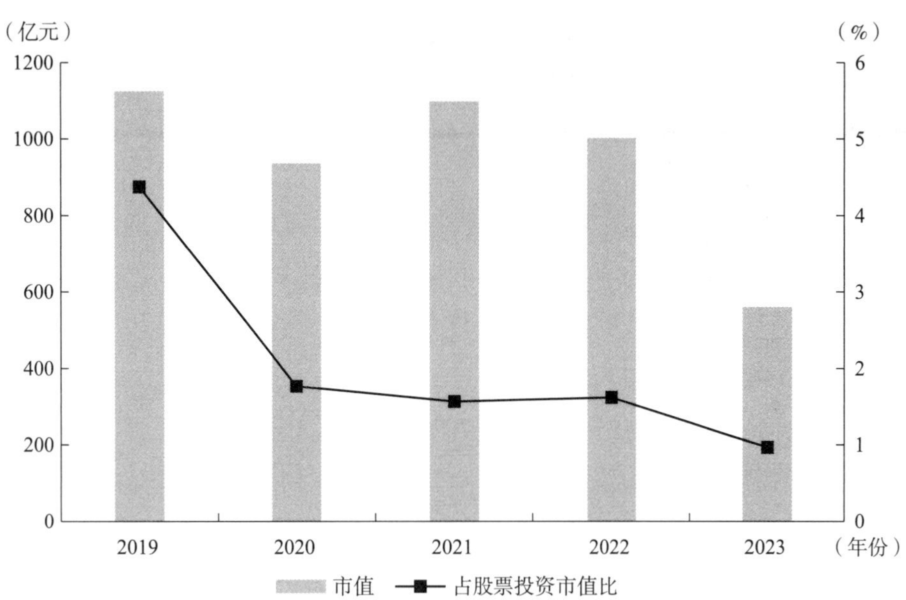

图 7-4-5　2019—2023 年房地产板块的基金持仓市值及占比

数据来源：Wind 数据库。

2023 年，公募基金对于房地产板块的标准行业配置比例（行业自由流通市值/全 A 股自由流通市值）1.59%，同比下降 0.6 个百分点。低配幅度 0.63%，同比下降 0.1 个百分点（见图 7-4-6）。

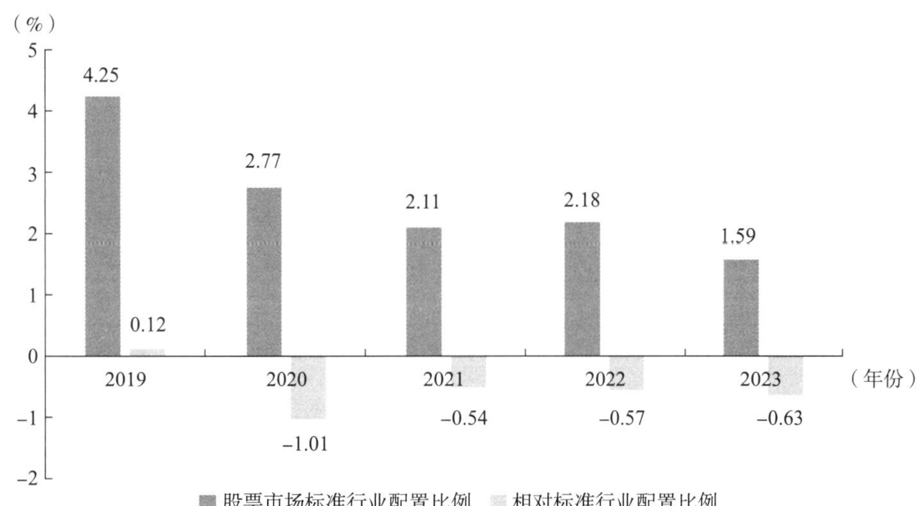

图 7-4-6　2019—2023 年房地产板块标准行业配置比例

数据来源：Wind 数据库。

横向对比全行业配置情况，房地产板块标准行业配置比例、相对配置比例分别排名 9/19、13/19，分别较 2022 年下降 2 位、保持不变（见图 7-4-7）。

（四）境内证券市场融资与偿还

1. 股票融资

2023 年，房地产行业（按照证监会行业划分）股票市场融资规模 609.5 亿元，同比增长 87.8%。其中地产开发类公司融资规模 420.4 亿元，较上年（融资规模 221.6 亿元）增长 89.7%；物业、服务类公司融资 10.5

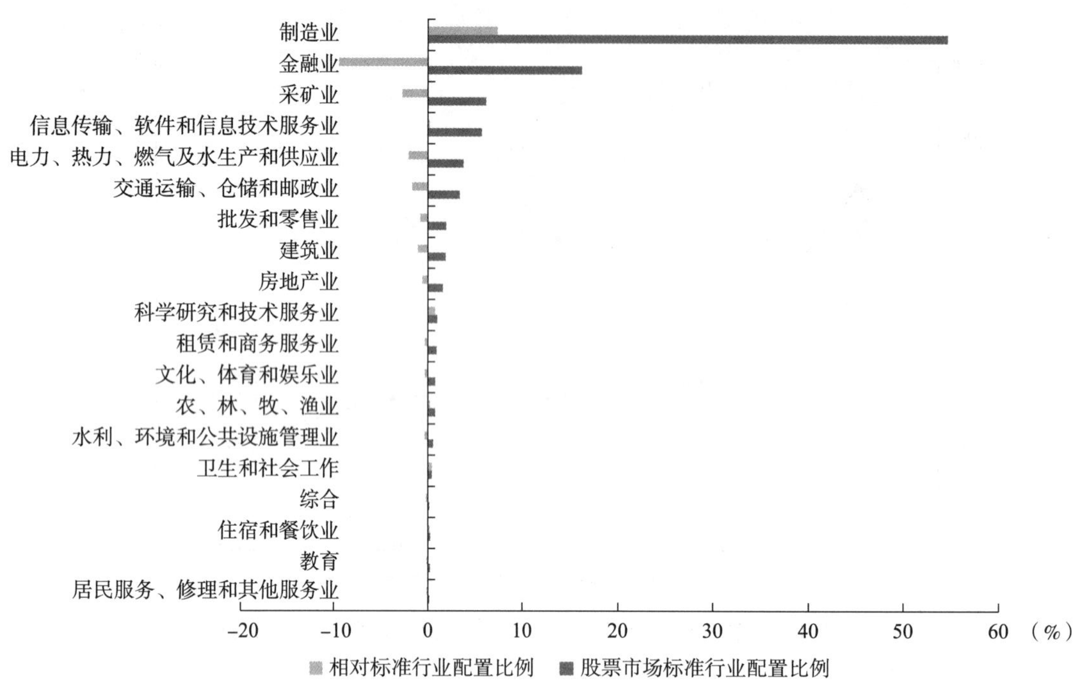

图 7-4-7　2023 年各行业公募基金配置比例

数据来源：Wind 数据库。

亿元，较上年（融资规模 95.5 亿元）下降 89.0%（见表 7-4-5）。

表 7-4-5　2023 年房地产企业股市融资情况

类别	公司简称	发行方式	上市日期	上市地点	交易币种	发行规模（亿元）
地产开发类	雅居乐集团	配售	1 月 11 日	香港	HKD	4.94
	万科企业	配售	3 月 2 日	香港	HKD	39.15
	北大资源	配售	3 月 9 日	香港	HKD	0.12
	北大资源	配售	3 月 15 日	香港	HKD	1.16
	中加国信	配售	3 月 16 日	香港	HKD	0.11
	嘉创地产	介绍	3 月 23 日	香港	HKD	—
	中天湖南集团	发售以供认购、配售	3 月 30 日	香港	HKD	0.84
	越秀地产	供股	4 月 20 日	香港	HKD	83.60
	招商蛇口	增发	7 月 20 日	深圳	RMB	89.28
	实力建业	配售	7 月 26 日	香港	HKD	0.37
	雅居乐集团	配售	8 月 1 日	香港	HKD	3.91
	陆家嘴	增发	8 月 8 日	上海	RMB	67.44
	中加国信	代价发行	8 月 23 日	香港	HKD	0.43
	碧桂园	配售	8 月 30 日	香港	HKD	2.70
	新城市建设发展	配售	9 月 6 日	香港	HKD	0.17
	招商蛇口	增发	10 月 19 日	深圳	RMB	85.00
	北大资源	配售	10 月 25 日	香港	HKD	1.22
	珠海华发	增发	10 月 31 日	上海	RMB	51.24

续表

类别	公司简称	发行方式	上市日期	上市地点	交易币种	发行规模（亿元）
物业、服务类	首程控股	配售	1月13日	香港	HKD	4.55
	宋都服务	配售	5月16日	香港	HKD	0.36
	高山企业	配售	5月29日	香港	HKD	0.25
	GBA 集团	供股	6月7日	香港	HKD	0.50
	易居企业控股	供股	6月19日	香港	HKD	4.83
	众安智慧生活	发售以供认购、配售	7月18日	香港	HKD	0.92
信托、基金	置富产业信托	代价发行	1月6日	香港	HKD	0.30
	泓富产业信托	代价发行	1月31日	香港	HKD	0.10
	领展房产基金	供股	2月10日	香港	HKD	188.00
	冠君产业信托	代价发行	3月13日	香港	HKD	0.60
	春泉产业信托	代价发行	3月24日	香港	HKD	0.11
	越秀房产信托基金	代价发行	3月24日	香港	HKD	0.96
	阳光房地产基金	代价发行	4月27日	香港	HKD	0.11
	阳光房地产基金	代价发行	4月27日	香港	HKD	0.11
	泓富产业信托	代价发行	4月28日	香港	HKD	0.12
	春泉产业信托	代价发行	5月2日	香港	HKD	0.11
	汇贤产业信托	代价发行	5月12日	香港	HKD	0.42
	置富产业信托	代价发行	7月7日	香港	HKD	0.30
	泓富产业信托	代价发行	7月31日	香港	HKD	0.12
	春泉产业信托	代价发行	8月18日	香港	HKD	0.11
	越秀房产信托基金	代价发行	8月31日	香港	HKD	0.91
	顺丰房托	代价发行	9月4日	香港	HKD	0.13
	汇贤产业信托	代价发行	9月26日	香港	HKD	0.41
	置富产业信托	代价发行	10月10日	香港	HKD	0.30
	阳光房地产基金	代价发行	10月26日	香港	HKD	0.12
	阳光房地产基金	代价发行	10月26日	香港	HKD	0.12
	泓富产业信托	代价发行	10月31日	香港	HKD	0.12
	春泉产业信托	代价发行	10月31日	香港	HKD	0.11
	越秀房产信托基金	代价发行	12月31日	香港	HKD	0.85

数据来源：Wind 数据库。

2. 境内债券融资与偿还

（1）融资。

2023 年，房地产行业发行债券 504 只（不包括资产证券化产品），累计发行金额 4526.6 亿元，同比下降 8.8%；产品以超短期融资债券、定向工具、私募债、短期融资券、公司债、企业债和中期票据为主。从发行面额的占比来看：中期票据（37.2%）>公司债（35.2%）>超短期融资债券（17.2%）>私募债（4.2%）>定向工具（2.3%）>短期融资券（2.2%）>企业债（1.7%）。

从各月发行情况看，1、2、3、4、7、8、11 月债券融资金额同比增长，其余月份同比下降，主要受房地产行业风险持续抬升影响（见图 7-4-8）。

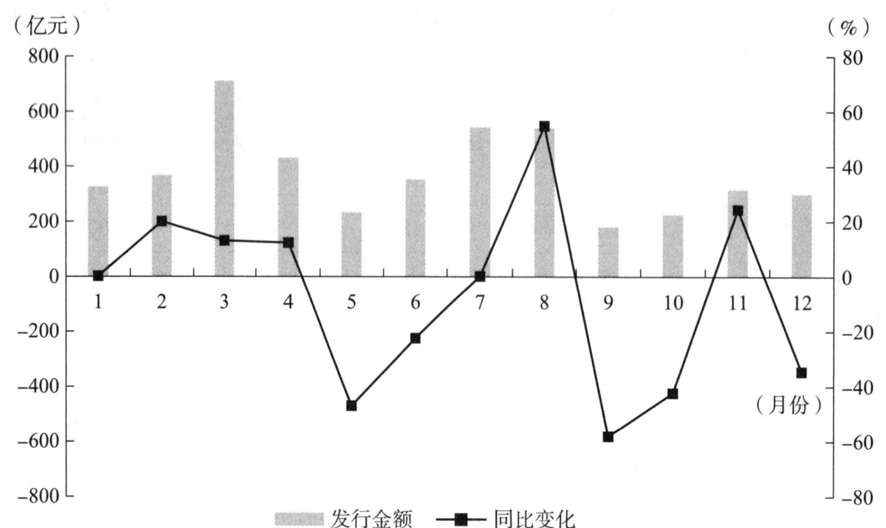

图 7-4-8　2023 年各月房地产行业境内债券融资情况

数据来源：Wind 数据库。

根据克而瑞 2023 年权益销售金额榜单，TOP20 的房地产企业发行债券 1425.0 亿元，占比 31.5%。发行主体主要为央企、国企及优质民企，包括招商蛇口、华润、保利、万科、中海等企业（见表 7-4-6）。

表 7-4-6　2023 年销售 TOP20 房企发行境内债券情况

发行人	发行日期	发行面额（亿元）	利率（%）	期限（年）	债券类型
保利	1 月 5 日	15.0	3.82	3.00	中期票据
	2 月 16 日	25.0	2.26	0.74	短期融资券
	2 月 22 日	10.0	4.20	7.00	公司债
	2 月 22 日	10.0	3.70	5.00	公司债
	3 月 16 日	25.0	2.26	0.74	短期融资券
	3 月 24 日	15.0	3.20	5.00	公司债
	4 月 3 日	15.0	3.88	7.00	公司债
	4 月 3 日	5.0	3.47	5.00	公司债
	5 月 25 日	15.0	3.00	5.00	公司债
	7 月 25 日	10.0	3.40	3.00	中期票据
	10 月 16 日	5.0	3.48	3.00	中期票据
中海	2 月 23 日	10.0	3.90	3.00	公司债
	3 月 30 日	12.0	3.80	5.00	公司债
	6 月 5 日	5.0	3.05	4.00	公司债
	11 月 3 日	10.0	3.25	5.00	公司债
	11 月 3 日	20.0	2.90	3.00	公司债
	11 月 17 日	13.0	3.65	4.00	公司债
	12 月 8 日	30.0	3.20	5.00	公司债

续表

发行人	发行日期	发行面额（亿元）	利率（%）	期限（年）	债券类型
万科	4月20日	20.0	3.11	3.00	中期票据
	5月10日	20.0	3.10	3.00	中期票据
	6月13日	20.0	3.07	3.00	中期票据
	7月5日	20.0	3.07	3.00	中期票据
	7月20日	20.0	3.10	3.00	公司债
华润	1月13日	15.0	2.19	0.49	超短期融资债券
	1月17日	20.0	2.16	0.48	超短期融资债券
	3月24日	10.0	3.39	5.00	中期票据
	3月24日	30.0	2.80	3.00	中期票据
	6月19日	15.0	2.25	0.74	超短期融资债券
	6月19日	10.0	2.25	0.74	超短期融资债券
	7月5日	5.0	3.55	10.00	公司债
	7月5日	10.0	3.20	5.00	公司债
	7月5日	15.0	2.85	3.00	公司债
	8月24日	10.0	2.25	0.49	超短期融资债券
	8月24日	15.0	2.25	0.49	超短期融资债券
	8月25日	10.0	2.25	0.49	超短期融资债券
	11月1日	10.0	3.30	5.00	公司债
	11月24日	20.0	3.25	5.00	公司债
	12月25日	10.0	3.25	5.00	公司债
	12月25日	10.0	2.95	3.00	公司债
招商蛇口	1月17日	13.0	2.16	0.33	超短期融资债券
	3月3日	13.0	2.29	0.24	超短期融资债券
	4月4日	12.9	2.20	0.25	超短期融资债券
	4月4日	10.0	2.20	0.25	超短期融资债券
	5月15日	13.0	2.20	0.25	超短期融资债券
	5月29日	13.0	2.20	0.25	超短期融资债券
	6月29日	10.0	2.45	0.74	超短期融资债券
	6月29日	11.0	2.45	0.74	超短期融资债券
	7月14日	25.0	3.15	5.00	公司债
	7月14日	25.0	2.79	3.00	公司债
	8月9日	13.0	2.26	0.49	超短期融资债券
	8月15日	20.0	2.80	3.00	中期票据
	8月18日	25.0	3.10	5.00	公司债
	8月18日	25.0	2.79	3.00	公司债
	8月21日	13.0	2.15	0.49	超短期融资债券
	10月16日	4.0	2.90	3.00	中期票据
	10月18日	7.0	3.10	3.00	中期票据
	11月24日	38.4	3.20	3.00	公司债
	12月12日	16.0	3.20	3.00	中期票据

续表

发行人	发行日期	发行面额（亿元）	利率（%）	期限（年）	债券类型
碧桂园	5 月 5 日	8. 0	3. 80	2. 00	中期票据
	5 月 5 日	9. 0	3. 95	2. 00	中期票据
建发	3 月 13 日	10. 0	4. 45	7. 00	中期票据
	4 月 3 日	10. 0	4. 25	7. 00	公司债
	4 月 25 日	10. 0	4. 12	10. 00	企业债
	6 月 19 日	8. 0	4. 03	7. 00	公司债
	11 月 21 日	9. 0	4. 08	10. 00	企业债
	12 月 13 日	6. 7	3. 77	6. 00	公司债
绿城	3 月 22 日	10. 0	4. 00	2. 00	公司债
	4 月 25 日	10. 0	3. 80	2. 00	中期票据
	4 月 25 日	5. 0	3. 29	2. 00	中期票据
	5 月 25 日	15. 0	4. 15	3. 00	中期票据
	7 月 11 日	15. 0	4. 30	3. 00	公司债
	8 月 3 日	10. 0	4. 30	3. 00	中期票据
	8 月 31 日	10. 0	4. 31	3. 00	中期票据
	11 月 9 日	8. 0	4. 50	3. 00	中期票据
龙湖	8 月 30 日	11. 0	3. 50	3. 00	中期票据
	12 月 15 日	12. 0	3. 66	3. 00	中期票据
金茂	2 月 16 日	17. 0	3. 80	5. 00	公司债
	4 月 12 日	25. 0	3. 60	3. 00	中期票据
	7 月 19 日	25. 0	3. 53	3. 00	中期票据
铁建	1 月 5 日	22. 0	4. 45	5. 00	中期票据
	3 月 8 日	25. 0	3. 84	5. 00	公司债
	3 月 22 日	5. 0	3. 90	5. 00	定向工具
	4 月 6 日	7. 0	3. 55	5. 00	中期票据
	7 月 4 日	5. 0	3. 65	5. 00	定向工具
	7 月 17 日	13. 0	3. 58	5. 00	中期票据
华发	3 月 13 日	10. 0	4. 00	0. 49	超短期融资债券
	3 月 20 日	10. 0	3. 70	0. 60	超短期融资债券
	3 月 29 日	10. 0	4. 70	5. 00	中期票据
	4 月 26 日	4. 0	4. 20	5. 00	中期票据
	7 月 14 日	7. 0	4. 58	5. 00	私募债
	7 月 14 日	11. 0	4. 20	5. 00	私募债
	9 月 15 日	11. 0	3. 62	3. 00	中期票据
	9 月 15 日	9. 0	4. 15	5. 00	中期票据
	11 月 22 日	6. 0	3. 46	3. 00	中期票据
	11 月 22 日	4. 0	4. 30	5. 00	中期票据
	12 月 7 日	10. 0	3. 60	3. 00	中期票据

续表

发行人	发行日期	发行面额（亿元）	利率（%）	期限（年）	债券类型
越秀	2月17日	12.0	3.50	7.00	公司债
	2月17日	7.0	3.15	5.00	公司债
	3月22日	15.0	3.40	7.00	公司债
	6月9日	11.0	3.63	10.00	公司债
	6月9日	9.0	2.98	5.00	公司债
	12月20日	9.0	3.25	7.00	公司债
	12月20日	6.0	3.03	5.00	公司债
滨江	3月6日	9.0	5.03	1.00	短期融资券
	4月11日	6.0	4.59	1.00	短期融资券
	6月16日	6.0	3.95	2.00	中期票据
	7月3日	9.0	3.85	1.00	短期融资券
	7月21日	6.0	3.85	2.00	中期票据
	8月1日	7.0	4.20	2.00	公司债
新城	6月14日	7.0	6.30	2.00	公司债
	6月14日	4.0	4.50	3.00	公司债
	7月24日	8.5	4.00	3.00	中期票据
	12月12日	8.5	4.48	3.00	中期票据

数据来源：Wind 数据库。

（2）偿还。

2023 年，房地产行业偿还债券 579 只（不包括资产证券化产品），累计偿还金额 4093.6 亿元，同比增长 4.1%。从各月偿还情况看，除 1 月、5 月、7 月、8 月、9 月外，其余月份累计偿还金额同比均增长（见图 7-4-9）。

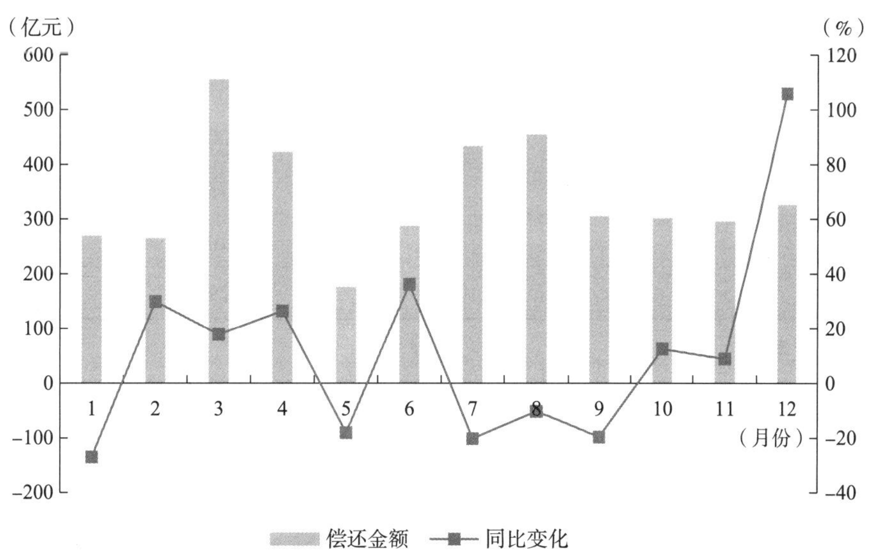

图 7-4-9　2023 年各月房地产行业境内债券偿还情况

数据来源：Wind 数据库。

（3）净融资。

2023 年，房地产行业境内债券市场（不包括资产证券化产品）净融资 433.0 亿元。从各月来看，除 9 月、

10 月、12 月净融资为负外，其余各月份净融资均为正（见图 7-4-10）。

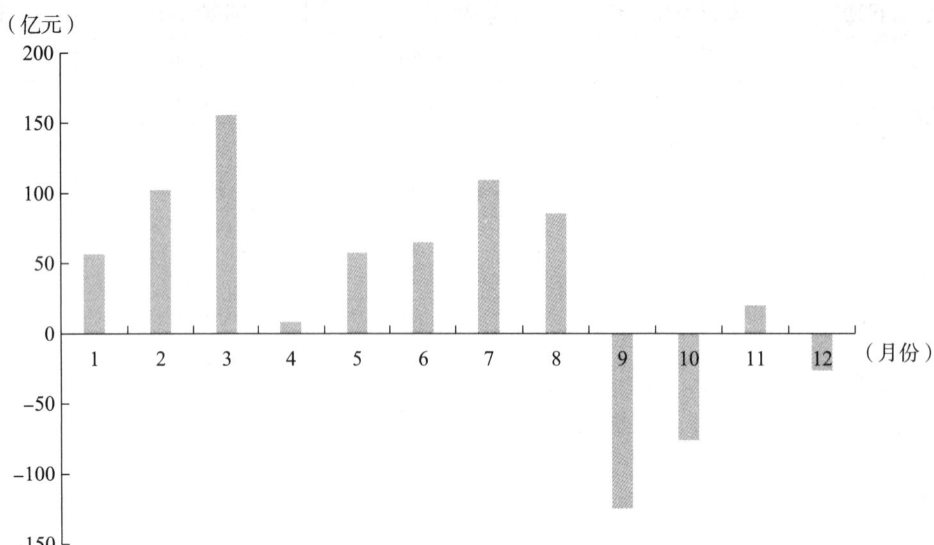

图 7-4-10　2023 年各月房地产行业境内债券净融资情况

数据来源：Wind 数据库。

（五）不动产资产证券化

1. 融资

2023 年，不动产资产证券化产品发行 1290.2 亿元、140 笔。其中，CMBS/CMBN 发行规模 476.9 亿元，占比 37.0%；供应链金融 ABS 发行规模 568.7 亿元，占比 44.1%；类 REITs 发行规模 139.4 亿元，占比 10.8%；棚改/保障房 ABS 发行规模 105.2 亿元，占比 8.2%（见表 7-4-7）。

表 7-4-7　2023 年不动产资产证券化产品发行情况

类型	发行数量（笔）	数量占比（%）	发行规模（亿元）	规模占比（%）
CMBS/CMBN	25	17.9	476.9	37.0
供应链金融 ABS	102	72.9	568.7	44.1
类 REITs	6	4.3	139.4	10.8
棚改/保障房 ABS	7	5.0	105.2	8.2
合计	140	100	1290.2	100

数据来源：Wind 数据库。

2. 存续

截至 2023 年底，不动产资产证券化产品的存续规模 3569.4 亿元、616 笔。其中，不动产抵押类资产证券化产品（类 REITs、CMBS/CMBN、棚改/保障房 ABS）存续规模 2480.5 亿元，占存续总额的 69.5%，包括 CMBS/CMBN 存续 115 笔，存续规模 1580.8 亿元；类 REITs 存续 33 笔，存续规模 663.9 亿元；棚改/保障房 ABS 存续 29 笔，存续规模 235.8 亿元。此外，预期收益支持类不动产 ABS 产品（物业费 ABS、购房尾款 ABS/ABN、供应链金融 ABS）存续规模 1089.0 亿元，占据总规模 30.5%。包括购房尾款 ABS/ABN 存续 34 笔，存续规模 106.9 亿元；供应链金融 ABS 存续 394 笔，存续规模 954.0 亿元；物业费 ABS 存续 11 笔，存续规模 28.1 亿元（见表 7-4-8）。

表 7-4-8　截至 2023 年底不动产资产证券化产品存续情况

类型	存量数量（笔）	数量占比（%）	存量规模（亿元）	规模占比（%）
CMBS/CMBN	115	18.7	1580.8	44.3
类 REITs	33	5.4	663.9	18.6
购房尾款 ABS/ABN	34	5.5	106.9	3.0
供应链金融 ABS	394	64.0	954.0	26.7
物业费 ABS	11	1.8	28.1	0.8
棚改/保障房 ABS	29	4.7	235.8	6.6
合计	616	100	3569.4	100

数据来源：Wind 数据库。

（六）境外证券市场融资

1. 融资

2023 年，房企在境外发债 107 只，同比下降 13.6%；实际募资 131.1 亿美元，同比下降 43.8%。受行业风险抬升影响，发行规模持续下降（见图 7-4-11）。

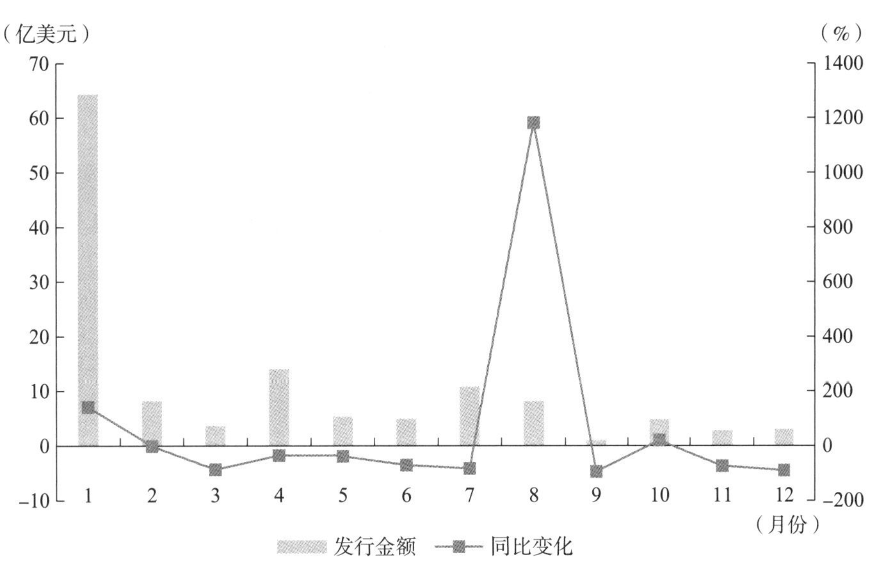

图 7-4-11　2023 年各月房地产行业境外债券融资情况

数据来源：Wind 数据库。

TOP20 的房地产企业仅有 4 家发行境外债券 11.1 亿美元，占比 8.4%，为越秀、中海、金茂、新城（见表 7-4-9）。

表 7-4-9　2023 年 TOP20 房地产企业境外债券发行情况

发行人	起息日期	发行规模（亿元）	票面利率（%）	上市地点	交易币种
越秀	2023-01-16	20.00	4	澳门金交所	CNY
金茂	2023-01-19	20.50	4	澳门金交所	CNY
新城	2023-05-22	1.00	7.95	香港联交所	USD
中海	2023-10-25	31.90	3.5	香港联交所	CNY

数据来源：Wind 数据库。

2. 偿还

2023 年，房地产行业偿还境外债券 218 只，累计偿还金额 576.6 亿美元，同比下降 6.0%。从各月偿还情况看，除 1 月、2 月、5 月、9 月、10 月、12 月外，其余月份偿还金额同比下降（见图 7-4-12）。

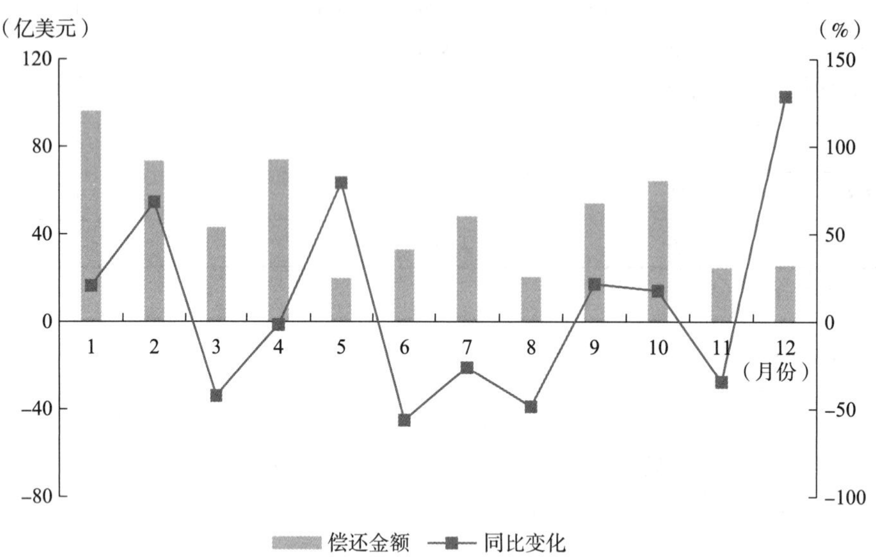

图 7-4-12　2023 年各月房地产行业境外债券偿还情况

数据来源：Wind 数据库。

3. 净融资

2023 年，房地产行业境外债券市场净融资-445.5 亿美元，各月份净融资均为负（见图 7-4-13）。

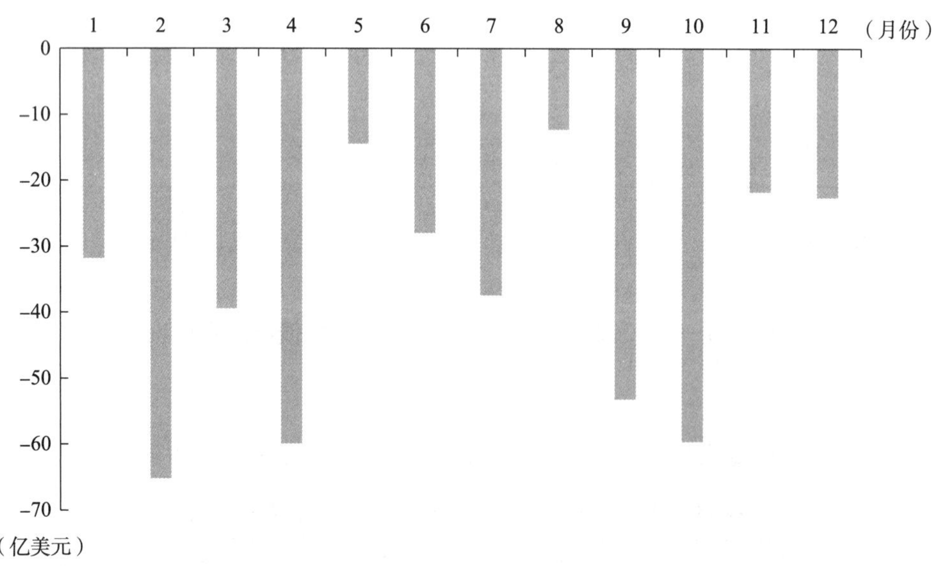

图 7-4-13　2023 年各月房地产行业境外债券净融资情况

数据来源：Wind 数据库。

（于璐源　中国民生银行地产金融事业部）

五、城市轨道交通场站综合开发

（一）建设运营情况

截至2023年12月31日，中国内地累计59个城市（其中盐城市为2023年度补充统计城市）投运城轨交通线路11232.65千米。其中，地铁运营线路8547.67千米，占比76.10%。2023年，新增红河州、滁州、许昌3个城轨交通运营城市，其中，红河州为有轨电车运营城市，滁州、许昌两市为市域快轨运营城市。此外，北京、上海、天津、重庆、广州、深圳、武汉、南京、沈阳、长春、大连、成都、西安、哈尔滨、苏州、郑州、长沙、兰州、青岛、福州、合肥、贵阳、温州、绍兴、金华、南通、宜宾等27个城市也均有城轨交通新线、新段或延长线开通运营，其中郑州和温州两市以78.05千米、63.63千米位列2023年度新增运营线路长度前两位（见表7-5-1）。

表7-5-1　2023年中国内地已开通城轨交通运营线路长度统计汇总

单位：千米

序号	城市	截至2023年12月31日运营线路长度	其中2023年新增运营线路长度
1	上海	967.02	10.20
2	北京	907.07	38.70
3	成都	695.21	43.17
4	广州	653.38	31.80
5	深圳	575.12	8.01
6	武汉	556.41	46.43
7	重庆	537.09	58.80
8	杭州	516.00	—
9	南京	476.43	10.66
10	郑州	353.54	78.05
11	西安	337.13	38.71
12	青岛	326.30	2.53
13	天津	306.82	13.68
14	苏州	302.43	43.13
15	沈阳	262.35	45.67
16	大连	260.47	24.48
17	长沙	235.23	25.57
18	合肥	201.24	30.29
19	宁波	185.14	—
20	昆明	165.85	—
21	福州	138.94	28.26
22	长春	128.75	4.50
23	南昌	128.45	—
24	南宁	124.96	—

续表

序号	城市	截至 2023 年 12 月 31 日运营线路长度	其中 2023 年新增运营线路长度
25	贵阳	117.40	43.03
26	温州	117.14	63.63
27	佛山	115.47	—
28	无锡	110.77	—
29	哈尔滨	99.58	3.30
30	金华	98.95	13.75
31	厦门	98.40	—
32	兰州	94.46	7.93
33	济南	84.10	—
34	石家庄	74.28	—
35	宜宾	68.09	46.69
36	徐州	64.09	—
37	嘉兴	60.12	—
38	南通	60.03	20.85
39	绍兴	57.90	10.80
40	常州	54.03	—
41	台州	52.40	—
42	呼和浩特	49.03	—
43	芜湖	46.20	—
44	滁州	44.83	44.83
45	洛阳	42.46	—
46	东莞	37.79	—
47	许昌	33.70	33.70
48	黄石	26.88	—
49	乌鲁木齐	26.80	—
50	南平	26.17	—
51	太原	23.28	—
52	淮安	20.07	—
53	株洲	17.00	—
54	文山州	13.40	—
55	红河州	13.40	13.40
56	盐城	13.00	—
57	天水	12.93	—
58	珠海	8.80	—
59	三亚	8.37	—
合计		11232.65	884.55

数据来源：中国城市轨道交通协会、上海易居房地产研究院。

2023 年，新增城轨交通运营线路 884.55 千米，同比减少 18%，新增城轨交通运营线路里程自 2021 年开始呈现逐年降低，说明轨道交通建设力度放缓。此外，2023 年全国无新增轨道交通建设规划批复，主要在于多个城市上一轮的轨道交通建设规划多在 2023 年和 2024 年结束。随着新一轮轨道交通规划编制和报批流程启动，预计国家对城市轨道交通规划的批复将越发严格，未来轨道交通新增线路或将呈现持续下行态势（见图 7-5-1）。

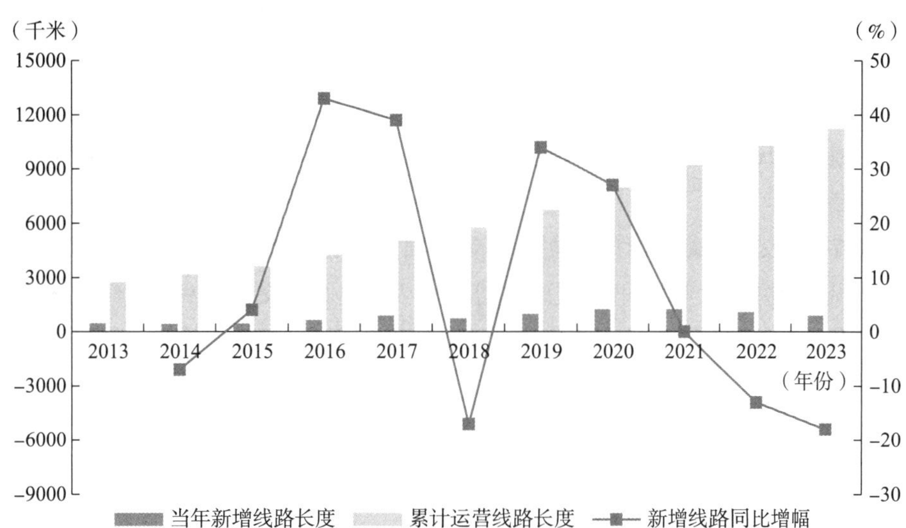

图 7-5-1　2013—2023 年累计轨道交通运营线路长度、当年新增运营线路长度及同比增幅

数据来源：中国城市轨道交通协会、上海易居房地产研究院。

（二）政策年度新变化

1. 中央层面

（1）出台首个全国层面 TOD 领域的政策文件，填补全国 TOD 领域的政策空白。

9 月 22 日，中国城市轨道交通协会发布《关于进一步鼓励和发展城市轨道交通场站及周边土地综合开发利用（TOD）的指导意见》（以下简称《意见》）。此次出台的《意见》是一次全面系统的对 TOD 经验的总结和提炼，有以下五个特点：第一，是首个全国层面 TOD 领域的政策文件，填补全国 TOD 领域的政策空白；第二，明确 TOD 的重要作用和意义，引领城市有机更新；第三，鼓励考虑市场供需情况等相关因素，合理确定 TOD 开发方案；第四，提出研究创新场站综合开发项目供地的体制机制；第五，是创新鼓励社会资本参与场站综合开发项目的政策。

（2）国家加快建设交通强国，多次提出要推动出台城市公共交通用地综合开发政策。

3 月 31 日，交通运输部、国家铁路局、中国民用航空局、国家邮政局、中国国家铁路集团有限公司联合印发《加快建设交通强国五年行动计划（2023—2027 年）》，明确提出深入实施城市公共交通优先发展战略。完善城市公共交通法规政策体系，推动出台城市公共交通用地综合开发政策。

8 月 2 日，交通运输部办公厅等多部门印发《关于加快推进汽车客运站转型发展的通知》，提出加强用地综合开发。支持客运站在符合国土空间规划及保障道路客运基本服务功能的前提下，实施用地综合开发。客运站利用存量房产、土地资源发展《产业用地政策实施工作指引》明确支持的产业和行业的，适用在一定年期内不改变用地主体和规划条件的过渡期支持政策，过渡期支持政策以 5 年为限。以划拨方式取得土地的客运站在《划拨用地目录》范围内拓展服务功能的，可依法办理改变土地用途手续；客运站在《划拨用地目录》范围外拓展服务功能的，鼓励依法适当提高容积率、增加一定比例的商业设施，并补缴相应土地出让价款。支持客运站充分利用地上、地下空间进行综合立体开发，分层设立建设用地使用权。

10 月 9 日，交通运输部会同国家发展改革委等 9 个部门和单位印发《关于推进城市公共交通健康可持续发展的若干意见》，从完善城市公共交通支持政策、夯实城市公共交通发展基础、加快落实城市公共交通用地综合开发政策、加强从业人员权益保障和加强组织实施保障等 5 个方面提出 15 项政策举措，同时提出积极推动新增用地综合开发、因地制宜实施既有用地综合开发以及建立用地综合开发收益反哺机制等内容。

11 月 8 日，国务院办公厅转发国家发展改革委、财政部《关于规范实施政府和社会资本合作新机制的指导意见》的通知，并发布《支持民营企业参与的特许经营新建（含改扩建）项目清单（2023 年版）》，旨在进一步深化基础设施投融资体制改革，切实激发民间投资活力。政府和社会资本合作应限定于有经营性收益的项目，主要包括公路、铁路、民航基础设施和交通枢纽等交通项目，城市更新、综合交通枢纽改造等盘活存量和改扩建有机结合的项目等。

12 月 8 日，《城市公共交通规划编制技术导则》等 18 项交通运输行业标准（2023 年第 3 批）业经审查通过并发布。文件规定城市公共交通规划编制的总体要求，以及城市公共交通线网、枢纽与场站的一体化、智能化和配套政策体系等的规划编制技术要求，能够指导城市公共交通场站及线网等相关规划的编制，推动提升城市公共交通治理水平。

（3）国家稳步推进城市更新行动，轨道交通站点周边土地利用成为重点。

11 月 21 日，自然资源部办公厅印发《支持城市更新的规划与土地政策指引（2023 版）》。文件在总结各地实践经验的基础上，根据相关法律法规和标准规范组织编制，旨在推动支持城市更新的相关规划工作规范开展。文件提出在轨道交通站点周边、公共空间周边、各级公共活动中心、重要滨水活动区、历史文化保护区等区域，鼓励土地混合使用，通过多功能复合吸引人口集聚，促进地区活力提升。

2. 地方层面

（1）核心城市持续完善 TOD 配套政策，省级层面支持铁路沿线 TOD 开发。

2023 年，重庆、天津和常州三市出台 TOD 相关配套文件，其中重庆和天津在 TOD 实践中不断完善 TOD 政策，而常州为首次出台 TOD 实施意见。此外，广东省发布支持铁路沿线综合开发的若干措施，推动铁路沿线 TOD 开发（见表 7-5-2）。

表 7-5-2　2023 年主要省市出台的 TOD 相关政策

发布时间	发布省市	政策名称
2023-01-29	重庆	《重庆中心城区轨道交通 TOD 综合开发用地管理办法》
2023-06-26	广东	《关于支持铁路建设可持续运营推进沿线综合开发的若干政策措施（修订征求意见稿）》
2023-07-11	天津	《天津市“津城”轨道交通场站综合开发近期建设规划》
2023-08-16	常州	《关于推进常州市轨道交通场站及周边土地综合开发利用的实施意见》

数据来源：上海易居房地产研究院。

（2）30 余个省市推动轨道交通高质量发展，鼓励 TOD 综合开发模式。

2023 年，30 余个省市出台交通相关政策，其中佛山发布城市轨道交通条例，东莞、安宁等发布交通“十四五”规划，昆明、马鞍山和山东省发布综合交通规划，开封、安阳、濮阳、郑州等城市发布公共交通高质量发展实施意见，日照、青岛、信阳等城市发布公共交通优先发展相关政策，黑龙江、甘肃和洛阳发布交通强国文件，这些文件均不同程度地涉及轨道交通和 TOD 内容，鼓励 TOD 综合开发模式（见表 7-5-3）。

表 7-5-3　2023 年主要省市出台的交通相关政策

发布时间	发布省市	政策名称
2023-02-10	洛阳	《洛阳市公共交通一体化实施方案》
2023-02-24	东莞	《东莞市轨道交通发展“十四五”规划》
2023-04-02	广州	《关于推进城市停车设施建设的若干措施》
2023-05-22	昆明	《昆明市综合交通体系规划（2021—2035 年）》
2023-05-23	佛山	《佛山市城市轨道交通管理条例》
2023-05-25	苏州	《苏州公交都市高质量发展三年行动计划（2023—2025 年）》
2023-05-26	北京	《2023 年北京市交通综合治理行动计划》
2023-05-31	开封	《关于推动城市公共交通高质量发展的实施意见》
2023-06-06	安阳	《安阳市深入贯彻城市公共交通优先发展战略推动城市公共交通高质量发展实施方案》
2023-06-13	黑龙江	《交通强国建设纲要》《国家综合立体交通网规划纲要》
2023-07-10	濮阳	《濮阳市城市公共交通高质量发展实施方案》
2023-07-19	合肥	《合肥市城市轨道交通连接通道管理办法》
2023-07-20	郑州	《郑州市推进城市公共交通高质量发展实施方案》（征求意见稿）
2023-07-24	洛阳	《洛阳市推动城市公共交通高质量发展实施方案》
2023-07-26	信阳	《信阳市深入贯彻城市公共交通优先发展战略推动城市公共交通高质量发展实施方案》
2023-08-04	日照	《关于进一步推动城市公共交通优先发展的若干措施》
2023-08-07	天津	《天津市“十四五”城市基础设施建设实施方案》
2023-08-16	青岛	《关于进一步推动城市公共交通优先发展的实施意见》
2023-08-23	上海	《长三角生态绿色一体化发展示范区综合交通专项规划（2021—2035）》
2023-09-05	马鞍山	《马鞍山市城市公共交通专项规划（2023—2035 年）》
2023-09-15	安宁	《安宁市“十四五”综合交通发展规划》
2023-09-23	河北	《河北省人民政府办公厅关于推进城市公共交通高质量发展的意见》
2023-10-12	上海	《虹桥国际中央商务区综合交通规划（2021—2035 年）》
2023-10-20	内蒙古	《关于印发自治区综合立体交通网规划的通知》
2023-11-03	洛阳	《洛阳市高水平推进交通强市建设实施方案》
2023-11-07	山东	《山东省综合立体交通网规划纲要（2023—2035 年）》
2023-11-20	甘肃	《甘肃省加快建设交通强国五年行动计划（2023—2027 年）》
2023-12-04	汕头	《汕头市综合立体交通网规划（2021—2035 年）》
2023-12-05	厦门	《轨道站点与常规公交、慢行交通一体化规划导则》
2023-12-07	吉林	《汽车客运站高质量转型发展实施方案》
2023-12-23	云南	《关于加快铁路高质量发展的意见》
2023-12-27	榆林	《榆林市推进全国性综合交通枢纽城市建设实施方案》

数据来源：上海易居房地产研究院。

（3）“轨道上的都市圈”建设加速，TOD 从城轨扩展到高铁和城际。

2023 年，郑州都市圈成为第 10 个获国家发展改革委复函同意的国家级都市圈，此外襄阳都市圈发展规划、青岛都市圈发展规划、成渝地区双城经济圈建设行动方案、福厦“1 小时”生活圈若干措施、西安都市圈行动计划均提出依托轨道交通发展都市圈（见表 7-5-4）。

表 7-5-4　2023 年主要省市出台的都市圈规划

发布时间	发布省市	政策名称
2023-03-10	重庆	《重庆市推动成渝地区双城经济圈建设行动方案（2023—2027 年）》
2023-03-13	襄阳	《襄阳都市圈发展规划》
2023-09-18	福建	《打造福厦“1 小时生活圈”若干措施的通知》
2023-10-23	山东	《青岛都市圈发展规划》
2023-10-27	河南	《郑州都市圈发展规划》
2023-11-30	西安等市	《西安都市圈建设三年行动计划（2023—2025 年）》
2023-12-20	广东	《广州都市圈发展规划》《深圳都市圈发展规划》《珠江口岸都市圈发展规划》《汕潮揭都市圈发展规划》《湛茂都市圈发展规划》

数据来源：上海易居房地产研究院。

（4）核心城市不断完善土地政策，鼓励土地复合利用和适度提升土地开发强度。

2023 年，广州、成都、重庆、上海和合肥 5 个城市发布 6 个土地和开发相关政策，鼓励对公共交通设施用地进行综合开发，地下空间实行分层利用，适度提高站点周边土地开发强度（见表 7-5-5）。

表 7-5-5　2023 年主要省市出台的土地相关政策

发布时间	发布省市	政策名称
2023-04-01	广州	《关于加强土地供应及供后监管的实施意见》
2023-04-06	成都	《成都市地下空间开发利用管理条例》
2023-09-09	重庆	《重庆市土地管理条例（征求意见稿）》
2023-11-20	上海	《关于本市全面推进土地资源高质量利用的若干意见》
2023-11-29	上海	《关于促进城市功能融合发展　创新规划土地弹性管理的实施意见（试行）》
2023-12-13	合肥	《合肥市控制性详细规划编制规范（征求意见稿）》

数据来源：上海易居房地产研究院。

（三）行业年度新进展

1. TOD 模式是推动城市更新和高质量发展的有效路径

城市更新战略驱动下，应用 TOD 模式激活老城区，串联新城区，创造紧凑型城市空间，是推动城市换新、实现高质量发展的有效途径。2023 年，青岛、杭州、宁波、南京、天津和广州等核心城市均在城市更新核心政策中明确提出推广 TOD 发展理念和综合开发模式。其中广州的城市更新与 TOD 结合紧密，表现在三个方面：一是以 TOD 开发为导向科学制定开发强度、鼓励周边复合利用，强化区域交通便捷性和可达性；二是充分利用轨道交通的优势带动存量用地再开发，优化轨道交通沿线土地功能布局，优先推进轨道站点周边城市更新，引导轨道站点周边 800 米范围的存量资源以 TOD 模式开展城市更新；三是以 TOD 发展为导向，积极引导轨道站点周边 800 米范围内旧村庄旧城镇全面改造与混合改造更新项目推进。青岛则提出：依托轨道交通，落实 TOD 发展理念，推动“轨道站点+中心”“轨道站点+产业社区”“轨道站点+居住社区”等多种模式的综合更新，建设多元复合、紧凑集约的城市街区。杭州提出：大力推进TOD综合开发模式，提高地铁站点周边人口、岗位覆盖率，打造“轨道上的城市”，全面树立区域更新标杆。宁波提出：片区策划方案应体现公共交通导向（TOD）、生态环境导向（EOD）等理念。天津将“推动TOD一体化更新”作为重点更新任务。

2. TOD成为房企探索房地产发展新模式的重要方向

2023年，在TOD土地市场，房企单独拿地以及联合轨道公司拿地占到近半壁江山，TOD土储成为房企获取优质土储的重要途径，TOD同时也成为房企探索房地产发展新模式的重要方向。全国TOD土地市场中活跃的房企有华润置地、保利发展、招商蛇口、绿城、中建地产、中国铁建等。例如保利发展在2023年联合轨道公司获得北京和青岛两城4幅TOD地块，招商蛇口获得上海潘广路TOD项目地块。此外，不少房企通过股权收购的方式获取TOD地块开发权。例如中国铁建地产获得上海澄江路地铁停车场上盖综合开发项目一、二级开发权，这是中国铁建地产在上海的首个TOD项目，总面积约93万平方米，标志着中国铁建地产从传统的住宅开发转型升级至城市综合开发运营，该项目也是上海首个在车辆基地盖板建设前引入合作企业的案例，有利于发挥地铁公司和房企的优势，探索TOD全生命周期的开发合作模式。

3. TOD项目融资有望搭上公募REITs的翅膀

2023年12月6日，“中信建投-深铁集团金融科技大厦资产支持专项计划（碳中和）”成功发行。该专项计划为全国首单国企TOD项目类REITs，发行规模19.32亿元，发行期限17年（3+3+3+3+3+2），优先级发行利率3.29%，是2023年以来国内商业物业类REITs最低发行利率，2023年以来深交所类REITs最低发行利率。底层资产为深圳市南山区科技园核心区域的深铁金融科技大厦301等126套商业、办公物业，为地铁上盖物业，是深铁集团标志性的TOD项目，获得深圳市建设科技促进中心颁发的二星级绿色建筑设计标识证书，具有较强的碳减排环境效益。深圳地铁成功发行全国首单国企TOD项目类REITs，为TOD项目未来搭上公募REITs的翅膀提供非常好的示范效应。

4. “TOD+”理念引领未来TOD项目发展趋势

早期的TOD大多是站点周边的传统房地产开发项目，现在则越来越强调“TOD+”理念，它代表着TOD模式在国内的进一步拓展和深化。“TOD+”不仅仅关注公共交通站点周边的商业和住宅开发，还强调通过多元化的业态融合、智能化的技术应用、绿色生态的营造以及文化和社会价值的提升，打造一个更加综合、宜居、可持续的城市发展模式。2023年国内涌现出不少优秀的“TOD+”项目，引领着未来TOD发展趋势。例如上海保利申通光合上城项目将“TOD、生态、城市、人”有机融合，打造无限生长的百万方TOD综合体，筑就“TOD站城一体+PARK城市绿洲+CENTER城市新中心”的新型城市理想单元。浙江省首个综合性TOD体育公园——宁波甬江TOD体育公园正式开园，贯彻绿色发展、绿色亚运理念，所有运动场馆均采用可回收气膜材料建设。

（四）土地出让情况

2023年，全国21个城市成交TOD地块44幅，同比减少39%；成交土地面积293万平方米，同比减少27%；成交总价762亿元，同比减少8%，主要原因是受房地产市场下行等因素影响。从城市来看，上海居TOD成交面积首位，济南居TOD成交幅数首位。从拿地企业来看，相比2022年，轨道公司托底的现象有所缓解，轨道公司单独拿地占所有成交地块幅数的55%，房企单独拿地以及联合轨道公司拿地占45%。从地块类型来看，约八成TOD地块为住宅属性，与交通的结合涉及地铁站点、地铁车辆基地、综合交通枢纽等多种类型（见表7-5-6）。

表 7-5-6　2023 年全国主要城市 TOD 土地成交情况汇总

城市	TOD 地块成交幅数（幅）	TOD 地块成交用地面积（平方米）	TOD 地块成交总价（万元）
上海	3	402467	1442897
重庆	2	232090	339795
北京	4	230657	1707800
台州	1	224891	197200
成都	1	219977	460175
绍兴	1	199167	306878
杭州	3	190477	680413
西安	1	167418	187100
青岛	5	141482	394576
天津	1	123691	190000
广州	2	96319	372182
南京	2	80592	91500
宁波	3	98090	161682
福州	2	37703	18450
深圳	1	39079	373200
苏州	1	34198	219193
南昌	1	23047	28140
武汉	1	18562	78000
郑州	1	10456	2719
济南	6	111334	112155
南宁	2	246885	258896
合计	44	2928582	7622951

数据来源：上海易居房地产研究院。

（崔　霁　姚　腊　上海易居房地产研究院）

六、不动产数字化发展

（一）2023 年不动产数字化转型发展总览

2023 年，不动产数字化总体发展经历房地产行业新的转折点。不动产数字化总体规模逐步止跌回升，如果从不动产开发和不动产运营条线来看，集中呈现五大方面的数字化转型应用领域，具体是：整体地产开发数字化降速后缓慢回升，物业数字化由高速增长回归平稳，多产业协同发展的产业园数字化增速稳中有升，数字化赋能租赁企业运营/获客增值的市场快速上升，商业数字化市场增长稳定。

2023 年，不动产数字化在包括住宅地产、物业、商业办公、产业园、租赁、康养、文旅产业在内的 7 个领域应用场景分化，受整体经济环境影响，经营管理是数字化聚焦的基础场景，以客户需求和服务为中心的产品成为共同发力点，其中客户体验难点多（见图 7-6-1）。

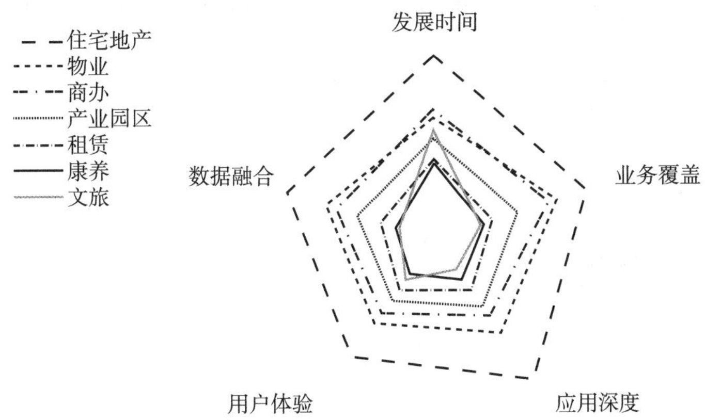

图 7-6-1　2023 年不动产数字化七大场景发展情况

数据来源：2023 年克而瑞科创不动产数字化调研、行业专家访谈信息，结合克而瑞科创数据模型估算得出。

针对七大场景出现的数字化发展难点，比如，以客户为核心的信息较为分散、住宅居住体验不佳、物业业主活跃度不高、商办多系统融合难、产业园招商数据不足、租赁需求多样化、适老化产品鸡肋、文旅业态多元运营复杂等难题，以客户需求和服务为中心的数字化产品备受关注。

（二）住宅开发数字化

1. TOP50 房企 2023 年整体数字化投入下降近 30%

从 2019 年开始，持续跟踪行业数字化投入情况，根据实际调研数据，2023 年数字化投入整体快速降低，除部分头部房企数字化投入较为平稳之外，大部分房企数字化投入均有降低，整体投入保守估计，平均环比下降 33%。TOP50 房企 2023 年平均投入规模在 8000 万元，由于房企数字化投入与营收能力直接相关，预计 2024 年数字化投入保守估计环比下降 25%，降速略有减缓，平均企业投入 6000 万元（见图 7-6-2）。

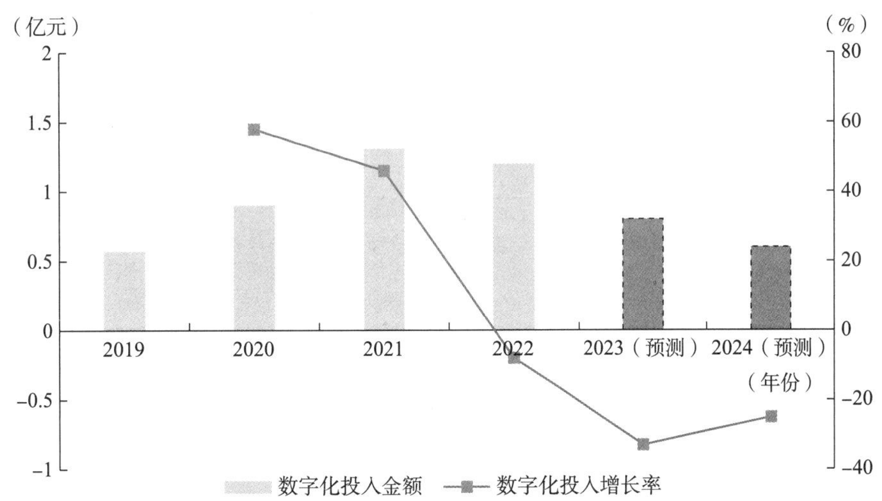

图 7-6-2　2019—2024 年 TOP50 房企年均数字化投入金额

数据来源：2023 年克而瑞科创不动产数字化调研数据，结合克而瑞科创数据模型估算得出。

2. 提升客户服务力依然为房企数字化建设首要目标

2023 年，房企战略目标调研的数据显示，与 2022 年目标较为一致，“提升客户服务力，推动营销数字化”

成为房企数字化战略首要目标，房企销售端承受较大压力，借助数字化落地和运作提高销售能力和客户服务能力。同时，加强数据底座建设，提升数据治理能力也是房企持续目标（见图 7-6-3）。

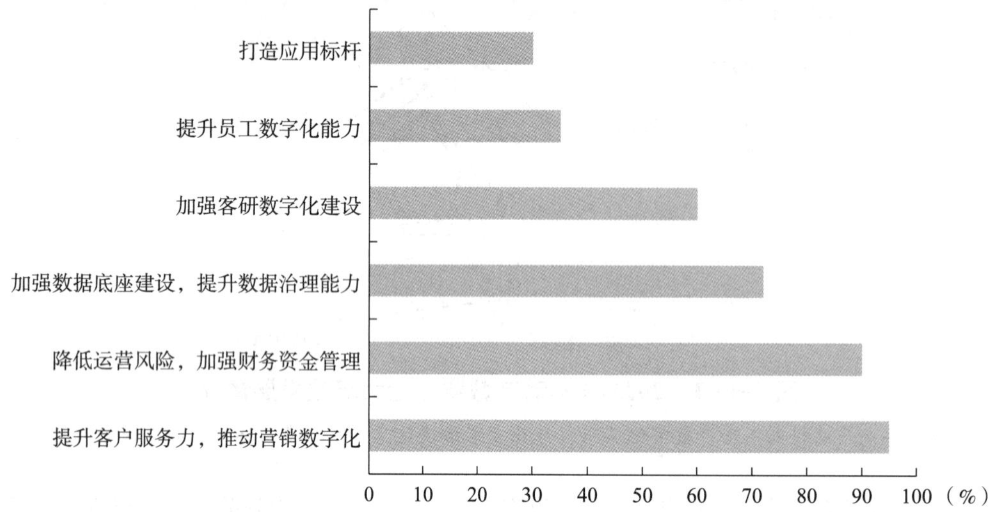

图 7-6-3　2023 年 TOP50 房企数字化战略目标情况

数据来源：2023 年克而瑞科创不动产数字化调研数据，结合克而瑞科创数据模型估算得出。

3. 新一线城市的自渠流量增长超 20%，超八成房企将重视数据隐私合规、内容创意质量和精准投放

整个房企战略的核心回到营销侧，这是各家房企优先选择的、数字化的核心工程。从调研数据来看，头部房企在智慧营销的自建渠道目标逐步细化，要贡献更多的企业流量，TOP 50 房企智慧营销自渠流量分布见图 7-6-4。

以房企的实际运营案例为例，越秀自建渠道的流量占比快速提升。2023 年打造电商化内容获客平台，并构建总部+区域级品牌传播矩阵。在内容创意方面，构建千城千面的内容运营展示，为客户带来丰富的购房内容种草推荐。精准投放则根据不同购房客群特点，实现 B 端品牌及营销信息传播与 C 端客户服务的精准对接。

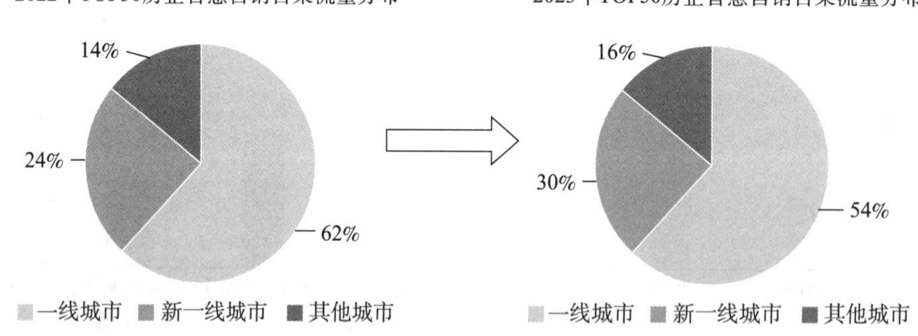

图 7-6-4　TOP50 房企智慧营销自渠流量分布

数据来源：2023 年克而瑞科创不动产数字化调研数据、2023 年企业财报。

但是数据隐私合规性、精准投放的效果，以及内容的创意和质量，成为房企智慧营销的运营难题。房企在这些难题上发力，花大量的人力、物力做技术和运营商的突破（见图 7-6-5）。

4. 客研数据将成为企业数据资产重要一环，支撑营销监测和竞品监测实现

在提升客户研究数字化能力的战略指引下，客研数字化更关注竞品分析，提升数据的实效性和可信度。在行业变化的情况下，数据看板和客研决策成为管理者的高频监测工具。

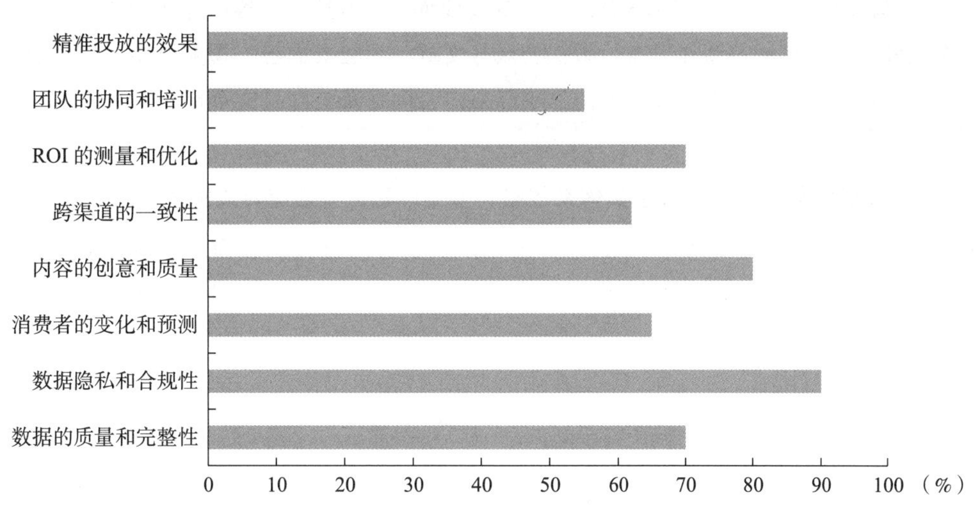

图 7-6-5　2023 年 TOP50 房企智慧营销的运营难点情况

数据来源：2023 年克而瑞科创不动产数字化调研数据、2023 年企业财报。

客研数字化工作仍有三大痛点：数据单一、低频更新、无效赋能。房企针对痛点提出三大锚点：快速认知市场、挖掘客户价值、引导产品价值和产品设计，解决客研数字化难题。

房企借助客研数据平台，提升作业效率，打破行业痛点，客研数据将成为企业数据资产重要一环，支撑营销监测和竞品监测实现。以头部房企的客研竞争产品为例，华润的报表数据从 5 天缩短到 1 天，甚至几小时，包括竞品的市场变化数据，支撑营销决策和竞争策略的快速输出。

5. 涉房数据要素的资产化潜力被挖掘，人工智能“Copilot”协同赋能企业管理和业务拓展

地产数据化过去一直关注于降本增效，涉房数据要素的挖掘，使房企的信息化部门增加衡量自身工作成效的机会。房企 CIO 都在关注数据资产，这些数据资产中受关注最多的是脱敏后的交通数据、人流数据，其次就是业务管理产生和沉淀的 BIM 数据（见图 7-6-6）。

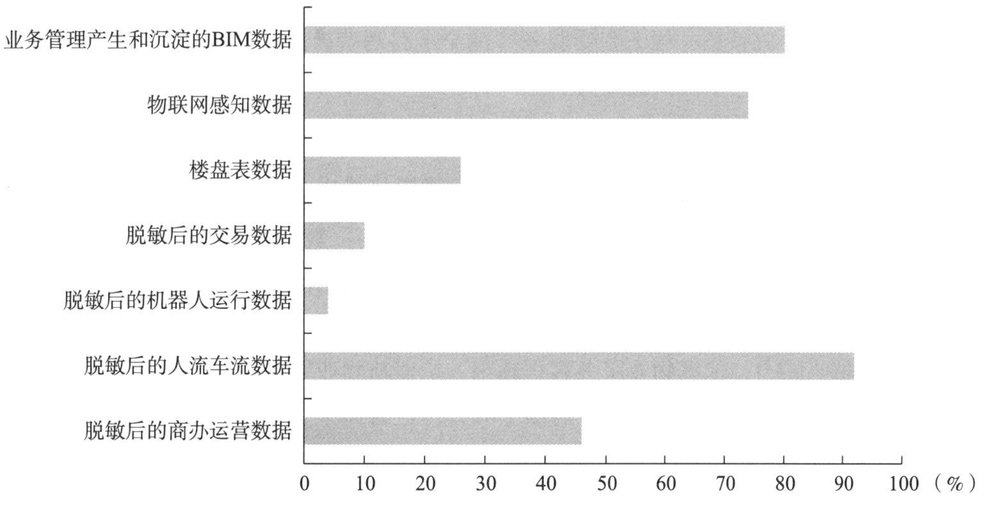

图 7-6-6　房地产企业未来核心数据资产关注度情况

数据来源：2023 年不动产数字化调研数据及市场公开信息。

AIGC 掀起 2023 年的数字化生成式浪潮。调研数据显示，房企与大厂共建是一种趋势，另外房企在营销场景率先入局，投入效果较好。

万达笔杆子 AI 写作助手，大语言模型+万达内容专属训练，为万达员工推出专属的内容创作解决方案，旨在显著提高工作流效率。工具涵盖新闻发布、微信公众号文章、小红书内容、视频剧本、广告创意、文章再创作以及创意策划七大功能模块。其中，文章创作、小红书内容撰写及公众号文章创作被证实为员工最为青睐的三大应用场景，提升营销效能。

6. 空间服务 DTC 数字化模式推动大会员体系战略，多业态融合权益流转成关键

为提升地产行业的客户体验，DTC（Direct to Consumer，直面消费者）成为房企在各个场景直达用户的最短路径。企业都寻求在用户端，实现物业、商业、酒店等多业态体系的打通，目的在于多业态的流转，实现真正“内消”（见图 7-6-7）。

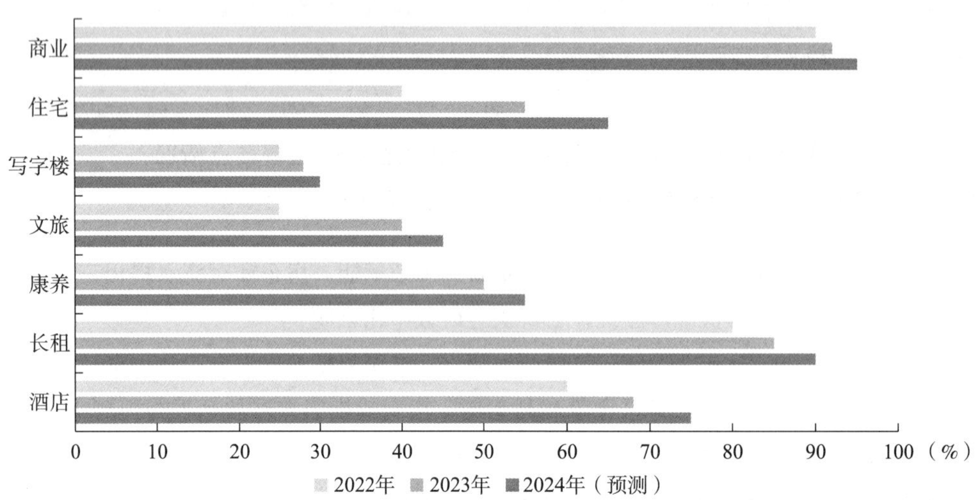

图 7-6-7　2022—2024 年 TOP50 房企大会员业态打通情况

数据来源：2023 年不动产数字化调研数据及市场公开信息。

新城的悦会员体系证实，“悦会员”体系整合新城集团住宅开发、商业运营、物业管理三大板块的经营场景和业态资源，为新城业主提供吾悦广场的观影、健身、亲子、欢唱、社区内部会所、球场等专享权益，实现覆盖“线上一键预约—场所一码核销—线下享受服务”的全链路消费模式，最终实现新城业态的来访提升、签约提升、复购提升、满意度提升等全价值链收益。

（三）物业数字化

1. 物企数字化投入平均约占主营收入 0.5%~2%，五大智慧化能力支撑数字化发展

2023 年，头部物企的数字化投入平均约占营业收入 0.5%~2%，数字化投入重点为物业的五大智慧化能力，支撑物业数字化发展，包括智慧管理、智慧服务、智慧经营、数据治理、智能服务。

克而瑞根据大量访谈和调研，构建出物业数字化发展能力的评估模型（见图 7-6-8），总结出物业数字化五大核心能力。此五大核心能力，依据物业服务客户频率、价值与物业管理触点，提炼出物业服务高频价值应用的智慧管理体系、物业服务品质提升应用的智慧服务和智慧经营体系、物业服务创新探索的数据治理和智能服务体系。

从物业服务的高频价值、品质提升到创新探索，展示出物业数字化服务能力的线上化、数字化到智能化阶段的递进演变，头部物企的数字化经验让人们看到物业数字化发展有章可循，优先向高频使用的低维应用投入，再发展到升维的品质与创新投入。

2. 2023 年 TOP50 物企数字化投入分化严重，超五成物企 2024 年数字化投入将与 2023 年持平

2023 年，TOP50 物企数字化投入分化严重，2024 年超五成物业企业数字化投入将与 2023 年基本持平。

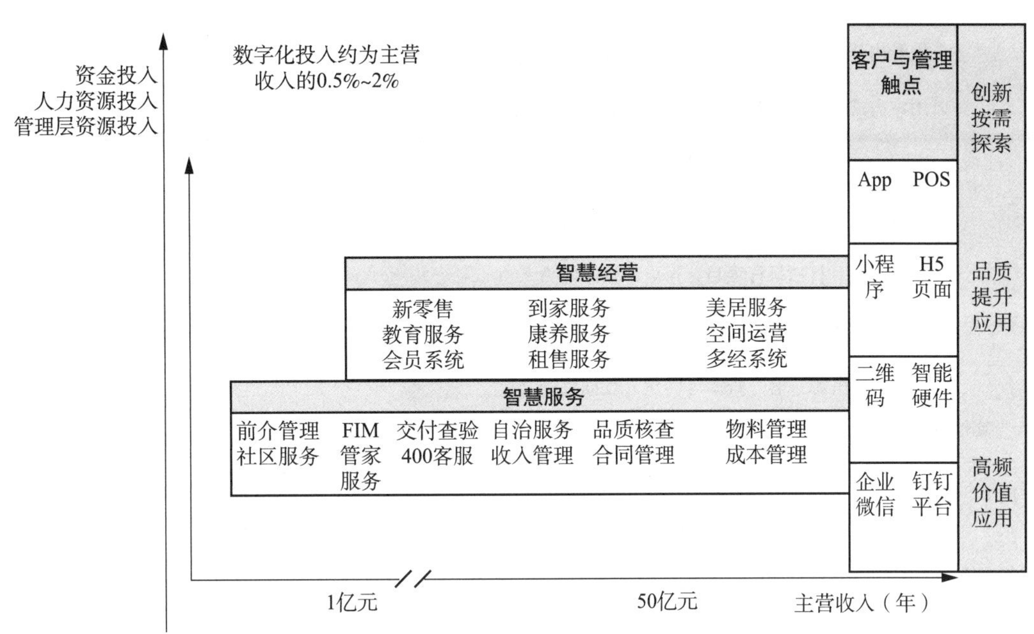

图 7-6-8　克而瑞物业数字化发展能力评估模型

数据来源：物业 CIO 问卷调研，克而瑞科创研究整理。

2023 年物业企业出现整体业绩半增长、半下降的趋势，数字化方面也呈现相似的局面。大多数企业投入超过一半的资金，即便 2023 年的投入达到百万元或千万元，2024 年依然会保持在这个水平，或者稍有增加。由于 2022 年的形势非常严峻，未来两年的大变化可能不会十分明显，至少 50% 的企业仍将面临这种情况。而在 TOP10 的企业中，头部企业持续增加数字化投入，国有企业也步入同样的轨迹。然而，中部企业的数字化投入则有所减少（见图 7-6-9）。

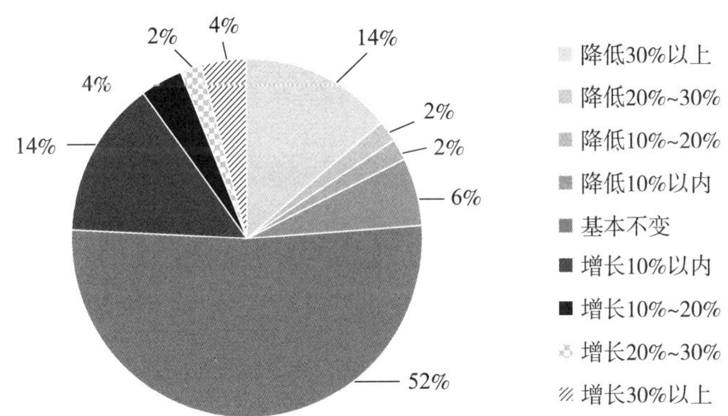

图 7-6-9　2023—2024 年超五成 TOP50 物企数字化投入变化

数据来源：物业 CIO 问卷调研、克而瑞科创研究整理。

3. 提升内部运营效率、以用户需求为核心、协助拓展项目成为当前物企数字化 TOP3 战略目标

2021—2022 年物企数字化战略目标，以“提升内部运营效率，实现降本增效”为第一目标。2023 年，数字化战略在降本增效成效逐步凸显过程中，以客户为核心的全周期服务目标明确，“提升内部运营效率、以用户需求为核心、协助拓展项目”成为当前物企数字化 TOP3 战略目标（见图 7-6-10）。

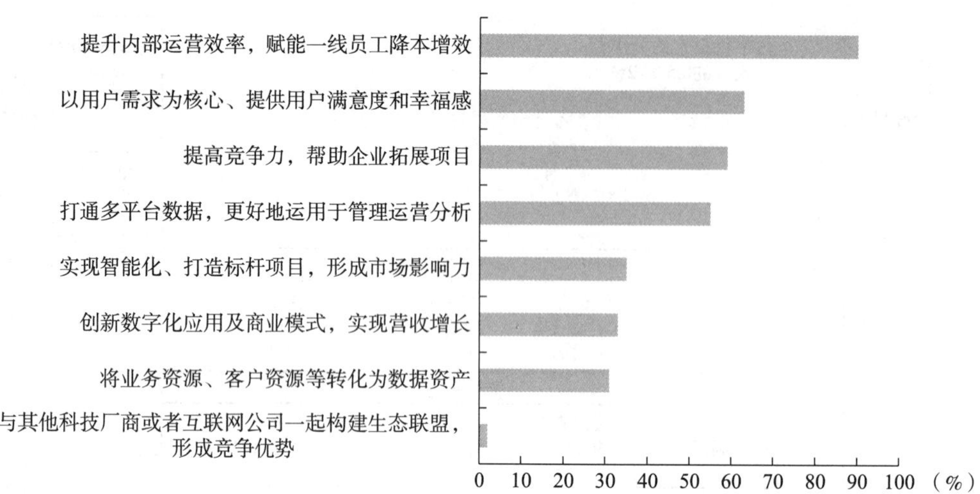

图 7-6-10　2023 年 TOP50 物企数字化战略目标情况

数据来源：物业 CIO 问卷调研，克而瑞科创研究整理。

4. 过半数 TOP50 物企完成运营管理、赋能一线、中台后信息化、业财一体化阶段

2023 年，物企数字化发展出业财一体化、中后台信息化、运营管理数字化、赋能一线数字化、数字化生态外部合作赋能、项目数字化等数字化产品和业务，但整体进展差别较大。通过整体调研反馈来看，过半数 TOP50 物企完成运营管理、赋能一线、中台后信息化、业财一体化阶段，仅 16% 的头部 50 强物企完成数字化生态外部合作赋能，超过 40% 的头部 50 强物企在发展项目数字化，但整体数据未打通（见图 7-6-11）。

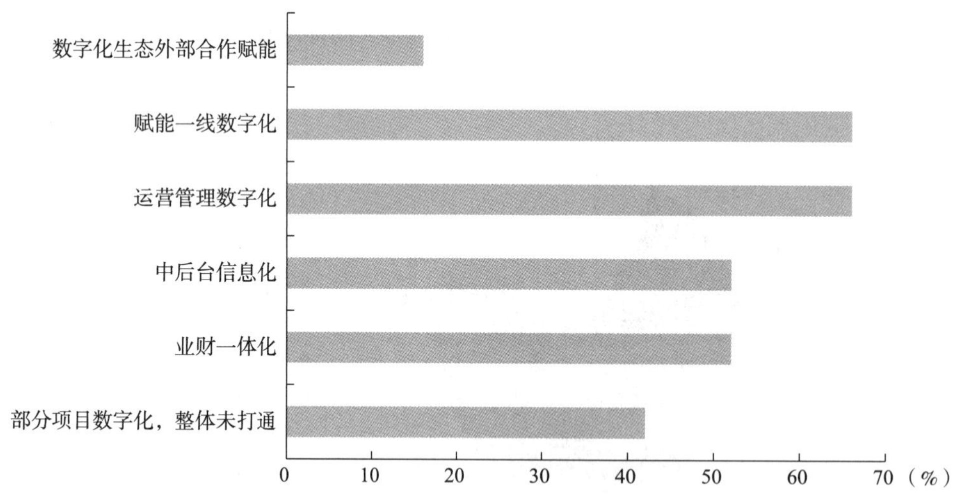

图 7-6-11　TOP50 物企数字化发展已实现的发展阶段情况

数据来源：物业 CIO 问卷调研，克而瑞科创研究整理。

5. 物企运营管理数字化应用覆盖近 30 个系统

从 TOP50 物企运营管理数字化应用覆盖情况来看，调研覆盖系统数量近 30 个，超过 50% 的头部物企数字化应用覆盖工单管理、收费管理、合同管理、客服管理四大系统，其中工单管理系统覆盖率最高，87% 调研物企均涉及该系统。而能源管理、应急管理、灵活用工、安全生产系统、低代码平台、案场服务等系统的潜力值得期待（见图 7-6-12）。

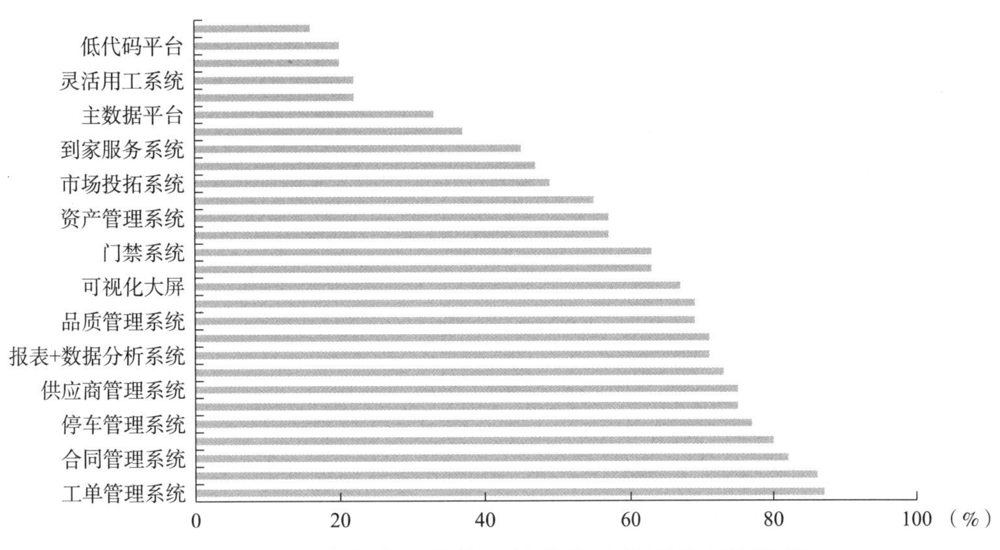

图 7-6-12 物企运营管理数字化应用覆盖系统情况

数据来源：物业 CIO 问卷调研，克而瑞科创研究整理。

6. 服务能力与运维响应速度、高性价比、品牌效应和市场地位成为物企数字化供应商筛选三大标准

从头部物企持续调研数据来看，每年的物企供应商筛选标准基本保持相对稳定性，对于服务商筛选标准来看，服务能力与运维响应速度、高性价比、品牌效应和市场地位成为物企数字化供应商筛选三大核心。同时，性价比、实施经验、技术兼容性、技术灵活性、创新能力等均为供应商筛选重点（见图 7-6-13）。

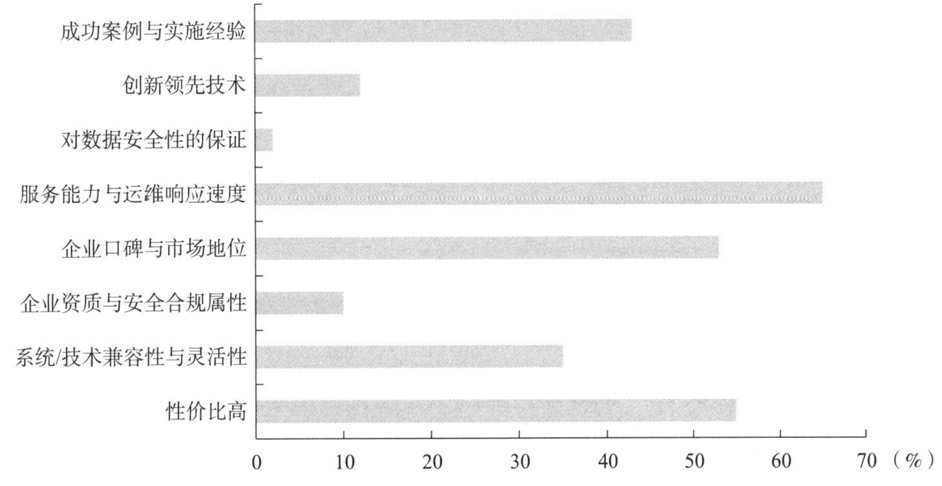

图 7-6-13 2023 年 TOP50 物企数字化供应商筛选标准调研结果

数据来源：物业 CIO 问卷调研，克而瑞科创研究整理。

（四）产业园区数字化

1. 特色主题园区成为未来产业发展主要载体，企业服务与产业服务的智能化应用需求多元化

从最新的数据来看，部分省市新增特色主题产业园中，浙江新增 58 个特色产业园居首位，上海新增 13 个特色产业园。以上海 3 批次特色园区为代表，居前列的分别为高端装备、新兴领域及生物医药园区（见图 7-6-14）。

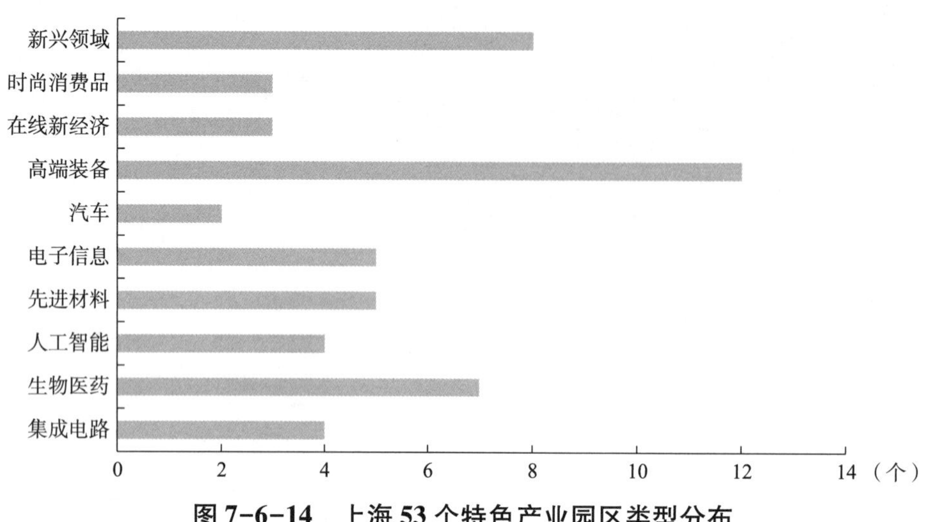

图 7-6-14 上海 53 个特色产业园区类型分布

数据来源：克而瑞产城研究中心数据、行业专家访谈及市场公开信息。

在这些特色产业园中，2023 年产业园区智能化应用落地服务中，园区管理、智慧招商、生活服务、政务服务等为智能化重要服务能力。但其中企业服务、产业服务的需求跟随产业特征，会更加多元和更加落地（见图 7-6-15）。

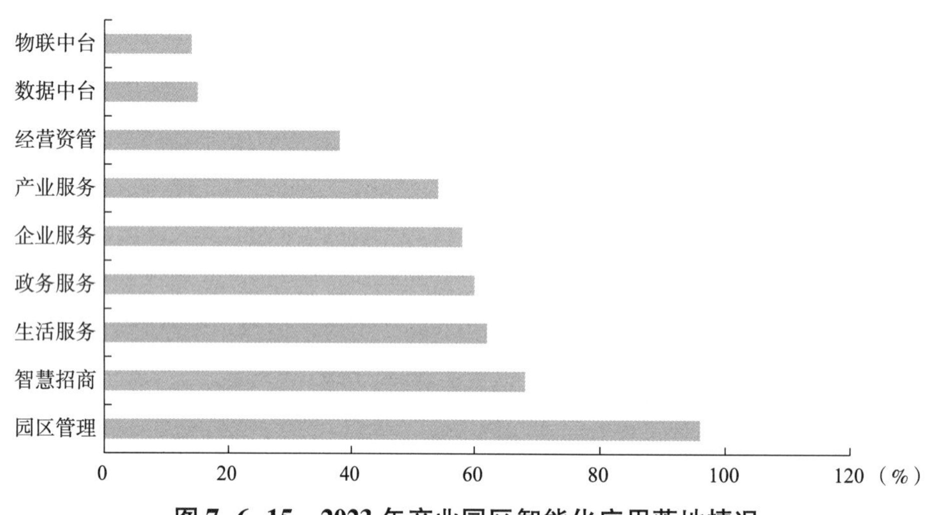

图 7-6-15 2023 年产业园区智能化应用落地情况

数据来源：克而瑞产城研究中心数据，行业专家访谈及市场公开信息。

2. 超七成园区业主增加数字化平台与工具预算

根据调研数据，数字化平台与工具预算排在第一位，其次是综合设施管理服务、空间重新规划及改造、能源改造，它们在园区业态增加预算中占比较高（见图 7-6-16）。但园区数字化建设还存在很多核心的难点，最主要的是园区管理、运营方和园区内企业之间，很难形成数字互通。另外，在金融服务、运营服务、招商服务中，仍然依靠线下服务为主。但有一些头部园区，在企业服务中走在行业前列，及时准确传递政策、补助信息到位和落实及时，还有很多助力企业服务的内容都在积极探索。

3. AI 和大数据赋能的产业招商大脑进一步升级迭代

2023 年，产业园区智慧招商建设难点的调研中，缺乏专业招商数据库、招商管理流程化、缺乏招商信息发

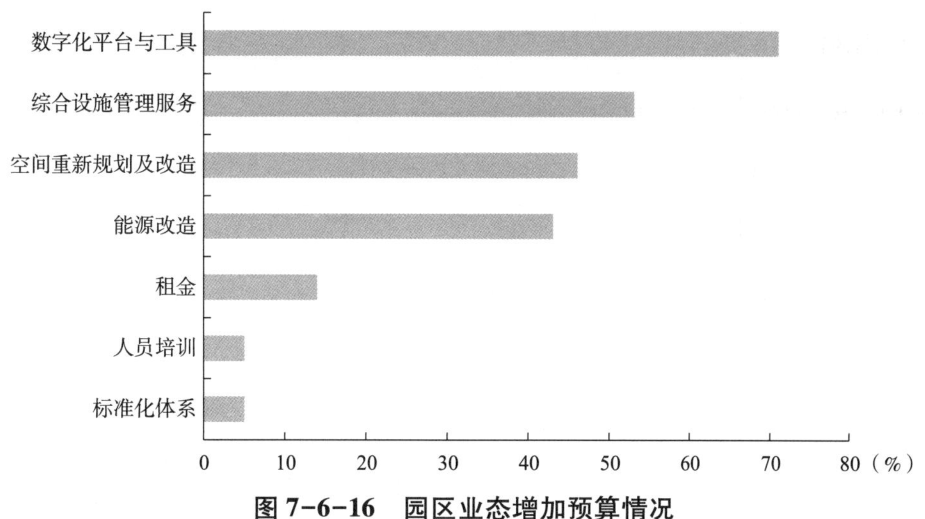

图 7-6-16　园区业态增加预算情况

数据来源：克而瑞产城研究中心数据，行业专家访谈及市场公开信息。

布渠道，成为园区智慧招商的 3 个首要难题（见图 7-6-17）。产业数据库建设兴起势必成为一个趋势。

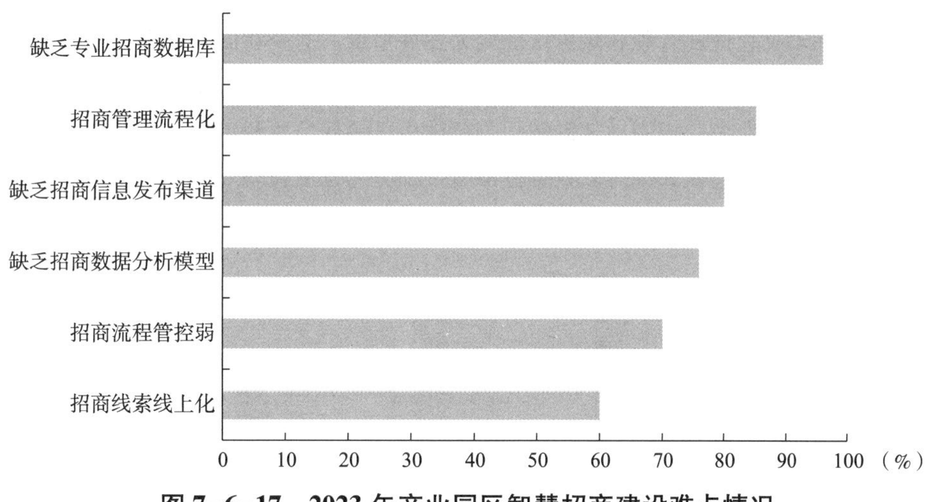

图 7-6-17　2023 年产业园区智慧招商建设难点情况

数据来源：克而瑞产城研究中心数据、行业专家访谈及其他市场公开信息。

招商成为政府工作核心，行业里核心的产业招商数字库逐渐兴起，围绕大数据、AI 提升整个产业招商的建设。以上海本地试点来看，克而瑞 2022 年开始推出基于克而瑞自身大数据平台，结合上海公共数据的授权使用，也做一些技术创新，聚集产业链上下游，围绕核心产业的建链、补链、强链的特色招商。

（五）商办数字化

1. 商办增加数字化平台与工具投入，智慧经营系统应用年均 20%增长，重点在营销推广和用户体验

疫情之后，商办加大在数字化平台和工具的投入，数据显示 35%的商办业态愿意增加数字化投入，核心在于智慧经营系统年均 20%的增长性投入。从 2021—2023 年 TOP50 房企商业数字化系统应用情况来看，ERP、POS、招商管理、智慧经营、数据中台成为核心应用系统，其中智慧经营成为增长最快的领域，重点在营销推广和用户的体验。商办业态与产业园区一样，在智慧能耗方面投入力度较大，能耗管理、绿色认证是当前商办发展的主线，在降能耗、降成本、降人力方面，商办在能耗管理过程中成为整个行业的主流（见图 7-6-18）。

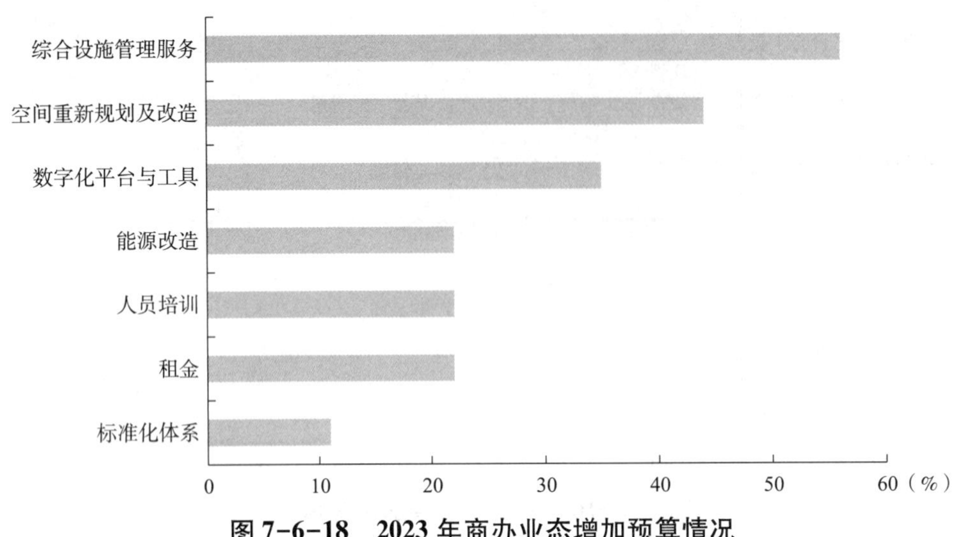

图 7-6-18　2023 年商办业态增加预算情况

数据来源：2023 年克而瑞科创调研数据、行业访谈数据及公开数据。

2. 能耗管理和绿色认证成为商办的发展增量

在数字化降本增效驱动下，能耗管理和绿色认证成为发展增量。房企在商办数字化中高速推进智慧能耗发展，实现降本增效，数据显示，智慧能耗、智慧楼宇建设实现能源成本、人力成本节省超过 10%。

调研数据显示，设备用能监测、用能异常提醒、节能优化、能耗预测和定额管理、碳排放数据分析成为智慧能耗核心场景，且在设备用能监测和碳排放数据分析两个细分场景覆盖率更高（见图 7-6-19）。

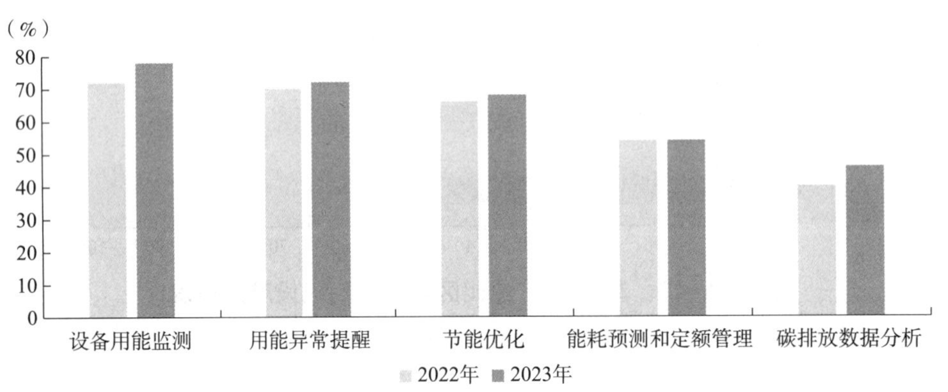

图 7-6-19　2022 年和 2023 年 TOP50 房企办公数字化智慧能耗细分场景覆盖情况

数据来源：2023 年克而瑞科创调研数据、行业访谈数据及网络公开数据。

（六）租赁数字化

1. 住房租赁行业数字化发展历经三大阶段，迭代升级搭建综合管理平台

加快发展住房租赁市场是我国进一步深化住房制度改革、探索房地产业新发展模式和实现住房高质量发展的重要一环。伴随着住房租赁行业的发展，租赁行业的数字化建设也在不断推进。

从早期 2010 年左右的租赁市场数字化建设以创业系、酒店系运营商为主，搭建能够基本满足功能和运营需求的运营管理系统，到当前国企入局，大型租赁社区风潮下，租赁社区综合服务平台成为数字化建设重点，各企业数字化系统不断迭代升级，多家企业搭建租赁社区综合管理平台，深入研发租赁市场数字化体系的第三方企业平台也在不断加大。

在租购并举的背景下，推动住房租赁市场加快从产品、交易、运营到管理全链条数字化，有利于让城镇居民特别是新市民“租得到、租得稳、租得好”，也有助于实现更高水平的住有所居。

2. 住房租赁行业数字化覆盖更多业务场景，助力价值提升，发展初见成效

经过多年发展，住房租赁行业数字化覆盖的业务场景已经多元全面。从数据上可以看出，在运营的项目基本100%采用数字化运营平台；80%的项目开启全渠道获客平台；65%的项目运营业财一体化管理系统（见图7-6-20）。

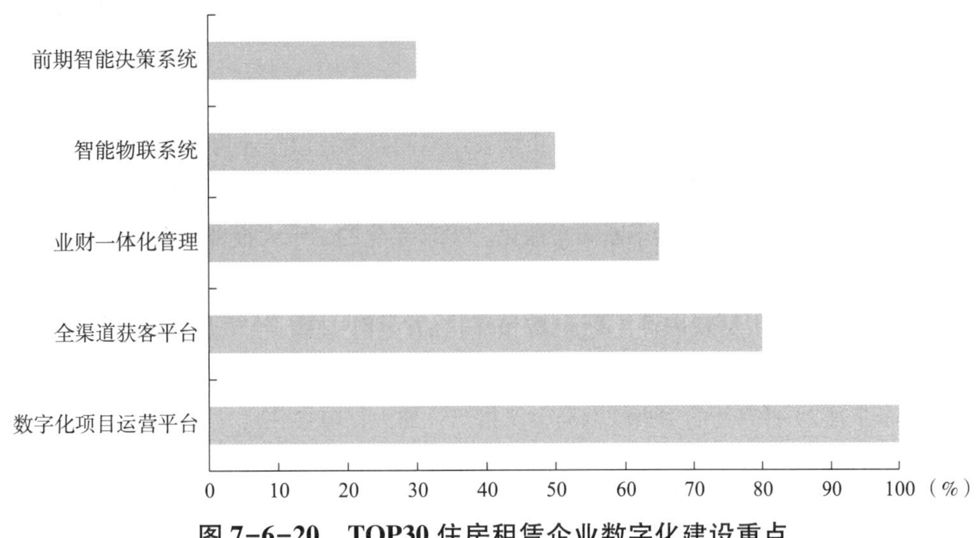

图 7-6-20　TOP30 住房租赁企业数字化建设重点

数据来源：克而瑞租赁研究中心数据。

住房租赁企业希望数字化建议能实现的价值主要如下：95%的租赁企业希望通过数字化体系提升项目运营价值，包括提高出租率、提高决策效率、风险控制加强等；90%的租赁企业希望通过数字化体系提升客户价值，提升用户体验、满意度等；80%的租赁企业希望通过数字化体系提升财务价值，实现降本增收，提升利润等；也有企业希望数字化体系能在产品价值提升及第二曲线增值收入上有所突破（见图7-6-21）。

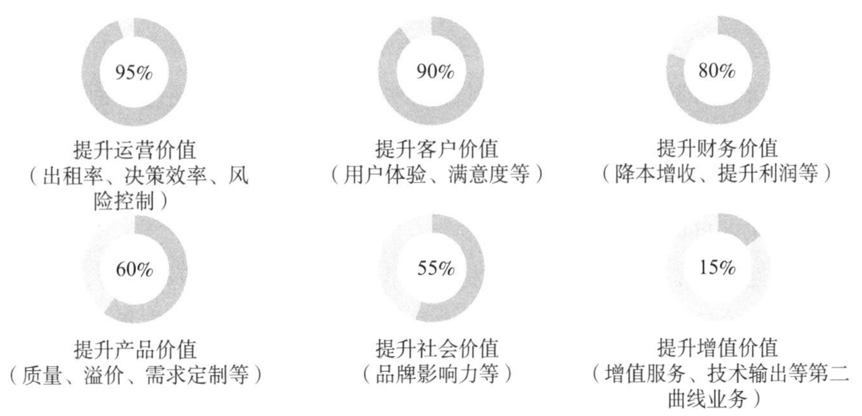

图 7-6-21　住房租赁企业希望数字化转型带来价值情况

数据来源：克而瑞租赁研究中心数据。

住房租赁数字化系统的建立及运营，在给租赁企业带来降本增效，增加收入的实际成效上也开始显现，最早研究探索住房租赁数字化的企业达成显著成效，这些成效也助力这些企业在住房租赁行业中有杰出表现。

（李　波　张兆娟　李　琛　中国房协数字科技分会　上海克而瑞信息技术有限公司）

七、城市更新

党的二十大报告明确提出：要加快转变超大特大城市发展方式，实施城市更新行动。2023 年底召开的中央经济工作会议再次强调：要实施城市更新行动，打造宜居、韧性、智慧城市。可见，当前实施城市更新行动是我国超大特大城市转变发展方式的重要抓手，是房地产业进入后开发时代的新兴动能，也是推动城市高质量发展的重要手段，是从过去大规模增量建设向存量提质改造和增量结构调整并重转变的基本路径。

（一）实施城市更新行动方兴未艾

伴随着中国房地产业进入后开发时代，城市更新已成为新时代高质量发展的必由之路。对此，中央高度重视、频频提及；各城市积极出台政策、制定规划；市场发展空间巨大；以企业为核心的主体纷纷参与；社会对城市更新的必要性已经形成共识。当前，新时代实施城市更新行动的新篇章徐徐展开，可谓是方兴未艾。

第一，中央高度重视，城市更新内涵不断丰富深化。2022 年党的二十大报告将实施城市更新行动提高到转变超大特大城市发展方式、中国城镇化未来发展新方向、构建房地产发展新模式的高度上来，城市更新国策地位基本确立。2023 年是我国城市更新内涵不断丰富和深化的一年。2023 年 7 月 7 日，住房城乡建设部发布《关于扎实有序推进城市更新工作的通知》；7 月 21 日，国常会通过《关于在超大特大城市积极稳步推进城中村改造的指导意见》；7 月 24 日召开的中央政治局会议指出：加大保障性住房建设和供给，积极推动城中村改造，盘活改造各类闲置房产。可见，城市更新从之前强调的老旧小区改造扩展到下半年强调以保障性住房、城中村改造和盘活闲置房产为主要内涵的发展模式。

第二，各城市纷纷出台政策、制定城市更新的规划及指标。多个城市出台城市更新法规和政策，出台“专项规划”并明确量化指标。如上海出台《上海市城市更新条例》《上海市城市更新指引》《上海市城市更新行动方案（2023—2025 年）》，广州出台《广州市人民政府关于深化城市更新工作推进高质量发展的实施意见》，重庆出台《关于城市更新项目规划和用地管理的指导意见（试行）》，北京出台《北京“十四五”时期城市更新规划》，福州出台《福州市城市更新专项规划（2021—2025 年）》，大连出台《大连市城市更新专项规划》，济南出台《济南市城市更新专项规划（2021—2035 年）》。上海等城市进而公布城市更新相关的工作计划和完成情况。上海公开发布，2023 年完成零星旧改 12 万平方米、0.4 万户，完成 28 万平方米旧住房成套改造，启动 10 个“城中村”改造项目。2023—2025 年，上海计划完成不成套职工住宅改造约 90 万平方米，基本完成小梁薄板房屋改造，计划安排新启动 30 个“城中村”项目，改造老旧村（居）民房屋面积不少于 400 万平方米。与此同时，很多城市以“行动计划”“实施方案”“活动年”“推进年”为形式推进城市更新行动。如武汉提出开展“城市更新年”行动，2023 年起制定城市更新三年行动方案，推进 26 个重点单元优化升级，打造 5 个老旧小区成片改造示范点，完成 260 个老旧小区改造。

第三，城市更新投资逐渐居于主导地位，市场发展空间巨大。多家券商研报显示，在增量投资空间有限的情况下，未来一、二线城市的房地产更新投资将居于主导地位。从当前中央高度重视的城中村改造规模来看，这轮超大特大城市“城中村”待改造面积或超过 13 亿平方米，每年拉动近万亿级投资，预计改造的全周期投资额在 10 万亿元以上。如国海证券报告显示，设定平均改造周期为 2023—2027 年共 5 年，测算范围包括 21 个超大特大城市和 14 个 Ⅰ 型大城市，在乐观情形下，在销售端，总体预计城中村改造 5 年改造期内拉动住宅销量 14.4 亿平方米，占全国住宅总需求 56.9 亿平方米的 25.3%；在投资端，预计 5 年内拉动房地产投资 12.1 万亿元，占全国 62 万亿元房地产投资总额的 19.5%。华泰证券粗略估计全国城中村改造年投资额可能为数千亿量级，“十四五”期间累计规模可能超过 1 万亿元。

第四，企业作为市场主体积极参与，推动形成城市更新的一些基本经验。当前房地产企业、拥有存量土地的央企、国企、建筑类代建类企业、建筑规划设计机构、地方城投平台、金融机构、不良资产平台、资产管理、运营公司、专业机构等各类市场主体均积极参与，不断探索城市更新商业模式。各类市场主体探索多种发展模式实施城市更新行动，包括重资产模式、中资产模式、轻资产模式等，并且在城市更新项目具体的实施过程中，已经初步形成一些有效的做法和经验。

第五，整个社会对城市更新的必要性形成共识，为其规模化的推进创造良好的氛围。城市更新是城镇化发展的必然过程，近些年社会日益关注，各大媒体、行业协会、专业机构纷纷对这一领域持续深耕和探索，相关研讨会、论坛、活动等层出不穷。实际上，社会和行业对城市更新的必要性和重要性基本形成共识。在这一过程中，城市更新的研究热点不断迭代升级，从关注“建筑物”向关注“人”和“内容”本身提升，如城市更新应该重视保留与改造的比重，重视人文环境的保护与传承，鼓励更新后的产业升级焕新，强调内容塑造，更新改造后要实现经济效益、社会效益、生态效益的平衡，等等。这些都为实施城市更新行动创造良好的社会环境氛围。

（二）企业实施城市更新行动的路径与创新模式

在实施城市更新行动中，采取何种路径与模式，是企业关心的重点问题。从这轮城市更新企业实战案例来看，大部分企业参与城市更新项目路径清晰，并初步形成可供推广和复制的模式。总结和梳理其中科学的实操路径并探寻创新模式，是当前提升企业参与城市更新项目效率与质量的关键所在。

1. 企业实施城市更新行动的基本路径

企业实施城市更新行动大致通过四种路径，这四种路径也是四种不同的城市更新类别。不同的路径要求企业拥有的相关资源与专业能力也不尽相同，总体而言，企业唯有不断实践，才能走出一条适合自身的路径。

一是以国有平台公司和专业房地产开发商为主体的土地更新利用。企业通过对土地上的建筑物全部或部分拆除重建的方式，对低效土地或棚户区房屋进行再利用与再开发，包括棚户区改造、旧区改造、城中村改造等。以上海旧改为例，2017 年上海进入“留改拆并举、以保留保护为主”的成片历史街区更新阶段，既要加大力度保护历史建筑和风貌、又要抓紧收官成片二级旧里以下房屋改造，在此过程中，以国有地方平台公司联合专业房地产开发商进行一、二级联动式的开发，一大批以保留保护为主的旧区改造项目顺利推进，如由招商蛇口、绿城中国和上海地产联手打造的弘安里项目，走通新阶段下“市区联手、政企合作、以区为主”的旧改新机制。即功能性国有企业作为全市统一的旧区改造功能性平台，与区政府合作，参与旧区改造，二级开发则由专业的房地产开发商实施，打造成上海高端住宅的天花板级项目。该路径在资金实力和开发专业能力上要求较高，特别考验资金的承压能力。

二是以拥有存量物业企业和内容运营商为主体的业态更新提升。企业基于已有业态，在不拆除整体建筑物的条件下进行整体业态的更新提升，如商办业态改造升级、老旧小区综合整治、非改居等。如由百联资控升级改造的百空间卜内门洋行项目，修缮复原上海市优秀历史保护建筑，结合建筑体本身特色、历史背景以及所处的外滩“第二立面”区位，引入全新业态，改造成集餐饮、办公、艺术展览为一体的高端新零售及轻奢办公空间，不仅业态更新提升，租金收益也大幅提升。该路径在业态运营能力上要求较高，相关内容运营商或者有实力 IP 的企业有一定优势，例如百联资控就是拥有百联集团零售商业的相关业态资源，通过整合高端商业业态进行转型升级，整合品牌方的展示空间需求，从而走出一条以高端新零售展览为核心 IP 的创新路径。

三是以拥有存量土地企业和产业运营商为主体的产业更新融合。企业对现有工业用地进行腾笼换鸟，导入新型产业，或者将两种不同的产业在同一空间相互融合，从而使土地及相关要素进一步复合利用，实现土地用途“退二进三”（将不再适合做生产制造的核心区的旧厂房从工业区转变为商业区，发展服务业）或“退二优二”（将早期容积率低、通用性差的存量工业物业，通过改造升级提高容积率及物业标准，从而引入高附加值的战略性新兴产业）。如由上海东方明珠房地产公司打造的东方明珠创智中心，该地块前身是科学教育电影制片厂，其业务已经萎缩、物业老旧，更新改造后成为集文化产业办公、社区配套商业、社区文体设施于一体的综合体，将之前的传统媒体产业转型升级为新媒体产业，打造新媒体中小企业创业加速器。该路径适合有产业资源的企业，特别是集团主业并非房地产业，而是符合未来产业转型方向的先进制造业、战略性新兴产业或现代服务业的企业，并在国家产业转型升级路上积极进取的企业，这样在集团内部通过产业资源与空间资源的整合嫁接，将打造出城市更新产业转型升级的特色案例。

四是以区属国企平台和多种类型专业企业为主体的区域更新保护。企业将历史建筑相对集中，建筑样式、建筑风格和街区景观进行整体改造保护，能够较完整地展现该地某一历史时期文化风貌的地域空间。以上海建工打造的海玥黄浦源为例，项目贯彻从“拆改留”转向“留改拆”的旧改新思路，将风貌保护与居住品质提升有机结合，采取平移修缮、保留改造和风貌复建等多种方式，进行分级分类保护更新。围绕让历史风貌“原汁原味”这个目标，从采集、甄别、卸解、管理全流程考虑，形成依托数字化、工业化及智能化建造技术平台的历史建筑风貌保护工作特色。该路径适合于能够充分理解历史文化保护和相关技术的企业，由于光保护是很难产生经济效益的，所以近年来这类项目多以区属国企平台为主导。例如，上海衡复风貌区以徐汇区属国企徐房集团为主导，部分项目引入专业企业，如建业里是徐房集团下属上海衡复投资发展有限公司作为建设单位与国际知名酒店运营方“嘉佩乐集团”合作。再如，上海张园项目是以静安区属国企静安置业集团联合香港太古集团进行整体更新保护与开发。

2. 企业实施城市更新行动的创新模式

近些年企业在实施城市更新行动过程中不断地探索创新模式，因为一个好的商业模式是项目成功的必要条件。从我国城市更新项目运营的既有商业模式来看，基本上是在原有房地产开发项目运营经验的基础上，加以改进而来。然而随着我国整个经济形势及经济运行总体状况的变化，在实施城市更新行动中，要站在新时代的高度，进行模式创新就显得更为必要。

根据发达国家及地区的经验，未来全周期的资产管理模式或将是我国城市更新富有前景的创新模式。在此，着重对此进行探讨，以供深入研究和借鉴。所谓全周期的资产管理模式是指对城市更新项目在“募、投、建、管、退”的全生命周期环节内进行专业化的运作与资源整合，是一种追求长期稳定现金流回报的模式。实践这一模式的企业需要具备全周期运作的专业能力，需拥有一定的募集资金优势，具备一定的战略投资眼光，打造有竞争力的产品，通过精细化专业化的运营，使资产持续产生稳定的不断增长的现金流，并嫁接金融手段对资产进行退出，形成资产管理的闭环。这种模式由于外部政策、行业阶段和企业内部能力等原因，能够全周期参与的企业并不多，实现闭环退出的项目也是凤毛麟角，当前对参与城市更新的企业来说是一种挑战，却是具备发展前景的创新模式，企业唯有提前布局，锤炼专业，才能抓住机遇，实现模式的创新与升级。

募：是指通过向投资者募集资金，为项目的实施提供资金支持。在城市更新项目中，由于项目的复杂性和高风险性，往往需要大量的资金投入。因此，募是城市更新项目的重要环节之一。在募的环节中，需要制定详细的募集计划和方案，明确募集的目标和金额，选择合适的投资者和募集方式。同时，还需要建立完善的募集制度和流程，确保募集过程的合规性和透明度。

投：是指将募集到的资金投资到城市更新项目中。在投的环节中，需要选择合适的投资项目和投资方式，对项目进行全面的评估和分析，确保投资的安全性和收益性。同时，还需要建立完善的投资决策机制和风险控制机制，确保投资的稳健性和可持续性。

建：是指对城市更新项目进行规划和建设。在建的环节中，需要根据城市规划和市场需求，制定详细的建设方案和计划，选择合适的建设方式和施工技术。同时，还需要建立完善的质量管理和安全管理体系，确保工程的质量和安全。

管：是指对城市更新项目进行管理和监督。在管的环节中，需要对项目的进度、质量、安全等方面进行全面的管理和监督，确保项目的顺利进行。同时，还需要建立完善的信息管理和沟通机制，及时了解项目进展情况，解决存在的问题和困难。

退：是指将投资的资产出售或通过其他方式实现收益，并将收益分配给投资者。在退的环节中，需要根据市场情况和投资者的需求，制定详细的退出计划和方案，选择合适的退出方式和时机。同时，还需要建立完善的退出机制和流程，确保退出的合规性和透明度。

（三）企业实施城市更新行动的思考

2023 年，中央经济工作会首次提出“把高质量发展作为新时代的硬道理”，并放在五个“必须”首位，相比此前的“发展是硬道理”，增加对“质量”重视的补充。城市更新高质量发展，不是简单的修修补补，而是要高质量的更新，通过更新达到高质量发展的目标。政府和企业要紧紧围绕这一目标相互配合相互协同，企业要融入政府引导下城市更新发展框架中，政府也要多出台支持鼓励企业的相关政策，从而加快推动城市更新高质量发展。

1. 践行一个理念：人民城市人民建，人民城市为人民

城市的发展一切要围绕着人。党的二十大报告在谈到城市更新时提到：坚持人民城市人民建、人民城市为人民，提高城市规划、建设、治理水平，加快转变超大特大城市发展方式，实施城市更新行动，加强城市基础设施建设，打造宜居、韧性、智慧城市。企业在实施城市更新行动中，要紧紧围绕一个目标就是要创建最适合人工作和生活的城市空间环境，在更新中实现引人、聚人、留人。企业要对新时代下人们的需求变化及时进行研究，从而为人民提供更加精准的产品和服务，唯有如此才能在实施城市更新行动中取得更好发展。

2. 做好两个兼顾：开发与保护，效益与民生兼顾

企业在实施城市更新行动中，有两个矛盾，一是开发与保护，二是效益与民生。谁能够更好地兼顾这两个矛盾，谁就能够在城市更新中脱颖而出。在这一过程中，政府的支持不可或缺，特别是在历史文化保护和保障民生上，政府要发挥应有的作用，不能完全由企业来扛。另外由于过去我们以大开发时代为主导，现在有些城市又走向另一个极端，在某些项目上存在过度保护的现象，千篇一律、千城一面的古镇与古城，体验感相似度很高的文旅项目，一味地追求“原汁原味”，而忽略与新时代文化的嫁接与重塑，这一类项目注定也难以获得成功。

3. 顺应三个趋势：文化传承、绿色低碳、数字经济

企业在实施城市更新行动中，要深刻理解文化传承。在城市更新中，保护不是目的，利用也不是目的。真正的目的就是传承，就是祖先创造的灿烂文化，经过当代人之手把它健康、有序地传给子孙后代。这样的传承不是完整地把一个城市“复古”传给后代，而是要把今人的创造叠加在上面传给子孙后代，从而展示这个时代的风采。

企业要积极践行“双碳”战略，在实施城市更新行动中，绿色低碳需要从多个方面入手，包括优化城市空间布局、推广绿色建筑、加强生态环境保护、推广绿色交通和实施资源回收利用等。这些措施的实施将有助于提高企业对城市生态效益的贡献，从而获得综合效益。

“数字经济”。2023 年的中央经济工作会议继续提出“发展数字经济”，包括加大金融支持力度、加快推动人工智能发展、广泛运用数智技术、大力发展数字消费、支持新型基础设施、拓展数字贸易、认真解决数据跨境流动等。企业在实施城市更新行动中也要积极应用数字技术与数据资源，特别是在运营环节的应用。

4. 抓住四个重点：规划为先，产业为本，运营为根，金融为重

企业在实施城市更新行动中，要抓住四个重点：一是规划为先，成功的城市更新项目都是在最初规划时有着科学的、符合市场逻辑、体现项目特色的定位，可以说重视前期规划定位，事半功倍，反之则事倍功半；二是产业为本，或者内容为本，在非居住类城市更新项目中是否产业不断升级，是否内容有特色都是项目可持续发展的关键；三是运营为根，随着大运营时代的到来，城市更新项目的竞争力体现在运营水平上，可以说运营是项目成功的根本；四是金融为重，专业的运营水平加有效的金融退出，将是项目实现经济效益的关键，企业要重点实践嫁接以 REITs 为主的资产退出渠道，形成项目资金的闭环运作。

5. 平衡五个关系：旧与新，大与小，快与慢，表与里，重与轻

企业在实施城市更新行动中，第一，要平衡旧模式与新模式，旧文化与新文化，旧物业与新物业之间的关系，在当前中国经济新旧动能转换的阶段，城市更新是新旧共存的阶段，是新旧融合发展的阶段，企业要在项目中平衡好新与旧的关系；第二，企业要平衡大尺度与小尺度的关系，在过去动辄几十万立方米甚至百万立方米单体项目的大开发时代，城市更新项目从规模体量上可以说是小尺度的，是小而美小而精的项目，但不以体量小而影响特色；第三，要平衡快节奏与慢节奏的关系，过去房地产开发是一个快周转的行业，从拿地到预售最快的企业可以做到 2~3 个月，而城市更新项目周期长，有的需要 10 年才能出来一个项目，需要企业静下心来，富有匠人精神的打磨；第四，是表与里的平衡，与过去房地产开发相比，城市更新更注重产业、内容与功能，表面建筑物的更新固然重要，但企业要更注重内容功能式的更新；第五，企业要思考重资产与轻资产商业模式的平衡，根据企业的特色与底色来思考以什么样的路径和模式参与城市更新。

（崔　霁　上海易居房地产研究院）

Ⅷ.大 事 记

2023年中国房地产大事记

1. 新发放首套住房个人住房贷款利率政策动态调整长效机制建立

1月5日，中国人民银行、银保监会联合印发《关于建立新发放首套住房个人住房贷款利率政策动态调整长效机制的通知》，提出对于评估期内新建商品住宅销售价格环比和同比连续3个月均下降的城市，阶段性放宽首套住房商业性个人住房贷款利率下限。地方政府按照因城施策原则，可自主决定自下一个季度起，阶段性维持、下调或取消当地首套住房商业性个人住房贷款利率下限。

2. 中国人民银行、银保监会提出实施改善优质房企资产负债表计划

1月10日，中国人民银行、银保监会联合召开主要银行信贷工作座谈会，要求要有效防范化解优质头部房企风险，实施改善优质房企资产负债表计划，聚焦专注主业、合规经营、资质良好、具有一定系统重要性的优质房企，开展“资产激活”“负债接续”“权益补充”“预期提升”四项行动，综合施策改善优质房企经营性和融资性现金流，引导优质房企资产负债表回归安全区间。

3. 全国住房和城乡建设会议明确以“增信心、防风险、促转型”为2023年工作主线

1月17日，全国住房和城乡建设工作会议在北京召开。会议明确，以“增信心、防风险、促转型”为主线，促进房地产市场平稳健康发展；以发展保障性租赁住房为重点，加快解决新市民、青年人等群体住房困难问题；以实施城市更新行动为抓手，着力打造宜居、韧性、智慧城市。

4. 新规则突破集中供地全年不超过3次的限制

2月3日，自然资源部回应《关于进一步规范住宅用地供应信息公开工作的通知》，表示不是要取消集中供地制度，而是优化完善集中供地政策。根据通知内容，建立拟出让地块清单公布制度。每次公开详细清单对应的拟出让时间段原则上不少于3个月，给市场主体充足的时间预期限制；公开的拟出让时间段可以一次或多次发布出让公告，这也就意味着集中供地“全年不超过3次”要求正式取消。此前，北京、上海、苏州、南京、无锡等多个重点城市均在2022年适度增加集中供地批次。

5. 不动产私募投资基金试点工作正式启动

2月20日，证监会宣布于近日启动不动产私募投资基金试点工作；同日，中国证券投资基金业协会发布《不动产私募投资基金试点备案指引（试行）》。试点工作是在现有私募股权投资基金框架下，新设“不动产私募投资基金”类别，并采取差异化的监管政策，以期进一步发挥私募基金多元化资产配置、专业投资运作优势，满足不动产领域合理融资需求。

6. 中国人民银行、银保监会发布住房租赁“金融17条”意见稿

2月24日，中国人民银行、银保监会发布《关于〈关于金融支持住房租赁市场发展的意见（征求意见稿）〉公开征求意见的通知》。《关于金融支持住房租赁市场发展的意见（征求意见稿）》围绕住房租赁供给侧结构性改革方向，以商业可持续为基本前提，重点支持自持物业的专业化、规模化住房租赁企业发展，为租赁住房的投资、开发、运营和管理提供多元化、多层次、全周期的金融产品和金融服务体系，提出 17 条具体意见。

7. 2023 年政府工作报告定调房地产防风险、促需求等工作重点

3 月 5 日，政府工作报告指出，在房地产方面，要有效防范化解优质头部房企风险，改善资产负债状况，防止无序扩张，促进房地产业平稳发展；加强住房保障体系建设，支持刚性和改善性住房需求，解决好新市民、青年人等的住房问题。

8. 2023 中国房地产开发企业综合实力 TOP500 测评成果发布

3 月 23 日，由中国房地产业协会、上海易居房地产研究院联合主办的“2023 中国房地产 TOP500 测评成果发布会暨房地产高峰论坛”在北京举行。2023 中国房地产开发企业综合实力 TOP500 前三位由中海、万科和保利占据，华润、碧桂园、龙湖、招商蛇口、金地、绿城、新城分列第四至十位。

9. 自然资源部、银保监会提出全面推行不动产“带押过户”

3 月 30 日，自然资源部、银保监会联合印发《关于协同做好不动产“带押过户”便民利企服务的通知》，提出各地要在已有工作的基础上，根据当地“带押过户”推行情况、模式及配套措施情况，深入探索，以点带面，积极做好“带押过户”，实现地域范围、金融机构和不动产类型全覆盖，常态化开展“带押过户”服务。

10. 最高人民法院明确“烂尾楼”购房者退款享有优先请求权

4 月 21 日，最高人民法院在《关于商品房消费者权利保护问题的批复》中提出，商品房消费者以居住为目的购买房屋并已支付全部价款，主张其房屋交付请求权优先于建设工程价款优先受偿权、抵押权以及其他债权的，人民法院应当予以支持；在房屋不能交付且无实际交付可能的情况下，商品房消费者主张价款返还请求权优先于建设工程价款优先受偿权、抵押权以及其他债权的，人民法院应当予以支持。

11. 我国全面实现不动产统一登记

4 月 25 日，全国自然资源和不动产确权登记工作会议召开。会议指出，自 2013 年党中央、国务院决定建立不动产统一登记机构以来，经过 10 年不懈努力，我国全面实现不动产统一登记，累计颁发不动产权证书 7.9 亿多本、不动产登记证明 3.6 亿多份、电子证书证明 3.3 亿多份，不动产统一登记制度体系基本成型。

12. 住房城乡建设部、市场监管总局要求合理降低房地产经纪服务费用

4 月 27 日，住房城乡建设部、市场监管总局发布《关于规范房地产经纪服务的意见》，提出房地产经纪机构要合理降低住房买卖和租赁经纪服务费用，鼓励按照成交价格越高、服务费率越低的原则实行分档定价，严格实行明码标价，严禁操作经纪服务收费。

13. 2023 中国房地产上市公司测评研究成果发布

5 月 30 日，由中国房地产业协会指导、上海易居房地产研究院主办的“2023 中国房地产及物业上市公司测评成果发布会”在香港举行。经过对上市房地产企业的综合测评，万科、保利及华润位列前三，中海、龙湖、碧桂园、招商蛇口、金地、绿城、新城分列第四至十位。

14. 招商、保利等定增获批，“第三支箭”落地释放积极信号

继 2022 年 11 月“第三支箭”政策发布后，2023 年 5 月 29 日，招商蛇口的定增并购事项获深交所审核通过，成为 A 股房企首份获批定增。进入 6 月，福星股份、中交地产、陆家嘴、保利发展等集中获批，A 股定增市场打开新局面。

15. 广州率先出台引入社会资本参与老旧小区改造的全流程办法

6月1日，广州市印发《广州市引入社会资本参与城镇老旧小区改造试行办法》，在全国率先出台引入社会资本参与老旧小区改造的全流程办法，对引入、监管、退出等全流程作出指导，从政府主导转向政企合作，改变财政资金“输血式”改造，通过引入社会资本成片成套经营管理，多元化筹集改造资金，引导社会资本形成长期微利的运营思维，并在资源支持，税收、金融方面给予适当优惠，让老旧小区改造市场化实现有章可循。

16. 深圳连发四项政府规章，完善保障性住房建设管理

7月3日，深圳市发布《深圳市公共租赁住房管理办法》《深圳市保障性租赁住房管理办法》《深圳市共有产权住房管理办法》《深圳市保障性住房规划建设管理办法》，系统全面明确公共租赁住房、保障性租赁住房和共有产权住房三类保障性住房的保障对象、住房面积标准、租售价格标准、建设筹集方式、品质标准等事项，在全国范围内具有重要的示范意义。

17. 房地产“金融16条”有适用期限的政策统一延长至2024年底

7月10日，中国人民银行、国家金融监督管理总局发布《关于延长金融支持房地产市场平稳健康发展有关政策期限的通知》，提出对于2024年12月31日前到期的房地产企业开发贷款、信托贷款等存量融资，在保证债权安全的前提下，可以允许超出原规定，多展期1年；2024年12月31日前向专项借款支持项目发放的配套融资，在贷款期限内不下调风险分类，对债务新老划断后的承贷主体按照合格借款主体管理。

18. 住房城乡建设部等七部门发文明确城镇老旧小区改造工作三大重点

7月18日，住房城乡建设部等七部门联合印发《关于扎实推进2023年城镇老旧小区改造工作的通知》，提出有序推进城镇老旧小区改造计划实施，合理安排2024年城镇老旧小区改造计划。其中，明确要扎实抓好“楼道革命”“环境革命”“管理革命”等3个重点，对拟改造的城镇老旧小区开展全面体检，找准安全隐患和设施、服务短板。

19. 中央政治局会议定调房地产市场供求关系发生重大变化

7月24日，中共中央政治局会议在北京召开。会议指出，要切实防范化解重点领域风险，适应我国房地产市场供求关系发生重大变化的新形势，适时调整优化房地产政策，因城施策用好政策工具箱，更好满足居民刚性和改善性住房需求，促进房地产市场平稳健康发展。要加大保障性住房建设和供给，积极推动城中村改造和“平急两用”公共基础设施建设，盘活改造各类闲置房产。

20. 5家房企入围2023年《财富》世界500强

8月2日，2023年《财富》世界500强排行榜发布，我国5家房地产企业上榜，分别为万科（173位）、保利集团（191位）、绿地控股（205位）、碧桂园（206位）、龙湖集团（402位）。上榜房企数量与2022年持平，其中，万科、龙湖集团排名有所上升。

21. 住房城乡建设部等三部门将“认房不认贷”纳入“一城一策”工具箱

8月25日，住房城乡建设部、中国人民银行、国家金融监管总局联合发布《关于优化个人住房贷款中住房套数认定标准的通知》，提出居民家庭（包括借款人、配偶及未成年子女）申请贷款购买商品住房时，家庭成员在当地名下无成套住房的，不论是否已利用贷款购买过住房，银行业金融机构均按首套住房执行住房信贷政策；此项政策作为政策工具，纳入“一城一策”工具箱。

22. 国务院明确双轨并行的住房发展路径

8月25日，国务院常务会议审议通过《关于规划建设保障性住房的指导意见》并于9月1日正式印发。意见重点突出两方面内容：一是加大保障性住房建设和供给，支持利用依法收回的已批未建土地、房地产企业破产处置商品住房和土地、闲置住房等建设筹集保障房，支持商品住房库存大的城市适当改建或收购存量商品房用作保障房；二是让商品住房回归商品属性，满足改善性住房需求，促进稳地价、稳房价、稳预期，推动建立房地产业转型和高质量发展。

23. 证监会明确上市房企再融资不受破发、破净和亏损限制

8 月 27 日，证监会发布《证监会统筹一二级市场平衡优化 IPO、再融资监管安排》，明确房地产上市公司再融资不受破发、破净和亏损限制。

24. 中国人民银行、国家金融监管总局调降存量首套住房贷款利率

8 月 31 日，中国人民银行、国家金融监管总局发布《关于降低存量首套住房贷款利率有关事项的通知》，提出自 2023 年 9 月 25 日起，存量首套住房商业性个人住房贷款的借款人可向承贷金融机构提出申请，由该金融机构新发放贷款置换存量首套住房商业性个人住房贷款或协商变更合同约定的利率水平。新发放贷款的利率水平由金融机构与借款人自主协商确定，但在贷款市场报价利率（Loan Prime Rate，LPR）上的加点幅度，不得低于原贷款发放时所在城市首套住房商业性个人住房贷款利率政策下限。

25. 中国人民银行、国家金融监管总局统一首套住房及二套房贷款最低首付比例

8 月 31 日，中国人民银行、国家金融监管总局发布《关于调整优化差别化住房信贷政策的通知》，提出对于贷款购买商品住房的居民家庭，首套住房商业性个人住房贷款最低首付款比例统一为不低于 20%，二套住房商业性个人住房贷款最低首付款比例统一为不低于 30%；首套住房商业性个人住房贷款利率政策下限按现行规定执行，二套住房商业性个人住房贷款利率政策下限调整为不低于相应期限贷款市场报价利率加 20 个基点。

26. 一线城市全部执行“认房不认贷”政策

8 月 31 日至 9 月 1 日，广州、深圳、北京、上海 4 个一线城市相继发布《关于优化我市个人住房贷款中住房套数认定标准的通知》。政策规定，居民家庭（包括借款人、配偶及未成年子女）申请贷款购买商品住房时，家庭成员在当地名下无成套住房的，不论是否已利用贷款购买过住房，银行业金融机构均按首套住房执行住房信贷政策。

27. 广州成为首个放松限购的一线城市

9 月 20 日，广州发布《关于优化我市房地产市场平稳健康发展政策的通知》，将住房限购政策调整为：在越秀、海珠、荔湾、天河、白云（不含江高镇、太和镇、人和镇、钟落潭镇）、南沙等区购买住房的，本市户籍居民家庭限购 2 套住房；非本市户籍居民家庭能提供购房之日前 2 年在本市连续缴纳个人所得税缴纳证明或社会保险证明的，限购 1 套住房。广州由此成为此轮调控中首个放松限购的一线城市。

28. 2023 房地产企业品牌价值测评成果发布

9 月 21 日，由中国房地产业协会指导、上海易居房地产研究院主持开展的 2023 房地产企业品牌价值测评研究工作发布最新测评研究成果，这也是该项测评成果连续 13 年的发布。品牌价值榜单前三是中海、万科和华润，保利、招商蛇口、龙湖、绿城、中国金茂、建发房产和新城分列第四到第十位。

29. 中国城市轨道交通协会发布首份全国层面的 TOD 政策文件

9 月 24 日，中国城市轨道交通协会发布《关于进一步鼓励和发展城市轨道交通场站及周边土地综合开发利用（TOD）的指导意见》。这是首份全国层面专门的 TOD 政策文件，也是全国首个以协会名义出台指导 TOD 发展的重要文件。该意见提出，鼓励考虑市场供需情况等相关因素合理确定 TOD 开发方案，建议地方政府在确保轨道交通建设运营有序进行的前提下，研究创新场站综合开发项目供地的体制机制，创新鼓励社会资本参与场站综合开发项目的政策机制。

30. 多数城市取消土地最高限价，土地拍卖“价高者得”重回主流

9月底，自然资源部给各省市自然资源主管部门下发文件，内容包括建议取消土地拍卖中的地价限制、建议取消远郊区容积率1.0限制等。随后，成都、济南、合肥、厦门、青岛、苏州、杭州等城市纷纷响应。截至2023年12月31日，全国仅北京、上海、深圳等个别城市土地拍卖仍执行土地最高限价。自2016年开始实施的土地拍卖“限地价”规则逐渐退出历史舞台，“价高者得”重回主流。

31. 房企信用评级被集中下调，范围扩展至央国企

9月，国内房企遭遇国际评级机构穆迪、惠誉及标普集中下调信用评级，穆迪9月的信评下调次数多达17起，包括将中海宏洋、华润置地、越秀地产、绿城中国、保利发展、深业集团6家房企的展望评级由“稳定”调整为“负面”，将万科企业的评级列入下调观察名单，等等。

32. 自然资源部明确城镇开发边界外不得规划城镇居住用地

10月9日，自然资源部发布《关于做好城镇开发边界管理的通知（试行）》，就运用好“三区三线”划定成果、在国土空间开发保护利用中加强和规范城镇开发边界管理提出要求。其中明确，城镇开发边界外不得进行城镇集中建设，不得规划建设各类开发区和产业园区，不得规划城镇居住用地。

33. 万科遭遇股债双杀，深圳国资委站台力挺

10月17日，国际著名评级机构惠誉宣布，将万科美元债评级由“BBB+”下调至“BBB”，随后万科遭遇股债双杀，部分境外美元债跌幅14%~28%。11月6日，万科与境内外金融机构举行第三季度业绩说明会。深圳国资委表态，如有需要或遭遇极端情况，将通过一切可能的市场化、法治化手段帮助万科积极应对。万科大股东深圳地铁也表示，坚定与万科站在一起，已准备好丰富的“工具箱”，将根据市场情况进行有序释放以支持万科。

34. 首批消费类公募REITs获交易所受理

10月26日，证监会官网公开信息显示，华润、万科、金茂和物美集团申报的4只消费类基础设施公募REITs已获交易所受理，这也是我国首批消费基础设施公募REITs。据悉，这4家企业的消费类公募REITs的底层资产均位于核心城市的优质地段，如华润此次基础设施REIT的相关资产项目为青岛华润万象城，万科的底层资产为杭州西溪印象城，金茂的相关资产为长沙金茂览秀城，等等。

35. 中央金融工作会议突出房地产金融工作“防风险、保民生、促转型”导向

10月30—31日，中央金融工作会议在北京召开，这也是时隔6年再次召开的全国性金融工作会议。会议重点部署房地产工作，突出“防风险、保民生、促转型”的房地产金融工作导向，包括“防范化解房地产行业风险，一视同仁满足不同所有制房地产企业合理融资需求”“因城施策用好政策工具箱，更好支持刚性和改善性住房需求”“加快保障性住房等三大工程建设，构建房地产发展新模式”等。

36. 降低存量房贷利率工作基本完成，惠及超过5000万户

11月6日，中国人民银行货币政策司发文表示，降低存量房贷利率工作已基本完成，超过22万亿元存量房贷利率下调，平均降幅0.73个百分点，惠及超过5000万户、1.5亿人，每年减少借款人利息支出1600亿~1700亿元，户均每年减少3200元。

37. 监管层召开金融机构座谈会，明确涉房贷款执行“三个不低于”规则

11月17日，中国人民银行、国家金融监管总局、证监会联合召开金融机构座谈会，研究房地产金融、信贷投放、融资平台债务风险化解等重点工作。会议提出，一视同仁满足不同所有制房地产企业合理融资需求，各商业银行自身房地产贷款增速不低于平均房地产贷款增速、对非国有房企对公贷款增速不低于本行房地产贷款增速、对非国有房企个人按揭贷款增速不低于本行按揭贷款增速。同时，监管机构正在起草一份中资房地产商白名单，50 家国有和民营房企会被列入其中，获得信贷、债权和股权融资等多方面支持。

38. 融创成为首家完成境内外债务重组的大型房企

11 月 20 日，融创发布公告称，境外债务重组各项条件已获满足。重组规模总计约 100 亿美元，这些债务将根据债权人选择，置换为 6 笔新上市的美元票据、强制可转换债券、可转换债券及物业公司融创服务股权，分别对价 57 亿美元、27.5 亿美元、10 亿美元、7.75 亿美元。融创成为第一家完成境内外债务重组所有流程的大型房企。

39. 第十四届中国房地产科学发展论坛在杭州召开

11 月 22—23 日，由中国房地产业协会主办的“第十四届中国房地产科学发展论坛”在杭州召开。论坛以“新阶段　新模式”为主题，就宏观经济走势、房地产发展新模式、房地产风险防范、住房需求变化趋势等热点问题，展开深入的研讨和交流。

40. 公募 REITs 发行规模突破 1000 亿元，房企参与程度相对较低

截至 2023 年 11 月底，我国已经上市的公募 REITs 产品 29 只，首次公开发行规模 954.53 亿元。在 29 只公募 REITs 中，4 只已经扩募成功，净认购金额 50.65 亿元，算上扩募金额后我国公募 REITs 的总规模 1005.18 亿元。若是再算上 11 月 26 日获批的 3 只消费类基础设施公募 REITs 和 1 只住房租赁类公募 REIT，我国公募 REITs 的总规模达到 1152.94 亿元。

41. 中央定调防范化解风险是 2024 年房地产金融工作首要任务

12 月 11—12 日，中央经济工作会议在北京举行。会议全面总结 2023 年经济工作，深刻分析当前经济形势，系统部署 2024 年经济工作。会议指出，要积极稳妥化解房地产风险，一视同仁满足不同所有制房地产企业的合理融资需求，促进房地产市场平稳健康发展，加快推进保障性住房等“三大工程”建设，加快构建房地产发展新模式等。

42. 北京、上海同日优化房贷首付比例及利率政策

12 月 14 日，北京、上海两地房地产政策迎来调整优化，内容涉及首套房首付比例及房贷利率下调、二套房首付比例及房贷利率下调、普通住房标准放宽等。其中，北京将首套房首付比例下调至 30%，将城六区、非城六区二套房首付比例分别下调至 50%、40%；上海将首套房首付比例下调至 30%，将二套房首付比例统一下调至 50%，将自贸区临港新片区、嘉定、青浦、松江、宝山、奉贤和金山区域二套房首付比例统一下调至 40%。

43. 70 城房价持续下行，二手房压力大于新房

据国家统计局发布数据，2023 年 12 月，70 个大中城市新房房价环比下降 0.4%，二手房房价环比下降 0.8%，新房房价已连续 7 个月持续下降，二手房房价已连续 8 个月下降。其中，12 月新房房价环比上涨的城市仅 7 个，下跌城市 62 个，下跌城市数量为 2015 年 3 月以来最高水平；70 个城市二手房房价环比均下跌，为有数据统计以来的第二次。

44. LPR 年内两次下调

2023 年，LPR 经历两次下调。6 月 20 日，1 年期 LPR 和 5 年期以上 LPR 同步下调 10 个基点，1 年期 LPR 下调至 3.55%，5 年期以上 LPR 下调至 4.2%；8 月 21 日，1 年期 LPR 再下调 10 个基点至 3.45%，5 年期以上 LPR 维持 4.2%。

45. 超 20 城开展房产“以旧换新”活动

2023 年，为更好支持改善性住房需求，淄博、济南、青岛、南通、徐州、宁波、丽水等 20 余城开启房产“以旧换新”活动。房产“以旧换新”主要有两种模式：一是购房者、开发商、中介签订三方协议，购房者确定好新房房源后，向房企交纳定金锁定意向房源，中介集中资源优先推售购房者的旧房，若旧房卖出，双方的购房合同生效，反之开发商则退还购房者定金，购房者无需承担违约责任；二是房企回购模式，即房企接手购房者的旧房，购房者用出售的房款换新购房。

46. 超 50 城重启货币化安置或房票安置

为进一步推动去库存，2023 年，南京、南昌、厦门、无锡、昆明等超 50 城重启棚改拆迁货币化安置或房票安置。部分城市为激励“房票”使用，还搭配给予政策性奖励、契税减免等优惠。

47. 二线城市掀起取消限购浪潮

2023 年，全国二线城市掀起取消限购浪潮。仅 9—10 月，就有沈阳、大连、南京、兰州、青岛、济南、郑州等 10 余个重要二线城市全面取消限购政策。截至 2023 年末，二线城市中，仅海口仍执行全域限购政策，成都、西安、杭州、长沙、天津、苏州执行区域限购政策，其他城市均不限购。

48. 2023 年超过 230 家房企申请破产

人民法院公告网信息显示，2023 年，全国约有 233 家房企发布相关破产文书。而根据此前数据显示，2020—2022 年，破产房企数量依次为 408 家、343 家、308 家，房企破产淘汰速度呈逐年放缓态势。

49. 法拍房挂牌量及成交量同比大增

截至 2023 年 12 月，全国法拍房市场挂牌量 79.6 万套，较上一年增长 36.7%；成交 14.9 万套，较上一年增长 15.7%。其中，住宅挂牌量 38.9 万套，较上一年增长 43.0%；成交 9.9 万套，较上一年增长 17.9%。

50. “三大工程”成为构建房地产发展新模式的重要发力点

2023 年，中央在多次重要会议中强调推进保障性住房建设、“平急两用”公共基础设施建设、城中村改造等“三大工程”建设，加快构建房地产发展新模式。国务院常务会议也分别于 7 月、8 月先后审议通过《关于积极稳步推进超大特大城市“平急两用”公共基础设施建设的指导意见》《关于在超大特大城市积极稳步推进城中村改造的指导意见》《关于规划建设保障性住房的指导意见》等重要指导意见。“三大工程”建设成为房地产发展模式转型的重要抓手和发展契机。

51. 房地产企业违约主体新增 10 家，违约金额合计 231.33 亿元

万得数据显示，2023 年 41 只债券实质性违约，涉及发行主体 17 家，较 2022 年减少 5 家；累计违约金额 308.19 亿元，创 2015 年以来新低。其中，房地产行业仍是违约高发行业，违约主体 10 家，涉及债券违约金额 231.33 亿元。债券展期企业中，28 家为房企，占比约 57.1%，展期地产债券余额 1659.65 亿元，占比 88.7%。

52. 百强房企销售门槛值继续下移，千亿销售规模房企缩减至 16 家

据克而瑞统计，2023 年，百强房企销售门槛值继续下移，且各梯队门槛均降到近年最低。其中，TOP10 房企销售操盘金额门槛 1613.7 亿元，同比降低 3.5%；TOP20 和 TOP30 梯队房企格局变动加剧，门槛分别同比降低 25.4%和 25.2%至 599 亿元和 379.4 亿元。TOP50 门槛降低 20.9%至 234.8 亿元，TOP100 门槛降低 4.9%至 110.4 亿元。销售规模超过 1000 亿元房企缩减至 16 家，较上年减少 4 家，较 2021 年峰值减少 27 家。

53. 12 家房企被强制退市

2023 年，12 家房企从资本市场退市，包括 ST 阳光城、ST 泰禾、*ST 嘉凯、*ST 宋都、ST 粤泰、ST 美置、*ST 中天、*ST 蓝光等 8 家因“连续 20 个交易日收盘价均低于 1 元”的 A 股房企，以及新力控股、南海控股、嘉年华国际、三盛控股等 4 家因“主板公司的证券连续停牌 18 个月”而退市的港股房企。

54. 公积金贷款政策和购房补贴成为地方提振楼市重要抓手

2023 年，超过 200 个城市对住房公积金贷款政策进行放松，内容涉及提高最高贷款额度、下调最低首付比例、允许提取公积金支付首付款等，150 多个城市发布购房补贴类政策。

55. 超八成房企市值缩水，千亿市值房企缩减至 7 家

截至 2023 年最后一个交易日收盘，158 家房地产上市公司市值之和为 16958.95 亿元，均值约 107.34 亿元，同比减少近 30%；135 家上市房企市值下滑，占比超过 85%；市值超过 1000 亿元的房企仅剩 7 家，分别为新鸿基地产、华润置地、中国海外发展、长实集团、保利发展、万科、恒基地产。

56. 80 家典型房企融资总量同比减少三成，新增债券类融资成本略有下降

据克而瑞统计，2023 年 12 月，80 家典型房企的融资总量 271.88 亿元，环比减少 22.9%，同比减少 72.4%。从全年累计数据来看，80 家典型房企的累计融资总量 5752.28 亿元，同比减少 30.4%；80 家典型房企新增债券类融资成本约 3.6%，较上年下降 0.62 个百分点。

57. 房地产开发贷款增速放缓，个人住房贷款余额同比首次下降

据中国人民银行发布数据，2023 年末，人民币房地产开发贷款余额 12.88 万亿元，同比增长 1.5%，增速比上年末低 2.2 个百分点。个人住房贷款余额 38.17 万亿元，同比下降 1.6%，增速比上年末低 2.8 个百分点，同时也是有数据统计以来的首次负增长。

58. 房地产行业并购规模约 1601 亿元

据万得统计，2023 年，全国并购市场披露并购事件 8821 起，同比下降 5.18%；交易规模约 18989 亿元，同比下降约 22.86%。从并购标的方所属的行业分布来看，房地产行业位居并购规模第三位，并购规模约 1601 亿元，同比上升 7.79%。

59. “保交楼”工作深入推进并取得重大进展

2023 年 8 月，住房城乡建设部披露，全国保交楼专项借款项目总体复工率接近 100%，累计完成住房交付超过 165 万套。截至 2023 年底，在全国列入“保交楼”项目涉及的 350 万套住房中，已实现交付超过 300 万套，交付率超过 86%。

60. 房地产代建行业持续扩容

截至 2023 年底，全国超过 60 家房企加入代建赛道，并成立专门的平台公司，其中 30 余家企业设置专有代建微信公众号，甚至有独立微信视频号，打造专属代建品牌。2023 年，重点区域全年累计中标代建项目 357 个，2021 年和 2022 年分别为 140 个和 238 个。其中，长三角代建项目数占比 52.9%；珠三角占比 20.2%，合计占比超过七成。

61. 全年各地出台房地产政策约 800 条

据中房研协测评研究中心监测统计，2023 年，地方累计出台房地产调控政策 800 条。其中，宽松性政策 704 条，中性政策 48 条，紧缩性政策 48 条，宽松性政策占比 88%。大部分二线城市行政限制性措施基本取消，一线城市政策积极优化，房地产政策环境接近近 10 年最宽松阶段。

62. 2023 年商品房销售面积与销售金额继续回落

据国家统计局数据，2023 年，全国商品房销售面积约 11.17 万平方米，比上年下降 8.5%，为近 10 年最低点；商品房销售额约 11.66 万亿元，比上年下降 6.5%，为 2017 年以来最低点。

机构形象展示

（详见彩页）

中国房地产业协会

上海城投控股股份有限公司

绿城中国控股有限公司

复地（集团）股份有限公司

新城控股集团股份有限公司

江苏华建地产集团有限公司

联发集团有限公司

上海嘉定新城发展有限公司

上海中建东孚投资发展有限公司

龙湖集团控股有限公司

旭辉集团股份有限公司

大连万达商业管理集团股份有限公司

厦门国贸地产集团有限公司

石榴置业集团有限公司

杭州市城建开发集团有限公司

青岛君一控股集团有限公司

上海建工房产有限公司

中国联塑集团控股有限公司

上海城建置业发展有限公司

中国房地产业协会

中国房地产业协会(简称中国房协)是由房地产行业有关的企事业单位、社会团体和个人自愿结成的全国性、行业性社会团体。中国房协会员以房地产开发企业为主体，目前有2000多家会员。中国房协是世界不动产联盟直属会员，同多个国家和港澳台地区房地产行业协会和房地产企业之间保持友好往来，进行经济、技术、学术等方面的交流合作。中国房协的宗旨是服务行业有推动，服务会员上水平，服务政府有作为。

中国房协秘书处现设5个工作部门：综合部、会员服务部、合作发展部、研究宣传培训部、财务部；22个分支机构，2个基金管理委员会。

中国房协的主要业务包括：

1. 研究探讨房地产业发展和改革的理论、方针、政策，向政府有关部门提出行业发展的经济、技术政策和法规等建议。

2. 制定中国房地产业协会团体标准。

3. 房地产开发企业信用评价工作。

4. 开展“广厦奖”评选活动。

5. 评定年度中国房地产业协会科学技术奖。

6. 中国城乡人居环境体系构建与成果推广。

7. 举办全国性的房地产科学发展论坛。

8. 组织开展各类经验交流和研讨活动。

中国房地产业协会
CHINA REAL ESTATE ASSOCIATION

地址：北京海淀区首体南路9号主语国际中心5号楼4层　电话：010-68286524

旭辉集团股份有限公司

旭辉集团2000年成立于上海，其控股股东旭辉控股（HK.0884）于2012年在香港主板整体上市，是一家致力于“成为受人信赖的城市综合运营服务商”的综合性大型企业集团，旗下业务涵盖住宅及商业综合体开发、物业与城市服务、绿建科技、健康及养老等。

成立20多年来，秉承“用心构筑美好生活”的使命，旭辉始终追求为客户提供更美好的生活，并积极参与城市发展与运营，为城市化进程尽绵薄之力。2023年，在行业承压下，旭辉依然保交付、保品质，在全国61城137个项目交付超11.8万套新房，刷新成立以来年度交付量纪录。

CIFI GROUP

专攻建筑经典 成就人居梦想

成为国际一流建筑全生命周期服务商

上海建工房产有限公司成立于1998年，是上海建工集团股份有限公司核心成员企业，下辖子公司、合资公司60余家。公司具备国内最高一级房地产开发资质，也是上海房地产行业中最早通过ISO9001质量管理体系认证的企业之一。

上海建工房产坚持以用户为本，以市场需求为导向，贯彻“立足本地，辐射全国，科学布局，深耕市场，集成优势，联动发展”的总体战略布局。经过20多年的发展，产品已涵盖住宅、商业、办公、酒店、酒店式公寓、产业园区等；产品由中低端向中高端转变，经营模式由单一开发销售转为开发销售和置业经营多元化模式转型。公司先后进入徐州、苏州、南京、南昌、天津及海南市场，形成了以南京为核心，辐射徐州、苏州等城市的长三角重点区域市场，以南昌为中心的中原区域市场和以天津为中心的京津冀区域市场。

在上海建工集团“和谐为本，追求卓越”的文化理念引领下，上海建工房产以“专攻建筑经典，成就人居梦想”为使命，用心规划、精心建设、尽心服务，不懈追求“建筑、艺术、生活”的和谐相融，实现“放心房、买放心”的品牌境界。公司先后荣获“上海市五一劳动奖状”“全国住房城乡建设系统先进集体”等荣誉称号。公司开发的楼盘获“鲁班奖”、“詹天佑奖”、“白玉兰”奖、上海市优秀住宅综合金奖等殊荣。

让城市生活更美好
上海城投
SHANGHAI CHENGTOU
城投控股
HOLDING
城投控股
CHENGTOU HOLDING

复地产发，成立于1994年，是复星生态系统重要成员和城市功能产业板块，是兼具产业投资运营和蜂巢城市智造能力的平台型核心企业。30年来，复地产发已实现在全国20余座城市深耕布局，匠心打造涵盖金融、健康、旅游、文化、科创等产业赛道的数十个线下产业地标。

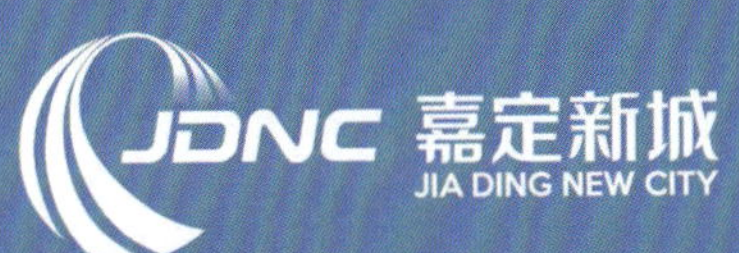

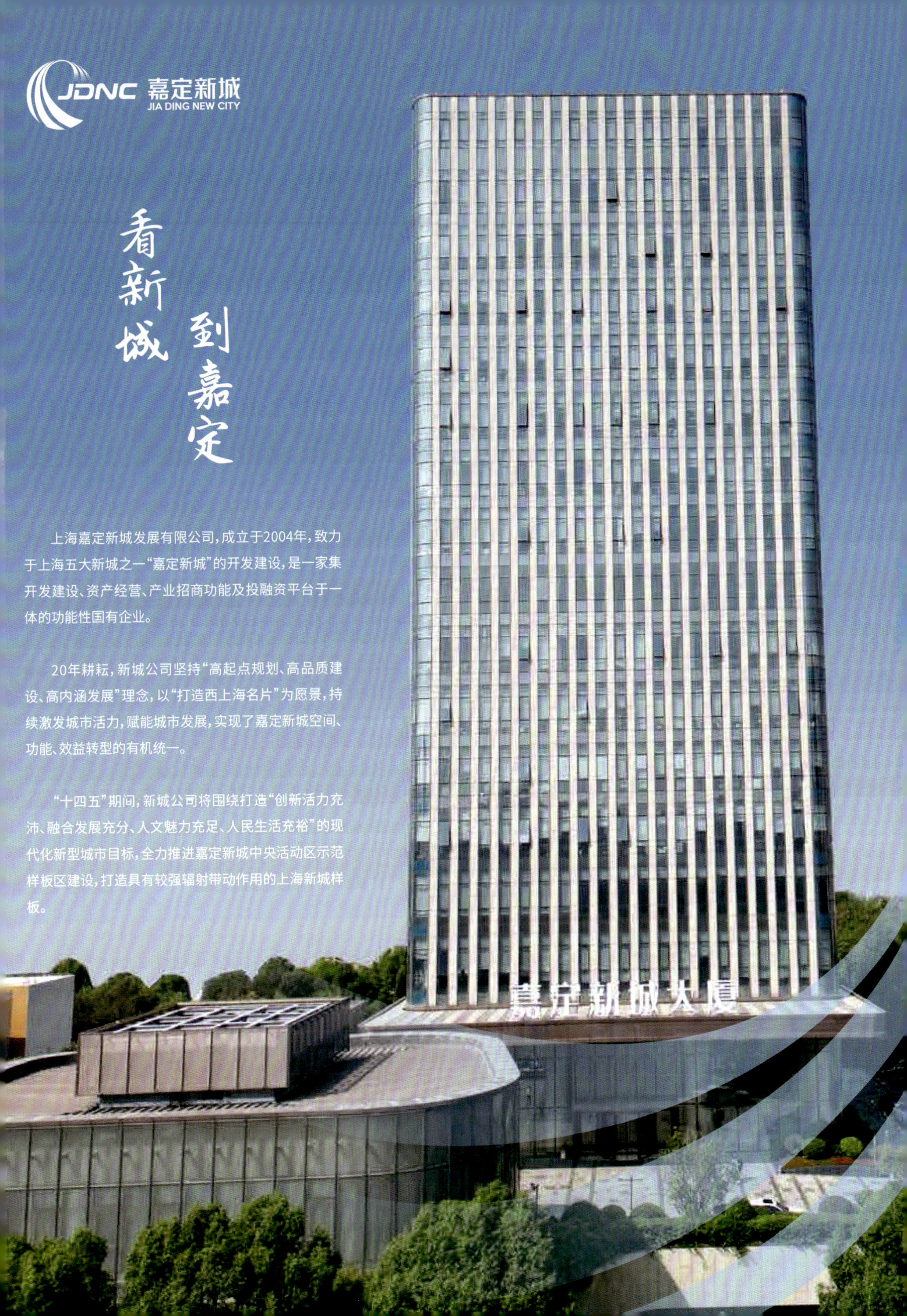
JDNC 嘉定新城
JIA DING NEW CITY
看新城 到嘉定
上海嘉定新城发展有限公司，成立于2004年，致力于上海五大新城之一“嘉定新城”的开发建设，是一家集开发建设、资产经营、产业招商功能及投融资平台于一体的功能性国有企业。
20年耕耘，新城公司坚持“高起点规划、高品质建设、高内涵发展”理念，以“打造西上海名片”为愿景，持续激发城市活力，赋能城市发展，实现了嘉定新城空间、功能、效益转型的有机统一。
“十四五”期间，新城公司将围绕打造“创新活力充沛、融合发展充分、人文魅力充足、人民生活充裕”的现代化新型城市目标，全力推进嘉定新城中央活动区示范样板区建设，打造具有较强辐射带动作用的上海新城样板。
嘉定新城大厦

万达集团
WANDA GROUP
国际万达
百年企业